Ines Zenke, Ralf Schäfer, Holger Brocke (Hrsg.)
Corporate Governance
De Gruyter Praxishandbuch

Corporate Governance

Risikomanagement, Organisation, Compliance
für Unternehmer

Herausgegeben von
Ines Zenke, Ralf Schäfer, Holger Brocke

Bearbeitet von
Philipp Bacher, Sebastian Blumenthal-Barby, Wolfram von Blumenthal, Holger Brocke,
Kai Buchholz-Stepputtis, Christian Dessau, Jost Eder, Maximilian Festl-Wietek,
Claudia Fischer, Jürgen Gold, Tigran Heymann, Michael Koch, Rebecca Julia Koch,
Lucian Krawczyk, Niko Liebheit, Ralf Schäfer, Julia Scheidt, Tobias Sengenberger,
Thomas Straßer, Meike Weichel, Joachim Weide, Ingmar Weitemeier, Magnus Zellhorn,
Ines Zenke

DE GRUYTER

Zitiervorschlag: Zenke/Schäfer/Brocke/*Bearbeiter*, 3. Auflage, Kap. 1 Rn 10

Hinweis:
Alle Angaben in diesem Werk sind nach bestem Wissen unter Anwendung aller gebotenen Sorgfalt erstellt worden. Trotzdem kann von dem Verlag und den Autoren keine Haftung für etwaige Fehler übernommen werden.

ISBN 978-3-11-121235-7
e-ISBN (PDF) 978-3-11-121310-1
e-ISBN (EPUB) 978-3-11-121332-3

Library of Congress Control Number: 2024941860

Bibliografische Information der Deutschen Nationalbibliothek
Die Deutsche Nationalbibliothek verzeichnet diese Publikation in der Deutschen Nationalbibliografie; detaillierte bibliografische Daten sind im Internet über http://dnb.dnb.de abrufbar.

© 2025 Walter de Gruyter GmbH, Berlin/Boston, Genthiner Straße 13, 10785 Berlin
Einbandabbildung: klenger / iStock / Getty Images Plus
Satz: jürgen ullrich typosatz, Nördlingen
Druck und Bindung: CPI books GmbH, Leck

www.degruyter.com
Fragen zur allgemeinen Produktsicherheit:
productsafety@degruyterbrill.com

Vorwort

Risikomanagement, Unternehmensorganisation und Compliance-Management sind für Unternehmer und Unternehmen ein zentraler Baustein erfolgreichen Wirkens und oft auch ihre Lebensversicherung im Falle von Fehlern, die natürlich auch in einer optimalen Organisation geschehen können. Der Erfolg der 2. Auflage unseres Praxishandbuchs „Corporate Governance" ebenso wie diverse seit 2022 zu verzeichnende Entwicklungen in Gesetzgebung und Rechtsprechung haben uns darin bestärkt, eine dritte, erneut erweiterte und vielfach aktualisierte Ausgabe vorzulegen. Dabei haben wir auf Bewährtes zurückgreifen können, wie z.B. auf viele unserer hervorragenden Erstautoren und Praktiker, auf die gute Zusammenarbeit mit unserem Verlag De Gruyter oder die Mitarbeiterinnen und Mitarbeiter von Becker Büttner Held, die erneut in professioneller Weise die redaktionelle Betreuung des Buches übernommen haben. Auch werden Sie wesentliche Sachbereiche und den grundsätzlichen Gang der Darstellung der ersten Auflage wiederfinden. Vieles aber ist auch neu.

Wir verstehen „Corporate Governance" nach wie vor denkbar weit, mit dem Anspruch, die Unternehmen in ihrem Auftreten und Handeln insgesamt zu sensibilisieren. Unser Anspruch als Herausgeber ist es weiterhin, den Themenumfang unseres Handbuchs den aktuellen Entwicklungen anzupassen und wo nötig zu erweitern.

Zum einen betrifft das den Bereich Steuern. Die sogenannte Tax Compliance hat in den letzten Jahren immer mehr an Bedeutung gewonnen; durch die Implementierung eines entsprechenden Tax-Compliance-Management-Systems lässt sich dokumentieren, dass sich Unternehmen bei der Erfüllung ihrer steuerlichen Pflichten an den rechtlichen Vorgaben orientiert haben. Sollte sich bei Betriebsprüfungen herausstellen, dass bestimmte Sachverhalte nicht ordnungsgemäß steuerlich deklariert worden sind, kann ein solches Tax-Compliance-Management-System als ein Indiz gegen steuerstrafrechtlich relevantes Verhalten angeführt werden.

Zum anderen wollten wir die Chancen und Risiken der Digitalisierung stärker in den Blick nehmen. Mit der Digitalisierung haben sich die technischen Möglichkeiten zur Implementierung eines Compliance-Management-Systems deutlich erweitert. Compliance fügt sich in eine zunehmend digitale Unternehmenskultur ein. Gleichzeitig aber werden die Unternehmen durch den digitalen Wandel anfälliger für Cyber-Angriffe von außen, die ihrerseits zunehmen. Umso wichtiger wird es, das Thema IT-Sicherheit als Bestandteil einer nachhaltigen Unternehmensorganisation in den Blick zu nehmen. Auch das europäische Datenschutzrecht mit der Datenschutz-Grundverordnung (DS-GVO) und das neue Geschäftsgeheimnisgesetz wirken sich auf die Gestaltung einer sachgerechten Corporate Governance aus, z.B. wenn es um die Frage geht, welche Abteilungen eines Unternehmens an welchem Wissen teilhaben und wie dies entsprechend dokumentiert bzw. eingehalten wird. Dieses und vieles mehr finden Sie im nun vorliegenden Praxishandbuch.

Die an die Unternehmer/-innen sowie die Unternehmensvertreter/-innen adressierten Herausforderungen, genau(er) hinzusehen und belastbare Verantwortungsketten zu schaffen, sind seit der 2. Auflage weiter gestiegen. So haben obergerichtliche und höchstrichterliche Entscheidungen die Voraussetzungen konkretisiert, unter denen geeignete Compliance-Management-Maßnahmen zur Reduzierung von Bußgeldrisiken beitragen bzw. wann unzureichende Compliance-Anstrengungen zum Schadensersatz von Unternehmensverantwortlichen führen können. Zum anderen haben die Europäische Union ebenso wie der deutsche Gesetzgeber ihre Aktivitäten zum Thema Compliance weiter verstärkt. Zu nennen sind hier insbesondere die (noch bis März 2024 hochumstrittene) EU-Lieferkettenrichtlinie sowie das das deutsche Lieferkettensorgfaltspflichtengesetz. Des Weiteren blicken wir auf das Hinweisgeberschutzgesetz, das eine entsprechende Richtlinie der Europäischen Union aus dem Jahr 2019 in deutsches Recht umsetzt. Nicht zuletzt ist auf den Entwurf des sog. Verbandssanktionengesetzes hinzuweisen, mit dem verschärfte Regelungen zur Bekämpfung von Unternehmenskriminalität eingeführt werden sollen. Dieses Gesetzgebungsvorhaben ist derzeit zwar nicht ganz oben auf der Agenda des Bundesgesetzgebers, wird auf der Ebene der Landesjustizminister aber weiterhin stringent verfolgt. Wir freuen uns, dass es uns gelungen ist, für alle Themenfelder hochqualifizierte Experten mit langjähriger und tiefgreifender Praxiserfahrung im jeweiligen Fachgebiet zu finden und hoffen daher sehr, mit dem Werk eine praktische Hilfestellung im beruflichen Alltag zu leisten.

Herzlichen Dank sagen wir allen Mitautoren und Mitautorinnen für ihren Beitrag zum Gelingen des Werkes und dem Verlag, namentlich Birte Treder und Ilona Stettner. Gleiches gilt für Katja Seidel und Tanja Schneider von BBH, die ganz großartig die redaktionelle Betreuung der dritten Auflage und vieles an Kommunikation in alle Richtungen für uns übernommen haben.

Last but not least danken wir Rhett Zenke-Zeuner und Petra Freimann, die – wieder einmal – viel Geduld aufgebracht haben, wenn die Herausgeberarbeiten zulasten des Familienlebens gingen.

Wir wünschen Ihnen viel Vergnügen beim Lesen und freuen uns auf Ihre Anmerkungen, Hinweise und allgemeines Feedback unter ines.zenke@bbh-online.de und ralfe.schaefer@t-online.de.

Berlin/Sprockhövel/Waldbronn, 2024

Prof. Dr. Ines Zenke   *Dr. Ralf Schäfer*   *Dr. Holger Brocke*

Inhalt

Vorwort —— **V**
Abkürzungsverzeichnis —— **XXIX**
Literaturverzeichnis —— **XLI**
Bearbeiterverzeichnis —— **L**
Rechtsprechungsübersicht —— **LV**

Kapitel 1: Unternehmensorganisation, Risikomanagement, Compliance-Management —— 1

Kapitel 2: Implementierung eines Compliance-Management-Systems —— 8

A. Einleitung —— **8**
B. Definition des Compliance-Management-System-Begriffs und Bedeutung für den Mittelstand —— **10**
C. Motive für die Implementierung eines Compliance-Management-Systems —— **12**
    I. Selbstverständnis und Compliance-Kultur —— **12**
    II. Auftragserlangung und Anforderungen von Dritten —— **13**
    III. Haftungsvermeidung und Reputationssicherung —— **14**
D. Herausforderungen bei der Umsetzung —— **15**
E. Unternehmerische Verantwortung —— **15**
F. Compliance-Kompaktanalyse —— **16**
G. Compliance und Risikomanagement —— **17**
    I. Compliance-Risiken —— **17**
        1. Gefährdungsanalyse —— **17**
        2. Risikomatrix —— **18**
    II. Definition relevanter Leitsätze und Compliance-Ziele —— **19**
        1. SMARTe Leitsätze —— **19**
        2. Definition einer Vision —— **20**
        3. Mission und Unternehmensumfeld —— **21**
        4. Unternehmensleitbild —— **21**
    III. Unternehmensprozesse und -organisation —— **22**
        1. Aufbauorganisation —— **22**
        2. Ablauforganisation —— **23**
H. Compliance-Abteilung und Compliance-Manager —— **23**
    I. Compliance-Abteilung bzw. zuständige Abteilungen —— **23**
    II. Funktion eines Compliance-Managers —— **25**
        1. Allgemeine Funktionen —— **25**
        2. Anforderungen an Compliance-Manager —— **26**

I. Mechanismen zur Sicherstellung der Einhaltung der Regeln –
   IT-gestütztes Feedbacksystem —— 26
J. Notfallplan —— 27
K. Checkliste —— 28

Kapitel 3: Risikomanagement in kleinen und mittleren Unternehmen —— 29

A. Überblick —— 29
   I. Jeder ist Risikomanager —— 29
   II. Ökonomische Vorteile des Risikomanagements —— 29
   III. Gesetzliche Pflichten zum Umgang mit Risiken —— 30
B. Risikoarten —— 32
C. Risikomanagement —— 36
D. Risikomanagementprozess —— 38
   I. Strategisches Risikomanagement —— 39
   II. Systematische Risikoidentifikation und Risikokommunikation —— 40
      1. Grundsätze der Risikoidentifikation —— 40
      2. Umsetzungshilfen der Risikoidentifikation —— 42
      3. Grundsätze und Umsetzungshilfen der Risikokommunikation —— 45
   III. Risikobewertung und Risikoaggregation —— 46
      1. Bewertung der einzelnen Risiken —— 46
         a) Qualitative Methoden der Risikobewertung —— 47
            aa) Klassifizierung der Risiken anhand einer ABC-Analyse —— 47
            bb) Qualitative Risk-Map —— 47
         b) Quantitative Methoden der Risikobewertung —— 48
            aa) Erwartungswerte verschiedener Szenarien und
                Sensitivitätsanalyse —— 48
            bb) Quantitative Risk-Map —— 50
         c) Quantitative Risikomaße —— 51
            aa) Value-at-Risk und andere „at-Risk-Kennzahlen" —— 51
            bb) Risikoorientierte Performancekennzahlen —— 54
         d) Risikoabhängigkeiten: Aggregation der einzelnen Risiken
            zum Gesamtrisiko —— 55
   IV. Risikosteuerung und Risikokontrolle —— 57
      1. Risikosteuerung —— 57
      2. Zu tragendes Restrisiko und Risikokapital —— 58
         a) Risikosteuerungsmaßnahmen —— 59
         b) Risikoüberwachung —— 61
         c) Risikodokumentation —— 61
E. Prüfung von Risikomanagementsystemen —— 61

Kapitel 4: Compliance – Begriff, Entwicklung, Funktion —— 63

A. Einleitung —— 63
B. Der Begriff Compliance —— 65
    I. Die wörtliche Übersetzung als Anhaltspunkt —— 65
    II. Compliance in der Medizin —— 65
    III. Enges Verständnis von Compliance —— 66
    IV. Weites Verständnis von Compliance —— 68
    V. Compliance als Managementfunktion —— 71
C. Die historische Entwicklung von Compliance —— 72
    I. Die Entwicklung in den USA —— 72
    II. Ausstrahlung auf Europa —— 74
    III. Compliance: In Europa nichts Neues! —— 76
D. Rechtliche Verpflichtung zur Errichtung einer Compliance-Funktion —— 78
    I. Ausdrückliche gesetzliche Vorgabe nur in Einzelfällen —— 78
    II. Allgemeine Verpflichtung zur Einrichtung einer Compliance-Funktion? —— 80
        1. Generelle Verpflichtung zur Einrichtung einer Compliance-Funktion? —— 80
        2. Keine Verpflichtung zur Einrichtung einer Compliance-Funktion? —— 81
        3. Einzelfallabhängige Pflicht zur Einrichtung einer Compliance-Funktion? —— 82
    III. Zwischenfazit —— 83
E. Funktion von Compliance —— 92
    I. Schutzfunktion von Compliance —— 93
    II. Image- bzw. Reputationsfunktion von Compliance —— 98

Kapitel 5: Kernelemente eines Compliance-Management-Systems —— 101

A. Einleitung —— 101
B. Compliance-Kultur —— 105
C. Organisatorische Ausgestaltung —— 106
    I. Verantwortlichkeitszuordnung —— 106
    II. Organisatorische Lösungen —— 109
    III. Aufgaben, Qualifikationen und Rechtsstellung des Compliance-Verantwortlichen —— 117
        1. Aufgaben —— 117
            a) Beratung/Beratungspflicht —— 118
            b) Entwicklung und Umsetzung interner Regelwerke —— 119
            c) Schulungen und Informationen —— 119
            d) Kontrolle und Aufdeckung —— 119
            e) Berichtspflicht —— 120

   2. Qualifikation —— **120**
   3. Rechtsstellung —— **122**
  IV. Auslagerung —— **126**
   1. Die Zulässigkeit —— **126**
   2. Ausgestaltung —— **127**
  V. Schnittstellen mit anderen unternehmensinternen Organisationseinheiten —— **129**
  VI. Compliance-Audit —— **132**
D. Präventionsmaßnahmen —— **134**
  I. Mitarbeiterhandbuch —— **134**
  II. (Mitarbeiter-)Schulungen —— **135**
  III. Beratungsangebote für Mitarbeiter —— **138**
  IV. Sonstige Präventionsmaßnahmen —— **139**
E. Überwachung/Aufdeckung —— **150**
  I. Überwachung —— **151**
  II. Hinweisgebersysteme (Whistleblowing) – Entwicklung und normativer Rahmen —— **154**
   1. Entwicklung —— **154**
   2. EU-Whistleblower-Richtlinie —— **156**
   3. Hinweisgeberschutzgesetz —— **158**
    a) Allgemein —— **158**
    b) Anwendungsbereich —— **158**
    c) Meldesystem —— **159**
    d) Meldeverfahren —— **163**
    e) Bußgeld —— **164**
    f) Umsetzung im Unternehmen —— **164**
  III. Selbstanzeige —— **165**
F. Sanktionen —— **166**
  I. Unternehmensinterne Sanktionen —— **167**
  II. Behördliche Sanktionen gem. § 30, 130 OWiG —— **170**
   1. Überblick —— **170**
   2. § 130 Abs. 1 OWiG —— **172**
    a) Normadressaten —— **172**
    b) Erforderliche/zumutbare Aufsichtsmaßnahmen —— **173**
    c) Verstoß gegen betriebsbezogene Pflichten —— **175**
   3. § 30 OWiG —— **175**
    a) Normadressaten —— **176**
    b) Täterkreis der Bezugstat —— **176**
    c) Bezugstat —— **177**
     aa) Betriebsbezogene Pflicht —— **177**
     bb) Bereicherung —— **177**

Kapitel 6: Maßnahmen und Regelwerke —— 178

A. Überblick —— **178**
B. Ethikregeln (Code of Conduct) —— **180**
    I. Zielsetzung/Funktion —— **180**
    II. Wesentliche Regelungsinhalte —— **181**
C. Verhalten bei behördlichen Durchsuchungen —— **182**
    I. Zielsetzung/Funktion —— **182**
    II. Wesentliche Regelungsinhalte —— **183**
        1. Ankunft der Durchsuchungspersonen im Unternehmen —— **184**
        2. Vorbereitung der Durchsuchungsmaßnahmen —— **184**
        3. Durchsuchung von Räumen/Befragung von Personen —— **185**
        4. Versiegelung von Räumlichkeiten —— **186**
        5. Nachbereitung der Durchsuchung im Unternehmen —— **186**
D. Beauftragung von externen Dienstleistern und Lieferanten —— **187**
    I. Zielsetzung/Funktion —— **187**
    II. Wesentliche Regelungsinhalte —— **188**
        1. Anwendungsbereich —— **188**
        2. Schwellenwerte —— **188**
        3. Angebotseinholung —— **188**
        4. Checkliste —— **188**
        5. Überprüfung —— **189**
        6. Dokumentation von Vertragsverhandlungen/Vergabeentscheidung/Beauftragung —— **189**
        7. Verwendung von Musterverträgen —— **190**
        8. Vertragsarchivierung/Vertragscontrolling —— **191**
E. Umgang mit Einladungen, Geschenken und sonstigen Vorteilen (sog. Incentive-Richtlinien) —— **191**
    I. Zielsetzung/Funktion —— **191**
    II. Wesentliche Regelungsinhalte —— **193**
        1. Anwendungsbereich —— **193**
        2. Schwellenwerte —— **194**
        3. Zuwendungsberechtigte —— **194**
        4. Zuwendungsverfahren —— **194**
        5. Registrierung von Zuwendungen/Berichterstattung —— **196**
        6. Verwendung von Sachzuwendungen —— **196**
        7. Checkliste —— **196**
F. Umgang mit der Öffentlichkeit —— **197**
    I. Zielsetzung/Funktion —— **197**
    II. Wesentliche Regelungsinhalte —— **197**
        1. Anwendungsbereich —— **197**

    2. Verantwortlichkeiten —— **198**
    3. Delegation —— **198**
  III. Ergänzende Maßnahmen im Krisenfall —— **199**
  IV. Litigation-PR —— **199**
G. Sonstige praxisrelevante Regelwerke (Übersicht) —— **201**
  I. Unterschriften-/Zeichnungsrichtlinien —— **201**
  II. Telekommunikations-/IT-Richtlinien —— **201**
  III. Richtlinien zum Umgang mit Dokumenten (sog. Clean Desk Policy) —— **202**
  IV. Verhaltensregeln für einzelne operative Einheiten —— **202**
  V. Grundsätze zur Wahrnehmung von Nebentätigkeiten —— **203**
  VI. Spenden-/Sponsoring-Richtlinie —— **203**
  VII. Richtlinie zur Durchführung interner Ermittlungen —— **204**
  VIII. Richtlinie zur Geldwäscheprävention —— **205**
  IX. Richtlinie zum Hinweisgebersystem —— **206**

Kapitel 7: Compliance in der Abschlussprüfung —— **208**

A. Überblick —— **208**
B. Auswirkungen des Deutschen Corporate Governance Kodex auf die Pflichten des Abschlussprüfers —— **209**
C. Pflichten des Abschlussprüfers im Zusammenhang mit der abzugebenden Entsprechenserklärung —— **210**
  I. Rechtliche Grundlagen der Abgabe und Veröffentlichung der Entsprechenserklärung —— **210**
  II. Bindungswirkung des DCGK —— **211**
  III. Prüfungsgegenstand —— **213**
  IV. Prüfungsdurchführung und Prüfungshandlungen —— **213**
  V. Berichterstattung —— **215**
    1. Bestätigungsvermerk —— **215**
    2. Prüfungsbericht —— **215**
D. Prüfung von Compliance-Management-Systemen —— **217**

Kapitel 8: Zertifizierung von Compliance-Management-Systemen (IDW PS 980 n.F.) —— **220**

A. Einführung in die Prüfung eines Compliance-Management-Systems —— **220**
B. Die Arten der Prüfung eines CMS —— **221**
  I. Angemessenheitsprüfung —— **222**
  II. Wirksamkeitsprüfung —— **223**
C. Die Grundlagen eines CMS nach dem IDW PS 980 n.F. —— **223**

D. Der Sinn und Zweck eines CMS aus Sicht der Wirtschaftsprüfung —— **226**
  I. Prüfungsanlässe —— **228**
    1. Hilfestellung bei der Konzeption und Implementierung eines CMS —— **228**
    2. Laufende Qualitätssicherung —— **229**
    3. Objektiver Nachweis der Wirksamkeit eines CMS —— **229**
    4. CMS-Prüfung bei Unternehmenstransaktionen —— **230**
E. Kritische Beurteilung der Prüfung des CMS —— **230**

Kapitel 9: Absicherung durch Versicherungslösungen —— 233

A. Überblick —— **233**
B. D&O-Versicherung —— **233**
  I. Allgemeines —— **233**
  II. Versicherung für fremde Rechnung —— **235**
  III. Versicherte Personen —— **235**
  IV. Gegenstand der Deckung —— **237**
    1. Innenhaftung —— **238**
    2. Außenhaftung —— **240**
      a) Das Unternehmen in der Krise —— **241**
        aa) Haftung im Zusammenhang mit Insolvenz —— **241**
        bb) Steuerrechtliche Haftung —— **241**
        cc) Nichtabführung von Sozialabgaben —— **241**
      b) Allgemeine deliktische Haftung —— **242**
  V. Reine Vermögensschäden —— **243**
  VI. Anspruchserhebungsprinzip und die zeitliche Wirkung des Versicherungsschutzes —— **243**
    1. Erstreckung des Versicherungsschutzes auf die Zeit vor Vertragsbeginn (Rückwärtsversicherung) —— **244**
    2. Ausdehnung des Versicherungsschutzes nach Vertragsende (Nachhaftung) —— **244**
  VII. Ausschlüsse —— **245**
    1. Vorsatzausschluss —— **246**
    2. Strafen und Bußen —— **247**
    3. Weitere praxisrelevante Ausschlüsse —— **248**
  VIII. Abgrenzung zu anderen Versicherungsverträgen —— **249**
  IX. Selbstbeteiligung des Leitungsorgans —— **250**
    1. VorstAG —— **251**
      a) Anwendungsbereich —— **251**
      b) Intention des Gesetzgebers —— **252**
      c) Verstoß gegen § 93 Abs. 2 S. 3 AktG —— **252**

2. Die Auswirkungen des VorstAG auf einzelne Vorstandsmitglieder —— 253
   a) Regelung im Anstellungsvertrag —— 253
   b) Auslegung von Unklarheiten —— 254
      aa) Zeitliche Geltung des § 93 Abs. 2 S. 3 AktG —— 254
      bb) Höhe der Selbstbeteiligung —— 255
      cc) Mehrfachverstöße —— 255
      dd) Keine Vergütung in der Tochteraktiengesellschaft —— 256
      ee) Selbstbeteiligung für Innenansprüche und Kompensation des Schadens —— 256
X. Die Selbstbehaltsversicherung —— 257
   1. Anrechnungsmodelle —— 258
   2. Selbstbehaltsversicherung ohne Anrechnung (Zusatzsummen-Modell) —— 259
   3. Personal-D&O —— 260
   4. Empfehlung —— 260
   5. Zusammenfassung —— 261
XI. Versicherungssummen —— 262
XII. Bewertung —— 263
C. Die Compliance-Versicherung —— 264
D. Die Cyber-Versicherung —— 265
   I. Eigenschadenversicherung —— 265
   II. Drittschadenversicherung —— 266
E. Die Rechtsschutzversicherung —— 267
   I. Die unternehmensfinanzierte Straf-Rechtsschutzversicherung —— 267
      1. Versicherungsgegenstand —— 267
      2. Versicherte Kosten —— 268
      3. Widerspruchsrecht des Versicherungsnehmers —— 269
   II. Die private Straf-Rechtsschutzversicherung —— 269
   III. Die private Anstellungsvertrags-Rechtsschutzversicherung —— 269
   IV. Bewertung —— 270

Kapitel 10: Arbeitsrecht —— 271

A. Einleitung —— 271
B. Rechtliche Grundlage für Compliance-Systeme —— 272
   I. Arbeitnehmerschutz und Arbeitssicherheit —— 272
      1. Allgemeine Fürsorgepflichten —— 272
      2. Sicherheit und Förderung der Gesundheit —— 273
         a) Arbeitsschutz —— 273
         b) Beschäftigungsverbote —— 274

   c) Arbeitssicherheit —— **275**
   d) Weitere Arbeitsschutz- und Unfallverhütungsnormen —— **275**
  3. Regulierungen der Arbeitszeit durch Gesetz —— **275**
II. Sozialversicherung —— **277**
  1. Abführung der Sozialversicherungsbeiträge —— **277**
  2. Gefahrenquelle Scheinselbstständigkeit —— **278**
  3. Gefahr von Phantomlohn —— **279**
   a) Gängige Ursachen für das Auftreten von Phantomlohn —— **280**
   b) Rechtsfolgen des Phantomlohns —— **282**
III. Arbeitnehmerüberlassung —— **282**
  1. Das Transparenzgebot – Achtung beim Abschluss von Dienst- und Werkverträgen —— **282**
  2. Einführung einer Obergrenze für die Überlassungsdauer – nicht länger als 18 Monate —— **284**
  3. Der Grundsatz „equal-pay" – gleiche Bezahlung nach 9 Monaten —— **285**
IV. Betriebsverfassungsrecht —— **286**
  1. Unmittelbare Bedeutung für Compliance —— **286**
  2. Risikofall Betriebsratsvergütung —— **287**
  3. Mitwirkung bei Compliance-Maßnahmen —— **288**
V. Allgemeines Gleichbehandlungsgesetz (AGG) —— **289**
  1. Telos des AGG und Bedeutung für Compliance —— **289**
  2. Persönlicher Schutzbereich des AGG —— **290**
   a) Geschützte Personen —— **290**
   b) Potenzielle Verantwortliche im Sinne des AGG —— **291**
  3. Sachlicher Schutzbereich des AGG —— **291**
  4. Benachteiligungsformen —— **293**
  5. Ausnahmen vom Benachteiligungsverbot —— **293**
  6. Rechtliche Folgen bei Verstößen gegen das Benachteiligungsverbot durch Arbeitgeber —— **294**
   a) Beschwerderecht —— **294**
   b) Recht zur Leistungsverweigerung —— **294**
   c) Schadenersatz und Entschädigung —— **295**
   d) Anspruch auf Unterlassung und Beseitigung —— **297**
   e) Maßregelungsverbot —— **298**
   f) Informieren von Betriebsrat und Antidiskriminierungsstelle des Bundes —— **298**
   g) Unwirksame Vereinbarungen —— **298**
  7. Organisatorische Pflichten des Arbeitgebers —— **299**
   a) Ausschreibungen von Stellen —— **299**
   b) Schutzmaßnahmen —— **299**
   c) Schulungen —— **299**

d) Beschwerdestelle —— **300**
e) Bekanntmachungspflichten —— **300**
VI. Persönlichkeitsrecht und Datenschutz —— **300**
   1. Richtlinien zu Verhalten bzw. Ethik —— **300**
   2. Datenschutz und E-Mail-Überwachung bei Arbeitnehmern —— **301**
VII. Mindestlohn nach Mindestlohngesetz (MiLoG) —— **302**
   1. Generalunternehmerhaftung für Drittunternehmer —— **303**
   2. Ordnungswidrigkeit Unterschreitung des Mindestlohns —— **304**
   3. Strafbarkeit nach § 266a StGB —— **305**
VIII. Die Arbeitnehmerentsendung im Sinne des Arbeitnehmerentsendegesetzes (AEntG) —— **306**

C. Einführung und Durchsetzung von Compliance-Vorgaben im Unternehmen —— **306**
   I. Einführung mittels Direktionsrecht —— **307**
   II. Einführung mittels Individualvereinbarung —— **308**
   III. Einführung mittels Betriebsvereinbarung —— **310**

Kapitel 11: Datenschutzrechtliche Compliance —— **311**

A. Einleitung —— **311**
B. Allgemeines zur DS-GVO —— **313**
   I. Zentrale Anforderungen an den Verantwortlichen —— **313**
   II. Zentrale Datenschutzprozesse —— **313**
   III. Zentrale Datenschutzstrukturen —— **314**
C. Umsetzung der Datenschutz-Compliance —— **314**
   I. Datenschutzprozesse —— **314**
      1. Rechtskonforme Datenverarbeitung —— **314**
         a) Einhaltung der Datenschutzgrundsätze —— **315**
         b) Rechtmäßigkeit der Verarbeitung aufgrund einer Rechtsgrundlage —— **319**
            aa) Datenverarbeitung aufgrund einer Einwilligung —— **320**
            bb) Einwilligung bei Cookies, Analytics und Tracking —— **321**
         c) Transparenz bei Datenerhebung durch Information der betroffenen Person —— **323**
            aa) Inhalt der Informationspflicht gemäß Art. 13 und 14 DS-GVO —— **323**
            bb) Zeitpunkt der Informationspflicht gemäß Art. 13 und 14 DS-GVO —— **325**
            cc) Form der Informationspflichten gemäß Art. 13 und 14 DS-GVO —— **328**

         d) Sicherheit der Verarbeitung durch Umsetzung geeigneter technischer und organisatorischer Maßnahmen —— **331**
            aa) Vorgaben in Art. 24 und 32 DS-GVO sowie § 19 TTDSG —— **331**
            bb) Datenschutz-Folgenabschätzung —— **332**
         e) Datenschutzkonforme Auftragsverarbeitung —— **334**
         f) Schutzniveau bei Übermittlung in Drittländer —— **335**
         g) Dokumentation der Verarbeitungstätigkeiten —— **335**
      2. Sicherstellung der Rechte betroffener Personen —— **336**
         a) Rechte betroffener Personen im Überblick —— **336**
         b) Umsetzung der Rechte betroffener Personen —— **337**
            aa) Auskunft —— **337**
            bb) Löschung —— **337**
            cc) Datenübertragbarkeit —— **338**
            dd) Widerspruch —— **339**
            ee) Sonstige Rechte —— **341**
      3. Umgang mit Datenschutzverstößen —— **341**
   II. Datenschutzstrukturen —— **342**
      1. Adressaten des Datenschutzrechts —— **342**
      2. Datenschutzziele —— **343**
      3. Datenschutz-Governance-Struktur —— **344**
      4. Datenschutzleitlinie —— **345**
D. Datenschutzdokumentation —— **346**
   I. Dokumentation der Datenverarbeitung —— **346**
   II. Dokumentation der Sicherstellung der Rechte betroffener Personen —— **347**
   III. Dokumentation des Umgangs mit Datenschutzverstößen —— **347**
   IV. Nachweiserbringung durch Verhaltensregeln und Zertifizierungsverfahren —— **348**
   V. Verzeichnis von Verarbeitungstätigkeiten als Dokumentationsgrundlage —— **348**
E. Datenschutzbewusstsein und Schulungen —— **348**
   I. Schulungen als organisatorische Maßnahme —— **349**
   II. Datenschutzbewusstsein —— **349**
   III. Konkrete Maßnahmen —— **349**
F. Überwachung des Datenschutzes und Rechtsfolgen bei Verstößen —— **351**
   I. Aufgaben der Aufsichtsbehörde —— **351**
   II. Befugnisse der Aufsichtsbehörde —— **351**
   III. Anspruch auf Schadenersatz —— **352**

Kapitel 12: Cyberkriminalität und Cybersicherheit —— **354**

A. Vormerkungen —— **354**
B. Cyberkriminalität im engeren Sinne —— **355**

C. Das Lagebild Cyberkriminalität —— 358
   I. Das Lagebild des Bundeskriminalamtes —— 358
   II. Beurteilung der Lage durch Erhebungen von G4C —— 361
D. Häufig anzutreffende Angriffsarten —— 363
   I. Schadsoftware „Emotet" —— 363
   II. Ransomware —— 363
E. Status der Sicherheit in Unternehmen und zunehmende Digitalisierung —— 367
F. Cyber-Abwehr beginnt mit Schulung —— 369
G. Bedrohungsszenarien —— 369
   I. Erscheinungsformen —— 369
   II. Verantwortlichkeiten und Grenzen der Unternehmen —— 370
   III. Sicherheit: aktive und passive Maßnahmen —— 370
H. Ransomware: Unternehmen und Institutionen als Zielscheibe —— 371
   I. Wie gelangt Ransomware in die Unternehmen? —— 371
   II. Fatale Folgen —— 372
   III. Neue Gefahren durch gezielte Angriffe —— 372
   IV. Wie gehen die Täter vor? —— 373
   V. Varianten der Vollverschlüsselung einschließlich Backups —— 373
   VI. Welche Maßnahmen schützen effektiv vor Infektionen mit Ransomware? —— 374
   VII. Welche Maßnahmen können einer gezielten Datenvernichtung vorbeugen? —— 375
   VIII. Aufbau eines Systems zur Notfallplanung und Krisenvorsorge —— 377
   IX. Wie können Unternehmen für eine Früherkennung sorgen? —— 378
   X. Wie ist zu handeln, wenn der Ernstfall eintritt? —— 379
   XI. Lösegeld: Wie sollten Unternehmen sich verhalten? —— 381
I. Recherchenetzwerk als nationales und internationales Informationssystem (PASCAL – Prävention & Analyse System Cyber Angriff und Lage) —— 383
J. Schlussbemerkungen —— 385

Kapitel 13: Kartellrecht —— 386

A. Überblick —— 386
B. Bedeutung des Kartellrechts am Beispiel der Energiewirtschaft —— 386
C. Die Motivation kartellrechtlicher Compliance —— 390
D. Ziele kartellrechtlicher Compliance —— 392
E. Grundzüge: Was ist Kartellrecht? Wozu dient es? Was verbietet es? Wen betrifft es? —— 392
   I. Allgemeines —— 393
   II. Das Kartellverbot —— 395
   III. Die Missbrauchsverbote —— 397
   IV. Die Fusionskontrolle —— 400

V. Praxisrelevante Fälle von Kartellverstößen —— 405
    1. Klassische Kartellabsprachen im Sinne des § 1 GWB —— 405
    2. Informationsaustausch —— 407
    3. Gestaltung von Verträgen, z. B. langfristige Bezugsbindungen —— 408
    4. Verstöße gegen kartellrechtliche Missbrauchsverbote —— 410
    5. Verstöße gegen Fusionskontrollvorschriften —— 411
VI. Welche Unternehmensbereiche/Personen sind betroffen/gefährdet? —— 412
    1. Unternehmensleitung —— 412
    2. Handel/Vertrieb —— 413
    3. Vertragsmanagement —— 413

F. Zu den Folgen von Kartellverstößen: Was passiert bei Verstößen gegen das Kartellrecht? —— 413
  I. Ermittlungs-, Auskunfts- und Beschlagnahmebefugnisse —— 414
  II. Abstellungsverfügungen und einstweilige Maßnahmen —— 417
  III. Verhängung von Bußgeldern —— 418
    1. Bußgelder gegen Unternehmen —— 419
        a) Bußgeldbemessung —— 419
        b) Steuerliche Behandlung von Bußgeldern —— 421
    2. Bußgelder gegen natürliche Personen —— 421
        a) Bußgeldbemessung —— 421
        b) Versicherungsrechtliche Behandlung von Bußgeldern —— 422
  IV. Vorteilsabschöpfung durch die Kartellbehörden oder durch Verbände —— 422
  V. Schadensersatz- und Unterlassungsansprüche der Betroffenen nach dem GWB —— 423
    1. Private Kartellverfolgung —— 423
    2. Bindungswirkung kartellbehördlicher Entscheidungen —— 425
    3. Verweis auf Möglichkeiten der Schadensabwälzung im Rahmen der Schadenermittlung (Passing-on-Defense) und Ansprüche indirekter Abnehmer —— 426
    4. Kausalität in sog. Umbrella-Pricing-Fällen —— 427
    5. Die Verjährung kartellrechtlicher Schadensersatzansprüche —— 428
    6. Persönliche Haftung von Geschäftsführern bzw. Unternehmensverantwortlichen —— 429
  VI. Weitere Konsequenzen —— 430
    1. Zivilrechtliche Unwirksamkeit kartellrechtswidriger Rechtsgeschäfte —— 430
    2. Gesellschafts- und arbeitsrechtliche Konsequenzen —— 431

G. Hinweise zur kartellrechtlichen Compliance —— 432
  I. Ausgangspunkt: Bestandsaufnahme und Risikobewertung —— 432
    1. Reaktionsmöglichkeiten bei festgestellten Zuwiderhandlungen —— 433
        a) Der Kartellverstoß wird bislang kartellbehördlich nicht verfolgt —— 433
        b) Der Kartellverstoß wird bereits kartellbehördlich verfolgt —— 434

2. Bestimmung des relevanten Personenkreises und der wesentlichen Inhalte einer Kartellrechts-Compliance —— 435
II. Kartellrechts-Compliance als Aufgabe der Leitungsebene —— 435
III. Information und Schulung von Mitarbeitern —— 436
IV. Erstellung von Richtlinien bzw. Checklisten —— 436
V. Organisatorische Vorkehrungen zur Überwachung —— 437
VI. Dokumentation —— 438
VII. Umgang mit kartellrechtlich sensiblen Unterlagen —— 439
1. Korrespondenz mit einem externen Anwalt —— 439
2. Korrespondenz mit Syndikusanwälten —— 440

Kapitel 14: Energiewirtschaftsrecht und Entflechtungsvorgaben —— 441

A. Entflechtungsvorgaben des EnWG —— 441
   I. Überblick —— 441
      1. Europarechtliche Grundlagen und die Umsetzung im EnWG —— 441
      2. Gesetzliche Ziele der Entflechtungsvorgaben —— 442
      3. Stufenfolge der und Ausnahmen von den Entflechtungsvorgaben —— 442
      4. Auslegung und Konkretisierung der Entflechtungsvorgaben —— 444
      5. Weiterentwicklung der Entflechtungsvorgaben auf europäischer Ebene —— 445
   II. Vertraulichkeitsvorgaben —— 446
      1. Ziele des § 6a EnWG —— 446
      2. Vertraulichkeitsgebot, § 6a Abs. 1 EnWG —— 447
         a) Welche Unternehmen sind verpflichtet? —— 447
         b) Umfang der Verpflichtung —— 447
         c) Sicherstellung der Vertraulichkeit im Unternehmen —— 449
      3. Verpflichtung zur nichtdiskriminierenden Offenlegung, § 6a Abs. 2 EnWG —— 451
         a) Welche Unternehmen sind verpflichtet? —— 451
         b) Umfang der Verpflichtung —— 451
         c) Sicherstellung der nichtdiskriminierenden Offenlegung —— 451
      4. Festlegungen der BNetzA (insbes. GPKE, GeLi Gas) —— 452
      5. Dokumentation der Geschäftsprozesse —— 453
   III. Buchhalterische Entflechtung —— 454
      1. Ziele des § 6b EnWG —— 454
      2. Umfang der Verpflichtung —— 455
   IV. Rechtliche und operationelle Entflechtung —— 458
      1. Rechtliche Entflechtung —— 458
         a) Inhalt der Verpflichtung —— 458

            b) Energierechtliche Umsetzung —— **459**
            c) Arbeitsrechtliche Umsetzung —— **461**
        2. Operationelle Entflechtung —— **462**
            a) Bestimmungen zur „personellen Entflechtung" —— **463**
            b) Auslegungsverständnis der Regulierungsbehörden —— **465**
            c) Kommunikationsverhalten und Markenpolitik —— **467**
            d) Gleichbehandlungsmanagement —— **468**
        3. Ausnahmeregelung: De-minimis-Unternehmen —— **469**
    B. Zusätzliche grundlegende Verpflichtungen des Energiewirtschaftsrechts —— **471**
    C. Checkliste —— **473**
        I. Entflechtungsvorgaben —— **473**
            1. Vertraulichkeit, § 6a EnWG —— **473**
            2. Buchhalterische Entflechtung, § 6b EnWG —— **473**
            3. Rechtliche Entflechtung, § 7 EnWG —— **474**
            4. Operationelle Entflechtung, § 7a EnWG —— **474**
        II. Energiewirtschaftsrecht —— **474**

Kapitel 15: Tax-Compliance-Management-System —— **476**

A. Einleitung —— **476**
B. Rechtsrahmen für die Ausgestaltung eines Tax CMS —— **477**
    I. § 153 AO —— **477**
    II. Schreiben des BMF vom 23.5.2016 —— **477**
    III. Verlautbarungen des Instituts der Wirtschaftsprüfer —— **479**
    IV. Rechtsprechung des Bundesgerichtshofs in Strafsachen —— **481**
    V. Entscheidung des OLG Nürnberg in Zivilsachen —— **481**
    VI. Neu: § 38 EGAO, Erprobung alternativer Prüfungsmethoden —— **483**
C. Herausbildung einer Best Practice —— **483**
    I. Überlegungen zur Ausgestaltung eines Tax CMS —— **484**
    II. Steuerliche Pflichten —— **485**
    III. Managementsystem —— **485**
        1. Verantwortung und Zuweisung von Rollen —— **486**
        2. Umfang —— **486**
        3. Berichterstattung —— **487**
        4. Inhalt der Berichterstattung —— **488**
        5. Risiko-Kontrollmatrix —— **488**
        6. Überwachung und Verbesserung —— **489**
        7. Revisionssicheres System —— **489**
    IV. Status quo bei der Umsetzung von Tax CMS —— **489**
    V. Zusammenfassung —— **491**
D. Ausblick —— **492**

Kapitel 16: Strom- und energiesteuerrechtliche Compliance —— 493

- A. Einführung —— 493
- B. Steuerliche Pflichten, Überwachung und Sanktionen —— 493
- C. Systematischer Überblick —— 496
- D. Stromsteuerrecht —— 497
    - I. Übersicht zum StromStG —— 499
    - II. Besteuerung des Stroms —— 499
        1. Steuerentstehung —— 499
        2. Steuerschuldner —— 500
        3. Versorgererlaubnis —— 501
        4. Pflichten des Versorgers —— 502
        5. Stromsteueranmeldung —— 502
    - III. Entnahme steuerbefreiten oder steuerbegünstigten Stroms und Steuerentlastung —— 504
        1. Entnahme steuerbefreiten oder steuerbegünstigten Stroms —— 504
            - a) Beantragung und Erteilung der Erlaubnis —— 504
            - b) Pflichten des Erlaubnisinhabers —— 505
        2. Stromsteuerbefreiungen —— 506
            - a) Strom aus erneuerbaren Energieträgern —— 506
            - b) Strom zur Stromerzeugung —— 507
            - c) Dezentrale Stromerzeugung und -versorgung —— 508
        3. Steuerentlastung für Unternehmen des Produzierenden Gewerbes —— 509
            - a) Unternehmen des Produzierenden Gewerbes —— 510
            - b) Stromentnahme zu betrieblichen Zwecken —— 511
            - c) Nutzenergie-Lieferung —— 512
            - d) Allgemeine Entlastung —— 512
        4. Spitzenausgleich —— 512
    - IV. Übersicht der wichtigsten Fristen aus dem Stromsteuerrecht —— 513
- E. Energiesteuerrecht —— 514
    - I. Besteuerung von Erdgas —— 514
        1. Steuertarife —— 515
        2. Steuerentstehung („Entnahme zum Verbrauch") —— 515
        3. Keine Steuerentstehung bei anschließender steuerfreier Verwendung —— 517
        4. Steuerschuldner —— 517
        5. Anmeldung als Lieferer —— 517
        6. Pflichten des Lieferers —— 518
        7. Erdgassteueranmeldung —— 519
    - II. Steuerentlastungen —— 520
        1. Formelle Voraussetzungen der Steuerentlastungen —— 520
        2. Energiesteuerentlastungen im Einzelnen —— 521
            - a) Keine Verwendung als Kraft- oder Heizstoff —— 521

            b) Begünstigte Prozesse und Verfahren —— 521
                aa) Allgemeine Voraussetzungen —— 522
                bb) Mineralogische Verfahren —— 522
                cc) Verfahren der Metallerzeugung und -bearbeitung —— 523
                dd) Chemisches Reduktionsverfahren —— 523
                ee) Zweierlei Verwendungszweck (Dual Use) —— 523
            c) Thermische Abfall- und Abluftbehandlung —— 524
            d) Stromerzeugung und Kraft-Wärme-Kopplung —— 525
            e) Energieeinsatz in (hocheffizienten) KWK-Anlagen —— 526
            f) Begünstigung von Unternehmen des Produzierenden Gewerbes —— 528
                aa) Allgemeine Steuerentlastung —— 528
                bb) Spitzenausgleich —— 528
    III. Exkurs: Biogas —— 529
        1. Steuerentstehung —— 529
        2. Steuerbegünstigung von Biogas —— 530
    IV. Übersicht der wichtigsten Fristen aus dem Energiesteuerrecht —— 531
F. Beihilfenrechtliche Pflichten —— 531
    I. Energiesteuer- und Stromsteuer-Transparenzverordnung (EnSTransV) —— 531
    II. Selbsterklärung zu staatlichen Beihilfen (Formular 1139) —— 532

Kapitel 17: Gesellschaftsrechtliche Compliance —— 533

A. Systematischer Überblick —— 533
B. Pflichten der Unternehmensleitung —— 534
    I. Organisationspflichten —— 535
        1. Beachtung des Unternehmensgegenstandes —— 536
        2. Wahrung der Kompetenzordnung —— 536
        3. Organisationsverantwortung —— 539
        4. Besondere Legalitätspflichten —— 539
    II. Informations- und Berichtspflichten —— 540
        1. Berichtspflichten gegenüber dem Aufsichtsrat —— 541
        2. Berichtspflichten gegenüber den Anteilseignern —— 541
        3. Offenlegungspflichten gegenüber der Allgemeinheit —— 542
        4. Whistleblowing —— 543
    III. Unternehmensstrategie – unternehmerisches Ermessen —— 543
    IV. Planung und Finanzierung —— 546
        1. Planungs- und Finanzverantwortung —— 546
        2. Insolvenzantragspflicht —— 547
    V. Treuepflichten —— 548
        1. Begriff und Fallgruppen —— 548

            2. Insbesondere: Wettbewerbsverbote —— 549
            3. Pflicht zur Verschwiegenheit —— 550
        VI. Besonderheiten für den GmbH-Geschäftsführer —— 553
        VII. Verbundene Unternehmen —— 554
C. Pflichten des Aufsichtsorgans —— 555
        I. Bildung eines Aufsichtsorgans – Arten —— 555
        II. Persönliche Eignung —— 556
        III. Überwachungspflicht —— 557
            1. Aufgabendelegation und Organverantwortung —— 557
            2. Insbesondere: Prüfungsausschuss —— 559
            3. Gegenstand der Überwachung und Informationspflicht —— 559
            4. Überwachungsmittel —— 561
            5. Erfüllung der Überwachungsaufgabe —— 561
        IV. Weitere Pflichten des Aufsichtsrates —— 563
            1. Einberufung der Hauptversammlung (§ 111 Abs. 3 AktG) —— 563
            2. Berichts-, Prüfungs- und Mitwirkungspflichten —— 563
            3. Zustimmungsvorbehalte nach § 111 Abs. 4 AktG —— 564
        V. Treue- und Verschwiegenheitspflicht —— 567
            1. Loyalität und Bindung an das Unternehmensinteresse —— 567
            2. Inhalt der Verschwiegenheitspflichten —— 567
        VI. Fakultativer Aufsichtsrat in der GmbH —— 570
        VII. Besonderheiten bei kommunalen Gesellschaften —— 570

Kapitel 18: Marktmissbrauchsrecht und Compliance —— 572

A. Überblick —— 572
        I. Kapitalmarktrechtliches Marktmissbrauchsrecht —— 572
        II. Das Analogon im Energierecht: die REMIT —— 574
            1. Überblick —— 574
            2. REMIT-Betroffenheit —— 575
B. Insiderrecht —— 576
        I. Überblick —— 576
        II. Insiderinformation —— 576
            1. Konkrete Information —— 577
            2. Nicht öffentlich bekannte Information —— 578
            3. Emittenten- oder Insiderpapier-Bezug —— 579
            4. Eignung zur erheblichen Kursbeeinflussung —— 579
            5. Beispiele —— 580
            6. Exkurs —— 582

III. Insiderpapiere —— 582
   1. Finanzinstrumente —— 582
   2. Derivate —— 583
IV. Insiderhandelsverbot —— 583
   1. Tathandlungen —— 583
   2. Handelsverbot (Nr. 1) —— 584
   3. Weitergabeverbot (Nr. 3) —— 585
   4. Empfehlungs- bzw. Verleitungsverbot (Nr. 2) —— 586
V. Insiderrecht im Bereich der Energiegroßhandelsprodukte —— 586
   1. Überblick und Anwendungsbereich —— 586
   2. Insiderinformation und Insiderhandelsverbote —— 587
   3. Praktischer Umgang im Unternehmen —— 589
C. Recht der Marktmanipulation —— 590
   I. Überblick —— 590
   II. Informationsgestützte Manipulationen —— 591
      1. Tatbestand —— 591
      2. Machen unrichtiger oder irreführender Angaben —— 591
      3. Verschweigen —— 592
   III. Handelsgestützte Manipulationen —— 593
      1. Tatbestand —— 593
      2. Anzeichen nach der MaKonV —— 594
      3. Beispiele nach der MaKonV —— 595
   IV. Sonstige Täuschungshandlungen —— 596
      1. Tatbestand —— 596
      2. Beispiele nach der MaKonV —— 596
   V. Marktmanipulation im Bereich der Energiegroßhandelsprodukte —— 597
D. Untersuchung und Sanktionen von Marktmissbrauch —— 599

Kapitel 19: Public Corporate Governance Kodex —— 602

A. Überblick —— 602
B. Grundlagen und Struktur —— 604
   I. Novelle des PCGK —— 604
   II. Weitere Quellen —— 605
   III. Ziele und Regelungstechnik —— 606
   IV. Anwendungsbereich —— 608
C. Vorgaben für die Geschäftsleitung —— 609
   I. Leitungsaufgabe —— 609
   II. Vergütung —— 610
   III. Interessenkonflikte —— 612
   IV. Nachhaltigkeit —— 613

D. Aufsicht und Zusammenarbeit der Organe —— 614
   I. Überblick —— 614
   II. Aufsicht in Unternehmen des Bundes —— 614
   III. Zusammensetzung und Interessenkonflikte —— 615
E. Empfehlungen an die Anteilseigner —— 616
F. Transparenz und Rechnungslegung —— 617
   I. Jährlicher Bericht —— 617
   II. Rechnungslegung —— 618
   III. Abschlussprüfung —— 619
G. Vergleichbare Regelungen —— 619
   I. Kodizes auf Landesebene —— 620
   II. Kodizes auf kommunaler Ebene —— 622
   III. Entsprechende Regelungen —— 623
H. Ausblick und aktuelle Entwicklung —— 623

Kapitel 20: Strafrecht —— 626

A. Überblick —— 626
B. Vorteilsannahme und Vorteilsgewährung gegenüber Amtsträgern —— 627
   I. Tatbestandsvoraussetzungen —— 628
      1. Amtsträger —— 628
      2. Vorteil —— 631
      3. Unrechtsvereinbarung —— 633
      4. Vorsatz —— 635
   II. Handlungsempfehlung —— 635
C. Bestechlichkeit und Bestechung im geschäftlichen Verkehr —— 637
   I. Tatbestandsvoraussetzungen —— 638
      1. Allgemeines —— 638
      2. Unlautere Bevorzugung im Wettbewerb
         (§ 299 Abs. 1 Nr. 1 und Abs. 2 Nr. 1 StGB) —— 640
      3. Pflichtverletzung gegenüber dem Unternehmen
         (§ 299 Abs. 1 Nr. 2 und Abs. 2 Nr. 2 StGB) —— 642
      4. Vorsatz —— 642
   II. Handlungsempfehlung —— 643
D. Wettbewerbsbeschränkende Absprache bei Ausschreibungen —— 644
   I. Tatbestand —— 645
      1. Ausschreibung über Waren oder gewerbliche Leistung —— 645
      2. Rechtswidrige Absprache —— 645
      3. Abgeben eines Angebotes als strafbare Tathandlung —— 645
   II. Handlungsempfehlung —— 648

- E. Steuerliche Auswirkungen von Zuwendungen —— **648**
  - I. Auswirkungen für den Zuwendenden —— **648**
  - II. Auswirkungen für den Zuwendungsempfänger —— **649**
- F. Untreue —— **650**
  - I. Tatbestandsvoraussetzungen —— **651**
    1. Missbrauch —— **651**
    2. Treuebruch —— **651**
    3. Pflichtwidrigkeit (Verletzung der Vermögensbetreuungspflicht) —— **653**
    4. Einverständnis des Vermögensinhabers —— **654**
    5. Vermögensnachteil —— **656**
    6. Vorsatz —— **657**
  - II. Praxisrelevante Fallgruppen der Untreue —— **657**
    1. Sponsoring —— **657**
    2. Schmiergeldzahlungen —— **659**
    3. Schwarze Kassen —— **661**
    4. Risikogeschäfte —— **662**
    5. Untreue im Konzern —— **665**
    6. Untreue durch Aufsichtsratsmitglieder —— **666**
    7. Haushaltsuntreue —— **667**
  - III. Handlungsempfehlung —— **668**
- G. Strafbarkeit des Compliance-Officers —— **669**
- H. Steuerstrafrecht —— **670**
  - I. Überblick —— **670**
  - II. Materielles Steuerstrafrecht —— **673**
    1. Der Tatbestand der Steuerhinterziehung —— **673**
        - a) Steuerhinterziehung durch aktives Tun —— **674**
            - aa) Falsche Angaben über Tatsachen (Abs. 1 Nr. 1) —— **674**
            - bb) Abgrenzung zu Rechtsauffassungen —— **676**
            - cc) Keine Beweislast des Erklärenden —— **676**
            - dd) Steuerberater —— **677**
        - b) Steuerhinterziehung durch Unterlassen —— **678**
            - aa) Erklärungspflichtiger —— **678**
            - bb) Berichtigungspflicht —— **679**
        - c) Steuerverkürzung —— **680**
            - aa) Allgemeines —— **680**
            - bb) Steuerverkürzung auf Zeit —— **680**
            - cc) Ungerechtfertigter Steuervorteil —— **681**
            - dd) Ermittlung des Steuerschadens —— **682**
            - ee) Kompensationsverbot —— **682**
    2. Der subjektive Tatbestand der Steuerhinterziehung —— **684**
    3. Versuchte Steuerhinterziehung —— **686**

4. Rechtsfolgen der Steuerhinterziehung —— 687
   a) Kriminalstrafe —— 687
   b) Verfahrenseinstellung —— 689
   c) Strafbefehl —— 690
   d) Bußgeldrechtliche Sanktionen —— 691
   e) Vermögensabschöpfung —— 693
   f) Steuerrechtliche Konsequenzen —— 695
5. Sonstige Steuerstraftatbestände/Steuerordnungswidrigkeiten —— 696
6. Selbstanzeige —— 698
   a) Positive Voraussetzungen für die Wirksamkeit einer Selbstanzeige —— 699
   b) Ausschluss der Wirksamkeit einer Selbstanzeige —— 700
I. Steuerstrafverfahren —— 704
   I. Allgemeine Hinweise —— 704
   II. Einzelheiten des Verfahrens —— 705
      1. Kein Zwang zur Mitwirkung nach Einleitung eines Strafverfahrens —— 706
      2. Strafprozessuale Zwangsmaßnahmen —— 707
      3. Verhaltensempfehlungen —— 709

Kapitel 21: Ausblick —— 714

Register —— 716

Abkürzungsverzeichnis

%	Prozent
§/§§	Paragraf/en
€	Euro
$	Dollar
µ	Erwartungswert
µ$_v$	Mittelwert der Standardnormalverteilung
σ	Standardabweichung
β	Maß für das relative systematische Risiko
a.A.	anderer Ansicht
a.F.	alte Fassung
Abb.	Abbildung
abgedr.	abgedruckt
ABl EG	Amtsblatt der Europäischen Gemeinschaft
ABl EU	Amtsblatt der Europäischen Union
Abs.	Absatz
Abschn.	Abschnitt
ACER	Agency for the Cooperation of Energy Regulators
AEAO	Anwendungserlass-Abgabenordnung
AEntG	Arbeitnehmer-Entsendegesetz
AEUV	Vertrag über die Arbeitsweise der Europäischen Union
AfA	Absetzung für Abnutzung
AG	Amtsgericht, Aktiengesellschaft, Aktiengesellschaft (Zeitschrift)
AGB	Allgemeine Geschäftsbedingungen
AGG	Allgemeines Gleichbehandlungsgesetz
AktG	Aktiengesetz
Anh.	Anhang
Anm.	Anmerkung
AO	Abgabenordnung
APT	Advanced Persistent Threats
ARAG	Allgemeine Rechtsschutz-Versicherung-AG
ArbG	Arbeitsgericht
ArbGG	Arbeitsgerichtsgesetz
ArbR	Arbeitsrecht
ArbSchG	Arbeitsschutzgesetz
ArbStättV	Arbeitsstättenverordnung
ArbZG	Arbeitszeitgesetz
ARegV	Anreizregulierungsverordnung
Art.	Artikel
ARUG	Aktionärsrechterichtlinie
AS	Australian Standard
ASiG	Arbeitssicherheitsgesetz
AT	Allgemeiner Teil
AT-Angestellter	außertariflicher Angestellter
AtG	Atomgesetz
AUB	Arbeitsgemeinschaft unabhängiger Betriebsangehöriger
Aufl.	Auflage

AÜG	Arbeitnehmerüberlassungsgesetz
Ausf.	Ausfertigung
AVB-Vermögen	Allgemeine Versicherungsbedingungen zur Haftpflichtversicherung für Vermögensschäden
AVBWasserV	Verordnung über Allgemeine Bedingungen für die Versorgung mit Wasser
Az.	Aktenzeichen
BA	Bankenaufsicht
BaFin	Bundesanstalt für Finanzdienstleistungsaufsicht
BAG	Bundesarbeitsgericht
BAnz	Bundesanzeiger
Bay	Bayern
BayernLB	Bayerische Landesbank
BayObLG	Bayerisches Oberstes Landesgericht
BB	Betriebs-Berater (Zeitschrift)
Bbg	Brandenburg
BBiG	Berufsbildungsgesetz
BC	Zeitschrift für Bilanzierung, Rechnungswesen und Controlling (Zeitschrift)
Bd.	Band
BDCO	Bundesverband Deutscher Compliance-Officer
BDEW	Bundesverband der Energie- und Wasserwirtschaft e.V.
BDI	Bundesverband der Deutschen Industrie e.V.
BDSG	Bundesdatenschutzgesetz
BeckOK	Beck'scher Online-Kommentar
BeckRS	Beck-Rechtsprechung
Begr.	Begründung
Bek.	Bekanntmachung
ber.	berichtigt
Beschl.	Beschluss
BetrAVG	Betriebsrentengesetz
BetrVG	Betriebsverfassungsgesetz
BfDi	Bundesbeauftragter für den Datenschutz und die Informationsfreiheit
BFH	Bundesfinanzhof
BFHE	Entscheidungen des Bundesfinanzhofs
BGB	Bürgerliches Gesetzbuch
BGBl. I/II	Bundesgesetzblatt Teil 1/Teil 2
BGH	Bundesgerichtshof
BGHSt	Entscheidungen des Bundesgerichtshofs in Strafsachen
BGHZ	Entscheidungen des Bundesgerichtshofs in Zivilsachen
BHKW	Blockheizkraftwerk
BHO	Bundeshaushaltsordnung
BilMoG	Bilanzrechtsmodernisierungsgesetz
BilRUG	Bilanzrichtlinie-Umsetzungsgesetz
BImSchG	Bundes-Immissionsschutzgesetz
BKA	Bundeskriminalamt
BKartA	Bundeskartellamt
BKR	Zeitschrift für Bank- und Kapitalmarktrecht (Zeitschrift)
BMAS	Bundesministerium für Arbeit und Soziales
BMEL	Bundesministerium für Ernährung und Landwirtschaft

BMF	Bundesministerium der Finanzen
BMJ	Bundesministerium der Justiz
BMJV	Bundesministerium der Justiz und für Verbraucherschutz
BMWK	Bundesministerium für Wirtschaft und Klimaschutz
BNetzA	Bundesnetzagentur
BörsG	Börsengesetz
Brbg	Brandenburg
BS WP/vBP	Berufssatzung für Wirtschaftsprüfer/vereidigte Buchprüfer
BSG	Bundessozialgericht
BSI	Bundesamt für Sicherheit in der Informationstechnik
bspw.	beispielsweise
BSR	Berliner Stadtreinigung
BStBl.	Bundessteuerblatt
BT	Bundestag
BT-Drucks.	Bundestags-Drucksache
BUrlG	Bundesurlaubsgesetz
BuStra	Bußgeld- und Strafsachenstelle
BVerfG	Bundesverfassungsgericht
BVerfGE	Entscheidungen des Bundesverfassungsgerichts
BYOD	Bring Your Own Device
bzgl.	bezüglich
bzw.	beziehungsweise
CAPM	Capital Asset Pricing Model
CB	Compliance Berater (Zeitschrift)
CBCI	Center for Business Compliance & Integrity
CCO	Chief Compliance Officer
CCZ	Corporate Compliance Zeitschrift (Zeitschrift)
CD	Compact Disc
CEBS	Committee of European Banking Supervisors
CEO	Chief Executive Officer
CERT	Computer Emergency Response Team für Bundesbehörden
CGO	Chief Governance Officer
CMS	Compliance-Management-System
CO_2	Kohlenstoffdioxid
Co.	Compagnie
COSO	Committee of Sponsoring Organizations of the Treadway Commission
CP	Consultation Paper on the Guidebook in Internal Governance
CRD	Capital Requirements Directive
CRS	Common Reporting Standard
CSO	Chief Security Officer
CSR	Corporate Social Responsibility
CuR	Contracting und Recht (Zeitschrift)
d.h.	das heißt
D&O-Versicherung	Directors-and-Officers-Versicherung
D-PCGM	Deutscher Public Corporate Governance-Musterkodex
DB	Der Betrieb (Zeitschrift)
DCGK	Deutscher Corporate Governance Kodex

DDoS	Distributed Denial of Service
ders./dies.	derselbe/dieselbe
diesbzgl.	diesbezüglich
DIN	Deutsches Institut für Normung
DM	Deutsche Mark
DNA	diskriminierungsanfällige Netzbetreiberaufgabe
DoS	Denial of Service
DÖV	Die Öffentliche Verwaltung (Zeitschrift)
DuD	Zeitschrift für Datenschutz und Datensicherheit
DrittelbG	Drittelbeteiligungsgesetz
DSFA	Datenschutz-Folgenabschätzung
DSG-VO	Datenschutzgrundverordnung
DStR	Deutsches Steuerrecht (Zeitschrift)
DStRE	Deutsches Steuerrecht Entscheidungsdienst
DV	Delegierte Verordnung, Dienstvorschrift
E&M	Energie & Management (Zeitschrift)
e|m|w	Zeitschrift für Energie, Markt, Wettbewerb (Zeitschrift)
e.V.	eingetragener Verein
EBA	European Banking Authority
EBIT	earnings before interest and taxes
ECGI	European Corporate Governance Institute
ECN	European Competition Network
EDIFACT	Electronic Data Interchange For Administration, Commerce and Transport
EDV	elektronische Datenverarbeitung
EEG	Erneuerbare-Energien-Gesetz
EEX	European Energy Exchange
EFG	Entscheidungen der Finanzgerichte
EG	Europäische Gemeinschaft
EGMR	Europäischer Gerichtshof für Menschenrechte
Einf.	Einführung
EK	Eigenkapital (zu Marktwerten)
EltRL	Elektrizitätsbinnenmarktrichtlinie
EMAS	Eco-Management and Audit Scheme
EN	Europäische Norm
EnBW	Energie Baden-Württemberg AG
endg.	endgültig
EnergieStG	Energiesteuergesetz
EnergieSt-RL	Energiesteuer-Richtlinie
EnergieStV	Energiesteuer-Durchführungsverordnung
engl.	englisch
ENISA	European Union Agency for Cybersecurity
EnSTransV	Energiesteuer- und Stromsteuer-Transparenzverordnung
EntgFG	Entgeltfortzahlungsgesetz
Entsch.	Entscheidung
EnWG	Energiewirtschaftsgesetz
EnWZ	Zeitschrift für das gesamte Recht der Energiewirtschaft (Zeitschrift)
ErfK	Erfurter Kommentar zum Arbeitsrecht
ERGEG	European Regulators' Group for Electricity and Gas

Erl.	Erlass
ERM	Enterprise Risk Management
ESMA	European Securities and Markets Authority
EStG	Einkommensteuergesetz
EStR	Einkommensteuer-Richtlinie
ET	Energiewirtschaftliche Tagesfragen (Zeitschrift)
etc.	et cetera
EU	Europäische Union
EuG	Europäisches Gericht
EuGH	Europäischer Gerichtshof
EuZW	Europäische Zeitschrift für Wirtschaftsrecht (Zeitschrift)
EVU	Energieversorgungsunternehmen
EW	Risikoerwartungswert
EWG	Europäische Wirtschaftsgemeinschaft
EWiR	Entscheidungen zum Wirtschaftsrecht (Zeitschrift)
EWR	Europäischer Wirtschaftsraum
f./ff.	folgend/fortfolgend
FAZ	Frankfurter Allgemeine Zeitung (Zeitung)
fCF_t	Free Cash Flow der Periode t
FG	Finanzgericht
FiMaNoG	Finanzmarktnovellierungsgesetz
FinDAG	Finanzdienstleistungsaufsichtsgesetz
FK	Fremdkapital (zu Marktwerten)
FK_M	Fremdkapital zu Marktwerten
FKAustG	Gesetz zum automatischen Austausch von Informationen über Finanzkonten in Steuersachen (Finanzkonten-Informationsaustauschgesetz)
FKVO	Fusionskontrollverordnung
Fn	Fußnote
FR	Frankfurter Rundschau
FS	Festschrift
FVG	Finanzverwaltungsgesetz
G20	Gruppe der Zwanzig
G4C	German Competence Centre against Cyber Crime e. V.
GABi Gas	Festlegung zum Grundmodell für Ausgleichsleistungen und Bilanzierungsregel im Gassektor
GasGVV	Verordnung über Allgemeine Bedingungen für die Grundversorgung von Haushaltskunden und die Ersatzversorgung mit Gas aus dem Niederdrucknetz
GasNEV	Gasnetzentgeltverordnung
GasNZV	Gasnetzzugangsverordnung
GasRL	Gasbinnenmarktrichtlinie
Gbit/s	Gigabit pro Sekunde
GBl.	Gemeindeblatt
GbR	Gesellschaft des bürgerlichen Rechts
GDPR	General Data Protection Regulation
GDV	Gesamtverband der deutschen Versicherungswirtschaft
GeLi Gas	Geschäftsprozesse Lieferantenwechsel Gas
gem.	gemäß

GemO	Gemeindeordnung
GeschGehG	Gesetz zum Schutz von Geschäftsgeheimnissen
GewO	Gewerbeordnung
GewStG	Gewerbesteuergesetz
GG	Grundgesetz
ggf.	gegebenenfalls
ggü.	gegenüber
GK	Gesamtkapital
GmbH	Gesellschaft mit beschränkter Haftung
GmbH & Co. KG	Gesellschaft mit beschränkter Haftung & Compagnie Kommanditgesellschaft
GmbHG	GmbH-Gesetz
GmbHR	GmbH-Rundschau (Zeitschrift)
GO	Gemeindeordnung
GPKE	Geschäftsprozesse zur Kundenbelieferung mit Elektrizität
GRC-Management	Governance Risk und Compliance Management
GroßKommAktG	Großkommentar Aktiengesetz
GV NRW	Gesetz- und Verordnungsblatt Nordrhein-Westfalen
GVBl.	Gesetz- und Verordnungsblatt
GVO	Gruppenfreistellungsverordnung
GWB	Gesetz gegen Wettbewerbsbeschränkungen
GwG	Geldwäschegesetz
GWh	Gigawattstunde
GWh/a	Gigawattstunde pro Jahr
GWR	Gesellschafts- und Wirtschaftsrecht (Zeitschrift)
GZ	Geschäftszeichen
GZD	Generalzolldirektion
h.M.	herrschende Meinung
HBEnWR	Handbuch zum Recht der Energiewirtschaft
HCGK	Hamburger Corporate Governance Kodex
HdbVorstandR	Handbuch des Vorstandsrechts
HeidelbergerKomm	Heidelberger Kommentar
HGB	Handelsgesetzbuch
HGO	Hessische Gemeindeordnung
HGrG	Haushaltsgrundsätzegesetz
HGV	Hamburger Gesellschaft für Vermögens- und Beteiligungsmanagement
HinGebSchG	Hinweisgeberschutzgesetz
Hs.	Halbsatz
HSH Nordbank	Hamburgisch-Schleswig-Holsteinische Nordbank
i.A.	im Auftrag
i.d.F.	in der Fassung
i.d.R.	in der Regel
i.e.S.	im engeren Sinn
i.H.v.	in Höhe von
i.S.d.	im Sinne des
i.S.v.	im Sinne von
i.V.m.	in Verbindung mit
ICC	International Chamber of Commerce

ID	Identität	
IDW	Institut der Wirtschaftsprüfer	
IFG	Informationsfreiheitsgesetz	
IKS	Internes Kontrollsystem	
inkl.	inklusive	
insb.	insbesondere	
InsO	Insolvenzordnung	
InvG	Investmentgesetz	
IOCs	Indicators of Compromise	
iOS	Internetwork Operating System	
IoT	Internet of Things	
IP	Intellectual Property	
IR	InfrastrukturRecht (Zeitschrift)	
ISO	Independent System Operator, International Organization for Standardization	
IStR	Internationales Steuerrecht (Zeitschrift)	
IT	Informationstechnik	
ITO	Independent Transmission Operator	
JArbSchG	Jugendarbeitsschutzgesetz	
JuS	Juristische Schulung (Zeitschrift)	
JZ	JuristenZeitung (Zeitschrift)	
k_{EK}	Eigenkapitalkosten	
k_{FK}	Fremdkapitalkosten	
Kap.	Kapitel	
KarlsruherKomm	Karlsruher Kommentar	
KG	Kammergericht, Kommanditgesellschaft	
KGaA	Kommanditgesellschaft auf Aktien	
KI	Künstliche Intelligenz	
KindArbSchV	Kinderarbeitsschutzverordnung	
KMU	kleine und mittlere Unternehmen	
KölnKomm	Kölner Kommentar	
KonTraG	Gesetz zur Kontrolle und Transparenz im Unternehmensbereich	
KorrBekG	Gesetz zur Bekämpfung der Korruption	
KPMG	Klynveld, Peat, Marwick, Goerdeler	
KSchG	Kündigungsschutzgesetz	
KStG	Körperschaftsteuergesetz	
kW_{el}	Kilowatt elektrisch	
KWG	Kreditwesengesetz	
kWh	Kilowattstunde	
KWK	Kraft-Wärme-Kopplung	
KWKG	Kraft-Wärme-Kopplungsgesetz	
LAG	Landesarbeitsgericht	
LAPS	Local Administrator Password Solution	
LBBW	Landesbank Baden-Württemberg	
LG	Landgericht	
lit.	litera	
LKW	Lastkraftwagen	

LNG	liquefied natural gas
Ltd.	Limited (englische Rechtsform)
M&A	Mergers & Acquisitions (Fusionen und Übernahmen)
m. Anm.	mit Anmerkung
m.w.N.	mit weiteren Nachweisen
MaBiS	Marktregeln für die Durchführung der Bilanzkreisabrechnung Strom
MaComp	Mindestanforderungen an die Compliance-Funktion und die weiteren Verhaltens-, Organisations- und Transparenzpflichten nach §§ 63ff. WpHG für Wertpapierdienstleistungsunternehmen
MaKonV	Marktmanipulations-Konkretisierungsverordnung
MAR	Market Abuse Regulation (Marktmissbrauchsverordnung)
MaRisk	Mindestanforderungen an das Risikomanagement
mbH	mit beschränkter Haftung
MDR	Monatsschrift für Deutsches Recht (Zeitschrift)
MiFID	Markets in Financial Instruments Directive (Finanzmarktrichtlinie)
MiLoG	Mindestlohngesetz
MiLoV	Mindestlohnanpassungsverordnung
MiLoV2	Zweite Mindestlohnanpassungsverordnung
MinöStG	Mineralölsteuergesetz
Mio.	Million(en)
MISP	Malware Information Sharing Platform
MitBestG	Mitbestimmungsgesetz
MMR	Multimedia Recht (Zeitschrift)
MontanMitBestG	Montan-Mitbestimmungsgesetz
MPG	Medizinproduktegesetz
MPJ	Medizinprodukte Journal (Zeitschrift)
MPSV	Medizinprodukt-Sicherheitsplanverordnung
Mrd.	Milliarde(n)
MS-Office	Microsoft-Office
MsbG	Messstellenbetriebsgesetz
MTS-Gesetz	Markttransparenzstellengesetz
MüKo	Münchener Kommentar
MünchHdbAG	Münchener Handbuch des Gesellschaftsrechts: Aktiengesellschaft
MuSchG	Mutterschutzgesetz
MW	Megawatt
MW_{el}	elektrische Leistung (Kraftwerk, in Megawatt)
MWh	Megawattstunde
n.F.	neue Fassung
n.v.	nicht veröffentlicht
NACE	Nomenclature Générale des Activités Economiques dans l'Union Européenne (Statistische Systematik der Wirtschaftszweige in der Europäischen Gemeinschaft)
NATO	North Atlantic Treaty Organization
NAV	Niederspannungsanschlussverordnung
NDA	non-disclosure agreement
NDAV	Niederdruckanschlussverordnung
Nds. GO	Niedersächsische Gemeindeordnung

NJOZ	Neue Juristische Online-Zeitschrift (Zeitschrift)
NJW	Neue Juristische Wochenschrift (Zeitschrift)
NJW-RR	NJW-Rechtsprechungs-Report (Zeitschrift)
Nma	Raad van bestuur van de Nederlandse Mededingingsautoriteit (Niederländische Wettbewerbsbehörde)
Nr.	Nummer
NRW	Nordrhein-Westfalen
NStZ	Neue Zeitschrift für Strafrecht (Zeitschrift)
NStZ-RR	NStZ-Rechtsprechungs-Report Strafrecht (Zeitschrift)
NuR	Natur und Recht (Zeitschrift)
NVwZ	Neue Zeitschrift für Verwaltungsrecht (Zeitschrift)
NZA	Neue Zeitschrift für Arbeitsrecht (Zeitschrift)
NZA-RR	NZA-Rechtsprechungs-Report Arbeitsrecht (Zeitschrift)
NZG	Neue Zeitschrift für Gesellschaftsrecht (Zeitschrift)
NZI	Neue Zeitschrift für Insolvenz- und Sanierungsrecht (Zeitschrift)
NZKart	Neue Zeitschrift für Kartellrecht (Zeitschrift)
NZS	Neue Zeitschrift für Sozialrecht (Zeitschrift)
NZWiSt	Neue Zeitschrift für Wirtschafts-, Steuer- und Unternehmensstrafrecht (Zeitschrift)
o.A.	ohne Autor
o.ä.	oder ähnliches
o.g.	oben genannte
OCEG	Open Compliance and Ethics Group
OECD	Organisation für wirtschaftliche Zusammenarbeit und Entwicklung
oHG	offene Handelsgesellschaft
OLG	Oberlandesgericht
ÖPNV	Öffentlicher Personennahverkehr
OWiG	Ordnungswidrigkeitengesetz
P	Eintrittswahrscheinlichkeit
p.a.	pro anno (pro Jahr)
PatG	Patentgesetz
PC	Personal Computer
PCG	Public Corporate Governance
PCGK	Public Corporate Governance Kodex
PEE	Primärenergieeinsparung
PHi	Haftpflicht international (Zeitschrift)
PKS	Polizeiliche Kriminalstatistik
PKW	Personenkraftwagen
ppa	per procura
PR	Public Relations
PrGewO	Preußische Gewerbeordnung
PS	Prüfungsstandard
PStR	Praxis Steuerstrafrecht (Zeitschrift)
PublG	Publizitätsgesetz
PwC	PricewaterhouseCoopers
QR	Standards Australia Committees

r+s	Recht und Schaden (Zeitschrift)
r_0	risikoloser Zustand
r_m	erwartete Marktrendite für risikobehaftetes EK
RAROC	Risk Adjusted Return on Capital
RdE	Recht der Energiewirtschaft (Zeitschrift)
RefE	Referentenentwurf
RegE	Regierungsentwurf
REMIT	Regulation on wholesale Energy Market Integrity and Transparency
RGBl.	Reichsgesetzblatt
RL	Richtlinie
RMS	Risikomanagementsystem
Rn	Randnummer
Rspr.	Rechtsprechung
S.	Satz, Seite
s	Steuersatz zur Berücksichtigung der steuerlichen Abzugsfähigkeit des FK
s.u.	siehe unten
Sächs-GemO	Sächsische Gemeindeordnung
SchwarzGBekG	Schwarzgeldbekämpfungsgesetz
SDG	Sustainable Development Goals
SEC	Securities and Exchange Commission
SektVO	Sektorenverordnung
SGB	Sozialgesetzbuch
SH	Schadenhöhe
SIEC	Significant impediment to effective competition
SIEM	Security Information and Event Management
Slg.	Sammlung
SMT	Semiconductor Manufacturing Technology
sog.	sogenannt/e/er/es
SOX	Sarbanes-Oxley-Acts
SpaEfV	Spitzenausgleich-Effizienzverordnung
SPD	Sozialdemokratische Partei Deutschlands
StE	Steuern der Energiewirtschaft (Zeitschrift)
StGB	Strafgesetzbuch
StPO	Strafprozessordnung
StromGVV	Stromgrundversorgungsverordnung
StromNEV	Stromnetzentgeltverordnung
StromNZV	Stromnetzzugangsverordnung
StromStG	Stromsteuergesetz
StromStV	Stromsteuer-Durchführungsverordnung
stRspr.	Ständige Rechtsprechung
StV	Strafverteidiger (Zeitschrift)
SWOT	Strengths, Weaknesses, Opportunities, Threats
TEHG	Treibhausgas-Emissionshandelsgesetz
TKG	Telekommunikationsgesetz
TLZ	Thüringische Landeszeitung
TransPuG	Transparenz- und Publizitätsgesetz
TÜV	Technischer Überwachungsverein

u.a.	unter anderem/n, und andere
u.U.	unter Umständen
UIG	Umweltinformationsgesetz
UMAG	Gesetz zur Unternehmensintegrität und Modernisierung des Anfechtungsrechts
UMTS	Universal Mobile Telecommunications System (Mobilfunkstandard)
UmweltHG	Umwelthaftungsgesetz
UN	United Nations
Urt.	Urteil
USA	United States of America (Vereinigte Staaten von Amerika)
USB	Universal Serial Bus
USchadG	Umweltschadensgesetz
USt.	Umsatzsteuer
UStG	Umsatzsteuergesetz
UVgO	Unterschwellenvergabeordnung
UVPG	Gesetz über die Umweltverträglichkeitsprüfung
UW	Unternehmenswert
v.	von, vom
VAG	Versicherungsaufsichtsgesetz
VaR	Value-at-Risk
Verbände-StGB-E	Verbändestrafgesetzbuch-Entwurf
VerSanG	Verbandssanktionsgesetz
VersR	Versicherungsrecht (Zeitschrift)
VersW	Versorgungswirtschaft (Zeitschrift)
VG	Verwaltungsgericht
vgl.	vergleiche
VgV	Vergabeverordnung
VIP	Very Important Person
VKU	Verband kommunaler Unternehmen e.V.
VO	Verordnung
VOB/A	Vergabe- und Vertragsordnung für Bauleistungen Teil A
VOF	Vergabeordnung für freiberufliche Leistungen
VOL/A	Vergabe- und Vertragsordnung für Leistungen Teil A
VorstAG	Gesetz zur Angemessenheit der Vorstandsvergütung
VP	Versicherungspraxis (Zeitschrift)
vs.	versus
VVG	Versicherungsvertragsgesetz
VW	Volkswagen, Versicherungswirtschaft (Zeitschrift)
W	Wahrscheinlichkeitsniveau
WA	Wertpapieraufsicht
WACC	Weighted Average Cost of Capital
WettR	Wettbewerbsrecht
WiJ	Journal der Wirtschaftsstrafrechtlichen Vereinigung e.V. (Zeitschrift)
WiM	Wechselprozesse im Messwesen
WISO	Wirtschafts- und sozialpolitische Zeitschrift (Zeitschrift)
wistra	Zeitschrift für Wirtschafts- und Steuerstrafrecht (Zeitschrift)
WLAN	Wireless Local Area Network
WM	Wertpapier-Mitteilungen (Zeitschrift), Weltmeisterschaft

WpDVerOV	Wertpapierdienstleistungs-, Verhaltens- und Organisationsverordnung
WPg	Die Wirtschaftsprüfung (Zeitschrift)
WpHG	Wertpapierhandelsgesetz
WpHGMaAnzV	WpHG-Mitarbeiteranzeigeverordnung
WPK	Wirtschaftsprüfkammer
WPO	Wirtschaftsprüferordnung
WRegG	Wettbewerbsregistergesetz
WuW	Wirtschaft und Wettbewerb (Zeitschrift)
WuW/E	Entscheidungssammlung der WuW (Zeitschrift)
WZ	Wirtschaftszweig/e
z.B.	zum Beispiel
z.T.	zum Teil
z.Zt.	zur Zeit
z_p	Produkt aus dem p-Quantil der Standardnormalverteilung
ZAC	Zentrale Ansprechstellen Cybercrime der Polizeien für Wirtschaftsunternehmen
ZAG	Zahlungsdiensteaufsichtsgesetz
ZCG	Zeitschrift für Corporate Governance (Zeitschrift)
ZD	Zeitschrift für Datenschutz (Zeitschrift)
ZEW	Zentrum für Europäische Wirtschaftsforschung
ZfB	Zeitschrift für Betriebswirtschaft (Zeitschrift)
Zfbf	Zeitschrift für betriebswirtschaftliche Forschung (Zeitschrift)
ZFV	Zeitschrift für Versicherungswesen (Zeitschrift)
ZfZ	Zeitschrift für Zölle und Verbrauchsteuern (Zeitschrift)
ZGR	Zeitschrift für Unternehmens- und Gesellschaftsrecht (Zeitschrift)
ZHR	Zeitschrift für das gesamte Handelsrecht und Wirtschaftsrecht (Zeitschrift)
Ziff.	Ziffer
ZIP	Zeitschrift für Wirtschaftsrecht (Zeitschrift)
ZIS	Zeitschrift für Internationale Strafrechtsdogmatik (Zeitschrift)
ZNER	Zeitschrift für Neues Energierecht (Zeitschrift)
ZögU	Zeitschrift für öffentliche und gemeinwirtschaftliche Unternehmen
ZPO	Zivilprozessordnung
ZRFC	Risk, Fraud & Compliance (Zeitschrift)
ZRP	Zeitschrift für Rechtspolitik (Zeitschrift)
ZVertriebsR	Zeitschrift für Vertriebsrecht (Zeitschrift)
ZWH	Zeitschrift für Wirtschaftsstrafrecht und Haftung im Unternehmen (Zeitschrift)

Literaturverzeichnis

Assmann, Heinz Dieter/Schneider, Uwe (Hrsg.), Wertpapierhandelsgesetz, 8. Aufl., Köln 2023 (zit.: Assmann/Schneider/*Bearbeiter*, WpHG)

Bachmann, Gregor, Reform der Organhaftung? – Materielles Haftungsrecht und seine Durchsetzung in privaten und öffentlichen Unternehmen, Gutachten E zum 70. Deutschen Juristentag Hannover 2014, München 2014 (zit.: *Bachmann*, Reform der Organhaftung?)

Baetge, Jörg/Lutter, Marcus, Abschlussprüfung und Corporate Governance, Köln 2003 (zit.: *Baetge/Lutter*, Corporate Governance)

Bamberger, Georg/Roth, Herbert (Hrsg.), Beck'scher Online-Kommentar BGB (zit.: BeckOK BGB/Bearbeiter)

Bankenrechtliche Vereinigung (Hrsg.), Verbraucherschutz im Kreditgeschäft, Compliance in der Kreditwirtschaft (Bankenrechtstag 2008), Berlin/Boston 2009 (zit.: Bankenrechtliche Vereinigung/*Bearbeiter*)

Bartsch, Michael/Röhling, Andreas/Salje, Peter/Scholz, Ulrich (Hrsg.), Stromwirtschaft – Ein Praxishandbuch, 2. Aufl., Köln 2008 (zit.: Bartsch/Röhling/Salje/Scholz/*Bearbeiter*, Stromwirtschaft)

Baumbach, Adolf/Hueck, Götz (Hrsg.), GmbHG, Kommentar, 21. Aufl., München 2017, 22. Aufl., München 2019, 23. Aufl., München 2022 (zit.: Baumbach/Hueck/*Bearbeiter*, GmbHG, Aufl.)

Baums, Theodor, Bericht der Regierungskommission Corporate Governance, Unternehmensführung, Unternehmenskontrolle, Modernisierung des Aktienrechts, Köln 2001 (zit.: *Baums*, Corporate Governance)

Bechtold, Rainer/Bosch, Wolfgang, GWB, Gesetz gegen Wettbewerbsbeschränkungen, 9. Aufl., München 2018, 10. Aufl., München 2021, 11. Aufl., München 2025 (zit.: *Bechtold/Bosch*, GWB)

Beckmann, Roland/Matusche-Beckmann, Annemarie (Hrsg.), Versicherungsrechts-Handbuch, 3. Aufl., München 2015 (zit.: VersR/*Bearbeiter*)

Behringer, Stefan (Hrsg.), Compliance kompakt, 4. Aufl., Berlin 2018 (zit.: Behringer/*Bearbeiter*, Compliance kompakt)

Benkard, Georg (Hrsg.), Patentgesetz, Kommentar, 11. Aufl., München 2015, 12. Aufl., München 2023 (zit.: Benkard/*Bearbeiter*, PatG)

Bien, Florian (Hrsg.), Das deutsche Kartellrecht nach der 8. GWB-Novelle, Baden-Baden 2013 (zit.: Bien/*Bearbeiter*, Das deutsche Kartellrecht)

Bleicher, Knut, Leitbilder, Orientierungsrahmen für eine integrative Management-Philosophie, Stuttgart 1992 (zit.: *Bleicher*, Leitbilder)

Bock, Dennis, Criminal Compliance, 2. Aufl., Baden-Baden 2013 (zit.: *Bock*, Criminal Compliance)

Boesche, Katharina Vera/Füller, Jens Thomas/Wolf, Maik (Hrsg.), Festbeigabe für Franz Jürgen Säcker zum 65. Geburtstag, Berlin 2006 (zit.: Boesche/Füller/Wolf/*Bearbeiter*, Festbeigabe Säcker)

Böhmer, Georg-August/Hengst, Franz-Josef/Hofmann, Rolf/Müller, Otto/Puchta, Rudi, Interne Revision, Ein Handbuch für die Praxis, Berlin 1981 (zit.: *Böhmer/Hengst/Hofmann/Müller/Puchta*, Interne Revision)

Bongartz, Matthias/Jatzke, Harald/Schröer-Schallenberg, Sabine (Hrsg.), Energiesteuer, Stromsteuer, Zolltarif, EnergieStG, StromStG, Lose-Blatt-Werk, München (zit.: Bongartz/Jatzke/Schröer-Schallenberg/*Bearbeiter*, StromStG)

Bongartz, Matthias/Schröer-Schallenberg, Sabine, Verbrauchsteuerrecht, 4. Aufl., München 2023 (zit.: *Bongartz/Schröer-Schallenberg*, Verbrauchsteuerrecht)

Boos, Karl-Heinz/Fischer, Reinfried/Schulze-Mattler, Hermann (Hrsg.), Kreditwesengesetz, Kommentar, 6. Aufl., München 2023 (zit.: Boos/Fischer/Schulze-Mattler/*Bearbeiter*, KWG)

Büdenbender, Ulrich/Rosin, Peter, Energierechtsreform 2005, Essen 2005 (zit.: *Büdenbender/Rosin*, Energierechtsreform 2005)

Bürgers, Tobias/Körber, Torsten (Hrsg.), Heidelberger Kommentar zum Aktiengesetz, 4. Aufl., Heidelberg 2017, 5. Aufl., Heidelberg 2021 (zit.: HeidelbergerKomm-AktG/*Bearbeiter*)

Bürkle, Jürgen/Hauschka, Christoph E. (Hrsg.), Der Compliance Officer, Ein Handbuch in eigener Sache, 2. Aufl., München 2024 (zit.: Bürkle/Hauschka/*Bearbeiter*, Compliance Officer)

Bunte, Hermann-Josef/Stancke, Fabian, Kartellrecht, 4. Aufl., München 2022 (zit.: Bunte/Stancke, Kartellrecht)

Dahnz, Werner/ Grimminger, Carolin, Manager und ihr Berufsrisiko, Die zivil- und strafrechtliche Haftung von Aufsichtsräten, Vorständen und Geschäftsführern, 3. Aufl., Hamburg 2007 (zit.: Dahnz/Grimminger)

Damm, Reinhard/Herrmann, Peter W./Veil, Rüdiger (Hrsg.), Festschrift für Thomas Raiser zum 70. Geburtstag am 20. Februar 2005, Berlin 2005 (zit.: Damm/Heermann/Veil/*Bearbeiter*, FS Raiser)

De Decker, Bart/Schaumüller-Bichl, Ingrid (Hrsg.), Communications and Multimedia Security, Berlin 2010 (zit.: De Decker/Schaumüller-Bichl/*Bearbeiter*, Communications and Multimedia Security)

de Wyl, Christian/Eder, Jost/Hartmann, Thies Christian, Praxiskommentar Netzanschluss- und Grundversorgungsverordnungen, 2. Aufl., Frankfurt/Main/Berlin/Essen 2016 (zit.: *de Wyl/Eder/Hartmann*, Praxiskommentar Netzanschluss- und Grundversorgungsverordnungen)

Derleder, Peter/Knops, Kai-Oliver/Bamberger, Heinz Georg (Hrsg.), Handbuch zum deutschen und europäischen Bankenrecht, 3. Aufl., Berlin/Heidelberg 2017 (zit.: Derleder/Knops/Bamberger/*Bearbeiter*, Handbuch zum Bankenrecht)

Diedrichs, Marc, Risikomanagement und Risikocontrolling, 3. Aufl., München 2012 (zit.: *Diedrichs*, Risikomanagement und Risikocontrolling)

Dietze, Philipp von/Janssen, Helmut, Kartellrecht in der anwaltlichen Praxis, 6. Aufl., München 2023 (zit.: *Dietze/Janssen*, Kartellrecht)

Dölling, Dieter (Hrsg.), Handbuch der Korruptionsprävention, München 2007 (zit.: Dölling/*Bearbeiter*, Korruptionsprävention)

Dutzi, Andreas, Der Aufsichtsrat als Instrument der Corporate Governance: ökonomische Analyse der Veränderungen im Corporate-Governance-System börsennotierter Aktiengesellschaften, Wiesbaden 2005 (zit.: *Dutzi*, Aufsichtsrat als Instrument der Corporate Governance)

Ebenroth, Carsten/Boujong, Karl-Heinz/Joost, Detlev/Strohn, Lutz (Hrsg.), Handelsgesetzbuch, Kommentar, 5. Aufl., München 2023/2024 (zit.: Ebenroth/Boujong/Joost/Strohn/*Bearbeiter*, HGB)

Eggen, Jonathan, Die Cyberversicherung, Zur Versicherbarkeit von Lösegeldern bei Ransomware und Bußgeldern im Zusammenhang mit Datenschutzverstößen, Karlsruhe 2023 (zit.: *Eggen*, Cyberversicherung)

Ehmann, Eugen/Selmayr, Martin, Datenschutz-Grundverordnung, Kommentar, 3. Aufl., München 2024 (zit.: Ehmann/Selmayr/*Bearbeiter*, DS-GVO)

Eilers, Stephan/Rödding, Adalbert/Schmalenbach, Dirk, Unternehmensfinanzierung, 2. Aufl., München 2014 (zit.: Eilers/Rödding/Schmalenbach/*Bearbeiter*, Unternehmensfinanzierung)

Ellenberger, Jürgen/Bunte, Hermann Josef (Hrsg.), Bankrechts-Handbuch, 6. Aufl., München 2022 (zit.: Ellenberger/Bunte/*Bearbeiter*, Bankrechts-Handbuch)

Emmerich, Volker/Habersack, Matthias, Aktien- und GmbH-Konzernrecht, 9. Aufl., München 2019, 10. Aufl., München 2022 (zit.: *Emmerich/Habersack*, Konzernrecht)

Ensthaler, Jürgen/Füller, Jens Thomas/Schmidt, Burkhard (Hrsg.), Kommentar zum GmbH-Gesetz. GmbHG, 2. Aufl., Köln 2009, 3. Aufl., Köln 2024 (zit.: Ensthaler/Füller/Schmidt/*Bearbeiter*, GmbHG)

Farny, Dieter, Versicherungsbetriebslehre, 5. Aufl., Karlsruhe 2011 (zit.: *Farny*, Versicherungsbetriebslehre)

Fischer, Thomas, Strafgesetzbuch mit Nebengesetzen, 71. Aufl. 2024 (zit.: *Fischer*, StGB)

Fissenewert, Peter, Compliance für den Mittelstand, 2. Aufl., München 2018 (zit.: *Fissenewert*, Compliance für den Mittelstand)

Fleischer, Holger (Hrsg.), Handbuch des Vorstandsrechts, München 2006 (zit.: HdbVorstandsR/*Bearbeiter*)

Fleischer, Holger/Goette, Wulf (Hrsg.), Münchener Kommentar zum GmbH-Gesetz, 3. Aufl., München 2018, 4. Aufl., München 2023 (zit.: MüKo-GmbHG/*Bearbeiter*)

Flore, Ingo/Tsambikakis, Michael (Hrsg.), Steuerstrafrecht, 2. Aufl., Köln 2016, 3. Aufl., Köln 2024 (zit.: Flore/Tsambikakis/*Bearbeiter*, Steuerstrafrecht)

Förster, Jutta, Die Verbrauchsteuern, Geschichte, Systematik, finanzverfassungsrechtliche Vorgaben, Heidelberg 1989 (zit.: *Förster*, Die Verbrauchsteuern)

Freidank, Carl-Christian/Peemöller, Volker (Hrsg.), Corporate Governance und interne Revision, Handbuch für die Neuausrichtung des Internal auditings, Berlin 2008 (zit.: Freidank/Peemöller/*Bearbeiter*, Corporate Governance)

Friedrich, Klaus/Meißner, Cornelius (Hrsg.), Energiesteuern, Kommentar zu EnergieStG, StromStG, Lose-Blatt-Werk, Freiburg (zit.: Friedrich/Meißner/*Bearbeiter*, Energiesteuern)

Funk, Cara/Millgramm, Carola/Schulz, Walter, Wettbewerbsfragen in der deutschen Gaswirtschaft, Oldenburg 1995 (zit.: *Funk/Millgramm/Schulz*, Wettbewerbsfragen)

Gebhardt, Günther, Risikomanagement und Risikocontrolling in Industrie- und Handelsunternehmen, Empfehlungen des Arbeitskreises „Finanzierungsrechnung" der Schmalenbach-Gesellschaft für Betriebswirtschaft e.V., Düsseldorf 2001 (zit.: *Gebhardt*, Risikomanagement und Risikocontrolling)

Gehrlein, Markus/Ekkenga, Jens/Simon, Stefan (Hrsg.), GmbHG, Kommentar, 4. Aufl., Köln 2019, 6. Aufl., Köln 2024 (zit.: Gehrlein/Ekkenga/Simon/*Bearbeiter*, GmbHG)

Geisler, Claudius/Kraatz, Erik/ Kretzschmer, Joachim (Hrsg.), Festschrift für Klaus Geppert zum 70. Geburtstag am 10. März 2011, Berlin 2011 (zit.: Geisler/Kraatz/Kretschmer/*Bearbeiter*, FS Geppert)

Geiß, Karlmann/Nehm, Kay/Brandner, Hans Erich/Hagen, Horst (Hrsg.), Festschrift aus Anlaß des fünfzigjährigen Bestehens von Bundesgerichtshof, Bundesanwaltschaft und Rechtsanwaltschaft beim Bundesgerichtshof, Köln u.a. 2000 (zit.: Geiß/Nehm/Brandner/Hagen/*Bearbeiter*, FS 50 Jahre BGH)

Gerstner, Stephan/Gundel, Jörg (Hrsg.) Beck'scher Online-Kommentar Energiesicherungsrecht (zit.: BeckOK Energiesicherungsrecht/*Bearbeiter*)

Gleißner, Werner/Lienhard, Herbert/Stroeder, Dirk H., Risikomanagement im Mittelstand, Planungssicherheit erhöhen, Rating verbessern, Unternehmen sichern, Eschborn 2004 (zit.: *Gleißner/Lienhard/Stroeder*, Risikomanagement)

Goette, Wulf/Habersack, Mathias (Hrsg.), Münchener Kommentar zum Aktiengesetz, 5. Aufl., München 2019, 6. Aufl., München 2023 (zit.: MüKo-AktG/*Bearbeiter*, Aufl.)

Görling, Helmut/Inderst, Cornelia/Bannenberg, Britta (Hrsg.), Compliance – Aufbau – Management – Risikobereiche, 1. Aufl., Heidelberg 2010, 3. Aufl., Heidelberg 2017 (zit.: Görling/Inderst/Bannenberg/*Bearbeiter*, Compliance, Aufl.)

Gosch, Dietmar (Hrsg.), Körperschaftsteuergesetz, 4. Aufl., München 2020 (zit.: Gosch/*Bearbeiter*, KStG)

Graf, Jürgen-Peter (Hrsg.) Beck'scher Online-Kommentar Strafprozessordnung mit RiStBV und MiStra (zit.: BeckOK StPO/*Bearbeiter*)

Graf, Jürgen-Peter/Jäger, Markus/Wittig, Petra (Hrsg.), Wirtschafts- und Steuerstrafrecht (zit.: Graf/Jäger/Wittig/*Bearbeiter*, WStR)

Grützner, Thomas/Jakob, Alexander (Hrsg.), Compliance von A–Z, 2. Aufl., München 2015 (zit.: Grützner/Jakob/*Bearbeiter*, Compliance von A–Z)

Habersack, Mathias/Casper, Matthias/*Löbbe, Marc* (Hrsg.), GmbHG, Gesetz betreffend die Gesellschaften mit beschränkter Haftung, 3. Aufl., Tübingen 2021 (zit.: Habersack/Casper/Löbbe/*Bearbeiter*, GmbHG)

Hamacher, Andreas H., Anforderungen an die Interne Revision, Corporate Governance und Internes Kontrollsystem (IKS), Hamburg 2015 (zit.: *Hamacher*, Anforderungen an die Interne Revision)

Hannemann, Ralf/Steinbrecher, Ira/Weigl, Thomas, Mindestanforderungen an das Risikomanagement (MaRisk), 5. Aufl., Stuttgart 2019, 6. Aufl., Stuttgart 2022 (zit.: *Hannemann/Steinbrecher/Weigl*, MaRisk)

Hauschka, Christoph/Moosmayer, Klaus/Lösler, Thomas (Hrsg.), Corporate Compliance, Handbuch der Haftungsvermeidung im Unternehmen, 3. Aufl., München 2016, 4. Aufl., München 2024 (zit.: Hauschka/Moosmayer/Lösler/*Bearbeiter*, Corporate Compliance)

Heintschel-Heinegg, Bernd von (Hrsg.), Beck'scher Online-Kommentar Strafgesetzbuch (zit.: BeckOK StGB/*Bearbeiter*)

Herzog, Felix (Hrsg.), Geldwäschegesetz (GWG), Kommentar, 3. Aufl., München 2018, 5. Aufl., München 2023 (zit.: Herzog/*Bearbeiter*, GWG)

Hirte, Heribert/Möllers, Thomas M. J. (Hrsg.), Kölner Kommentar zum WpHG, 2. Aufl., München 2014 (zit.: KölnKomm-WpHG/*Bearbeiter*)

Hoch, Holger/Haucap, Justus (Hrsg.), Praxishandbuch Energiekartellrecht, 2. Aufl., Berlin 2023 (zit.: Hoch/Haucap/*Bearbeiter*, Praxishandbuch Energiekartellrecht)

Hölters, Wolfgang (Hrsg.), Aktiengesetz, Kommentar, 3. Aufl., München 2017, 4. Aufl., München 2022 (zit.: Hölters/*Bearbeiter*, AktG)

Höra, Knut/ Schubach, Arno (Hrsg.), Münchener Anwaltshandbuch Versicherungsrecht, 5. Aufl., München 2022 (zit.: MAH VersR/*Bearbeiter)*

Holzinger, Stephan/Wolff, Uwe, Im Namen der Öffentlichkeit: Litigation-PR als strategisches Instrument bei juristischen Auseinandersetzungen, Wiesbaden 2009 (zit.: *Holzinger/Wolff*, Litigation-PR)

Hopt, Klaus J./Wiedemann, Herbert (Hrsg.), Aktiengesetz, Großkommentar, 4. Aufl., Berlin 2004, 5. Aufl., Berlin 2018 (zit.: GroßKommAktG/*Bearbeiter*)

Hübschmann, Walter/Hepp, Ernst/Spitaler, Armin (Hrsg.), Kommentar zur Abgabenordnung und Finanzgerichtsordnung, Lose-Blatt-Kommentar, Köln (zit.: Hübschmann/Hepp/Spitaler/*Bearbeiter*, AO)

Hüls, Silke/Reichling, Tilmann (Hrsg.), Steuerstrafrecht, Heidelberg 2016, 2. Aufl., Heidelberg 2020, 3. Aufl., Heidelberg 2024 (zit.: HeidelbergerKomm-Steuerstrafrecht/*Bearbeiter*)

Huschens, Stefan, Value-at-Risk-Schlaglichter, Dresden 2000 (zit.: *Huschens*, Value-at-Risk-Schlaglichter)

Ihlas, Horst, D&O, Directors & Officers Liability, 2. Aufl., Berlin 2009 (zit.: Ihlas, D & O)

Immenga, Ulrich/Mestmäcker, Ernst-Joachim (Hrsg.), Wettbewerbsrecht, Band EU-Wettbewerbsrecht, 6. Aufl., München 2019 (zit.: Immenga/Mestmäcker/*Bearbeiter*, EU-Wettbewerbsrecht)

Inderst, Cornelia/Bannenberg, Britta/Poppe, Sina (Hrsg.), Compliance – Aufbau – Management – Risikobereiche, 3. Aufl., Heidelberg 2017 (zit.: Inderst/Bannenberg/Poppe/*Bearbeiter*, Compliance, Aufl.)

Jahn, Joachim/Guttmann, Micha/Krais, Jürgen, Krisenkommunikation bei Compliance-Verstößen, München 2020 (zit.: *Jahn/Guttmann/Krais*, Krisenkommunikation bei Compliance-Verstößen)

Jarass, Hans D., Bundes-Immissionsschutzgesetz, Kommentar, 15. Aufl., München 2018 (zit.: *Jarass*, BIm-SchG)

Joecks, Wolfgang/Jäger, Markus/Randt, Karsten (Hrsg.), Steuerstrafrecht, 9. Aufl., München 2023 (zit.: Joecks/Jäger/Randt/*Bearbeiter*, Steuerstrafrecht)

Joecks, Wolfgang/Miebach, Klaus (Hrsg.), Münchener Kommentar zum Strafgesetzbuch, StGB, 3. Aufl., München 2017–2019 (zit.: MüKo-StGB/*Bearbeiter*)

Joost, Detlev/Oetker, Hartmut/Paschke, Marian (Hrsg.), Festschrift für Franz Jürgen Säcker zum 70. Geburtstag, München 2011 (zit.: Joost/Oetker/Paschke/*Bearbeiter*, FS Säcker)

Kalss, Susanne/Nowotny, Christian/Schauer, Martin (Hrsg.), Festschrift Peter Doralt, zum 65. Geburtstag, Wien 2004 (zit.: Kalss/Nowotny/Schauer/*Bearbeiter*, FS Doralt)

Kamann, Hans-Georg/Ohlhoff, Stefan/Völcker, Sven, Handbuch Kartellverfahren und Kartellprozess, 2. Aufl., München 2024 (zit.: *Kamann*/Ohlhoff/Völcker, Kartellverfahren)

Kapoor, Sunny, Corporate Social Responsibility, Baden-Baden 2016 (zit.: Kapoor, Corporate Social Responsibility)

Karbaum, Christian, Kartellrechtliche Compliance, Rechtsgrundlagen und Umsetzung, Frankfurt/Main 2010 (zit.: *Karbaum*, Kartellrechtliche Compliance)

Kaufer, Erich, Spiegelungen wirtschaftlichen Denkens im Mittelalter, Innsbruck 1998 (zit.: *Kaufer*, Spiegelungen wirtschaftlichen Denkens)

Kazemi, Robert, Die EU-Datenschutz-Grundverordnung in der anwaltlichen Beratungspraxis, Bonn 2017 (zit.: *Kazemi*, Die EU-Datenschutz-Grundverordnung)

Kheil, Carl Peter, Ueber einige ältere Bearbeitungen des Buchhaltungs-Tractats von Luca Pacioli: einen Beitrag zur Geschichte der Buchhaltung, Prag 1896 (zit.: *Kheil*, Luca Pacioli)

Klein, Franz (Hrsg.), Abgabenordnung, 17. Aufl., München 2023 (zit.: Klein/*Bearbeiter*, AO)

Klöhn, Lars (Hrsg.), Marktmissbrauchsverordnung, Kommentar, München 2018, 2. Aufl., München 2023 (zit.: Klöhn/*Bearbeiter*, MAR)

Kloepfer, Michael, Umweltrecht, 4. Aufl., München 2016 (zit.: *Kloepfer*, Umweltrecht)

Koch, Jens, Aktiengesetz, Kommentar, 17. Auflage, München 2023 (zit.: Koch, AktG)

Koch, Michael, Vergleich der Berechnung des Risikokapitals eines Kompositversicherungsunternehmens nach Solvency II auf Basis des GDV-Standardmodells und des kanadischen Minimum Capital Tests, Köln 2006 (zit.: *Koch*, Berechnung des Risikokapitals)

KPMG AG (Hrsg.), Das wirksame Compliance-Management-System, Ausgestaltung und Implementierung in Unternehmen, Herne 2014 (zit.: KPMG/*Bearbeiter*, Das wirksame Compliance-Management-System)

Kranig, Thomas/Sachs, Andreas/Gierschmann, Markus, Datenschutz-Compliance nach der DS-GVO, Handlungshilfe für Verantwortliche inklusive Prüffragen für Aufsichtsbehörden, 2. Aufl., Köln 2019 (zit.: *Kranig/Sachs/Gierschmann*, Datenschutz-Compliance nach der DS-GVO)

Kremer, Thomas/Bachmann, Gregor/Lutter, Marcus/von Werder, Axel (Hrsg.), Deutscher Corporate Governance Kodex, 9. Aufl., München 2023 (zit.: Kremer/Bachmann/Lutter/von Werder/*Bearbeiter*, Deutscher Corporate Governance Kodex)

Krieger, Gerd/Schneider, Uwe, Handbuch Managerhaftung, 4. Aufl., Köln 2023 (zit.: Krieger/Schneider/*Bearbeiter*)

Krimphove, Dieter/Kruse, Oliver (Hrsg.), MaComp. Mindestanforderungen an die Compliance-Funktion und die weiteren Verhaltens-, Organisations- und Transparenzpflichten nach §§ 63 ff. WpHG für Wertpapierdienstleistungsunternehmen, Kommentar, 2. Aufl., München 2019 (zit.: Krimphove/Kruse/*Bearbeiter*, MaComp)

Kröger, Fritz Jürgen, Risikomanagement in mittelständischen Unternehmen, Risiken erkennen, bewerten und beherrschen, Reinbek 2001 (zit.: *Kröger*, Risikomanagement)

Kühling, Jürgen/Buchner, Benedikt (Hrsg.), DS-GVO, BDSG, Datenschutz-Grundverordnung, Bundesdatenschutzgesetz, Kommentar, 4. Aufl., München 2024 (zit.: Kühling/Buchner/*Bearbeiter*, DS-GVO)

Kuhn, Thomas/Weigell, Jörg/Görlich, Michael, Steuerstrafrecht, 3. Aufl., München 2019 (zit.: *Kuhn/Weigell/Görlich*, Steuerstrafrecht)

Küttner, Wolfdieter (Hrsg.), Personalbuch, Arbeitsrecht, Lohnsteuerrecht, Sozialversicherungsrecht, 31. Aufl., München 2024 (zit.: Küttner/*Bearbeiter*, Personalbuch)

Langheidt, Theo/Wandt, Manfred (Hrsg.), Münchener Kommentar zum Versicherungsvertragsgesetz, 2. Aufl., München 2017, 3. Aufl., München 2024 (zit.: MüKo-VVG/*Bearbeiter*)

Laue, Philip/Nink, Judith/Kremer, Sascha, Das neue Datenschutzrecht in der betrieblichen Praxis, Baden-Baden 2016, 3. Aufl., Baden-Baden 2024 (zit.: *Laue/Nink/Kremer*, Das neue Datenschutzrecht)

Le Goff, Jacques, Kaufleute und Bankiers im Mittelalter, Frankfurt/Main 1993 (zit.: *Le Goff*, Kaufleute und Bankiers)

Lelley, Jan Tibor, Compliance im Arbeitsrecht, Leitfaden für die Praxis, Köln 2010 (zit.: *Lelley*, Compliance im Arbeitsrecht)

Lösler, Thomas, Compliance im Wertpapierdienstleistungskonzern, Berlin 2003 (zit.: *Lösler*, Compliance im Wertpapierdienstleistungskonzern)

Loewenheim, Ulrich/Meessen, Karl Matthias/Riesenkampff, Alexander/Kersting, Christian/Meyer-Lindemann, Hans Jürgen (Hrsg.), Kartellrecht, Europäisches und Deutsches Recht, Kommentar, 2. Aufl., München 2009, 4. Aufl., München 2020 (zit.:Loewenheim/Meessen/Riesenkampff/Kersting/Meyer-Lindemann/*Bearbeiter*, Kartellrecht)

Lohse, Andrea, Unternehmerisches Ermessen, Tübingen 2005 (zit.: *Lohse*, Unternehmerisches Ermessen)

Looschelders, Dirk/Michael, Lothar (Hrsg.), Düsseldorfer Vorträge zum Versicherungsrecht 2009, Beratungspflichten für Versicherungsvermittler, D&O-Versicherung, Lauterkeitsrecht, Solvency II (Düsseldorfer Reihe – Düsseldorfer Schriften zum Versicherungsrecht), Karlsruhe 2010 (zit.: Looschelders/Michael/*Bearbeiter*, Düsseldorfer Vorträge zum Versicherungsrecht 2009)

Looschelders, Dirk/Michael, Lothar (Hrsg.), Düsseldorfer Vorträger zum Versicherungsrecht 2013, Datenschutz, Weltweite Deckung, Versicherungsvermittlung, Berufsunfähigkeit, D&O-Versicherung, Karlsruhe 2014 (Düsseldorfer Reihe – Düsseldorfer Schriften zum Versicherungsrecht) (zit.: *Looschelders/Michael/Bearbeiter*, Düsseldorfer Vorträge zum Versicherungsrecht 2013)

Looschelders, Dirk/Pohlmann, Petra (Hrsg.), Versicherungsvertragsgesetz, Kommentar, 4. Aufl., Köln 2023 (zit.: Looschelders/Pohlmann/*Bearbeiter*, VVG)

Lüdicke, Jochen/Sistermann, Christian (Hrsg.), Unternehmenssteuerrecht, Gründung, Finanzierung, Umstrukturierung, Übertragung, Liquidation, 2. Aufl., München 2018 (zit.: Lüdicke/Sistermann/*Bearbeiter*, Unternehmenssteuerrecht)

Lutter, Marcus/Hommelhoff, Peter (Hrsg.), GmbH-Gesetz, 19. Aufl., Köln 2016, 21. Aufl., Köln 2023 (zit.: Lutter/ Hommelhoff/*Bearbeiter*, GmbHG)

Lutter, Marcus/Krieger, Gerd, Rechte und Pflichten des Aufsichtsrats, 6. Aufl., Köln 2014, 7. Aufl., Köln 2020 (zit.: *Lutter/Krieger*, Aufsichtsrat)

Matt, Holger/Renzikowski, Joachim (Hrsg.), StGB, 2. Aufl., München 2020 (zit.: Matt/Renzikowski/*Bearbeiter*, StGB)

Mengel, Anja, Compliance und Arbeitsrecht, 2. Aufl., München 2023 (zit.: *Mengel*, Compliance und Arbeitsrecht)

Meyer-Goßner, Lutz/Schmitt, Bertram, Strafprozessordnung, 67. Aufl., München 2024 (zit.: *Meyer-Goßner/ Schmitt*, StPO)

Michalski, Lutz, Kommentar zum Gesetz betreffend die Gesellschaften mit beschränkter Haftung, 3. Aufl., München 2017 (zit.: Michalski/*Bearbeiter*, GmbHG)

Michalski, Lutz (Begr.)/Heidinger, Andreas/Leible, Stefan/Schmidt, Jessica (Hrsg.), Kommentar zum Gesetz betreffend die Gesellschaften mit beschränkter Haftung (GmbH-Gesetz), 4. Aufl., München 2023 (zit.: Michalski/Heidinger/Leible/Schmidt/Bearbeiter)

Mitsch, Wolfgang (Hrsg.), Karlsruher Kommentar zum Ordnungswidrigkeitengesetz, 5. Aufl., München 2018 (zit.: KarlsruherKomm-OWiG/*Bearbeiter*)

Moll, Wilhelm (Hrsg.), Münchener Anwaltshandbuch Arbeitsrecht, 5. Aufl., München 2020 (zit.: Moll/*Bearbeiter*, Arbeitsrecht)

Möller, Berenice, Die rechtliche Stellung und Funktion des Aufsichtsrats in öffentlichen Unternehmen, Berlin 1999 (zit.: *Möller*, Aufsichtsrat)

Moosmayer, Klaus, Compliance, 4. Aufl., München 2021 (zit.: *Moosmayer*, Compliance, Aufl.)

Moosmayer, Klaus/Hartwig, Niels (Hrsg.), Interne Untersuchungen, 2. Aufl., München 2018 (zit.: Moosmayer/ Hartwig/*Bearbeiter*, Interne Untersuchungen)

Müller, Birgit, Entflechtung und Deregulierung, Berlin 2004 (zit.: *Müller*, Entflechtung und Deregulierung)

Müller-Glöge, Rudi/Preis, Ulrich/Schmidt, Ingrid (Hrsg.), Erfurter Kommentar zum Arbeitsrecht, 24. Aufl., München 2024 (zit.: ErfurterKomm-ArbR/*Bearbeiter*)

Neumann, Dirk/Biebl, Josef, Arbeitszeitgesetz, Kommentar, 17. Aufl., München 2021 (zit.: Neumann/Biebl/ *Bearbeiter*, Arbeitszeitgesetz)

Noack, Ulrich/Servatius, Wolfgang, Haas, Ulrich, GmbHG, 23. Aufl, München 2021 (zit.: Noack/Servatius/Haas/ *Bearbeiter*, GmbHG)

Noack, Ulrich/Zetzsche; Dirk (Hrsg.), Kölner Kommentar zum Aktiengesetz, 4. Aufl., Köln 2021ff. (zit.: KölnKomm-AktG/*Bearbeiter*)

Olbrich, Carola, Die D&O-Versicherung in Deutschland, Karlsruhe 2003 (zit.: *Olbrich*, D&O-Versicherung)

Paal, Boris P./Pauly, Daniel A. (Hrsg.), Datenschutz-Grundverordnung. Bundesdatenschutzgesetz, 3. Aufl., München 2021 (zit.: Paal/Pauly/*Bearbeiter*, Datenschutz-Grundverordnung, Bundesdatenschutzgesetz)

Paeffgen, Hans-Ulrich/Böse, Martin/Kindhäuser, Urs/Stübinger, Stephan/Verrl, Thorsten/Zaczyk, Rainer (Hrsg.), Strafrechtswissenschaft als Analyse und Konstruktion: Festschrift für Ingeborg Puppe zum 70. Geburtstag, Berlin 2010 (zit.: Paeffgen/Böse/Kindhäuser/Stübinger/Verrl/Zaczyk/*Bearbeiter*, FS Puppe)

Paefgen, Walter, Unternehmerische Entscheidungen und Rechtsbindung, Köln 2002 (zit.: *Paefgen*, Unternehmerische Entscheidungen)

Petermann, Franz, Compliance und Selbstmanagement, Göttingen 1998 (zit.: Petermann/*Bearbeiter*, Compliance und Selbstmanagement)

Petsche, Alexander/Toifl, Armin/Neiger, Barbara/Jirges, Elfriede (Hrsg.), Compliance Management Systeme (CMS), Die ONR 192050, Praxiskommentar, Wien 2013 (zit.: Petsche/Toifl/Neiger/Jirges/*Bearbeiter*, Compliance Management Systeme)

Pfeifer, Axel, Möglichkeiten und Grenzen der Steuerung kommunaler Aktiengesellschaften durch ihre Gebietskörperschaften, München 1991 (zit.: *Pfeifer*, Aktiengesellschaft)

Pfitzer, Norbert/Oser, Peter/Orth, Christian (Hrsg.), Deutscher Corporate-Governance-Kodex. Ein Handbuch für Entscheidungsträger, 2. Aufl., Stuttgart 2005 (zit.: *Pfitzer/Oser/Orth*, Deutscher Corporate-Governance-Kodex)

Pisani, Christian, Kooperation in der Wissensgesellschaft, München 2000 (zit: *Pisani*, Kooperation)

Plath, Kai-Uwe (Hrsg.), DSGVO/BDSG/TTDSG, Kommentar, 4. Aufl., Köln 2023 (zit.: Plath/*Bearbeiter*, DSGVO/BDSG)

Prinz, Ulrich/Winkeljohann, Norbert (Hrsg.), Beck'sches Handbuch der GmbH, 6. Aufl., München 2021 (zit.: Prinz/Winkeljohann/*Bearbeiter*, Handbuch der GmbH)

Prölss, Erich R. (Begr.)/Prölss, Jürgen/Martin, Anton (Hrsg.), Versicherungsvertragsgesetz, mit Nebengesetzen, Vertriebsrecht und Allgemeinen Versicherungsbedingungen, 31. Aufl., München 2021 (zit. Prölss/Martin/*Bearbeiter*, VVG)

Quedenfeld, Diedrich/Füllsack, Markus, Verteidigung in Steuerstrafsachen, 5. Aufl., Heidelberg 2016 (zit.: Quedenfeld/Füllsack, Verteidigung in Steuerstrafsachen)

Rieger, Frank/Jester, Johannes/Sturm, Michael, Das Europäische Kartellverfahren, Rechte und Stellung der Beteiligten nach Inkrafttreten der VO 1/03, Halle/Saale 2004 (zit.: *Rieger/Jester/Sturm*, Das Europäische Kartellverfahren)

Rolfs, Christian/Giesen, Richard/Kreikebohm, Ralf/Udsching, Peter (Hrsg.), Beck'scher Online-Kommentar Arbeitsrecht (zit.: BeckOK ArbR/*Bearbeiter*)

Romeike, Frank (Hrsg.), Rechtliche Grundlagen des Risikomanagements, Haftung- und Strafvermeidung für Corporate Compliance, Berlin 2008 (zit.: Romeike/*Bearbeiter*, Grundlagen Risikomanagement)

Romeike, Frank/Hager, Peter, Erfolgsfaktor Risikomanagement 2.0, Methoden, Beispiele, Checklisten, Praxishandbuch für Industrie und Handel, 2. Aufl., Wiesbaden 2009 (zit.: *Romeike/Hager*, Erfolgsfaktor Risikomanagement)

Rotsch, Thomas (Hrsg.), Criminal Compliance, Handbuch, Baden-Baden 2015 (zit.: Rotsch/*Bearbeiter*, Criminal Compliance)

Rübenstahl, Markus/Hahn, Andreas/Voet von Vormizeele, Philipp (Hrsg.), Kartell Compliance, Prävention – Investigation – Corporate Defense – Remediation, Heidelberg 2020 (zit.: *Rübenstahl/Hahn/Voet von Vormizeele*, Kartell Compliance)

Rübenstahl, Markus/Idler, Jesko (Hrsg.), Tax Compliance: Prävention – Investigation – Remediation – Unternehmensverteidigung, Heidelberg 2018 (zit.: Rübenstahl/Idler/*Bearbeiter*, Tax Compliance)

Sabate, Eduardo, Adherence to Long term Therapie, Evidence for Action, Genf 2003 (zit.: *Sabate*, Adherence to Long term Therapie)

Säcker, Franz Jürgen (Hrsg.), Berliner Kommentar zum Energierecht, 4. Aufl., Frankfurt/Main 2019, 5. Aufl., Frankfurt/Main 2022 (Säcker/*Bearbeiter*, Berliner Kommentar zum Energierecht)

Schaaf, Martin, Risikomanagement und Compliance – aufsichtsrechtliche Anforderungen und Organverantwortung, Karlsruhe 2010 (zit.: *Schaaf*, Risikomanagement und Compliance)

Schaffland, Hans-Jürgen/Wiltfang, Neome (Hrsg.), Datenschutz-Grundverordnung (DS-GVO)/Bundesdatenschutzgesetz (BSDG), Lose-Blatt-Kommentar, Berlin (zit.: Schaffland/Wiltfang/*Bearbeiter*, DS-GVO/BSDG)

Schaub, Günter/Koch, Ulrich, Arbeitsrecht von A–Z, 24. Aufl., München 2020, 29. Aufl., München 2025 (zit.: Schaub/Koch/*Bearbeiter*, Arbeitsrecht)

Schmidt, Karsten/Lutter, Marcus (Hrsg.), Aktiengesetz, Kommentar, 4. Aufl., Köln 2020 (zit.: Schmidt/Lutter/*Bearbeiter*, AktG)

Schneider, Jens-Peter/Schmidpeter, Rene (Hrsg.), Corporate Social Responsibility – verantwortungsvolle Unternehmensführung in Theorie und Praxis, 2. Aufl., Berlin/Heidelberg 2015 (zit.: Schneider/Schmidpeter/*Bearbeiter*, Corporate Social Reponsibility)

Schneider, Jens-Peter/Theobald, Christian (Hrsg.), Recht der Energiewirtschaft, Praxishandbuch, 5. Aufl., München 2021 (zit.: Schneider/Theobald/*Bearbeiter*, HBEnWR)

Schneider, Jochen, Datenschutz nach der EU-Datenschutz nach der EU-Datenschutz-Grundverordnung, München 2017, 2. Aufl., München 2019 (zit.: *Schneider*, Datenschutz)

Scholz, Franz (Hrsg.), Kommentar zum GmbH-Gesetz, 12. Aufl., Köln 2018, 13. Aufl., Köln 2024 (zit.: Scholz/*Bearbeiter*, GmbHG, Aufl.)

Schönke, Adolf/Schröder, Horst, Strafgesetzbuch, Kommentar, 30. Aufl., München 2019, (zit.: Schönke/Schröder/*Bearbeiter*, StGB)

Schreyögg, Georg, Organisation, Grundlagen moderner Organisationsgestaltung, 7. Aufl., Wiesbaden 2024 (zit.: *Schreyögg*, Organisation)

Schröer, Christopher, Risikomanagement in KMU, Grundlagen, Instrumente, Nutzen, Saarbrücken 2007 (zit.: *Schröer*, Risikomanagement in KMU)

Schulz, Martin (Hrsg.), Compliance-Management im Unternehmen. Strategie und praktische Umsetzung, Frankfurt a. M. 2017, 2. Aufl., Frankfurt a. M. 2020 (zit.: Schulz/*Bearbeiter*, Compliance-Management im Unternehmen)

Schulze Schwienhorst, Leo, Die Bußgeldversicherung: Versicherungsschutz für Geldbußen gegen juristische Personen unter besonderer Beachtung der Bußgelder aus dem Datenschutz- und Kartellrecht, Münster 2021 (zit.: L. Schulze Schwienhorst, Die Bußgeldversicherung)

Schweizer, Rainer J./Burkert, Herbert/Gasser, Urs (Hrsg.), Festschrift für Jean Nicolas Druey zum 65. Geburtstag, Zürich/Basel/Genf 2002 (zit.: Schweizer/Burkert/Gasser/*Bearbeiter*, FS Druey)

Semler, Johannes/von Schenk, Kersten (Hrsg.), Arbeitshandbuch für Aufsichtsratsmitglieder, 3. Aufl., München 2009 (zit.: Semler/von Schenk/*Bearbeiter*, Aufsichtsratsmitglied)

Senff, Phillip/Zhang, Richard (Hrsg), Governance, Risk and Compliance in China, Freiburg 2017 (zit.: *Senff/Zhang*, Risk and Compliance in China)

Shimpi, Prakash, Integrating Corporate Risk Management, New York 2001 (zit.: *Shimpi*, Corporate Risk Management)

Simitis, Spiros/Hornung, Gerrit/Spiecker, Indra (Hrsg.), Datenschutzrecht, DSGVO mit BDSG, Baden-Baden 2019 (zit.: Simitis/Hornung/Spiecker/*Bearbeiter*, Datenschutzrecht)

Smirska, Katarzyna, Optimierung eines Risikomanagementsystems im Mittelstand, Norderstedt 2009 (zit.: *Smirska*, Optimierung eines Risikomanagementsystems)

Spießhofer, Birgit, Unternehmerische Verantwortung, München 2017 (zit.: *Spießhofer, Unternehmerische Verantwortung*)

Spindler, Gerald/Stilz, Eberhard (Hrsg.), Kommentar zum Aktiengesetz, 4. Aufl., München 2019 (zit.: Spindler/Stilz/*Bearbeiter*, AktG)

Stober, Rolf/Orthmann, Nicola (Hrsg.), Compliance, Handbuch für die öffentliche Verwaltung, Stuttgart 2015 (zit.: Stober/Orthmann/*Bearbeiter*, Compliance)

Strieder, Thomas, DCGK, Deutscher Corporate Governance Kodex, Praxiskommentar, Berlin 2005 (zit.: *Strieder*, DCGK)

Stürner, Rolf/Eidenmüller, Horst/Schoppenmeyer, Heinrich (Hrsg.), Münchener Kommentar zur Insolvenzordnung, 4. Aufl., München 2019 (zit.: MüKo-InsO/*Bearbeiter*)

Szesny, Andre-M./Kuthe, Thorsten (Hrsg.), Kapitalmarkt-Compliance, 2. Aufl., Heidelberg 2018 (zit.: Szesny/Kuthe/*Bearbeiter*, Kapitalmarkt-Compliance)

Taeger, Jürgen (Hrsg.), Informatik – Wirtschaft – Recht, Regulierung in der Wissensgesellschaft, Festschrift für Wolfgang Kilian zum 65. Geburtstag, Baden-Baden 2004 (zit.: Taeger/*Bearbeiter*, FS Kilian)

Theobald, Christian/Kühling, Jürgen (Hrsg.), Energierecht, Lose-Blatt-Kommentar, München (zit.: Theobald/Kühling/*Bearbeiter*, Energierecht)

Theobald, Christian/Zenke, Ines, Grundlagen der Strom- und Gasdurchleitung – Die aktuellen Rechtsprobleme, München 2001 (zit.: *Theobald/Zenke*, Strom- und Gasdurchleitung)

Thomas, Stefan, Die Haftungsfreistellung von Organmitgliedern – bürgerlichrechtliche, gesellschaftsrechtliche und versicherungsrechtliche Grundlagen der Freistellung und der Versicherung von organschaftlichen Haftungsrisiken im Kapitalgesellschaftsrecht, Tübingen 2010 (zit.: *Thomas*, Haftungsfreistellung von Organmitgliedern)

Tieves, Johannes, Der Unternehmensgegenstand der Kapitalgesellschaft, Köln 1998 (zit.: *Tieves*, Kapitalgesellschaft)
Tipke, Klaus/Kruse, Heinrich Wilhelm (Hrsg.), Abgabenordnung, Finanzgerichtsordnung, Lose-Blatt-Kommentar, Köln (zit.: Tipke/Kruse/*Bearbeiter*, AO/FGO)
Umnuß, Karsten, Corporate Compliance Checklisten – Rechtliche Risiken im Unternehmen erkennen und vermeiden, 3. Aufl., München 2017, 4. Aufl., München 2020 (zit.: *Umnuß*, Corporate Compliance Checklisten, Aufl.)
Veith, Jürgen/Gräfe, Jürgen (Hrsg.), Der Versicherungsprozess, 3. Aufl., Köln 2016 (zit.: Veith/Gräfe/*Bearbeiter*, Versicherungsprozess)
Vitorio Clarindo dos Santos, Jorge, Rechtsfragen der Compliance in der internationalen Unternehmensgruppe, Lohmar 2013 (zit.: *Vitorio Clarido dos Santos*, Rechtsfragen der Compliance)
Wachter, Thomas (Hrsg.), AktG, Kommentar, 3. Aufl., München 2018 (zit.: Wachter/*Bearbeiter*, AktG)
Wecker, Gregor/Ohl, Bastian (Hrsg.), Compliance in der Unternehmerpraxis, 3. Aufl., Wiesbaden 2013 (zit.: Wecker/Ohl/*Bearbeiter*, Compliance)
vom Wege, Jan-Hendrik/Weise, Michael (Hrsg.), Praxishandbuch Messstellenbetriebsgesetz (MsbG), Berlin 2019 (zit.: vom Wege/Weise/*Bearbeiter*, Praxishandbuch MsbG)
Wellhöfer, Wener/Peltzer, Martin/Müller, Welf, Die Haftung von Vorstand, Aufsichtsrat, Wirtschaftsprüfer mit GmbH-Geschäftsführer, München 2008 (zit.: Wellhöfer/Peltzer/Müller/*Bearbeiter*, Haftung)
Wiedemann, Gerhard (Hrsg.), Handbuch des Kartellrechts, 4. Aufl., München 2020 (zit.: *Wiedemann*, Kartellrecht)
Wieland, Josef/Steinmeyer, Roland/Grüninger, Stephan (Hrsg.), Handbuch Compliance-Management, Konzeptionelle Grundlagen, praktische Erfolgsfaktoren, globale Herausforderungen, 2. Aufl., Berlin 2014 (zit.: Wieland/Steinmeyer/Grüninger/*Bearbeiter*, Handbuch Compliance-Management)
Wolff, Heinrich Amadeus/Stefan Brink (Hrsg.), Beck'scher Online-Kommentar Datenschutzrecht (zit.: Wolff/Brink/*Bearbeiter*, BeckOK Datenschutzrecht)
Zenke, Ines/Neveling, Stefanie /Lokau, Bernhard, Konzentration in der Energiewirtschaft – Politische und rechtliche Fusionskontrolle, München 2005 (zit.: Zenke/Neveling/Lokau, Konzentration Energiewirtschaft)
Zenke, Ines/Schäfer, Ralf (Hrsg.), Energiehandel in Europa, 4. Aufl., München 2017 (zit.: Zenke/Schäfer/*Bearbeiter*, Energiehandel in Europa)
Zenke, Ines/Wollschläger, Stefan/Eder, Jost (Hrsg.), Preise und Preisgestaltung, Berlin 2014 (zit.: Zenke/Wollschläger/Eder/*Bearbeiter*, Preise und Preisgestaltung)
Zerfaß, Ansgar/Piwinger, Manfred (Hrsg.), Handbuch Unternehmenskommunikation, 2. Aufl., Wiesbaden 2014 (zit.: Zerfaß/Piwinger/*Bearbeiter*, Unternehmenskommunikation)

Bearbeiterverzeichnis

Dr. Philipp Bacher ist Rechtsanwalt, Fachanwalt für Steuerrecht und Partner Counsel bei der BBH-Gruppe, eine der führenden Anbieterinnen von Beratungsdienstleistungen für Energie- und Infrastrukturunternehmen und deren Kundschaft. Herr Dr. Bacher berät Bund, Länder und Kommunen sowie kommunale und privatwirtschaftliche Unternehmen in allen Bereichen des Gesellschafts- und Wirtschaftsrechtes. Aktuell befasst sich Herr Dr. Bacher mit diversen umwandlungsrechtlichen Vorgängen (Spaltungen, Ausgliederungen und Verschmelzungen) zur Herstellung geeigneter Unternehmensstrukturen im Bereich der Rekommunalisierung, des Vergaberechtes (insb. ÖPNV), dem Erwerb von Beteiligungen an Erzeugungskapazitäten sowie der Errichtung von Bürgerenergiegesellschaften unter Berücksichtigung der Vorgaben des neuen EEG. Daneben ist er als interner und externer Referent für Vorträge über Rechte, Pflichten und Haftungsfragen von (kommunalen) Aufsichtsratsmitgliedern und Verwaltungsräten tätig.

Sebastian Blumenthal-Barby, LL.M., ist Rechtsanwalt und Partner Counsel bei der BBH-Gruppe, eine der führenden Anbieterinnen von Beratungsdienstleistungen für Energie- und Infrastrukturunternehmen und deren Kundschaft. Zu seinen Beratungsschwerpunkten zählen das Energie- und Energiewirtschaftsrecht, das Regulierungsrecht sowie das Gesellschaftsrecht. Er befasst sich projektleitend mit der Begleitung von Konzessionierungsverfahren für Kommunen und Energieversorger sowie mit der vertraglichen Umsetzung gesellschaftsrechtlicher Transaktionen (Umstrukturierungen, Entflechtung, Netzübernahmen). Er ist Verfasser zahlreicher Fachpublikationen.

Wolfram von Blumenthal ist Rechtsanwalt, Fachanwalt für Handels- und Gesellschaftsrecht und Partner der BBH-Gruppe, eine der führenden Anbieterinnen von Beratungsdienstleistungen für Energie- und Infrastrukturunternehmen und deren Kundschaft. Zu seinen Tätigkeitsschwerpunkten zählen das Gesellschaftsrecht, Mergers & Acquisitions (M&A) und das allgemeine Zivilrecht. Er berät deutsche und ausländische Unternehmen in den Bereichen Gesellschaftsrecht und M&A. Er befasst sich mit Unternehmenskäufen und -verkäufen, Joint Ventures, Restrukturierungen, Unternehmenszusammenschlüssen und Umwandlungen, auch im Rahmen strukturierter Bieterverfahren. Daneben betreut Wolfram von Blumenthal Projekte zur Schaffung neuer Stromerzeugungskapazitäten auf der Basis erneuerbarer Energien.

Dr. Holger Brocke, LL.M., ist als Leitender Oberstaatsanwalt bei der Generalstaatsanwaltschaft Berlin tätig. Er hat zum Thema der europäischen Staatshaftung promoviert und einen Master-Abschluss mit Schwerpunkt im Europarecht an der University of Edinburgh gemacht. Vor seinen Wechsel in den öffentlichen Dienst hat er fast zwei Jahre als Rechtsanwalt in Berlin gearbeitet. Holger Brocke ist Verfasser mehrerer Fachpublikationen und Mitautor des Münchener Kommentars zur StPO.

Dr. Kai Buchholz-Stepputtis ist Security Consultant beim gemeinnützigen Verein (G4C German Competence against Center Cybercrime e.V.). Vereinszweck des G4C ist die Kriminalprävention im Bereich Cybercrime, Schwerpunkt seiner Tätigkeit ist dabei u.a. die Förderung des Erfahrungsaustauschs zwischen Wirtschaftsunternehmen und den G4C-Kooperationspartnern BSI und BKA sowie Awareness-Schaffung bei Unternehmen und Institutionen für die Risiken des Cybercrime. Vorher war Dr. Kai Buchholz-Stepputtis seit 1996 bei der Commerzbank AG beschäftigt und war dort 2002 Begründer und bis Ende 2018 Leiter des internen Information Security Consulting & Research.

Dr. Christian Dessau ist Rechtsanwalt und Partner Counsel bei der BBH-Gruppe, eine der führenden Anbieterinnen von Beratungsdienstleistungen für Energie- und Infrastrukturunternehmen und deren Kundschaft. Er hat mit einem rechtstheoretischen Thema promoviert (Ernst-Moritz-Arndt-Universität zu Greifswald) und beschäftigt sich heute insbesondere mit dem Commodityhandels-, Regulierungs-, Bankaufsichtsrecht und dem Thema Compliance. Christian Dessau ist u.a. Mitautor der Werke Schneider/Theobald, „Recht der Energiewirtschaft", Zenke/Schäfer, „Energiehandel in Europa" und dem energierechtlichen Kommentarband von Theobald/Kühling, „Energierecht" (Loseblattsammlung) (alle im Verlag C.H.Beck).

Dr. Jost Eder ist Rechtsanwalt und Partner der BBH-Gruppe, eine der führenden Anbieterinnen von Beratungsdienstleistungen für Energie- und Infrastrukturunternehmen und deren Kundschaft. Zu seinen Beratungsschwerpunkten zählen Datenschutz, Netzzugangs- und Energielieferverträge, Entflechtung (Unbundling), Zähler- und Messwesen, Regulierung sowie Arbeitsrecht. Er ist Herausgeber und Autor zahlreicher Fachpublikationen, u.a. Mitherausgeber von de Wyl/Eder/Hartmann, „Praxis-Kommentar Netzanschluss- und Grundversorgungsverordnungen", VDE Verlag, 2. Auflage 2016; Mitherausgeber von Zenke/Wollschläger/Eder, „Energiepreise", De Gruyter, 3. Auflage 2025, sowie Mitautor des energierechtlichen Kommentarbandes Theobald/Kühling, „Energierecht", Verlag C.H.Beck (Loseblattsammlung).

Dr. Maximilian Festl-Wietek ist Rechtsanwalt, Fachanwalt für Informationstechnologierecht sowie Fachanwalt für Urheber- und Medienrecht und Partner der BBH-Gruppe, eine der führenden Anbieterinnen von Beratungsdienstleistungen für Energie- und Infrastrukturunternehmen und deren Kundschaft. Zu seinen Beratungsschwerpunkten zählen IT-Recht (insb. Datenschutzrecht), Wettbewerbs- und Markenrecht sowie Urheber- und Medienrecht.

Dr. Claudia Fischer ist Hauptabteilungsleiterin des Bereiches Recht/Beteiligungen/Compliance und Compliance-Beauftragte bei der Neubrandenburger Stadtwerke GmbH. Zuvor war sie seit 2010 Rechtsanwältin in der auf Energie- und Infrastrukturrecht spezialisierten Partnerschaft Becker Büttner Held und beschäftigte sich dort mit dem Energiehandels-, Emissionshandels- und Bankaufsichtsrecht. Sie hat mit einem naturschutzrechtlichen Thema promoviert (Universität Rostock). Claudia Fischer ist u.a. Mitautorin des Werkes Zenke/Schäfer, „Energiehandel in Europa" (Verlag C.H.Beck).

Jürgen Gold ist Wirtschaftsprüfer, Steuerberater und Partner der BBH-Gruppe, eine der führenden Anbieterinnen von Beratungsdienstleistungen für Energie- und Infrastrukturunternehmen und deren Kundschaft. Zu seinen Beratungsschwerpunkten gehören die Prüfung von Jahres- und Konzernabschlüssen sowie die Umsetzung der Anforderungen des EnWG in Energieversorgungsunternehmen (EVU). Besondere Schwerpunkte bilden hierbei die buchhalterische Entflechtung sowie die Netzentgeltregulierung. Er ist Verfasser zahlreicher Fachpublikationen, u.a. steuerrechtliche und bilanzielle Implikationen des Emissionshandels als Mitautor zus. mit Guido Sydow des Buches Zenke/Fuhr/Bornkamm, „CO_2-Handel aktuell", EW Medien und Kongresse GmbH (vormals VWEW Energieverlag), 2009, sowie als Mitautor des Buches BBH/AGFW, „Neuer Gesetzesrahmen für die Kraft-Wärme-Kopplung und Erneuerbare Energien", 2009, und BBH/AGFW, „Fristen für Mitteilungen, Veröffentlichungen und Wirtschaftsprüfertestate nach EEG 2009 und KWKModG 2009".

Dr. Tigran Heymann ist Rechtsanwalt und Partner der BBH-Gruppe, eine der führenden Anbieterinnen von Beratungsdienstleistungen für Energie- und Infrastrukturunternehmen und deren Kundschaft. Seine Beratungsschwerpunkte umfassen das Kartell- und Regulierungsrecht (insb. Fusionskontrolle und Missbrauchsaufsicht) und das Umweltrecht (u.a. Emissionshandels-, Immissionsschutz- und Abfallrecht). Er hat sich in diesen Bereichen v.a. auf die Beratung von Energieversorgern und Industriekunden spezialisiert und berät Mandanten hierbei in gesetzgeberischen, behördlichen und (schieds-)gerichtlichen Angelegenheiten ebenso wie bei außergerichtlichen Fragestellungen. Als Mitautor hat er an zahlreichen einschlägigen Online- und Printpublikationen mitgewirkt.

Michael Koch ist Wirtschaftsprüfer, Steuerberater und Partner Counsel bei der BBH-Gruppe, eine der führenden Anbieterinnen von Beratungsdienstleistungen für Energie- und Infrastrukturunternehmen und deren Kundschaft. Er beschäftigt sich vorwiegend mit der Prüfung von Jahres- und Konzernabschlüssen, Risikomanagementberatung, der Prüfung von Compliance-Management-Systemen sowie steuerlicher und betriebswirtschaftlicher Beratung und Sonderprüfungen. Er schloss sein Studium der Betriebswirtschaftslehre an der Universität zu Köln und der University of Calgary im Jahr 2006 mit einer Diplomarbeit zum kanadischen und europäischen Versicherungsaufsichtsmodell ab.

Dr. Rebecca Julia Koch studierte Rechtswissenschaften an den Universitäten Münster und Jena und wurde mit einer Arbeit über Produktrückruf-Versicherungen promoviert. Seit 2001 arbeitet sie im D&O-Versicherungsmarkt in unterschiedlichen Funktionen (Spezialmakler, internationaler Konzern, Versicherung). Seit 2010 ist sie Geschäftsführerin der Kleist Versicherungsmakler GmbH. Hier ist sie spezialisiert auf D&O- und Cyber-Versicherungen. Als Lehrbeauftragte im Postgraduiertenstudiengang zum Versicherungsrecht an der Universität Münster und im Rahmen von Ausbildungsgängen der DVA (Deutsche Versicherungsakademie) unterrichtet sie zur D&O- und Cyber-Versicherung.

Prof. Dr. Lucian Krawczyk arbeitete nach seiner juristischen Ausbildung und akademischen Tätigkeit am Lehrstuhl für Straf- und Strafprozessrecht von Prof. Dr. Stephan Barton (Universität Bielefeld) zunächst als wissenschaftlicher Mitarbeiter in der renommierten wirtschaftsstrafrechtlichen Kanzlei Wessing & Partner in Düsseldorf. Ab 2011 ist Prof. Dr. Lucian Krawczyk als Rechtsanwalt in Berlin mit der Spezialisierung auf strafrechtliche Beratung und Strafverteidigung tätig gewesen. Seit 2016 ist er Professor für Strafrecht an der Hochschule für Wirtschaft und Recht Berlin. Er verfügt über Erfahrungen in umfangreichen Wirtschafts-, Korruptions- und Steuerstrafverfahren und ist Autor von Fachpublikationen zum Straf- und Strafprozessrecht.

Niko Liebheit, LL.M., ist Rechtsanwalt und Partner der BBH-Gruppe, eine der führenden Anbieterinnen von Beratungsdienstleistungen für Energie- und Infrastrukturunternehmen und deren Kundschaft. Er befasst sich besonders mit deutschem und europäischem Stromsteuer- und Energiesteuerrecht sowohl aus Sicht der Energieversorger wie auch der Energieverbraucher. Daneben sind Fragestellungen zum Energiemanagement, zu weiteren Abgaben (EEG, KWKG etc.), zur dezentralen Erzeugung und zur Vertragsgestaltung weitere Schwerpunkte. Als Mitautor hat er an zahlreichen einschlägigen Online- und Printpublikationen mitgewirkt, u. a. als Mitautor des energierechtlichen Kommentarbandes Theobald/Kühling „Energierecht", Verlag C.H.Beck (Loseblattsammlung).

Dr. Ralf Schäfer ist Rechtsanwalt mit den Beratungsschwerpunkten Kartell-, Bank- und Börsenrecht sowie im Bereich Compliance. Ralf Schäfer wurde im Kommunalwirtschafts- und Energierecht zu verfassungs- und mitbestimmungsrechtlichen Fragestellungen promoviert. Er ist Verfasser diverser Fachpublikationen, u. a. als Herausgeber und Mitautor des Buches von Zenke/Schäfer, „Energiehandel in Europa", Verlag C.H.Beck, sowie verschiedener Fachaufsätze zum Thema Compliance. Darüber hinaus verfasste er rund 25 Jahre die Kolumne zu aktuellen Entwicklungen im Energierecht in der Zeitschrift „Energiewirtschaftliche Tagesfragen". Von 2009 bis 2014 war er Lehrbeauftragter im Bereich Energiewirtschaft an der Fachhochschule Düsseldorf und ist seit 1996 nebenamtlicher Prüfer im 2. juristischen Staatsexamen beim Landesjustizprüfungsamt Nordrhein-Westfalen.

Julia Scheidt ist Rechtsanwältin und Counsel bei der BBH-Gruppe, eine der führenden Anbieterinnen von Beratungsdienstleistungen für Energie- und Infrastrukturunternehmen und deren Kundschaft. Ihr Beratungsschwerpunkt ist das Arbeitsrecht. Neben der Führung von Gerichtsprozessen berät sie Mandanten auf allen Gebieten des Individual- und Kollektivarbeitsrechts sowie zu Compliance-relevanten Fragestellungen. Julia Scheidt ist zudem ehrenamtlich als Regionalbeauftragte des FORUM Junge Anwaltschaft im DAV e.V. für die Landgerichtsbezirke München I und II tätig.

Tobias Sengenberger, LL.M., ist Wirtschaftsprüfer, Steuerberater und Partner der BBH-Gruppe, eine der führenden Anbieterinnen von Beratungsdienstleistungen für Energie- und Infrastrukturunternehmen und deren Kundschaft. Zu seinen Beratungsschwerpunkten zählt die Einführung von steuer- und rechnungslegungsbezogenen Risiko- und Compliance-Managementsystemen, insbesondere im Rahmen der Nachhaltigkeitsberichterstattung nach CSRD. Ferner führt er Prozessoptimierungen in den rechnungslegungsnahen Bereichen durch. Zudem ist er in vielen weiteren Fragen der steuerlichen und betriebswirtschaftlichen Beratung tätig.

Thomas Straßer ist Wirtschaftsprüfer, Steuerberater und Partner der BBH-Gruppe, eine der führenden Anbieterinnen von Beratungsdienstleistungen für Energie- und Infrastrukturunternehmen und deren Kundschaft. Zu seinen Beratungsschwerpunkten gehören die Bewertung von Unternehmen, Energieversorgungsnetzen und Erzeugungsanlagen. Ferner führt er Sonderprüfungen, Due-Diligence-Prüfungen, Prüfung von Risikomanagementsystemen, Abwasser- und Wasserentgeltkalkulationen sowie die Prüfung von Jahres- und Konzernabschlüssen durch. Darüber hinaus ist er in vielen weiteren Fragen der steuerlichen und betriebswirtschaftlichen Beratung tätig.

Meike Weichel, LL.M., ist Rechtsanwältin, Steuerberaterin, Fachanwältin für Steuerrecht und bei Grant Thornton Germany im Bereich Öffentlicher Sektor tätig. Einer ihrer Schwerpunkte ist die steuerliche Beratung von juristischen Personen des öffentlichen Rechts und ihren Betrieben gewerblicher Art, von Unternehmen der kommunalen Daseinsvorsorge wie Verkehrsbetrieben und Schwimmbädern sowie von Unternehmen der Energiewirtschaft. Einen weiteren Schwerpunkt begründet die Beratung bei der Implementierung und Überwachung von Tax-Compliance-Management-Systemen.

Joachim Weide, ehemaliger Direktor bei Alvarez and Marsal, war in unterschiedlichen leitenden Funktionen als CTO verschiedener Firmen tätig. Schwerpunkte waren IT-Transformation und Konsolidierung von komplexen SAP-Landschaften in unterschiedlichen Industrien wie Automotive, Manufacturing und Pharma. Im Rahmen von Digitalisierungsprojekten hat Herr Weide Unternehmen in den Themen Sicherheit und Cloud-Anwendungen im In- und Ausland beraten. Heute ist er Inhaber der Operatis Consulting und betreut verschiedene Kunden in SAP S/4 HANA und Sicherheitsthemen. Gleichzeitig unterstützt er den gemeinnützigen Verein G4C (German Competence Centre against Cyber Crime e.V.) in Wiesbaden als IT-Leiter und Berater. Dabei ist es ihm wichtig, den Schutz der Unternehmen gegen Cyberangriffe weiter zu erhöhen.

Ingmar Weitemeier, ehemaliger Direktor des Landeskriminalamts Mecklenburg-Vorpommern, hat die Behörde über 14 Jahre geleitet, davor war er Gründungsdekan des Fachbereiches Polizei der Fachhochschule für Verwaltung und Rechtspflege in Sachsen-Anhalt, vorherige Verwendung in unterschiedlichen Führungsfunktionen der Niedersächsischen Polizei. Er führt derzeit ein Unternehmen mit Schwerpunkt „Investigative Maßnahme" verbunden mit Strategie- und Unternehmensberatung. Gleichzeitig unterstützt er den gemeinnützigen Verein G4C (German Competence Centre against Cyber Crime e.V.) in Wiesbaden als Projektleiter und Berater und sein Hauptaugenmerk liegt darauf, den Schutz der Unternehmen gegen Cyberangriffe weiter zu erhöhen.

Magnus Zellhorn, LL.M., ist Prokurist und Leiter des Fachbereichs Financial Lines bei der Kleist Versicherungsmakler GmbH. Dort berät er seit mehr als 15 Jahren schwerpunktmäßig zur D&O-, Straf-Rechtsschutz-, Vertrauensschaden- und Cyber-Versicherung. Nach der Ausbildung zum Versicherungskaufmann studierte er Wirtschaftsrecht an der Fernuniversität in Hagen und absolvierte anschließend den Masterstudiengang „Versicherungsrecht" an der Universität Münster. Seit mehr als zehn Jahren ist er Dozent zur D&O-Versicherung im Rahmen eines Ausbildungsganges der Deutschen Versicherungsakademie (DVA).

Prof. Dr. Ines Zenke ist Rechtsanwältin, Fachanwältin für Verwaltungsrecht und Mitinhaberin der BBH-Gruppe, eine der führenden Anbieterinnen von Beratungsdienstleistungen für Energie- und Infrastrukturunternehmen und deren Kundschaft. Sie ist seit 30 Jahren in der Wirtschaft tätig. In der Compliance begleitet sie Vorständ:innen und Geschäftsführungen bei vorbeugender Krisen-Compliance. Zu ihren Schwerpunkten zählen weiter die Politikberatung sowie die anwaltliche Begleitung im Infrastruktur- und Umweltrecht. Ines Zenke ist Verfasserin von insgesamt rund 300 Fachpublikationen und Honorarprofessorin an der Hochschule für nachhaltige Entwicklung Eberswalde (HNEE), Fachbereich Wirtschaft. Sie ist u.a. Präsidentin des Wirtschaftsforums der SPD e.V., Stellvertretende Vorsitzende des Aufsichtsrates der Uniper SE, Mitglied im Aufsichtsrat der Frischli Milchwerke GmbH und wird regelmäßig als Sachverständige im Bundestag hinzugezogen. Weiteres: https://www.die-bbh-gruppe.de/de/experten/info/ines-zenke.

Rechtsprechungsübersicht

Gericht	Datum	Aktenzeichen	Kurztext	Fundstelle
Europäischer Gerichtshof	8.7.1999	C-199/92 P	Hüls/Kommission Bußgeldentscheidung wegen Kartellverstoß, Begriff der abgestimmten Verhaltensweise	WuW/E EU-R 226ff. = EuGH Slg. 1999 I, 4287ff.
Europäischer Gerichtshof	6.7.2006	C-439/04 & C-440/04	Harmonisierung der Rechtsvorschriften der Mitgliedstaaten über die Umsatzsteuern	IStR 2006, 574
Europäischer Gerichtshof	4.6.2009	C-8/08	T-Mobile Netherlands/Nma Einmaliger Informationsaustausch kann abgestimmte Verhaltensweise begründen	WuW/E EU-R 1589ff.
Europäischer Gerichtshof	14.9.2010	C-550/07 P	Akzo Nobel Chemicals und Akcros Chemicals/Kommission, Schriftverkehr zwischen Syndikusanwalt und Unternehmen genießt keinen Schutz der Vertraulichkeit	NJW 2010, 3557ff. = EuZW 2010, 778ff. = DB 2010, 2218ff.
Europäischer Gerichtshof	11.11.2010	C-232/09	Danosa, Arbeitnehmereigenschaft eines Mitglieds der Unternehmensleitung einer Kapitalgesellschaft	NZA 2011, 143ff.
Europäischer Gerichtshof	6.9.2012	C-496/11	Vorsteuerabzug von Holdinggesellschaften	DStR 2012, 1859ff.
Europäischer Gerichtshof	7.11.2013	C-522/12	Vorabentscheidungsersuchen – Freier Dienstleistungsverkehr – Entsendung von Arbeitnehmern	NZA 2013, 1359
Europäischer Gerichtshof	5.6.2014	C-557/12	Schadenersatzpflicht von Kartellanten für Preisschirmeffekte	BB 2014, 1550ff. = EuZW 2014, 586ff.
Europäischer Gerichtshof	17.12.2015	C-529/14	Besteuerung von Energieerzeugnissen und elektrischem Strom	NVwZ 2016, 524
Europäischer Gerichtshof	7.3.2018	C-31/17	Besteuerung von für die KWK verwendete Energieerzeugnisse	IStR 2018, 352ff.
Europäischer Gerichtshof	1.10.2019	C-673/17	Planet49 GmbH	NJW 2019, 3433
Gericht der Europäischen Union	14.5.1998	T-334/94	Finnboard/Kommission	WuW/E EU-R 87ff. = EuG Slg. 1998 II, 1439ff.
Gericht der Europäischen Union	30.10.2007	T-125/03	Akzo, Schutz der Vertraulichkeit beim Schriftwechsel zwischen Anwalt und Mandant	BeckRS 2003, 14100

Gericht	Datum	Aktenzeichen	Kurztext	Fundstelle
Gericht der Europäischen Union	30.10.2007	T-253/03	Akzo, Schutz der Vertraulichkeit beim Schriftwechsel zwischen Anwalt und Mandant	BeckRS 2003, 14100
Gericht der Europäischen Union	12.7.2018	T-419/14	Bußgeldhaftung einer Investmentgesellschaft für den Kartellverstoß der Beteiligungsgesellschaft	NZKart 2018, 433
Europäischer Gerichtshof für Menschenrechte	21.7.2011	28274/08	(Menschen-)rechtswidrige Kündigung einer Pflegekraft, die gegen den Arbeitgeber Strafanzeige wegen Missständen in der betriebenen Pflegeeinrichtung gestellt hatte	NJW 2011, 3501 ff.
Europäischer Gerichtshof für Menschenrechte	5.9.2017	61496/08	Bărbulescu/Rumänien, Überwachung des elektronischen Schriftverkehrs am Arbeitsplatz – Verletzung von Art. 8 MRK	CCZ 2016, 285 ff.
Bundesverfassungsgericht	23.1.1990	1 BvL 4/87	Steuerliche Absetzung einer Geldbuße	BVerfGE 81, 228 = NJW 1990
Bundesverfassungsgericht	10.3.2009	2 BvR 1980/07	Vereinbarkeit des „Nachteils" als Tatbestandsmerkmal des Untreuetatbestandes mit dem Bestimmtheitsgebot	NStZ 2009, 560 ff.
Bundesverfassungsgericht	27.4.2010	2 BvL 13/07	Vereinbarkeit der abgabenrechtlichen Vorschrift über das Verhältnis des Strafverfahrens zum Besteuerungsverfahren mit der Freiheit vom Selbstbelastungszwang	wistra 2010, 341 ff.
Bundesverfassungsgericht	23.6.2010	2 BvR 105/09	Vereinbarkeit des „Nachteils" als Tatbestandsmerkmal des Untreuetatbestandes mit dem Bestimmtheitsgebot	BVerfGE 126, 170 ff. = NJW 2010, 3209 ff.
Bundesverfassungsgericht	23.6.2010	2 BvR 491/09	Vereinbarkeit des „Nachteils" als Tatbestandsmerkmal des Untreuetatbestandes mit dem Bestimmtheitsgebot	BVerfGE 126, 170 ff. = NJW 2010, 3209 ff.
Bundesverfassungsgericht	23.6.2010	2 BvR 2559/08	Vereinbarkeit des „Nachteils" als Tatbestandsmerkmal des Untreuetatbestandes mit dem Bestimmtheitsgebot	BVerfGE 126, 170 ff. = NJW 2010, 3209 ff.
Bundesverfassungsgericht	2.3.2017	2 BvR 1163/13	Erfolglose Verfassungsbeschwerde gegen Durchsuchungs- und Beschlagnahmeanordnungen im Zusammenhang mit Aktienkäufen über den Dividendenstichtag	PStR 2017, 129 ff.
Bundesverfassungsgericht	27.6.2018	2 BvR 1405/17	Durchsuchung von Kanzleiräumen und Sicherstellung von Unterlagen bzgl des „VW-Dieselskandals"	NJW 2018, 2385 ff.

Gericht	Datum	Aktenzeichen	Kurztext	Fundstelle
Bundesverfassungsgericht	28.6.2018	2 BvR 1780/17	Durchsuchung von Kanzleiräumen und Sicherstellung von Unterlagen bzgl des „VW-Dieselskandals"	NJW 2018, 2385 ff.
Bundesgerichtshof	16.12.1953	II ZR 167/52	Einberufung einer Gesellschaftsversammlung von Gesellschaftern, die nicht die dafür erforderliche Minderheit vertreten	BGHZ 11, 231 ff.
Bundesgerichtshof	20.2.1956	II ZR 53/55	Versicherungsschutz für Haftpflichtschäden im Interzonenverkehr bei Zusammenstößen mit sowjetischen Militärfahrzeugen	VersR 1956, 186 f.
Bundesgerichtshof	26.3.1956	II ZR 180/54	Rückgriffsrecht bei Haftpflichtversicherungen	BGHZ 20, 239 ff.
Bundesgerichtshof	14.12.1959	II ZR 187/57	Haftung der Gesellschafter für Weisungen an die Geschäftsführer	BGHZ 31, 258 ff.
Bundesgerichtshof	29.1.1962	II ZR 1/61	Rechte einer Gemeinde als Hauptaktionärin einer Aktiengesellschaft	BGHZ 36, 296 ff.
Bundesgerichtshof	26.10.1964	II ZR 127/62	Handeln des GmbH-Geschäftsführers für die GmbH bei Abschluss eines Anstellungsvertrages und Annahme einer Stellvertretung bei Vertragsabschluss	WM 1964, 1320 f.
Bundesgerichtshof	13.8.1973	StB 34/73	Durchsicht und Beschlagnahme der Verteidigerpost bei Teilnahmeverdacht gegen den Verteidiger	NJW 1973, 2035
Bundesgerichtshof	4.6.1975	V ZR 184/73	Wertersatz von Nutzungen	BGHZ 64, 322 ff.
Bundesgerichtshof	5.6.1975	II ZR 156/73	Keine wirksame Verschärfung durch Satzung oder Geschäftsordnung des gesetzlichen Verschwiegenheitsgebots für Mitglieder des Aufsichtsrats	BGHZ 64, 325 ff.
Bundesgerichtshof	11.10.1976	II ZR 104/75	Ein vor Abberufung eines ausgeschiedenen GmbH-Geschäftsführers geschlossener Vertrag kann als auf Rechnung der GmbH ausgeführt gelten (nachwirkende Treuepflicht)	WM 1977, 194 f.
Bundesgerichtshof	10.2.1977	II ZR 79/75	Abstimmung über die Entlastung des GmbH-Geschäftsführers und Stimmrechtsmissbrauch durch Gesellschafter	WM 1977, 361 f.
Bundesgerichtshof	25.2.1982	II ZR 174/80	Holzmüller, Beteiligung der Hauptversammlung bei der Ausgliederung des wertvollsten Teils des AG-Betriebsvermögens	BGHZ 83, 122 ff.

Gericht	Datum	Aktenzeichen	Kurztext	Fundstelle
Bundes-gerichtshof	15.11.1982	II ZR 27/82	Hertie, Kein Recht auf Zuziehung eines Sachverständigen bei der Einsichtnahme eines Abschlussprüfungsberichtes	BGHZ 85, 293ff.
Bundes-gerichtshof	29.2.1984	2 StR 560/83	Bestimmtheit der Diensthandlung bei Bestechlichkeit	BGHSt 32, 290ff.
Bundes-gerichtshof	23.9.1985	II ZR 246/84	Sorgfalts- und Treuepflicht des GmbH-Geschäftsführers	NJW 1986, 585f.
Bundes-gerichtshof	23.9.1985	II ZR 257/84	Umfang der Treuepflicht des geschäftsführenden Gesellschafters gegenüber der Gesellschaft	JW 1986, 584f.
Bundes-gerichtshof	4.2.1986	KRB 11/85	Verjährungsfristen für Kartellordnungswidrigkeit im Pressebereich durch Verbreiten von Druckschriften	NStZ 1986, 367f.
Bundes-gerichtshof	11.3.1987	IVa ZR 240/85	Sonderbedingungen zur Haftpflicht- und Fahrzeugversicherung für Kfz-Handel und -Handwerk	r + s 1987, 155
Bundes-gerichtshof	7.12.1987	II ZR 206/87	Schadenersatz bei nicht vollständig erbrachter Dienstleistung eines GmbH-Geschäftsführers	NJW-RR 1988, 420f.
Bundes-gerichtshof	14.12.1987	II ZR 170/87	Familienheim, Beendigung eines nichtigen, aber durchgeführten Beherrschungs- und Gewinnabführungsvertrages und die Verlustausgleichspflicht durch den Konkurs	BHGZ 103, 1ff.
Bundes-gerichtshof	17.5.1988	VI ZR 233/87	Sittenwidrigkeit eines unter Missbrauchs der Vertretungsmacht zustande gekommenen Rechtsgeschäfts	NJW 1989, 26f.
Bundes-gerichtshof	24.8.1988	3 StR 232/88	Untreue zum Nachteil der GmbH durch Fehlbuchungen des Alleingesellschafters zum Zwecke der Steuerhinterziehung	NJW 1989, 112f.
Bundes-gerichtshof	24.10.1988	II ZB 7/88	Supermarkt, Erforderlichkeit der Eintragung eines Beherrschungs- und Gewinnabführungsvertrages in das Handelsregister der beherrschten GmbH	BGHZ 105, 324ff.
Bundes-gerichtshof	5.1.1989	VI ZR 335/88	Deliktische Eigenhaftung des GmbH-Geschäftsführers aufgrund Garantenstellung aus den ihm übertragenen organisatorischen Aufgaben	BGHZ 109, 297
Bundes-gerichtshof	22.5.1989	II ZR 211/88	Anteilsübertragung auf Gesellschafter, der seine Beteiligung auf einen späteren Zeitpunkt bereits gekündigt hat	NJW 1989, 2687f.

Gericht	Datum	Aktenzeichen	Kurztext	Fundstelle
Bundesgerichtshof	11.6.1991	1 StR 267/91	Notwendige Feststellungen bei der Untreue durch Kreditgewährung	wistra 1992, 26 f.
Bundesgerichtshof	18.8.1993	2 StR 229/93	Konkrete Vermögensgefährdung bei betrügerischer Krediterlangung	wistra 1993, 340 f.
Bundesgerichtshof	15.11.1993	II ZR 235/92	Nichtigkeit des gesamten Jahresabschlusses bei nichtigem Aufsichtsratsbeschluss zum Abhängigkeits- und Prüfungsbericht	BGHZ 124, 111 ff.
Bundesgerichtshof	10.2.1994	1 StR 792/93	Unrechtsvereinbarung als Voraussetzung für Bestrafung wegen Bestechung	NStZ 1994, 277
Bundesgerichtshof	4.7.1994	II ZR 114/93	Nichtigkeit der Aufsichtsratswahlen bei Beurkundung nur der Mehrheit der Kapitalbeträge	ZIP 1994, 1171 f.
Bundesgerichtshof	26.7.1994	5 StR 98/94	Mittelbare Täterschaft hoher DDR-Funktionäre	BGHSt 40, 218 ff.
Bundesgerichtshof	13.2.1995	II ZR 225/93	Fristlose Kündigung des GmbH-Gesellschafter-Geschäftsführers und die Zwangseinziehung seines Geschäftsanteils	NJW 1995, 1358 ff.
Bundesgerichtshof	20.2.1995	II ZR 9/94	Pflichten des Geschäftsführers einer GmbH und ordnungsgemäße Geschäftsorganisation	NJW-RR 1995, 669
Bundesgerichtshof	20.2.1995	II ZR 143/93	Selbstständige treuhänderische Wahrnehmung fremder Vermögensinteressen	BGHZ 129, 30 ff.
Bundesgerichtshof	9.12.1996	II ZR 240/95	Haftung des GmbH-Geschäftsführers für einen für die GmbH nachteiligen Unternehmensberatungsvertrag	NJW 1997, 741 ff.
Bundesgerichtshof	17.2.1997	II ZR 278/95	Wettbewerbsverbot für den Geschäftsführer einer Wohnungsgesellschaft bei persönlichem Erwerb von Immobilien	NJW 1997, 2055 f.
Bundesgerichtshof	20.2.1997	I ZR 13/95	Betreibervergütung, Anspruch auf Angabe der Zahl für Kopien von urheberrechtlich geschützten Vorlagen und auf Zahlung einer Betreibervergütung	BGHZ 135, 48 ff.
Bundesgerichtshof	21.4.1997	II ZR 175/95	ARAG/Garmenbeck, Pflicht des Aufsichtsrates zur Geltendmachung von Schadenersatzansprüchen gegen Vorstandsmitglieder	BGHZ 135, 244 ff. = NJW 1997, 1926 ff.
Bundesgerichtshof	20.7.1999	1 StR 668/98	Untreue und Bankrott durch GmbH-Geschäftsführer zum Nachteil einer GmbH	NJW 2000, 154 ff.
Bundesgerichtshof	10.11.1999	5 StR 221/99	Umsatzsteuerhinterziehung beim Time-Sharing-Modell (Ferienwohnanlage)	wistra 2000, 137 ff.

Gericht	Datum	Aktenzeichen	Kurztext	Fundstelle
Bundesgerichtshof	15.5.2000	II ZR 359/98	Zulässigkeit der Ausgabe von Belegschaftsaktien und Lizenzrechte als Sacheinlage	BGHZ 144, 290ff. = ZIP 2000, 1162ff.
Bundesgerichtshof	2.10.2000	II ZR 164/99	Haftung wegen Verletzung der Insolvenzantragspflicht	DStR 2001, 1537
Bundesgerichtshof	8.11.2000	5 StR 440/00	Hinterziehung von Einfuhrsteuern	wistra 2001, 62ff.
Bundesgerichtshof	26.4.2001	4 StR 264/00	Anstiftung zur Untreue	wistra 2001, 340f.
Bundesgerichtshof	17.9.2001	II ZR 178/99	Schutz der abhängigen GmbH gegenüber Eingriffen des Alleingesellschafters	wistra 2002, 58ff.
Bundesgerichtshof	12.11.2001	II ZR 225/99	Anfechtung von Hauptversammlungsbeschlüssen wegen Unterbreitung der Beschlussvorschläge durch einzelnes Vorstandsmitglied und Vorenthaltung von Informationen	BGHZ 149, 158ff.
Bundesgerichtshof	6.12.2001	1 StR 215/01	Untreue, Pflichtwidrigkeit bei Förderungen von Kunst, Wissenschaft, Sozialwesen oder Sport durch eine Aktiengesellschaft	BGHSt 47, 187ff.
Bundesgerichtshof	11.7.2002	5 StR 516/01	Umsatzsteuerkarussellen sowie bei Scheinrechnungen (Umsatzsteuerhinterziehung)	NJW 2002, 3036ff.
Bundesgerichtshof	23.10.2002	1 StR 541/01	Abgrenzung zwischen Bestechlichkeit und Vorteilsannahme bei Einwerbung von Drittmitteln	NJW 2003, 763ff.
Bundesgerichtshof	4.11.2002	II ZR 224/00	Darlegungs- und Beweislast im Haftungsprozess der GmbH gegen ihren Geschäftsführer	BGHZ 152, 280ff.
Bundesgerichtshof	19.12.2002	1 StR 366/02	Wettbewerbsbeschränkende Absprachen bei Ausschreibungen	NStZ 2003, 548ff.
Bundesgerichtshof	19.2.2003	2 StR 371/02	Dienstliche Tätigkeit eines Bundeswehrsoldaten – Einfuhr von Wehrmaterial	NStZ 2004, 459
Bundesgerichtshof	26.8.2003	5 StR 188/03	Verhängung einer aus Geld- und Freiheitsstrafe bestehenden Gesamtfreiheitsstrafe unter Berücksichtigung des Verlustes der Beamtenrechte	wistra 2003, 463f.
Bundesgerichtshof	24.11.2003	II ZR 171/01	Kreditvergabe aus gebundenem Vermögen verstößt gegen das Kapitalerhaltungsgebot	NJW 2004, 1111f.

Gericht	Datum	Aktenzeichen	Kurztext	Fundstelle
Bundesgerichtshof	4.2.2004	2 StR 355/03	Abschluss eines Risikogeschäfts durch einen leitenden Mitarbeiter	StV 2004, 424 f.
Bundesgerichtshof	5.2.2004	5 StR 420/03	Kompensationsverbot und Strafzumessung bei Umsatzsteuerhinterziehung	NStZ 2004, 579 f.
Bundesgerichtshof	1.4.2004	IX ZR 305/00	Absichtsanfechtung im Konkursverfahren und Gläubigerbenachteiligung	WM 2004, 1037 ff.
Bundesgerichtshof	26.4.2004	II ZR 155/02	Gelatine, Voraussetzungen ungeschriebener Mitwirkungsbefugnisse der Hauptversammlung bei grundlegenden Geschäftsführungsmaßnahmen des Vorstands	BGHZ 159, 30 ff.
Bundesgerichtshof	16.7.2004	2 StR 486/03	Angestellter der Deutsche Bahn AG ist kein Amtsträger	NJW 2004, 3129 ff.
Bundesgerichtshof	28.10.2004	3 StR 301/03	Vorteilsannahme und Vorteilsgewährung bei der Einwerbung von Wahlkampfspenden	NJW 2004, 3569 ff.
Bundesgerichtshof	21.3.2005	II ZR 54/03	Haftung des Vorstands einer Genossenschaftsbank bei der Kreditgewährung ohne banktübliche Sicherheiten	ZIP 2005, 981 ff.
Bundesgerichtshof	2.12.2005	5 StR 119/05	Steuerpflicht von Bestechungsgeldern und Vermögensnachteil durch Schmiergeldzahlung	NJW 2006, 925 ff.
Bundesgerichtshof	21.12.2005	3 StR 470/04	Mannesmann/Vodafone, Untreue und Pflichtverletzung von nachträglichen Anerkennungsprämien ohne zukunftsbezogenen Nutzen für Vorstandsmitglieder	BGHSt 50, 331 ff. = NJW 2006, 522 ff. = NStZ 2006, 214 ff. = AG 2006, 110 ff.
Bundesgerichtshof	16.1.2006	II ZR 76/04	Geltung der Kapitalaufbringungsregeln auch für Cash-Pool-System	NJW 2006, 1736
Bundesgerichtshof	24.1.2006	XI ZR 384/03	Schadensersatzpflichtige Verletzung des Bankgeheimnisses durch kundenschädigendes Fernsehinterview – Kirch/Deutsche Bank AG und Breuer	NJW 2006, 830
Bundesgerichtshof	9.5.2006	5 StR 453/05	Umsatzsteuerpflicht von empfangenen Schmiergeldzahlungen	NJW 2006, 2050 ff.
Bundesgerichtshof	11.5.2006	3 StR 389/05	Bestechlichkeit („Fordern" eines Vorteils) und Untreue (aufgrund Spendenzusage)	NStZ 2006, 628 ff.
Bundesgerichtshof	29.6.2006	5 StR 485/05	Ausschaltung des Wettbewerbs durch Schmiergeldzahlungen an einen Treupflichtigen	NJW 2006, 2864 ff.

Gericht	Datum	Aktenzeichen	Kurztext	Fundstelle
Bundesgerichtshof	11.12.2006	II ZR 243/05	Haftung von Aufsichtsratsmitgliedern für die Verletzung ihrer organschaftlichen Pflichten	NZG 2007, 187ff. = ZIP 2007, 224ff.
Bundesgerichtshof	18.4.2007	5 StR 506/06	Amtsträgereigenschaft des Mitarbeiters einer kommunalen Wohnungsbaugesellschaft	NJW 2007, 2932ff.
Bundesgerichtshof	24.5.2007	5 StR 58/07	Schätzung von Besteuerungsgrundlagen bei Steuerhinterziehung als zulässige Verfahrensweise im Strafprozess	wistra 2007, 345f.
Bundesgerichtshof	21.6.2007	4 StR 99/07	Vorwurf der Vorteilsannahme bzw. Vorteilsgewährung durch ungenehmigte entgeltliche Nebentätigkeiten	NStZ 2008, 216ff.
Bundesgerichtshof	31.7.2007	5 StR 347/06	Nachteilszufügung bei Rückabwicklung eines Immobilienfonds	NStZ 2008, 398f.
Bundesgerichtshof	13.11.2007	KVZ 10/07	Anfechtbarkeit einer im Vorprüfverfahren erfolgten Freigabe	BeckRS 2008, 32
Bundesgerichtshof	26.11.2007	II ZR 161/06	Anspruch gegen den Geschäftsführer auf Rückzahlung einer überhöhten Vergütung und der dafür abgeführten Lohnsteuer	NJW-RR 2008, 484f.
Bundesgerichtshof	3.3.2008	II ZR 124/06	UMTS-Lizenzen, Schadenersatzklage gegen ein faktisch herrschendes Unternehmen wegen Veranlassung zur Vornahme eines nachteiligen Rechtsgeschäfts	BGHZ 175, 365ff.
Bundesgerichtshof	6.5.2008	5 StR 34/08	Voraussetzungen des Straftatbestandes der Untreue bei Verstoß eines Geschäftsführers gegen ein Rückzahlungsverbot zulasten der GmbH	NStZ 2009, 153ff. = wistra 2008, 379ff.
Bundesgerichtshof	19.6.2008	3 StR 490/07	Amtsträgereigenschaft eines für Tochterunternehmen der Deutschen Bahn tätigen Ingenieurs	NJW 2008, 3724ff.
Bundesgerichtshof	29.8.2008	2 StR 587/07	Siemens, Führen von schwarzen Kassen für Bestechungsgelder als Untreuetatbestand	NJW 2009, 89ff.
Bundesgerichtshof	14.10.2008	1 StR 260/08	Vorteilsgewährung durch Versand von Gutscheinen für Logenplätze bei einem begehrten Fußballspiel	NJW 2008, 3580ff.
Bundesgerichtshof	28.10.2008	5 StR 166/08	Strafbarkeit des Geschäftsführers einer GmbH wegen Betruges, Vorenthaltens von Arbeitsentgelt und Insolvenzverschleppung	NJW 2009, 157f.

Gericht	Datum	Aktenzeichen	Kurztext	Fundstelle
Bundesgerichtshof	29.10.2008	IV ZR 128/07	Prozesskosten für eine Drittschuldner-Einziehungsklage fallen nicht unter die Risikobegrenzungsklausel	NJW-RR 2009, 322 ff.
Bundesgerichtshof	1.12.2008	II ZR 102/07	MPS, Gewährung eines unbesicherten, kurzfristig rückforderbaren sog. Upstream-Darlehens durch eine abhängige AG an ihre Mehrheitsaktionärin ist kein per se nachteiliges Rechtsgeschäft	ZIP 2009, 70 ff.
Bundesgerichtshof	2.12.2008	1 StR 416/08	Strafzumessung bei Steuerhinterziehung (Grundsatzentscheidung)	BGHSt 53, 71 ff. = NJW 2009, 528 ff.
Bundesgerichtshof	10.12.2008	KVR 2/08	Stadtwerke Uelzen Gasversorgungsmarkt als sachlich relevanter Markt in der kartellrechtlichen Missbrauchskontrolle	ZNER 2009, 32 f. = RdE 2009, 151 ff.
Bundesgerichtshof	10.2.2009	KVR 67/07	Gaslieferverträge kartellrechtliche Unzulässigkeit von langfristigen Lieferverträgen	WM 2009, 1763 ff.
Bundesgerichtshof	16.2.2009	II ZR 185/07	Kirch/Deutsche Bank, Nichtigkeit eines Beschlusses über die Entlastung von Vorstand und Aufsichtsrat	BGHZ 180, 9 ff. = NZG 2009, 342 ff.
Bundesgerichtshof	18.2.2009	1 StR 731/08	Schadenfeststellung beim betrügerisch veranlassten Eingehen eines Risikogeschäfts mit einer nicht mehr vertragsimmanenten Verlustgefahr	NStZ 2009, 330 f.
Bundesgerichtshof	16.3.2009	II ZR 280/07	Haftung des Aufsichtsrates für Zahlungen ab Insolvenzreife (Schadenersatzpflicht)	NJW 2009, 2454 ff. = DStR 2009, 1157 ff. = NZG 2009, 550 ff.
Bundesgerichtshof	17.3.2009	1 StR 479/08	Anzeige- und Berichtigungspflicht bei bedingt vorsätzlicher Abgabe einer Steuererklärung mit unrichtigen Angaben	BGHSt 53, 210 ff. = NJW 2009, 1984 ff.
Bundesgerichtshof	17.3.2009	1 StR 627/08	Hinterziehungsumfang bei der Umsatzsteuer	NJW 2009, 1979 ff.
Bundesgerichtshof	17.7.2009	5 StR 394/08	Berliner Stadtreinigung Garantenpflicht eines Compliance Officers bei der betrügerischen Abrechnung	BB 2009, 2059 = DB 2009, 2143 ff. = NJW 2009, 3173 ff.
Bundesgerichtshof	22.7.2009	IV ZR 74/08	Keine Verwendereigenschaft des Versicherers bei Einbeziehung von Bedingungen des Maklers des VN	r + s 2010, 100

Gericht	Datum	Aktenzeichen	Kurztext	Fundstelle
Bundesgerichtshof	31.7.2009	2 StR 95/09	Untreuerisiko durch Cash-Pooling	BGHSt 54, 52 ff. = NJW 2009, 3666 ff. = NStZ 2010, 89 ff.
Bundesgerichtshof	17.9.2009	5 StR 521/08	Volkswagen/Betriebsrat, Untreuestrafbarkeit von Zuwendungen an Betriebsräte (Schmiergeldzahlung)	NStZ 2009, 694 ff.
Bundesgerichtshof	2.3.2010	II ZR 62/06	Lurgi, Abgrenzung von Nachgründungsgeschäften und gemischten verdeckten Sacheinlagen	NJW 2010, 1374 ff.
Bundesgerichtshof	13.4.2010	5 StR 428/09	Vermögensbetreuungspflicht eines Direktors einer englischen Limited	NStZ 2010, 632 ff.
Bundesgerichtshof	20.5.2010	1 StR 577/09	Voraussetzungen an eine strafbewehrte Selbstanzeige bei der Steuerhinterziehung	BGHSt 55, 180 ff. = NJW 2010, 2146 ff.
Bundesgerichtshof	14.7.2010	2 StR 200/10	Bestechung im geschäftlichen Verkehr	NStZ-RR 2010, 376
Bundesgerichtshof	27.8.2010	2 StR 111/09	Verletzung gesellschaftsrechtlicher Sorgfaltspflichten bei Einrichten einer schwarzen Kasse im Ausland unter Verletzung der Buchführungsvorschriften	NJW 2010, 3458 ff.
Bundesgerichtshof	3.9.2010	StR 220/09	Beeinflussung der Betriebsratswahl durch Zuwendung von Geldmitteln	BGHSt 55, 288 ff. = NJW 2011, 88 ff.
Bundesgerichtshof	13.9.2010	StR 220/09	Beeinflussung von Betriebsratswahlen und Grenzen der Untreue – Fall Siemens/AUB	NJW 2011, 88
Bundesgerichtshof	20.9.2010	II ZR 78/09	Doberlug, Haftung der Aufsichtsratsmitglieder einer insolvenzreifen GmbH	BGHZ 187, 60 ff.
Bundesgerichtshof	19.1.2011	1 StR 640/10	Tatvollendung bei Steuerhinterziehung durch Unterlassen	BeckRS 2011, 4341
Bundesgerichtshof	14.4.2011	2 StR 616/10	Schadensfeststellung beim Betrug bei betrügerischer Kapitalerhöhung	NJW 2011, 2675 ff.
Bundesgerichtshof	28.6.2011	KZR 75/10	Voraussetzungen des Schadenersatzanspruchs eines Kartellgeschädigten	IR 2012, 71 f. = ZNER 2012, 172 ff.
Bundesgerichtshof	30.8.2011	3 StR 228/11	Missbrauch der Verfügungsmacht über ein Gesellschaftskonto trotz Einverständnis der Gesellschafter	wistra 2011, 463 ff.
Bundesgerichtshof	8.9.2011	1 StR 38/11	Vorsatz und Irrtum bei der Umsatzsteuerhinterziehung	wistra 2011, 465 ff. = NStZ 2012, 160

Gericht	Datum	Aktenzeichen	Kurztext	Fundstelle
Bundesgerichtshof	20.10.2011	4 StR 71/11	Garantenpflicht des Vorgesetzten zur Verhinderung von Straftaten durch nachgeordnete Mitarbeiter	ZWH 2012, 338 ff. = BB 2012, 150 ff.
Bundesgerichtshof	15.12.2011	1 StR 579/11	Wertgrenze des Merkmals „in großem Ausmaß" beim Griff in die Staatskasse	NJW 2012, 1015 f.
Bundesgerichtshof	7.2.2012	1 StR 525/11	Strafzumessung bei der Steuerhinterziehung in Millionenhöhe	BGHSt 57, 123 ff. = NJW 2012, 1458 ff.
Bundesgerichtshof	13.4.2012	5 StR 442/11	Vermögensberechnung durch Täuschung gewährtes Darlehen	NJW 2012, 2370 f.
Bundesgerichtshof	23.4.2012	II ZR 163/10	Anwendung der allgemeinen Gleichbehandlung nach AGG bei GmbH-Geschäftsführern	NZA 2012, 797 ff.
Bundesgerichtshof	10.7.2012	VI ZR 341/10	Garantenpflicht gegenüber außenstehenden Dritten aufgrund der Organstellung	IP 2012, 1552 = DB 2012, 1799 ff.
Bundesgerichtshof	25.7.2012	2 StR 154/12	wettbewerbsbeschränkende Absprache bei Ausschreibungen	NJW 2012, 3318 ff.
Bundesgerichtshof	26.9.2012	1 StR 423/12	Strafbemessung bei der Steuerhinterziehung	wistra 2013, 31
Bundesgerichtshof	29.1.2013	2 StR 422/12	Vermögensschaden bei Darlehensgewährung bei wirtschaftlich wertlosem oder minderwertigem Rückzahlungsanspruch	NStZ 2013, 711 ff.
Bundesgerichtshof	19.2.2013	5 StR 427/12	Vermögensschaden bei einverständlicher Entnahme von Vermögensgewinnen einer GmbH	wistra 2013, 232 ff.
Bundesgerichtshof	26.2.2013	KRB 20/12	Bußgeldbemessung in Kartellsachen – Grauzementkartell	NZKart 2013, 195
Bundesgerichtshof	28.5.2013	5 StR 551/11	Untreuetatbestand bei Risikogeschäften	NStZ 2013, 715 ff.
Bundesgerichtshof	27.11.2013	3 StR 5/13	Verfallsanordnung für den Kaufpreis aus einem Aktienverkauf	NJW 2014, 144 ff.
Bundesgerichtshof	20.11.2013	1 StR 544/13	Bestimmtheitsgebot bei Verweisung auf aufgehobene europäische Richtlinie	NJW 2014, 1029
Bundesgerichtshof	3.12.2013	2 StR 160/12	Bestechung im geschäftlichen Verkehr bei Abzeichnung von Scheinrechnungen	NStZ 2014, 323 ff.
Bundesgerichtshof	12.12.2013	3 StR 146/13	Untreue (Vermögensnachteil bei unterlassenem Hinweis des Treunehmers auf Ersatzansprüche)	NStZ 2015, 220 ff.
Bundesgerichtshof	4.2.2014	3 StR 347/13	Betrug bei der Darlehensgewährung bei Vorliegen einer Urkundenfälschung	NStZ 2014, 457 f.

Gericht	Datum	Aktenzeichen	Kurztext	Fundstelle
Bundesgerichtshof	26.3.2014	IV ZR 422/12	Haftung des Versicherungsmaklers auf sog. Quasideckung bei unterlassener Aufklärung über ausgeschlossene Risiken	VersR 2014, 625 ff.
Bundesgerichtshof	3.6.2014	KRB 46/13	Silostellgebühren Bußgeldbemessung bezüglich der abgestimmten Einführung der Siloaufstellgebühren	WuW 2014, 973 ff.
Bundesgerichtshof	18.6.2014	I ZR 242/12	Geschäftsführerhaftung für Wettbewerbsverstöße der GmbH	DB 2014, 1799 ff.
Bundesgerichtshof	29.4.2015	1 StR 235/14	Schwerer Fall der Bestechung und Bestechlichkeit im geschäftlichen Verkehr – Vorteil großen Ausmaßes	NStZ-RR 2015, 278
Bundesgerichtshof	27.10.2015	1 StR 373/15	Steuerhinterziehung „in großem Ausmaß", Herabsetzung der Wertgrenze	NZWiSt 2016, 102 ff.
Bundesgerichtshof	26.11.2015	3 StR 17/15	Verstoß gegen europarechtliche Vorschriften zur Beihilfe	NJW 2016, 2585 ff.
Bundesgerichtshof	13.4.2016	IV ZR 304/13	Abtretbarkeit des Freistellungsanspruchs an einen Dritten	BGHZ 209, 373 ff.
Bundesgerichtshof	12.10.2016	5 StR 134/15	Untreue bei Verletzung gesellschaftsrechtlicher Pflichten durch sorgfaltswidrige Überschreitung der Grenzen des unternehmerischen Ermessens	CB 2017, 344 ff.
Bundesgerichtshof	21.2.2017	1 StR 269/16	Pflichtverletzung kommunaler Beamter bei Finanzgeschäften	NJW 2018, 177 ff.
Bundesgerichtshof	9.5.2017	1 StR 265/16	Steuerhinterziehung durch Unterlassen	BeckRS 2017, 114578 = CCZ 2017, 285 = NJW 2017, 3798 = ZIP 2017, 2205
Bundesgerichtshof	27.7.2017	3 StR 490/16	Untreue (Unkenntnis des Vermögensinhabers von der Verfügbarkeit der Gegenleistung)	NStZ 2018, 105 ff.
Bundesgerichtshof	10.10.2017	1 StR 447/14	Beihilfe zur Umsatzsteuerhinterziehung beim Handel mit Emissionszertifikaten	NJW 2018, 480
Bundesgerichtshof	18.10.2017	2 StR 529/16	Revisionserfolg der StA wegen Beweiswürdigungslücken bei Beurteilung der für die Vorteilsannahme notwendigen Unrechtsvereinbarung	BeckRS 2017, 147951
Bundesgerichtshof	19.12.2017	1 StR 56/17	Beihilfe durch berufstypische Handlungen	NZWiSt 2019, 26
Bundesgerichtshof	24.1.2018	1 StR 331/17	Vorenthalten Arbeitsentgelt und Einkommensteuerhinterziehung	NZWiSt 2018, 339 ff.

Gericht	Datum	Aktenzeichen	Kurztext	Fundstelle
Bundesgerichtshof	15.5.2018	1 StR 159/17	Eingeschränkte revisionsgerichtliche Überprüfbarkeit der tatrichterlichen Würdigung der Teilnahmeform	wistra 2019, 63
Bundesgerichtshof	13.9.2018	1 StR 642/17	Vorsteueransatz zur Minderung des Verkürzungsumfangs bei Umsatzsteuerhinterziehung	BGHSt 63, 203ff. = NZWiSt 2019, 71ff.
Bundesgerichtshof	19.9.2018	1 StR 194/18	Untreue (Pflichtverletzung: Sorgfaltspflichtmaßstab für kommunale Entscheidungsträger beim Abschluss von Finanzgeschäften)	NZWiSt 2019, 230ff.
Bundesgerichtshof	9.10.2018	KRB 51/16, KRB 58/16 und KRB 60/16	Flüssiggas I–III	WM 2019, 1276ff.
Bundesgerichtshof	11.12.2018	KZR 26/17	Zu den Voraussetzungen für einen Anscheinsbeweis beim Quoten- und Kundenschutzkartell	NJW 2019, 661ff.
Bundesgerichtshof	13.12.2018	5 StR 275/18	Vorenthalten und Veruntreuen von Arbeitsentgelt	CB 2019, 351ff.
Bundesgerichtshof	18.12.2018	1 StR 36/17	Bestimmung des erlangten Etwas beim Verfall	NJW 2019, 867ff.
Bundesgerichtshof	10.1.2019	1 StR 347/18	Abgrenzung von (bedingtem) Vorsatz, Tatbestandsirrtum und Verbotsirrtum bei Steuerhinterziehung	NZWiSt 2019, 261ff.
Bundesgerichtshof	14.02.2019	IV ZR 389/12	Zu den Rechtsfolgen kollidierender Subsidiaritätsklauseln	VuR 2014, 196
Bundesgerichtshof	13.3.2019	1 StR 520/18	Steuerhinterziehung, ausländische Kapitalgesellschaften	NZWiSt 2019, 343ff.
Bundesgerichtshof	23.5.2019	1 StR 479/18	Erlangtes Etwas bei Steuerhinterziehung	BeckRS 2019, 17574
Bundesgerichtshof	6.6.2019	1 StR 75/19	Einziehungsanordnung gegen den als Organ handelnden Täter	NStZ-RR 2019, 278
Bundesgerichtshof	5.9.2019	1 StR 99/19	Vermeidung von Doppelbelastungen durch Besteuerung und Vermögensabschöpfung	NJW 2019, 3798ff.
Bundesgerichtshof	8.1.2020	5 StR 366/19	Haushaltsuntreue	NStZ 2020, 422
Bundesgerichtshof	22.1.2020	5 StR 385/19	Voraussetzungen für die Unrechtsvereinbarung bei Bestechlichkeit und Bestechung im geschäftlichen Verkehr	BeckRS 2020, 1450

Gericht	Datum	Aktenzeichen	Kurztext	Fundstelle
Bundesgerichtshof	29.1.2020	1 StR 421/19	Untreue – Vermögensbetreuungspflicht als Hauptpflicht; Strafklageverbrauch; rechtsfehlerhafte Einordnung von Konkurrenzen bei Bestechungstat	NZWiSt 2020, 402
Bundesgerichtshof	12.2.2020	2 StR 291/19	Untreue durch Nichtaufdeckung schwarzer Kassen	NStZ 2020, 544
Bundesgerichtshof	4.3.2020	IV ZR 110/19	D&O-Versicherung bei Insolvenz des Versicherten	NJW 2020, 1886
Bundesgerichtshof	18.8.2020	1 StR 296/19	Vorsatz bei Steuerhinterziehung	NStZ 2021, 297
Bundesgerichtshof	17.9.2020	1 StR 379/19	Gewinnminderung durch nachzuentrichtende USt, innerer Betriebsvergleich als zulässige Schätzungsmethode, tatmehrheitliche Steuerhinterziehung	NZWiSt 2020, 109
Bundesgerichtshof	23.09.2020	KZR 35/19	Schadensermittlung nach kartellrechtswidriger Absprache – Lkw-Kartell	NJW 2021, 848
Bundesgerichtshof	18.11.2020	2 StR 317/19	Voraussetzungen der Bestechung	NJW-Spezial 2021, 152
Bundesgerichtshof	11.3.2021	1 StR 470/20	Doping-Urteil gegen Felix Sturm rechtskräftig	SpuRt 2021, 215
Bundesgerichtshof	14.7.2021	6 StR 282/20	Delegation der untreuetypischen Vermögensbetreuungspflicht	NStZ 2022, 109
Bundesgerichtshof	28.7.2021	1 StR 519/20	Cum ex	NStZ 2022, 176
Bundesgerichtshof	3.11.2021	1 StR 379/19	Gewinnminderung durch nachzuentrichtende USt, innerer Betriebsvergleich als zulässige Schätzungsmethode, tatmehrheitliche Steuerhinterziehung	NZWiSt 2020, 109
Bundesgerichtshof	7.4.2022	2 BVR 2194/21	Verfassungsbeschwerde gegen das Cum-Ex-Urteil des BGH	NZWiSt 2022, 276
Bundesgerichtshof	6.7.2022	2 StR 50/21	Unrechtsvereinbarung bei Bestechung/Bestechlichkeit im geschäftlichen Verkehr	NStZ 2023, 494
Bundesgerichtshof	10.1.2023	6 StR 133/22	Hohe Betriebsratsvergütungen als Verstoß gegen das Begünstigungsverbot und Untreue	NZA 2023, 301
Bundesgerichtshof	19.4.2023	1 StR 14/23	Vorsatzfeststellung bei Steuerhinterziehung	NZWiSt 2023, 379
Bayerisches Oberlandesgericht	18.2.1998	4 St RR 2/98	Verwertungsverbot für Steuerunterlagen über Werbekosten	NStZ 1998, 575 f.

Gericht	Datum	Aktenzeichen	Kurztext	Fundstelle
Bayerisches Oberlandesgericht	10.8.2001	3 ObOWi 51/2001	Überwachungspflicht eines Unternehmers	NJW 2002, 766f.
Kammergericht	31.10.2001	2 Ss 223/00	Bußgeldbewehrte Verletzung der Aufsichtspflicht eines GmbH-Geschäftsführers	n.v.
Oberlandesgericht Braunschweig	14.06.2012	Ws 44/12 und Ws 45/12	Untreue durch Aufsichtsratsmitglieder – Abrechnung von Sitzungsgeldern	NZG 2012, 1196
Oberlandesgericht Celle	7.3.2001	9 U 137/00	Zustimmungserfordernis der Hauptversammlung bei Veräußerung des gesamten Vermögens der einzig eingegliederten Gesellschaft	AG 2001, 357ff.
Oberlandesgericht Celle	26.9.2001	9 U 130/01	Schadenersatzansprüche der KG gegen Geschäftsführer der Komplementär-GmbH einer GmbH & Co. KG	NZG 2002, 469f.
Oberlandesgericht Celle	28.5.2008	9 U 184/07	Pflichtverletzung des Vorstands wegen unvertretbaren Risikos trotz ungesicherter Darlehensvergabe	WM 2008, 1748ff. = AG 2008, 711ff.
Oberlandesgericht Düsseldorf	7.6.1990	19 W 13/86	DAB/Hansa, Bestimmung einer angemessenen Abfindung nach Abschluss eines Beherrschungs- und Gewinnabführungsvertrages bei Einbeziehung des Geschäftsbetriebes und späterer Fusion	AG 1990, 490
Oberlandesgericht Düsseldorf	28.11.1996	6 U 11/95	ARAG/Haberkorn, Ungesicherte Anlagegeschäfte und deren eines AG-Vorstandes	AG 1997, 231ff.
Oberlandesgericht Düsseldorf	9.10.2007	III-5 Ss 67/07-35/07 I	Kaufmännischer Vorstand einer AG als Amtsträger nach StGB	NStZ 2008, 459f.
Oberlandesgericht Düsseldorf	15.4.2013	VI-4 Kart 2 – 6/10 (OWi)	OLG Düsseldorf verhängt hohe Geldbußen gegen „Flüssiggas-Kartell"	n.v.
Oberlandesgericht Düsseldorf	14.8.2013	VI-Kart 1/12 (V)	Kartellrechtmäßigkeit der Übernahme von zwei Kabelnetzbetreibern	NZKart 2013, 465ff.
Oberlandesgericht Düsseldorf	13.11.2013	VI-U (Kart) 11/13	Badarmaturen Wettbewerbsbeeinträchtigung durch Rabattstaffel	NZKart 2014, 68ff.
Oberlandesgericht Düsseldorf	8.5.2019	U Kart 9/18	Kartellschadenersatz wegen eines Schienenvertriebskartells	BeckRS 2019, 26806

Gericht	Datum	Aktenzeichen	Kurztext	Fundstelle
Oberlandesgericht Düsseldorf	8.5.2019	VI-U (Kart) 11/18	Zum „Preisschirmeffekt" eines Kartells	NZKart 2019, 354 ff.
Oberlandesgericht Düsseldorf	27.7.2023	6 U 1/22 (Kart)	Haftung des Vorstands und Geschäftsführers für Kartellgeldbußen	NZG 2023, 1279
Oberlandesgericht Frankfurt/Main	19.1.1988	5 U 3/86	Zum Umfang der Rechte von Gesellschaftern in mehrstufigen GmbH-Konzernen	GmbHR 1989, 254 ff.
Oberlandesgericht Frankfurt/Main	18.3.1992	23 U 118/91	Haftung wegen der Verletzung der Buchführungspflicht	NJW-RR 1993, 546 f.
Oberlandesgericht Frankfurt/Main	21.9.1992	6 Ws (Kart) 12/91	Aufsichtspflichten von Vorstandsmitgliedern zur Verhinderung von Baupreisabsprachen	NJW-RR 1993, 231 f.
Oberlandesgericht Frankfurt/Main	13.5.1997	11 U (Kart) 68/96	Dauer des gesetzlichen Wettbewerbsverbots bei einer außerordentlichen Kündigung	GmbHR 1998, 376 ff.
Oberlandesgericht Frankfurt/Main	5.11.1999	10 U 257/98	Fortgeltung des Wettbewerbsverbots eines Vorstandsmitglieds bei außerordentlicher Kündigung	AG 2000, 518 f.
Oberlandesgericht Frankfurt/Main	9.6.2011	7 U 127/09	Anrechnung von Gerichtskosten bei D&O-Kunden für unwirksam erklärt	r+s 2011, 509 ff. = VersR 2012, 432 ff.
Oberlandesgericht Hamburg	12.1.2001	11 U 162/00	Entlastung von Vorstands- und Aufsichtsratsmitgliedern	DB 2001, 583 f.
Oberlandesgericht Hamburg	26.10.2018	2 Ws 183/18	Einfache Steuerhinterziehung für die Anordnung des Vermögensarrestes regelmäßig ausreichend	NZWiSt 2019, 106 ff.
Oberlandesgericht Hamm	24.4.1991	8 U 188/90	Haftung des GmbH-Geschäftsführers	GmbHR 1992, 375 ff.
Oberlandesgericht Hamm	27.2.1992	Ss Owi 652/91	Verfassungsmäßigkeit tierschutzrechtlicher Regelungen über das Schächten	NStZ 1992, 499 f.
Oberlandesgericht Hamm	18.11.1996	31 U 42/96	Kollusives Zusammenwirken eines GmbH-Geschäftsführers mit einem Bankmitarbeiter bei Kreditgewährung	NJW-RR 1997, 737
Oberlandesgericht Karlsruhe	9.11.2016	6 U 204/15 Kart (2)	Beweis des ersten Anscheins für Preissteigerung durch Kartellabsprache	WuW 2017, 43

Gericht	Datum	Aktenzeichen	Kurztext	Fundstelle
Oberlandesgericht Koblenz	5.3.1987	6 W 38/87	Zeugnisverweigerungsrecht für ehemalige Geschäftsführer und Vorstands- und Aufsichtsratsmitglieder	WM 1987, 480
Oberlandesgericht München	16.7.1997	7 U 4603/96	Verjährungsbeginn eines Schadenersatzanspruches bei missbräuchlicher Überweisung	ZIP 1998, 23 ff.
Oberlandesgericht München	8.5.2009	25 U 5136/08	Wirksamkeitskontrolle für das sog. Claims-made-Prinzip in einer D&O-Versicherung	VersR 2009, 1066 ff.
Oberlandesgericht München	23.4.2014	3 Ws 599/14	Anwendbarkeit des § 130 OWiG auf Konzernsachverhalte	CCZ 2016, 44 ff.
Oberlandesgericht München	24.4.2014	3 Ws 600/14	Anwendbarkeit des § 130 OWiG auf Konzernsachverhalte	CCZ 2016, 44 ff.
Oberlandesgericht München	8.3.2018	U 3497/16 Kart	Anscheinsbeweis für kartellbedingte Preiserhöhung	WuW 2018, 486
Oberlandesgericht Münster	12.12.2022	15 A 2689/20	Gesellschaftsrechtliche Verschwiegenheitspflicht nur in Ausnahmefällen bei Beteiligung öffentlicher Hand	NZG 2023, 660
Oberlandesgericht Naumburg	10.2.1999	6 U 1566/97	Haftung eines GmbH-Geschäftsführers wegen Nichtabführung der Arbeitnehmerbeiträge zur Sozialversicherung	NJW-RR 1999, 1343 ff.
Oberlandesgericht Nürnberg	9.6.1999	12 U 4408/98	Direktionsrecht gegenüber einem Geschäftsführer einer übernommenen GmbH	NZG 2000, 154 f.
Oberlandesgericht Nürnberg	22.9.2010	1 Ws 504/10	Zurückgewinnungshilfe in Bezug auf Steueransprüche des Fiskus	wistra 2011, 40
Oberlandesgericht Stuttgart	26.5.2003	5 U 160/02	Geltung einer dienstvertraglichen Ausschlussfrist für gesetzliche Schadenersatzansprüche	GmbHR 2003, 835 ff.
Oberlandesgericht Stuttgart	15.3.2006	20 U 25/05	Umfang der Berichtspflicht des Aufsichtsrats bei wirtschaftlichen Schwierigkeiten der Gesellschaft	ZIP 2006, 756 ff.
Oberlandesgericht Stuttgart	7.11.2006	8 W 388/06	Carl Zeiss SMT AG, Abberufung eines Aufsichtsratsmitglieds einer Aktiengesellschaft aus wichtigem Grund	NZG 2007, 72 ff.

Gericht	Datum	Aktenzeichen	Kurztext	Fundstelle
Oberlandesgericht Stuttgart	25.11.2009	20 U 5/09	Beweislastverteilung wegen pflichtwidrigen Verhaltens eines Vorstandsmitglieds in einem Schadenersatzprozess	NZG 2010, 141 ff.
Oberlandesgericht Stuttgart	25.10.2017	1 Ws 163/17	Neuregelung der Anordnung des Vermögensarrests	NJW 2017, 3731 ff.
Oberlandesgericht Stuttgart	4.4.2019	2 U 101/18	Zu Ansprüchen eines Käufers auf Schadenersatz gegen einen am LKW-Kartell beteiligten Verkäufer	BeckRS 2019, 8724
Oberlandesgericht Stuttgart	24.2.2022	2 U 64/20	Zu Preisschirm- und Nachlaufeffekten eines Kartells	NZKart 2022, 418
Oberlandesgericht Zweibrücken	28.5.1990	3 W 93/90	Voraussetzungen für die Abberufung eines Aufsichtsratsmitglieds	DB 1990, 1401 ff.
Landgericht Berlin	30.11.2005	505 Qs 185/05	Zeugnisverweigerungsrecht des Syndikusanwalts	NStZ 2006, 470 ff.
Landgericht Bielefeld	16.11.1999	15 O 91/98	Pflicht des Aufsichtsrats zum Einschreiten bei dem Verdacht von existenzgefährdenden Geschäftspraktiken des Vorstands	ZIP 2000, 20 ff.
Landgericht Bonn	29.9.2005	37 Qs 27/05	Beschlagnahmefreiheit für Syndikusanwälte	NStZ 2007, 605 ff.
Landgericht Braunschweig	14.6.2012	Ws 44/12	Strafrechtliche Garantenpflicht des Aufsichtsrats	DB 2012, 2447 = NJW 2012, 3798 ff.
Landgericht Braunschweig	15.6.2012	Ws 45/12	Strafrechtliche Garantenpflicht des Aufsichtsrats	DB 2012, 2447 = NJW 2012, 3798 ff.
Landgericht Braunschweig	21.7.2015	6 Qs 116/15	Beschlagnahme von Verteidigungsunterlagen	NStZ 2016, 308 LG Dortmund 10.1.2019 7 O 95/15 Verhaltenskodex mit Lieferanten ist regelmäßig kein Vertrag zugunsten Dritter bzw. mit Schutzwirkung für Dritte CCZ 2020, 103
Landgericht Dortmund	10.1.2019	O 95/15	Verhaltenskodex mit Lieferanten ist regelmäßig kein Vertrag zugunsten Dritter bzw. mit Schutzwirkung für Dritte	CCZ 2020, 103

Gericht	Datum	Aktenzeichen	Kurztext	Fundstelle
Landgericht Dortmund	14.8.2023	8 O 5/22	Regress von Bußgeldern gegen Geschäftsführer	r+s 2023, 681
Landgericht Frankfurt/Main	14.10.1986	3/11 T 29/85	Wichtiger Grund für die Abberufung eines Aufsichtsratsmitglieds	NJW 1987, 505f.
Landgericht Frankfurt/Main	22.4.2015	5/12 Qs 1/15	Keine Bestechung im geschäftlichen Verkehr gegenüber geschäftsführendem Alleingesellschafter	NStZ-RR 2015, 215f.
Landgericht Hamburg	15.10.2010	608 Qs 18/10	Beschlagnahmefähigkeit von Befragungsunterlagen eines mit einer internen Ermittlung beauftragten Anwalts	ZIP 2011, 1025ff.
Landgericht Kiel	5.2.2016	14 HKO 134/12	Aufhebung des Geschäftsführeranstellungsvertrags und Schadensersatzpflicht	BeckRS 2016, 7912
Landgericht Köln	16.7.2015	106 Qs 1/15	Steuerhinterziehung im Zusammenhang mit Cum-Ex-Geschäften	wistra 2015, 404
Landgericht Leipzig	19.1.2011	11 KLs 395 Js 2/10	Bestechlichkeit, Steuerhinterziehung und Bilanzfälschung	BeckRS 2012, 588
Landgericht München I	5.4.2007	5 HKO 15964/06	Anfechtungsgrund unterbliebener Dokumentation eines Risikofrüherkennungssystems	BB 2007, 2170ff. = CCZ 2008, 70ff.
Landgericht München I	25.9.2008	12 O 20461/07	Wirksamkeitskontrolle für das sog. Claims-made-Prinzip in einer D&O-Versicherung	NJOZ 2008, 4725ff.
Landgericht München I	10.12.2013	5 HK O 1387/10	Haftung eines Vorstandsmitglieds wegen unterlassener Einrichtung und Überwachung eines funktionierenden Compliance-Systems	NZG 2014, 345ff. = CB 2014, 167ff. = DB 2014, 766ff. = ZIP 2014, 570
Landgericht München I	3.12.2015	7 KLs 565 Js 137335/15	Panzerhaubitzen	n.v.
Landgericht München I	9.12.2021	31 O 16606/20	Datenschutzrechtlicher Schadensersatzanspruch bei Datenleck	BKR 2022, 131
Landgericht Nürnberg-Fürth	21.2.2019	18 Qs 30/17	Zu den Grenzen des „berufstypischen" Verhaltens des steuerlichen Beraters und seiner Berufshelfer	NZWiSt 2019, 462ff.
Landgericht Stuttgart	19.12.2017	31 O 33/16	Aktiengesellschaft: Anfechtung eines Entlastungsbeschlusses der Hauptversammlung wegen Informationspflichtverletzung	NZG 2018, 665ff.
Landgericht Stuttgart	6.6.2019	30 O 38/17	Kartellschadensersatz beim sog. Lkw-Kartell auch beim mittelbaren Erwerb	BeckRS 2019, 11858

Gericht	Datum	Aktenzeichen	Kurztext	Fundstelle
Amtsgericht Brühl	1.10.2017	51 Cs-114 Js 78/ 05-708/06	Annahme von Reiseeinladungen eines Gasvorlieferanten nach Belgien und Norwegen durch ein Aufsichtsratsmitglied eines kommunalen Energieversorgers	n.v.
Bundesarbeitsgericht	24.11.1992	9 AZR 564/91	Einbeziehung von Prämien in die Berechnung des Urlaubsentgelts von Berufsfußballern	NZA 1993, 750
Bundesarbeitsgericht	25.9.1997	8 AZR 288-96	Haftung einer Narkoseärztin – Berufshaftpflichtversicherung	NJW 1998, 1810
Bundesarbeitsgericht	18.4.2002	8 AZR 348/01	Verschulden bei Arbeitnehmerhaftung	NZA 2003, 37
Bundesarbeitsgericht	6.5.2003	1 ABR 13/02	Auskunftsanspruch des Betriebsrates bei „Vertrauensarbeitszeit"	NZA 2003, 1348 ff.
Bundesarbeitsgericht	12.1.2005	5 AZR 364/04	Unwirksamkeit eines Änderungsvorbehalts bezüglich übertariflicher Lohnbestandteile in einem Formulararbeitsvertrag	NZA 2005, 465 ff.
Bundesarbeitsgericht	28.3.2007	10 AZR 76/06	Arbeitnehmerentsendung – Bürgenhaftung	NZA 2007, 613 f.
Bundesarbeitsgericht	22.7.2008	1 ABR 40/07	Honeywell, Mitbestimmung des Betriebsrats bei Ethik-Richtlinien	NZA 2008, 1248 ff.
Bundesarbeitsgericht	11.2.2009	10 AZR 222/08	Benachteiligung durch Bezugnahme auf ein einseitiges Regelungswerk des Arbeitgebers	NZA 2009, 428 ff.
Bundesarbeitsgericht	17.12.2009	8 AZR 670/08	Schadenersatz wegen Diskriminierung bei der Stellenbesetzung wegen angenommener Behinderung	NZA 2010, 383 ff.
Bundesarbeitsgericht	28.10.2010	8 AZR 418/09	Haftungsbegrenzung bei betrieblich veranlasstem Handeln – grobe Fahrlässigkeit	NZA 2011, 345
Bundesarbeitsgericht	17.5.2011	1 ABR 121/09	Mitbestimmung bei der Einführung von Ethikrichtlinien – Zuständigkeit des Konzernbetriebsrats	CCZ 2012, 119 ff.
Bundesarbeitsgericht	13.10.2011	8 AZR 455/10	Betriebsteilübergang, Betriebsteil beim Veräußerer	NZA 2012, 504 ff.
Bundesarbeitsgericht	20.3.2012	9 AZR 529/10	Unmittelbare Diskriminierung wegen des Alters bei altersabhängiger Staffelung der Urlaubsdauer	NZA 2012, 803 ff.
Bundesarbeitsgericht	18.4.2012	4 AZR 168/10 (A)	Anrechnung von Arbeitgeberleistungen auf den tariflichen Mindestlohn	NZA 2013, 392
Bundesarbeitsgericht	21.6.2012	2 AZR 694/11	Kündigung wegen des Verdachts der Bestechung	BB 2013, 827 ff.

Gericht	Datum	Aktenzeichen	Kurztext	Fundstelle
Bundesarbeitsgericht	23.8.2012	8 AZR 285/11	Diskriminierung wegen des Alters bei der Stellenauswahl	NZA 2013, 37 ff.
Bundesarbeitsgericht	24.1.2013	8 AZR 429/11	Stellenausschreibung mit altersbedingter Diskriminierung	NZA 2013, 498 ff.
Bundesarbeitsgericht	9.7.2013	1 ABR 2/13 (A)	Rechtsfolgen der unterbliebenen Mitteilung der Tagesordnung bei der Ladung zu einer Betriebsratssitzung	NZA 2013, 1433 ff.
Bundesarbeitsgericht	15.4.2014	1 ABR 82/12	Kein Anspruch des Betriebsrats auf Einrichtung eines Arbeitsschutzausschusses	NZA 2014, 1094 ff.
Bundesarbeitsgericht	21.10.2014	9 AZR 956/12	Gewährung zusätzlicher Urlaubstage bei älteren Arbeitnehmern zulässig	NZA 2015, 1324
Bundesarbeitsgericht	27.7.2017	2 AZR 681/16	Überwachung mittels Keylogger – Verwertungsverbot	NJW 2017, 3258 ff.
Bundesarbeitsgericht	18.9.2018	9 AZR 162/18	Urlaubsabgeltung – Ausschlussfrist – Mindestlohn	APNews 2018, 269
Bundesarbeitsgericht	17.12.2020	8 AZR 171/20	Benachteiligung wegen der Schwerbehinderung	NZA 2021, 631
Landesarbeitsgericht Berlin-Brandenburg	16.2.2011	4 Sa 2132/10	Rechtmäßiger Zugriff auf dienstliche E-Mails durch den Arbeitgeber	NZA-RR 2011, 342 ff.
Landesarbeitsgericht Düsseldorf	14.11.2005	10 TaBV 46/05	Wal-Mart, Mitbestimmungsrecht des Gesamtbetriebsrates bei der Einführung von konzernweiten Ethikrichtlinien	NZA-RR 2006, 81 ff.
Landesarbeitsgericht Düsseldorf	20.1.2015	16 Sa 459/14	Schienenkartell, Haftung des GmbH-Geschäftsführers für Kartellrechtsbußen	ZIP 2015, 829 ff.
Landesarbeitsgericht Düsseldorf	29.1.2018	14 Sa 591/17	Streit um Schadenersatz im Fall des „Schienenkartells"	WuW 2018, 332 = GWR 2018, 198
Landesarbeitsgericht Hessen	25.1.2010	17 Sa 21/09	Kündigung wegen des Verstoßes gegen die geltende Compliance-Richtlinie	CCZ 2011, 196 f.
Landesarbeitsgericht Köln	5.7.2012	6 Sa 71/12	Wichtiger Kündigungsgrund bei vorschneller Anzeige gegen Arbeitgeber (Whistleblowing)	ZWH 2013, 84 ff.
Landesarbeitsgericht Rheinland-Pfalz	26.2.2016	1 Sa 358/15	Kündigung wegen Verstoßes gegen Compliance Regeln	CCZ 2018, 183 ff.
Arbeitsgericht Berlin	18.2.2010	38 Ca 12879/09	Fristlose Kündigung eines leitenden Compliance-Mitarbeiters	MMR 2011, 70 ff.

Gericht	Datum	Aktenzeichen	Kurztext	Fundstelle
Arbeitsgericht Frankfurt/Main	8.10.2008	22 Ca 8461/06	Kündigung wegen des Verstoßes gegen die geltende Compliance-Richtlinie	CCZ 2011, 196 f.
Bundessozialgericht	24.1.2007	B 12 KR 31/06 R	Sozialversicherungspflicht stiller Gesellschafter einer Steuerberatungs-GmbH	NZS 2007, 648 ff.
Verwaltungsgericht Bremen	8.9.2015	6 K 1003/14	Rechtswidrige Umsetzung eines Whistleblowers	CCZ 2016, 283 ff.
Verwaltungsgericht Dresden	27.8.2010	7 L 391/10	Sponsoring durch einen Wasserzweckverband	IR 2011, 44 f.
Verwaltungsgericht Frankfurt/Main	8.7.2004	1 E 7363/03 (I)	Umfang der Pflichten von Vorstandsmitgliedern einer Versicherung	WM 2004, 2157 ff. = VersR 2005, 57 ff. = AG 2005, 264
Bundesfinanzhof	25.2.1997	VII R 15/96	Keine Säumniszuschläge für Haftungsschulden	DStR 1997, 1324
Bundesfinanzhof	20.4.2004	VII R 44/03	Abgrenzung eines gewerblichen Wertpapierhandels von privater Vermögensverwaltung	BFHE 205, 566
Bundesfinanzhof	20.4.2004	VII R 54/03	StromSt-Befreiung für Kraft-Wärme-Kopplungs-Anlagen	BFHE 206, 502
Bundesfinanzhof	9.8.2006	VII E 18/05	Streitwert für eine Stromsteuererlaubnis und Unzulässigkeit einer rückwirkenden Erlaubniserteilung	DStRE 2007, 109 f.
Bundesfinanzhof	24.1.2008	VII 3/07	Ablaufhemmung nach AO durch Wiedereinsetzung in eine versäumte Frist zur Beantragung einer Steuervergütung	BStBl. II 2008, 462
Bundesfinanzhof	1.7.2008	VII R 37/07	Zwingende Vordruckverwendung bei Antrag auf Mineralölsteuervergütung	BeckRS 2008, 25014050
Bundesfinanzhof	28.10.2008	VII R 6/08	Absengen von Textilfasern gilt als Verheizen von Erdgas	IR 2009, 42 f. = StE 2009, 14 ff. = DB 2009, 43
Bundesfinanzhof	23.6.2009	VII R 34/08	Steuerliche Begünstigung mehrerer miteinander verbundener KWK-Anlagen mit einer Nennleistung von insgesamt 2 MW	BeckRS 2009, 25015473
Bundesfinanzhof	23.6.2009	VII R 42/08	Steuerliche Begünstigung mehrerer miteinander verbundener KWK-Anlagen mit einer Nennleistung von insgesamt 2 MW	DB 2009, 2250
Bundesfinanzhof	8.10.2010	VII B 66/10	Festsetzungsfrist auf Steuererstattungsanträge	n.v.

Gericht	Datum	Aktenzeichen	Kurztext	Fundstelle
Bundesfinanzhof	9.9.2011	VII R 75/10	Kein stromsteuerrechtliches Herstellerprivileg für die Produktion von Energieerzeugnissen	BFHE 235, 89
Bundesfinanzhof	13.12.2011	VII R 73/10	Kein stromsteuerrechtliches Herstellerprivileg zur Beleuchtung und Klimatisierung von Sozialräumen	BeckRS 2012, 94496 = ZfZ 2012, 106f.
Bundesfinanzhof	4.12.2012	VIII R 50/10	Keine Anwendung des StraBEG auf Veranlagungsfehler des FA nach fehlerfreier Steuererklärung	BFHE 239, 495
Bundesfinanzhof	15.1.2015	VII R 35/12	Energieerzeugnisse mit zweierlei Verwendungszwecke (Dual use)	StE 2015, 16ff.
Bundesfinanzhof	6.10.2015	VII R 25/14	Wechselrichter sind für die Stromerzeugung notwendige Neben- und Hilfsanlagen	BeckRS 2015, 96148
Finanzgericht Berlin-Brandenburg	15.7.2015	1 K 1322/13	Auslegung des § 51 Abs. 1 Nr. 2 EnergieStG vor dem Hintergrund des Gemeinschaftsrechts	DStRE 2016, 946ff.
Finanzgericht Düsseldorf	14.5.2003	4 K 3876/02 Vst	Steuerbefreiung für Strom aus kleinen Kraftwerken bis 2 MW auch bei Berührung des öffentlichen Netzes	ZNER 2003, 142ff.
Finanzgericht Düsseldorf	21.9.2005	4 K 2253/04 VSt	Keine Steuerbefreiung für Stromverbrauch, der einem anderen Zweck als der Stromerzeugung dient	ZfZ 2006, 137
Finanzgericht Düsseldorf	5.4.2017	4 K 579/16	Energiesteuerentlastung für eine Kraft-Wärme-Kopplungsanlage	BeckRS 2017, 113172
Finanzgericht Düsseldorf	31.10.2007	4 K 3170/06	Vergütung von Mineralölsteuer auf amtlich vorgeschriebenen Vordruck	BeckRS 2007, 26024833
Finanzgericht Düsseldorf	24.3.2010	4 K 2523/09	Zum Begriff der Stromerzeugung im technischen Sinne	BeckRS 2010, 26028880
Finanzgericht Düsseldorf	7.12.2010	13 K 1214/06 E	Besteuerung von Ruhegehaltszahlungen einer in den USA als ansässig geltenden Person	EFG 2011, 878
Finanzgericht Hamburg	27.12.2001	IV 327/01	Letztverbraucher i.S.d. StromStG	ZfZ 2002, 208
Finanzgericht Hamburg	20.6.2002	IV 173/00	Stromsteuerbefreiung für Strom zur Stromerzeugung beim Betrieb von Braunkohlekraftwerken	ZfZ 2003, 63f.
Finanzgericht Hamburg	24.2.2004	IV 362/01	Keine rückwirkende Erlaubnis zur Entnahme begünstigten Stroms	BeckRS 2004, 26046193

Gericht	Datum	Aktenzeichen	Kurztext	Fundstelle
Finanzgericht Hamburg	26.1.2010	4 K 53/09	Steuerbefreiung für Kleinanlagen	BeckRS 2010, 26028799
Finanzgericht Hamburg	12.2.2010	4 K 243/08	Bestimmtheitserfordernis eines Antrags nach § 171 Abs. 8 AO	IR 2010, 141
Finanzgericht Hamburg	8.6.2012	4 K 104/11	Voraussetzungen an die Leichtfertigkeit einer Steuerverkürzung	CuR 2012, 133
Finanzgericht Hamburg	3.12.2012	4 K 107/12	Antragsfrist für eine Steuerentlastung gem. § 53 EnergieStG	BeckRS 2013, 94618
Finanzgericht Hamburg	20.3.2019	4 K 227/15	Keine Energiesteuerentlastung für thermische Abluftbehandlung	BeckRS 2019, 11395
Finanzgericht Thüringen	31.7.2008	II 844/06	Auslegung der Tatbestandsmerkmale „betreibt oder betreiben lässt"	BeckRS 2008, 26026953 = CuR 2009, 74 ff.
Bundeskartellamt	13.1.2006	B 8–113/03-1	Untersagungsverfügung eines Energieversorgungsunternehmens im Sinne „langfristiger Gaslieferverträge"	ET 2005, 436 ff. = ZNER 2006, 74 ff.
Bundeskartellamt	19.3.2012	B 10–16/09	Preishöhenmissbrauch bei der Belieferung von Haushalts-/Kleingewerbekunden mit Elektrizität	n.v.
Bundesnetzagentur	20.8.2007	BK7-06-067	Festlegung einheitlicher Geschäftsprozesse und Datenformate beim Wechsel des Lieferanten bei der Belieferung mit Gas (GeLi Gas)	n.v.
Bundesnetzagentur	28.5.2008	BK7-08-002	Festlegung in Sachen Ausgleichsleistungen Gas (GABi Gas)	n.v.
Bundesnetzagentur	3.2.2012	BK7-09-014	Entscheidung gegen die E.ON Bayern AG und E.ON Energie AG wegen Nichteinhaltung von Entflechtungsvorgaben	n.v.
Bundesnetzagentur	20.12.2018	BK6-18-032	Festlegung zur weiteren Anpassung der elektronischen Marktkommunikation an die Erfordernisse des Gesetzes zur Digitalisierung der Energiewende („Marktkommunikation 2020" – „MaKo 2020")	n.v.
Bundessozialgericht	24.1.2007	B 12 KR 31/06 R	Versicherungspflicht stiller Gesellschafter	NZS 2007, 648

Kapitel 1
Unternehmensorganisation, Risikomanagement, Compliance-Management

Die Neuauflage dieses Buches verfolgt wie bisher das Ziel, dem Leser die engen aber nicht durchweg offenkundigen Zusammenhänge zwischen Unternehmensorganisation, Risikomanagement und Compliance-Management erkennbar zu machen. Zugleich möchten wir aufzeigen, was sich seit Erscheinen der ersten Auflage im Jahr 2015 auf diesen Gebieten verändert und neu entwickelt hat. Der Stein des Anstoßes für die Erstentstehung dieses Werkes waren im Wesentlichen die Erfahrungen, die aus Beratungen mittelständischer (Versorgungs-)Unternehmen, bei denen Consultants, Wirtschaftsprüfer und Juristen gemeinsam an einer Aufgabenstellung gearbeitet haben, resultierten. Im Rahmen dieser Zusammenarbeit wurde deutlich, dass zwischen den genannten Funktionen vielfältige Schnittstellen und Wechselbeziehungen bestehen. Seither hat sich an dieser Feststellung nichts geändert. Vielmehr haben sich diese Beziehungen noch intensiviert.[1]   1

Dies überrascht zumindest dann nicht, wenn man die Aufgaben und Kompetenzen der Akteure – ggf. unter Einbeziehung der Internen Revision – als Teilelemente eines umfassenden **„Internen Kontrollsystems"** (IKS) versteht.   2

Unter einem IKS soll an dieser Stelle die Gesamtheit aller von der Unternehmensleitung angeordneten Vorgänge, Methoden und Maßnahmen (Kontrollmaßnahmen) verstanden werden, die dazu dienen, einen ordnungsgemäßen und rechtskonformen Ablauf des betrieblichen Geschehens sicherzustellen.[2] Bei Verwendung eines weiten IKS-Verständnisses wird man mit Recht (auch) die Unternehmensorganisation, das Risiko- und Compliance-Management sowie die Interne Revision als Teil eines (integrierten) IKS ansehen dürfen.[3]   3

In diesem Kontext bildet die Unternehmensorganisation die formale Grundlage für das Risiko- und Compliance-Management im Unternehmen. Dabei ist die Unternehmensleitung originär für die Einhaltung entsprechender Maßnahmen zuständig.[4] Die   4

---

[1] Vgl. dazu *Schefold*, CB 2019, 181 ff., mit einer ausführlichen Darstellung zur Zunahme von Compliance-Bemühungen seit 2005. Zum Verbreitungsgrad von Compliance-Management-Systemen insb. im Mittelstand vgl. auch *Lindemann/Menke*, CCZ 2022, 85; *Behringer/Ulrich/Unruh/Frank*, ZRFC 2021, 7; *Grüninger/Weinen*, CB 2021, 202.
[2] Vgl. statt vieler: PricewaterhouseCoopers (PwC), Internes Kontrollsystem – Führungsinstrument im Wandel, S. 4, abrufbar unter https://www.yumpu.com/de/document/read/21553700/internes-kontrollsystem-fuhrungsinstrument-im-wandel-pwc; IDW Prüfungsstandard 261 n. F. (IDW PS 261 n. F.), Feststellung und Beurteilung von Fehlerrisiken und Reaktionen des Abschlussprüfers auf die beurteilten Fehlerrisiken, 13.3.2013, Nr. 3.1.2.1.
[3] Vgl. *Block/Teicke*, CB 2019, 105, die die Einrichtung eines IKS als Merkmal von Professionalisierung der Compliance-Arbeit eines Unternehmens verstehen.
[4] So *Hastenrath*, CB 2019, 244.

Aufgabe der **Unternehmensorganisation**[5] ist es, die Verantwortlichkeiten der einzelnen Unternehmenseinheiten und dort tätigen Beschäftigten präzise festzulegen und die Ablauf- sowie die Zusammenarbeitsprozesse in und zwischen den Einheiten zu definieren. Die Unternehmensleitung und leitende Mitarbeiter sollen zudem eine Vorbildfunktion bei der Einhaltung der in diesem Rahmen festgelegten Regeln einnehmen.[6]

5 Diese Festlegungen bilden den Anknüpfungspunkt für das Rechts- und Compliance-Management. Beide Funktionen weisen ebenfalls diverse Schnittstellen bzw. Wechselwirkungen auf. Das **Risikomanagement** zielt bekanntlich darauf ab, die **ökonomischen Risiken** einer Organisation (frühzeitig) zu erkennen, zu analysieren und zu bewerten, um daran anknüpfend die erforderlichen Maßnahmen zu treffen, um die Realisierung dieser Risiken möglichst zu verhindern bzw. die daraus resultierenden Nachteile soweit wie möglich zu minimieren (**Risikosteuerung**) sowie entsprechende Risiken künftig zu vermeiden.[7] Daneben sind Risikokontrolle und Risikowälzung im Auge zu behalten.[8] Das **Compliance-Management** versucht, mit ähnlichen Mitteln die **rechtlichen Risiken** eines Unternehmens (rechtzeitig) zu erkennen, zu analysieren und zu bewerten, um deren Eintritt soweit wie möglich zu verhindern bzw. etwaige Nachteile aufgrund von Rechts- und Regelverletzungen so gering wie möglich zu halten.[9] Da Rechtsrisiken sich nicht selten in ökonomischen Risiken realisieren, kann ein Compliance-Management letztlich nicht ohne ein umfassendes Risikomanagement bestehen und beide Funktionalitäten sind damit als Teile eines (weit verstandenen) IKS eines Unternehmens zu begreifen.[10]

6 Dieser Befund ist wiederum der maßgebliche Grund für die integrierte Behandlung von Unternehmensorganisation, Risiko- und Compliance-Management in diesem Buch. Die gewählte Darstellungsweise soll dazu beitragen, der Komplexität eines umfassend verstandenen Risikomanagements in der täglichen unternehmerischen Praxis sowie in der Unternehmensberatung besser gerecht zu werden.

---

5 Vgl. auch Gabler Wirtschaftslexikon, Stichwort: Organisation, abrufbar unter https://wirtschaftslexikon.gabler.de/definition/organisation-45094/version-137000.
6 Vgl. *Wiedmann/Greubel*, CCZ 2019, 89.
7 Vgl. zu den Grundelementen des Risikomanagements den Entwurf einer Neufassung des IDW Prüfungsstandards 340, S. 5 ff., abrufbar unter https://www.idw.de/blob/119140/b8324b4f7fbf5bcf9d590481a4251b9c/idw-eps-340-nf-data.pdf.
8 Vgl. statt vieler nur Gabler Wirtschaftslexikon, Stichwort: Risikomanagement, abrufbar unter https://wirtschaftslexikon.gabler.de/definition/risikomanagement-42454; IDW Prüfungsstandard 340 (IDW PS 340), Die Prüfung des Risikofrüherkennungssystems nach § 317 Abs. 4 HGB, 11.9.2000, Nr. 2; vgl. näher Kap. 3.
9 Vgl. dazu nur IDW Prüfungsstandard 980 (IDW PS 980), Grundsätze ordnungsmäßiger Prüfung von Compliance Management Systemen, 11.3.2011, Rn 6 sowie näher ab Kap. 4.
10 Vgl. *Block/Teicke*, CB 2019, 107; *Krisor*, CB 2019, 29; zu Vorgaben im Wirtschaftsverwaltungsrecht, die ein Ineinandergreifen ebenfalls vorsehen Stober/Orthmann/*Ennuschat*, Compliance, Rn 1826; Bürkle/Hauschka/*Schulz/Galster*, Compliance Officer, § 4, Rn 12 ff.

7 Wer sich im Unternehmen – sei es als Führungskraft, sei es als externer Berater – mit Fragestellungen der Unternehmensorganisation, des Risiko- oder des Compliance-Managements befasst, wird – wie bereits eingangs angemerkt – feststellen, dass Problemlösungen in einem der genannten Bereiche sehr oft die Beantwortung von Fragestellungen aus dem einen oder anderen Bereich erfordert. Wer dann erwartet, für diese „interdisziplinäre" Fragestellung unschwer Hilfestellung in entsprechend angelegter Fachliteratur zu finden, wird erstaunt feststellen, dass das Angebot insoweit nicht übermäßig breit ist. Grundlegende und eingehende Darstellungen finden sich zwar mittlerweile zu allen genannten Bereichen[11] ebenso wie zu den angrenzenden Themen IKS und interne Revision.[12] Literatur, die die vorstehenden Disziplinen in Bezug auf ihre Schnittstellen, Wechselwirkungen und Abhängigkeiten eingehender beschreibt, ist dagegen weniger häufig anzutreffen.[13]

8 Eine integrierte Betrachtung von Unternehmensorganisation, Risikomanagement und Compliance und daran anknüpfend ein holistisches Management dieser Funktionalitäten ist jedoch (auch) bei mittelständischen Unternehmen nicht bloß ein „Kostenverursacher",[14] und sollte insb. nicht als Verlangsamung, Behinderung oder Erschwerung von Geschäftsabläufen gesehen werden, um den Entwicklungen der letzten Jahre auf diesen Gebieten keinen Dämpfer zu verpassen.[15] Vielmehr schafft eine solche integrierte Betrachtung nicht unerhebliche Vorteile, wie folgende Überlegungen zeigen:

9 Die Existenz von Unternehmensorganisation, Risiko- und Compliance-Management ebenso wie die Einrichtung einer Internen Revision werden zunehmend auch in mittelständischen Unternehmen zum „Stand der Technik".[16] Grund dafür dürften zum einen diverse gesetzliche Vorschriften sein,[17] zum anderen ebenso vielfältige untergesetzliche Regelwerke von Behörden und Organisationen.[18] Konkret sind an dieser Stelle insbesondere die Vorgaben für den Datenschutz seit Inkrafttreten der Datenschutzgrundverord-

---

11 Vgl. z.B. *Hauschka*, Corporate Compliance, 3. Aufl.; *Diederichs*, Risikomanagement und Risikocontrolling; *Schreyögg*, Organisation.
12 Vgl. z.B. *Böhmer/Hengst/Hofmann/Müller/Puchta*, Interne Revision.
13 Vgl. z.B. *Laue/Mohr*, CB 2014, 334ff.; *Marekfia/Nissen*, Strategisches GRC-Management, S. 5ff., abrufbar unter http://www.db-thueringen.de/servlets/DerivateServlet/Derivate-18915/FUB-2009-2.pdf.
14 Vgl. auch *Marekfia/Nissen*, Strategisches GRC-Management, S. 2f., abrufbar unter http://www.db-thueringen.de/servlets/DerivateServlet/Derivate-18915/FUB-2009-2.pdf.
15 Vgl. *Block/Teicke*, CB 2019, 108f.
16 Zur zunehmenden Verbreitung von Compliance-Management seit 2005 vgl. *Schefold*, CB 2019, S. 181ff.; vgl. zur generellen Zunahme von entsprechenden Maßnahmen *Block/Teicke*, CB 2019, 104; *Fila/Püschel*, Newsdienst Compliance 2019, 210017.
17 Zu denken ist vor allem an § 93 Abs. 1 S. 1, 2 AktG (Aktiengesetz) v. 6.9.1965 (BGBl. I S. 1089), zuletzt geändert durch Gesetz v. 10.8.2021 (BGBl. I S. 3436), §§ 30, 130 OWiG (Gesetz über Ordnungswidrigkeiten (OWiG) v. 19.2.1987 (BGBl. I S. 602), zuletzt geändert durch Gesetz v. 14.3.2023 (BGBl. 2024 I Nr. 73); vgl. dazu näher Kap. 5.
18 Vgl. dazu im Einzelnen näher Kap. 5, 7, 9, 20; Stichworte sind hier insb.: Deutscher Corporate Governance Kodex, MaRisk, MaComp, ONR 192050, ISO 19600 sowie die Prüfungsstandards 261, 340, 980 des IDW.

nung im Jahr 2018 zu nennen, die es Unternehmen abverlangen, ihre datenschutzrelevanten Prozesse zu optimieren[19] sowie auch die Neufassung des Deutschen Corporate Governance Kodex[20] und den Vorschlag eines Verbandssanktionengesetzes.[21] Zu erwähnen ist weiterhin einerseits das Urteil des Landgerichts (LG) München I vom 10.12.2013,[22] das eine Reihe von konkreten Vorgaben für ein Compliance-Management macht, damit es den gesetzlichen Vorschriften entspricht[23] und andererseits das Urteil des Bundesgerichtshofs (BGH) vom 9.5.2017, das der Einhaltung von Compliance-Management-Systemen eine bußgeldmindernde Wirkung bei Rechtsverstößen von Unternehmen zuspricht, ohne allerdings selbst Vorgaben aufzustellen.[24] Zudem hat das *Oberlandesgericht (OLG) Nürnberg* erstmals die Voraussetzungen konkretisiert, unter denen eine unzureichende Compliance-Organisation eine Schadensersatzpflicht der Unternehmensleitung begründen kann.[25]

10   Diese aus volkswirtschaftlicher Sicht an sich begrüßenswerte Institutionalisierung und Strukturierung des Managements operativer und rechtlicher Risiken hat allerdings noch gewisse Schwächen bzw. Nachteile. Diese resultieren primär daraus, dass sämtliche genannten Funktionen, sofern implementiert, parallel vorgehalten werden und mehr oder weniger isoliert in ihrem jeweiligen „Zuständigkeitsbereich" arbeiten. Zumindest in Teilbereichen kommt es auf diese Weise zu inhaltlichen und/oder funktionalen Überschneidungen.[26] Entweder werden Sachverhalte mehrfach bearbeitet oder es kommt zu Diskussionen über die „Bearbeitungszuständigkeit" oder – noch schlimmer – zu beiden Effekten.[27]

11   Diese unbefriedigende Ineffizienz kann auch nicht immer auf Ebene der Geschäftsleitung vermieden werden, da die beteiligten Funktionalitäten nicht durchweg auf Geschäftsleitungsebene in einem Ressort bzw. einer Person verbunden sind.[28] Auch unterhalb der Geschäftsleitung sehen die derzeit gängigen Organisationsmodelle i.d.R. keine „Personalunion" hinsichtlich der in Rede stehenden Funktionen vor.[29]

12   Durch die Fragmentierung, in Bezug auf die Gesamtrisikosituation, entstehen vielfach nur Teilbilder, die wiederum nur Teillösungen von Problemen ermöglichen. Daneben kommt es durch die angesprochene Mehrfachbearbeitung zu redundanten Abfragen mit entsprechender „bürokratischer" Belastung bei den operativen Bereichen und

---

[19] *Block/Teicke*, CB 2019, 107.
[20] Deutscher Corporate Governance Kodex, Entwurf abrufbar unter https://www.dcgk.de/de/kodex.html.
[21] Vgl. dazu eingehend Kapitel 4 Rn 68ff.
[22] Vgl. LG München I, Urt. v. 10.12.2013 – 5 HK O 1387/10 – DB 2014, 766.
[23] Dies gilt ungeachtet der Tatsache, dass die Vorgaben des LG München I aus Verfahrensgründen nicht mehr einer Validierung durch das OLG München oder den BGH unterzogen werden.
[24] BGH, Urt. v. 9.5.2017 – 1 StR 265/16 – BeckRS 2017, 114578.
[25] Vgl. OLG Nürnberg, Endurteil v. 30.03.2022, 12 U 1520/19 (DB 2022, 2153).
[26] Vgl. *Laue/Mohr*, CB 2014, 335, 336.
[27] Vgl. auch die Darstellung bei *Hastenrath*, CB 2019, 243ff.
[28] Vgl. *Laue/Mohr*, CB 2014, 334, 335; *Dederichs/Fricke/Macke*, DB 2011, 1461ff.
[29] Eine ähnliche Kritik findet sich bei *Hastenrath*, CB 2019, 243ff.; *Block/Teicke*, CB 2019, 103ff.

anschließend zu Mehrfachberichterstattungen an die Geschäftsleitung und/oder einzelne Mitglieder des Gremiums.

Trotzdem – oder gerade deswegen – entstehen auf diese Weise unerwünschte Informationslücken in Bezug auf die Risikosituation.[30] Fehlende Abstimmung und asymmetrische Informationen in Bezug auf eine Risikosituation können unvernetzte (Ad-hoc-)Aktivitäten einzelner Führungsverantwortlicher im Krisenfall erzeugen, die nicht zwingend die für das Gesamtunternehmen beste Lösung darstellen. Es fehlt mit anderen Worten eine optimale Gestaltung der relevanten Geschäftsprozesse.[31]

Eine faktisch-wissenschaftlich fundierte Aufarbeitung der vorstehenden Problematik steht – soweit ersichtlich – derzeit noch weitgehend aus. Aktuell finden sich diverse Ansätze für Verbesserungsvorschläge, ohne dass sich bisher ein allgemein akzeptierter Lösungsansatz durchgesetzt hätte.[32]

Zur Auflösung der Fragmentierung steht ein sog. **GRC-Ansatz in der Diskussion**, wobei „GRC" für Governance Risk und Compliance steht. Darunter wird ein integrierter, holistischer Ansatz verstanden, der auf unternehmensweit angelegte Organisationssteuerung (Governance) unter Einschluss des Risiko- und Compliance-Managements abzielt und gewährleisten soll, dass sich das Unternehmen insgesamt entsprechend dem festgelegten Risikoappetit unter Beachtung rechtlicher und ethischer Vorgaben verhält. Dies soll durch eine Abstimmung von Organisation, Prozessen und Strategien erreicht werden, die auf der integrierten Praktizierung der genannten Funktionalitäten beruht.[33]

---

30 Ähnlich auch *Laue/Mohr*, CB 2014, 334, 336.
31 Vgl. auch *Marekfia/Nissen*, Strategisches GRC-Management, S. 5, abrufbar unter http://www.db-thueringen.de/servlets/DerivateServlet/Derivate-18915/FUB-2009-2.pdf.
32 Vgl. *Laue/Mohr*, CB 2014, 334, 335; ähnlich auch *Sonnenberg*, JuS 2017, 918; vgl. für einen Lösungsansatz aber bspw. *Hastenrath*, CB 2019, 243 ff.
33 Vgl. *Marekfia/Nissen*, Strategisches GRC-Management, S. 4 ff., abrufbar unter http://www.db-thueringen.de/servlets/DerivateServlet/Derivate-18915/FUB-2009-2.pdf; De Decker/Schaumüller-Bichl/*Racz/Weippel/Seufert*, Communications and Multimedia Security, S. 106 ff.

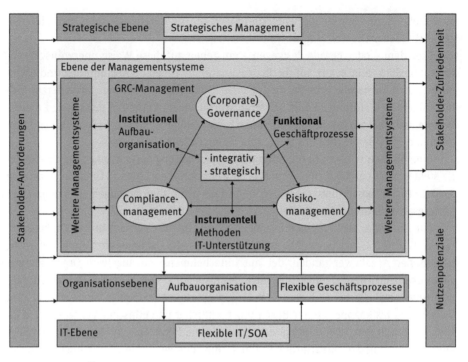

Abb. 1: GRC-Ansatz[34]

16 Auf dieser Basis werden auch die Einführung eines „**Chief Governance Officers**" (CGO) bzw. eines „GRC-Officers" oder auch eines „GRC-Komitees" vorgeschlagen.[35]

17 Der CGO bzw. das GRC-Office sollen als Stabstelle bei der Geschäftsleitung bzw. deren Vorsitzendem eingerichtet werden und unmittelbar an diese(n) berichten. Dabei wird eine Zusammenlegung mit der Funktion des Chief Compliance Officers oder des Leiters der Rechtsabteilung erwogen.

18 Der Aufgabenumfang des CGO soll neben der Entwicklung von unternehmensinternen Richtlinien, der Schulung des Aufsichtsrats, der Beratung der Geschäftsleitung (insb. auch im Zusammenhang mit der Besetzung von Schlüsselpositionen im Unternehmen) sowie die Berichterstattung über die einzelnen Teilsysteme des GRC-Komplexes umfassen.[36]

19 Diese Vorschläge dürften für große börsennotierte Unternehmen zweifellos eine angemessene Lösung darstellen und werden deshalb dort auch schon z.T. praktiziert.[37]

---

34 *Marekfia/Nissen*, Strategisches GRC-Management, S. 8, abrufbar unter http://www.db-thueringen.de/servlets/DerivateServlet/Derivate-18915/FUB-2009-2.pdf.
35 Vgl. etwa *Laue/Mohr*, CB 2014, 334, 336; *Marekfia/Nissen*, Strategisches GRC-Management, S. 9f., abrufbar unter http://www.db-thueringen.de/servlets/DerivateServlet/Derivate-18915/FUB-2009-2.pdf.
36 Vgl. anschaulich *Laue/Mohr*, CB 2014, 334, 337.
37 Vgl. die Nachweise *Laue/Mohr*, CB 2014, 334, 337, Fn 15ff.

In Bezug auf mittelständische Unternehmen wird man dagegen genau überlegen müssen, welche Lösung hier das relative Optimum zwischen Kosten und Nutzen eines GRC-Ansatzes bieten kann. Fällt es Großunternehmen i.d.R. leicht, entsprechende Maßnahmen zu treffen, kann die Implementierung richtiger Lösungen für KMU schnell eine große Herausforderung darstellen.[38]

Vor diesem Hintergrund ist es Ziel des vorliegenden Werkes, einen Beitrag zur integrierten Darstellung und Handhabung von Unternehmensorganisation, Risiko- und Compliance-Management zu leisten. Der Fokus liegt dabei weniger auf der wissenschaftlichen Aufbereitung der einzelnen Gebiete als vielmehr auf dem Nutzen der gebotenen Informationen und Überlegungen für die tägliche Praxis in mittelständischen Unternehmen. Das Buch richtet sich deshalb vornehmlich an Vorstände, Geschäftsführer und Aufsichtsräte in mittelständischen Unternehmen sowie an die Leiter Risikomanagement, Risikocontrolling, Interne Revision, Compliance und deren Mitarbeiter. Ebenso angesprochen werden die Leitungsebene und die Beschäftigten der öffentlichen Verwaltung und der Gerichtsbarkeit, die Organisationsverantwortung tragen. Allen Adressaten soll die Thematik des Werks praxisnah und anwenderfreundlich aufbereitet und vermittelt werden.

---

[38] Ähnlich *Schefold*, CB 2019, 184; *Hastenrath*, CB 2019, 243f.

Kapitel 2
Implementierung eines Compliance-Management-Systems

A. Einleitung

1 Im Zeitalter der Digitalisierung und der enorm gestiegenen Kommunikationsgeschwindigkeit und Kommunikationsvielfalt der Gesellschaft spielt Compliance eine immer größer werdende Rolle. Verstöße gegen Vorschriften können nicht nur zu Geldstrafen über mehrere Millionen, sondern auch zu dauerhaften Image-Schäden führen, die sich ein Unternehmen nicht leisten kann. Auch die Aufsichtsbehörden haben auf den Druck nach Richtlinien für Compliance reagiert und seit dem Inkrafttreten des KonTraG am 1.5.1998[1] wurden zahlreiche aktien-, handels- und kapitalmarktrechtliche Regelungen und Standards für moderne und professionelle **Unternehmensführung**, die die Integrität und Effizienz der internen Prozesse stärken und Wahrhaftigkeit und Transparenz nach außen sicherstellen sollen, eingeführt.[2]

2 Mit der erhöhten Anzahl an neu eingeführten Vorgaben durch die Regulatoren und die Rechtsprechung beschäftigen sich auch mittelständische und kleine Unternehmen inzwischen mit der Umsetzung von Compliance. Um Compliance im Unternehmen zu etablieren und diesen neuen Regelungen gerecht zu werden, implementieren viele Unternehmen ein **Compliance-Management-System (CMS)**. Ein CMS ist die Gesamtheit der in einer Organisation (z.B. in einem Unternehmen) eingerichteten Maßnahmen, Strukturen und Prozesse, um Regelkonformität sicherzustellen,[3] und ist als wichtiger Bestandteil einer guten Corporate Governance zu verstehen.

3 Dass Compliance und die Implementierung eines CMS bereits seit längerem ein wichtiges Thema ist, zeigt sich am Beispiel des BFH-Urteils vom 4.12.2012[4] und dem anschließend veröffentlichten Anwendungserlass zur AO (AEAO), zu § 153 AO, welche durch die obersten Finanzbehörden des Bundes und der Länder am 23.5.2016 ergänzt wurde. Darin heißt es, dass ein Tax-Compliance-Management-System bei der Prüfung von Steuerverfehlungen, Vorsatz oder Leichtfertigkeit zu berücksichtigen ist.[5] Mit der Veröffentlichung war der Grundstein zur Etablierung sogenannter **Tax-Compliance-Systeme** gelegt.

4 Mit Urteil vom 9.5.2017[6] hat dann der Bundesgerichtshof die Wichtigkeit von Compliance Management-Systemen deutlich gemacht und geurteilt, dass es für die Bemes-

---

1 Gesetz zur Kontrolle und Transparenz im Unternehmensbereich (KonTraG) v. 27.4.1998 (BGBl. I S. 786).
2 *Kopp*, ZögU 2008, 427–437.
3 *Hamacher*, Anforderungen an die Interne Revision.
4 BFH, Urt. v. 4.12.2012 – VIII R 50/10 – BFHE 239, 495.
5 BMF v. 23.5.2016 – IV A 3 – S 0324/15/10001 – NWB Datenbank.
6 BGH, Urt. v. 9.5.2017 – 1 StR 265/16.

sung der Geldbuße von Bedeutung sei, inwieweit das Unternehmen seiner Pflicht, Rechtsverletzungen aus seiner Sphäre zu unterbinden, genügt und „ein effizientes Compliance-Management installiert hat, das auf die Vermeidung von Rechtsverstößen ausgelegt sein muss (...). Dabei könne auch eine Rolle spielen, so der BGH, ob das Unternehmen „in der Folge dieses Verfahrens entsprechende Regelungen optimiert und (seine) betriebsinternen Abläufe so gestaltet hat, dass vergleichbare Normverletzungen zukünftig jedenfalls deutlich erschwert werden."

Auch durch die neuere Gesetzgebung der Europäischen Union gewinnt das Thema Compliance-Management zunehmend an Bedeutung. Hierzu ist insb. die Einführung der Corporate Sustainability Reporting Directive (CSRD) zu nennen, wodurch auch Offenlegungspflichten im Bereich Compliance eingeführt werden und somit implizit ein Compliance-Management-System gefordert wird. Aufgrund des schrittweise erweiterten Anwenderkreises der CSRD, werden bis 2025 eine Vielzahl von Unternehmen diesen Berichterstattungspflichten nachkommen müssen. Im Rahmen der Compliance verlangt die CSRD notwendige Informationen zur Rolle der Verwaltungs-, Leitungs- und Aufsichtsorgane hinsichtlich Nachhaltigkeitsaspekten, sowie eine Einschätzung des hier vorhandenen oder zugänglichen Fachwissens zu veröffentlichen. Darüber hinaus sind Angaben zu Korruption, Bestechung und Ausübung politischer Einflussnahme zu tätigen.[7] Die exakten Angabepflichten befinden sich in den, ebenfalls von der Europäischen Kommission veröffentlichten, ESRS-Standards.

Durch die Rechtsprechung im Bereich Compliance und erweiterte Regulierungen in neueren gesetzlichen Vorschriften drang Compliance zunehmend in das Bewusstsein der Unternehmer des Mittelstands.

Doch steht der Mittelstand bei der Etablierung eines CMS vor großen Herausforderungen. Mit limitiertem Zugang zu finanziellen, personellen und zeitlichen Kapazitäten stellt die erfolgreiche Implementierung eines CMS für kleine und mittelständische Unternehmen eine große Herausforderung dar. Insbesondere durch die Offenlegungspflichten der CSRD bzgl. der Ausgestaltung des CMS wird gegenüber den Stakeholdern des Lageberichts transparent gemacht, ob die internen Systeme den Anforderungen der höchstrichterlichen Rechtsprechung genügen.

Dabei kann die Implementierung eines CMS auf unterschiedlichen Wegen erfolgen. Zum Beispiel kann es im Rahmen eines allgemeinen **Unternehmens-Strategie-Prozesses** als Komponente integriert oder als eigenes strategisches Thema separat konzipiert, implementiert und umgesetzt werden. Im Folgenden werden die wichtigsten Begrifflichkeiten definiert, Motive und Herausforderungen zur Implementierung herausgearbeitet und anschließend mögliche Handlungen zur Implementierung eines CMS genauer dargestellt und erläutert.

---

7 RL (EU) 2022/2465 Rn 50.

B. Definition des Compliance-Management-System-Begriffs und Bedeutung für den Mittelstand

9 In dem Deutschen Corporate Governance Kodex (DCGK) wird sowohl der Begriff „Compliance" als auch der Begriff „Compliance-Management-System" wie folgt definiert: (A3 Grundsatz 5) „Der Vorstand hat für die Einhaltung der **gesetzlichen Bestimmungen** und der **unternehmensinternen Richtlinien** zu sorgen und wirkt auf deren Beachtung durch die Konzernunternehmen hin (Compliance). Er soll für angemessene, an der Risikolage des Unternehmens ausgerichtete Maßnahmen (Compliance Management System) sorgen und deren Grundzüge offenlegen."[8]

10 Obwohl sich der DCGK an börsennotierte Unternehmen richtet, wird auch bei mittelständischen Unternehmen unter dem Begriff „Compliance" das Einhalten von Gesetzen und internen Richtlinien durch die Mitarbeiter und das Management verstanden und angewandt.

11 Auch das Institut der Wirtschaftsprüfer in Deutschland e.V. (IDW) verweist für die Ausgestaltung eines CMS auf allgemein anerkannte Rahmenkonzepte (z.B. COSO ERM) mit Grundelementen wie **Compliance-Kultur**, -Zielen, -Risiken, -Programm usw.[9] und ist nur ein Beispiel für die Vielzahl an entwickelten Standards zum Thema Compliance und die Relevanz für den Mittelstand.

12 Auch im Rahmen empirischer Untersuchungen, wie bspw. der Studie des Center for Business Compliance & Integrity (CBCI) „Compliance im Mittelstand", wird aufgezeigt, dass die Relevanz der Thematik **Compliance im Mittelstand** einen sehr hohen Stellenwert hat. Dies lässt sich unter anderem damit begründen, dass Unternehmen eine steigende Anzahl an Regeln beachten müssen, welche bei Nichtbeachtung zu hohen Bußgeldern und Strafen führen können. Damit gehen auch eventuelle **Reputationsverluste** des Unternehmens einher, die sich negativ auf das Geschäft auswirken könnten.[10]

13 Am eingangs erwähnten Tax-Compliance-Management-Beispiel des Anwendungserlasses zur AO (AEAO) zu § 153 AO, welche durch die obersten Finanzbehörden des Bundes und der Länder erlassen wurde, wird deutlich wie wichtig ein **CMS im Schadensfall** und die Anforderungen an die Ausgestaltung sind. Dieses besagt, dass wenn der Steuerpflichtige ein innerbetriebliches Kontrollsystem eingerichtet hat, das der Erfüllung seiner steuerlichen Pflichten dient, kann dies ggf. ein Indiz darstellen, das gegen das Vorliegen eines Vorsatzes oder der Leichtfertigkeit sprechen kann, auch wenn es nicht von der Prüfung des Einzelfalles befreit. Auch der IDW PS 980 „Grundsätze ordnungsgemäßer Prüfung von Compliance-Management-Systemen" ist an diese Rechtsprechung angelehnt. Nachdem der Anwendungserlass zur AO zu § 153 veröffentlicht wurde, erweiterte der IDW den IDW PS 980 um den Praxishinweis 1/2016, in dem weitere Hilfe-

---

8 *Pfitzer/Oser/Orth*, Deutscher Corporate-Governance-Kodex, S. 4f.
9 Vgl. Kap. 7, Rn 48.
10 Siehe: CBCI Studie Compliance im Mittelstand, abrufbar unter https://opus.htwg-konstanz.de/frontdoor/deliver/index/docId/859/file/CBCI_Studie_Compliance_im_Mittelstand.pdf.

stellungen zum Thema Steuern und Tax-Compliance-Management den Unternehmen an die Hand gegeben werden. Damit gibt es erstmals einen Standard, der die Grundsätze ordnungsmäßiger **Prüfung** von Compliance-Management-Systemen aufnimmt, ein Tax-Compliance-Management-System beschreibt und Anleitung zur praktischen Umsetzung von Rn 2.6 des AEAO zu § 153 AO gibt.[11]

Auch der BGH hat im Jahr 2015 erstmals festgestellt, dass bei der Bemessungsgrundlage von Bußgeldern ein CMS in Betracht gezogen werden sollte.

Das erstinstanzlich mit dem der Entscheidung des BGH zugrunde liegenden Verfahren betraute LG München I hatte den Angeklagten mit Urteil vom 3.12.2015 (Az. 7 KLs 565 Js 137335/15) wegen Beihilfe zur Steuerhinterziehung in Tatmehrheit mit Steuerhinterziehung zu einer Gesamtfreiheitsstrafe von elf Monaten verurteilt, deren Vollstreckung zur Bewährung ausgesetzt wurde. Von den weiteren ihm zur Last gelegten Vorwürfen (u.a. des versuchten Prozessbetrugs) sprach ihn das Gericht frei. Gegen die Nebenbeteiligte, ein in Deutschland ansässiges Rüstungsunternehmen, bei dem der Angeklagte als leitender Angestellter und Prokurist tätig war, setzte das Landgericht eine Geldbuße nach § 30 OWiG[12] i.H.v. 175.000 € fest. Der BGH wies zudem darauf hin, dass bei der Bemessung der Geldbuße neben den §§ 30 Abs. 3, 17 Abs. 4 S. 1 OWiG, nach denen eine Geldbuße den aus der Ordnungswidrigkeit gezogenen wirtschaftlichen Vorteil übersteigen solle, auch von Bedeutung sei, „inwieweit die Nebenbeteiligte ihrer Pflicht, Rechtsverletzungen aus der Sphäre des Unternehmens zu unterbinden, genügt, und ein effizientes Compliance-Management installiert hat, das auf die **Vermeidung von Rechtsverstößen** ausgelegt sein muss (vgl. Raum in Hastenrath, Compliance – Kommunikation, 2. Aufl., S. 31f.)."[13] Hierbei sollen nach dem BGH auch solche Handlungen der Nebenbeteiligten eine Rolle spielen, die diese erst in der Folge des staatlichen Verfahrens aufgenommen hat, wie die Optimierung der entsprechenden Regelungen und die Gestaltung der betriebsinternen Abläufe dergestalt, „dass vergleichbare Normverletzungen künftig jedenfalls deutlich erschwert werden."[14]

Speziell für den Mittelstand ergeben sich aufgrund der **Ressourcenknappheit,** welche sowohl organisatorischer, personeller, zeitlicher als auch monetärer Natur ist, jedoch einige Schwierigkeiten hinsichtlich der Implementierung eines CMS. Deshalb ist in der Unternehmenspraxis bei vielen mittelständischen Unternehmen beobachtbar, dass einige **Compliance-Maßnahmen** nicht vollumfänglich durchgeführt werden können oder eine umfassende Compliance-Arbeit nicht finanziert werden kann.

Allerdings hat sich z.B. im Rahmen der Studie des CBCI auch herausgestellt, dass Compliance-Management maßgeblich für eine **langfristig erfolgreiche Unterneh-**

---

[11] Abrufbar unter https://www.idw.de/IDW/IDW-Verlautbarungen/StNzuEntwuerfen/Downloads/Sonstige/Down-IDWPraxishinweis-1-2016-DStV.pdf.
[12] Ordnungswidrigkeitengesetz (OWiG) v. 19.2.1987 (BGBl. I S. 602), zuletzt geändert durch Gesetz v. 5.10.2021 – BGBl. I S. 4607.
[13] BGH, Urt. v. 9.5.2017 – 1 StR 265/16 – Rn 124 = CCZ 2017, 285.
[14] BGH, Urt. v. 9.5.2017 – 1 StR 265/16 – Rn 124 = CCZ 2017, 285; m. Anm. *Jenne/Martens*, CCZ 2017, 285.

mensführung ist und da eine **nachhaltige Entwicklung** für alle Unternehmen relevant ist, stellt der richtige Umgang mit Compliance ein relevantes Themengebiet für den Mittelstand dar.

18   Im Folgenden wird deshalb das Thema Compliance aus verschiedenen Blickwinkeln betrachtet. Hierbei ist anzumerken, dass ein gutes Compliance-System nicht notwendigerweise sämtliche Bestandteile eines CMS umfasst. Vielmehr sollte sich jedes Unternehmen diejenigen Bestandteile, die für es relevant sind, anhand einer **Risikoanalyse** auswählen. In Bereiche, die das höchste Risiko haben, ist das CMS vorrangig zu implementieren. In der nachfolgenden Grafik werden die wichtigsten Bereiche im Unternehmen dargestellt, in denen ein hohes Compliance-Risiko bestehen kann.

Abb. 1: Wichtige Compliance Bereiche[15]

C. Motive für die Implementierung eines Compliance-Management-Systems

19   Die Motive von Unternehmen sich mit Compliance zu beschäftigen, sind vielseitig. In vielen Studien hat sich herausgestellt, dass es oft eine **Kombination aus kalkulierten, normativen und sozialen Gründen** gibt, sich mit diesem Thema auseinanderzusetzen. Im Folgenden soll auf einige wichtige Motive, welche aus Sicht von mittelständischen Unternehmen für die Implementierung eines CMS sprechen, eingegangen werden.

I. Selbstverständnis und Compliance-Kultur

20   Die Motivation sich mit Compliance zu beschäftigen, hängt oft mit dem Selbstverständnis eines Unternehmens zusammen. Aus diesem Selbstverständnis lässt sich eine **Compliance-Kultur** ableiten. Bei der Compliance-Kultur geht es maßgeblich um die Frage, in

---

15 Quelle: Eigene Darstellung.

wieweit Rechtstreue bzw. Regelbefolgung als Wert von allen Organisationsangehörigen akzeptiert, geachtet und getragen wird.[16] Der Grundbaustein der Compliance-Kultur ist die Bereitschaft sich **regelkonform** zu verhalten. Auch der vom Institut der Wirtschaftsprüfer veröffentlichte Standard „Grundsätze ordnungsgemäßer Prüfung von Compliance-Management-Systemen"[17] nennt die Compliance-Kultur als erstes und signifikantes Grundelement für die Bewertung der Angemessenheit und Wirksamkeit eines CMS.[18]

II. Auftragserlangung und Anforderungen von Dritten

Wie eingangs erwähnt, gewinnt ein gut organisiertes Compliance-Management aufgrund der zunehmenden Regulierung und der wachsenden Anforderungen von Kunden, Geschäftspartnern, Anteilseignern, Kapitalgebern, Regulatoren und allen weiteren Stakeholdern immer mehr an Bedeutung. 21

Immer mehr Auftraggeber legen Wert auf das Thema Compliance und beziehen diesen Faktor in ihre **Entscheidung bei der Auftragsvergabe** mit ein. Sie legen Wert auf Dinge wie Informationstransparenz, offene Kommunikation über Abläufe und implementierte Regelungen wie z.B. Mitarbeiterschutz, eine nachhaltige Wertschöpfungskette und weitere compliancerelevante Themengebiete. Deswegen ist es auch für die Auftragnehmer unumgänglich, sich mit diesem Thema auseinanderzusetzen. Unternehmen müssen die **Auswirkung ihrer Geschäftstätigkeit**, welche auch deren Shareholder, Kunden, Mitarbeiter Lieferanten, Nachunternehmer und andere betroffene Gesellschaftsgruppen sowie das ökonomische, ökologische und soziokulturelle Umfeld betrifft, berücksichtigen. Um auch **langfristig und nachhaltig** erfolgreich bleiben zu können, muss außerdem zeitnah auf politische, rechtliche, wirtschaftliche, umweltbezogene, soziale und technologische Veränderungen und Entwicklungen reagiert werden. 22

Auch unternehmensspezifische Motive, wie bspw. eine bestehende oder angestrebte Börsennotierung, mit der spezielle Organisations- und Aufsichtspflichten verbunden sind, können ein Motiv sein, ein CMS zu verbessern oder aufzubauen. 23

Unter anderem spielen auch die zunehmenden **globalen Bedürfnisse und Veränderungen**, die einen Blick über die Grenzen hinaus verlangen, eine wesentliche Rolle. Wer sein Unternehmen nachhaltig weiterentwickeln will, muss sich mit der Expansion in andere Märkte und Länder auseinandersetzen. Hier kommen Herausforderungen wie **kulturelle Unterschiede** auf den Unternehmer zu. In anderen kulturellen Kreisen kann das Verständnis zu Compliance stark von regionalen Einschätzungen ab- 24

---

16 *Schulz*, BB 2018, 1283 ff.
17 IDW Prüfungsstandard „Grundsätze ordnungsmäßiger Prüfung von Compliance-Management-Systemen" (IDW PS 980), WPg Supplement 2/2011, 78 ff.
18 IDW PS 980, Rn 23, und hierzu KPMG AG/*Bergmann*, Das wirksame Compliance-Management-System, S. 11 ff.

weichen. Es gilt, vielfältige Chancen und Risiken zu identifizieren und auch unter dem Compliance-Blickwinkel zu betrachten und einzuschätzen, ob sie eine Auswirkung auf den Unternehmenserfolg haben können.

III. Haftungsvermeidung und Reputationssicherung

25   Ein weiteres Motiv stellt die **Haftungsvermeidung** und die **Sicherung der Reputation** eines Unternehmens dar. Insbesondere nachdem die ersten Compliance-Vorfälle hohe Haftungsstrafen nach sich gezogen haben[19], sind Geschäftsführer und Manager motiviert, durch die Einführung eines CMS der Haftungsfrage Herr zu werden und Risiken bzgl. möglicher Strafen zu minimieren.

26   Regel- oder Gesetzesverstöße können **hohe Geldstrafen** nach sich ziehen. Im Fall von 1&1 Telecom GmbH wurde ein Bußgeldbescheid über 9,55 Mio. € aufgrund von Datenschutzverletzungen erlassen. „Das Unternehmen hatte keine hinreichenden technisch-organisatorischen Maßnahmen ergriffen, um zu verhindern, dass Unberechtigte bei der telefonischen Kundenbetreuung Auskünfte zu Kundendaten erhalten können"[20] so die Pressemitteilung des Bundesbeauftragten für Datenschutz und die Informationsfreiheit (BfDI). Auch die Immobiliengesellschaft Deutsche Wohnen SE hat wegen Verstoßes gegen die Datenschutzgrundverordnung 14,5 Mio. € Geldbuße zu zahlen, da für die Speicherung personenbezogener Daten von Mietern ein Archivsystem verwendet wurde, das keine Möglichkeit vorsah, nicht mehr erforderliche Daten zu entfernen. Personenbezogene Daten seien gespeichert worden, ohne zu überprüfen, ob eine Speicherung zulässig oder überhaupt erforderlich ist.[21] Um solchen Sanktionen vorzubeugen und das Risiko einer Geldbuße für Verstöße zu minimieren, etablieren die gesetzlichen Vertreter ein CMS. Bei der Einführung zur Vermeidung von Verstößen und den damit verbundenen Strafzahlungen stehen die **Korruptionsprävention**, die **Prävention von Wettbewerbsdelikten**, wie bspw. die Absprachen über Preise oder Marktanteile und auch **die Prävention von Vermögensdelikten**, wie bspw. Betrug oder Erpressung, im Fokus. Durch diese Maßnahmen wird somit eine Sicherung oder Steigerung der Reputation des jeweiligen Unternehmens gewährleistet.

---

19 Abrufbar unter https://www.handelsblatt.com/unternehmen/beruf-und-buero/buero-special/compliance-die-groessten-skandale-in-deutschen-konzernen/6641352.html?ticket=ST-13490586-1mQXQPRFRgfuduOLycpi-ap3.
20 Abrufbar unter https://www.bfdi.bund.de/DE/Infothek/Pressemitteilungen/2019/30_BfDIverh%C3%A4ngtGeldbu%C3%9Fe1u1.html.
21 Abrufbar unter https://www.heise.de/news/Verstoss-gegen-DSGVO-Deutsche-Wohnen-soll-14-5-Millionen-Euro-zahlen-4578269.html.

D. Herausforderungen bei der Umsetzung

Auch entwickeln sich die Regulierungen und gesetzlichen Gegebenheiten stetig weiter und Compliance-Spezialisten in Unternehmen stehen vor großen Herausforderungen. Die Entwicklung zur Gesetzgebung und Rechtsprechung sowohl auf nationaler als auch auf internationaler Ebene muss berücksichtigt und an die Compliance-Strategie und das System den neuen Regelungen angepasst werden. Hierbei ist Vorsicht geboten, dass das Unternehmen nicht in einer Art Compliance-Bürokratie untergeht. Eingerichteten Maßnahmen, Strukturen und Prozesse, um Regelkonformität sicherzustellen, sind nach der Ausdrucksweise „**so viel wie nötig – so wenig wie möglich**" umzusetzen, um Mitarbeiter und andere Stakeholder nicht zu überfordern. Zu große Mengen an Vorgaben und Compliance Regelungen machen es schwierig, Wichtiges von Unwichtigem zu trennen, und verleiten dazu, dass sie einfach von den Beteiligten ignoriert werden. 27

Eine weitere Herausforderung lässt sich durch die Etablierung ableiten. Es gilt das **richtige Verständnis** von Compliance bei den Mitarbeitern. Wie bereits angesprochen ist es wichtig, kulturelle Unterschiede in der Mitarbeiterstruktur zu berücksichtigen, aber auch das Selbstverständnis von Compliance den Mitarbeitern und ihren Bedürfnissen anzupassen. 28

Eine weitere Schwierigkeit stellt sich bei der **Finanzierung und Kostenrechnung** von Compliance. Unabhängig von der Größe des Unternehmens sollte der Implementierung immer eine effektive Ressourcenplanung vorausgehen, um einer Ressourcenverschwendung vorzubeugen. Der Aufbau, die laufenden Anpassungen und die regelmäßige Überprüfung sind Kostenträger, die mit dem zur Verfügung stehenden Budget kontinuierlich abgeglichen werden müssen. Im Rahmen des Risikomanagements steht der Unternehmer ebenfalls vor den Herausforderungen die z.B. finanziellen Auswirkungen einer „Non-Compliance"-Strategie einzuschätzen. 29

Überdies ergibt sich die Fragestellung zum vorhandenen und notwendigen **Compliance-Knowhow** im Unternehmen. Sind diese intern vorhanden, kann das CMS durch eigene Kraft verwirklicht werden. Sonst kann durch externes Knowhow das CMS entwickelt und verbessert werden. 30

E. Unternehmerische Verantwortung

Doch wen betrifft Compliance überhaupt und wer ist in der unternehmerischen Verantwortung, Compliance zu gewährleisten? Compliance fängt in erster Linie bei der **gesetzlichen Vertretung** an. Diese trifft die unternehmerische Entscheidung, welchen Umfang und welche Priorität Compliance in der Gestaltung der Organisation und der Geschäftsprozesse einnehmen soll. 31

Compliance ist auch ein Thema für den **Aufsichtsrat**. Der DCGK gibt vor: „Der Vorstand informiert den Aufsichtsrat regelmäßig, zeitnah und umfassend über alle für das 32

Unternehmen relevanten Fragen der Strategie, der Planung, der Geschäftsentwicklung, der Risikolage, des Risikomanagements und der Compliance. Er geht auf Abweichungen des Geschäftsverlaufs von den aufgestellten Plänen und Zielen unter Angabe von Gründen ein."[22] Der Aufsichtsrat muss nicht nur die Geschäftsentwicklung überwachen, sondern auch die Geschäftsleitung und ihre Einhaltung der Compliance-Vorschriften. Außerdem muss der Aufsichtsrat einen „**Prüfungsausschuss** einrichten, der sich – soweit kein anderer Ausschuss damit betraut ist – insb. mit der Überwachung der Rechnungslegung, der Wirksamkeit des internen Kontrollsystems, des Risikomanagementsystems (...) sowie der Compliance, befasst."[23]

33   Je nach **Größe und Gesellschafterstruktur** des Unternehmens sowie Komplexität des Geschäftsfelds können die Compliance-Schwerpunkte sehr unterschiedlich sein. Ein kleines Unternehmen mit regional eingegrenzten Geschäftsfeldern wird deutlich weniger Aspekte berücksichtigen müssen als ein internationaler Konzern, der über die gesamte Wertschöpfungskette agiert. Die Leitungsorgane sind in der Pflicht, geeignete Maßnahmen und organisatorische Vorkehrungen zur Überwachung und Sicherstellung der Einhaltung der Regeln zu treffen. Die Geschäftsführung setzt im Vorfeld ein klares Ziel, was durch das zu implementierende CMS erreicht werden soll und unter welchen **Rahmenbedingungen** dies funktionieren muss. In den folgenden Unterkapiteln werden praxisbezogene Methoden und Prozesse vorgestellt, die ein Unternehmen nutzen kann, um seine individuelle Compliance-Strategie zu erarbeiten und umzusetzen.

F. Compliance-Kompaktanalyse

34   Um einen schnellen Überblick über die Compliance-Lage im Unternehmen zu gewinnen, kann eine **Compliance-Kompaktanalyse** helfen. Sie kann sowohl zur Verbesserung bestehender Compliance-Systeme als auch zur Neuetablierung eines CMS angewendet werden. Eine Kompaktanalyse kann auf Basis unterschiedlicher anerkannter Standards (z.B. IDW PS 980, vgl. Kap. 5) durchgeführt werden und ermöglicht einen Abgleich, wie die existierenden Compliance-Strukturen im Unternehmen ausgestaltet sind, und identifiziert Weiterentwicklungspotenziale. Hierzu werden wichtige Prozesse im Unternehmen auf **Compliance-Risiken** analysiert und unterschiedlichen Mitarbeitergruppen mithilfe von Umfragen und Feedbacksystemen befragt. Dadurch ergibt sich ein aussagekräftiges Gesamtbild. Durch diese Kompaktanalyse erhält das Unternehmen eine Bestandsaufnahme und kann anschließend Folgeaktivitäten (Mittel, Zeit und Aufwand)

---

22 Deutscher Corporate Governance Kodex (DCGK), D. II. 3. Grundsatz 16, abrufbar unter https://www.dcgk.de/de/kodex.html.
23 DCGK, D. II. 2. D.3 (i.d.F. v. 16.12.2019), abrufbar unter https://www.dcgk.de/files/dcgk/usercontent/de/download/kodex/191216_Deutscher_Corporate_Governance_Kodex.pdf.

zur Verbesserung oder zum Aufbau eines CMS festlegen, welche ein individuelles Umsetzungskonzept benötigen.

Auch kann die Kompaktanalyse als Vorbereitungs- und Planungshilfe für Compliance-Zertifizierungen (ISO usw., vgl. Kap. 5) dienen. Eine **Prüfung und Zertifizierung nach IDW PS 980** ist bspw. im Anschluss möglich und unterstreicht das Bestreben der Verantwortlichen, für einen integren Geschäftsablauf Sorge zu tragen. Auch ist es zu empfehlen, die Analyse in Begleitung des Prüfers durchzuführen, da dadurch direkt auf Empfehlungen des Spezialisten reagiert werden kann und eine effiziente und kostensparende Entwicklung gewährleistet ist. 35

G. Compliance und Risikomanagement

I. Compliance-Risiken

Für die Umsetzung eines CMS ist eine **Projektplanung** notwendig. Ein solches Projekt ist oft komplex und bedarf einer genauen Analyse und Strukturierung der zur erfüllenden Aufgaben. Nachdem der erste Schritt, die explizite Entscheidung der Einführung eines CMS, gemacht wurde, wird eine Bestandsaufnahme der aktuellen Situation im Unternehmen durchgeführt. Ein wesentlicher Teil der Bestandsaufnahme ist die Durchführung einer **Gefährdungsanalyse**, die mögliche Risiken in den Geschäftsbereichen des Unternehmens identifiziert. 36

1. Gefährdungsanalyse

Die Identifizierung und Analyse von Compliance-Risiken stellt die Grundlage für Unterstützungshandlungen dar, mit denen die Risiken minimiert oder verhindert werden können. Compliance-Risiken können, wie eingangs bereits erwähnt, zu Strafen, hohen Bußgeldern oder Sanktionen führen oder einen hohen Imageschaden zur Folge haben. 37

Eine **Gefährdungsanalyse** bildet eine geordnete Bestandsaufnahme und stellt die Grundlage für weiteres Handeln dar. Der Wert einer Compliance-Gefährdungsanalyse liegt daher in erster Linie nicht so sehr in der Aufdeckung, Kategorisierung und der systematischen Erfassung von Risiken. Vielmehr kommt es darauf an, die Führungskräfte dazu zu veranlassen, sich in einer geordneten Vorgehensweise mit den möglichen oder bekannten **Risiken in ihrem Verantwortungsbereich** und den zugrunde liegenden Sachverhalten zu befassen, anstatt diese Themen als „unproduktive" Aufgaben beiseitezuschieben. 38

Im Risikomanagement wird nach zwei wesentlichen Risikoarten unterschieden. **Operative (betriebliche) Risiken** sind mögliche künftige Entwicklungen oder Ereignisse, die im Hinblick auf die Geschäftstätigkeit bzw. die Leistungserstellungsprozesse zu einer für das Unternehmen negativen oder positiven Abweichung von den aus den stra- 39 tegischen Zielen abgeleiteten operativen Ziele führen können.[24] **Strategische Risiken** sind mögliche künftige Entwicklungen oder Ereignisse, die zu einer für das Unternehmen negativen oder positiven Abweichung von den strategischen Zielen führen können.[25]

40 Compliance-Risiken sind unter der Rubrik „Operative Risiken – Rechtsrisiken" Teil des allgemeinen Risikomanagementsystems des Unternehmens (vgl. Kap. 3). Vor diesem Hintergrund haben sie einige Besonderheiten:

- Generell gilt der Grundsatz: **Keine Chancen ohne Risiken**. Aufgabe des allgemeinen Risikomanagements ist es daher, Chancen und Risiken unter Abschätzung von Wahrscheinlichkeit, Schadenshöhe und Kosten zu optimieren und mögliche Auswirkungen auf den Unternehmenserfolg zu dokumentieren.
- Dem gegenüber akzeptiert der staatliche Durchsetzungsanspruch für straf- oder bußgeldbewehrte Normen grundsätzlich keine **wirtschaftliche Risikoabwägung**, die sich an Eintrittswahrscheinlichkeiten und Folgebewertung orientiert. Wer so vorgeht – und dies durch seine Risikoerfassung und Berichterstattung auch noch unterstreicht – riskiert den Vorwurf, Rechtsverstöße fahrlässig oder wissentlich in Kauf genommen zu haben.
- Soweit es um straf- oder bußgeldbewehrte Normen geht, besteht deshalb für die Umsetzung von Vorschlägen zur Reduzierung von Compliance-Risiken kein unternehmerischer Spielraum.

41 Wurde diese Gefährdungsanalyse durchgeführt gilt es, sich Gedanken zur Struktur der Organisation und Implementierung von **Mechanismen** zu machen, um diesen Risiken vorzubeugen.

2. Risikomatrix

42 Sind die Risiken in der Gefährdungsanalyse identifiziert worden, wird in der Praxis oft von einer Risikomatrix Gebrauch gemacht, um diese zu strukturieren und visualisieren. Die Risikomatrix unterteilt sich in die **Eintrittswahrscheinlichkeit** eines Risikos und die Staffelung der **Schwere des Schadens**, die im Falle eines Eintritts erzeugt wird. Die identifizierten Risiken werden in der Matrix eingeordnet und so priorisiert. Anhand der Matrix kann verdeutlicht werden, wo der dringendste Handlungsbedarf besteht.

---

24 IDW PS 981.
25 IDW PS 981.

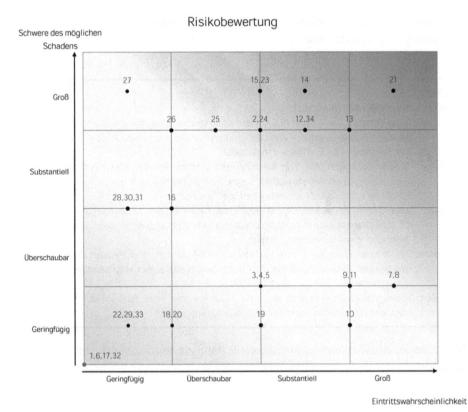

Abb. 2: Risikomatrix[26]

II. Definition relevanter Leitsätze und Compliance-Ziele

1. SMARTe Leitsätze

Sind die größten Risiken identifiziert, geht es, in der Phase der Projektdurchführung und bevor ein CMS eingeführt werden kann, darum, den in der Literatur weichen Begriff „Compliance" firmenintern zu definieren und in Regulierungen bzw. Vorschriften oder Leitsätzen und Ziele formuliert werden. Der Anspruch an die Leitsätze sollte **SMART** sein:
Spezifisch – Die Leitsätze müssen so präzise wie möglich formuliert werden.
Messbar – Die Leitsätze müssen Messbarkeitskriterien beinhalten.
Attraktiv – Die Leitsätze müssen für die betreffenden Personen ansprechbar und verständlich sein.

43

---

26 Quelle: Eigene Darstellung.

Realistisch – Die Leitsätze müssen realisierbar und erreichbar sein.
Terminiert – Die Leitsätze müssen mit einem fixen Datum festgelegt werden und zu gegebener Zeit auf ihre Aktualität überprüft werden.

Beispiel
Compliance-Bericht der BAYER AG 2017:[27]

Spezifisch: Die Leitsätze für die Compliance-Grundsätze sind stichpunktartig mit einer kurzen Erklärung aufgelistet, z. B. ordnungsgemäße Aktenführung: vollständige und detaillierte Erfassung unserer Geschäftstätigkeiten und Finanztransaktionen.

Messbar: Gesammelte Erkenntnisse über Risiken werden in eine weltweite statistische Compliance-Risk-Management-Datenbank eingepflegt. Daraus leitet die BAYER AG u. a. geeignete Maßnahmen für spezifische Prozesse, Geschäftsaktivitäten oder Länder ab.

Attraktiv: Jeder Mitarbeiter der BAYER AG ist verpflichtet, diese Prinzipien zu befolgen und Verletzungen der Policy unverzüglich zu melden. Darüber hinaus sind die Compliance-Richtlinien für jeden Mitarbeiter im Jahresbericht zugänglich.

Realistisch: Des Weiteren ist vorgesehen, dass nahezu alle BAYER-Manager mindestens ein Compliance-Training pro Jahr absolvieren. Im Jahr 2017 haben bereits 96,6 % aller Mitarbeiter ein solches Training absolviert.

Terminiert: In den größten Gesellschaften der BAYER AG, deren Anteil zu ca. 80 % am Konzernumsatz beiträgt, sind Prüfungen in einem Drei-Jahres-Zyklus vorgesehen.

---

44 Des Weiteren müssen Unternehmensbereiche definiert werden, welche im Fokus von Compliance stehen. Als Grundlage hierfür sollte die Compliance-Risikomatrix genutzt werden.

45 Wenn Leitsätze formuliert und die betreffenden Bereiche identifiziert sind, kann die Einführung eines **Verhaltenskodex** (Code of Conduct, vgl. Kap. 6) den Mitarbeitern als Leitfaden und Manifestation der Compliance-Kultur dienen, um die Bedeutung von Compliance zu betonen und im Unternehmen zu verankern. Eine Compliance-Strategie zu entwickeln, bedeutet, sich nachhaltig im Bereich Compliance aufzustellen. Diese Strategie dient dem Unternehmen als roter Faden, an dem sich das Unternehmen und seine Mitarbeiter orientieren sollen.

2. Definition einer Vision

46 Die Unternehmensvision umfasst die Frage nach dem **Unternehmenszweck** und ist der Ideengeber hinter jeder Strategie. Es ist das klare Bild der Zukunft des Unternehmens. Auf Compliance bezogen bedeutet das, dass das Unternehmen festlegen muss, was Compliance für sich bedeutet und wie Compliance im jeweiligen Unternehmen interpretiert wird. Die Interpretation von Compliance ist mit dem **Unternehmerleitbild** zu verbinden. Hierbei ist es wichtig, Mitarbeiter in den Visionsbildungsprozess einzubinden. Nur wenn die festgelegten Werte mit denen der Mitarbeiter übereinstimmen, kann diese

---

27 Abrufbar unter https://www.bayer.com/sites/default/files/2020-08/bayer_gb17_gesamt_0.pdf.

von Erfolg geprägt sein. Eine gemeinsam entwickelte Vision kann einem Team oder Unternehmen die innere Motivation geben, sich ständig weiterzuentwickeln. Denn das Unternehmen muss es sich zum Ziel setzen, diese Vision unter den Mitarbeitern so zu kommunizieren, dass diese danach leben und alle die gleiche positive Vorstellung haben, um Maßnahmen zu initiieren, die zu nachhaltigem Mehrwert für das Unternehmen führen.

Die der Vision zugrunde liegenden Fragestellungen könnten sein:
1. Wie stehen wir im Markt?
2. Was macht uns aus?
3. Wie sehen wir uns in der Zukunft?
4. Wie wollen wir gesehen werden?
5. Wie kommen wir da hin?

Zur Entwicklung einer Vision gibt es unterschiedlichste Ansätze, oft wird die Vision im Kontext eines Workshops entwickelt. Hierbei werden Mitarbeiter unterschiedlichster Bereiche und Hierarchielevel eingebunden, um ihre Standpunkte und Ideen einfließen zu lassen.

3. Mission und Unternehmensumfeld

Der Zweck bzw. die Aufgabe des Unternehmens wird in einer **Mission** definiert. So kann das Unternehmen konkrete Leistung bringen und die Strategie darauf ausgelegt werden, diese Mission zu erfüllen. Dies gilt auch für den Bereich Compliance. Des Weiteren ist ein Unternehmen immer von den Reaktionen seines Umfelds abhängig. Nicht nur das regulatorische Umfeld kann sich hinsichtlich der Compliance-Vorgaben verändern. Auch wirtschaftliche, soziale, technologische und ökologische Einflussfaktoren müssen bei der Entwicklung des CMS in Betracht gezogen werden. Hierzu gibt es in der Betriebswirtschaft mehrere **Theorien** wie eine Umfeld-Analyse (PESTLE), SWOT-Analyse, Porters-Five-Forces, Marktmatrix, Business Model Canvas oder Balanced Scorecard, von denen Unternehmer Gebrauch machen können, um ihr Unternehmen zu untersuchen. Je nach Industrie kann das CMS des Unternehmers unterschiedlichen externen Herausforderungen gegenüberstehen, die durch eine **Marktanalyse** identifiziert werden. Auch muss sich das Unternehmen die Frage stellen, welche Außenwirkung erzeugt und welche Rolle im Markt eingenommen werden soll. Werden diese externen Faktoren in Betracht gezogen, kann das CMS optimal diesen Gegebenheiten angepasst werden.

4. Unternehmensleitbild

Aus den oben aufgeführten Werten wie **Leitsätze, Vision und Mission** erschließt sich das Unternehmensleitbild. Dort befinden sich die Arbeitsanweisungen, Verhaltensrichtlinien und Leitsätze für alle beteiligten Stakeholder eines Unternehmens. Nach innen soll ein Leitbild Orientierung geben und somit handlungsleitend und motivierend für die Organisation als Ganzes sowie auf die einzelnen Mitglieder wirken. Nach außen (Öffentlichkeit, Kunden) soll es deutlich machen, wofür eine Organisation steht. Es ist eine Basis für die Corporate Identity einer Organisation.[28]

III. Unternehmensprozesse und -organisation

1. Aufbauorganisation

51 Sind die Zielkategorien, Vision und Mission identifiziert, gilt es die Unternehmensprozesse und -organisation näher zu betrachten.

52 Die **Organisationsanalyse** agiert innerhalb der gegebenen Strategie und setzt diese um. Sie betrachtet die Organisations- und Prozessstrukturen unter dem Gesichtspunkt, ob diese zur Umsetzung der Strategie führen, und fragt danach, wie die einzelnen unternehmerischen Aktivitäten bestmöglich zu gestalten und aufeinander abzustimmen sind. Die Strategie ist folglich der Ausgangspunkt für die Organisations- und Prozessanalyse.

53 Es lassen sich zwei wesentliche Möglichkeiten unterscheiden, ein Unternehmen zu organisieren:
1. **Aufbauorganisation**,
2. **Ablauforganisation**.

54 In der sogenannten Aufbauorganisation werden die Rahmenbedingungen festgelegt. Dazu werden die Elemente des Unternehmens nach Unternehmenseinheiten wie Abteilungen und Stellen strukturiert und in Form eines Organigramms verbindlich festgehalten. Das Organigramm beschreibt, welche Aufgaben von welchen Menschen und Sachmitteln zu bewältigen sind.

55 Bei der Erstellung oder Analyse der Aufbaustruktur lautet die Grundfragestellung, wie sich diese einzelnen Elemente zu **sinnvollen Komplexen** ordnen und strukturieren lassen. Die Organisation, das gezielte Gestalten von formalen und dauerhaften Regelungen, mit denen das Verhalten und die Erwartungen der Beteiligten aufeinander abzustimmen und zu steuern sind, kann z.B. durch ein Regelwerk gehandhabt werden.

56 Das Regelwerk stellt außerdem sicher, dass ein und ders. Vorgang immer wieder auf die gleiche Weise durchgeführt wird. Es ist zu unterscheiden von einer **informalen Organisationsstruktur**, bei der Verhaltensmuster der Organisationsmitarbeiter auf Normen und Gewohnheiten basiert, die auf nicht-offiziellem Wege historisch gewachsen sind und oftmals parallel bzw. ergänzend zu formalen Regeln auftreten. Diese informalen Regelungen können bspw. als Basis der Entwicklung einer Organisationsstruktur dienen, da sie meist von allen bereits gelebt werden und sie also nur noch schriftlich festgehalten werden müssen. Umfangreiche Regelungen haben den Vorteil, dass sie Stabilität in das Unternehmen bringen. Dies erfolgt bspw. dadurch, dass nicht jeder Einzelfall beurteilt werden muss und eine Unabhängigkeit von Personen gegeben ist.

---

28 *Bleicher*, Leitbilder, S. 274.

Dem **Stabilitätsargument** von klaren Regelungen steht das Argument gegenüber, dass mit zu vielen Regelungen die **Flexibilität**, wie auf Situationen reagiert wird, eingeschränkt wird. Gibt es keine klaren Regelungen, kann im Einzelfall spontan und flexibel reagiert und damit Sondersachverhalte berücksichtigt und besser gehandhabt werden.

Eine pauschale Aussage zum optimalen Umfang an Regelungen kann nicht getroffen werden. Jedes Unternehmen muss individuell entscheiden, welches Maß optimal erscheint. Grundsätzlich sollte jedoch ein Mittelmaß von Stabilität und Flexibilität berücksichtigt werden.

Viele gesetzliche Vertreter beschäftigt die Frage, welcher Bereich im Unternehmen die Compliance-Aufgaben übernehmen soll. Die Position kann in der Aufbauorganisation in eine bereits bestehende Abteilung, wie etwa **Recht, Revision oder Personal**, integriert werden, oder aber eine speziell hierfür neu eingerichtete Compliance-Abteilung geschaffen werden. Die Funktionen, Aufgaben und Anforderungen an einen Compliance-Beauftragten oder die Compliance-Abteilung werden unten ausgeführt.

2. Ablauforganisation

Gegenstand der Ablauforganisation ist die optimale **Gestaltung der Arbeitsabläufe** innerhalb eines gegebenen Organisationsaufbaus. Anders als bei der Aufbauorganisation, die festlegt, welcher Stelleninhaber für welche (Teil-)Aufgaben verantwortlich ist, definiert die Ablauforganisation, wie genau diese zu verrichten sind. Dabei geht es primär um die räumliche Anordnung der Betriebsmittel, die zeitliche Abfolge und Dauer der Verrichtungen sowie die Zuordnung zu **Personen und Organisationseinheiten**, mit dem Ziel die vorhandenen Kapazitäten optimal zu nutzen, Bearbeitungszeiten und -kosten zu minimieren und insgesamt störungsfreie Arbeitsvorgänge zu ermöglichen. Wesentliches Hilfsmittel der Ablauforganisation ist das **Arbeitsablaufdiagramm** bzw. Flussdiagramm sowie die Prozessbeschreibung anhand dessen.

Die Ablauforganisation erstreckt sich auf alle Teilbereiche des Unternehmens. Von der Gesamtorganisation, über die Geschäftsbereiche, Geschäftseinheit, Niederlassung bis hin zur Abteilung und dem einzelnen Mitarbeiter gilt es, Risiken zu identifizieren und das CMS den Gegebenheiten anzupassen.

H. Compliance-Abteilung und Compliance-Manager

I. Compliance-Abteilung bzw. zuständige Abteilungen

Haben Unternehmen keine eigene Compliance-Abteilung, sind vor allem Rechtsabteilung, Controlling, Revision und das Risikomanagement für Compliance-Tätigkeiten zuständig. Die Compliance-Abteilung bzw. der Compliance-Manager ist eng mit dem **internen Kontrollsystem** (IKS) eines Unternehmens verwoben. Daher sollten Compliance-

Verantwortliche im IKS-Bereich Überwachungsfunktionen übernehmen. Der IDW beschreibt den Begriff und Aufgaben des IKS wie folgt:

63 Unter einem internen Kontrollsystem werden die von der Unternehmensleitung im Unternehmen eingeführten Grundsätze, Verfahren und Maßnahmen (Regelungen) verstanden, die gerichtet sind auf die organisatorische Umsetzung der Entscheidungen der Unternehmensleitung

- zur Sicherung der **Wirksamkeit** und **Wirtschaftlichkeit** der Geschäftstätigkeit (hierzu gehört auch der Schutz des Vermögens, einschließlich der Verhinderung und Aufdeckung von Vermögensschädigungen),
- zur **Ordnungsmäßigkeit** und **Verlässlichkeit** der internen und externen Rechnungslegung sowie
- zur Einhaltung der für das Unternehmen maßgeblichen rechtlichen Vorschriften.[29]

64 Das IKS unterteilt sich in das **interne Steuerungssystem**, welches zu Steuerungen der Unternehmensaktivitäten dient, und das **interne Überwachungssystem**, welches die Einhaltungen der Regeln überwacht.[30] In Hinsicht auf Compliance ist es Aufgabe der Compliance-Abteilung, in Zusammenarbeit mit dem Vorstand IKS-Mechanismen zu entwickeln und implementieren, welche die Einhaltung der Compliance-Vorgaben gewährleisten. Hierfür wird im internen **Überwachungssystem** in prozessintegrierte (organisatorische Sicherungsmaßnahmen, Kontrollen) und prozessunabhängige Überwachungsmaßnahmen unterschieden.[31]

65 Nachfolgend sind Beispiele für beide Maßnahmen aufgelistet:

Prozessintegrierte Maßnahmen	Prozessunabhängige Maßnahmen
Funktionstrennung	Interne Revision
Zugriffsbeschränkungen (IT oder physisch)	Soll-Ist-Abgleich
Zahlungsrichtlinien	Plausibilitätsprüfungen
Autorisierungen	Berichte

66 Es kann zwar sinnvoll sein, operative Einheiten im Einkauf und Vertrieb mit Compliance-Aufgaben zu betrauen, nicht zuletzt, um das Verständnis und die Akzeptanz für Compliance-Prozesse zu steigern. Eine bloße Selbstüberwachung ist allerdings nicht ausreichend, besteht hier doch die Gefahr, dass Compliance-Ziele hinter anderen Zielen zurückstehen.

67 Wichtiges Instrument sind hierbei **Compliance-Audits**, in denen systematisch der Ist-Zustand mit den Compliance-Zielen verglichen wird und daraus entsprechender

---

29 IDW PS 260, S. 2.
30 IDW PS 260, S. 2.
31 IDW PS 260, S. 2.

Handlungsbedarf und Maßnahmen zur Verbesserung der Compliance abgeleitet werden können. Auch eine **regelmäßige Überwachung** der implementierten Kontrollen wird durch die Compliance-Abteilung durchgeführt.

II. Funktion eines Compliance-Managers

1. Allgemeine Funktionen
Grundlegend hat der Compliance-Manager eine Kontroll- und Aufsichtsfunktion. 68
Dazu gehört:
- die Entwicklung einer Organisationsstruktur in Kooperation mit der Geschäftsführung, anhand derer jeder Mitarbeiter die gesetzlichen Regularien einhalten kann, da sie sinnvoll mit den Unternehmensprozessen verbunden sind,
- die Einrichtung von Kontrollmechanismen, mit der sich Regelverstöße erkennen und sanktionieren lassen, und eines Berichtswesens, das Verstöße dokumentiert,
- die Information und Sensibilisierung z.B. durch Schulungen der Mitarbeiter in Bezug auf die gesetzlichen Vorschriften, aber auch auf die Unternehmenskultur,
- **Whistleblowing** entwickeln und mit Whistleblowing-Vorfällen ordnungsgemäß verfahren (vgl. Kap. 5),
- die Beratung der Geschäftsführung in allen Compliance bezogenen Fragestellungen.

Im Detail bedeutet das für den Compliance-Manager, dass er zusammen mit seinem 69 Team und der zuständigen Fachabteilung die relevanten Gesetze und Vorschriften identifiziert, ein Regel- und Wertesystem für das Unternehmen konzipiert, den Mitarbeitern Richtlinien an die Hand gibt und sie motiviert, diese einzuhalten, und die Einhaltung überwacht.

Dementsprechend sammeln sich in der Rolle des Compliance-Managers viele Auf- 70 gaben, die ihn zu einer Schlüsselfigur im Unternehmen machen. Aus diesem Grund kann das Fehlen eines Compliance-Managers oder eines CMS rechtlich als **Organisationsverschulden** gewertet werden, wenn gesetzliche Regularien verletzt wurden und ein Schaden entstanden ist.

Der Compliance-Manager berichtet an die Unternehmensführung. Seine zentrale 71 Funktion im Unternehmen dient in erster Linie dem Schutz des gesetzlichen Vertreters bzw. der Geschäftsführung. Seine Arbeit erstreckt sich über alle Bereiche des Unternehmens, deshalb kann er nur direkt an die Unternehmensleitung berichten.

Zur aktiven Senkung seines Haftungsrisikos kann der Compliance-Beauftragte bei- 72 tragen, indem er die Mitarbeiter nachhaltig zu der Thematik Compliance schult. Idealerweise baut er ein **systematisches Trainingskonzept** auf, für das er die Inhalte, die Zielgruppe und die mediale Form (Präsenztraining, e-Learning, etc.) aufeinander abstimmt. Durchdachte Schulungen sind die Grundvoraussetzung dafür, dass die Mitarbeiter für Compliance sensibilisiert werden und die konkreten Vorschriften kennenlernen.

2. Anforderungen an Compliance-Manager

73 In der Praxis haben aktuell Compliance-Manager oft einen juristischen Fachhintergrund. Für die Erfüllung der Compliance-Aufgabe ist juristisches Fachwissen zwar von Vorteil, allerdings nicht zwingende Voraussetzung. Der Compliance-Manager fungiert als **Schnittstelle** zwischen operativem Geschäft und Management und benötigt deswegen neben fachlichen auch kommunikative Fähigkeiten. Vor allem sind Verhandlungsgeschick, Empathie und Durchsetzungsstärke neben diplomatischen Fertigkeiten und Transferfähigkeit relevant. Zudem muss der Compliance-Beauftragte ein gutes Verständnis der unternehmensinternen Prozesse entwickeln können. Ein großer Teil seiner Aufgabe wird der Aufbau oder die Anpassung von Prozessen sein. Die Wichtigkeit eines **Compliance-Managers** verdeutlicht sich auch dadurch, dass es inzwischen bereits Studiengänge gibt, die spezifisch Compliance-Manager ausbilden.

74 Je nach Unternehmensgröße füllt die Funktion des Compliance-Managers möglicherweise keine Vollzeit-Beschäftigung aus. Sollte ein Mitarbeiter eine kombinierte Verantwortung haben, die sich aus Compliance- und Linien-Aufgaben zusammensetzt, muss allerdings auch sichergestellt sein, dass ihm ausreichend Ressourcen bleiben, um auch wichtige Detailfragen zu Compliance zu bearbeiten oder dass hierbei kein Interessenskonflikt besteht.

75 Sollten Unternehmen keine eigenen Compliance-Manager implementieren wollen, kann auch ein **externer Compliance-Manager** beauftragt werden. Eine enge Zusammenarbeit des Dienstleisters mit den internen Ressourcen ist Voraussetzung, um in dieser Konstellation eine fruchtbare Arbeit rund um Compliance zu gewährleisten. Im Bereich Datenschutz ist es bspw. gängige Praxis, einen externen Datenschutzbeauftragten, der Fachkenntnisse i.S.d. europäischen Datenschutz-Grundverordnung (DSG-VO) und des Bundesdatenschutzgesetzes (BDSG) hat, zu beauftragen. Dieser unterstützt dann bei der Erarbeitung und Umsetzung eines unternehmensindividuellen Datenschutzkonzepts und berät in allen datenschutzrelevanten Themen.

I. Mechanismen zur Sicherstellung der Einhaltung der Regeln – IT-gestütztes Feedbacksystem

76 Wie schon erwähnt, ergibt sich die Notwendigkeit eines CMS aus den sich ständig verändernden Bedingungen des Marktumfeldes, in denen sich Unternehmen bewegen. Ist dieses CMS etabliert, muss eine Überwachung und Sicherstellung der statuierten Regeln gewährleistet werden. Allgemeine Prinzipien, wie das Vier-Augen-Prinzip, sind ein erster Ansatz. Des Weiteren sollte eine Stelle (in Form eines Ansprechpartners, Briefkastens, aber auch z.B. einer externen Ombudsperson etc.) eingerichtet werden, bei der Mitarbeiter Verstöße melden können. Hierbei ist darauf zu achten, dass der Mitarbeiter geschützt wird und keine Sanktionen oder negative Konsequenzen daraus für ihn entstehen (z.B. **anonymisierte Meldung, Verschwiegenheitspflicht** etc.) und die Stelle für alle leicht erreichbar ist.

Maßgeblich für den Erfolg eines CMS ist ein **IT-gestütztes Feedback-System**, indem alle Arbeitsabläufe, Prozesse und Kontrollen aufgenommen sind. Compliance-Aufgaben können so einfach zugewiesen werden und das Feedback-System gewährleistet die ordnungsgemäße Überwachung und Dokumentation der implementierten Handlungen und Kontrollen.

Der Umgang mit Verstößen und die damit verbundene Sanktionierung durch die Unternehmensführung werden sich dabei an der Schwere des Verstoßes orientieren und sich nach arbeitsrechtlichen Erfordernissen in Abhängigkeit vom Einzelfall richten. Dabei kommen grundsätzlich folgende Maßnahmen in Betracht: Ermahnung, Abmahnung, Versetzung, fristlose oder ordentliche Kündigung. Ein Maßnahmenkatalog mit definierter Beschreibung, Klassifizierung und Handhabung, Kommunikationsrichtlinie entlang der Unternehmenshierarchie, etc. ist hierbei allen transparent zur Verfügung zu stellen. Technische Maßnahmen, wie Berechtigungskonzepte (z. B. Datenschutz, vgl. Kap. 11) gewährleisten ebenfalls ein hohes Maß an Sicherheit. Eine regelmäßige Überprüfung (z. B. in Form des jährlichen Audits, vgl. Kap. 7) der relevanten Prozesse und implementierten Regelungen muss ebenfalls durchgeführt werden.

J. Notfallplan

Trotz eingehender Vorkehrungen und der Implementierung eines effektiven CMS kann es nicht vollständig ausgeschlossen werden, dass es zu einem Verstoß kommt. Deswegen sollte es Teil des CMS sein, einen **Notfallplan** zu integrieren. Der Notfallplan kann eine Art „Versicherung" gegen negative Krisenauswirkungen sein. Wenn eine Compliance-Krise eintritt, vergeht wertvolle Zeit, wenn erst damit begonnen werden muss, darüber „nachzudenken", was jetzt zutun ist und wer der Verantwortliche ist.

Ein vorbereiteter Notfallplan beschreibt exakt, wie eine Krise effektiv zu meistern ist:

- **Wer** informiert wen, wer ist Ansprechpartner für externe Dritte (z. B. Behörde), wer ist auskunftsberechtigt und bezieht Stellung?
- **Wann** wird informiert und welche Kommunikationswege werden wann genutzt?
- **Wofür** sind die Ansprechpartner zuständig?
- **Verantwortung** für die unterschiedlichen Bereiche mit Ansprechpartner und Telefonnummer, damit keine Missverständnisse über die Ablaufhierarchie herrscht.

K. Checkliste

Tätigkeit	Erfüllt
Kompaktanalyse	
Identifizierung von Risiken	
Gefährdungsanalyse	
Strukturierung der Risiken in Risikomatrix	
Definition relevanter Leitsätze	
Definition einer Vision	
Definition einer Mission	
Umfeldanalyse	
Analyse der Unternehmensprozesse und -organisation	
Implementierung einer Compliance-Abteilung oder eines Compliance-Managers	
Mechanismen zur Sicherung und Einhaltung von Regelungen	
Notfallplan	

Kapitel 3
Risikomanagement in kleinen und mittleren Unternehmen

A. Überblick

I. Jeder ist Risikomanager

Jeder Mensch betreibt auf die eine oder andere Art Risikomanagement, oft jedoch unbewusst und unsystematisch: Der Abschluss einer Unfallversicherung dient dem Schutz gegen finanzielle Risiken eines Fahrradunfalls, das Tragen eines Fahrradhelms der Risikovermeidung körperlicher Schäden. Derjenige, der nicht Fahrrad fährt, vermeidet diese Risiken. Inwieweit diese drei Risikosteuerungsmaßnahmen, die Risikoreduktion finanzieller Schäden, die Risikoreduktion körperlicher Schäden und die Vermeidung jeglicher Risiken systematisch in kleinen und mittleren Unternehmen eingesetzt werden können, wird in den folgenden Abschnitten dargestellt.

II. Ökonomische Vorteile des Risikomanagements

Neben dem natürlichen Wunsch risikoaverser Menschen zur Risikominderung existieren für Unternehmen auch handfeste **ökonomische Gründe[1] für Risikomanagement**.

Zu diesen ökonomischen Vorteilen gehören Wettbewerbsvorteile bei der Beschaffung von Kapital durch mögliches besseres **Rating** bei einem funktionierenden Risikomanagement;[2] gleiches gilt insbesondere auch für die Aufnahme von Fremdkapital bei einem Kreditinstitut.[3]

Da Zukunft immer Risiko, aber auch Chancen bedeutet, bietet die Einrichtung eines Risikomanagementsystems (RMS) auch den Vorteil einer erhöhten Planungssicherheit bei der strategischen und operativen Unternehmensplanung.[4] Aus diesem Grund sollte das Risikomanagement in die Unternehmensplanung integriert werden, eine Trennung von Risikomanagement und Unternehmensplanung wird als nicht zweckmäßig erachtet.[5]

Die Einrichtung eines Risikomanagementsystems soll die Höhe der Zahlungsströme sichern, da Chancen und Risiken Berücksichtigung finden, die diese Zahlungsströme beeinflussen. Hieraus resultiert eine Steigerung des Unternehmenswertes als Ergebnis dis-

---

1 Vgl. *Gleißner/Lienhard/Stroeder*, Risikomanagement, S. 16ff.
2 Vgl. *Gleißner/Lienhard/Stroeder*, Risikomanagement, S. 105.
3 Vgl. *Brackschulze/Ordemann/Müller*, BB 2005, 19ff.; vgl. *Schröer*, Risikomanagement in KMU, S. 35.
4 Vgl. *Gleißner/Lienhard/Stroeder*, Risikomanagement, S. 18ff.
5 Vgl. *Gleißner/Lienhard/Stroeder*, Risikomanagement, S. 18ff.

kontierter Zahlungsströme.⁶ So ist es nicht verwunderlich, dass es der Begriff des wertorientierten Risikomanagements in die Literatur geschafft hat.⁷

III. Gesetzliche Pflichten zum Umgang mit Risiken

6 Auch der Gesetzgeber hat die Notwendigkeit der Behandlung von Risiken für Unternehmen erkannt und diesen Verpflichtungen zum Management von Risiken auferlegt. Diese gesetzlichen Verpflichtungen variieren insbesondere je nach Branchenzughörigkeit, Rechtsform, Größe und Geschäftstätigkeit. Gesetzliche Pflichten für ein Risikomanagement in Unternehmen ergeben sich für Kapitalgesellschaften, wie die Gesellschaft mit beschränkter Haftung (GmbH) oder die Aktiengesellschaft (AG), zunächst aus den allgemeinen Sorgfalts- und Leitungspflichten der Geschäftsführer bzw. Vorstände. Der Geschäftsführer einer GmbH und der Vorstand einer AG haben nach § 43 Abs. 1 GmbHG⁸ bzw. § 93 Abs. 1 S. 1 AktG⁹ „die Sorgfalt eines ordentlichen und gewissenhaften Geschäftsmannes [Geschäftsleiters] anzuwenden". Schon früh wurde in der Literatur erkannt, dass diese Sorgfaltspflichten auch die Pflicht zur Einrichtung eines Risikomanagement- und Überwachungssystems umfassen.¹⁰ Als eine alternative Verpflichtungsgrundlage wird neben den zitierten Normen auch die allgemeine Leitungspflicht nach § 76 AktG in der Literatur genannt.¹¹

7 Mit Inkrafttreten des Gesetzes zur Kontrolle und Transparenz im Unternehmensbereich (KonTraG)¹² am 1.5.1998 wurde in § 91 Abs. 2 AktG die Einführung eines Risikofrüherkennungssystems kodifiziert.¹³

> „Der Vorstand hat geeignete Maßnahmen zu treffen, insbesondere ein Überwachungssystem einzurichten, damit den Fortbestand der Gesellschaft gefährdende Entwicklungen früh erkannt werden."

8 Ziel des in § 91 Abs. 2 AktG geregelten Risikofrüherkennungssystems ist also das Erkennen bestandsgefährdender Risiken. Es soll sich also lediglich um Risiken handeln, die „ein Existenzrisiko erheblich steigern oder hervorrufen".¹⁴ In Abgrenzung dazu wird

---

6 Vgl. *Gleißner/Lienhard/Stroeder*, Risikomanagement, S. 25ff.
7 Vgl. *Smirska*, Optimierung eines Risikomanagementsystems, S. 34f.; vgl. für viele andere z.B. *Schmidbauer*, DB 2000, 153ff.
8 GmbH-Gesetz (GmbHG) v. 20.4.1892 (RGBl. S. 477), zuletzt geändert 22.02.2023 (BGBl. I Nr. 51).
9 Aktiengesetz (AktG) v. 6.9.1965 (BGBl. I S. 1089), zuletzt geändert 19.06.2023 (BGBl. I Nr. 154).
10 Vgl. *Scharpf*, DB 1997, 737ff.
11 Vgl. *Kuhl*, DB 1999, 133.
12 Gesetz zur Kontrolle und Transparenz im Unternehmensbereich (KonTraG) v. 27.4.1998 (BGBl. I S. 786).
13 Zu den durch das KonTraG eingeführten Regelungen siehe neben vielen anderen: *Becker*, DStR 2004, 1578.
14 MüKo-AktG/*Spindler*, 4. Aufl., Rn 21.

ein umfassendes Chancen- und Risikomanagement auch andere Unternehmensziele, insbesondere das Gewinnziel des Unternehmens, umfassen. Das **Risikofrüherkennungssystem** einer börsennotierten AG ist nach § 317 Abs. 4 HGB[15] im Rahmen der gesetzlichen Jahresabschlussprüfung durch einen Wirtschaftsprüfer zu beurteilen. Im Rahmen der Änderungen des AktG durch das Bilanzrechtsmodernisierungsgesetz (BilMoG)[16] wurde auch eine Änderung des § 91 Abs. 2 AktG diskutiert, die die Pflicht zur Einführung eines umfassenden Risikomanagementsystems hätte beinhalten sollen. Eine Umsetzung erfolgte jedoch nicht,[17] sodass auch weiterhin lediglich Risikofrüherkennungssysteme verpflichtend sind. Zu der Pflichterfüllung der Geschäftsleitung gehört neben der wirksamen Einführung eines Risikofrüherkennungssystems auch dessen Dokumentation. Die Rechtsprechung zeigt, dass ein Geschäftsführer seinen Pflichten nur dann nachgekommen ist, wenn er ein Risikofrüherkennungssystem in einem Risikohandbuch, als Nachweis der Pflichterfüllung, dokumentiert hat.[18]

Auch wenn im Rahmen der Einführung der Regelung in das AktG auf eine analoge Regelung für eine GmbH verzichtet wurde,[19] wird doch in der Kommentarliteratur zum GmbHG davon ausgegangen, dass auch Geschäftsführer einer GmbH von den Pflichten des § 91 Abs. 2 AktG betroffen sind.[20] Neben den Regelungen in § 91 Abs. 2 AktG ergeben sich weitere spezialgesetzliche Verpflichtungen beispielsweise für Unternehmen, die mehrheitlich in kommunalem Eigentum stehen, aus dem Haushaltsgrundsätzegesetz (§ 53 HGrG[21]), für Kreditinstitute aus dem Kreditwesengesetz (§ 25a KWG[22]) oder für Versicherungsunternehmen aus dem Versicherungsaufsichtsgesetz (§ 64a VAG[23]). Das HGrG erlegt der Geschäftsführung die Pflicht zur Einrichtung eines Risikofrüherkennungssystems auf; im Vergleich dazu verlangen das KWG und das VAG ein Risikomanagementsystem. Der Inhalt und Umfang eines Risikomanagementsystems ist von verschiedenen Parametern abhängig, insbesondere von der Größe des Unternehmens und dem Unternehmensgegenstand.[24]

Vergleicht man die Anforderungen, die der Gesetzgeber an ein Risikofrüherkennungssystem stellt, mit den Bedürfnissen und ökonomischen Vorteilen eines Risikomanagementsystems, wird deutlich, dass ein Risikomanagementsystem über die gesetzlichen Anforderungen hinausgeht. Die Ausrichtung und der Umfang des Risiko-

---

15 Handelsgesetzbuch (HGB) v. 10.5.1897 (RGBl. I S. 219).
16 Bilanzrechtsmodernisierungsgesetz (BilMoG) v. 25.5.2009 (BGBl. I S. 1102).
17 MüKo-AktG/*Spindler*, 4. Aufl., Rn 23f.
18 Die Dokumentationspflichten des Risikofrüherkennungssystems ergeben sich aus der Entscheidung des LG München I, Urt. v. 5.4.2007 – 5 HKO 15964/06 – BB 2007, 2170.
19 Vgl. *Scharpf*, DB 1997, 738.
20 Vgl. Scholz/*Schneider*, GmbHG-Kommentar, 11. Aufl., Rn 96.
21 Haushaltsgrundsätzegesetz (HGrG) v. 19.8.1969 (BGBl. I S. 1273), zuletzt geändert durch Art. 10 des Gesetzes v. 14.8.2017 (BGBl. I 3122).
22 Kreditwesengesetz (KWG) v. 9.9.1998 (BGBl. I S. 2776).
23 Versicherungsaufsichtsgesetz (VAG) v. 17.12.1992 (BGBl. 1993 I S. 2).
24 Vgl. Scholz/*Schneider*, GmbHG-Kommentar, 11. Aufl., Rn 96.

managementsystems eines Unternehmens werden entscheidend von den zu erreichenden Zielen beeinflusst. Ein Risikofrüherkennungssystem, dessen Ziel die frühzeitige Erkennung lediglich bestandsgefährdender Risiken zur Aufgabe hat, wird typischerweise weniger umfangreich sein als ein umfassendes Chancen- und Risikomanagementsystem, das noch weitere Unternehmensziele (wie die Steigerung des Unternehmenswertes oder die Erzielung eines möglichst hohen Gewinns) berücksichtigt.

> **Hinweis**
> Die Geschäftsleitung eines Unternehmens sollte also bereits aus Gründen einer möglichen persönlichen Haftung ein Risikofrüherkennungssystem einführen und in einem Risikohandbuch dokumentieren. Daneben bietet die Einführung eines umfassenderen Chancen- und Risikomanagementsystems die Möglichkeit, die Geschäftsentwicklung im Sinne der Geschäftsleitung zu verbessern.

B. Risikoarten

11 Im Rahmen ihrer Geschäftstätigkeit können Unternehmen vielfältigen Risiken ausgesetzt sein. Dabei kann es sich um allgemeine Unternehmensrisiken, die jedes Unternehmen betreffen, aber auch um branchenspezifische Risiken handeln. Je nach Branche können die jeweiligen Risikoarten unterschiedlich bedeutend sein. Neben den Risiken resultieren aus den zugrunde liegenden Lebenssachverhalten regelmäßig auch Chancen, die die Kehrseite der Risiken darstellen. So spricht man auch typischerweise nicht nur von einem Risiko-, sondern von einem Chancen- und Risikomanagement.[25]

12 In der betriebswirtschaftlichen Literatur wird der **Begriff des Risikos** vielfach unterschiedlich definiert.[26] Im Ergebnis kann Risiko als die negative Abweichung von einem definierten Ziel gesehen werden,[27] die Chance ist entsprechend die positive Abweichung. Somit kann die Frage, ob es sich bei dem möglichen Eintritt eines bestimmten Ereignisses für ein Unternehmen um ein (relevantes) Risiko oder eine (relevante) Chance handelt, nur vor dem Hintergrund einer vorherigen Zieldefinition beantwortet werden. Mithin handelt es sich bei dem Risiko also um eine negative, bei einer Chance um eine positive Abweichung von den geplanten Zielen.[28]

---

25 Vgl. neben vielen: *Bömelburg*, DB 2012, 1161; *Romeike/Hager*, Erfolgsfaktor Risikomanagement, S. 107, 114 ff.
26 Vgl. *Schröer*, Risikomanagement in KMU, S. 31, und *Gleißner/Lienhard/Stroeder*, Risikomanagement, S. 12 f.
27 So definiert z. B. das Institut der Wirtschaftsprüfer in dem IDW PS 340 n.F., Rn 8, zu der Prüfung von Risikofrüherkennungssystemen: „Risiken – Entwicklungen oder Ereignisse, die zu einer für das Unternehmen negativen Zielabweichung führen können."
28 Vgl. *Romeike/Hager*, Erfolgsfaktor Risikomanagement, S. 108. Zu der Entwicklung der Risikobegriffs und zu den verschiedenen Begriffsdefinitionen vgl. *Farny*, Versicherungsbetriebslehre, S. 25 ff.; *Romeike/Hager*, Erfolgsfaktor Risikomanagement, S. 21 ff.

Für Unternehmen mit Gewinnziel repräsentieren Risiken demnach Ereignisse, die 13
zu negativen Abweichungen von diesem Gewinnziel führen. Je nach konkreter Ausgestaltung des Gewinnziels (z. B. möglichst hoher Gewinn, wenig schwankender Gewinn etc.) werden Risiken wiederum unterschiedlich bedeutend für das jeweilige Unternehmen sein.

Je nach Branchenzugehörigkeit und Geschäftstätigkeit des Unternehmens unter- 14
scheiden sich die Definitionen und die Bedeutung der Risiken für das jeweilige Unternehmen. So ist für Energieversorgungsunternehmen das **Marktrisiko**, das sich in ein Mengen- und ein Marktpreisrisiko auf Beschaffungs- und Absatzmärkten für Energie zerlegen lässt, von herausragender Bedeutung. In anderen Branchen könnten die **Gegenparteirisiken** bedeutender sein. Grundsätzlich lassen sich die Risiken für Unternehmen verschiedener Branchen in die Risikokategorien **Finanzrisiken** und **operationelle Risiken** unterteilen. Die folgende Übersicht stellt die Risiken systematisch dar und gibt ein Beispiel für mögliche Risikokategorien im Unternehmen.[29]

Risikokategorien	
Finanzrisiken	**Operationelle Risiken**
Marktrisiken	**Operative Risiken**
Beschaffungsrisiko	Leistungsrisiken
Absatzrisiko	Prozessrisiken
	Personalbezogene Risiken
Finanzwirtschaftliche Risiken	Technologische Risiken
Zinsänderungsrisiko	Organisatorische Risiken
Währungsrisiko	Externe Risiken
Aktienkursrisiko	Politische Risiken
	Rechtliche Risiken
Gegenparteirisiko	Gesellschaftliche Risiken
(Kredit-)Ausfallrisiko	
	Strategische Risiken

Operationelle Risiken betreffen überwiegend den Bereich der Unternehmensstrategie 15
und Unternehmensorganisation sowie menschliche und technische Fehler im Leistungserstellungsprozess. Chancen und Risiken, die aus **strategischen Risiken** resultieren, haben insbesondere Einfluss auf die langfristigen Erfolgspotenziale eines Unterneh-

---

[29] Tabelle in Anlehnung an *Romeike/Hager*, Erfolgsfaktor Risikomanagement, S. 111.

mens.³⁰ Ursachen und Entstehungsorte strategischer Risiken finden sich insbesondere im Bereich der Strategieentwicklung, z.B. bei Anwendung falscher strategischer Instrumente, bei der mangelhaften Umsetzung der Strategien in die Unternehmensprozesse und bei fehlerhafter Überwachung der Etablierung der Strategien im strategischen Controlling.³¹ Negative Folgen aus strategischen Risiken können neben der Bedrohung der Kernkompetenz und der Wettbewerbsvorteile auch die Gefährdung der Unternehmensstrategien durch unsichere Planungsannahmen oder die starke Abhängigkeit von Lieferanten oder wenigen Kunden sein.³²

16   **Operative Risiken**³³ betreffen in Abgrenzung zu den langfristigen Strategien typischerweise den kurzfristigen Leistungserstellungsprozess und sind auf menschliche und technische Unzulänglichkeiten zurückzuführen.³⁴ Man kann diese Risiken auch als Leistungsrisiken³⁵ bezeichnen, da sie entlang der gesamten Wertschöpfungskette im Leistungserstellungsprozess auftreten können. Beispiele für operative Risiken sind der Ausfall der IT-Systeme, Produktionsfehler, die zu Ausschuss führen, oder Fehler von Mitarbeitern oder Managern.

17   Ein **Kernproblem der operationellen Risiken** (als auch strategischer Risiken) ist vielfach, dass sie aufgrund ihres seltenen Erscheinens (geringe Eintrittswahrscheinlichkeit), ihres schwierigen und ungenauen Zugangs einer Risikobewertung und des möglicherweise hohen Wunsches der Verdrängung des Problems des menschlichen Versagens oder des Betrugs durch Mitarbeiter vielfach nicht angemessen im Risikomanagementprozess Berücksichtigung finden. Andererseits haben diese operationellen Risiken oftmals das höchste Schadenpotenzial aller unternehmerischen Risiken, mithin das Potenzial für Unternehmenszusammenbrüche; empirische Studien jedenfalls deuten in diese Richtung:³⁶ Die „aufsehenerregenden Unternehmenskrisen und Verlustfälle der jüngeren Vergangenheit können letzten Endes alle auf Missmanagement und Managementfehler zurückgeführt werden."³⁷

18   Die Bedeutung der operationellen Risiken ist vielen mittelständischen Unternehmen bekannt. In einer Studie aus dem Jahr 2012 sind insbesondere strategische und operative Risiken in den „**TOP-15-Risiken**" zu finden:
1. Risiken aus dem Wettbewerbs- und Marktumfeld,
2. Risiken infolge einer Unterbrechung der Wertschöpfungs-, Liefer- und Logistikkette,

---

30 Für eine gute und umfassende Darstellung der Ursachen und Wirkungen strategischer Risiken vgl. *Gleißner/Lienhard/Stroeder*, Risikomanagement, S. 39 ff.
31 Vgl. *Romeike/Hager*, Erfolgsfaktor Risikomanagement, S. 110.
32 Vgl. *Romeike/Hager*, Erfolgsfaktor Risikomanagement, S. 112.
33 Weitere Beispiele für operative Risiken finden sich u.a. in *Gleißner/Lienhard/Stroeder*, Risikomanagement, S. 100 ff.
34 Vgl. *Romeike/Hager*, Erfolgsfaktor Risikomanagement, S. 111.
35 Vgl. *Gebhardt*, Risikomanagement und Risikocontrolling, 2001, S. 64 ff.
36 Vgl. *Romeike/Hager*, Erfolgsfaktor Risikomanagement, S. 110.
37 *Lück*, DB 2000, 1473.

3. Reputations- und Imagerisiken,
4. IT-Ausfallrisiken,
5. Risiken aus konjunkturellen Schwankungen,
6. Risiken aus Rohstoffpreisschwankungen,
7. Risiken aus Produkthaftung,
8. Regulatorische Risiken,
9. Personalmarktrisiken,
10. Liquiditätsrisiken,
11. Risiken aus Compliance-Verstößen,
12. Risiken aus der Kapitalbeschaffung,
13. Risiken aus Währungskursschwankungen,
14. Sonstige (nicht weiter aufgeschlüsselt),
15. Risiken aus Produktpiraterie- und Plagiaten.[38]

Ein Risiko, welches vermehrt von sowohl mittelständischen als auch großen Unternehmen wahrgenommen wird, ist das Personalmarktrisiko, insbesondere in der Ausprägung des Fachkräftemangels.[39]

Finanzrisiken resultieren typischerweise aus unerwarteten Marktschwankungen von Preisen (Volatilität) auf den Güter- und Finanzmärkten.

Zu den Finanzrisiken gehören die **Marktrisiken**, die sich insbesondere auf die Preisrisiken auf den Beschaffungsmärkten für die „Produktionseinsatzstoffe" (Inputfaktoren, z.B. Rohstoffe, Maschinen und Humankapital), aber auch auf die Preis- und Absatzmengenrisiken auf den Absatzmärkten beziehen.[40]

Neben den Marktrisiken sind die **finanzwirtschaftlichen Risiken** für kleine und mittlere Unternehmen von großer Bedeutung. Alle Unternehmen, die nicht bankenunabhängig finanziert sind, werden früher oder später dem **Zinsänderungsrisiko** bei der Verlängerung der Kreditkonditionen durch Banken begegnen. Ein funktionierendes Risikomanagement bei mittelständischen Unternehmen kann positive Wirkungen auf die Höhe der Finanzierungskonditionen entfalten.[41] Für export- und importorientierte Unternehmen sind typischerweise auch **Währungsrisiken** relevant. Das Währungsrisiko kann in das **Transaktionswährungsrisiko** und das **ökonomische Währungsrisiko** unterteilt werden. Das Transaktionswährungsrisiko ist das Risiko (und die Chance) schwankender Wechselkurse bei bestehenden Forderungen und Ver-

---

[38] Rangliste der Risiken aus den Befragungsergebnissen von *Bömelburg*, DB 2012, 1164. Aus dieser Liste wird die große Bedeutung der operationellen Risiken deutlich.
[39] Vgl. in der Tages- und Wirtschaftspresse für viele Die Welt, 2014, und WirtschaftsWoche, 2010.
[40] Zu diesen Risiken vgl. insbesondere *Gleißner/Lienhard/Stroeder*, Risikomanagement, S. 54ff., für Beispiele, S. 98.
[41] Vgl. *Brackschulze/Ordemann/Müller*, BB 2005, 19ff.; *Gleißner/Lienhard/Stroeder*, Risikomanagement, S. 57f.

bindlichkeiten,⁴² deren Bestehen, und damit also die Länge des Gefährdungszeitraums, dem Bestehen der Forderung oder Verbindlichkeit entspricht. Das ökonomische Währungsrisiko wirkt als nachhaltiges Wechselkursrisiko dagegen längerfristig und kann die Wettbewerbsfähigkeit eines Unternehmens beeinflussen.⁴³ Ein Beispiel für ökonomische Währungsrisiken wäre die langfristige Veränderung des Dollar-Euro-Wechselkurses mit der Folge, dass die Vollkosten (variable und fixe Kosten) eines in Deutschland produzierenden und in den USA absetzenden Unternehmens nicht mehr gedeckt werden. Langfristig bedeutet das dann, dass der Absatzmarkt USA aufgegeben werden müsste.

23 Das **Gegenparteirisiko** beschreibt das aus den Vertragsbeziehungen mit einem Geschäftspartner resultierende Risiko. Das wichtigste Risiko für kleine und mittlere Unternehmen ist typischerweise das Kreditausfallrisiko (Forderungsausfälle), oft auch als Adressenausfallrisiko bezeichnet.

24 Insbesondere aus Marktrisiken und Gegenparteirisiken resultieren regelmäßig bereits kurzfristig Risiken für die Zahlungsfähigkeit des Unternehmens (**Liquiditätsrisiken**), die nach der Insolvenzordnung zu Bestandsgefährdung durch Zahlungsunfähigkeit führen können. Operationelle Risiken hingegen führen typischerweise langfristig zu dem Verlust der Wettbewerbsfähigkeit und der Marktposition und damit langfristig zur Bestandsgefährdung. Das Erkennen und Managen der langfristigen operationellen Risiken, insbesondere auch die Unterscheidung zwischen Chance und Risiko, die aus einem Ereignis resultieren, wird dadurch typischerweise schwieriger sein als bei kurzfristig auftretenden Risiken.

Hinweis
Die Unterschiedlichkeit und Vielfältigkeit der möglichen Chancen und Risiken zeigt, dass die Analyse der eigenen unternehmensindividuellen Risikosituation Kernbestandteil eines funktionierenden Risikomanagementsystems ist.

C. Risikomanagement

25 Den dargestellten vielfältigen Risiken, denen ein Unternehmen im Rahmen seiner Unternehmenstätigkeit ausgesetzt ist, wird durch die Einrichtung eines (unternehmensweiten) Risikomanagementsystems begegnet, welches zumindest die für den Leistungserstellungsprozess und die Vermögens-, Finanz- und Ertragslage wesentlichen Risiken behandeln sollte. Bei einem Risikomanagementsystem handelt es sich nicht um die einmalige Identifikation, Analyse und Steuerung von Risiken durch die Geschäftsleitung.

---

42 Vgl. *Gebhardt*, Risikomanagement und Risikocontrolling, 2001, S. 26 ff.; *Gleißner/Lienhard/Stroeder*, Risikomanagement, S. 58 f.; für Beispiele, S. 99.
43 Vgl. *Gebhardt*, Risikomanagement und Risikocontrolling, 2001, S. 26 ff.; *Gleißner/Lienhard/Stroeder*, Risikomanagement, S. 59 f., für Beispiele, S. 98.

Vielmehr ist ein **permanenter Risikomanagementprozess** in allen Unternehmensbereichen einzuführen, der eine laufende Risikoidentifikation, -analyse und -steuerung gewährleistet. Grund hierfür ist, dass sich die Risikosituation des Unternehmens laufend ändern kann.[44] Der Integration des Risikomanagementprozesses in die bestehenden Prozesse des Unternehmens wird aus Effizienz- und Akzeptanzgründen der Vorzug gegenüber einer Separation eingeräumt.[45] Die Geschäftsleitung hat eine regelmäßige unterjährige Berichterstattung sowie eine Ad-hoc-Berichterstattung bei bedeutenden Risiken sicherzustellen. Zudem sollte das Risikomanagementsystem einer regelmäßigen Überwachung durch die interne Revision oder einer vergleichbaren Institution unterliegen.[46]

Bei der Einrichtung eines Risikomanagementprozesses können Aufbau- und Ablauforganisation unterschieden werden. Vorgaben für die Aufbau- und Ablauforganisation können der Fachliteratur sowie den Vorgaben verschiedener (privater) Standardsetzer oder Behörden entnommen werden.[47]

Die **Aufbauorganisation** wird maßgeblich durch Branchenzughörigkeit sowie Art, Umfang und Komplexität der Geschäftstätigkeit bestimmt. Sie definiert insbesondere die Verantwortlichkeiten für das Risikomanagementsystem. Je nach Rechtsform sind Akteure des Risikomanagementsystems der Aufsichtsrat, mit der gesetzlichen Aufgabe der Überwachung des Vorstands (§ 111 AktG), sowie der Vorstand, der nach § 91 Abs. 2 AktG die Risikostrategie festlegt und das Risikomanagementsystem einzurichten hat. Die Geschäftsleitung wird in Erfüllung ihrer Aufgaben Risikoverantwortliche (sog. Risk-Owner oder Risikomanager) bestimmen, die auf operativer Ebene für die Behandlung der Risiken (Risikoidentifikation, Risikobewertung und Risikoberichterstattung) verantwortlich zeichnen. Es ist von Vorteil, wenn jeder im Unternehmen mit den zu seiner Tätigkeit gehörenden Aufgaben des Risikomanagements befasst wird.[48] Die Einbeziehung aller Mitarbeiter erhöht insbesondere das Bewusstsein für Risiken und ihre möglichen Folgen.[49] Die interne Revision dient der Überwachung des Systems. Bei einer börsennotierten Gesellschaft ist außerdem das Risikofrüherkennungssystem durch einen Wirtschaftsprüfer im Rahmen der Jahresabschlussprüfung zu prüfen (§ 317 Abs. 4 HGB).[50]

---

44 Vgl. *Kröger*, Risikomanagement, S. 248.
45 Vgl. *Smirska*, Optimierung eines Risikomanagementsystems, S. 45.
46 Vgl. *Vogler*, DB 1998, 2377 ff.
47 Vgl. u. a. z. B. das „Enterprise Risk Management – Integrated Framework (2004)" des COSO (Committee of Sponsoring Organisations of the Treadway Commission) oder die Vorgaben der BaFin (Bundesanstalt für Finanzdienstleistungsaufsicht) in den MaRisk (Mindestanforderungen an das Risikomanagement).
48 Vgl. hierzu *Shimpi*, Corporate Risk Management, S. 9 ff.
49 *Kröger*, Risikomanagement, S. 249.
50 Vgl. für viele andere u. a. *Vogler*, DB 1998, 2377 ff.; *Gebhardt/Mansch*, Zfbf Sonderheft 2001, 148 ff.; *Gleißner/Lienhard/Stroeder*, Risikomanagement, S. 131 ff.

28 Die **Ablauforganisation** dient der Berücksichtigung des Risikomanagementprozesses bei Unternehmensplanungsaktivitäten und der Integration in die Geschäftsprozesse. Durch die Berücksichtigung bei Unternehmensplanung und operativer Tätigkeit können die Chancen und Risiken bereits im Planungsprozess einkalkuliert und in der operativen Tätigkeit umgesetzt werden. Ein wesentlicher Teil der Integration des Risikomanagements in die Unternehmensplanung ist die Einrichtung eines Früherkennungssystems, um frühzeitig Abweichungen der tatsächlichen Ergebnisse von den Planungen zu erkennen.[51] Die Umsetzung der Ablauforganisation erfolgt durch die nachfolgend dargestellten Prozessschritte[52] zur Festlegung der Risikostrategie, -identifikation, -kommunikation, -bewertung, -steuerung und -kontrolle.[53]

29 Bei der Festlegung der Organisation des Risikomanagements in kleinen und mittleren Unternehmen ist insbesondere zu beachten, dass das Risikomanagement strukturiert, effektiv und effizient durchzuführen ist.[54] Aufgrund der Größe der Unternehmen und der damit verbundenen geringeren Ausstattung mit finanziellen und personellen Ressourcen sowie dem geringeren Regelungsaufwand, sind „folgende Besonderheiten zu beachten:

- Wenig Formalismus, um die Administrationskosten und auch die Belastung der Mitarbeiter (Risk-Owner) möglichst niedrig zu halten.
- Kurze, prägnante und einfach verständliche Dokumente.
- Integration des Risikomanagements in bereits vorhandene Abläufe, um den Bezug zum Unternehmen sicherzustellen.
- Risikoberichte und Meldungen auf das Wesentliche beschränken.
- Zurückgreifen auf bestehende Organisationssysteme (z.B. Qualitätsmanagement), um schlanke Strukturen zu bewahren, das heißt an normale Prozesse ‚andocken'."[55]

! Hinweis
Bei der Ausgestaltung und Implementierung des Chancen- und Risikomanagementsystems ist insbesondere darauf zu achten, dass es in der Praxis umsetzbar ist. Nur dann kann und wird es auch von den Mitarbeitern gelebt werden.

D. Risikomanagementprozess

30 Der Prozess eines in die wesentlichen Leistungserstellungsprozesse eines Unternehmens integrierten Chancen- und Risikomanagementsystems ist ein sich regelmäßig wie-

---

51 Vgl. *Buchner/Weigand*, BC 2002, 129 ff.
52 Vgl. Rn 30.
53 Vgl. *Vogler*, DB 1998, 2377 ff.; *Hahn*, BB 2000, 2620 ff.
54 Vgl. *Gleißner/Lienhard/Stroeder*, Risikomanagement, S. 130.
55 *Gleißner/Lienhard/Stroeder*, Risikomanagement, S. 130.

derholender Vorgang, der oftmals als Kreislauf dargestellt wird. Wesentliche Bestandteile sind das strategische Risikomanagement, die systematische Risikoidentifikation und -kommunikation, die Risikobewertung und -aggregation sowie die Risikosteuerung und -kontrolle.[56]

Prozessstruktur des Risikomanagements

Abb. 1: Prozessstruktur des Risikomanagements[57]

I. Strategisches Risikomanagement

Da es sich bei Risiken um die negative Abweichung von einem definierten Ziel handelt, sind die **Basis** für die Einrichtung eines systematischen **Risikomanagements** die von der Unternehmensleitung festgelegten **Unternehmensziele**. Die Unternehmensleitung leitet aus diesen Zielen strategische Vorgaben der Risikopolitik ab.[58] Ein wesentlicher Bestandteil der Risikopolitik ist die Festlegung der Risikoneigung (**Risikoappetit**), also die Höhe des durch das Risikokapital des Unternehmens tragbaren Restrisikos nach Risikosteuerungsmaßnahmen. Aufgabe der Unternehmensleitung ist darüber hinaus die Schaffung einer Risikokultur und eines Risikobewusstseins im Unternehmen. Je nach-

---

56 Vgl. neben vielen anderen IDW PS 340 n.F.; *Vogler*, DB 1998, 2377 ff.; *Füser*, DB 1999, 753 ff.; *Romeike*, RATING aktuell 2002, 12 ff.; *Lück*, DB 2000, 1473; *Gebhardt/Mansch*, Zfbf Sonderheft 2001, 148 ff.; *Gleißner/Lienhard/Stroeder*, Risikomanagement, S. 131 ff.
57 Quelle: Eigene Darstellung.
58 Zu der Risikostrategie und der Ableitung aus der Unternehmensstrategie vgl. u.a. *Füser*, DB 1999, 753 f.; *Vogler*, DB 1998, 2377 ff.; *Bömelburg*, DB 2012, 1163.

dem, welches Schadenausmaß und welche Schadeneintrittswahrscheinlichkeiten als relevant angesehen werden, wird der Risikomanagementzyklus ausgestaltet sein. Das Schadenausmaß eines Risikos liegt dabei in der Bandbreite von einem geringfügigen Risiko („**Bagatellrisiko**") bis hin zu bestandsgefährdenden Risiken.[59] Die Bedeutung möglicher Risiken für den Unternehmenserfolg bestimmt also den Umfang und die Intensität des Risikomanagementsystems. Der Umfang des Risikomanagementsystems drückt sich beispielsweise dadurch aus, ob das RMS in nur wenige oder in alle Unternehmensprozesse integriert wird. Die Intensität spiegelt sich in der Bedeutung wider, die dem jeweiligen Prozess beigemessen wird.

> **Hinweis**
> Wichtigste Grundlage für ein funktionierendes Risikomanagementsystem ist eine sorgsame Ermittlung der Unternehmensziele und Risiken. Nur so lässt sich ein schlankes, treffsicheres Risikomanagementsystem einführen, das im Ergebnis auch eine hohe Mitarbeiterakzeptanz erfahren wird. In die Ermittlung der Ziele/Risiken sollte also ein angemessen großer Zeitaufwand investiert werden.

II. Systematische Risikoidentifikation und Risikokommunikation

1. Grundsätze der Risikoidentifikation

32 Der wichtigste und grundlegende Schritt des Risikomanagementkreislaufes ist die Risiko-identifikation: Es können nur diejenigen Risiken klassifiziert, bewertet und gesteuert werden, die auch identifiziert wurden.[60] Entsprechend bedeutend ist die Aufgabe der Risikoverantwortlichen, eine besonders sorgfältige Risikoidentifikation durchzuführen. In diesem Prozessschritt sollten zunächst „alle relevanten, bestehenden und potenziellen Risiken im Umfeld des Unternehmens systematisch erfasst und beschrieben werden".[61]

33 Um das Unternehmen vor Risiken zu schützen und Chancen zu nutzen, ist aus den genannten Gründen eine frühzeitige und vollständige Identifikation sowie eine rechtzeitige Kommunikation der Risiken an die Entscheidungsträger zur Einleitung angemessener und ausreichender Risikosteuerungsmaßnahmen notwendig.[62] Da sich die Risikolage in der sich (immer schneller) ändernden globalen Wettbewerbssituation permanent weiterentwickelt, sind alle Prozessschritte, insbesondere auch die Risikoidentifikation, regelmäßig in vorher definierten Zeitabständen zu wiederholen.[63] Inwieweit im Rahmen des Risikomanagementprozesses alle bestandsgefährdenden Risiken

---

59 Vgl. *Füser*, DB 1999, 754.
60 Vgl. neben vielen z.B. *Gebhardt/Mansch*, Zfbf Sonderheft 2001, 151.
61 *Schröer*, Risikomanagement in KMU, S. 53.
62 Vgl. *Füser*, DB 1999, 754; *Vogler*, DB 1998, 2377ff.
63 Vgl. z.B. *Schröer*, Risikomanagement in KMU, S. 53f.

(wie bei einem Risikofrüherkennungssystem) oder aber alle für das Unternehmensziel wesentlichen Risiken (umfassendes Risikomanagementsystem) behandelt werden, ist Ausfluss der Vorgaben der Unternehmensleitung im Rahmen des strategischen Risikomanagements sowie der Ausgestaltung des Risikomanagementsystems und dessen Integration in die operativen Leistungserstellungsprozesse des Unternehmens.

Die Risikoidentifikation wird typischerweise den Risikoverantwortlichen in einzelnen Unternehmensbereichen an wesentlichen Stellen des Leistungserstellungsprozesses zugeordnet. Die Mitarbeiter der einzelnen Stufen des Leistungserstellungsprozesses werden die Risiken ihrer Tätigkeitsbereiche grundsätzlich besser kennen als prozessexterne Personen. Voraussetzung einer hohen Akzeptanz und eines hohen Verständnisses für die Bedeutung des Risikomanagements für das Unternehmen ist, dass der einzelne Risikoverantwortliche möglichst wenig durch seine Aufgaben im Risikomanagementprozess belastet wird. So sollten insbesondere in kleinen und mittleren Unternehmen einfache, aber effektive Umsetzungshilfen zur Verfügung gestellt werden, die zeit- und kosteneffizient angewendet werden können.

In der Literatur finden sich die folgenden Anforderungen an die Risikoidentifikation, die eine effiziente Erfassung gewährleisten sollen:
- Vollständigkeit,
- Aktualität,
- Wirtschaftlichkeit,
- Systematik,
- Beeinflussbarkeit und
- Widerstand.[64]

Das Postulat der **Vollständigkeit** besagt, dass alle aktuellen und potenziellen Risiken systematisch erfasst und aufbereitet werden sollen.[65] Die **Aktualität** der Risikoidentifikation ist aufgrund der möglicherweise schnellen Änderung der Risikosituation im Unternehmensumfeld notwendige Voraussetzung der frühzeitigen Einleitung von Gegenmaßnahmen.[66] Die Erfassung der Risiken folgt dem Grundsatz der **Wirtschaftlichkeit**, sodass nur wesentliche Risiken detailliert zu erforschen sind; die für den Unternehmenserfolg unwesentlichen Risiken sollten erfasst, aber nicht genauer untersucht werden.[67] Nach dem Postulat der **Systematik** sollte die Risikoidentifikation in einem kontinuierlichen, sich auf die Erkennung bislang unbekannter Risiken beziehenden, anpassungsfähigen, systematischen Prozess erfolgen.[68] Der Begriff der **Beeinflussbarkeit** soll das Unternehmen ermahnen, dass Risiken, die (zunächst) kontrollierbar er-

---

64 Vgl. zu diesen sechs Anforderungen Schröer, Risikomanagement in KMU, S. 54f.
65 Vgl. zu diesen sechs Anforderungen Schröer, Risikomanagement in KMU, S. 54.
66 Vgl. zu diesen sechs Anforderungen Schröer, Risikomanagement in KMU, S. 54.
67 Vgl. zu diesen sechs Anforderungen Schröer, Risikomanagement in KMU, S. 54.
68 Vgl. zu diesen sechs Anforderungen Schröer, Risikomanagement in KMU, S. 55.

scheinen, nicht als irrelevant eingestuft werden dürfen, und somit im Rahmen der Risikoidentifikation nicht erfasst werden.[69] **Widerstand** des Systems bedeutet insbesondere, dass risikomeldende Mitarbeiter nicht negativ sanktioniert werden dürfen, weil ansonsten zukünftige Meldungen unterbleiben werden.[70]

> **Praxistipp**
> Insbesondere kleine und mittlere Unternehmen sollten für eine hohe Akzeptanz bei den Mitarbeitern einfache, aber effektive Umsetzungshilfen für das Risikomanagement einführen, die eine zeit- und kosteneffiziente Anwendung garantieren. Risikomanagementmaßnahmen, die von operativ tätigen Mitarbeitern durchgeführt werden, können ansonsten schnell als Belastung empfunden werden.

2. Umsetzungshilfen der Risikoidentifikation

37 Zu den typischerweise im Rahmen der Risikoidentifikation eingesetzten Umsetzungshilfen[71] bzw. Methoden für kleine und mittlere Unternehmen gehören insbesondere:
- Analyse der Geschäftsprozesse und Erkennen wesentlicher Risiken,
- Entscheidungsbäume und Entscheidungstabellen,
- prozessorientierte Risiko-Interviews und Brainstorming bzw. Brainwriting,
- prozessorientierte Risikoerhebungsbögen und Checklisten,
- Szenariotechnik und Delphi-Methode sowie
- SWOT-Analyse (Strengths Weaknesses Opportunities Threats).

38 Die jeweils verwendete Technik der Risikoidentifikation bzw. die Kombination verschiedener Techniken sollte auf das jeweilige Unternehmen individuell abgestimmt werden.

39 Grundlage der Analyse der Risikosituation und der Identifizierung der wesentlichen Risiken wird die **Analyse der Geschäftsprozesse und das Erkennen wesentlicher Risiken** sein. Je nach Unternehmensgegenstand, Unternehmensgröße, Geschäftstätigkeit und Unternehmensorganisation unterscheiden sich die Risikosituationen unterschiedlicher Unternehmen fundamental, sodass die Risikoidentifikation immer nur unternehmensindividuell erfolgen kann.

40 **Entscheidungsbäume** und **Entscheidungstabellen** können in Situationen zum Einsatz kommen, bei denen komplexe und unsichere Entscheidungen getroffen werden. Mit diesen Hilfsmitteln können die einzelnen Handlungs- und Lösungsalternativen systematisch dargestellt werden. Den einzelnen Ereignissen können geschätzte oder be-

---

69 Vgl. zu diesen sechs Anforderungen *Schröer*, Risikomanagement in KMU, S. 55.
70 Vgl. zu diesen sechs Anforderungen *Schröer*, Risikomanagement in KMU, S. 55; *Smirska*, Optimierung eines Risikomanagementsystems, S. 47.
71 Zu den Umsetzungshilfen einer effektiven und effizienten Risikoidentifikation vgl. u. a. *Füser*, DB 1999, 754; *Romeike/Hager*, Erfolgsfaktor Risikomanagement, S. 121 ff.; *Schröer*, Risikomanagement in KMU, S. 61 ff.; *Smirska*, Optimierung eines Risikomanagementsystems, S. 49 f.

rechnete Eintrittswahrscheinlichkeiten zugeordnet werden.[72] Zudem kann die Auswirkung auf das Unternehmensziel mit aufgenommen werden (z. B. Gewinnveränderung).

Bei der folgenden Grafik handelt es sich um die Darstellung eines einfachen Entscheidungsbaumes, dem die Entscheidung (Symbol: Kästchen) zum Erwerb einer neuen Maschine ansteht. Je nach Entscheidung können Ereignisse eintreten (Symbol: Kreis), deren Auswirkungen und Eintrittswahrscheinlichkeiten dargestellt werden. Mithilfe dieser einfachen Darstellung kann die Entscheidungssituation grafisch unterstützt werden.

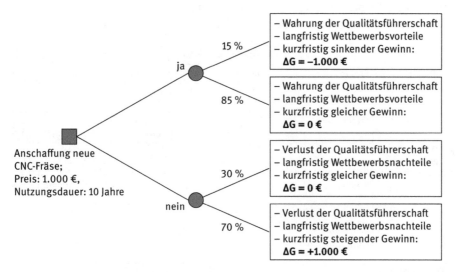

Abb. 2: Darstellung eines einfachen Entscheidungsbaumes[73]

Eine weitere, leicht umsetzbare Methode der Identifikation bestehender Risiken sind **prozessorientierte Risiko-Interviews** zwischen den in den operativen Bereichen tätigen Mitarbeitern, die die Risikolage ihrer Tätigkeit vielfach sehr genau kennen, und den Risikoverantwortlichen/Risikomanagern. Aufgabe der Risikoverantwortlichen bzw. der Risikomanager wird es dabei typischerweise sein, den operativen Mitarbeitern die Bedeutung des Risikomanagements nahezubringen, diese Mitarbeiter durch den Prozess der Risikoidentifikation zu begleiten und bei der systematischen Erfassung und einer ersten Bewertung zu unterstützen. Das Wissen über die Risikosituation des jeweiligen Prozesses wird aber typischerweise nur bei dem operativen Mitarbeiter selbst vorhanden sein. Ergänzend zu den Risiko-Interviews können auch **Brainstormings bzw. Brainwritings** eingesetzt werden, bei denen sich einzelne Personen oder kleine Grup-

---

72 Vgl. *Schröer*, Risikomanagement in KMU, S. 61 ff.
73 Quelle: Eigene Darstellung.

pen im Rahmen der freien Assoziation die Risikosituation ihrer Geschäftsbereiche vergegenwärtigen.[74]

43   Die Durchführung und die systematische Erfassung der Risiken wird durch **prozessorientierte Risikoerhebungsbögen** unterstützt, in denen zum einen die identifizierten Risiken erfasst und mit vorläufigen Risikowahrscheinlichkeiten und Schadenhöhen bewertet werden können. Zum anderen können diese Risikoerhebungsbögen auch der Überwachung der Vollständigkeit der Risikoerfassung im Sinne einer **Checkliste**[75] dienen, wenn diese Bögen bereits Risikokategorien als Suchhilfe vorgeben und unternehmens- oder branchentypische Risiken darstellen.

44   Ein Risikoerhebungsbogen könnte z. B. folgendermaßen aussehen:

Risikoerhebungsbogen				
Abteilung:	Prozess:	Datum:	Risikoverantwortlicher:	
XYZ	ABC	1.1.2017	Mustermann	
Risiko	**Erläuterung**	**Eintrittswahrsch.**	**Potentielle Schadenhöhe**	**Risiko-Steuerungsmaßnahmen**
Marktrisiko				
Kreditzinsrisiko	Risiko steigender Kreditzinsen	35 %	150.000 €	monatliche Überprüfung, langfristige Zinsbindung
Gegenparteirisiko				
Forderungsausfallrisiko	Risiko von Forderungsausfällen	5 %	10.000 €	Verkürzung der Zahlungsziele
operatives Risiko				
Technologierisiko	Risiko nicht zeitnaher Softwareupdates	10 %	1.000 €	monatliche Überprüfung neue Updates

Abb. 3: Risikoerhebungsbogen[76]

45   Bei der **Szenariotechnik** werden auf Basis der aktuellen Situation eines vorher definierten Unternehmensumfeldes alle potenziellen zukünftigen positiven wie negativen Entwicklungen erfasst.[77] Der Szenariotechnik steht die **Delphi-Methode** nahe, bei der verschiedene Experten über die voraussichtlichen Entwicklungen befragt werden. Die einzelnen Aussagen der Experten werden im Anschluss zu einer Gesamtaussage verdichtet.[78]

---

74 Vgl. z.B. *Schröer*, Risikomanagement in KMU, S. 66ff.
75 Vgl. z.B. *Schröer*, Risikomanagement in KMU, S. 64; *Smirska*, Optimierung eines Risikomanagementsystems, S. 49f.
76 Quelle: Eigene Darstellung.
77 Vgl. *Schröer*, Risikomanagement in KMU, S. 64f.
78 Vgl. *Schröer*, Risikomanagement in KMU, S. 65.

46 Eine **SWOT-Analyse**[79] dient, wie das Kürzel für Strengths, Weaknesses, Opportunities, Threats bereits andeutet, der Analyse sowohl von Stärken und Schwächen im Vergleich zu Wettbewerbern als auch von Chancen und Risiken und deren übersichtlicher Darstellung. Vorteil der Methode ist wiederum neben der einfachen Anwendung auch die systematische Suche nach unbekannten Chancen und Risiken und deren Dokumentation. Zudem bietet die SWOT-Analyse in Form einer Vier-Felder-Matrix die Möglichkeit, die identifizierten Chancen und Risiken mit identifizierten Stärken und Schwächen des Unternehmens zusammenzubringen. Auf Basis der Systematisierung und Bewertung der Chancen/Risiken und Stärken/Schwächen bietet sich die Möglichkeit der gezielten Verbesserung nach Dringlichkeit oder Chancenpotenzial, sowohl im operativen als auch im strategischen Bereich.

Stärken • hohe Produktqualität • flache Hierarchien	Schwächen • hohe Stückkosten • hohe Lagerbestände
Chancen • Ausbau des Marktanteils durch Qualitätsvorteile	Risiken • Eintritt von Mitbewerbern aus Niedriglohnländern

Abb. 4: Darstellung einer SWOT-Analyse[80]

47 Die im Rahmen der Risikoidentifikation erkannten Risiken werden typischerweise in einem **Risikoinventar (Risikokatalog)**[81] dargestellt, das in den späteren Prozessschritten auch die Bewertung (Eintrittswahrscheinlichkeit und -höhe) und die eingeleiteten Steuerungsmaßnahmen übersichtlich darstellen kann. Das Risikoinventar könnte nach Struktur und Aufbau den einzelnen Risikoerhebungsbögen entsprechen und wäre demnach die Aggregation aller Risikoerhebungsbögen im Unternehmen.

Praxistipp
Die vorgestellten Methoden sollten für kleine und mittlere Unternehmen, sowohl einzeln als auch in Kombination, umsetzbar sein. Insbesondere die SWOT-Analyse kann aufgrund ihrer Kombination der Chancen- und Risikoanalyse mit der Analyse der Stärken und Schwächen einen wertvollen Mehrwert liefern.

---

3. Grundsätze und Umsetzungshilfen der Risikokommunikation

48 Neben der frühzeitigen und vollständigen Identifikation der Risiken ist eine rechtzeitige Kommunikation der wesentlichen Risiken notwendige Voraussetzung der Bewertung und erfolgreichen Steuerung der Risiken. Für ein funktionierendes Berichtswesen sind

---

79 Zu der SWOT-Analyse und den Methoden der Risikoidentifikation vgl. *Romeike/Hager*, Erfolgsfaktor Risikomanagement, S. 125 f.
80 Quelle: Eigene Darstellung.
81 Für ein Beispiel eines Risikoinventars vgl. *Gleißner/Lienhard/Stroeder*, Risikomanagement, S. 67 f.

die Berichtsformen zu standardisieren, Berichtsempfänger festzulegen und die Berichtsinhalte sowie Berichtszeitpunkte zu definieren.[82] Die Definition bestimmter Schwellenwerte sichert die Kommunikation der Risiken nach deren Wesentlichkeit für den Unternehmenserfolg.[83]

49 Die Kommunikation sollte dabei systematisch und strukturiert in einem Risikobericht erfolgen, der auch als Entscheidungsgrundlage dienen kann. Es bietet sich an, die Berichterstattung entsprechend der Risikoidentifikation nach Risikokategorien (Marktrisiken, Gegenparteirisiken, operationelle Risiken und strategische Risiken) zu strukturieren. Zur einfacheren und schnelleren Erfassung der Berichterstattung durch die Entscheidungsträger sollte vorher ein Berichtsformat definiert werden. Für eine angemessene Reaktion auf die Risikoberichte sind Kompetenzen und Berichtswege klar und eindeutig festzulegen.

50 Im Rahmen der Risikokommunikation sind die wesentlichen Risiken regelmäßig, oder in besonders zeitkritischen Fällen ad hoc, an die entsprechenden Stellen (Risikomanager bzw. Risikoverantwortliche) und Entscheidungsträger (Management, Geschäftsleitung, Risikokomitee) zu kommunizieren. Zudem sollten verschiedene Berichtsformen für die verschiedenen Berichtszeitpunkte und Meldegrenzen festgelegt werden. Ein Ad-hoc-Risikobericht könnte nur das akut dringliche Risiko umfassen, während Wochen- oder Monatsberichte die gesamte Risikosituation detaillierter darstellen.

> **Hinweis**
> Nur eine funktionierende Kommunikation führt zu einem ordnungsmäßigen Risikomanagementsystem. Die Kommunikation muss dabei sowohl horizontal, also zwischen den Risikoverantwortlichen, als auch vertikal zur Geschäftsleitung vorbehaltlos funktionieren. Auch hier gilt: „Töte nicht den Boten". Dem Risikoverantwortlichen muss es erlaubt sein, auch unangenehme Risiken anzusprechen, ohne dass er persönliche Sanktionen fürchten muss. Ansonsten droht die Information verloren zu gehen.

III. Risikobewertung und Risikoaggregation

51 Die in den vorangegangenen Prozessschritten identifizierten Risiken sind im Folgenden einzeln zu bewerten und danach zu einem Gesamtrisiko unter Berücksichtigung der Risikobeziehungen zu aggregieren.

1. Bewertung der einzelnen Risiken

52 Die Bewertung der einzelnen Risiken kann **qualitativ** oder **quantitativ** erfolgen. Bei einer rein qualitativen Bewertung ist eine anschließende Ermittlung eines Gesamtrisikos

---

[82] Vgl. u.a. *Gebhardt/Mansch*, Zfbf Sonderheft 2001, 160 ff.; *Gleißner/Lienhard/Stroeder*, Risikomanagement, S. 137 f., 152 ff.; *Smirska*, Optimierung eines Risikomanagementsystems, S. 46 ff.
[83] Vgl. IDW PS 340 n. F., Rn A 21.

nicht mehr möglich. Beispiele für **qualitative Methoden** können eine ABC-Analyse oder eine qualitative Risk-Map sein. Zu den **quantitativen Methoden** gehören u.a. die Ermittlung von Schadenerwartungswerten, die quantitative Risk-Map oder die Ermittlung eines Value-at-Risk (VaR) oder anderer „at-Risk-Kennzahlen".

a) Qualitative Methoden der Risikobewertung
aa) Klassifizierung der Risiken anhand einer ABC-Analyse

Bei einer ABC-Analyse werden die Risiken nicht quantifiziert, sondern lediglich in einzelne Risikokategorien eingeteilt. Der Vorteil der Methode liegt in der einfachen Handhabung und einfachen Darstellung. Ein gravierender Nachteil ist, dass die fehlende Quantifizierung die Steuerung der Risiken erschwert. Mangels Quantifizierung von Eintrittswahrscheinlichkeit und Schadenausmaß kann die Vorteilhaftigkeit (Kosten-Nutzen-Analyse) verschiedener Risikosteuerungsmaßnahmen nicht ermittelt werden: So kann mangels Eintrittswahrscheinlichkeit und Schadenausmaß beispielsweise nicht rechnerisch ermittelt werden, wie hoch die Versicherungsprämie zur Versicherung eines bestimmten Risikos maximal sein darf, um für das Unternehmen noch vorteilhaft zu sein. Des Weiteren ist eine Allokation von Risikokapital nicht möglich.

ABC-Analyse nach Risikorelevanz		
A	Hohes Risiko	• Zinsänderungsrisiko • Beschaffungsrisiko
B	Mittleres Risiko	• Forderungsausfallrisiko • Absatzrisiko
C	Niedriges Risiko	• Brandrisiko • IT-Risiko

Abb. 5: ABC-Analyse nach Risikorelevanz[84]

Die Bezeichnung ABC-Analyse entstammt der Kategorisierung der Risiken in Kategorien A, B und C, die die Risiken in eine absteigende Ordnung bringt.

bb) Qualitative Risk-Map

Die qualitative Risk-Map (auch Risiko-Portfolio oder Risiko-Matrix genannt) dient einer ersten Ermittlung der Risikosituation des Unternehmens. Die Einzelrisiken werden nach Schadenausmaß und Eintrittswahrscheinlichkeit in die Risk-Map übertragen. Die Ermittlung von Schadenausmaß und Eintrittswahrscheinlichkeit erfolgt dabei nicht objektiv auf Basis von Datenerhebungen, sondern rein subjektiv. Dennoch kann die qualitative Risk-Map eine erste Einschätzung für die Risikosteuerung liefern, weil sie, wie

---

84 Quelle: Eigene Darstellung.

die ABC-Analyse, die den Unternehmenserfolg beeinträchtigenden Risiken priorisiert. So könnte in einem Unternehmen die Festlegung gelten, dass alle mittleren und hohen Risiken der Risk-Map zu steuern, die geringen Risiken lediglich weiter zu beobachten sind.[85]

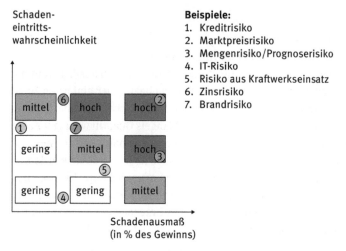

Abb. 6: Darstellung einer qualitativen Risk-Map[86]

56 Wie im folgenden Abschnitt dargestellt, kann eine Risk-Map auch einer quantitativen Darstellung dienen.

b) Quantitative Methoden der Risikobewertung
aa) Erwartungswerte verschiedener Szenarien und Sensitivitätsanalyse

57 Die quantitative Bewertung des Risikos erfolgt oftmals mit dem Risikoerwartungswert (EW), der sich aus der Verknüpfung von Eintrittswahrscheinlichkeit (P) und Schadenhöhe (SH) des Risikos ergibt:

$$EW = P * SH.^{87}$$

58 Die Ermittlung der Schadenerwartungswerte ist insbesondere auf Cash-Flow-Ebene und Ertragsebene relativ einfach durchzuführen. Für die Ebene immaterieller Werte (Kun-

---

85 Zu der qualitativen Risk-Map vgl. *Schröer*, Risikomanagement in KMU, S. 70 ff.; *Smirska*, Optimierung eines Risikomanagementsystems, S. 53 ff.; *Shimpi*, Corporate Risk Management, S. 61 ff.
86 Quelle: Eigene Darstellung.
87 Vgl. *Gleißner/Lienhard/Stroeder*, Risikomanagement, S. 71 ff.; *Smirska*, Optimierung eines Risikomanagementsystems, S. 50 ff.

denzufriedenheit, Mitarbeitermotivation, Rechtsrisiken etc.) ist dieses Vorgehen weniger geeignet.[88]

In dem folgenden Beispiel soll das operative Ergebnis als Zielgröße in den beiden Szenarien Chance und Risiko untersucht werden, wenn sich der Materialeinsatz im Vergleich zum Ausgangsfall ändert.

	Ausgangsfall	Szenario Chance	Szenario Risiko
Umsatzerlöse	100 €	100 €	100 €
Materialaufwand	75 €	70 €	80 €
operatives Ergebnis	25 €	30 €	20 €

Zur Ermittlung des Schadenerwartungswertes sind den einzelnen Szenarien Eintrittswahrscheinlichkeiten zuzuordnen. Da das Unternehmen die Höhe der Eintrittswahrscheinlichkeiten nicht eindeutig ermitteln kann, möchte es im Wege einer Sensitivitätsanalyse die Auswirkungen der einzelnen Szenarien Chance und Risiko auf den Unternehmenserfolg ermitteln. Hierzu werden die Eintrittswahrscheinlichkeiten in 20-%-Schritten abgestuft. Aufgrund der bestehenden Unsicherheit über das zugrunde liegende Risiko überlegt das Unternehmen eine Versicherung gegen den Preisanstieg eines Rohstoffes (Materialaufwand) abzuschließen, deren Prämie 2 €/Stück beträgt. Auch diese Kosten werden in die Analyse mit einbezogen. Im Folgenden werden für die einzelnen Szenarien die Erwartungswerte für das operative Ergebnis ermittelt. Diese ergeben sich beispielsweise wie folgt: 0,8 * 30 € + 0,2 * 20 € = 28 €.

	Eintrittswahrscheinlichkeit Szenario Chance	Eintrittswahrscheinlichkeit Szenario Risiko	Erwartungswert	Kostensicherung	Erwartungswert nach Sicherung
Fall 1	100 %	0 %	30 €	–2 €	28 €
Fall 2	80 %	20 %	28 €	–2 €	26 €
Fall 3	60 %	40 %	26 €	–2 €	24 €
Fall 4	40 %	60 %	24 €	–2 €	22 €
Fall 5	20 %	80 %	22 €	–2 €	20 €
Fall 6	0 %	100 %	20 €	–2 €	18 €

Diese Analyse bietet dem Unternehmen die Möglichkeit, den Einfluss eines Risikos auf den Unternehmenserfolg für verschiedene Szenarien mit verschiedenen Eintrittswahr-

---

88 Vgl. *Kröger*, Risikomanagement, S. 114 ff.

scheinlichkeiten zu ermitteln und im Anschluss eine Entscheidung über deren Steuerung zu treffen. In diesem einfachen Fall lassen sich bereits hieraus Aussagen über Kosten und Nutzen der Risikosteuerungsstrategie (hier: Versicherung gegen eine Versicherungsprämie) treffen. Dabei sollte aber beachtet werden, dass die Risikosteuerung eines einzelnen Risikos solange nicht erfolgen sollte, bis die Abhängigkeiten[89] zwischen allen vorhandenen Chancen und Risiken geklärt sind: Es ist denkbar, dass der Eintritt eines Szenarios die eine Größe negativ und gleichzeitig eine andere Größe positiv beeinflusst, sodass beide Größen auf das gleiche Ziel wirken und sich die Effekte, wenigstens in Teilen, ausgleichen. Die Absicherung eines einzelnen Risikos sollte also nur dann erfolgen, wenn dieses Risiko vollständig unabhängig von allen anderen Risiken im Unternehmen oder von der Schadenhöhe so gefährlich ist, dass der Eintritt des Ereignisses, trotz teilweisen Risikoausgleichs mit anderen Risiken, die Existenz des Unternehmens gefährdet.

62 Die Sensitivitätsanalyse[90] hat den Vorteil, dass sie untersucht, wie die Veränderung eines einzelnen Parameters auf die Ergebnisgröße wirkt. Voraussetzung ist aber, dass bestimmte Parameter bekannt sind (hier: der Unternehmenserfolg und dessen Komponenten Erlöse und Aufwand). Das Problem der Sensitivitätsanalyse ist, dass sie zwar Erkenntnisse zum Schadenausmaß liefert, ohne jedoch eine Entscheidungsregel zu geben. In dem Beispiel werden die einzelnen Unternehmenserfolge je Szenario dargestellt, ohne dass eine Entscheidungsregel greift, in welchem Szenario der Abschluss einer Versicherung vorteilhaft wäre. Trotz der Defizite wird die Sensitivitätsanalyse bei vielen kleinen und mittleren Unternehmen aufgrund ihrer einfachen Handhabung angewendet.

bb) Quantitative Risk-Map

63 Die ermittelten Schadenerwartungswerte lassen sich, zusammen mit Schadenausmaß und Eintrittswahrscheinlichkeit, wiederum auch grafisch in einer quantitativen Risk-Map darstellen. Der Koordinatenpunkt des eingezeichneten Einzelrisikos stellt dann den Schadenerwartungswert dar. Zeichnet man in diese Grafik die Risikoakzeptanzlinie,[91] können anhand dieser Grafik bereits quantitativ die zu steuernden Risiken ermittelt werden. In der Beispielgrafik liegen die Risiken 2, 3, 6 und 7 außerhalb der Zone der Risikoakzeptanzlinie (Risikotragfähigkeit), sodass zumindest diese Risiken im Rahmen der Risikosteuerung zu behandeln wären.

---

[89] Vgl. Rn 75 ff.
[90] Zu den folgenden Ausführungen zur Sensitivitätsanalyse vgl. *Schröer*, Risikomanagement in KMU, S. 73 f.
[91] Vgl. Rn 82 ff.

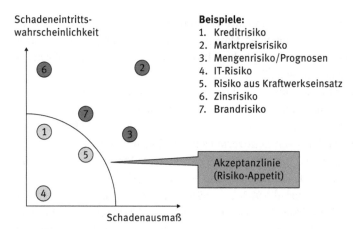

Abb. 7: Darstellung einer quantitativen Risk-Map[92]

c) Quantitative Risikomaße

Die Messung des Risikos anhand von Risikomaßen kann auf Basis ein- oder beidseitiger 64
Risikomaße erfolgen. Einseitige Risikomaße berücksichtigen lediglich die Gewinn- oder Verlustseite einer risikobehafteten Position, beidseitige Risikomaße Gewinn und Verlust. Ein einseitiges verlustorientiertes Risikomaß ist der Value-at-Risk, beidseitige Risikomaße sind z.B. die Varianz oder die Standardabweichung.[93]

aa) Value-at-Risk und andere „at-Risk-Kennzahlen"

Das Risikomaß des Value-at-Risk wurde zur Messung von Marktrisiken entwickelt,[94] wobei es heute bei vielfältigen Betriebsrisiken unterschiedlicher Branchen eingesetzt 65
wird,[95] auch wenn eine unkritische Übernahme aufgrund der im Folgenden vorgestellten Annahmen sicherlich nicht ohne Weiteres erfolgen sollte.

Der Value-at-Risk als **einseitiges, verlustorientiertes Risikomaß** berücksichtigt 66
nur das Verlustrisiko, nicht aber die Gewinnchancen aus einer risikobehafteten Position.[96] Der Value-at-Risk als **monetäres und zukunftsgerichtetes Risikomaß** basiert auf Annahmen über eine zugrunde liegende **Wahrscheinlichkeitsverteilung**.[97] Dabei wird aber nicht ein möglicher Maximalverlust angenommen. Der Maximalverlust als Risikomaß ist aufgrund des Mangels einer zeitlichen Dimension des Risikos und des theo-

---

92 Quelle: Eigene Darstellung.
93 Vgl. *Huschens*, Value-at-Risk-Schlaglichter, S. 15.
94 Vgl. *Kröger*, Risikomanagement, S. 145; *Smirska*, Optimierung eines Risikomanagementsystems, S. 56.
95 Vgl. *Smirska*, Optimierung eines Risikomanagementsystems, S. 56.
96 Vgl. *Huschens*, Value-at-Risk-Schlaglichter, S. 15.
97 Vgl. *Huschens*, Value-at-Risk-Schlaglichter, S. 15f.

67 Der Value-at-Risk trifft die Annahme, dass Maximalverluste nur bei sehr kleinen Wahrscheinlichkeiten möglich sind, sodass diese bei der Value-at-Risk-Ermittlung ausgeblendet werden. Dem Value-at-Risk liegt eine Wahrscheinlichkeitsverteilung zukünftiger Verluste aus dem Vergleich von Nettovermögenspositionen zweier Zeitpunkte (z. B. heute und morgen) zugrunde.[99] Zudem basiert der Value-at-Risk auf einem **Wahrscheinlichkeitsniveau** (auch als Konfidenzniveau bezeichnet), das regelmäßig bei 99 % oder 95 % liegt: Es werden lediglich die 99 % bzw. 95 % kleinsten Verluste berücksichtigt, wobei der Value-at-Risk den größten Verlust dieser 99 % bzw. 95 % kleinsten Verluste bezeichnet. Es werden also die 1 % bzw. 5 % größten möglichen Verluste einer Risikoposition vernachlässigt.[100] Der Value-at-Risk ist also eine **„Verlustschranke"**[101] und **kein Maximalverlust**.

retisch unbegrenzten Verlustes aus dem Marktrisiko (aus bestehenden Liefer- oder Abnahmeverpflichtungen bei schwankenden Marktpreisen) denkbar ungeeignet: Unstreitig ist es von Bedeutung, ob eine risikobehaftete Position für einen Tag, eine Woche, einen Monat oder eine Dekade besteht.[98]

68 Die Anwendung des Value-at-Risk erfolgt regelmäßig unter der Annahme einer normalverteilten Wahrscheinlichkeitsfunktion.[102] Der Vorteil des Value-at-Risk gegenüber anderen Risikomaßen ist, dass er neben der Betrachtung von Einzelrisiken auch Aussagen über mehrere aggregierte Risiken oder auch die Gesamtrisikosituation des Unternehmens zulässt. Die Ermittlung des Value-at-Risk erfolgt typischerweise über die Varianz-Kovarianz-Methode oder Simulationsansätze (z. B. historische Simulation oder Monte-Carlo-Simulation).[103]

Beispiel eines Value-at-Risk:[104]

In einem kleinen Unternehmen wurde eine normalverteilte Risikoposition (aus Marktrisiken) mit einem Erwartungswert von μ = 15 T€ und einer Standardabweichung von σ = 10 T€ ermittelt. Der Mittelwert der Standardnormalverteilung liegt definitionsgemäß bei μ_v = 0. Der Value-at-Risk ermittelt sich als Produkt aus dem p-Quantil der Standardnormalverteilung z_p und der Standardabweichung. Für die verschiedenen Wahrscheinlichkeitsniveaus (W) ergeben sich die folgenden p-Quantile der Standardnormalverteilung z_p. Hieraus werden die verschiedenen Value-at-Risks je nach Wahrscheinlichkeitsniveau bei einer Standardabweichung von 10 T€ ermittelt.
Es gilt z. B.: VaR (95 %) = z_p * σ = 1,6449 * 10 = 16,45 T€.

---

98 Vgl. *Huschens*, Value-at-Risk-Schlaglichter, S. 15 f.
99 Vgl. *Huschens*, Value-at-Risk-Schlaglichter, S. 15 f.
100 Vgl. *Huschens*, Value-at-Risk-Schlaglichter, S. 15 f.
101 *Huschens*, Value-at-Risk-Schlaglichter, S. 16.
102 Vgl. *Smirska*, Optimierung eines Risikomanagementsystems, S. 56.
103 Vgl. *Smirska*, Optimierung eines Risikomanagementsystems, S. 57.
104 Zu Beispiel und Grafik vgl. *Huschens*, Value-at-Risk-Schlaglichter, S. 15 ff.; *Smirska*, Optimierung eines Risikomanagementsystems, S. 56 ff.

W	z_p	σ	VaR
99,99 %	3,7190	10	37,19
99,00 %	2,3263	10	23,26
98,00 %	2,0537	10	20,54
97,00 %	1,8808	10	18,81
96,00 %	1,7507	10	17,51
95,00 %	1,6449	10	16,45

Abb. 8: Zusammenhang zwischen Wahrscheinlichkeitsniveau und Value-at-Risk[105]

Bei steigendem Wahrscheinlichkeitsniveau steigt also auch der Value-at-Risk, die Verlustschranke wird, grafisch gesehen, nach rechts verschoben, sodass der potenzielle Verlust steigt.

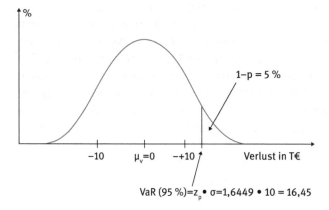

Abb. 9: Grafische Darstellung eines Value-at-Risk auf einer Normalverteilungskurve[106]

Die grafischen Darstellungen zeigen aber bereits einige Schwächen und Kritikpunkte an der Bewertung mittels eines Value-at-Risk. Da der Value-at-Risk auf der Normalverteilungsannahme beruht, werden Risiken, die nicht normalverteilt sind, mit dem Value-at-Risk unzutreffend bewertet. Besonders kritisch ist das in Kombination damit, dass durch Festlegung des Wahrscheinlichkeitsniveaus die größten Risiken außen vor bleiben. Sollte die tatsächliche Verteilungsfunktion am rechten Rand vom Schadenausmaß besonders hohe Risiken enthalten, so kann Bestandsgefährdung für das Unternehmen eintreten. Voraussetzung der Bewertung der Risiken ist also, dass zutreffende Annah-

---

105 Quelle: Eigene Darstellung.
106 Quelle: Eigene Darstellung.

men über die Verteilungsfunktionen der Chancen und Risiken getroffen werden. Eine fehlerhafte Bewertung der Risiken wird in den folgenden Prozessschritten zu fehlerhafter Risikosteuerung führen.

70   Bei dem Value-at-Risk handelt es sich um ein wertorientiertes Risikomaß. Sollen jedoch nicht wertmäßige Risiken untersucht werden, sondern beispielsweise liquiditätswirksame Positionen, bietet sich die Verwendung eines Cash-Flow-at-Risk an.[107] Weitere „at-Risk"-Risikomaße sind:
- Earnings-at-Risk,
- EBIT-at-Risk oder
- Budget-at-Risk.[108]

bb) Risikoorientierte Performancekennzahlen

71   Die Performance eines Unternehmens erfolgt vielfach durch die Messung der Eigenkapitalrendite (Return on Equity) als Quotient aus einer Gewinngröße und dem eingesetzten Eigenkapital. Dabei bleiben Risiken jedoch unberücksichtigt. Die Beurteilung aber, ob eine Rendite in bestimmter Höhe gut oder schlecht ist, hängt auch entscheidend vom eingegangenen Risiko ab.[109] Um den Verlust aus risiko-behafteten Positionen bei der Renditeermittlung zu berücksichtigen, wurden in Anlehnung an die Value-at-Risk-Konzepte verschiedene weitere Risiko-Systeme entwickelt.[110] Hierzu gehört unter anderem das von Bankers Trust entwickelte RAROC (Risk Adjusted Return on Capital).[111] Bei dem RAROC erfolgt eine Risikoadjustierung des Ergebnisses in der Zählergröße der Renditeformel durch Berücksichtigung eines erwarteten Verlustes, der die standardisierten Risikokosten darstellt:

$$RAROC = \frac{Erlöse - Kosten - erwartete\ (kalkulierte)\ Verluste}{ökonomisches\ Kapital}$$

72   Neben dem RAROC gibt es auch weitere risikoadjustierte Rendítemaße, bei denen unterschiedlich definierte ökonomische Gewinngrößen (Zähler) durch unterschiedlich definierte Kapitalgrößen (Nenner) geteilt werden. Die Risikoadjustierung erfolgt dann regelmäßig im Zähler des Bruchs durch Adjustierung des Gewinns und/oder im Nenner durch Adjustierung des Kapitals. Zu diesen Größen gehören z.B. der Return on Risk-Adjusted Capital (RORAC) oder der Risk-Adjusted Return on Risk-Adjusted Capital.[112]

---

107 Vgl. *Romeike/Hager*, Erfolgsfaktor Risikomanagement, S. 204ff., 483ff.; *Smirska*, Optimierung eines Risikomanagementsystems, S. 57f.
108 Vgl. *Romeike/Hager*, Erfolgsfaktor Risikomanagement, S. 204ff.; *Gebhardt/Mansch*, ZfbF Sonderheft 2001, 65.
109 Vgl. *Gleißner*, Risknews 2005, 27.
110 Vgl. *Kröger*, Risikomanagement, S. 145f.
111 Vgl. *Kröger*, Risikomanagement, S. 145f.
112 Zu diesen Kennzahlen vgl. *Smirska*, Optimierung eines Risikomanagementsystems, S. 60f.

Alternativ zu den Renditekennzahlen kann der Erfolg einer wertorientierten Unternehmensstrategie auch durch die Ermittlung des Unternehmenswertes erfolgen. Der Unternehmenswert wird ermittelt aus der Summe der diskontierten zukünftigen Cash-Flows. Dabei kann entweder wiederum die Zählergröße, also die Cash-Flows risikoadjustiert werden, oder aber auch die Nennergröße, der Diskontierungszinssatz. Eine risikoadjustierte Möglichkeit der Gewinnermittlung ist beispielsweise die Diskontierung der zukünftigen Free-Cash-Flows mit dem risikoadjustierten Kapitalkostensatz WACC (Weighted Average Cost of Capital).[113] Dabei wird bei der Ermittlung des WACC über das Capital-Asset-Pricing-Model (CAPM) die erwartete Marktrendite für risikobehaftetes Eigenkapital mit einem Maß für das systematische (unternehmensübergreifende) Risiko bewertet.

Die Ermittlung des Unternehmenswertes erfolgt dann nach folgender Methodik:[114]

$$UW = \sum_{t=0}^{\infty} \frac{fCF_t}{(1+WACC)^t} - FK_M$$

$$WACC = k_{EK} \times \frac{EK}{GK} + k_{FK} \times \frac{FK}{GK} \times (1-s)$$

$$k_{EK} = r_0 + (r_m - r_0) \times \beta$$

UW = Unternehmenswert
fCF_t = Free Cash Flow der Periode t
FK_M = Fremdkapital zu Marktwerten
FK = Fremdkapital (zu Marktwerten)
EK = Eigenkapital (zu Marktwerten)
GK = Gesamtkapital als Summe als FK und EK
k_{EK} = Eigenkapitalkosten
k_{FK} = Fremdkapitalkosten
s = Steuersatz zur Berücksichtigung der steuerlichen Abzugsfähigkeit des FK
r_0 = risikoloser Zinssatz
r_m = erwartete Marktrendite für risikobehaftetes EK
β = Maß für das relative systematische Risiko

d) Risikoabhängigkeiten: Aggregation der einzelnen Risiken zum Gesamtrisiko

Bei der Bewertung der Risiken sind nicht nur die Einzelrisiken zu bewerten, sondern insbesondere die Gesamtrisikoposition des Unternehmens zu ermitteln.[115] Somit müssen die Einzelrisiken zu einem Gesamtrisiko aggregiert werden.[116] Eine einfache sum-

---
113 Vgl. etwa *Gleißner*, Risknews 2005, 28.
114 Vgl. *Gleißner*, Risknews 2005, 28.
115 Vgl. *Gleißner/Lienhard/Stroeder*, Risikomanagement, S. 75.
116 Vgl. *Gleißner/Lienhard/Stroeder*, Risikomanagement, S. 75.

marische Gesamtrisikobildung scheidet aber wegen möglicherweise bestehender Abhängigkeit der Risiken untereinander (**Risikoabhängigkeiten**) aus.[117] Die Risikoabhängigkeiten lassen sich sowohl ursachenbezogen als auch wirkungsbezogen interpretieren.

76   **Ursachenbezogen** heißt in diesem Zusammenhang, dass die das Risiko induzierenden Ereignisse den ursachenbezogenen Risikoverbundeffekten entsprechen. Die aus der Realisation der Ereignisse resultierenden Risiken können sich in ihrer Wirkung mindern oder verstärken. Bei komplementären Beziehungen ist auch eine vollständige Kompensation eines identifizierten Risikos durch das Eintreten eines anderen Ereignisses denkbar.[118]

> **Beispiel**
> Ein Beispiel für ursachenbezogene Abhängigkeiten wäre das Wahlergebnis der nächsten Bundestagswahl. Sollte Partei A gewählt werden, führt diese strengere Umweltschutzvorschriften zur Abgasreduktion von Automobilen (Wahlprogramm: „das 3-Liter-Auto") ein, sodass Absatzpreissteigerungen und Absatzrückgänge unvermeidlich sind. Wird hingegen Partei B gewählt, werden die Umweltschutzvorschriften sogar gelockert (Wahlprogramm: „das 3-Liter-Auto, Hubraum ist alles"), wodurch sich die Absatzpreise reduzieren und die Absatzzahlen steigen. Je nach Ausgang der Wahl werden also andere Risikomanagementmaßnahmen, die Absatzpreise und -mengen betreffen, vermindert oder verstärkt.

77   **Wirkungsbezogene Abhängigkeiten** liegen dann vor, wenn beispielsweise der Eintritt eines Ereignisses zu zwei Zielverfehlungen, also zu zwei Risiken führt; die Risiken haben also nicht nur eine gemeinsame Ursache, sondern auch eine gemeinsame Wirkung.[119]

> **Beispiel**
> Ein Beispiel wäre, dass bei Wahl der Partei A (Ursache) nicht nur die Absatzmengen einbrechen (Wirkung 1), sondern durch die erhöhten Umweltschutzvorschriften auch zusätzliche Kosten in der Produktion entstehen (Wirkung 2).

78   Zwei oder mehr Risiken können also ursachen- oder wirkungsbezogen miteinander verknüpft sein. Durch diese Risikoabhängigkeiten entspricht das Gesamtrisiko des Unternehmens nicht der Summe aller Einzelrisiken: Das Gesamtrisiko ist entweder höher oder niedriger als die Summe der Einzelrisiken.[120] Zwischen den einzelnen Risiken können sich Risikoausgleichseffekte ergeben, die das Gesamtrisiko reduzieren.[121] Aus

---

[117] Vgl. zu dem Themenkomplex der Risikoabhängigkeiten insbesondere *Schröder*, DB 2008, 1981; *Romeike/Hager*, Erfolgsfaktor Risikomanagement, S. 150 ff.; *Kröger*, Risikomanagement, S. 144.
[118] Vgl. *Schröder*, DB 2008, 1981.
[119] Vgl. *Schröder*, DB 2008, 1982.
[120] Vgl. *Schröder*, DB 2008, 1982.
[121] Zum Risikoausgleich vgl. *Gebhardt*, Risikomanagement und Risikocontrolling, 2001, S. 38; zum Risikoausgleich im (Versicherungs-)Kollektiv und in der Zeit vgl. *Farny*, Versicherungsbetriebslehre, S. 46 ff., 50 ff.

diesem Grund besteht die Notwendigkeit, die Berücksichtigung der Risikoabhängigkeiten in den Risikomanagementprozess zu integrieren, insbesondere in die Prozessschritte Risikobewertung und Risikosteuerung.

Die Integration der Risikoabhängigkeiten bietet Vorteile auf allen Ebenen des Risikomanagementprozesses. Die Berücksichtigung kann die Risikoidentifikation erleichtern und beschleunigen.[122] Bedeutender bzw. unerlässlich ist aber die Berücksichtigung der Risikoabhängigkeiten bei der Risikobewertung, weil ansonsten die Risikosituation (Gesamtrisiko) des Unternehmens systematisch über- oder unterschätzt wird. Die systematische Über- oder Unterschätzung der Risikosituation führt im Rahmen der Risikosteuerung dazu, dass entweder „zu viel" Risikosteuerung vorgenommen wird, was regelmäßig kostenintensiv sein wird und Chancen (als Kehrseite der Risiken) zunichtemacht, oder „zu wenig" Risikosteuerung erfolgt, was gefährlich für die Erreichung der Unternehmensziele und den Fortbestand des Unternehmens sein kann.

Für die Berücksichtigung der Risikoabhängigkeiten gibt es verschiedene Methoden, beispielsweise den Varianz-Kovarianz-Ansatz.[123] Eine relativ einfach umzusetzende Methode zur übersichtlichen Darstellung der Risikoabhängigkeiten ist die Abbildung der Ergebnisse mit Hilfe einer Korrelationsmatrix.[124]

Hinweis
Die Wahl der Methode der Risikobewertung richtet sich neben den zu erreichenden Zielen auch nach den Steuerungsmethoden. Sollte beispielsweise nur ein Brandrisiko als wesentliches Risiko identifiziert worden sein, welches vollständig versichert wird, kann eine ausgefeilte Bewertungsmethode unterbleiben. Zu der Steuerung von Marktrisiken könnte hingegen eine Risikobewertung unerlässlich sein.

IV. Risikosteuerung und Risikokontrolle

1. Risikosteuerung

Voraussetzung der Risikosteuerung ist zunächst die Festlegung des gewünschten Sicherheitsniveaus (Risikoappetit, zu tragendes Restrisiko oder Risikotragfähigkeit) auf Basis der identifizierten und bewerteten Risiken sowie unter Berücksichtigung des vorhandenen Risikokapitals. Im Anschluss daran können die verschiedenen Risikosteuerungsmaßnahmen (Risikovermeidung, Risikominderung, Risikoüberwälzung und Risikotragung) so kombiniert werden, dass das gewünschte Sicherheitsniveau erreicht wird.

Die folgende Grafik stellt den Zusammenhang zwischen Restrisiko, Risikokapital und Risikosteuerung zunächst übersichtlich dar:

---

122 Vgl. *Schröder*, DB 2008, 1984.
123 Zu den Methoden der Risikoabhängigkeiten vgl. z.B. *Romeike/Hager*, Erfolgsfaktor Risikomanagement, S. 150 ff.
124 Vgl. zur Korrelationsmatrix *Gleißner/Lienhard/Stroeder*, Risikomanagement, S. 76 f.

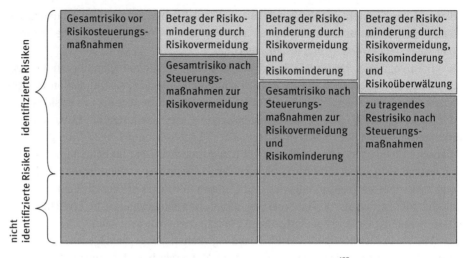

Abb. 10: Zusammenhang zwischen Restrisiko, Risikokapital und Risikosteuerung[125]

2. Zu tragendes Restrisiko und Risikokapital

83 Ein Unternehmen kann nur so viel Risiko tragen bzw. Risiken eingehen, wie es mit dem vorhandenen Risikokapital maximal verkraften kann.[126] Das vorhandene Risikokapital bestimmt also die maximale Höhe des verbleibenden Restrisikos. Das Risikokapital wird je nach Gegebenheit unterschiedlich abgegrenzt.[127] Typischerweise handelt es sich bei den als Risikokapital berücksichtigungsfähigen Kapitalpositionen aber um die bilanziellen Positionen des Eigenkapitals, nachrangiges Fremdkapital und mögliche Anpassungen für stille Reserven in den Aktiva und stille Lasten in den Passiva.[128] Bei der Summe der als Risikokapital zu berücksichtigenden Kapitalpositionen handelt es sich um das „verfügbare Risikokapital". Der aus dem Restrisiko resultierende Risikokapitalbedarf kann als „notwendiges Risikokapital" bezeichnet werden. Das verfügbare Risikokapital sollte das notwendige Risikokapital übersteigen, sodass die Gefahr, dass das Kapital aufgezehrt wird, unter den Voraussetzungen und Annahmen der Risikobewertung[129] möglichst gering ist.

---

125 Quelle: Eigene Darstellung.
126 Vgl. zur Risikotragfähigkeit *Shimpi*, Corporate Risk Management, S. 28 ff.
127 So finden sich bspw. bei den Kapitalanforderungen und deren Erfüllung mit Risikokapital in Branchen wie Banken und Versicherungen je nach nationaler Regulierungsbehörde einige Abweichungen; vgl. z. B. *Koch*, Berechnung des Risikokapitals.
128 Vgl. *Koch*, Berechnung des Risikokapitals.
129 Vgl. Rn 51 ff.

a) Risikosteuerungsmaßnahmen

Die von einem Unternehmen einsetzbaren Maßnahmen der Risikosteuerung sind mit Blick auf das gewünschte Sicherheitsniveau (Restrisiko) aufgrund von Kosten-Nutzen-Überlegungen zu optimieren. Folgende typische Risikosteuerungsmaßnahmen kommen in Betracht: 84

Im Rahmen der **Risikovermeidung** geht das Unternehmen die Risiken nicht ein, das heißt, dass z.B. ein mit sehr hohen Risiken behafteter Geschäftsabschluss oder sehr riskante Investitionen nicht getätigt werden.[130] Da Unternehmen aber Geschäftsabschlüsse zu ihrer Zielerreichung (z.B. Gewinnziele) benötigen, ist die Strategie der Risikovermeidung nicht langfristig für alle Geschäftsabschlüsse und Investitionen anwendbar, sodass ein Unternehmen Regeln festlegen muss, welche Geschäftsabschlüsse erfolgen dürfen und welche nicht. Diese Festlegung erfolgt typischerweise durch konkrete Vorgaben an handelnde Personen, welche Geschäfte mit welchen Geschäftspartnern in welcher Höhe abgeschlossen werden dürfen; dieses Vorgehen reduziert gleichzeitig das operative Risiko menschlicher Fehler.[131] Eine häufige Methode der Risikovermeidung ist die Änderung der Aktivitäten, weg von sehr riskanten hin zu weniger riskanten Aktivitäten.[132] Eine weitere sinnvolle und oft praktizierte Risikovermeidung ist die Konzentration auf das Kerngeschäft: Ein Unternehmen ist nur in den Bereichen tätig, in denen es eine entsprechende Expertise aufweist, wodurch höhere Margen bei geringeren Risiken erzielt werden können. Eine Vermeidung von Tätigkeiten außerhalb des Kerngeschäfts führt somit zu einer Risikovermeidung. 85

Die **Risikominderung** kann durch organisatorische, personelle oder technische Maßnahmen erfolgen. Die Risikominderung kann zum einen durch die Verringerung des Umfangs oder der Anzahl risikobehafteter Geschäfte und zum anderen durch Diversifikation des Gesamtunternehmensrisikos erfolgen.[133] Risikominderung soll dabei die Eintrittswahrscheinlichkeit und das Schadenausmaß eines Risikos reduzieren. Maßnahmen sind die Schadenverhütung oder die Schadenherabsetzung. Schadenverhütung wäre beispielsweise die regelmäßige Belehrung über Risiken auf einer Baustelle. Das Tragen eines Helms führt zur Schadenherabsetzung. Hierdurch wird zwar nicht die Wahrscheinlichkeit sinken, dass dem Träger des Helmes ein Stein auf den Kopf fällt, die Schadenauswirkung (Schadenhöhe) bei Realisation des Ereignisses bzw. des Risikos wird aber bedeutend geringer sein, und damit auch das aus dem Produkt von Eintrittswahrscheinlichkeit und Schadenhöhe bewertete Risiko. 86

Bei der **Risikoüberwälzung** handelt es sich um Risikosteuerungsmaßnahmen, bei denen der eintretende Schaden nicht mehr von dem Unternehmen zu tragen ist, son- 87

---

130 Vgl. *Schröer*, Risikomanagement in KMU, S. 82 f.
131 Vgl. hierzu *Gebhardt/Mansch*, Zfbf Sonderheft 2001, 156 ff. In Banken und (Wertpapier-)Handelsunternehmen werden diese Systeme oftmals als Limitsystematik bezeichnet, bei denen handelnden Personen Grenzen gesetzt werden.
132 Vgl. *Schröer*, Risikomanagement in KMU, S. 83.
133 Vgl. zu diesem Abschnitt *Schröer*, Risikomanagement in KMU, S. 84 f.

dern von einem Dritten; das Risiko wird also transferiert, man spricht auch vom Risikotransfer.[134] Zu diesen Dritten gehören für kleine und mittlere Unternehmen insbesondere Versicherungsunternehmen, aber auch der Vertragspartner bei einem Geschäftsabschluss, wenn über die Vereinbarung entsprechender Vertragsklauseln das Risiko auf den Vertragspartner übertragen wird. Hierzu gehören insbesondere die standardisierten Klauseln zum Ort des Gefahrenübergangs, die sog. Incoterms.[135] Eine weitere Möglichkeit ist der Transfer von Risiken an die Kapitalmärkte. Dies erfolgt regelmäßig über Derivate. In der Landwirtschaft sind beispielsweise Wetterderivate zur Absicherung schlechter Ernteerträge durch negative Wettereinwirkungen oder Termingeschäfte auf verschiedene landwirtschaftliche Erzeugnisse (Weizen, Mais, Schweinehälften, etc.) zur Absicherung gesunkener Preise nach dem Zeitpunkt der Ernte gebräuchlich.

88 Der Restbetrag des nach den Risikosteuerungsmaßnahmen verbleibenden Risikos wird dann im Wege der (bewussten) **Risikotragung** bei dem Unternehmen verbleiben und sollte durch das Risikokapital gedeckt werden.

89 Zu einer erleichterten Übersicht können die Ergebnisse des Risikomanagementprozesses wiederum in einer quantifizierten **Risk-Map** dargestellt werden. Nach den Prozessschritten der Risikosteuerung könnte die bereits vorgestellte quantifizierte Risk-Map wie in Abb. 11 veranschaulicht aussehen.

90 Die Risiken 2, 3, 6 und 7, die bislang außerhalb der Zone der Risikotragfähigkeit lagen, werden durch Risikosteuerungsmaßnahmen in den vorgegebenen Bereich der Risikotragfähigkeit überführt.

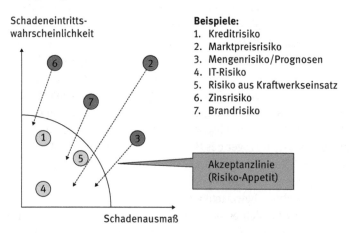

Abb. 11: Quantifizierte Risk-Map[136]

---

134 Vgl. zu diesem Abschnitt *Schröer*, Risikomanagement in KMU, S. 87 ff.
135 Für weitere Informationen zu den Incoterms vgl. z.B. die Internetseite der International Chamber of Commerce für Deutschland, abrufbar unter www.iccgermany.de/standards-incoterms/incoterms-2020-in-der-uebersicht/.
136 Quelle: Eigene Darstellung.

> **Hinweis**
> Die Auswahl der zu steuernden Risiken ist insbesondere von dem gewünschten Risikoappetit bei zutreffender Risikobewertung abhängig. Bereits gesteuerte (z. B. bereits versicherte) Risiken dürfen nicht mehrfach berücksichtigt werden. Die Abb. 11 zeigt die Bedeutung der Risikoidentifikation, denn nur die identifizierten Risiken können gesteuert werden.

b) Risikoüberwachung

Neben der Einrichtung eines Risikomanagementsystems ist die Überwachung der Funktionsfähigkeit des Systems und deren Einhaltung durch die verantwortlichen Mitarbeiter Aufgabe der Geschäftsleitung.[137] Die Überwachung des Risikomanagementprozesses sollte dabei durch eine prozessunabhängige Einheit im Unternehmen erfolgen, typischerweise wird diese Aufgabe von der internen Revision wahrgenommen. Sollte ein kleines oder mittleres Unternehmen nicht über eine eigenständige Stelle der internen Revision verfügen, bietet sich auch ein externer Revisor an, z. B. ein Wirtschaftsprüfer. Neben der Überwachung der Einhaltung und Anwendung des Systems sollte auch deren Wirksamkeit regelmäßig analysiert werden, um mögliche Schwachstellen und Verbesserungsmöglichkeiten aufzudecken.[138] Hierbei können z. B. Einsparpotenziale und Verschlankungsmaßnahmen aufgedeckt werden genauso wie noch nicht identifizierte Risiken.

91

c) Risikodokumentation

Das eingerichtete Risikomanagementsystem sollte zur personenunabhängigen Anwendung, aus Beweisgründen und als Ergänzung des Compliance-Management-Systems in seinem grundsätzlichen Aufbau dokumentiert werden (z. B. in Form eines Risikohandbuches).[139] Daneben sollten auch alle im Rahmen des Risikomanagementprozesses durchgeführten Handlungen und Maßnahmen (z. B. bewertete Risikoinventare, Risikokomiteesitzungen etc.) dokumentiert und archiviert werden.

92

E. Prüfung von Risikomanagementsystemen

Das IDW hat mit dem IDW Prüfungsstandard „Grundsätze ordnungsmäßiger Prüfung von Risikomanagementsystemen (IDW PS 981)" einen Prüfungsstandard erlassen, der den Inhalt freiwilliger Prüfungen von Risikomanagementsystemen verdeutlicht und

93

---

137 Zu der Notwendigkeit der Überwachung des Risikomanagementsystems vgl. IDW PS 340 n. F., Rn 21, A 25ff.; *Schröer*, Risikomanagement in KMU, S. 94f.
138 Vgl. *Schröer*, Risikomanagement in KMU, S. 93f.
139 Zu der Notwendigkeit der Dokumentation des Risikomanagementsystems vgl. IDW PS 340 n. F., Rn 22, A29ff.

darstellt, in welcher Weise Wirtschaftsprüfer solche Aufträge planen, umsetzen und darüber berichten können.[140]

94 Die Prüfung von Risikomanagementsystemen nach diesem Prüfungsstandard soll insbesondere Aufsichtsräte einer Aktiengesellschaft bei ihren allgemeinen Überwachungsaufgaben (§ 111 Abs. 1 AktG) unterstützen.[141] Nach der Gesetzesbegründung werden diese allgemeinen Überwachungsaufgaben durch den § 107 Abs. 3 S. 2 AktG konkretisiert, der zunächst lediglich die Aufgaben eines Prüfungsausschusses auflistet, der aus der Mitte des Aufsichtsrats gebildet werden kann.[142]

Zu diesen Aufgaben gehören insbesondere
- die Überwachung des Rechnungslegungsprozesses,
- die Überwachung der Wirksamkeit,
  - des internen Kontrollsystems,
  - des Risikomanagementsystems und
  - des internen Revisionssystems.[143]

95 Grundlage dafür, dass der Aufsichtsrat seinen Überwachungspflichten nachkommen kann, ist, dass der Vorstand im Rahmen seiner allgemeinen Organisations- und Sorgfaltspflichten entsprechende Systeme einrichtet, ausgestaltet und überwacht.[144]

96 Die Überwachungsfunktion von Aufsichtsrats- und Prüfungsausschussmitgliedern ist höchstpersönlich wahrzunehmen und kann nicht an Dritte delegiert werden. Dennoch können Aufsichtsratsmitglieder und Vorstände ein Interesse daran haben, einen Wirtschaftsprüfer mit der Prüfung einzelner oder mehrerer Corporate-Governance-Systeme als Grundlage für die eigene Beurteilung zu beauftragen; z.B. kann die Prüfung der Wirksamkeit der Systeme als ein objektivierter Nachweis der ermessensfehlerfreien Ausübung der Organisations- und Sorgfaltspflichten des Vorstands und des Aufsichtsrats dienen.[145]

---

[140] Vgl. IDW Prüfungsstandard: Grundsätze ordnungsmäßiger Prüfung von Risikomanagementsystemen (IDW PS 981) (Stand: 3.3.2017), Rn 1.
[141] Vgl. IDW PS 981, Rn 2.
[142] Vgl. IDW PS 981, Rn 2.
[143] Vgl. IDW PS 981, Rn 2.
[144] Vgl. IDW PS 981, Rn 4.
[145] Vgl. IDW PS 981, Rn 6.

Kapitel 4
Compliance – Begriff, Entwicklung, Funktion

A. Einleitung

Das **Thema „Compliance"** ist aus der täglichen Unternehmenspraxis nicht mehr weg- 1
zudenken. Vielmehr hat es weiter an Bedeutung gewonnen.[1] Dies gilt sowohl auf nationaler als auch auf internationaler Ebene.[2] Für deutsche Unternehmen lässt sich diese Aussage zum Bedeutungszuwachs auch empirisch belegen,[3] wie das im September 2016 veröffentlichte Dokument „Compliance – Handlungsoptionen im Mittelstand" zeigt:[4] Nach der im Rahmen dieses Dokuments veröffentlichten F.A.Z.-Institut-Studie wurden 100 Entscheidern aus mittelständischen Unternehmen in unterschiedlichen Branchen verschiedene Fragen u. a. zum Grund und Mehrwert von Compliance in ihren Unternehmen gestellt. Dabei zeigte sich, dass für mehr als sechs von zehn der mittelständischen Unternehmen konkrete Verstöße gegen unternehmensinterne Regeln und Gesetze ein wichtiger bzw. sehr wichtiger Grund für Compliance sind.[5] Die Notwendigkeit der Auseinandersetzung mit Compliance als Bestandteil der Unternehmensführung kann somit als im gesamten Unternehmertum angekommen bezeichnet werden.[6] Eine Vielzahl von Skandalen in börsennotierten Großunternehmen aber auch kleinen und mittleren Un-

---

1 Vgl. bspw. bereits *Kort*, NZG 2008, 81; zu Compliance-Maßnahmen im Gesundheitswesen *Schneider/Grau/Kißling*, CCZ 2013, 48 ff. und zu Compliance-Maßnahmen im Städte- und Straßenbauwesen *Stadler*, CCZ 2013, 41 ff.
2 Zur Bedeutung von Compliance bspw. in China vgl. *Holloch/Zhao*, DB 2014, 1223 ff.; *Vazhova*, ZRFC 2017, 201 ff. und *Senff/Zhang*, Governance, Risk and Compliance in China, S. 1 ff.; in Russland, vgl. *Tischendorf*, CB 2014, 133 ff.; *Boyko*, CB 2017, 133 ff. und Wieland/Steinmeyer/Grüninger/*Ovseenko/Ernst*, Handbuch Compliance-Management, S. 1313 ff.; in den USA, vgl. Rn 28 ff.; *Zimmer*, CB 2014, 272 ff.; *Grützner/Güngör*, CCZ 2019, 455 ff. und 189 ff.; *Larisch/Güngör*, CCZ 2019, 59 ff.; *Rieder/Güngör*, CCZ 2019, 139 ff. und *Hauser/von Laufenberg*, CCZ 2019, 236 ff.
3 Vgl. z. B. die interessanten statistischen Angaben zur zunehmenden Bedeutung/Entwicklung von Compliance: PwC, Wirtschaftskriminalität und Unternehmenskultur-Studie 2013, S. 25 ff.; PwC, Wirtschaftskriminalität 2018, S. 22 ff.; Deloitte, The Future of Compliance 2018, S. 41 ff.; Bundeskriminalamt, Compliance-Systeme und ihre Auswirkungen auf die Verfolgung und Verhütung von Straftaten der Wirtschaftskriminalität und Korruption 2015 (im Folgenden: BKA-Hauptstudie), S. 64 ff.; vgl. auch die schon etwas ältere Untersuchung von *Melcher/Mattheus*, Der Aufsichtsrat 2007, 122 ff.
4 Vgl. Dokument „Compliance – Handlungsoptionen im Mittelstand", September 2016, gemeinsam erstellt durch F.A.Z.-Institut und Ebner Stolz, abrufbar unter https://www.ebnerstolz.de/de/ueber-rsm-ebner-stolz/veroeffentlichungen/studien/compliance-handlungsoptionen-im-mittelstand-14080.html.
5 F.A.Z.-Institut-Studie, S. 8.
6 Vgl. auch Wecker/Ohl/*Vetter*, Compliance, S. 2.

Hinweis: Sebastian Holzinger, der das vorliegende Kapitel in der ersten und zweiten Auflage maßgeblich verfasst hat, ist leider im Jahr 2020 verstorben. Wir führen den Beitrag in seinem Sinne fort.

ternehmen, z.B. im Jahr 2015 bei VW,[7] über die in der Vergangenheit in der Presse ausführlich berichtet wurde, dürfte diese Entwicklung – insbesondere Compliance nicht nur zu installieren, sondern dass sie auch effektiv von Unternehmen gelebt wird – beschleunigt haben.[8] Dabei ist Compliance nicht nur ein Thema für Großkonzerne: Auch für kleine und mittlere Unternehmen ist die intensive Auseinandersetzung mit dem Aufbau einer wirksamen Compliance-Funktion von ganz erheblicher Bedeutung, setzt sich doch zunehmend die Erkenntnis durch, dass gerade solche Unternehmensformen aufgrund ihrer vielfach flachen Unternehmenshierarchien und oftmals vornehmlich vertrauensbasierten Geschäftsabschlusspraxis besonders anfällig für Delikte wie Korruption, Bestechung oder Untreue sind.[9]

2 Trotzdem ist in der Praxis zu beobachten, dass über die Bedeutung des Terminus „Compliance" mangels einer einheitlichen und griffigen Übersetzung in den Unternehmen z.T. noch erhebliche Unsicherheit herrscht. Die eigentliche Bedeutung und die wichtige Funktion von Compliance scheinen vielfach noch nicht hinreichend in die Leitungsebene gerade vieler kleiner und mittlerer Unternehmen kommuniziert worden zu sein.

3 Um zu verstehen, dass Compliance gerade nicht bloß eine aus dem anglo-amerikanischen Raum importierte Modeerscheinung ist, sondern vielmehr eine **äußerst wichtige und nahezu unverzichtbare Funktion** in jedem Wirtschaftsunternehmen – vom kleinen regional agierenden Unternehmen bis hin zum börsennotierten Großkonzern – übernimmt,[10] soll zunächst Klarheit über die Begriffsbedeutung[11] sowie die Entwicklung von Compliance[12] geschaffen werden. Erst nachdem die Bedeutung von Compliance einheitlich definiert wurde, soll kurz auf die Diskussion zur rechtlichen Notwendigkeit von Compliance eingegangen werden.[13]

---

7 Vgl. bspw. *Heide*, Der Autoindustrie wird das Tricksen leicht gemacht, 24.9.2015, abrufbar unter https://www.handelsblatt.com/unternehmen/industrie/vw-abgasskandal-der-autoindustrie-wird-das-tricksen-leicht-gemacht/12364494.html..
8 Vgl. bspw. Handelsblatt-Online, Die größten Skandale in deutschen Konzernen, 16.5.2012, abrufbar unter http://www.handelsblatt.com/unternehmen/buero-special/compliance-die-groessten-skandale-in-deutschen-konzernen/6641352.html.
9 Vgl. bspw. *Steinbruch*, Der ständige Kampf gegen Korruption, 2.9.2013, abrufbar unter http://www.wiwo.de/unternehmen/mittelstand/wirtschaftskriminalitaet-im-mittelstand-der-staendige-kampf-gegen-korruption/8716138.html.
10 Vgl. dazu Rn 86 ff.
11 Vgl. dazu Rn 4.
12 Vgl. dazu Rn 27 ff.
13 Vgl. dazu Rn 46 ff.

Dessau/Schäfer

B. Der Begriff Compliance

Über den Begriff „Compliance" herrscht in der Praxis oftmals noch erhebliche Unklarheit. Eine einheitliche Übersetzung des Wortes ins Deutsche, welche die gesamte Bedeutung dieses Begriffs kurz und prägnant ermöglichen würde, existiert nicht.[14]

Dies ist allerdings auch ganz natürlich. Denn zum einen erschließt sich der **Begriff „Compliance"** nicht einfach aus sich selbst heraus. Zum anderen fehlt es an einer branchenunabhängigen gesetzlichen Definition des Begriffs „Compliance" im deutschen Recht.[15]

I. Die wörtliche Übersetzung als Anhaltspunkt

Eine erste und sehr naheliegende **Möglichkeit**, sich dem Bedeutungsgehalt dieses Begriffs zu nähern, ist selbstverständlich schlicht eine **wörtliche Übersetzung** in die deutsche Sprache. Der Begriff „Compliance" stammt aus dem Englischen und leitet sich von „to comply with" ab. Wörtlich übersetzt bedeutet dies in etwa soviel wie „Befolgung", „Einhaltung" oder „Übereinstimmung". Stellt dies einen ersten Ansatzpunkt dar, um den Bedeutungsgehalt zu erschließen, ist damit aber im Ergebnis noch nicht viel gewonnen: Aus der wörtlichen Übersetzung wird nicht erkennbar, worauf sich die „Befolgung", „Einhaltung" bzw. „Übereinstimmung" eigentlich beziehen soll.[16]

II. Compliance in der Medizin

Als **fachlicher Terminus** hat der Begriff „Compliance" seinen **Ursprung in der Medizin**. Er entstand zu Beginn der 1970er Jahre und ist inzwischen als klar definierter Fachterminus in der Medizin fest etabliert. Zur Entwicklung des medizinischen Begriffs von Compliance kam es, als erste systematische wissenschaftliche Untersuchungen im medizinischen Bereich zur Klärung der Frage in Auftrag gegeben wurden, wie viel von dem, was Ärzte den Patienten als Therapie für die Behandlung ihrer Erkrankung empfehlen (beispielsweise Einnahmevorgaben für Tabletten), dann auch tatsächlich von diesen be-

---

14 Vgl. zum unterschiedlichen Begriffsverständnis von „Compliance" Rn 10ff. sowie *Bock*, Criminal Compliance, S. 13ff.; zum Begriff der „Non-Compliance" vgl. *Piel*, ZWH 2014, 13.
15 Vgl. Wecker/Ohl/*Vetter*, Compliance, S. 3. Viel gravierender ist allerdings, dass in der Unternehmenspraxis Compliance noch viel zu wenig als ernstzunehmende Risikomanagementfunktion verstanden wird. Weil viele Unternehmen nicht bereit sind, die Compliance-Funktion mit den notwendigen Befugnissen und Ressourcen auszustatten, dient sie allzu oft nur als „Feigenblatt". Vgl. zu dieser „Missachtung aus Geiz und Unentschlossenheit" *Moosmayer*, NJW 2012, 3013.
16 Zu Begriff und Entwicklung vgl. statt vieler Rotsch/*Rotsch*, Criminal Compliance, § 1 Rn 4ff. und Behringer/*Behringer*, Compliance kompakt, S. 34ff.

folgt wird.[17] Mit Compliance wurde dabei das Verhalten eines Patienten beschrieben, der sich an die Therapievorgaben des Arztes hält – die **Therapietreue**. Ist der Patient therapietreu, so verhält er sich „compliant". Weicht er hingegen von der vom Arzt empfohlenen Therapie ab oder ignoriert diese gar vollständig, so verhält er sich „non-compliant". Diese „Non-Compliance" verursacht im Gesundheitswesen regelmäßig hohe Kosten (etwa durch falsche Medikation oder notwendige Nachbehandlungen)[18] – im schlimmsten Fall sogar den Tod eines Patienten.

8   Diese Prägung des Begriffs „Compliance" aus der Medizin in Verbindung mit dessen wörtlicher Übersetzung macht den Bedeutungsgehalt des Begriffs „**Compliance**" auch **für die Unternehmenswelt** bereits deutlich klarer. So wie für die Patienten die Therapievorgaben eines Arztes regelmäßig maßgeblich für den Behandlungserfolg einer Erkrankung sind, sind dies für Unternehmen vornehmlich die gesetzlichen Vorgaben, die den Rahmen für ihr unternehmerisches Tätigwerden bilden. Dies gilt für sämtliche Unternehmen – unabhängig von ihrer Unternehmensform und Branche.

9   Bei Nichtbefolgung dieser Vorgaben gehen beide – sowohl der Patient als auch das Unternehmen – ein (zum Teil unkalkulierbares) Schadensrisiko ein.

III. Enges Verständnis von Compliance

10 Dies zugrunde gelegt, lässt sich der Begriff „**Compliance**" für Unternehmen daher zunächst als „Verpflichtung zur Einhaltung der gesetzlichen Vorschriften" **definieren**.[19] Dies entspricht auch dem Verständnis in der unternehmerischen Praxis, wie die bereits erwähnte[20] F.A.Z.-Institut-Studie zeigt: Danach verstehen fast alle der 100 im Rahmen der Studie befragten mittelständischen Unternehmen unter dem Begriff „Compliance" die Einhaltung der rechtlichen Vorschriften.[21]

11 Gestützt wurde diese enge Definition bis zum 3.1.2018 auch durch spezialgesetzliche Regelungen wie in § 33 Abs. 1 Nr. 1 WpHG a.F.,[22] der speziell für Wertpapierdienstleistungsunternehmen gilt. Darin wurde den **Wertpapierdienstleistungsunternehmen** sinngemäß eine Verpflichtung zur Einrichtung einer dauerhaften und wirksamen Compliance-Funktion auferlegt, um „sicherzustellen, dass das Wertpapierhandelsunternehmen selbst und seine Mitarbeiter den Verpflichtungen dieses Gesetzes nachkommen".

---

17 *Sabaté*, Adherence to Long-Term Therapies: Evidence for Action, WHO 2003.
18 Petermann/*Volmer*/*Kielhorn*, Compliance und Selbstmanagement, S. 45ff.
19 *Schneider*, ZIP 2003, 645, 646; *Meyer*, DB 2014, 1063.
20 Vgl. Rn 1.
21 F.A.Z.-Institut-Studie, S. 10.
22 Wertpapierhandelsgesetz (WpHG) v. 9.9.1998 (BGBl. I S. 2708) in der bis zur Umsetzung des zweiten Finanzmarktnovellierungsgesetz (2. FiMaNoG) v. 23.6.2017 (BGBl. I S. 1693, 2446) bis zum 3.1.2018 geltenden Fassung.

Die Wertpapierdienstleistungsunternehmen wurden somit einer Verpflichtung unterworfen, eine Compliance-Funktion im Unternehmen einzurichten, um die Konformität ihres Handelns mit den Vorgaben des WpHG zu gewährleisten. Mit Novellierung des WpHG am 3.1.2018 wurde die Regelung in § 33 WpHG a. F. gestrichen und in § 80 WpHG neu formuliert. Dies gilt bis heute.[23] § 80 Abs. 1 WpHG hat die Formulierung in § 33 WpHG a. F. nicht übernommen, sondern verweist nun ausschließlich auf § 25a KWG. In § 25a Abs. 1 S. 2 Nr. 3 c) KWG[24] heißt es dann, dass die Einrichtung interner Kontrollverfahren mit einem internen Kontrollsystem und einer internen Revision zu erfolgen haben, wobei das interne Kontrollsystem insbesondere auch eine Risikocontrolling-Funktion und eine Compliance-Funktion umfassen soll – mehr nicht. In § 80 Abs. 1 S. 3 WpHG heißt es zudem, dass Art. 21 bis 26 der Delegierten Verordnung (EU) 2017/565 (im Folgenden DV)[25] nähere Bestimmungen zur Organisation der Wertpapierdienstleistungsunternehmen enthalten. Schaut man sich die Artikel der DV näher an, insbesondere Art. 22 DV „Einhaltung der Vorschriften („Compliance")", so kommt aus den Regelungen der DV immer noch nicht hervor, dass Wertpapierfirmen nur den Verpflichtungen des WpHG nachkommen müssen. Allerdings heißt es zumindest im Erwägungsgrund Nr. 29 der DV, dass für Wertpapierfirmen, die die genannten Leistungen erbringen bzw. Tätigkeiten ausüben, konkrete organisatorische Anforderungen und Verfahren festgelegt werden sollten. Insbesondere für Aspekte wie die Einhaltung der rechtlichen Vorgaben („Compliance"), das Risikomanagement, die Abwicklung von Beschwerden, persönliche Geschäfte, die Auslagerung und die Ermittlung, Steuerung und Offenlegung von Interessenkonflikten sollten strikte Verfahren festgelegt werden. So etwas ähnliches wie „rechtliche Vorgaben" lassen sich dann auch aus den Verwaltungsanweisungen der BaFin MaComp[26] und MaRisk[27] entnehmen: Während in AT 6 Nr. 1 und Nr. 2 der MaComp geregelt wird, dass ein Wertpapierdienstleistungsunternehmen angemessene Grundsätze aufzustellen, Mittel vorzuhalten und Verfahren einzurichten hat, die darauf ausgerichtet sind, sicherzustellen, dass das Wertpapierdienstleistungs-

---

[23] Wertpapierhandelsgesetz (WpHG) v. 9.9.1998 (BGBl. I S. 2708), zuletzt geändert durch Gesetz v. 6.5.2024 (BGBl. 2024 I Nr. 149).
[24] Kreditwesengesetz (KWG) v. 9.9.1998 (BGBl. I S. 2776), zuletzt geändert durch Gesetz v. 10.8.2021 (BGBl. I S. 3436).
[25] Delegierte Verordnung (EU) 2017/565 der Kommission v. 25.4.2016 zur Ergänzung der Richtlinie 2014/65/EU des Europäischen Parlaments und des Rates in Bezug auf die organisatorischen Anforderungen an Wertpapierfirmen und die Bedingungen für die Ausübung ihrer Tätigkeiten sowie in Bezug auf die Definition bestimmter Begriffe für die Zwecke der genannten Richtlinie.
[26] BaFin-Rundschreiben 5/2018 (WA) – Mindestanforderungen an die Compliance-Funktion und weitere Verhaltens-, Organisations- und Transparenzpflichten – MaComp, abrufbar unter https://www.bafin.de/SharedDocs/Veroeffentlichungen/DE/Rundschreiben/2018/rs_18_05_wa3_macomp.html.
[27] BaFin-Rundschreiben 5/223 (BA) – Mindestanforderungen an das Risikomanagement – MaRisk, abrufbar unter https://www.bafin.de/SharedDocs/Veroeffentlichungen/DE/Rundschreiben/2023/rs_05_2023_MaRisk_BA.html; vgl. zum Rundschreiben 10/2021 *Krimphove*, BKR 2021, 597.

unternehmen selbst und seine Mitarbeiter den Verpflichtungen des WpHG nachkommen, heißt es in Ziffer 4.4.2. der MaRisk noch präziser:[28]

> „Jedes Institut muss über eine Compliance-Funktion verfügen, um den Risiken, die sich aus der Nichteinhaltung rechtlicher Regelungen und Vorgaben ergeben können, entgegenzuwirken."

12 Diese Fundstellen stützen die enge Definition von Compliance, dass darunter nur die Verpflichtung fällt, gesetzliche Vorschriften einzuhalten.

IV. Weites Verständnis von Compliance

13 Wurde dadurch in einem ersten Schritt der Begriff „Compliance" eher eng definiert, so hat sich **in der Praxis** immer mehr die Erkenntnis durchgesetzt, dass eine solche – allein auf rechtliche Vorgaben beschränkte – Definition zu eingrenzend ist und dem Sinn und Zweck der Compliance nicht vollständig gerecht wird.[29] Der **Bedeutungsgehalt** des Begriffs „Compliance" muss vielmehr um einen wichtigen Zusatz **erweitert** werden, nämlich die „Einhaltung auch sonstiger Regeln".

14 Und dies aus gutem Grund: Unternehmen sehen sich in der Praxis nicht mehr nur einer **Vielzahl an gesetzlichen Pflichten** ausgesetzt. Neben der Übereinstimmung des unternehmerischen Handelns mit diesen Vorgaben – also Gesetzen und behördlichen Verordnungen (eigentlich eine unternehmerische Selbstverständlichkeit) – wirken branchenunabhängig auf nahezu jedes Unternehmen noch eine Vielzahl von weiteren (außergesetzlichen) Vorgaben ein, die das unternehmerische Tätigwerden zunehmend bestimmen. Dies sind insbesondere **unternehmensinterne Regelwerke** wie

- interne Satzungen,
- Geschäftsordnungen,
- Merk- und Informationsblätter,
- Unterschriftenregelungen,
- Arbeitsanweisungen oder
- Konzernrundschreiben.[30]

15 Diesen **Vorgaben außerhalb gesetzlicher Regelungen** kommt gerade in der Unternehmenspraxis eine zunehmende Bedeutung zu, steckt dahinter doch regelmäßig ein gewichtiges operationelles Interesse bzw. eine von den Mitarbeitern zu beachtende Unternehmenskultur. In vielen Branchen wie z.B. der pharmazeutischen Industrie oder der

---

28 Zur Vertiefung bzgl. der Regelung in § 80 WpHG und § 22 DV zu Compliance in der MaComp vgl. Krimphove/Kruse/*Rohwetter*, MaComp, AT 6 Rn 1ff. und Krimphove/Kruse/*Schäfer*, MaComp, BT 1 Rn 1ff.; zur Vertiefung bzgl. der Regelung zu Compliance in der MaRisk vgl. Hannemann/Weigl/Zaruk, , S. 789ff.
29 *Moosmayer*, Compliance, 4. Aufl., S. 1ff.; *Kiethe*, GmbHR 2007, 393, 394; *Kort*, NZG 2008, 81, 82.
30 Wecker/Ohl/*Vetter*, Compliance, S. 4.

Energieerzeugung geht es zudem zum Teil um hoch emotionale und sensible Themen, sodass von den Unternehmen regelmäßig neben der Einhaltung der gesetzlichen Vorschriften auch die Einhaltung außergesetzlicher Vorgaben wie z.B. ethisches Verhalten[31] oder Umweltschutz erwartet wird.

Auch der nicht ordnungsgemäße **Umgang mit Arbeitnehmern** findet zunehmend Widerhall in der Medienlandschaft. Erinnert sei an dieser Stelle beispielhaft an den Vorwurf schlechter Arbeitsbedingungen bei Lieferanten renommierter Sportartikelhersteller oder Unternehmen aus der Bekleidungsbranche.[32] Die damit einhergehenden negativen Auswirkungen auf das **Image** und die **Reputation** der betroffenen Unternehmen sprechen somit bereits für ein weites Verständnis des Compliance-Begriffs, stellen diese doch ein hohes unternehmerisches Gut dar. Der gute Ruf eines Unternehmens ist oftmals für Kunden, Mitarbeiter oder auch Aktionäre ein wesentlicher Aspekt, sich für ein Unternehmen zu entscheiden und damit marktwesentlich,[33] sodass dieser einen **wesentlichen Faktor** nachhaltig erfolgreichen unternehmerischen Handelns darstellt.[34]

16

Schließlich ergibt sich ein weites Verständnis des Compliance-Begriffs auch aus dem für deutsche börsennotierte Aktiengesellschaften maßgeblichen **Deutschen Corporate Governance Kodex (DCGK)**[35] vom 7.2.2017, wo es unter Nr. 4.1.3[36] heißt:

17

„Der Vorstand hat für die Einhaltung der gesetzlichen Bestimmungen und der unternehmensinternen Richtlinien zu sorgen und wirkt auf deren Beachtung durch die Konzernunternehmen hin (Compliance). Er soll für angemessene, an der Risikolage des Unternehmens ausgerichtete Maßnahmen (Compliance-Management-System) sorgen und deren Grundzüge offenlegen. Beschäftigten soll auf geeignete Weise die Möglichkeit eingeräumt werden, geschützt Hinweise auf Rechtsverstöße im Unternehmen zu geben; auch Dritten sollte diese Möglichkeit eingeräumt werden."[37]

---

31 *Kiethe*, GmbHR 2007, 393, 394; *Kort*, NZG 2008, 81, 86; vgl. auch *Hussain*, CCZ 2011, 106 zu sog. Ethikabteilungen.
32 Vgl. dazu z.B. *Berberich*, Die dunkle Seite von H&M, 21.1.2012, abrufbar unter www.focus.de/finanzen/news/unternehmen/ard-markencheck-die-dunkle-seite-von-hundm_aid_705915.html; Sueddeutsche.de, Arbeitsbedingungen in China: Adidas zieht nach Streik Aufträge ab, 24.4.2014, abrufbar unter http://www.sueddeutsche.de/wirtschaft/arbeitsbedingungen-in-china-adidas-zieht-nach-streik-auftraege-ab-1.1943321.
33 Vgl. zur Image- bzw. Reputationsfunktion von Compliance noch ausführlich Rn 86.
34 Wieland/Steinmeyer/Grüninger/*Grüninger*, Handbuch Compliance-Management, S. 47ff.; Bankenrechtliche Vereinigung/*Hauschka*, Verbraucherschutz im Kreditgeschäft, S. 106.
35 Deutscher Corporate Governance Kodex (DCGK) vom 7.2.2017, abrufbar unter https://www.dcgk.de/de/kommission/die-kommission-im-dialog/deteilansicht/kodexaenderungen-2017-beschlossen-vorsitzwechsel-zum-1-maerz.html?file=files/dcgk/usercontent/de/download/kodex/170214%20Kodex%20D%20Mark%20up%20vorlaeufige%20Version.pdf.
36 Vgl. zu Grundsatz 5 Kremer/Bachmann/Favoccia/von Werder/*Bachmann/Kremer*, Deutscher Corporate Governance Kodex, 9. Aufl. 2023, Grds. 5 und zu Nr. 4.1.3 des DCGK vom 7.2.2017 *Bings*, CCZ 2017, 118ff.
37 Vertiefend Kap. 5 und zu aktuellen Rechtsfragen des Whistleblower-Schutzes und den Auswirkungen auf Unternehmen: *Anger/Neuerer*: Whistleblower-Gesetz – Wie weit der Schutz gehen soll, Handelsblatt,

18 Die mit dem Erlass des Deutschen Corporate Governance Kodex (DCGK) befasste Kodex-Kommission legt somit ebenfalls ein weites Verständnis von „Compliance" zugrunde. Zuletzt am 28.4.2022 ist von der Kodex-Kommission der DCGK novelliert und erneut beschlossen worden.[38] Darin heißt es unter Grundsatz 5:

> „Der Vorstand hat für die Einhaltung der gesetzlichen Bestimmungen und der internen Richtlinien zu sorgen und wirkt auf deren Beachtung im Unternehmen hin (Compliance). Das interne Kontrollsystem und das Risikomanagementsystem umfassen auch ein an der Risikolage des Unternehmens ausgerichtetes Compliance Management System."

19 Als Empfehlung und Anregung heißt es unter A.4 und A.5 dann weiter:

> „Beschäftigten soll auf geeignete Weise die Möglichkeit eingeräumt werden, geschützt Hinweise auf Rechtsverstöße im Unternehmen zu geben; auch Dritten sollte diese Möglichkeit eingeräumt werden. Im Lagebericht sollen die wesentlichen Merkmale des gesamten internen Kontrollsystems und des Risikomanagementsystems beschrieben werden und soll zur Angemessenheit und Wirksamkeit dieser Systeme Stellung genommen werden."

20 Wie auch im Vergleich zur ersten Novelle vom 9.5.2019 ist der Text zwischen Nr. 4.1.3 der DCGK vom 7.2.2017 und Grundsatz 5 nebst Empfehlung und Anregung A.4/A.5 der DCGK vom 28.4.2022 zwar leicht unterschiedlich. Das finale Ergebnis ist jedoch gleich. Damit „Compliance" ihre Funktion im Unternehmen vollumfänglich entfalten kann, muss der **Begriff „Compliance"** daher weit „als Verpflichtung aller Mitarbeiter und der Geschäftsleitung zur Beachtung der rechtlichen Vorschriften und sonstigen Regeln des Unternehmens" **definiert** werden.[39]

21 Dieses weite „Compliance-Verständnis" spiegelt sich dann auch in der F.A.Z-Institut-Studie[40] wider: Sechs von zehn der befragten mittelständischen Unternehmen sehen unter dem Begriff „Compliance" die Sicherstellung der Einhaltung gesetzlicher Vorschriften und die Einhaltung unternehmensinterner Regelungen. Zudem ist die Förderung einer Compliance-Kultur bei Unternehmen von zentraler Bedeutung für die Zukunft.[41]

2.2.2021; *Altenbach/Dierkes*, CCZ 2020, 126; *Dzida/Granetzy*, NZA 2020, 2101; *Klaas*, CCZ 2019, 163; *Passarge/Scherbarth*, CB 2021, 49 ff.; *Steinhauser/Kreis*, EuZA 2021, 422.
38 Die Fassung v. 28.4.2022 ist abrufbar unter https://www.dcgk.de//files/dcgk/usercontent/de/download/kodex/220627_Deutscher_Corporate_Governance_Kodex_2022.pdf; die Neufassung wurde am 27.6.2022 im Bundesanzeiger veröffentlicht (vgl. Banz AT 27.6.2022, B1). Vgl. zur Neufassung *v. Werder/Danilov/Schwarz*, DB 2021, 2097 ff. und weitergehend zur Sustainable Corporate Governance *Spießhofer*, NSG 2022, 435.
39 Behringer/*Behringer*, Compliance kompakt, S. 46; *Hauschka*, ZIP 2004, 877.
40 Vgl. F.A.Z.-Institut-Studie, S. 8.
41 Deloitte, The Future of Compliance 2018, S. 41 ff.

V. Compliance als Managementfunktion

Damit aber noch nicht genug. Eine lediglich abstrakte Verpflichtung zur Einhaltung von Gesetzen und sonstigen Regeln wird dem **Bedeutungsgehalt von Compliance** noch immer nicht vollkommen gerecht. Es würde sich lediglich um einen Programmsatz handeln, dessen effektive Umsetzung offen bliebe. Im Kern handelt es sich bei Compliance jedoch um eine Frage, wie mit potenziellen Risiken von Rechtsverstößen usw. bei jeder unternehmerischen Tätigkeit gesteuert umgegangen wird und somit um eine **Managementfunktion**.[42]

Eine gewisse Vergleichbarkeit kann mit der in vielen Unternehmen bereits bekannten und etablierten **Risikomanagementfunktion** hergestellt werden:[43] Unternehmen nahezu jeder Branche finden sich einem **permanenten Wandel von Produkten und Marktentwicklungen** ausgesetzt. Gerade die internationalen Märkte befinden sich in einem stetigen Weiterentwicklungsprozess. Unvorhersehbare Preis- bzw. Marktentwicklungen für bspw. Energie oder Rohstoffe können den Unternehmenserfolg gefährden. Wettbewerbsbedingungen verändern sich immer kurzfristiger. Der Konkurrenzdruck steigt. Diese zunehmende Komplexität des Unternehmensumfelds nimmt Hand in Hand mit dem Erfolgsdruck kontinuierlich zu. Damit verbunden ist regelmäßig die tatsächliche Notwendigkeit für Unternehmen, zur Erhöhung des Unternehmenswerts stärkere geschäftsökonomische Risiken einzugehen und sich bietende Chancen schnellstmöglich zu nutzen. Um das damit einhergehende **Risiko einer negativen Abweichung von den Erwartungswerten** bzw. sich bietende Chancen rechtzeitig erkennen zu können, halten viele Unternehmen inzwischen eine eigene **Risikomanagementabteilung** vor. Diese Managementfunktion analysiert zeitnah und systematisch vor allem das ökonomische Risiko und die ökonomischen Chancen von Geschäftsvorgängen, um bspw. das Risiko eines Verlustgeschäfts frühzeitig zu identifizieren und anschließend entsprechend managen zu können.[44]

Ist es also Aufgabe des Risikomanagements, eine vornehmlich ökonomische Risikobewertung einzelner Handels- bzw. Geschäftsvorgänge im Unternehmen vorzunehmen und einen Risikoeintritt zu verhindern, indem bspw. Adressenausfall-, Liquiditäts- oder Marktpreisänderungsrisiken gemanagt werden, so bedeutet Compliance etwas Vergleichbares – bloß auf rechtliche/ethische Risiken ausgerichtetes: Durch präventives Handeln soll die Einhaltung gesetzlicher Vorschriften und sonstiger Regeln im Unternehmen sichergestellt werden, damit es nicht zu Haftungsfällen und Image- bzw. Reputationsschäden für das Unternehmen kommt.[45]

---

42 So bereits *Lösler*, Compliance im Wertpapierdienstleistungskonzern, S. 10.
43 Wieland/Steinmeyer/Grüninger/*Grüninger*, Handbuch Compliance-Management, S. 56 f.; *Moosmayer*, Compliance, 4. Aufl., S. 27.
44 Vgl. ausführlich zum Risikomanagement in kleinen und mittleren Unternehmen, Kap. 3.
45 Zur Abgrenzung der Managementfunktionen Risikomanagement und Compliance vgl. Szesny/Kuthe/Heim/*Peters*, Kapitalmarkt-Compliance, S. 506 ff. sowie *Gold/Schäfer/Bußmann*, ET 6/2011, 2 ff.; zum Ver-

25 Diesen **Risiken möglicher Haftungsfälle und Image- bzw. Reputationsschäden** sind allerdings nicht nur privatwirtschaftliche Unternehmen ausgesetzt. Vielmehr gilt dies umso mehr für staatliche und behördliche Einrichtungen. Denn gerade der Staat mit seiner Vielzahl an Unter- und Ausgliederungen (wie Eigenbetrieben oder Eigengesellschaften in Form von kommunalen Stadtwerken) muss bei der Befolgung von gesetzlichen, ethischen und/oder moralischen Vorgaben besonders sorgsam sein, um mögliche (Staats-)Haftungsfälle zu vermeiden.[46]

26 Compliance ist deshalb nur dann effektiv, wenn auch entsprechende (angemessene) organisatorische Strukturen in Form eines Compliance-Programms im Unternehmen implementiert werden, die deren Einhaltung effizient gewährleisten.[47] Compliance lässt sich damit abschließend definieren als die im konkreten Einzelfall erforderliche Implementierung einer Managementfunktion, welche die Einhaltung von gesetzlichen Bestimmungen und sonstigen Regeln im Unternehmen sicherstellt.[48]

C. Die historische Entwicklung von Compliance

27 Nachdem in einem ersten Schritt Klarheit über den Begriff „Compliance" geschaffen wurde, soll in einem nächsten Schritt die **historische Entwicklung**[49] dieser Managementfunktion einer näheren Betrachtung unterzogen werden.

I. Die Entwicklung in den USA

28 Die Entwicklung von Compliance als Managementfunktion in seiner heutigen Ausprägung begann in den USA.[50] Der **Ausgangspunkt** dieser Entwicklung lässt sich bereits im Jahr 1909 an einer Entscheidung des Supreme Court[51] festmachen. Damit wurde erstmals in den USA die strafrechtliche Verantwortlichkeit von Kapitalgesellschaften ausgeurteilt. Kapitalgesellschaften hafteten danach auch für den durch das schuldhafte Verhalten ihrer Angestellten oder Gehilfen verursachten Schaden, sofern dies zum be-

---

hältnis von Compliance und Corporate Social Responsability vgl. Hauschka/Moosmayer/Lösler/*Spießhofer*, Corporate Compliance, § 11 Rn 1 ff.; *Säcker*, CB 2013, 1.
46 Stober/Orthmann/*Stober*, Compliance, S. 3 ff.; *Gimnich*, CB 2014, 195.
47 Vgl. zum Compliance-Management bereits ausführlich Kap. 2; *Kettelhake/Hahn*, CCZ 2022, 42; einen Einblick in zukünftige Herausforderungen der ganzheitlichen Organisation gebend *Moosmayer/Grützner*, CCZ 2021, 288.
48 Hauschka/Moosmayer/Lösler/*Hauschka/Moosmayer/Lösler*, Corporate Compliance, § 1 Rn 4; Wieland/Steinmeyer/Grüninger/*Steinmeyer/Späth*, Handbuch Compliance-Management, S. 182.
49 Zu den historischen Ursprüngen von Compliance vgl. instruktiv *Eufinger*, CCZ 2012, 21 ff.
50 Behringer/*Behringer*, Compliance kompakt, S. 34; *Moosmayer*, Compliance, 4. Aufl., S. 9.
51 U. S. Supreme Court, New York Central & Hudson River Railroad Co. vs. United States, 212 U. S. 481 (1909), 495 ff.

absichtigten Nutzen der Kapitalgesellschaft geschah. Damit war der Grundstein für eine umfassende Organisationshaftung für Personen und Sachen der Kapitalgesellschaften gelegt.[52]

Flankiert wurde diese **Organisationshaftung** für die Unternehmen in den USA im Jahr 1934 durch eine gesetzliche Regelung,[53] wonach es zusätzlich zur Haftung der Kapitalgesellschaft zu einer persönlichen (Schadenersatz-)Haftung für natürliche Personen, wie die Geschäftsleiter in Kapitalgesellschaften, kommen sollte, die durch Verletzung ihrer Kontrollfunktion und Kontrollverantwortung solche Organisationsmängel im Kern zu vertreten haben. **29**

Konnte bis dahin die **persönliche Haftung** bei der Verletzung von Organisationspflichten durch die im Regelfall dafür verantwortliche Geschäftsleitung vermieden und damit ein kalkulierbares Risiko eingegangen werden, war es damit seit dem Jahr 1934 endgültig vorbei: Die Geschäftsleitung musste mit ihrem privaten Vermögen für die Verletzung von Organisationspflichten einstehen. Damit war die **Organisationshaftung für die Geschäftsleitung** geboren – heute ein allgemeiner Grundsatz auch des deutschen Gesellschaftsrechts.[54] **30**

Die US-amerikanischen Unternehmen mussten auf diese **geänderte Gesetzeslage** reagieren. Die verantwortlichen Organe (Geschäftsleitung, Vorstand) bzw. leitende Angestellte mussten vor einer solchen persönlichen Haftung so weit wie möglich bewahrt werden, sollte der operative Erfolg des Unternehmens nicht gefährdet werden. Die US-amerikanischen Unternehmen begannen daher nach und nach damit, sog. **Corporate Compliance Codes** (Codes of Conduct/Codes of Ethics) einzuführen.[55] Dabei handelte es sich um **im Wege der Selbstverpflichtung verordnete Verhaltenskodizes**, welche den Angestellten des Unternehmens konkrete Vorgaben für ein rechtskonformes Handeln machten. Dadurch gedachten die verantwortlichen Organe, sich von einer persönlichen Haftung freizeichnen zu können, was seine Wirkung zunächst auch nicht verfehlte. Dennoch bedurfte es noch weiterer gesetzlicher Entwicklungen, bis sich die Implementierung einer wirksamen Compliance-Funktion nach heutigem Verständnis in der Unternehmensrealität flächendeckend durchsetzte. **31**

Deutlichen Auftrieb bekam die Implementierung von Compliance-Funktionen in US-amerikanischen Unternehmen schließlich durch ein Gesetz aus dem Jahr 1984.[56] Diesem Gesetz lag – neben anderem – auch die Überlegung zugrunde, die Strafbemessungspraxis der US-amerikanischen Bundesgerichte zu vereinheitlichen. In diesem Kontext wurden Richtlinien (sog. **General Sentencing Guidelines**) für die Bestrafung von Kapi- **32**

---

52 Vgl. eingehend dazu Derleder/Knops/Bamberger/*Frisch*, Handbuch zum Bankrecht, Band I § 9 Rn 1ff.
53 Securities Exchange Act of 1934 – Section 20.
54 Vgl. zur Organisationshaftung nach deutschem Recht § 43 Abs. 2 GmbHG (GmbH-Gesetz v. 20.4.1892 (RGBl. I S. 477), zuletzt geändert durch Gesetz v. 22.2.2023 (BGBl. I Nr. 51)) oder § 93 Abs. 2 AktG (Aktiengesetz v. 6.9.1965 (BGBl. I S. 1089), zuletzt geändert durch Gesetz vom 19.6.2023 (BGBl. I Nr. 154)).
55 Derleder/Knops/Bamberger/*Frisch*, Handbuch zum Bankrecht, Band I § 9 Rn 6ff.
56 Sentencing Reform Act of 1984, Publ. L. No. 98–473.

talgesellschaften und anderen juristischen Personen erlassen. Ein besonderes Merkmal dieser Richtlinien war es, Strafzumessungsregeln festzulegen, die bei der Ermittlung der Strafe für ein Unternehmen angewendet werden müssen. Ein zentraler Teil dieser General Sentencing Guidelines ist ein **Strafzumessungskatalog**, in welchem besondere strafschärfende – aber auch strafmildernde (sog. Mitigating Factors) – Faktoren festgelegt wurden.[57] Die **Einführung einer wirksamen Compliance-Funktion** in US-amerikanischen Unternehmen nahm dadurch erheblich an Bedeutung zu, wurde doch eine wirksam implementierte Compliance-Funktion als Strafmilderungsfaktor anerkannt.[58] Vor dem Hintergrund, dass in den USA auch Unternehmen als juristische Person zur Verantwortung gezogen und zu hohen – teils existenzbedrohenden – Geldstrafen verurteilt werden können, begannen die Unternehmen, präventiv Compliance-Funktionen als Teil ihres Risikomanagements aufzubauen.[59]

II. Ausstrahlung auf Europa

33   Aus Anlass dieser Erfahrungen in den USA begann zunächst das **deutsche Finanzwesen** Anfang der 1990er Jahre, ebenfalls wirksame Compliance-Funktionen einzurichten.[60] Der US-amerikanische Standard hatte sich im internationalen Finanzwesen durchgesetzt.[61] Die Glaubwürdigkeit und Seriosität eines Marktteilnehmers in der Finanzbranche maß man international daran, ob dieser über eine wirksame Compliance-Funktion verfügte.[62] **Ziel** einer solchen **Unternehmensfunktion** war es vor allem, die Einhaltung der rechtlichen Verhaltensregeln des Kapitalmarktes zu gewährleisten, die Marktintegrität zu wahren und Interessenkonflikte im Wertpapiergeschäft zu vermeiden, um mögliche Haftungsfälle deutlich zu reduzieren.[63] Eine gesetzliche Verpflichtung dazu existierte damals noch nicht. Die Unternehmen aus der Finanzbranche verpflichteten sich vielmehr in Form einer **Selbstverpflichtung** dazu, ein **wirksames System einzurichten**, welches gewährleistet, dass sich alle Mitarbeiterinnen und Mitarbeiter an die rechtlichen Rahmenbedingungen halten.[64]

---

57 HeidelbergerKomm-AktG/*Runte*/*Eckert*, § 161 Rn 98; Hauschka/Moosmayer/Lösler/*Hauschka*/*Moosmayer*/*Lösler*, Corporate Compliance, § 1 Rn 74 ff.
58 Schimansky/Bunte/Lwowski/*Faust*, Bankrechts-Handbuch, § 109 Rn 5; *Moosmayer*, Compliance, 4. Aufl., S. 10.
59 HeidelbergerKomm-AktG/*Runte*/*Eckert*, § 161 Rn 100; *Karbaum*, Kartellrechtliche Compliance, S. 9; zu aktuellen Entwicklungen der Compliance in den USA vgl. *Halim*/*Klee*, CCZ 2021, 300.
60 Schimansky/Bunte/Lwowski/*Faust*, Bankrechts-Handbuch, § 109 Rn 2; Krimphove/Kruse/*Schäfer*, MaComp, vor BT 1 Rn 32.
61 *Schneider*, ZIP 2003, 645.
62 *Eisele*, WM 1993, 1021 ff.; *Weiss*, Die Bank 1993, 136 ff.
63 *Fleischer*, AG 2003, 291, 299.
64 Derleder/Knops/Bamberger/*Frisch*, Handbuch zum Bankrecht, Band I § 9 Rn 16.

Die **Verbreitung der Compliance-Funktionalitäten** in Unternehmen über das Finanzwesen hinaus wurde durch Skandale in den USA, wie bei ENRON oder WorldCom, die unter Zurücklassung von zahllosen Arbeitslosen und gigantischen Schuldenbergen in die Insolvenz gingen, Ende der 1990er Jahre weiter beflügelt. Vor allem bedingt durch die breite mediale Berichterstattung rückte das Thema „Compliance" in den Mittelpunkt der öffentlichen Diskussion.[65] Dies führte in den USA im Jahr 2002 zum Erlass des **Sarbanes-Oxley-Acts (SOX)**.[66] Diese gesetzliche Regelung hat seitdem die Aufgabe, die Finanzberichterstattung für an der Stocks Exchange notierte US-amerikanische Unternehmen und deren Tochtergesellschaften durch die US-amerikanische Steuerverwaltung deutlich zu verbessern.[67] Ein wesentlicher Bestandteil der nach diesem Rechtsakt vorgegebenen Pflichten ist die Einrichtung eines internen Kontrollsystems, welches geeignet ist, die ordnungsgemäße Finanzberichterstattung sicherzustellen.[68] Ein Verstoß dagegen wird nach Abschnitt 906 des SOX mit einer Freiheitsstrafe von bis zu 20 Jahren bzw. einer Geldstrafe bis zu 5 Mio. $ sanktioniert. Des Weiteren ist in Abschnitt 802 des SOX eine Strafbarkeitsregelung aufgenommen worden, nach welcher die Zerstörung und/oder Veränderung von aufbewahrungspflichtigen Unterlagen in Unternehmen mit einer Freiheitsstrafe von ebenfalls bis zu 20 Jahren Gefängnis geahndet werden kann. Für Unternehmen wurde deshalb eine präventive Verringerung dieses Haftungsrisikos immer wichtiger. Dies zeigt auch die BKA-Hauptstudie:[69] Alle US-amerikanischen Unternehmen, die an der US-Börse notiert sind, verfügen wegen der Einführung der SOX über ein Compliance-System.

Es waren vor allem diese (gesetzlichen) **Entwicklungen**, welche nahezu die gesamte US-amerikanische Wirtschaft aufschreckten und nach **wirksamen Compliance-Lösungen suchen** ließen, was sich auch auf europäische Unternehmen, die bspw. einen US-amerikanischen Mutterkonzern besaßen oder mit einer Niederlassung in den USA vertreten waren, schnell übertrug.[70] Denn in den USA tätige ausländische Unternehmen müssen ebenfalls die Gesetze der USA einhalten. Auch in Europa traten kurze Zeit später vergleichbare Skandalfälle auf.[71]

---

65 Vgl. bspw. SPIEGEL-Online, Bilanzskandal bei WorldCom: Schlimmer als Enron, 26.6.2002, abrufbar unter https://www.spiegel.de/wirtschaft/bilanzskandal-bei-worldcom-schlimmer-als-enron-a-202626.html.
66 Sarbarnes Oxley Act of 2002, Pub. L. No. 107–204, 107th Congress, Stat. 745, abrufbar unter http://www.sec.gov/about/laws/soa2002.pdf.
67 Wieland/Steinmeyer/Grüninger/*Steinmeyer/Späth*, Handbuch Compliance-Management, S. 220.
68 Inderst/Bannenberg/Poppe/*Rieder*, Compliance, 3. Aufl., S. 26; *Karbaum*, Kartellrechtliche Compliance, S. 10.
69 Vgl. BKA-Hauptstudie, S. 64.
70 Wecker/Ohl/*Rath*, Compliance, S. 133.
71 Erinnert sei nur an die Insolvenz des italienischen Großkonzerns Parmalat; vgl. dazu bspw. manager-magazin-online, Parmalat-Skandal: Wirtschaftsprüfer und Banken im Visier, 6.1.2004, abrufbar unter http://www.manager-magazin.de/finanzen/artikel/a-280802.html.

36   So waren es zunächst **große (transkontinental agierende) Unternehmen** aus der Chemie-, Energie-, Pharma- oder Automobilbranche, die schon frühzeitig zur Vermeidung solcher rufschädigenden und mit erheblichen Haftungsfolgen verbundenen Skandale auch in Deutschland einen Stamm von internen und externen Beratern in Form einer Compliance-Abteilung engagierten, um solche Risiken für die Zukunft bereits im Vorfeld zu unterbinden.[72] Zudem fand auch eine **Beeinflussung der europäischen Gesetzgebung bspw. in Form der europäischen Abschlussprüfungsrichtlinie (EuroSOX)**[73] durch die US-amerikanischen Regelungen zum Thema „Compliance" statt, welche inzwischen über das BilMoG[74] in deutsches Recht umgesetzt wurden und deutschen Unternehmen „von öffentlichem Interesse" i. S. v. Art. 2 Nr. 13 EuroSOX, wie bspw. börsennotierten Aktiengesellschaften, die Implementierung eines Prüfungsausschusses mit umfassenden Überwachungspflichten vorschreibt.[75] Bereits zuvor fanden Elemente der US-amerikanischen Regelungen ihren Niederschlag in Nr. 5.3.2 des für deutsche börsennotierte Aktiengesellschaften maßgeblichen DCGK.[76]

37   Compliance wurde immer mehr zu einem länder- und branchenübergreifenden Thema als strategisches Instrument der Geschäftsleitung, um im Sinne einer langfristigen und erfolgreichen Unternehmenssicherung Haftungsrisiken zu verringern bzw. ganz zu vermeiden.[77]

III. Compliance: In Europa nichts Neues!

38   Compliance wird häufig als Phänomen bezeichnet, welches aus den USA in deutsche Unternehmen übertragen wird. Die Erkenntnis von der Sicherstellung rechtskonformen Verhaltens in Unternehmen als Managementfunktion wurde zwar in ihrem heutigen Verständnis entscheidend in den USA geprägt. Historisch betrachtet ist dies in Europa allerdings alles andere als neu.[78]

39   Schon seit dem Mittelalter existiert in Europa das **Leitbild des „ehrbaren Kaufmanns"**. Dieses Leitbild entwickelte sich, da die kommerzielle Revolution[79] im Hochmit-

---

72 *Schneider*, ZIP 2003, 645 ff.
73 Abschlussprüfungsrichtlinie (EuroSOX – RL 2006/43/EG) v. 17.5.2006 (ABl EU Nr. L 157 S. 87 ff.).
74 Bilanzrechtsmodernisierungsgesetz (BilMoG) v. 25.5.2009 (BGBl. I S. 1102).
75 Wecker/Ohl/*Rath*, Compliance, S. 133; *Schruff/Melcher*, DB-Beilage 5/2009, 91 ff.; *Hucke*, ZCG 2008, 122 ff.
76 Freidank/Peemöller/*Bigus/Kiefer*, Corporate Governance, S. 923; zum DCGK vgl. bereits Rn 17.
77 Noch einen Schritt weiter gehen (derzeit insbesondere US-amerikanische) Unternehmen, die neben einer Compliance-Abteilung auch sog. Ethik-Abteilungen einrichten. Aufgabe solcher Abteilungen ist es, ethisch korrektes Verhalten des Unternehmens und aller Mitarbeiter sicherzustellen. Dabei geht es primär um freiwillige Selbstbeschränkungen des Verhaltens, die nicht bereits durch Recht und Gesetz vorgeschrieben sind. Es geht dabei vor allem „um die Sicherstellung einer werteorientierten Unternehmenskultur bis hin zum geschäftsethischen Verhalten als Markenkern", vgl. *Hussain*, CCZ 2011, 134.
78 Vertiefend dazu *Cauers/Haas/Schartmann/Welp*, DB 2007, 2717 ff.
79 Vgl. *Le Goff*, Kaufleute und Bankiers, S. 12 ff.

telalter die bis dahin gültige Wirtschaftsordnung der Schenkungswirtschaft[80] nach und nach ersetzte. Der Berufsstand des Kaufmanns wurde geboren. Dieser wurde schon sehr bald mit dem Begriff „ehrbar" verknüpft und zum Leitbild erhoben. Dieses Leitbild des „ehrbaren Kaufmanns" hat seinen Ursprung in Italien und wurde erstmals urkundlich 1494 erwähnt.[81] Darin heißt es:

> „Es gilt nichts höher als das Wort des guten Kaufmanns und so bekräftigen sie ihre Eide, indem sie sagen: Bei der Ehre des wahren Kaufmanns."

Dahinter steckte die **notwendige Überlegung**, dass nur ein „ehrbarer Kaufmann" langfristig auch **erfolgreich Geschäfte machen** konnte. Denn der Handel beruhte damals noch sehr stark auf gegenseitigem Vertrauen. Der Kaufmann musste seinen Ruf schützen. Ein beschädigter Ruf bedeutete Vertrauensverlust und damit langfristig den Ruin. Der „ehrbare Kaufmann" des Mittelalters bestimmte sich deshalb aus einem Bündel von Tugenden, Verhaltensweisen und Einsichten, die zum Ziel hatten, die Ehrbarkeit des Kaufmanns zu bewahren. Dazu gehörten insbesondere eine rechtmäßige Buchführung, Anstand und Redlichkeit.[82] 40

Speziell in der **deutschen Rechtsentwicklung** findet sich der für Compliance so maßgebliche Gedanke einer Organisationshaftung zudem bereits in der **Allgemeinen Gewerbeordnung vom 17.1.1845**[83] wieder. Darin heißt es in § 188: 41

> „Sind polizeiliche Vorschriften von dem Stellvertreter eines Gewerbetreibenden bei Ausübung des Gewerbes übertreten worden, so ist die Strafe zunächst gegen den Stellvertreter festzusetzen; ist die Übertretung mit Vorwissen des Vertretenen begangen worden, so verfallen beide der gesetzlichen Strafe."

Damit wurde für den **kaufmännischen Bereich** eine Haftung für ein **Organisationsverschulden** im Betrieb normiert. 42

Dieser Gedanke findet sich dann auch in § 151 der Gewerbeordnung für das Deutsche Reich vom 1.7.1883[84] wieder: 43

> „Sind polizeiliche Vorschriften von dem Stellvertreter eines Gewerbetreibenden bei Ausübung des Gewerbes übertreten worden, so trifft die Strafe den Stellvertreter; ist die Übertretung mit Vorwissen des verfügungsfähigen Vertretenen begangen worden, so verfallen beide der gesetzlichen Strafe."

---

80 Vgl. *Kaufer*, Spiegelungen wirtschaftlichen Denkens, S. 23 ff.
81 Vgl. *Kheil*, Luca Pacioli, S. 9.
82 Vertiefend dazu *Klink*, ZfB-Special-Issue 3/2008, 62 ff.
83 Allgemeine Gewerbeordnung v. 17.1.1845 (Gesetz-Sammlung S. 41).
84 Gewerbeordnung für das Deutsche Reich v. 1.7.1883 (RGBl. S. 177).

44 Dieser **Grundsatz der Haftung** für ein Organisationsverschulden bei Kaufleuten fand schließlich Eingang in die Gesetzgebung für die Gegenwart. So hieß es in § 130 OWiG[85] (Verletzung der Aufsichtspflicht in Betrieben und Unternehmen):

> „(1) Wer als Inhaber eines Betriebes oder Unternehmens vorsätzlich oder fahrlässig die Aufsichtsmaßnahmen unterlässt, die erforderlich sind, um in dem Betrieb oder Unternehmen Zuwiderhandlungen gegen Pflichten zu verhindern, die den Inhaber als solchen treffen und deren Verletzung mit Strafe oder Geldbuße bedroht ist, handelt ordnungswidrig, wenn eine solche Zuwiderhandlung begangen wird, die durch gehörige Aufsicht verhindert oder wesentlich erschwert worden wäre. Zu den erforderlichen Aufsichtsmaßnahmen gehören die Bestellung, sorgfältige Auswahl und Überwachung von Aufsichtspersonen."

45 Dies bestimmt § 130 OWiG bis heute. So neu, wie gelegentlich kolportiert, ist das Thema „Compliance" daher für deutsche Unternehmen nicht. Es ist vielmehr – wie eingangs gezeigt – „nur" durch Medienaufmerksamkeit popularisiert worden.

D. Rechtliche Verpflichtung zur Errichtung einer Compliance-Funktion

46 Nachdem der Begriff[86] und die historische Entwicklung[87] von Compliance in den vorstehenden Unterkapiteln näher untersucht wurden, stellt sich die Frage, ob und inwieweit Unternehmen rechtlich überhaupt dazu verpflichtet sind, eine wirksame Compliance-Funktion zu implementieren. Dies gilt ungeachtet ihrer Organisationsform,[88] also insbesondere auch für eine
- Aktiengesellschaft (AG),
- Gesellschaft mit beschränkter Haftung (GmbH) sowie
- Kommanditgesellschaft mit einer GmbH als Komplementärin (GmbH & Co. KG).

I. Ausdrückliche gesetzliche Vorgabe nur in Einzelfällen

47 Hintergrund dieser Diskussion ist, dass nur in wenigen Fällen eine ausdrückliche Verpflichtung zur Einführung einer Compliance-Funktion in Unternehmen gesetzlich vor-

---

85 Ordnungswidrigkeitengesetz (OWiG) v. 19.2.1987 (BGBl. I S. 602), zuletzt geändert durch Gesetz v. 27.2.2024 (BGBl. 2024 I Nr. 69).
86 Vgl. Rn 4 ff.
87 Vgl. Rn 27 ff.
88 Zu Compliance in Vereinen vgl. *Larisch/von Hesberg*, CCZ 2017, 17 ff.; in Vereinen und Stiftungen vgl. *Grambow*, CB 2017, 45 ff.; für Personengesellschaften vgl. *Vitorino Clarindo dos Santos*, Rechtsfragen der Compliance, S. 85 ff.; in Universitäten vgl. *Schröder*, ZIS 2017, 279 ff.; in Hochschulen vgl. *Weber/Lejeune*, ZRFC 2019, 151 ff.

Dessau/Schäfer

gesehen ist.[89] Konkret sind dies die Regelungen des § 80 WpHG, des § 25a KWG sowie des § 64a VAG.[90]

Der bereits angesprochene[91] § 25a Abs. 1 S. 2 Nr. 3 c) KWG schreibt Instituten i.S.d. KWG vor, dass das Risikomanagement eine Compliance-Funktion zu umfassen habe. Entsprechendes regelt § 80 Abs. 1 WpHG für **Wertpapierdienstleistungsunternehmen** durch die Verpflichtung, die organisatorischen Pflichten nach § 25a Abs. 1 und § 25e KWG einzuhalten,[92] und § 64a Abs. 1 S. 1 VAG für **Versicherungsunternehmen**.

Während § 29 VAG für Versicherungsunternehmen nach § 7 Nr. 33 und 34 (nicht aber kleine Versicherungsunternehmen gemäß §§ 211, 212 VAG) eine wirksame Compliance-Funktion ausdrücklich und mit konkreten Aufgaben normiert,[93] schreiben § 25a KWG bzw. § 80 WpHG eine solche Pflicht Unternehmen vor, die Wertpapierdienstleistungen gem. § 2 Abs. 8 WpHG, Bankgeschäfte gem. § 1 Abs. 1 S. 2 KWG bzw. Finanzdienstleistungen gem. § 1 Abs. 1a S. 2 KWG wie

- Anlageberatung,
- Anlagevermittlung,
- Eigenhandel,
- Eigengeschäfte oder
- Abschlussvermittlung

bezogen auf Finanzinstrumente oder Finanzierungsleasing anbieten: gerade für Banken, Leasingunternehmen aber auch einige Unternehmen aus der Energiebranche gängige Tätigkeiten.[94] So haben nach der BKA-Hauptstudie alle an der Untersuchung teilnehmenden Unternehmen aus dem Versicherungswesen sowie der Branche der Finanzdienstleistung und dem Bankwesen angegeben, ein Compliance-System implementiert zu haben.[95] Weitere – allerdings nur andeutungsweise[96] normierte – Pflichten zur Einrichtung einer Compliance-Funktion enthalten zudem § 52a Abs. 2 BImSchG[97] und § 27 Abs. 1 ZAG[98].

---

[89] Vgl. dazu auch Wieland/Steinmeyer/Grüninger/*Steinmeyer/Späth*, Handbuch Compliance-Management, S. 203 ff.
[90] Versicherungsaufsichtsgesetz (VAG) v. 1.4.2015 (BGBl. I S. 434), zuletzt geändert durch Gesetze v. 11.4.2024 (BGBl. 2024 I Nr. 119).
[91] Vgl. Rn 11.
[92] Vgl. dazu auch Art. 22 der Delegierten Verordnung (EU) 2017/565.
[93] Vgl. zu dieser Thematik ausführlich *Schaaf*, Risikomanagement und Compliance, S. 57 ff.
[94] Vgl. ausführlich zur Thematik des Vorliegens von Finanzdienstleistungen Fischer/Schulte-Mattler/*Schäfer*, KWG, Bd. 1, § 1 Rn 129 ff.; zur Thematik des Vorliegens von Wertpapier- und Finanzdienstleistungen speziell für den Energiehandel vgl. Zenke/Schäfer/*du Buisson/Zenke/Dessau*, Energiehandel in Europa, § 10 Rn 1 ff.
[95] Vgl. BKA-Hauptstudie, S. 62.
[96] *Karbaum*, Kartellrechtliche Compliance, S. 13; *Meyer*, DB 2014, 1063, 1064.
[97] Bundes-Immissionsschutzgesetz (BImSchG) v. 17.5.2013 (BGBl. I S. 1274), zuletzt geändert durch Gesetz v. 26.7.2023 (BGBl. I Nr. 202).
[98] Zahlungsdiensteaufsichtsgesetz (ZAG) v. 17.7.2012 (BGBl. I S. 2446), zuletzt geändert durch Gesetz v. 22.12.2023 (BGBl. 2023 I Nr. 411).

II. Allgemeine Verpflichtung zur Einrichtung einer Compliance-Funktion?

50 Ansonsten fehlen klare gesetzliche Regelungen, die einem Unternehmen ausdrücklich eine Verpflichtung zur Implementierung einer Compliance-Funktion vorschreiben würden. Weder das AktG oder das GmbHG noch das HGB[99] kennen eine dahingehende ausdrückliche Bestimmung. Ob dennoch eine Verpflichtung zur Implementierung einer Compliance-Funktion besteht, wird kontrovers diskutiert.[100]

1. Generelle Verpflichtung zur Einrichtung einer Compliance-Funktion?

51 Ein Standpunkt ist, dass für Unternehmen eine **generelle Verpflichtung zur** Implementierung einer **Compliance-Funktion** bestehen würde. Gefolgert wird dies vereinzelt aus einer Rechtsanalogie zu den ausdrücklichen Regelungen in branchenspezifischen Gesetzen.[101]

52 Vornehmlich wird die generelle Verpflichtung zur Einrichtung einer Compliance-Funktion jedoch aus einer Einzel- bzw. Gesamtbetrachtung verschiedener Vorschriften des AktG (§§ 76, 91 Abs. 2, 93 Abs. 1) bzw. des GmbHG (§§ 35, 41, 43, 85) hergeleitet.[102] Zu berücksichtigen sei die gesetzlich normierte Leitungsfunktion der Unternehmensspitze. So habe gem. § 76 Abs. 1 AktG der Vorstand die AG bzw. gem. § 43 GmbHG die Geschäftsführung die GmbH unter eigener Verantwortung zu leiten.

53 Dies als Ausgangspunkt, wird an verschiedene Pflichten nach dem AktG bzw. GmbHG angeknüpft. So schreibt beispielsweise § 91 Abs. 2 AktG vor, dass der Vorstand geeignete Maßnahmen zu treffen – insbesondere ein Überwachungssystem einzurichten – hat, damit den Fortbestand der Gesellschaft gefährdende Entwicklungen früh erkannt werden können. Nach allgemeiner Lesart umreißt diese Vorschrift nur einen Mindestpflichtenrahmen, sodass es naheliege, aus der organschaftlichen Überwachungssorgfalt eine bereichsübergreifende Pflicht der Vorstandsmitglieder durch Auslegung der Norm herzuleiten und Gesetzesverstößen von Unternehmensangehöri-

---

[99] Handelsgesetzbuch (HGB) v. 10.5.1897 (BGBl. III Gliederungsnr. 4100-01), zuletzt geändert durch Gesetze v. 11.4.2024 (BGBl. 2024 I Nr. 120).
[100] Zur Unterproblematik ob und in welchem Umfang in einem Konzern eine (Rechts-)Pflicht der Obergesellschaft besteht, Rechts- und Regelverstöße auch von Führungskräften und Mitarbeitern in Untergesellschaften zu verhindern, vgl. allgemein Wecker/Ohl/*Vetter*, Compliance, S. 9ff.; *Kort*, NZG 2008, 81, 84 und *Bunting*, ZIP 2012, 1542, die eine solche (Rechts-)Pflicht zutreffend bejahen. Gerade bei börsennotierten und kommunalen Unternehmen dürfte diese Frage eher theoretischer Natur sein: Schon wegen der medialen Exponiertheit und der Fokussierung der Medien auf die „oberste Konzernstruktur" werden diese aus einem Eigeninteresse regelmäßig auf adäquate Compliance-Maßnahmen (deren Einrichtung sie in der Regel auf die Leitung der Konzernuntergesellschaften delegieren wird) in allen Konzerngesellschaften drängen. Sehr generell zur Thematik vgl. *Rack*, CB 2014, 279ff.
[101] Vgl. bspw. *Schneider*, ZIP 2003, 645, 649.
[102] *Moosmayer*, Compliance, 4. Aufl., S. 6ff.; Wieland/Steinmeyer/Grüninger/*Steinmeyer/Späth*, Handbuch Compliance-Management, S. 203.

gen schon im Vorfeld entgegenzuwirken, da auch solche für Unternehmen bestandsgefährdende Entwicklungen begründen könnten.[103]

§ 93 Abs. 1 AktG schreibe zudem vor, dass Vorstandsmitglieder bei ihrer Geschäftsführung die Sorgfalt eines ordentlichen und gewissenhaften Geschäftsleiters anzuwenden hätten. Dazu zähle dann allerdings nicht nur die Verpflichtung zu eigenem rechtstreuen Verhalten des Vorstandes selbst.[104] Vielmehr resultiere aus § 93 AktG auch die Verpflichtung zur Einführung einer geeigneten Compliance-Funktion als Ausfluss der Pflicht zur Legalitätskontrolle bzgl. des Verhaltens sämtlicher Mitarbeiter im Unternehmen.[105] 54

Entsprechendes gelte dann auch für die GmbH und die GmbH & Co. KG gem. §§ 35, 41, 43, 85 GmbHG.[106] 55

Zudem seien zur Begründung einer **Verpflichtung zur Implementierung einer Compliance-Funktion** auch die §§ 3, 9, 130 OWiG heranziehbar.[107] Dadurch werde die Pflichtenstellung zur Beachtung der (sanktionsbewehrten) gesetzlichen Vorgaben der Aktionäre/Gesellschafter einer Kapitalgesellschaft auf die Leitungsebene der Kapitalgesellschaft übertragen. Insofern lasse sich zumindest mittelbar aus dem Ordnungswidrigkeitenrecht eine Verpflichtung zur Einrichtung einer Compliance-Funktion im Unternehmen folgern. 56

Auch der bereits erwähnte[108] – ausschließlich für börsennotierte Aktiengesellschaften geltende – DCGK wird zum Teil **zur Begründung einer Rechtspflicht** herangezogen. Mit der in Nr. 4.1.3 DCGK enthaltenen Bestimmung, dass der Vorstand für die Einhaltung der gesetzlichen Bestimmungen und der unternehmensinternen Richtlinien zu sorgen und auf deren Beachtung durch die Konzernunternehmen hinzuwirken habe, werde im Ergebnis die geltende Rechtslage auch für die nicht-börsennotierte Aktiengesellschaft und Gesellschaft mit beschränkter Haftung widergespiegelt.[109] 57

2. Keine Verpflichtung zur Einrichtung einer Compliance-Funktion?

Demgegenüber steht eine Auffassung, die eine Verpflichtung zur Implementierung einer Compliance-Funktion im Unternehmen generell ablehnt.[110] 58

---

103 Vgl. bspw. *Berg*, AG 2007, 271, 274; *Spindler*, WM 2008, 905, 906.
104 MüKo-AktG/*Spindler*, 5. Aufl., § 93 Rn 89; Hüffer/Koch/*Koch*, AktG, § 93 Rn 9.
105 Vgl. bspw. Spindler/Stilz/*Fleischer*, AktG, § 91 Rn 47; Schmidt/Lutter/*Sailer-Coceani*, AktG, § 93 Rn 8; *Fleischer*, NZG 2014, 321, 322.
106 Vgl. bspw. Wecker/Ohl/*Vetter*, Compliance, S. 5. Eine Verpflichtung des Vorstandes/der Geschäftsführung zur Sicherstellung rechtmäßigen Verhaltens der Gesellschaft aufgrund dieser Vorschriften hat der BGH vor kurzem erneut bestätigt, vgl. BGH, Urt. v. 10.7.2012 – VI ZR 341/10 – ZIP 2012, 1552.
107 Vgl. bspw. *Moosmayer*, Compliance, 4. Aufl., S. 6; Wecker/Ohl/*Vetter*, Compliance, S. 6.
108 Vgl. Rn 17.
109 Vgl. bspw. *Bürkle*, BB 2007, 1797, 1801.
110 Vgl. bspw. Hölters/*Weber*, AktG, § 76 Rn 29; Derleder/Knops/Bamberger/*Frisch*, Handbuch zum Bankrecht, Band I § 9 Rn 139; Hüffer/Koch/*Koch*, AktG, § 76 Rn 14; *Hauschka*, ZIP 2004, 877, 878; aus strafrechtlicher Sicht eine Rechtspflicht verneinend *Bock*, Criminal Compliance, S. 744 m.w.N.

59 Diese Auffassung kann für sich das Argument in Anspruch nehmen, dass bis auf die speziellen Regelungen der §§ 80 WpHG, 25a KWG[111] und 64a VAG keine ausdrückliche Vorgabe dafür existiert. Im Umkehrschluss zu diesen ausdrücklichen Bestimmungen könne dann für Unternehmen **keine Verpflichtung zur** Implementierung einer **Compliance-Funktion** angenommen werden, da ansonsten der Gesetzgeber vergleichbare Regelungen erlassen hätte.

60 Zudem sei nicht jeder Rechtsverstoß gleichbedeutend mit einer Existenzgefährdung i.S.d. § 91 Abs. 2 AktG. Eine Auslegung der §§ 76, 91, 93 AktG bzw. der §§ 35, 41, 43, 85 GmbHG mit dem Ziel der Begründung einer Rechtspflicht zur Implementierung einer Compliance-Funktion gehe somit über das rechtlich Vertretbare weit hinaus.[112]

61 Auch der bereits erwähnte[113] für börsennotierte Aktiengesellschaften geltende **DCGK** spreche **nicht** für eine **rechtliche Verpflichtung** zur Einführung einer Compliance-Funktion, da es diesem Kodex schlicht an der unmittelbaren Rechtsverbindlichkeit fehle.[114]

62 Ob eine *generelle* Ablehnung (selbst) eines Mindestmaßes an Compliance-Vorkehrungen derzeit noch eine tragfähige unternehmerische Haltung darstellt, erscheint angesichts neuerer Rechtsprechung zur Bußgeldpflichtigkeit gem. § 30 OWiG[115] bzw. zur Schadensersatzpflicht bei Fehlen einer ausreichenden Compliance-Organisation[116] mehr als fraglich.

3. Einzelfallabhängige Pflicht zur Einrichtung einer Compliance-Funktion?

63 Inzwischen sehr verbreitet wird eine vermittelnde Auffassung vertreten, die eine generelle Verpflichtung zur Einführung einer umfassenden Compliance-Funktion im Unternehmen zwar ablehnt, eine Verpflichtung jedoch zumindest bei Vorliegen eines bestimmten Risikopotenzials und einer entsprechenden Zumutbarkeit annimmt.[117] Ob und inwieweit eine Pflicht zur Einführung einer wirksamen Compliance-Funktion im Unternehmen besteht, **sei einzelfallabhängig**. Anhaltspunkte dafür können sein

---

111 § 25a Abs. 1 S. 3 Nr. 3c und S. 6 Nr. 3 KWG sehen nunmehr dezidierte Vorgaben für Compliance-Funktionen für Unternehmen vor, die eine Erlaubnis nach § 32 KWG benötigen (also z.B. auch für erlaubnispflichtige Energiehändler).
112 Derleder/Knops/Bamberger/*Frisch*, Handbuch zum Bankrecht, Band I § 9 Rn 139.
113 Vgl. Rn 17.
114 Zur fehlenden Rechtsverbindlichkeit des DCKG vgl. Hauschka/Moosmayer/Lösler/*Hauschka/Moosmayer/Lösler*, Corporate Compliance, § 1 Rn 31; Kremer/Bachmann/Lutter/Favoccia/von Werder/*Bachmann/Kremer*, Deutscher Corporate Governance Kodex, 9. Aufl. 2023, Grds. 5 Rn 27f.; MüKo-AktG/*Goette*, 5. Aufl., § 161 Rn 22.
115 Vgl. *BGH*, Urteil v. 9.5.2017, 1 StR 265/16 (BeckRS 2017, 114578).
116 *OLG Nürnberg*, Endurteil v. 30.2022, 12 U 1520/19 (DB 2022, 2153).
117 Vgl. bspw. Hauschka/Moosmayer/Lösler/*Hauschka/Moosmayer/Lösler*, Corporate Compliance, § 1 Rn 31; MüKo-GmbHG/*Fleischer*, § 43 Rn 182ff.; Gehrlein/Ekkenga/Simon/*Buck-Heeb*, GmbHG, vor § 35 Rn 9; Noack/Servatius/Haas/*Beurskens*, GmbHG, 23. Aufl., § 43 Rn 11.

Dessau/Schäfer

- die Art und die Größe des Unternehmens,[118]
- der Umfang und die Bedeutung der zu beachtenden Vorschriften sowie
- frühere Missstände und Unregelmäßigkeiten.[119]

Im Ergebnis wird es also dem Ermessen der Leitungsebene des Unternehmens überlassen, ob eine Compliance-Funktion im Unternehmen eingerichtet wird oder nicht. Zumindest in einem großen (insbesondere dem DCGK unterfallenden) Unternehmen wird jedoch ausgehend von diesen Grundsätzen regelmäßig von einer Verpflichtung der Leitungsebene zur Einrichtung einer Compliance-Funktion auszugehen sein.[120] 64

III. Zwischenfazit

Die drei benannten Auffassungen[121] haben alle ihr Für und Wider. Im Ergebnis kann eine Klärung dieses Streits jedoch in der Praxis dahingestellt bleiben, da allein tatsächliche Gründe die Implementierung einer wirksamen Compliance-Funktion in nahezu jedem Unternehmen – unabhängig davon, ob es sich um einen großen börsennotierten Konzern in Form einer AG oder ein mittelständisches Unternehmen in Form einer GmbH handelt – erforderlich machen.[122] 65

Allein um sich nicht dem Risiko auszusetzen, später doch **aufgrund des Fehlens** einer wirksamen **Compliance-Funktion** im Unternehmen zur Verantwortung gezogen zu werden, gehen immer mehr Unternehmen dazu über, eine solche **Managementfunktion einzuführen**. Bei der immer strenger und umfassender werdenden Rechtsprechung des BGH zur zivil- und strafrechtlichen Haftung von Gesellschaftsorganen sowie der Vielzahl von den Geschäftsleitungsorganen in der täglichen Praxis zu beachtenden Pflichten und dem damit einhergehenden erheblich gestiegenen Haftungsrisiko[123] bleibt der Leitungsebene inzwischen fast keine Wahl mehr, ob eine Compliance-Funktion eingeführt wird.[124] 66

---

118 *Cichy/Cziupka*, BB 2014, 1482ff., weisen zu Recht auf die Besonderheiten hin, die sich aus Auslandsbezügen des operativen Geschäfts unter Compliance-Aspekten ergeben.
119 Vgl. bspw. Scholz/*Schneider*, GmbHG, 12. Aufl., § 43 Rn 133; *Reichert*, ZIS 2011, 113, 115; *Meyer*, DB 2014, 1063, 1064.
120 Vgl. bspw. Wachter/*Link*, AktG, § 93 Rn 20; *Meyer*, DB 2014, 1063, 1065.
121 Vgl. Rn 51ff., 58ff., 63ff.
122 So auch bspw. Inderst/Bannenberg/Poppe/*Poppe*, Compliance, 3. Aufl., S. 8; ausführlich zu den möglichen Folgen eines Compliance-Verstoßes vgl. Rn 81ff. Dies gilt nicht zuletzt auch vor dem Hintergrund der oben (Rn 61) angesprochenen jüngeren Rechtsprechung sowie der Tatsache, dass „Compliance ... sich nicht wegversichern" lässt, vgl. Mayer, FAZ v. 9.8.2023, Nr. 183, S. 16).
123 *Müller*, DB 2014, 1301; *OLG Nürnberg*, Endurteil v. 30.2022, 12 U 1520/19 (DB 2022, 2153).
124 Wecker/Ohl/*Wecker/Galla*, Compliance, S. 29; *Kiethe*, GmbHR 2007, 393 m.w.N. zur Rechtsprechung des BGH.

67	Und dies umso mehr, wenn man sich Gesetzesvorhaben bzw. Vorschläge anschaut, die sich mit der Sanktionierung von Compliance-Verstößen befassen[125]: Am 14.11.2013 stellte die Landesregierung Nordrhein-Westfalen ihren Entwurf über ein Verbändestrafgesetzbuch (Verbände-StGB-E)[126] im Rahmen der Justizministerkonferenz vor. Damit war beabsichtigt, in Zukunft, wie z. B. in Österreich, auch in Deutschland ein Unternehmensstrafrecht zu begründen. Nach § 5 Verbände-StGB-E sollte ein Gericht jedoch von der Verhängung von Geldstrafen und/oder anderer Sanktionen (z. B. Ausschluss von Subventionen, Ausschluss von öffentlichen Aufträgen oder Zwangsauflösung privater Unternehmen) gegen ein Privatunternehmen oder eine öffentlich-rechtliche Einrichtung (z. B. Körperschaften oder Anstalten des öffentlichen Rechts) wegen der Verletzung von Rechtsvorschriften, die sich auf die von diesem Gesetz erfassten Verbände beziehen, absehen können, wenn das Unternehmen/die öffentlich-rechtliche Einrichtung „ausreichende organisatorische oder personelle Maßnahmen getroffen hat, um vergleichbare Verbandsstraftaten in Zukunft zu verhindern" und diese Maßnahmen dargelegt und glaubhaft gemacht worden wären.[127] Der Gesetzentwurf gelangte jedoch nicht in den Gesetzgebungsprozess des Bundes und muss daher wohl – zumindest derzeit – als gescheitert angesehen werden.[128]

68	Weiterhin wurden am 6.12.2017 von der Forschungsgruppe Verbandsstrafrecht – Praktische Auswirkungen und Theoretische Rückwirkungen – der „Kölner Entwurf eines Verbandssanktionsgesetzes (VerSG-E)"[129] und im Jahr 2018 die „Frankfurter The-

---

125 Zur Thematik generell, vgl. *Behringer*, ZRFC 2022, 192.
126 Vgl. Art. 1. Verbände-StGB-E (Entwurf eines Gesetzes zur Einführung der strafrechtlichen Verantwortlichkeit von Unternehmen und sonstigen Verbänden v. 19.9.2013, abrufbar unter https://www.landtag.nrw.de/portal/WWW/dokumentenarchiv/Dokument/MMI16-127.pdf). Vgl. auch *Ghahremann*, CB 2014, 402, 404f.; *Grützner*, CCZ 2015, 56, 57.
127 Die Bundesregierung verhielt sich zum Thema „Unternehmensstrafrecht" längere Zeit abwartend, vgl. BT-Drucks. 18/2056 sowie BT-Drucks. 18/2187, S. 2. Eine Alternative zu § 5 Verbände-StGB-E hätten auch die Änderungen von §§ 30, 130 OWiG darstellen können, wie sie vom Bundesverband der Unternehmensjuristen vorgestellt wurden, vgl. *Beulke/Moosmayer*, CCZ 2014, 146 (mit Nachweis des Gesetzesvorschlags in Fn 1) sowie *Grützner*, CCZ 2015, 56, 57ff., 60ff. Kritisch zu § 5 Verbände-StGB-E auch *Hein*, CCZ 2014, 75, 76ff. Mit wenig überzeugender Begründung ebenfalls ablehnend *Haukner*, DB 2014, 1358, 1362ff.; kritisch aus Sicht des BDI auch *Willems*, ZIS 2015, 40ff. Eine zu begrüßende, eher positive Einschätzung des Gesetzentwurfs in Bezug auf § 5 Verbände-StGB-B findet sich bei *Ghahremann*, CB 2014, 402, 404f.; ähnlich auch *Grützner*, CCZ 2015, 56, 60. Vgl. auch *Schünemann*, ZIS 2014, 1, 17, mit allerdings wenig überzeugenden Bedenken gegen die Verfassungsmäßigkeit von §§ 5 und 6 Verbände-StGB-E sowie Compliance-Maßnahmen im Allgemeinen; zum Entwurf des Verbändestrafrechts insgesamt vgl. *Fladung*, CB 2013, 380; *Szesny*, BB 47/2013, I; *Rübenstahl/Tsambikakis*, ZWH 2014, 8. Eine gesetzgeberische „Alternative" zu § 5 Verbände-StGB-E stellten die Vorschläge des Entwurfs zu einem sog. Compliance-Anreiz-Gesetz (vgl. dazu *Dierlamm*, CCZ 2014, 194ff.) dar, die ähnliche „Anreizwirkungen" durch Änderungen in §§ 30 Abs. 2, 130 Abs. 1 OWiG vorschlugen. Siehe auch *Makowicz*, CB 2015, 45, 49, der die vorstehenden Ansätze mit der ISO-Norm 19600 vergleicht.
128 Vgl. *Beisheim/Jung*, CCZ 2018, 63ff.
129 Vgl. Kölner Entwurf eines Verbandssanktionengesetzes vom 6.12.2017. Vgl. dazu auch *Henssler* et al., NZWiSt 2018, 1ff.; *Bauer*, AG 2018, 457ff.; *Beisheim/Jung*, CCZ 2018, 63ff.; *Köllner/Mück*, NZI 2018, 311ff.; *Rübenstahl*, WIJ 2018, 111ff.

sen zur Unternehmensverantwortung für Unternehmenskriminalität" („Frankfurter Thesen") veröffentlicht.[130] Auch wenn der NRW-Gesetzesvorschlag „Verbände-StGB-E" bislang nicht als Gesetz verabschiedet wurde, motivierte dieser „Verbände-StGB-E" wie auch der „Kölner VerSG-E" bzw. die „Frankfurter Thesen" das Bundesministerium für Justiz und Verbraucherschutz (BMJV) dazu, sich diesem Thema anzunehmen und am 15.8.2019 einen ersten „Referentenwurf über ein Gesetz zur Bekämpfung der Unternehmenskriminalität" zu entwerfen (sog. „VerSanG-E")[131]. Am 16.1.2020 hat die Bundesregierung sodann den Referentenentwurf eines „Gesetzes zur Stärkung der Integrität der Wirtschaft" vorgelegt.[132] Dieser Entwurf wurde aufgrund vielfältiger Kritik aus Politik und Wirtschaft nachfolgend in mehrfacher Hinsicht geändert.[133]

Einen deutlich abgeschwächten Entwurf des VerSanG-E brachte die Bundesregierung im Oktober 2020 in den Bundestag ein.[134] Dieser wurde jedoch infolge regierungsinterner Unstimmigkeiten nicht weiter behandelt und fiel nachfolgend dem Diskontinuitätsgrundsatz anheim[135]. Im Jahr 2022 kündigte der Bundesjustizminister an, in 2023 die Thematik wieder aufzugreifen,[136] so dass es angezeigt erscheint, den letzten Regulierungsversuch zumindest in Grundzügen darzustellen.[137]

---

130 Veröffentlicht von *Jahn/Schmitt-Leonardy/Schoop*, wistra 2018, 27 ff.
131 Referentenentwurf des Bundesministeriums der Justiz und für Verbraucherschutz: Entwurf eines Gesetzes zur Bekämpfung der Unternehmenskriminalität; vgl. dazu bspw. *Makowicz*, BB 39/2019, I.; *Meyer/Moritz*, CB 2019, 405 ff.; *Schefold*, ZRFC 2019, 227 ff.; *Rübenstahl*, ZWH 2019, 233 ff. Die Notwendigkeit eines Verbandssanktionengesetz mit wenig überzeugender Begründung verneinend *Szesny*, https://betriebs-berater.ruw.de/bb-standpunkte/standpunkte/Die-Causa-Volkswagen-zeigt-Wir-brauchen-kein-Verbandsstrafgesetzbuch-30407. Zu entsprechenden gesetzgeberischen Aktivitäten in Polen vgl. *Jagura/Malik*, CB 2019, 122 ff. Zur Reform des Unternehmensstrafrechts in Großbritannien durch das geplante „Economic Crime and Corporate Transparency Act", das eine Verschärfung der Haftung von Unternehmen für Betrugsstraftaten von Mitarbeitern vorsieht, von denen das Unternehmen profitiert, vgl. *Pasewalk/Weiss*, FAZ 29.11.2023, Nr. 278, S. 16 sowie *Dürr/Humphrey*, CCZ 2024, 31.
132 Abrufbar unter https://www.bmj.de/SharedDocs/Downloads/DE/Gesetzgebung/RefE/RefE_Staerkung_Integritaet_Wirtschaft.pdf?__blob=publicationFile&v=3; kritisch dazu *Jung*, FAZ v. 17.6.2020, 18. Vgl. auch *Dilling*, CCZ 2020, 122.
133 Zur Kritik diverser Verbände vgl. von *Busekist/Izrailevych*, CCZ 2021, 40; *IDW*, Stellungnahme zum Entwurf eines Verbandssanktionengesetzes BB 2020, 1450. Zu dessen Nutzen vgl. *Caracas*, CCZ, 2020, 331.
134 Vgl. BT-Drs. 19/23568 v. 21.10.2020.
135 Zum Scheitern des Entwurfs vgl. *Ulrich/ Traa*, ZRFC 2021, 168; *Petrasch*, CB, Die erste Seite 2021, Nr 06. Zu den diversen Entwürfen vgl. auch *Bielefeld*, CB 2020, 221.
136 Vgl. Schwarz/Faber, Neuer Vorstoß für Verschärfung von Unternehmenssanktionen v. 20.6.2023, abrufbar unter https://www.fgs.de/news-and-insights/blog/detail/neuer-vorstoss-fuer-verschaerfung-von-unternehmenssanktionen. Auch die 94. Konferenz der Justizminister v. 25./26.2023 hat unter TOP II. 16 einen Beschluss gefasst, in dem der Bundesjustizminister (unter Nr. 3) aufgefordert wird, einen neuen Entwurf eines Verbandssanktionengesetzes vorzulegen, vgl. https://www.justiz.nrw.de/JM/jumiko/beschluesse/2023/Fruehjahrskonferenz_2023/index.php.
137 Allerdings sollte auch die zunehmende Kritik „an den fortlaufend gestiegenen Organisations- und Sorgfaltspflichten"(vgl. Schwaiger, LZR 2022, Rn 439 (475)), die sich derzeit vor allem an dem sog. Lieferkettensorgfaltspflichtengesetz bzw. dem Entwurf einer EU-Lieferketten-Richtlinie (vgl. dazu näher Kapi-

70   Der Gesetzentwurf vom Oktober 2020 ist ein sog. Artikelgesetz. Es umfasst in Art. 1 den Entwurf eines „Gesetzes zur Sanktionierung von verbandsbezogenen Straftaten (Verbandssanktionengesetz – VerSanG)" sowie in Art. 2–14 Folgeänderungen einer Vielzahl von Gesetzen wie dem Strafgesetzbuch (Art. 8), dem Ordnungswidrigkeitengesetz (Art. 9), der Abgabenordnung (Art. 10), der Insolvenzordnung (Art. 3) oder dem Gesetz gegen Wettbewerbsbeschränkungen (Art. 11). Die Gesetzesbegründung führt gleich auf S. 1 aus, dass Straftaten, die von Unternehmen sowie sämtlichen privat- und öffentlich-rechtlichen Verbänden (im Folgenden: Verband) begangen wurden, nach dem geltenden Recht gegenüber den Verbänden lediglich mit einer Geldbuße nach dem § 30 OWiG[138] geahndet werden können. Dieser weise allerdings erhebliche Defizite auf, da er „insbesondere gegenüber finanzkräftigen multinationalen Konzernen keine empfindliche Sanktion" zulasse, was keine „zeitgemäße Grundlage für die Verfolgung und Ahndung von kriminellem Verbandsverhalten" sei. Der Referentenentwurf verfolge somit das Ziel, die finanzielle Sanktionierung von Verbändestraftaten auf eine eigenständige gesetzliche Grundlage zu stellen, sie dem Legalitätsprinzip zu unterwerfen und durch ein verbessertes Instrumentarium eine angemessene Ahndung von Verbandsstraftaten zu ermöglichen. Zugleich solle das VerSanG Compliance-Maßnahmen in Verbänden fördern und Anreize dafür bieten, dass Unternehmen mit internen Untersuchungen dazu beitragen, Straftaten aufzuklären. Nach § 1 VerSanG regelt dieses Gesetz die Sanktionierung von Verbänden wegen Straftaten, die durch Pflichten, die den Verband betreffen, verletzt worden sind oder durch die der Verband bereichert worden ist oder werden soll. Anders als im Ordnungswidrigkeitenrecht herrscht im VerSanG das Legalitätsprinzip (§ 3 Abs. 1 VerSanG). § 9 VerSanG legt sodann die Höhe von Bußgeldern für die Sanktionierung von Verbändestraftaten fest, welche neben Bußen gem. § 30 OWiG verhängt werden dürfen. § 15 Abs. 3 Nr. 6 VerSanG berücksichtigt die positive Auswirkung von Compliance-Maßnahmen bei der Bußgeldbemessung:

> „(2) Bei der Bemessung wägt das Gericht Umstände, insoweit sie für und gegen den Verband sprechen, gegeneinander ab. Dabei kommen insbesondere in Betracht: (...)
> 6. vorausgegangene Verbandsstraftaten, für die der Verband nach § 3 Absatz 1 verantwortlich ist, sowie vor der Verbandsstraftat getroffene Vorkehrungen zur Vermeidung und Aufdeckung von Verbandsstraftaten, (...)."

71   Im Ergebnis bedeutet dies, dass präventive und nachträglich sich anpassende Compliance-Bemühungen eines Verbandes durch das zuständige Gericht bei der Bemessung

---

tel 5, Rn 104) sowie dem sog. Hinweisgeberschutzgesetz (vgl. dazu näher Kapitel 5, Rn 144) festmacht, im Blick behalten werden, da sie sich möglicherweise „hemmend" auf die Einführung eines Verbandssanktionengesetz auswirken könnte. Generell und überwiegend kritisch sowie zu Teilaspekten zum bzw. des VerSanG vgl. etwa *von Hesberg*, BB 2020, 1743; *Bachmann*, BB 2020, 2185; *Drinhausen*, BB 2020, I; *Nolte/Michaelis*, BB 2020; *Petrasch*, CB 2020, 309-313. Zum Verhältnis von Vorstand und Aufsichtsrat im Zusammenhang mit den Vorgaben des VerSanG vgl. *Klahold*, CB 2020, 362ff., 432ff.
138 Vertiefend zu § 30 OWiG Rn 87.

Dessau/Schäfer

des Bußgeldes für den Verband nach § 9 VerSanG-E explizit zu berücksichtigen wären. In diesen Fällen kann vom Gericht eine substanzielle Bußgeldminderung vorgenommen werden. Entsprechendes soll für sog. Verbandssanktionen (insbesondere Geldzahlungspflichten, vgl. §§ 8, 9 VerSanG) bei der Durchführung verbandsinterner Durchsuchungen[139] gelten, wenn diese u.a. zur Aufklärung einer Verbandsstraftat beigetragen haben (§§ 17, 18 VerSanG).[140] Da kein Verband dagegen gefeit ist, dass in seinem Wirkungskreis Straftaten begangen werden, dürfte es – sofern es ein Verbandssanktionsgesetz in Kraft treten sollte, das die Möglichkeit beinhaltet, eine Bußgeldreduktion für den Verband aufgrund von Compliance-Bemühungen zu erlangen[141], künftig keine adäquate Unternehmensleitung mehr sein, auf letztere zu verzichten, wenn dieses Gesetz in Kraft tritt. Dies gilt umso mehr, als die zu verhängenden Bußgelder bis zu 10 Mio. € (§ 9 Abs. 1 Nr. 1 VerSanG) oder darüber hinausgehend – bei Unternehmen mit einem durchschnittlichen Jahresumsatz von mehr als 100 Mio. € – bis zu 10 % des durchschnittlichen Jahresumsatzes (§ 9 Abs. 2 Nr. 1 VerSanG) betragen könnten. Als „Maximalstrafe" sah der o.g. VerSanG-E vom 15.8.2019 außerdem – wie schon der o.g. Verbände-StGB-E – vor allem bei besonders schweren oder beharrlich wiederholten Gesetzesverstößen die zwangsweise Auflösung des Verbands vor (§ 14 VerSanG), die zudem öffentlich bekannt gemacht und in einem zu errichtenden Register eingesehen werden könnte (§§ 15, 55 VerSanG-E).

Die Möglichkeit der Verbandsauflösung ist nach massiven Protesten insbesondere aus der Wirtschaft im Entwurf des VerSanG vom Oktober 2020 nicht mehr enthalten. Die Regelungen zur Veröffentlichung von Verbandssanktionen (§ 14 VerSanG) im Verbandssanktionsregister (§§ 54–66 VerSanG) finden sich jedoch nach wie vor.

Ungeachtet einer künftig voraussichtlich möglichen Sanktionierung von Compliance-Verstößen nach den VerSanG gibt es bereits gesetzliche Grundlagen, die in Teilbereichen eine weit über § 30 OWiG hinausgehende finanzielle Sanktionierung bei Straftaten eines Unternehmens vorsehen, sofern keine effektive Compliance-Funktion

---

139 Vgl. dazu Kap. 5, Rn 130 f. Zum Begriff der verbandsinternen Untersuchung sowie zu den Anforderungen an den internen Ermittler unter den Regeln des VerSanG vgl. *Flier*, CB 2022, 291. bzw. *Ahrens/Redwitz*, CB 2021, 102-106.
140 Zur „Attraktivität" von §§ 17, 18 VerSanG unter arbeitsrechtlichen Aspekten vgl. instruktiv *Lanzinner/Petrasch*, CCZ 2020, 109. Zur Praxis der Kooperation von Unternehmen und Behörden bei internen Untersuchungen in den USA und Großbritannien vgl. *Bielefeld*, CB 1–2/2020, 8. Zu Reformvorschlägen zum VerSanG vgl. *Petrasch*, CB 2020, 45; *Makowicz*, CB 1–2/2020, 1. Zum Verhältnis von VerSanG und Compliance-Risikoanalyse vgl. *Grunert*, CCZ 2020, 71. Zum Verhältnis von §§ 15–199 VerSanG und den Regelungen zu internen Untersuchungen nach der EU-Whistleblower-Richtlinie/vgl. dazu Kap. 5, Rn 135 ff.; vgl. *Dilling*, CCZ 2020, 132. Zu Einzelfragen der Umsetzung von internen Untersuchungen nach §§ 15–17 VerSanG vgl. *Naber/Ahrens*, CCZ 2020, 36.
141 Zur Möglichkeit einer Reduktion im Rahmen von § 30 OWiG vgl. BGH, Urt. v. 27.4.2022 – 5 StR 278/21, NZWiSt 2022, 410 m. Anm. *Meißner* sowie *Moosbacher*, CCZ 2023, 45 (51).

im Unternehmen besteht.¹⁴² Ein Beispiel dafür ist das Geldwäschegesetz¹⁴³: Es novellierte das seit dem Jahr 2008 vorhandene GwG grundsätzlich. Ausgangspunkt dafür war die Umsetzung der 4. EU-Geldwäscherichtlinie vom 20.5.2015,¹⁴⁴ welche am 30.5.2018 durch die 5. EU-Geldwäscherichtlinie erneut geändert worden ist.¹⁴⁵ Das derzeit geltende GwG legt in § 1 Abs. 1 zunächst fest, dass Geldwäsche im Sinne dieses Gesetzes eine Straftat nach § 261 StGB¹⁴⁶ darstellt. Da das StGB regelmäßig nur für natürliche Personen gilt – also für Mitarbeiter, Geschäftsführer etc. –, nicht aber für ein Unternehmen selbst,¹⁴⁷ zieht das GwG nunmehr auch das Unternehmen bei Vorliegen einer solchen Straftat nach § 261 BGB zur Verantwortung. In § 2 GwG wird zunächst präzisiert, welche Verpflichteten zur Vermeidung von Geldwäsche überhaupt vom GwG erfasst sind. Neben Kredit-, Finanzdienstleistungs- und Zahlungsinstituten sind z.B. auch Versicherungsunternehmen, Immobilienmakler aber auch Güterhändler erfasst. In § 4 GwG heißt es weiter, dass ein vom GwG betroffener Verpflichteter zur Verhinderung von Geldwäsche über ein wirksames Risikomanagement verfügen muss, welches nach Art und Umfang der Geschäftstätigkeit angemessen ist. Dieses Risikomanagement muss über eine Risikoanalyse nach § 5 GwG und interne Sicherungsmaßnahmen nach § 6 GWG verfügen.¹⁴⁸ Es umfasst nach § 4 GwG auch Güterhändler, soweit sie im Rahmen einer Transaktion Barzahlungen über mindestens 10.000 € tätigen oder entgegennehmen.¹⁴⁹ Zudem muss nach § 4 GwG für das Risikomanage-

---

142 Bei Inkrafttreten von Art. 9 des Gesetzes zur Stärkung der Integrität in der Wirtschaft wären Sanktionen nach dem VerSanG allerdings vorrangig Geldbußen nach dem Ordnungswidrigkeitengesetz.
143 Geldwäschegesetz (GwG) v. 23.6.2017 (BGBl. I S. 1822), zuletzt geändert durch das Gesetz v. 22.12.2023 (BGBl. 2023 I Nr. 411); vgl. dazu *Feiler/Kröger*, CB 2020, 50.
144 Richtlinie (EU) 2015/849 des Europäischen Parlaments und des Rates v. 20.5.2015 zur Verhinderung der Nutzung des Finanzsystems zum Zwecke der Geldwäsche und der Terrorismusfinanzierung, zur Änderung der Verordnung (EU) Nr. 648/2012 des Europäischen Parlaments und des Rates und zur Aufhebung der Richtlinie 2005/60/EG des Europäischen Parlaments und des Rates und der Richtlinie 2006/70/EG der Kommission (ABl EU Nr. L 141 S. 73ff.); vgl. dazu auch *von Drathen/Moelgen*, WPg 2017, 955ff.; *Stauder*, ZRFC 2017, 227ff.
145 Richtlinie (EU) 2018/843 des Europäischen Parlaments und des Rates v. 30.5.2018 zur Änderung der Richtlinie (EU) 2015/849 zur Verhinderung der Nutzung des Finanzsystems zum Zwecke der Geldwäsche und der Terrorismusfinanzierung und zur Änderung der Richtlinien 2009/138/EG und 2013/36/EU (ABl EU Nr. L 156 S. 43ff.); vgl. dazu auch *von Drathen/Moelgen*, WPg 2017, 1308ff.; *Frey*, CCZ 2018, 170ff.; *Krais*, NZWiSt 2018, 321ff.; *Engels*, WM 2018, 2071ff.
146 Strafgesetzbuch v. 13.11.1998 (BGBl. I S. 3322), zuletzt geändert durch Gesetze v. 12.6.2024 (BGBl. 2024 I Nr. 190).
147 Vgl. Inderst/Bannenberg/Poppe/*Racky*, Compliance, 3. Aufl., S. 702f.
148 Zur Vertiefung von §§ 4, 5 und 6 GwG vgl. Herzog/*Herzog*, GwG, S. 193ff.; Behringer/*Passarge*, Compliance kompakt, S. 101ff.
149 Um diese Vorgaben nach § 5 und § 6 GwG näher zu konkretisieren, ist die BaFin als Aufsichtsbehörde für das GwG ihrer Verpflichtung nach § 51 Abs. 8 GwG nachgekommen und hat aktualisierte Auslegungs- und Anwendungshinweise für die Umsetzung der Sorgfaltspflichten und der internen Sicherungsmaßnahmen nach den gesetzlichen Bestimmungen zur Verhinderung von Geldwäsche und von Terrorismus-

ment ein Mitglied der Leitungsebene benannt werden, welcher die Risikoanalyse und die internen Sicherungsmaßnahmen genehmigen muss. Damit handelt es sich um klassische Compliance-Maßnahmen, da auf diese Weise ein rechtswidriges Verhalten bei den Verpflichteten bzgl. Geldwäsche effektiv verhindert und somit ein Haftungsrisiko für den Verpflichteten nach dem GwG vermieden werden soll. Denn sofern ein Verpflichteter gegen die Vorgaben nach § 4 i.V.m. § 5 und/oder § 6 GwG verstößt, d.h. die Risikoanalyse nicht dokumentiert oder regelmäßig überprüft und gegebenenfalls aktualisiert bzw. keine angemessenen geschäfts- und kundenbezogenen internen Sicherungsmaßnahmen schafft bzw. die Funktionsfähigkeit der Sicherungsmaßnahmen nicht überwacht oder geschäfts- und kundenbezogene interne Sicherungsmaßnahmen nicht regelmäßig oder nicht bei Bedarf aktualisiert, droht ihm ein hohes Bußgeld: Nach § 56 Abs. 3 GwG beträgt dieses grundsätzlich bis zu 100.000 €. Sofern es sich um einen schwerwiegenden, wiederholten oder systematischen Verstoß handelt, droht eine Geldbuße bis zu 1.000.000 € oder eine Geldbuße bis zum Zweifachen des aus dem Verstoß gezogenen wirtschaftlichen Vorteils, wobei dieser wirtschaftliche Vorteil, der erzielte Gewinne und vermiedene Verluste umfasst, geschätzt werden kann (vgl. § 56 Abs. 2 S. 1 GwG). Zudem kann ggü. einem Verpflichteten gemäß § 2 Abs. 1 Nr. 1 bis 3 und 6 bis 9 GwG, der eine juristisch Person oder eine Personenvereinigungen ist, darüber hinaus eine höhere Geldbuße verhängt werden: Sie kann maximal 5.000.000 € oder 10 % des Gesamtumsatzes, den die juristische Person oder die Personenvereinigung im Geschäftsjahr, das der Behördenentscheidung vorausgegangen ist, erzielt hat, betragen. Zumindest eine effektive Geldwäsche-Compliance ist daher für die vom GwG Betroffenen unverzichtbar.[150]

Für Nichtbanken ist eine indirekte gesetzliche Verpflichtung zur Einführung von Compliance-Management-Maßnahmen spätestens im Jahr 2017 entstanden. Der Deutsche Bundestag hat auf Grundlage der sog. CSR-Richtlinie der Europäischen Union[151] diese in deutsches Recht mit Wirkung zum 19.4.2017 umgesetzt: das sog. CSR-Richtlinien-Umsetzungsgesetz[152]. CSR steht für Corporate Social Responsibility und meint die freiwillige Einhaltung von ethischen/moralischen Standards im Zusammenhang der Unternehmenstätigkeit, die über die bestehenden gesetzlichen Anforderungen hinaus-

74

---

finanzierung zur Verfügung gestellt; abrufbar unter https://www.bafin.de/SharedDocs/Downloads/DE/Auslegungsentscheidung/dl_ae_auas_gw_2018.html; vgl. dazu z.B. *Kunz*, CB 2019, 99 ff.

150 Zu den insoweit gebotenen Maßnahmen vgl. die Handlungsempfehlungen bei *Veit/Bornefeld*, CCZ 2023, 276. Zum IDW-Prüfungsstandard zum GwG vgl. BB 2022, 234.

151 Corporate-Social-Responsibility-Richtlinie (CSR-Richtlinie – RL 2014/95/EU) v. 22.10.2014 (ABl EU Nr. L 330 S. 1 ff.). Zu den Vorschlägen des Deutschen Rechnungslegungs Standards Committee und des Sustainable-Finance-Beirats zur Bewertung und Optimierung der CSR-Richtlinie vgl. *Müller/Reinke*, BB 2021, 939.

152 Gesetz zur Stärkung der nichtfinanziellen Berichterstattung der Unternehmen in ihren Lage- und Konzernlageberichten (CSR-Richtlinien-Umsetzungsgesetz) v. 11.4.2017 (BGBl. I S. 802 ff.). Vgl. dazu etwa *Heichl/Grümmer/Henselmann*, IRZ 2022, 523 (524).

gehen.¹⁵³ Die CSR-Richtlinie ist eine Ergänzungs- bzw. Änderungsrichtlinie zur sog. EU-Bilanzrichtlinie¹⁵⁴. Diese EU-Bilanzrichtlinie ist vom deutschen Gesetzgeber in deutsches Recht als BilRUG¹⁵⁵ umgesetzt worden und zum 23.6.2015 in Kraft getreten. Mit der CSR-Richtlinie wurden zwei Artikel (Art. 19a und 29a) in die EU-Bilanzrichtlinie eingefügt, mit denen Unternehmen verpflichtet werden, sog. nichtfinanzielle Informationen in den Lagebericht des Jahresabschlusses aufzunehmen.

Vorgeschrieben werden unter anderem Angaben zu folgenden Bereichen:
- Umwelt-, Sozial- und Arbeitnehmerbelange,
- Beachtung der Menschenrechte sowie
- Bekämpfung von Korruption und Bestechung.

75 Die mit der CSR-Richtlinie begründeten Berichtspflichten im nichtfinanziellen Bereich werden durch die sog. Corporate Sustainability Reporting Directive (CSRD)¹⁵⁶ sowohl hinsichtlich des Anwendungsbereichs als auch in Bezug auf die Offenlegungsform, die inhaltliche Prüfungsreichweite sowie des anzuwendenden Berichtsstandards erheblich ausgeweitet.¹⁵⁷

76 Das CSR-Richtlinien-Umsetzungsgesetz setzt die vorstehend genannten Vorgaben mit seinem Inkrafttreten am 19.4.2017 ein zu eins um. Die im CSR-Richtlinien-Umsetzungsgesetz enthaltenen Angaben müssen erstmalig durch die Adressaten im Jahresabschluss 2017 gemacht werden. Insbesondere die Verpflichtung zur Angabe von Informationen zur Vermeidung von Korruption und Bestechung werden die von der

---

153 Zum Begriff vgl. *Schneider/Schmidpeter*, Corporate Social Responsibility, S. 1ff.; *Behringer/Fabisch*, Compliance kompakt, S. 341ff. Kritisch zum Konzept der Corporate Social Responsibility und zur CSR-Richtlinie insbesondere in Bezug auf die Haftung von Unternehmen für „Menschenrechtsverstöße" im Ausland *Bomsdorf/Blatecki*, FAZ v. 12.3.2020, 7.
154 EU-Bilanzrichtlinie (RL 2013/34/EU) v. 26.6.2013 (ABl EU Nr. L 182 S. 19ff.).
155 Gesetz zur Umsetzung der Richtlinie 2013/34/EU des Europäischen Parlaments und des Rates v. 26.6.2013 über den Jahresabschluss, des konsolidierten Abschlusses und damit verbundene Berichte von Unternehmen bestimmter Rechtsformen und zur Änderung der Richtlinie 2006/43/EU des Europäischen Parlaments und des Rates und zur Aufhebung der Richtlinien 78/660/EWG und 83/349/EWG des Rates (Bilanzrichtlinie-Umsetzungsgesetz – BilRUG) v. 17.6.2015 (BGBl. I S. 1245ff.).
156 Richtlinie (EU) 2022/2464 v. 14.12.20222, ABl. L 322/14 v. 16.12.2022. Die CSRD ist am 5.1.2023 in Kraft getreten (Art. 7) und hätte bis zum 6.7.2024 in deutsches Recht umgesetzt werden müssen (Art. 5 Abs. 1; vgl. dazu *Velte*, DStR 2023, 2358). Dies ist – wie in diversen anderen Mitgliedstaaten bislang nicht erfolgt. Das Bundesministerium der Justiz hat zwar am 24.7.2024 einen Referentenentwurf zur Umsetzung der Richtlinie vorgelegt (vgl. das Gesetz zur Umsetzung der Richtlinie (EU) 2022/2464 des Europäischen Parlaments und des Rates vom 14. Dezember 2022 zur Änderung der Verordnung (EU) Nr. 537/2014 und der Richtlinien 2004/109/EG, 2006/43/EG und 2013/34/EU hinsichtlich der Nachhaltigkeitsberichterstattung von Unternehmen, abrufbar unter https://www.bmj.de/SharedDocs/Gesetzgebungsverfahren/DE/2024_CSRD_UmsG.html). Die Beschlussfassung des Bundestags über den Entwurf steht jedoch noch aus; vgl. dazu *Velte*, DStR 2023, 2358. Zum Entwurf der Richtlinie vgl. etwa *Spießhofer*, NZG 2022, 435; *Heichl/Grümmer/Henselmann*, IRZ 2022, 523; *Sengenberger/Lamy*, E&M 2022, 27.
157 Vgl. näher die Nachweise in Fn. 165.

Richtlinie betroffenen Unternehmen zwingen, mehr oder weniger ausgefeilte Compliance-Management-Vorkehrungen zu treffen.

Die Kernfrage, welche Unternehmen von der CSR- bzw. der EU-Bilanzrichtlinie erfasst sein werden, ist nunmehr durch das CSR-Richtlinien-Umsetzungsgesetz geklärt: Insbesondere Vorschriften des HGB wurden geändert/novelliert und legen nunmehr folgende Voraussetzungen für Unternehmen von „öffentlichem Interesse" fest, die vom Anwendungsbereich des CSR-Richtlinien-Umsetzungsgesetzes erfasst sind: 77

- große Unternehmen (§ 267 Abs. 3 HGB) und Konzerne (§ 293 HGB), die jeweils kapitalmarktorientiert (§ 264d HGB) sind und im Jahresabschluss mehr als 500 Mitarbeiter beschäftigen,
- Genossenschaften sowie – unabhängig von der Kapitalmarktorientierung – große Kreditinstitute, Finanzdienstleistungs- und Versicherungsunternehmen/-konzerne mit im Jahresdurchschnitt mehr als 500 Mitarbeitern,
- große (§ 267 Abs. 3, § 293 HGB) und kapitalmarktorientierte (§ 264d HGB) Personenhandelsgesellschaften (§ 264a HGB), die mehr als 500 Mitarbeiter beschäftigen.

Nach der Umsetzung der CSR-Richtlinie durch den deutschen Gesetzgeber sind die davon betroffenen Unternehmen mit mehr als 500 Beschäftigten, Kreditinstitute, Finanzdienstleister und Versicherungen verpflichtet, einen nichtfinanziellen Bericht zu unternehmerischen Maßnahmen im Hinblick auf § 289c HGB zu veröffentlichen. In § 289c HGB heißt es dann, dass in einer nichtfinanziellen Erklärung im Sinne des § 289b HGB das Geschäftsmodell der Kapitalgesellschaft kurz zu beschreiben ist. Die nichtfinanzielle Erklärung beziehe sich darüber hinaus zumindest auf folgende Aspekte: 78

- Umweltbelange,
- Arbeitnehmerbelange,
- Sozialbelange,
- Achtung der Menschenrechte,
- Bekämpfung von Korruption und Bestechung.

Es handelt sich dabei zwar nur um eine Berichtspflicht: Unternehmen werden dadurch aber veranlasst, angemessene Compliance-Management-Maßnahmen in der Lieferkette einzuführen.[158] 79

Auch Aufsichtsbehörden setzen zunehmend das Vorhandensein einer wirksamen Compliance-Funktion voraus. So widmet bspw. die europäische Aufsichtsbehörde Agency for the Cooperation of Energy Regulators (ACER) in ihren (unverbindlichen) 4. Leitlinien vom 17.6.2016[159] zur Anwendung der für den Handel mit Strom und/oder Erd- 80

---

[158] Vgl. zum Thema CSR und Compliance *Teicke*, CCZ 2018, 274 ff.; *Spießhofer*, NZG 2018, 441 ff.; *Velte*, SStR 2023, 2358; *Heichl/Grümmer/Henselmann*, IRZ 2022, 523; Bischoff/Decker, VW 2023, 37 ff.; *Passarge*, CB 2021, 332 ff.; *Müller/Needham/Reinke*, BB 2021, 939 ff.; *Stöbner de Mora/Noll*, EuZW 2023, 14.
[159] Guidance on the application of Regulation 1227/2011/EU, abrufbar unter https://acer.europa.eu/en/remit/Documents/ACER_Guidance_on_REMIT_application_6th_Edition_Final.pdf.

gas relevanten Richtlinie REMIT[160] bgzl. des Aufbau eines wirksamen Compliance-Regimes ein eigenes Unterkapitel. Darin werden den nationalen Regulierungsbehörden konkrete Kriterien an die Hand gegeben, welche Elemente eine wirksame Compliance-Funktion bei den vom Anwendungsbereich der REMIT betroffenen Unternehmen enthalten soll, die von diesen Unternehmen zur Sicherstellung der Einhaltung der REMIT-Pflichten[161] nach Vorstellung von ACER unter Berücksichtigung z.B. der jeweiligen Unternehmensgröße einzurichten ist.

81 Zu berücksichtigen ist schließlich, dass die **BaFin** im Jahr 2018 erneut ein Rundschreiben zu den Mindestanforderungen an Compliance und die weiteren Verhaltens-, Organisations- und Transparenzpflichten nach § 80 WpHG und § 22 DV (**MaComp**)[162] veröffentlicht hat.

82 Insgesamt bedarf bereits heute und noch mehr in der Zukunft die Leitungsebene jedes Unternehmens somit starker Rechtfertigungsgründe, wenn sie sich gegen die Implementierung einer Compliance-Funktion entscheidet, dann aber ein Rechts- oder Regelverstoß tatsächlich eintritt.[163]

E. Funktion von Compliance

83 Losgelöst von der Frage, ob überhaupt eine rechtliche Verpflichtung zur Implementierung von Compliance im Unternehmen besteht, liegt der **Schwerpunkt des Interesses** der Geschäftsleitung regelmäßig darin, zu erfahren,
- welche Funktion Compliance für das Unternehmen überhaupt hat oder
- ob dadurch nicht nur unnötige Kosten verursacht werden.

84 Die folgenden Ausführungen konzentrieren sich auf die in der Praxis relevantesten Funktionen von Compliance. Neben der Schutz- und Image- bzw. Reputationsfunktion entfaltet eine wirksam implementierte Compliance allerdings noch weitere Funktionen wie bspw. eine
- Beratungs- und Informationsfunktion,
- Qualitätssicherungs- und Innovationsfunktion und
- Überwachungsfunktion,[164]

---

160 S. Fn. 148.
161 Zum Inhalt der REMIT-Pflichten, vgl. bspw. Zenke/Schäfer/*Dessau/Fischer*, Energiehandel in Europa, § 9 Rn 1 ff.; *Holzinger*, Kommunalwirtschaft 2013, 407, 408; *Hoff*, EnWZ 2015, 18 ff.
162 BaFin-Rundschreiben 5/2018 (WA) – Mindestanforderungen an die Compliance-Funktion und weitere Verhaltens-, Organisations- und Transparenzpflichten – MaComp, abrufbar unter https://www.bafin.de/SharedDocs/Veroeffentlichungen/DE/Rundschreiben/2018/rs_18_05_wa3_macomp.html.
163 Wieland/Steinmeyer/Grüninger/*Steinmeyer/Späth*, Handbuch Compliance-Management, S. 203 f.
164 Schimansky/Bunte/Lwowski/*Faust*, Bankrechts-Handbuch, § 109 Rn 4; Inderst/Bannenberg/Poppe/*Poppe*, Compliance, 3. Aufl., S. 12.

Dessau/Schäfer

die in der Unternehmenspraxis regelmäßig untrennbar mit der Schutz- und Image- bzw. Reputationsfunktion verbunden sind:[165] Geschäftsleitung und Mitarbeiter müssen bei der Vielzahl an – sich zudem ständig ändernden – Rechtsvorschriften und internen Regeln, welche die Rahmenbedingungen für die tägliche Geschäftspraxis vorgeben, regelmäßig über das rechtlich Zulässige geschult und informiert werden, um Haftungsfälle sowie Image- bzw. Reputationsschäden zu vermeiden. Die Sicherstellung der Rechts- und Regelkonformität muss zudem konsequent überwacht werden, um bewusst oder unbewusst schädigendes Verhalten im Unternehmen rechtzeitig aufdecken zu können.

I. Schutzfunktion von Compliance

Als vielleicht „die" **wesentliche Funktion** von Compliance in Großkonzernen wie auch kleinen und mittleren Unternehmen ist der **präventive Schutz vor Haftungsfällen** zu bezeichnen.[166] Ansteigende Haftungsrisiken für Unternehmen, aber auch und insbesondere der Geschäftsführung bzw. des Vorstandes mit ihrem Privatvermögen[167] lassen das Bedürfnis nach unternehmensinternen Strategien zur proaktiven und präventiven Haftungsvermeidung immer weiter zunehmen. Dies bestätigt die bereits erwähnte F.A.Z.-Institut-Studie,[168] welche bei den an der Studie teilnehmenden mittelständischen Unternehmen auch die Motivation zur Implementierung einer Compliance erfragte. Fast einheitlich gaben die 100 teilnehmenden Mittelstandsunternehmen die Haftungsvermeidung als eine der Hauptmotivation für die Einrichtung einer Compliance-Funktion an.[169] Dies ist auch ganz natürlich, bestätigt dieser empirische Befund doch die zunehmende Regulierungsdichte, die branchenunabhängig den Handlungsrahmen für Unternehmen durch eine immer höhere Anzahl von zivilrechtlichen und öffentlich-rechtlichen Pflichten bestimmt.[170] Nicht nur, dass die gesetzlichen Vorgaben des/der

- Arbeitsrechts,[171]
- Cyberkriminalität,[172]

---

165 Insofern werden diese zum Teil auch lediglich als „Unterfunktionen" der Schutzfunktion angesehen, vgl. *Karbaum*, Kartellrechtliche Compliance, S. 17.
166 Zu den betriebswirtschaftlichen Implikationen von Compliance vgl. *Bock*, Criminal Compliance, S. 438 ff.
167 *Müller*, DB 2014, 1301 m.w.N.
168 Vgl. dazu bereits Rn 1.
169 Vgl. F.A.Z.-Institut-Studie, S. 10.
170 Zur medialen Kritik an einer drohenden „Überregulierung" vgl. bereits *Sigmund*, Überregulierung: Wie Papiermonster die Unternehmen behindern, 5.10.2012, abrufbar unter http://www.handelsblatt.com/politik/deutschland/ueberregulierung-wie-papiermonster-die-unternehmen-behindern/7218026.html.
171 Vgl. ausführlich zur Arbeitsrechts-Compliance Kap. 10.
172 Vgl. ausführlich zur Cyberkriminalitäts-Compliance Kap. 12.

- Datenschutzrechts,[173]
- Gesellschaftsrechts,[174]
- Kapitalmarktrechts,[175]
- Kartellrechts,[176]
- Strafrechts,[177]
- Steuerrechts[178] u.v.m.[179]

in der unternehmerischen Praxis zu beachten sind. Eine Vielzahl branchenspezifischer Sonderregelungen bspw. für Unternehmen der Energiewirtschaft oder der chemischen Industrie kommen noch hinzu. Damit besteht eine kaum mehr zu überblickende Vielfalt an im Geschäftsverkehr zu beachtenden Pflichten – und als deren Kehrseite das Risiko von Haftungsfällen bei deren Verletzung.

86 Hinzu kommt, dass in letzter Zeit eine **zunehmende Tendenz** insbesondere der **Kartell- und Strafverfolgungsbehörden** zu beobachten ist, Rechtsverstöße durch Unternehmen nicht mehr nur als „Kavaliersdelikte" anzusehen, sondern diese auch konsequent zu verfolgen.[180]

87 Ohne organisatorische Vorkehrungen im Unternehmen ist branchenunabhängig eine **Haftungsvermeidung kaum mehr zu bewerkstelligen**. Compliance hat daher die wichtige Funktion, durch Aufklärung der Mitarbeiter und entsprechende Überwachung präventiv der Verletzung von gesetzlichen Vorschriften und sonstigen Regeln und damit verbundenen Schäden für das Unternehmen, seine Leitungsebene und jeden einzelnen Mitarbeiter wie Strafverfolgung, Bußgeldern, Schadenersatzforderungen etc. vorzubeugen.

88 Insofern kann die bereits angesprochene[181] Frage nach der rechtlichen Verpflichtung zu Compliance regelmäßig dahingestellt bleiben, sprechen doch bereits rein faktische Erwägungen evident für die Implementierung dieser Managementfunktion.[182]

---

173 Vgl. ausführlich zur datenschutzrechtlichen Compliance Kap. 11 sowie *Wybitul*, BB 2016, 1077 ff.; *Loof/Schefold*, ZRFC 2016, 121 ff.
174 Vgl. ausführlich zur gesellschaftsrechtlichen Compliance Kap. 17.
175 Vgl. ausführlich zur kapitalmarktrechtlichen Compliance Kap. 18.
176 Vgl. ausführlich zur (energie-)kartellrechtlichen Compliance Kap. 13.
177 Vgl. ausführlich zur strafrechtlichen Compliance Kap. 20 sowie allgemein *Scherp*, CB 2013, 168 ff.; *Theile*, JuS 2017, 913 ff.
178 Vgl. ausführlich zur Tax Compliance Kap. 15 und ausführlich zur (strom- bzw. energie-)steuerlichen Compliance Kap. 16 sowie *Kromer/Pumpler/Henschel*, BB 2013, 791 ff.; *Rübenstahl/Idler/Idler/Erl*, Tax Compliance, Kap. 1 Rn 38 ff.; *Behringer/Schoppe*, Compliance kompakt, S. 147 ff.
179 Zu weiteren „Compliance-relevanten" Rechtsgebieten vgl. instruktiv *Bock*, Criminal Compliance, S. 511 ff.
180 Zum zunehmenden Entdeckungsrisiko bei Kartellrechtsverstößen vgl. den empirischen Befund bei PwC, Wirtschaftskriminalität- und Unternehmenskultur-Studie 2013, S. 70 sowie *Karbaum*, Kartellrechtliche Compliance, S. 26 ff.; Wecker/Ohl/*Janssen*, Compliance, S. 188 ff.
181 Vgl. Rn 46 ff.
182 Allerdings zu Recht einschränkend für die kleine GmbH, vgl. MüKo-GmbHG/*Fleischer*, § 43 Rn 181.

Um die **Bedeutung einer organisierten Haftungsvermeidung** für das Unternehmen bzw. die Leitungsebene zu veranschaulichen, seien an dieser Stelle beispielhaft mögliche Verstöße gegen das Kartellrecht erwähnt. Nach § 81 Abs. 4 S. 2 GWB[183] kann das **BKartA** bei einem **schuldhaften Kartellrechtsverstoß** nämlich dem handelnden Unternehmen ein Bußgeld bis zu 10 % des jeweiligen weltweiten Gesamtumsatzes im vorausgegangenen Geschäftsjahr auferlegen.[184] Eine Folge mit teilweise existenzbedrohender Wirkung.

89

Zudem droht eine – allerdings zum Bußgeld nachrangige – Abschöpfung des durch den schuldhaften Kartellrechtsverstoß erzielten Gewinns gem. § 34 Abs. 1 GWB;[185] von zu erwartenden **Image- und Reputationsschäden** beim öffentlichen Bekanntwerden dieses Vorgangs und möglichen **Schadenersatzklagen** der betroffenen Kunden kaum zu sprechen.

90

Ausgangspunkt dafür sind die **Regelungen des OWiG**[186]. Losgelöst von den kartellrechtlichen Verweisungen in § 81 GWB können diese auch außerhalb des Kartellrechts – und damit bei der Begehung sämtlicher anderer Straftaten oder Ordnungswidrigkeiten im Rahmen der unternehmerischen Tätigkeit – zu ganz erheblichen finanziellen Sanktionen für ein Unternehmen selbst aber auch dessen Leitungsorgane führen. So kann nach der allgemeinen Regelung des § 30 OWiG eine Geldbuße gegen ein Unternehmen in einer Höhe von bis zu 10 Mio. € verhängt werden, wenn ein vertretungsberechtigtes Organ oder eine sonstige zur Leitung des Unternehmens bevollmächtigte Person (z.B. Prokurist) eine Straftat oder Ordnungswidrigkeit begangen hat, durch die Pflichten, die das Unternehmen treffen, verletzt worden sind. Interessant ist dabei die Anmerkung des 1. Strafsenats des BGH, der am 9.5.2017 das Urteil des LG München aufgrund von Rechtsfehlerhaftigkeit der verhängten Geldbuße aufhob,[187] ganz am Ende dieser Aufhebung: Der 1. Strafrechtssenat des BGH weist darauf hin, dass für die Bemessung der Geldbuße nach § 30 Abs. 1 OWiG zudem von Bedeutung sei, inwieweit das Unternehmen seiner Pflicht genügt habe, Rechtsverletzungen aus der Sphäre des Unternehmens zu unterbinden und ein effektives Compliance-Management installiert hat, welches auf die Vermeidung von Rechtsverstößen ausgelegt sein müsse. Des Weiteren merkte der 1. Strafsenat im Folgenden an, dass es dabei auch eine Rolle spielen kann, ob das Unternehmen in Folge des vorliegenden Strafverfahrens entsprechende Regelungen optimiert und seine betriebsinternen Abläufe so gestaltet hat, dass vergleichbare Normverletzungen zukünftig jedenfalls deutlich erschwert werden. Damit äußerte sich der 1. Strafsenat des BGH erstmals zum Thema Compliance. Dies lässt hellhörig werden: Denn vom obersten Straf-

91

---

183 Gesetz gegen Wettbewerbsbeschränkungen (GWB) v. 26.6.2013 (BGBl. I S. 1750, 3245), zuletzt geändert durch Gesetz v. 25.10.2023 (BGBl. I Nr. 294).
184 Behringer/*le Bell*, Compliance kompakt, S. 86 ff.
185 *Karbaum*, Kartellrechtliche Compliance, S. 46.
186 Zur Relevanz von §§ 130, 30 OWiG im Rahmen von Compliance-Management-Systemen, vgl. eingehend auch Kap. 5, Rn 182 ff. bzw. Rn 198 ff.
187 BGH, Urt. v. 9.5.2017 – 1 StR 265/16 – ZIP 2017, 2205.

gericht werden erstmals Anstrengen eines Unternehmens im Bereich Compliance-Management und deren fortlaufende Überprüfung bei der Berechnung der Unternehmenshaftung nach § 30 OWiG anerkannt.[188] Neben dieser Unternehmenshaftung besteht aber auch das Risiko, dass die Leitungsorgane selbst mit einem Bußgeld belegt werden können. Denn § 130 rechnet i.V.m. § 9 OWiG eine Ordnungswidrigkeit oder Straftat, die in Ausübung einer Tätigkeit für das Unternehmen durch einen Mitarbeiter begangen wird, dann dem Inhaber eines Unternehmens bzw. dessen zur Leitung des Unternehmens gesetzlich bestellten Vertretern (Vorstand, Geschäftsführung) oder mit Leitungsaufgaben betrauten Mitarbeitern als eigenes Verhalten zu, sofern diese Ordnungswidrigkeit oder Straftat durch eine gehörige Aufsicht verhindert oder wesentlich hätte erschwert werden können. In der Konsequenz wird damit ein **Organisationsverschulden** begründet, welches zum einen selbst eine Ordnungswidrigkeit darstellt und damit eine Unternehmenshaftung nach § 30 OWiG begründet[189] sowie zum anderen eine Haftung mit dem Privatvermögen zur Folge hat, auch wenn das Mitglied der Leitungsebene die Anlassstraftat oder Anlassordnungswidrigkeit nicht unmittelbar selbst begangen hat[190] – und dies mit für die betroffene Leitungsebene teilweise existenzbedrohenden Folgen:

92   So ist im Außenverhältnis gegenüber **natürlichen Personen** wie Geschäftsführern oder Mitgliedern des Vorstandes gem. § 81 Abs. 4 GWB bei einem **Kartellrechtsverstoß** eine **Geldbuße** in einer Höhe von bis zu 1 Mio. € in das Privatvermögen des Geschäftsführers bzw. des Vorstandsmitglieds verhängbar, sofern der Verstoß auf die Verletzung von Aufsichts- bzw. Organisationspflichten im Unternehmen zurückführbar ist.[191] Gleiches gilt gem. § 130 Abs. 3 OWiG bei sonstigen Ordnungswidrigkeiten.

93   Aufgrund der in der Unternehmenspraxis regelmäßig branchenunabhängig gelebten Arbeitsteilung und Verantwortungsdelegation kommt den Regelungen der §§ 130, 9 OWiG daher eine immer größere Bedeutung zu.

94   Gleiches gilt für eine Haftung der Leitungsebene im Innenverhältnis.[192] Und dies umso mehr, seitdem der BGH[193] eine Verpflichtung des Aufsichtsrats einer Aktiengesellschaft ausgeurteilt hat, Schadenersatzansprüche gegen die Leitungsebene wegen mögli-

---

188 Bzgl. (der Bedeutung) dieses Urteils vgl. *Bings/Link*, CB 2017, 332; *Jenne/Martens*, CCZ 2017, 285 ff; *Bürkle*, BB 2018, 525 ff.; *Bauer/Holle*, NZG 2018, 14 ff.
189 Vgl. Inderst/Bannenberg/Poppe/*Rieder*, Compliance, 3. Aufl., S. 21.
190 Vgl. ausführlich zu dieser Thematik *Moosmayer*, Compliance, 4. Aufl., S. 17 ff.; Geisler/Kraatz/Kretschmer/*Kretschmer*, FS Geppert, S. 287 ff.
191 Vgl. bspw. zur Verhängung eines Bußgeldes auf Grundlage des OWiG wegen eines Aufsichts- und Organisationsverschuldens gegen den ehemaligen Vorstandsvorsitzenden der Siemens AG, Dr. Heinrich von Pierer, *Köhn*, Siemens: Für Pierer endet Korruptionsaffäre mit Bußgeld, 3.3.2010, abrufbar unter http://www.faz.net/aktuell/wirtschaft/unternehmen/siemens-fuer-pierer-endet-korruptionsaffaere-mit-bussgeld-11078.html.
192 Vgl. bspw. zur Haftung wegen der Verletzung der Buchführungspflicht OLG Frankfurt/Main, Urt. v. 18.3.1992 – 23 U 118/91 – NJW-RR 1993, 546; zur Haftung wegen Verletzung der Insolvenzantragspflicht BGH, Beschl. v. 2.10.2000 – II ZR 164/99 – DStR 2001, 1537.
193 BGH, Urt. v. 21.4.1997 – II ZR 175/95 – NJW 1997, 1926.

Dessau/Schäfer

cher Pflichtverletzung sorgfältig zu prüfen und gerichtlich zu verfolgen.[194] Die zivilgerichtliche Inanspruchnahme der Leitungsebene aufgrund einer Verletzung der ihr obliegenden Aufsichts- und Organisationspflicht nimmt damit weiter an Bedeutung zu. Dies zeigt bspw. ein Urteil des LG München[195] aus dem Jahr 2013, mit welchem der ehemalige Finanzvorstand der Siemens AG zur Zahlung von Schadenersatz in Höhe von 15 Mio. € an die Siemens AG verurteilt wurde, da er die ihm als Mitglied der Leitungsebene obliegenden Überwachungspflichten nicht hinreichend wahrgenommen habe. Und dies, obwohl er nach der Ressortverteilung selbst gar nicht für das Thema Compliance bei Siemens verantwortlich war.

Eine zentrale Aufgabe von Compliance ist es daher, im Unternehmen eine umfassende Aufsicht und Organisation[196] sicherzustellen. Auch wenn Compliance Rechts- und Regelverstöße durch Mitarbeiter niemals vollständig verhindern kann, so dient sie zum einen dazu, das Unternehmen und die Leitungsebene vor Haftungsfällen präventiv zu schützen und zum anderen eine haftungsbegründende Verletzung der Aufsichts- und Organisationspflichten von vornherein auszuschließen. **95**

Denn nach der gesetzlichen Regelung des **§ 130 Abs. 1 S. 2 OWiG** sowie außerhalb des OWiG nach den allgemeinen zivilrechtlichen Grundsätzen besteht eine **Haftung** sowohl für das Unternehmen als auch für die Leitungsebene mit dem Privatvermögen dann nicht, wenn das Unternehmen/die Leitungsebene darlegen kann, dass es bei der Ausgestaltung der Aufsicht und der Durchführung von Überwachungsmaßnahmen mit der erforderlichen Sorgfalt vorgegangen ist. Eine wirksame Compliance-Funktion ist dafür ein probates Mittel.[197] Compliance ist daher alles andere als eine kostenverursachende, nutzlose Pflichtübung oder Modeerscheinung. Vielmehr werden die dafür aufzuwenden Verwaltungskosten mit der präventiven Vermeidung jedes einzelnen Haftungsfalls mehr als aufgewogen.[198] Diese Aussage lässt sich auch empirisch belegen. So wurden bereits im Jahr 2011 im Rahmen einer Studie[199] 46 multinational-agierende Unternehmen danach befragt, was für Kosten Compliance bei ihnen verursacht und welche Kosten diesen durch „Non-Compliance" gegenüber stehen. Die Befragung ergab, dass die durchschnittlichen Kosten der befragten Unternehmen für „Non-Compliance" um mehr als das 2,5-fache höher lagen als die Kosten, die bei diesen Unternehmen durchschnittlich für Compliance aufgewendet wurden.[200] **96**

---

194 Zur Haftung des fakultativen Aufsichtsrats einer GmbH wegen der Verletzung der ihm obliegenden Überwachungspflicht gegenüber der Geschäftsführung vgl. BGH, Urt. v. 20.9.2010 – II ZR 78/09 – BGHZ 187, 60; *Fissenewert*, ZCG 2013, 214, 218.
195 LG München I, Urt. v. 10.12.2013 – 5 HKO 1387/10 – ZIP 2014, 570; zur Aktualität dieses Urt. vom LG München nach 5 Jahren vgl. *Hauschka*, CCZ 2018, 159 ff.
196 Vgl. zur Compliance-Organisation, Kap. 5.
197 Vgl. Wecker/Ohl/*Janssen*, Compliance, S. 199.
198 Szesny/Kuthe/*Heim/Peters*, Kapitalmarkt-Compliance, S. 516; *Schäfer/Holzinger*, ET 3/2010, 93, 96.
199 Ponemon Institute LLC, Benchmark-Studie (Ponemon-Studie), Januar 2011.
200 Vgl. Ponemon-Studie, S. 5.

II. Image- bzw. Reputationsfunktion von Compliance

97 Eine wirksame Compliance-Funktion leistet im börsennotierten Großkonzern wie auch in kleinen und mittleren Unternehmen einen wichtigen Beitrag zur Aufrechterhaltung bzw. zum Aufbau einer positiven Reputation bzw. eines positiven Images in der öffentlichen Wahrnehmung aber auch gegenüber Aufsichtsbehörden wie bspw. dem BKartA,[201] kommt darin doch das ernsthafte Bemühen des Unternehmens um Rechtskonformität zum Ausdruck.[202] Image bedeutet bei Unternehmen so viel wie den Gesamteindruck eines Unternehmens auf eine Person, welcher zumeist die Unternehmensidentität widerspiegelt. Ein Image ist eher kurzfristig und kann sich auch schnell zugunsten eines Unternehmens, z. B. durch Kommunikation oder Werbung, wieder ändern. Eine Reputation hingegen ist die Gesamtheit der Bewertung, wie ein Unternehmen von seinen Vertragspartnern unter Berücksichtigung von vergangenen Erfahrungen und für die Zukunft prognostizierten Verhaltens wahrgenommen wird. Reputation steht somit dafür, dass ein Unternehmen darauf abzielt, den langfristigen positiven Unternehmenswert in der öffentlichen Wahrnehmung aufrecht zu erhalten bzw. dauerhaft zu steigern, während Image darauf abzielt, den kurzfristigen Wert eines Unternehmens zu steigern. Aufgrund seiner langfristigen Wirkung ist Reputation für ein Unternehmen ein direkter Vermögenswert. Sie beruht auf dem Vertrauen der Geschäftspartner, ist nachhaltiger als eine Image-Funktion und verbessert die Wettbewerbssituation eines Unternehmens am Markt[203]. Aufgrund der langfristigen Wirkung von Reputation ist somit deren positive Erhaltung der entscheidende Faktor für die Unternehmensführung. Dies zeigt auch die Praxis: Mittlerweile setzen immer mehr Investoren, Anteilseigner oder Ratingagenturen eine wirksam implementierte Compliance-Funktion voraus.[204]

98 Wie wichtig Vertrauen in die Sicherstellung von Rechts- und Regelkonformität in der täglichen Unternehmenspraxis ist, belegt auch die F.A.Z.-Institut-Studie.[205] Darin nennen 86 % der im Rahmen der Studie befragten mittelständischen Unternehmen den Reputationsverlust als großes oder mittleres Risiko. Immerhin 65 % der befragten mittelständischen Unternehmen sehen als Risiko aus Compliance-Verstößen drohende wirtschaftliche Einbußen bzw. erhebliche Vermögensschäden bei ihrem Unternehmen an. Gründe für Compliance sind daher bei 87 % der befragten mittelständischen Unternehmen die Reputationssicherung und -steigerung. Zudem gaben 85 % der befragten Unter-

---

[201] Vgl. dazu den ausdrücklichen Hinweis auf der Internetseite des BKartA, wonach Maßnahmen zur Vermeidung von Kartellverstößen – und dabei insbesondere „effektive Compliance-Maßnahmen" – begrüßt werden, abrufbar unter https://www.bundeskartellamt.de/DE/Kartellverbot/kartellverbot_node.html.
[202] Derleder/Knops/Bamberger/*Frisch*, Handbuch zum Bankrecht, Band I, § 9 Rn 47 ff.
[203] Vgl. Zerfaß/Piwinger/*Einwiller*, Unternehmenskommunikation, S. 371 ff.
[204] Vgl. auch *Moosmayer*, Compliance, 4. Aufl., S. 24 f.
[205] Vgl. F.A.Z.-Institut-Studie, S. 10 ff.

nehmen in der Studie an, dass der Nachweis einer wirksamen Compliance-Funktion von ihren Kunden, Geschäftspartnern bzw. Kapitalgebern aktiv angefordert wird.

Eine wirksam implementierte und in der Öffentlichkeit kommunizierte Compliance-Funktion kann im erheblichen Maße vertrauensbildend wirken und das Ansehen eines Unternehmens deutlich erhöhen. Diese Aussage lässt sich durch folgende Überlegungen stützen:

Zwar ist Vertrauen kein greifbares Gut, welches sich unmittelbar ökonomisch abbilden lässt. Die Bedeutung dieses **hohen Gutes** und damit die ökonomische Dimension eines Vertrauensverlusts werden jedoch dann deutlich, wenn gegen eine rechtliche oder ethische Vorgabe verstoßen wurde. In der Vergangenheit in den Medien umfangreich behandelte Negativbeispiele[206] dienen als Beleg dafür, welche Auswirkungen Compliance-Verstöße auf das öffentliche Ansehen eines Unternehmens,[207] die Motivation seiner Mitarbeiter oder die Akzeptanz seiner Produkte am Markt haben können.[208]

Ein Reputationsschaden kann langfristige Folgen haben und sich konkret
- in fallenden Börsenkursen,
- in sinkender Kreditwürdigkeit,
- in dem Abbruch von Geschäftsbeziehungen,
- in dem Ausschluss von öffentlichen Ausschreibungen bspw. im Fall der nachgewiesenen Korruption oder
- in der schlechteren Generierung von hochqualifizierten Mitarbeitern

niederschlagen.[209]

In der Praxis ist das bereits angekommen: Von den im Rahmen der BKA-Hauptstudie[210] befragten 242 Unternehmen, die bereits ein Compliance-System implementiert hatten, wird als Grund für die Einführung des Compliance-Systems die moderne Unternehmensführung (97,5%) und die Stärkung der Reputation des Unternehmens (94,1%) als (eher) zutreffend bewertet.

Dies zeigt, welche Bedeutung der Absicherung vor Reputationsschäden bei der Unternehmensführung zukommt. In einer für Unternehmensskandale zunehmend sensibilisierten regionalen wie auch überregionalen Medienlandschaft gilt dies umso mehr. In nahezu keiner Branche wird es daher Unternehmen geben, die sich auf Dauer nicht um

---

206 Vgl. neben den bereits benannten Fällen von Siemens und VW bspw. die mediale Berichterstattung über die Babynahrung von Hipp und Holle (Demeter), Stern, Gen-Gemüse in Bio-Babynahrung entdeckt, 6.10.2013, abrufbar unter https://www.stern.de/gesundheit/ernaehrung/verbrauchermagazin-deckt-auf-gen-gemuese-im-bio-babybrei-gefunden-3313050.html.
207 Zur Sicht eines Medienvertreters vgl. *Jahn*, CCZ 2011, 139ff.
208 Wecker/Ohl/*Vetter*, Compliance, S. 9.
209 Wieland/Steinmeyer/Grüninger/*Grüninger*, Handbuch Compliance-Management, S. 48; *Moosmayer*, Compliance, 3. Aufl., S. 21ff.
210 Vgl. BKA-Hauptstudie, S. 70.

ihre Reputation kümmern müssen.²¹¹ Das eindeutige Bekenntnis zur Einhaltung der rechtlichen Vorgaben in der täglichen Geschäftspraxis sowie die Überwachung durch eine wirksame Compliance-Funktion leisten neben z.B. der Produktqualität einen erheblichen Beitrag dazu, die Reputation eines Unternehmens zu sichern. Sie beeinflusst regelmäßig positiv die Wahrnehmung bspw. durch Geschäftspartner: Durch eine gegenüber Geschäftspartnern glaubhaft kommunizierte Compliance-Kultur wird das positive Signal ausgesendet, dass diese bei der Aufnahme einer Geschäftsbeziehung weitestmöglich vor einer Einbeziehung in unlautere Geschäftspraktiken geschützt werden. Dies kann geschäftswesentlich sein: Denn nicht ganz zu Unrecht besteht in der Unternehmerschaft vielfach die Befürchtung, dass Verdachtsfälle von Wirtschaftskriminalität zum Abbruch von Geschäftsbeziehungen durch Geschäftspartner führen können.²¹² Auch Kunden wird durch eine wirksam implementierte und nach außen hin glaubhaft kommunizierte Compliance-Kultur Sicherheit gegeben, dass sie durch ihr Konsumverhalten keine unlauteren oder ethisch bedenklichen Geschäftspraktiken unterstützen, was sich letztendlich positiv auf die Marktanteile und die Profitabilität des Unternehmens auswirken wird.²¹³

---

211 Behringer/*Behringer*, Compliance kompakt, S. 43; *Schulz*, BB 2018, 1283 ff.
212 Vgl. Zerfaß/Piwinger/*Piwinger*, Unternehmenskommunikation, S. 308 sowie PwC, Wirtschaftskriminalität und Unternehmenskultur-Studie 2013, S. 69.
213 Zu der erheblichen wirtschaftlichen Bedeutung des „guten Rufs" eines Unternehmens vgl. auch Inderst/Bannenberg/Poppe/*Inderst/Steiner*, Compliance, 3. Aufl., S. 101 f.; *Schulz/Muth*, CB 2014, 265 ff.; *Schulz*, BB 2018, 1283 ff. Zum Nutzen von Compliance zu Marketingzwecken vgl. Hauschka/Moosmayer/Lösler/*Schorn*, Corporate Compliance, § 13 Rn 7; *Lösler*, NZG 2005, 104, 105.

Dessau/Schäfer

Kapitel 5
Kernelemente eines Compliance-Management-Systems

A. Einleitung

Der Begriff der Compliance[1] ist wesentlich durch zwei Elemente geprägt, die sich nicht zuletzt auch in den Normstrukturen der §§ 30 Abs. 1, 130 Abs. 1 OWiG[2] wiederfinden:
- ■ die Verpflichtung eines jeden Unternehmens/Unternehmers, seinen Verantwortungsbereich/sein Unternehmen in „gehöriger" Weise zu organisieren und zu beaufsichtigen,
- ■ das mit der statuierten Organisations-/Aufsichtspflicht verfolgte Ziel der Verhinderung von Pflichtverletzungen, die mit Strafe oder Geldbuße bewehrt sind.

Nachfolgend soll es **nicht** um die gesetzlichen Vorgaben gehen, die es im Rahmen der unternehmerischen Tätigkeit zu beachten gilt,[3] sondern allein darum, welche manage-

---

1 Vgl. dazu Kap. 4 Rn 4ff.; *Schäfer/Holzinger*, ET 3/2010, 93f.; vgl. auch Behringer/*Behringer*, Compliance kompakt, S. 31f.; Inderst/Bannenberg/*Poppe*, Compliance, 3. Aufl., S. 1ff.; einen instruktiven Überblick über die rechtlichen und sonstigen Grundlagen für Compliance in Deutschland, Österreich und der Schweiz findet sich bei Inderst/Bannenberg/*Poppe/Rieder/Flitsch/Hahn*, Compliance, 3. Aufl., S. 15ff., zur Situation in Italien *Prudention*, CB 2023, 70ff.; *Prudention*, CB 2018, 67ff.; *Prudentino*, CCZ 2014, 35ff.; *Prudentino*, CB 2013, 9ff.; *Prudentino*, BB 2012, 2561ff.; *Schautes/Schier*, CCZ 2013, 149f. Letztere geben zudem einen instruktiven Überblick über die vergleichbare Rechtslage in Spanien *Schautes/Schier*, CCZ 2013, 149, 153ff. Zur Strafbarkeit juristischer Personen des Privatrechts in Spanien und zu den daraus resultierenden Compliance-Management-Anstrengungen der Unternehmen vgl. *Tauschwitz/Tornero*, CCZ 2016, 18ff.; *Pérez*, CB 2016, 97ff.; *Pérez*, CB 2013, 184, 186; *Pérez*, CB 2013, 357ff. Zum verschärften Antikorruptionsrecht in Österreich vgl. *Zehetner*, CB 2016, 225ff.; *Zehetner*, CB 2013, 94ff. Zur noch unterentwickelten Gesetzeslage in Bezug auf Compliance in Polen sowie zu den Compliance-Aktivitäten der in Polen tätigen Unternehmen vgl. *Jagura/Malik*, CB 2019, 122ff.,; *Tuzimek*, CB 2013, 136ff. Zu einer vergleichbaren Gesetzesinitiative in Deutschland vgl. *Fladung*, CB 2013, 380ff. sowie oben Kap. 4 Rn 43ff. Zur Situation in Frankreich vgl. *Querenet-Hahn/Ndiaye*, CB 2021, 250ff.; *Querenet-Hahn/Karg*, CB 2014, 221ff.; vgl. auch *Campos Nave*, BB 2012, I. Zur Situation in Österreich, der Schweiz und Liechtenstein; vgl. Rotsch/*Hilf*, Criminal Compliance, § 9 Rn 1ff.; *Hunziker/Unruh/Vanini*, ZRFC 2022, 103. Zu den Grundzügen der Compliance-Regulierung in Portugal vgl. die eingehende Darstellung bei *Campos Nave*, CB 2020, 155 und 160. Über die Verantwortung des Aufsichtsrates in Bezug auf Compliance vgl. *Siepelt/Pütz*, CCZ 2018, 78ff.. Zur Situation in Russland vgl. Heidemann, ZRFC 2020, 78ff., 134ff.
2 Ordnungswidrigkeitengesetz (OWiG) v. 19.2.1987 (BGBl. I S. 602), zuletzt geändert durch Gesetz v. 14.3.2023 (BGBl. I Nr. 73). Vgl. dazu näher unten Rn 145ff.
3 Vgl. dazu Kap. 10. Zu den von kommunalen Versorgern zu beachtenden EU-Beihilferegelungen vgl. *Schäfer/Deuster*, ET 11/2010, 63ff. Allgemein zur Relevanz von Compliance in kommunalen Unternehmen vgl. Wurzel/Schraml/Groß/*Weber*, Rechtspraxis der kommunalen Unternehmen, E. 2. Teil Rn 327ff.; *Otto/*

mentmäßigen/organisatorischen Anstrengungen[4] mindestens erforderlich sind, damit dem Unternehmen,[5] seiner Leitung und seinen Mitarbeitern der Vorwurf mangelhafter Aufsicht und die damit gegebenenfalls verbundenen Nachteile materieller und immaterieller Art erspart bleiben.[6]

3   Welche konkreten Maßnahmen – z. B. Verhaltensvorgaben, Verantwortlichkeitsfestlegungen und Prozessbestimmungen – dazu im Einzelfall erforderlich und angemessen sind, kann nicht schematisch beantwortet werden.[7] Die Unternehmensleitung verfügt in diesem Zusammenhang im Rahmen ihrer **Organisationsverantwortung** vielmehr über ein weitreichendes Gestaltungsermessen (sog. Business Judgement Rule, § 93 Abs. 2 AktG[8]). Die konkrete Ausgestaltung eines **Compliance-Management-Systems** (CMS) in einem Unternehmen muss daher auf die Erzielung eines relativen Optimums zwischen Risikomanagement und -begrenzung einerseits und Vermeidung von

---

Fonk, CCZ 2012, 161 ff.; Compliance bei Unternehmen der öffentlichen Hand vgl. *Passarge*, NVwZ 2015, 252 ff., bzgl. des vorerst gescheiterten Verbandssanktionengesetz vgl. *Peukert/Sinn*, Beck-Newsdienst Compliance 2021, 230005; vgl. näher zu diesem Gesetzesvorhaben Kap. 4 Rn 68; *Kundlich*, MüKo-StPO Rn 44a ff.

4 Den organisatorischen Aspekt von Compliance betonend auch *Nietsch*, CCZ 2023, 61 ff.; *Eufinger*, CCZ 2012, 21 f.; Sowie speziell bzgl. organisatorischen Aspekten bei Tax Compliance Management Systemen *Pull*, DStR 2022, 2132 ff.; Für einen guten Überblick diesbezüglich vgl. auch hier: *Sonnenberg*, JuS 2017, 917 ff.; *Moosmayer*, CCZ 2013, 218 f. Zur nach wie vor zunehmenden Bedeutung von Compliance-Management in deutschen Unternehmen vgl. *Laue/Schenk*, CB 2013, 140 ff., die unter Hinweis auf empirische Erhebungen von KPMG auf die zunehmende Bedeutung von Compliance-Management auch im deutschen Mittelstand hinweisen. Sehr grundsätzlich zur Notwendigkeit von Compliance-Management auch im Mittelstand *Schierig/Wegener*, RFamU 2022, 225 ff.; *Mark*, ZIP 2014, 1705 ff. Zur Compliance-Risikoanalyse als zentrale Voraussetzung für die Einrichtung eines effizienten Compliance-Management-Systems vgl. *Umnuß/Clodius*, Corporate Compliance Checklisten, 5. Aufl., § 4 Rn 23 ff.; *Stork/Ebersoll*, CB 2015, 57 ff.; über das Kriterium der Wirksamkeit eines CMS *Backhaus*, NZG 2023, 253 ff.; *Jüttner*, CCZ 2018, 168. Zu den „Elixieren" des Compliance-Managements vgl. *Bergmoser*, CB 5/6 2018, I.

5 Zu Compliance-Systemen des Staates vgl. *Vogelsang/Nahrstedt/Fuhrmann*, CCZ 2014, 181 ff.

6 Vgl. allerdings auch *Gehring/Karsten/Mäger*, CCZ 2013, 1 ff., die zurecht auf die „perversen Anreize" hinweisen, die daraus resultieren, dass europäische (Kartell-)Behörden und Gerichte die Existenz von CMS im Rahmen von Kartellverstößen nicht nur nicht positiv bewerten, sondern insbesondere in Konzernverbünden verschärfend berücksichtigen. Zur Einrichtung einer gesonderten Stabsstelle für „Criminal Compliance" vgl. *Rotsch/Lehmann*, Criminal Compliance, § 3 Rn 88 ff.

7 Zur Prozessbeschreibung vgl. instruktiv das Positionspapier des Arbeitskreises „Compliance-Prozess" des Bundesverbands Deutscher Compliance Officer e.V. (BDCO), Der Compliance-Prozess in seiner unterschiedlichen Ausgestaltung, abrufbar unter https://docplayer.org/2829083-Bdco-positionspapier-berufsbild-des-compliance-officers-1-mindestanforderungen-zu-inhalt-entwicklung-und-ausbildung.html; vgl. dazu *Muth*, CB 2015, 119 ff.; zu Selbstanzeigen von Compliance-Verstößen *Zimmer/Weigl*, CCZ 2019, 21 ff.

8 Aktiengesetz (AktG) v. 6.9.1965 (BGBl. I S. 1089), zuletzt geändert durch Gesetz v. 10.8.2021 (BGBl. I S. 3436); vgl. hierzu auch MüKo-AktG/*Spindler*, § 93, Rn 115.

effizienzreduzierender Überregulierung abzielen.⁹ Dementsprechend ist bei der Ausgestaltung eines CMS auf die konkrete Unternehmenssituation abzustellen, wobei insbesondere Größe/Umfang des operativen Geschäfts und Komplexität/Risikogehalt der Geschäftstätigkeit maßgebliche Einflussgrößen sind.¹⁰

Wichtige Anhaltspunkte für die konkrete Ausgestaltung eines CMS finden sich insbesondere in folgenden Regelwerken: 4
- Deutscher Corporate Governance Kodex (DCGK), Nr. 4.1.3,¹¹
- Public Corporate Governance Kodex des Bundes (PCGK),¹²

---

9 Zur effizienten und effektiven Ausgestaltung eines Compliance-Management-Systems vgl. auch *Moosmayer*, Compliance – Praxisleitfaden für Unternehmen, 4. Aufl., § 4 Rn 154 ff.; *Wiedmann/Greubel*, CCZ 2019, 88 ff.; *Jüttner*, CCZ 2018, 168 ff.
10 So auch der Bundesgerichtshof, BGH, Urt. v. 9.5.2017 – 1 StR 265/16 – BeckRS 2017, 114578, Rn 118, der auf die Relevanz der konkreten Ausgestaltung eines Compliance-Management-Systems für die Bemessung eines Bußgelds/einer Strafe bei Rechtsverstößen hinweist. Vgl. auch LG München I, Urt. v. 10.12.2013 – 5 HK O 1387/10 – DB 2014, 766 ff., das ausdrücklich klarstellt, dass die Einrichtung eines funktionierenden CMS Teil der Gesamtverantwortung der Unternehmensleitung ist. Zu dieser Entscheidung vgl. *Kränzlin/Weller*, CB 2014, 176 ff.; *Meyer*, DB 2014, 1063 ff.; *Fett*, CCZ 2014, 143 f.; *Beckmann*, ZWH 2014, 199 f.; *Bürhle*, CCZ 2015, 52 ff. Instruktiv zur Verpflichtung des Geschäftsführers einer GmbH im Hinblick auf die Notwendigkeit zur Schaffung adäquater „Compliance-Strukturen" sowie zur Schadensersatzpflicht bei Unterlassung einer geeigneten Unternehmensorganisation vgl. OLG Nürnberg, Entscheidung v. 30.3.2022 Az.: 12 U 1520/19 (AG 2022, 908); dazu *Unmuth*, AG 2022, 893. Generell zum Prozess zur Einführung eines CMS vgl. *Nothelfer*, CCZ 2013, 23 ff.; *Renberg*, WPg 2013, 160 ff. Zu den rechtlichen Voraussetzungen vgl. sehr grundsätzlich *Goette/Barring*, DStR 2021, 1238 ff.; *Rach*, CB 2014, 279 ff.; vgl. auch *Rodewald*, CB 2013, 70 ff., der jedoch vorwiegend die Antikorruption im Auge hat, allerdings wohlwissend, dass ein CMS deutlich mehr umfassen muss. Zu dem ergänzenden Instrument eines sog. Wertemanagementsystems und dessen Verhältnis zum CMS vgl. instruktiv *Geiß*, CB 2014, 45 ff. Die Einrichtung einer Compliance-Organisation an sich unterliegt nicht der betrieblichen Mitbestimmung; vgl. nur Hauschka/*Lampert*, Corporate Compliance, 3. Aufl., § 9 Rn 33; *Almendinger*, EWiR 1996, 639 f.; *Neufeld/Knitter*, BB 2013, 821 f.; *Rack*, CB 2018, 287 ff. Etwas anderes kann allerdings für bestimmte Einzelmaßnahmen in diesem Zusammenhang gelten, vgl. dazu *Grimm/Freh*, BB 2013, 821, 822 ff. Eingehend zu den personalseitigen und arbeitsrechtlichen Fragestellungen im Zusammenhang mit der Einführung eines CMS vgl. *Mengel*, Compliance im Arbeitsrecht, 2. Aufl., Teil 1 § 1 Rn 1 ff.; *Stück*, CB 2013, 45 ff. Instruktiv zu den Beteiligungsrechten des Betriebsrats im Zusammenhang mit Compliance-Fragestellungen *Mengel*, Compliance im Arbeitsrecht, 2. Aufl., Teil 1 § 2 Rn 1 ff.; *Wybitul*, CB 2015, 77 ff. Zu Compliance-Maßnahmen für Start-ups *Winter/Schorn*, CCZ 2019, 172 ff. und *Schieffer*, CCZ 2018, 93 ff. Zum quantitativ (nach wie vor eher geringen) Verbreitungsgrad von Compliance-Management-Systemen in mittelständischen Unternehmen sowie den insoweit bestehenden Herausforderungen unter Zugrundelegung jüngerer empirischer Untersuchungen vgl. *Lindemann/Menke*, CCZ 2022, 85.
11 Deutscher Corporate Governance Kodex (DCGK), 28.4.2022, abrufbar unter https://www.dcgk.de/de/kodex/aktuelle-fassung/praeambel.html. In der aktuellen Fassung wurde die Klausel zum Kontroll- und Risikomanagement (Grundsatz 4) ausgebaut; vgl. dazu Kremer/*Bachmann*, DCGK, 8. Aufl., G4 Rn 1.
12 Grundsätze guter Unternehmens- und aktiver Beteiligungsführung im Bereich des Bundes, Beschluss der Bundesregierung (PCGK), 16.9.2020 (GMBl 2021 S. 130), abrufbar unter https://www.bundesfinanzministerium.de/Content/DE/Standardartikel/Themen/Bundesvermoegen/Privatisierungs_und_Beteiligungspolitik/Beteiligungspolitik/grundsaetze-guter-unternehmens-und-aktiver-beteiligungsfuehrung.html. Vgl. auch den Vorschlag eines Deutschen Public Corporate Governance-Musterkodex (D-PCGM) der

- Rundschreiben 5/2018 (WA) – Mindestanforderungen an die Compliance-Funktion und weitere Verhaltens-, Organisations- und Transparenzpflichten (MaComp) der Bundesanstalt für Finanzdienstleistungsaufsicht (BaFin),[13]
- Rundschreiben 05/2023 (BA) – Mindestanforderungen an das Risikomanagement (MaRisk), AT 4.4.2,[14]
- Delegierte Verordnung (EU) 2017/565,[15]
- IDW Prüfungsstandard 980 (IDW PS 980[16] Grundsätze ordnungsgemäßer Prüfung von Compliance-Management-Systemen,
- § 12 Abs. 4 S. 2 WpDVerOV,[17]
- § 3 WpHGMaAnzV,[18]

Expertenkommission Deutscher Public Corporate Governance-Musterkodex (Fassung v. 7.1.2020, abrufbar unter http://pcg-musterkodex.de/deutscher-public-corporate-governance-musterkodex-veroeffentlicht/), der unter Ziffer 7.2 explizit die Einführung eines Compliance-Management-Systems einschließlich eines Hinweisgebersystems empfiehlt.

13 Rundschreiben 5/2018 (WA) – Mindestanforderungen an die Compliance-Funktion und die weiteren Verhaltens-, Organisations- und Transparenzpflichten (MaComp), 19.4.2018, zuletzt geändert am 26.9.2024 (GZ: WA 31 – Wp 2002–2017/0011), abrufbar unter https://www.bafin.de/SharedDocs/Veroeffentlichungen/DE/Rundschreiben/2018/rs_18_05_wa3_macomp.html; vgl. dazu *Loff*, CB 2013, 104, 106 ff. Zur MaComp (primär aus Bankensicht) vgl. die Kommentierung von Krimphove, MaComp.

14 Rundschreiben 05/2023 (BA) – Mindestanforderungen an das Risikomanagement (MaRisk); zur (begrenzten) Bedeutung der novellierten MaRisk für den Compliancebereich v. 29.06.2023 (GZ: BA 54-FR 2210-2010/2023), abrufbar unter https://www.bafin.de/SharedDocs/Veroeffentlichungen/DE/Rundschreiben/2023/rs_05_2023_MaRisk_BA.html; vgl. *Krimphove*, BKR 2021, 597 ff. Zum Verhältnis von MaComp und MaRisk vgl. instruktiv *Wolff/Martin*, CCZ 2014, 86 ff.

15 Vom 25.4.2016, ABl EU Nr. L 87/1, zuletzt geändert durch Verordnung v. 21.4.2021 (ABl. Nr. L 277/6). Diese Verordnung ist ein Ausführungsrechtsakt der RL 2014/65/EU des Europäischen Parlaments und des Rates v. 15.5.2014 über Märkte für Finanzinstrumente sowie zur Änderung der RL 2002/92/EG und 2011/61/EU (ABl EU Nr. L 173/349) und im Wesentlichen auf den Kapitalmarkt ausgerichtet. Soweit die dortigen Regelungen für den Nichtbankenbereich von Interesse sind, entsprechen sie vielfach den Vorgaben der MaComp; vgl. näher *Fink*, CB 2018 133 ff.; zu den (für den Nichtbankenbereich eher begrenzten) Auswirkungen der MiFID II 8 sowie der Marktmissbrauchsverordnung (Verordnung (EU) Nr. 596/2014 des Europäischen Parlaments und des Rates v. 16.4.2014 über Marktmissbrauch (Marktmissbrauchsverordnung) und zur Aufhebung der RL 2003/6/EG des Europäischen Parlaments und des Rates und der RLn 2003/124/EG, 2003/125/EG und 2004/72/EG der Kommission v. 16.4.2016 (ABl EU Nr. L 173/1), zuletzt geändert durch Verordnung v. 27.11.2019 (ABl. EU Nr. L 320/1)) vgl. *Renz/Schwarz*, CB 2016, 431 ff.

16 Zur Neufassung des Prüfungsstandards vom September 2022 vgl. etwa BB 2021, 2986; BB 2022, 2921-292. ZU den bisherigen Erfahrungen mit dem Prüfungsstandard vgl. *Schefold*, ZRFC 2022, 170; *ders.* zum Verhältnis des Prüfungsstandards zu Art. 42 DGSVO in: ZRFC 2024, 18.

17 Wertpapierdienstleistungs-, Verhaltens- und Organisationsverordnung (WpDVerOV) v. 17.10.2017 (BGBl. I S. 3566), zuletzt geändert durch Verordnung v. 30.9.2022 (BGBl. I S. 1603).

18 WpHG-Mitarbeiteranzeigeverordnung (WpHGMaAnzV) v. 21.12.2011 (BGBl. I S. 3116), zuletzt geändert durch Verordnung v. 24.11.2017 (BGBl. I S. 3810).

- ISO 37301:2021 „Compliance management systems – Requirements with guidance for use"[19]
- CMS – Anforderungen und Anleitung zur Anwendung (ONR 192050).[20]

Auf dieser Grundlage werden nachfolgend Kernelemente eines CMS dargestellt, das den aktuellen „Stand der Technik" abbilden dürfte: Nach einem Blick auf die Compliance-Kultur[21] werden die organisatorischen Ausgestaltungsmöglichkeiten erläutert.[22] Im Anschluss werden wichtige Präventionsmaßnahmen dargestellt[23] und die Fragen der Überwachung sowie der Aufdeckung von Regelverstößen behandelt.[24] Den Abschluss dieses Kapitels bilden sodann einige Bemerkungen zu unternehmensinternen sowie straf- und bußgeldrechtlichen Sanktionen im Falle von „nicht gehöriger" Aufsichtstätigkeit.[25]

B. Compliance-Kultur

Die Existenz einer adäquaten Compliance-Kultur[26] bzw. der feste Wille, eine solche im Unternehmen einzuführen oder auszubauen, ist die wesentliche und unverzichtbare Grundlage für die erfolgreiche Praktizierung von Compliance-Management.[27] Sie wird

---

19 Abrufbar unter https://www.iso.org/obp/ui/#iso:std:iso:37301:ed-1:v1:en. Die ISO 37301 ersetzt die im April 2021 zurückgezogene ISO 19600, abrufbar unter https://www.iso.org/obp/ui/#iso:std:iso:19600:ed-1:v1:en. Zur aktuellen ISO 37301 vgl. *Rack* CB 2021, 433 ff. sowie *Gnändiger/Dietrich/Bremer* CNL 2021, Heft 07-08, 7 ff. Das entsprechende Zertifizierungsschema Y03 der Austrian Standards v. 9.9.2021 ist abrufbar unter https://cdn.austrian-standards.at/asset/dokumente/produkte-loesungen/Zertifizierung/schemata/Y-09.103-CMSV71-2021-09-01_DE.pdf.
20 Austrian Standard Institute, 1.2.2013, ICS 03.100.01, abrufbar unter https://www.austrian-standards.at/dokumente/produkte-loesungen/Zertifizierung/schemata/zertifizierungsschema-compliance.pdf mit einer Vielzahl praxistauglicher Vorschläge für ein effizientes CMS. Zu den ONR 192050 vgl. die instruktive Kommentierung von *Petsche/Toifl/Neiger/Jirges*, Compliance Management Systeme.
21 Vgl. dazu sogleich unter Rn 6 ff.
22 Vgl. unten Rn 9, vgl. auch das sehr ausdifferenzierte Konzept von Wieland/Steinmeyer/Grüninger/*Grüninger/Butscher*, Handbuch Compliance-Management, S. 125 ff., sowie der TÜV Rheinland, CMS – Standard und Leitfaden, TR CMS 101:2015 und TR CMS 100:2015, abrufbar unter https://www.tuev-media.de/compliance-management-systeme—standard-und-leitfaden-e-book, und Deloitte, Compliance im Mittelstand (Studie), 11/2011, abrufbar unter https://www.htwg-konstanz.de/fileadmin/pub/ou/kicg/Publikationen/CBCI_Studie_Compliance_im_Mittelstand.pdf letztere mit interessanten empirischen Angaben sowie Deloitte, The Future of Compliance 2022 – Von der Sanktions- zur Anreizkultur (Studienreihe), abrufbar unter https://www2.deloitte.com/de/de/pages/audit/articles/future-of-compliance.html.
23 Vgl. unten Rn 80 ff.
24 Vgl. unten Rn 125 ff.
25 Vgl. unten Rn 197 ff.; vgl. zu allen vorstehenden Aspekten auch *Zenke/Schäfer*, ZRP 2010, 216, 218 ff.; *Schaefer/Baumann*, NJW 2011, 3601.
26 Generell zum Begriff vgl. *Schulz*, BB 2018, 1283 ff.; *Schulz/Muth*, CB 2014, 265 ff.
27 Ähnlich IDW PS 980, Nr. 4, Rn 23; *Moosmayer*, Compliance, 4. Aufl., Rn 210 ff.; Wieland/Steinmeyer/Grüninger/ *Grüninger/Steinmeyer/Strenger*, Handbuch Compliance-Management, S. 80, 104.

vor allem bestimmt durch die Grundeinstellungen, Wertvorstellungen und Verhaltensweisen der Unternehmensleitung, der Führungskräfte und des Aufsichtsorgans,[28] der sog. Tone from the Top.[29] Die Compliance-Kultur wird durch diverse Merkmale bestimmt; dazu gehören u. a.:

- vorbildliches (Führungs-)Verhalten der Führungskräfte und des Aufsichtsorgans,
- Existenz adäquater Verhaltensgrundsätze,
- Anreizsysteme zur Belohnung regelkonformen Verhaltens.[30]

7 Unmittelbar sichtbarer Ausdruck der Compliance-Kultur ist ein sog. Mission Statement.[31] Im Mission Statement verpflichtet sich die Unternehmensspitze uneingeschränkt zur Einhaltung von staatlichem Recht, internen Verhaltensregeln und vertraglichen Verpflichtungen und macht damit unmissverständlich deutlich, dass Missstände und nicht akzeptierte (Geschäfts-)Praktiken nicht geduldet werden.[32]

8 Anders gewendet: Kosten und sonstiger Aufwand zur Einführung und Praktizierung von Compliance-Management im Unternehmen sind dann vergeblich und unter Risikomanagementaspekten ein nutzloses Feigenblatt, wenn sich die Unternehmensleitung und die Führungskräfte nicht **persönlich** um die Thematik kümmern und die Arbeit der Compliance-Abteilung nicht vorbehaltlos unterstützen.[33]

C. Organisatorische Ausgestaltung

I. Verantwortlichkeitszuordnung

9 Compliance als risikomitigierende Unternehmensfunktion ist entgegen nach wie vor verbreiteter Auffassung und Praxis nicht nur ein Thema für börsennotierte Großunternehmen. Aufgrund des hier zugrunde gelegten weiten Compliance-Begriffs, der auf die

---

28 Vgl. IDW PS 980, Nr. 4, Rn 23; Nr. 6, Rn A 14; Wieland/Steinmeyer/Grüninger/*Wieland/Grüninger/Steinmeyer/Strenger*, Handbuch Compliance-Management, S. 77ff.
29 Hauschka/Moosmayer/Lösler/*Dittrich/Matthey*, Corporate Compliance, § 26 Rn 54; *Moosmayer*, Compliance, 4. Aufl., Rn 370; IDW PS 980, Nr. 4, Rn 23. Vgl. dazu illustrativ *Schläfereit*, CCZ 2015, 52f. – Fall Middelhoff.; *Grützner/Güngör*, CCZ 2019, 192 im Kontext aktueller Entwicklungen in den USA.
30 Vgl. IDW PS 980, Nr. 6, Rn A. Zum Verhältnis von Unternehmenskultur und Compliance-Management vgl. *Bussmann*, CCZ 2016, 50ff.
31 Auch „Commitment" oder „Policy Statement" genannt; zur Terminologie vgl. nur Hauschka/Moosmayer/Lösler/*Dietrich/Matthey*, Corporate Compliance, § 26 Rn 54; Görling/Inderst/Bannenberg/*Inderst/Steiner*, Compliance, 3. Aufl., S. 101f. Rn 4f.
32 Vgl. Hauschka/Moosmayer/Lösler/*Hauschka*, Corporate Compliance, § 26 Rn 54.
33 Vgl. auch *Moosmayer*, Compliance, 4. Aufl., Rn 210ff., und seine instruktiven, praxisnahen Beispiele, Rn 212ff.; zum Zusammenhang von Unternehmenskultur und Compliance vgl. auch PwC, Wirtschaftskriminalität-Studie 2011, S. 50ff., 53ff.; äußerst interessant zu den Kosten eines CMS (2,9 % des Jahresumsatzes) vgl. *Rack*, CB 2014, 54ff.; in die gleiche Richtung instruktiv *Ghahremann*, CB 2014, 402ff.

Schaffung eines Organisationsrahmens (Aufbau- und Ablauforganisation) zwecks **Einhaltung von Rechtsvorschriften und Regeln** jeglicher Art abstellt,[34] ist bzw. sollte Compliance auch für kleine und mittelständische Unternehmen von Interesse sein.[35] Auch für alle nicht börsennotierten Energieversorger ist Compliance daher ein „bezahlbares Muss".[36] Dennoch ist dies noch längst nicht die Regel, wie eine in 2018 erschienene Studie zeigt.[37] Zwar ist hiernach der Anteil mittelständischer Unternehmen mit einem CMS in den letzten Jahren gestiegen.[38] Trotzdem verfügten 2017 40 % der Unternehmen mit einer Mitarbeiterzahl von 500 bis 599 immer noch über kein entsprechendes CMS. Ebenso verhielt es sich im selben Jahr mit 13 % der Unternehmen mit 1.000 bis 4.999 Mitarbeitern.[39] Insgesamt zeichnet sich allerdings ein klarer Trend dahingehend ab, dass auch kleinere Unternehmen das Thema Compliance immer ernster nehmen.

Innerhalb eines jeden Unternehmens ist oberste Instanz einer Compliance-Organisation die **Geschäftsleitung** (Geschäftsführung, Vorstand).[40] Diese Verantwortung besteht kollektiv für **alle** Mitglieder der Geschäftsleitung und unabhängig von der internen Geschäftsverteilung.[41] Diese insbesondere aus allgemeinen gesellschaftsrechtlichen

10

---

34 Vgl. dazu auch *Tüllner/Wermelt*, BB 2012, 2551 ff.; MüKo-GmbHG/*Stephan/Tieves*, § 37 Rn 26 ff.
35 Vgl. Wieland/Steinmeyer/Grüninger/*Grüninger/Butscher*, Handbuch Compliance-Management, S. 125 ff.; *Moosmayer*, Compliance, 4. Aufl., Vorwort.
36 Vgl. *Schäfer*, VKU-ND 11/2009; *Schäfer/Holzinger*, E&M 23–24/2009, 3; *Schäfer/Holzinger*, ET 3/2010, 93 ff.; vgl. auch *Klindt*, NJW 2010, 2385, 2386 f.; bzgl. Compliance im Verein vgl. *Schockenhoff*, NZG 2019, 281 ff.
37 PwC, Compliance-Wirtschaftskriminalität-Studie 2018, S. 41 f.
38 PwC, Compliance-Wirtschaftskriminalität-Studie 2018, S. 41, Abb. 20.
39 PwC, Compliance-Wirtschaftskriminalität-Studie 2018, S. 41, Abb. 20.
40 Vgl. auch A.I. Grundsatz 5 DCGK (Deutscher Corporate Governance Kodex v. 28.4.2022, abrufbar unter https://www.dcgk.de//files/dcgk/usercontent/de/download/kodex/220627_Deutscher_Corporate_Governance_Kodex_2022.pdf). Danach hat „der" Vorstand für die Einhaltung der gesetzlichen Bestimmungen und der unternehmensinternen RL zu sorgen und auf deren Beachtung durch die Konzernunternehmen hinzuwirken; vgl. auch Inderst/Bannenberg/Poppe/*Inderst/Steiner*, Compliance, 3. Aufl., S. 101 f. Rn 2 ff.; vgl. dazu und zum Public Corporate Governance Kodex näher Kap. 19; vgl. außerdem IDW PS 980, Nr. 1.1, Rn 3, s. oben; vgl. auch CEBS. Consultation Paper on the Guidebook in Internal Governance (CP44), abrufbar unter https://www.eba.europa.eu/publications-and-media/events/consultation-paper-guidelines-internal-governance.
41 Vgl. nur Hauschka/Moosmayer/Lösler/*Bürkle*, Corporate Compliance, § 36 Rn 12 ff. m.w.N.; Hauschka/Moosmayer/Lösler/*Klahold/Lochen*, Corporate Compliance, § 37 Rn 18 f.; Wieland/Steinmeyer/Grüninger/*van Gemmeren*, Handbuch Compliance-Management, S. 171 f.; *Krüger/Günther*, NZA 2010, 367, 368 f.; *Moosmayer*, Compliance, 4. Aufl., S. 1 ff.; *Wolf*, BB 2011, 1353, 1355. Zur Rolle und Verantwortung des Aufsichtsrates in Bezug auf das Compliance-Management durch die Geschäftsleitung vgl. § 107 Abs. 3, 2 AktG, der auch für die Überwachung der Wirksamkeit des Compliance-Managements gelten soll, so Görling/Inderst/Bannenberg/*Beste*, Compliance, 1. Aufl., S. 145 Rn 179 ff.; zur zivilrechtlichen Haftung vgl. BGH, Urt. v. 10.7.2012 – VI ZR 341/10 – DB 2012, 1799, 1801, der eine Garantenstellung der Geschäftsleitung gegenüber Dritten aus gesellschaftsrechtlichen Vorschriften ablehnt. Eingehend dazu *Grützner/Baer*, DB 2013, 561 ff.; vgl. in diesem Zusammenhang auch OLG Braunschweig, Beschl. v. 14.6.2012 – Ws 44/12, Ws 45/12 – DB

Erwägungen abzuleitende Aussage wird auch durch die MaComp gestützt.[42] Auch wenn die MaComp lediglich Verwaltungsvorschriften ohne rechtliche Verbindlichkeit enthalten und sich formal „nur" an von der BaFin beaufsichtigte Finanzinstitute wenden,[43] so darf man doch erwarten, dass andere Behörden und Gerichte die Aussagen der MaComp im Sinne von DIN-Normen oder anderen technischen Regelwerken als Beurteilungsmaßstab heranziehen werden.

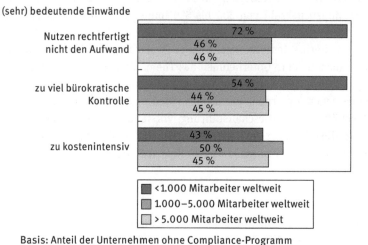

Abb. 1: Vorbehalte gegen Compliance-Programme[44]

11 Die Geschäftsleitung ist selbstverständlich nicht gehindert, die Wahrnehmung der **Compliance-Aufgaben zu delegieren**; dies kann in vielfältiger Weise geschehen.[45] Im Falle der Delegation wandelt sich die unmittelbare Handlungspflicht der Geschäftsleitung zur Erfüllung von Compliance-Aufgaben in eine allgemeine Aufsichtspflicht, die vor allem

---

2012, 2447 ff., das eine strafrechtliche Garantenpflicht des Aufsichtsrates bejaht; dazu *Grützner*, BB 2013, 212.

42 Vgl. MaComp, AT 4, BT 1.1 Nr. 1; vgl. auch *Wolf*, DB 2011, 1353, 1355 f. sowie eingehend *Bock*, Criminal Compliance, S. 600 ff., 677 ff., 700 ff.; *Engelhardt*, ZIP 2010, 1832 ff.; *Schäfer*, BKR 2011, 45 ff.; *Schäfer*, BKR 2011, 187 ff.

43 *Wolf*, BB 2011, 1353, 1356; *Bunting*, ZIP 2012, 1542.; Grützner/Jakob, Compliance von A–Z, MaComp, 2015.

44 PwC, Wirtschaftskriminalität-Studie 2013, S. 27. Vgl. aus jüngerer Zeit die Darstellung einer Studie zum Stand des Verbreitungsgrads von Compliance-Management-Systemen in Deutschland bei *Behringer/Ulrich/Unruh/Frank*, ZRFC 2021, 7 sowie die interessanten Ergebnisse einer Führungskräftebefragung zum Thema/Nutzen von Compliance-Management bei *Grüninger/Weinen*, CB 2021, 202. Zum quantitativ (nach wie vor eher geringen) Verbreitungsgrad von Compliance-Management-Systemen in mittelständischen Unternehmen sowie den insoweit bestehenden Herausforderungen unter Zugrundelegung neuerer empirischer Untersuchungen vgl. auch *Lindemann/Menke*, CCZ 2022, 85.

45 Vgl. dazu nur Hauschka/Moosmayer/Lösler/*Schmidt-Husson*, Corporate Compliance, § 6 Rn 26 ff.

darauf abzielt, die Delegatare ordnungsgemäß auszuwählen und anschließend angemessen zu überwachen.[46]

II. Organisatorische Lösungen

Die Unternehmensleitung wird sich in den seltensten Fällen im Detail mit der Erfüllung von Compliance-Aufgaben befassen können und wollen. Damit stellt sich unmittelbar die Frage danach, wie eine Compliance-Organisation idealerweise ausgestaltet sein sollte.[47] **12**

Die Geschäftsleitung ist im Rahmen ihrer rechtlichen Organisationsverantwortung verpflichtet, alle grundlegenden Entscheidungen selbst zu treffen. Sie verfügt dabei über weitreichendes Gestaltungsermessen, wie § 93 Abs. 1 Nr. 2 AktG (sog. Business Judgement Rule) zeigt.[48] Die konkrete Ausgestaltung kann und muss mit Augenmaß erfolgen. Abzustellen ist auf die **konkrete Unternehmenssituation** (Größe/Umfang des Geschäfts, Komplexität/Risikogehalt der Geschäftstätigkeit), sodass letztlich eine angemessene Organisation mit möglichst geringem Kostenaufwand implementiert wird.[49] **13**

---

46 Vgl. nur Hauschka/Moosmayer/Lösler/*Schmidt-Husson*, Corporate Compliance, § 6 Rn 28–35; vgl. auch MaComp, AT 4, BT 1.1 Nr. 1, 1.2., 1.3.2., 1.3.3., BT 2. Zur Vermeidung von Haftung und Strafbarkeit durch sachgerechte Delegation vgl. *Schulze*, NJW 2014, 3484 ff.; Grundsätze zur Delegation und Überwachung, MüKo-AktG/*Spindler*, § 93 Rn 185 ff. Zu den rechtlichen Herausforderungen für die Geschäftsleitung bei Delegation in Zeiten der Digitalisierung *Bräutigam/Habbe*, NJW 2022, 809 (813 f.).
47 Vgl. dazu Behringer/*Behringer*, Compliance kompakt, S. 279, 281 ff.; vgl. auch *Moosmayer*, Compliance, 4. Aufl., Rn 105 ff. Wie eine Compliance-Funktion außerhalb regulierter Wirtschaftsbereiche ausgestaltet sein sollte, haben mehrere deutsche Compliance-Verbände in einem gemeinsamen Positionspapier dargelegt, vgl. dazu *Hauschka/Galster/Waldkirch/Marschlich*, CCZ 2014, 242, 245 f. zu Fragen der Organisation; zu den grundlegenden Anforderungen an eine „gerichtsfeste" Compliance-Organisation vgl. instruktiv die Entscheidung des LG München I, Urt. v. 10.12.2013 – 5 HK O 1387/10 – DB 2014, 766 ff.; zu dieser Entscheidung vgl. *Rack*, CB 2014, 104 ff.; *Hauschka*, FAZ v. 12.3.2014, 18; *Wermelt*, CB 2014, 109 ff.; *Fleischer*, NZG 2014, 321 ff.; *Kränzlein/Weller*, CB 2014, 167 ff. Über Auskunftsrechte und Compliance-Überwachung im Konzern Porsche vgl. LG Stuttgart, Urt. v. 19.12.2017 – 31 O 33/16 KfH – NZG 2018, 665 ff.; Für den Bereich der kommunalen Unternehmen vgl. VKU, Compliance in kommunalen Unternehmen, S. 60 ff. Zu der (ökonomisch nicht uninteressanten) Frage der Personalausstattung von Compliance-Abteilungen vgl. die statistischen Angaben bei PwC, Wirtschaftskriminalität-Studie 2013, S. 29 f. Für den Beitrag, den der Verband der Bahnindustrie in Deutschland zum Thema Compliance für den Wirtschaftszweig leistet, vgl. *Hagel/Dahlendorf*, CCZ 2014, 275 ff.
48 Vgl. Hauschka/Moosmayer/Lösler/*Bürkle*, Corporate Compliance, § 36 Rn 16 f. m.w.N.; BGH, Urt. v. 21.4.1997 – II ZR 175/95 – BGHZ 135, 244 ff. – ARAG/Garmenbeck; /Inderst/Bannenberg/*Poppe*, Compliance, 3. Aufl., S. 5 f., Rn 25 ff. Zu den Organisationspflichten aus gesellschaftsrechtlicher Sicht vgl. Kap. 17.
49 Vgl. Hauschka/Moosmayer/Lösler/*Bürkle*, Corporate Compliance, § 36 Rn 20 f. m.w.N.; MaComp, BT 1.1. Nr. 4; Hauschka/Moosmayer/Lösler/*Klahold/Lochen*, Corporate Compliance, § 37 Rn 18 f. Modelle einer Compliance-Organisation beschreiben auch *Gößwein/Hoffmann*, BB 2011, 963, 965 ff. sowie Moosmayer/*Moosmayer*, Compliance, 4. Aufl., Rn 105 ff.; zu den Pflichten des Vorstands bei der Ausgestaltung einer ordnungsgemäßen Compliance-Organisation *Hoffmann/Schieffer*, NZG 2017, 401 ff.; zu den Kosten von Compliance-Management in Bezug auf ein mittelständisches Unternehmen vgl. *Rack*, CB 2014, 54 ff.; für

14   Bei mittelständischen Unternehmen, die sich bislang noch nicht mit der Frage befasst haben, wie bei ihnen das Thema Compliance sachgerecht (also insbesondere haftungsreduzierend/-vermeidend) organisiert werden kann, stellt sich damit ganz konkret die Frage, was im Einzelnen zu tun ist.[50] Da Compliance ökonomisch betrachtet letztlich nichts anderes als eine (Schadens-)Versicherung ist, stellt sich für den Unternehmer sofort die Frage nach der Versicherungsprämie, also den Kosten. Zugleich gilt es, effizienzreduzierende Überregulierung im Unternehmen zu vermeiden.[51] Der Einführung eines Compliance-Management-Systems sollte daher unbedingt eine sorgfältige Risikoanalyse vorausgehen,[52] um auf diese Weise eine effiziente und strukturierte Einführung des Systems vorzubereiten und zu gewährleisten.[53]

15   Vor diesem Hintergrund lässt sich ein **dreistufiges System** beschreiben, das sich an der Risikoexposition des jeweiligen Unternehmens orientiert.[54] Die der jeweiligen Stufe zugeordneten Elemente sind modular zu verstehen und je nach Unternehmensrealität kombiniert verwendbar.[55]

■ Kleinere mittelständische Unternehmen bis zu 99 Mitarbeitern

16 Für kleinere Unternehmen mit weniger als 100 Mitarbeitern und einer Beschränkung des Geschäftsbetriebs auf den örtlichen Wirkungskreis kann es in der Regel ausreichen, Folgendes zu tun:

---

die i.d.R. deutlich höheren Kosten bei multinationalen Unternehmen vgl. die Benchmarkstudie von Ponemon Institute LLC, Die tatsächlichen Compliancekosten, Traverse City (USA), 2011. Die Studie macht deutlich, dass die Kosten von Noncompliance i.d.R. um den Faktor 2,65 höher liegen als die Compliance-Kosten (vgl. S. 3 der Studie).

50 Zur Relevanz von Compliance in mittelständischen Unternehmen vgl. *Nave/Zeller*, BB 2012, 131 ff.; *Wilhelm*, CB 2013, 241 ff.; *Scheider*, CB 2017, 93 ff.; *Potinecke/Koblitzek*, CB 2016, 376 ff.; eingehend zur Thematik auch *Fissenewert*, Compliance für den Mittelstand; zum Stand der Verbreitung und Vermeidung von Wirtschaftskriminalität in mittelständischen Unternehmen vgl. KPMG, Wirtschaftskriminalität in Deutschland 2012 (Studie), S. 10 ff. sowie CBCI, Compliance im Mittelstand – Studie. Auch die Bundesregierung erachtet CMS als „geeignetes Instrument, „um unternehmensbezogene Rechtsverstöße" in kleinen und mittleren Unternehmen „zu verhindern" (vgl. BT-Drs. 18/2187, S. 3). Vgl. weiterhin *Achauer*, CB 2014, 154 ff.; *Egelhof/Modlinger*, CB 2014, 150 ff. Zu Compliance Management Systemen für den Mittelstand *Schierig/Wegener*, RFamU 2022, 225 ff. Für den Bereich der kommunalen Unternehmen vgl. Wurzel/Schraml/Groß/*Weber*, Rechtspraxis der kommunalen Unternehmen, E. 2. Teil Rn 327 ff.; *Gimnich*, CB 2014, 195 ff.; bzgl. der Compliance-Anforderungen für Start-ups, *Winter/Schorn*, CCZ 2019, 172 ff.

51 Vgl. auch Hauschka/Moosmayer/Lösler/*Klahold/Lochen*, Corporate Compliance, § 37 Rn 14–17.

52 Vgl. dazu etwa *Vogelsang*, CB 2016, 463 ff.; Inderst/Bannenberg/Poppe/*Hülsberg/Laue*, Compliance, 3. Aufl., S. 144 ff., Rn 158 ff.

53 Zur strategischen Projektplanung eines Compliance-Management-Systems vgl. etwa *Hastenrath*, CB 2019, 243 ff.; *Bartuschka*, CB 2017, 30 ff.

54 Vgl. auch *Bock*, Criminal Compliance, S. 744.

55 Vgl. auch Hauschka/Moosmayer/Lösler/*Lampert*, Corporate Compliance, § 37 Rn 14 f. m.w.N. Zu den Vorteilen von CMS in kleinen und mittelgroßen Versorgungsunternehmen vgl. *Nell*, Powernews v. 4.5.2011. Vgl. auch die Modellbeschreibung bei *Gößwein/Hohmann*, BB 2011, 963, 965 ff.

- **Klare** Verankerung der **Verantwortlichkeit** bei der Geschäftsleitung. Bei einem 17 mehrköpfigen Gremium sollte eines von mehreren Organmitgliedern eindeutig als Verantwortlicher bestimmt werden.[56]
- Zuordnung eines **nebenamtlichen Compliance-Verantwortlichen** zur Unterstüt- 18 zung des verantwortlichen Geschäftsführungsmitgliedes für die Umsetzung/Handhabung der Compliance-Aktivitäten im täglichen Geschäft.[57] Der Compliance-Verantwortliche wird diese Aufgabe zusätzlich zu seinen eigentlichen Aufgaben zu erfüllen haben und typischerweise aus dem Controlling oder einer sonstigen Überwachungseinheit stammen.[58]
- **Regelmäßige** Durchführung von **Compliance-Schulungen** für die Führungskräfte 19 und die übrigen Mitarbeiter.[59]
- **Einführung** wesentlicher **Verhaltensrichtlinien**, insbesondere für den Umgang 20 mit Geschenken, Einladungen etc. sowie für den Beschaffungsprozess, um auf diese Weise insbesondere dem Korruptionsrisiko[60] wirksam zu begegnen.
- **Sicherung externer juristischer Expertise** zur Bewältigung von Rechtsfragen in 21 Einzelfällen[61] (ebenso wie bei der Erstellung und Umsetzung der vorstehend genannten und anderen Verhaltensrichtlinien). Dies sollte selbst dann – im Sinne eines Vier-Augen-Prinzips – erfolgen, wenn es im Unternehmen eine eigene Rechtsabteilung geben sollte.

■ Mittelgroße Unternehmen mit bis zu 500 Mitarbeitern

Für mittelgroße mittelständische Unternehmen, die deutschland- und gegebenenfalls 22 auch EU-weit tätig sind, kann es ratsam sein, über die vorstehend genannten Maßnahmen hinaus noch Folgendes einzuführen:
- Bestellung eines **hauptamtlichen Compliance-Verantwortlichen**,[62] der sämtliche 23 Compliance-Tätigkeiten unterhalb der Geschäftsleitung bei sich bündelt und unmittelbar dem Compliance-verantwortlichen Geschäftsführungsmitglied untersteht.[63]

---

56 Ähnlich Hauschka/Moosmayer/Lösler/*Klahold*/*Lochen*, Corporate Compliance, § 37 Rn 18; *Hauschka*, NJW 2004, 257, 259.
57 Vgl. *Bock*, Criminal Compliance, S. 751, 752.
58 Zu den (Compliance-)Risiken einer Mehrfachbeschäftigung vgl. allgemein *Rouenhoff*, CCZ 2013, 18 ff.
59 Vgl. dazu näher Rn 87 ff.
60 Vgl. dazu näher Kap. 20.
61 Vgl. dazu näher Rn 77 ff.
62 Nach der PwC, Compliance-Studie 2010, S. 21, war dies im Jahr 2009 bei 63 % der in der Studie befragten Unternehmen der Fall. Der Anteil von Compliance-Verantwortlichen, die Vollzeit in ihrer Compliance Funktion arbeiten ist auf 75 % im Jahr 2021 gestiegen, Zentrum für Weiterbildung und Wissenstransfer der Universität Augsburg (ZWW), Berufsfeldstudie 2021: Rolle und Verantwortung der Compliance Manager, S. 19, abrufbar unter https://www.compliance-verband.de/app/uploads/2022/06/berufsfeldstudie_rolle-und-verantwortung_20211.pdf.
63 Zu den Einzelheiten der Ausgestaltung der Stellung eines „hauptamtlichen" Compliance-Verantwortlichen vgl. nachfolgend Rn 41 ff.

24 – Einführung weiterer **Verhaltensrichtlinien**, insbesondere zum Verhalten **bei behördlichen Durchsuchungen** und **gegenüber der Öffentlichkeit**.[64]

■ Größere mittelständische Unternehmen mit mehr als 500 Mitarbeitern

25 Größere Unternehmen, die über Europa hinaus weltweit agieren, sollten über die bisher genannten Vorkehrungen hinaus noch Folgendes erwägen:[65]

26 – Einrichtung einer **zentralen Compliance-Abteilung**, die neben dem obersten Compliance-Verantwortlichen (dem sog. Chief Compliance Officer, CCO)[66] weitere ihn unterstützende Mitarbeiter vorsieht. In der Praxis hat sich als nützlich erwiesen, in einer zentralen Compliance-Abteilung neben Juristen auch Fachkräfte aus der Internen Revision, dem Controlling und dem IT-Bereich zu vereinen, um dem CCO auf diese Weise eine eigenständige Expertise über Struktur und Prozesse des Unternehmens/der Unternehmensgruppe zu verschaffen.

27 – Einrichtung von **dezentralen Compliance-Verantwortlichen** in den **wesentlichen operativen Einheiten** (Netzbetrieb, Erzeugung, Vertrieb etc.) bzw. in den einzelnen Beteiligungsgesellschaften einer Unternehmensgruppe.[67]

28 – Einrichtung eines **regelmäßigen Arbeitskreises/Arbeitstreffens** aller Compliance-Verantwortlichen des Unternehmens unter Leitung des CCO, insbesondere zwecks **Erfahrungsaustausches** hinsichtlich des aktuellen Geschäfts sowie zur Sicherstellung der einheitlichen Handhabung der unternehmensinternen Regelwerke und Schulungsmaßnahmen.

29 – Einrichtung eines **Compliance-Ausschusses** unter Leitung des compliance-verantwortlichen Mitglieds der Geschäftsführung. Hier sollten insbesondere die strategischen, fachlich übergreifenden und konzernweiten Aspekte des Compliance-Managements besprochen und festgelegt sowie massive Compliance-Verstöße behandelt werden. Neben dem CCO sollten hier regelmäßig auch die Leiter Recht (sofern nicht personengleich mit dem CCO), Interne Revision, Personal, Risikomanagement und Kommunikation als ständige Mitglieder vorgesehen werden. Leiter anderer Organisationseinheiten sind fallweise hinzuzuziehen, insbesondere: Unternehmenssicherheit, IT, Organisation.[68] Im Sinne eines Vier-Augen-Prinzips und zur Vermeidung von „**Betriebsblindheit**" sollte erwogen werden, zu den Sitzungen des Compliance-Ausschusses immer auch einen **externen Rechtsanwalt** mit hinreichender

---

64 Vgl. dazu näher Kap. 6 Rn 11ff. und 69ff.
65 Vgl. dazu auch Becker/Alsheimer, Der Neue Kämmerer 2009, 8; Hauschka/Galster/Waldkirch/Marschlich, CCZ 2014, 242, 246. Vgl. allgemein zur Compliance-Organisation in Konzernen Fleischer, CCZ 2008, 1ff.
66 Vgl. dazu Wieland/Steinmeyer/Grüninger/*Grüniger/Steinmeyer/Stenger*, Handbuch Compliance-Management, S. 77ff.
67 Vgl. dazu näher Hauschka/Moosmayer/Lösler/*Bürkle*, Corporate Compliance, § 36 Rn 58f. m.w.N.
68 Vgl. auch Hauschka/Moosmayer/Lösler/*Bürkle*, Corporate Compliance, § 8 Rn 66ff.; Hauschka/Moosmayer/Lösler/*Klahold/Lochen*, Corporate Compliance, § 37 Rn 47.

Dessau/Fischer/Schäfer

Compliance-Expertise hinzuzuziehen. Der Externe wird regelmäßig Aspekte und Einschätzungen beitragen können, die dem Unternehmensangehörigen nicht zwingend zur Verfügung[69] stehen. Es entspricht zunehmend der Praxis in größeren Unternehmen, auch den Aufsichtsrat in adäquatem Umfang in Compliance-Fragen zu involvieren.[70] Häufig ist es jedoch wenig praxisgerecht, „nur" den Vorsitzenden des Aufsichtsrats und/oder das gesamte Gremium in derartige Vorgänge einzubeziehen. In der Unternehmenspraxis hat sich daher vielfach die Übung durchgesetzt, den Prüfungsausschuss, der sich neben der Überwachung des internen Rechnungslegungsprozesses auch mit dem Risikomanagement und dem internen Kontrollsystem befasst, auch in Compliance-Angelegenheiten stellvertretend für den Aufsichtsrat zu involvieren.[71]

- Diese Praxis kann sich normativ auf § 107 Abs. 3 S. 1 und 2 AktG stützen, da die Compliance-Funktion unschwer als integraler Bestandteil eines umfassenden Risikomanagementsystems bzw. des internen Kontrollsystems verstanden werden kann.[72] Der deutsche Corporate Governance Kodex hat diese gesetzliche Möglichkeit zur „Best Practice" insbesondere für börsennotierte Unternehmen erhoben (vgl. Präambel S. 3 DCGK). Gemäß Präambel S. 3 DCGK wird der Kodex auch nicht-börsennotierten Gesellschaften zur Beachtung empfohlen. 30

- Die konkrete Ausgestaltung der Befugnisse liegt letztlich im Gestaltungsermessen des Aufsichtsrates (in den Grenzen der §§ 107 Abs. 3, 108 Abs. 2 S. 3 AktG).[73] Idealerweise sollen insbesondere folgende Aspekte geregelt werden: 31

■ Zusammensetzung,

■ Aufgaben/Befugnisse,

■ Sitzungsformalia sowie

■ Berichterstattung an den Aufsichtsrat.

---

69 Zur Ausgestaltung und den Aufgaben eines Compliance-Ausschusses vgl. auch *Lakner*, CB 2014, 118 ff.; vgl. hierzu. auch *Mansdörfer*, CB 2019, 269 ff. Speziell zu Compliance-Ausschüssen in Aktiengesellschaften, Hölters/Weber/*Groß-Bölting/Rabe*, Aktiengesetz, 4. Aufl., § 107, Rn 113.
70 Vgl. auch *Nonnenmacher/Pohle/von Werder*, DB 2007, 2412 ff.; zur Verantwortlichkeit des Aufsichtsrates in Comliance-Fragen vgl. instruktiv *Rack*, CB 2017, 59 ff., 105 ff., *Schenk/Steßl*, CB 2018, 92 ff.; zur Rolle des Aufsichtsrates bei Compliance-Verstößen des Vorstands vgl. *Behringer*, CB 2019, 57 ff.
71 Vgl. *Melcher/Mattheus*, Der Aufsichtsrat 2007, 122, 123; *Nonnenmacher/Pohle/von Werder*, DB 2007, 2412 ff., die auch statistische Angaben bieten. Zur Einrichtung eines Compliance-Ausschusses im Aufsichtsrat vgl. instruktiv *von Busekist*, CCZ, 2016, 119 ff.
72 Vgl. oben Kap. 3 sowie *Gold/Schäfer/Bußmann*, ET 6/2011, 71 m.w.N.
73 Vgl. *Sünner*, CCZ 2008, 56 ff. Vgl. auch das unter http://www.adidas.com/ zu findende Beispiel einer „Geschäftsordnung für den Prüfungsausschuss im Aufsichtsrat der Adidas AG" v. 4.8.2008. Vgl. auch *Nonnenmacher/Pohl/von Werder*, DB 2007, 2412, 2413, 2415, die unter Hinweis auf die Empfehlung der EU-Kommission 2005/162/EG v. 15.2.2005 zu den Aufgaben von nicht geschäftsführenden Direktoren/Aufsichtsratsmitgliedern börsennotierter Gesellschaften sowie zu den Ausschüssen des Verwaltungs-/Aufsichtsrates (ABl EU Nr. L 52 S. 51 ff.) und dem Leitfaden für Prüfungsausschüsse des Berlin Centre of Corporate Governance (vgl. dazu *Pohle/von Werder*, DB 2005, 237 ff.) einen extensiven Aufgabenumfang von Prüfungsausschüssen (auch) im Bereich Compliance befürworten; kritisch zu diesem Ansatz *Sünner*, CCZ 2008, 58 ff.

32 – Einführung von **IT-gestützten Compliance-Schulungsprogrammen** zur permanenten Schulung der bestehenden Mitarbeiterschaft sowie von neu eingestellten Mitarbeitern.[74]

33 Neben der Frage, welche Compliance-Maßnahmen für welche Unternehmenssituationen angemessen sind und welche organisatorische Struktur die geeignete ist, stellt sich immer auch die Frage, wo und wie innerhalb der Gesamtorganisation eine **(zentrale) Compliance-Abteilung** idealerweise zu **verankern** ist und wie die Zusammenarbeit mit anderen Fachabteilungen ausgestaltet sein sollte.[75] Die Einrichtung eines speziellen Ressorts im Vorstand/der Geschäftsführung für Compliance, wie sie vermehrt bei börsennotierten Unternehmen praktiziert wird, dürfte mangels vergleichbarer Größe und Komplexität der Unternehmensorganisation bei mittelständischen Versorgungsunternehmen nur selten erforderlich sein. Hier sollte in der Regel die Aufnahme des Compliance-Managements in den Geschäftsbereich eines nicht operativ verantwortlichen Geschäftsführers/Vorstands ausreichen.

34 Eine davon zu unterscheidende Frage ist, ob die Compliance-Funktion als selbstständige Stabsfunktion (mit direkter Anbindung an die Geschäftsleitung) ausgestaltet oder ob sie an eine andere Kontroll- oder Risikobegrenzungsfunktion angebunden wird.[76] Die Unternehmenspraxis zeigt hier diverse Lösungsmöglichkeiten. Gerade auch bei kleinen und mittelgroßen Unternehmen findet sich häufig eine Kombination mit der **Einbindung in die Rechtsabteilung**.[77] Für diese Lösung spricht, dass Compliance in „materieller" Hinsicht überwiegend rechtlicher Natur und der Umgang mit Regelverstößen damit quasi eine natürliche Domäne der Juristen ist. In diesen Fällen ist der Leiter Recht regelmäßig zugleich der CCO des Unternehmens. Gegen diese Lösung können vor allem **potenzielle Interessenkonflikte** ins Feld geführt werden. Leiter Recht, die sich als integraler Bestandteil des operativen Geschäfts verstehen, werden in der Regel geneigt sein, unternehmerische Ideen „gängig" zu machen/zu realisieren. Dabei werden sie in Einzelfällen nicht umhinkommen, in rechtlich unklaren Fällen eine **Risikoabwägung** vorzunehmen. Dieser unternehmerisch gerechtfertigte Ansatz kann dann unter Umständen mit der auf strikte, risikoadverse Einhaltung von Vorschriften fokussierten

---

74 Vgl. auch Hauschka/Moosmayer/Lösler/*Bürkle*, Corporate Compliance, § 36 Rn 39.
75 Vgl. dazu auch Behringer/*Flehringer*, Compliance kompakt, S. 292f.; *Hauschka/Galster/Waldkirch/Marschlich*, CCZ 2014, 242, 246.
76 Zu den insoweit naheliegenden Möglichkeiten und den damit verbundenen Vor- und Nachteilen vgl. *Schäfer*, BKR 2011, 45, 51ff.; hierzu auch *Wiedmann/Greubel*, CCZ 2019, 90, die die Ansicht vertreten, dass „dieser Bereich" selbstständig sein sollte.
77 So auch Hauschka/Moosmayer/Lösler/*Bürkle*, Corporate Compliance, § 36 Rn 51.; vgl. diesbzgl. auch *Mansdörfer*, CB 2019, 269ff. Nach der ZWW, Berufsfeldstudie 2021, S. 13f., ist die Compliance-Funktion bei 19% der Befragten eine eigenständige Organisationseinheit, die einer anderen Fachabteilung unterstellt ist. Hiervon sind 68% der Befragten der Rechtsabteilung zugeordnet. Zu den Vor- und Nachteilen einer solchen Organisationslösung vgl. auch *Laumann*, CB 2014, 338ff.

Compliance-Funktion kollidieren und den CCO/Leiter Recht in **unerwünschte Zielkonflikte** bringen.[78]

Immer wieder findet sich auch eine Einbettung der Compliance-Funktion in die Interne Revision. Die Logik dieser Lösung liegt in der **strukturellen Nähe** beider Bereiche in Bezug auf die Aufgabenstellung. Sowohl die **Interne Revision** als auch die **Compliance-Abteilung** befassen sich mit der Einhaltung von internen und externen Regeln und der Aufdeckung von Regelverstößen. Bei einem prozessbegleitenden Revisionsverständnis findet sich eine weitere Parallele in der Schulungs- und Präventionsfunktion[79] von Compliance. Nachdem sich die BaFin nunmehr dezidiert gegen eine Anbindung der Compliance an die Interne Revision ausgesprochen hat,[80] sollte diese Gestaltung aus Vorsichtsgründen künftig nicht mehr gewählt werden.[81] Dies leuchtet auch deshalb ein, weil die regelmäßige Prüfung des Compliance-Systems eine Aufgabe der Internen Revision darstellt.[82] Dennoch findet sich diese Lösung derzeit immer noch in vielen Unternehmen.[83]

Denkbar ist auch eine Verankerung im Risikomanagement,[84] da Compliance immer auch eine **starke Risikobegrenzungs-/-bewältigungsfunktion** hat.[85] Gegen die Einbindung der Compliance-Funktion in das Risikomanagement spricht allerdings, dass man das Risikomanagement selbst als ein Compliance-Risiko im Sinne eines Kontrollrisikos verstehen kann. Bei dieser Betrachtungsweise würde eine Integration von Compliance in das Risikomanagement die **zwingende Unabhängigkeit von Compliance** gefährden.[86]

---

78 Zum komplexen Verhältnis von Rechtsabteilung und Compliance-Einheit vgl. instruktiv *Früh*, CCZ 2010, 121 ff.; ebenso *Groß*, CB 2013, 270 f., der wegen der aufgezeigten Konfliktsituation ebenfalls zu externer Auditierung rät (vgl. auch unten Rn 77 ff.); hierzu auch *Schwerdtfeger*, BKR 2018, 5 ff.
79 Vgl. dazu oben Kap. 4 Rn 83 ff.
80 Vgl. MaComp, BT 1.3.3.2 Nr. 2. Eine Anbindung an die interne Revision ist jedoch grundsätzlich nicht statthaft, da die interne Revision die Compliance-Funktion zu überwachen hat und eine Anbindung die Unabhängigkeit der Compliance-Funktion typischerweise unterläuft.
81 Sowohl als auch *Bock*, Criminal Compliance, S. 752, 753.
82 Vgl. auch Hauschka/Moosmayer/Lösler/*Bürkle*, Corporate Compliance, § 36 Rn 73.
83 Nach der ZWW, Berufsfeldstudie 2021, S. 13 f., ist die Compliance-Funktion bei 19 % der Befragten eine eigenständige Organisationseinheit, die einer anderen Fachabteilung unterstellt ist. Hiervon sind 7 % der Befragten der internen Revision zugeordnet.
84 So auch die MaComp, BT 1.3.3.2 Nr. 1.; ablehnend dagegen Hauschka/Moosmayer/Lösler/*Bürkle*, Corporate Compliance, § 36 Rn 70. Zum Verhältnis von Compliance, Risikomanagement und internem Kontrollsystem vgl. Inderst/Bannenberg/Poppe/*Inderst/Steiner*, Compliance, 3. Aufl., S. 104, Rn 13 ff.; vgl. *Gold/Schäfer/Bußmann*, ET 6/2011, 2 ff.; vgl. auch *Liese/Schulz*, BB 2011, 1347, 1350; ebenso *Laue/Busekist*, CB 2013, 63 f. Nach der ZWW, Berufsfeldstudie 2021, S. 13 f., ist die Compliance-Funktion bei 19 % der Befragten eine eigenständige Organisationseinheit, die einer anderen Fachabteilung unterstellt ist. Hiervon sind 11 % der Befragten dem Risikomanagement zugeordnet.
85 Vgl. nur Hauschka/Moosmayer/Lösler/*Klahold/Lochen*, Corporate Compliance, § 37 Rn 1 ff.
86 So auch Hauschka/Moosmayer/Lösler/*Bürkle*, Corporate Compliance, § 36 Rn 70.

37 Zunehmend findet sich schließlich die eigenständige Führung der Compliance-Organisation neben den „klassischen" Einheiten der Linienorganisation; eine Gestaltungsvariante, die insbesondere in größeren Unternehmen zunehmend gewählt wird.[87]

38 Zu den praktizierten Lösungen sei auf die nachfolgende Übersicht hingewiesen:

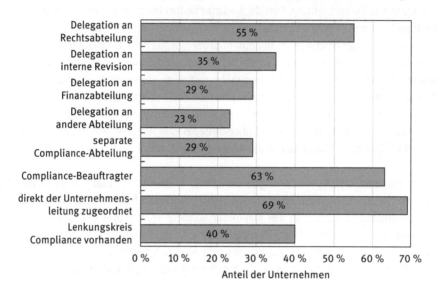

Mehrfachantworten waren möglich

Abb. 2: Vergleich: Umsetzung der Compliance Funktion 2020 (n=510) & 2021 (n=229)[88]

39 Unabhängig davon, ob man eine eigenständige oder kombinierte Organisationslösung präferiert, darf nicht verkannt werden, dass der inhaltlich-sachliche Schwerpunkt der Compliance-Funktion im Rechtlichen liegt. Wenn also der CCO nicht selbst Jurist ist und juristische Mitarbeiter hat, wird er ohne eine enge **Kooperation** mit der **Rechtsabteilung** nicht auskommen können. Hinzu kommt, dass es eher unwahrscheinlich erscheint, dass ein Leiter Recht wesentliche compliance-relevante Rechtsbereiche wie Wettbewerbsrecht, Strafrecht, Energiewirtschaftsrecht oder Datenschutzrecht aus der Hand geben wird. Will man also eine eigenständige Compliance-Abteilung, so wird man auf eine **klare Aufgabentrennung** und **präzise formulierte Zusammenarbeitsprozesse** zwischen den Bereichen Compliance und Recht Wert legen müssen. Hinzu kommt die Zusammenarbeit mit anderen Fachabteilungen wie dem Risikomanagement, dem Risikocontrolling, dem Personalwesen, der Kommunikationsabteilung und

---

[87] Nach der ZWW, Berufsfeldstudie 2021, S. 13, ist die Compliance-Funktion bei 57 % der Befragten eine eigenständige Organisationseinheit, die gleichrangig neben anderen Abteilungen steht/keiner anderen Fachabteilung (z.B. der Rechtsabteilung) unterstellt ist.
[88] ZWW, Berufsfeldstudie 2021, S. 14.

der Internen Revision sowie der Arbeitnehmervertretung. In jedem Fall wird dem Leiter Recht ein hohes Maß an Selbstverantwortlichkeit in materiell-rechtlicher Hinsicht verbleiben. Bei einer organisatorischen Trennung gilt es dann auch, die Frage der Zuordnung der Bereiche Compliance und Recht zu den jeweils verantwortlichen Geschäftsleitungsmitgliedern zu regeln. Hier stellt sich erneut die Frage nach der Zusammenfassung bzw. der Verteilung auf unterschiedliche Geschäftsführungsmitglieder. Auch in dieser Frage gibt es naturgemäß keine allgemeingültige Antwort. Für eine Aufteilung auf zwei Organmitglieder spricht vor allem die durch das Vier-Augen-Prinzip realisierte Transparenz auf Geschäftsleitungsebene.

Gleichgültig, welche Organisationslösung ein Unternehmen letztlich wählt, ist entscheidend, dass eine **kontinuierliche Compliance-Funktion** eingerichtet wird, die insbesondere auch auf Basis eines detaillierten Überwachungsplans agiert, d.h. nur anlassbezogene Überwachungsaktivitäten sind nicht ausreichend.[89] **40**

III. Aufgaben, Qualifikationen und Rechtsstellung des Compliance-Verantwortlichen

Wie der Aufgabenkreis eines Compliance-Verantwortlichen idealerweise ausgestaltet wird,[90] welche Qualifikation er aufweisen und welche arbeitsrechtliche Stellung er erhalten sollte, ist gesetzlich nicht detailliert festgelegt. § 34d Abs. 3 WpHG regelt für Compliance-Beauftragte in Finanzinstituten immerhin, dass diese „sachkundig" sein und über die „erforderliche Zuverlässigkeit" verfügen müssen. Diese Kriterien werden durch eine auf § 34d Abs. 6 WpHG gestützte Verordnung der BaFin[91] präzisiert. Hinweise zu diesen Aspekten finden sich zudem in der MaComp.[92] **41**

1. Aufgaben

Ganz generell obliegen dem Compliance-Verantwortlichen die Implementierung, die **Umsetzung** und die **Weiterentwicklung** des von der Geschäftsleitung beschlossenen **42**

---

[89] Vgl. MaComp, BT 1.3.2 Nr. 1.; *Lüdicke*/Sistermann/*Schwahn*/*Cziupka*, Unternehmensteuerrecht, § 7, Rn 44–46. *Schäfer*, BKR 2011, 45, 56; *Schäfer*, BKR 2011, 187, 188.
[90] Generell dazu *Bürkle*/*Hauschka*/*Schieffer*, Der Compliance Officer, 2. Aufl. 2024; *Walther*, ZRFC 2024, 39; *Weinert*, Stephan; *Jüttner*, ZRFC 2022, 178; *Jux*, ZRFC 2022, 138. Für den Bereich der kommunalen Unternehmen vgl. die Vorschläge in VKU, Compliance in kommunalen Unternehmen, S. 60 ff. Aus Sicht der Compliance-Verantwortlichen in Unternehmen vgl. *Hauschka*, CCZ 2014, 165 ff.
[91] Vgl. bereits Rn 4.
[92] Vgl. MaComp, BT 1.3.1.3. Vgl. auch das Positionspapier des Bundesverbandes Deutscher Complianceofficer (BDCO), Berufsbild des Complianceofficers – Mindestanforderungen zu Inhalt, Entwicklung und Ausbildung, 25.8.2013, abrufbar unter http://compliance-gmbh.de/Publikationen/BDCO_PosP.pdf ebenfalls *Schulz*/*Renz*, CB 2013, 294 ff.

Compliance-Systems.[93] Die wesentlichen Umsetzungsaufgaben eines Compliance-Verantwortlichen lassen sich damit insbesondere wie folgt skizzieren:[94]

a) Beratung/Beratungspflicht

43 Der Compliance-Verantwortliche **berät** und **unterstützt** die Geschäftsleitung sowie die operativen Bereiche in allen Compliance-Angelegenheiten. Er **überwacht** und **bewertet** die im Unternehmen aufgestellten Regeln und eingerichteten Verfahren sowie die Einhaltung aller externen rechtlichen Vorgaben. Über alle genannten Aufgaben berichtet er periodisch und gegebenenfalls auch anlassbezogen der Geschäftsleitung und dem Aufsichtsorgan.[95]

44 Zu den Bereichen, in denen der Compliance-Verantwortliche die Geschäftsleitung und die operativen Bereiche eines Unternehmens berät, könnten insbesondere folgende gezählt werden:
- **Erschließung** neuer Geschäftsfelder und Märkte,
- **Entwicklung** neuer Produkte,
- Entwicklung von Kriterien zur Bestimmung der Compliance-Relevanz von Mitarbeitern sowie
- **Festlegung** der **Grundsätze** für Vertriebsziele und erfolgsabhängige Vergütungsbestandteile.[96]

45 Sofern ein Unternehmen über eine Erlaubnis nach § 32 KWG[97] zur Erbringung von erlaubnispflichtigen Finanzdienstleistungen im Strom- und Großhandel[98] verfügt, sind noch weitere Aufgaben zu erfüllen.[99]

---

[93] Vgl. Hauschka/Moosmayer/Lösler/*Bürkle*, Corporate Compliance, § 36 Rn 11. Zu den Persönlichkeitsmerkmalen eines Compliance Officers, Inderst/Bannenberg/Poppe/*Inderst/Steiner*, Compliance, 3. Aufl., S. 104ff. Instruktiv zum allgemeinen Pflichtenstatus des Compliance-Verantwortlichen vgl. *Wolf*, BB 2011, 1353, 1356ff. und *Hauschka/Galster/Waldkirch/Marschlich*, CCZ 2014, 242, 244ff., während *Bock*, Criminal Compliance, S. 746, 747, stark auf die Einhaltung strafrechtlicher Vorschriften („Unternehmensinterne Strafrechtspflege") abstellt.

[94] Vgl. zum Ganzen auch KölnKomm-WpHG/*Meyer/Paetzel/Will*, § 33 Rn 118ff.; Inderst/Bannenberg/Poppe/*Inderst/Steiner*, 3. Aufl., Compliance, S. 106ff.; *Renz/Wybitul*, BB 2012, VI.

[95] Vgl. MaComp, BT 1.2.2.

[96] Vgl. MaComp, BT 1.3.3.4 Nr. 6; vgl. auch *Schäfer*, BKR 2011, 187ff.; vgl. zur Compliance-Relevanz von Bonusvereinbarungen auch *Behrendt/Pretzel*, CB 2017, 454ff.; *Neumann/Zawilla*, CB 2023, 258ff.

[97] Kreditwesengesetz (KWG) v. 9.9.1998 (BGBl. I S. 2776), zuletzt geändert durch Gesetz v. 22.2.2023 (BGBl. I Nr. 51).

[98] Vgl. dazu nur Zenke/Schäfer/*du Buisson/Zenke/Dessau*, Energiehandel in Europa, S. 195ff.

[99] Vgl. MaComp, BT 1.2.4.

Dessau/Fischer/Schäfer

b) Entwicklung und Umsetzung interner Regelwerke

Der Compliance-Verantwortliche initiiert und entwickelt die im Unternehmen zu beach- 46
tenden internen Regelwerke gemeinsam mit den jeweils relevanten Einheiten der Linienorganisation bzw. in operativen Bereichen. Zugleich beobachtet und administriert er deren Umsetzung in der täglichen Praxis und entwickelt sie bei Änderung der gesetzlichen Rechtslage fort bzw. passt sie bei festgestellten Defiziten sowie geänderten unternehmerischen Anforderungen an.[100]

c) Schulungen und Informationen

Der Compliance-Verantwortliche stellt eine stets **angemessene Fortbildung** der Mit- 47
arbeiterschaft in allen Compliance-Angelegenheiten sicher. Dazu entwickelt er Schulungsmaßnahmen und stellt **Beratungs-/Informationsmöglichkeiten** für Mitarbeiter zu Compliance-Fragen bereit.[101]

d) Kontrolle und Aufdeckung

Dem **Compliance-Verantwortlichen** obliegt durch regelmäßige **Überwachungsaktivi-** 48
täten (insbesondere Stichproben) die Kontrolle hinsichtlich der Einhaltung aller internen und externen Regeln/Vorgaben.[102] Außerdem obliegt ihm die (Mitarbeit an der) Aufdeckung von Verletzungshandlungen (etwa als Meldestelle im Rahmen von Hinweisgebersystemen).[103] Er muss allen Hinweisen auf Regelverstöße nachgehen und sie sobald rechtlich und tatsächlich zulässig bzw. möglich aufklären. Dies gilt auch, und nach Einschätzung des BGH in Sachen Berliner Stadtreinigungsbetriebe,[104] erst recht bei Rechtsverstößen **von Mitgliedern der Geschäftsleitung**. Vor dem Hintergrund der Entscheidung des BGH wird man nun auch zumindest eine Pflicht des Compliance-Verantwortlichen bejahen dürfen, bei festgestellten Regelverstößen auf eine Sanktionierung hinzuwirken, auch wenn man diese letztlich der Geschäftsleitung bzw. der Personalabteilung überlassen will.[105] Der **Zusammenarbeit** der Compliance-Stelle **mit staatlichen Stellen**[106] kommt damit mehr denn je eine besondere Bedeutung zu. Dessen un-

---

100 Vgl. auch MaComp, BT 1.2.1.2; *Schäfer*, BKR 2011, 187, 191; *Mössner/Reuss*, CCZ 2013, 54 ff.
101 Vgl. MaComp, BT 1.2.3 Nr. 3; *Schäfer*, BKR 2011, 187, 191; zu praktischen Hinweisen in Bezug auf die Gestaltung von Compliance-Schulungen vgl. *Deffert*, CB 2016, 291; zu Compliance-Schulungen und deren Wirksamkeit, vgl. *Starystach/Hauck/Jüttner/Pohlmann*, CCZ 2022, 312; *Ulrich*, CB 2017, 309 ff.; arbeitsrechtliche Sanktionen bei Compliance-Verstößen dürften erheblich erschwert werden, wenn der Mitarbeiter belastbar vortragen kann, vom Arbeitgeber nicht ausreichend geschult/informiert worden zu sein.
102 Vgl. auch MaComp, BT 1.2.1.2.
103 Vgl. *Bock*, Criminal Compliance, S. 748 f.
104 Vgl. BGH, Urt. v. 17.7.2009 – 5 StR 394/08 – DB 2009, 2143 ff.; vgl. dazu auch *Moosmayer*, Compliance, 4. Aufl., Rn 133 ff.; *Kraft/Winkler*, CCZ 2009, 29 ff.
105 Vgl. auch Hauschka/Moosmayer/Lösler/*Bürkle*, Corporate Compliance, § 36 Rn 43.
106 Vgl. dazu nur MüKo-AktG, *Bayer*, § 33 Rn 35. sowie *Bock*, Criminal Compliance, S. 750.

geachtet gilt jedoch der Grundsatz, dass das Ergreifen von Maßnahmen zur Abstellung von Rechts- und Regelverletzungen allein Aufgabe der Geschäftsleitung ist, das heißt dem Compliance-Verantwortlichen kommt „allenfalls" ein Mitteilungs-/Eskalationsrecht bzw. eine entsprechende Pflicht zu.[107]

e) Berichtspflicht

49 Um Geschäftsleitung und Aufsichtsrat kontinuierlich über Compliance-Risiken und deren Bewältigung unterrichtet zu halten, sollte dem Compliance-Verantwortlichen die Pflicht auferlegt werden, Leitungs- und Aufsichtsorgan regelmäßig (mindestens einmal jährlich; neben anlassbezogenen Ad-hoc-Berichten) über seine Arbeit schriftlich zu unterrichten.[108] Daneben kann ein direktes Auskunftsrecht (unter Einbeziehung der Geschäftsleitung) des Aufsichtsratsvorsitzenden gegenüber dem Compliance-Verantwortlichen vorgesehen werden, das Ersterem einen Anspruch auf substantielle Informationen und Bewertung durch den Compliance-Verantwortlichen gewährt.[109]

2. Qualifikation

50 Es bestehen keine umfassenden rechtlichen Vorgaben für die berufliche Vorbildung des Compliance-Verantwortlichen; ein Ausbildungsberuf zum Compliance-Verantwortlichen mit festgelegten Ausbildungsinhalten existiert (noch) nicht.[110] Lediglich § 87 WpHG verlangt für Compliance-Beauftragte in Finanzinstituten ganz generell, dass diese „sachkundig" sind; diese Anforderungen werden in §§ 3, 4 WpHGMaAnzV konkretisiert.[111]

---

107 Vgl. auch *Schäfer*, BKR 2011, 187, 190, der lediglich zwei Ausnahmen – Verweigerung von Informationen und Eilfälle – von diesem Grundsatz zulassen will, was sachgerecht erscheint, ähnlich Hauschka/Moosmayer/Lösler/*Bürkle*, Corporate Compliance, § 36 Rn 30.
108 Vgl. auch §§ 12 Abs. 4 S. 1, 33 Abs. 1 S. 2 Nr. 5 WpHG; MaComp, BT 1.2.2. Näher zu den Details einer solchen Berichtspflicht vgl. *Schäfer*, BKR 2011, 187, 194 ff.
109 Vgl. MaComp, BT 1.1 Nr. 3; *Schäfer*, BKR 2011, 187, 196 f.; *Bock*, Criminal Compliance, S. 747 f. Zur komplexen Fragestellung, was zu tun ist, wenn die Geschäftsleitung selbst an einem Rechts-/Regelverstoß beteiligt ist, vgl. Hauschka/Moosmayer/Lösler/*Bürkle*, Corporate Compliance, § 36 Rn 43. Eingehend zu Art und Umfang der Berichtspflicht des Compliance-Verantwortlichen vgl. *Hauschka/Galster/Waldkirch/Marschlich*, CCZ 2014, 242, 247.
110 Zu den persönlichen Anforderungen vgl. auch *Unterberger/Forthuber*, CB 2016, VI; Inderst/Bannenberg/Poppe/*Inderst*, Compliance, S. 104, Rn 18 ff. sowie Rotsch/*Moosmayer*, Criminal Compliance, § 6 Rn 1 ff.; *Hauschka/Galster/Waldkirch/Marschlich*, CCZ 2014, 242, 244. Zur Relevanz der fachlichen Qualifikation eines Compliance-Verantwortlichen bei der Frage, ob ihm die Veranlassung rechtswidriger Überwachungsmaßnahmen arbeitsrechtlich vorgeworfen werden kann, vgl. die interessante Entscheidung des ArbG Berlin, Urt. v. 18.2.2010 – 38 Ca 12879/09 – MMR 2011, 70 ff.; vgl. zu diesem rechtskräftigen Urteil *Gold/Schäfer/Bußmann*, ET 6/2011, 2, 4 f.; *Zimmermann*, BB 2011, 634 ff.; zur Aus- und Weiterbildung von Compliance-Verantwortlichen vgl. *Schoepke*, CB 2014, 138 f.
111 Zu den Anforderungen an den Sachkundenachweis und die Sachkundeprüfung nach MiFID II in der Praxis *Knop/Siller*, BKR 2019, 591.

Angesichts der „Rechtslastigkeit" der Compliance-Tätigkeit[112] liegt es nahe, einen Juristen mit der Aufgabe zu betrauen,[113] was in der Praxis auch vielfach der Fall, in der Sache jedoch nicht zwingend ist. Angesichts der oben erwähnten vielfältigen Aufgaben des **Compliance-Verantwortlichen** können auch Persönlichkeiten mit **Erfahrungen** aus den Bereichen Interne Revision oder Organisation über die notwendigen Fähigkeiten verfügen. Die rechtliche Expertise kann in diesen Fällen durchaus von der Rechtsabteilung „beigestellt" werden.

Wesentlich ist, dass der Compliance-Verantwortliche über **fundierte Kenntnisse** des Unternehmens und **der Branche**, in dem das Unternehmen tätig ist, verfügt. Er sollte also insbesondere hinreichende Kenntnisse über die technischen und ökonomischen Zusammenhänge des Kerngeschäfts des Unternehmens haben.[114] Hinzukommen müssen Kenntnisse über den **organisatorischen Aufbau** und die wesentlichen Prozesse in den operativen Einheiten und den Binnenfunktionen sowie über Beschaffung und Rechnungswesen. Wegen der zunehmend stärkeren Bedeutung der IT für alle Unternehmensfunktionen, sollte der Compliance-Verantwortliche auch diesbezüglich vertiefte Kenntnisse besitzen. Bezogen auf die Bereiche Produktion und Vertrieb sollten die wesentlichen Produkte in ihrer Funktion und ökonomischen Wirkung verstanden werden. Soweit ein Unternehmen über eine Erlaubnis gem. § 32 KWG zum Erbringen von Finanzdienstleistungen verfügt, müssen zudem auch die weitergehenden Anforderungen der MaComp und der WpHGMaAnzV erfüllt werden.[115]

Bei neu eingestellten Mitarbeitern sollten diese Voraussetzungen zumindest nach möglichst kurzer Einarbeitungszeit vorliegen. Wird die Übertragung der Aufgabe des Compliance-Verantwortlichen auf einen bereits im Unternehmen tätigen Mitarbeiter erwogen, ist sorgfältig darauf zu achten, dass die notwendige **persönliche Unabhängigkeit gegenüber** den **anderen Mitarbeitern** des Unternehmens gegeben ist und sich der Mitarbeiter einen möglichst unbefangenen Blick auf das Unternehmen und seine Aktivitäten bewahrt hat.[116] Alle vorstehenden Aspekte sind offenkundig ein Beleg für die hohe Geeignetheit von (ehemaligen) Mitarbeitern der Internen Revision für die Compliance-Tätigkeit.

Im Hinblick auf die **Persönlichkeitsstruktur** ist darauf zu achten, dass der Compliance-Verantwortliche über eine hinreichende charakterliche Struktur, insbesondere über das **notwendige Maß an Selbstvertrauen**, verfügt.[117] Der Compliance-Verant-

---

112 Vgl. oben Rn 9 ff.
113 Vgl. MaComp, BT 1.3.1.3; vgl. dazu auch PwC, Compliance-Studie 2010, S. 21 f.; vgl. auch § 4 S. 1 Nr. 3a WpHGMaAnzV.
114 Vgl. § 3 Abs. 1 WpHGMaAnzV.
115 Vgl. MaComp, BT 1.3.1.3 sowie §§ 3, 4 WpHGMaAnzV; vgl. dazu auch PwC, Compliance-Studie 2010, S. 21 f.; *Schäfer*, BKR 2011, 45, 54.
116 Ähnlich Hauschka/Moosmayer/Lösler/*Bürkle*, Corporate Compliance, § 36 Rn 52; MaComp, BT 1.3.3.
117 Vgl. dazu auch *Bock*, Criminal Compliance, S. 756, 757.

wortliche, der seine Aufgabe ernst nimmt, wird sich selten beliebt machen im Unternehmen. Wie bereits erwähnt,[118] ist eine seiner Hauptaufgaben die Vermeidung und Aufdeckung von Regelverstößen. Diese Zielsetzung führt sehr schnell zu **Konflikten** mit liebgewonnenen **Gewohnheiten** vieler Mitarbeiter im Unternehmen – und zwar ausnahmslos in allen Hierarchiebereichen. Mithin besteht hohe Wahrscheinlichkeit, dass der Compliance-Verantwortliche auch Diskussionen mit der Geschäftsleitung und der ersten Führungsebene unterhalb der Geschäftsleitung aushalten und durchstehen muss.

55 Hier kann eine entsprechende formale Absicherung[119] zweifellos einen positiven Beitrag leisten. Wesentlich ist aber eine „robuste Natur" des Compliance-Verantwortlichen.[120] Diese Überlegung sollte es a priori ausschließen, einen jungen Mitarbeiter, der noch am Anfang seiner beruflichen Laufbahn steht, mit der Rolle des CCO zu betrauen.

56 Vor dem Hintergrund der gestaltenden und beratenden Aufgabe sollte der Compliance-Verantwortliche auch über **Organisations- und Durchsetzungsvermögen verfügen**. Angesichts der oftmals sensiblen Natur von Regelverstößen sollte des Weiteren Integrität, Neutralität und Verschwiegenheit zu den vorherrschenden Charaktereigenschaften des Compliance-Verantwortlichen zählen.[121]

3. Rechtsstellung

57 Die Rechtsstellung des **Compliance-Verantwortlichen**[122] sollte – ganz generell formuliert – so gestaltet sein, dass sie die Bedeutung der Compliance-Funktion in der Unternehmensorganisation widerspiegelt.[123]

58 Dazu gehört zunächst, dass der Compliance-Verantwortliche organisatorisch und disziplinarisch **unmittelbar** dem für Compliance verantwortlichen **Mitglied der Geschäftsleitung unterstellt** wird,[124] das idealerweise keine Verantwortung für das operative Geschäft trägt.[125] Nur dieses bzw. das für Compliance verantwortliche Mitglied

---

118 Vgl. bereits Rn 48.
119 Dazu gleich mehr unten Rn 57 ff.
120 In die gleiche Richtung auch *Schäfer*, BKR 2011, 45, 55.
121 Vgl. auch Hauschka/Moosmayer/Lösler/*Bürkle*, Corporate Compliance, § 36 Rn 54; *Schäfer*, BKR 2011, 45, 55.
122 Vgl. dazu eingehend *Krüger/Günther*, NZA 2010, 367, 369 ff.; *Klindt/Pelz/Theusinger*, NJW 2010, 2385, 2386; *Grimm/Freh*, ZWH 2013, 45, 50 f.
123 Vgl. MaComp, BT 1.1. Nr. 4. Zu den diversen Ausgestaltungsdetails vgl. *Fecker-Kinzl*, CCZ 2010, 13 ff.; *Mein/Greve*, CCZ 2010, 216 ff.; *Grimm/Freh*, ZWH 2013, 45, 50; *Hauschka/Galster/Waldkirch/Marschlich*, CCZ 2014, 242, 244. Vgl. auch die speziell auf Wertpapierhandelsunternehmen zugeschnittene Regelung des § 12 Abs. 4 WpDVerOV.
124 Vgl. MaComp, BT 1.1. Nr. 2; Wieland/Steinmeyer/Grüninger/*van Gemmeren*, Handbuch Compliance-Management, S. 172; *Schäfer*, BKR 2011, 45, 51; *Bock*, Criminal Compliance, S. 750 f.
125 Sowohl auch *Bock*, Criminal Compliance, S. 753.

der Geschäftsleitung darf dem Compliance-Verantwortlichen fachliche Weisungen erteilen. Fachliche Weisungsbefugnisse durch Führungskräfte unterhalb der Geschäftsleitung verbieten sich somit.[126] Erforderlich sind auch klare Regelungen zur (internen und externen) Berichtspflicht des Compliance-Verantwortlichen.[127] Damit der Compliance-Verantwortliche seine Aufgabe auch hinreichend substantiell erfüllen kann, ist unerlässlich, ihn in alle für seine Tätigkeit relevanten Informationsflüsse einzubinden. Dies bedingt einen ungehinderten Zugang zu allen für die Aufgabenerfüllung relevanten Informationen insbesondere durch Zutritts-, Auskunfts- und Eintrittsrechte hinsichtlich aller Unternehmenseinheiten und Geschäftsvorgänge. Dieser Zugang muss dem Compliance-Verantwortlichen aus eigener Kompetenz, das heißt ohne Zustimmungsvorbehalt Dritter, offenstehen.[128]

Zweitens ist es erforderlich, den Compliance-Verantwortlichen, der konkreten Unternehmenssituation angepasst, mit **ausreichenden personellen** und **sachlichen Mitteln** auszustatten.[129] Der Umfang hängt, wie bereits betont, maßgeblich von Art, Umfang, Komplexität und Risiko der Tätigkeit des jeweiligen Unternehmens ab. Die PwC-Wirtschaftskriminalitätsstudie[130] zeigt zwar eine Tendenz zur deutlichen Aufstockung des Budgets für die Personal- und Sachmittelausstattung von CMS in Unternehmen aller Größen: So gab es 2014 pro rund 2.400 Mitarbeiter eine Compliance-Stelle, während im Jahr 2018 im Durchschnitt auf 1.500 Mitarbeiter eine Compliance-Stelle kam.[131] Jedoch verzeichnen Großunternehmen mit mehr als 10.000 Mitarbeitern die deutlichsten Aufstockungen.

---

126 Vgl. MaComp, BT 1.1. Nr. 1; *Schäfer*, BKR 2011, 45, 48, 49.
127 Vgl. dazu instruktiv *Raus/Lützeler*, CCZ 2012, 96 ff.; *Hauschka/Galster/Waldkirch/Marschlich*, CCZ 2014, 242, 243.
128 Vgl. MaComp, BT 1.3.1.2; *Schäfer*, BKR 2011, 45, 49 ff.; *Bock*, Criminal Compliance, S. 759; *Hauschka/Galster/Waldkirch/Marschlich*, CCZ 2014, 242, 246.
129 Ebenso *Bock*, Criminal Compliance, S. 756 (m.w.N. in Fn 6), 757. Welche Dimensionen die Ausstattung erreichen kann, zeigt sich bei der Siemens AG, deren Compliance-Abteilung 2009 gut 600 Mitarbeiter umfasste; vgl. PwC, Compliance-Studie 2010, S. 21 m.w.N.; vgl. auch § 12 Abs. 4 WpD-VerOV.
130 PwC, Wirtschaftskriminalität 2018. Mehrwert von Compliance – forensische Erfahrungen, abrufbar unter https://www.ihk.de/blueprint/servlet/resource/blob/4163710/9e176ad20ab9bcdc4ef44e3e7ea60bef/pwc-wikri-2018-data.pdf.
131 Vgl. PwC, Wirtschaftskriminalität 2018, S. 31.

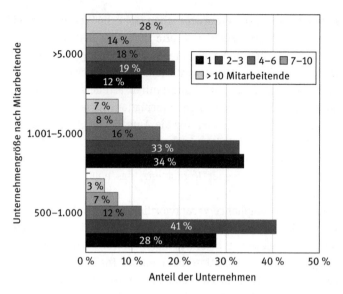

Abb. 3: Entwicklung der Personal- und Sachmittel für Compliance nach Größe der Unternehmen[132]

60 Die Vertretung des Compliance-Verantwortlichen muss ständig in angemessener Form gesichert sein. Soweit er über eine eigene Organisationseinheit verfügt, sollte der Compliance-Verantwortliche auch über ein angemessenes eigenes Budget verfügen können.[133] Bei dessen Festlegung sollte er angehört werden. Kürzungen des Budgets sollte die Geschäftsleitung schon aus eigenem Absicherungsinteresse nicht ohne Zustimmung ihres Aufsichtsorgans vornehmen.[134] Erhebliche Bedeutung kommt schließlich der Ausgestaltung der arbeitsrechtlichen und arbeitsvertraglichen Situation in Richtung auf die Sicherung der Unabhängigkeit des Compliance-Verantwortlichen zu.[135] Anders als Betriebsräte[136] kennt das geltende Arbeitsrecht (noch) **keinen erhöhten Kündigungsschutz** für Compliance-Verantwortliche. Angesichts des gestiegenen Werts von Compliance auch in der Öffentlichkeit besteht nicht geringer Anlass für den Gesetzgeber, in dieser Richtung aktiv zu werden.[137] Solange die kündigungsschutzrechtliche Rechtslage unverändert ist, bleibt also lediglich ein arbeitsvertraglich vereinbarter Kündigungsausschluss oder zumindest eine deutliche Verlängerung der gesetzlichen Kündigungsfris-

---

[132] Vgl. PwC, Wirtschaftskriminalität 2018, S. 31.
[133] Vgl. auch *Bock*, Criminal Compliance, S. 758.
[134] Vgl. zum Ganzen MaComp, BT 1.3.1.1; *Schäfer*, BKR 2011, 45, 55 f.
[135] Vgl. zu diesem komplexen Themenbereich nur *Illing/Umnuß*, CCZ 2009, 1 ff.; *Krieger/Günther*, NZA 2010, 367 ff.; *Bock*, Criminal Compliance, S. 758.
[136] Vgl. § 15 Abs. 1 KSchG.
[137] Zu Überlegungen in diese Richtung vgl. etwa *Fecker-Kinzl*, CCZ 2010, 13, 18 ff.; *Hauschka/Galster/Waldkirch/Marschlich*, CCZ 2014, 242, 248; a. A. *Dann/Mengel*, NJW 2010, 3265, 3628.

ten[138], solange der Mitarbeiter die Rolle des Compliance-Verantwortlichen innehat. Im eigenen Interesse sollte die Geschäftsleitung die Abberufung des Compliance-Verantwortlichen nicht ohne Zustimmung ihres Aufsichtsorgans vornehmen. Darüber hinaus sollte zur Stärkung der Unabhängigkeit des Compliance-Verantwortlichen eine **Mindestbestellzeit von 24 Monaten** erwogen werden.[139]

Zur Wahrung der **Unabhängigkeit** des Compliance-Verantwortlichen gehört auch 61 eine **angemessene persönliche Ausstattung** des CCO (insbesondere hinsichtlich Vergütung, Hierarchieebene, Dienstwagen, Altersversorgung, Büroausstattung etc.). Orientierungspunkt könnte hier die Ausstattung des Leiters Recht, der Internen Revision oder des Risikomanagements sein, wobei gegebenenfalls Unterschiede bei der Personal- und sonstigen Verantwortungsspanne berücksichtigt werden können.[140] Die Vergütung des Compliance-Verantwortlichen kann erfolgsorientiert sein, in diesen Fällen müssen aber prüfungstechnisch nachvollziehbare, wirksame Vorkehrungen getroffen werden, die Interessenkonflikten entgegenwirken.[141]

Nachdem der **BGH** einen Leiter Recht und Interne Revision wegen Nichtverhin- 62 derung einer Straftat durch einen Angehörigen eines kommunalen Straßenreinigungsunternehmens verurteilt hat,[142] stellt sich schließlich – erst recht – die Frage, wie sich Compliance-Verantwortliche haftungsrechtlich schützen können. Eine Möglichkeit ist die genaue Festlegung des Pflichtenkreises des Compliance-Verantwortlichen im Ar-

---

138 So auch MaComp, BT 1.3.3.4, Nr. 4.
139 Vgl. MaComp, BT 1.3.3.4, Nr. 4; *Schäfer*, BKR 2011, 45, 52.
140 Vgl. MaComp, BT 1.3.3.4, Nr. 5; *Schäfer*, BKR 2011, 45, 52ff.; vgl. auch *Hauschka/Galster/Waldkirch/Marschlich*, CCZ 2014, 242, 248.
141 Vgl. MaComp, BT 1.3.3.4, Nr. 6.
142 Vgl. BGH, Urt. v. 17.7.2009 – 5 StR 394/08 – NJW 2009, 3173ff. Vgl. dazu nur *Zenke/Schäfer*, E&M 23–24/2010, 3; *Krieger/Günther*, NZA 2010, 367, 369; *Dann/Menge*, NJW 2010, 3265ff.; *Kraft/Winkler*, CCZ 2009, 29ff.; *Hastenrath*, CCZ 2011, 32ff. (mit instruktiven empirischen Angaben); *Gold/Schäfer/Bußmann*, ET 6/2011, 2, 4ff.; vgl. auch *Raum*, CCZ 2012, 197ff.; *Geiger*, CCZ 2011, 170ff., mit umfangreichen Nachweisen zur BGH-Entscheidung auf S. 171, dort Fn 4; instruktiv zu dem Urteil aus Sicht des Unternehmenspraktikers auch *Wolf*, BB 2011, 1353, 1358ff.; eingehend auch Paeffgen/Böse/Kindhäuser/Stübinger/Verrl/Zaczyk/Momsen, FS Puppe, S. 751ff.; kritisch *Bock*, Criminal Compliance, S. 760ff. Ob der BGH, Urt. v. 10.7.2012 – VI ZR 341/10 – DB 2012, 1799, 1801, in seiner Entscheidung eine nachhaltige Änderung seiner Positionierung zur Garantenpflicht von Unternehmensangehörigen vorgenommen hat, bleibt abzuwarten. Jedenfalls hat er in der jüngeren Entscheidung klar zum Ausdruck gebracht, dass die Pflicht des Geschäftsführers/Vorstands aus §§ 43 Abs. 1 GmbHG, 93 Abs. 1 S. 1 AktG, sicherzustellen, dass sich die Gesellschaft rechtmäßig verhält und ihren gesetzlichen Pflichten nachkommt, nur gegenüber der Gesellschaft besteht, nicht aber auch gegenüber Dritten. Vgl. dazu instruktiv *Grützner/Behr*, DB 2013, 561ff. Anders aus strafrechtlicher Sicht dagegen OLG Braunschweig, Beschl. v. 14.6.2012 – Ws 44/12, Ws 45/12 – NJW 2012, 3798ff., für den Aufsichtsrat; vgl. dazu *Grützner*, BB 2013, 212ff. Eine Garantenpflicht des Betriebsleiters/Vorgesetzten in Bezug auf „betriebsbezogene" Straftaten bejahte der BGH, Urt. v. 20.10.2011 – 4 StR 71/11 – BB 2012, 150ff.; vgl. dazu *Grützner/Behr*, DB 2013, 5161, 5164, sowie *Grützner*, BB 2012, 152ff. Deutlich geringere Anforderungen an die Legalitätspflicht des Geschäftsführers zur Verhinderung von unlauteren Vertriebspraktiken stellt der BGH, Urt. v. 18.6.2014 – I ZR 242/12 – DB 2014, 1799ff.

beitsvertrag oder eine schriftliche Anweisung des Arbeitgebers.[143] Darüber hinaus ist an eine Einbeziehung des Compliance-Verantwortlichen in eine sog. D&O-Versicherung[144] zu denken.[145] Eine solche Versicherung kann den Compliance-Verantwortlichen zwar nicht vor Sanktionierung nach strafrechtlichen Normen oder wegen Bußgeldern nach dem Ordnungswidrigkeitenrecht schützen und ist schon deshalb kein „Allheilmittel".[146] Sie kann aber immerhin bei der etwaigen **Abwehr von Schadenersatzansprüchen** Dritter helfen und bei entsprechender Ausgestaltung die Übernahme der Strafverteidigungskosten gewährleisten.[147]

IV. Auslagerung

1. Die Zulässigkeit

63   Bereits bei der Frage nach der Verantwortungszuordnung[148] wurde darauf hingewiesen, dass die Geschäftsleitung nicht verpflichtet ist, die im Unternehmen zu erfüllenden Compliance-Aufgaben eigenhändig zu erledigen, sondern sie berechtigt ist, die Erfüllung der Aufgaben auf Mitarbeiter im Unternehmen auszulagern und sich ihre Verantwortlichkeit in diesem Fall in eine allgemeine Aufsichtspflicht umwandelt.[149]

64   Dieser Mechanismus gilt entsprechend für eine Auslagerung der Compliance-Aufgaben auf Nichtunternehmensangehörige. Eine solche Auslagerung kann im Einzelfall insbesondere bei kleineren und mittelgroßen Unternehmen eine angemessene Lösung sein, um der Compliance-Verantwortlichkeit hinreichend gerecht zu werden.[150] Dies

---

143   Vgl. dazu *Illing/Umnuß*, CCZ 2009, 1 ff.; ebenso *Held*, CCZ 2009, 231 ff.; *Schäfer*, BKR 2011, 187, 197; *Wolf*, BB 2011, 1353, 1360. Zur strafrechtlichen Relevanz solcher arbeitsrechtlichen Regelungen/Vereinbarungen bei Fehlen disziplinarischer Gewalt des Compliance-Verantwortlichen vgl. *Geiger*, CCZ 2011, 170, 173 f. Zur klaren Fokussierung der Verantwortlichkeit des CCO auf die Interessen des ihn beschäftigenden Unternehmens richtigerweise *Hauschka/Galster/Waldkirch/Marschlich*, CCZ 2014, 242, 244.
144   Vgl. dazu näher Kap. 9 Rn 5 ff. Zu diversen Rechtsfragen im Zusammenhang von Compliance- und D&O-Versicherungen vgl. instruktiv *Fassbach/Hülsberg*, CB 2018, 1 ff.; *Franz*, DB 2011, 1961 ff. (Teil 1), 2019 ff. (Teil 2); *Melot de Beauregard/Gleich*, NJW 2013, 824 ff.; *Werner*, CB 2014, 388 ff.; generell zur Haftung des Compliance-Verantwortlichen vgl. Joost/Oetker/Paschke/*Bayreuther*, FS Säcker, S. 173 ff.; *Fiedler*, ZWH 2013, 297 ff.; *Held*, CB 2014, 29 ff.; *ders.*, CB 2016, S. 393 ff.; *Rack*, CB 2017, 347 ff. (insbes. zu Tarifen für D&O-Versicherungen); *Werner*, CB 2018, 114 ff. (zu aktuellen Fragen unter Würdigung neuerer Rechtsprechung); zur Innenhaftung vgl. BGH, Urt. v. 13.4.2016 – IV ZR 304/13 – BGHZ 209, 373 ff. m. Anm. *Langen/Deller*, CB 2016, 305 ff.
145   So auch *Held*, CCZ 2009, 231, 232. Dies gilt ungeachtet der Tatsache, dass „Compliance ... sich nicht wegversichern" lässt; vgl. dazu *Mayer*, FAZ v. 9.8.2023, Nr. 183, S. 16.
146   So auch *Held*, CCZ 2009, 231, 233.
147   So auch *Held*, CCZ 2009, 231, 233.
148   Vgl. schon Rn 9 f.
149   Vgl. nur Hauschka/Moosmayer/Lösler/*Schmidt-Husson*, Corporate Compliance, § 6 Rn 12; vgl. auch *Bock*, Criminal Compliance, S. 753 f.
150   Vgl. auch MaComp, BT 1.3.4.

kann insbesondere der Fall sein, wenn neben der (eher geringen) Größe des Unternehmens auch Art, Umfang, Komplexität oder Risikogehalt der Geschäftstätigkeit die Erfüllung der Compliance-Aufgaben durch ständige Vorhaltung unternehmensinterner Ressourcen unverhältnismäßig wäre.[151] Aber auch in derartigen Fällen kommt nach dem eingangs Ausgeführten **keine vollständige Auslagerung** der Verantwortlichkeit hinsichtlich aller Compliance-Aufgaben in Betracht.[152] Alle grundlegenden Entscheidungen zum Thema Compliance, wie die Frage der Verantwortlichkeit zur Ordnung in der Geschäftsleitung, die Grundzüge der Compliance-Organisation im Unternehmen oder die Auswahl desjenigen im Unternehmen, der das Bindeglied zur ausgelagerten Compliance-Stelle bildet, muss vom Unternehmen bzw. der Unternehmensleitung selbst getroffen werden. Der **Geschäftsleitung** selbst verbleibt die erwähnte allgemeine **Aufsichtspflicht**.[153] Die entsprechenden Überwachungshandlungen sollte die Geschäftsleitung schon im eigenen Interesse hinreichend dokumentieren (lassen).[154] Betrachtet man die Entwicklung der MaRisk, lässt sich zudem die Tendenz beobachten, dass die BaFin wohl durchaus zu Recht stetig strengere Voraussetzungen an die Auslagerung von Compliance-Aufgaben stellt.

2. Ausgestaltung

Die konkrete Ausgestaltung einer Auslagerung von Compliance-Aufgaben auf Dritte ist derzeit allein für Finanzdienstleister behördlich näher geregelt. Die Bundesanstalt für Finanzdienstleistungsaufsicht hat im Sommer 2014 die Vorgaben für die Auslagerung von Compliance-Aufgaben erheblich präzisiert.[155] Hervorzuheben sind hier insbesondere folgende Aspekte:

- Befugnisse und Berechtigungen des Compliance-Verantwortlichen gegenüber dem Auslagerer bzw. dem Auslagerungsunternehmen,
- Inhalte von Service-Level-Agreements mit Auslagerungsunternehmen,
- Sicherstellung der Dauerhaftigkeit der Compliance-Funktion im Auslagerungsunternehmen,
- Festlegung und Überwachung der Einhaltung von (ausreichenden) Qualitäts- und Quantitätsvorgaben in Bezug auf die erbrachten Compliance-Dienstleistungen.

---

151 Zu Umfang und Voraussetzungen einer Auslagerung bei Finanzinstituten vgl. instruktiv die Konkretisierung von §§ 25a Abs. 2 KWG, 33 Abs. 2 WpHG durch die MaRisk. Instruktiv zu Chancen und Risiken einer Auslagerung des Compliance-Managements vgl. *Pyrcek*, CB 2018, 310 ff.
152 Hauschka/Moosmayer/Lösler/*Bürkle*, Corporate Compliance, § 36 Rn 79 f.; *Hauschka*, DB 2006, 1143, 1145.
153 Hauschka/Moosmayer/Lösler/*Bürkle*, Corporate Compliance, § 36 Rn 76; *Hauschka*, DB 2006, 1143, 1145; *Bock*, Criminal Compliance, S. 753.
154 Vgl. auch MaComp, BT 1.3.4.
155 MaComp, BT 1.3.4; vgl. dazu instruktiv *Lindner/Schroeren*, CB 2014, 424 ff. Instruktiv zur Realisierung eines Auslagerungsverfahrens vgl. *Berstein/Klein*, CCZ 2014, 204 ff.

Dessau/Fischer/Schäfer

66 Für sonstige Wirtschaftsbereiche ist dagegen der Rückgriff auf allgemeine Organisationsüberlegungen zur Delegation von Organpflichten erforderlich, der sicherlich auch die vorstehenden Vorgaben der deutschen Finanzmarktaufsicht, soweit übertragbar, berücksichtigen kann.

67 Demgemäß ist zunächst zu empfehlen, die beabsichtigte Delegation in ihrem sachlichen und personellen Umfang hinreichend präzise schriftlich zu fixieren.[156] Dementsprechend ist klar festzulegen, welche Aufgaben von der ausgelagerten Stelle erfüllt werden sollen.[157] Insoweit bieten sich vor allem solche Maßnahmen an, die nachfolgend[158] näher unter den Begriffen Prävention und Überwachung dargestellt werden. Dazu zählen insbesondere die

- Erstellung von Organisationshandbüchern,
- Durchführung von Mitarbeiterschulungen,
- Erstellung von Verhaltensrichtlinien,
- rechtsgutachterliche Unterstützung in Einzelfällen,
- (rechtsanwaltliche) Unterstützung bei unternehmensinternen Ermittlungen und
- behördlichen Untersuchungen sowie
- die Bereitstellung einer Beratungshotline.[159]

68 **Grundsatzentscheidungen** und **Alltagsmaßnahmen** sollten dagegen in der Regel im Unternehmen selbst entschieden und bearbeitet werden.[160]

69 Klar bestimmt werden muss auch, wie die ausgelagerte Stelle vom Unternehmen kontrolliert werden soll und wer dafür im Unternehmen verantwortlich ist. Erforderlich sind also eine präzise Festlegung der entsprechenden **Kontrollaufgaben** und **Weisungsbefugnisse** sowie die nötigen Berichtslinien.[161] Schließlich muss die Geschäftsleitung auch die erforderliche Sorgfalt bei der Auswahl des externen Leitungsorgans walten lassen. Sie muss sich also insbesondere vergewissern, dass der Externe über die notwendige persönliche Eignung wie Zuverlässigkeit, Belastbarkeit und Integrität verfügt. Auch die fachliche Eignung – also insbesondere Qualifikation und Erfahrung – muss gesichert sein.[162]

70 Angesichts des starken rechtlichen Bezugs vieler Compliance-Aufgaben bietet es sich an und wird in der Praxis auch zunehmend praktiziert, vor allem die beispielhaft

---

156 Vgl. nur Hauschka/Moosmayer/Lösler/*Schmidt-Husson*, Corporate Compliance, § 6 Rn 26–27; *Hauschka*, NJW 2004, 257, 259; Hauschka/Moosmayer/Lösler/*Bürkle*, Corporate Compliance, § 36 Rn 76f. m.w.N.
157 Vgl. auch MaRisk, AT 9.
158 Vgl. unten Rn 80ff. und 125ff.
159 Ähnlich auch Hauschka/Moosmayer/Lösler/*Bürkle*, Corporate Compliance, § 36 Rn 78 m.w.N.
160 Ähnlich auch Hauschka/Moosmayer/Lösler/*Bürkle*, Corporate Compliance, § 36 Rn 78 m.w.N.; eine Kombination von internen und externen Ressourcen befürwortet auch *Bock*, Criminal Compliance, S. 755f.
161 Vgl. auch Hauschka/Moosmayer/Lösler/*Bürkle*, Corporate Compliance, § 36 Rn 79; ebenso MaRisk, AT 9.
162 Vgl. auch Hauschka/Moosmayer/Lösler/*Schmidt-Husson*, Corporate Compliance, § Rn 29–30.

erwähnten Präventions- und Überwachungsaufgaben auf externe Rechtsanwälte auszulagern. Der Vorteil eines solchen Vorgehens liegt vor allem in den **Erfahrungen**, die **externe Rechtsanwälte** aus der Beratung anderer Unternehmen beisteuern können – Erfahrungen, die unternehmensinterne Kräfte kaum in gleicher Breite zu stellen in der Lage sein dürften. Letztere verfügen dafür aber über unvergleichlich bessere Kenntnisse hinsichtlich der Binnenstruktur des Unternehmens und seiner Geschäftsabläufe sowie in der Regel über ein erhöhtes Vertrauen der Unternehmensangehörigen.[163] Dieses Kenntnisdefizit sollte allerdings nur ein temporäres sein, das der externe Rechtsanwalt auf Basis entsprechender Anleitung und Informationen nach vergleichsweise kurzer „Einarbeitungszeit" unschwer sollte kompensieren können.

Ein weiterer Vorteil bei der Einschaltung eines externen Rechtsanwalts liegt darin, 71 dass die mit ihm geführte Korrespondenz grundsätzlich dem sog. **Anwaltsprivileg** (Legal Privilege) unterliegt, das in der Regel einen Zugriff (eine **Beschlagnahme**) von Behörden (insbesondere Kartell-, Strafverfolgungsbehörden) **auf** diese **Unterlagen verhindert**.[164] Ein vergleichbar umfassender Schutz besteht für Mitarbeiter der unternehmenseigenen Rechtsabteilung nicht, auch wenn diese als Rechtsanwälte zugelassen sind.[165]

V. Schnittstellen mit anderen unternehmensinternen Organisationseinheiten

Die Compliance-Funktion hat aufgrund ihres **heterogenen Aufgabenbildes**[166] „natur- 72 gemäß" Schnittstellen zu diversen Funktionen der Unternehmensorganisation. Die

---

163 Ähnlich auch Hauschka/*Lampert*, Corporate Compliance, 2. Aufl., § 9 Rn 12; Hauschka/*Bürkle*, Corporate Compliance, § 8 Rn 60; *Bock*, Criminal Compliance, S. 755.
164 So auch Hauschka/Moosmayer/Lösler/*Dittrich*/*Matthey*, Corporate Compliance, § 26 Rn 42. Zur beschränkten Geltung des Anwaltsprivilegs in Bezug auf Durchsuchungen von Kanzleiräumen und dort befindlicher Unterlagen im Zusammenhang mit sog. internen Untersuchungen (vgl. dazu eingehend *Knauer*, ZWH 2012, 41 ff. sowie *Knauer*, ZWH 2012, 81 ff.); im Gefolge des sog. Diesel-Skandals (vgl. dazu etwa *Schäfer/Fuhrmann*, Zivilrechtliche und rechtsökonomische Aspekte zum Dieselskandal der Volkswagen AG, abrufbar unter https://www.econstor.eu/bitstream/10419/180733/1/243-251-Schaefer-Fuhrmann.pdf); vgl. BVerfG, Beschl. v. 27.6.2018 – 2 BvR 1405/17, 2 BvR 1780/17 – NJW 2018, 2385 ff. sowie LG Braunschweig, Beschl. v. 21.7.2015 – 6 Qs 116/15 – NStZ 2016, 308; m. Anm. *Pelz*, CCZ 2018, 211 ff. bzw. *Späth*, CB 2016, 42 ff.; vgl. generell auch *Mark*, ZWH 2012, 311 ff.
165 Vgl. dazu näher nur EuG, Beschl. v. 30.10.2007 – T-125/03, T-253/03 – BeckRS 2003, 14100 – Akzo, sowie EuGH, Urt. v. 14.9.2010 – C-550/07 P – NJW 2010, 3557 ff.; vgl. dazu *Berrisch*, EuZW 2010, 786 ff. Vgl. auch LG Berlin, Urt. v. 30.11.2005 – 505 Qs 185/05 – NStZ 2006, 470 ff.; *Crozals/Jürgens*, CCZ 2009, 52, 95 f.; *Rieger/Jester/Sturm*, Das Europäische Kartellverfahren; vgl. auch Hauschka/Moosmayer/Lösler/*Dittrich*/*Matthey*, Corporate Compliance, § 26 Rn 42; vgl. auch LG Hamburg, Beschl. v. 15.10.2010 – 608 Qs 18/10 – ZIP 2011, 1025 ff., zur Frage der Beschlagnahme von Unterlagen eines vom Aufsichtsrat mit unternehmensinternen Ermittlungen beauftragten Rechtsanwalts.
166 Vgl. dazu näher Kap. 4 Rn 84 ff.

Kontroll- und Überwachungsfunktion der Compliance-Tätigkeit schafft Anknüpfungspunkte insbesondere zur Internen Revision, zum Controlling und zum Risikomanagement sowie zum Personalwesen und der Kommunikationsabteilung. Zu erwähnen sind aber auch die Arbeitnehmervertretung und der Aufsichtsrat. Hinzu kommen externe Stellen wie Ombudsmann, Wirtschaftsprüfer und Behörden.[167] Gleiches gilt natürlich auch in den Fällen, in denen Compliance und Recht organisatorisch getrennt geführt werden; in diesem Fall besteht eine wichtige Schnittstelle zur internen Rechtsabteilung und/oder externen Rechtsanwälten.[168] Die Präventionsfunktion führt zu Anknüpfungspunkten mit der Unternehmenssicherheit. Die Überwachungs-/Aufdeckungsaufgaben führen zur Kooperationsnotwendigkeit mit der Personalabteilung. Die erheblichen Auswirkungen von Compliance-Verstößen auf die Reputation von Unternehmen, Geschäftsleitung und Mitarbeiter verlangen eine gute Zusammenarbeit mit der Unternehmenskommunikation.[169]

73   Diese **vielfältigen Anknüpfungspunkte** verlangen auf organisatorischer Ebene zweierlei – eine klare Abgrenzung der Aufgaben und Befugnisse der beteiligten Unternehmenseinheiten sowie die präzise Festlegung von (kosten-)effizienten Zusammenarbeitsprozessen. Als ein probates organisatorisches Instrument zur Koordination der genannten Funktionen sowohl im Regel- als auch im Krisenfall hat sich mittlerweile der bereits erwähnte[170] **Compliance-Ausschuss** erwiesen.[171]

74   Das Für und Wider einer Integration von Compliance in die Rechtsabteilung, in die Interne Revision sowie in das Risikomanagement wurden bereits an früherer Stelle[172] näher beleuchtet. Für den Fall, dass auf eine Integration verzichtet wird, ist eine enge, reibungslose Zusammenarbeit (ständiger Informationsaustausch, wechselseitige Bera-

---

167 Vgl. Hauschka/Moosmayer/Lösler/*Bürkle*, Corporate Compliance, § 36 Rn 69 f.; vgl. auch *Moosmayer*, Compliance, 3. Aufl., Rn 107; *Hauschka/Galster/Waldkirch/Marschlich*, CCZ 2014, 242, 246 f.; vgl. in diesem Zusammenhang LG München I, Urt. v. 5.4.2007 – 5 HKO 15964/06 – CCZ 2008, 70 ff., in dem unmissverständlich festgestellt wird, dass die unterlassene Dokumentation eines Risikofrüherkennungssystems einen klaren Verstoß der Unternehmensleitung gegen § 91 Abs. 2 AktG darstellt. Allgemein zum Verhältnis von Compliance, Risikomanagement und internem Kontrollsystem vgl. *Gold/Schäfer/Bußmann*, ET 6/2011, 2 ff.; zur Bedeutung von Risikomanagement-Informationssystemen im Zusammenhang mit der Erfüllung der Risikomanagementpflicht vgl. *Pauli/Albrecht*, CCZ 2014, 17 ff.; zur an sich naheliegenden Idee eines umfassenden „Chief Governance Officers" vgl. *Laue/Mohr*, CB 2014, 334 ff.
168 Instruktiv zu den sich verwischenden Grenzen zwischen Compliance- und Rechtsabteilungsfunktion vgl. *Jahn*, ZWH 2012, 477 ff.; *Jahn*, ZWH 2013, 1 ff.
169 Und bei börsennotierten Unternehmen auch mit der für Investor Relations verantwortlichen Einheit. Gleiches gilt auch für den Lobbyingbereich eines Unternehmens; zur vielfach noch unterschätzten Compliance-Relevanz von Lobbyingaktivitäten von Unternehmen vgl. instruktiv *Kopp*, CCZ 2013, 67 ff.
170 Vgl. oben Rn 29.
171 Ähnlich auch *Becker/Alsheimer*, Der Neue Kämmerer 2009, 8; Hauschka/Moosmayer/Lösler/*Hauschka/Moosmayer/Lösler*, Corporate Compliance, 3.3, Anhang: Leitlinien für die Tätigkeit in der Compliance-Funktion im Unternehmen (für Compliance Officer außerhalb regulierter Sektoren).
172 Vgl. oben Rn 34 ff.

tung, Abstimmung geplanter Maßnahmen) zwischen der Compliance-Einheit und diesen Linienfunktionen unverzichtbar.[173]

Unverzichtbar sein sollte auch eine **Kooperation** der **Compliance-Einheit** mit der **Unternehmenskommunikation**.[174] Dies sollte sowohl für das Tagesgeschäft als auch (und erst recht) in Krisenfällen gelten.[175] Wie sehr Compliance(-Rechts-)verstöße die Reputation eines Unternehmens belasten können, konnte in der jüngeren und jüngsten Vergangenheit an einer Vielzahl von Beispielen beobachtet werden. Erwähnt seien neben den Korruptionsvorwürfen gegen Siemens[176] und Daimler[177] die behaupteten Verstöße insbesondere gegen Datenschutzvorschriften bei der Deutschen Bahn,[178] der Deutschen Telekom,[179] die Vorhaltungen gegen Schlecker in Bezug auf arbeitsrechtliche Praktiken,[180] aber auch die Medienreaktion auf Cross-Border-Leasing-Geschäfte der Kommunalen Wasserwerke Leipzig GmbH[181] sowie der Umgang von Volkswagen und anderer Autohersteller mit der sog. Dieselthematik.[182] 75

Beobachtet werden konnte in einigen dieser Fälle auch, wie die Kommunikation bei Complianceverstoß-Vorwürfen besser **nicht** praktiziert werden sollte. Regelverstöße 76

---

173 Hauschka/Moosmayer/Lösler/*Bürkle*, Corporate Compliance, § 36 Rn 51, 566 m.w.N.; vgl. auch *Laue/Busekist*, CB 2013, 63f.
174 Und bei börsennotierten Unternehmen auch mit der für Investor Relations verantwortlichen Einheit.
175 Instruktiv zur Rolle und zum Stellenwert von Compliance in der Unternehmenskommunikation *Möhrle/Rademacher*, CB 2013, 163ff.; *Pulver*, CB 2019, 6ff.; zu praktischen Hinweisen für eine erfolgreiche Compliance-Kommunikation vgl. *Sonnenberg/Schulz*, CB 2019, 1ff.; *Proll-Gerwe*, CCZ 2017, 143ff.
176 Vgl. nur *Steltzner*, Kulturschock Siemens, faz.net v. 27.4.2007, abrufbar unter https://www.faz.net/aktuell/wirtschaft/unternehmen/faz-net-spezial-kulturschock-siemens-1439947.html.
177 Vgl. nur *Knop*, Auch Daimler muss es lernen: Korruption bringt nichts, faz.net v. 24.3.2010, abrufbar unter https://www.faz.net/aktuell/wirtschaft/auch-daimler-muss-es-lernen-korruption-bringt-nichts-1949708.html.
178 Vgl. nur o.A., Datenschutz: Deutsche Bahn überprüfte heimlich 173.000 Mitarbeiter, 28.1.2009, faz.net, abrufbar unter https://www.faz.net/aktuell/wirtschaft/unternehmen/datenschutz-deutsche-bahn-ueberprüfte-heimlich-173-000-mitarbeiter-1753575.html.
179 Vgl. nur o.A., Korruption: Telekom-Vorstand tritt zurück, zeit.de v. 31.5.2007, abrufbar unter http://www.zeit.de/online/2007/23/telekom-siemens-pauly.
180 Vgl. nur o.A., Überwachung im Discounter: Auch Schlecker soll Mitarbeiter bespitzelt haben, welt.de v. 30.3.2008, abrufbar unter https://www.welt.de/wirtschaft/article1852686/Auch-Schlecker-soll-Mitarbeiter-bespitzelt-haben.html.
181 Vgl. zum Ganzen *Becker/Alsheimer*, Der neue Kämmerer 2010, 1, 4; vgl. allgemein zur Krisenkommunikation Wieland/Steinmeyer/Grüninger/*Möhrle*, Handbuch Compliance-Management, S. 784f.
182 Vgl. dazu etwa o.A., Der VW-Skandal. Erste Schlüsse aus Sicht der Compliance-Praxis, Compliance Manager, abrufbar unter https://www.compliance-manager.net/fachartikel/der-vw-skandal-erste-schluesse-aus-sicht-der-compliance-praxis-2077774841. Zu den Reaktionen diverser Autohersteller aus Compliance-Sicht vgl. z.B. *Peemöller*, Compliance-Berichte deutscher Automobilhersteller in den Jahresabschlüssen 2018, Compliance Focus, abrufbar unter https://compliance-focus.de/wirtschaftskriminalitaet/compliance-und-automobilhersteller/.

erst und nur dann einzuräumen, wenn den Medien belastbare Beweise vorliegen, ist – vorsichtig formuliert – vermutlich nicht die geschickteste Vorgehensweise in derart kritischen Situationen.[183]

VI. Compliance-Audit

77 Auch Compliance-Verantwortliche sind nur Menschen, also fehlbar.[184] Dementsprechend ist es naheliegend, zu empfehlen, dass die Interne Revision Effektivität und Effizienz des unternehmenseigenen Compliance-Systems regelmäßig überprüft.[185] Ergänzend dazu – quasi im Sinne eines **Vier-Augen-Prinzips** – kann und sollte (gerade auch) bei kleineren und mittelgroßen Unternehmen die periodische Durchführung eines externen Compliance-Audits in Erwägung gezogen werden.[186] Eine solche **Drittkontrolle** (sog. **Compliance-Audit**) sollte durch externe Rechtsanwälte und Wirtschaftsprüfer erfolgen.[187] Insbesondere die Heranziehung einer externen Rechtsanwaltssozietät erscheint angezeigt, weil die Compliance-Funktion – wie bereits mehrfach betont – eine starke juristische Facette hat, die von der Internen Revision aufgrund der dort regelmäßig vorhandenen Qualifikation nur begrenzt eigenständig bewertet werden kann.[188] In Verbindung mit einer Wirtschaftsprüferunterstützung kann das externe Audit zugleich auch die nichtjuristischen, insbesondere organisato-

---

[183] Vgl. zu den Ausführungen zu der naheliegenden Frage, wie bei dem Vorwurf von Compliance-Verstößen unternehmensintern und extern vorgegangen werden kann und welche Vorkehrungen insoweit nützlich sein können, unten Kap. 6 Rn 62 ff.
[184] Ein markantes Beispiel ist die bereits mehrfach erwähnte Entscheidung des BGH, Urt. v. 17.7.2009 – 5 StR 394/08 – NJW 2009, 3173 ff., die die Verurteilung eines Compliance-Verantwortlichen wegen Beihilfe zum Betrug bestätigt hat.
[185] Vgl. auch Hauschka/Moosmayer/Lösler/*Bürkle*, Corporate Compliance, § 36 Rn 29; *Bock*, Criminal Compliance, S. 762 f.
[186] Vgl. eingehend dazu Wieland/Steinmeyer/Grüninger/*Miras*, Handbuch Compliance-Management, S. 742 ff.; vgl. auch *Bock*, Criminal Compliance, S. 763, der die Durchführung eines externen Audits in das Ermessen der Geschäftsleitung stellen will. Anders wohl das BayObLG, Beschl. v. 10.8.2001 – 3 ObOWi 51/2001 – NJW 2002, 766 f., das die Zusatzkosten eines externen Audits nicht als Entschuldigung gelten lässt.
[187] So auch Hauschka/Moosmayer/Lösler/*Bürkle*, Corporate Compliance, § 36 Rn 29; Wieland/Steinmeyer/Grüninger/*Miras*, Handbuch Compliance-Management, S. 746 f.; *Groß*, CB 2013, 270 f. Generell zur „Zertifizierung" von CMS vgl. *Görtz/Roßkopf*, CCZ 2011, 103 ff.; zur Gestaltung von Compliance-Audits sowie zu Regelungsvorgaben in diesem Zusammenhang aus den USA und Australien vgl. *Liese/Schulz*, BB 2011, 1347 ff.; zum Nutzen von Compliance-Testaten bei Verstößen gegen US-Gesetze instruktiv *Jenne/Martens*, CB 2018, 349 ff.
[188] Die Beiziehung der unternehmenseigenen Rechtsabteilung durch die Interne Revision hilft hier nur begrenzt weiter, da damit „nur" eine unternehmenseigene Selbstkontrolle, d.h. keine wirkliche Praktizierung des Vier-Augen-Prinzips verbunden wäre. Dies gilt umso mehr in den Fällen, in denen die Compliance-Funktion Teil der Rechtsabteilung ist.

Dessau/Fischer/Schäfer

rischen und prozeduralen Aspekte abdecken. Eine Drittkontrolle der Compliance-Einheit durch externe Rechtsanwälte liegt naturgemäß schon dann nahe, wenn die Compliance-Funktion Teil der unternehmenseigenen Rechtsabteilung ist. Sowohl der Leiter Recht (und Compliance) als auch die Geschäftsleitung des Unternehmens sollten schon aus Eigenschutz an einer regelmäßigen Prüfung dieser Art interessiert sein.

Die Prüfung selbst sollte eine Kombination aus Einzelfallprüfung sowie einer generellen Revision der vorhandenen Aufbau- und Ablauforganisation des unternehmensinternen CMS sein. Letztere sollte die Geeignetheit und Erforderlichkeit der vorhandenen Regelwerke ebenso wie die Frage umfassen, ob und welche weiteren Regelwerke angezeigt sind. Im Rahmen eines solchen kombinierten Audits sollten die beigezogenen Rechtsanwälte insbesondere die rechtliche Unbedenklichkeit vollzogener und gegebenenfalls auch geplanter wesentlicher Compliance-Maßnahmen untersuchen und entsprechendes auch für vorhandene und geplante unternehmensinterne Regelwerke prüfen. 78

Die generelle **Prüfung** von Konzeption, Implementierung und Wirksamkeit von **CMS** sollte dagegen den beauftragten Wirtschaftsprüfern überantwortet werden. Diese verfügen dafür seit März 2011 über einen neuen Standard zur Prüfung von CMS.[189] Dieser Prüfungsstandard legt die wesentlichen Grundsätze fest, nach denen ein CMS hinsichtlich Aufbau, Inhalt und Funktionalität bewertet wird. Im Wesentlichen werden dabei folgende Aspekte beleuchtet: 79

- Festlegung der (ethischen und rechtlichen) Grundeinstellungen und Verhaltensweisen für alle Unternehmensangehörigen (sog. Compliance-Kultur),
- Festlegung der wesentlichen Ziele, die durch ein CMS erreicht werden sollen (sog. Compliance-Ziele),
- Regelung der Aufbau- und Ablauforganisation in Bezug auf die Erfüllung von Compliance-Aufgaben (sog. Compliance-Organisation),
- Identifizierung der (ökonomischen) Risiken, die in Folge von Compliance-Verstößen zu bewerten sind (sog. Compliance-Risiken),
- Festlegung von Maßnahmen und Prozessen zur Vermeidung bzw. Begrenzung von Compliance-Risiken (sog. Compliance-Programm),
- Information der Mitarbeiter und gegebenenfalls auch Dritter über das Compliance-Programm (sog. Compliance-Kommunikation) und
- Festlegung der Maßnahmen zur Überwachung der Einhaltung der zu beachtenden Regeln sowie zur Sanktionierung von Compliance-Verstößen (sog. Compliance-Überwachung).[190]

---

[189] IDW PS 980, 11.3.. Zu Nutzen und Ausgestaltung von Prüfungen nach dem IDW PS 980 vgl. etwa *Vedder/Parsow*, CB 2017, 199; *Ghahremann*, CB 2017, 36 ff.; eingehend zum IDW PS 980 vgl. Kap. 7.
[190] Vgl. dazu näher *Ghahremann*, CB 2017, 36 ff. sowie auch *Gold/Schäfer/Bußmann*, ET 6/2011, 2, 3; zu den Details eines Compliance-Audits unter Einbeziehung des IDW PS 980 vgl. instruktiv *Liese/Schulz*, BB 2011,

D. Präventionsmaßnahmen

80 Hauptzweck von Compliance aus funktionaler Sicht ist die Herstellung einer organisatorischen Situation, die darauf abzielt, **Regel-/Rechtsverstöße** möglichst zu **vermeiden**, mindestens aber die **Auswirkungen** solcher Verstöße mit angemessenen Mitteln so **gering wie möglich** zu halten.[191]

81 Damit stellt sich die Frage nach den geeigneten Mitteln und Maßnahmen zur Umsetzung dieses Präventionsziels. Die wichtigsten **Instrumente und Maßnahmen zur Vermeidung/Mitigation von Compliance-Verstößen** lauten überblicksmäßig zusammengestellt wie folgt:[192]

- unternehmensinterne Verhaltensregeln,[193]
- Mitarbeiterhandbuch,[194]
- (Mitarbeiter-)Schulungen,[195]
- Beratungsangebote für Mitarbeiter sowie[196]
- tatsächliche Präventionsmaßnahmen.[197]

I. Mitarbeiterhandbuch

82 Idealerweise gibt das Mitarbeiterhandbuch[198] den Mitarbeitern eines Unternehmens Antwort auf alle Fragen, welches Verhalten das Unternehmen von ihnen in Bezug auf ihre Tätigkeiten und für das Unternehmen erwartet bzw. verlangt.[199]

83 Dementsprechend wird das Mitarbeiterhandbuch vor allem sämtliche vom Unternehmen in Kraft gesetzte Regelwerke enthalten. Neben einer sog. Ethikrichtlinie, die vor allem die Rechtstreue des Unternehmens betont,[200] werden sich sowohl **unterneh-**

1347, 1351 ff.; kritisch zu Effizienz und zum Nutzen von Audits/Zertifizierungen insbesondere nach dem IDW PS 980 *Rieder/Falge*, BB 2013, 778 ff.
191 Vgl. oben Rn 1 ff.
192 Vgl. dazu auch *Moosmayer*, Compliance, Rn 105 ff.; zu den gängigen Präventionsmaßnahmen im Bereich Wirtschaftskriminalität vgl. KPMG, Wirtschaftskriminalität in Deutschland 2012, 22, 31.
193 Dazu näher Rn 46 sowie Kap. 6.
194 Vgl. sogleich Rn 82 ff.
195 Vgl. unten Rn 87 ff.; speziell zu Art und Umfang/Ausgestaltung von Kartellrechtsschulungen sowie zu deren Relevanz im Rahmen der Bußgeldbemessung bei eingetretenem Kartellrechtsverstößen vgl. instruktiv *Ambrüster*, CB 2013, 28 ff.
196 Vgl. unten Rn 96 ff.
197 Vgl. unten Rn 98 ff.
198 Auch Compliance-Manual genannt, speziell bzgl. Tax-Compliance vgl. Hauschka/Moosmayer/Lösler/ *Besch/Starck*, Corporate Compliance, § 33 Rn 115 ff.; *Wiederholt/Walter*, BB 2011, 968, 970.
199 Die PwC, Compliance-Studie 2010, S. 24, zeigt einen hohen Verbreitungsgrad dieses Hilfsmittels. Zu den Vorteilen eines Mitarbeiterhandbuchs vgl. auch *Bock*, Criminal Compliance, S. 740 ff.
200 Zum Teil auch „Mission Statement" genannt, vgl. Hauschka/Moosmayer/Lösler/*Jahn*, Corporate Compliance, § 40 Rn 24 m.w.N.

mensübergreifende **Richtlinien** finden als auch solche, die lediglich bestimmte (vor allem operative) Bereiche betreffen.[201]

Um maximale Effizienz zu erreichen und Ausflüchten im Falle eines Regelverstoßes den Weg abzuschneiden, sollten sämtliche Inhalte des Mitarbeiterhandbuchs in einfacher Sprache gehalten werden.[202] Das Mitarbeiterhandbuch sollte für alle Mitarbeiter, die über einen Computer am Arbeitsplatz verfügen, über das unternehmenseigene Intranet verfügbar sein. Allen übrigen Mitarbeitern muss das Handbuch in Papierform übermittelt werden; dies wird vielfach für Mitarbeiter aus operativen Bereichen erforderlich sein, die nicht zwingend über einen computergestützten Arbeitsplatz verfügen. 84

Um das Mitarbeiterhandbuch arbeitsrechtlich verbindlich zwischen Unternehmen und Mitarbeitern in Kraft zu setzen, sollte eine schriftliche (formularmäßige) **Erklärung** eines jeden Mitarbeiters zur Personalakte genommen werden, in der dieser erklärt, die **Inhalte des Handbuchs** zur Kenntnis genommen und verstanden zu haben und die vom Unternehmen gesetzten Regeln zu beachten. Da nicht auszuschließen ist, dass einzelne Inhalte des Mitarbeiterhandbuchs betriebsverfassungsrechtlich mitbestimmungspflichtig sind,[203] kann es sich empfehlen, sowohl bei Erlass von unternehmensinternen Regeln als auch hinsichtlich der **Zustimmungserklärung** der Mitarbeiter den **Betriebsrat** einzubeziehen, um auf diese Weise die Akzeptanz für das Handbuch und seine Inhalte zu erhöhen. 85

Nicht jeder Mitarbeiter wird bei seiner Arbeit von allen Regeln eines Mitarbeiterhandbuchs betroffen sein – so etwa bei Regeln, die auf einzelne operative Unternehmensbereiche wie Erzeugung, Netz oder Vertrieb beschränkt sind. Dementsprechend müssen nicht alle Mitarbeiter auf das gesamte Handbuch verpflichtet werden; das Mitarbeiterhandbuch selbst kann/sollte deshalb modular aufgebaut sein.[204] 86

II. (Mitarbeiter-)Schulungen

Verstöße gegen unternehmensinterne Regeln und/oder gesetzliche Vorschriften sind kein „Privileg" von Mitarbeitern unterhalb der Führungsebene. Empirische Untersuchungen haben vielmehr gezeigt, dass auch Führungskräfte in nicht geringem Maße an Compliance-Verstößen beteiligt sind,[205] wie die nachstehende Abbildung deutlich macht. 87

---

201 Vgl. dazu näher Kap. 6 Rn 81 ff.; vgl. auch die eher generellen Hinweise bei *Wiederholt/Walter*, BB 2011, 968, 970 f.
202 Vgl. Hauschka/*Lampert*, Corporate Compliance, 2. Aufl., § 9 Rn 19 ff..
203 Vgl. etwa *Kock*, ZIP 2009, 1406, 1407, zur Bestimmungspflicht bei sog. Ethikregeln.
204 Ähnlich auch Hauschka/*Lampert*, Corporate Compliance, 2. Aufl., § 9 Rn 21.
205 Vgl. PwC, Wirtschaftskriminalität-Studie 2013, S. 82.

88 Auch Unternehmensleiter aus kleinen und mittelständischen Unternehmen, etwa aus dem Versorgungssektor, sehen sich strafrechtlichen Vorwürfen im Zusammenhang mit Untreue, Betrug und Vorteilsnahme ausgesetzt.[206] Dementsprechend greift eine Fokussierung von Compliance-Schulungen allein auf die Mitarbeiter unterhalb der Geschäftsleitung zu kurz.[207]

89 **Schulungsgruppen** sollten **homogen** zusammengesetzt werden und eine überschaubare Größe behalten; bei mehr als 20 bis 30 Teilnehmern dürfte eine kritische Grenze überschritten sein. Unterschiedliche Mitarbeitergruppen haben aufgrund ihrer spezifischen Tätigkeit unterschiedlichen Schulungsbedarf – so wird etwa der technische Mitarbeiter aus dem technischen Bereich des operativen Geschäfts beruflich eher selten mit kartellrechtlichen Fragestellungen konfrontiert werden. Die Schulungsinhalte sollten daher möglichst präzise auf die berufliche Situation der zu schulenden Mitarbeiter fokussiert sein.

90 Eine Schulungsserie sollte mit der Geschäftsleitung und der ersten Führungsebene unterhalb der Geschäftsleitung beginnen. Hinzugenommen werden können diejenigen Mitarbeiter, die besonderen Compliance-Risiken ausgesetzt sind, wie etwa aus der Vertriebs- oder Beschaffungsabteilung.[208]

---

[206] Vgl. dazu nur die Presseberichte von *Kameyer*, Chefs der Stadtwerke Erfurt werden angeklagt, in TLZ v. 23.9.2009, S. ZC TH 2 a; *Wendt*, Leipzig: Entspannt in Dubai, focus.de v. 20.11.2006; *Rometsch*, Wasserwerke-Skandal: Heininger muss mit mindestens vier Jahren Haft rechnen, lvz.de v. 19.6.2010, abrufbar unter http://www.lvz-online.de/leipzig/citynews/wasserwerke-skandal-heininger-muss-mit-mindestens-vier-jahren-haft-rechnen/r-citynews-a-36153.html; o.A., Verdacht der Untreue, fr.de v. 25.11.2009, abrufbar unter https://www.fr.de/rhein-main/kreis-gross-gerau/michael-theurer-per38964/verdacht-untreue-11497673.html.

[207] Zur Notwendigkeit eines umfassenden Aufbaus von Kompetenzen und Wissen im Bereich Compliance vgl. instruktiv *Pauthner/de Lamboy*, CCZ 2011, 106 ff. Zur Pflicht des sachgerechten Informationsmanagements als Compliance-Aufgabe vgl. *Rack*, CB 2013, 58 ff.

[208] Zu Hinweisen zur Ausgestaltung von Compliance-Schulungen vgl. *Ulrich*, CB 2017, 309 ff.

Dessau/Fischer/Schäfer

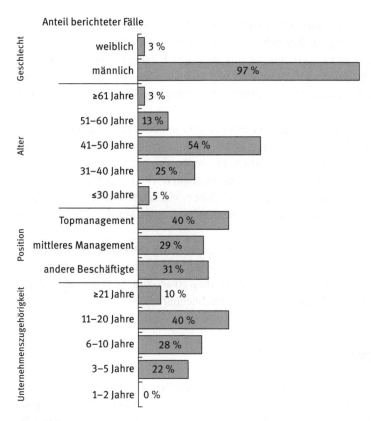

Abb. 4: Compliance-Verstöße[209]

Für Compliance-Schulungen sollte zumindest auch auf externe Experten zurückgegriffen werden, wie etwa auf Rechtsanwälte, die sich auf Compliance-Fragen spezialisiert haben. Auf diese Weise können Erfahrungen der externen Experten aus anderen Unternehmen mit spezifischen Fragestellungen der zu schulenden Mitarbeiter aus ihrem täglichen Arbeitsumfeld verbunden werden. Hierbei sollten insbesondere beschriebene Geschäftspraktiken und bisherige Vorfälle hinterfragt und erörtert werden. Folgeschulungen und Schulungen mit begrenztem Komplexitätsgrad können auch durch ausreichend qualifizierte und akzeptierte Unternehmensmitarbeiter durchgeführt werden. 91

Compliance-Schulungen sollten in regelmäßigen Abständen **wiederholt** werden. In der Praxis als zielführend haben sich hier Intervalle von ein bis zwei Jahren erwiesen. Erheblichen Einfluss auf die Frequenz haben insoweit vor allem die **Personalfluktuation** des konkreten Unternehmens infolge von Unternehmensstrukturierungen, Er- 92

---

209 PwC, Wirtschaftskriminalität-Studie 2011, S. 64.

weiterungen des Unternehmenskreises durch Beteiligungserwerbe, der Wechsel von Mitarbeitern in neue Aufgabenbereiche sowie Neueinstellungen.[210]

93 Zur Absicherung des Unternehmens und auch der Mitarbeiter sollte jede durchgeführte Schulungsmaßnahme dokumentiert und archiviert werden, z.B. durch Ausstellung einer unterschriebenen und vom Mitarbeiter gegengezeichneten Teilnahmebestätigung.[211]

94 Neben Schulungen in Form von schulähnlichem Frontalunterricht haben auch Trainingsmaßnahmen mithilfe elektronischer Mittel, sog. E-Learning[212], gute Erfolge gezeigt. Insbesondere im Bereich des Wettbewerbsrechts finden sich hier durchaus brauchbare Angebote am Markt,[213] die vielfach kaum Adaptionen auf das konkrete Unternehmen erfordern. Diese Lernprogramme kombinieren üblicherweise allgemeine Wissensvermittlung mit anschließender Abfrage des Gelernten anhand eines Multiple-Choice-Verfahrens.

95 Bei Unternehmen mit technisch-produzierenden Arbeitsbereichen ist die Einsatzmöglichkeit dieses Schulungsmittels naturgemäß auf Mitarbeiter mit computergestützten Arbeitsplätzen beschränkt. Soweit es um wettbewerbsrechtliche Fragen geht, dürfte diese Einschränkung allerdings nur begrenzt von Nachteil sein.[214]

III. Beratungsangebote für Mitarbeiter

96 Selbst intensive Schulungsmaßnahmen für die Mitarbeiter können nicht verhindern, dass in der Unternehmenspraxis immer wieder Probleme auftauchen, die in durchgeführten Schulungsmaßnahmen noch nicht angesprochen worden sind. Darüber hinaus ist die **Lebenswirklichkeit** eines jeden Unternehmens deutlich **vielfältiger** als dies in unternehmensinternen Regelwerken abgebildet werden könnte. Und schließlich führt die Verwendung von unbestimmten Rechtsbegriffen in nahezu allen Rechtsvorschriften und Regelwerken dazu, dass es Auslegungsprobleme bei der Anwendung der Vorschriften gibt.

---

210 Allgemein zu den Anforderungen/Voraussetzungen an/für die effektive und effiziente Durchführung von Compliance-Schulungen, insbesondere auch unter Einsatz von E-Learning vgl. instruktiv *Krizor*, CB 2014, 89ff.; *Hastenrath*, CCZ 2014, 132ff.; *Meyer*, CCZ 2012, 113ff.
211 Vgl. zum Ganzen nur Hauschka/Moosmayer/Lösler/*Klahold/Lochen*, Corporate Compliance, § 37 Rn 60ff.; Wieland/Steinmeyer/Grüninger/*Grüninger/Butscher*, Handbuch Compliance-Management, S. 149f.; *Moosmayer*, Compliance, Rn 175ff.
212 Kritisch zur Effizienz von E-Learning-Programmen im Bereich Compliance dagegen *Starkloff*, CB 2013, 299ff.
213 So auch Wieland/Steinmeyer/Grüninger/*Wendel*, Handbuch Compliance-Management, S. 657ff.; Hauschka/Moosmayer/Lösler/*Klahold/Lochen*, Corporate Compliance, § 37 Rn 62.
214 Eingehend zum Aufbau unternehmensinterner Kompetenz- und Wissensressourcen für das Compliance-Management sowie zu geeigneten Schulungskonzepten und Formen vgl. *Pauthner/de Lamboy*, CCZ 2011, 106ff. (Teil 1), 146ff. (Teil 2).

Diese und weitere Aspekte lassen es angeraten erscheinen, Mitarbeitern über die 97 bloße Schulung hinaus eine **Einzelfallberatung** in Compliance-Fragen anzubieten. Auch hier hat sich eine Kombination von unternehmensinternen und externen Hilfestellungen bewährt. Insoweit liegt es nahe, dass sich Mitarbeiter mit ihren Fragen an den Compliance-Verantwortlichen und/oder die Rechtsabteilung des Unternehmens wenden. In Abhängigkeit von der Art der Problemgestaltung kann jedoch die Einbeziehung interner Beratungskompetenz auf Zurückhaltung der Mitarbeiter stoßen, insbesondere wenn sie – etwa aus Angst vor Nachteilen – eine uneingeschränkt vertrauliche Behandlung ihres Anliegens wünschen. Vor diesem Hintergrund findet sich zunehmend die Einrichtung einer telefonischen Beratungsmöglichkeit (sog. Helpline, Hotline), die zu einem externen, mit Compliance-Fragen vertrauten Rechtsanwalt führt. Hier können die Mitarbeiter auf die gesetzlich verankerte Verschwiegenheitspflicht des Rechtsanwalts vertrauen. Ebenfalls zunehmend praktiziert wird die Bestellung eines sog. **Ombudsmannes**[215], der Hilfsanfragen von Mitarbeitern in vertraulicher Weise weiterleiten kann.[216]

IV. Sonstige Präventionsmaßnahmen

Die Verhinderung bzw. Reduzierung von Compliance-Verstößen durch die Bereitstel- 98 lung von Regelwerken sowie durch Schulungen und Beratungsangebote sollte insbesondere zur Korruptionsbekämpfung aber auch zum Schutz vertraulicher Unternehmensdaten durch weitere Maßnahmen ergänzt werden.

In der Unternehmenspraxis als nützlich erwiesen haben sich dabei insbesondere 99 folgende Vorkehrungen:[217]

■ Überprüfung von neu zu beschäftigenden Mitarbeitern

Jedes Unternehmen verfügt über Arbeitsbereiche, die in erhöhtem Maße für Complian- 100 ce-Verstöße anfällig sind. Das gilt etwa für das Materiallager (Diebstahl von Werkzeug, Büromaterial etc.), für das Finanz- und Rechnungswesen (Verfügung über Finanzmittel), den Geschäftsleitungsbereich (Verlust vertraulicher Unternehmensinformationen) oder bei Energiehandelsunternehmen den Handelssaal und das Risikocontrolling (Zugriff auf Handelsdaten). Sobald sich das Unternehmen auf die **Neueinstel-**

---

215 Zur Einführung und zum Nutzen dieser Funktion vgl. *Rohde-Liebenau*, CB 2016, 385 ff.
216 Vgl. zum Ganzen nur Hauschka/Moosmayer/*Lösler/Buchert*, Corporate Compliance, § 42 Rn 20 ff.; *Moosmayer*, Compliance, 3. Aufl., Rn 151 ff.; *Görling*/Inderst/Bannenberg/*de Boer*, 1. Aufl., Compliance, S. 316 Rn 411 ff.
217 Vgl. auch *Zimmer-Stetter*, BB 2006, 1445, 1451 f. Zu den empfehlenswerten Präventionsmaßnahmen sind auch Versicherungslösungen zu zählen, vgl. dazu eingehend Kap. 9. Diese können zwar keine Rechts- oder Regelverstöße verhindern und schützen auch nicht vor Strafen oder Bußgeldern. Sie können jedoch die finanziellen (Schadens-)Folgen von Compliance-Verstößen stark abmildern.

lung eines bestimmten Mitarbeiters in einem sensiblen Arbeitsbereich festgelegt hat, empfiehlt es sich, vor Unterzeichnung des Arbeitsvertrages hinreichende Klarheit über die persönliche Integrität des künftigen Mitarbeiters zu erzielen.[218] Entsprechendes gilt für den Einsatz von Fremdpersonal z. B. auf Baustellen oder im Reinigungsbereich in vertraulichkeitssensiblen Unternehmensbereichen.[219] Die Überprüfung sollte alle rechtlich zulässigen Maßnahmen auf Basis öffentlich zugänglicher Quellen wie z. B. durch die Anforderung eines polizeilichen Führungszeugnisses umfassen. Bei Sammlung, Verwertung und Speicherung von personenbezogenen Daten sind selbstverständlich die jeweils geltenden datenschutzrechtlichen Regeln einzuhalten.[220] Der betroffene Mitarbeiter sollte bereits **vor** der Überprüfung über deren Vornahme informiert werden.

■ **Geschäftspartnerüberprüfungen**

101 Die Überprüfung[221] der Integrität von Geschäftspartnern, insbesondere zur Korruptionsvermeidung, ist nicht nur ein Thema für international agierende Unternehmen. Auch mittelständische Versorger, deren Wirkungskreis national oder regional ausgerichtet ist, sind gut beraten, sich über die Integrität ihrer Geschäftspartner, insbesondere externer Dienstleister, Klarheit zu verschaffen.[222] Auch in Deutschland ist Korruption kein unbekanntes Phänomen, wie das nachstehende Schaubild zeigt.[223]

---

218 Vgl. auch *Moosmayer*, Compliance, Rn 278 ff.; zu den insoweit zu beachtenden datenschutzrechtlichen Grenzen vgl. Kap. 11 sowie *Reinhardt/Walter*, CB 2015, 114 ff.
219 Hier kann auch erwogen werden, die Überprüfung vertraglich fixiert auf den externen Dienstleister zu übertragen.
220 In Zweifelsfällen sollte durchaus erwogen werden, Datenschutzbeauftragte des Bundes und der Länder zu konsultieren. Vgl. Kap. 11 Rn 98 ff.
221 Die Überprüfung von Geschäftspartnern vor und/oder nach der Begründung einer Geschäftsbeziehung kann ergänzt werden durch die Verwendung sog. Compliance-Klauseln, mit deren Hilfe Unternehmen von ihren Vertragspartnern die Einhaltung von Rechtsvorschriften und gegebenenfalls auch eigenen unternehmensinternen Regeln anhalten wollen. An die Verletzung solcher Klauseln werden regelmäßig mehr oder weniger scharfe Folgen geknüpft. Instruktiv zu den rechtlichen Anforderungen an (die Wirksamkeit) von solchen Klauseln *Teicke/Reemt*, BB 2013, 771 ff. Soweit Unternehmen dem sog. Lieferkettensorgfaltspflichtengesetz (LkSG) bzw. der sog. EU-Lieferketten-Richtlinie (CSDDD); zu beiden Regelwerken sogleich näher in Rn 104) unterliegen (werden), obliegt ihnen die Pflicht, „vertragliche Zusicherungen" von ihren Geschäftspartnern einzuholen, mit denen sich letztere zur Einhaltung menschenrechts- und umweltbezogener Standards im Rahmen ihrer Liefer-/Geschäftsbeziehung verpflichten; (vgl. § 6 Abs. 4 LkSG, Art. 7 (2) b) CSDDD). Vgl. auch *Bischoff/Decker*, Versorgungswirtschaft 2023, 37 (42). Zur Gestaltung von LkSG-Compliance-Klauseln in Lieferbeziehungen vgl. *Passas/Holtz*, BB 2023, 387.
222 Die sachgerechte Einbeziehung von externen Dienstleistern/Zulieferern in das Compliance-System eines Unternehmens darf allerdings nicht dazu führen, dass dem Betriebsrat ein am Rande der Legalität liegendes Druckmittel an die Hand gegeben wird, mit dessen Hilfe beim Externen ungerechtfertigtes Wohlverhalten gegenüber dort tätigen Gewerkschafts-/Betriebsratsmitgliedern zu erzwingen möglich wird. Vgl. zu dieser (rechts-)missbräuchlichen Praxis *Rieble*, BB 2013, 245 ff.
223 Vgl. PwC, Wirtschaftskriminalität-Studie 2013, S. 68.

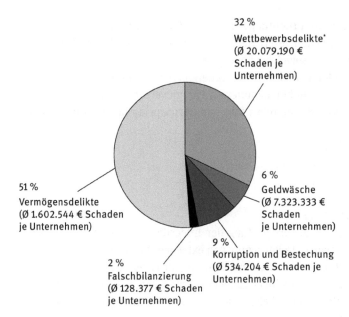

Abb. 5: Übersicht über Art der Verstöße.[224] * Die Prozentangaben basieren auf den von den Unternehmen genannten 405 Wirtschaftsdelikten.

Neben Korruption spielen auch diverse andere Rechtsmaterien eine Rolle, die von den Geschäftspartnern eines Unternehmens beachtet werden sollten, wie etwa im Baubereich die Vorschriften zur Arbeitnehmerüberlassung und der Beschäftigung von ausländischen Arbeitnehmern oder im Entsorgungsgeschäft die abfall- und umweltrechtlichen Vorgaben. **102**

Vor diesem Hintergrund empfiehlt es sich, auch für mittelständische Unternehmen, strukturierte und standardisierte Regeln zur Überprüfung von neuen und bestehenden Geschäftsbeziehungen einzuführen. Dazu gehören insbesondere Regelungen zu folgenden Aspekten: **103**
- Erfassung und Klassifizierung Compliance-relevanter Geschäftspartner,
- Festlegung der Überprüfungsinstrumente,
- Festlegung der Verantwortlichkeiten und Zusammenarbeitsregeln im Überprüfungsprozess,
- Festlegung von Konsequenzen/Maßnahmen bei Befunden,
- Festlegung des Prozesses und der Verantwortlichkeiten hinsichtlich der Freigabe von neuen Geschäftsbeziehungen/zur Fortsetzung bestehender sowie etwaiger Eskalationsmechanismen bis hin zur Geschäftsleitung.[225]

---

224 PwC, Wirtschaftskriminalität-Studie 2013, S. 68.
225 Vgl. zum Ganzen instruktiv in Bezug auf den EnBW-Konzern *Mössner/Kerner*, CCZ 2011, 182 ff.; zu dem wichtigen Teilaspekt des sog. Lieferantenmanagements vgl. *Schröder*, CCZ 2013, 74 ff.

Exkurs: Lieferkettensorgfaltspflichtengesetz/EU-Lieferkettenrichtlinie

104 Das Lieferkettensorgfaltspflichtengesetz (LkSG)[226] ebenso wie die EU-Lieferkettenrichtlinie (CSDDD)[227] haben – wie sogleich näher gezeigt werden wird – derzeit eher begrenzte Bedeutung für kleine und mittlere (Energie)Versorgungsunternehmen, insbesondere wenn sie nicht einem börsennotierten Energieversorger angehören. Dessen ungeachtet sollen nachfolgend zumindest folgende Kernaspekte beider Normtexte beleuchtet werden:
- Hintergrund/Entwicklung,
- Adressatenkreis/Geltungsumfang,
- Wesentliche Regelungsinhalte.

■ **Hintergrund/Entwicklung**

105 Eine strukturierte, regelmäßige Überprüfung der Integrität von Geschäftspartnern[228] ebenso wie eine institutionalisierte Befragung von externen Dienstleistern[229] sollten integrale Bestandteile des Präventionsinstrumentariums eines jeden Compliance-Management-Systems sein, da sie dem wohlverstandenen unternehmerischen Interesse auf Schutz vor Nachteilen infolge unredlichen Handelns von Geschäftspartnern und/oder eigenen Mitarbeitern dienen.

106 Über dieses ökonomisch-unternehmerische induzierte Interesse gehen das deutsche LkSG sowie die CSDDD weit hinaus.[230] Beide Normtexte erlegen den erfassten Un-

---

[226] Gesetz über die unternehmerischen Sorgfaltspflichten zur Vermeidung von Menschenrechtsverletzungen in Lieferketten, v. 16.7.2021 (BGBl. I S. 2959). Zu den ersten Erfahrungen mit dem LkSG vgl. *Nitschke*, DB 2024, M1; *Schmidtke/Spilker*, DB 2024, 236; *Bartz/Schmidt/Weber*, CCZ 2024, 172. Zum LkSG und dessen anderen nationalen Lieferkettenregulierungen am Beispiel des UFLPA, vgl. *Bartz/Schmidt/Lehne*, CCZ 2024, 25.

[227] Richtlinie (EU) 2024/1760 des Europäischen Parlaments und des Rates v. 13. Juni 2024 über die Sorgfaltspflichten von Unternehmen im Hinblick auf Nachhaltigkeit und zur Änderung der Richtlinie (EU) 2019/1937 und der Verordnung (EU) 2023/2859, Abl. EU L 1 v. 5.7.2024 [Corporate Sustainability Due Diligence Directive – CSDDD]. Die Richtlinie ist am 25.7.2024 in Kraft getreten (vgl. Art. 38 CSDDD) und bis muss zum 26.7.2026 – insbesondere durch Anpassung des LkSG – in deutsches Recht umgesetzt werden (vgl. Art. 37 (1) CSDDD). Die Mitgliedstaaten sind sodann verpflichtet, ihre nationalen Vorgaben sukzessiv in der Zeit von 2027 bis 2029 in Abhängigkeit von unterschiedlichen Mitarbeiterzahlen (zwischen mehr als 5000 und mehr als 1000 Mitarbeitern) und diversen Umsatzschwellenwerten (von mehr als 1,5 Mrd. € und mehr als 450 Mio. €] anzuwenden (vgl. Art. 37 (2) CSDDD. Vergleichend zum LkSG und dem Entwurf der CSDDD siehe etwas *Velte*, DStR 2023, 2358 (2359ff.). Siehe auch den breiten Überblick zur Regulierung von „Sustainable Corporate Governance" bei *Spießhofer*, NZG 2022, 435.

[228] S. o. Rn 101 ff.

[229] S. u. Rn 176.

[230] Nach vielfacher Hinsicht sind beide Normtexte mindestens lebens- praxisfern, wenn nicht sogar wertvernichtend und zudem nicht im wohlverstandenen Interesse der Schutzadressaten, vgl. etwa die Kritik bei *Stöbener de Mora/Noll*, NZG 2021, 1285 (1291); *dieselben*, EuZW 2023, 14 (24 / 25); *BDI*, Die Bundesregierung darf der EU-Lieferkettenrichtlinie nicht zustimmen, v. 15.1.2024; abrufbar unter: https://bdi.eu/artikel/news/die-bundesregierung-darf-der-eu-lieferkettenrichtlinie-nicht-zustimmen; *Brouwer*, CCZ 2022, 137. Zum Inhalt des Richtlinienentwurfs sowie zu Kritikpunkten vgl. auch *Nietsch/Wiedmann*, CCZ

ternehmen aus ethisch-moralischer Motivation vielfältige Sorgfaltspflichten auf, die darauf abzielen, dass sie „entlang ihrer Wertschöpfungsketten" „die Menschenrechte und die Umwelt"[231] achten. Die „Achtung der Menschenrechte" soll dabei neben dem Umweltschutz auch die Korruptionsbekämpfung umfassen, „soweit Menschenrechte von Umweltschäden oder Korruption ... betroffen"[232] sind. Beide Normtexte listen die geschützten Rechtsgüter/Rechtspositionen umfänglich auf[233]. Die Europäische Union ebenso wie der nationale Gesetzgeber sind damit offenbar der interessanten Auffassung, dass Privatrechtssubjekte Adressaten von verfassungsrechtlich geregelten Abwehrrechten sowie Verpflichtete der Strafrechtspflege sind, was zweifellos einer vertieften Begründung bedürfte.[234] Beide Normtexte bilden den aktuellen Höhepunkt einer schon seit 1976 andauernden, ordnungspolitisch zweifelhaften Entwicklung, Private zur Durchsetzung ethisch-politischer Vorstellungen in die Pflicht zu nehmen[235], obwohl dies primär staatliche Aufgabe der Innen- und Außenpolitik wäre.

■ Adressatenkreis/Geltungsumfang

Die Relevanz des LkSG sowie der CSDDD für kleine und mittlere Versorgungsunternehmen ist aufgrund diverser Restriktionen des Anwendungsbereichs beider Normtexte begrenzt.

Das **LkSG** erfasst seit dem 1.1.2024 zwar auch Versorgungsunternehmen mit mehr als 1.000 Arbeitnehmern (§ 1 Abs. 1, S. 3 LkSG). Damit dürften allerdings weniger als 50 Versorgungsunternehmen[236] in Deutschland von diesem Gesetz **unmittelbar** betroffen sein. Dies dürfte selbst dann gelten, wenn man die konzerngebundenen mittelständischen Energieversorgungsunternehmen in die Betrachtung einbezieht.[237]

2022, 125. Zu den wesentlichen Inhalten der Endfassung der Richtlinie vgl. die Übersicht bei Würz, EU-Lieferketten-Richtlinie verabschiedet, abrufbar unter https://www.haufe.de/sustainability/soziales/einueberblick-die-eu-lieferketten-richtlinie-csddd_575770_625620.html#:~:text=EU-Lieferketten-Richtlinie%20verabschiedet! Zum Verhältnis nationaler Lieferkettenregulierungen untereinander vgl. *Bartz/Schmidt/Lehne*, CCZ 2024, 25. Zur Frage der Vorbildeignung des LkSG für eine EU-weite Regelung vgl. *Dormann*, CCZ 2021, 265.

231 Vgl. Erwägungsgrund (16) CSDDD.
232 Vgl. BT-Drs. 19 / 28649 v. 19.4.2021, S. 1, 24.
233 Vgl. § 2 Abs. 2, 3 LkSG bzw. Art. 3 b), c) i.V.m. Anhang I und Anhang II CSDDD.
234 Vgl. auch *Stöbener de Mora/Noll*, NZG 2021, 1237 m.w.N.
235 Zur historischen Entwicklung vgl. instruktiv *Stöbener de Mora/Noll*, NZG 2021, 2137; *Schmidt-Räntsch*, ZUR 2021, 387 ff.
236 Vgl. die knappe Übersicht über die Mitarbeiterzahl von ausgewählten deutschen Stadtwerken bei *de.statista.com*, abrufbar unter: https://de.statista.com/statistik/daten/studie/487679/umfrage/mitarbeiteranzahl-ausgewaehlter-stadtwerke-in-deutschland/
237 Zur umstrittenen Frage, ob insoweit auf die Mitarbeiterzahl des Versorgungsunternehmens selbst oder auf die Gesamtzahl des Konzerns abzustellen bzw. wie insoweit § 1 Abs. 3 LkSG auszulegen ist, vgl. einerseits etwa *Nietsch/Wiedmann*, CCZ 2021, 101 (102); *Wagner/Ruttloff / Hahn*, CB 2021, 89 (91); *BAFA*, Fragen und Antworten zum Lieferkettengesetz (Stand: 24.7.2023), Ziffer IV. 3., abrufbar unter https://www.bafa.de/DE/Lieferketten/FAQ/haeufig_gestellte_fragen_node.html sowie andererseits *Passarge*, CB 2021,

109 Allerdings ist es sehr wahrscheinlich, dass (auch) Versorgungsunternehmen als sog. unmittelbare Zulieferer im Sinne von § 2 Abs. 7 LkSG von diesem Gesetz betroffen sein werden. Denn nahezu jede Produktionstätigkeit erfordert insbesondere die Lieferung von Wasser und Energie.[238] So sieht etwa § 6 Abs. 4 LkSG die Verpflichtung eines vom Gesetz erfassten Unternehmens vor, gegenüber unmittelbaren Zulieferern „angemessene Präventionsmaßnahmen … zu verankern". Es kann daher davon ausgegangen werden, dass vom LkSG erfasste Unternehmen versuchen werden, die ihnen nach diesem Gesetz auferlegten Pflichten an ihre Lieferanten „weiter zu reichen". Führungs- und Compliance-Verantwortliche kleinerer und mittelständischer (Energie)Versorgungsunternehmen, die vom LkSG erfasste Unternehmen mit Wasser/Energie beliefern, werden sich darauf einrichten müssen, in absehbarer Zeit ebenfalls mit Anforderungen nach diesem Gesetz konfrontiert zu werden, auch wenn Art und Umfang des damit verbundenen organisatorischen und personellen Aufwands zurzeit noch nicht näher absehbar sind.[239]

110 Der **CSDDD** erfasst (derzeit) in Deutschland lediglich „Unternehmen" in der Rechtsform juristischer Personen des Privatrechts und insoweit auch „nur" die Aktiengesellschaft, die Gesellschaft mit beschränkter Haftung sowie die Kommanditgesellschaft auf Aktien.[240] Art. 2 CSDDD beschränkt den Geltungsbereich der Richtlinie zudem anhand von Schwellenwerten zum weltweiten Nettoumsatz und von Tätigkeitsfeldern.

111 Kleine und mittelständische (Versorgungs-)Unternehmen sollen nach dem Willen des Richtliniengebers nicht (direkt) von der Richtlinie erfasst werden.[241] Kleine und mittlere Unternehmen (KMU) im Sinne der Richtlinie sollen nur solche sein, die die Definition von Art. 3 Abs. 1, 2, 3 und 7 der RL 2013/34 EU erfüllen (Art. 3 i) CSDDD). Dementsprechend schließt Art. 2 Abs. 1 (a) bereits (Versorgungs-)Unternehmen aus, die im Durchschnitt weniger als 1000 Mitarbeiter haben *und* deren weltweiter Nettoumsatz unterhalb von 450 Mio. € liegt. Bei Unterschreiten dieser Schwellenwerte sind kleine und mittlere (Versorgungs-)Unternehmen nur erfasst, wenn sie die oberste Muttergesellschaft einer Gruppe sind, die die Schwellenwerte erreicht hat.[242] Allerdings ist eine ***indirekte/mittelbare*** Relevanz der CSDDD für in der Endkundenbelieferung tätige Versor-

---

332 (335). Zu den diversen Handreichungen des BAFA zum LkSG (zur Risikoanalyse, zum Beschwerdeverfahren und zum Prinzip der Angemessenheit) vgl. näher *Ecker*, CCZ 2023, 69. Zur Frage, ob Versorgungsunternehmen in öffentlich-rechtlicher Organisationsform schon nicht als „Unternehmen" im Sinne von § 1 Abs. 1, 3 LkSG anzusehen sind, vgl. *Bischoff/Decker*, Versorgungswirtschaft 2023, 37 (38). Zur Anwendbarkeit des Gesetzes auf Körperschaften des öffentlichen Rechts (d.h. auch auf Versorgungsunternehmen in Form des Eigenbetriebs oder der Anstalt des öffentlichen Rechts) vgl. *Baldauf*, CCZ 2023, 81.
238 Vgl. *Bischoff/Decker*, Versorgungswirtschaft 2023, 37 (39).
239 Zur Umsetzung des LkSG in die Unternehmenspraxis vgl. *Gehling/Ott/Lüneborg*, CCZ, 2021, 169.
240 Vgl. Art. 3 a i) CSDDD i.V.m. Anhang I der RL 2013/34 EU.
241 Vgl. Erwägungsgrund (69) CSDDD.
242 Vgl. Art 2 (1) b) CSDDD.

ger allein aufgrund ihrer Konzernzugehörigkeit nicht auszuschließen.[243] Darüber hinaus besteht (auch) bei der CSDDD das Risiko einer vertraglichen „Weitergabe" von Richtlinienpflichten durch unmittelbar von der Richtlinie betroffenen Unternehmen, wie bereits die Vorgaben aus Art. 10 Abs. 2 b) und Art. 11 Abs. 3 c) CSDDD zeigen, nach denen die Unternehmen gehalten sind, „vertragliche Zusicherungen von Geschäftspartnern … einzuholen", um „die Einhaltung" einzelner Richtlinienpflichten „sicherzustellen".[244]

■ Wesentliche Regelungsinhalte

Nachfolgend werden die wesentlichen Regelungsinhalte des LkSG sowie der CSDDD und die sich abzeichnenden Unterschiede zwischen beiden Normtexten näher beleuchtet.[245] Angesichts der erwähnten (derzeit) begrenzten Relevanz von Gesetz und Richtlinie insbesondere für kleine und mittlere (Energie-)Versorgungsunternehmen beschränkt sich die Darstellung auf folgende zentrale Aspekte:[246]
– Lieferkette vs. Wertschöpfungskette,
– Sorgfaltspflichtenprogramm,
– Kontrolle/Durchsetzung,
– Sanktionen/zivilrechtliche Haftung,
– Lieferkette vs. Wertschöpfungskette.

112

Die Reichweite bzw. der Anwendungsbereich von LkSG und CSDDD wird nicht allein durch die vorstehend dargestellten Schwellenwerte bestimmt. Ob und welche Unternehmen den (nachfolgend zu beschreibenden) Pflichten beider Normtexte direkt oder indirekt unterliegen, wird maßgeblich durch den Begriff der „Lieferkette"[247] bzw. den der „Aktivitätskette"[248] bestimmt. Inhaltlich weisen die Legaldefinitionen beider Begriffe durchaus Gemeinsamkeiten auf. So wird in beiden Fällen der Umfang einer Warenproduktion bzw. eine Dienstleistungserbringung erfasst.[249] Die CSDDD erfasst allerdings weitergehend auch sog. vor- bzw. nachgelagerte Geschäftspartner (also insbesondere mittelbare Lieferanten sowie die Produktvermarktungskette), während das LkSG mittelbare Zulieferer nur im Falle des Vorliegens von tatsächlichen Anhaltspunkten über Verstöße

113

---

243 Vgl. die Pressemitteilung „Gerechte und nachhaltige Wirtschaft: Kommission legt Unternehmensregeln für Achtung der Menschenrechte und der Umwelt in globalen Wertschöpfungsketten fest", Pressemitteilung der Europäischen Kommission v. 23.2.2022, S. 1, IP (22) 1145. Vgl. auch *Stöbener de Mora/Noll*, EuZW 2023, 14 (16).
244 Vgl. *Stöbener de Mora/Noll*, EuZW 2023, 14 (16).
245 Dazu und zu dem daraus resultierenden Anpassungsbedarf in Bezug auf das LkSG vgl. instruktiv *Würz*, a.a.O., (Fn 252) S. 4 – 10.
246 Aus der Vielzahl der – z.T. vergleichenden – Inhaltsdarstellungen vgl. etwa: *Würz*, a.a.O., (Fn 252) S. 1ff.; *Bischoff/Decker*, Versorgungswirtschaft 2023, 37; *Stöbener de Mora/Noll*, EuZW 2023, 14.
247 § 2 Abs. 5 – 8 LkSG. Vgl. zum Begriff näher *Harings/Zegula*, CCZ 2022, 165.
248 Vgl. Art. 3 g) CSDDD.
249 Vgl. § 2 Abs. 5 LkSG, Art. 3 g) i) CSDDD.

gegen nach dem LkSG geschützten Rechtspositionen erfasst.[250] Der Pflichtenkreis von Gesetz und Richtlinienentwurf erfasst in Fällen verbundener Unternehmen sowohl die Obergesellschaft als auch die konzerngehöriger Gesellschaften.[251] „Teil" der Liefer- bzw. Wertschöpfungskette sind zudem Geschäftspartner der verpflichteten Unternehmen. Das LkSG verwendet insoweit den Begriff des unmittelbaren bzw. mittelbaren „Zulieferers",[252] während die CSDDD – wie bereits erwähnt – auf „Geschäftspartner"[253] abstellt.

■ **Sorgfaltspflichtenprogramm**

114 Die Sorgfaltspflichtenprogramme des LkSG[254] und der CSDDD weisen ebenfalls strukturelle Gemeinsamkeiten auf. Beide Regelwerke knüpfen an negative Auswirkungen auf Menschenrechte und die Umwelt an. Beide verweisen hinsichtlich des Schutzumfanges zudem global und damit vergleichsweise kompliziert auf eine Vielzahl von Regelwerken des europäischen Gemeinschaftsrechts sowie auf völkerrechtliche Regelung,[255] mit der Folge eines letztlich extensiven Schutzbereiches beider Regelwerke.[256] Um die Einhaltung der geschützten menschenrechts- und umweltbezogenen Pflichten zu gewährleisten bzw. um Verstöße dagegen zu verhindern,[257] sehen LkSG und CSDDD eine Reihe von „Sorgfaltspflichten" und weiteren Maßnahmen sowie Verfahren vor,[258] die strukturell vielfach gleichartiger Natur sind. Sie lassen sich zusammenfassend wie folgt beschreiben:

– Maßnahmen zur Risikoanalyse und zum Risikomanagement im Unternehmen,
– Integration der Sorgfaltspflichten in die Unternehmenspolitik,
– (Abhilfe)Maßnahmen im Unternehmen/bei Zulieferern bzw. bei Geschäftspartnern zur Verhinderung und Beendigung/Minimierung von nachteiligen Auswirkungen auf Menschenrechte und Umwelt,
– Einrichtung von unternehmensinternen Verfahren zur Entgegennahme und Bearbeitung von Beschwerden Betroffener in Bezug auf nachteilige Auswirkungen der Unternehmenstätigkeit auf Menschenrechte und Umwelt,
– Dokumentations- und Berichtspflichten der Unternehmen.[259]

---

250 Vgl. Art. 3 g) i), ii) CSDDD bzw. § 9 Abs. 3 LkSG.
251 Vgl. § 2 Abs. 6, S. 3 LkSG, Art. 1 (1) a) i.V.m. Art. 3 d) CSDDD-E i.V.m. Art. 2 Abs. 1 lit. f) RL 2004/109 EG. Zur Umsetzung des LkSG im Konzern vgl. näher *Gehling*, CCZ 2023, 211.
252 Vgl. § 2 Abs. 5 i.V.m. Abs. 7, 8 LkSG Zu den Begriffen vgl. näher *Gergen/Fitzer*, CCZ 2024, 98 ff. sowie 132 ff
253 Vgl. Art. 3 f) CSDDD. Zur interessanten Frage, ob auch Rechtsanwaltskanzleien Adressaten von LkSG bzw. CSDDD sein können, vgl. *Bacci*, FAZ v. 16. Juni 2024, Nr. 134, S. 15.
254 Zu den Grundstrukturen der Sorgfaltspflichten nach dem LkSG vgl. näher *Fleischer*, CCZ 2022, 205.
255 Vgl. § 2 Abs. 2, 3 LkSG, Art. 3 b), c) i.V.m. Anhang I und II CSDDD.
256 Vgl. auch *Stöbener de Mora/Noll*, EuZW 2023, 14 (16).
257 Vgl. § 2 Abs. 4 LkSG, Art. 5 (1) CSDDD.
258 Vgl. §§ 3 – 10 LkSG, Art. 5 – 17 CSDDD.
259 Vgl. auch die eingehenden Darstellungen bei *Bischoff/Decker*, Versorgungswirtschaft 2023, 37 (39 f.) (zum LkSG in Bezug auf Versorgungsunternehmen); *Stöbener de Mora/Noll*, EuZW 2023, 14 (17 ff.) (zur

■ Kontrolle/Durchsetzung

Sowohl das LkSG als auch die CSDDD sehen Regelungen vor, die sicherstellen sollen, dass verpflichtete Unternehmen ihre im Gesetz bzw. der Richtlinie geregelten Sorgfaltspflichten einhalten.[260]

■ Sanktionen/zivilrechtliche Haftung

Unternehmen, die gegen Pflichten aus dem LkSG bzw. aus der CSDDD verstoßen, müssen mit (finanziellen) Sanktionen rechnen. Art. 27 (1), (3), (4) CSDDD verpflichtet die Mitgliedstaaten zur Einführung von Sanktionen, die „wirksam, verhältnismäßig und abschreckend" sind und die sich am weltweiten Nettoumsatz des Unternehmens orientieren müssen. Das LkSG sieht in § 22 den Ausschluss eines Unternehmens von der Vergabe öffentlicher Aufträge vor, wenn es rechtskräftig zu einer Geldbuße gem. § 24 LkSG verurteilt wurde.[261] Nach § 23 LkSG können Unternehmen zudem Zwangsgelder bis zu 50.000 € auferlegt werden. Bußgelder können gem. § 24 Abs. 2 LkSG zwischen 100.000 € und 800.000 € betragen.[262] Bei Unternehmen mit einem Jahresumsatz von mehr 400 Mio. € kann die Buße in bestimmten Fällen auch bis zu 2 % des durchschnittlichen Jahresumsatzes betragen.[263] Im Jahr 2023, dem ersten Jahr seit Inkrafttreten des LkSG, hat die für die Verhängung von Bußgeldern zuständige Behörde, das Bundesamt für Wirtschaft und Ausfuhrkontrolle (BAFA),[264] noch keine Sanktionen verhängt.[265]

Anders als das LkSG macht die CSDDD den Mitgliedstaaten sehr detaillierte Vorgaben für die Einführung spezieller zivilrechtlicher Haftungsregelungen,[266] die sich auf die Nichterfüllung der Verpflichtungen zur Behebung sowie zur Vermeidung potentieller negativer Auswirkungen auf die Menschenrechte und die Umwelt[267] beziehen. Die

---

CSDDD-E). Zum Beschwerdeverfahren nach § 8 LkSG vgl. näher *Stemberg*, CCZ 2022, 85. Zu den Abhilfemaßnahmen gem. § 7 LkSG vgl. *Kowollik*, CCZ 2023, 58.

260 Vgl. §§ 13, 14 LkSG, Art. 15, 24-26 CSDDD.
261 Zu den Pflichten öffentlicher Auftraggeber nach dem LkSG vgl. instruktiv *Freund/Krüger*, NVwZ 2022, 665.
262 Allerdings kann in Einzelfällen die Verzehnfachung gem. § 30 Abs. 2, S. 3 OWiG zur Anwendung kommen, vgl. § 24 Abs. 2, S. 2 LkSG.
263 § 24 Abs. 3 LkSG.
264 Vgl. § 24 Abs. 5 LkSG. Kritisch zu Rolle und Ausstattung des BAFA im Zusammenhang mit dem LkSG vgl. *Schmidt*, CCZ, 2022, 214.
265 Vgl. BAFA, 1 Jahr LkSG: BAFA zieht positive Bilanz, Pressemitteilung v. 21.12.2023, abrufbar unter https://www.bafa.de/SharedDocs/Pressemitteilungen/DE/Lieferketten/2023_21_1_jahr_lksg_-_bafa_zieht_positive_bilanz.html.
266 Vgl. § 3 Abs. 3, S. 1 LkSG bzw. Art. 29 CSDDD. Zur Frage, ob das LkSG ein sog. Schutzgesetz im Sinne von § 823 Abs. 2 BGB darstellt, vgl. *Schmidt-Räntsch*, ZUR 2021, 387 (393) sowie die Begründung des Bundestags-Ausschusses für Arbeit und Soziales in seiner Beschlussempfehlung v. 9.6.2021, BT-Drs. 19/30505, S. 39. Vgl. auch § 3 Abs. 3, S. 2 LkSG, der explizit eine nach anderen Regelungen vorgesehene zivilrechtliche Haftung „unberührt" lässt.
267 Vgl. Art. 29 Abs. (1) a) i.V.m. Art. 10, 11 i.V.m. Art. 3 b) CSDDD.

Haftung setzt voraus, dass infolge der Nichterfüllung von Richtlinienvorgaben negative Auswirkungen eingetreten sind und zu Schaden geführt haben.[268] Ein Verschulden des verpflichteten Unternehmens sieht der Entwurf dagegen nicht als Haftungsvoraussetzung vor.[269] Eine Haftung soll nur dann ausgeschlossen sein, wenn ein Schaden „nur" von einem Geschäftspartner „verursacht" worden ist.[270] Der Haftungsumfang ist auf „vollständige Entschädigung" gerichtet.[271] Zudem ist von den Mitgliedstaaten eine dem deutschen Zivilrechtprozessrecht weitgehend unbekannte Pflicht zur Offenlegung von Beweismitteln durch ein verklagtes Unternehmen einzuführen.[272] Eine Beweislastumkehr ist von den Mitgliedstaaten dagegen nicht zwingend einzuführen.[273]

Auf die Meldung von Verstößen gegen die CSDDD soll die RL (EU) 2019/1937, die sog. Whistleblower-Richtlinie,[274] Anwendung finden.[275]

■ **Funktionstrennung und Arbeitsplatzrotation**

118   Empirische Untersuchungen haben gezeigt, dass **Korruptionstaten** vor allem bei Unternehmensangehörigen mit **langjähriger Zugehörigkeitsdauer** auftreten.[276] Hier liegt die Annahme nahe, dass vor allem intime und detaillierte Kenntnisse über Organisation und Prozesse der Unternehmensstruktur sowie langjährige Beziehungen zu Geschäftspartnern unter Ausnutzung dieser Kenntnisse und Beziehungen Rechtsverstöße zumindest mitermöglicht haben.

119   Zur **Begrenzung** dieser möglichen **Risiken** empfiehlt es sich, nicht zu viele Funktionen in der Hand eines Mitarbeiters zu vereinen und durchweg das Vier-Augen-Prinzip zu praktizieren. Insbesondere in sensiblen, für Korruption anfälligen Bereichen (insbesondere Materiallager, Beschaffung, Rechnungsbearbeitung), aber auch in Vertraulichkeitsbereichen (insbesondere Geschäftsleitung) sollte die Möglichkeit einer **angemessenen Rotation** immer auch auf der Tagesordnung stehen.

■ **Konsequente physische und elektronische Zugangskontrollen**

120   Der Verlust von unternehmenseigenen Gegenständen (z.B. aus dem Warenlager oder von IT-Komponenten vom Arbeitsplatz) sowie von vertraulichen Informationen kann

---

268 Vgl. Art. 29 Abs. (1) b) CSDDD.
269 Vgl. auch *Stöbener de Mora/Noll*, EuZW 2023, 14 (22.
270 Vgl. Art. 29 (1) S. 2 CSDDD.
271 Vgl. Art. 29 (2) CSDDD.
272 Vgl. Art. 29 (3) 3) CSDDD.
273 Vgl. Erwägungsgrund (81) CSDDD. Vgl. dazu auch *Stöbener de Mora/Noll*, EuZW 2023, 14 (22), Anders dagegen noch das EU-Parlament in Erwägungsgrund (53) in seiner Entschließung v. 24.11.2021, Abl. EU L474 / 11 zum Entwurf der CSDDD. Vgl. auch die entsprechende Kritik von Bundesjustizministerium und Bundesfinanzministerium in FAZ v. 2.2.2024, Nr. 28, S. 17.
274 Siehe dazu Kap. 5, Rn 126.
275 Vgl. Art. 30 CSDDD.
276 Vgl. PwC, Wirtschaftskriminalität-Studie 2013, S. 82.

zwar durch konsequente physische und elektronische Zugangskontrollen nicht verhindert, aber doch erheblich erschwert werden. Derartige **Kontrollen** haben für in Unternehmensgebäuden tätige Personen **abschreckende Wirkung** und erschweren unkontrollierten Zugang Externer in diese Bereiche. Um die Akzeptanz derartiger Kontrollen bei der Mitarbeiterschaft zu erhöhen, empfiehlt es sich, vor Einführung solcher Kontrollen den Betriebsrat einzubeziehen.

■ **Nutzung externer Informationsmöglichkeiten**
Gerade im Bereich der Korruption haben sich diverse Institutionen gebildet, die sich die Bekämpfung dieses Missstandes zur Aufgabe gemacht haben.[277] Die ständige Nutzung der von diesen Institutionen zur Verfügung gestellten Informationen gehört zu den Daueraufgaben einer jeden Compliance-Einheit. Insbesondere in den Fällen, in denen externe Dienstleister erstmalig beauftragt oder Geschäftsbeziehungen mit neuen Kunden, Handels-/Vertriebspartnern aufgenommen werden sollen, kann die Nutzung dieser Hilfsmittel von erheblichem Nutzen sein.

121

■ **Geldwäscheprävention**
Mittelständische Unternehmen, z. B. auch aus dem Energieversorgungsbereich, werden zunehmend durch unseriöse Geschäftspartner und -praktiken attackiert. Dies haben diverse Vorfälle aus dem europaweiten Handel mit CO_2-Zertifikaten gezeigt.[278] Insgesamt drängt sich der Eindruck auf, dass Wirtschaftskriminalität und damit auch die sog. organisierte Kriminalität sich in verstärktem Maße in der gewerblichen Wirtschaft breit zu machen versuchen. Vor diesem Hintergrund sollten auch Unternehmen aus diesem Bereich darüber nachdenken, in welchem Ausmaß sie Maßnahmen zur Geldwäscheprävention ergreifen wollen. Unternehmen des produzierenden Gewerbes sind Personen, die „gewerblich Güter veräußern" und damit sog. „Güterhändler" im Sinne von § 1 Abs. 9 i.V.m. § 2 Abs. 1 Nr. 16 GwG[279]. Sie unterliegen daher diversen Pflichten dieses Ge-

122

---

277 Vgl. z.B. http://www.transparency.de/, https://www.eqs.bkms-system.com/.
278 Erwähnt seien hier nur die vielfältigen Fälle von Umsatzsteuerbetrug vgl. z.B. die Meldung Koalition bekämpft Steuerbetrug von CO_2-Zertifikaten, 27.1.2010, abrufbar unter https://www.proplanta.de/agrarnachrichten/umwelt/koalition-bekaempft-steuerbetrug-bei-co2-handel_article1264621040.html, sowie der Verkauf von wertlos gewordenen Zertifikaten vgl. dazu *Flauger/Shinde/Stratmann*, Dunkle Geschäfte mit grünen Zertifikaten, Handelsblatt v. 28.4.2010, S. 4.
279 Geldwäschegesetz (GwG) v. 23.6.2017 (BGBl. I S. 1822), zuletzt geändert durch Gesetz v. 31.5.2023 (BGBl. I Nr. 140). Die jüngsten Änderungen des GwG dienen u.a. der Umsetzung der sog. 4. EU-Geldwäscherichtlinie (Richtlinie (EU) 2015/849 des Europäischen Parlaments und des Rates vom 20.5.2015 zur Verhinderung der Nutzung des Finanzsystems zum Zwecke der Geldwäsche und der Terrorismusfinanzierung, zur Änderung der Verordnung (EU) Nr. 648/2012 des Europäischen Parlaments und des Rates und zur Aufhebung der Richtlinie 2005/60/EG des Europäischen Parlaments und des Rates und der Richtlinie 2006/70/EG der Kommission v. 20.5.2015 (ABl EU L Nr. 143/73)) vgl. dazu *Zenter/Glaab*, BB 2013, 707, 708. Die Umsetzung hatte gravierende Verschärfungen des GwG zur Folge (u.a. Erhöhung der Anzahl der Bußgeldtatbestände auf nunmehr 81 Tatbestände, drastisch erhöhte Bußgeldsummen, Einführung eines Trans-

setzes, deren Missachtung empfindliche Geldbußen (in der Regel bis zu 1 Mio. €, in schwerwiegenden Fällen bis zu 5 Mio. €) zur Folge haben kann (§ 56 GwG). Bei der Wahl eines „Best-Practice-Ansatzes" sollten auch mittelständische Unternehmen daher erwägen, insbesondere folgende Maßnahmen zur Verhinderung von Geldwäsche in angemessenem Umfang einzuführen (vgl. §§ 4–17, 43–49 GwG):

- interne Sicherungsmaßnahmen
  (insbesondere: Risikomanagement/-analyse, Gefährdungsanalyse, Sicherungssysteme, Mitarbeiterschulungen, Zuverlässigkeitsprüfung, Geldwäschebeauftragter, Whistleblower-System),
- kundenbezogene Sorgfaltspflichten
  (insbesondere: Identifizierung von Vertragspartnern/wirtschaftlich Berechtigten/Vertragszweck, Überwachung der Geschäftsbeziehungen, Aktualisierung/Aufzeichnung/Aufbewahrung von Kundeninformationen),
- Handhabung von Verdachtsmeldungen.[280]

123 Vorstehende Maßnahmen müssen Unternehmen nicht durchweg „eigenhändig" erledigen, sondern können diese in einigem Umfang kostengünstig auf externe Dienstleister (insbesondere: Rechtsanwälte, Wirtschaftsprüfer) auslagern (§ 17 GwG).

E. Überwachung/Aufdeckung

124 Die Überwachung der Einhaltung aller für das Unternehmen und dessen Mitarbeiter geltenden Regeln und die (Mitarbeit an der) Aufdeckung von Compliance-Verstößen ist neben der Prävention Hauptaufgabe eines jeden Compliance-Verantwortlichen.[281]

---

parenzregisters i.V.m. vielfachen Transparenzpflichten auch für Güterhändler). Speziell zu den aktuellen Anforderungen nach dem GwG für Güterhändler vgl. *Scheben* CB 2016, 412 ff., *dies.*, CB 2017, 21 ff. sowie *Scherp*, CB 2017, 275 ff.; zur Bedeutung der Geldwäscheprävention im Nicht-Finanzsektor vgl. den instruktiven Bericht von *Bussmann/Vockrodt*, CB 2016, 130 ff. über eine entsprechende Dunkelfeldstudie; zur Anwendung des GwG im Finanzsektor (also etwa auch bei lizensierten Energiehändlern) durch die BaFin vgl. deren Auslegungshinweise v. 17.12.2018 (abrufbar unter https://www.bafin.de/SharedDocs/Downloads/DE/Auslegungsentscheidung/dl_ae_auas_gw_2018.html); vgl. *Kunz*, CB 2019, 99 ff.; zum Spannungsfeld zwischen Identifizierungs-, Aufzeichnungs-, Aufbewahrungs- und Verdachtsmeldepflichten nach dem GwG einerseits und den datenschutzrechtlichen Anforderungen nach der sog. Datenschutzgrundverordnung (Verordnung (EU) 2016/679 des Europäischen Parlaments und des Rates v. 27.4.2016 zum Schutz natürlicher Personen bei der Verarbeitung personenbezogener Daten, zum freien Datenverkehr und zur Aufhebung der Richtlinie 95/46/EG (Datenschutz-Grundverordnung) (ABl EU Nr. L 119/1)) andererseits vgl. *Scheben/Ellerbrock*, CB 2019, 93 ff.
280 Vgl. auch die Handlungsempfehlungen bei *Veit/Bornefeld*, CCZ 2023, 276.
281 Ähnlich auch *Bock*, Criminal Compliance, S. 747.

Nachfolgend soll deshalb zunächst allgemein auf die Überwachungsaufgabe einge- 125
gangen werden.²⁸² Anschließend werden sog. Hinweisgebersysteme erörtert,²⁸³ die das
wohl wichtigste Instrument zur Aufdeckung von Compliance-Verstößen darstellen.

I. Überwachung

Die Effizienz einer Compliance-Organisation ist nicht allein von ihrer sachgerechten or- 126
ganisatorischen, personellen und finanziellen sowie von der Qualität der praktizierten
Präventionsmaßnahmen abhängig. Die über die Compliance-Funktion angestrebte Effizienz hängt vielmehr entscheidend (auch) von einer effektiven und effizienten Überwachung der Einhaltung aller im Unternehmen geltenden Regeln und Vorschriften im
Sinne eines fortlaufenden Prozesses ab.²⁸⁴

Diese Überwachung umfasst eine Vielzahl von Maßnahmen und Aktivitäten. Die 127
wichtigsten lassen sich wie folgt zusammenfassen:²⁸⁵

- **Regelmäßige Befragung von Mitarbeitern**
Insbesondere in für Compliance-Verstöße anfälligen Unternehmensbereichen – etwa im 128
Vertrieb, bei der Beschaffung, im Finanz- und Rechnungswesen – sollten die Mitarbeiter
regelmäßig stichprobenartig vom Compliance-Beauftragten befragt werden.

- **Stichproben**
Ergänzend zu der Mitarbeiterbefragung sollten – gegebenenfalls gemeinsam mit der 129
Internen Revision – **verstoßanfällige Geschäftsaktivitäten/-prozesse** stichprobenartig (bei entsprechendem Anlass selbstverständlich auch umfassend) ohne Ankündi-
gung und unregelmäßig einer Prüfung unterzogen werden.²⁸⁶ Die Ergebnisse solcher

---

282 Vgl. dazu unten Rn 171 ff.
283 Vgl. unten Rn 179 ff.
284 Ähnlich Hauschka/Moosmayer/Lösler, Corporate Compliance, Kap. 7.; vgl. auch *Moosmayer*, Compliance, Rn 286 ff.; zu den Grenzen, die hier möglicherweise die neuen Regelungen der §§ 32–32l des „Entwurfs eines Gesetzes zur Regelung des Beschäftigtendatenschutzes", BT-Drs. 17/4230, ziehen werden, vgl.
Wybitul, ZRFC 2010, 246 ff.; eingehend zum Verhältnis von Compliance-Management und Beschäftigtendatenschutz speziell bei Energieversorgungsunternehmen und auch unter Würdigung des Gesetzesentwurfs vgl. *Schäfer/Soetebeer/Holzinger*, ET 4/2012, 88 ff.; *Schäfer/Soetebeer/Holzinger*, ET 5/2012, 87 ff. Auf
die Risiken zu extensiver Kontrolle weist *Schütz*, FAZ v. 23.4.2019, S. 18 hin. Zu datenschutzrechtlichen
Grenzen einer Überwachung des E-Mailverkehrs von Beschäftigten vgl. die Entscheidung des EGMR v.
5.9.2017 – 61496/08 – CCZ 2016, 285 ff. – Bărbulescu/Rumänien; zur (Un-)Zulässigkeit einer Mitarbeiter-
überwachung durch sog. Keyloggers vgl. BAG, Urt. v. 27.7.2017 – 2 AZR 681/16 – NJW 2017, 3258 ff.
285 Vgl. zum Ganzen nur Hauschka/Moosmayer/Lösler, Corporate Compliance, Kap. 7; die interessanten
statistischen Angaben in PwC, Wirtschaftskriminalität-Studie 2011, S. 69 f., sowie KPMG, Wirtschaftskriminalität in Deutschland 2012, S. 18, 29.
286 So auch PwC, Compliance-Studie 2010, S. 26 f.; *Bußmann/Matschke*, CCZ 2009, 132 ff.

Geschäftsprüfungen (ebenso wie die vorstehend erwähnten Mitarbeiterbefragungen) sollten hinreichend dokumentiert werden, da sie nicht zuletzt auch als Basis für die Information der Geschäftsleitung[287] und für sich anschließende Abhilfemaßnahmen dienen.

■ **Telefonische Informationssammelstelle**

130 Die Einrichtung einer unternehmensinternen Informationssammelstelle (sog. Hotline) soll es den Mitarbeitern ermöglichen, gegebenenfalls auch anonym das Unternehmen über tatsächliche oder vermeintliche Regelverstöße zu informieren. Das damit angesprochene sog. **Whistleblowing** stellt den wohl wichtigsten Fall eines sog. Hinweisgebersystems dar und soll nachfolgend näher beleuchtet werden.

■ **Regelmäßige Befragung von externen Dienstleistern[288]**

131 Aufgrund der vielfältigen Beschaffungsvorgänge in Unternehmen (z. B. Bauarbeiten, Beschaffung von Maschinen, IT-Dienstleistungen, Reinigungs-/Überwachungsdienstleistungen, Beschaffungen in den Bereichen Fuhrpark, Verpflegungsleistungen, Büroausstattung etc.) können regelmäßige Besprechungen mit externen Dienstleistern über die Modalitäten der Beschaffungen helfen, Unregelmäßigkeiten und Rechts-/Regelverstöße in diesem Zusammenhang zu vermeiden oder zumindest frühzeitig aufzudecken und abzustellen.

■ **(Anlassbezogene) Unternehmensinterne Untersuchungen**

132 Ein in den USA[289] bereits seit längerem zur Aufdeckung von Rechts- und Regelverstößen verwendetes Instrument sind sog. Internal Investigations, die vermehrt auch bei mittelständischen Unternehmen zum Einsatz kommen. Anders als in den USA, wo das Instrument auch prophylaktisch eingesetzt wird, herrscht in Deutschland noch die anlassbezogene, auf konkrete Vorfälle fokussierte Nutzung vor.[290] Der Entwurf eines

---

287 Diese Information ist nach der PwC, Compliance-Studie 2010, S. 27, fast der Regelfall.
288 Vgl. dazu eingehend *Hülsberg/Kahn*, CB 2013, 353ff.
289 Zu den Entwicklungen der Rechtsprechung in den USA und in Großbritannien zur Beschlagnahmefähigkeit von Aufzeichnungen, die Rechtsanwälte im Rahmen von internen Untersuchungen angefertigt haben vgl. instruktiv *Frank*, CCZ 2018, 218ff. sowie *Potocic/Frank*, CCZ 2017, 199ff.
290 Vgl. *Wisskirchen/Glaser*, DB 2011, 1392ff. (Teil 1), 1447ff. (Teil 2); einen sehr instruktiven, vergleichenden Überblick über die Rechtslage zu internen Ermittlungen in Deutschland und ausgewählten Ländern in Europa, den USA, Südamerika und Asien findet sich bei *Spehl/Momsen/Grützner*, CCZ 2013, 260ff.; *Spehl/Momsen/Grützner*, CCZ 2014, 2ff.; *Spehl/Momsen/Grützner*, CCZ 2014, 170ff.; *Spehl/Momsen/Grützner*, CCZ 2015, 77ff. Speziell zur Situation in Großbritannien und den USA vgl. Bielefeld, CB 2020, 8. den USA. Vgl. auch *Schneider*, NZG 2011, 1201ff., der auf die rechtlich komplexe Lage bei solchen Untersuchungen hinweist; ebenso *Bernhardt/Bullinger*, CB 2016, 206ff., die einen instruktiven Überblick über die in diesem Zusammenhang zu beachtenden Aspekte geben. Generell zur Thematik *Knauer*, ZWH 2012, 41ff. (Teil 1), 81ff. (Teil 2); *Bissels/Lützeler*, BB 2012, 189ff.; Kuhlmann, CCZ 2019, 310ff; *Kuckuk/Schempp*, ArbRB 2023, 51-54; *Habbe/Pelz*, BB 2020, 1226.

Dessau/Fischer/Schäfer

„Gesetzes zur Stärkung der Integrität in der Wirtschaft" vom 16.6.2020[291] sieht in dem dort vorgesehenen „Verbandssanktionengesetz" (VerSanG) nunmehr die Möglichkeit der Behörden und Gerichte vor, Verbandssanktionen (insbesondere Geldzahlungspflichten, §§ 8, 9 VerSanG) zu mildern, wenn ein Unternehmen angemessene Vorkehrungen und Maßnahmen zur Aufklärung von Rechtsverstößen (sog. Verbandstaten, vgl. § 2 Nr. 3 VerSanG) getroffen hat (§ 17 VerSanG). Dieser Vorteil für Unternehmen sollte Anlass genug sein, über die eingehende Befassung mit und die Regelung von unternehmensinternen Untersuchungen nachzudenken, soweit dies nicht bereits geschehen ist.

Da sich die Aufdeckung von Rechtsverstößen nicht langfristig ankündigt, sondern sich oft quasi „bei Gelegenheit", etwa einer steuerlichen Betriebsprüfung andeutet, ist vielfach schnelles Handeln der Unternehmensleitung oder des Aufsichtsorgans nötig. Auch aus diesem Grund ist es äußerst ratsam, geeignete Vorbereitungsmaßnahmen zu treffen. Diese können, ähnlich wie zur Vorbereitung auf behördliche Durchsuchungen,[292] in der Erstellung von Rahmenvorgaben wie Prozessen, Verantwortlichkeiten und Verhaltensregeln bestehen.[293]

133

Zur Frage des sog. Anwaltsprivilegs im Rahmen von internen Untersuchungen vgl. *Mark*, ZWH 2012, 311 ff.; *Wijngaarden/Egler*, NJW 2013, 3549 ff.; *Moosmayer/Hartwig*, Interne Untersuchungen. Zum Verhältnis zum Unternehmensstrafrecht vgl. *Dilling*, CCZ 2020, 132. Zur Kündigungsfrist gem. § 622 Abs. BGB im Zusammenhang mit Whistleblowing vgl. *Horstmeier*, BB 2021, 1140.

291 Abrufbar unter https://www.bmj.de/SharedDocs/Gesetzgebungsverfahren/DE/2020_Staerkung_Integritaet_Wirtschaft.html; vgl. dazu näher Kap. 4 Rn 71.

292 Vgl. dazu Kap. 13 Rn 52 ff.; zur Frage der Rechtmäßigkeit von Durchsuchungen von Rechtsanwaltskanzleien sowie zur Beschlagnahme von anwaltlichen Unterlagen im Zusammenhang mit internen Untersuchungen im Rahmen des sog. Diesel-Skandals; vgl. BVerfG, Beschl. v. 27.6.2018 – 2 BvR 1405/17 – NJW 2018, 2385 ff. sowie LG Braunschweig, Beschl. v. 21.7.2105 – 6 Qs 116/15 – NStZ 2016, 308; m. Anm. *Pelz*, CCZ 2018, 211 ff. bzw. *Späth*, CB 2016, 42 ff.; instruktiv zu den möglichen Konsequenzen aus den Beschlüssen des Bundesverfassungsgerichts für die künftige Gestaltung von internen Untersuchungen vgl. *Rieder/Menne*, CCZ 2018, 203 ff.; *Süße*, 2018, 338 ff.; vgl. auch LG Hamburg, Beschl. v. 15.10.2010 – 608 Qs 18/10 – ZIP 2011, 1025 ff. zur Frage der Beschlagnahme von Unterlagen eines Anwalts, der vom Aufsichtsrat mit einer internen Ermittlung beauftragt war; zur kündigungsrechtlichen Frage im Zusammenhang mit unternehmensinternen Ermittlungen vgl. *Heinemeyer/Thomas*, BB 2012, 1218 ff.; zur Abdeckung der externen Kosten, die im Zusammenhang mit der Durchführung interner Untersuchungen entstehen, durch eine D&O-Versicherung vgl. instruktiv *Fassbach/Hülsberg*, FAZ v. 7.3.2018, S. 16. Zur Zulässigkeit von Beschlagnahmen bei einem Ombudsmann vgl. *Lorenz/Krause*, CB 2017, 39 ff.

293 Vgl. dazu Kap. 6 Rn 94 ff.; vgl. auch *Wisskirchen/Glaser*, DB 2011, 1392 ff.; *Naber/Ahres*, CCZ 2020, 36 sowie *Ott/Lüneborg*, CCZ 2019, 71 ff. jeweils mit instruktiven Anleitungen zur professionellen Gestaltung von unternehmensinternen Untersuchungen. Speziell zur Gestaltung von Mitarbeiterinterviews vgl. *Reinhardt/Kaindl*, CB 2017, 210 ff.; vgl. auch LG Hamburg, Beschl. v. 15.10.2010 – 608 Qs 18/10 – ZIP 2011, 1025 ff.; zu den Strafbarkeitsrisiken im Zusammenhang mit internen Untersuchungen vgl. instruktiv *Weiß*, CCZ 2014, 136 ff.; zu den telekommunikationsrechtlichen Fragestellungen im Zusammenhang mit internen Untersuchungen (insbes. bei dem einseitigen Zugriff des Arbeitgebers auf E-Mails von Mitarbeitern) vgl. instruktiv *Walther/Zimmer*, BB 2013, 2933 ff.; zur Relevanz von Datenschutzrecht (insbes. DSGVO, BDSG) im Zusammenhang mit internen Ermittlungen vgl. *Ströbel/Böhm/Breunig/Wybitul*, CCZ 2018, 14 ff. sowie *Grützner/Wybitul*, CCZ 2018, 241 ff.

II. Hinweisgebersysteme (Whistleblowing) – Entwicklung und normativer Rahmen

1. Entwicklung

134 Hinweisgebersysteme[294] dienen – unabhängig von ihrer technisch-organisatorischen Ausgestaltung – vor allem der Abwehr von Straftaten im Bereich der Wirtschaftskriminalität.

135 Sie wurden und werden in den USA insbesondere von der dortigen Börsenaufsicht SEC gefordert[295] und fanden ungeachtet der diversen arbeits-, mitbestimmungs- und datenschutzrechtlichen Fragen in diesem Zusammenhang[296] auch in Deutschland zunehmende Verbreitung.[297]

136 Ungeachtet der „Nützlichkeit" von Hinweisgebersystemen aus Sicht der Kriminalitätsbekämpfung und des Selbstschutzes des Unternehmens wurde und werden der-

---

[294] Vgl. allgemein dazu und speziell zu den mit der Weitergabe von Hinweisen verbundenen Rechtsfragen (insbes. zu Anzeige-/Auskunftspflichten) *Klasen/Schaefer*, BB 2012, 641 ff.; *Behringer/Waldzus*, Compliance kompakt, S. 233 ff.; *Veljovic*, CB 2019, 475 ff.; *Egger*, CCZ 2018, 126; instruktiv zur Situation bei der Deutschen Bahn, *Möhlbeck*, CB 2013, 382 ff.; zu den Defiziten der aktuellen Gesetzeslage in Deutschland vgl. *Ghahremann*, CB 2014, 156 ff.; zur praktischen Umsetzung vgl. *Benne*, CCZ 2014, 189 ff.; zum Nutzen der internen Kommunikation im Zusammenhang mit Hinweisgebersystemen vgl. *Fahmi/Arnoul*, ZRFC 2021, 155; zu arbeitsrechtlichen Fragen und zu praktischen Gestaltungshinweisen für ein Whistleblower-System sowie zu gesetzgeberischen Aspekten im Zusammenhang mit dem Schutz von Whistleblowern vgl. eingehend *Strack*, CB 2014, 113 ff.; *Gaschler*, CB 2018, 81, 85 ff.; zu der komplexen Frage eines Whistleblowings durch einen Compliance-Officer vgl. *Blassl*, CB 2016, 299 ff.; zu den Strafbarkeitsrisiken des Whistleblowers in Deutschland vgl. *Nöbel/Veljovic*, CB 2020, 34; Eingehend zu Begriff und Formen des Whistleblowings sowie den damit verbundenen straf- und datenschutzrechtlichen ebenso wie zu rechtsvergleichenden Aspekten vgl. Rotsch/*Rotsch/Wagner*, Criminal Compliance, § 34 A. Rn 1 ff., 21 ff., 52 ff., 72 ff.; zum verstärkten Kündigungsschutz als Alternative zu finanziellen Anreizen im Zusammenhang mit dem Whistleblowing vgl. eingehend *Pitroff*, ZWH 2014, 417 ff. Zur Förderung von Whistleblowing durch Prämien nach US-Vorbild *Granetzny/Krause*, CCZ 2020, 29; zum Verhältnis der Whistleblowing-Richtlinie und der DSGVO vgl. *Altenbach/Dierkes*, CCZ 2020, 126.

[295] Vgl. *Zimmer-Setter*, BB 2006, 1445, 1451, Fn 68; *Kock*, ZIP 2009, 1406 ff., Fn 1 m.w.N.; *Schürrle/Fleck*, CCZ 2011, 218 ff.; *Bock*, Criminal Compliance, S. 733.

[296] Vgl. dazu nur die Nachweise bei Hauschka/Moosmayer/Lösler/*Bürkle*, Corporate Compliance, § 36 Rn 39, Fn 87; Hauschka/Moosmayer/Lösler, Corporate Compliance, Kap. 7; *Zimmer-Setter*, BB 2006, 1445, 1451, Fn 68; *Behringer/Waldzus*, Compliance kompakt, S. 233 ff.; vgl. zu den datenschutzrechtlichen Fragen Kap. 11.

[297] Laut der PwC, Compliance-Studie 2010, S. 31 war dies Anfang 2010 bei 34 % der befragten Unternehmen der Fall; zur Frage der Einführung einer Pflicht zur Installation eines Hinweisgebersystems vgl. eingehend *Bock*, Criminal Compliance, S. 734 f.; vgl. im Einzelnen KölnKomm-WpHG/*Meyer/Paetzel/Will*, § 33 Rn 124 m.w.N.; *Wiederholt/Hohmann*, BB 2011, 968, 971 f.; Inderst/Bannenberg/Poppe/*Hülsberg/Fischer*, Compliance, S. 646 ff.; zu der Frage, ob Arbeitnehmer bereits aus arbeitsvertraglichen Nebenpflichten verpflichtet sind, dem Arbeitgeber tatsächliches oder vermutetes Fehlverhalten mitzuteilen vgl. *Schulz*, BB 2011, 629 ff. mit einer intensiven Auseinandersetzung zur einschlägigen Rechtsprechung; zur Situation in Frankreich bzw. Italien vgl. *Querenet-Hahn*, CB 2017, Heft 12, Umschlagteil, I, bzw. *Prudentino/Commercialista*, CB 2016, 184 ff. sowie *Prudentino*, CB 2018, 67 ff.

artige Systeme aus ethischer Sicht durchaus als ambivalent eingestuft.[298] Nicht zuletzt diese Ambivalenz dürfte der Grund dafür sein, dass **Hinweisgebersystemen** zumindest in Deutschland mit erheblicher **Skepsis begegnet** wurde und nach wie vor wird.[299]

Trotz der aus Sicht der Unternehmenspraxis nicht völlig von der Hand zu weisenden Ambivalenz von Hinweisgebersystemen ist die Nichtbefassung mit der Thematik allerdings mittlerweile rechtlich und unternehmerisch keine tragfähige Option mehr. Zum einen hat der Gesetzgeber in Europa und Deutschland für Finanzmarktunternehmen bereits vor einiger Zeit die Einführung einer Whistleblowing-Funktion zwingend vorgeschrieben.[300] Zum anderen hat die Europäische Union im Dezember 2019 für die

137

---

[298] Hauschka/Moosmayer/Lösler/*Buchert*, Corporate Compliance, § 42 Rn 393, spricht davon, dass Hinweisgeber typischerweise als Querulanten und Nestbeschmutzer gesehen werden. Vgl. zur Thematik auch *Moosmayer*, Compliance, S. 181 ff.; vgl. *Bock*, Criminal Compliance, 734 f.; zum (überwiegenden) Nutzen des Whistleblowings vgl. *Leue*, CB 2018, I.

[299] Die PwC, Compliance-Studie 2010, S. 32 berichtete noch von einer Ablehnungsquote i.H.v. 76 % der befragten Unternehmen. Ähnlich auch *Jung*, FAZ v. 22.Mai 2024, Nr. 117, S. 16. Deutlich positiver sind dagegen die empirischen Angaben in PwC, Wirtschaftskriminalität-Studie 2013, S. 84 f. Eine Umfrage aus dem Jahr 2023 hat eine begrenzte weitere Zunahme der Bemühungen von Unternehmen im Zusammenhang mit dem Thema Whistleblowing aufgezeigt, vgl. Freshfields, Umfrage zu Whistleblowing, 11.10.2023, abrufbar unter https://www.freshfields.de/news/2023/10/umfrage-zu-whistleblowing-metoo-hat-meldesysteme-verbessert–wirkung-der-eu-richtlinie-laesst-auf-sich-warten/. Zu Vorbehalten gegenüber Compliance und zum Umgang damit vgl. *Schneider* TRFC 2024, 13. Dass eine Nichtbefassung mit der Thematik nicht unbedingt hilfreich ist, zeigt die Entscheidung des EGMR, Urt. v. 21.7.2011 – 28274/08 – NJW 2011, 3501 ff., in der eine arbeitgeberseitige Kündigung einer Pflegekraft für (menschen-) rechtswidrig erklärt wurde, die der Arbeitgeber deshalb ausgesprochen hatte, weil die Pflegekraft gegen ihn Strafanzeige wegen Missständen in der von ihm betriebenen Pflegeeinrichtung gestellt hatte. Zu dem Urteil des EGMR vgl. etwa *Becker*, DB 2011, 2202 ff.; *Simon/Schilling*, BB 2011, 2421 ff. Vgl. auch das Urteil des *EGMR* in Sachen Halet vs. Luxemburg (v. 14.2.2023 – Nr. 21884/18), dem sog. Luxleaks-Urteil, bei dem es um die Weitergabe von Geschäftsgeheimnissen/vertraulichen Unterlagen ging und in dem das Gericht zu dem das Ergebnis kommt, dass das öffentliche Interesse an den publizierten Steuervermeidungsaktivitäten diverser Unternehmen die Verletzung des Berufsgeheimnisses durch die Whistleblower überwog. Vgl. ebenso das Urteil des *EGMR* in Sachen Gawlik vs. Liechtenstein (v. 16.2.2021 – Nr. 23922/19) hinsichtlich der Anforderungen an die Prüfpflicht des Whistleblowers sowie zu diesem Urteil *Scherbarth*, CB 2021, 490-492. Vgl. auch *Bock*, Criminal Compliance, S. 736; zu den komplexen Anforderungen an die Zulässigkeit einer Strafanzeige des Beschäftigten gegen den Arbeitgeber wegen eines vermutlichen Gesetzesverstoßes vgl. auch LAG Köln, Urt. v. 5.7.2012 – 6 Sa 71/12 – ZWH 2013, 84 ff. m.w.N. und Anm. v. *Göpfert*, ZWH 2013, 86; zum arbeitsrechtlichen Umgang beim Missbrauch von Whistleblowing vgl. *Stark/Christ*, CB 2013, 301 ff. Zu Kritik/Bedenken hinsichtlich der EU-Whistleblower-Richtlinie sowie dem Hinweisgeberschutzgesetz sogleich näher.

[300] Vgl. Art. 71 CRD IV (Capital Requirements Directive IV – RL 2013/36/EU) v. 26.6.2013 (ABl EU Nr. L 176 S. 338 ff.) sowie § 25a Abs. 1 S. 3, 6 KWG i.d.F. des CRD IV-Umsetzungsgesetzes v. 28.8.2013 (BGBl. I S. 3395) oder auch § 6 Abs. 5 GwG (in dessen Gefolge die BaFin gem. § 4d FinDAG ein Hinweisgebersystem für die Meldung von Rechtsverstößen von ihrer Aufsicht unterliegenden Unternehmen eingerichtet hat); vgl. auch European Banking Authority (EBA), Leitlinien zur Internen Governance (GL 44), Titel II, Ziffer B, Nr. 17 (S. 22) v. 27.9.2011 sowie EU-Kommission, Impact Assessment zur RL 2013/36/EU, COM(2011) 453 (fi-

Zeit ab 2022 zwingend die Einführung von Whistleblower-Systemen für weite Bereiche auch der Nicht-Finanzwirtschaft und der öffentlichen Verwaltung vorgesehen, wobei sich die – sogleich näher darzustellende – unionsrechtliche Regelung – ebenso wie das nationale Umsetzungsgesetz – allerdings maßgeblich auf den Schutz von Hinweisgebern und weniger auf Aspekte der (optimalen)Unternehmensorganisation konzentrieren.

2. EU-Whistleblower-Richtlinie

138 Die Rede ist zunächst von der sog. Whistleblower-Richtlinie[301], die am 16.12.2019 in Kraft getreten ist und in ihren wesentlichen Teilen bis zum 17.12.2021 in nationales Recht umgesetzt werden musste.[302]

---

nal)/SEC(2011) 953 (final) v. 20.7.2011; zu ersten Erfahrungen mit dem neuen § 25a Abs. 1 S. 3, 6 KWG vgl. instruktiv *Renz/Rohde-Liebenau*, BB 2014, 692 ff.

301 RL (EU) 2019/1937 des Europäischen Parlaments und des Rates v. 23.10.2019 zum Schutz von Personen, die Verstöße gegen das Unionsrecht melden (ABl EU Nr. L 305/17 v. 26.11.2019, S. 17). Vgl. dazu eingehend und zur Umsetzung der Richtlinie in deutsches Recht *Dzida/Granetzny*, NZA 2021, 1201; *Steinhauser/Kreis*, EuZA 2021, 422; *Conzelmann*, ZRFC 2021, 68; *Teichmann/Weber*, ZRFC 2022, 118;*Baranowski/Glaßl*, CB 2018, 271 ff.; *Dilling*, CCZ 2019, 214 ff., *ders.*, CCZ 2020, 132, 136; *Vogel/Poth*, CB 2019, 45 ff.; *Johnson*, CCZ 2019, 65 ff. Zur speziellen, auf den Schutz von Geschäftsgeheimnissen ausgerichteten Whistleblowing-Regelung in § 5 Nr. 2 GeschGehG (Gesetz zum Schutz von Geschäftsgeheimnissen v. 18.4.2019, BGBl. I S. 466) vgl. *Bürkle*, CCZ 2018, 193; *Klaas*, CCZ 2019, 163; *Passarge/Scherbarth*, CB 2021, 49. Zum Verhältnis der Whistleblower-Richtlinie zur DGSVO vgl. *Altenbach/Dierkes*, CCZ 2020, 126.Zu den arbeitsrechtlichen Auswirkungen der Richtlinie vgl. *Degenhart/Dziuba*, BB 2021, 570. Zu den besonderen Herausforderungen für Unternehmensgruppen im Zusammenhang mit Richtlinie vgl. *Schefold/Kahraman*, ZRFC 2022, 124. Zum Missbrauchspotential der Richtlinie und die daraus resultierenden Implikation für den Compliance-Beauftragten vgl. *Teichmann/Weber*, CB 2022, 157.

302 Vgl. Art. 26 Abs. 1 RL (EU) 2019/1937. Der Bundestag hatte eine erste Fassung der deutschen Umsetzung – Gesetz für einen besseren Schutz hinweisgebender Personen (Hinweisgeberschutzgesetz – HinSchG) – am 16.12.2022 beschlossen; der Bundesrat verweigerte allerdings am 10.2.2023 seine Zustimmung zum Gesetzentwurf. Eine überarbeitete Fassung des Hinweisgeberschutzgesetz wurde am 17.3.23 nochmals im Bundestag behandelt. Da nicht ausgeschlossen war, dass auch insoweit der Bundesrat seine Zustimmung verweigert, ist der Vermittlungsausschuss angerufen worden. Im Vermittlungsausschuss am 9.5.2023 konnten sich Bundestag und Bundesrat auf Änderungen am Hinweisgeberschutzgesetz einigen, insbesondere zu den Meldewegen für anonyme Hinweise, zu Bußgeldern und zum Anwendungsbereich des Gesetzes. Daraufhin wurde das Hinweisgeberschutzgesetz am 11.5.2023 durch den Bundestag verabschiedet; der Bundesrat stimmte am 12.5.2023 zu. Das Hinweisgeberschutzgesetz trat am 2.7.2023 in Kraft (vgl. Art. 10 Abs. 2 Gesetz für einen besseren Schutz hinweisgebender Personen sowie zur Umsetzung der Richtlinie zum Schutz von Personen, die Verstöße gegen das Unionsrecht melden v. 31.5.2023, BGBl. 2023 I, Nr. 140, v. 2.6.2023, S. 1) . Generell zu den Umsetzungspflichten vgl. Brinkmann/Blank, BB 2021, 2475. Zum Vergleich von Whistleblowing-Richtlinie und dem Entwurf eines Verbandssanktionengesetzes (vgl. dazu Kap. 4 Rn 69 ff.) siehe *Dilling*, CCZ 2020, 132, 139. Zu den Umsetzungsherausforderungen aus praktischer Sicht vgl. *Hamm-Düppe*, CCZ 2022, 409.

Dessau/Fischer/Schäfer

Die Richtlinie erfasst Verstöße gegen eine Vielzahl von Rechtsakten der Europäischen Union, die im Anhang zur Richtlinie aufgeführt sind und insbesondere die Bereiche öffentliches Auftragswesen, Finanzdienstleistungen, Umweltschutz, Lebensmittelsicherheit, Verbraucherschutz und Datenschutz abdecken und auch Verstöße gegen das europäische Wettbewerbs- und Beihilfenrecht erfasst.[303] **139**

Geschützte Hinweisgeber sind Arbeitnehmer, Mitglieder von Leitungs- und Aufsichtsorganen von Unternehmen sowie deren Anteilseigner.[304] **140**

Die Richtlinie sieht zum Schutz von Hinweisgebern insbesondere die detailliert ausgestalte Pflicht von juristischen Personen des öffentlichen und privaten Rechts zur Einführung „interner Meldekanäle", also Whistleblower-Systeme, vor.[305] Außerdem müssen die Mitgliedstaaten sog. externe Meldekanäle einrichten und Regelungen zur Ergreifung von Folgemaßnahmen zur Behandlung von Verstoßmeldungen einführen.[306] Hinweisgebern stehen beide Kanäle unabhängig und unkonditioniert voneinander zu.[307] Sollten nach Eingang von Verstoßmeldungen auf internen oder externen Kanälen keine geeigneten Maßnahmen ergriffen werden, ist der Hinweisgeber unter bestimmten Voraussetzungen, etwa bei offenkundiger Gefährdung des öffentlichen Interesses, berechtigt, seine Informationen offenzulegen, d.h. sich unmittelbar an die Öffentlichkeit/die Medien zu wenden.[308] **141**

Darüber hinaus sieht die Richtlinie ein umfangreich ausgestaltetes Verbot zur Verhängung von Repressalien gegen Whistleblower[309] sowie die Pflicht der Mitgliedstaaten vor, Maßnahmen zu deren Schutz vor Repressalien zu ergreifen.[310] **142**

Schließlich sind die Mitgliedstaaten verpflichtet, abschreckende Sanktionen gegen natürliche und juristische Personen u.a. für den Fall einzuführen, dass gegen das Repressionsverbot verstoßen wird oder Meldungen be-/verhindert werden.[311] **143**

---

303 Vgl. Art. 2 der RL (EU) 2019/1937.
304 Vgl. Art. 4 der RL (EU) 2019/1937. Vgl. dazu *Bertke*, FAZ v. 13. März 2024, Nr. 62, S. 16. Zu den Sorgfaltspflichten von Hinweisgebern gem. Art. 6 Abs. 1 der Richtlinie vgl. *Siemens*, CCZ 2022, 293.
305 Vgl. Art. 8, 9 der Richtlinie (EU) 2019/1937; diese Pflicht trifft Unternehmen mit mehr als 250 Mitarbeitern ab Ende 2021 und Unternehmen mit 50 bis 250 Mitarbeitern ab Ende 2023.
306 Vgl. Art. 11–13 der RL (EU) 2019/1937.
307 Vgl. Art. 6 der RL (EU) 2019/1937; kritisch dazu *Fritz*, FAZ v. 4.12.2019, S. 16.
308 Vgl. Art. 15 der RL (EU) 2019/1937.
309 Vgl. Art. 19 der RL (EU) 2019/1937.
310 Vgl. Art. 21, 22 der RL (EU) 2019/1937. Zu der in Art. 21 Abs. 5 der Richtlinie festgeschrieben Beweislastumkehr vgl. *Johnson*, CCZ 2019, 66ff.; zu einer rechtswidrigen Umsetzung eines Whistleblowers vgl. VG Bremen, Urt. v. 8.9.2015 – 6 K 1003/14 – CCZ 2016, 283ff.
311 Vgl. Art. 23 der RL (EU) 2019/1937.

3. Hinweisgeberschutzgesetz
a) Allgemein

144 Die deutsche Umsetzung erfolgte mit dem Gesetz für einen besseren Schutz hinweisgebender Personen sowie zur Umsetzung der Richtlinie zum Schutz von Personen, die Verstöße gegen das Unionsrecht melden (**Hinweisgeberschutzgesetz** – HinSchG),[312] das am 2.7.2023 in Kraft trat.

145 Mit dem HinSchG soll die Whistleblower-Richtlinie in deutsches Recht umgesetzt werden und damit der Schutz hinweisgebender Personen und sonstiger von einer Meldung betroffener Personen gestärkt werden; zugleich soll sichergestellt werden, dass Hinweisgebern keine Benachteiligungen drohen.[313]

b) Anwendungsbereich

146 Das HinSchG dient in erster Linie dem Schutz von Hinweisgebern (hinweisgebende Personen), „die im Zusammenhang mit ihrer beruflichen Tätigkeit oder im Vorfeld einer beruflichen Tätigkeit Informationen über Verstöße erlangt haben und diese an die nach

---

[312] BGBl. 2023 I Nr. 140 v. 2.6.2023. Allgemein dazu und zu offenen Rechtsfragen vgl. *Passarge*, CB 2023, 390. Zum Spannungsfeld von Whistleblower-Richtlinie, HinSchG und den Anforderungen der DGSVO vgl. *Paal/Nikol*, CB 2022, 4.

[313] Zu früheren Bestrebungen den Hinweisgeberschutz gesetzlich zu regeln vgl. etwa den Entwurf eines „Gesetzes für einen besseren Schutz hinweisgebender Personen sowie zur Umsetzung der Richtlinie zum Schutz von Personen, die Verstöße gegen das Unionsrecht melden", BT-Drs. 20/5992, S. 1. Zu Vorüberlegungen für eine einfachgesetzliche Regelung des Whistleblowings vgl. Klaas, CCZ 2019, 163 sowie den Gesetzentwurf einer Reihe von Abgeordneten der SPD im Bundestag und der SPD-Bundestagsfraktion zum Schutz von Hinweisgebern – Whistleblowern – (Hinweisgeberschutzgesetz – HinGebSchG) (BT-Drs. 17/8567). Dieser von der Parlamentsmehrheit abgelehnte Entwurf sah die Aufstellung von „Rahmenbedingungen" für Hinweise von Beschäftigten über innerbetriebliche „Missstände" vor. Dazu regelte der Entwurf insbesondere folgende Aspekte: Benachteiligungsverbot von Hinweisgebern, Anzeigerecht, Leistungsverweigerungsrecht des Arbeitnehmers, Schadenersatzansprüche des Hinweisgebers bei Verletzung des Benachteiligungsverbots, Recht des Arbeitgebers zur Einrichtung von Hinweisgebersystemen. Ablehnend zu dem Gesetzentwurf *Mengel*, CCZ 2012, 146 ff.; *Klasen/Schaefer*, BB 2012, 641, 647. Zu einer ähnlichen, weiteren früheren gesetzgeberischen Aktivität – dem „Vorschlag für eine gesetzliche Verankerung des Informationsschutzes für Arbeitnehmer im Bürgerlichen Gesetzbuch" (Vorschlag des BMAS, BMEL sowie BMJV v. 30.4.2008; vgl. dazu Ausschuss-Drs. 16(10)849), mit dem ein neuer § 612a BGB eingeführt werden sollte, vgl. *Renz/Rohde-Liebenau*, BB 2014, 692, 693. Zur Einführung dieses „Arbeitnehmeranzeigerechts" kam es (bislang) nicht. Kritisch zu den Referentenentwürfen zum HinSchG vgl. Dilling, CCZ 2021, 60; *ders.*, CCZ 2022, 145; Quast/Ohrloff, CCZ 2022303; Menge/Ahrens, CCZ 2022, 171; *Petrasch*, CB 2023, I. Ausführlich zum Hinweisgeberschutzgesetz vgl. *Bayreuther*, NZA-Beilage 2022, 20 ff.; *Bruns*, NJW 2023, 1609 ff.; *Benkert*, NJW-Spezial 2023, 434 ff.; *Baade/Hößl*, DStR 2023, 1213 ff.; *ders.*, DStR 2023, 1265 ff.; *Grimm/Osmakova*, ArbRB 2023, 176; *Thüsing/ Musiol*, BB 2022, 2420. Zur Kündigung eines Arbeitsverhältnisses im Zusammenhang mit Whistleblowing vgl. *Neumair*, Anmerkung zu *LArbG Rostock* v. 15.08.2023 – 5 Sa 172/22 | jurisPR-ArbR 6/2024 Anm. 3. Vgl. auch die eingehende Darstellung des HinSchG und dessen Zusammenspiel mit dem LkSG, der CSRD sowie dem CSDDD-E (zu den letzteren Normtexten siehe näher oben Rn 104) vgl. *Wiedmann/Hoppmann*, CCZ 2023, 11.

diesem Gesetz vorgesehenen Meldestellen melden oder offenlegen", § 1 Abs. 1 HinSchG. Damit erfasst der **persönlich**er Anwendungsbereich nicht nur Arbeitnehmer, sondern z. B. auch Bewerber.[314] Daneben kennt das Gesetz sog. weitere geschützte Personen (§ 34 HinSchG), die unter bestimmten Voraussetzungen von den in §§ 35-37 HinSchG geregelten Schutzmaßnahmen profitieren können.[315] Dies ist konsequent, da die „Offenlegung" unrichtiger Informationen explizit verboten ist (§ 32 Abs. 2 HinSchG).

In **sachlich**er Hinsicht gilt das HinSchG zunächst für Verstöße in den von der EU-Whistleblower-Richtlinie[316] vorgegebenen Bereichen (§ 2 Abs. 1 Nr. 3 bis 9 HinSchG). Darüber hinaus gilt das HinSchG – und damit über den Anwendungsbereich der EU-Whistleblower-Richtlinie hinaus – für weitere Bereiche, die der nationalen Gesetzgebung unterfallen. Dies sind einerseits „Verstöße, die strafbewehrt sind" (§ 2 Abs. 1 Nr. 1 HinSchG) und andererseits „Verstöße, die bußgeldbewehrt sind, soweit die verletzte Vorschrift dem Schutz von Leben, Leib oder Gesundheit oder dem Schutz der Rechte von Beschäftigten und ihrer Vertretungsorgane dient" (§ 2 Abs. 1 Nr. 2 HinSchG).[317] Soweit es jedoch um Informationen geht, die die Vergabe von öffentlichen Aufträgen oder Konzessionen betreffen, gilt das HinSchG nicht. (§ 5 Abs. 1 Nr. 3 HinSchG). 147

c) Meldesystem

Ebenso wie die Whistleblower-Richtlinie gibt das HinSchG nicht vor, wie Meldungen zu behandeln sind. Es sieht lediglich – nach den Vorgaben der Richtlinie – ein dreistufiges **Meldesystem** vor: 148

- interne Meldung (§§ 12 ff. HinSchG),
- externe Meldung (§§ 19 ff. HinSchG),[318]
- Offenlegung (§ 32 HinSchG).[319]

---

314 Zum sachlichen Anwendungsbereich ausführlich: *Bruns,* NJW 2023, 1609 f.; *Benkert,* NJW-Spezial 2023, 434.
315 Die Gesetzesbegründung äußert sich allerdings nicht zum Verhältnis dieser Norm zu den geltenden allgemeinen Schadensersatzregelungen wie etwa §§ 280, 823, 826 BGB, vgl. BT-Drs. 20/5992, S. 83.
316 Vgl. oben Rn 186.
317 Vgl. hierzu *Benkert,* NJW-Spezial 2023, 434. Zum Verhältnis von HinSchG zu § 5 Nr. 2 des Gesetzes zum Schutz von Geschäftsgeheimnissen (v. 18.4.2019, BGBl. I S. 460) vgl. *Passarge/Scherbarth,* CB 2021, 49; *Pielow/Volk,* CB 2021, 232 (233).
318 Nach §§ 19 ff. HinSchG hat der Bund unabhängig von seiner Pflicht zur Bereitstellung von internen Meldestellen für das eigene Personal auch externe Meldestellen zu errichten. Dieser Pflicht ist der Bund mit der Zurverfügungstellung von drei externen Meldestellen zum Inkrafttreten des Gesetzes nachgekommen. Nach § 19 HinSchG ist grundsätzlich die externe Meldestelle des Bundes beim Bundesamt für Justiz zuständig. Darüber hinaus ist nach § 21 HinSchG für Hinweise, die Frage der Finanzdienstleistungsaufsicht oder Versicherungsunternehmen betreffen, die Bundesanstalt für Finanzdienstleistungsaufsicht und nach § 22 HinSchG das Bundeskartellamt für kartellrechtliche Fragen die externe Hinweisgeberstelle.
319 Erst wenn die aufnehmende bzw. bearbeitende externe Meldestelle nicht funktioniert oder ein Notfall besteht, darf der Hinweisgeber sein Wissen offenlegen (§ 32 HinSchG). Vgl. hierzu ausführlich *Bruns,* NJW 2023, 1609, 1612.

149 Nach § 7 HinSchG haben hinweisgebende Personen die Wahl, ob sie sich an eine „interne Meldestelle" des Unternehmens oder eine „externe Meldestelle" der Behörden[320] wenden. Die hinweisgebenden Personen sollen jedoch in denjenigen Fällen, in denen intern wirksam gegen den Verstoß vorgegangen werden kann und sie keine Repressalien befürchten, die Meldung an eine interne Meldestelle bevorzugen (§ 7 Abs. 1 S. 2 HinschG). Dies vor allem, da auf diesem Weg oftmals am schnellsten eine effektive Beseitigung von Missständen erreicht werden kann.[321]

150 Mit dem HinSchG gilt eine gesetzliche Pflicht zur Einführung eines Hinweisgeberverfahrens (sog. „interne Meldestelle"). Für Beschäftigungsgeber mit mehr als 250 Mitarbeitende galt dies sofort nach Inkrafttreten des Gesetzes, also seit dem 2.7.2023 und für kleinere Beschäftigungsgeber mit mehr als 50 Mitarbeitenden (und bis 249 Mitarbeitende) ab dem 17.12.2023 (§ 42 Abs. 1 HinSchG).[322] Unternehmen mit einer Mitarbeiteranzahl zwischen 50 und 249 Mitarbeitenden können nach § 14 Abs. 2 HinSchG eine „gemeinsame Meldestelle" einrichten und betreiben. Nach § 12 Abs. 1 S. 3 HinSchG gilt die Pflicht zur Einrichtung und zum Betrieb interner Meldestellen für Kommunen sowie für die unter Kontrolle der Kommunen stehenden Unternehmen und Einrichtungen nach Maßgabe des jeweiligen Landesrechts. Dementsprechend müssen für **kommunale Unternehmen** die Bundesländer die Pflicht zur Einrichtung von Meldestellen regeln.[323]

151 Zwar müssen nach § 12 HinSchG alle Unternehmen mit mehr als 250 Mitarbeitenden eine eigene interne Meldestelle einrichten. § 14 HinSchG erlaubt es jedoch, einen „Dritten" mit der Aufgabe einer internen Meldestelle zu beauftragen. Gemäß dem konzernrechtlichen Trennungsprinzip kann auch bei einer anderen **Konzern**gesellschaft (z. B. Mutter-, Schwester-, oder Tochtergesellschaft) eine unabhängige und vertrauliche Stelle als „Dritter" im Sinne von § 14 HinSchG eingerichtet werden, die auch für mehrere selbstständige Unternehmen in dem Konzern tätig sein kann.[324] Nach dem Willen des Gesetzgebers ist allerdings notwendig, dass die originäre Verantwortung dafür, einen fest-

---

[320] Externe Meldestellen sind etwa das Bundeskartellamt, die Bundesanstalt für Finanzdienstleistungsaufsicht oder das Bundesamt für Justiz; zur externen Meldestelle mit Schwerpunkt auf das Bundesamt für Justiz vgl. näher *Fehr/Refenius*, CCZ 2023, 220. Zur Kritik an Kosten und Effizienz der letztgenannten Behörde vgl. FAZ v. 29.1.2024, Nr. 24, S. 17); daneben sind Bund und Länder berechtigt, weitere Meldestellen einzurichten, (§§ 19-23 HinSchG). Allgemein zur Meldestelle sowie zum Meldestellenbeauftragten vgl. *Szesny*, CB 2023, I; *Fehr/Refenius*, CB 2023, 289.

[321] Vgl. Art. 7 Abs. 2 und Erwägungsgrund 47 der RL (EU) 2019/1937.

[322] Auch kommunale oder kommunal kontrollierte Unternehmen in öffentlich- oder privatrechtlicher Rechtsform sind entsprechend § 3 Abs. 10 HinSchG den Beschäftigungsgebern des öffentlichen Sektors zuzurechnen, wobei sich die Pflicht zur Einrichtung und zum Betrieb interner Meldestellen nach dem HinSchG für solche kommunalen oder kommunal kontrollierten Unternehmen in öffentlich- oder privatrechtlicher Rechtsform nach dem jeweiligen Landesrecht richtet, vgl. hierzu Gesetzesbegründung, BT-Drs. 20/5992, S. 62 f.

[323] Bislang sind entsprechende Ausführungsgesetze lediglich für Hessen, Bayern und Nordrhein-Westfalen in Kraft getreten.

[324] BT-Drs. 20/5992, S. 64 f.

Dessau/Fischer/Schäfer

gestellten Verstoß zu beheben und weiterzuverfolgen, immer bei dem jeweiligen beauftragenden Tochterunternehmen verbleibt.[325] Das bedeutet im Ergebnis, dass in einem Konzernunternehmen die Einrichtung einer internen Meldestelle genügt, wobei etwaige „größere" Tochterunternehmen zwar ein eigenes Meldesystem benötigen, hierfür aber die Muttergesellschaft mit dem Betrieb der „internen Meldestelle" beauftragen können.[326] Auf der nach dem Gesetz geforderten Vertraulichkeit (§ 8 HinSchG) muss die Bearbeitung eines Hinweises in der Tochtergesellschaft erfolgen.[327]

152 Gemäß § 16 Abs. 2 HinSchG sind die Meldekanäle sind so zu gestalten, dass nur die für die Entgegennahme und Bearbeitung der Meldungen zuständigen sowie die sie bei der Erfüllung dieser Aufgaben unterstützenden Personen Zugriff auf die eingehenden Meldungen haben. Es muss also sichergestellt werden, dass keine unberechtigten Personen Zugriff auf die Identität der hinweisgebenden Person oder den Hinweis selbst haben. Die Vertraulichkeit der Identität der hinweisgebenden Person steht damit an vorderster Stelle. Unbefugte Personen dürfen – auch wenn sie im selben Unternehmen beziehungsweise in derselben Behörde arbeiten – keinen Zugriff auf Dokumente (wie z.B. E-Mail-Verläufe) haben, die Rückschlüsse auf die Identität der hinweisgebenden zulassen könnten.[328]

153 Interne Meldekanäle müssen nach § 16 Abs. 3 HinSchG Meldungen in mündlicher oder in Textform ermöglichen. Mündliche Meldungen müssen per Telefon oder mittels einer anderen Art der Sprachübermittlung möglich sein. Auf Ersuchen der hinweisgebenden Person ist für eine Meldung innerhalb einer angemessenen Zeit eine persönliche Zusammenkunft mit einer für die Entgegennahme einer Meldung zuständigen Person der internen Meldestelle zu ermöglichen. Es besteht allerdings keine Verpflichtung zur Entgegennahme anonymer Meldungen; § 16 HinSchG ist lediglich als „soll"-Regelung ausgestaltet, d.h. „die interne Meldestelle sollte auch anonym eingehende Meldungen bearbeiten. Es besteht allerdings keine Verpflichtung, die Meldekanäle so zu gestalten, dass sie die Abgabe anonymer Meldungen ermöglichen."

154 Nach § 8 HinSchG ist zentrale Anforderung an die Meldestelle, aber auch an das gesamte Verfahren in internen Meldestellen die Vertraulichkeit[329] der Identität der hinweisgebenden Personen nach § 8 Abs. 1 Nr. 1 HinSchG und der in der Meldung genannten Personen nach § 8 Abs. 1 Nr. 2, 3 HinSchG. Ihre Identität darf neben der für die Entgegennahme der Meldung zuständigen Person nach § 8 Abs. 1 S. 2 HinSchG ausschließlich den

---

325 Soweit eine Berichterstattung an die Konzernleitung erforderlich erscheint, z.B. weil ein Verstoß nicht nur das konkrete Unternehmen betrifft, müsste diese unter voller Wahrung der Vertraulichkeit der Identität der hinweisgebenden Person durch oder im Auftrag des jeweiligen Tochterunternehmens erfolgen. In jedem Fall ist zu gewährleisten, dass die Stelle, die im Konzern mit den Aufgaben einer internen Meldestelle beauftragt wird, bei der Ausübung ihrer Tätigkeit unabhängig ist und auch das Vertraulichkeitsgebot beachtet; vgl. hierzu BT-Drs. 20/5992, S. 65.
326 Zur Problematik vgl. *Dilling*, CCZ, 2023, 91.
327 Vgl. ausführlich *Baade/Hößl*, DStR 2023, 1213, 1217f.
328 BT-Drs. 20/5992, S. 32.
329 Eng verbunden mit dem Gebot der Vertraulichkeit ist der Schutz personenbezogener Daten. Hierzu bzw. zu den datenschutzrechtlichen Anforderungen ausführlich *Baade/Hößl*, DStR 2023, 1265, 1267.

Personen bekannt werden, die bei der Entgegennahme der Meldung und dem Ergreifen von Folgemaßnahmen unterstützend tätig werden. Die Identität der hinweisgebenden Person soll also nur weitergegeben werden, wenn dies zwingend zur Bearbeitung notwendig ist. Ausnahmen vom Gebot der Vertraulichkeit enthält § 9 HinSchG für die Weitergabe an die Strafverfolgungsbehörden nach § 9 Abs. 2 Nr. 1 HinSchG oder bei Einwilligung der hinweisgebenden Person nach § 9 Abs. 3 und 4 HinSchG.

155 Das Gesetz selbst macht keine Vorgaben dazu, welche Personen oder Organisationseinheiten am besten geeignet sind, um diese Aufgabe der internen Meldestelle auszuführen; vielmehr überlässt das Gesetz dem Beschäftigungsgeber die Ausgestaltung. Nach dem Willen des Gesetzgebers hängt dies von der jeweiligen Organisationsstruktur, der Größe und der Art der ausgeübten Tätigkeiten ab. Daher soll den betroffenen Stellen im Einzelfall die größtmögliche Freiheit bei der Erfüllung dieser Anforderungen eingeräumt werden. Unerlässlich für die Funktionsfähigkeit des Systems ist allerdings, dass die Person oder Organisationseinheit, die mit der Aufgabe betraut wird, im Rahmen dieser Tätigkeit unabhängig arbeiten kann. Auch mögliche Interessenkonflikte sind auszuschließen. Darüber hinaus sollte die interne Meldestelle für eine gewisse Dauer bei einer bestimmten Person oder Organisationseinheit beziehungsweise einer oder einem Dritten eingerichtet werden, um ein sachgerechtes Arbeiten zu ermöglichen, das Vertrauen potenziell hinweisgebender Personen in die Meldestelle und eine gewisse Expertise der Meldestelle verlangt.[330] Der Beschäftigungsgeber muss, soweit er nach dem HinSchG zur Errichtung einer Meldestelle verpflichtet ist, für eine personell unabhängige (§ 15 Abs. 1 S. 1 HinSchG) und fachlich kompetente (§ 15 Abs. 2 HinSchG) Besetzung[331] sorgen. Anders als eine externe Meldestelle muss sie sogar in der Lage sein, im Betrieb eigene Untersuchungen durchzuführen (§ 18 Nr. 1 HinSchG).[332] Die Mitarbeiter der Meldestelle müssen dazu weisungsfrei sein.[333]

156 Aufgrund der hohen Anforderungen des HinSchG an die interne Meldestelle, insbesondere an die Vertraulichkeit sowie die Beachtung der datenschutzrechtlichen Besonderheiten verbleiben faktisch wenige Optionen zur Einrichtung einer internen Meldestelle:

- ■ Die Einrichtung einer internen E-Mail-Adresse oder telefonischen Hotline dürfte zwar grundsätzlich die kostengünstigste Alternative sein, entspricht aber nicht den

---

[330] Vgl. BT-Drs. 20/5992, S. 64.
[331] Grundsätzlich bietet sich an, dass der Compliance-Beauftragte, der Leiter der Rechts- oder Personalabteilung oder der Datenschutzbeauftragte verantwortlich zeichnet. In mittleren Unternehmen kann es sich durchaus anbieten, dass sich der Compliance-Beauftragte und der Leiter Innenrevision die Verantwortung teilen. Jedenfalls muss dies nach der Whistleblower-Richtlinie ein Mitarbeiter sein, der direkt der Unternehmensleitung berichten kann, vgl. Erwägungsgrund 56 der RL (EU) 2019/1937. Schließlich kann aber auch eine externe Ombudsperson mit der Entgegennahme und Bearbeitung von eingehenden Hinweisen beauftragt werden.
[332] Vgl. zu den Anforderungen an die interne Meldestelle sowie zu den Aufgaben und Rechten des internen Meldestellenbeauftragten *Fehr/Refenius*, CB 2023, 289.
[333] Vgl. ausführlich *Baade/Hößl*, DStR 2023, 1213, 1217.

Dessau/Fischer/Schäfer

Anforderungen des HinSchG. Denn insoweit kann nicht ausgeschlossen werden, dass nicht zuständige Personen (hier das IT-Personal des Unternehmens mit seinen administrativen Rechten) in das System eingreifen können und Kenntnis vom Anrufer (über die Rufnummer) oder sogar vom Inhalt des Hinweises erhalten (durch Zugriff auf den Mail-Server). Dies widerspricht jedoch dem Gebot des Gesetzes, dass nicht befugte Mitarbeiter keinen Zugriff auf die übermittelten Meldungen haben dürfen.[334]

- Auch die Einrichtung einer für den Anrufer kostenlosen externen Telefonnummer, bei der die Erfassung der Rufnummer des Anrufers unterdrückt werden kann und von einer Ombudsperson oder internen Person im Unternehmen entgegengenommen wird,[335] dürfte letztlich nicht geeignet sein. So müsste eine ständige Erreichbarkeit sichergestellt werden, die insbesondere beim Einsatz einer externen Ombudsperson mit nicht unwesentlichen Kosten verbunden sein dürfte.[336]
- Schließlich bietet es sich an, ein IT-gestütztes Hinweisgebersystem zu etablieren, dass die Anforderungen des HinSchG hinreichend abdeckt. Hier bieten bereits mehrere Anbieter derartige Systeme an, die z.T. individuell auf das Unternehmen zugeschnitten werden können.

d) Meldeverfahren

Das Verfahren[337] der internen Meldungen ist in § 17 HinSchG konkretisiert: 157
- Eingangsbestätigung an die hinweisgebende Person spätestens nach sieben Tagen;
- Prüfung, ob der gemeldete Verstoß in den sachlichen Anwendungsbereich des § 2 HinSchG fällt;
- Halten des Kontaktes mit der hinweisgebenden Person, gegebenenfalls um weitere Information ersuchen;
- Prüfung auf Stichhaltigkeit der eingegangenen Meldung;
- Ergreifen angemessener Folgemaßnahmen;
- Rückmeldung an die hinweisgebende Person innerhalb von drei Monaten nach der Bestätigung des Eingangs der Meldung; die Rückmeldung soll die Mitteilung geplanter sowie bereits ergriffener Folgemaßnahmen sowie die Gründe für diese enthalten, sofern dadurch interne Nachforschungen oder Ermittlungen nicht berührt und

---

334 Vgl. hierzu Würz, https://www.haufe.de/compliance/recht-politik/hinweisgebersysteme-und-die-eu-whistleblower-richtlinie_230132_528700.html?ecmId=40889&ecmUid=6569078&chorid=123456789&newsletter=news%2FPortal-Newsletter%2FCompliance%2F403%2F123456789%2F2023-05-25%2FTop-News-Hinweisgeberschutzgesetz-verabschiedet-Inkrafttreten-im-Juni-2023.
335 Die Aufnahme des Hinweises auf einer Voicebox genügt nicht, da insoweit keine Eingangsbestätigung des Hinweises an den Meldenden möglich ist.
336 Vgl. hierzu Würz, https://www.haufe.de/compliance/recht-politik/hinweisgebersysteme-und-die-eu-whistleblower-richtlinie_230132_528700.html?ecmId=40889&ecmUid=6569078&chorid=123456789&newsletter=news%2FPortal-Newsletter%2FCompliance%2F403%2F123456789%2F2023-05-25%2FTop-News-Hinweisgeberschutzgesetz-verabschiedet-Inkrafttreten-im-Juni-2023.
337 Vgl. ausführlich zu den Bearbeitungsvorgaben *Bruns*, NJW 2023, 1609, 1613f.

die Rechte der Personen, die Gegenstand einer Meldung sind oder die in der Meldung genannt werden, nicht beeinträchtigt werden;
- Dokumentation der Hinweise unter Beachtung des Vertraulichkeitsgebotes.[338]

e) Bußgeld

158 Verstöße gegen die wesentlichen Vorgaben des HinSchG können als Ordnungswidrigkeiten mit einer Geldbuße geahndet werden können. Dies gilt auch bei fahrlässig begangenen sowie bei lediglich versuchten Verstößen (§ 40 Abs. 3-5 HinSchG). So kann ein Bußgeld verhängt werden, wenn ein Unternehmen, keine interne Meldestelle einrichtet (§ 40 Abs. 2 Nr. 2), die Meldungen behindert (§ 40 Abs. 2 Nr. 1) oder Repressalien gegen die hinweisgebende Person ergreift (§ 40 Abs. 2 Nr. 3).

159 Der Bußgeldkatalog des HinSchG richtet sich aber nicht allein an das Unternehmen. Vielmehr können auch gegen die in der Meldestelle tätigen Personen (Verstoß gegen das Vertraulichkeitsgebot, § 40 Abs. 3 HinSchG), sowie gegen Arbeitnehmer, die wissentlich unrichtige Informationen melden (§ 40 Abs. 1 HinSchG) Bußgelder verhängt werden.[339] Die Bußgeldhöhe beträgt in Abhängigkeit von der missachteten Norm zwischen 10.000 und 50.000 €.[340]

f) Umsetzung im Unternehmen

160 Das Hinweisgeberschutzgesetz ist in Kraft und damit dürfte für die meisten Unternehmen die Pflicht zur Einrichtung eines Hinweisgebersystems bestehen.[341] Auch wenn gegebenenfalls für das eigene Bundesland noch keine gesetzliche Regelung ersichtlich ist, sollten „kommunale Beschäftigungsgeber" die Einrichtung einer internen Meldestelle, soweit dies geboten und noch nicht erfolgt ist, zügig angehen.

---

338 Diese Dokumentation ist drei Jahre nach Abschluss des Verfahrens zu löschen, sofern es zur Bearbeitung des Hinweises oder nach anderen Rechtsvorschriften erforderlich und verhältnismäßig ist, die Dokumentation noch länger zu speichern; vgl. hierzu ausführlich *Baade/Hößl*, DStR 2023, 1265, 1268.
339 Vgl. ausführlich zu den Bußgeldbestimmungen *Bayreuther*, NZA-Beilage 2022, 20, 29.
340 Vgl. § 40 Abs. 6, S. 1 HinSchG. Bei einzelnen Verstößen kann das Bußgeld auch verzehnfacht werden; vgl. § 40 Abs. 6, S. 2 HinSchG i.V.m. § 30 Abs. 2, S. 3 OWiG.
341 Generell zu den erforderlichen Umsetzungsmaßnahmen vgl. *Reuter*, BB 2023, 1539; *Stuke/Fehr*, BB 2021, 2740. Als unternehmensinterne Meldestelle im Rahmen kann etwa neben der Rechtsabteilung, der Internen Revision oder einem externen Ombudsmann (z.B. eine Rechtsanwaltskanzlei) vor allem die Compliance-Abteilung dienen; vgl. schon *Bock*, Criminal Compliance, S. 748; zum Nutzen von Vertrauensanwälten im Rahmen von Hinweisgeberschutzsystemen vgl. *Fassbach/Hülsberg/Spamer*, CB 2022, 151. Instruktiv zu den Vor- und Nachteilen des Whistleblowings und zur praktischen Realisierung vgl. *Zimmer/Krikov*, CCZ 2013, 31 ff.; ebenfalls sehr instruktiv zur Einführung eines Whistleblowing-Systems *Auer*, CB 2013, 1 ff.; zur Einführung einer an das Kartellrecht angelehnten Kronzeugenregelung für Whistleblower vgl. *Moosmayer*, CCZ 2013, 218 f.

Dessau/Fischer/Schäfer

Sowohl die Wahl der Organisationsform des Meldesystems, aber auch insgesamt die **161** Einführung sollte in enger Abstimmung mit dem Betriebsrat und dem Sprecherausschuss der leitenden Angestellten erfolgen. Soll ein bestimmtes Verfahren[342] bezüglich der Meldung von den Arbeitnehmern verpflichtend eingehalten werden, so betrifft dies das Ordnungsverhalten im Betrieb und löst ein Mitbestimmungsrecht des Betriebsrates nach § 87 Abs. 1 S. 1 Betriebsverfassungsgesetz aus. Demgegenüber steht dem Betriebsrat kein Mitbestimmungsrecht bezüglich der personellen Besetzung der Meldestelle zu.[343]

Zudem ist darauf zu achten, dass
- die Meldestelle mit adäquaten Ressourcen (fachliche Eignung, klare Rollen und Verantwortlichkeiten) ausgestattet ist;
- eine interne Richtlinie zum Hinweisgebersystem nebst Prozessbeschreibung etabliert wird;[344] und
- effektive Kommunikations- und Schulungskonzepte für das Hinweisgebersystem definiert und implementiert werden.[345]

III. Selbstanzeige

Eine freiwillige Meldung von Compliance-Verstößen kommt von vorn herein nur dann **162** infrage, wenn das Unternehmen nicht bereits gesetzlich oder vertraglich hierzu verpflichtet ist.[346] Eine generelle Meldepflicht existiert in Deutschland nicht. Allerdings kann sich unter Umständen eine Pflicht zur Offenlegung von Compliance-Verstößen aus Fachgesetzen oder vertraglicher bzw. behördlicher Verpflichtung ergeben.[347]

Fachgesetzliche Meldepflichten ergeben sich z. B. aus § 43 Abs. 1 GwG, Art. 17 MAR **163** oder Art. 33, 34 DSGVO.

Auch wenn eine Selbstanzeige im Einzelfall erhebliche Vorteile bringen kann, sollte **164** sie nur nach dezidierter Analyse der drohenden Risiken und in Absprache mit einem Rechtsbeistand erfolgen. Eine sorgfältige Abwägung von Risiken und Nutzen ist insbesondere deshalb von Relevanz, weil eine Selbstanzeige, sobald sie erfolgt ist, regelmäßig nicht mehr aus der Welt geschaffen werden kann.[348] Weiterhin begründet eine Selbstanzeige keinen Anspruch auf Straffreiheit. Auch ist es im Vorhinein kaum möglich, abzusehen, inwiefern sich eine Kooperation mit den Behörden konkret auf das

---

342 Zur Bearbeitung von Meldungen nach dem HinSchG vgl. *Handel*, CB 2023, 487.
343 Vgl. hierzu ausführlich *Baade/Hößl*, DStR 2023, 1213, 1218 f.
344 Vgl. hierzu Kap. 6 Rn [Blockade]
345 Vgl. hierzu *Fehr/Refenius*, CB 2023, 289, 294.
346 *Zimmer/Weigl*, CCZ 2019, 21; Moosmayer/Hartwig/*Gropp-Stadler/Wolfgramm*, Interne Untersuchungen, C Rn 29.
347 *Zimmer/Weigl*, CCZ 2019, 23.
348 *Zimmer/Weigl*, CCZ 2019, 25.

Strafmaß auswirken wird. Diese Unsicherheiten in Bezug auf eventuelle positive Effekte einer Selbstanzeige sollten folglich immer in die Abwägung mit einbezogen werden.

165   Bei allen Risiken sind die möglichen positiven Effekte einer Selbstanzeige nicht von der Hand zu weisen. So hat das Bundeskartellamt seit 2000 ein Kronzeugenprogramm, die sog. Bonusregelung.[349] Hiernach kann das Bundeskartellamt Kartellteilnehmern, die durch ihre Kooperation dazu beitragen, ein Kartell aufzudecken, Geldbußen erlassen oder reduzieren. Die genannte Bonusregelung legt die Voraussetzungen fest, unter denen Erlass oder Reduktion der Geldbuße erfolgen. Auch ist zu beachten, dass im Bereich des Ordnungswidrigkeitenrechtes das strafrechtliche Legalitätsprinzip keine Anwendung findet. Die Verfolgung von Ordnungswidrigkeiten steht somit im pflichtgemäßen Ermessen der Behörde, § 47 OWiG. Im Umkehrschluss bedeutet das, dass man durch eine Selbstanzeige die Chancen auf eine Einstellung des Verfahrens erhöhen kann. Ein Anspruch hierauf besteht selbstverständlich nicht.

166   Ein weiterer Vorteil der Selbstoffenbarung liegt darin, dass der Zeitpunkt der Anzeige selbstbestimmt ausgewählt werden kann. So besteht insbesondere aufgrund der genannten kartellrechtlichen Bonusregelung ein hoher Anreiz, Mitbewerber „anzuschwärzen". Um sich also die Option zu erhalten einen für das Unternehmen passenden Zeitpunkt für die Verlautbarung einer solchen Negativnachricht zu nutzen, kann es im Einzelfall angezeigt sein, dem Mitbewerber durch eine Selbstanzeige zuvorzukommen.[350]

F. Sanktionen

167   Die Ein- und Durchführung von unternehmensindividuell angemessenen Maßnahmen zur Verhinderung/Mitigation von Rechts- und Regelverstößen sowie die unkonditionierte Befolgung aller im und für das Unternehmen geltenden Vorschriften durch die Unternehmensleitung und die Mitarbeiter sollte eine Selbstverständlichkeit sein.[351]

168   Die Unternehmenswirklichkeit zeigt jedoch, dass dies auch in mittelständischen Unternehmen so selbstverständlich nicht ist. Der Erfolg von Compliance-Programmen und -Maßnahmen hängt daher nicht zuletzt auch maßgeblich davon ab, ob und wie **konsequent** Compliance-Verstöße **sanktioniert** werden.[352] Darüber hinaus verlangt auch

---

349 Bekanntmachung Nr. 9/2006 über den Erlass und die Reduktion von Geldbußen in Kartellsachen – Bonusregelung – v. 7.3.2006, abrufbar unter https://www.bundeskartellamt.de/SharedDocs/Publikation/DE/Bekanntmachungen/Bekanntmachung%20-%20Bonusregelung.pdf?__blob=publicationFile&v=3.
350 *Zimmer/Weigl*, CCZ 2019, 23.
351 Ähnlich auch Hauschka/Moosmayer/Lösler/*Bürkle*, Corporate Compliance, § 36 Rn 65; vgl. auch *Moosmayer*, 3. Aufl., Compliance, Rn 305 ff. Sollte das sog. Verbandssanktionengesetz (vgl. dazu näher Kap. 4 Rn 71 sowie Kap. 6, Rn 94) (doch noch) geltendes Recht werden, dann können sich unternehmensinterne Sanktionen von Compliance-Verstößen gegebenenfalls mildernd auf nach diesem Gesetz zu verhängende Pönalisierungen auswirken (vgl. § 17 VerSanG).
352 Ebenso PwC, Compliance-Studie 2010, S. 28, 29.

die Rechtsprechung zur Aufsichtspflichtverletzung,[353] dass Rechts- und Regelverstöße **angemessen geahndet** werden.[354] Die Unternehmensleitung sollte daher schon aus Selbstschutz ein hohes Interesse an adäquater Sanktionierung von Compliance-Verstößen haben. Daneben sollten entdeckte Rechts- und Regelverstöße adäquat (schriftlich) dokumentiert werden (idealerweise durch den Compliance-Verantwortlichen). Durch diese Form der Transparenz kann das Unternehmen Effektivität und Effizienz seiner Compliance-Maßnahmen kontinuierlich belegen und den Nachweis fehlenden Organisationsverschuldens erheblich erleichtern.[355]

Nachfolgend soll zunächst auf die dem Unternehmen selbst zur Verfügung stehenden Reaktionsmöglichkeiten eingegangen werden.[356] Im Anschluss wird ein Überblick über die staatlichen (bußgeldrechtlichen) Sanktionen bei Rechtsverstößen im Zusammenhang mit Organisationsmängeln gem. §§ 30, 130 OWiG gegeben.[357]

I. Unternehmensinterne Sanktionen

Nach Aufdeckung eines Verstoßes gegen (Rechts-)Vorschriften/Pflichten muss der Aufsichtspflichtige (Geschäftsleitung, Aufsichtsrat, Führungskraft etc.) eingreifen und dem Verstoß abhelfen, insbesondere die notwendigen personellen Konsequenzen ziehen und (Sofort-)Maßnahmen zur Schadenbegrenzung ergreifen.[358] Eine Sanktionierung sollte zur **Erhaltung der Glaubwürdigkeit** von Compliance-Management-Systemen und zur **Abschreckung** von Mitarbeitern/externen Tätern die Regel sein.[359] Aus denselben Gründen sollte ebenfalls eine adäquate interne **Kommunikation** von Regelverstoß und Sanktionierung auf **anonymisierter Basis** die Regel sein.[360] Empirische Untersuchun-

---

353 Vgl. dazu sogleich mehr unter Rn 174 ff.
354 Vgl. PwC, Compliance-Studie 2010, S. 28, Fn 20 m.w.N.
355 Ähnlich *Bock*, Criminal Compliance, S. 741.
356 Vgl. unten Rn 200 ff.
357 Vgl. unten Rn 204 ff.
358 Vgl. *Bock*, Criminal Compliance, S. 724 ff. m.w.N. (Fn 1–3). Erwähnenswert ist auch, einen bestehenden Compliance-Ausschuss mit der Frage von Sanktionierungen zu befassen; so auch *Lakner*, CB 2014, 118 ff.
359 Die Notwendigkeit zur Einführung von Disziplinarprozessen als Teil eines CMS betonen zu recht auch *Plagemann/Lanzinner*, CCZ 2019, 193; vgl. auch PwC, Compliance-Studie 2010, S. 28 f.; *Bock*, Criminal Compliance, S. 726 ff.; *Lakner*, CB 2014, 118, 123; zur Zusammenarbeit mit Behörden bei erkannten Rechtsverstößen vgl. *Moosmayer*, Compliance, Rn 321 ff.; zu der interessanten, aber ambivalenten Idee, vorbildliches rechtliches Verhalten – an sich eine Selbstverständlichkeit – zu belohnen, vgl. *Bock*, Criminal Compliance, S. 730; zu den unterschiedlichen Sanktionspraktiken vgl. die interessanten statistischen Angaben bei PwC, Wirtschaftskriminalität-Studie 2011, S. 66 ff.; instruktiv und eingehend zu den Handlungspflichten der Unternehmensleitung im Zusammenhang mit Hinweisen auf Rechts- und Regelverstöße vgl. *Gündel*, CB 2014, 397 ff.
360 Vgl. PwC, Compliance-Studie 2010, S. 28; vgl. auch *Lakner*, CB 2014, 118, 123 f.; eine entsprechende Rechtspflicht dürfte nicht bestehen, vgl. OLG Frankfurt/Main, Beschl. v. 21.9.1992 – 6 Ws (Kart) 12/91 – NJW-RR 1993, 231 f. sowie Hauschka/Moosmayer/Lösler/*Pelz*, Corporate Compliance, § 5 Rn 31, der insoweit eine das Persönlichkeitsrecht verletzende Prangerwirkung betont.

gen zeigen allerdings, dass dies zumindest derzeit noch nicht der Regelfall ist. Nur eine Minderheit von Compliance-Programmen enthalten Festsetzungen zum Umgang mit Regelverstößen.[361] Auch hinsichtlich der Intensität von Sanktionen aufgrund von Compliance-Verstößen zeigt sich ein uneinheitliches Bild.

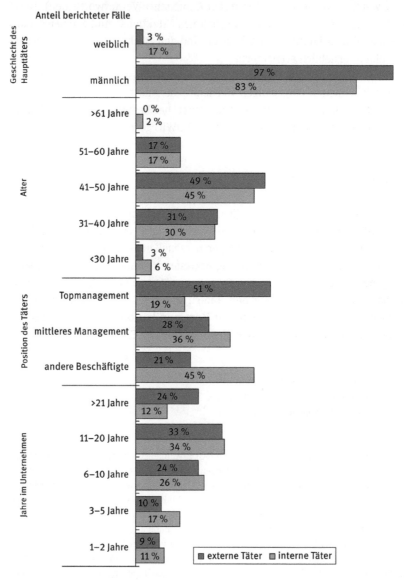

Abb. 6: Sanktionen im Rahmen von Compliance-Programmen[362]

---

361 Vgl. PwC, Compliance-Studie 2010, S. 28; KPMG, Wirtschaftskriminalität in Deutschland 2012, S. 20, 30.
362 PwC, Compliance-Studie 2010, S. 29.

Wie Abbildung 6 zeigt, bevorzugt die Mehrheit der Unternehmen eine Reaktion im Wege der Einzelfallentscheidung. Eine sog. **Zero-Tolerance-Policy**, also eine **kompromisslose Reaktion** in Form einer fristlosen Kündigung gegebenenfalls in Verbindung mit einer Strafanzeige,[363] findet sich dagegen eher weniger häufig. Es mag insbesondere bei Kartellrechtsverstößen ökonomische Argumente geben, flexibel und mit weniger drastischen Reaktionen (wie Abmahnung, finanzielle Sanktionen, Versetzung) zu reagieren.[364] Allerdings dürfte die Nichteinhaltung einer selbstauferlegten Zero-Tolerance-Policy im Einzelfall erheblich zulasten der Glaubwürdigkeit des Unternehmens gehen.[365]

171

Eine eingehende Darstellung von **arbeitsrechtlichen Sanktionen** und den damit verbundenen Restriktionen würde den hier zur Verfügung stehenden Rahmen sprengen; dementsprechend beschränken sich die nachfolgenden Ausführungen auf wenige überblicksartige Bemerkungen.[366]

172

Insbesondere bei Verstößen gegen strafrechtliche (korruptionsrechtliche) Vorschriften liegen die **üblichen (arbeits-)rechtlichen Maßnahmen** wie Abmahnung, Kündigung, Aufhebung des Arbeitsvertrags und Schadenersatz nahe.[367] Bereits die Anordnung von Untersuchungshaft kann eine Kündigung rechtfertigen. Daneben besteht grundsätzlich die Möglichkeit einer sog. Verdachtskündigung. Eine Kündigung kann gegebenenfalls mit einer sofortigen Freistellung und einem Hausverbot verbunden werden. Schließlich können im Rahmen der Vorbereitung der vorstehend genannten Maßnahmen sowie zur Substantiierung von Schadenersatzforderungen Ermittlungen des Arbeitgebers im Unternehmen erforderlich werden. Hier kommt u.a. die Sichtung des E-Mail-Verkehrs in Betracht, den der Mitarbeiter über seinen betrieblichen E-Mail-Account abgewickelt hat; die damit verbundenen Rechtsfragen sind hochkomplex und umstritten.[368] Ebenso kann in diesem Zusammenhang eine Befragung anderer Mitarbeiter des Unternehmens erforderlich werden; auch hier stellen sich diverse arbeitsrechtliche Fragen.[369]

173

---

363 Vgl. zum Begriff PwC, Compliance-Studie 2010, S. 28; Hauschka/Moosmayer/Lösler/*Bürkle*, Corporate Compliance, § 36 Rn 23; vgl. auch *Kark*, CCZ 2012, 180, 183ff., der instruktiv die Entwicklung des Begriffs darstellt (180ff.). Zur Kündigung des Arbeitsverhältnisses ohne vorherige Abmahnung wegen Verstoßes gegen eine unternehmensinterne Zuwendungsrichtlinie vgl. LAG Hessen, Urt. v. 25.1.2010 – 17 Sa 21/09 – CCZ 2011, 196ff. m. Anm. v. *Stück*, CCZ 2011, 197.
364 Vgl. dazu Hauschka/*Lampert*, Corporate Compliance, 2. Aufl., § 9 Rn 33, Fn 29.
365 So auch PwC, Compliance-Studie 2010, S. 28.
366 Vgl. dazu näher nur *Zimmer-Stetter*, BB 2006, 1445, 1449ff. m.w.N.; *Bock*, Criminal Compliance, S. 727ff.
367 Vgl. etwa *Bock*, Criminal Compliance, S. 727f.; PwC, Wirtschaftskriminalität-Studie 2011, S. 67; *Bissels/Lützeler*, BB 2012, 189, 191ff.; zur im Einzelfall schwierigen Frage, welche Maßnahme arbeitsrechtlich belastbar ist, vgl. *Stück*, CCZ 2018, 183ff. (Besprechung zu LAG Rheinland-Pfalz, Urt. v. 26.2.2016 – 1 Sa 358/15).
368 Vgl. nur die Nachweise bei *Zimmer-Stetter*, BB 2006, 1445, 1450, Fn 63ff.
369 Vgl. nur die Nachweise bei *Zimmer-Stetter*, BB 2006, 1445, 1450, Fn 63ff.

II. Behördliche Sanktionen gem. § 30, 130 OWiG

1. Überblick

174 Es wird gezeigt,[370] dass der Compliance-Begriff **Rechtsverstöße ganz verschiedener Art** umfasst. Neben den dort behandelten Verstößen gegen insbesondere strafrechtliche Vorschriften kann es in der täglichen Praxis zu Verletzungen diverser anderer Gesetze kommen. Nur beispielhaft seien die Verletzung von Vorschriften im Zusammenhang mit dem Betrieb von genehmigungsbedürftigen Industrieanlagen[371] sowie von Strom- und Gasnetzen[372] oder bei der Beschäftigung von Fremdunternehmen[373] genannt. Um die straf- und bußgeldrechtlichen Sanktionsmöglichkeiten der jeweils zuständigen Behörden nach diesen Gesetzen soll es nachstehend nicht gehen.

175 Die folgenden Ausführungen befassen sich vielmehr ausschließlich mit den **bußgeldrechtlichen Sanktionsmöglichkeiten** in den Fällen von Aufsichtspflichtverletzungen gem. §§ 30, 130 OWiG,[374] das heißt mit der ordnungswidrigkeitsrechtlichen[375] Sanktionierung von Organisationsmängeln.[376]

176 Die bußgeldrechtliche Ahndung von **Aufsichtspflichtverletzungen** – und damit letztlich die gesamte Compliance-Thematik – ist rechtsgeschichtlich in Deutschland nicht neu. Die Entwicklungsgeschichte von § 130 OWiG lässt sich vielmehr zurückverfolgen bis zu § 188 der Preußischen Gewerbeordnung von 1845,[377] der strukturell

---

370 Vgl. Kap. 20.
371 Vgl. z. B. § 62 Abs. 1 i. V. m. §§ 4 ff. BImSchG, § 46 Abs. 1 i. V. m. §§ 4b ff. AtG.
372 Instruktiv zu den Gleichbehandlungsvorschriften des Energiewirtschaftsgesetzes vgl. *Rauch*, CCZ 2011, 175 ff.
373 Vgl. z. B. § 16 i. V. m. §§ 1 ff. AÜG.
374 Vgl. auch *Moosmayer*, Compliance, Rn 39; Wieland/ Steinmeyer/Grüninger/*Zagrosek*, Handbuch Compliance-Management, S. 570 f.; *Grützner/Liesch*, DB 2012, 787 ff.; zu der Frage, ob ein uneingeschränktes Prüfungstestat auf Basis des IDW PS 980 tatbestandsausschließende Wirkung in Bezug auf § 130 OWiG hat vgl. einerseits *Gelhausen/Wermelt*, CCZ 2010, 203, 209 und andererseits *Rieder/Jerg*, CCZ 2010, 201, 202; zu §§ 30, 130 OWiG speziell unter Compliance-Aspekten vgl. Rotsch/*Bock*, Criminal Compliance, § 8 Rn 1 ff.
375 Zur zivilrechtlichen Haftung von Aufsichtspflichtverletzungen vgl. nur Hauschka/Moosmayer/Lösler/ *Pelz*, Corporate Compliance, § 5 Rn 37 ff. m. w. N.; *Moosmayer*, Compliance, 3. Aufl., Rn 47 f.; zur (offenen) Frage der Bußgeld reduzierenden Wirkung von Compliance-Programmen in Kartellbußgeldverfahren vgl. *Krebs/Eufinger/Jung*, CCZ 2011, 213 ff.. Generell zur Auswirkung von Compliance-Management-Maßnahmen auf straf- und ordnungswidrigkeitenrechtliche Sanktionen für Organisationsmängel vgl. eingehend *Kulhanek*, ZWH 2015, 94 ff. Zur Möglichkeit einer Bußgeldreduktion im Rahmen von § 30 OWiG vgl. BGH, Urt. v. 27.4.2022 – 5 StR 278/21, NZWiSt 2022, 410 m. Anm. *Meißner* sowie *Moosbacher*, CCZ 2023, 45 (51).
376 Sollte Art. 9 des „Gesetzes zur Stärkung der Integrität in der Wirtschaft" geltendes Recht werden, würden Complianceverstöße, die nach dem VerSanG sanktioniert werden, vorrangig nach letzterem Gesetz geahndet. Außerdem gilt im Geltungsbereich des VerSanG das Legalitätsprinzip (vgl. § 3 Abs. 1 VerSanG); zum VerSanG vgl. Kap. 4 Rn 71.
377 Allgemeine Gewerbeordnung v. 17.1.1845 (Gesetz-Sammlung, S. 41). § 188 PrGewO lautet: „Sind polizeiliche Vorschriften von dem Stellvertreter eines Gewerbetreibenden bei Ausübung des Gewerbes übertreten worden, so ist die Strafe zunächst gegen den Stellvertreter festzusetzen; ist die Übertretung mit Vorwissen des Vertretenen begangen worden, so verfallen beide der gesetzlichen Strafe."

weitgehend gleich mit dieser Vorschrift ist.[378] Neben §§ 30, 130 OWiG finden sich auch spezialgesetzliche Regelungen zu Aufsichtspflichtverletzungen, die im Falle von Organisationsmängeln ergänzend Anwendung finden können.[379]

Von einer Haftung wegen einer Aufsichtspflichtverletzung zu unterscheiden ist die unmittelbare straf- oder bußgeldrechtliche Verantwortlichkeit im Falle der Verwirklichung eines **Straf- oder Bußgeldtatbestandes durch einen Dritten**. Sogenannter **Beteiligter** (Anstifter) im Sinne von § 14 OWiG an einer von einem Dritten begangenen Ordnungswidrigkeit ist jeder, der die Ordnungswidrigkeit duldet bzw. von ihr weiß und sie nicht verhindert.[380] In entsprechender Weise kann jemand nach den von der Rechtsprechung entwickelten Grundsätzen zur Organisationsherrschaft[381] verfolgt werden. Die Duldung von Mitarbeiterdiebstählen aus dem Warenlager durch Vorgesetzte stellt einen typischen Anwendungsfall dieser Konstellation dar.

Die **Sanktionen** wegen eines **Verstoßes gegen §§ 30, 130 OWiG** können drastisch ausfallen.[382] Eine vorsätzliche Verletzung einer Straf- oder Bußgeldvorschrift im Rahmen von § 30 Abs. 1 OWiG kann mit einer Geldbuße bis 10 Mio. € geahndet werden (§ 30 Abs. 2 S. 1 Nr. 1 OWiG).[383] Eine fahrlässige Verletzung kann mit bis zu 5 Mio. € **Buße** belegt werden (§ 30 Abs. 2 S. 1 i.V.m. Nr. 2 OWiG). Die Buße trifft das aufsichtspflichtige Unternehmen. Bei einem Verstoß gegen eine Straf- oder Bußgeldnorm im Rahmen von § 130 Abs. 1 OWiG lauten die regelmäßigen Maximalbeträge 500.000 € bzw. 1 Mio. € (§ 103 Abs. 3 S. 1; § 17 Abs. 2 OWiG). Unter bestimmten Voraussetzungen können diese Beträge aber überschritten werden (130 Abs. 3 S. 2 bis 4 OWiG). Im Falle des § 130 OWiG trifft die Bußgeldpflicht allerdings die Führungskraft **persönlich**, das heißt es ist aus ihrem **versteuerten Vermögen** zu zahlen.

Alle Maximalbeträge können überschritten werden. Wenn der Aufsichtspflichtige bzw. das Unternehmen aus der begangenen Ordnungswidrigkeit und/oder einer gleichzeitig verübten Straftat einen höheren Vorteil erlangt, kann die Buße auch höher festgesetzt werden (§ 17 Abs. 4 Satz 2 OWiG).[384] Dies kann insbesondere bei massiven Kartellrechtsverstößen zum Tragen kommen.[385] Prominente Beispiele für eine massive

---

378 Zur geschichtlichen Entwicklung vgl. näher KarlsruherKomm-OWiG/*Rogall*, § 130 Rn 7 m.w.N.
379 Vgl. dazu Hauschka/Moosmayer/Lösler/*Pelz*, Corporate Compliance, § 5 Rn 3; BGH, Beschl. v. 4.2.1986 – KRB 11/85 – NStZ 1986, 367 f., zur presserechtlichen Aufsichtspflicht.
380 Vgl. Hauschka/Moosmayer/Lösler/*Pelz*, Corporate Compliance, § 5 Rn 5.
381 Vgl. dazu nur BGH, Urt. v. 26.7.1994 – 5 StR 98/94 – BGHSt 40, 218, 236 ff.; Hauschka/Moosmayer/Lösler/ *Pelz*, Corporate Compliance, § 5 Rn 5 m.w.N.
382 Zur Relevanz der Ausgestaltung eines Compliance-Management-Systems für die Bemessung der Bußgeldhöhe vgl. BGH, Urt. v. 9.5.2017 – 1 StR 265/16 – BeckRS 2017, 114578, Rn 118.
383 Zur drastischen Erhöhung (Verzehnfachung!) der bislang geltenden Höchstbeträge (1 Mio. € bzw. 500.000 €) sowie zur Erleichterung zur Bußgeldfestsetzung bei (Gesamt-)Rechtsnachfolgen vgl. *Hugger*, BB 2012, 2125 ff.; *Altenburg/Purkert*, BB 2014, 649, 650 f.
384 Vgl. auch Hauschka/Moosmayer/Lösler/*Pelz*, Corporate Compliance, § 5 Rn 3, Fn 7.
385 Zu dem Vorschlag einer Neufassung von §§ 30, 130 OWiG vgl. *Beulke/Moosmayer*, CCZ 2014, 146 ff.; *Grützner*, CCZ 2015, 56, 57 ff., 60 ff.; *Makowicz*, CB 2015, 45, 47.

Überschreitung der Maximalbeträge gab es im Rahmen des sog. Abgasskandals. Im Jahre 2018 wurde gegen die Volkswagen AG von der Staatsanwaltschaft Braunschweig ein Bußgeldbescheid in Höhe von 1 Mrd. € erlassen. Der Großteil dieser Summe (995 Mio. €) konnte trotz der gesetzlich festgelegten Maximalbeträge aufgrund des § 17 Abs. 4 S. 2 OWiG eingefordert werden.[386]

180 Im Jahre 2019 wurde auch die Daimler AG mit einem für deutsche Verhältnisse außergewöhnlich hohen Bußgeld i. H. v. 870 Mio. € belegt.[387]

2. § 130 Abs. 1 OWiG

181 Nach § 130 Abs. 1 OWiG macht sich bußgeldpflichtig, wer als Inhaber eines Betriebes oder Unternehmens vorsätzlich oder fahrlässig diejenigen Aufsichtsmaßnahmen unterlässt, die erforderlich und zumutbar sind, um einen Verstoß gegen betriebsbezogene Pflichten zu verhindern, deren Verletzung mit Strafe oder Geldbuße bedroht ist und der Verstoß durch gehörige Aufsichtsmaßnahmen hätte verhindert oder wesentlich erschwert werden können.

182 Die wesentlichen Elemente dieser Vorschrift sollen nachfolgend näher betrachtet werden.[388]

a) Normadressaten

183 Adressat von § 130 Abs. 1 OWiG ist in erster Linie der „**Inhaber**" eines **Betriebes oder Unternehmens**. Bei juristischen Personen (also insbesondere bei AG und GmbH) ist dies **jedes Mitglied des Vorstandes bzw. der Geschäftsführung**. Bei Personenhandelsgesellschaften (also insbesondere bei KG oder OHG) ist jeder geschäftsführende Gesellschafter erfasst.[389]

184 Als Inhaber im Sinne von § 130 Abs. 1 OWiG sind aber auch diejenigen erfasst, die rechtsgeschäftlich (also insbesondere durch Arbeitsvertrag, durch Übertragung handelsrechtlicher Vertretungsmacht wie **Prokura** oder Handlungsvollmacht) beauftragt wurden, einen Betrieb ganz oder teilweise zu leiten (§ 9 Abs. 2 Nr. 1 OWiG, § 14 Abs. 2 Nr. 1 StGB). Dies trifft insbesondere auf Leiter von operativen Einheiten zu, aber auch

---

386 Vgl. hierzu https://staatsanwaltschaft-braunschweig.niedersachsen.de/startseite/aktuelles/presse informationen/vw-muss-bugeld-zahlen-174880.html; hierzu auch *Grützner/Boerger/Momsen*, CCZ 2018, 50.
387 *Preuß*, Daimler muss 870 Mio. € Diesel-Buße zahlen, faz.net v. 24.9.2019, abrufbar unter https://www.faz.net/aktuell/wirtschaft/unternehmen/daimler-muss-870-millionen-euro-strafe-im-dieselskandal-zahlen-16400743.html.
388 Eingehend zu dieser Norm unter Compliance-Aspekten vgl. *Bock*, Criminal Compliance, S. 362 ff.
389 Vgl. nur Hauschka/Moosmayer/Lösler/*Pelz*, Corporate Compliance, § 5 Rn 8 ff.; zur Anwendung von § 130 OWiG auf Konzernsachverhalte vgl. OLG München, Beschl. v. 23.9.2014 – 3 Ws 599/14, 3 Ws 600/14 – CCZ 2016, 44 ff. (m. Anm. *Caracas*).

die Leiter von Einheiten der Linienorganisationen, wie Finanz- und Rechnungswesen, Einkauf, Interne Revision, Recht, Compliance oder Personal. Gleiches gilt für Leiter von Zweigniederlassungen oder Zweigbetrieben.[390] Gemäß § 9 Abs. 2 Nr. 2 OWiG, § 14 Abs. 2 Nr. 2 StGB gilt Entsprechendes für alle eigenverantwortlich handelnden Beauftragten des Unternehmens, wie z.B. Sicherheits-, Arbeits-, Umweltschutz oder Strahlenschutzbeauftragte.[391] Danach dürfte auch der Gleichstellungsbeauftragte gem. § 8 Abs. 5 EnWG von diesem Normzweck erfasst sein.

185 Im Falle einer Aufgabendelegation bleibt dem Inhaber immer die Pflicht zur ordnungsgemäßen Beaufsichtigung desjenigen, auf den die Aufgabenerledigung übertragen wurde. In Kollegialorganen (Vorstände, Geschäftsführungen) verbleibt es bei besonders wichtigen Angelegenheiten trotz interner Geschäftsverteilung bei der Verantwortlichkeit aller Organmitglieder.[392]

186 Die vorstehenden Grundsätze dürften im Konzernverhältnis entsprechend gelten, d.h., der Vorstand/die Geschäftsführung der Muttergesellschaft ist auch aufsichtspflichtig gegenüber den Vorständen/Geschäftsführungen der Konzerngesellschaften.[393]

187 Für Unternehmen der Daseinsvorsorge ist wichtig zu wissen, dass die Regelung des § 130 Abs. 1 OWiG uneingeschränkt auch für öffentliche Unternehmen gilt (§ 130 Abs. 2 OWiG). Erfasst sind **öffentliche Unternehmen** unabhängig von ihrer Rechtsform, d.h. Eigen- und Regiebetriebe sind ebenso umfasst wie rechtsfähige Anstalten des öffentlichen Rechts oder Unternehmen in Privatrechtsform, wenn der Staat oder eine seiner Untergliederungen wirtschaftlich ganz oder teilweise hinter dem Unternehmen steht.[394]

b) Erforderliche/zumutbare Aufsichtsmaßnahmen

188 Voraussetzung für eine **Verantwortlichkeit** gem. § 130 Abs. 1 OWiG ist die Verletzung „gehöriger" Aufsichtspflichten. Nach § 130 Abs. 1 S. 2 OWiG gehört zu den „erforderlichen" Aufsichtsmaßnahmen auch die Bestellung, sorgfältige Auswahl und Überwachung von Aufsichtspersonen.

189 Ganz generell geht es damit um das Unterlassen von Aufsichtsmaßnahmen, die erforderlich und zumutbar sind.[395] Was dies konkret bedeutet, kann nach der Recht-

---

390 Ähnlich Hauschka/Moosmayer/Lösler/*Pelz*, Corporate Compliance, § 5 Rn 11.
391 Vgl. auch Hauschka/Moosmayer/Lösler/*Pelz*, Corporate Compliance, § 5 Rn 12.
392 Vgl. nur Hauschka/Moosmayer/Lösler/*Pelz*, Corporate Compliance, § 5 Rn 13.
393 Diese Auffassung ist nicht unumstritten. Insbesondere die Frage, welche Einflussmöglichkeiten die Obergesellschaft auf die Konzerngesellschaften haben muss, wird kontrovers diskutiert; vgl. dazu nur KarlsruherKomm-OWiG/*Rogall*, § 130 Rn 27 m.w.N.; a.A. dagegen Hauschka/Moosmayer/*Pelz*, Corporate Compliance, § 5 Rn 19 m.w.N. der Rechtsprechung.
394 Vgl. ähnlich auch KarlsruherKomm-OWiG/*Rogall*, § 130 Rn 30, 31.
395 Vgl. KarlsruherKomm-OWiG/*Rogall*, § 130 Rn 38ff., 51f. m.w.N. der Rechtsprechung; Hauschka/Moosmayer/Lösler/*Pelz*, Corporate Compliance, § 5 Rn 15.

sprechung nur im Einzelfall bestimmt werden.[396] Orientierungspunkte sind hier insbesondere Art, Größe und Organisation des Unternehmens, Risikobehaftetheit der Unternehmenstätigkeit (technisch z. B. Betrieb von Anlagen; ökonomisch z. B. Wettbewerbsmaßnahmen), Anzahl der Mitarbeiter, Rechtsverstöße in der Vergangenheit sowie die Stellung/Position des Aufsichtspflichtigen und die tatsächlichen Überwachungsmöglichkeiten.[397]

190 Das Unternehmen ist nicht zu einer flächendeckenden, lückenlosen Kontrolle verpflichtet, sondern darf – bei Fehlen gegenteiliger Indizien – grundsätzlich ein sog. **erlaubtes Risiko** eingehen und sich entsprechend dem sog. **Vertrauensgrundsatz** darauf verlassen, dass die Mitarbeiter sich regelkonform (compliant) verhalten.[398] Gefordert sind außerdem nur Aufsichtsmaßnahmen, die mit hoher Wahrscheinlichkeit (nicht mit absoluter Sicherheit) Gewähr dafür bieten, dass Regelverstöße verhindert werden.[399]

191 Bei allen **Aufsichtsmaßnahmen** ist immer auch die Beachtung der Würde der Mitarbeiter zu respektieren. Jede unverhältnismäßige, das Betriebsklima übermäßig belastende Ausforschung hat daher zu unterbleiben. Nicht zumutbar sind also Aufsichtsmaßnahmen, die **schikanös** oder **entwürdigend** sind oder zu einer übermäßigen Bürokratisierung führen würden.

192 Eine abschließende Aufzählung der erforderlichen und zumutbaren Aufsichtsmaßnahmen ist daher nicht möglich. Ganz generell kann jedoch festgestellt werden, dass zu einer „gehörigen" Aufsicht die Beachtung folgender Pflichten gehört:[400]
- sorgfältige Auswahl bei der Einstellung und Aufgabenbetrauung von Mitarbeitern,
- Einführung/Weiterentwicklung einer sachgerechten Unternehmensorganisation und präzisen Aufgabenverteilung,
- ständige Instruktion/Information der Mitarbeiter über die zu erfüllenden Aufgaben und Pflichten,
- angemessene Überwachung/Kontrolle (Stichproben) der ordnungsgemäßen Aufgabenerfüllung durch die Mitarbeiter sowie
- Androhung/Verhängung von angemessenen Sanktionen bei festgestellten Pflichtverstößen.

193 Da eine Aufsichtspflicht lediglich hinsichtlich **betriebsbezogener Pflichten** besteht,[401] erstreckt sich diese Pflicht auch nur auf Personen, die mit der Wahrung von betrieblichen Aufgaben beauftragt sind, das heißt jedoch nicht, dass sie zwingend Mitarbeiter des Unternehmens sein müssen. Letzteres ist vor allem bei der Beauftragung von Sub-

---

396 KarlsruherKomm-OWiG/*Rogall*, § 130 Rn 43 m. w. N. der Rechtsprechung.
397 Vgl. auch Hauschka/Moosmayer/Lösler/*Pelz*, Corporate Compliance, § 5 Rn 15 m. w. N.
398 Vgl. dazu etwa *Bock*, Criminal Compliance, S. 681ff., 707ff.
399 Vgl. zum Ganzen nur KarlsruherKomm-OWiG/*Rogall*, § 130 Rn 45 m. w. N.
400 Vgl. nur KarlsruherKomm-OWiG/*Rogall*, § 130 Rn 42, 53ff. m. w. N.; Hauschka/Moosmayer/Lösler/*Pelz*, Corporate Compliance, § 5 Rn 20ff.
401 Vgl. dazu instruktiv BGH, Urt. v. 20.10.2011 – 4 StR 71/11 – ZWH 2012, 338, 339.

unternehmern sowie der Einschaltung von Leiharbeitern von Relevanz.[402] Bei Unternehmen ist dies z.B. virulent, wenn Subunternehmer in der Produktion eingesetzt werden; gleiches gilt aber auch für externe Reinigungs- und Sicherheitskräfte.

Bei Subunternehmern besteht also keine **Aufsichtspflicht**, sofern sie keine innerbetrieblichen Aufgaben wahrnehmen,[403] sondern im eigenen Interesse handeln. Aber auch im letzteren Fall können sich aus dem Aspekt der Verkehrssicherungspflicht Überwachungspflichten ergeben, die im Rahmen von § 130 Abs. 1 OWiG relevant sind.[404]

c) Verstoß gegen betriebsbezogene Pflichten

Ein Verstoß gegen eine **Aufsichtspflicht** kann nur gem. § 130 Abs. 1 OWiG geahndet werden, wenn im Betrieb/Unternehmen ein straf-/bußgeldbewehrter Verstoß gegen eine Pflicht begangen wurde, die den **Inhaber** selbst trifft.

Damit stellt sich die Frage, welche **Pflichtverstöße von Mitarbeitern** im Rahmen von § 130 Abs. 1 OWiG überhaupt relevant sind. Unzweifelhaft erfasst sind alle sog. **Sonderdelikte**, also Ge- und Verbote, die sich an den Inhaber des Betriebes/Unternehmens als Betreiber einer Anlage, als Arbeitgeber (Arbeitsschutz- und Sicherheitsregeln), als Fahrzeughalter und Ähnliches richten.[405] In der Rechtsliteratur wird überwiegend bejaht, dass auch Allgemeindelikte, wie Betrug, Untreue, Korruptionsdelikte im Privatrechtsverkehr, unter Amtsträgern betriebsbezogene Taten sein können, wenn sie im Zusammenhang mit der Führung eines Betriebes/Unternehmens stehen.[406] Insbesondere im Bereich der Korruption dürfte diese weite Auslegung für Unternehmen von Interesse sein.

3. § 30 OWiG

In Ergänzung zu § 130 Abs. 1 OWiG, das heißt zur Vermeidung einer Besserstellung von juristischen Personen gegenüber natürlichen Personen und damit zur Vermeidung von

---

[402] Hauschka/Moosmayer/Lösler/*Pelz*, Corporate Compliance, § 5 Rn 18; KarlsruherKomm-OWiG/*Rogall*, § 130 Rn 108.
[403] So OLG Hamm, Beschl. v. 27.2.1992 – Ss OWi 652/91 – NStZ 1992, 499 f.; BayObLG, Beschl. v. 18.2.1998 – 4 St RR 2/98 – NStZ 1998, 575 f.
[404] Ähnlich Hauschka/Moosmayer/Lösler/*Pelz*, Corporate Compliance, § 5 Rn 18, Fn 49 m.w.N. der Rechtsprechung.
[405] Ähnlich Hauschka/Moosmayer/Lösler/*Pelz*, Corporate Compliance, § 5 Rn 4.
[406] Vgl. die instruktive Übersicht über den Meinungsstand bei KarlsruherKomm-OWiG/*Rogall*, § 130 Rn 82 ff.; bejahend Hauschka/Moosmayer/Lösler/*Pelz*, Corporate Compliance, § 5 Rn 4; zur Relevanz von §§ 30, 130 OWiG im Rahmen von sog. Kickbacks vgl. *Gerst/Meinecke*, CCZ 2011, 96, 99 ff.; zum Untreuevorwurf im Zusammenhang mit riskanten Managemententscheidungen vgl. BGH, Urt. v. 12.10.2016 – 5 StR 134/15 – m. Anm. *Weile/Lingert*, CB 2017, 344 ff. sowie BGH, Urt. v. 21.2.2017 – 1 StR 296/16 – NJW 2018, 177 ff., in Bezug auf Verstöße gegen öffentlich-rechtliche Haushaltsvorgaben (gemeindehaushaltsrechtliches Spekulationsverbot).

Strafbarkeitslücken,[407] kann gem. § 30 Abs. 1 OWiG eine **Geldbuße gegen das Unternehmen** (juristische Person/Personenvereinigung)[408] selbst verhängt werden, wenn ein vertretungsberechtigtes Organ (das heißt dessen Mitglieder), ein leitender Angestellter oder ein sonstiger Aufsichtspflichtiger eine Straftat oder eine Ordnungswidrigkeit begangen hat und dadurch entweder eine betriebsbezogene Pflicht verletzt wurde oder das Unternehmen bereichert wurde/werden sollte.

198   Die wesentlichen Elemente dieser Vorschrift sollen nachfolgend näher erläutert werden.

a) Normadressaten

199 Normadressaten von § 30 Abs. 1 OWiG sind **juristische Personen** und **Personenvereinigungen**.

200   Gemeint sind damit sowohl juristische Personen des Privatrechts (z.B. AG, GmbH) als auch rechtsfähige Personengesellschaften (z.B. OHG, KG, Außen-GbR).[409] Nach herrschender Meinung sind auch Anstalten und Stiftungen sowie Körperschaften des öffentlichen Rechts erfasst,[410] was insbesondere für kommunale Eigen- und Regiebetriebe im Bereich der Energie- und Wasserversorgung von Relevanz ist.

b) Täterkreis der Bezugstat

201 Voraussetzung für die Festsetzung einer Geldbuße gem. § 30 Abs. 1 OWiG gegen ein Unternehmen ist, dass eine Straftat/Ordnungswidrigkeit von einer Person begangen wurde, die in § 30 Abs. 1 S. 1 Nr. 1 bis 5 OWiG genannt sind.

202   Ähnlich wie bei § 130 Abs. 1 OWiG sind hier die Mitglieder des **Vorstandes/der Geschäftsführung** eines Unternehmens ebenso erfasst wie **leitende Angestellte** jeder Art, also insbesondere Generalbevollmächtigte, Prokuristen oder Handlungsbevollmächtigte.[411] Hinzu kommen die schon bei § 130 Abs. 1 OWiG erwähnten Personen mit speziellen Kontrollbefugnissen.[412] Bei § 30 Abs. 1 OWiG ist zu beachten, dass Mitglieder des Aufsichtsrats mangels Vertretungsbefugnis nicht Täter einer Bezugstat sein können.[413] Externe Rechnungs- oder Wirtschaftsprüfer dürften ebenfalls nicht erfasst sein, da sie

---

407 Vgl. KarlsruherKomm-OWiG/*Rogall*, § 30 Rn 17.
408 Vgl. dazu etwa *Bock*, Criminal Compliance, S. 265f. Zur Frage der Bußgeldpflichtigkeit gem. § 30 OWiG bei unzureichender Compliance-Organisation vgl. insbesondere *BGH*, Urt. v. 9.5.2017 – 1 StR 265/16 (BeckRS 2017/114578).
409 Vgl. nur KarlsruherKomm-OWiG/*Rogall*, § 30 Rn 33ff.
410 Vgl. KarlsruherKomm-OWiG/*Rogall*, § 30 Rn 35ff. m.w.N.
411 Vgl. oben Rn 9ff.
412 Vgl. oben Rn 204ff.
413 Vgl. KarlsruherKomm-OWiG/*Rogall*, § 30 Rn 85.

Dessau/Fischer/Schäfer

keine Vertretungsbefugnis haben und auch keinen Einfluss auf die Verwaltung des Unternehmens ausüben.

c) Bezugstat
Die Verhängung einer Geldbuße gem. § 30 Abs. 1 OWiG gegen ein Unternehmen setzt weiterhin voraus, dass jemand aus dem vorstehend umrissenen Täterkreis eine **Straftat/Ordnungswidrigkeit** begangen hat,
- durch welche eine Pflicht verletzt wird, die das Unternehmen selbst trifft, oder
- durch die das Unternehmen bereichert worden ist.

203

aa) Betriebsbezogene Pflicht
Damit stellt sich zunächst die Frage, wann eine „betriebsbezogene" Pflicht im vorstehenden Sinne vorliegt.[414] Angesichts des nahezu deckungsgleichen Wortlauts von § 130 Abs. 1 und § 30 Abs. 1 OWiG an dieser Stelle – in § 30 Abs. 1 OWiG fehlen insoweit lediglich die Worte „als solche" – liegt es nahe, hier auf die entsprechenden Ausführungen zu § 130 Abs. 1 OWiG zu verweisen.[415] Bei § 30 Abs. 1 OWiG kommt daher lediglich noch hinzu, dass auch ein Verstoß gegen § 130 OWiG selbst eine Bezugstat gem. § 30 Abs. 1 OWiG ist. Die **Aufsichtspflichtverletzung** gem. § 130 Abs. 1 OWiG führt damit über § 30 Abs. 1 OWiG letztlich zu einem „Durchgriff" auf das Unternehmen, wenn ein von § 30 Abs. 1 OWiG erfasster Bezugstäter seine Aufsichtspflicht verletzt hat.[416]

204

bb) Bereicherung
Eine Bereicherung des Unternehmens im Sinne von § 30 Abs. 1 OWiG liegt bei **jeder günstigeren Gestaltung** der Vermögenslage des Unternehmens vor. Damit sind auch mittelbare Vorteile erfasst, wie etwa eine durch Bestechung oder Kartellrechtsverstoß verbesserte Wettbewerbssituation. Der aus solchen Taten erlangte Vorteil kann im Wege der Schätzung bestimmt und abgeschöpft werden (§ 29a Abs. 1, Abs. 3 S. 1 OWiG).[417]

205

---

414 So auch KarlsruherKomm-OWiG/*Rogall*, § 30 Rn 89 ff.
415 Ähnlich letztlich auch KarlsruherKomm-OWiG/*Rogall*, § 30 Rn 90, der die genannte Diskrepanz im Wortlaut nutzt, um von § 30 OWiG auch die sog. allgemeinen Delikte als erfasst anzusehen, vgl. KarlsruherKomm-OWiG/*Rogall*, § 30 Rn 90, 93; anders dagegen für § 130 OWiG, vgl. KarlsruherKomm-OWiG/*Rogall*, § 130 Rn 102 ff.
416 KarlsruherKomm-OWiG/*Rogall*, § 30 Rn 92.
417 KarlsruherKomm-OWiG/*Rogall*, § 30 Rn 100 m.w.N.

Kapitel 6
Maßnahmen und Regelwerke

A. Überblick

1 Kernfunktion von Compliance ist die Vermeidung von Regelverstößen aller Art im Unternehmen.[1]

2 In Kapitel 2 dieses Buches[2] wurden bereits die wesentlichen gesetzlichen Vorgaben beschrieben und erläutert, die (auch) mittelständische Unternehmen in der Praxis zu beachten haben, wenn Nachteile materieller und immaterieller Art vermieden werden sollen, die aus Gesetzesverstößen resultieren können. Compliance als risikomitigierende Unternehmensfunktion zielt darauf ab, derartige Verstöße zum einen durch sachgerechte organisatorische Vorkehrungen möglichst gering zu halten oder gar auszuschließen; darauf wurde im vorangegangenen Kapitel näher eingegangen.[3] Die Unternehmenspraxis hat gezeigt, dass es für die **Minimierung/Vermeidung von Regelverstößen** äußerst nützlich sein kann, organisatorisch-strukturelle Vorkehrungen um klare Handlungsanweisungen für Mitarbeiter zu ergänzen.[4] Derartige Regelwerke ermöglichen es, im Unternehmen ausgewählte Sachverhalte und Prozesse in effizienter Weise unternehmensweit eindeutig zu gestalten. Sie dienen dem Unternehmen bei der Erfüllung ihrer Organisationspflichten und verschaffen den Mitarbeitern ein klares Bild über das von ihnen im Betrieb erwartete Verhalten.

3 Wegen der verhaltenssteuernden Wirkung sollte die Einführung (nicht unbedingt ihre Konzeptionierung) nicht ohne Einbeziehung des Betriebsrates erfolgen.[5] Es ist nicht auszuschließen, dass die nachstehend näher beschriebenen Regelwerke zumindest in Teilen nach § 87 Abs. 1 BetrVG[6] mitbestimmungspflichtig sind.[7] Unabhängig davon emp-

---

[1] Vgl. dazu Kap. 4 Rn 1 ff.
[2] Vgl. Kap. 2 Rn 1 ff.
[3] Vgl. Kap. 5 Rn 1 ff.
[4] Zu sonstigen Präventionsmaßnahmen vgl. Kap. 5 Rn 80 ff.
[5] Ähnlich Wieland/Steinmeyer/Grüninger/*Pütz*, Handbuch Compliance-Management, S. 369; *Stork*, CB 2013, 89, 91; *Bittmann/Mujan*, BB 2012, 637 ff.; *Bittmann/Mujan*, BB 2012, 1604 ff.
[6] Betriebsverfassungsgesetz (BetrVG) v. 25.9.2001 (BGBl. I S. 2518), zuletzt geändert durch Gesetz v. 16.9.2022 (BGBl. I S. 1454).
[7] Vgl. dazu nur *Kock*, ZIP 2009, 1406 ff. m.w.N., der sich auch mit der Frage der arbeitsrechtlichen Einführung von Regelwerken – über das Direktionsrecht des Arbeitgebers, mittels Ergänzung des Arbeitsvertrages oder durch Betriebsvereinbarung – befasst, *Kock*, ZIP 2009, 1406, 1410 ff. Vgl. näher zur Thematik auch *Neufeld/Knitter*, BB 2013, 821, 822 ff. Vgl. ebenfalls *Hohmuth*, BB 2014, 3061 ff., der neben den mitbestimmungsrechtlichen auch die individual-arbeitsrechtlichen Aspekte von Compliance-Richtlinien instruktiv behandelt.

fiehlt sich eine möglichst frühzeitige Einbeziehung des Betriebsrates auch aus Gründen der Akzeptanzerhöhung – ein Regelwerk, das die ausdrückliche Befürwortung der Arbeitnehmervertretung hat, sollte von Beginn an eine hohe Akzeptanz in der Mitarbeiterschaft finden.[8]

Aus der Vielzahl der existierenden und denkbaren Regelwerke mit Compliance-Bezug soll nachfolgend nur eine Auswahl dargestellt werden, bei der unterstellt werden kann, dass sie auch für mittelständische Unternehmen von Interesse ist.[9]

Zu Beginn sollen deshalb Ethikregeln dargestellt werden, die den Mitarbeitern generelle **Wertmaßstäbe** für ihr Verhalten als Unternehmensangehörige an die Hand geben.[10] Wie sich Mitarbeiter in der komplexen Situation einer behördlichen Durchsuchung idealerweise verhalten sollten, wird in sog. Durchsuchungsrichtlinien geregelt.[11] Auf eine compliancefeste Ausgestaltung der betrieblichen Beschaffungsvorgänge zielen sog. Beschaffungsrichtlinien ab.[12] Wie Mitarbeiter idealerweise mit Einladungen, Geschenken oder sonstigen zu gewährenden oder entgegenzunehmenden Vorteilen umgehen sollten, wird in sog. Incentive-Richtlinien[13] festgelegt. Auch der sachgerechte Umgang mit Öffentlichkeitsmedien ist für viele keine Selbstverständlichkeit und bedarf daher klarer Vorgaben.[14] Den Abschluss bildet sodann ein Überblick über sonstige Regelwerke, die sich auch in der Praxis von mittelständischen Unternehmen als nützlich erwiesen haben.[15]

---

[8] Allgemein zum Prozess zur Einführung von unternehmensinternen Regelwerken vgl. instruktiv *Stork*, CB 2013, 89ff.
[9] Zu Struktur und Inhalt sowie zu den im Wesentlichen durch unternehmensinterne Regelwerke abzudeckenden Bereichen vgl. instruktiv Rotsch/*Moosmayer*, Criminal Compliance, § 34 A. Rn 56ff.; zur Notwendigkeit, das Compliance-Regelwerk übersichtlich und für die Beschäftigten verständlich zu gestalten vgl. *Schieffer*, CCZ 2017, 47ff.; zur Relevanz eines Verhaltenskodex im Rahmen von Geschäftsanbahnungen vgl. *Tabbert*, CCZ 2017, 225ff.; zur Nützlichkeit von Compliance-Checklisten vgl. *Umnuß*, Corporate Compliance Checklisten, 5. Aufl.; zu möglichen damit verbundenen (Strafbarkeits-)Risiken dagegen *Happ/Fischer*, CB 2019, 346ff. im Rahmen einer Besprechung von BGH, Beschl. v. 13.12.2018 – 5 StR 275/18 – CB 2019, 351ff.
[10] Vgl. Rn 6ff.
[11] Vgl. Rn 11ff.
[12] Vgl. Rn 24ff.
[13] Vgl. Rn 45ff.
[14] Vgl. Rn 69ff.
[15] Vgl. Rn 81ff.

B. Ethikregeln (Code of Conduct)

I. Zielsetzung/Funktion

6   Ethikregeln[16] stellen das **moralisch-ethische „Grundgesetz"** eines Unternehmens dar. Sie bilden für alle Unternehmensangehörigen die fundamentale Messlatte für ihr Verhalten im Unternehmen und möglicherweise auch darüber hinaus. Nach ihrer Einführung, insbesondere nach ihrer Übersendung an die Mitarbeiter, sind die Ethikregeln faktisch öffentlich. Die anschließende Veröffentlichung der Regeln auf der Website des Unternehmens sollte die logische Konsequenz einer transparenten Öffentlichkeitsarbeit des Unternehmens sein.[17] Das Unternehmen muss sich also bewusst sein, dass die Öffentlichkeitsmedien künftig jedes Verhalten von Unternehmensangehörigen, insbesondere natürlich der Unternehmensleitung, an diesen Regeln messen werden. Vor allem Energieversorgungsunternehmen, die seit längerem eine erhöhte Medienaufmerksamkeit in Deutschland zu verzeichnen haben, sollten diesen Effekt vor Augen haben.[18]

7   Vor allem wegen der (faktischen) Öffentlichkeitswirkung muss sich das Unternehmen daher **vor Einführung von Ethikregeln** bewusst sein, dass alle zu formulierenden Ziele und Vorgaben auch tatsächlich vom Unternehmen und seinen Angehörigen in der täglichen Praxis eingehalten werden können. Dabei ist der Status quo des Geschäfts ebenso in den Blick zu nehmen wie etwa geplante Erweiterungen der Unternehmensaktivitäten, sei es inhaltlich, sei es geografisch. Eine Konsistenzprüfung vor Einführung von Ethikregeln und deren ständige Überprüfung und Aktualisierung sollte daher zwingend eingeplant werden.[19] Eine klare Ablehnung von jeder Beteiligung an Korruptionsaktivitäten dürfte bei einem auf Deutschland fokussierten Geschäft noch vergleichsweise einfach zu praktizieren sein. Sobald jedoch Geschäftsaktivitäten insbesondere in Asien, Russland oder China hinzukommen, kann die Einhaltung dieser Ablehnung unerwartet schnell mit operativen und finanziellen Zielen konfligieren. Auch ein Bekenntnis zum Umwelt- und Naturschutz kann bei bestimmten Produktionsbedingungen

---

16 Vgl. auch das Muster eines Code of Conduct bei Inderst/Bannenberg/Poppe/*Inderst/Steiner*, Compliance, Anh. 2, S. 776ff., sowie die eingehende Darstellung der Thematik bei Wieland/Steinmeyer/Grüninger/ *Grüninger/Butscher*, Handbuch Compliance-Management, S. 145ff. Zur regelmäßig zu verneinenden Einordnung eines Verhaltenskodex mit Lieferanten als Vertrag zugunsten Dritter vgl. LG Dortmund, Urt. v. 10.1.2019 – 7 O 95/15 – CCZ 2020, 103 mit Anm. *Johnson*.
17 Instruktiv zur praktischen Ausgestaltung und Einführung eines Code of Conducts *Timmerbeil/Spachmüller*, CB 2013, 221 ff., die auch auf die arbeitsrechtlichen Implikationen der Einführung eingehen; zur Methodik einer effizienten Konzipierung und Einführung eines Verhaltenskodex vgl. auch *Makowicz*, CB 2018, 139ff.
18 Für den Bereich der kommunalen Unternehmen vgl. VKU, Compliance in kommunalen Unternehmen, S. 75ff.
19 Ähnlich Wieland/Steinmeyer/Grüninger/*Wanzek*, Handbuch Compliance-Management, S. 412; PricewaterhouseCoopers/Martin-Luther-Universität Halle-Wittenberg, Compliance und Unternehmenskultur, S. 26, abrufbar unter https://wcms.itz.uni-halle.de/download.php?down=18502&elem=2443028.

schnell zu kontroversen Diskussionen mit Öffentlichkeitsmedien und Umweltschutzverbänden führen. Es kann deshalb ratsam sein, bezüglich solcher ethischen Zugeständnisse, die über gesetzliche Verpflichtungen hinausgehen, eine restriktive Unternehmenspolitik zu praktizieren.[20]

Wichtig ist schließlich auch, die Konsistenz von Ethikregeln und „nachgelagerten" **Verhaltensrichtlinien** für spezielle Bereiche sicherzustellen. So sollte eine Ablehnung von Korruption in den Ethikregeln klare Vorgaben zur Beschäftigung von „Beratern" im Ausland zur Folge haben.[21]

II. Wesentliche Regelungsinhalte

Ethikregeln finden sich heute nahezu in allen Branchen und bei Unternehmen jeder Größenordnung und Ausgestaltung.[22] Dies gilt auch für Energieversorgungsunternehmen. Auch kleinen und mittelgroßen Energieversorgern ist die Einführung von Ethikregeln daher grundsätzlich zu empfehlen.[23]

Die **wesentlichen Inhalte** bzw. **Struktur von Ethikregeln** lassen sich ganz generell wie folgt zusammenfassen:[24]

- Allgemeine Verhaltensgrundsätze
  - **Integres Verhalten**, Bekenntnis zu rechtmäßigem Verhalten, Bekenntnis zum Umweltschutz, zu sozialadäquatem Verhalten (Ehrlichkeit, Verschwiegenheit, Respekt, Nichtdiskriminierung, Diversität), zur gesellschaftlichen Verantwortung

---

[20] Teilweise wird streng zwischen Compliance und sog. Corporate Social Responsibility differenziert, vgl. nur *Hauschka/Moosmayer/Lösler*, § 1 Rn 13; vgl. hierzu auch *Spießhofer*, NZG 2018, 441 ff.
[21] Vgl. auch Wieland/Steinmeyer/Grüninger/*Grüninger/Butscher*, Handbuch Compliance-Management, S. 145 ff.
[22] Vgl. etwa die Verhaltensrichtlinie der Mercedes-Benz Group, Unsere Verhaltensrichtlinie – Das Richtige tun., abrufbar unter https://group.mercedes-benz.com/dokumente/unternehmen/compliance/mercedes-benz-group-ag-verhaltensrichtlinie-de-2023.pdf; die Richtlinie zum geschäftlichen Verhalten von Textron, Business Conduct Guidelines, abrufbar unter https://www.textron.com/assets/BCGs/Textron_BCG_English.pdf; den Code of Conduct der LBBW, abrufbar unter https://www.lbbw.de/rechts-und-kundeninformationen/lbbw-code-of-conduct-en_7v4a6ctuj_m.pdf.
[23] Ähnlich auch Wieland/Steinmeyer/Grüninger/*Grüninger/Butscher*, Handbuch Compliance-Management, S. 145, für mittelständische Unternehmen allgemein. Zu den Implementierungsmöglichkeiten (Direktionsrecht des Arbeitgebers, Vereinbarung im Arbeitsvertrag, Vertriebsvereinbarung) vgl. *Kock*, ZIP 2009, 1406, 1410 f. Zu den insoweit zu beachtenden betrieblichen Beteiligungsrechten des Betriebsrats vgl. BAG, Beschl. v. 17.5.2011 – 1 ABR 121/09 – CCZ 2012, 119 ff. mit Anm. *Stück* = ZWH 2013, 120; vgl. auch *Grimm/Freh*, ZWH 2013, 45 ff.
[24] Vgl. zum Nachfolgenden nur Wieland/Steinmeyer/Grüninger/*Grüninger/Butscher*, Handbuch Compliance-Management, S. 245 ff., sowie die vorstehend genannten Verhaltensrichtlinien (vgl. Fn 22). Zur arbeitsrechtlichen Bewertung von Ethikregeln insbesondere zur Frage der Mitbestimmungspflichtigkeit von Ethikregeln vgl. nur *Kock*, ZIP 2009, 1406, 1408 ff.

- Umgang mit anderen
  - Umgang mit Behörden, Politikern, Arbeitnehmervertretern, Geschäftspartnern, Kollegen und Mitarbeitern
- Vermeidung von Interessenkonflikten
  - Verzicht auf **wettbewerbswidrige Verhaltensweisen**, Verzicht auf Korruption,[25] Geldwäsche, Verhalten bei Auftragsvergaben/Ausschreibungen, Verzicht auf Insiderhandel/marktmissbräuchliche Praktiken
- Umgang mit Informationen
  - Umgang mit Geschäftsgeheimnissen, Bekenntnis zum Datenschutz

C. Verhalten bei behördlichen Durchsuchungen

I. Zielsetzung/Funktion

11 Neben der Polizei und der Staatsanwaltschaft im Strafermittlungsverfahren[26] sind auch diverse andere Behörden in der Lage, sich die Berechtigung zu verschaffen, Wohn- und Geschäftsräume zu durchsuchen. So etwa:
- die Finanzbehörden,[27]
- die nationalen Wettbewerbsbehörden,[28]
- die Europäische Kommission in ihrer Eigenschaft als Kartellbehörde[29] oder auch
- die nationalen Energieregulierungsbehörden.[30]

12 Behördliche Durchsuchungen von Geschäftsräumen sind auch keine Seltenheit. Dies gilt insbesondere im Zusammenhang mit dem Vorwurf von Kartellrechtsverstößen. So hat die Europäische Kommission in der Zeit von 2005 bis 2009 28 Nachprüfungen bei insgesamt 174 Unternehmen durchgeführt. In Deutschland hat das Bundeskartellamt (**BKartA**) allein 2008 20 Durchsuchungen in 78 Unternehmen und 16 Privatwohnungen

---

25 Zur Position der Europäischen Kommission (Generaldirektion Wettbewerb) zur sog. Kartellrechts-Compliance vgl. die Broschüre „Compliance Matters", 2012, abrufbar unter https://op.europa.eu/en/publication-detail/-/publication/78f46c48-e03e-4c36-bbbe-aa08c2514d7a. Dazu auch *Soyez*, CCZ 2012, 25 ff.
26 §§ 98, 105 StPO. Zur Durchsuchung im Unternehmen vgl. *Helck*, CB 2014, 83, 85 ff.; *Szesny*, CB 2014, 159 ff.; *Campos-Nave/Celik*, CB 2014, 256 ff.
27 Vgl. §§ 399, 404 AO i.V.m. §§ 98, 105 StPO.
28 Vgl. §§ 58, 59 GWB. Vgl. dazu instruktiv *Birnstiel/Janka/Schubert*, DB 2014, 467, 472 ff.
29 Vgl. Art. 20 KartellverfahrensVO (VO (EG) 1/2003) v. 16.12.2002 (ABl EU Nr. L 1 S. 1 ff.); vgl. hierzu ausführlich Schulz/*Seeliger*/Heinen/Mroos, Compliance-Management im Unternehmen, S. 602 ff. sowie Inderst/Bannenberg/Poppe/*Geiger*, Compliance, S. 224 ff.; zur Erstreckung der Ermittlungsbefugnisse der EU-Kommission auf sog. E-Raids (Durchsuchung elektronischer Daten) vgl. *Seeliger/Gänswein*, CB 2016, 38 ff.
30 §§ 69, 70 EnWG.

vorgenommen.³¹ Die 2006 bei RWE und E.ON von der Europäischen Kommission vorgenommenen Durchsuchungen³² zeigen, dass z.B. auch Energieversorger von solchen Maßnahmen betroffen sein können.

Die Anordnung und Durchführung einer Durchsuchung sagt zwar noch nichts über das Vorliegen eines Rechtsverstoßes aus, dennoch kann durch eine solche Maßnahme der **Geschäftsablauf nachhaltig beeinträchtigt** werden,³³ insbesondere wenn es im Rahmen der Durchsuchung zu umfangreichen Beschlagnahmungen von Unternehmensunterlagen und -gegenständen wie IT-Komponenten kommt. Je besser deshalb ein Unternehmen und seine Mitarbeiter auf behördliche Durchsuchungsmaßnahmen vorbereitet sind, umso weniger besteht das Risiko, dass es in Folge dieses Eingriffs zu substantiellen ökonomischen³⁴ Nachteilen für das Unternehmen kommt.³⁵ 13

Ein wichtiger Teilaspekt dieser Vorbereitung der Mitarbeiter sind sog. **Durchsuchungsrichtlinien**, die nachfolgend näher beschrieben werden sollen.³⁶ 14

II. Wesentliche Regelungsinhalte

Eine Richtlinie, die den gesamten Durchsuchungsakt³⁷ abdecken will, könnte z.B. nach folgenden Abschnitten strukturiert werden:³⁸ 15
- Ankunft der Durchsuchungspersonen beim Unternehmen,
- Vorbereitung der Durchsuchungsmaßnahme,

---

31 Vgl. die Angaben bei *Crozals/Jürgens*, CCZ 2009, 92, 93 m.w.N.
32 *Lange*, Razzia auf Vorstandsetagen, manager-magazin.de vom 1.6.2006, abrufbar unter https://www.manager-magazin.de/unternehmen/artikel/a-419185.html; o.A., EU-Ermittler durchsuchten EON-Zentrale, faz.net vom 1.6.2006, abrufbar unter https://m.faz.net/aktuell/wirtschaft/wirtschaftspolitik/energie-eu-ermittler-durchsuchten-eon-zentrale-1331546.html.
33 *Crozals/Jürgens*, CCZ 2009, 92, 93, 97.
34 *Crozals/Jürgens*, CCZ 2009, 92, 93, weisen zu Recht auch auf das reputative Risiko aufgrund von negativer Medienberichterstattung hin; vgl. dazu auch näher unten Rn 62ff.
35 *Crozals/Jürgens*, CCZ 2009, 92, 93, 97; vgl. auch *Bock*, Criminal Compliance, S. 749.
36 Weitere wichtige Vorbereitungs-(Compliance-)maßnahmen in diesem Zusammenhang sind kartellrechtliche Schulungen von Mitarbeitern, die insbesondere Studien konkreter Fälle beinhalten, simulierte Durchsuchungen (sog. Mock Dawn Raids) und E-Learning-Programme; vgl. *Crozals/Jürgens*, CCZ 2009, 92, 97. Eingehend zu den Fragen, ob §§ 30, 130 OWiG (vgl. dazu Kap. 5 Rn 145ff.) die Unternehmensleitung zur Durchführung sog. interner Ermittlungen bei Auftreten von Verdachtsmomenten im Unternehmen verpflichten und welche Anforderungen bei derartigen Untersuchungen zu beachten sind, vgl. *Grützner/Leisch*, DB 2012, 787, 791; *Knauer*, ZWH 2012, 41ff.; *Knauer*, ZWH 2012, 81ff. Zur Frage des sog. Anwaltsprivilegs im Rahmen von internen Untersuchungen vgl. *Mark*, ZWH 2012, 311ff.
37 Nachfolgend geht es allein um die Bewältigung des Durchsuchungsaktes selbst. D.h., die immer auch notwendigen Kommunikationsaktivitäten in Richtung Öffentlichkeitsmedien, Kapitalmarkt, Aufsichtsrat und bei kommunalen Unternehmen in Richtung Politik müssen selbstverständlich hinzutreten, vgl. auch *Crozals/Jürgens*, CCZ 2009, 92, 94.
38 Vgl. auch *Crozals/Jürgens*, CCZ 2009, 92, 94ff.

- Durchsuchung von Räumen/Befragung von Personen (insbesondere Mitarbeitern),
- Versiegelung von Räumen,
- Nachbereitung der Durchsuchung im Unternehmen.

16 Im Rahmen des zur Verfügung stehenden Raumes sei hinsichtlich der einzelnen Phasen insbesondere Folgendes angemerkt.

1. Ankunft der Durchsuchungspersonen im Unternehmen

17 Durchsuchungsbeamte erscheinen nicht selten schon sehr früh im Unternehmen, d.h. zu Beginn der offiziellen Geschäftszeiten. Unterstellt man, dass insbesondere in Verwaltungsgebäuden von Unternehmen zunehmend die sog. gleitende Arbeitszeit gilt, die auch einen sehr frühen Arbeitsbeginn erlaubt, muss auch mit einem sehr frühen Durchsuchungsbeginn gerechnet werden.[39] Erfahrungen aus der Unternehmenswirklichkeit zeigen, dass zu diesem **frühen Zeitpunkt** insbesondere die Führungsebene des Unternehmens nicht immer vollständig anwesend ist. Das heißt, der erste, der mit den Beamten konfrontiert wird, ist der Pförtner. Er muss deshalb besonders gut vorbereitet sein.[40] Für ihn sind daher folgende Maßnahmen vorzusehen:

- Frage nach den Dienstausweisen,
- Notieren von Name, Dienstgrad, Behörde,
- Information des Durchsuchungsbeauftragten des Unternehmens (in der Regel eine Führungskraft aus der Rechtsabteilung oder ein dafür bestellter externer Rechtsanwalt),
- Bitte an die Beamten, das Eintreffen des Durchsuchungsbeauftragten abzuwarten,
- Benachrichtigung der Person, die die Beamten sprechen möchten.

2. Vorbereitung der Durchsuchungsmaßnahmen

18 Vor Beginn der Durchsuchung sollte der **Durchsuchungsbeauftragte** versuchen, das konkrete Vorgehen mit den Beamten abzustimmen, um den Geschäftsablauf so wenig wie möglich zu stören. Hier sollte insbesondere Folgendes geschehen:

- Anfertigung einer Kopie des Durchsuchungsbeschlusses, um den genauen Umfang der Durchsuchung zu fixieren,
- Bereitstellung von Räumlichkeiten für die Durchsuchungsbeamten,
- Bereitstellung von Kopiermöglichkeiten für die Durchsuchungsbeamten,
- Klärung der einzusehenden Akten/Räumlichkeiten,

---

[39] Der englische Begriff Dawn Raid scheint nicht von ungefähr zu kommen, anders wohl *Crozals/Jürgens*, CCZ 2009, 92, 94.
[40] Vgl. auch Hauschka/Moosmayer/Lösler/*Klahold/Lochen*, Corporate Compliance, § 37 Rn 60f., 92f.

- Ermöglichung des Zugangs zu IT-Komponenten (Ermittlung von Passwörtern)/Beiziehung eines IT-Experten des Unternehmens.

3. Durchsuchung von Räumen/Befragung von Personen

Die Durchsuchungsbeamten sind berechtigt, alle im Durchsuchungsbeschluss genannten Räumlichkeiten, Grundstücke und Transporte zu betreten. Mitarbeitern der Europäischen Kommission ist der entsprechende Zugang aktiv zu ermöglichen, bei sonstigen Bearbeitern besteht (nur) eine Verpflichtung, den **Zutritt zu dulden**. Hier sollte aber nicht übersehen werden, dass die Durchsuchungsbeamten nach deutschem Strafprozessrecht berechtigt sind, sich den Zugang ggf. gewaltsam (Aufbrechen von Türen etc.) zu verschaffen.[41] Während des gesamten Durchsuchungsvorganges gilt es insbesondere Folgendes zu beachten:

- Beistellung eines Juristen (Syndikusanwalt oder externer Rechtsanwalt) für jeden Durchsuchungsbeamten, der sämtliche Aktivitäten des Beamten protokolliert; gleichzeitig werden alle anderen Mitarbeiter aus der Umgebung des Beamten entfernt,
- Kopieren von Unterlagen/Datenbeständen, falls der Durchsuchungsbeamte die Originale mitnehmen möchte,
- Kennzeichnung von Geschäftsgeheimnissen als solche, sofern nicht ohnehin im Rahmen der Umsetzung des Geschäftsgeheimnisgesetzes[42] bereits geschehen,
- Treffen einer Vereinbarung mit dem Durchsuchungsbeamten über Dokumente, bei denen streitig ist, ob sie dem sog. Legal Privilege[43] unterfallen (Verfahren der „versiegelten Umschläge"),[44]
- Sicherstellung, dass nur Unterlagen/Daten herausgegeben werden, die vom Durchsuchungsbeschluss umfasst sind (insbesondere wichtig bei Daten, die ggf. auf Servern im Ausland lagern),
- Vermeidung von weitergehenden, insbesondere mündlichen Informationen durch Mitarbeiter.

Die Durchsuchungsbeamten werden sich ggf. das Recht nehmen, Mitarbeiter ad hoc zu befragen. Beamte der Europäischen Kommission sind dazu umfassend berechtigt; das

---

41 Vgl. auch *Crozals/Jürgens*, CCZ 2009, 92, 93 f., und § 95 StPO. Vgl. dazu näher Kap. 13 Rn 49 ff.
42 Gesetz zum Schutz von Geschäftsgeheimnissen (GeschGehG) v. 18.4.2019 (BGBl. I S. 466). Das Gesetz dient der Umsetzung der Richtlinie (EU) 2016/943 des Europäischen Parlaments und des Rates v. 8.6.2016 über den Schutz vertraulichen Know-hows und vertraulicher Geschäftsinformationen (Geschäftsgeheimnisse) vor rechtswidrigem Erwerb sowie rechtswidriger Nutzung und Offenlegung (Abl EU Nr. L 157/1); vgl. zu dem Entwurf der Richtlinie *Heinzke*, CCZ 2016, 179 ff.
43 Vgl. *Crozals/Jürgens*, CCZ 2009, 92, 96.
44 Vgl. Art. 20 Abs. 2e KartellverfahrensVO.

Fragerecht deutscher Beamter nach der Strafprozessordnung (StPO)[45] ist dagegen beschränkt.[46] Dementsprechend sind Mitarbeiter wie folgt (im Rahmen einer Durchsuchungsrichtlinie) zu informieren:
- Verpflichtung zur Beantwortung der gestellten Fragen entsprechend dem vorstehend genannten Umfang, es sei denn, der Mitarbeiter würde sich selbst belasten,
- Verpflichtung zur Preisgabe von Passwörtern,
- Möglichkeit (nicht Recht) zur schriftlichen Beantwortung komplexer Fragen.

21 Die **Antworten der Mitarbeiter** werden von den Durchsuchungsbeamten **protokolliert**, der Durchsuchungsverantwortliche sollte davon eine Kopie erbitten.

4. Versiegelung von Räumlichkeiten

22 Durchsuchungen können unter Umständen mehrere Tage andauern. Durchsuchungsbeamte sind daher berechtigt, Räume und Gegenstände (z.B. Computer) am Ende eines Durchsuchungstages zu versiegeln. Aus praktischer Sicht ist sicherzustellen, dass die angebrachten Siegel nicht beschädigt werden (etwa durch externe Reinigungskräfte), da dies Bußgelder zur Folge haben kann.[47] Mitarbeiter und externe Kräfte sind entsprechend prophylaktisch (mittels der Durchsuchungsrichtlinie) und im konkreten Fall zu informieren.

5. Nachbereitung der Durchsuchung im Unternehmen

23 Für die Zeit nach Beendigung einer Durchsuchung sollte die Durchsuchungsrichtlinie insbesondere Folgendes vorsehen:
- Bitte an die Durchsuchungsbeamten um Aushändigung eines **Durchsuchungsprotokolls**,
- Anfertigung einer Liste aller kopierten/beschlagnahmten Unterlagen, Datensätze, Gegenstände,
- Zusammenstellung aller Protokolle über mündliche Aussagen von Mitarbeitern,
- Anfertigung eines Gedächtnisprotokolls über den Hergang der Untersuchung.

---

45 Strafprozeßordnung (StPO) i.d.F. der Bekanntmachung v. 7.4.1987 (BGBl. I S. 1074, 1319), zuletzt geändert durch Gesetz v. 26.7.2023 (BGBl. I Nr. 203).
46 Vgl. § 161a StPO.
47 Vgl. Art. 23 Abs. 1e KartellverfahrensVO. Europäische Kommission, Entsch. v. 30.1.2008 – COMP/B-1/89.326 – WuW 2008, 1033ff. – E.ON.

D. Beauftragung von externen Dienstleistern und Lieferanten

I. Zielsetzung/Funktion

Die Beauftragung externer Dienstleister verschiedenster Art beinhaltet auch für mittelständische Unternehmen vielfältige Risiken von korrupten Verhaltensweisen und sonstigen Rechtsverstößen.[48] Die Bandbreite reicht hier von Unregelmäßigkeiten bei Auftragsvergaben über Bestechungsaktivitäten (insbesondere auch bei Beauftragung von „Geschäftsvermittlern" im Ausland) vielfältigster Art über Untreuetaten im Rahmen von Beschaffungsvorgaben bis hin zu Verstößen des Arbeitnehmerüberlassungsrechts.[49] Auch kleinere und mittlere Unternehmen können hier in verschiedener Hinsicht betroffen sein.

Um diese Vorgänge möglichst frei von Unregelmäßigkeiten zu halten, gilt es, ein Höchstmaß an **Transparenz** und **Standardisierung** im Beauftragungs- und Beschaffungsprozess einzuführen. Maßgeblich dazu beitragen können entsprechende Richtlinien, die den verantwortlichen Mitarbeitern eine klare Leitlinie für ihr Verhalten in diesem Zusammenhang geben.

Wie diese Art von unternehmensinterner Regelung ausgestaltet sein könnte, soll nachfolgend am Beispiel einer sog. Richtlinie zur Beauftragung von Werkunternehmern aufgezeigt werden. Mit entsprechenden sachbezogenen Modifikationen dürfte die nachstehende Konzeption auch auf andere Beschaffungsvorgänge anwendbar sein.[50]

---

[48] Vgl. dazu bereits Kap. 5 Rn 132; vgl. dazu auch *Moosmayer*, Compliance, 4. Aufl., Rn 243ff.
[49] Deutlich weitergehende bzw. aufwendiger ausgeprägte Pflichten zur Einwirkung auf das Verhalten von Geschäftspartnern finden sich im sog. Lieferkettensorgfaltspflichtengesetz sowie in der sog. EU-Lieferketten-Richtlinie (vgl. dazu näher Kapitel 5, Rn 103a), die beide die Beachtung von einer Vielzahl von menschenrechtlichen und umweltbezogenen Vorschriften (insbesondere des Völkerrechts) verlangen. Beide Normwerke erfordern nicht „nur" den Prozess der Beauftragung und Abwicklung von Lieferungen/Dienstleistungen zu reglementieren, sondern zudem eine kosten-/personalintensive Einbettung der Gesetzes-/Richtlinienvorgaben in nahezu alle Prozessabläufe der verpflichteten Unternehmen, vgl. *Stöbener de Mora/Noll*, NZG 2021, 1237 (1240) sowie *Wüstemann/Büchner*, BB 2024, 579.
[50] Unternehmen, die dem öffentlichen Vergaberecht unterfallen wie Energie- oder Wasserversorger oder Unternehmen des Öffentlichen Personennahverkehrs unterliegen in ihren Beschaffungsvorgängen detaillierten Verfahrensvorgaben (vgl. §§ 97ff. GWB, §§ 1, 6ff. SektVO, §§ 1ff. VgV, §§ 1ff. VOB/A, §§ 1ff. VOL/A, §§ 1ff. VOF, §§ 1ff. UVgO), die deutlich detailliertere Beschaffungsregelwerke benötigen. Zu den Anforderungen des Lieferkettensorgfaltspflichtengesetz an öffentliche Auftragsvergaben und hier insbesondere zur Vergabesperre gem. § 22 des Gesetzes vgl. *Krüger*, NVwZ 2022, 665 (667ff.).

II. Wesentliche Regelungsinhalte

1. Anwendungsbereich

27 Zunächst gilt es, den Anwendungsbereich der Richtlinie möglichst präzise zu fixieren. Beim Werkunternehmerbegriff sollte dies keine besonderen Probleme aufwerfen; allenfalls der Hinweis auf die Einbeziehung von virtuellen/geistigen Werken wie die Entwicklung von IT-Software kann nützlich sein. Schwieriger ist dagegen, den Umfang des Beraterbegriffs festzulegen. Hier muss insbesondere geklärt werden, ob neben dem „typischen" **Unternehmensberater** auch Beratung durch Politiker oder eine Investmentbankunterstützung (etwa bei Beteiligungserwerben) erfasst sein sollen. Auch die Frage, inwiefern externe Rechtsberater, Wirtschaftsprüfer oder Steuerberater unter die Richtlinie fallen sollen, ist zu entscheiden. Gegen die Einbeziehung der zuletzt genannten Berater in einen standardisierten Auswahl- und Beauftragungsprozess spricht, dass es in diesen Fällen sehr stark auf die Persönlichkeit des Beraters ankommt und diese Berater regelmäßig ein besonderes Vertrauen genießen.

2. Schwellenwerte

28 Um den mit der Richtlinie verbundenen Verwaltungsaufwand im Rahmen zu halten, sollten Schwellenwerte vorgesehen werden, ab denen die Richtlinienvorgaben zu beachten sind.

29 Die Schwellenwerte sollten an das **Auftragsvolumen** anknüpfen und können für Berater und Werk-/Subunternehmer unterschiedlich hoch sein. Die konkrete Höhe sollte von der Geschäftsführung beschlossen und periodisch (z.B. alle drei Jahre) auf ihre Angemessenheit überprüft werden.

3. Angebotseinholung

30 Grundsätzlich sollte keine Beauftragung von Beratern, Werk- oder Subunternehmern nur auf Basis eines Angebots erfolgen, sondern jeweils, wenn möglich, wenigstens drei Angebote eingeholt werden.

31 Bei Rechts-, Personal- und politischen Beratern kann wegen der Natur der Sache eine Ausnahme erwogen werden. Da es hier vielfach auf die persönliche/fachliche Qualifikation des Beraters ankommt, kann eine solche Ausnahme gerechtfertigt sein. Als Sicherung könnte hier vorgesehen werden, dass die Inanspruchnahme der Ausnahme einer schriftlichen Begründung bedarf.

4. Checkliste

32 Um zu verhindern, dass unternehmensinterne Ressourcen in Verhandlungen mit Anbietern vergeudet werden, die bei Zugrundelegung der Richtlinie nicht als Vertragspartner in Betracht kommen, sollten die unternehmensinternen Verantwortlichen **vor**

Aufnahme von Vertragsverhandlungen eine Checkliste abhaken müssen, die am Ende zeigt, ob der avisierte Beratervertrag oder Werk-/Subunternehmervertrag richtlinienkonform ist.

Die zu erstellende und der Richtlinie als Anhang beizufügende **Checkliste** sollte alle **wesentlichen Regelungen** der Richtlinie enthalten. Es sollte festgelegt werden, dass die Überschreitung einer bestimmten Anzahl von „JA"- oder „NEIN"-Antworten einen Vertragsabschluss ausschließt. Alternativ könnte sich an ein solches Ergebnis ein **Eskalationsprozess** bis hin zur Geschäftsführung anschließen, um ggf. einen Vertragsschluss auf Basis dieses transparenten Eskalationsprozesses ausnahmsweise zu gestatten.

5. Überprüfung

Insbesondere zur Vermeidung von **Reputations- und finanziellen Schäden** sollten unbekannte Berater oder Werk-/Subunternehmer vor Erteilung des Zuschlags angemessen überprüft werden.

Maßgebliche Aspekte sind hier insbesondere:
- fachliche Expertise,
- persönliche Integrität/Unbescholtenheit,
- Verwandtschaftsbeziehungen zu Mitarbeitern.

Die Überprüfung sollte von der beauftragenden Einheit auf Basis allgemein zugänglicher Quellen erfolgen (insbesondere hinsichtlich der Expertise). Im Übrigen kann der zu Beauftragende verpflichtet werden, entsprechende schriftliche Erklärungen abzugeben (Integrität, Verwandtschaft). Dies könnte anhand einer zu erstellenden **Formularerklärung** oder im Berater-/Werkvertrag erfolgen. Bereits in der Vergangenheit überprüfte Berater oder Werkunternehmer sollten in regelmäßigen Abständen erneut geprüft werden; bei Vorliegen ausreichender Hinweise sollte eine sofortige neue Überprüfung vorgesehen werden.

6. Dokumentation von Vertragsverhandlungen/Vergabeentscheidung/Beauftragung

Die mit dem potenziellen Berater oder Werk-/Subunternehmer geführten Verhandlungen sollten in ihren Grundzügen von der verantwortlichen Führungskraft schriftlich und lückenlos dokumentiert und archiviert werden. Dies dient der internen Transparenz der Entscheidungsfindung und der eventuellen Anspruchssicherung/-abwehr im Falle von späteren (Rechts-)Streitigkeiten.

Entsprechendes gilt auch für die Vergabeentscheidung. Die anschließende Beauftragung sollte ebenfalls schriftlich erfolgen. Sie sollte ausschließlich durch hinreichend vertretungsberechtigte Personen vorgenommen werden (z.B. auf Basis einer Unterschriftenrichtlinie). Die Beauftragung sollte ausschließlich auf Basis eines standardisierten Mustervertrages[51] erfolgen.

7. Verwendung von Musterverträgen

39 Sowohl für den Einsatz von Beratern als auch für die Beauftragung von Werk-/Subunternehmen sollte jeweils ein Mustervertrag entwickelt werden. Dieser Mustervertrag ist grundsätzlich unverändert abzuschließen. Modifikationen sollten grundsätzlich nur an den im Muster vorgesehenen Stellen (Leistungsbeschreibung, Preis, Laufzeit etc.) zugelassen werden. Sonstige Änderungen sollten ausschließlich nach vorheriger Abstimmung mit der Rechtsabteilung gestattet sein.

40 Hinsichtlich des Mustervertrages für Werk-/Subunternehmer ist Augenmerk insbesondere auf die Einhaltung der Anforderungen des **Arbeitnehmerüberlassungsgesetzes** (AÜG)[52] zu legen. Hier sind vor allem Kriterien einzuarbeiten, die **für** einen Werkvertrag und **gegen** eine Arbeitnehmerüberlassung sprechen.

41 Insoweit sind insbesondere folgende Aspekte maßgeblich:
- Sicherstellung der unternehmerischen Eigenverantwortlichkeit und Dispositionsfreiheit des Werk-/Subunternehmers,
- Vereinbarung eines qualitativ individualisierten, dem Unternehmer zuzurechnenden Werkergebnisses,
- Vereinbarung eines ausschließlichen Weisungsrechts des Werkunternehmers gegenüber seinen Arbeitnehmern, die im Betrieb des Auftraggebers arbeiten,
- Übernahme des Unternehmerrisikos durch den Werk-/Subunternehmer (insbesondere: Gewährleistungspflicht),
- Vereinbarung einer herstellerbezogenen Vergütung,[53]
- Verwendung von sog. Compliance-Klauseln.[54]

---

[51] Vgl. dazu sogleich Rn 39 ff.
[52] Arbeitnehmerüberlassungsgesetz (AÜG) v. 3.2.1995 (BGBl. I S. 158), zuletzt geändert durch Gesetz v. 28.6.2023 (BGBl. I Nr. 172); zu den rechtlichen Anforderungen und Risiken in diesem Zusammenhang vgl. *Christ/Stoppelmann*, CB 2016, 447 ff.; *Vogel/Simon*, CB 2017, 193 ff.; zu den in diesem Zusammenhang erforderlichen Checks vgl. instruktiv *Simon*, CB 2017, 371 ff.
[53] Vgl. dazu nur Schaub/Koch/*Koch*, Arbeitsrecht, unter W: Werkvertrag.
[54] Dabei handelt es sich um Standardformulierungen (in der Regel also Allgemeine Geschäftsbedingungen) i.S.v. §§ 305 ff. BGB, mit deren Hilfe Unternehmen sich von ihren Geschäftspartnern die Einhaltung von Rechtsvorschriften und ggf. auch eigener unternehmensinterner Regeln zusichern lassen. An die Verletzung solcher Klauseln werden regelmäßig mehr oder weniger scharfe Folgen geknüpft. Instruktiv zu den rechtlichen Anforderungen an (die Wirksamkeit) solche(r) Klauseln *Teicke/Reemt*, BB 2013, 771 ff.; ebenso *Lakner*, CB 2014, 248, 250 f.; *Markgraf/Rücker*, CB 2014, 467 ff. Es dürfte nicht ganz fernliegend sein anzunehmen, dass Unternehmen, die den Pflichten nach dem erwähnten Lieferkettensorgfaltspflichtengesetz bzw. der EU-Lieferketten-Richtlinie (vgl. Rn 49 sowie Kapitel 5 Rn 103a) unterfallen, versuchen werden, Compliance-Klauseln zu nutzen, um auch ihre Zulieferer/Geschäftspartner, die nicht unmittelbar von diesen Regelwerken erfasst werden, in die Erfüllung ihrer danach bestehenden Sorgfaltspflichten einzubinden, was u.a. auch kleine und mittelständische (Energie)Versorgungsunternehmen treffen

Um sicherzustellen, dass kein Verdacht einer unzulässigen Arbeitnehmerüberlassung aufkommt, wenn Fremdfirmen eingesetzt werden, sollten insbesondere folgende Vorgaben in die Richtlinie aufgenommen werden: 42

8. Vertragsarchivierung/Vertragscontrolling
Neben der Festlegung der Voraussetzungen für die Verhandlung und den Abschluss von **Berater-/Werkunternehmer-/Subunternehmerverträgen** in einer Richtlinie sollten noch einige **ergänzende Maßnahmen praktischer/organisatorischer Art** in Betracht gezogen werden. Sämtliche abgeschlossenen **Berater-/Werkunternehmer-/Subunternehmerverträge** sollten aus Gründen des Dokumentenschutzes im Original an zentraler Stelle archiviert werden. Hier bieten sich IT-gestützte Vertragsmanagementsysteme an. In den operativen Einheiten sollten dagegen lediglich elektronische/papierne Kopien verbleiben. 43

Die Archivierung sollte in geschützter Form erfolgen (insbesondere kontrollierter Zugang, Schutz gegen Feuer und Wasser). Als Archivierungsstelle kommt neben der Rechtsabteilung auch das Controlling in Betracht. Um insbesondere der Geschäftsführung einen permanenten Überblick über Art und Umfang der bestehenden Berater-/Werkunternehmer-/Subunternehmerverträge zu geben, sollte (idealerweise) das Controlling (einmal jährlich im Rahmen einer Sitzung der Geschäftsleitung auf Basis einer schriftlichen Unterlage) über den Stand berichten und dabei ggf. auch Hinweise auf möglicherweise bedenkliche Entwicklungen geben. 44

E. Umgang mit Einladungen, Geschenken und sonstigen Vorteilen (sog. Incentive-Richtlinien)

I. Zielsetzung/Funktion

Anbahnung, Aufrechterhaltung und Intensivierung geschäftlicher Beziehungen als **integraler Bestandteil jeder unternehmerischen Tätigkeit** sind auf der ganzen Welt nicht ohne Einhaltung der Mindeststandards von Höflichkeit und Gastfreundschaft denkbar.[55] Das Anbieten von Wasser oder Kaffee sowie von belegten Broten im Rahmen von mehrstündigen Sitzungen ist schlicht Ausdruck zivilisatorischer Kultur. Auch das Verschenken geringwertiger Gegenstände, wie Kugelschreiber oder Taschenkalender mit 45

---

könnte, da seit dem 1.1.2024 auch Produktions- und Dienstleistungsunternehmen mit mehr als 1000 Beschäftigte (bereits) vom Lieferkettensorgfaltspflichtengesetz erfasst werden (vgl. näher Kapitel 5, Rn 103a).

55 Vgl. auch *Moosmayer*, Compliance, 4. Aufl., Rn 226 ff.

Werbeaufdrucken, sind Ausdruck sozialadäquaten Verhaltens.[56] Schwierig, weil ggf. strafrechtlich von Relevanz,[57] wird es dagegen, wenn **Einladungen, Geschenke oder sonstige Vorteile** objektiv und ggf. auch subjektiv einen hohen (Stellen-)Wert haben.[58] Hier beginnt der Bereich der **Korruption**, den es zu meiden gilt.[59]

46   Um die Unternehmensangehörigen (einschließlich der Geschäftsleitung) vor persönlichen Nachteilen und das Unternehmen vor materiellen und reputativen Schäden zu bewahren, die im Zusammenhang mit der Gewährung oder der Annahme von Vorteilen entstehen können, ist das Ziel und die Aufgabe von sog. **Incentive-Richt-**

---

56 Vgl. nur Schönke/Schröder/*Heine*, StGB, § 331 Rn 14, 40 m.w.N. auch der Rechtsprechung; zur schwierigen Bestimmung der Strafbarkeitsgrenze bei kleinen Aufmerksamkeiten anhand vieler konkreter Beispiele aus Sicht eines Staatsanwalts vgl. *Reiff*, CCZ 2018, 194 ff. Zur Rechtsprechung des BGH zu Vorgängen aus dem kommunalen (Energie-/Amtsträger)Versorgungsbereich aus jüngster Zeit vgl. die Entscheidungen v. 14.12.2022 – StB 42/22, BeckRS sowie v. 18.5.2021 – 1 StR 144/20, NGZ 2021, 1466. Zu diesen Entscheidungen vgl. *Moosbacher*, CCZ 2023, 45 (48) bzw. CCZ 2022, 1 (3). Vgl. zur Amtsträgerstrafbarkeit insgesamt *Ceffinato* ZWH 2023, 1

57 Vgl. dazu näher Kap. 20. Zu den steuer- und strafrechtlichen Fragen im Zusammenhang mit der Gewährung/Annahme von Zuwendungen vgl. etwa *Campos Nave*, CB 2014, 394 ff. sowie *Reiff*, CCZ 2020, 142.

58 Vgl. dazu etwa den Leitfaden der Sponsorenvereinigung S 20 – The Sponsors' Voice, Hospitality und Strafbarkeit – ein Leitfaden, Juli 2017, abrufbar unter https://cdn.dosb.de/alter_Datenbestand/fm-dosb/downloads/recht/Hospitality-und-Strafrecht-ein-Leitfaden_2017.pdf, der sich eingehend mit den Rechtsfragen „rund um die Einladungspraxis von Sponsoren bei Sport- und Kulturveranstaltungen" befasst (S. 4). Instruktiv zu diesem Leitfaden *Hugger*, CCZ 2012, 65 ff. Speziell zu hochwertigen Eventeinladungen (Fußballweltmeisterschaft 2014 in Brasilien) vgl. *Fissenewert*, CB 2013, 255 ff., der insbesondere die Vorgaben des BGH im „Utz Claassen-Urteil" (Urt. v. 14.10.2008 – 1 StR 260/08 – NJW 2008, 3580 ff.) zur Anwendung bringt. Zur dienst- und strafrechtlichen Relevanz der Überlassung von Freikarten an hochrangige Amtsträger vgl. auch *Reiff*, CCZ 2020, 142; vgl. für den Bereich des Kultursponsoring das Berliner Compliance-Modell, abrufbar unter https://www.rheingau-musik-festival.de/fileadmin/Sponsorenmappen/Berliner_Compliance_Modell.pdf; hierzu auch *Teicke*, CB 2017, 67 ff.

59 Zur Umsetzung der OECD-Anti-Korruptionskonvention und zum Stand der Korruptionsbekämpfung in Deutschland vgl. *Dörrbecker/Stammler*, DB 2011, 1093. Zur Untreue gem. § 266 StGB unter Compliance-Aspekten vgl. *Bock*, Criminal Compliance, S. 348 ff. Vgl. auch Bundesministerium des Innern, Initiativkreis Korruptionsbekämpfung Wirtschaft/Bundesverwaltung, Fragen-/Antwortenkatalog zum Thema Annahme von Belohnungen, Geschenken und sonstigen Vorteilen (Zuwendungen), 9.12.2011, abrufbar unter https://www.bmi.bund.de/SharedDocs/downloads/DE/publikationen/themen/moderne-verwaltung/korruptionspraevention/faqs-korruptionspraevention.pdf?__blob=publicationFile&v=3. Zur Notwendigkeit einer Reform des § 299 StGB vgl. *Wolf*, CCZ 2014, 29 ff.; zur Neufassung von § 299 StGB (Fassung v. 26.11.2015, geändert durch Gesetz v. 20.11.2015 (BGBl. I S. 2025)) und deren (unerwünschte) Auswirkungen auf unternehmensinterne Zuwendungsrichtlinien in Richtung eines erhöhten Strafbarkeitsrisikos für die Beschäftigten aufgrund der Einführung des sog. Geschäftsherrenmodells (vgl. § 299 Abs. 1 Nr. 2, Abs. 2 Nr. 2 StGB) vgl. instruktiv *Lorenz/Krause*, CCZ 2017, 74 ff. Zur Frage der strafrechtlichen Relevanz im Rahmen von § 299 StGB bei des Einverständnisses der Geschäftsherrn vgl. BGH, Urteil v. 26.1.2022 – 1 StR 460/21, StV 2022, 723 sowie *Moosbacher*, CCZ 2023, 45 (50). Zu einigen aktuellen empirischen Belegen für den Bereich Korruption vgl. Ernst & Young, Fraud Survey – Ergebnisse für Deutschland, April 2018. Zur Einführung eines Wettbewerbsregisters, in dem auch Verurteilungen zu Vorteilsannahme und Bestechung aufgeführt werden, vgl. das Wettbewerbsregistergesetz vom 18.7.2017 (BGBl. I S. 2739).

linien.⁶⁰ Mit Hilfe derartiger Richtlinien wird den Unternehmensangehörigen verdeutlicht, welche Regeln, Grenzen und Prozesse insoweit aus Sicht des Unternehmens zu beachten sind.⁶¹

II. Wesentliche Regelungsinhalte

1. Anwendungsbereich

Zunächst sollte präzise definiert werden, welche **Art von Zuwendungen** von den Vorgaben der Richtlinie erfasst sein sollen. 47

Da die Rechtsprechung zu Korruptionsdelikten den für die Problematik Zuwendung bekanntlich relevanten **Vorteils-Begriff** sehr weit auslegt,⁶² sollte der Kreis der erfassten Zuwendungen ebenfalls entsprechend groß sein. Zu erfassen und zu definieren sind hierbei insbesondere folgende Begriffe: 48
- „Sachgeschenke",
- Einladungen zu „geschäftlichen/fachlichen" Veranstaltungen (Kongresse, Tagungen, Workshops etc.),
- Einladungen zu „Vergnügungsveranstaltungen" (insbesondere aus den Bereichen Sport, Kultur, Wissenschaft, Kunst),⁶³
- Geldgeschenke.

Erfasst sein sollten aber auch Zuwendungen immaterieller Art, die geeignet sind, insbesondere den Ehrgeiz und die Eitelkeit des Menschen zu befriedigen, also insbesondere: 49
- Einladungen von/an herausragende(n) politische(n) gesellschaftliche(n) Würdenträgern/Persönlichkeiten (Empfänge, Hintergrundgespräche, Matineen, Soireen etc.),
- Einladungen von/an Wohltätigkeitsorganisationen/Nicht-Regierungsorganisationen.

---

60 Zu den thematisch „verwandten" sog. Sponsoring-Richtlinien vgl. unten Rn 84 ff. Für den Bereich der kommunalen Unternehmen vgl. die Empfehlungen in VKU, Compliance in kommunalen Unternehmen, S. 85 ff. Zu den Regelungen für Bedienstete des Staates und seiner Untergliederungen vgl. *Lejeune*, CB 2014, 203 ff.
61 Zur Möglichkeit des Arbeitgebers bei Verstößen gegen eine Compliance-Richtlinie das Arbeitsverhältnis ohne vorherige Abmahnung zu kündigen vgl. ArbG Frankfurt/Main, Urt. v. 8.10.2008 – 22 Ca 8461/06 – CCZ 2011, 196 f. m. Anm. *Stück*. Allerdings muss der Arbeitgeber auch (durch ein effizientes Compliance-Management-System) sicherstellen, dass derartige Regelwerke konsequent angewendet und durchgesetzt werden, da ansonsten eine Kündigung wegen des Verdachts der Korruption unwirksam sein könnte, vgl. dazu BAG, Urt. v. 21.6.2012 – 2 AZR 694/11 – BB 2013, 827 ff.; vgl. auch die ICC Guidelines on Gifts and Hospitality Stand: 29.10.2019, Document Number 195/57, abrufbar unter https://www.icc.se/wp-content/uploads/2015/04/195-57Rev2-ICC-Guidelines-on-Gifts-and-Hospitality.pdf.
62 Vgl. dazu näher Rn 54 ff.
63 Vgl. zu sog. Lustreisen etwa AG Brühl, Urt. v. 1.10.2017 – 51 Cs-114 Js 78/05-708/06 – n.v. – Annahme von Reiseeinladungen eines Gasvorlieferanten nach Belgien und Norwegen durch ein Aufsichtsratsmitglied eines kommunalen Energieversorgers.

2. Schwellenwerte

50 Um den verwaltungsmäßigen Aufwand im Zusammenhang mit der Administration von Zuwendungen in einem vernünftigen betriebswirtschaftlichen Rahmen zu halten, empfiehlt es sich, **wertmäßig zu beziffernde Zuwendungen** unterhalb eines bestimmten Schwellenwertes von der Geltung der Richtlinie auszunehmen. Zuwendungen immaterieller Art sollten immer erfasst und einer Einzelfallprüfung unterzogen werden.

51 Hinsichtlich der Höhe der Schwellenwerte kann in mehrfacher Hinsicht differenziert werden:
- zwischen Amtsträgern[64] und Privaten (Individuen/Unternehmen),[65]
- nach Art der Zuwendung (Sachgeschenke, Einladungen, Vergnügungsveranstaltungen, Geschäfts-/Fachveranstaltungen)[66],
- nach der Häufigkeit der Zuwendungen.[67]

52 **Geldgeschenke** sollten unabhängig von einem Schwellenwert **ausnahmslos untersagt** werden.

53 Da zum Vorteilsbegriff eine vielfältige gerichtliche Kasuistik besteht, sollte die Richtlinie vorsehen, dass in Zweifelsfällen die Rechtsabteilung bzw. der Compliance-Verantwortliche hinzugezogen wird und ggf. eine Absicherung durch externen Rechtsrat erfolgt.

3. Zuwendungsberechtigte

54 Hinsichtlich der **Gewährung von Zuwendungen** sollte eindeutig festgelegt werden, welche Mitarbeiter des Unternehmens überhaupt berechtigt sein sollen, Zuwendungen auf Kosten des Unternehmens an Dritte zu gewähren.

4. Zuwendungsverfahren

55 Die Rechtsprechung stellt bei der Frage nach der Strafbarkeit der Annahme/Gewährung von Zuwendungen durchweg auf die Betrachtung der **Gesamtumstände** des Zuwendungsvorgangs ab, so insbesondere auf folgende Aspekte:

---

[64] Einen praxisorientierten Überblick über die speziell bei der Gewährung/Annahme von Zuwendungen an/durch Amtsträger zu beachtenden rechtlichen Aspekte gibt *Börner*, GWR 2011, 28 ff.; vgl. auch *Reiff*, CCZ 2020, 142.

[65] Innerhalb des Unternehmens kann man auch noch an eine Differenzierung im Hinblick auf Arbeitnehmervertreter (Betriebsrats-/Gewerkschaftsvertreter) denken.

[66] Als durchschnittliche Wertgrenzen für Sachgeschenke gelten 30–50 €, wobei zwischen Geschäftsführung, Führungskräften und sonstigen Beschäftigten unterschieden werden sollte, sowie für nicht-geschäftliche Essen 100 € pro Person, vgl. hierzu nur *Marschlich*, CCZ 2010, 111.

[67] Insoweit bietet es sich an, einen konkreten Schwellenwert bezogen auf ein Jahr festzulegen.

- zeitliche Nähe zu einem Geschäftsabschluss/einer Diensthandlung,
- soziale Kontakte zwischen Geber und Empfänger,
- verwandtschaftliche Beziehungen zwischen Geber und Empfänger,
- hierarchische Situation zwischen Geber und Empfänger,
- alternative Beschaffungsmöglichkeiten hinsichtlich der Zuwendung,
- Art, Zahl, Wert der Zuwendungen,
- Heimlichkeit/Transparenz der Zuwendung,
- Beziehung/Nähe des Gebers zur beruflichen/dienstlichen Aufgabe des Empfängers.[68]

Dem Thema Transparenz kommt daher eine besonders hohe Bedeutung zu. Es empfiehlt sich deshalb, die Gewährung/Annahme von Zuwendungen, die oberhalb der **festgelegten Schwellenwerte** liegen, einem transparenten Zuwendungsverfahren zu unterwerfen.

Dieses Verfahren sollte insbesondere folgende Elemente aufweisen:

- Zuwendungsentscheidung

Zunächst ist zu regeln, wie die Gewährung der von der Richtlinie erfassten Zuwendungen zu erfolgen hat. Maßgebliche Aspekte sind hier vor allem folgende:
- Vier-Augen-Prinzip bei der Entscheidung, ob und was zugewendet wird,
- Information des Vorgesetzten des Zuwendungsempfängers sowie ggf. des Compliance-Verantwortlichen über die bevorstehende/gemachte Zuwendung.

- Pflicht zur Meldung von Zuwendungen

Der Verpflichtete zur Meldung einer getätigten/empfangenen Zuwendung sowie der Empfänger dieser Meldung können in einem Eskalationsmodus festgelegt werden. Das heißt in Abhängigkeit von dem Wert der Zuwendung kann zwischen bloßer Meldungs- und formaler Genehmigungspflicht differenziert werden. Die Genehmigungserteilung kann wiederum **anhand von Wertgrenzen** vom unmittelbaren Vorgesetzten bis hin zur Geschäftsleitung reichen. Sofern die Geschäftsleitung selbst Gewährender/Empfänger ist, ist zu überlegen, wie hier die Meldung/Genehmigung ausgestaltet werden sollen.

Die Wertgrenzen für Melde-/Genehmigungspflichten können auch hinsichtlich der einzelnen Zuwendungsarten (Sachgeschenke, Einladungen etc.) differieren.

Erforderlich ist weiterhin eine Festlegung von absoluten Obergrenzen für einzelne Zuwendungen und eine Regelung für den Fall, dass eine Zuwendung diese Obergrenzen überschreitet. Hier bietet sich eine schriftliche Genehmigung der Geschäftsleitung an (ggf. abgestützt durch eine externe Expertise), die die Gesamtumstände der Zuwendung hinreichend würdigt.[69]

---

68 Vgl. dazu näher Kap. 20.
69 Für die Mitglieder der Geschäftsleitung ist ein besonderes Procedere außerhalb der Richtlinie denkbar, das mit dem Aufsichtsorgan (dessen Vorsitzenden) vereinbart wird.

62 ■ Melde-/Genehmigungsverfahren
Die Meldung einer **meldepflichtigen Zuwendung**, die getätigt oder empfangen wird, sollte aus Gründen der Kosteneffizienz über das Intranet erfolgen (Ausfüllung eines standardisierten Meldebogens).

63 Über genehmigungspflichtige Zuwendungen sollte eine schriftlich zu dokumentierende Entscheidung des Vorgesetzten herbeigeführt werden, die dem Meldenden mitgeteilt wird; der Compliance-Verantwortliche sollte jeweils eine Kopie der Meldung/Genehmigung erhalten.

64 Für den Fall, dass der Compliance-Verantwortliche die Genehmigung des Vorgesetzten anzweifelt, sollte ein Eskalationsprozess (ggf. bis hin zur Geschäftsführung) vorgesehen werden.

5. Registrierung von Zuwendungen/Berichterstattung

65 Sämtliche **gemeldeten Zuwendungen** sind vom Compliance-Verantwortlichen zu archivieren. Die Geschäftsleitung sollte periodisch (mindestens einmal jährlich) über die getätigten/empfangenen Zuwendungen im Rahmen einer Geschäftsführungssitzung auf Basis einer schriftlichen Unterlage informiert werden.

6. Verwendung von Sachzuwendungen

66 Die Richtlinie kann vorsehen, dass empfangene Sachzuwendungen (ggf. ab einem bestimmten Schwellenwert) beim Compliance-Verantwortlichen oder einer zentralen Stelle abzuliefern sind. Diese Zuwendungen können anschließend in **sachgerechter Weise** „verwertet" werden. Zum Beispiel im Rahmen einer Verlosung zu Weihnachten; der Erlös aus dem Losverkauf könnte einem gemeinnützigen Zweck zugeführt werden.

7. Checkliste

67 Um den Mitarbeitern den Umgang mit der Richtlinie bei der täglichen Arbeit zu erleichtern, sollte eine **Checkliste zur Richtlinie** entworfen und den Mitarbeitern zur Verfügung gestellt werden.

68 Im Wege des Abhakens bestimmter Vorgaben kann der Mitarbeiter so unkompliziert feststellen, ob
■ eine Zuwendung von der Richtlinie erfasst ist,
■ sie zu melden ist,
■ dafür eine Genehmigung erforderlich ist.[70]

---

[70] Die Praxis hat gezeigt, dass auch die steuerliche Unbedenklichkeit einer Zuwendung Prüfungspunkt einer solchen Checkliste sein sollte.

F. Umgang mit der Öffentlichkeit

I. Zielsetzung/Funktion

Die Praxis zeigt, dass Mitarbeiter von Unternehmen – dies gilt auch für leitende Mitarbeiter einschließlich der Geschäftsleitung – die Komplexität des Umgangs mit Öffentlichkeitsmedien[71] nicht immer richtig einschätzen. Wenn ein **Medienkontakt** schlecht verläuft, verbleibt es „günstigstenfalls" dabei, dass der Unternehmensangehörige „nur" einen peinlichen Eindruck hinterlässt oder sich der Lächerlichkeit preisgibt. Schlimmstenfalls kann es aber auch zu hohen Schadenersatzforderungen und massiven Reputationsschäden für das Unternehmen oder seine Repräsentanten kommen,[72] wie etwa der Fall Schrempp/Kerkorian[73] gezeigt hat. Prinzipiell vergleichbare Probleme sind aber auch in mittelständischen Unternehmen denkbar. So etwa, wenn nach einem schweren Unfall auf einem Betriebsgelände Mitarbeiter der herbeigeeilten (lokalen) Presse zum Besten geben, dass sie es schon immer gewusst hätten, dass es zu solchen Vorfällen kommen würde und den Vorgesetzten vergeblich darauf hingewiesen hätten. Solche unnötigen und ggf. auch nachteiligen Entwicklungen zu vermeiden, ist Ziel und Aufgabe von sog. Richtlinien zur Öffentlichkeitsarbeit.[74]

69

II. Wesentliche Regelungsinhalte

1. Anwendungsbereich

Zunächst sollte Klarheit darüber geschaffen werden, was „Öffentlichkeitsarbeit" i.S.d. Richtlinien sein soll. Dass die **externe Kommunikation** mit Dritten über jede Art von verfügbarem Kanal (Printmedien, elektronische Medien,[75] sonstige Öffentlichkeitsauftritte wie Reden, Vorträge und ähnliches) erfasst sein sollte, liegt auf der Hand. Wegen der „faktischen" Öffentlichkeitswirkung sollte aber auch die **interne Kommunikation** einbezogen werden. Die Involvierung des Marketings und der Investor-Relations-Abtei-

70

---

71 Vgl. dazu auch *Moosmayer*, Compliance, 4. Aufl., Rn 69 f.
72 Vgl. aus Sicht eines Medienvertreters auch *Jahn*, CCZ 2011, 139, 140, 142.
73 Vgl. dazu o.A., Jedes Wort kann Millionen wiegen, faz.net v. 15.2.2004, abrufbar unter https://www.faz.net/aktuell/wirtschaft/daimler-chrysler-prozess-jedes-wort-kann-millionen-wiegen-1135431.html; dazu auch Hauschka/Moosmayer/Lösler/*Jahn*, Corporate Compliance, § 40 Rn 2 Fn 7, sowie den Fall vom BGH, Urt. v. 24.1.2006 – XI ZR 384/03 – NJW 2006, 830; vgl. auch *Rösler*, EWiR 2006, 290, 298; ähnlich auch Hauschka/Moosmayer/Lösler/*Jahn*, Corporate Compliance, § 40 Rn 2.
74 Vgl. auch Hauschka/Moosmayer/Lösler/*Jahn*, Corporate Compliance, § 40 Rn 18–20.
75 Zu den Compliance-Risiken (und deren Management) im Zusammenhang mit der Nutzung von sozialen Netzwerken vgl. instruktiv *Ulbricht*, CB 2013, 150 ff., der mit guten Gründen auch die Einführung einer gesonderten Social-Media-Richtlinie und daran anknüpfende Mitarbeiterschulungen zur Verbesserung von deren Medienkompetenz empfiehlt. In die gleiche Richtung gehend *Lexa/Hammer*, CCZ 2014, 45. Vgl. auch *Härting*, ZWH 2014, 45 ff.; *Vedder/Müller*, CB 2014, 415 ff.

lung sowie der Politikkommunikation (sog. Lobbying) erscheint dagegen nicht zwingend, sondern dürfte eher abhängig von der Größe und Komplexität des Unternehmens sein.

2. Verantwortlichkeiten

71 Der zweite wesentliche Aspekt ist die Frage der Verantwortlichkeit. Hier liegt es wegen der überragenden Bedeutung der **Kommunikation** gerade auch bei Energieversorgungsunternehmen – die erhöhter Öffentlichkeitsaufmerksamkeit unterliegen – nahe, die Letztverantwortlichkeit für die gesamte interne und externe Kommunikation beim **Vorsitzenden der Geschäftsleitung** anzusiedeln. Trotz der damit präferierten Allzuständigkeit des Vorsitzenden sollte aber auch eine generelle Mitverantwortlichkeit der sonstigen Mitglieder der Geschäftsleitung vorgesehen werden. Der Vorsitzende muss das Recht haben, sich auf diese Person sowie auf alle sonstigen Führungskräfte des Unternehmens abzustützen. Ganz generell wird er sich von der ihm unterstellten Kommunikationsabteilung assistieren lassen.

72 Neben der generellen Kommunikationsverantwortlichkeit sollten aus Gründen der klaren Verantwortungszuordnung die wesentlichen Themenbereiche festgelegt werden, die der Vorsitzende primär für sich beansprucht. Zu denken ist hier insbesondere an Folgendes:
- Geschäftsentwicklung einschließlich Investitionen,
- Unternehmenspolitik,
- strategische/operative Grundsatzfragen,
- zentrale Fragen der Unternehmensorganisation und der Personalpolitik,
- Berichterstattung zu Positionierung des Unternehmens zu Themen der vorstehenden Art.

3. Delegation

73 Der Vorsitzende der Geschäftsleitung sollte nach freiem Ermessen entscheiden dürfen, wann und in welchem Umfang er für Kommunikationsaktivitäten auf andere Mitglieder der Geschäftsleitung, Führungskräfte und sonstige Mitarbeiter des Unternehmens zurückgreifen oder Öffentlichkeitsarbeiten auf sie delegieren darf.

74 Um eine klare Aufgabenteilung zwischen dem Vorsitzenden der Geschäftsleitung und den sonstigen Mitgliedern des Organs zu erzielen, können auch „eigene" Kommunikationsbereiche für diese Mitglieder definiert werden. Diese Bereiche können zum einen die Themen, die ihnen zugeordnet sind, umfassen, zum anderen die entsprechenden Medienkanäle fixieren.

75 Für alle übrigen Mitarbeiter des Unternehmens einschließlich der Führungskräfte sollte der schlichte, klare Grundsatz gelten, dass sie mit den Öffentlichkeitsmedien **grundsätzlich nicht** kommunizieren, sondern dass dies allein Sache der Unternehmensleitung bzw. der Kommunikationsabteilung ist, solange nichts anderes festgelegt

wurde. Presseinterviews und Auftritte im Fernsehen sollten sie nur unter Begleitung/Assistenz der Kommunikationsabteilung und möglichst nur nach vorangegangenem Medientraining absolvieren.

III. Ergänzende Maßnahmen im Krisenfall

Bereits weiter oben[76] wurde auf die generelle Sinnhaftigkeit einer ständigen Zusammenarbeit von Compliance und Unternehmenskommunikation hingewiesen. Dieser Vorschlag gilt in Krisenfällen in ganz besonderem Maße.[77] Ausgangspunkt sollte dabei die Annahme sein, dass Regelverstöße gravierender Art sich nur in den seltensten Fällen auf ewig vor den Öffentlichkeitsmedien geheim halten lassen. Wenn also im Unternehmen ein **Regelverstoß massiver Art** bekannt geworden ist, sollte umgehend (auch) der **kommunikative Umgang** mit dieser Situation festgelegt werden.[78] Neben der Compliance-Abteilung sollte immer auch die Rechtsabteilung eingeschaltet werden. In gravierenden Fällen sollte auch die Beiziehung externer Kommunikations- und Rechtsexperten erwogen werden, da sie typischerweise einen unbefangenen Blick auf die Situation haben und so dazu beitragen können, dass die erforderlichen (kommunikativen) Maßnahmen unter Einbeziehung möglichst **aller** relevanten Aspekte beschlossen werden.

Damit die vorstehenden Überlegungen nicht erstmals im Krisenfall angestellt werden müssen, sollte dafür vorbereitend ein entsprechender **Krisenfallmechanismus** festgelegt werden, der u.a. die zu beteiligenden Personen, deren Kommunikationsdetails, die Meldeprozesse und die sachlich-technischen Mittel, Räumlichkeiten, Bürogeräte etc. festlegt.

IV. Litigation-PR

Selbst der bloße Verdacht eines gravierenden Regelverstoßes kann insbesondere für die Mitglieder eines Vorstandes/einer Geschäftsführung ganz erhebliche Resonanz in den Öffentlichkeitsmedien erzeugen. Die jüngste Vergangenheit liefert hier Beispiele aus großen Dax-Unternehmen,[79] aber z.B. auch aus kommunalen Energie- und Wasserversorgungsunternehmen.[80] Die verstärkte mediale Resonanz auf Regelverstöße im Wirtschaftsleben ist unübersehbar[81] und dürfte neben dem zunehmenden Einfluss des ang-

---

76 Vgl. Rn 6.
77 Instruktiv zur Krisenkommunikation Görling/Inderst/Bannenberg/*Soika*, Compliance, 1. Aufl., S. 429 ff.; *Jahn/Guttmann/Krais*, Krisenkommunikation bei Compliance-Verstößen.
78 Ähnlich Hauschka/Moosmayer/Lösler/*Jahn*, Corporate Compliance, § 40 Rn 25.
79 Vgl. auch die Beispiele bei *Holzinger/Wolff*, Litigation-PR, S. 18, 186 ff.
80 Vgl. etwa *Elbers/Jacobs*, Der Neue Kämmerer, 2009.
81 Vgl. aus Sicht des Medienvertreters auch *Jahn*, CCZ 2011, 139, 140, 142.

lo-amerikanischen Rechtssystems in Europa auch mit vielen Vorfällen aus der jüngsten Vergangenheit in Deutschland zu erklären sein.[82] Den betroffenen Persönlichkeiten hier sowohl juristisch als auch medienseitig eine optimale Unterstützung zukommen zu lassen, ist Aufgabe der sog. **Litigation-PR**, wobei Litigation Rechtsstreitigkeit/Prozessführung meint und PR für Public Relations steht. Litigation-PR kommt aus dem anglo-amerikanischen Raum, gewinnt aber zunehmend auch Bedeutung in Deutschland.[83] Darunter versteht man die „wirksame Zusammenarbeit mit den Medien, also der Öffentlichkeit, während juristischer Auseinandersetzungen" bzw. „das Steuern von Kommunikationsprozessen während juristischer Auseinandersetzungen oder eines gerichtlichen Verfahrens, mit dem Ziel, dessen Ergebnis zu beeinflussen oder die Auswirkungen auf die Reputation des Klienten abzupuffern".[84] Darüber hinaus geht es natürlich auch um den **Schutz der Reputation** des Unternehmens, in dem die betroffene Persönlichkeit tätig ist. Letztlich kann Litigation-PR auch als eine Art von „Reputationsmanagement" verstanden werden,[85] die eine „strategische Kommunikation bei (zivil- und strafrechtlichen) Rechtsstreitigkeiten"[86] zum Ziel hat.

79 Die **Einsatzgebiete von Litigation-PR** sind durchaus vielfältig:[87]
- Zusammenführung der streitenden Parteien bei brisanten Fällen, hohen Streitwerten und erheblicher Komplexität zwecks Erzielung eines (außergerichtlichen) Vergleichs,
- Akzentuierung postulierter Ansprüche gegenüber dem Gegner sowie gegenüber der Öffentlichkeit,
- Bereitstellung von Abschreckungspotenzial zwecks Abwehr von Ansprüchen auf Basis schwacher (Rechts-)Positionen sowie zur Minimierung der Öffentlichkeitsunterstützung der Gegenseite,
- Bildung eines medialen Gegengewichts zu Informationsaktivitäten von Behörden (Staatsanwaltschaften, Kartellbehörden),
- Beeinflussung der Ermittlungstätigkeit i.S.d. Mandanten.

80 Angesichts dieser durchaus ambivalenten Zielsetzungen müssen immer auch die ethischen Grenzen von Litigation-PR im Auge behalten werden.[88]

---

82 Vgl. etwa die Beispiele bei *Holzinger/Wolff*, Litigation-PR, S. 35, 38, 40.
83 Vgl. *Holzinger/Wolff*, Litigation-PR, S. 13, 44 ff.
84 *Holzinger/Wolff*, Litigation-PR, S. 18 f. Kritisch aus Sicht des Medienvertreters *Jahn*, CCZ 2011, 139, 141 f., dessen teilweise pauschale Bewertung von Compliance zu Recht von *Blomberg*, CCZ 2011, 225, beanstandet wird.
85 *Holzinger/Wolff*, Litigation-PR, S. 19.
86 *Holzinger/Wolff*, Litigation-PR, S. 20.
87 Vgl. dazu im Einzelnen *Holzinger/Wolff*, Litigation-PR, S. 22 f., 186 ff.
88 Vgl. auch *Holzinger/Wolff*, Litigation-PR, S. 243 ff.

G. Sonstige praxisrelevante Regelwerke (Übersicht)

Neben den vorstehend näher beschriebenen unternehmensinternen Verhaltensregeln findet sich in der Praxis insbesondere in sog. **Mitarbeiter-/Organisationshandbüchern**[89] regelmäßig eine Vielzahl weiterer Richtlinien.   81

Für kleine und mittelgroße Energieversorgungsunternehmen dürften insoweit folgende Regelwerke von Relevanz sein: 82

I. Unterschriften-/Zeichnungsrichtlinien

Hier geht es um die präzise Festlegung, welche Personen in welchem Umfang berechtigt sind, **rechtswirksame Erklärungen** für das Unternehmen abzugeben. Wesentliche **Regelungselemente** sind hier etwa   83
- Festlegung des Vier-Augen-Prinzips,
- Festlegung der Zeichnungsrechte (insbesondere: ppa, Handlungsvollmacht, i.A.),
- Festlegung von Spezialvollmachten, z.B. Bankvollmachten,
- Zuordnung von Zeichnungsrechten an bestimmte Personen (namentliche Nennung),
- Festlegung von Zeichnungskombinationen differenziert nach
  - Dokumenten (insbesondere interne/externe Dokumente, Verträge, Rechnungen, bestimmte Transaktionen im Energiehandel) und/oder
  - Schwellenwerten.

II. Telekommunikations-/IT-Richtlinien

In derartigen Regelwerken wird die – insbesondere auch private – Nutzung von Telefonen, Faxgeräten, E-Mail,[90] Internet und ähnlicher Einrichtungen des Unternehmens durch den Mitarbeiter näher festgelegt. Eine präzise Regelung in diesem Zusammenhang kann insbesondere bei unternehmensinternen Untersuchungen in Compliance-Vorgängen von erheblichem Nutzen sein. Dies gilt vor allem dann, wenn in solchen Situationen Zeitdruck besteht, auf dienstliche E-Mail-Konten von Mitarbeiten zuzugreifen. Ohne klare Regelung von Nutzungsumfang der genannten Kommunikationsmittel können dem manchmal (etwa bei internen Untersuchungen) erforderlichen schnellen und   84

---

[89] Vgl. dazu Kap. 5 Rn 85 ff.
[90] Vgl. das Muster einer E-Mail-Richtlinie bei Inderst/Bannenberg/Poppe/*Inderst/Steiner*, Compliance, Anh. 3b S. 792 ff.

umfassenden Zugriff durch den Arbeitgeber insbesondere arbeits-, datenschutz- und strafrechtliche Hindernisse entgegenstehen.[91]

III. Richtlinien zum Umgang mit Dokumenten (sog. Clean Desk Policy)

85 Diese Regelwerke haben den **sachgerechten Umgang mit vertraulichen** und/oder sonstigen insbesondere rechtlich relevanten **Dokumenten**[92] des Arbeitgebers zum Inhalt. Die unsorgfältige Aufbewahrung und Beseitigung solcher Dokumente kann insbesondere im Bereich der Wirtschaftsspionage erhebliche Relevanz erlangen. Aber auch das Zuspielen vermeintlich oder tatsächlich belastender Dokumente an die Öffentlichkeitsmedien und/oder Behörden wird durch mangelnde Sorgfalt an dieser Stelle erleichtert.

86 Eine sog. Clean Desk Policy legt deshalb klar fest, wann, wo und wie welche papierenen Dokumente, die zuvor verschiedenen **Vertraulichkeitskategorien** zugeordnet wurden, tagsüber und nach Büroschluss aufzubewahren sind. Des Weiteren werden die Dauer der Aufbewahrung und die Formen der Vernichtung nach Ablauf der Verwahrungsfrist fixiert.[93] Entsprechende Regeln sollten auch für den Umgang mit elektronischen Dokumenten vorgesehen werden.

IV. Verhaltensregeln für einzelne operative Einheiten

87 Die Komplexität von operativen Einheiten legt es nahe, spezielle Verhaltensregeln für die Mitarbeiter in diesen Bereichen verbindlich einzuführen.

88 Hier kann es um den sicheren und fachgerechten Umgang mit Strom- und Gasnetzen sowie den ordnungsgemäßen Betrieb von Kraftwerken ebenso gehen wie um klare Vertriebsgrundsätze. Auch präzise Limitvorgaben und Trading-Strategien sowie Credit Policies im Energiegroßhandel gehören in diesen Zusammenhang.

---

91 Vgl. *Zimmer/Stetter*, BB 2006, 1445, 1450. Zu den vor allem arbeits- und datenschutzrechtlichen Compliance-Fragen/-Problemen im Zusammenhang mit der betrieblichen Nutzung von sog. Social Media (Facebook, Twitter, LinkedIn, YouTube etc.) bzw. beim sog. Cloud Computing vgl. *Stillahn/Bogner*, ZWH 2012, 223 ff., bzw. *Tahlhofer*, CCZ 2011, 222 ff. Zu der in diesem Zusammenhang interessanten Entscheidung des LAG Berlin-Brandenburg, Urt. v. 16.2.2011 – 4 Sa 2132/10 – NZA-RR 2011, 342; vgl. instruktiv *Fühlbier/Splittgerber*, NJW 2012, 1995 ff. Generell zu den Compliance-Risiken bei der Nutzung von sozialen Netzwerken vgl. *Vedder/Müller*, CB 2014, 415 ff.

92 Vgl. allgemein zum Dokumentenmanagement Görling/Inderst/Bannenberg/*Zeunert*, Compliance, 1. Aufl., S. 269 ff.; vgl. auch das Muster einer Richtlinie zum Dokumentenmanagement bei Görling/Inderst/Bannenberg/*Inderst*, Compliance, 1. Aufl., Anh. 3b S. 682 f.

93 Vgl. zu (gesetzlichen) Aufbewahrungspflichten auch Hauschka/Moosmayer/Lösler/*Diergarten*, Corporate Compliance, § 34 Rn 300 ff.

V. Grundsätze zur Wahrnehmung von Nebentätigkeiten

Es entspricht vielfach geübter Praxis auch in Energieversorgungsunternehmen, Mitarbeitern **Nebentätigkeiten** außerhalb des Unternehmens zu gestatten oder die Mitarbeiter sogar zu solchen Tätigkeiten anzuhalten. Letzteres ist insbesondere der Fall, wenn Mitarbeiter (in der Regel der Führungsebene unterhalb der Unternehmensleitung) gebeten werden, in Aufsichts- oder Beratungsgremien von Kunden- oder Beteiligungsunternehmen aktiv zu werden. Derartige Tätigkeiten können ebenso **Interessenkonflikte** zur Folge haben wie private Nebentätigkeiten von Mitarbeitern. 89

Hier gilt es, Transparenz und klare Regeln einzuführen, um den „bösen Schein" zu vermeiden und Mitarbeiter wie auch die beteiligten Unternehmen vor Interessenkollisionen zu bewahren. Zu diesem Zweck empfiehlt es sich, allgemeine Regelungen zur Wahrnehmung von Nebentätigkeiten aufzustellen, die neben dem Umgang mit Vergütungszahlungen insbesondere auch das **Beratungs-/Abstimmungsverhalten** des Mitarbeiters in den oben genannten Gremien sowie die Nutzung von unternehmensbezogenen Ressourcen und Informationen durch den Mitarbeiter festlegen sollten.[94] 90

VI. Spenden-/Sponsoring-Richtlinie

Ein Blick in die tägliche Praxis auch von mittelständischen Unternehmen zeigt, dass dort in vielfältiger Weise Spenden für gemeinnützige Zwecke getätigt werden und in weitem Umfang Sponsoring von Kunst-, Sport- und sonstigen Aktivitäten betrieben wird. 91

Spätestens seit der sog. Utz-Claassen-Entscheidung des BGH[95] ist deutlich geworden, dass z.B. auch Versorgungsunternehmen diesen Tätigkeiten erhöhte Aufmerksamkeit schenken sollten. 92

Um die – gesellschaftlich grundsätzlich erwünschte und zu unterstützende – Sponsoringtätigkeiten vom Versorgungsunternehmen auf die rechtssichere Grundlage zu stellen, empfiehlt es sich, eine entsprechende Richtlinie zu erlassen.[96] Hier sollten insbesondere Aspekte wie Budget(-höhe), Empfängerkreis, Gewährungsvoraussetzungen, Antragsberechtigung, Entscheidungsbefugnis, Budgetkontrolle und „Erfolgskontrolle" geregelt werden.[97] 93

---

94 Vgl. dazu auch den Verhaltens- und Ethikkodex für die Deutsche Bank, 2015, abrufbar unter https://investor-relations.db.com/files/documents/documents/verhaltenskodex.pdf.
95 Vgl. BGH, Urt. v. 14.10.2008 – 1 StR 260/08 – NJW 2004, 3580ff. Vgl. aus jüngerer Zeit BGH, Urt. v. 18.11.2020 – 2 StR 246/20, NZWiSt 2021, 325 m. Anm. *Lamsfuß* sowie *Moosbacher*, CCZ 2022, 1 (2).
96 Zur Frage der Erforderlichkeit einer Mitbestimmung durch den Betriebsrat bei der Einführung von Spenden- und Sponsoringrichtlinien vgl. *Diepold/Puhl*, CB 2017, 161ff.
97 Vgl. zum Ganzen instruktiv *Säcker*, BB 2009, 282. Vgl. auch VG Dresden, Beschl. v. 25.8.2010 – 7 L 391/10 – IR 2011, 44f., zur (Un-)Zulässigkeit von Sponsoringmaßnahmen eines öffentlich-rechtlichen Wasserverbandes. Für den Bereich der kommunalen Unternehmen vgl. die Empfehlungen in VKU, Compliance

VII. Richtlinie zur Durchführung interner Ermittlungen

94 Sog. interne Ermittlungen (auch „Sonderermittlungen" oder „Internal Investigations" genannt)[98] stellen im Rahmen von Compliance-Management-Systemen ein Instrument der Überwachung der Regeleinhaltung dar.[99] Unter internen Ermittlungen versteht man die anlassbezogene, forensische Sachverhaltsaufklärung von Rechts- und Regelverstößen im Unternehmen, die von der Unternehmensleitung initiiert und mit unternehmenseigenen und/oder externen Fachkundigen durchgeführt werden.[100] Ziel und Zweck derartiger Untersuchungen ist nicht, den staatlichen Aufsichts- und Ermittlungsbehörden deren ureigenste Arbeit abzunehmen. Unternehmen werden dieses Instrument für sich und betroffene Mitarbeiter vor allem dann nutzen, wenn sie, wie börsennotierte oder kommunale Unternehmen, die besondere Aufmerksamkeit der Medien haben und die durch rückhaltlose Aufklärung den Reputationsschaden, der mit gravierenden Regelverletzungen regelmäßig verbunden ist, so gering wie möglich halten wollen.[101] Sollte(auch) in Deutschland (jemals) ein sog. Verbandssanktionengesetz[102] in Kraft treten, würde die in den bisherigen Gesetzentwürfen vielfach vorgesehene Möglichkeit, Verbandssanktionengesetz durch angemessene Vorkehrungen und Maßnahmen zur Aufklärung von sog. Verbandstaten, also insbesondere bei Rechtsverstößen , Milderungen von Verbandssanktionen, insbesondere Geldzahlungspflichten zu erlangen, für Unternehmen von Vorteil sein können[103]. In welchem Umfang und auf welche Weise eine interne Untersuchung durchgeführt werden soll, sollte nicht erst dann vertieft erörtert werden, wenn der Verdacht eines massiven Rechtsverstoßes auftaucht. Die zum Teil nicht trivialen Wechselwirkungen insbesondere zum Strafprozessrecht und zum Arbeitsrecht sollten vielmehr präventiv in einer generellen Unternehmensrichtlinie festgelegt werden. Ein solches Regelwerk könnte unter Beachtung der Vorgaben von § 17 VerSanG insbesondere folgende Aspekte behandeln:

---

in kommunalen Unternehmen, S. 85ff. Instruktiv zu den Auswirkungen von Compliance-Verstößen auf Sponsoringvereinbarungen im Sportsektor *Schenk*, CB 2014, 359ff. Zur Compliance-Prüfung im Zusammenhang mit Spenden- und Sponsoringaktivitäten vgl. *Schieffer*, CCZ 2017, 94ff.
98 Zur Begrifflichkeit sowie zur Zulässigkeit vgl. *Knauer*, ZWH 2012, 41, 42, bzw. *Spehl/Momsen/Grützner*, CCZ 2013, 260ff.; *Spehl/Momsen/Grützner*, CCZ 2014, 2ff.; *Spehl/Momsen/Grützner*, CCZ 2014, 170ff.; *Spehl/Momsen/Grützner*, CCZ 2015, 77ff., zur Situation in anderen Staaten.
99 Vgl. Kap. 5 Rn 133f.; vgl. auch *Knauer*, ZWH 2012, 41, 42.
100 Differenzierter *Knauer*, ZWH 2012, 41, 42; *Knauer*, ZWH 2012, 81.
101 Zur Ambivalenz von internen Untersuchungen vgl. auch *Knauer*, ZWH 2012, 41f. Zu den Einzelheiten einer (optimal durchgeführten) internen Untersuchung und diversen damit verbundenen arbeitsrechtlichen Fragestellungen vgl. instruktiv *Zimmermann/Lingscheid*, CB 2013, 23ff.
102 Vgl. näher dazu und zu weiteren bisher erfolglosen Gesetzgebungsvorhaben ähnlicher Art Kapitel 4, Rn 68ff.
103 Zu den (arbeits-/datenschutzrechtlichen) Voraussetzungen einer derartigen Milderung vgl. *Wybitul/Grützner/Klaas*, CCZ 2020, 199.

- Voraussetzungen für die Durchführung einer internen Ermittlung;
- Befugnis zur Anordnung einer internen Ermittlung;
- Festlegung des Untersuchungsumfangs;
- durchführungsverantwortliche Unternehmenseinheit;
- Beiziehung externer Fachkräfte;
- zugelassene Ermittlungsmaßnahmen (insbesondere: Mitarbeiterbefragung, Betriebsratsbeteiligung, Verwertung von Aussagen, Sichtung von Akten, E-Mails, sonstigen Datenbeständen);
- Behandlung des Ermittlungsergebnisses (insbesondere: Kommunikation, Sanktionen, Einbeziehung staatlicher Stellen).[104]

VIII. Richtlinie zur Geldwäscheprävention

Das aktuelle Geldwäschegesetz (GwG)[105] verpflichtet auch Unternehmen, die gewerblich mit Gütern handeln, und deren Mitarbeiter zu bestimmten Maßnahmen und Vorkehrungen zur Vermeidung und Aufspürung von Geldwäscheaktivitäten (vgl. § 2 Nr. 12 GwG). Damit fallen auch kleine und mittelständische gewerbliche Unternehmen grundsätzlich unter das Geldwäschegesetz und müssen daher in ihrer Aufbau- und Ablauforganisation die erforderliche Vorsorge treffen, damit sie nicht von der organisierten Kriminalität zu GwG missbraucht werden. Vielen kleinen und mittelständischen Unternehmen ist nicht bewusst, dass auch ihr typischer Geschäftsbetrieb Ansatzpunkte bietet, Vorteile, die aus Straftaten gewonnen wurden, zu „waschen". Denn auch in der gewerblichen Wirtschaft fließen wertvolle Gegenstände im Rahmen des üblichen Geschäftsbetriebs ein, verbunden mit der Möglichkeit diese „zu Geld zu machen" und anschließend dem Vortäter „sauberes" Geld wieder zukommen zu lassen. Im Bereich der Energieversorgung eignen sich hierzu insbesondere Steinkohle, Rohöl, Erdgas, Biobrennstoffe, Metalle (Kabel) sowie CO_2- und andere Umweltzertifikate.[106]

95

---

104 Vgl. auch § 17 des letzten Vorschlags eines Verbandssanktionengesetz, BT-Drs. 19/23568 v. 21.10.2020. Zu diversen Einzelaspekten vgl. außerdem instruktiv *Knauer*, ZWH 2012, 81ff.; *Bissels/Lützeler*, BB 2012, 189ff. Zur (rechtlich umstrittenen) Beschlagnahmefähigkeit von Protokollen über Gespräche mit Mitarbeitern im Rahmen von internen Untersuchungen vgl. instruktiv *Haefeke*, CCZ 2014, 39ff. Eingehend zu den diversen rechtlichen und praktischen Aspekten der Thematik Rotsch/*Momsen*, Criminal Compliance, § 34 B. Rn 1ff.
105 Geldwäschegesetz (GwG) v. 23.6.2017 (BGBl. I S. 1822), zuletzt geändert durch Gesetz v. 31.5.2023 (BGBl. I Nr. 140); vgl. dazu Kap. 5 Rn 123f.
106 Zum Emissionshandel als Einfallstor für Geldwäschekriminalität vgl. Interpol, Guide To Carbon Trading Crime, Juni 2013, S. 20ff., abrufbar unter https://globalinitiative.net/interpol-guide-to-carbon-trading-crime/. Nach Auffassung von *Zeidler*, CCZ 2014, 105, 108ff., findet das GwG dagegen keine Anwendung auf Energieversorger, was eine nicht belastbare Auffassung darstellt, da sie auf völlig unzureichender Kenntnis der Geschäftswirklichkeit von Energieversorgern beruht. Richtig dagegen das BMF, Erl. v. 7.12.2012 – VII A 3 WK 5023/11/10021.

96 Vor diesem Hintergrund ist insbesondere auch für mittelständische (Versorgungs-) Unternehmen ratsam,
- zunächst eine Gefährdungsanalyse in Bezug auf eine „Geldwäscheanfälligkeit" vorzunehmen und anschließend
- die Aufbau- und Ablauforganisation entsprechend dem ermittelten Geldwäschepotenzial zu optimieren.

97 Die erforderlichen Optimierungsmaßnahmen[107] sollten in einer Geldwäscherichtlinie festgehalten werden, die insbesondere folgende Aspekte regelt:
- interne Sicherungsmaßnahmen, wie:
  - Entwicklung/Fortschreibung bestehender geschäfts- und kundenbezogener Sicherungssysteme,
  - (kontinuierliche) Schulung der Mitarbeiter über Typologien und Methoden der Geldwäsche,
  - (risikoorientierte) Prüfung der Zuverlässigkeit der Mitarbeiter,
  - Bestellung eines Geldwäschebeauftragten;
- kundenbezogene Sorgfaltspflichten, wie:
  - Identifizierung des Vertragspartners,
  - Klärung des wirtschaftlich Berechtigten/des Geschäftszwecks,
  - (kontinuierliche) Überwachung der Geschäftsbeziehung,
  - (fortlaufende) Aktualisierung der Kundeninformationen,
  - Aufzeichnung und Aufbewahrung der Kundeninformationen,
  - Vorgaben zur Beendigung der Geschäftsbeziehung;
- Regelungen zur Erstattung von Verdachtsmeldungen
  - Vorgaben zur Auslagerung von Pflichten nach dem GwG (insbesondere: Identifizierung, Sicherungsmaßnahmen, Aufzeichnungen/deren Aufbewahrung).

IX. Richtlinie zum Hinweisgebersystem

98 Das Hinweisgeberschutzgesetz[108] verpflichtet Unternehmen ab einer bestimmten Größe zur Einrichtung eines internen Meldesystems. Dementsprechend ist nicht nur in organisatorischer Hinsicht eine verantwortliche Meldestelle mit adäquaten Ressourcen (fachliche Eignung, klare Rollen und Verantwortlichkeiten) zu schaffen, sondern darüber hinaus entsprechend Prozesse zu entwickeln und eine interne Richtlinie zu etablieren. Hierin sind klare Prozess und Mindeststandards für die Entgegennahme, Kategorisie-

---

[107] Vgl. auch die Handlungsempfehlungen bei *Veit/Bornefeld*, CCZ 2023, 276.
[108] Gesetz für einen besseren Schutz hinweisgebender Personen (Hinweisgeberschutzgesetz – HinSchG) v. 31.5.2023 (BGBl. 2023 I Nr. 140) sowie zur Richtlinie (EU) 2019/1937 des Europäischen Parlaments und des Rates v. 23.10.2019 zum Schutz von Personen, die Verstöße gegen das Unionsrecht melden, ABl. L 305/17 v. 26.11.2019 ; vgl. hierzu näher Kap. 5 Rn 120 ff.

rung, Untersuchung und Folgemaßnahmen von Hinweisen zu definieren.[109] Aus Praktikabilitätsgründen muss nicht zwingend eine eigene interne Richtlinie zum Thema Hinweisgeberschutz/Hinweisgebersystem erstellt werden; es genügt, wenn entsprechende Regelungen in bestehende Richtlinien integriert werden. Ist z.B. der Compliance-Verantwortliche auch zugleich Meldestellebeauftragter, bietet es sich an, die für den Compliance-Bereich relevanten Richtlinien zu ergänzen; auch um klare Prozessbeschreibungen.

Schließlich ist die Art und Weise der Kommunikation des Hinweisgebersystems in das Unternehmen ein entscheidendes Element für den Erfolg des Systems. Daher sind zugleich effektive Kommunikations- und Schulungskonzepte[110] für das Hinweisgebersystem zu definieren und zu implementieren.[111]

---

109 Vgl. hierzu *Fehr/Refenius*, CB 2023, 289, 294.
110 Eine Schulung muss nicht zwingend in Präsenz erfolgen; es haben sich eine Vielzahl von E-Learning-Programmen etabliert, die z.T. hervorragende Schulungen – auch im Bereich Compliance und insbesondere zum Hinweisgebersystem – anbieten.
111 Vgl. hierzu *Fehr/Refenius*, CB 2023, 289, 294.

Kapitel 7
Compliance in der Abschlussprüfung

A. Überblick

1 Der IDW PS 345[1] (Prüfungsstandard 345 des Instituts der Wirtschaftsprüfer – IDW) nimmt Bezug auf den **Deutschen Corporate Governance Kodex (DCGK)**,[2] der Handlungsempfehlungen hinsichtlich der Leitung und Überwachung deutscher börsennotierter Gesellschaften beinhaltet und sich an den Vorstand und den Aufsichtsrat börsennotierter Gesellschaften richtet.

2 **Inhaltlich** untergliedert sich der **DCGK** in sieben Teilbereiche:
- Abschnitt A stellt einleitend die **Aufgaben der Leitung und Überwachung einer** deutschen **Aktiengesellschaft** dar, also die Aufgaben und das Zusammenspiel der Organe der AG: Vorstand, Aufsichtsrat und Hauptversammlung.
- Der Abschnitt B widmet sich der Besetzung des Vorstands.
- In Abschnitt C und D werden die Zusammensetzung und Arbeitsweise des Aufsichtsrats behandelt.
- Der Abschnitt E erörtert Fragen der Interessenkonflikte und der Abschnitt F Transparenz und externe Berichterstattung.
- Der finale Abschnitt G geht auf die „Vergütung von Vorstand und Aufsichtsrat" ein.

3 Einen eigenen Abschnitt zu Rechnungslegung und Abschlussprüfung wie in vorangegangenen Fassungen des DCGK gibt es nun nicht mehr. Fragen zu diesem Komplex werden lediglich noch in dem Unterabschnitt D. III. Zusammenarbeit mit dem Abschlussprüfer behandelt.

4 Mit Einführung des DCGK im Jahr 2002 wurde § 161 neu in das AktG[3] aufgenommen, welches den Vorstand und Aufsichtsrat dazu verpflichtet, einmal jährlich eine sog. Entsprechenserklärung abzugeben. In dieser Entsprechenserklärung ist die Einhaltung bzw. die Nichteinhaltung der Verhaltensempfehlungen des DCGK offenzulegen. Dem muss bei Nichteinhaltung der entsprechende Grund ergänzt werden. Im Anhang zum Jahres- bzw. Konzernabschluss muss angegeben werden, dass die Entsprechenserklärung abgegeben wurde und wo sie öffentlich zugänglich gemacht worden ist.

5 Im Rahmen der **Abschlussprüfung** ist es Aufgabe des Prüfers, festzustellen, „ob der Angabepflicht des § 285 Nr. 16 HGB entsprochen wurde und ob die danach geforderte

---

[1] IDW PS 345 n. F., Auswirkungen des Deutschen Corporate Governance Kodex auf die Abschlussprüfung, 24.2.2023.
[2] Deutscher Corporate Governance Kodex (DCGK v. 28.04.2022), abrufbar unter http://www.dcgk.de/.
[3] Aktiengesetz (AktG) v. 6.9.1965 (BGBl. I S. 1089), zuletzt geändert durch Art. 61 des Gesetzes v. 10.8.2021 (BGBl. I S. 3436).

Angabe, dass die Entsprechenserklärung vom Vorstand und Aufsichtsrat des zu prüfenden Unternehmens abgegeben und wo sie dauerhaft öffentlich zugänglich gemacht wurde, vollständig ist und zutrifft."[4] Der Inhalt der Entsprechenserklärung ist nicht Teil der Abschlussprüfung.[5]

Börsennotierte Gesellschaften und Gesellschaften mit Kapitalmarktzugang im Sinne des § 161 Abs. 1 S. 2 des Aktiengesetzes sind die Adressaten des DCGK. Nach den Ausführungen im Kodex sollten sich nicht kapitalmarktorientierten Gesellschaften an die Empfehlungen und Anregungen des Kodex orientieren.[6]

Damit Transparenz und Effizienz bei Unternehmen mit öffentlicher Beteiligung ebenfalls sichergestellt und verbessert werden, wurde im Jahr 2007 vom Bundesministerium der Finanzen (**BMF**) der **Public Corporate Governance Kodex (PCGK)**[7] verabschiedet. Er orientiert sich weitestgehend an dem DCGK, berücksichtigt aber die Besonderheiten der öffentlichen Beteiligungsunternehmen. Der **Geltungsbereich des Kodex** umschließt privatrechtliche Organisationsformen mit Mehrheitsbeteiligung der öffentlichen Hand sowie Anstalten des öffentlichen Rechts. Darüber hinaus hat der Kodex Ausstrahlungswirkung auf Unternehmen anderer Rechtsformen, insbesondere Eigenbetriebe, auf die er sinngemäß angewendet werden kann.[8]

B. Auswirkungen des Deutschen Corporate Governance Kodex auf die Pflichten des Abschlussprüfers

Entsprechend den **Verhaltensempfehlungen des DCGK** soll der Aufsichtsrat mit dem Abschlussprüfer folgende, teilweise auch über die gesetzlichen Regelungen des § 319 Abs. 2 und 3 AktG hinausgehende, Informationspflichten vereinbaren:

- Unverzügliche Information über alle für die Aufgaben des Aufsichtsrats wesentlichen Feststellungen und Vorkommnisse, die sich bei der Durchführung der Abschlussprüfung ergeben.[9]
- Information des Aufsichtsrats bzw. Berichterstattung im Prüfungsbericht, wenn der Abschlussprüfer bei Durchführung der Prüfung Tatsachen feststellt, die eine Unrichtigkeit der von Vorstand und Aufsichtsrat abgegebenen Erklärung zum Kodex ergeben.[10]

---

4 Siehe IDW PS 345 n. F., Tz. 23.
5 Siehe § 317 Abs. 2 S. 6 HGB und IDW PS 345 n. F., Tz. 24.
6 DCGK v. 28.4.2022, Präambel.
7 Grundsätze guter Unternehmens- und Beteiligungsführung im Bereich des Bundes, Public Corporate Governance Kodex des Bundes (PCGK), abrufbar unter http://www.bundesfinanzministerium.de.
8 Damit haben diese Regeln auch erhebliche Bedeutung für kommunale (Energie-) Versorgungsunternehmen, unabhängig von ihrer rechtlichen Organisationsform.
9 Vgl. DCGK v. 28.4.2022, Rn D.8.
10 Vgl. DCGK, v. 28.4.2022, Rn D.9.

- Der vom Aufsichtsrat nach § 107 Abs. 3 AktG möglicherweise zu bildende Prüfungsausschuss soll mit dem Abschlussprüfer über Folgendes diskutieren:
  - die Einschätzung des Abschlussprüfers zum Prüfungsrisikos,
  - die Prüfungsstrategie und Prüfungsplanung sowie
  - die Prüfungsergebnisse diskutieren.[11]

9 Zudem verlangt der DCGK, dass sich der Vorsitzende des Prüfungsausschusses regelmäßig mit dem Abschlussprüfer über den Fortgang der Prüfung austauschen soll. Hierüber hat er dem Ausschuss zu berichten. Beratungen zwischen dem Prüfungsausschuss und dem Abschlussprüfer sollen regelmäßig auch ohne den Vorstand stattfinden.[12]

10 In der Vereinbarung zur Beauftragung des Abschlussprüfers (IDW PS 220)[13] sollte der Wunsch des Aufsichtsrats, dass die Einhaltung der Vorgaben des DCGK bei Durchführung der Prüfung durch den Abschlussprüfer zu beachten sind, festgehalten werden.

C. Pflichten des Abschlussprüfers im Zusammenhang mit der abzugebenden Entsprechenserklärung

I. Rechtliche Grundlagen der Abgabe und Veröffentlichung der Entsprechenserklärung

11 Um die Einhaltung gewisser **Mindeststandards guter Unternehmensführung** sicherzustellen, wurden diesbezüglich Anforderungen gesetzlich normiert. Nach § 161 Abs. 1 S. 1 AktG haben der Vorstand und/oder der Aufsichtsrat börsennotierter Kapitalgesellschaften jährlich eine sog. **Entsprechenserklärung** abzugeben.

> **Hinweis**
> Die Erklärung muss auf der Internetseite des Unternehmens dauerhaft öffentlich zugänglich gemacht werden.[14]

12 In der Entsprechenserklärung muss erklärt werden, ob die **Verhaltensempfehlungen des DCGK** eingehalten wurden oder nicht. Sollte das Unternehmen von den Verhaltensempfehlungen abweichen, muss dies in der Entsprechenserklärung offengelegt werden. Im Anhang zum Jahres- bzw. Konzernabschlusses ist anzugeben, ob die Entsprechens-

---

11 Vgl. DCGK, v. 28.4.2022, Rn D.10.
12 Vgl. DCGK, v. 28.4.2022, Rn D.10.
13 IDW Prüfungsstandard 220 (IDW PS 220), Beauftragung des Abschlussprüfers, 9.9.2009.
14 Vgl. § 161 Abs. 2 AktG.

erklärung abgegeben und öffentlich zugänglich gemacht worden ist (§§ 285 Nr. 16, 314 Abs. 1 Nr. 8 HGB[15]).

13 Sollte der **DCGK geändert** werden, besteht **keine Pflicht**, innerhalb des 12-Monats-Zeitraums eine neue **Entsprechenserklärung abzugeben**. Allerdings kann die Entsprechenserklärung freiwillig an die geänderte Fassung des DCGK angepasst werden. Ein Unterschreiten der 12-Monats-Frist ist unschädlich.[16]

> **Hinweis**
> Für den Fall, dass Änderungen einzelner relevanter Verhaltensempfehlungen erfolgt sind, ist eine Anpassung und somit ein Unterschreiten der 12-Monats-Frist sogar geboten.

14 Um Unklarheiten zu vermeiden, empfiehlt das **Bundesministerium der Justiz und für Verbraucherschutz (BMJV)** die Aufnahme eines **klärenden Hinweises** in die bestehende Entsprechenserklärung, aus dem sich ergibt, auf welche Fassung des DCGK sich die Entsprechenserklärung bezieht.[17]

> **Hinweis**
> Eine **sofortige Berichtigung** der Entsprechenserklärung ist dann notwendig, wenn ihr **Inhalt unrichtig** wird. Sie ist beispielsweise dann unrichtig, wenn die Organmitglieder entgegen der Angabe in der Entsprechenserklärung gegen einen nicht unwesentlichen Punkt verstoßen.

15 Mit der Abgabe einer **unrichtigen Entsprechenserklärung** liegt ein Verstoß gegen die Organpflichten vor und kann zur Anfechtbarkeit der gefassten Entlastungsbeschlüsse führen, soweit die Organmitglieder die Unrichtigkeit hätten kennen müssen.[18]

II. Bindungswirkung des DCGK

16 Der DCGK enthält **Regelungen mit unterschiedlicher Bindungswirkung**, die sich in drei Verbindlichkeitsgrade aufteilen lassen.[19] Sie lassen sich unterscheiden in
- **Grundsätze**, die aufgrund gesetzlicher Bestimmungen ohnehin zu befolgen sind, und in den Kodex zur Information der Anlegenden und Stakeholder aufgenommen wurden,

---

15 Handelsgesetzbuch (HGB) v. 10.5.1897 (RGBl. I S. 219), zuletzt geändert durch Art. 2 des Gesetzes v. 11.4.2024 (BGBl. 2024 I Nr. 120).
16 Vgl. IDW PS 345 n.F., Rn 11.
17 Vgl. IDW PS 345 n.F., Rn 14.
18 Vgl. IDW PS 345 n.F., Rn 15.
19 Vgl. DCGK, 1. Präambel.

- **Empfehlungen**, von denen die Unternehmen abweichen dürfen, dies aber auch offenzulegen haben, und
- **Anregungen**, von denen ohne Offenlegung abgewichen werden darf.

17 Das bedeutet, dass die Passagen des DCGK, die die gesetzlichen Bestimmungen wiedergeben, nicht aufgrund des Kodex zu beachten sind, sondern aufgrund ihrer gesetzlichen Verpflichtung. Die Empfehlungen ihrerseits stellen weder ein Gesetz noch eine Verordnung dar. Ihre **Beachtung** erfolgt somit **auf freiwilliger Basis**; eine rechtliche Verpflichtung besteht nicht. Die Empfehlungen sind im Text des DCGK durch die Verwendung des Wortes „soll" gekennzeichnet.

18 Eine **Verpflichtung des Unternehmens** besteht jedoch dahingehend, dass ein Abweichen von den einzelnen Empfehlungen in der abgegebenen Entsprechenserklärung gegenüber der Öffentlichkeit dargelegt werden muss. Dabei folgt der DCGK dem sog. **Comply-or-Explain-Grundsatz**.[20] Da börsennotierte Unternehmen zur Abgabe einer Entsprechenserklärung verpflichtet sind, **müssen die Vorgaben des DCGK befolgt werden** (comply). Für den Fall einer negativen Abweichung bzw. Nichtbeachtung der Empfehlungen **müssen die Gründe hierfür erklärt werden** (explain). Ein pauschaler Hinweis, dass von einzelnen Verhaltensempfehlungen abgewichen worden ist oder wird, genügt zur Erfüllung der Anforderungen des § 161 AktG nicht.[21] Darüber hinaus enthält der Kodex Anregungen und Hinweise hinsichtlich guter Unternehmensführung, deren Nichtbeachtung – anders als das Abweichen von den Empfehlungen des DCGK – nicht bekannt gegeben werden muss. Dabei werden Begriffe wie „sollte" oder „kann" verwendet.

19 Der **DCGK** ist somit selbst **nicht gesetzlich verankert**, sondern orientiert sich an der selbstverantwortlichen Organisation der Wirtschaft und stellt somit ein flexibles Regelwerk dar. Das heißt, dass aufgrund der fehlenden Gesetzeskraft des DCGK inhaltlich unzutreffende Entsprechenserklärungen nicht unmittelbar gesetzeswidrig sind. Auch ein völliges Ablehnen der Verhaltensempfehlungen des DCGK wäre grundsätzlich denkbar, eine Pflicht zur Anwendung besteht nicht.[22] Eine Nichtbeachtung des DCGK müsste jedoch als ablehnende Willenserklärung verpflichtend in der Entsprechenserklärung dargelegt werden und hätte somit auch keine direkten Folgen für die Gesellschaft.

---

20 Übersetzt: „entspreche oder erkläre".
21 Vgl. DCGK, 1. Präambel.
22 Vgl. *Dutzi*, Aufsichtsrat als Instrument des Corporate Governance.

III. Prüfungsgegenstand

Für den Prüfer des Jahresabschlusses stellt sich die Frage, inwieweit die Entsprechenserklärung in die **Abschlussprüfung** mit einbezogen werden muss. Nach § 317 HGB umfasst die Abschlussprüfung den Jahresabschluss und den Anhang. Nach § 285 Nr. 16 HGB hat der Anhang die **Entsprechenserklärung als Pflichtangabe** des Jahresabschlusses zu enthalten und ist somit Gegenstand der Jahresabschlussprüfung.[23] Für den Fall, dass ein Konzernabschluss Gegenstand der Prüfung ist, hat sich die Jahresabschlussprüfung hinsichtlich der Angabe nach § 314 Abs. 1 Nr. 8 HGB auf jedes in den Konzernabschluss einbezogene Unternehmen zu erstrecken. 20

Der **Inhalt der Entsprechenserklärung** ist nicht Gegenstand der Prüfung.[24] Sie ist inhaltlich auch dann **nicht Gegenstand der Abschlussprüfung**, wenn sie in den Lagebericht aufgenommen wurde. Daher ist es nicht Aufgabe des Abschlussprüfers, gesondert zu prüfen, ob und inwieweit Vorstand und Aufsichtsrat den Verhaltensempfehlungen des DCGK inhaltlich entsprochen haben oder inwiefern Abweichungen von diesen Empfehlungen zutreffend in der Entsprechenserklärung dargestellt und begründet wurden. Dies ist nachvollziehbar und sinnvoll, da sich die Einhaltung aller Vorgaben des DCGK einer objektiven Prüfung entzieht und der Abschlussprüfer hierzu keine qualifizierten Aussagen treffen kann. 21

Es ist nicht vorgesehen, dass der empfohlene Corporate-Governance-Bericht vollumfänglich in den Anhang oder Lagebericht aufgenommen wird. Auch wenn der Corporate-Governance-Bericht – wie empfohlen – als gesonderter Bericht in den Geschäftsbericht aufgenommen oder zusammen mit der Erklärung veröffentlich wird, unterliegt er nicht der Prüfung durch den Abschlussprüfer. 22

IV. Prüfungsdurchführung und Prüfungshandlungen

Der Abschlussprüfer nimmt keine inhaltliche Prüfung der Entsprechenserklärung vor, sondern überprüft nur, ob die formellen Anforderungen des § 161 AktG erfüllt worden sind. Dies beinhaltet: 23

- Eine **Überprüfung der Entsprechenserklärung auf Vollständigkeit**. Neben einer vergangenheitsbezogenen Aussage zur Einhaltung der Verhaltensempfehlungen muss auch eine Aussage über die künftige Handhabung gemacht werden.
- Die **Vergewisserung** des Abschlussprüfers, ob die **Entsprechenserklärung** dauerhaft auf der Internetseite des Unternehmens **öffentlich zugänglich** gemacht wurde. Das Unternehmen hat dafür Sorge zu tragen, dass ein dauerhafter Zugang der Internetseite und somit ein Abruf der Entsprechenserklärung möglich ist. Der Ab-

---

23 Vgl. auch *Strieder*, DCGK.
24 Vgl. auch *Strieder*, DCGK.

schlussprüfer hat sich durch geeignete Prüfungshandlungen zu vergewissern, dass das Unternehmen Vorkehrungen getroffen hat, die eine solche dauerhafte Verfügbarkeit der Entsprechenserklärung ermöglichen.

- Die **Überprüfung**, dass **Abweichungen** von den Verhaltensempfehlungen des DCGK in der Entsprechenserklärung im Einzelnen **aufgeführt und begründet** wurden. Ein pauschaler Hinweis, dass von den Verhaltensempfehlungen abgewichen worden ist, genügt nicht.
- Eine **Überprüfung**, dass die Entsprechenserklärung **rechtzeitig**, das heißt entsprechend § 161 AktG jährlich, **abgegeben** worden ist. Die Entsprechenserklärung muss jedoch nicht zwingend zum Ende des Geschäftsjahrs abgegeben werden.

24 Sollten die formellen Voraussetzungen nicht erfüllt sein, so ist die Anhangsangabe als unzutreffend anzusehen, da keine den Anforderungen des § 161 AktG entsprechende Erklärung vorliegt.

Hinweis
Nachfolgende Checkliste beinhaltet die wichtigsten Punkte, die bei der Prüfung der formellen Anforderungen der Entsprechenserklärung im Sinne des § 161 AktG zu beachten sind.

Checkliste

Sachverhalt	Geprüft/ Datum
1. Wurde eine Entsprechenserklärung abgegeben?	
1.1 Wann wurde sie verabschiedet?	
1.2 Wann wurde sie veröffentlicht?	
2. Einhaltung Termine	
2.1 Wurde die Jahresfrist eingehalten?	
2.2 Wurde die Entsprechenserklärung dauerhaft veröffentlicht?	
3. Berücksichtigung von Änderungen	
3.1 Wurde der DCGK innerhalb der Jahresfrist geändert?	
3.2 Wurden die Änderungen berücksichtigt?	
3.3 Gab es unternehmensinterne Änderungen seit der letzten Entsprechenserklärung?	
3.4 Wurden unternehmensinterne Änderungen berücksichtigt?	
4. Berücksichtigung von Abweichungen	
4.1 Lagen formelle Abweichungen vor?	
4.2 Wurden die formellen Abweichungen begründet?	

Gold/Straßer/M. Koch

V. Berichterstattung

1. Bestätigungsvermerk

Nach § 322 HGB hat der Abschlussprüfer das **Ergebnis der Abschlussprüfung** in einem **Bestätigungsvermerk** zusammenzufassen. Der Bestätigungsvermerk kann abhängig von den festgestellten Mängeln **uneingeschränkt oder eingeschränkt** erfolgen. Sind die festgestellten Mängel derart gravierend, dass kein Positivbefund der Rechnungslegung möglich ist, so ist der Bestätigungsvermerk zu versagen. Fraglich ist, wie sich die Nichtabgabe bzw. die Abgabe einer unrichtigen Entsprechenserklärung auf den Bestätigungsvermerk auswirkt.

Sollten die nach §§ 285 Nr. 16, 314 Abs. 1 Nr. 8 HGB geforderten **Angaben zur Entsprechenserklärung** den gesetzlichen Anforderungen **entsprechen**, muss im Bestätigungsvermerk diesbezüglich keine gesonderte Feststellung getroffen werden.[25] Der Bestätigungsvermerk ist dann einzuschränken, wenn die für den Anhang geforderten Angaben zur Entsprechenserklärung formell unzutreffend, unvollständig oder gar nicht vorhanden sind.

Der **Bestätigungsvermerk** wäre beispielsweise dann **einzuschränken**, wenn

- „entgegen § 161 AktG bis zum Datum des Bestätigungsvermerks **keine Entsprechenserklärung abgegeben** wurde und daher die vorgeschriebene Angabe im Anhang (§ 285 Nr. 16 HGB) fehlt. Entsprechend ist eine Einschränkung des Bestätigungsvermerks zum Konzernabschluss erforderlich, wenn die Entsprechenserklärung für das Mutterunternehmen oder für ein zur Abgabe einer Entsprechenserklärung verpflichtetes Tochterunternehmen bzw. einbezogenes Gemeinschaftsunternehmen nicht abgegeben wurde,
- im Anhang bzw. im Konzernanhang wahrheitsgemäß über die gesetzeswidrige Nichtabgabe der **Entsprechenserklärung** berichtet wird. Da die §§ 285 Nr. 16, 314 Abs. 1 Nr. 8 HGB eine Berichterstattung erfordern, ‚dass' und nicht ‚ob' die nach § 161 AktG vorgeschriebene Erklärung abgegeben und wo sie öffentlich zugänglich gemacht worden ist, stellt der Hinweis auf die Nichtabgabe der Entsprechenserklärung nicht die gesetzlich geforderte Angabe dar,
- die **formellen Anforderungen** des § 161 AktG an die Entsprechenserklärung **nicht erfüllt** sind und die Anhangsangabe insofern unzutreffend ist."[26]

2. Prüfungsbericht

Wird die Entsprechenserklärung ohne formelle Beanstandungen abgegeben, erfolgt kein Vermerk im Prüfungsbericht.[27] Ob der Abschlussprüfer seiner **Redepflicht gem.**

---

25 Vgl. IDW PS 345 n.F., Rn 33.
26 IDW PS 345 n.F., Rn 34.
27 Vgl. IDW PS 345 n.F., Rn 35.

§ 321 Abs. 1 S. 3 HGB nachkommen muss, hängt von der Art und dem Umfang des Verstoßes gegen die Entsprechenserklärung ab. Der Abschlussprüfer muss seiner Redepflicht nachkommen, wenn die formellen Angaben zur Entsprechenserklärung nicht erfüllt sind, d.h. die Entsprechenserklärung ist entweder nicht vorhanden, formell unrichtig oder unzutreffend.

29   Trotz einer formell beanstandungslosen Abgabe und dauerhaften Zugänglichmachung der Entsprechenserklärung stellt eine **inhaltlich falsche Entsprechenserklärung** einen **Verstoß** gegen § 161 AktG dar. IDW PS 345 klassifiziert jeden Verstoß gegen § 161 AktG als schwerwiegend, der in der Folge eine Berichtspflicht im Prüfungsbericht auslöst.

30   Sollte der Abschlussprüfer im Rahmen der Prüfung zufällig **inhaltliche Unrichtigkeiten** entdecken, so hat er aufgrund seiner Redepflicht nach § 321 Abs. 1 S. 3 HGB und darüber hinaus aufgrund einer nach Nr. 7.2.3 DCGK separat getroffenen Vereinbarung mit dem Aufsichtsrat in einem gesonderten Teil des Prüfungsberichts **Mitteilung** zu **machen**. Abhängig vom Prüfungsumfang ist es mehr oder weniger wahrscheinlich, dass der Abschlussprüfer während der Prüfungshandlungen Abweichungen zwischen dem tatsächlichen Verhalten des Vorstandes/Aufsichtsrats und den Angaben in der Entsprechenserklärung erkennt.

31   Da sich die Prüfung der **Entsprechenserklärung** nicht auf die inhaltliche Einhaltung der Empfehlungen des DCGK erstreckt und diesbezüglich Berichtspflichten nur für den Fall bestehen, dass **Unrichtigkeiten im Rahmen der Prüfung** aufgedeckt werden, hängt die Wahrscheinlichkeit der Aufdeckung von dem Umfang der Prüfungshandlungen und den Prüfungsnachweisen ab. Sie erfolgen also eher „zufällig" und dürften auch nur dann erkennbar sein, wenn sie einen direkten Bezug zur Prüfungstätigkeit haben, das heißt im Rahmen der Rechnungslegung auftauchen und dem Abschlussprüfer zwangsläufig aus Unterlagen oder Informationen hervorgehen, die im Rahmen der Abschlussprüfung herangezogen werden.

32   Erschwerend kommt für die **Feststellung möglicher inhaltlicher Unrichtigkeiten** hinzu, dass neben einer vergangenheitsbezogenen Erklärung auch eine zukunftsorientierte Aussage getätigt werden soll. Die zukunftsorientierte Aussage entzieht sich einer Überprüfung durch den Abschlussprüfer, da sie den Charakter einer nicht bindenden Absichtserklärung hat.

33   Es ist jedoch im Sinne des DCGK, dass der Abschlussprüfer über die gesetzliche Redepflicht hinaus den **Aufsichtsrat unverzüglich über wesentliche Feststellungen informiert** und dies nicht erst im Prüfungsbericht erfolgt. Da es sich bei dieser Regelung des DCGK um eine Empfehlung handelt, gekennzeichnet durch das Wort „soll", muss bei einem Abweichen von dieser Empfehlung eine begründete Offenlegung in der Entsprechenserklärung stattfinden.

> **Hinweis**
> Erfolgen können die Mitteilungen, die über die gesetzlichen und berufsständischen Anforderungen hinausgehen, in Form eines sog. Management-Letters. Er beinhaltet darüber hinaus Verbesserungsvorschläge hinsichtlich des Rechnungswesens sowie des rechnungslegungsbezogenen internen Kontrollsystems.

D. Prüfung von Compliance-Management-Systemen

Ein Managementsystem, das die Compliance garantieren soll, ist ein **Compliance-Management-System (CMS)**. Die Konzeption eines CMS umfasst
- die Förderung einer günstigen Compliance-Kultur,
- die Festlegung der Compliance-Ziele,
- den Aufbau der Compliance-Organisation (Aufbau- und Ablauforganisation) sowie
- ein Verfahren zur Überwachung und Verbesserung des CMS.

34

Die **Ausgestaltung des CMS** kann sich an allgemein anerkannten Rahmenkonzepten oder an vom Unternehmen selbst entwickelten Grundsätzen orientieren. Die gesetzliche Vertretung des Unternehmens muss in einer CMS-Beschreibung
- Erklärungen zur Konzeption,
- den Grundelementen und
- zu der Ausgestaltung des CMS

erbringen.

35

In diesem Zusammenhang hat das IDW am 11.3.2010 erstmalig den Entwurf eines Standards zur Prüfung von Compliance Management Systemen veröffentlicht (**Entwurf des Prüfungsstandards 980, IDW PS 980)**), der die Grundelemente eines CMS und andere Begriffe in einer strukturierten Form definiert und der am 11.3.2011 als endgültiger Prüfungsstandard veröffentlicht wurde. Der Standard schreibt jedoch nicht vor, welche Compliance-Risiken ein Unternehmen im Einzelnen beachten soll. Vielmehr bietet er ein konzeptionelles Gerüst, das unternehmensspezifische Besonderheiten berücksichtigt. Diesen Prüfungsstandard hat das IDW mit einer neuen Fassung des Standards, dem IDW PS 980 n. F., Stand 28.9.2022, überarbeitet.[28]

36

Der **IDW-Standard empfiehlt** für ein angemessenes CMS die folgenden Grundelemente:
- Compliance-Kultur

37

Die Kultur ist die Grundlage für ein angemessenes und wirksames CMS. Sie wird geprägt durch die grundsätzlichen Einstellungen und das Verhalten des Managements und Aufsichtsorgans.

---

[28] IDW Prüfungsstandard 980 n. F. (IDW PS 980 n. F.), Grundsätze ordnungsmäßiger Prüfung von Compliance Management Systemen, 28.9.2022.

- **Compliance-Ziele**
Die Unternehmensziele bilden für die gesetzliche Vertretung die Basis, die mit dem CMS erreicht werden soll. Dies umfasst insbesondere die Festlegung der in den einzelnen Teilbereichen einzuhaltenden Regeln.
- **Compliance-Organisation**
Es werden die Rollen und Verantwortlichkeiten (Aufgaben) sowie die Aufbau- und Ablauforganisation im CMS als integraler Bestandteil der Unternehmensorganisation festgelegt.
- **Compliance-Risiken**
In einem systematischen Verfahren der Risikoerkennung und -berichterstattung. Es erfolgt eine Feststellung und Analyse der Risiken, die Verstöße gegen Regeln zur Folge haben können.
- **Compliance-Programm**
Auf der Grundlage der Compliance-Risiken werden Grundsätze und Maßnahmen eingeführt, die auf die Begrenzung der Risiken und damit auf die Vermeidung von Compliance-Verstößen ausgerichtet sind.
- **Compliance-Kommunikation**
Die Mitarbeiter und gegebenenfalls Dritte werden über das Compliance-Programm (inkl. Verantwortlichkeiten) informiert, damit diese ihre Aufgaben sachgerecht erfüllen. Es wird vereinbart, wie Risiken und Hinweise auf mögliche und festgestellte Regelverstöße kommuniziert werden.
- **Compliance-Überwachung und -Verbesserung**
Die Angemessenheit und Wirksamkeit des CMS werden in geeigneter Weise überwacht; werden im Rahmen der Überwachung Schwachstellen bzw. Verstöße festgestellt, werden Verbesserungen des CMS eingeleitet.

38 **Gegenstand einer CMS-Prüfung** sind die Aussagen der gesetzlichen Vertreter in der CMS-Beschreibung. Die Verantwortung für das CMS liegt bei der gesetzlichen Vertretung des Unternehmens. Diese Verantwortung umfasst auch die ausreichende Dokumentation des CMS, um eine nachhaltige Anwendung und personenunabhängige Funktion des Systems im Zeitablauf zu ermöglichen. Darüber hinaus muss eine verlässliche Vorgehensweise bei der Erstellung der CMS-Beschreibung durch geeignete Personen, z.B. durch einen Compliance-Beauftragten, sichergestellt werden.

39 Der Prüfungsstandard unterscheidet grundsätzlich zwei verschiedene **Prüfungsaufträge bei der Prüfung eines CMS**:
- Bei der ersten Variante des Prüfungsauftrags ist zu prüfen, ob die Compliance-Maßnahmen geeignet sind, Risiken für wesentliche Regelverstöße mit hinreichender Sicherheit rechtzeitig zu erkennen und somit Verstöße zu verhindern. Es handelt sich also um die Prüfung der Angemessenheit und Implementierung des Systems.[29]

---

29 Siehe IDW PS 980 n.F., Anl. 3.

- Bei der zweiten Variante untersucht der Prüfende zusätzlich, ob die Grundsätze und Maßnahmen während eines bestimmten Zeitraums tatsächlich wirksam waren. Es handelt sich also um die Prüfung der Angemessenheit, Implementierung und Wirksamkeit des Systems.[30]

Compliance-Prüfungen können hier mit unabhängigen Aussagen zur Angemessenheit und Wirksamkeit des angewandten CMS einen elementaren Beitrag zur Überwachung leisten. Insbesondere kann eine solche Prüfung für die zuständigen Organe (Vorstand und Aufsichtsrat) ein guter Nachweis sein, dass sie sich ordnungsgemäß mit der Angemessenheit und Wirksamkeit des CMS auseinandergesetzt haben.

---

30 Siehe IDW PS 980 n.F., Anl. 3.

Kapitel 8
Zertifizierung von Compliance-Management-Systemen (IDW PS 980 n. F.)

A. Einführung in die Prüfung eines Compliance-Management-Systems

1 Compliance-Management-Systeme (CMS) sind darauf ausgerichtet, die Geschäftsleitung eines Unternehmens bei der Einhaltung von Regeln zu unterstützen. Die Einrichtung eines CMS durch die Geschäftsleitung trägt zur Erfüllung der Sorgfalts- und Organisationspflichten einer ordentlichen und gewissenhaften Geschäftsleitung im Sinne des § 93 Abs. 1 AktG[1] bei. Nach einem Urteil des LG München I erfüllt der Vorstand seine Organisationspflichten nur dann, „wenn er eine auf Schadenprävention und Risikokontrolle angelegte Compliance-Organisation im Unternehmen etabliert".[2] Die Rechtsprechung des BGH[3] scheint mittlerweile ein CMS bußgeldmindernd zu berücksichtigen. In seinem Urteil vom 9.5.2017 führt der BGH erstmals aus, dass für die Bemessung einer Geldbuße für eine Ordnungswidrigkeit zudem von Bedeutung sei, inwieweit ein effizientes Compliance-Management installiert ist, das auf die Vermeidung von Rechtsverstößen ausgelegt sein muss.[4] Die Vorgaben des IDW Prüfungsstandards „Grundsätze ordnungsmäßiger Prüfung von Compliance Management Systemen" (IDW PS 980 n. F., Stand 28.9.2022) können als Hilfestellung für den Aufbau eines CMS herangezogen werden. Insbesondere wird nach dem IDW PS 980 n. F. ein CMS nur als angemessen und wirksam gelten, wenn bei Einrichtung des CMS, aber auch im Rahmen eines wiederkehrenden Regelprozesses revolvierend, die unternehmensspezifische Risikosituation ermittelt und beurteilt wird.[5] Die Ergebnisse der Risikoanalyse sind entsprechend zu dokumentieren.[6] Die Prüfung der Wirksamkeit eines CMS durch einen Wirtschaftsprüfer nach IDW PS 980 n. F. „kann dem objektivierten Nachweis der ermessensfehlerfreien Ausübung der Organisations- und Sorgfaltspflichten des Vorstands und des Aufsichtsrats

---

[1] Aktiengesetz (AktG) v. 6.9.1965 (BGBl. I S. 1089), zuletzt geändert durch Art. 6 des Gesetzes v. 19.6.2023 (BGBl. I Nr. 154).
[2] *Wermelt*, CB 2014, 109; zur Entscheidung des LG München I, Urt. v. 10.12.2013 – 5 HK O 1387/10 – NZG 2014, 345 ff.; vgl. auch *Grützner*, BB 2014, 850 ff.
[3] BGH, Urt. v. 9.5.2017 – 1 StR 265/16 – NJW 2017, 3798 (Vorinstanz: LG München I, Urt. v. 3.12.2015 – 7 KLs 565 Js 137335/15); siehe hierzu auch *Gnändiger*, WPg 2018, 470 ff.
[4] BGH, Urt. v. 9.5.2017 – 1 StR 265/16 – NJW 2017, 3798 (Vorinstanz: LG München I, Urt. v. 3.12.2015 – 7 KLs 565 Js 137335/15).
[5] Vgl. IDW PS 980, Rn A16.
[6] Vgl. *Wermelt*, CB 2014, 112.

dienen"[7]. Es besteht hierdurch insbesondere auch die Möglichkeit, einen Nachweis zur Erfüllung der gerichtlichen Anforderungen, wie die Risikoanalyse im Rahmen eines CMS, zu erbringen.[8] Das CMS ist aus Nachweisgründen und zur Sicherstellung einer personenunabhängigen Funktion zu dokumentieren.[9]

Die Prüfung eines unternehmensweiten CMS wird typischerweise sehr umfangreich ausfallen, sodass der Prüfungsumfang regelmäßig auf einzelne Teilbereiche einzugrenzen sein wird. Das Prüfungsurteil trifft dann Aussagen nur zu diesen Teilbereichen. Darüber hinaus wird der Prüfungsumfang auch über die verschiedenen Typen der Prüfung (Konzeptions-, Aufbau- oder Wirksamkeitsprüfung) definiert.

Das Institut der Wirtschaftsprüfer e.V. (IDW) stellt in seinem IDW Praxishinweis 1/2016 (Stand 31.5.2017) dar, wie die Grundsätze der Prüfung von CMS nach IDW PS 980 auf die Prüfung von Tax-Compliance-Management-Systemen (Tax-CMS) angewendet werden können.[10] Da sich die Prüfung im Wesentlichen nur durch die konkrete Ausgestaltung einzelner Prüfungshandlungen von der Prüfung von CMS unterscheidet, werden wir auf die Prüfung von TAX-CMS nicht weiter eingehen.

B. Die Arten der Prüfung eines CMS

Nach dem Umfang und dem Ziel der Prüfung unterscheidet man die Prüfungsarten Angemessenheits- oder Wirksamkeitsprüfung. Das IDW sieht die Angemessenheitsprüfung als zulässige Möglichkeit der prüferischen Begleitung der Entwicklung und Einführung eines CMS in einem Unternehmen (ohne Wirksamkeitsprüfung) an.[11] Bei den Prüfungen eines CMS wird insbesondere die angemessene Darstellung in der **CMS-Beschreibung** geprüft, die auf den vom Unternehmen definierten **CMS-Grundsätzen** basieren. Das in der CMS-Beschreibung dargestellte CMS kann von dem Wirtschaftsprüfer auf Angemessenheit der Zielerreichung und auf Wirksamkeit während der Anwendung geprüft werden.

Der Wirtschaftsprüfer wird die Auswahl der **Prüfungshandlungen** nach seinem pflichtgemäßen Ermessen vornehmen.[12] Er wird dabei seine Kenntnisse über das rechtliche und wirtschaftliche Umfeld und die Compliance-Anforderungen des Unternehmens berücksichtigen. Die in der CMS-Beschreibung dargestellten Grundsätze und Maß-

---

7 Vgl. IDW PS 980 n.F., Rn 6.
8 Vgl. *Wermelt*, CB 2014, 109 ff.; *Romeike/Lorenz*, Grundlagen Risikomanagement, S. 23; *Eibelshäuser/Schmidt*, WPg 2011, 940.
9 Vgl. IDW PS 980 n.F., Rn 16.
10 Vgl. IDW Praxishinweis 1/2016 (Stand 31.5.2017), Rn 4.
11 Vgl. IDW PS 980 n.F., Rn 20.
12 Die Auswahl der Prüfungshandlungen erfolgt insbesondere in Anwendung der Vorschriften des IDW, hier insbesondere IDW Prüfungsstandard, Prüfungsnachweise im Rahmen der Abschlussprüfung (IDW PS 300 n.F.), Rn 11.

nahmen sowie die vorgelegten Prüfungsnachweise werden überwiegend auf der Basis von Stichproben beurteilt werden, soweit diese eine hinreichend sichere Grundlage für die Beurteilung des CMS bieten.[13] Neben der Beurteilung des rechtlichen und wirtschaftlichen Umfelds werden Prüfungshandlungen ausgewählte System- und Einzelfallprüfungshandlungen[14] sein. Bei der Prüfung eines CMS werden dies regelmäßig die Befragung zentraler Ansprechpartner (z.B. Geschäftsführung, CMS-Beauftragter), die Einsicht- bzw. Inaugenscheinnahme (z.B. Compliance-, Risiko- und Organisationshandbücher) und die Beobachtung von Compliance-relevanten Prozessabläufen seien.

6   Das **Prüfungsergebnis** wird dann die Beurteilung der Angemessenheit bzw. Wirksamkeit der in der CMS-Beschreibung enthaltenen (Teil-)Bereiche des CMS sein. Der Wirtschaftsprüfer wird dabei neben den Feststellungen zum CMS typischerweise auch (das Prüfungsurteil nicht einschränkende) Empfehlungen zu dessen Verbesserung aussprechen.

> **Praxistipp**
> Es bietet sich an, den Wirtschaftsprüfer bereits in der Planungsphase vor Beginn des Projektes zur Einführung des CMS hinzuzuziehen. Hierdurch wird ein umfangreicher Anpassungsaufwand nach Abschluss der CMS-Prüfung vermieden.

I. Angemessenheitsprüfung

7   Ziel der **Angemessenheitsprüfung** eines Wirtschaftsprüfers ist, dass er mit hinreichender Sicherheit feststellt, ob
- „die zu einem bestimmten Zeitpunkt implementierten Regelungen des CMS in der CMS-Beschreibung in Übereinstimmung mit den angewandten CMS-Grundsätzen in allen wesentlichen Belangen angemessen dargestellt sind,
- die dargestellten Regelungen in Übereinstimmung mit den angewandten CMS-Grundsätzen in allen wesentlichen Belangen
    - geeignet sind, mit hinreichender Sicherheit sowohl Risiken für wesentliche Regelverstöße rechtzeitig zu erkennen als auch solche Regelverstöße zu verhindern,
    - und zu einem bestimmten Zeitpunkt implementiert [...] waren."[15]

---

[13] Das Ermessen bei der Auswahl der Prüfungsnachweise und deren Beurteilung richtet sich nach den Vorgaben des IDW, insbesondere IDW PS 300 n.F., vgl. hier Rn A7.
[14] Vgl. IDW PS 300, Rn A11ff.
[15] IDW PS 980 n.F., Rn 19.

II. Wirksamkeitsprüfung

Bei der zweiten Form der Prüfung handelt es sich um die **Wirksamkeitsprüfung**, welche die oben dargestellte Angemessenheitsprüfung umfasst.

Das Ziel einer Wirksamkeitsprüfung des CMS geht damit über das Ziel der Angemessenheitsprüfung hinaus. Der CMS-Prüfer soll mit der Wirksamkeitsprüfung hinreichende Sicherheit darüber erlangt, ob

- „die im geprüften Zeitraum implementierten Regelungen [...] des CMS in der CMS-Beschreibung in Übereinstimmung mit den angewandten CMS-Grundsätzen in allen wesentlichen Belangen angemessen dargestellt [...] sind,
- die dargestellten Regelungen in Übereinstimmung mit den angewandten CMS-Grundsätzen in allen wesentlichen Belangen
  - während des geprüften Zeitraums geeignet waren, mit hinreichender Sicherheit sowohl Risiken für wesentliche Regelverstöße rechtzeitig zu erkennen als auch solche Regelverstöße zu verhindern, und
  - während des geprüften Zeitraums wirksam (vgl. Tz. 25) waren."[16]

8

Hinweis

Die Wirksamkeitsprüfung umfasst die Angemessenheitsprüfung. Es wird im Rahmen der Einführung eines CMS also möglicherweise sinnvoll sein, zunächst die Angemessenheit und erst in einem zweiten Schritt die wirksame Implementierung prüfen zu lassen.

C. Die Grundlagen eines CMS nach dem IDW PS 980 n. F.

Grundlage der Beurteilung des CMS durch den Wirtschaftsprüfer ist die von dem Unternehmen zu erstellende **CMS-Beschreibung**, die das CMS in dem zu prüfenden Teilbereich erläutert und abgrenzt. Inhalt der CMS-Beschreibung sind die Konzeption des CMS und die implementierten Regelungen des CMS, die in einer für die Nutzer verständlichen Art und Weise dargestellt werden. Die CMS-Beschreibung enthält typischerweise auch eine „Zusammenfassung der relevanten internen Verfahrensbeschreibungen".[17] Umfang und Konkretisierung der CMS-Beschreibung sollte nach Auffassung des IDW „die Ziele des CMS und Art und Umfang der Geschäftstätigkeit des Unternehmens angemessen berücksichtigt".[18] Die CMS-Beschreibung gibt also einen Überblick über das CMS und dient der Abgrenzung der zu prüfenden Teilbereiche des CMS.

9

---

16 Vgl. IDW PS 980 n. F., Rn 17.
17 IDW PS 980 n. F., Rn A14.
18 Vgl. IDW PS 980 n. F., Rn 13g und A14.

> **Praxistipp**
> Die CMS-Beschreibung als übersichtliche Darstellung des implementierten CMS wird vielfach zur Darstellung guter Corporate Governance auf der Internetseite eines Unternehmens veröffentlicht.

10 Bei den der CMS-Beschreibung zugrunde liegenden **CMS-Grundsätzen** kann es sich um „allgemein anerkannte Rahmenkonzepte, andere angemessene Rahmenkonzepte oder vom Unternehmen selbst entwickelte Grundsätze für Compliance Management Systeme"[19] handeln. Als allgemein anerkannt gelten Rahmenkonzepte, „die von einer autorisierten oder anerkannten standardsetzenden Organisation im Rahmen eines transparenten Verfahrens entwickelt und verabschiedet oder durch gesetzliche oder andere rechtliche Anforderungen festgelegt werden".[20] Beispiele für vom IDW als anerkannt erachtete internationale Rahmenkonzepte finden sich in der Anlage 1 zum IDW PS 980 n.F.

11 Neben diesen beispielhaft im IDW PS 980 n.F. aufgelisteten Rahmenkonzepten können aber auch andere oder unternehmenseigene Konzepte Anwendung finden, solange diese aus Sicht des Prüfers den Anforderungen des IDW PS 980 n.F. genügen.

12 Die Konzeption eines CMS sollte bestimmte, allgemein anerkannte **Grundelemente** umfassen. Diese Grundelemente sind:[21]

- die Förderung einer günstigen **Compliance-Kultur**,
- die Festlegung von **Compliance-Zielen**,
- der Prozess der Identifikation und Analyse der **Compliance-Risiken**,
- der Aufbau einer **Compliance-Organisation**,
- der Prozess der Erstellung des **Compliance-Programms**,
- die Entwicklung von **Kommunikationsstrukturen** und eines Berichtswesens,
- Verfahren der **Überwachung und Verbesserung des CMS**.

13 Grundlage für die Angemessenheit und Wirksamkeit des CMS ist die **Compliance-Kultur**, die insbesondere durch die Unternehmensorgane vorgelebt werden sollte. Die „Grundeinstellungen und Verhaltensweisen des Managements sowie die Rolle des Aufsichtsorgans („tone at the top")"[22] und die Unternehmenskultur[23] beeinflussen demnach die Compliance-Kultur und damit die Einstellung aller Mitarbeiter des Unternehmens zu der Beachtung von Regeln und zu regelkonformem Verhalten.

---

19 Vgl. IDW PS 980 n.F., Rn 8.
20 Vgl. IDW PS 980 n.F., Rn 9.
21 Vgl. IDW PS 980 n.F., Rn 27.
22 IDW PS 980 n.F., Rn 27 und Rn A23; zu der Frage der der Unternehmensleitung zukommenden Schlüsselrolle bei der Compliance-Kultur vgl. *Schulz/Muth*, CB 2014, 265ff.; für eine praktische Umsetzung am Beispiel des Datenschutz-Compliance vgl. *Wermelt/Fechte*, BB 2013, 811ff.
23 Zu dem Zusammenhang von Unternehmenskultur und Compliance-Kultur vgl. *Schulz/Muth*, CB 2014, 265f.

Die **Compliance-Ziele** sind die Ziele, die von der Unternehmensleitung festgelegt 14
und durch die Anwendung des Compliance Management Systems (CMS) erreicht werden sollen. Da sich das CMS nicht auf alle Unternehmensbereiche beziehen kann, legt die Unternehmensleitung die wesentlichen einzuhaltenden Regeln unter Berücksichtigung der allgemeinen Unternehmensziele fest. Das CMS wird also regelmäßig nicht alle Bereiche des Unternehmens, sondern lediglich die wesentlichen Teilbereiche umfassen.[24]

Die **Compliance-Risiken** können nur unter Berücksichtigung der **Compliance-Ziele** 15
sinnvoll ermittelt werden. Risiko ist die Gefahr der negativen Abweichung von einem Ziel, sodass Compliance-Risiken solche Risiken sind, die die Verfehlung von Compliance-Zielen als Folge haben können. Entsprechend müssen zur Identifikation der Compliance-Risiken zunächst die Compliance-Ziele bekannt sein. Wie bei einem Risikomanagementsystem sind die Compliance-Risiken in einem systematischen Verfahren der Risikoerkennung und -berichterstattung zu ermitteln und bezüglich Eintrittswahrscheinlichkeiten und möglicher Folgen zu analysieren.[25] Eine Integration der Identifikation der Compliance-Risiken in das Risikomanagementsystem kann sich aus diesem Grund anbieten.

Hinweis
Wichtigste Grundlage für ein funktionierendes CMS ist eine sorgsame Ermittlung der CMS-Ziele und CMS-Risiken. Nur so lässt sich ein schlankes, treffsicheres CMS einführen, das im Ergebnis auch eine hohe Mitarbeiterakzeptanz erfahren wird. In die Ermittlung der CMS-Ziele und CMS-Risiken sollte also ein angemessen großer Zeitaufwand investiert werden.

Das **Compliance-Programm** besteht aus Grundsätzen und Maßnahmen zur Begren- 16
zung der Compliance-Risiken und Vermeidung von Compliance-Verstößen. Hierzu gehören auch Maßnahmen bei festgestellten Compliance-Verstößen.[26] Für kleinere und mittlere Unternehmen bietet sich im Rahmen des Compliance Controlling ein Modell in drei Phasen an, welches aus den Schritten Vorbeugen, Erkennen und Reagieren von und auf Compliance-Risiken und Compliance-Verstößen besteht.[27] Grundsätzlich sollten durch organisatorische Maßnahmen und Schulungen Compliance-Risiken erkannt und Compliance-Verstöße verhindert werden. Compliance-Verstöße, die nicht durch präventive Maßnahmen verhindert werden, müssen erkannt und sanktioniert werden.

Im Rahmen der **Compliance-Organisation** sind Rollen und Verantwortlichkeiten 17
sowie die Aufbau- und Ablauforganisation festzulegen. Es bietet sich an, einen eigenen Compliance-Verantwortlichen oder eine Compliance-Abteilung einzurichten, auch wenn eine Integration in andere Unternehmensbereiche zulässig ist.[28] Anders als bei

---

24 Vgl. IDW PS 980 n.F., Rn 27 und Rn A24; *Eibelshäuser/Schmidt*, WPg 2011, 939, 941.
25 Vgl. IDW PS 980 n.F., Rn 27 und Rn A25; *Eibelshäuser/Schmidt*, WPg 2011, 939, 941.
26 Vgl. IDW PS 980 n.F., Rn 27 und Rn A26; *Eibelshäuser/Schmidt*, WPg 2011, 939, 941.
27 Zu dem Drei-Phasen-Modell vgl. *Wilhelm*, CB 2013, 241, 244ff.
28 Vgl. IDW PS 980 n.F., Rn 27 und Rn A27; *Eibelshäuser/Schmidt*, WPg 2011, 939, 941f.

der Einrichtung einer internen Revision, bei der eine von allen anderen Unternehmensbereichen unabhängige Stelle geschaffen wird, die nur der Geschäftsführung unterstellt ist, sind die Anforderungen an die Einbindung einer Compliance-Stelle in die Unternehmensorganisation üblicherweise weniger streng.[29] In kleinen und mittleren Unternehmen muss die Stelle des Compliance-Verantwortlichen dann regelmäßig von einem Mitarbeiter übernommen werden, der auch andere fachliche Aufgaben wahrnimmt, ohne dass dies als Nachteil gesehen werden muss.[30]

18 Damit das CMS seine Wirkung im Unternehmen entfalten kann, sind die eingerichteten Grundsätze und Maßnahmen mit Hilfe der **Compliance-Kommunikation** an die betroffenen Mitarbeiter zu kommunizieren. Dies erfolgt regelmäßig durch Schulungsveranstaltungen zur Compliance. Ziel ist insbesondere, den Mitarbeitern und Dritten die festgelegten Rollen und Verantwortlichkeiten ausreichend verständlich und sachgerecht darzustellen. Daneben ist Aufgabe der Compliance-Kommunikation auch die Einführung von Berichtswegen, um Hinweise über Compliance-Risiken und auf mögliche und festgestellte Regelverstöße an die zuständigen Stellen im Unternehmen zu berichten.[31]

19 Das letzte wesentliche Grundelement eines CMS ist die **Compliance-Überwachung und -Verbesserung**, die der Überwachung der Angemessenheit und Wirksamkeit des CMS dient. Sollte im Rahmen dieser Überwachung festgestellt werden, dass Grundsätze und Maßnahmen nicht angemessen oder nicht wirksam umgesetzt werden, sind die Mängel durch die Geschäftsleitung abzustellen und das System zu verbessern.[32] Die Geschäftsleitung sollte Prozesse einrichten, die eine kontinuierliche Überwachung und Verbesserung des CMS unterstützen.

D. Der Sinn und Zweck eines CMS aus Sicht der Wirtschaftsprüfung

20 Ein angemessenes und wirksames CMS in den für die Geschäftstätigkeit wesentlichen Teilbereichen dient dazu, mit hinreichender Sicherheit sowohl Risiken für wesentliche Regelverstöße rechtzeitig zu erkennen (und an die Entscheidungsträger zu berichten) als auch solche Regelverstöße zu verhindern.[33] Dabei ist zu beachten, dass es in der Na-

---

[29] So heißt es in der von der BaFin entwickelten MaRisk 2023 (Rundschreiben 05/2023, Mindestanforderungen an das Risikomanagement), AT 4.4.3, Nr. 2: „Die Interne Revision ist ein Instrument der Geschäftsleitung, ihr unmittelbar unterstellt und berichtspflichtig." Im Gegensatz dazu sind die Anforderungen an die Compliance-Funktion in der MaRisk 2023, AT 4.4.2, Nr. 3, nicht so streng: „Grundsätzlich ist die Compliance-Funktion unmittelbar der Geschäftsleitung unterstellt und berichtspflichtig. Sie kann auch an andere Kontrolleinheiten angebunden werden [...].", vgl. Kap 6.
[30] Vgl. *Wilhelm*, CB 2013, 241, 242.
[31] Vgl. IDW PS 980 n.F., Rn 27, A28; *Eibelshäuser/Schmidt*, WPg 2011, 939, 941f.; vertiefend zu der Frage der Bedeutung der Compliance-Kommunikation vgl. *Möhrle/Rademacher*, CB 2013, 163ff.
[32] Vgl. IDW PS 980 n.F., Rn 27, A29; *Eibelshäuser/Schmidt*, WPg 2011, 939, 941f.
[33] Vgl. u.a. IDW PS 980 n.F., Rn 13 b; *Wermelt*, CB 2014, 109f.

tur der Sache liegt, dass auch ein nach einer angemessenen Konzeption eingerichtetes und zukünftig wirksam durchgeführtes CMS nicht alle Risiken für wesentliche Regelverstöße erkennen und auch nicht alle Regelverstöße verhindern kann. Diese inhärenten Beschränkungen solcher Systeme ergeben sich aufgrund der möglichen Fehler bei der menschlichen Urteilsbildung in Entscheidungsprozessen, aufgrund dessen, dass Maßnahmen auch in Bezug auf die Kosten der Maßnahme angemessen sein müssen, Störungen allein aufgrund von Irrtümern oder Fehlern eines Entscheiders eintreten können und Kontrollen durch Zusammenarbeit mehrerer Personen umgangen werden können.

Der Nutzen eines CMS kann sich in vielen unterschiedlichen Teilbereichen eines Unternehmens verwirklichen. Hierzu gehören beispielsweise die Bereiche Steuern, Rechnungslegung oder Datenschutz. 21

Im Unternehmensbereich Steuern dient die sog. **Tax-Compliance** der Erfüllung steuerlicher Pflichten und durch die Aufdeckung von Tax-Compliance-Risiken, insbesondere der Verhinderung von Verstößen gegen steuerrechtliche Vorgaben, wie Steuerhinterziehung und Steuervermeidung.[34] Aufgrund des schnellen Wandels des Steuerrechts und der zunehmenden Globalisierung des Handels stehen Unternehmen vor sich permanent wandelnden vielfältigen steuerrechtlichen Herausforderungen, denen durch die Einführung einer Tax-Compliance begegnet werden kann.[35] Zu diesen Problemen und Fragestellungen gehört im Zuge der Steuerpolitik auch die Frage, wie ein internationaler Konzern den Spagat schaffen kann zwischen der Reduzierung der Steuerlast durch verschiedene (legale) Steuerpraktiken (Verschiebung der Steuerlast in Niedrigsteuerländer),[36] die von der Öffentlichkeit zumindest als unmoralisch wahrgenommen werden (mögliche Reputationsschäden) und der potenziellen Erfüllung von Untreuetatbeständen gegenüber Aktionären beim Unterlassen einer Steueroptimierung.[37] Weitere negative Folgen dieser Verstöße reichen, neben den unweigerlichen Reputationsschäden, von möglichen Bußgeldern über persönliche Geld- und Freiheitsstrafen für die Geschäftsleitung bis hin zum Ausschluss von öffentlichen Auftragsvergaben, mitunter nicht nur für das betroffene Unternehmen, sondern auch für den Gesamtkonzern.[38] 22

Ein weiterer Teilbereich der Compliance betrifft die Einhaltung der Organisationsanforderungen an die Rechnungslegung in Kapitalgesellschaften und der Vermeidung der aus der Nichtbeachtung resultierenden Haftungsregelungen (sog. **Accounting-Compliance**).[39] Accounting-Compliance-Risiken können beispielsweise aus der Verletzung der Pflicht der ordnungsgemäßen Führung der Bücher nach § 238 HGB und der gesetzeskonformen Aufstellung (§ 242 HGB) und Prüfung (§§ 316 ff. HGB) des Jahresabschlusses 23

---

34 Vgl. *Dahlke*, BB 2014, 680 ff.; *Rogge*, BB 2014, 664, 664 f.
35 Vgl. *Rogge*, BB 2014, 664, 664 f.
36 Vgl. *Rogge*, BB 2014, 664, 664 f.
37 Vgl. neben vielen anderen Berichten in der (internationalen) Tagespresse *Theurer*, FAZ v. 20.10.2012.
38 Vgl. *Dahlke*, BB 2014, 680 ff.; *Rogge*, BB 2014, 664, 664 f.; *Kromer/Pumpler/Henschel*, CB 2013, 156.
39 Zu den Fragen der Accounting-Compliance vgl. auch *Eschenfelder*, BB 2014, 685 ff.

Gold/M. Koch

sowie dessen Veröffentlichung (§§ 325ff. HGB) resultieren. Zu den negativen Folgen der Pflichtverletzungen könnten neben Bußgeldern für das Unternehmen auch die persönliche Haftung der Unternehmensorgane, Haftungsansprüche von Gesellschaftern und Gläubigern, die Kreditkündigung aufgrund der Verfehlung von Kredit-Covenants durch Banken oder auch Reputationsschäden sein.

24 Neben den Teilbereichen der Tax- und Accounting-Compliance wird häufig auch die **Datenschutz-Compliance** als eigenständiger Teilbereich gesehen. Verstöße im Bereich des Datenschutzes können zu Reputationsverlusten bei Mitarbeitern und Kunden sowie zu empfindlichen Bußgeldern führen.[40]

> **Hinweis**
> Es gibt also viele Anlässe für Unternehmen, neben allgemeinen Regelungen zu einem CMS auch „Spezialgebiete" besonders zu erfassen. Welchen „Spezialgebieten" besondere Aufmerksamkeit gebührt, resultiert wiederum aus einer sorgsamen Analyse der CMS-Ziele und CMS-Risiken.

I. Prüfungsanlässe

25 Der Sinn und Zweck der Prüfung eines CMS lässt sich am leichtesten an den Anlässen für eine Prüfung eines CMS ablesen. So werden in der Literatur folgende Anlässe für eine Prüfung eines CMS genannt:[41]
1. Hilfestellung bei Konzeption und Implementierung eines CMS;
2. laufende Qualitätssicherung;
3. objektiver Nachweis der Wirksamkeit eines CMS;
4. CMS-Prüfung bei Unternehmenstransaktionen.

1. Hilfestellung bei der Konzeption und Implementierung eines CMS

26 Der Sinn und Zweck der Prüfung eines CMS zeigt sich bereits bei dessen Einführung, also bei der Konzeption und Implementierung eines CMS in die Unternehmensorganisation. Der Prüfungsstandard gibt eine Hilfestellung durch ein klar strukturiertes Vorgehen.[42] Der Nutzen des Standards liegt dabei insbesondere in der Gewährleistung eines Best-Practice-Vorgehens. Durch die Zertifizierung kann schon in der Entwicklungsphase der Abdeckungsgrad wesentlicher Anforderungen überprüft werden.[43] Der Prüfungsstandard des IDW sieht die bereits erläuterten Prüfungsalternativen vor. Insbesondere im Rahmen der Konzeptionsprüfung ist es aus Sicht des IDW nicht zu beanstanden, das

---

40 Vgl. *Wermelt/Fechte*, BB 2014, 811.
41 Zu den Anlässen einer Prüfung eines CMS vgl. *Görtz*, BB 2012, 178, 179f.
42 Vgl. auch *Görtz*, BB 2012, 178, 179.
43 Vgl. *Görtz/Roßkopf*, CCZ 2011, 103, 104.

Unternehmen bei der Konzeption prüferisch zu begleiten und damit Hilfestellung durch den Prüfenden zu geben.[44]

2. Laufende Qualitätssicherung

Die Prüfung eines CMS kann auch der laufenden Überprüfung der Angemessenheit und Wirksamkeit des implementierten CMS dienen. Die sich fortwährend wandelnden Rahmenbedingungen der Unternehmenstätigkeit bedürfen einer laufenden Reflektion der bestehenden Unternehmensorganisation. So kann die Prüfung eines CMS im Sinne einer laufenden Qualitätssicherung helfen, dass sich wandelnde Rahmenbedingungen und aktuelle Trends Berücksichtigung in der Unternehmensorganisation finden.[45] Dabei kann der Blick eines externen Dritten auf das Unternehmen zusätzlich positive Wirkung entfalten.

27

3. Objektiver Nachweis der Wirksamkeit eines CMS

Der Sinn und Zweck der Prüfung eines CMS liegt insbesondere in dem objektiven Nachweis der Wirksamkeit eines CMS. Das IDW weist in seinem Prüfungsstandard IDW PS 980 n.F. darauf hin, dass eine Wirksamkeitsprüfung des CMS „[kann] dem objektivierten Nachweis der ermessensfehlerfreien Ausübung der Organisations- und Sorgfaltspflichten des Vorstands und des Aufsichtsrats dienen (kann)"[46] Dieser objektive Nachweis wird in der Literatur teilweise als vorteilhaft angesehen, da davon ausgegangen wird, dass ein Gericht oder eine Behörde bei einem geprüften CMS regelmäßig die Erfüllung der Organisationspflichten durch das Management unterstellen könnte.[47]

28

Auch wenn es dem IDW in Teilen der Literatur unterstellt wird,[48] behauptet es nicht, dass ein positives Prüfungsurteil die Begrenzung der Haftung der Unternehmensorgane garantieren kann. Wie bereits erläutert, nennt das IDW lediglich einen möglichen positiven Effekt eines objektiven Nachweises. Es finden sich aber Stimmen in der Literatur, die davon ausgehen, dass der Prüfung eines CMS mit positivem Urteil eine die Haftung reduzierende Wirkung zukommen kann.[49] Inwieweit die Haftung tatsächlich reduziert wird, ist nach dem aktuellen Stand der Rechtsprechung noch nicht abzusehen. Eine zusätzliche Dokumentation der Bemühungen der Unternehmensorgane, also der Geschäftsleitung und der Aufsichtsgremien, ihren Organisationspflichten nachzukommen, wird bei Gerichten und Behörden aber sicherlich nicht nachteilig wirken. Zudem gewährleistet die Prüfung durch einen unabhängigen unternehmensexternen Dritten

29

---

44 IDW PS 980 n.F., Rn 20 und A19.
45 Vgl. auch *Görtz*, BB 2012, 178, 179f.
46 IDW PS 980 n.F., Rn 6.
47 Vgl. *Eibelshäuser/Schmidt*, WPg 2011, 939, 940; *Romeike/Lorenz*, Grundlagen Risikomanagement, S. 23.
48 Vgl. die im Folgenden von uns widerlegten irrigen Thesen von *Rieder/Falge*, BB 2013, 778, 781.
49 Vgl. *Eibelshäuser/Schmidt*, WPg 2011, 939, 940; *Merkt*, DB 2014, 2271, 2274; *Merkt*, DB 2014, 2331, 2334.

neben der Objektivierung auch eine zusätzliche Sicherheit, weil von weiteren Erfahrungen und Branchenexpertisen der Prüfer positive Effekte auf die Konzeption, Angemessenheit und Wirksamkeit des CMS zu erwarten sind.

30   Der Nachweis des rechtskonformen Verhaltens kann über eine mögliche Haftungsreduzierung auch Vorteile bei der Unternehmensfinanzierung, insbesondere börsennotierter Unternehmen, bieten: Dem CMS kommt dabei die Signalwirkung zu, dass sich das Unternehmen risikoreduzierend an Recht und Gesetz bindet.[50] Aber auch für nichtbörsennotierte, kleine und mittlere Unternehmen könnten sich Vorteile in der Kommunikation mit den Stakeholdern ergeben. So kann ein funktionierendes CMS positive Signalwirkung für Banken und Lieferanten haben und hierdurch z.B. die Fremdfinanzierungskonditionen und Zahlungsziele verbessern.

4. CMS-Prüfung bei Unternehmenstransaktionen

31   Im Zuge von Unternehmenstransaktionen bieten sich Compliance-Due-Dilligence-Untersuchungen an, um dem Erwerber frühzeitig einen Einblick in die Compliance-Risiken sowie in mögliche Risiken für die Reputation im Vorfeld der Unternehmenstransaktion zu gewähren. Hierdurch kann der Erwerber bereits frühzeitig ein entsprechendes Compliance-Programm für das zu erwerbende Unternehmen aufbauen.[51]

E. Kritische Beurteilung der Prüfung des CMS

32   In Teilen der Literatur wird die Prüfung eines CMS nach dem Prüfungsstand IDW PS 980 gänzlich kritisch gesehen. In diesem Abschnitt soll diese Kritik kurz diskutiert und der Nutzen der Prüfung nochmals deutlich hervorgehoben werden.[52]

33   Die erste These besagt, dass „ein Prüfungszertifikat allein nicht ausreicht, um das Unternehmen und das Management zu schützen".[53] Dieser Aussage kann nicht widersprochen werden. So liegt es in der Natur der Sache einer Prüfung, dass diese keine hundertprozentige Sicherheit bieten kann.[54] Diese hundertprozentige Sicherheit wird jedoch auch nicht versprochen. Das IDW weist deswegen auch explizit darauf hin, dass die Aufgabe nicht in der Feststellung der Wirksamkeit oder gar der vollständigen Verhinderung von Rechtsverstößen liegt.[55] Bei jeder Prüfung verbleibt somit immer ein Restrisiko, dass die Realität nicht dem Prüfungsergebnis entspricht.

---

50 Vgl. *Görtz/Roßkopf*, CCZ 2011, 103, 105.
51 Vgl. *Görtz*, BB 2012, 178, 180.
52 Die im Folgenden diskutierten Thesen wurden aufgestellt von *Rieder/Falge*, BB 2013, 778ff.
53 *Rieder/Falge*, BB 2013, 778ff.
54 Vgl. hierzu die Ausführungen zum Prüfungsrisiko (und damit der sog. Erwartungslücke) in IDW PS 261 n.F., Rn 5ff.
55 Vgl. *Merkt*, DB 2014, 2331, 2334f., zum Begriff der Expectation Gap (Erwartungslücke).

Teil der ersten These⁵⁶ sind aber die Voraussetzungen, die einen Prüfer nach Ansicht der Autoren dieser Thesen erfüllen muss. Diese Voraussetzungen sind die fachliche Qualifikation, die Unabhängigkeit, das Arbeiten auf vollständiger Informationsbasis, und dass der Auftraggeber das Ergebnis kritisch prüfen sollte. Entgegen der Auffassung von Rieder/Falge erfüllen Wirtschaftsprüfer diese Anforderungen. Die berufsrechtlichen Vorgaben der Wirtschaftsprüferordnung (WPO)⁵⁷ und der Berufssatzung (BS WP/vBP)⁵⁸ verpflichten Wirtschaftsprüfer bei allen ihren Tätigkeiten, die in § 2 WPO kodifiziert sind. Wirtschaftsprüfer sind neben weiteren Berufspflichten insbesondere den Berufspflichten der Unabhängigkeit, Gewissenhaftigkeit, Verschwiegenheit und Eigenverantwortlichkeit verpflichtet. Der Grundsatz der Gewissenhaftigkeit besagt insbesondere, dass ein Wirtschaftsprüfer nur Aufträge annehmen darf, soweit er die fachlichen, personellen und zeitlichen Ressourcen zur Verfügung hat.⁵⁹ Im Ergebnis sind Wirtschaftsprüfer also verpflichtet, eine CMS-Prüfung unabhängig, fachlich qualifiziert und auf vollständiger Informationsbasis durchzuführen.

In der zweiten These⁶⁰ wird wiederum die Unabhängigkeit des Wirtschaftsprüfers in Zweifel gezogen, da hierzu in IDW PS 980 keine Ausführungen gemacht würden. Hierzu kann auf obige Ausführungen verwiesen werden.

In der dritten These wird angemerkt, dass sich „der Auftraggeber [...] kritisch mit dem Arbeitsplan des CMS-Prüfers auseinandersetzen muss".⁶¹ Diesem Allgemeinplatz ist nicht zu widersprechen. Aus Sicht des Prüfers des CMS ist die Mitarbeit des Unternehmens an dem eigenen CMS wünschenswert und für das Prüfungsergebnis positiv zu beurteilen. Ein Auftraggeber sollte immer Interesse haben, dass das bestellte Produkt oder die bestellte Dienstleistung den Wünschen entsprechend erstellt wird. Da ein CMS sowohl in der Einführungsphase als auch in der späteren Anwendung im Unternehmen „gelebt werden muss", ist das Interesse des Auftraggebers für das CMS gerade zwingend. Der IDW PS 980 erleichtert dem Auftraggeber dabei sogar die Kontrolle des Arbeitsplans des Wirtschaftsprüfers, da er Vorgaben zur Art der Prüfung und der Berichterstattung über die Prüfung macht, sodass weniger unerwartete Ergebnisse als ohne Prüfungsstandard eintreten sollten.

Die vierte These besagt, dass „der Auftraggeber [...] das Prüfungsergebnis einer kritischen Plausibilitätskontrolle unterziehen [muss]".⁶² Auch dieser These ist mit Verweis

---

56 *Rieder/Falge*, BB 2013, 778 f.
57 Wirtschaftsprüferordnung (WPO) v. 5.11.1975 (BGBl. I S. 2803), zuletzt geändert durch Gesetz v. 20.11.2019 (BGBl. I S. 1626).
58 Berufssatzung für Wirtschaftsprüfer/vereidigte Buchprüfer (BS WP/vBP) v. 11.6.1996 (BAnz. S. 7509), zuletzt geändert durch Satzung v. 21.6.2016 (BAnz AT 22.6.2016 B1).
59 Vgl. auch IDW PS 220, Rn 11, zur Auftragsannahme. Vgl. WPK/IDW, Gemeinsame Stellungnahme, Anforderungen an die Qualitätssicherung in der Wirtschaftsprüferpraxis (VO 1/2006), 27.3.2006, Abschn. 4.2., Abschn. 4.6.1.
60 *Rieder/Falge*, BB 2013, 778, 779 f.
61 *Rieder/Falge*, BB 2013, 778, 779 f.
62 *Rieder/Falge*, BB 2013, 778, 780.

zu unseren Ausführungen zur dritten These nichts hinzuzufügen. Natürlich muss sich das Unternehmen mit dem eigenen CMS intensiv auseinandersetzen. Die Prüfung schafft dabei neben der Hilfestellung bei der Konstruktion des CMS lediglich einen objektiven Nachweis eines unabhängigen Prüfers.

38 Nach der fünften These sollte „der Auftraggeber die Erfüllung der ihm obliegenden Pflichten schriftlich festhalten",[63] um mögliche Streitigkeiten im Nachgang zu vermeiden. Auch dieser These kann aus Sicht der Wirtschaftsprüfer zugestimmt werden. Die Berufsgrundsätze des Wirtschaftsprüfers erleichtern dem Auftraggeber die Aufgabe. Nach IDW PS 220 hat der Prüfer ein schriftliches Auftragsbestätigungsschreiben mit dem Auftraggeber zu vereinbaren, in dem umfangreiche Angaben über Art und Umfang der Prüfung, Berichterstattung, fachliche Qualifikation, Unabhängigkeitserfordernis und vieles andere mehr gemacht werden.[64]

39 Im Ergebnis lässt sich festhalten, dass die Thesen, die eigentlich gegen eine standardbasierte Prüfung sprechen sollten, gerade für diese sprechen. Der Wirtschaftsprüfer ist durch seine berufsrechtlichen Vorgaben, insbesondere der Unabhängigkeit und der gewissenhaften Berufsausübung, prädestiniert für die CMS-Prüfung. Die Prüfung anhand eines Standards führt für den Auftraggeber zu einer höheren Sicherheit über die zu erwartenden Prüfungsleistungen. Selbstverständlich sind die von dem Wirtschaftsprüfer durchgeführten Prüfungshandlungen und das Prüfungsergebnis im konkreten Einzelfall nicht standardisiert in dem Sinne, dass immer die gleichen Prüfungshandlungen zu erwarten sind. Wesen einer Prüfung ist es gerade, dass auch „überraschende Prüfungshandlungen"[65] durchgeführt werden.

40 Durch die Prüfung des CMS erhält der Auftraggeber einen objektiven Nachweis, dass er die gesetzlichen Vorgaben zur Unternehmensorganisation im Bereich des Compliance umgesetzt hat und dabei zumindest den Best-Practice-Vorgaben eines anerkannten Standardsetters, dem IDW, entsprochen hat.

---

63 *Rieder/Falge*, BB 2013, 778, 780.
64 Vgl. IDW PS 220, Rn 12 ff.
65 Vgl. IDW PS 261 n. F., Rn 71.

Kapitel 9
Absicherung durch Versicherungslösungen

A. Überblick

Organmitglieder wie Geschäftsführer, Vorstände und Aufsichtsräte, aber auch bestimmte Arbeitnehmer sehen sich in jüngster Zeit einem zunehmenden Risiko ausgesetzt, auf **Schadenersatz** in Anspruch genommen zu werden. **1**

Besonders betroffen sind Leitungsorgane. Bei den Pflichtverletzungen, die eine Haftung nach sich ziehen können, werden zwei Fallgruppen unterschieden: Auf der einen Seite steht die mögliche Haftung bei Pflichtverletzungen im Zusammenhang mit **unternehmerischen** Entscheidungen.[1] Auf der anderen Seite gibt es sog. **gebundene** Entscheidungen, bei denen der Geschäftsleiter das Unternehmen im geltenden Rechtsrahmen steuern muss (Compliance). Dieser Rechtsrahmen, den jeder Unternehmensleiter in Unternehmen aller Art einhalten muss, wird zunehmend schwieriger zu überblicken. **2**

Eine Pflichtverletzung kann in beiden Fällen – bereits bei **einfacher Fahrlässigkeit** – zur Haftung führen. Haftung bedeutet in diesem Kontext die Pflicht, einen entstandenen Schadenersatzanspruch mit dem **Privatvermögen** ausgleichen zu müssen. **3**

Der Rechtsrahmen betrifft neben den traditionellen Bereichen Buchführung, Steuern und Abgaben je nach Unternehmenszweck auch Immaterialgüterrechte, Korruptionsvermeidung, ESG-Pflichten und Energiewirtschaftsregeln, um nur einige zu nennen. Auch das Thema IT-Sicherheit ist mit der dazugehörigen Regulatorik (NIS2, DORA) auf jeden Fall geeignet, für Komplexität bei der Beachtung von Normen zu sorgen. All dies wirkt haftungsverschärfend. Und vor diesem Hintergrund wächst die Bedeutung der Absicherung durch Versicherungslösungen, wobei hier insbesondere die D&O-Versicherung zu nennen ist. **4**

B. D&O-Versicherung

I. Allgemeines

In Deutschland hat sich die ursprünglich im amerikanischen Markt entwickelte „Directors' and Officers' Liability Insurance" (D&O-Versicherung) mittlerweile zum **etablierten Instrument** des Risikotransfers entwickelt.[2] Die D&O-Versicherung hat insbesondere bei großen und mittelgroßen Kapitalgesellschaften eine hohe Marktdurch- **5**

---

1 LG Potsdam Urt. v. 16.11.2023 – AZ 60 103/22 –; LG Kiel, Urt. v. 5.2.2016 – 14 HKO 134/12 –.
2 *Ihlas*, D & O, S. 102; Looschelders/Pohlmann/*Kreienkamp*, VVG, Teil 3 G Rn 5.

dringung. Bei kleineren Gesellschaften und teils auch noch bei inhabergeführten Gesellschaften ist die Durchdringungsquote geringer.

6   Für die D&O-Versicherung als Haftpflichtversicherung gelten grundsätzlich die allgemeinen Regeln des Versicherungsvertragsgesetzes (VVG) sowie die speziellen Bestimmungen zur Haftpflichtversicherung in den §§ 100-112 VVG. Besondere Bedeutung kommt den Regelungen für die Versicherung für fremde Rechnung zu (§§ 43ff. VVG) zu.

7   Einzug ins Gesetz hat die D&O-Versicherung als eigene Versicherungsform nur indirekt über § 93 Abs. 2 S. 3 AktG gefunden, wonach bei Abschluss einer solchen Versicherung ein Selbstbehalt zu vereinbaren ist. Weitere Vorgaben zur Ausgestaltung des D&O-Versicherungsschutzes macht der Gesetzgeber nicht, so dass für den Umfang des Versicherungsschutzes im Wesentlichen die Versicherungsbedingungen relevant sind.

8   Der Gesamtverband der deutschen Versicherungswirtschaft (GDV) hat für die D&O-Versicherung sog. **Musterbedingungen** (aktueller Stand: Mai 2020) entwickelt. In anderen Versicherungssparten setzen die GDV-Musterbedingungen einen Standard, an dem sich viele Marktteilnehmer orientieren. Dies gilt jedoch nicht für die D&O-Versicherung. Hier weichen die Risikoträger ganz erheblich von den Musterbedingungen des GDV ab und erstellen komplett eigenständige Bedingungswerke.[3] Dennoch wird im Folgenden teils auf die GDV-Bedingungen verwiesen, soweit in diesen marktübliche Regelungen aufgezeigt werden können. Der Vorteil der GDV-Bedingungen liegt darin, dass diese für jedermann im Internet abrufbar sind.[4]

> **Praxistipp**
> Der D&O-Markt ist durch einen regen Wettbewerb zwischen den Versicherern gekennzeichnet. Durch die fehlende Standardisierung der Produkte empfiehlt es sich, bei der Platzierung oder Verlängerung von Versicherungsschutz nicht nur die Prämien, sondern insbesondere die Inhalte zu vergleichen.

9   Einige Versicherungsmakler arbeiten mit selbst entwickelten Bedingungen, die dann mit einer gewissen Anzahl von Versicherern abgestimmt werden, damit diese auf Basis der vom Vermittler gestellten Bedingungen den Versicherungsschutz zeichnen. So wird trotz Standardisierung ein oftmals umfangreicherer Versicherungsschutz erreicht als auf Basis der Allgemeinen Versicherungsbedingungen des Versicherers. Allerdings können diese sog. **Maklerwordings** die AGB-Kontrollfähigkeit entfallen lassen, die ansonsten zu Lasten des Versicherers vorgenommen werden kann.[5]

---

3 Looschelders/Pohlmann/*Kreienkamp*, VVG, Teil 3 G Rn 8; v. *Schenck*, NZG 2015, 494, 497.
4 Allgemeine Versicherungsbedingungen für die Vermögensschaden-Haftpflichtversicherung von Aufsichtsräten, Vorständen und Geschäftsführern (AVB D&O), abrufbar unter https://www.gdv.de/resource/blob/6044/7b038c87a72637a0079f3164a631ae4c/05-allgemeine-versicherungsbedingungen-fuer-die-vermoegensschaden-haftpflichtversicherung-von-aufsichtsraeten-vorstaenden-und-geschaeftsfuehrern-avb-d-o-data.pdf.
5 BGH, Beschl. v. 22.7.2009 – IV ZR 74/08.

II. Versicherung für fremde Rechnung

Versicherungsnehmer und damit Vertragspartner des Versicherers ist in der klassischen D&O-Versicherung das Unternehmen als juristische Person. Entgegen einigen Bedenken im Schrifttum[6] wird die D&O-Versicherung aber nicht nur für juristische Personen des Privatrechts (AG, SE, VVaG, GmbH, UG, GmbH & Co. KG, e.G., e.V. usw.) zur Verfügung gestellt, sondern auch für juristische Personen des öffentlichen Rechts (KöR, AöR).

Anspruch auf Versicherungsschutz haben regelmäßig allein die im Versicherungsvertrag definierten versicherten Personen. Es handelt sich bei der D&O-Versicherung folglich um eine Versicherung für fremde Rechnung i.S.v. § 43 Abs. 1 VVG. Hieran knüpft der Gesetzgeber einige **Rechtsfolgen** (§§ 43 ff. VVG), die teilweise aber auch nicht zwingend sind, so dass in der Praxis durch vertragliche Regelungen von diesen Rechtsfolgen abgewichen wird.

So sieht bspw. § 44 VVG vor, dass dem Versicherten die Rechte aus dem Vertrag zustehen, er diese aber nur geltend machen kann, wenn er im Besitz des Versicherungsscheins ist (§ 44 Abs. 2 VVG). Dieses Erfordernis ist in der Praxis umständlich. Schließlich werden gerade bei großen Konzernen eine Vielzahl von Personen aus einer Vielzahl von Gesellschaften über einen Vertrag versichert. Konsequenterweise müsste allen Personen eine Police zur Verfügung gestellt werden, damit diese im Schadenfall ihren Anspruch auf Versicherungsschutz ohne Zutun (Billigung) des Versicherungsnehmers ausüben können. § 44 Abs. 2 VVG ist allerdings nicht zwingend.[7]

Praxistipp

Aus Sicht der versicherten Personen ist darauf zu achten, dass der Versicherungsvertrag abweichend von § 44 Abs. 2 VVG regelt, dass die Rechte aus dem Vertrag durch die versicherten Personen auch dann geltend gemacht werden können, wenn diese nicht im Besitz des Versicherungsscheins sind.

III. Versicherte Personen

Versicherte Personen sind vor allem die **Organmitglieder** der Versicherungsnehmerin und der weiteren versicherten Gesellschaften. Bei den weiteren versicherten Gesellschaften handelt es sich i.d.R. um die Tochterunternehmen (also insbesondere die Mehrheitsbeteiligungen) der Versicherungsnehmerin. Darüber hinaus können weitere Gesellschaften nach Absprache mit dem Versicherer als versicherte Gesellschaften definiert werden.

---

[6] VersR/*Beckmann*, § 28 Rn 49; *Ihlas*, D & O, S. 330; *Olbrich*, D&O-Versicherung, S. 105 f.
[7] BGH, Urt. v. 4.3.2020 – IV ZR 110/19 = VersR 2020, 541 Rn 12; BGH, Urt. v. 11.3.1987 – IVa ZR 240/85 = NJW-RR 1987, 856.

14　Eine namentliche Nennung der Organmitglieder ist für die Einbeziehung in den Versicherungsschutz nicht erforderlich. Gängige Versicherungskonzepte knüpfen an die jeweilige Funktion an. So werden **pauschal** die ehemaligen, gegenwärtigen und zukünftigen Leitungs- und Aufsichtsorgane als versicherte Personen definiert. Bei der Aktiengesellschaft sind dies bspw. die Mitglieder des Vorstands und des Aufsichtsrates, bei der GmbH die Geschäftsführer und, soweit vorhanden, die Aufsichtsräte.[8]

15　Der Versicherungsschutz für diesen Personenkreis bildet den Kern der D&O-Versicherung, denn diese Personen haften regelmäßig – anders als Arbeitnehmer – für jeden Grad der Fahrlässigkeit der Höhe nach unbegrenzt mit ihrem Privatvermögen. Die D&O-Versicherung, als **Organhaftpflichtversicherung**, galt ursprünglich allein diesem Adressatenkreis. Das GDV-Modell bezieht sich noch immer allein auf diesen Personenkreis[9], allerdings wurde der D&O-Versicherungsschutz in der Praxis mit guten Gründen auf weitere Personenkreise erweitert. So werden nicht nur Mitglieder beratender Organe (wie Beiräte) regelmäßig vom Versicherungsschutz umfasst. Auch Generalbevollmächtigte, Prokuristen und leitende Angestellte werden fast standardmäßig als versicherte Personen definiert.[10]

> **Praxistipp**
> Der D&O-Versicherungsschutz sollte sich neben den Organmitgliedern, die zweifelsohne dem größten Haftungsrisiko ausgesetzt sind, auch auf weitere Personengruppen erstrecken. Zu nennen sind hier insb. diejenigen Angestellten, die als vom Gesetzgeber oder durch Industriestandard vorgesehene Beauftragte zur Sicherstellung der Compliance tätig sind.

16　Dabei ist darauf zu achten, dass der Versicherungsschutz für die als versicherten Personen genannten Angestellten nicht dadurch entwertet wird, dass er unter die Bedingung gestellt wird, dass die Personen im konkreten Versicherungsfall *„wie ein Organmitglied"* haften.[11] Versichert werden sollte die konkrete Sonderfunktion und die damit einhergehenden Tätigkeiten.

17　Gerade dem D&O-Versicherungsschutz für vom Gesetzgeber oder durch Industriestandards vorgesehene **Beauftragte** zur **Sicherstellung der Compliance**, wie etwa dem Compliance-Beauftragten aber auch dem Geldwäsche-, Datenschutz, Arbeitsschutz-, Sicherheits- und Zoll-Beauftragten kommt in den letzten Jahren eine immer größere Bedeutung zu.

18　Auslöser war hier eine Entscheidung des BGH aus dem Jahr 2009, in der er ausführt, dass Beauftragte, deren Aufgabengebiet die Verhinderung von Rechtsverstößen in Unternehmen umfasst, regelmäßig auch eine strafrechtliche **Garantenpflicht** treffe.[12] Hie-

---

8　Looschelders/Pohlmann/*Kreienkamp*, VVG, Teil 3 G Rn 73.
9　Vgl. A-1 der GDV-Musterbedingungen AVB D&O.
10　*Cyrus*, NZG 2018, 7, 9.
11　So auch MüKo-VVG/*Ihlas*, D&O, Rn 173.
12　BGH, Urt. v. 17.7.2009 – 5 StR 396/08 = NJW 2009, 3173, 3175.

raus wurde anschließend abgeleitet, dass sich auch eine **zivilrechtliche Haftung** von entsprechenden Beauftragten, die eine Garantenstellung gegenüber Dritten innehaben, aus §§ 823 Abs. 1, Abs. 2, 830 BGB ergeben könne.[13]

Bei Versorgungsunternehmen werden auch branchenspezifische Beauftragte teils explizit in die D&O-Versicherung aufgenommen. Zu nennen sind hier der Gleichbehandlungsbeauftragte nach § 10e EnWG sowie technische Führungskräfte i.S.d. VDE-AR-N 4001, wobei Letztere insb. eine strafrechtliche Verantwortlichkeit treffen dürfte.[14] 19

Durch die Mitversicherung von Arbeitnehmern stellt sich die Frage, wie das sog. **Arbeitnehmerhaftungsprivileg** den Versicherungsschutz beeinflusst, denn anders als Organmitglieder haften Arbeitnehmer nach der ständigen Rechtsprechung des Bundesarbeitsgerichts (BAG) nicht für jeden Grad der Fahrlässigkeit. So entfällt bei leichter Fahrlässigkeit für Arbeitnehmer die Haftung vollständig, während bei mittlerer Fahrlässigkeit die Haftung zumindest der Höhe nach begrenzt wird.[15] Gleiches kann selbst bei grober Fahrlässigkeit gelten, wobei dort die Haftungsgrenze häufig höher liegt und stark abhängig ist von den Umständen des Einzelfalls.[16] 20

Hier gilt es zu beachten, dass diese Haftungsprivilegierung auch vom D&O-Versicherer eingewendet wird. Bei der Mitversicherung von Arbeitnehmern kompensiert der Versicherer nur den Teil des Schadens, für den der Arbeitnehmer unter Berücksichtigung des Arbeitnehmerhaftungsprivilegs haftbar ist.[17] 21

Zum Teil wird die Besorgnis geäußert, dass der Einschluss von Arbeitnehmern in die D&O-Versicherung deren Haftungsprivilegierung entfallen lassen könnte.[18] Hiergegen spricht jedoch die Rechtsprechung des Bundesarbeitsgerichts, nach der eine freiwillige Berufshaftpflichtversicherung der Haftungsprivilegierung nicht entgegenstehe.[19] 22

IV. Gegenstand der Deckung

Der D&O-Versicherer bietet Versicherungsschutz für den Fall, dass eine versicherte Person aufgrund einer (behaupteten) Pflichtverletzung im Rahmen ihrer versicherten beruflichen Tätigkeit auf Ersatz eines Vermögensschadens in Anspruch genommen wird.[20] 23

---

13 *Lackhoff/Schulz*, CCZ 2010, 81, 87.
14 Zur Straf-Rechtsschutzversicherung s.u. Rn 139.
15 BAG 18.4.2002 – 8 AZR 348/01 = NZA 2003,37,39.
16 BAG 28.10.2010 – 8 AZR 418/09 = NZA 2011, 345, 348.
17 Gleiches gilt im Übrigen für Haftungsprivilegierungen, die sich bspw. bei den Aufsichtsratsmitgliedern kommunaler Unternehmen aus der Gemeindeordnung (z.B. § 113 Abs. 6 GO NRW) ergeben können.
18 *Ihlas*, D & O, S. 343 ff.; *Herdter*, VP 2014, 145, 147.
19 BAG, Urt. v. 25.9.1997 – 8 AZR 288-96 = NJW, 1998, 1810, 1811; Looschelders/Pohlmann/*Kreienkamp*, VVG, Teil 3 G Rn 76; MAH VersR/*Sieg*, § 17 Rn 76.
20 VersR/*Beckmann*, § 28 Rn 1.

24 Als Haftpflichtversicherung beinhaltet der D&O-Versicherungsvertrag im Fall einer solchen Inanspruchnahme auf Schadenersatz folgende **Hauptleistungspflichten** des Versicherers: Prüfung der Haftpflichtfrage, außergerichtliche und gerichtliche Abwehr unbegründeter Ansprüche (Abwehr-/Rechtsschutzfunktion) sowie Kompensation begründeter Ansprüche (Freistellungsfunktion).[21]

25 Bei den Schadenersatzansprüchen gegen versicherte Personen wird allgemein zwischen **Innen- und Außenhaftung** unterschieden, auch wenn sich dies so nicht (mehr) in den D&O-Versicherungsbedingungen wiederfindet.[22] Versicherungsschutz besteht unabhängig davon, ob der Haftpflichtanspruch vom eigenen Unternehmen oder von einem außenstehenden Dritten erhoben wird.

26 Im Folgenden wird der Fokus auf die Organhaftung gelegt. Aber grundsätzlich kann sich auch für Arbeitnehmer eine Haftung gegenüber dem eigenen Arbeitgeber (aus dem Arbeitsvertrag) und gegenüber Dritten ergeben. Bei Arbeitnehmern greift allerdings das bereits skizzierte Arbeitnehmerhaftungsprivileg, das sich deutlich haftungsreduzierend auswirkt und auch bei Außenansprüchen in Form eines Freistellungsanspruchs gegenüber dem eigenen Arbeitgeber greift.[23]

1. Innenhaftung

27 Von Innenhaftung bzw. Innenansprüchen spricht man, wenn eine versicherte Person von dem eigenen Unternehmen auf Schadenersatz in Anspruch genommen wird. In Deutschland ist die überwiegende Zahl der Managementhaftungsfälle den Innenansprüchen zuzuordnen. Das liegt unter anderem daran, dass geschädigte Dritte sich vornehmlich nur an die Gesellschaft selbst wenden können (vgl. § 31 BGB).[24] Die Gesellschaft kann sich dann aber im Rahmen des Innenregresses gegen das verantwortliche Organmitglied schadlos halten.[25]

28 Hierbei kommt es zu einer Doppelstellung der Gesellschaft: Einerseits tritt sie als Geschädigte und Anspruchstellerin auf der Haftpflichtebene auf, andererseits als Versicherungsnehmerin auf der Deckungsebene.[26]

29 Ausgangspunkt der Organhaftung im Innenverhältnis ist i.d.R. der Verstoß gegen gesellschaftsrechtliche Pflichten, wie sie sich aus § 93 AktG und § 43 GmbHG ergeben. Beide **Anspruchsgrundlagen** (§ 93 Abs. 2 AktG und § 43 Abs. 2 GmbHG) sind nach einhelliger Auffassung trotz leicht abweichender Formulierungen im selben Sinne auszule-

---

21 Looschelders/Pohlmann/*Kreienkamp*, VVG, Teil 3 G Rn 1.
22 Looschelders/Pohlmann/*Kreienkamp*, VVG, Teil 3 G Rn 85.
23 BeckOK BGB/*Baumgärtner*, § 611a Rn 99.
24 MAH VersR/*Sieg*, § 17 Rn 13.
25 Zu den Ausnahmen verweisen wir auf die Ausführungen zum nächsten Gliederungspunkt „Außenansprüche".
26 Looschelders/Pohlmann/*Kreienkamp*, VVG, Teil 3 G Rn 36.

gen.²⁷ Die genannten Anspruchsgrundlagen setzen letztlich eine **Sorgfaltspflichtverletzung** eines Gesellschaftsorgans voraus.

Die Anforderungen, die dabei an die Sorgfalt des Organmitglieds gestellt werden, 30 sind hoch. So müsse man sich an dem Sorgfaltsstandard orientieren, der auch einen treuhänderischen Verwalter fremder Vermögensinteressen treffe.²⁸

Dies bedeutet, dass die Organe zuvorderst an den geltenden Rechtsrahmen gebun- 31 den sind und diesen einzuhalten haben (sog. **Legalitätspflicht**). Hier besteht kein Handlungs- oder Ermessensspielraum für die Organmitglieder, wenn diese die von ihnen geforderte Sorgfalt einhalten wollen. Man spricht daher auch von **gebundenen Entscheidungen**.

Der Rechtsrahmen ergibt sich zunächst aus dem jeweils einschlägigen Gesell- 32 schaftsrecht (auch unter Beachtung der Rechtsprechung) sowie der Satzung und Geschäftsordnung (Binnenrecht der Gesellschaft).²⁹ Hierzu gehören bspw. die Buchführungs- und Bilanzierungspflichten (§ 91 Abs. 1 AktG, § 41 GmbHG, §§ 238 ff. HGB) sowie die Pflicht zum Aufbau einer Organisation, die jederzeit einen Überblick über die wirtschaftliche und finanzielle Situation ermöglicht.³⁰

Die Legalitätspflicht geht aber noch darüber hinaus. So hat das Leitungsorgan einer 33 Gesellschaft umfassend dafür Sorge zu tragen, dass sich die Gesellschaft rechtmäßig verhält und ihren Verpflichtungen nachkommt.³¹ Dies umfasst sämtliche Rechtsgebiete, also nicht nur aus dem Zivilrecht (wie bspw. das Wettbewerbsrecht) sondern auch öffentlich-rechtliche Verpflichtungen wie das Abführen von Steuern und Sozialversicherungsbeiträgen.³² Und die Pflicht bindet nicht nur das Leitungsorgan in seinem eigenen Handeln. Das Leitungsorgan hat vielmehr auch durch die Einrichtung eines **Compliance Management Systems**, also durch organisatorische Maßnahmen dafür Sorge zu tragen, dass die Gesellschaft als solche und damit auch die Mitarbeiter rechtskonform agieren.³³ § 130 OWiG enthält eine entsprechende Verpflichtung im Hinblick auf die Verhinderung von Straftaten und Ordnungswidrigkeiten.

Die Einrichtung solcher präventiv wirkenden, organisatorischen Maßnahmen ist 34 nicht in das Ermessen der Organe der Gesellschaft gestellt. Bei der organisatorischen **Ausgestaltung** des Compliance Management Systems besteht hingegen ein unternehmerisches **Ermessen**, das u.a. unter Berücksichtigung der Größe und Art des Unternehmens auszuüben ist.³⁴

---

27 *Gehrlein*, NZG 2020, 801, 803.
28 BGH, Urt. v. 20.2.1995 – II ZR 143/93 = NJW 1995, 1290, 1291.
29 Krieger/Schneider/*Krieger*, § 3 Rn 3.5.
30 BGH, Urt. v. 20.2.1995 – II ZR 9/94 = NJW-RR 1995, 669, 669f.
31 BGH, Urt. v. 10.7.2012 – VI ZR 341/10 = NZG 2012, 992, 994.
32 *Gehrlein* NZG 2020, 801, 805.
33 Michalski/Heidinger/Leible/Schmidt/*Ziemons*, § 43 Rn 174.
34 Michalski/Heidinger/Leible/Schmidt/*Ziemons*, § 43 Rn 172.

35 Solche Ermessensentscheidungen (unternehmerische Entscheidungen) sind von den gebundenen Entscheidungen abzugrenzen. Teilweise wird hier auch von Sorgfaltspflichten i.e.S. gesprochen.[35] In diesem Bereich sind Verletzungen der Sorgfaltspflichten eines Organmitglieds ungleich schwerer zu definieren. Der BGH hat in seiner viel beachteten Entscheidung **ARAG/Garmenbeck** den Leitungsorganen einer Aktiengesellschaft einen weiten Spielraum bei Ausübung ihrer Tätigkeit eingeräumt, um unternehmerisches Handeln und das bewusste Eingehen geschäftlicher Risiken zu ermöglichen.[36] Dies gilt für sämtliche unternehmerischen Entscheidungen, was der Gesetzgeber in Anlehnung an die BGH-Rechtsprechung durch die Aufnahme der sog. Business Judgement Rule in § 93 Abs. 1 S. 2 AktG im Jahr 2005 auch kodifiziert hat. Diese besagt, dass dem Vorstand keine Pflichtverletzung zur Last gelegt werden kann, wenn bei einer **unternehmerischen Entscheidung** vernünftigerweise angenommen werden durfte, auf der Grundlage angemessener Informationen zum Wohle der Gesellschaft zu handeln.

36 Festzuhalten ist daher, dass es im deutschen Organhaftungsrecht keine Erfolgshaftung gibt.[37] Anknüpfungspunkt ist allein eine Sorgfaltspflichtverletzung, die bei unternehmerischen Entscheidungen dann in Betracht kommt, wenn diese nicht mehr getragen sind durch eine sorgfältige Ermittlung der Entscheidungsgrundlagen, Verantwortungsbewusstsein und der ausschließlichen Orientierung am Unternehmenswohl.[38]

2. Außenhaftung

37 Nehmen außenstehende Dritte eine versicherte Person auf Schadenersatz in Anspruch, spricht man von Außenansprüchen. Dies schließt Schadenersatzansprüche ein, die von Gesellschaftern (Aktionären), Mitarbeitern, Gläubigern, Kunden, Insolvenzverwaltern und Sozialversicherungsträgern erhoben werden.[39]

38 Die Regel sind solche Außenansprüche (auch Drittansprüche genannt) allerdings nicht. Organschaftliche Pflichtverletzungen sollen vornehmlich zu einer Innenhaftung führen[40] und bei geschädigten Dritten haftet im deutschen Recht auch bei geschäftsbezogenem Fehlverhalten von Organmitgliedern die Gesellschaft vorrangig.[41]

39 Kommt es jedoch zu einer unmittelbaren Haftung gegenüber außenstehenden Dritten, so lassen sich diese Fälle i.d.R. einer der beiden folgenden Gruppen zuordnen.

---

35 *Fleischer*, NJW 2009, 2337, 2338.
36 BGH, Urt. v. 21.4.1997 – II ZR 175/95 = NJW 1997, 1926, 1927.
37 *Gehrlein*, NZG 2020, 801, 806.
38 BGH, Urt. v. 21.4.1997 – II ZR 175/95 = NJW 1997, 1926, 1928.
39 MAH VersR/*Sieg*, § 17 Rn 10.
40 *Fleischer*, NJW 2009, 2337, 2341.
41 *Brammsen/Sonnenburg*, NZG 2019, 681, 681.

a) Das Unternehmen in der Krise

Das Unternehmen in der Krise setzt besondere Herausforderungen an das Management **40** und ist daher auch mit einem höheren Haftungsrisiko für die Organe verbunden. So lassen sich allein in Bezug auf die Außenhaftung drei mögliche Anspruchsgrundlagen aufzeigen, die sich in der Praxis bei Unternehmen, die in Schieflage geraten sind, immer wieder beobachten lassen.

aa) Haftung im Zusammenhang mit Insolvenz

Bei der Haftung im Zusammenhang mit der Insolvenz geht es weniger um Pflichtverlet- **41** zungen des Managements, die überhaupt erst die Krise des Unternehmens verursacht haben. Natürlich sind auch solche Ansprüche wegen Pflichtverletzungen aus der Zeit vor der Insolvenz denkbar und sie können auch bspw. vom Aufsichtsrat gegen das Leitungsorgan oder nach Eröffnung des Insolvenzverfahrens vom Insolvenzverwalter gegen das ehemalige Leitungsorgan betrieben werden.

Weitaus häufiger sind jedoch die Fälle, in denen geschädigte Gläubiger Schaden- **42** ersatzansprüche wegen **verspäteter** Stellung des **Insolvenzantrags** geltend machen (§ 823 Abs. 2 BGB i.V.m. § 15a InsO) oder aber der Insolvenzverwalter das Leitungsorgan wegen Zahlungen, die noch nach Vorliegen der Insolvenzreife erfolgt sind, nach § 15b Abs. 4 InsO auf Ersatz in Anspruch nimmt.

bb) Steuerrechtliche Haftung

Die Haftung von Leitungsorganen für die Steuerschulden der Gesellschaft ergibt sich **43** aus §§ 69 S. 1, 34 Abs. 1 AO. Demnach haften die Organe, wenn Steuerforderungen gegen die Gesellschaft aufgrund vorsätzlicher oder grob fahrlässiger Verletzung der ihnen obliegenden Pflichten nicht festgesetzt oder erfüllt wurden.

Früher waren solche Ansprüche regelmäßig nicht Gegenstand der D&O-Versiche- **44** rung, da die Bedingungen den Versicherungsschutz auf Schadenersatzansprüche zivilrechtlichen Inhalts beschränkt haben. Mittlerweile gilt diese Einschränkung regelmäßig nicht mehr. Selbst die GDV-Musterbedingungen sehen dies nicht mehr vor, sodass die genannten **öffentlich-rechtlichen Ansprüche** aus der Abgabenordnung (AO), die Schadenersatzcharakter haben[42], grundsätzlich in den Versicherungsschutz fallen.

cc) Nichtabführung von Sozialabgaben

Bei Unternehmen in der Krise ist auch eine deliktische Anspruchsgrundlage von großer **45** praktischer Bedeutung. So haften Leitungsorgane nach § 823 Abs. 2 BGB i.V.m. § 266a Abs. 1 StGB für nicht abgeführte Beiträge zur Sozialversicherung.

---

[42] BFH, Urt. v. 25.2.1997 – VII R 15/96 = DStR 1997, 1324, 1327.

46 Dies setzt aber u.a. voraus, dass die Gesellschaft auch die tatsächliche Möglichkeit zur Abführung der Beiträge hatte und diese nicht bspw. aufgrund Zahlungsunfähigkeit unmöglich war.[43]

b) Allgemeine deliktische Haftung

47 Eine deliktische Haftung kann sich für eigene Verstöße des Organs aus **§§ 823 Abs. 1**, 823 Abs. 2 BGB i.V.m. **Schutzgesetz**, § 826 BGB sowie aus **Sonderdelikten** (§ 9 UWG, § 97 UrhG, § 139 PatG, § 14 MarkenG und nach h.M. auch aus § 33a GWB[44]) ergeben.

48 Die deliktische Haftung setzt also die Verletzung eines drittbezogenen absoluten Rechts, eines Schutzgesetzes oder aber einen Wettbewerbsverstoß voraus. Die Verletzung bzw. der Verstoß kann sich durch eigenes Handeln sowie das Unterlassen von Aufsichts- und Überwachungspflichten ergeben.[45] Eine deliktische Haftung des Leitungsorgans gegenüber außenstehenden Dritten aufgrund einer unzureichenden Compliance-Organisation kommt nicht in Betracht.[46]

49 **Absolute Rechte** nach § 823 Abs. 1 BGB sind das Leben, der Körper, die Gesundheit, die Freiheit, das Eigentum oder ein vergleichbares sonstiges Recht. Die Rechtsprechung hat den eingerichteten und ausgeübten Gewerbebetrieb als ein sonstiges Recht in diesem Sinne bestätigt.[47]

50 Absolute Rechte finden sich auch im Wettbewerbsrecht (Immaterialrechtsgüter wie Patent- oder Markenrechte).

51 Relevante **Schutzgesetze**, die i.V.m. § 823 Abs. 2 BGB eine deliktische Haftung gegenüber Dritten begründen können, sind neben den bereits zuvor erläuterten § 15a Abs. 1 S. 1 InsO und § 266a StGB bspw. auch strafrechtliche Tatbestände wie Betrug (§ 263 StGB) und Untreue (§ 266 StGB).

52 Eine deliktische Außenhaftung kann sich schließlich noch bei einer vorsätzlichen, sittenwidrigen Schädigung Dritter aus **§ 826 BGB** ergeben. In diesen Fällen dürfte jedoch zumindest am Ende regelmäßig der Versicherungsschutz entfallen. Der Ausschluss für wissentliche Pflichtverstöße dürfte hier entgegenstehen.

---

43 MüKo-GmbHG/*Fleischer*, § 42 Rn 451.
44 MüKo-GmbHG/*Fleischer*, § 42 Rn 447.
45 *Brammsen/Sonnenburg*, NZG 2019, 681, 688.
46 Prinz/Winkeljohann/*Reichert/Ullrich*, Handbuch der GmbH, § 20, Rn 53 mit Verweis auf *Reichert/Lüneborg*, GmbHR 2018, 1141, 1147; Gehrlein/Born/Simon/*Nietsch*, GmbHG, Anh. 4 Anm. 25.
47 BGH, Urt. v. 24.1.2006 – XI ZR 384/03 = ZIP 2006, 317.

V. Reine Vermögensschäden

Die D&O-Versicherung bietet Versicherungsschutz für Ansprüche auf Ersatz reiner Vermögensschäden.[48] Vermögensschäden in diesem Sinne werden definiert als Schäden, die **weder Personen- noch Sachschaden** sind und sich auch nicht adäquat kausal aus einem Personen- oder Sachschaden ergeben (A-1 Abs. 2 AVB-AVG).[49] 53

Zwar wird diese Definition in einigen am Markt erhältlichen Konzepten gelockert bzw. um bestimmte Ausnahmen erweitert. Im Kern bleibt es jedoch dabei, dass kein Versicherungsschutz besteht für Ansprüche, die gegen versicherte Personen aufgrund eines Personen- oder Sachschadens geltend gemacht werden. Hierdurch entstehen allerdings i.d.R. kaum Absicherungslücken. 54

Praxistipp
Sowohl Organmitglieder als auch Arbeitnehmer sollten in der Betriebshaftpflichtversicherung des Unternehmens als mitversicherte Personen eingeschlossen sein. In der Betriebshaftpflichtversicherung ist die persönliche gesetzliche Haftung der Organmitglieder mitzuversichern. Die Betriebshaftpflichtversicherung gewährt dann Versicherungsschutz für den Fall, dass Externe die genannten Personen aufgrund eines Personen- oder Sachschadens in Anspruch nehmen.

VI. Anspruchserhebungsprinzip und die zeitliche Wirkung des Versicherungsschutzes

In der D&O-Versicherung wird der Versicherungsfall beinahe einheitlich durch das Anspruchserhebungsprinzip (**Claims-Made-Prinzip**) definiert. Dementsprechend löst der erstmalige Anspruch auf Ersatz eines Vermögensschadens die Leistungspflicht des D&O-Versicherers aus. Für den Umfang des Versicherungsschutzes ist auf den Vertragsstand zum Zeitpunkt des Anspruchs abzustellen. 55

Diese Definition des Versicherungsfalls in der D&O-Versicherung zeigt die Herkunft des Produkts: Es stammt aus dem amerikanischen Rechtsraum. Im deutschen Markt bleibt das Claims-Made-Prinzip abgesehen von der D&O-Versicherung eher die Ausnahme. Hier dominieren in der Haftpflichtversicherung das Schadenereignis- und das Verstoßprinzip.[50] 56

In Deutschland wird – in etlichen D&O-Versicherungsbedingungen (wie auch in den GDV-Musterbedingungen) – das Claims-Made-Prinzip durch eine Verstoßkomponente ergänzt. Auf Ebene der primären Risikobegrenzung wird definiert, dass Versicherungsschutz für alle während der Vertragsdauer eintretenden Versicherungsfälle besteht, die 57

---

48 Bürkle/Hauschka/*Koch*, Compliance Officer, § 14 Rn 52.
49 *Dahnz/Grimminger*, S. 392.
50 VersR/*Beckmann*, § 28 Rn 13, 99 ff.

auf Pflichtverletzungen beruhen, die während der Vertragslaufzeit erfolgt sind.[51] Das reine Claims-Made-Prinzip kennt diese Einschränkung nicht und erfasst auch Versicherungsfälle, die auf Pflichtverletzungen vor Vertragsbeginn beruhen. Dies wird mittlerweile aber auch in den GDV-Musterbedingungen nachvollzogen, indem durch einen zusätzlichen Baustein eine **Rückwärtsversicherung** eingeräumt wird.[52]

58   Die Rückwärtsversicherung ist eine wichtige Komponente, um Bedenken hinsichtlich der AGB-rechtlichen Wirksamkeit des Claims-Made-Prinzips entgegenzutreten.[53] Zwar ist dieses nicht per se bedenklich. Schließlich wird es in der amtlichen Begründung zu § 100 VVG als Beispiel für ein abweichendes Versicherungsfallprinzip genannt.[54] Allerdings müssen die Nachteile, die dem Claims-Made-Prinzip für die Versicherten innewohnen, in dem es nur solche Inanspruchnahmen deckt, die innerhalb der Vertragslaufzeit erhoben werden, durch bestimmte Vorteile für die Versicherten kompensiert werden. Zu diesen Vorteilen zählen die Rückwärtsversicherung und die Nachhaftung.[55]

1. Erstreckung des Versicherungsschutzes auf die Zeit vor Vertragsbeginn (Rückwärtsversicherung)

59   Die Rückwärtsversicherung erstreckt den Versicherungsschutz auf Pflichtverletzungen, die bereits vor Vertragsbeginn erfolgt sind. Allerdings schützt sich der Versicherer durch die Formulierung eines Ausschlusses, der solche Ansprüche vom Versicherungsschutz ausnimmt, die auf bei Vertragsbeginn (teilweise auch auf bei Vertragsschluss) **bereits bekannten** Pflichtverletzungen beruhen. So soll verhindert werden, dass der Versicherungsnehmer das sehr späte Versicherungsfallprinzip dahingehend nutzt, dass er erst dann einen D&O-Vertrag abschließt, wenn er bereits Kenntnis von einer Pflichtverletzung hat, die aber noch nicht zu einer Inanspruchnahme geführt hat. („Die bereits brennende Scheune soll nicht versichert werden.")

2. Ausdehnung des Versicherungsschutzes nach Vertragsende (Nachhaftung)

60   D&O-Versicherungsbedingungen enthalten mittlerweile regelmäßig Klauseln, mit denen der Versicherer eine **Nachhaftung** übernimmt für Versicherungsfälle, die nach Vertragsende eintreten und auf Pflichtverletzungen vor Beendigung des D&O-Vertrages beruhen. Im D&O-Bereich wird in diesem Fall von **Nachmeldefristen** gesprochen. Dies ist etwas missverständlich, da innerhalb dieser Frist tatsächlich noch neue Versicherungs-

---

51 Vgl. A-5.1 der GDV-Musterbedingungen AVB D&O.
52 Vgl. A-5.2 der GDV-Musterbedingungen AVB D&O.
53 Zum Diskussionsstand zur Wirksamkeit des Claims-Made-Prinzips Prölss/Martin/*Voit*, VVG, 255 A-2 AVB D&O Rn 2 ff.
54 Prölss/Martin/*Voit*, VVG, 255 A-2 AVB D&O Rn 3 mit Verweis auf Begr. RegE BT-Drucks. 16/3945, S. 85.
55 OLG München, Urt. v. 8.5.2009 – 25 U 5136/08 = r + s 2009, 327, 329 Rn 26 ff.

fälle, die erst nach Vertragsende eintreten, in den bereits beendeten Vertrag gemeldet werden können. Es handelt sich also um eine echte Nachhaftung und nicht lediglich die Möglichkeit, bereits vor Vertragsende eingetretene Versicherungsfälle noch nach Vertragsende zu melden.

Die entsprechenden Klauseln unterscheiden sich in der Praxis nicht nur in Bezug auf die Länge der eingeräumten Nachmeldefrist, sondern teilweise auch in Bezug auf die Wirkungsweise. So gibt es vereinzelt noch Klauseln, die die Nachhaftung auf solche Ansprüche begrenzen, die auf Pflichtverletzungen beruhen, die *während der Vertragslaufzeit* eingetreten sind. So erstreckt sich dann die Nachhaftung nicht auf Verstöße vor Versicherungsbeginn. Für die Versicherten vorteilhafter ist eine Formulierung, die darauf abstellt, dass es sich um Ansprüche handelt, *„die auf Pflichtverletzungen vor Vertragsbeendigung"* beruhen. 61

Innerhalb der Nachmeldefrist richtet sich der Versicherungsschutz inhaltlich nach dem Vertragsstand bei Vertragsende, und es steht die unverbrauchte Versicherungssumme aus der letzten Versicherungsperiode zur Verfügung. 62

Die Länge der jeweils eingeräumten Nachmeldefrist ist im Markt recht unterschiedlich. Nahezu alle Versicherungskonzepte beinhalten allerdings die Möglichkeit, bei Vertragsende die Nachmeldefrist gegen Zahlung einer im Vertrag festgeschriebenen **Einmalprämie** zu erweitern. Hier kann es sinnvoll sein, sich an den **Verjährungsfristen** für Ansprüche der Gesellschaft gegen die eigenen Organmitglieder zu orientieren (vgl. etwa § 43 Abs. 4 GmbHG, § 93 Abs. 6 AktG). Zu bedenken ist, dass die genannten Verjährungsfristen erst mit Vorliegen sämtlicher Anspruchsvoraussetzungen beginnen (obj. Verjährungsbeginn). Dies wird regelmäßig erst mit Eintritt des Schadens der Fall sein, der je nach Umständen auch erst deutlich nach der Pflichtverletzung eintreten kann. Insofern beginnt die Nachmeldefrist u.U. vor der Verjährungsfrist und bildet diese nicht zwingend ab, wenn beide Fristen gleichlautend bspw. fünf Jahre betragen. 63

Praxistipp
Die konkrete Regelung zur Nachmeldefrist ist genau zu prüfen. Einige Klauseln sehen vor, dass die Nachmeldefrist entfällt, wenn bestimmte Sachverhalte wie eine gesellschaftsrechtliche Neubeherrschung, eine Verschmelzung oder Insolvenz eintritt. Besonders nachteilig können sich auch Klauseln auswirken, die die Nachmeldefrist entfallen lassen, sofern der Versicherungsnehmer nach Vertragsende bei einem anderen Versicherer eine D&O-Versicherung abschließt (sog. Verfallklauseln).

VII. Ausschlüsse

Wie vorstehend erläutert, schließt der D&O-Versicherer im Zusammenhang mit der Rückwärtsversicherung bei Vertragsbeginn bereits bekannte Pflichtverletzungen regelmäßig vom Versicherungsschutz aus. Dieser Ausschluss, der oftmals nicht im allgemeinen Ausschlusskatalog enthalten ist, sondern im Zusammenhang mit der Rückwärtsversicherung geregelt ist, wird i.d.R. um einen eigenständigen Ausschlusskatalog ergänzt. 64

R. J. Koch/Zellhorn

Abweichend von den GDV-Musterbedingungen, die 17 weitere Ausschlüsse formulieren, beinhalten in der Praxis übliche D&O-Deckungskonzepte nur sehr wenige weitere Ausschlüsse.

1. Vorsatzausschluss

65 Der Vorsatzausschluss ist in der D&O-Versicherung in unterschiedlichen Ausprägungen anzutreffen. Das GDV-Modell wählt in A-7.1 AVB D&O die umfassende Variante und schließt sowohl Haftpflichtansprüche wegen **vorsätzlicher Schadenverursachung** als auch Haftpflichtansprüche wegen **wissentlicher Pflichtverletzung** aus. Letztlich wird durch diesen Ausschluss der für die Haftpflichtversicherung gesetzlich geregelte Vorsatzausschluss in § 103 VVG erweitert. So führt nicht nur die vorsätzliche Herbeiführung des Schadens zum Ausschluss des Versicherungsschutzes, sondern auch die wissentliche Verletzung einer Pflicht.

66 Zwar gibt es Versicherer, die in ihren Versicherungsbedingungen den GDV-Musterbedingungen folgen. Üblicherweise wird der Vorsatzausschluss in der Praxis aber auf die wissentliche Pflichtverletzung beschränkt. Allerdings stellt sich dann die Frage, ob die vorsätzliche Schadenverursachung über § 103 VVG dennoch ausgeschlossen ist. Hier bietet sich eine klarstellende vertragliche Regelung an. Diese ist zumindest gem. § 112 VVG soweit möglich, wie das in § 103 VVG normierte gesetzliche Leitbild zum Vorteil der Versicherten modifiziert wird.[56]

67 Denn die Unterschiede zwischen der vorsätzlichen Schadenverursachung und der wissentlichen Pflichtverletzung sind durchaus relevant. Aus Sicht der Versicherten ist es wünschenswert, keinen expliziten Ausschluss für die vorsätzliche Schadenverursachung zu vereinbaren. Dies führt zwar nicht dazu, dass vorsätzlich herbeigeführte Schäden grundsätzlich versichert sind. Hier dürfte regelmäßig auch eine wissentliche Pflichtverletzung vorliegen. Allerdings unterscheiden sich beide Formulierungen eben nicht nur in Bezug auf den **Anknüpfungspunkt** (Schadenherbeiführung vs. Pflichtverletzung). Denn während die vorsätzliche Schadenherbeiführung sämtliche **Vorsatzformen** umfasst, muss in Bezug auf die Pflichtverletzung Wissentlichkeit vorliegen.

68 Hinsichtlich der Schadenherbeiführung genügt es also, wenn die versicherte Person den Schaden billigend in Kauf genommen hat.[57] Das **billigende Inkaufnehmen** einer Pflichtverletzung genügt allerdings gerade nicht, um den Ausschluss einer wissentlichen Pflichtverletzung zu erfüllen. Hier werden an die Ausprägung des Vorsatzes höhere Anforderungen gestellt. Bei der geforderten Wissentlichkeit handelt es sich um dolus directus 2. Grades.[58] Anders als beim allgemeinen Vorsatzbegriff genügt also nicht der Eventualvorsatz, das billigende Inkaufnehmen. Voraussetzung ist vielmehr, dass die

---

56 Looschelders/Pohlmann/*M. Schulze Schwienhorst*, VVG, § 103 Rn 8.
57 *Ihlas*, D & O, S. 460.
58 Looschelders/Pohlmann/*Kreienkamp*, VVG, Teil 3 G Rn 141.

versicherte Person die Pflicht kannte (Pflichtbewusstsein) und gegen diese Pflicht verstoßen wollte (Pflichtverletzungsbewusstsein).[59]

Und genau hier liegt auch der Grund, warum das Abstellen auf die vorsätzliche Herbeiführung des Schadens, wenn auch auf den ersten Blick nachvollziehbar, für die Versicherten nachteilig sein kann. Schließlich ist das billigende Inkaufnehmen eines Schadens gerade im wirtschaftlichen Verkehr, der das bewusste Inkaufnehmen von Risiken voraussetzt, im Versicherungsfall zumindest schnell vorgetragen.

Praxistipp
Der Vorsatzausschluss in der D&O-Versicherung sollte allein auf die wissentliche Pflichtverletzung begrenzt werden. Zudem ist darauf zu achten, dass die Klausel – wie in der Praxis eigentlich auch üblich – so ausgestaltet ist, dass der Versicherungsschutz nur entfällt, wenn die wissentliche Pflichtverletzung rechtskräftig festgestellt wurde.

So wird sichergestellt, dass sich die versicherte Person auch beim Vorsatzvorwurf zur Wehr setzen kann.

2. Strafen und Bußen

Etliche D&O-Versicherungsbedingungen enthalten auch einen Ausschluss, der **Haftpflichtansprüche** aufgrund von oder im Zusammenhang mit (Vertrags-)Strafen, Geldauflagen und Bußgeldern von der Deckung ausnimmt.[60]

Das bedeutet allerdings nicht, dass **Geldstrafen** oder **Bußgelder**, die gegen eine versicherte Person verhängt werden, vom Versicherungsschutz der D&O-Versicherung umfasst sind. Diese Sachverhalte fallen zwar nicht unter den Ausschluss. Allerdings sind solche Ansprüche schon nicht vom Versicherungsgegenstand der D&O-Versicherung erfasst, der sich ausdrücklich allein auf Haftpflichtansprüche bezieht.[61]

Der Ausschluss zielt daher in seiner reinen Form auf Regressansprüche, die vom eigenen Unternehmen gegen versicherte Personen geltend gemacht werden, weil deren Pflichtverletzung dazu geführt hat, dass das Unternehmen bspw. ein Bußgeld zahlen musste. Solche Bußgelder können aus verschiedenen Lebenssachverhalten resultieren. Die Rechtsprechung hatte in erster Linie Fälle aus dem Kartellrecht zu beurteilen. Es sind aber auch Verbandsgeldbußen aus dem Datenschutzrecht, dem Lieferkettensorgfaltspflichtengesetz oder anderen ESG-Themen denkbar.

Weiter gefasste Bedingungen sehen daher eine Mitversicherung dieses **Innenregresses** vor und bieten damit eine relevante Erweiterung des Versicherungsschutzes. Unabhängig davon, ob der Regress eines Bußgeldes bei einer natürlichen Person recht-

---

59 *Ihlas*, D&O, S. 459.
60 Der entsprechende Ausschluss in den GDV-Musterbedingungen AVB D&O findet sich in A-7.10.
61 Prölss/Martin/*Voit*, VVG, 255 A-7.10 AVB D&O Rn 1.

lich möglich ist, sollte der Versicherungsschutz in diesem Punkt gewährleistet sein. Schließlich übernimmt der D&O-Versicherer als Haftpflichtversicherer auch die Abwehr unbegründeter Ansprüche. Allein diese kann im Einzelfall (abhängig auch von der Höhe des Bußgeldes, das regressiert werden soll) sehr teuer sein.

75 Aktuell ist die Frage, ob Bußgelder, die gegen ein Unternehmen verhängt wurden, im Wege des Regresses an eine natürliche Person weitergereicht werden können, rechtlich noch sehr streitig[62] und höchstrichterlich noch nicht entschieden.

76 So wird im Kartellrecht argumentiert, dass die Wertung des Gesetzgebers unterlaufen werde, wonach getrennte Bußgelder gegen die handelnde Person und das Unternehmen festgesetzt werden können. Durch den Rückgriff auf den Geschäftsführer bestehe die Gefahr, dass der **Sanktionszweck** des Unternehmensbußgelds gefährdet werde.[63] Nach Ansicht des LG Dortmund werde der Sanktionszweck durch die Regressfähigkeit des Bußgelds hingegen nicht gefährdet. Das Gericht bemerkt, dass ggf. bestehende D&O-Versicherungen regelmäßig auf Grund der Höhe der Geldbußen nicht in der Lage seien, einen vollständigen Ausgleich zu gewähren. Dies führe dazu, dass das Unternehmen das Insolvenzrisiko des Leitungsorgans zu tragen habe und dies sei Sanktions- und Präventionsanreiz genug.[64] Eine höchstrichterliche Entscheidung steht noch aus.[65]

77 Man könnte die Ansicht des LG Dortmund als eher singuläre Rechtsmeinung einordnen, wäre nicht auch auf der gesetzgeberischen Ebene das Thema Regressierbarkeit von Verbandsbußen einer wandelnden Betrachtung unterworfen. Bedenklich aus Sicht der Unternehmensleiter ist der Referenten-Entwurf zur Umsetzung der **NIS2-Richtline**. § 38 Abs. 2 BISG-E sieht ausdrücklich vor, dass die Geschäftsleiter für den entstandenen Schaden – damit sind Regressforderungen und Bußgeldforderungen gemeint – haften. Ein Verzicht des Regresses durch das Unternehmen wird von Gesetzes wegen in § 38 Abs. 3 BSIG-E ausgeschlossen, außer der Geschäftsleiter ist insolvent. Diese Regelung ist im Rahmen des Gesetzgebungsverfahrens herausgestrichen worden. Aber allein die Existenz dieser Idee im Gesetzgebungsverfahren im Cyber-Sicherheitskontext ist durchaus beachtlich und mag auch zukünftige Gerichtsentscheidungen beeinflussen.

3. Weitere praxisrelevante Ausschlüsse

78 Neben den beiden eingangs genannten Ausschlüssen gibt es weitere übliche Ausschlüsse in der D&O-Versicherung, die sich allerdings auch am konkreten versicherten Risiko orientieren. So sind bestimmte US-spezifische Ausschlüsse üblich, wenn eine ver-

---

[62] Gegen die Regressierbarkeit OLG Düsseldorf, Urt. v. 27.7.2023 – 6 U 1/22 (Kart); für die Regressierbarkeit LG Dortmund, Beschl. v. 21.6.2023 – 8 O 5/22.
[63] So OLG Düsseldorf, Urt. v. 27.7.2023 – 6 U 1/22 (Kart); aber auch schon LAG Düsseldorf, Urt. v. 20.1.2015 – 16 Sa 459/14 = NZKart 2015, 277f. für das sog. Schienenkartell.
[64] LG Dortmund, Beschl. v. 21.6.2023 – 8 O 5/22 (Kart).
[65] Az. BGH KZR 74/23.

sicherte Gesellschaft in den USA aktiv ist. Einige Versicherer formulieren vergleichbare Ausschlüsse auch mit Blick auf Kanada oder andere Common-Law-Länder.

Bei börsennotierten Gesellschaften sind Ausschlüsse im Hinblick auf Prospekthaftungsrisiken denkbar. Haftpflichtansprüche wegen Pflichtverletzungen im Zusammenhang mit Wertpapierprospekten sind über sog. POSI-Deckungen (Public Offering of Securities Insurance) separat versicherbar. 79

VIII. Abgrenzung zu anderen Versicherungsverträgen

Grundsätzlich sind Überschneidungen beim Versicherungsschutz denkbar. Auch der Gesetzgeber hat dieses Risiko gesehen und die **Mehrfachversicherung** in der Schadensversicherung in § 78 VVG geregelt. Verkürzt gesagt will der Gesetzgeber, dass in diesen Fällen, in denen ein Risiko unter zwei Versicherungsverträgen abgesichert ist, dass die Versicherer als Gesamtschuldner haften. Der aus den Versicherungsverträgen Berechtigte kann aber insgesamt nicht mehr als den ihm entstandenen Schaden ersetzt verlangen (§ 78 Abs. 1 VVG). Die Versicherer gleichen dann gem. § 78 Abs. 2 VVG untereinander die geleisteten Zahlungen aus, wobei sich die Anteile im Innenverhältnis nach dem Verhältnis der Beträge richten, die die Versicherer nach ihrem Vertrag dem Berechtigten jeweils schulden.[66] 80

Diese gesetzliche Regelung ist allerdings abdingbar, kann also durch die Vertragsparteien anderweitig geregelt werden.[67] In der Praxis enthalten D&O-Versicherungsverträge so auch entsprechende Klauseln. Diese Klauseln zu anderweitigen Versicherungen, teilweise auch Subsidiaritätsklauseln genannt, regeln allerdings nicht nur das Verhältnis zu andersartigen Versicherungsprodukten, sondern insbesondere auch das Verhältnis zu zeitlich früheren oder später abgeschlossenen D&O-Verträgen. Hier können sich Überschneidungen aufgrund der oben skizzierten zeitlichen Wirkung des Versicherungsschutzes ergeben. Der beendete Altvertrag sieht bspw. noch eine Nachmeldefrist vor und der im Anschluss abgeschlossene, laufende Vertrag beinhaltet eine Rückwärtsversicherung und bietet daher auch Versicherungsschutz. 81

Letztgenannter Fall ist deutlich relevanter, da die Überschneidungen der D&O-Versicherung zu anderen Versicherungsprodukten überschaubar sind. Schließlich greift die D&O-Versicherung, wenn eine natürliche Person auf Ersatz eines Vermögensschadens in Anspruch genommen wird. Hieraus ergibt sich, dass Überschneidungen mit Vermögensschaden-Haftpflichtversicherungen denkbar sind. Allerdings gilt es, sich zu vergegenwärtigen, dass zumindest Ansprüche aufgrund von Organpflichtverletzungen i.d.R. in der klassischen Vermögensschaden-Haftpflichtversicherung ausgeschlossen sind. 82

---

66 Looschelders/Pohlmann/*Makowsky*, VVG, § 78 Rn 11.
67 BGH, Urt. v. 14.2.2019 – IV ZR 389/12 = VersR 2014, 450, 451.

83 Überschneidungen ergeben sich aber mit Vermögensschaden-Rechtsschutzversicherungen, die zwar in der Praxis nicht besonders weit verbreitet sind und häufig explizit subsidiär zur D&O-Versicherung gestaltet werden, aber mit der Abwehrfunktion gerade einen Teilbereich der D&O-Versicherung duplizieren.

84 Die Straf-Rechtsschutz-Versicherung ist ein weiteres Produkt, mit dem sich Überschneidungen ergeben können. Zwar sind die Rechtskosten bei der Einleitung von Straf- und Ordnungswidrigkeiten nicht per se in der D&O-Versicherung abgedeckt. Allerdings enthalten die D&O-Versicherungsbedingungen regelmäßig einen Baustein, nach dem die Rechtskosten in einem Strafverfahren übernommen werden, soweit die im Raum stehende Pflichtverletzung auch einen Haftpflichtanspruch nach sich ziehen könnte.[68] Dieser Baustein ist insofern relevant, als nach § 101 Abs. 1 S. 2 VVG die Rechtskostenübernahme im Strafverfahren ansonsten allein mit der Weisung des Versicherers in Betracht kommt.[69]

> **Praxistipp**
> Neben den genannten denkbaren Überschneidungen mit anderen Versicherungsprodukten gilt es, mit einer Subsidiaritätsklausel insbesondere das Verhältnis zu bereits beendeten und zukünftig abzuschließenden D&O-Verträgen zu regeln.

85 Ziel einer Subsidiaritätsklausel ist es, die Haftung unter einem Versicherungsvertrag entfallen zu lassen, wenn anderweitig Versicherungsschutz besteht.[70] Aus Sicht des Versicherungsnehmers und der versicherten Personen ist es dabei vorzugswürdig, eine sog. einfache Subsidiaritätsklausel zu vereinbaren. Diese bewirkt, dass der Versicherer, mit dem diese Klausel vereinbart wird, nur insoweit zur Leistung verpflichtet ist, wie der Versicherungsnehmer bzw. die versicherte Person keine (vollumfängliche) Leistung aus dem anderweitigen Vertrag erlangen kann.

IX. Selbstbeteiligung des Leitungsorgans*

86 Seit es die D&O-Versicherung gibt, wurde darüber diskutiert, ob es sinnvoll, zulässig oder unter rechtlichen bzw. moralischen Aspekten vertretbar sei, dass ein Vorstand oder Geschäftsführer durch eine vom Unternehmen erworbene und finanzierte Versicherung vor persönlichen Haftungsrisiken geschützt wird.

87 Bereits im **Deutschen Corporate Governance Kodex** i. d. F. v. 26.2.2002 wurde als Ergebnis der Diskussion folgende Regelung aufgenommen:

---

68 Vgl. A-6.1. der GDV-Musterbedingungen AVB D&O.
69 Looschelders/Pohlmann/*M. Schulze Schwienhorst*, VVG, § 101 Rn 6.
70 Looschelders/Pohlmann/*Makowsky*, VVG, § 78 Rn 23.
* Fortführung der ersten Bearbeitung durch Herrn RA Thomas Jangner (+ 2013).

„Schließt die Gesellschaft für Vorstand und Aufsichtsrat eine D&O-Versicherung ab, so soll ein angemessener Selbstbehalt vereinbart werden."[71]

Damit wurde klargestellt, dass der Vorstand einer AG nach Auffassung der Verfasser des Kodex zumindest eine **angemessene Selbstbeteiligung** an einem Schaden tragen sollte, der dem Unternehmen durch das Handeln des Vorstandes entsteht. Diese Empfehlung wurde in der Folgezeit bei börsennotierten AGs umgesetzt, allerdings meist in einer Größenordnung von 25.000 € oder 50.000 €. Inwieweit dies angemessen im Vergleich zur Vorstandsvergütung ist, war weiter umstritten.

Die Finanz- und Wirtschaftskrise 2008 und deren Folgen haben den Gesetzgeber veranlasst, das **VorstAG** (Gesetz zur Angemessenheit der Vorstandsvergütung) einzuführen. Dies war das Ende der Selbstverpflichtung und der Beginn eines gesetzlich vorgeschriebenen Pflichtselbstbehalts. Diese gesetzliche Regelung betrifft **Vorstandsmitglieder in Aktiengesellschaften,** § 93 Abs. 2 S. 3 AktG.

Das Gesetz zielt neben der Einführung des Pflichtselbstbehalts auf
- die Setzung von Verhaltensanreizen zur nachhaltigen Unternehmensentwicklung bei der Festlegung der Vorstandsbezüge durch den Aufsichtsrat,
- Erleichterung nachträglicher Herabsetzung,
- persönliche Haftung der Aufsichtsratsmitglieder bei Unangemessenheit.

Tatsächlich sah dann auch der Corporate Governance Kodex i.d.F. v. 26.5.2010 einen **Selbstbehalt für Aufsichtsorgane** vor. Dieser wurde indes im Jahr 2020 wieder abgeschafft.[72] Man hat erkannt, dass die verhaltenssteuernde Wirkung des Selbstbehalts ins Leere läuft bei Policen, in denen ohnehin nur unwissentliche Pflichtverstöße versichert werden.

1. VorstAG
a) Anwendungsbereich

Das Gesetz ist seit dem 5.8.2009 rechtskräftig. Erstmalig wird in einem Gesetz, für den Fall einer Versicherung, eine Selbstbeteiligung gefordert. So heißt es nunmehr in § 93 Abs. 2 S. 3 AktG: *„Schließt die Gesellschaft eine Versicherung zur Absicherung eines Vorstandsmitglieds gegen Risiken aus dessen beruflicher Tätigkeit für die Gesellschaft ab, ist ein Selbstbehalt von mindestens 10 Prozent des Schadens bis mindestens zur Höhe des Eineinhalbfachen der festen jährlichen Vergütung des Vorstandsmitglieds vorzusehen."*

---

71 Abrufbar unter https://www.dcgk.de/de/kodex/archiv.html.
72 Deutscher Corporate Governance Kodex i.d.F. v. 28.4.2022.

b) Intention des Gesetzgebers

93 Dazu führt der Gesetzgeber aus, dass die Selbstbehaltsregelung die Pflicht aus § 76 Abs. 1 AktG, ein Unternehmen mit der Sorgfalt eines ordentlichen Geschäftsmanns zu leiten, flankiert. Die Regelung habe verhaltenssteuernde Wirkung. Die Haftung mit dem Privatvermögen wirke Pflichtverletzungen präventiv entgegen.[73]

94 Die grundsätzliche Intention des gesamten Gesetzes ist nicht falsch. Der Pflichtselbstbehalt in der D&O-Versicherung ist allerdings nicht geeignet, die gesetzgeberischen Ziele zu erreichen, da er das Verhalten von Unternehmensleitern in AGs nicht beeinflussen kann.

95 Dass sich aus Haftung grundsätzlich auch verhaltenssteuernde Wirkung ergibt, ist unstreitig. Die Haftung des Organmitglieds ergibt sich bereits aus § 93 Abs. 2 AktG. Die Haftung ist sehr scharf – eine der schärfsten der Welt.[74] Vorstandsmitglieder haften für jeden Grad des Verschuldens und nach § 93 Abs. 2 S. 2 AktG liegt die Beweislast für die Anwendung der erforderlichen Sorgfalt bei den Vorstandsmitgliedern.

96 Die These, dass der Selbstbehalt verhaltenssteuernd wirkt, impliziert, dass sich der Abschluss einer D&O-Versicherung entlastend auf das Verhalten des Vorstands auswirkt. Die Deckung müsste die Haftung vollumfänglich kompensieren. Dies ist aber nicht der Fall.

97 Die Leistung der Haftpflichtversicherung ist in ihrer Höhe immer auf die Versicherungssumme beschränkt, die Haftung für Managementpflichtverletzungen ist in ihrer Höhe dagegen unbeschränkt und kann deutlich über die Versicherungssumme hinausgehen.

98 Ferner decken D&O-Versicherungen auch bei ausreichender Versicherungssumme nicht jeden Schaden ab – regelmäßig nicht versichert ist etwa die wissentliche Pflichtverletzung. Im Umkehrschluss: Die D&O-Versicherung hilft nur dann, wenn Pflichtverletzungen unwissentlich begangen werden.

99 Insofern kann jemand, der es nicht besser weiß, nicht von einem Selbstbehalt beeinflusst werden.[75]

c) Verstoß gegen § 93 Abs. 2 S. 3 AktG

100 Für den Fall eines Verstoßes gegen § 93 Abs. 2 S. 3 AktG fragt man sich, welche Auswirkungen dies auf den D&O-Versicherungsvertrag hat.

101 Einer Ansicht nach sei § 93 Abs. 2 S. 3 AktG ein Verbotsgesetz i.S.v. § 134 BGB. Es wird allerdings von diesen Stimmen der Literatur nicht die vollständige Nichtigkeit des D&O-Vertrages vertreten, sondern nur die Teilnichtigkeit bei geltungserhaltender Re-

---

73 BT-Drucks. 16/13433, S. 17.
74 Vgl. *Beckmann*, VersR, § 28 Rn 30 ff.
75 So auch *Hirte*, Stellungnahme zum VorstAG, Rechtsausschuss-Sitzung v. 29.5.2009, S. 3 f.

duktion.⁷⁶ Die vollständige Nichtigkeit des D&O-Vertrages widerspreche dem Willen des Gesetzgebers, der das Interesse des Unternehmens an der D&O-Versicherung ausdrücklich betone: Die D&O-Versicherung diene „nicht nur" dem Schutz des Unternehmens, sondern „auch" dem Schutz der Organmitglieder.⁷⁷

Anderer Ansicht nach habe die Norm den Charakter einer Ordnungsvorschrift,⁷⁸ die sich an die Aktiengesellschaft richte. Bei Verletzung dieser Ordnungsvorschrift ergebe sich eine Haftung für die Organmitglieder für den Fall, dass der Gesellschaft aus der Verletzung der Ordnungsvorschrift tatsächlich ein Schaden entstanden sei (Beispiel: Prämiendifferenz zwischen Vertrag mit und ohne Selbstbeteiligung). **102**

Mit Blick auf das Schicksal des unternehmensfinanzierten D&O-Vertrages ist festzuhalten, dass ein Verstoß gegen § 93 Abs. 2 S. 3 AktG jedenfalls nicht zur Nichtigkeit des gesamten D&O-Vertrages führt. Im Fall der Annahme einer Teilnichtigkeit kann es jedoch sein, dass höhere oder mehr Selbstbeteiligungen von einem Vorstandsmitglied zu tragen sind, als vertraglich vereinbart. Dieser Umstand wäre bei einer Versicherung des Selbstbehaltsrisikos zu berücksichtigen. **103**

2. Die Auswirkungen des VorstAG auf einzelne Vorstandsmitglieder

Das Haftungsrisiko selbst ändert sich durch § 93 Abs. 2 S. 3 AktG nicht. Es ändert sich aus Sicht des Vorstandsmitglieds allein die Möglichkeit der Risikoabsicherung. Für den Fall, dass sein Unternehmen eine D&O-Versicherung abschließt, muss es einen Selbstbehalt akzeptieren. Eindeutig ist die gesetzliche Anforderung an Vorstandsmitglieder, zukünftig einen Teil des Schadens in der persönlichen Sphäre zu tragen. Das Risiko aus diesem Selbstbehalt kann wiederum versichert werden – auf eigene Kosten des Vorstandsmitglieds. **104**

Die gesetzliche Regelung der Selbstbeteiligung ist oberflächlich. Dies führt zu Unsicherheiten über die Gestaltung der Regelung in der unternehmensfinanzierten D&O-Versicherung. Daraus wiederum ergeben sich komplexe Fragestellungen im Hinblick auf die Versicherung der Selbstbeteiligung. **105**

a) Regelung im Anstellungsvertrag

Die betroffene Aktiengesellschaft (vertreten durch den Aufsichtsrat) und der Vorstand sollten ein gemeinsames Verständnis im Hinblick auf die vom Gesetzgeber offengelassenen Fragen entwickeln und dieses auch dokumentieren. Ein übereinstimmendes Ver- **106**

---

76 *Wendler*, ZfV 2009, 593, 598; *Lange*, VersR 2009, 1011, 1023f.; *Koch*, AG 2009, 637, 639; *Franz*, DB 2009, 2764, 2771; *Gädtke*, VersR 2009, 1565, 1604.
77 BT-Drucks. 16/13433, S. 17; vgl. auch *Seibert*, WM 2009, 1489, 1492.
78 *Kerst*, VW 2010, 102, 104; *Dauner-Lieb/Tettinger*, ZIP 2009, 1555, 1556; *van Kann*, NZG 2009, 1010, 1013; *Laschet*, PHi 2009, 158, 163; *Schulz*, VW 2009, 1410, 1414; *Fiedler*, MDR 2009, 1077, 1080.

ständnis von Aktiengesellschaft und Vorstand dient dem sachgerechten Umgang und einer transparenten Zusammenarbeit.[79]

107 Ergebnis der internen Willensbildung können Ergänzungen zu Anstellungsverträgen sein. Gegebenenfalls werden aber auch (nur) Beschlüsse gefasst, die eine Auseinandersetzung der Gesellschaft mit dem Thema Selbstbeteiligung in der D&O-Versicherung dokumentieren.

108 In dieser Situation empfiehlt sich in einem ersten Schritt eine Regelung zu einem gemeinsamen Verständnis von Aktiengesellschaft und Vorstand zum Umgang mit der gesetzlich geforderten Selbstbeteiligung. Sicher ist dabei die Gestaltung einer sog. **D&O-Verschaffungsklausel** im Anstellungsvertrag, die konkrete Maßgaben enthält, nach denen der Selbstbehalt gestaltet ist.

109 Die Gestaltung der Selbstbeteiligung ist damit **keine Aufgabe**, die allein **zwischen Versicherungseinkauf und D&O-Versicherer** zu entscheiden ist.

110 Die Abstimmung zwischen Unternehmen und Vorstand sollte dann in den Vertrag der unternehmensfinanzierten D&O-Versicherung eingeführt werden. Die vom jeweiligen Vorstandsmitglied zu tragende Beteiligung und damit der Umfang des benötigten persönlichen Versicherungsschutzes werden so konkretisiert. Die Rechtssicherheit hilft sowohl dem Vorstandsmitglied als auch dem Unternehmen.

b) Auslegung von Unklarheiten

111 Die gesetzliche Regelung lässt etliche Fragen offen. Damit ergibt sich ein Auslegungsspielraum, den die Rechtsanwender nutzen müssen. Im Folgenden werden einige Themenbereiche aufgezeigt, bei denen eine Auslegung möglich ist.

aa) Zeitliche Geltung des § 93 Abs. 2 S. 3 AktG

112 Die Umstellungsfrist für Bestandsverträge galt bis zum 1.7.2010. Der Gesetzgeber hat offengelassen, für welche Pflichtverstöße die Selbstbeteiligung gilt. Es empfiehlt sich, die Anwendung der Selbstbeteiligung auf Versicherungsfälle zu begrenzen, die auf einem Pflichtverstoß beruhen, der **nach Einführung der Selbstbeteiligung** in die Konzern-D&O begangen wurde.[80] Die gesetzliche Regelung dient der Prävention, nicht der Sanktion.[81] Die intendierte Verhaltenssteuerung ist bei Pflichtverstößen, die bereits vor Rechtswirksamkeit des Gesetzes und der vertraglichen Regelung begangen wurden, nicht möglich.

---

79 Vgl. *Schulze Schwienhorst/Koch*, VersW 2010, 424, 425.
80 So auch *Wendler*, ZfV 2009, 593, 595 m.w.N.; *Lange*, VersR 2009, 1011, 1024 Fn 112 (mit Klauselvorschlag); *Kerst*, VW 2010, 102, 104; *Lingemann*, BB 2009, 1918, 1922.
81 BT-Drucks. 16/13433, S. 17.

Das Bezugsjahr für den anzuwendenden Selbstbehalt ist das Jahr des Pflichtenver- 113
stoßes.[82] Als Jahr gilt das Kalenderjahr.[83] Der Gesetzgeber lässt die Frage offen, ob bspw.
ein unterjährig ausscheidendes Vorstandsmitglied, welches einen Verstoß in einem nur
teilweise vergüteten Kalenderjahr begeht, sich den vollen Selbstbehalt zurechnen lassen
muss. Es erscheint sachgerecht, nur den anteiligen Selbstbehalt zu erheben.[84]

bb) Höhe der Selbstbeteiligung

Das Gesetz verlangt die Beteiligung des Leitungsorgans mit mindestens 10 % am Scha- 114
den. Als obere Grenze soll mit mindestens 150 % der Jahresfestvergütung gehaftet werden. Der Gesetzgeber legt Mindestgrenzen zugrunde, die ggf. auch überschritten werden können. Eine höhere Selbstbeteiligung empfiehlt sich nicht, da die grundsätzliche
Steuerungswirkung der Regelung zweifelhaft ist.[85]

Bei Einführung des Gesetzes wurde diskutiert, welche Vergütungsleistungen des 115
Unternehmens an den Vorstand als **Festvergütung** anzusehen sind. Aktuell ist die gängige Praxis, dass etwa Pensionszusagen, Firmenwagen oder -wohnungen sowie fest zu-
gesagte „variable" Gehaltsbestandteile nicht zur Festvergütung gehören. Hier bietet sich
aber die Abstimmung zwischen den betroffenen Parteien an.

Zu berücksichtigen ist ferner die **gesamtschuldnerische Haftung** eines Vorstands- 116
kollegiums. Für die Bemessung des Selbstbehaltes, mit dem eine Verhaltenssteuerung
der einzelnen Vorstandsmitglieder beabsichtigt wird, müssen dementsprechend ausschließlich die Verursachungsbeiträge des einzelnen Vorstandsmitglieds am Schaden
der Gesellschaft berücksichtigt werden.[86]

cc) Mehrfachverstöße

Streitig ist, wie mit Sachverhalten umzugehen ist, bei denen versicherte Personen we- 117
gen eines gleichartigen Verstoßes aus unterschiedlichen Jahren in Anspruch genommen
werden.

---

82 BT-Drucks. 16/13433, S. 17.
83 *Olbrich/Kassing*, BB 2009, 1659, 1660; *Franz*, DB 2009, 2764, 2768; GDV-Stellungnahme zum Entwurf des VorstAG, 11.9.2009, S. 3.
84 So auch *Messmer*, ZfV 2009, 737, 742; GDV-Stellungnahme zum VorstAG v. 11.9.2009, S. 4.
85 So auch *Hirte*, Stellungnahme zum VorstAG, Rechtsausschuss-Sitzung v. 29.5.2009, S. 3 f.; *Franz*, DB 2009, 2764, 2765; *Dreher*, AG 2008, 429, 432; *Vetter*, AG 2000, 453, 455 jeweils m.w.N.; *Schulz*, VW 2009, 1410, 1412.
86 So auch *Koch*, AG 2009, 637, 645; *Wendler*, ZfV 2009, 593, 597; Looschelders/Michael/*Koch*, Düsseldorfer Vorträge zum Versicherungsrecht 2009, S. 97, 103.

> **Beispiel**
> Dem Vorstandsmitglied werden mehrere Unterlassungen über mehrere Jahre vorgeworfen. Er habe es unterlassen, den Geschäftsbetrieb korruptionsfrei zu organisieren.[87]

118 Teilweise wird vertreten, dass sich die Vorstandsmitglieder bei einem solchen Sachverhalt den Selbstbehalt mehrfach anrechnen lassen müssten.[88] Allerdings dürfte eine Kumulierung von Selbstbehalten nicht i.S.d. Norm sein, da sie die betroffenen Personen wirtschaftlich überfordert und die D&O-Versicherer ggf. unbillig entlastet. Der Gesetzgeber hat die Obergrenze mit Bedacht gesetzt, gerade um den Nutzen der D&O-Versicherung für die Aktiengesellschaft zu erhalten.[89]

dd) Keine Vergütung in der Tochteraktiengesellschaft

119 Fraglich ist, wie die Selbstbeteiligung bemessen wird, wenn Vorstandsmitglieder keine Vergütung für ihre Organtätigkeit bekommen. Dies kann bei einer Tätigkeit für eine Tochter-AG der Fall sein. Dieses Problem hat sich in der Praxis verstärkt gezeigt. In der Literatur wurde es von vielen Autoren nicht beachtet.[90] Einzelne Autoren sind der Ansicht, dass die Gesamtvergütung zugrunde zu legen sei.[91] Anderer Ansicht nach sei eine „Vergütungspflicht" für Aktiengesellschaften einzuführen.[92]

120 Die Bemessung der Obergrenze nach **anteiliger Tätigkeit** für den Fall einer fehlenden Vergütung erscheint in diesem Fall sachgerecht.

ee) Selbstbeteiligung für Innenansprüche und Kompensation des Schadens

121 Fraglich ist, ob die Selbstbehaltspflicht nur für Ansprüche der Aktiengesellschaft gegen den Vorstand gilt oder auch für Ansprüche Dritter gegen Vorstandsmitglieder.

122 Einhellig herrschende Meinung ist die Anwendung auf **Innenansprüche**. Dies wird mit der Stellung der Norm im Gesetz begründet.[93] § 93 Abs. 2 AktG betrifft nur die Haftungsansprüche, die seitens der Aktiengesellschaft gegen den Vorstand geltend gemacht werden.

---

87 Vgl. LG München I, Urt. v. 10.12.2013 – 5 HK O 1387/10 – DB 2014, 766 mit Anm. *Siemens/Neubürger*.
88 So wohl *Lange*, VersR 2009, 1011, 1018.
89 *Messmer*, ZfV 2009, 737, 740; *Lange*, VersR 2009, 1011, 1019; GDV-Stellungnahme zum VorstAG v. 11.9.2009, S. 7.
90 Looschelders/Michael/*Koch*, Düsseldorfer Vorträge zum Versicherungsrecht 2009, S. 97, 103.
91 *Messmer*, ZfV 2009, 737, 742.
92 *Lange*, VersR 2009, 1011, 1022.
93 *Franz*, DB 2009, 2764, 2768; *Olbrich/Kassing*, BB 2009, 1659, 1660; *Lange*, VersR 2009, 1011, 1016; *Wendler*, ZfV 2009, 593, 596, der eine vertragliche Beschränkung als zulässig erachtet.

Fraglich ist ferner, für welchen Leistungsbereich der D&O-Versicherung die Selbstbeteiligung Anwendung finden soll. Die Versicherungsleistung der D&O-Versicherung besteht in der Prüfung der Haftpflichtfrage, der Abwehr unberechtigter und der Kompensation berechtigter Schadenersatzansprüche. **123**

Der vom Gesetzgeber geforderte Disziplinierungszweck erfordert es nicht, einen Selbstbehalt zu verlangen, wenn die Haftpflicht noch gar nicht feststeht. Auch der Wortlaut der Norm spricht für diese Ansicht. Mit dem Begriff „Schaden" ist die Vermögenseinbuße gemeint, die dem Unternehmen durch die Pflichtverletzung des Vorstandsmitglieds entstanden ist. Daher wird der Selbstbehalt ausschließlich bei der **Kompensation des Schadens** zur Anwendung gebracht. Werden unberechtigte Ansprüche gegen ein Vorstandsmitglied geltend gemacht, leistet die D&O-Versicherung vollständigen Abwehrschutz. Eine Beteiligung an den Abwehrkosten findet nicht statt.[94] Insofern ist es auch aktuell ganz sachgerechte Praxis, dass die Selbstbeteiligung erst dann zur Anwendung kommt, wenn es um die Frage der Kompensation von Schäden geht. **124**

Da Haftungsstreitigkeiten zwischen Aktiengesellschaften und Vorstand aber auch häufig mit Vergleichen beendet werden, kommt die Frage nach der Selbstbeteiligung auch dann zur Anwendung, wenn die Parteien sich vergleichen. **125**

X. Die Selbstbehaltsversicherung

Wenn das Unternehmen und der Vorstand ein übereinstimmendes Verständnis zu den offenen Rechtsfragen gebildet haben und dies dokumentiert wurde, sollte die Regelung des Selbstbehalts in der unternehmensfinanzierten D&O-Versicherung möglichst präzise das Verständnis aufnehmen und widerspiegeln. **126**

Es reicht nicht aus, eine Übernahme der gesetzlichen Formulierung des § 93 Abs. 2 S. 3 AktG in die Konzernpolice vorzunehmen, sondern die oben angesprochenen Entscheidungen müssen detailliert und deckungsgleich durch die Selbstbehaltsregelung des Konzernvertrages gespiegelt werden. **127**

Ist der Selbstbehalt in der unternehmensfinanzierten D&O-Versicherung geregelt, stellt sich für das einzelne Vorstandsmitglied die Frage, ob es die neu entstandene Lücke privat versichern möchte. **128**

Versicherungstechnisch wäre es am sinnvollsten, eine möglichst klare und kongruente Verbindung zwischen Konzernversicherung und „persönlicher" Selbstbehaltsversicherung herbeizuführen. Optimal wäre ein Verweis auf den Vertragstext der Konzernpolice und eine pauschale Regelung: „Die Selbstbehaltsversicherung macht sich die Inhalte der Konzernversicherung zu eigen." Wird die Versicherung des Selbstbehal- **129**

---

[94] *Lange*, VersR 2009, 1011, 1019; *Wendler*, ZfV 2009, 593, 596; *Olbrich/Kassing*, BB 2009, 1659, 1660; *Nikolay*, NJW 2009, 2640, 2644; *Franz*, DB 2009, 2764, 2764; *Koch*, AG 2009, 637, 644.

tes bei dem D&O-Versicherer des Unternehmens platziert, so ist das Risiko unterschiedlicher Regulierung eingegrenzt. Unter Umständen können sich kalkulatorisch auch günstige Prämien für das Vorstandsmitglied ergeben.[95]

130 Ob eine derartige Herangehensweise den gesetzlichen Anforderungen[96] entspricht, ist fraglich. Der Gesetzgeber wollte eine persönliche Verantwortung, eine eigene wirtschaftliche Betroffenheit des Vorstandes erzielen. Dies stand im Gegensatz zur bestehenden Praxis, den Vorstand möglichst umfassend ohne eigene Kosten über die Konzernpolice abzusichern.

131 Zusätzlich wird auch immer wieder auf die **Interessenkollision** hingewiesen, der sich der einzelne Vorstand bei einer solchen Lösung gegenübersieht. Das Vorstandsmitglied handelt nunmehr nicht nur als Einkäufer der unternehmensfinanzierten D&O-Versicherung, sondern auch als Interessent oder Versicherungsnehmer einer Selbstbehaltsversicherung. Diese Situation ist offensichtlich nicht spannungsfrei und damit unter dem Gesichtspunkt der Compliance zumindest beachtlich.[97]

132 Darüber hinaus stellen sich vielfältige **tatsächliche Probleme**, die an dieser Stelle nur kurz skizziert werden können:
- Welche Versicherungssumme wird benötigt (Serienschäden, Nachhaftung)?;
- Verhaltenspflichten im Schadensfall bei zwei verschiedenen Versicherungen;
- Subsidiarität der Verträge;
- Laufzeit, Bindung an Konzernvertrag;
- jährliche feste Vergütung bei Multi-Funktionsträgern.

133 Die Liste ließe sich je nach Ausgestaltung der Konzernversicherung und der Komplexität des betroffenen Unternehmens beliebig fortführen.

134 Für jedes Unternehmen sollte eine genaue Bestandsaufnahme gemacht werden, um dann professionell und exakt die Umsetzung angehen zu können. Zur Absicherung des Selbstbehalts gibt es unterschiedliche Ansätze. Insgesamt lassen sich drei Modelle feststellen, die die Bandbreite der am Markt bestehenden Lösungsmöglichkeiten widerspiegeln. Dazwischen gibt es eine Vielzahl anderer Ansätze, die sich jeweils mehr oder weniger an eine dieser drei Lösungen anlehnen.

1. Anrechnungsmodelle

135 Die Versicherungswirtschaft hat zu Anfang mit einem möglichst einfachen und für den Vorstand kostengünstigen Modell auf die Gesetzesänderung reagiert.

136 Das Anrechnungsmodell wird immer vom Versicherer der unternehmensfinanzierten D&O-Versicherung angeboten. Der Selbstbehalt wird in der unternehmensfinanzier-

---

95 Vgl. dazu unten Rn 135 ff.
96 Vgl. BT-Drucks. 16/13433.
97 Vgl. *Schulze Schwienhorst/Koch*, VersW 2010, 424.

ten D&O-Versicherung formuliert und auf die Versicherungssumme angerechnet (daher der Name dieser Lösung). Damit verringert sich die Versicherungssumme für das Unternehmen. Wenn eine Aktiengesellschaft drei Vorstandsmitglieder hat, verringert sich die Versicherungssumme theoretisch um dreimal 150 % der jeweiligen Jahresfestvergütung. Für diese Anrechnung des Selbstbehalts gab es dann regelmäßig keinen Nachlass für das Unternehmen. Stattdessen wurden den Vorstandsmitgliedern die Selbstbehaltspolicen für eine „Ausfertigungsgebühr" zur Verfügung gestellt.

Aus Sicht des Versicherers entsteht durch dieses Modell kein Kumulproblem. Die für das D&O-Risiko des Unternehmens zur Verfügung gestellte Versicherungssumme ist gleichbleibend. **137**

Dieses konkrete Vorgehen empfiehlt sich nicht. Es verstärkt den Interessenkonflikt, der der Situation ohnehin immanent ist. Zumindest muss das Unternehmen bei Einführung des Selbstbehalts einen kleinen Nachlass geben. Ferner sollten die Prämien für die Selbstbehaltsversicherung aus einer sachgerechten Risikotarifierung resultieren. **138**

2. Selbstbehaltsversicherung ohne Anrechnung (Zusatzsummen-Modell)

Einen anderen Lösungsansatz verfolgen diejenigen Versicherer, die eigenständige Verträge für Vorstandsmitglieder – unabhängig von der Konzernversicherung – anbieten. Die Vertragslösungen sehen ein eigenes Bedingungswerk vor und auf die Versicherungssumme des Unternehmens wird kein Einfluss genommen. Der Versicherungsschutz leistet die Kompensation des Selbstbehalts und teilweise auch einen Abwehrschutz für den Fall, dass der Selbstbehalt zu hoch oder ansonsten unberechtigt angefordert wird. **139**

Solche Lösungen werden auch von Versicherern angeboten, die nicht den Grundvertrag der Konzernpolice führen, also nicht beim Konzernvertrag involviert sind. Angefordert wird dabei eine risikogerechte Prämie, die die Selbstständigkeit der Versicherung dokumentiert. **140**

Versicherungstechnisch bietet die Selbstbehaltsversicherung aber diverse **Angriffspunkte**, die sich im Schadensfall nicht zulasten des versicherten Vorstandes verwirklichen dürfen. **141**

Es sollte zunächst sichergestellt werden, dass eine Deckungsgleichheit zwischen der Konzernversicherung und der Selbstbehaltsversicherung hergestellt wird. Das Vorstandsmitglied sollte also in Kenntnis des Deckungskonzepts der Unternehmenspolice sein, wenn es eine sachgerechte Selbstbehaltsversicherung abschließen will. Der Selbstbehaltsversicherer sollte sich die Versicherungsbedingungen der unternehmensfinanzierten D&O-Versicherung zu eigen machen. **142**

Die Selbstbehaltsversicherung enthält eine eigene Regulierungsvollmacht für den Selbstbehaltsversicherer. Diese Regulierungsvollmacht sollte allerdings nur bei Haftung auf einen Selbstbehalt anspringen, nicht bereits bei Haftung auf Schadenersatz. Das verhindert, dass zwei Versicherer mit Regulierungsvollmacht für denselben Schadensfall agieren. **143**

R. J. Koch/Zellhorn

144 Die Selbstbehaltsversicherung deckt allein das Risiko des Vorstands, wegen eines Selbstbehalts einer unternehmensfinanzierten D&O-Versicherung in Anspruch genommen zu werden. Funktioniert die Unternehmens-D&O nicht, weil etwa die Versicherungssumme ausgeschöpft ist, die Police erfolgreich angefochten oder (weil) die Versicherungsprämie nicht bezahlt wurde – so gibt es auch aus der Selbstbehaltsversicherung keine Deckung. Fehlt es an der Unternehmens-D&O, so fehlt es auch am Pflichtselbstbehalt. Wird das Vorstandsmitglied gleichwohl in Anspruch genommen, so hilft die Selbstbehaltsversicherung nicht.

3. Personal-D&O

145 Im Zusammenhang mit der Nachfrage nach Selbstbehaltspolicen hat sich auch eine Nachfrage nach einer individuellen Versicherung des umfänglichen Haftungsrisikos gezeigt.

146 Die Leitungsorgane (und auch etliche Aufsichtsorgane) schließen bisweilen sog. Personal-D&O-Versicherungen ab. Diese Deckungskonzepte bieten eigenen D&O-Versicherungsschutz, der bei Inanspruchnahme die Prüfung der Haftpflichtfrage, die Abwehr unberechtigter und die Kompensation berechtigter Ansprüche verspricht. Die Personal-D&O deckt damit *auch* Selbstbehalte nach § 93 Abs. 2 S. 3 AktG – aber nicht nur. Sie funktioniert auch, wenn es keine unternehmensfinanzierte D&O-Versicherung (mehr) gibt.

147 Mit dieser privaten D&O-Versicherung entsteht ein eigenständiger Versicherungsvertrag, der das Risiko der persönlichen Haftung des Leitungsorgans zusätzlich zur Unternehmens-D&O versichert. Insofern sind die Personal-D&O-Versicherungen regelmäßig subsidiär zu ggf. bestehendem Unternehmensversicherungsschutz ausgestaltet.

148 Die unternehmensfinanzierten D&O-Versicherungen enthalten typischerweise jedoch auch sog. Subsidiaritätsklauseln. Es kann also zu sich widersprechenden Subsidiaritätsklauseln kommen. Diese dürften dazu führen, dass jeder Versicherer die Leistungspflicht zunächst auf den anderen verweisen kann. Hier bietet sich eine konkrete Fassung der Subsidiaritätsklauseln an.

4. Empfehlung

149 Ob und für welche Lösung der Selbstbehaltsversicherung sich Vorstandsmitglieder entscheiden, hängt von den persönlichen Schwerpunkten und Vorzügen ab. Vorstandsmitglieder mit unmittelbarer Kenntnis und Zugriff auf die unternehmensfinanzierte D&O-Versicherung platzieren typischerweise eine reine Selbstbehaltsversicherung. Sie wissen, dass sie das materielle Recht auf Versicherungsschutz aus der unternehmensfinanzierten D&O-Versicherung haben. Sie wissen auch, dass der Selbstbehalt der Konzernpolice nicht schon bei der Abwehr der Ansprüche greift. Eine Abwehrleistung findet daher zunächst aus der Konzern-D&O statt. Insofern kann sich die reine Selbstbehaltsversicherung anbieten. Das Anrechnungsmodell und das Zusatzsummenmodell halten

sich die Waage. Wenn ein Anrechnungsmodell platziert wird, sollte der Interessenkollision begegnet werden. Das Unternehmen sollte einen Prämiennachlass erhalten. Wenn dann die verbleibende Versicherungssumme nach Anrechnung der Selbstbehalte noch überschaubar und ausreichend ist, mag sich auch das Anrechnungsmodell – insbesondere bei kleineren Unternehmen – anbieten.

Größere Unternehmen und auch die meisten Unternehmen aus dem öffentlichen 150
Sektor lassen das Anrechnungsmodell typischerweise nicht zu. Vorstandsmitglieder platzieren ihre Selbstbehaltsversicherung regelmäßig nach dem Zusatzsummenmodell. Es werden die Inhalte der Unternehmens-D&O und der Selbstbehaltsversicherung abgestimmt. Mittlerweile hat sich der Markt gefestigt. Das Prämienniveau richtet sich nach dem Unternehmensgegenstand. So ist die Selbstbehaltsversicherung für den Vorstand eines auch in den USA tätigen Kfz-Zulieferbetriebs teurer als die eines regionalen Versorgungsunternehmens.

Vorstandsmitglieder, die keinen Zugriff auf die unternehmensfinanzierte D&O-Ver- 151
sicherung haben oder auch gar nicht wissen, ob eine solche besteht, entscheiden sich häufig für die Personal-D&O-Versicherung. Hier ist die Subsidiaritätsklausel sachgerecht zu gestalten.

5. Zusammenfassung

Die Gestaltung von Selbstbehalt und Selbstbehaltsversicherung sollte nicht allein dem 152
Versicherungseinkauf überlassen werden.
- Im ersten Schritt sind die oben aufgeführten **Grundsatzfragen** zum Umgang des Unternehmens mit der Regelung des § 93 Abs. 2 S. 3 AktG zu **treffen und** zu **dokumentieren**. Damit sollten spätere Vorwürfe, im Eigeninteresse etc. gehandelt zu haben, weitgehend ausgeschlossen sein. Eine Regelung im Anstellungsvertrag ist aus Sicht der Leitungsorgane zu empfehlen.
- Im zweiten Schritt sollte die **Umsetzung in der D&O-Versicherung erfolgen**. Die Formulierung des Selbstbehalts in der unternehmensfinanzierten D&O-Versicherung sollte jedenfalls einen großen Teil der Unklarheiten, die die gesetzliche Regelung enthält, ausräumen und ausfüllen.
- Im dritten Schritt kann sich **das einzelne Vorstandsmitglied**, das den Umfang und den Wirkungsbereich seiner Selbstbeteiligung klar definiert bekommt, für eine Absicherung **entscheiden**.

Das Vorstandsmitglied sollte sich beim Platzieren der privaten Versicherung des imma- 153
nenten Interessenkonflikts bewusst sein.

XI. Versicherungssummen

154 Die Bestimmung der Versicherungssumme in der Haftpflichtversicherung ist, insbesondere in der D&O-Versicherung, ein aufwendigeres Thema. Die gesetzliche Haftung des Managements ist unbeschränkt und regelmäßig eher auch unbeschränkbar. Damit kann der Versicherungsschutz mit bestimmter und damit begrenzter Summe nur einen Teil dieser Haftung abbilden. Eine absolut bestimmbare Versicherungssumme – wie etwa in der Gebäudeversicherung – gibt es nicht. Die Versicherungssumme ist das Ergebnis einer Ermessensentscheidung des Vorstandes[98], die dieser auf der Basis sachgerechter Informationen zum Wohl der Gesellschaft zu treffen hat.[99]

155 Wichtig ist, dass eine Entscheidungsfindung zur Höhe der Versicherungssumme dokumentiert wird. Reicht im Versicherungsfall die Versicherungssumme nicht aus – dies ist in der Praxis nicht selten der Fall – sollte es eine Unterlage geben, aus der sich die Entscheidungsfindung zur Höhe der Versicherungssumme ergibt. Es dürfte nicht ausreichen, hier allein auf Hinweis des Versicherers oder Versicherungsmaklers gehandelt zu haben. Die Entscheidung zur Höhe der Versicherungssumme sollte schließlich auch im Laufe der Unternehmensentwicklung überprüft werden. Ob sich hier drei oder fünf Jahre anbieten, hängt von der Entwicklung des Unternehmens ab.

156 Die Wahl der Versicherungssumme kann sich an verschiedenen Parametern ausrichten. Dabei ist zwischen der Eintrittswahrscheinlichkeit und der Höhe eines möglichen Schadens zu unterscheiden. Die Prognose zur potenziellen Schadenhöhe sollte sich in der Versicherungssumme ausdrücken, die Eintrittswahrscheinlichkeit in der Höhe der Risikoprämie, die von den Versicherern verlangt wird. Folgende Parameter können zur Bemessung der Versicherungssumme herangezogen werden:

- Geschäftstätigkeit des Unternehmens;
- Regionale Ausrichtung des Unternehmens;
- Größe des Unternehmens, Eigenkapital und Ertragskraft;
- Börsennotierung oder sonstiger Kapitalmarktbezug;
- Zinsmanagement über Derivate;
- Haftungs-Exponierung im anglo-amerikanischen Recht (bspw. durch strukturierte Finanzierungen über Cross-Border-Leasing; eigene rechtlich selbstständige Niederlassungen in den USA oder im anglo-amerikanischen Rechtsraum).

157 Letztlich stellt sich die Frage, wie hoch die Schäden sein können, die Leitungs- oder Aufsichtsorgane beim eigenen Unternehmen, innerhalb des Konzerns oder bei Dritten anrichten können.

158 Dabei sind insbesondere Sachverhalte aus Unternehmenstransaktionen (M&A), Kapitalerhöhungen oder das Emittieren von Anleihen oder andere Kapitalbeschaffungs-

---

[98] H.M. *Koch*, AktG, § 113 Rn 5; MüKo-AktG/*Habersack*, § 113 Rn 18; GroßKommAktG/*Roth*, § 113 Rn 70ff.
[99] Vgl. *Thomas*, Haftungsfreistellung von Organmitgliedern, S. 279f.

maßnahmen besonders risikoreich. Eine Vielzahl an D&O-Schäden ergibt sich darüber hinaus aus Insolvenzsachverhalten.[100]

Es gibt börsennotierte Gesellschaften, welche sämtliche Kapazität aufkaufen, die der Markt in Deutschland und ggf. darüber hinaus hergibt. Das kann eine halbe Mrd. € Versicherungssumme oder mehr sein. Eine kleine regional ausgerichtete GmbH kann mit 1 Mio. € Versicherungssumme sachgerecht versichert sein. 159

Klarer ist die Lage in Bezug auf die Selbstbehaltsversicherung. Der Gesetzgeber hat in § 93 AktG geregelt, dass die **Selbstbeteiligung** mindestens 10 % vom Schaden, aber maximal jedenfalls 150 % der festen Vergütung des Vorstandes betragen muss. Insofern kann sich die Versicherungssumme der Selbstbehaltsversicherung nach der Jahresfestvergütung des Vorstands richten. Dieser Betrag **multipliziert mit 150 %** ergibt die erforderliche Versicherungssumme, soweit keine andere Regelung durch das Unternehmen getroffen worden ist. 160

Sonderfälle mit Einfluss auf die Höhe der Summe sind: 161
- **Nachhaftungszeit** nach Ausscheiden aus dem Unternehmen oder
- **Kündigung** der Selbstbehaltsdeckung oder
- keine klare Serienschadenregelung im Selbstbehalt der Unternehmens-D&O.

Die gängigen Lösungen der Versicherer stellen normalerweise für die Nachhaftungszeit als Versicherungssumme den unverbrauchten Teil der Deckungssumme des letzten Versicherungsjahres zur Verfügung. In diesen Fällen kann sich eine Wiederauffüllungsoption anbieten. Falls in mehreren Jahren nach Ende der Tätigkeit ein Selbstbehalt abgerufen wird, kann die Versicherungssumme möglicherweise zu gering sein. 162

Alternativ kann von Beginn an eine höhere Versicherungssumme platziert werden. Dies ist allerdings prämienrelevant und in den Jahren vor dem Ausscheiden oder der Kündigung nicht zwingend notwendig. 163

XII. Bewertung

Je deutlicher die Anforderungen an eine Compliance-Organisation und -Dokumentation steigen, desto einfacher ist die Geltendmachung von Schadenersatzansprüchen bei Managementpflichtverletzungen. Die **Organhaftung** selbst wird dadurch nicht schärfer. Die **Durchsetzung von Haftungsansprüchen** wird indes **einfacher**. Insofern steigt die Bedeutung der Risikoübertragung von Organhaftung in D&O-Versicherungen zunehmend. 164

Je mehr die Anforderungen an den einzelnen Vorstand steigen, mit immer mehr und immer komplexeren Anforderungen und Vorschriften umzugehen, umso größer 165

---

[100] *Ihlas*, D & O, S. 250 ff.

wird die Gefahr, wegen eines Verstoßes gegen solche Vorschriften in Anspruch genommen zu werden.

166 Dementsprechend gehört die D&O-Versicherung mittlerweile zum Standard beim Versicherungsschutz des Managements, unabhängig davon, ob es sich um eine große Aktiengesellschaft oder eine kleine GmbH handelt. Aufgrund zahlreicher Schadenfälle in den vergangenen Jahren, die z. T. auch aus den Herausforderungen der Energiekrise resultieren, bleibt der D&O-Markt aktuell auch für Unternehmen der Versorgungsbranche angespannt.

C. Die Compliance-Versicherung

167 Seit Kurzem gibt es auf dem deutschen Versicherungsmarkt ein neuartiges Produkt, welches bislang auch nur von einem Versicherer und für einen überschaubaren Kreis von Unternehmen angeboten wird. Zielgruppe sind u. a. Unternehmen mit Umsätzen bis 50 Mio. €. Auch gewisse Branchen werden aktuell nicht ohne Weiteres versichert. Hierzu gehört die Energiewirtschaft.

168 Das Produkt ist aber insofern interessant, als es verschiedene Szenarien definiert, bei denen der Versicherungsnehmer bestimmte (Assistance-)Leistungen in Anspruch nehmen kann. Konkret wird an Szenarien wie Bestechung, Korruption, Veruntreuung, Geldwäsche, Bilanzfälschung, Preisabsprachen und allgemein Beihilfe zu Straftaten angeknüpft, die durch Mitarbeiter des Versicherungsnehmers erfolgt sind bzw. erfolgt sein könnten.

169 Der Versicherer übernimmt im Rahmen der Versicherungssumme die Kosten von Ermittlungsdienstleistungen (einschließlich (digitaler) Forensik, eDiscovery und elektronischer Datenanalyse). Darüber hinaus erstattet der Versicherer auch weitere Kosten, wenn z. B. PR-Berater eingebunden werden müssen.

170 Die zur Verfügung gestellten Versicherungssummen sind allerdings sehr überschaubar, so dass mit diesem Produkt regelmäßig keine existenziellen Risiken versichert werden. Bei den im Fokus stehenden, kleineren Unternehmen könnte allerdings der privilegierte Zugang zu dem Dienstleister ein Argument für den Abschluss der kostenseitig auch überschaubaren Versicherung sein.

171 Im Einzelfall von Interesse könnte zudem sein, dass der Versicherer über einen Zusatzbaustein auch den Zugang zum Hinweisgebersystem eines weiteren externen Dienstleisters ermöglicht. Durch das am 2. Juli 2023 in Kraft getretene Hinweisgeberschutzgesetz (HinSchG) müssen auch bereits Unternehmen ab 50 Beschäftigten eine interne Meldestelle einrichten und betreiben, § 12 Abs. 1 und Abs. 2 HinSchG.

D. Die Cyber-Versicherung

Ein immer schwerwiegenderes Risiko aus der Unternehmensleitung entstammt dem weiten Feld der Informationssicherheit. Unternehmen verarbeiten und verantworten eine Vielzahl unterschiedlicher, personenbezogener oder vertraulicher oder technischer Daten. Ohne Datenverarbeitung sind die Betriebsabläufe schlechterdings nicht möglich. Die dieser Bedeutung entsprechende Informationssicherheit nimmt auf der Geschäftsleitungsebene aktuell immer mehr Raum ein. Risiken für die Informationssicherheit können seit etwa 2013 in Deutschland jedenfalls teilweise in sog. Cyber-Versicherungen versichert werden. **172**

Gerade auch vor dem Hintergrund der aktuellen Gesetzgebung im Hinblick auf die IT-Sicherheit (Neugestaltung des BSIG durch NIS2-Richtlinie, DORA etc.) steigt auch die Wahrnehmung dieses Versicherungsschutzes. **173**

Die Policen setzen sich typischerweise aus Eigenschaden- und Drittschadenelementen zusammen. **174**

Der Versicherungsschutz wird ausgelöst mit der Erkenntnis, dass eine Informationssicherheitsverletzung stattgefunden hat. Darunter versteht man Folgendes: **175**
- Netzwerksicherheitsverletzung bspw. durch einen Angriff oder durch das Einfangen eines Schadprogramms;
- Datenschutzverletzung als Verlust von personenbezogenen Daten;
- Vertraulichkeitsverletzung als Verlust von anderen vertraulichen Daten (Bsp. Geschäftsgeheimnisse, Geschmacksmuster, Gebrauchsmuster, Patente etc.).

I. Eigenschadenversicherung

Im Eigenschadenteil der Police kann das Unternehmen **Ertragsausfallrisiken** absichern, die sich aus der **Nichtverfügbarkeit von Daten** ergeben. Diese kann aus unterschiedlichen Gründen eintreten. Versichert sind typischerweise Ertragsausfälle nach einem Hackerangriff mit Verschlüsselungssoftware oder auch Cloud-Ausfälle, wenn beim Cloud-Anbieter eine Netzwerksicherheitsverletzung vorliegt. Teilweise gibt es auch Versicherungsschutz für Ertragsausfallrisiken nach technischen Bedienfehlern. Ein Ausfall technischer Infrastruktur (etwa Internet oder Stromversorgung) wäre aber nicht versichert. Zu groß ist für die Versicherungswirtschaft das Kumulszenario. **176**
- Relevante Versicherungsbausteine auf der Eigenschadenseite sind nach einer Informationssicherheitsverletzung ferner die Erstattung von Kosten für **177**
- Forensische Untersuchungen (Wie ist es zum Angriff/Eingriff gekommen?);
- Benachrichtigung von Kunden, wenn Datenverluste eingetreten sind (nebst Callcenter-Aufwand und Goodwill-Aktionen zur Kundenbesänftigung);
- Rechtsberatungskosten;
- Reputationsberatungskosten;
- Wiederherstellung von Daten;

- Vertragsstrafen wegen Verstoßes gegen die PCI-DSS (Payment Card Industry Data Security Standard);
- Lösegeld bei Erpressungsangriff[101].

II. Drittschadenversicherung

178 Der Drittschadenbaustein in der Cyber-Versicherung bezieht sich auf die Freistellung des Versicherungsnehmers von Haftungsansprüchen Dritter. In der Praxis sind hier Sachverhalte denkbar, die Unternehmen treffen, die eine Vielzahl personenbezogener Daten vorhalten. Bei der Verletzung **personenbezogener Daten** gilt Art. 82 DSGVO. Dieser ermöglicht einen Schmerzensgeldanspruch: „Jede Person, der wegen eines Verstoßes gegen diese Verordnung ein materieller oder immaterieller Schaden entstanden ist, hat Anspruch auf Schadenersatz gegen den Verantwortlichen (...)."

179 In Deutschland war die Höhe von Schmerzensgeldern seit jeher im Vergleich – insbesondere zum anglo-amerikanischen Rechtsraum – sehr niedrig bemessen. Deshalb stellte ein Verstoß eines Unternehmens gegen die DSGVO wohl kein existenzielles Risiko für das Unternehmen dar, soweit lediglich *eine* Person hiervon betroffen ist. Das Risiko verschärft sich aber, wenn es eine Vielzahl von Betroffenen gibt. Unternehmen, die eine Vielzahl von personenbezogenen Daten verarbeiten, sollten daher die Entwicklungen zur Durchsetzung von Schmerzensgeldansprüchen bei Datenschutzverstößen beobachten. Werden von zahlreichen Kunden, die von einer Informationssicherheitsverletzung betroffen sind, Schmerzensgeldansprüche ausgelöst, so kann dies beträchtliche Risikodimensionen annehmen.[102]

180 Auch andere Haftungssachverhalte sind versichert. Wenn etwa das eigene Netzwerk des Unternehmens nur unsorgfältig geschützt ist und sich daraus Schäden bei Dritten ergeben (Stillstand, Übergreifen von Schadsoftware o.ä.), greifen Cyber-Versicherungen ein.

181 Viel diskutiert wird aktuell die Möglichkeit der **Versicherung von Geldbußen** aus Datenschutzverstößen. Einige Anbieter bieten dies an, „soweit dies rechtlich zulässig ist". Der Vorsatzausschluss sorgt dann für das Korrektiv. Schadenfälle durch einen Repräsentanten des Versicherungsnehmers, der zum Datenschutzverstoß aufruft, sollen nicht versichert werden. Kommt es wegen fahrlässig pflichtwidriger Organisation aber zu einem Verstoß, der mit einer Geldbuße für das Unternehmen geahndet wird, kann Versicherungsschutz eingerichtet werden. Ob die Versicherung von Geldbußen in Deutschland möglich ist, ist sehr umstritten.[103] Die Mitversicherung von Geldbußen aus

---

101 Zum Meinungsstand instruktiv *Eggen*, Cyberversicherung, S. 39f.
102 Siehe auch LG München, Urt. v. 9.12.2021 – 31 O 16606/20 (Schmerzensgeldanspruch von 2.500 € eines Einzelnen und 38.000 Betroffene).
103 Vgl. dazu instruktiv *L. Schulze Schwienhorst*, Die Bußgeldversicherung, S. 1ff.

Datenschutzverstößen in den Cyber-Versicherungen ist daher mit einiger Rechtsunsicherheit belegt.

Zusammenfassend lässt sich festhalten, dass der Cyber-Markt für mittelständische Unternehmen sachgerechte Angebote bietet. Werden die Unternehmensrisiken größer, vielfältiger oder internationaler, so wird auch die Platzierung von Cyber-Versicherungsschutz immer schwieriger. Dort, wo Cyber-Versicherungsschutz platziert wurde, wirkt er in aller Regel auch professionalisierend. Die Cyber-Anbieter haben bestimmte Anforderungen an die IT-Sicherheit, die ständig geschärft und aktualisiert werden. **182**

Praxistipp
Aktuell bekommt nicht jedes Unternehmen eine Cyber-Versicherung. Nur bei Erfüllen der strengen IT-Sicherheitsvoraussetzungen wird überhaupt Versicherungsschutz gewährt. Gleichwohl sollten sich Leitungsorgane mit der Cyber-Versicherung beschäftigen. Sie bietet einen Risikotransfer von relevanten Risiken. Die Abwägung zwischen Prämie und Versicherungsschutzumfang ist schwierig und muss nicht zwingend für die Platzierung einer Cyber-Versicherung ausfallen. Eine nachvollziehbare Entscheidung zum Thema sollte es aber in jedem Fall geben.

E. Die Rechtsschutzversicherung

I. Die unternehmensfinanzierte Straf-Rechtsschutzversicherung

Compliance-Verstöße führen häufig auch zu strafrechtlichen Ermittlungen. Insbesondere die Garantenstellung des Compliance-Officers wird dabei intensiv diskutiert.[104] Dabei geht es um die konkrete Verantwortung des Compliance-Officers für **das Unterlassen** einer sachgerechten Compliance-Organisation. Insofern kann sich ein Compliance-Officer auch durch Beihilfe zum Unterlassen strafbar machen.[105] Es gibt aber nicht allein strafrechtliche Risiken aus finanziellen Themen (Bspw. Steuerhinterziehung, Korruption, Untreue). Der Geschäftsbetrieb kann auch zu erheblichen Personenschäden führen und damit zu strafrechtlichen Ermittlungen wegen fahrlässiger Tötung oder Körperverletzung. **183**

Für die Übernahme von Kosten zur Verteidigung dieser Delikte können Unternehmen sog. Straf-Rechtsschutzversicherungen abschließen. **184**

1. Versicherungsgegenstand

Versichert sind typischerweise alle Leitungs- und Aufsichtsorgane sowie auch die gesamte Belegschaft. Die Police ist damit letztlich Ausprägung der arbeitsrechtlichen Für- **185**

---

[104] BGH, Urt. v. 17.7.2009 – 5 StR 394/08 = BB 2009, 2059 – Berliner Stadtreinigung.
[105] BGH, Urt. v. 17.7.2009 – 5 StR 394/08 = BB 2009, 2059 – Berliner Stadtreinigung.

sorge des Arbeitgebers. Auch große Unternehmen, die sicher in der Lage wären, die Anwaltskosten ihrer Beschäftigten selbst zu tragen, platzieren typischerweise diese Policen. Hintergrund dafür sind steuerliche Erwägungen. Aktuell gilt kein Unternehmensstrafrecht in Deutschland.[106] Das geplante Verbandssanktionengesetz wurde durch die Bundestagswahl im Herbst 2021 gestoppt. Insofern ist die Straf-Schuld auch eines Angestellten immer eine persönliche Schuld. Wenn das Unternehmen nunmehr die Kosten der Verteidigung übernimmt, stellt sich die Frage nach der steuerlichen Behandlung der Anwaltskosten.

2. Versicherte Kosten

186 Straf-Rechtsschutzpolicen übernehmen die Kosten von strafrechtlichen und ordnungsbehördlichen Ermittlungsverfahren. Versichert sind dabei typischerweise auch die Anwaltskosten bei Ermittlungen gegen „Unbekannt" innerhalb des Betriebs (sog. Firmenstellungnahme). Die Rechtsschutzversicherung ersetzt **die Kosten**, die in solchen Fällen durch die Wahrnehmung aller rechtlichen Möglichkeiten entstehen.

187 Dies sind im Wesentlichen:
- Rechtsanwaltskosten durch die Beauftragung eines Anwalts. Dabei sollte bereits bei der Prüfung der Frage, welche Versicherungssumme vereinbart wird, die Tatsache berücksichtigt werden, dass z.B. ein erfahrener Strafrechtler, der sicher besser zur Interessenwahrnehmung des Vorstandes geeignet ist als ein noch so guter Anfänger, sich nicht mit den üblichen Sätzen nach den Vergütungsvorschriften für Rechtsanwälte zufriedengeben, sondern erhebliche Tages- oder Stundensätze verlangen wird. Höhere Kosten sollten also bei der Berechnung der Versicherungssummen berücksichtigt werden.
- **Gerichtskosten** entsprechend den üblichen Kosten- und Gebührenordnungen;
- **Sachverständigenkosten**;
- Kosten für eine **Kaution oder Zinsen für ein entsprechendes Darlehen**;
- Reisekosten für Sachverständige, Zeugen etc. können, je nachdem wo der Prozess stattfindet und wie lange er dauert, eine sehr hohe Gesamtsumme ausmachen;
- Kosten einer Nebenklage, um in zulässiger Weise Einfluss auf andere Prozesse zu nehmen, welche wiederum für das eigene Verfahren mitentscheidend sein können.

188 Es gibt regelmäßig einen Ausschluss für Sachverhalte im Kontext mit Kartellverfahren. Stellt sich heraus, dass Straftaten vorsätzlich begangen wurden, gibt es eine Rückerstattungspflicht des Betroffenen.

---

106 *Schünemann*, ZIS 2014, 1 m.w.N.

3. Widerspruchsrecht des Versicherungsnehmers

Anders als die D&O-Versicherung wird die Straf-Rechtsschutzversicherung oftmals nicht als Versicherung für fremde Rechnung gestaltet. Das führt zu einem Widerspruchsrecht seitens des Unternehmens. Wenn gegenüber Angestellten oder Leitungsorganen Vorwürfe von Straftaten erhoben werden, die sich gegen das Unternehmensvermögen richten (Bsp.: Untreue), kann das Unternehmen der Übernahme der Verteidigungskosten über die Straf-Rechtsschutzpolice widersprechen. **189**

In manchen Konzepten wird dieses Widerspruchsrecht abbedungen. Es erscheint aber fraglich, ob das Unternehmen auf das Widerspruchsrecht verzichten sollte. Im Falle eines Verzichts wären dann die Kosten der Verteidigung von Straftaten gegen das Unternehmensvermögen auf Kosten des Unternehmens versichert. Hier bietet sich eine private Versicherungslösung für die Betroffenen an. **190**

II. Die private Straf-Rechtsschutzversicherung

Insbesondere Leitungsorgane schließen typischerweise private Versicherungen zur Absicherung beruflicher Risiken ab. Dazu gehört auch eine private Straf-Rechtsschutzversicherung. Diese übernimmt die Kostenerstattung – insbesondere dann, wenn das Unternehmen dem Versicherungsschutz widerspricht oder das Unternehmen keine Straf-Rechtsschutzversicherung vorhält. **191**

III. Die private Anstellungsvertrags-Rechtsschutzversicherung

Das Rechtsschutzpaket eines Leitungsorgans wird darüber hinaus durch eine sog. Anstellungsvertrags-Rechtsschutzversicherung bestimmt. **192**

Diese sind besondere Rechtsschutzpolicen zur Absicherung von Streitigkeiten aus dem Anstellungsverhältnis. Sie sind typischerweise deutlich teurer als Arbeits-Rechtsschutzpolicen für Mitarbeiter im Arbeitnehmerstatus. Hintergrund sind die deutlich höheren Kosten, die durch Streitigkeiten zwischen Leitungsorganen und deren Dienstherrn verursacht werden. So führen die Zuständigkeit der Kammer für Handelssachen am Landgericht, hohe Streitwerte, spezialisierte Rechtsanwälte sowie kostspielige Gutachten zu einem erheblichen Anstieg der Kosten. Es gibt Rechtsschutzversicherungen, die es vorsehen, diese Anstellungsvertrags-Rechtsschutzpolicen auf Kosten des Unternehmens einzurichten. Das empfiehlt sich nicht. Die Kosten aus der Wahrnehmung rechtlicher Interessen bei Streitigkeiten mit dem Dienstherrn sollten über einen privaten Vertrag abgesichert werden. Ansonsten droht der Vorwurf der Untreue aus der betrieblichen Platzierung der Police. **193**

IV. Bewertung

194 Bei der Einrichtung von Rechtsschutzversicherungen für größere Unternehmen geht es selten um die Absicherung existenzieller Risiken. Unternehmen haben oftmals andere Beweggründe insbesondere Straf-Rechtsschutzpolicen abzuschließen. Oftmals greifen Unternehmen auf die Expertise der Rechtsschutzversicherer bei der Auswahl von Strafverteidigern zurück. Unternehmensjuristen haben selten einen Überblick über den Strafverteidiger-Markt. Ferner werden die Kosten zur Verteidigung gegen Compliance-Vorwürfe so in einem berechenbaren Prämienrahmen gehalten. Teilweise wird auch die arbeitsrechtliche Fürsorgepflicht als Begründung für die Platzierung einer Strafrechtsschutzpolice genannt. Bei kleineren Unternehmen können die Kosten eines umfangreichen Strafverfahrens – etwa wegen eines Umweltdelikts – existenzgefährdend werden.

Kapitel 10
Arbeitsrecht

A. Einleitung

In den Medien wurden in den letzten Jahren vermehrt Fälle diskutiert, die die Wirksamkeit interner Compliance-Systeme, insbesondere im arbeitsrechtlichen Kontext, infrage stellen. Es ist jedoch festzustellen, dass das Arbeitsrecht in Unternehmen im Zusammenhang mit Compliance oft eine eher untergeordnete Rolle spielt. Dabei wird übersehen, dass die Schaffung von Compliance-Strukturen auch immer die arbeitsrechtliche Festlegung, Umsetzung und Überwachung der Verhaltenspflichten der Mitarbeiter umfasst.[1] Dadurch ergeben sich regelmäßig Fragen zum Weisungsrecht des Arbeitgebers[2], den Grenzen der inhaltlichen Gestaltung von (standardisierten) Arbeitsverträgen und der betrieblichen Mitbestimmung.[3]

Compliance-Vorgaben wirken in dieser Hinsicht repressiv. Wenn beispielsweise der Verdacht auf unrechtmäßiges oder pflichtwidriges Verhalten eines Arbeitnehmers besteht, stellt die Untersuchung und Dokumentation des Sachverhalts die Grundlage für mögliche oder notwendige arbeitsrechtliche Maßnahmen und Sanktionen dar.[4]

Die Einhaltung von Compliance-Vorgaben dient dazu, unrechtmäßiges Verhalten von Mitarbeitern zu verhindern und gegebenenfalls arbeitsrechtliche Maßnahmen zu ergreifen. Zudem sollen Compliance-Strukturen sicherstellen, dass arbeitsrechtliche Gesetze eingehalten werden, um Haftungsrisiken zu minimieren.[5] Das Inkrafttreten des AGG[6] am 18.6.2006 hat dazu geführt, dass Arbeitgeber Maßnahmen zur Prävention von Rechtsverstößen ergreifen müssen. Die Rechtsprechung betont daneben zunehmend die Organisations- und Überwachungspflichten der Unternehmensleitung, die sicherstellen müssen, dass Mitarbeiter sich an bestimmte Arbeitsstandards halten und zumindest stichprobenartig kontrolliert und geschult werden.[7]

Seit dem 1.4.2017 erfordert die Arbeitnehmerüberlassung nach der umfangreichen und kontrovers diskutierten AÜG-Reform die Anpassung bestehender Compliance-Systeme. Es besteht die Gefahr hoher Bußgelder, unbeabsichtigter Arbeitsverhältnisse sowie einer Inanspruchnahme seitens der Sozialversicherungsträger.

---

1 Mengel, Compliance und Arbeitsrecht, S. 8.
2 Vgl. etwa Borgmann, NZA 2003, 352, 353.
3 Mengel, Compliance und Arbeitsrecht, S. 8.
4 *Müller-Bonanni/Sagan*, BB-Spezial 5/2008, 28, 29.
5 Vgl. nur *Mengel*, Compliance und Arbeitsrecht, S. 8f.
6 Allgemeines Gleichbehandlungsgesetz (AGG) v. 14.8.2006 (BGBl. I S. 1897), zuletzt geändert durch Gesetz v. 22.12.2023 (BGBl. I S. 1897).
7 Vgl. nur *Mengel*, Compliance und Arbeitsrecht, S. 9 m.w.N.

5   Die Einhaltung der gesetzlichen Pflichten eines Arbeitgebers und die rechtssichere Bestrafung von Pflichtverstößen der Arbeitnehmer sollten jedoch nicht der alleinige Grund für die Einführung eines arbeitsrechtlichen Compliance-Systems sein. Es sollte gleichzeitig angestrebt werden, ein Arbeitsumfeld zu schaffen, in dem Mitarbeiter nicht in Versuchung geraten, für das Unternehmen Straftaten zu begehen.[8] Die Vermeidung von Imageschäden durch Reputationsverluste rückt ebenfalls in den Mittelpunkt, da dies die Attraktivität eines Unternehmens für qualifizierte Bewerber mindern und die Motivation der Mitarbeiter verringern kann, was letztlich die Leistungsfähigkeit des gesamten Unternehmens schwächen könnte.

> **Hinweis**
> Arbeitsrechtliche Compliance stellt somit die Grundlage für rechtliche Maßnahmen im Einzelfall dar, minimiert Haftungsrisiken und Straftaten durch Mitarbeiter und dient der Pflege des Unternehmensimages.

6   Im Folgenden werden zunächst die bedeutendsten nationalen Rechtsgrundlagen in diesem Zusammenhang erläutert, aus denen sich Handlungsempfehlungen für Arbeitgeber ableiten lassen. Dabei sollen nicht alle Teilbereiche des Arbeitsrechts und deren Einzelregelungen dargestellt, sondern vielmehr die typischen Risikobereiche aufgezeigt werden. In einem weiteren Abschnitt wird ein Überblick zur Einführung und Umsetzung arbeitsrechtlicher Compliance-Strukturen im Unternehmen gegeben.[9]

B. Rechtliche Grundlage für Compliance-Systeme

I. Arbeitnehmerschutz und Arbeitssicherheit

1. Allgemeine Fürsorgepflichten

7   Ein Arbeitgeber ist dazu verpflichtet, gegenüber seinen Arbeitnehmern bestimmte Fürsorgepflichten einzuhalten, insbesondere den Arbeitsplatz und die Arbeitsleistung so zu gestalten, dass gesundheitliche Gefahren vermieden werden (§§ 618, 619 BGB, § 62 HGB[10]). Es liegt in der zentralen Verantwortung des Arbeitgebers, Arbeitsunfälle und betriebsbedingte Krankheiten durch die Einhaltung von Arbeitsschutz- und Arbeitssicherheitsbestimmungen zu verhindern. Verstöße gegen diese Pflichten können erhebliche Personen- und/oder Sachschäden herbeiführen.

8   Zudem wurde die Verpflichtung des Arbeitgebers zur Fürsorge im Rahmen des Arbeitsverhältnisses angesichts der fortschreitenden Technisierung und Spezialisierung

---

8 *Göpfert/Landauer*, NZA-Beilage 1/2011, 16, 21.
9 Vgl. dazu Rn 131 ff.
10 Handelsgesetzbuch (HGB) v. 10.5.1897 (RGBl. I S. 219), zuletzt geändert durch Gesetz v. 22.12.2023 (BGBl. 2023 I Nr. 411).

der Arbeitswelt mittlerweile in diversen öffentlich-rechtlichen Vorschriften detaillierter konkretisiert.

2. Sicherheit und Förderung der Gesundheit
a) Arbeitsschutz

Wichtige gesetzliche Regelungen zum Arbeitsschutz sind im **Arbeitsschutzgesetz** **9** (ArbSchG) verankert.[11] Das Gesetz hat zum Ziel, die Sicherheit und den Gesundheitsschutz der Arbeitnehmer während ihrer Tätigkeiten zu gewährleisten und zu fördern. Gemäß § 4 ArbSchG sind dabei mehrere allgemeine Grundsätze zu beachten, wie etwa
- die Prävention von Risiken für die physische Unversehrtheit und das Leben (Nr. 1),
- die Abwendung von Risiken an ihrem Ursprung (Nr. 2),
- die Beachtung des Standes von Technik, Arbeitsmedizin und Hygiene sowie sonstiger gesicherter arbeitswissenschaftlicher Erkenntnisse (Nr. 4),
- die Berücksichtigung von spezifischen Risiken für besonders schutzbedürftige Personengruppen (Nr. 6),
- den Beschäftigten geeignete Anweisungen zu erteilen (Nr. 7).

Ein Arbeitgeber ist verpflichtet, durch die Bewertung der potenziellen Gefahren, die mit **10** den Aufgaben der Beschäftigten verbunden sind, festzustellen, welche **Arbeitsschutzmaßnahmen** erforderlich sind. Gemäß § 5 ArbSchG muss diese Bewertung in Abhängigkeit von der Art der Tätigkeiten durchgeführt werden.[12] Dabei ist zu beachten, dass der Arbeitgeber auch dazu verpflichtet ist, die Maßnahmen regelmäßig zu überprüfen, anzupassen und Verbesserungen vorzunehmen. Es genügt nicht, einmal eine gesetzeskonforme Situation hergestellt zu haben.

In diesem Kontext ist die **Verpflichtung des Arbeitgebers zur Dokumentation** ge- **11** mäß § 6 ArbSchG zu beachten. Er muss entsprechende Unterlagen bereithalten, die je nach Art der Tätigkeit und Anzahl der Beschäftigten Aufschluss über die Ergebnisse der Gefährdungsbeurteilung, die ergriffenen Arbeitsschutzmaßnahmen und die Ergebnisse ihrer Überprüfung geben. Bei der Delegation von Aufgaben an Beschäftigte muss der Arbeitgeber gemäß § 7 ArbSchG berücksichtigen, ob diese in der Lage sind, die relevanten Vorschriften und Maßnahmen für Sicherheit und Gesundheitsschutz bei der Ausführung ihrer Aufgaben einzuhalten.

Des Weiteren obliegt dem Arbeitgeber die **Pflicht zur Unterweisung** der Beschäf- **12** tigten über Sicherheits- und Gesundheitsaspekte während ihrer Arbeitszeit, wie in § 12 Abs. 1 ArbSchG festgelegt. Bei vorsätzlichem oder fahrlässigem Verstoß gegen Rechts-

---

[11] Arbeitsschutzgesetz (ArbSchG) v. 7.8.1996 (BGBl. I S. 1246), zuletzt geändert durch Gesetz v. 31.5.2023 (BGBl. 2023 I Nr. 140).
[12] Hierbei hat der Betriebsrat ein Mitbestimmungsrecht im Rahmen des § 87 Abs. 1 Nr. 7 Betriebsverfassungsgesetz (BetrVG) v. 25.9.2001 (BGBl. I S. 2518), zuletzt geändert durch Gesetz v. 16.9.2022 (BGBl. I S. 1454).

verordnungen und behördliche Anordnungen können nicht nur Bußgelder gemäß § 25 ArbSchG verhängt werden, sondern bei wiederholten Verstößen oder vorsätzlicher Gefährdung von Leben oder Gesundheit der Beschäftigten auch Freiheits- und Geldstrafen gemäß den Strafbestimmungen des § 26 ArbSchG drohen.

> **Tipp**
> Bei Tätigkeiten mit technischem Fokus wird oft übersehen, dass die Unterweisung nicht nur bei der Einstellung eines Mitarbeiters, sondern auch bei Veränderungen im Tätigkeitsbereich, der Einführung neuer Arbeitsmittel oder neuer Technologien vor Beginn der Tätigkeit erfolgen muss. Wenn dies unterlassen wird, könnte der Arbeitgeber im Falle eines Unfalls nicht nur von der gesetzlichen Unfallversicherung, sondern auch zivilrechtlich in Haftung genommen werden. Ein Arbeitgeber, der beispielsweise grob fahrlässig einen Versicherungsfall verursacht, kann gemäß § 110 Abs. 1 SGB VII[13] direkt von den Sozialversicherungsträgern in Regress genommen werden!

13 Prinzipiell obliegt dem Arbeitgeber die Verantwortung für den Arbeitsschutz. Diese Verpflichtung ergibt sich gemäß § 13 Abs. 1 ArbSchG gleichermaßen für
- die gesetzlichen Vertreter,
- die vertretungsberechtigten Organe bzw. Gesellschafter sowie
- Personen, die für die Leitung eines Unternehmens oder Betriebes verantwortlich sind.

14 Gemäß § 13 Abs. 2 ArbSchG besteht die Möglichkeit, bestimmte Aufgaben im Bereich des Arbeitsschutzes an zuverlässige und fachkundige Personen zu delegieren. Diese **Delegation** muss schriftlich dokumentiert werden. Trotz einer solchen Delegation ist der Arbeitgeber jedoch nicht vollständig von seinen Verpflichtungen entbunden. Vielmehr ist er dazu verpflichtet, geeignete **Aufsichtsmaßnahmen** zu ergreifen, um die Tätigkeiten der Beauftragten zu kontrollieren und mögliche Verstöße gegen Pflichten feststellen zu können. Dabei genügen in der Regel stichprobenartige und unangekündigte Kontrollen.[14]

b) Beschäftigungsverbote

15 Des Weiteren existieren gesetzlich festgelegte Verbote bezüglich der Beschäftigung bestimmter Personengruppen, wie etwa im MuSchG,[15] JArbSchG[16] und in der KindArbSchV[17].

---

13 Sozialgesetzbuch 7. Buch – Gesetzliche Unfallversicherung – (SGB VII) v. 7.8.1996 (BGBl. I S. 1254), zuletzt geändert durch Gesetz v. 17.7.2023 (BGBl. 2023 I Nr. 191).
14 *Mengel*, Compliance und Arbeitsrecht, S. 216.
15 Mutterschutzgesetz (MuSchG) v. 20.6.2002 (BGBl. I S. 2318), zuletzt geändert durch Gesetz v. 12.12.2019 (BGBl. I S. 2652).
16 Jugendarbeitsschutzgesetz (JArbSchG) v. 12.4.1976 (BGBl. I S. 965), zuletzt geändert durch Gesetz v. 16.7.2021 (BGBl. I S. 2970).
17 Kinderarbeitsschutzverordnung (KindArbSchV) v. 23.6.1998 (BGBl. I S. 1508).

c) Arbeitssicherheit

Ergänzend zum ArbSchG wurde das ASiG eingeführt,[18] welches im Detail die Erfordernisse für die **Bestellung von Betriebsärzten und Fachkräften für Arbeitssicherheit** festlegt, soweit dies infolge

- der Betriebsart,
- der Zahl der Beschäftigten (die Schwellenwerte variieren dabei je nach Berufsgenossenschaft),
- der Zusammensetzung der Arbeitnehmerschaft und
- der Betriebsorganisation

notwendig ist (§§ 1, 2, 5 ASiG).

16

Besonders wichtig ist zu beachten, dass gemäß § 11 Satz 1 ASiG grundsätzlich jeder Arbeitgeber mit mehr als 20 Beschäftigten dazu verpflichtet ist, einen **Arbeitsschutzausschuss** zu bilden. Obwohl der Betriebsrat nicht das Initiativrecht zur Bildung hat, kann er sich an die zuständige Arbeitsschutzbehörde wenden, um die Anordnung zur Einrichtung eines Arbeitsschutzausschusses gemäß § 12 ASiG zu erwirken.[19] Bei Nichtbefolgung einer solchen Anordnung oder anderen Verstößen in diesem Bereich kann die Behörde im Weigerungsfall nach § 20 ASiG eine Geldbuße von bis zu 25.000 € verhängen.

17

d) Weitere Arbeitsschutz- und Unfallverhütungsnormen

Abschließend ist zu beachten, dass die Arbeitsschutz- und Unfallverhütungsvorschriften, die von den **Berufsgenossenschaften** festgelegt werden, zusätzlich berücksichtigt werden müssen. Darüber hinaus gelten spezifische Bestimmungen, wie beispielsweise die ArbStättV[20], die darauf abzielen, die Sicherheit und den Gesundheitsschutz der Beschäftigten beim Einrichten und Betreiben von Arbeitsstätten zu gewährleisten.

18

3. Regulierungen der Arbeitszeit durch Gesetz

Teil der Arbeitsschutzbestimmungen ist auch das ArbZG[21]. Dieses Gesetz sieht vor allem eine grundsätzliche **Begrenzung der werktäglichen Arbeitszeit** auf acht Stunden und unter bestimmten Bedingungen auf zehn Stunden vor (§ 3 ArbZG). Zudem regelt es abhängig von der täglichen Arbeitszeit Mindestruhepausen von bis zu 45 Minuten (§ 4 ArbZG) sowie bestimmte **Mindestruhezeiten** von grundsätzlich elf Stunden nach Ab-

19

---

[18] Arbeitssicherheitsgesetz (ASiG) v. 12.12.1973 (BGBl. I S. 1885), zuletzt geändert durch Gesetz v. 20.4.2013 (BGBl. I S. 868).
[19] BAG, Urt. v. 15.4.2014 – 1 ABR 82/12 – NZA 2014, 1094f.
[20] Arbeitsstättenverordnung v. 12.8.2004 (BGBl. I S. 2179), zuletzt geändert durch Gesetz vom 22.12.2020 (BGBl. I S. 3334).
[21] Arbeitszeitgesetz (ArbZG) v. 6.6.1994 (BGBl. I S. 1170), zuletzt geändert durch Gesetz v. 22.12.2020 (BGBl. I S. 3334).

schluss der täglichen Arbeitszeit (§ 5 ArbZG). Das ArbZG enthält gemäß § 9 ArbZG auch ein **generelles Verbot der Sonn- und Feiertagsarbeit**. Neben diesen allgemeinen Vorschriften existieren verschiedene unmittelbare Ausnahmen für spezifische Situationen oder besondere Fälle. Unter engen Voraussetzungen gibt es zudem die Möglichkeit einer abweichenden Regelung durch Verordnung, Tarifvertrag oder Betriebsvereinbarung.

20 Eine generelle gesetzliche Ausnahmeregelung ist in § 14 ArbZG verankert. Diese greift jedoch ausschließlich **in speziellen Ausnahmesituationen,** nämlich bei plötzlichen unvorhersehbaren Ereignissen, die Arbeiten erfordern, die der Arbeitgeber nicht innerhalb der gesetzlichen Rahmenbedingungen durchführen kann.[22]

> **Beispiel**
> Aufgrund des plötzlichen Wasserschadens unmittelbar vor Dienstschluss müssen mehrere Räume eines Unternehmens rasch geräumt werden. Insbesondere gilt es, zahlreiche Akten zu sichern, auf ihren Zustand zu überprüfen und trocken zu lagern. Daher arbeiten die Mitarbeiter der betroffenen Abteilung an diesem Tag deutlich über die regulären zehn Stunden hinaus.

21 Nicht eingeschlossen sind Situationen, in denen die Überschreitungen auf vorhersehbare und regelmäßig auftretende Umstände zurückzuführen sind.

22 Fahrlässige oder vorsätzliche Verstöße gegen das ArbZG werden als Ordnungswidrigkeiten mit Bußgeldern von bis zu 15.000 € geahndet, § 22 ArbZG. Bei wiederholten Verstößen oder solchen, die die Gesundheit oder Arbeitskraft gefährden, können sogar Geld- oder Freiheitsstrafen gemäß § 23 ArbZG verhängt werden. Fehler bei der Regelung von Arbeitszeiten bergen daher erhebliche Risiken, **nicht nur für die gesetzlichen Vertreter eines Unternehmens, sondern auch für andere Personen**, die mit der Leitung des Betriebs beauftragt sind und somit die Verantwortung für die Einhaltung der Arbeitszeitvorschriften tragen (§ 9 Abs. 2 OWiG[23] bzw. § 14 Abs. 2 StGB). Dieses Risiko betrifft folglich auch Mitarbeiter des Unternehmens, die nicht als Organe oder echte leitende Angestellte gelten.

23 Es reicht nicht aus, gesetzwidrige Einteilungen und Anweisungen zu unterlassen. Der Arbeitgeber ist darüber hinaus verpflichtet, seinen Betrieb so zu strukturieren, dass die maximal zulässigen Arbeitszeiten eingehalten und auch überwacht werden können. In dieser Hinsicht obliegt dem Betriebsrat gemäß § 80 BetrVG eine Überwachungsaufgabe, die mit entsprechendem Auskunftsrecht verbunden ist.[24]

24 Mit Urteil vom 13.9.2022, Az. 1 ABR 22/21, stellte das Bundesarbeitsgericht fest, dass Arbeitgeber in Deutschland von nun an verpflichtet seien, die Arbeitszeiten der Arbeitnehmer zu erfassen. Dies folge aus „unionsrechtskonformer Auslegung" einer allgemein formulierten Arbeitgeberpflicht aus § 2 Abs. 2 Nr. 1 Arbeitsschutzgesetz, nach der Ar-

---

22 Vgl. Neumann/Biebl/*Biebl*, Arbeitszeitgesetz, § 14 Rn 2.
23 Ordnungswidrigkeitengesetz (OWiG) v. 19.2.1987 (BGBl. I S. 602), zuletzt geändert durch Gesetz v. 14.3.2023 (BGBl. 2023 I Nr. 73).
24 BAG, Urt. v. 6.5.2003 – 1 ABR 13/02 – NZA 2003, 1348 ff.

beitgeber im Rahmen erforderlicher Maßnahmen des Arbeitsschutzes verpflichtet sind, *„für eine geeignete Organisation zu sorgen und die erforderlichen Mittel bereitzustellen"*.

Am 18.4.2023 legte das Bundesministerium für Arbeit und Soziales (BMAS) den Referentenentwurf zur Neufassung des Arbeitszeitgesetzes vor. Hiernach sollen *„Beginn, Ende und Dauer der täglichen Arbeitszeit der Arbeitnehmer jeweils am Tag der Arbeitsleistung elektronisch aufgezeichnet werden"*. Hiervon kann nur aufgrund Tarifvertrags, Betriebsvereinbarung oder Dienstvereinbarung abgewichen werden. Vorgaben für die konkrete Ausgestaltung der elektronischen Zeiterfassung liegen bislang noch nicht vor. Mit einem finalen Gesetz seitens des deutschen Gesetzgebers ist wohl im Jahre 2024 zu rechnen.

Tipp
Um Risiken im Zusammenhang mit dem Arbeitszeitgesetz zu vermeiden, ist es erforderlich, die Arbeitszeitgestaltung sorgfältig auf potenzielle Verstöße zu überprüfen und gegebenenfalls entsprechend den gesetzlichen Vorgaben anzupassen. Klare Anweisungen zur Einhaltung der Vorschriften sollten nicht nur die Geschäftsführung, sondern auch die verantwortlichen Führungskräfte betreffen und schriftlich festgehalten werden. Dabei müssen die Mitbestimmungsrechte des Betriebsrats gemäß § 87 Abs. 1 Nr. 2 und 6 BetrVG berücksichtigt werden.

II. Sozialversicherung

1. Abführung der Sozialversicherungsbeiträge

Der Arbeitgeber trägt ein bedeutendes Haftungsrisiko im Bereich der Sozialversicherung. Dies resultiert aus der Tatsache, dass allein der Arbeitgeber als Schuldner für die Sozialversicherungsabgaben (Beiträge zur gesetzlichen Kranken-, Pflege-, Renten- und Arbeitslosenversicherung) gilt. Gemäß § 28e Abs. 1 Satz 1 SGB IV[25] schuldet er den gesamten Sozialversicherungsbeitrag und nicht nur den reinen Anteil des Arbeitgebers.

Es ist zu beachten, dass der Arbeitgeber gegenüber dem Arbeitnehmer einen Ausgleichsanspruch in Höhe des auf den Arbeitnehmer entfallenden Beitragsteils zusteht. Gemäß § 28g Satz 2 SGB IV kann dieser Anspruch nach dem **Lohnabzugsprinzip** nur durch Abzug vom Arbeitsentgelt geltend gemacht werden. Ein versäumter Abzug kann gemäß § 28g Satz 3 SGB IV grundsätzlich nur bei den nächsten drei Lohn- oder Gehaltszahlungen nachgeholt werden, es sei denn, der Beschäftigte hat vorsätzlich oder grob fahrlässig gegen seine Auskunfts- und Beschäftigungspflichten nach § 28o Abs. 1 SGB IV verstoßen.

Die verspätete oder unvollständige Erfüllung der Verpflichtung zur Abführung von Sozialabgaben gemäß § 266a StGB[26] gilt zudem als Sozialversicherungsbetrug, eine straf-

---
25 Sozialgesetzbuch 4. Buch – Sozialversicherung – (SGB IV) v. 12.11.2009 (BGBl. I S. 3710, 3973), zuletzt geändert durch Gesetz v. 22.12.2023 (BGBl. 2023 I Nr. 408).
26 Strafgesetzbuch (StGB) v. 13.11.1998 (BGBl. I S. 3322), zuletzt geändert durch Gesetz v. 26.7.2023 (BGBl. 2023 I Nr. 203, geändert durch Gesetz v. 16.8.2023 I Nr. 218).

rechtliche Handlung. Hierbei sind die Personen, die im Hintergrund der Organe einer Gesellschaft stehen, letztlich die strafrechtlich Verantwortlichen gemäß § 14 Abs. 1 StGB.

29   Im Kontext der arbeitsrechtlichen Compliance stellt sich die Frage der **Beitragspflicht für Ersatzansprüche** von Beschäftigten, die auf Verstößen des Arbeitgebers gegen Compliance-Richtlinien beruhen. Dabei ist entscheidend, inwiefern diese Ansprüche als „Arbeitsentgelt" gemäß der gesetzlichen Definition des § 14 Abs. 1 Satz 1 SGB IV betrachtet werden. Gemäß dieser Definition sind Schadenersatz- oder Entschädigungsansprüche aufgrund verbotener Diskriminierung nach § 15 Abs. 1 oder 2 AGG in der Regel nicht relevant für Beiträge und Leistungen in der Sozialversicherung, es sei denn, sie dienen als Ersatz für entgangene beitragspflichtige Vergütung.[27]

2. Gefahrenquelle Scheinselbstständigkeit

30   Das Risiko der Nachzahlung nicht entrichteter Sozialversicherungsbeiträge besteht insbesondere bei der sogenannten Scheinselbstständigkeit, bei der die **Sozialversicherungspflicht für vermeintlich selbstständige Mitarbeiter nicht erkannt** wird. Der Einsatz solcher „Freelancer", vor allem wenn er sich in einem Unternehmen bei ähnlichen Tätigkeiten häuft, birgt auch arbeitsrechtliche Risiken. In solchen Fällen könnten Arbeitnehmerrechte wie Kündigungsschutz, bezahlter Urlaub und Entgeltfortzahlung im Krankheitsfall geltend gemacht werden. Darüber hinaus kann dies auch steuerrechtlich relevant sein, da der Arbeitgeber neben dem Mitarbeiter für die Einkommensteuer gesamtschuldnerisch haftet.

31   Insbesondere im sozialrechtlichen Kontext besteht die **Gefahr der Nachforderung sämtlicher Gesamtsozialversicherungsbeiträge**. Bei einer Vielzahl von Mitarbeitern, die irrtümlicherweise als selbstständig eingestuft wurden, insbesondere bei langjährigem Einsatz, kann dies zu existenzbedrohlichen Belastungen führen. Die Ansprüche unterliegen einer Verjährungsfrist von mindestens vier Jahren und verlängern sich bei vorsätzlicher Vorenthaltung sogar auf bis zu 30 Jahre (§ 25 SGB IV). Die Übertragung des Arbeitnehmeranteils auf die betroffenen Mitarbeiter ist, wie bereits erläutert[28], nur äußerst begrenzt möglich. Zusätzlich dazu drohen in bestimmten Fällen sogar strafrechtliche Konsequenzen wegen **Steuerhinterziehung** gemäß § 370 AO[29] sowie wegen **Vorenthaltens und Veruntreuens von Arbeitsentgelt** gemäß § 266a StGB.

32   Wesentliche Kriterien zur klaren Abgrenzung zwischen echter freier Mitarbeit und sozialversicherungsrechtlicher Beschäftigung bzw. Scheinselbstständigkeit ergeben sich aus § 7 Abs. 1 Satz 2 SGB IV. Insbesondere sind die Anhaltspunkte „**Tätigkeit nach Weisungen**" und „**Eingliederung in die Arbeitsorganisation des Weisungsgebers**" von Bedeutung. Die Bindung an Weisungen betrifft die Vorgaben bezüglich Ort, Zeit, Dauer

---

27 Küttner/*Ruppelt*, Personalbuch, Stichwort „Compliance", Rn 41.
28 Vgl. Rn 27.
29 Abgabenordnung (AO) v. 1.10.2002 (BGBl. I S. 3866; 2003 I S. 61), zuletzt geändert durch Gesetz v. 22.12.2023 (BGBl. 2023 I Nr. 411).

und Art der Tätigkeit sowie Arbeitsinhalte. Hierbei ist im konkreten Fall nicht die Bezeichnung im Vertrag, sondern vielmehr die **tatsächliche Durchführung** entscheidend. Letztere hat im Zweifelsfall Vorrang gegenüber schriftlichen Vereinbarungen.[30]

Beispiel
Ein Unternehmen schließt mit dem Marketingfachmann M einen „Rahmenvertrag", der eine freiberufliche und weisungsfreie Honorartätigkeit als Marketingberater auf der Grundlage von Einzelaufträgen gegen Rechnungstellung vorsieht. Tatsächlich wird M jedoch kontinuierlich und ohne die Erteilung von Einzelaufträgen als Leiter einer kleinen Marketingabteilung eingesetzt. In dieser Funktion sind ihm zwei Sachbearbeiter unterstellt, und er erhält regelmäßig Weisungen direkt vom Geschäftsführer. Die monatlichen Rechnungen werden dabei in konstanter Höhe ausgestellt.

Im vorliegenden Szenario ergibt sich aus den tatsächlichen Umständen eine sozialversicherungspflichtige, abhängige Beschäftigung, obwohl der Vertragsinhalt eine selbstständige Tätigkeit suggeriert. 33

Letztlich ist zwar vorgesehen, alle im konkreten Einzelfall vorliegenden Umstände umfassend zu prüfen. Jedoch neigen die Sozialversicherungsträger in ihrer Praxis dazu, eher von einer sozialversicherungspflichtigen Beschäftigung auszugehen, selbst im Rahmen der vorab durchgeführten Statusfeststellungsverfahren nach § 7a SGB IV. Daher wird empfohlen, in zweifelhaften Situationen, insbesondere wenn eine Tätigkeit ohne Eingliederung und Weisungsgebundenheit von vornherein nicht realistisch erscheint, von einer freien Mitarbeit abzusehen und gegebenenfalls auf einen Arbeitsvertragsstatus umzustellen. 34

Tipp
Die sorgfältige Ausgestaltung von Muster-Verträgen für freie Mitarbeiter, ihre konsequente Umsetzung und die fortlaufende Überwachung der vertraglichen Formulierungen sind unerlässlich. Erfahrungsgemäß reicht jedoch ein konsequentes Vertragsmanagement allein nicht aus, um die Risiken im Zusammenhang mit Scheinselbstständigkeit zu minimieren. Es ist vielmehr notwendig, kontinuierlich die tatsächliche Einhaltung der Abgrenzungskriterien zwischen freien Mitarbeitern und abhängig Beschäftigten zu überprüfen. Insbesondere sollte jede faktische Eingliederung in die Betriebsorganisation und die Einbindung in typische Weisungsstrukturen aktiv verhindert werden.

3. Gefahr von Phantomlohn

Schon im Jahr 2016 kündigte die Deutsche Rentenversicherung an, sich verstärkt auf die Identifizierung sogenannter „Phantomlohnfälle" bei Betriebsprüfungen zu konzentrieren. Die Initiative gewann im Jahr 2018 weiter an Fahrt, insbesondere durch die Ausweitung der Zuständigkeiten und Befugnisse des Zolls im Rahmen der „Finanzkontrolle Schwarzarbeit", welche auf die Aufspürung und Verfolgung von Verstößen im Bereich 35

---

30 Ständige Rechtsprechung, u. a. BSG, Urt. v. 24.1.2007 – B 12 KR 31/06 R – NZS 2007, 648 ff.

Steuern und Sozialversicherungsbeiträgen abzielt. Die bisher festgestellten Fälle verdeutlichen, dass Beitragsverstöße mit erheblichem Potenzial für Nachzahlungen und Sanktionen nicht nur in (vermeintlich) typischen Schwarzarbeitsbereichen auftreten, sondern häufig unerkannt auch in Unternehmen aller Art, die als „unverdächtig" gelten.

36   Der Begriff „Phantomlohn" bezieht sich auf die **Differenz** zwischen dem gesetzlich geschuldeten **Vergütungsanspruch** des Arbeitnehmers und der tatsächlich vom Arbeitgeber **ausgezahlten** Vergütung. Im Bereich des Sozialversicherungsrechts gilt grundsätzlich das „Entstehungsprinzip" gemäß § 22 Abs. 1 Satz 1 SGB IV. Demnach werden die Beiträge zur Sozialversicherung nicht erst fällig, wenn sie dem Arbeitnehmer gemäß § 11 Abs. 1 Satz 1 EStG zugeflossen sind (sogenanntes „Zuflussprinzip"), sondern bereits dann, wenn sie gemäß § 22 Abs. 1 Satz 1 SGB IV entstanden sind. Der Phantomlohn tritt auf, wenn der Arbeitgeber – bewusst oder unbewusst – den Vergütungsanspruch des Arbeitnehmers nicht oder **nicht vollständig erfüllt** hat. Unabhängig davon, ob die jeweilige Vergütung tatsächlich an den Arbeitnehmer gezahlt wird, ob die Arbeitsvertragsparteien den Anspruch überhaupt kennen und ob der Arbeitnehmer diesen geltend macht, schuldet der Arbeitgeber dem Sozialversicherungsträger die entsprechenden Beiträge. Dies betrifft insbesondere Fälle der Entgeltfortzahlung, wie etwa während des Urlaubs oder der Arbeitsunfähigkeit des Arbeitnehmers. Mit der Einführung des gesetzlichen Mindestlohns zum 1. Januar 2015 entstand eine zusätzliche Gefahrenquelle, die entgegen ihrer äußeren Erscheinung nicht nur Unternehmen mit niedriger Vergütungsstruktur betrifft.

a) Gängige Ursachen für das Auftreten von Phantomlohn

37 ■   Die **Ermittlung des Urlaubsentgelts** erfolgt gemäß § 11 Abs. 1 Satz 1 BUrlG auf Basis des durchschnittlichen Arbeitsverdiensts, den der Arbeitnehmer in den letzten dreizehn Wochen vor Beginn des Urlaubs erhalten hat. Der Arbeitgeber muss in diese Berechnung unbedingt **Provisionen** (einschließlich Vergütungsanteile an Teamprovisionen), **Zulagen** wie Erschwernis- und Gefahrzulagen sowie Zuschläge wie Feiertags-, Nacht- und Sonntagszuschläge einbeziehen. Auch **Prämien** jeglicher Art, wie zum Beispiel Punktprämien für Fußballspieler[31], gelten grundsätzlich als Bestandteil des Arbeitsverdienstes.[32] Überstunden sind ausdrücklich nicht in die Berechnung einzubeziehen, sowohl in Bezug auf die Grundvergütung als auch hinsichtlich der Zuschläge.[33] **Umsatzbeteiligungen** und Tantiemen sind in der Regel nicht zu berücksichtigen. Einmalige Sonderzahlungen wie **Weihnachtsgeld**, die nicht im Gegenseitigkeitsverhältnis zur laufenden Arbeitsleistung im Referenzzeitraum stehen, sind ebenfalls nicht einzubeziehen. Sollte der Arbeitgeber dem Arbeit-

---

31 BAG, Urt. v. 24.11.1992 – 9 AZR 564/91 – NZA 1993, 750.
32 BeckOK ArbR/*Lampe*, **70.** Aufl., § 11 **BUrlG** Rn 8.
33 BeckOK ArbR/*Lampe*, **70.** Aufl., § 11 **BUrlG** Rn 4.

nehmer ein zu niedriges Urlaubsentgelt zahlen, entsteht ein Phantomlohn, der sich als die Differenz zwischen dem Auszahlungsbetrag und dem tatsächlich geschuldeten Urlaubsentgelt beziffern lässt.

- Die **Berechnung der Entgeltfortzahlung im Krankheitsfall** richtet sich nach §§ 3, 4 Abs. 1 EntgFG. Gemäß dieser Regelung erhält der Arbeitnehmer das ihm bei seiner regulären Arbeitszeit zustehende Arbeitsentgelt. Das EntgFG definiert das Arbeitsentgelt nicht ausdrücklich. In die Berechnung sind jedoch, wie auch beim Urlaubsentgelt, Prämien, Zuschläge für Feiertags-, Nacht- und Sonntagsarbeit, Provisionen und Sachleistungen **einzubeziehen**. **Nicht berücksichtigt** werden, ähnlich wie bei der Berechnung des Urlaubsentgelts, Überstunden und die darauf entfallenden Zuschläge. Wenn der Arbeitgeber dem Arbeitnehmer ein zu niedriges Krankengeld zahlt, entsteht auch in diesem Fall ein Phantomlohn, der sich als die Differenz zwischen dem Auszahlungsbetrag und der tatsächlich geschuldeten Entgeltfortzahlung beziffern lässt.
- Auch die **Unterlassung der Zahlung des gesetzlichen Mindestlohns**[34] führt zur Entstehung von Phantomlohn. Compliance-relevante Risiken ergeben sich insbesondere dann, wenn der Arbeitgeber bestimmte Entgeltbestandteile auf den gesetzlichen Mindestlohn anrechnet. Das BAG[35] hat die Vorgaben des EuGH[36] konkretisiert, indem es festgelegt hat, dass ein Entgeltbestandteil nur dann auf den gesetzlichen Mindestlohn angerechnet werden darf, wenn dieser den vertraglich geschuldeten Beitrag des Arbeitnehmers für die erbrachte Leistung vergütet und somit im Synallagma zur vertraglich geschuldeten Leistung steht. Anrechenbar sind insbesondere Einmalzahlungen wie **Weihnachtsgeld oder Urlaubsgeld**, jedoch nur für den Zeitraum, in dem sie (ggf. anteilig) gezahlt werden, und unter der Bedingung, dass der Arbeitnehmer sie unwiderruflich erhält (§ 2 Abs. 1 Satz 1 Nr. 2 MiLoG). Eine einmalige jährliche Zahlung von Weihnachtsgeld im Dezember eines Jahres kann beispielsweise nur auf den Mindestlohn für November angerechnet werden. **Akkord- oder Leistungsprämien** für das Erreichen bestimmter qualitativer oder quantitativer Arbeitsergebnisse pro Zeiteinheit, Gefahrenzulagen, Schicht- und Schmutzzulagen sowie Sonn- und Feiertagszuschläge können ebenfalls auf den Mindestlohn angerechnet werden. **Nicht anrechenbar** sind jedoch insbesondere Sachleistungen wie Dienstwagen und Mobiltelefone, die Überlassung von **Dienstkleidung** oder **Arbeitsgeräten** zu betrieblichen Zwecken sowie Beiträge zur betrieblichen Altersvorsorge. Wenn der Arbeitgeber dem Arbeitnehmer nicht den gesetzlichen Mindestlohn zahlt oder nicht anrechenbare Leistungen berücksichtigt, entsteht erneut Phantomlohn. Dieser besteht aus der Differenz zwischen dem ausgezahlten Betrag und dem als Mindestlohn geschuldeten Entgelt.

---

34 Vgl. Ausführungen unter Rn 117ff.
35 BAG, Urt. v. 18.4.2012 – 4 AZR 168/10 (A) – NZA 2013, 392.
36 EuGH, Urt. v. 7.11.2013 – C-522/12 – NZA 2013, 1359.

b) Rechtsfolgen des Phantomlohns

38 Wird Phantomlohn entdeckt, hat der Sozialversicherungsträger das Recht, mindestens **vier Jahre rückwirkend** die vollen Sozialversicherungsbeiträge sowie **Säumniszuschläge** vom Arbeitgeber einzufordern. Bei **Vorsatz** kann diese Frist sogar **bis zu 30 Jahre** betragen. Im Gegensatz zur Geltendmachung rückständiger Vergütungsansprüche durch den Arbeitnehmer kann der Arbeitgeber der Krankenkasse, die für die Einziehung der Gesamtsozialversicherungsbeiträge zuständig ist, **keine Ausschlussfristen** entgegenhalten. Selbst vermeintlich geringfügige Einzelbeträge können sich aufgrund der Anzahl der Beschäftigten und der Dauer des betreffenden Zeitraums erheblich summieren. Das Zurückhalten von Sozialversicherungsbeiträgen kann zudem strafrechtlich nach § 266a StGB relevant sein. Aus diesem Grund muss das Thema Phantomlohn in jedem Unternehmen sowohl bei der Vertrags- und Vergütungsgestaltung als auch im Rahmen der Compliance als zwingender Bestandteil betrachtet werden.

> **Tipp**
> Um Compliance-Risiken zu vermeiden, ist eine regelmäßige Überprüfung der Vergütungsstruktur der Mitarbeiter anhand der oben beschriebenen Risiken zu empfehlen. Abrechnungsfehler bei der Berechnung von Urlaubs- und Krankengeld treten häufig bei der Abbildung von Sonn-, Feiertags- und Nachtarbeitszuschlägen auf. Obwohl diese Zuschläge grundsätzlich lohnsteuer- und sozialversicherungsfrei sind, gilt dies nur, wenn sie für tatsächlich geleistete Arbeit ausgezahlt werden. Wenn sich der Arbeitnehmer im Urlaub oder im Krankenstand befindet, unterliegen die Zuschläge der Lohnsteuer- und Sozialversicherungspflicht. Im Kontext des gesetzlichen Mindestlohns ist es ratsam, diesen als Geldleistung auszuzahlen und gleichzeitig genau zu prüfen, welche Entgeltbestandteile auf den Mindestlohn anrechenbar sind.

III. Arbeitnehmerüberlassung

39 Seit dem 1. April 2017 gelten neue Bestimmungen für die Arbeitnehmerüberlassung. Die umfassende Reform des Arbeitnehmerüberlassungsgesetzes (AÜG) stellt alle Beteiligten vor erhebliche Herausforderungen. Zum Beispiel führen die Missachtung der festgelegten Höchstüberlassungsdauer oder der Verstoß gegen das Transparenzgebot durch eine Überlassung auf Werk- oder Dienstvertragsbasis nun dazu, dass unbeabsichtigt ein Arbeitsverhältnis zwischen dem Einsatzunternehmen (Entleiher) und dem überlassenen Mitarbeiter (Leiharbeitnehmer) entsteht. Zusätzlich kann der Entleiher auch mit Geldbußen belegt werden. Die entscheidenden Neuregelungen werden im Folgenden zusammen mit ihren möglichen Auswirkungen auf die Unternehmens-Compliance näher erläutert.

1. Das Transparenzgebot – Achtung beim Abschluss von Dienst- und Werkverträgen

40 Bereits vor der Überlassung müssen der Arbeitgeber (Verleiher) und der Entleiher die Überlassung des Leiharbeitnehmers in ihrem Vertrag ausdrücklich als Arbeitnehmerüberlassung kennzeichnen und die Person des Leiharbeitnehmers konkretisieren. Die

„Überlassung" eines Leiharbeitnehmers im Rahmen eines Dienst- oder Werkvertrages unter Vorhaltung einer Überlassungserlaubnis (sog. **Fallschirmlösung**) stellt seit dem 1. April 2017 eine **illegale Arbeitnehmerüberlassung** dar. Dabei haben Verleiher und Entleiher die Überlassung von Leiharbeitnehmern **in ihrem Vertrag ausdrücklich und in Schriftform** als Arbeitnehmerüberlassung zu bezeichnen, bevor sie Leiharbeitnehmer überlassen. Für die Konkretisierung reicht hingegen die Textform aus. Ein Verstoß gegen das Transparenzgebot, also ein kumulierter Verstoß sowohl gegen die Kennzeichnungspflicht als auch gegen die Konkretisierungspflicht, führt zur Unwirksamkeit des Leiharbeitsverhältnisses und damit zur **Begründung eines Arbeitsverhältnisses zwischen Leiharbeitnehmer und Entleiher**. Der isolierte Verstoß gegen die Kennzeichnungs- oder Konkretisierungspflicht stellt eine Ordnungswidrigkeit dar, die sowohl auf Verleiher- als auch auf Entleiherseite sanktioniert werden kann.

Neuregelung 41
- **Pflicht zur Kennzeichnung** als „Arbeitnehmerüberlassungsvertrag" (§ 1 Abs. 1 Satz 5 AÜG).
- Es ist erforderlich, den Vertrag zur Arbeitnehmerüberlassung vor Beginn der Überlassung **schriftlich** abzuschließen und dabei die Person des Leiharbeitnehmers **konkret** zu benennen (§ 1 Abs. 1 Satz 6 AÜG).

Rechtsfolge bei Nichteinhaltung 42
- Geldbuße bis zu 30.000 € (Ordnungswidrigkeit gemäß § 16 Abs. 1 Nr. 1c, Nr. 1d AÜG).
- Entstehung eines Arbeitsverhältnisses zwischen Entleiher und Leiharbeitnehmer (§§ 9 Abs. 1 Nr. 1a, 10 Abs. 1 Satz 1 AÜG).
- Der Entleiher übernimmt die Stellung des Arbeitgebers im Falle eines Übergangs (Sozialversicherungspflicht, u. a. Risiko „Phantomlohn").

Empfehlung zur Minimierung von Compliance-Risiken 43
- Sorgfältige Überprüfung bestehender Dienst- und Werkverträge auf Anzeichen für mögliche Arbeitnehmerüberlassung.
- Implementierung einer Compliance-Struktur, die eine konsequente Umsetzung der geschlossenen Verträge sicherstellt.

Beispiel
Das örtliche Stadtwerk hat in der Vergangenheit einen Werkvertrag zur Durchführung von Monteurarbeiten mit einem benachbarten Personaldienstleister abgeschlossen, der über eine unbefristete Arbeitnehmerüberlassungserlaubnis verfügt. Die „überlassenen" Mitarbeiter wurden dabei in die Arbeitsabläufe des örtlichen Stadtwerkes eingegliedert und unterlagen dort den Weisungen des für sie zuständigen Schichtleiters. Diese Art der verdeckten Arbeitnehmerüberlassung mit sogenannter Vorratserlaubnis gilt seit dem 1.4.2017 als eine Form der illegalen Arbeitnehmerüberlassung.

2. Einführung einer Obergrenze für die Überlassungsdauer – nicht länger als 18 Monate

44 Seit dem 1. April 2017 gilt: Die Tätigkeit des Leiharbeitnehmers beim Entleiher **darf nicht länger als 18 aufeinanderfolgende Monate** dauern. Eine Überschreitung dieser Höchstüberlassungsdauer führt zur nachträglichen Unwirksamkeit des Arbeitsvertrags zwischen dem Verleiher und dem Leiharbeitnehmer. Dies hat zur Konsequenz, dass automatisch ein Arbeitsverhältnis zwischen dem Entleiher und dem Leiharbeitnehmer entsteht. Eine sogenannte „Festhaltenserklärung" des Leiharbeitnehmers ist zwar unter bestimmten Bedingungen eine Option, ermöglicht jedoch weder Vertrauen in ihre Gültigkeit noch entbindet sie den Entleiher von der Mitverantwortung für Sozialversicherungsbeiträge und Lohnsteuer. Bei nicht abgeführter Lohnsteuer haften Verleiher und Entleiher als Gesamtschuldner. Der Entleiher trägt die unmittelbare Verantwortung für ausstehende Sozialversicherungsbeiträge, da er aufgrund der gesetzlichen Fiktion selbst als Arbeitgeber gilt. Mit dem Zustandekommen des Arbeitsvertrags zwischen Entleiher und Leiharbeitnehmer entsteht eine Beschäftigungsverpflichtung. Somit ist der Entleiher nicht nur für arbeitsrechtliche Verpflichtungen verantwortlich, sondern auch zur Zahlung des Gesamtsozialversicherungsbeitrags verpflichtet.[37] Letztlich ist es nicht möglich, durch die Abgabe der Festhaltenserklärung den Verstoß, der zu einem Bußgeld führen könnte, zu heilen.

45 **Neuregelung**
- Der Entleiher darf den gleichen Leiharbeitnehmer nicht länger als 18 Monate beschäftigen (§ 1 Abs. 1b Satz 1 Hs. 2 AÜG).
- In einem Tarifvertrag von Tarifvertragsparteien der Einsatzbranche kann eine abweichende Höchstüberlassungsdauer festgelegt werden (vgl. § 1 Abs. 1b Satz 3 AÜG).
- Unternehmen, die nicht an einen Tarifvertrag gebunden sind, haben die Möglichkeit, eine abweichende Regelung aus einem bestehenden Tarifvertrag als Grundlage für Betriebs- oder Dienstvereinbarungen zu übernehmen, sofern diese Vereinbarungen im Geltungsbereich des Tarifvertrags liegen.

46 **Rechtsfolge bei Verstoß**
- Geldbuße bis zu 30.000 € (Ordnungswidrigkeit nach § 16 Abs. 1 Nr. 1e AÜG).
- Entstehung eines Arbeitsverhältnisses zwischen Entleiher und Leiharbeitnehmer (§§ 9 Abs. 1 Nr. 1b, 10 Abs. 1 Satz 1 AÜG).
- Haftung **als Gesamtschuldner für nicht abgeführte Lohnsteuer** (§ 42d Abs. 6 EStG).
- **Direkte Haftung** für rückständige Sozialversicherungsbeiträge (§ 28e Abs. 1 SGB IV).

---

37 BeckOK ArbR/*Kock*, 70. Aufl., § 10 AÜG Rn 37–39.

- Zahlungsverpflichtung für die **Gesamtsozialversicherungsbeiträge** nach Entstehung eines Arbeitsverhältnisses (§ 7 Abs. 1 SGB IV i.V.m. § 28e Abs. 2 SGB IV).

Empfehlung zur Minimierung von Compliance-Risiken 47
- Gründliche Überprüfung aller aktuellen und zukünftigen Überlassungszeiträume.
- Sorgfältige Prüfung der „Karenzfrist" (3 Monate Pause innerhalb der Einsätze), falls beabsichtigt ist, denselben Leiharbeitnehmer erneut zur Verfügung zu stellen.

Beispiel

Das Unternehmen (U) und der Personaldienstleister (P) schließen vor der Überlassung einen schriftlichen Arbeitnehmerüberlassungsvertrag für einen Zeitraum von 18 Monaten. Der Arbeitseinsatz beginnt planmäßig am 4.4.2019. Allerdings geht P irrtümlicherweise von einem Fristende zum 4.10.2019 aus, während die korrekte 18-Monats-Frist bereits am 3.10.2019 endet. Am 4.10.2019 erscheint der Leiharbeiter (L) wie üblich zur Arbeit und weigert sich, an seinem Arbeitsverhältnis mit P festzuhalten. Dies führt dazu, dass zwischen U und L ein Arbeitsverhältnis entsteht, das inhaltlich mit dem vorherigen Überlassungsverhältnis identisch ist. Aufgrund der fehlerhaften Fristberechnung und der Nichtabführung von Sozialversicherungsbeiträgen während der Überlassung haftet U direkt für die ausstehenden Beiträge zur Sozialversicherung, die P schuldig geblieben ist.

---

3. Der Grundsatz „equal-pay" – gleiche Bezahlung nach 9 Monaten

Leiharbeitnehmer erhalten grundsätzlich während der Überlassung dasselbe Arbeitsentgelt wie Festangestellte beim Entleiher, gemäß dem Gleichstellungsgrundsatz („equal-pay"). Eine Abweichung von diesem Grundsatz ist nur erlaubt, wenn eine tarifvertragliche Regelung dies vorsieht. Diese tarifvertragliche Öffnungsklausel und die Abweichungsmöglichkeit vom Gleichstellungsgrundsatz durch Tarifverträge unterliegen jedoch bestimmten Beschränkungen.[38] Erstens darf eine tarifvertragliche Abweichung die in der Verordnung über eine Lohnuntergrenze in der Arbeitnehmerüberlassung festgelegte Grenze nicht unterschreiten.[39] Zweitens findet eine tarifliche Abweichung keine Anwendung in sogenannten „Drehtür- oder Schleckerklausel-Fällen", in denen Stammmitarbeiter entlassen werden und innerhalb von sechs Monaten im Konzern zu schlechteren Arbeitsbedingungen als Leiharbeitnehmer weiterbeschäftigt werden.[40] Drittens ist zu beachten, dass eine tarifvertragliche Abweichung nur für die ersten neun Monate der Überlassung zulässig ist. Eine darüberhinausgehende Abweichung ist nur dann gestattet, wenn durch die Anwendung eines branchenspezifischen Tarifvertrages sichergestellt ist, dass der Leiharbeitnehmer stufenweise an das „equal-pay" herangeführt wird und dieses spätestens nach 15 Monaten der Überlassung an einen Entleiher erreicht wird.

48

---

38 BeckOK ArbR/*Motz*, 70. Aufl., vor § 8 AÜG.
39 Dritte Verordnung über eine Lohnuntergrenze in der Arbeitnehmerüberlassung v. 26.5.2017, BAnz AT, 31.5.2017 V1.
40 ErfurterKomm-ArbR/*Roloff*, 24. Aufl., § 8 AÜG Rn 15. FN BZGL.

49 Neuregelung
- Wenn beim Verleiher ein gültiger Tarifvertrag besteht, muss der Leiharbeitnehmer erst nach Ablauf von neun Monaten der Überlassung zwingend das gleiche Arbeitsentgelt erhalten wie ein vergleichbarer Festangestellter (§ 8 Abs. 4 Satz 1 AÜG).
- Abweichend davon kann eine schrittweise Anpassung an das „equal-pay" über einen qualifizierten Branchentarifvertrag erfolgen, vorausgesetzt, dass das „equal-pay" dann spätestens nach 15 Monaten erreicht wird.

50 Rechtsfolge bei Nichteinhaltung
- Der Entleiher trägt neben dem Verleiher die Verantwortung für die Sozialversicherungsbeiträge, einschließlich möglicher Säumniszuschläge, wenn das „equal-pay" verspätet oder überhaupt nicht erfolgt (§ 28e Abs. 2 SGB IV). Diese Verantwortung ähnelt der eines selbstschuldnerischen Bürgen.
- Bei verspäteter oder unvollständiger Mitteilung des korrekten Vergleichsentgelts an den Verleiher wird der Entleiher schadenersatzpflichtig.

51 Empfehlung zur Vermeidung von Compliance-Risiken
- Gründliche Überprüfung sämtlicher aktueller und künftiger Überlassungszeiten.
- Exakte Berücksichtigung der Bedingungen für Abweichungen vom Gleichstellungsgrundsatz durch Tarifverträge oder Branchentarifverträge.
- Frühzeitige Vorstellung und Übermittlung der Gehaltsstrukturen von vergleichbaren Festangestellten an den Entleiher.

IV. Betriebsverfassungsrecht

1. Unmittelbare Bedeutung für Compliance

52 Die Einhaltung der betriebsverfassungsrechtlichen Vorschriften gemäß dem Betriebsverfassungsgesetz (BetrVG) ist ebenfalls von entscheidender Bedeutung für eine arbeitsrechtliche Compliance. Insbesondere die Vernachlässigung betriebsverfassungsrechtlicher Beteiligungs- und Mitbestimmungsrechte (§§ 74 bis 113 BetrVG) kann im konkreten Fall zur Nichtigkeit verschiedener Arbeitgebermaßnahmen führen.

Beispiel
Eine Entlassung ohne vorherige Anhörung des Betriebsrats ist gemäß § 102 Abs. 1 BetrVG nicht wirksam, selbst wenn der Kündigungsgrund klar erscheint. Gleiches gilt, wenn eine Anhörung erfolgte, jedoch nicht ordnungsgemäß durchgeführt wurde.

---

53 Die Einflussnahme auf die Wahl betriebsverfassungsrechtlicher Gremien, die Behinderung oder Störung ihrer Tätigkeit sowie die Bevorzugung oder Benachteiligung von

Betriebsratsmitgliedern sind gemäß § 119 Abs. 1 BetrVG als Straftaten einzustufen. Diese können sowohl mit Freiheits- als auch mit Geldstrafen geahndet werden.

2. Risikofall Betriebsratsvergütung

Ein bedeutendes Anliegen im Bereich der Compliance betrifft die Entlohnung eines freigestellten Betriebsratsmitglieds.[41]

Beispiel

Der Betriebsratsvorsitzende B in einem Unternehmen, der vor über vier Jahren in seiner Funktion freigestellt wurde, war zuvor als Sachbearbeiter im Vertrieb tätig. Nach seiner erneuten Wahl erhebt er die Forderung, dass seine bisherige Eingruppierung als Sachbearbeiter nicht angemessen seiner Verantwortung und seiner Rolle als Betriebsratsvorsitzender entspricht. Er argumentiert, dass seine Aufgaben eher einem außertariflichen Angestellten gleichen und fordert daher eine entsprechende, übertarifliche Vergütung.

Die Vergütung eines freigestellten Betriebsratsmitglieds orientiert sich am Entgeltausfallprinzip. Das Betriebsratsmitglied hat Anspruch auf die Vergütung, die es ohne die Freistellung verdienen würde. Die Vergütung richtet sich jedoch nicht nach der Wertigkeit der Betriebsratstätigkeit, da diese als unentgeltliches Ehrenamt betrachtet wird (gemäß § 37 Abs. 1 BetrVG). Jegliche Form einer höheren Vergütung, einschließlich etwaiger Sonderpauschalen für Betriebsratsleistungen oder anderer Zuwendungen, die das Betriebsratsmitglied ohne die Betriebsratstätigkeit nicht erhalten würde, wäre mit dem Begünstigungsverbot gemäß § 78 Satz 2 BetrVG unvereinbar. Diese Regelung schließt auch Aufwandspauschalen ein, da gemäß § 40 Abs. 1 BetrVG lediglich der Ersatz nachgewiesener tatsächlicher Aufwendungen zulässig ist.[42]

Gemäß § 78 Satz 2 BetrVG darf das Betriebsratsmitglied weder durch höhere Bezüge noch durch zusätzliche Leistungen aufgrund seines Amtes bevorzugt werden. Gleichzeitig darf es jedoch auch nicht aufgrund seines Amtes benachteiligt werden.

Bei der Festlegung der weiterhin zu zahlenden Vergütung ist es gemäß § 37 Abs. 4 BetrVG erforderlich, die übliche berufliche Entwicklung von vergleichbaren Arbeitnehmern im Unternehmen zu berücksichtigen.

Beispiel

Der freigestellte Betriebsratsvorsitzende B betont, dass seine zwei Kollegen, mit denen er vor seiner Freistellung im Vertriebsteam zusammengearbeitet hatte, inzwischen in die nächsthöhere Entgeltgruppe befördert wurden und dass dies bei ihm bei einem normalen Verlauf ebenfalls der Fall gewesen wäre.

---

41 Vgl. die Diskussion um die Gehaltszahlungen des ehemaligen Betriebsratsvorsitzenden der Porsche AG, vgl. https://www.wiwo.de/politik/deutschland/betriebsratsverguetung-an-der-grenze-zur-strafbarkeit/24679916.html.
42 Näher hierzu *Blattner*, NZA 2018, 129 ff.

58 Eine übliche Beförderung im Unternehmen sollte daher zugunsten des Betriebsratsmitglieds angemessen berücksichtigt werden.[43] Der Arbeitgeber befindet sich in Bezug auf die angemessene Vergütung nicht nur gemäß § 78 Satz 2 BetrVG in einem Spannungsfeld zwischen unzulässiger Benachteiligung und gleichermaßen unzulässiger Begünstigung. Aufgrund der Strafvorschrift des § 119 Abs. 1 BetrVG bewegt sich der Arbeitgeber auf besonders gefährlichem Terrain, da ihm im Falle verbotener Begünstigung der Vorwurf der Untreue nach § 266 StGB sowie bei Abzug verbotener Zuwendungen als Betriebsausgabe auch der Vorwurf der Steuerhinterziehung nach § 370 Abs. 1 Nr. 1 AO drohen könnte.[44]

> **Tipp**
> Bei Gehaltserhöhungen, Höhergruppierungen und der Vergabe von Sonderzahlungen ist besonders sorgfältig zu prüfen, ob die Zulässigkeit der Gewährung im Einklang mit den zuvor beschriebenen Grundsätzen steht. Jegliche verbotene Begünstigung sollte umgehend eingestellt werden. Da entsprechende Vereinbarungen gemäß § 134 BGB nichtig sind, können diese Leistungen auch nicht weiter eingefordert werden.

3. Mitwirkung bei Compliance-Maßnahmen

59 Zusätzlich ist zu beachten, dass das Betriebsverfassungsrecht auch bei der Implementierung von Compliance-Maßnahmen und -Systemen selbst Anwendung finden kann, da hierbei Mitwirkungsrechte des Betriebsrats bestehen können.

60 Hauptaugenmerk liegt hierbei auf dem Mitwirkungsrecht gemäß § 87 Abs. 1 Nr. 1 BetrVG bezüglich der „Ordnung des Betriebs und des Verhaltens der Arbeitnehmer im Betrieb". Soll der Arbeitgeber, unabhängig von der Art der Umsetzung[45], in einem Verhaltenskodex oder mittels Ethik-Richtlinien das Verhalten der Arbeitnehmer regeln, ist der Betriebsrat in die Entscheidungsfindung einzubeziehen. Dies gilt selbst dann, wenn es sich nicht um verbindliche Verhaltensregeln handelt, sondern um eine Lenkung des Verhaltens der Arbeitnehmer oder um die Sicherung der Betriebsordnung.[46] Selbst wenn eine Vorgabe im Einzelfall unzulässig wäre, beispielsweise aufgrund eines Verstoßes gegen das allgemeine Persönlichkeitsrecht, bleibt das Mitwirkungsrecht des Betriebsrats bestehen.[47]

> **Beispiel**
> Der Arbeitgeber beabsichtigt die Einführung eines „Verhaltenskodex", der besagt, dass Vorgesetztenverhältnisse zwischen eng persönlich oder familiär verbundenen Personen als unangemessen gelten und daher vermieden werden sollten. In diesem Kontext soll das Mitbestimmungsrecht des Betriebsrats dazu dienen, sicherzustellen, dass die Persönlichkeitsrechte der Mitarbeiter nicht verletzt werden.

---

43 Hierzu im Einzelnen *Jacobs*, NZA 2019, 1606 ff.
44 *Achilles*, CB 2014, 62, 65.
45 Siehe hierzu unter Rn 131 ff.
46 Grundlegend hierzu BAG, Urt. v. 22.7.2008 – 1 ABR 40/07 – NZA 2008, 1248 ff. – Honeywell.
47 BAG, Urt. v. 22.7.2008 – 1 ABR 40/07 – NZA 2008, 1248, 1254 f. – Honeywell.

Gemäß § 87 Abs. 1 Nr. 1 BetrVG unterliegen der Mitbestimmung Fragen der Ordnung des **61** Betriebs und des Verhaltens der Arbeitnehmer im Betrieb. Hierzu zählen beispielsweise Regelungen zu Alkohol- oder Rauchverboten, Kleiderordnungen sowie Vorgaben zur Nutzung von E-Mail und Internet.[48]

Im Gegensatz dazu fallen unter das Mitbestimmungsrecht gemäß § 87 Abs. 1 Nr. 1 **62** BetrVG nicht Regelungen, die entweder lediglich die geschuldete Arbeitsleistung, also das Leistungsverhalten der Arbeitnehmer, konkretisieren, oder die allein den Arbeitgeber selbst programmatisch verpflichten sollen.

Ebenso wenig ist ein Mitbestimmungsrecht gegeben, wenn die Regelungen einen **63** bereits gesetzlich geregelten Gegenstand umfassen, da hier kein Spielraum für die Betriebsparteien zur Gestaltung besteht.[49]

Beispiel
Der „Verhaltenskodex" umfasst Richtlinien für die Kommunikation mit Kunden und beinhaltet darüber hinaus eine Darstellung der Unternehmensphilosophie sowie die klare Aussage, dass das Unternehmen sich an Recht und Gesetz hält.

Ein Verhaltenskodex kann sowohl Elemente enthalten, die der Mitbestimmung unterlie- **64** gen, als auch solche, die davon ausgenommen sind. In einem solchen Fall bedeutet das Mitbestimmungsrecht für bestimmte Abschnitte nicht zwangsläufig ein umfassendes Mitbestimmungsrecht für das Gesamtwerk.[50]

Tipp
Aufgrund der direkten Auswirkungen auf die Compliance ist es erforderlich, den Bereich der betrieblichen Mitbestimmung im Betriebsverfassungsrecht in der Praxis sorgfältig zu evaluieren und einzuhalten.

V. Allgemeines Gleichbehandlungsgesetz (AGG)

1. Telos des AGG und Bedeutung für Compliance

Nachdem das AGG im August 2008 eingeführt wurde, war es anfangs von zentraler Be- **65** deutung für arbeitsrechtliche Compliance. Das AGG bezweckt, die auf einigen bestimmten Gründen beruhende Diskriminierung zu verhindern oder zu beseitigen. § 1 AGG zählt dabei als Gründe für die Benachteiligung
- Rasse oder ethnische Herkunft,
- Geschlecht,
- Religion oder Weltanschauung,

---

48 Vgl. etwa Wecker/van Laak/*Süßbrich*, Compliance in der Unternehmerpraxis, S. 233.
49 BAG, Urt. v. 22.7.2008 – 1 ABR 40/07 – NZA 2008, 1248 ff. – Honeywell.
50 BAG, Urt. v. 22.7.2008 – 1 ABR 40/07 – NZA 2008, 1248 ff. – Honeywell.

- Behinderung,
- Alter und
- sexuelle Identität

in abschließender Weise auf. Damit findet das AGG auf andere als die genannten Gründe keine Anwendung.

2. Persönlicher Schutzbereich des AGG
a) Geschützte Personen

66 Der persönliche Schutzumfang des AGG umfasst Beschäftigte im Sinne des § 6 Abs. 1 Satz 1 AGG und damit Arbeitnehmer inklusive leitende Angestellte sowie Leiharbeitnehmer im verleihenden wie auch im entleihenden Unternehmen, ferner Auszubildende sowie alle Personen, die wegen ihrer wirtschaftlichen Unselbstständigkeit als arbeitnehmerähnliche Personen anzusehen sind. Nach § 6 Abs. 1 Satz 2 AGG gelten auch Bewerber für ein Beschäftigungsverhältnis sowie Personen, deren Beschäftigungsverhältnis beendet ist, als Beschäftigte. Zu Letzteren zählen vor allem die ehemaligen Arbeitnehmer im Rahmen der betrieblichen Altersversorgung. Gesonderte Regelungen hierzu finden sich im BetrAVG[51]. Hierauf weist die Kollisionsregel des § 2 Abs. 2 Satz 2 AGG ausdrücklich hin.

67 Im Gegensatz dazu fallen nach § 6 Abs. 3 AGG Organmitglieder wie Vorstände und Geschäftsführer nur insoweit unter den Schutzbereich des AGG, als die Zugangsbedingungen zur Erwerbstätigkeit sowie der Berufsaufstieg betroffen sind. Im Falle eines angestellten GmbH-Fremd-Geschäftsführers kann jedoch auch das Fortbestehen des Anstellungsverhältnisses vom Schutzumfang erfasst sein. Zwar unterfallen diese nicht dem deutschen Arbeitnehmerbegriff, sind aber vom weitergehenden europarechtlichen Beschäftigtenbegriff erfasst.[52] Damit kann eine wegen des Alters unterbliebene Verlängerung der Geschäftsführeranstellung eine benachteiligende Beendigung des Arbeitsverhältnisses darstellen, da nach § 6 Abs. 3 AGG Geschäftsführer über das Tatbestandsmerkmal des Zugangs hinaus auch hinsichtlich des Zugangs zu weiterer Erwerbstätigkeit geschützt sind.[53]

 Beispiel
Der Aufsichtsrat einer GmbH entscheidet, dass der auslaufende Vertrag mit der 62 Jahre alten Geschäftsführerin nicht verlängert wird. Als Nachfolger wird eine 41-Jährige eingestellt und es erfolgt ihre Bestellung zur neuen Geschäftsführerin. Der Aufsichtsratsvorsitzende teilt in einem Interview mit der lokalen Presse mit, dass die GmbH aufgrund des „Branchenumbruchs" eine neue Geschäftsführung gesucht habe, die die Entscheidungen der GmbH „langfristig vorantreiben" könne.

---

51 Betriebsrentengesetz (BetrAVG) v. 19.12.1974 (BGBl. I S. 3610), zuletzt geändert durch Gesetz v. 20.12.2022 (BGBl. I S. 2759).
52 EuGH, Urt. v. 11.11.2010 – C-232/09 – NZA 2011, 143 ff. – Danosa.
53 BGH, Urt. v. 23.4.2012 – II ZR 163/10 – NZA 2012, 797 ff.

b) Potenzielle Verantwortliche im Sinne des AGG

Eine Benachteiligung kann seitens des **Arbeitgebers**, des **Beschäftigten** oder eines **Dritten** erfolgen. Davon abzugrenzen ist allerdings die Frage, wer für die Benachteiligung im Sinne des AGG die Verantwortung trägt. Nach § 17 Abs. 1 AGG liegt die Verantwortung in sozialer Hinsicht besonders bei den Tarifparteien, den Arbeitgebern, den Beschäftigten und deren Vertretungen (vor allem Betriebs- und Personalrat). Diese haben demnach in ihrem Aufgaben- und Handlungsbereich daran mitzuwirken, dass das in § 1 AGG festgesetzte Ziel, bestimmte Benachteiligungen zu verhindern, erreicht wird.

68

Durch eine Benachteiligung seitens des Arbeitgebers oder eines Beschäftigten liegt nach § 7 Abs. 3 AGG eine Verletzung der Pflichten aus dem Arbeitsvertrag vor. Der Arbeitgeber kann im Fall der Diskriminierung durch den Beschäftigten mit den Maßnahmen der Abmahnung oder der Kündigung im Falle einer Wiederholung bzw. einem besonders schweren Fall reagieren.

69

3. Sachlicher Schutzbereich des AGG

Der Katalog des § 2 Abs. 1 AGG zeigt den weiten Anwendungsbereich des AGG in sachlicher Hinsicht, da er die individual- und kollektivrechtlichen Maßnahmen umfassend aufführt. Das AGG ist auf alle Stadien des Arbeitslebens anzuwenden, angefangen von der Stellenausschreibung und dem Bewerbungsverfahren über die Einstellung und Durchführung bis zur Beendigung des Arbeitsverhältnisses.

70

Dabei birgt das **Bewerbungsverfahren** ein besonders hohes Risikopotenzial für Haftungsansprüche. Dies bilden die zunehmenden Entscheidungen der letztinstanzlichen Gerichte in den letzten Jahren auf diesem Gebiet entsprechend ab.[54] Für den Arbeitgeber besteht in diesem Stadium die Gefahr, von dem (vermeintlich) diskriminierten Bewerber wegen einer Schadenersatz- oder Entschädigungsforderung in Anspruch genommen zu werden. Hierfür enthält § 22 AGG eine wesentliche Beweiserleichterung für den potenziellen Kläger. Dieser kann sich zunächst darauf beschränken, **bloße Indizien** vorzutragen, aus denen sich die Vermutung ergibt, dass eine Benachteiligung im Sinne des § 1 AGG vorliegt. Den Arbeitgeber trifft im Folgenden die Beweislast dahingehend, dass es in Wahrheit zu keiner Benachteiligung gekommen ist. Diesen Beweis zu erbringen, ist für den Arbeitgeber in den meisten Fällen schwierig bis unmöglich.

71

---

54 Vgl. BAG, Urt. v. 23.8.2012 – 8 AZR 285/11 – NZA 2013, 37 ff.; BAG, Urt. v. 24.1.2013 – 8 AZR 429/11 – NZA 2013, 498 ff; BAG Urt. v. 17.12.2020 – 8 AZR 171/20 – NZA 2021, 631 ff.).

Tipp
Um in einem nachfolgenden Gerichtsverfahren der eigenen Darlegungs- und Beweislast hinsichtlich des Mangels an Ernsthaftigkeit oder Eignung eines Bewerbers nachkommen zu können und nachzuweisen, dass die Einstellungsentscheidung frei von Diskriminierungen war, empfiehlt es sich für einen Arbeitgeber, das Bewerbungsverfahren detailliert und sorgfältig zu dokumentieren. Im Falle einer Absage an einen Bewerber gilt dagegen der Grundsatz, dass durch sparsame Begründungen der Absage die Angriffsfläche geringgehalten werden kann.

72   Im Rahmen der Benachteiligung wegen einer Schwerbehinderung ist eine besondere Indizwirkung zu beachten. Überprüft der Arbeitgeber eine freie Stelle nicht dahingehend, ob sie für einen schwerbehinderten Menschen geeignet ist und meldet er sie nicht bei der Arbeitsagentur als frei, obwohl diese Pflicht in § 164 Abs. 1 SGB IX[55] ausdrücklich angeordnet ist, wird eine Diskriminierung aufgrund des Merkmals der Schwerbehinderung indiziert.

 Beispiel
Der schwerbehinderte Bewerber B bewirbt sich bei der K-GmbH auf eine Stelle als Kaufmann. Er kann eine entsprechende Ausbildung im kaufmännischen Bereich vorweisen. Bei dieser Bewerbung verschweigt er seine Schwerbehinderung. Die K-GmbH erteilt ihm eine Absage. Nun offenbart er seine Schwerbehinderung und beanstandet, dass bei der Agentur für Arbeit die Stelle nicht als frei und für Schwebehinderte geeignet gemeldet wurde. Damit sei indiziert, dass die K-GmbH Schwerbehinderte bei dem Einstellungsverfahren benachteiligt habe.

73   In diesem Kontext ist zu beachten, dass eine anlassneutrale Frage des Arbeitgebers hinsichtlich einer etwaigen Behinderung oder einer festgestellten Schwerbehinderung im Rahmen des Bewerbungsprozesses nicht zulässig ist.[56] Aus Fragen hinsichtlich eines Diskriminierungsgrundes aus § 1 AGG ergibt sich eine Indizwirkung der Diskriminierung nach § 22 AGG.[57]

 Tipp
Der Arbeitgeber sollte bereits während der Ausschreibung einer Stelle und im anschließenden Bewerbungsverfahren auf ein sorgfältiges Management seiner Compliance-Vorgaben achten. Wichtig ist in diesem Zusammenhang die Schulung von Mitarbeitern mit Personalverantwortung sowie das Festlegen und Einfügen von Standards, durch die während des gesamten Bewerbungsprozesses die Indizwirkung einer Diskriminierung verhindert oder im Streitfall der Gegenbeweis angetreten werden kann. Der Arbeitgeber kann seine Pflicht auch dadurch erfüllen, dass er eine freie Stelle online bei der Agentur für Arbeit als für Schwerbehinderte geeignet meldet. Damit schließt er die Indizwirkung der Diskriminierung aus.

---

55 Sozialgesetzbuch 9. Buch – Rehabilitation und Teilhabe von Menschen mit Behinderungen – (SGB IX) v. 23.12.2016 (BGBl. I S. 3234), zuletzt geändert durch Gesetz v. 22.12.2023 (BGBl. I Nr. 412).
56 BAG, Urt. v. 17.12.2009 – 8 AZR 670/08 – NZA 2010, 383ff.
57 *Bayreuther*, NZA-Beilage 1/2011, 27, 32.

4. Benachteiligungsformen

Nach § 3 AGG existieren fünf unterschiedliche Formen der Benachteiligung: 74
- die unmittelbare und
- die mittelbare Benachteiligung,
- die Belästigung und
- die sexuelle Belästigung sowie
- die Anweisung zur Benachteiligung.

Die Benachteiligung ist gemäß § 3 Abs. 2 AGG mittelbar, wenn dem Anschein nach neu- 75
trale Vorschriften, Kriterien oder Verfahren Personen wegen eines in § 1 AGG genannten Grundes gegenüber anderen Personen in besonderer Weise benachteiligen können.

Tipp
Mittelbare Benachteiligungen sind gerade in der Praxis von wesentlicher Bedeutung, da Arbeitgeber hierbei häufig die diskriminierende Wirkung ihrer Maßnahme nicht erkennen. Erhalten zum Beispiel ausschließlich Vollzeitkräfte eine bestimmte Sonderleistung, liegt zwar keine unmittelbare Benachteiligung von weiblichen Beschäftigten vor, da die Vollzeittätigkeit nicht unmittelbar an das Diskriminierungsmerkmal des Geschlechts anknüpft. In der Regel ergibt sich daraus aber eine mittelbare Benachteiligung von Frauen, da es statistisch belegt ist, dass überwiegend Frauen in Teilzeit arbeiten.

5. Ausnahmen vom Benachteiligungsverbot

Benachteiligungen im Sinne des § 1 AGG bewirken nicht immer eine rechtliche Folge 76
(wie Entschädigung und Schadenersatz). Die Benachteiligung ist rechtlich zulässig, wenn ein Rechtfertigungsgrund vorliegt. Diese Rechtfertigung kann jedoch nur bei unmittelbaren und mittelbaren Benachteiligungen bzw. entsprechenden Anweisungen greifen. Für eine Belästigung oder sexuelle Belästigung sowie entsprechende Anweisungen kommt dagegen kein Rechtfertigungsgrund in Betracht.

Ein Rechtfertigungsgrund für eine unmittelbare und eine mittelbare Benachtei- 77
ligung kann gemäß § 5 AGG bei positiven Maßnahmen oder gemäß § 8 Abs. 1 AGG wegen wesentlichen und entscheidenden beruflichen Anforderungen gegeben sein.

Anderweitige Rechtfertigungsgründe sind jeweils einem bestimmten Diskriminie- 78
rungsmerkmal zugeordnet:
- § 9 AGG – wegen der Religion oder Weltanschauung,
- § 10 AGG – wegen des Alters.

Beispiel
In einem Produktionsunternehmen erhalten Arbeitnehmer nach Vollendung des 58. Lebensjahres jährlich 36 Arbeitstage Erholungsurlaub und somit zwei Tage Urlaub mehr als entsprechend jüngere Mitarbeiter. Der Entscheidung des Arbeitgebers liegt die Annahme zugrunde, dass die älteren Mitarbeiter wegen der erforderlichen schweren körperlichen Arbeit im Betrieb nach Vollendung ihres 58. Lebensjahres eine längere Zeit zur Erholung benötigen als jüngere Mitarbeiter.

79 Durch Urlaubsstaffelungen, die nur vom Alter der Mitarbeiter abhängig gemacht werden, liegt grundsätzlich eine unzulässige Diskriminierung vor. Dies gilt jedenfalls dann, wenn bereits durch Vollendung des 40. Lebensjahres zusätzliche Urlaubstage gewährt werden.[58] Nach der Entscheidung des BAGs in dem vorgenannten Beispielsfall kann die nachteilige Behandlung jüngerer Mitarbeiter nach § 10 Satz 3 Nr. 1 AGG aber zulässig sein. Im konkreten Fall lag die Entscheidung des Arbeitgebers im Rahmen des Gestaltungs- und Ermessensspielraum des Arbeitgebers. Damit war die Urlaubsregelung des Arbeitgebers nach Ansicht des BAGs im konkreten Fall zulässig.[59]

6. Rechtliche Folgen bei Verstößen gegen das Benachteiligungsverbot durch Arbeitgeber

80 Welche Rechtsfolge sich aus einem Verstoß gegen das Benachteiligungsverbot ergibt, hängt davon ab, ob die Diskriminierung durch den Arbeitgeber, einen Beschäftigten oder einen Dritten erfolgt ist.

a) Beschwerderecht

81 Für Beschäftigte besteht die Möglichkeit, sich bei den entsprechenden Stellen
- des Betriebs,
- des Unternehmens oder
- der Dienststelle

zu beschweren, wenn sie sich im Zusammenhang mit ihrem Beschäftigungsverhältnis
- vom Arbeitgeber,
- von Vorgesetzten,
- von anderen Beschäftigten oder
- von Dritten

wegen eines Diskriminierungsgrundes nach § 1 AGG benachteiligt fühlen, § 13 Abs. 1 Satz 1 AGG.

b) Recht zur Leistungsverweigerung

82 Ergreift ein Arbeitgeber keine oder offensichtlich ungeeignete Maßnahmen zum Unterbinden einer Belästigung oder sexuellen Belästigung am Arbeitsplatz, sind die betroffenen Beschäftigten berechtigt, ihre Tätigkeit ohne Verlust des Arbeitsentgelts einzustellen, soweit dies zu ihrem Schutz erforderlich ist, § 14 S. 1 AGG.

---

[58] BAG, Urt. v. 20.3.2012 – 9 AZR 529/10 – NZA 2012, 803 ff.
[59] BAG, Urt. v. 21.10.2014 – 9 AZR 956/12 – NZA 2015, 297 ff.

Das Recht, die Leistung zu verweigern, besteht allerdings nicht für die Fälle der un- 83
mittelbaren Benachteiligung, mittelbaren Benachteiligung oder einer Anweisung zur
Benachteiligung.

Gemäß § 14 Satz 2 AGG bleibt jedoch das **allgemeine Leistungsverweigerungs-** 84
recht nach § 273 BGB davon unberührt.

c) Schadenersatz und Entschädigung

In § 15 AGG ist die Rechtsfolge geregelt, die regelmäßig relevant wird und für den Be- 85
reich der Compliance das größte Risiko mit sich bringt. Aus dieser Norm ergibt sich der
Anspruch eines Beschäftigten auf Schadenersatz und Entschädigung nach einem Verstoß gegen das Benachteiligungsverbot. Dabei deckt der Schadenersatzanspruch den
materiellen Schaden ab, während der Entschädigungsanspruch den immateriellen Schaden (ähnlich zum Anspruch auf Schmerzensgeld) abdeckt. Grundvoraussetzung für diese Ansprüche ist, dass sich die Benachteiligung auf einen Grund im Sinne des § 1 AGG
stützt und kein Rechtfertigungsgrund vorliegt.

Verstößt der Arbeitgeber gegen das Benachteiligungsverbot, ist er zum Ersatz des 86
daraus entstehenden Schadens verpflichtet. Diese Rechtsfolge tritt allerdings nicht ein,
wenn der Arbeitgeber die Pflichtverletzung nicht zu vertreten hat, § 15 Abs. 1 AGG. Die
Beweislast liegt diesbezüglich beim Arbeitgeber.

Zu vertreten hat der Arbeitgeber dabei alle eigenen vorsätzlichen oder fahrlässigen 87
Handlungen. Ist der Arbeitgeber eine juristische Person, so muss er sich das Handeln
seiner Organmitglieder (z. B. bei einer GmbH ihr Geschäftsführer, bei einer AG ihr Vorstand) gemäß § 31 BGB zurechnen lassen.

Die Zurechnung von Handlungen eines Beschäftigten an den Arbeitgeber erfolgt 88
grundsätzlich auch dann, wenn der Beschäftigte sein Erfüllungsgehilfe nach § 278 BGB
ist. Voraussetzung dafür ist, dass der Beschäftigte Leitungsfunktionen übernimmt. In
diesem Fall besteht für den Arbeitgeber keine Chance, sich zu entlasten. Das Verschulden seines Erfüllungsgehilfen wird somit dem Arbeitgeber auch dann zugerechnet,
wenn er diesen mit der notwendigen Sorgfalt geschult hat.

Auch wenn ein Beschäftigter kein Erfüllungsgehilfe ist, erfolgt die Zurechnung von 89
diskriminierenden Handlungen seitens des Beschäftigten an den Arbeitgeber, wenn ihm
selbst ein Organisationsverschulden im Sinne von Auswahl- und Überwachungsverschulden zu Last gelegt wird:

- Auswahlverschulden kommt dann in Betracht, wenn der Arbeitgeber wahrnimmt, dass eine hinreichende Gefahr für eine Benachteiligung wegen eines Grundes aus § 1 AGG besteht und dennoch Strukturen kreiert, wodurch entsprechende Benachteiligungen begünstigt werden (z. B. das räumliche Zusammenarbeiten von Beschäftigten, zwischen denen bereits Belästigungen oder sexuelle Belästigungen stattgefunden haben).

- Zu einem Überwachungsverschulden kann es kommen, wenn ein Arbeitgeber entgegen seiner Verpflichtung aus § 12 Abs. 3 AGG nicht die im Einzelfall geeigneten, erforderlichen und angemessenen Maßnahmen zur Unterbindung einer Benachteiligung ergreift wie Abmahnung, Umsetzung, Versetzung oder Kündigung.

90 Die **Benachteiligung** eines Beschäftigten **durch einen sonstigen Dritten** hat der Arbeitgeber in der Regel nicht zu vertreten. Der Dritte wird in der Regel nicht Erfüllungsgehilfe des Arbeitgebers sein. In Ausnahmefällen muss sich der Arbeitgeber das Verhalten eines Dritten aber zurechnen lassen, wenn ihm bezüglich des Dritten ein (nachweisbares) Organisationverschulden zu Last gelegt werden kann. Hat ein Beschäftigter z.B. bereits einmal beim Arbeitgeber das Verhalten eines Dritten gerügt und der Arbeitgeber dennoch im Anschluss nicht die notwendigen Maßnahmen getroffen, kann ein Überwachungsverschulden vorliegen.

91 Nach § 15 Abs. 1 AGG umfasst der Schadenersatzanspruch den gesamten materiellen Schaden, der durch den Verstoß gegen das Benachteiligungsverbot verursacht wurde. Eine maximale Schadensgrenze besteht diesbezüglich nicht. § 15 Abs. 1 AGG begründet allerdings keinen Anspruch auf Begründung eines Beschäftigungsverhältnisses, eines Berufsausbildungsverhältnisses oder eines beruflichen Aufstiegs. Diese Ansprüche können nur auf einen anderen Rechtsgrund gestützt werden (§ 15 Abs. 6 AGG).

92 Für Schäden aus dem Verstoß gegen das Benachteiligungsverbot, die keine Vermögensschäden darstellen, kann ein Beschäftigter nach § 15 Abs. 2 AGG eine angemessene finanzielle Entschädigung verlangen. Praxisrelevant sind in diesem Zusammenhang unmittelbare Benachteiligungen im Zusammenhang mit der Ausschreibung einer Stelle. Durch Verstöße gegen Organisationspflichten kann dagegen nach der Begründung des Gesetzes kein Entschädigungsanspruch entstehen.

93 Zu beachten ist dabei, dass der Anspruch auf Entschädigung nach § 15 Abs. 2 AGG – anders als der Anspruch auf Schadenersatz nach § 15 Abs. 1 AGG – nach der allgemeinen Ansicht kein schuldhaftes Verhalten des Arbeitgebers erfordert. Voraussetzung einer Entschädigung ist somit allein die objektive Pflichtverletzung durch den Arbeitgeber selbst oder durch Zurechnung seitens eines Dritten. Auch das zugerechnete Verhalten eines Erfüllungsgehilfen wirkt sich in dieser Hinsicht aus. Das Verhalten von Beschäftigten ohne die Eigenschaft als Erfüllungsgehilfe und von Dritten wird bei Organisationsverschulden durch den Arbeitgeber zugerechnet.

94 Gelten kollektivrechtliche Vereinbarungen (z.B. Tarifvertrag oder Betriebsvereinbarung), trifft den Arbeitgeber nur dann eine Entschädigungspflicht, wenn seine Handlung vorsätzlich oder fahrlässig war, § 15 Abs. 3 AGG. Dies gilt zumindest dann, wenn der Arbeitgeber keine Möglichkeit hatte, um auf den Inhalt der kollektivrechtlichen Regelung Einfluss zu nehmen (z.B. im Fall von allgemein verbindlichen Tarifverträgen oder Verbandstarifverträgen). Europarechtliche Bedenken bestehen in diesem Zusammenhang aber für die Haftungsbegrenzung wegen Vorsatz und grober Fahrlässigkeit hinsichtlich diskriminierender Kollektivvereinbarungen, welche vom Arbeitgeber zumindest mitverursacht worden sind (wie z.B. Betriebsvereinbarungen oder Firmentarif-

verträge).⁶⁰ Damit bleibt für einen Arbeitgeber in rechtlicher Hinsicht das Risiko bestehen, dass ein Gericht auch in solchen Fällen den Entschädigungsanspruch des Beschäftigten für begründet hält.

> **Tipp**
> Besonders Verhandlungen bzw. Ausgestaltungen von Betriebsvereinbarungen sollten vom Arbeitgeber sehr sorgfältig durchgeführt werden und im Zweifel juristische Berater hinzugezogen werden.

Die **Entschädigung** ist **im Fall einer Nichteinstellung** auf drei Monatsgehälter begrenzt, wenn eine Einstellung des oder der Beschäftigten auch bei diskriminierungsfreier Auswahl erfolgt wäre, § 15 Abs. 2 Satz 2 AGG. Die Festsetzung der Entschädigung erfolgt im Einzelfall nach Art und Intensität der Diskriminierung durch ein Gericht. 95

Für die Geltendmachung von Schadenersatz- oder Entschädigungsansprüchen auf nach § 15 AGG müssen allerdings bestimmte Fristen gewahrt werden. Zunächst muss der Beschäftigte innerhalb einer zweimonatigen Frist den Anspruch gegenüber dem Arbeitgeber schriftlich geltend machen, außer die Tarifvertragsparteien haben eine andere Regelung getroffen. Im Fall einer Bewerbung oder eines Berufsaufstiegs stellt der Zugang der Ablehnung das fristauslösende Ereignis dar. In den sonstigen Fällen einer Benachteiligung beginnt die Frist, wenn der oder die Beschäftigte von einer Diskriminierung Kenntnis erlangt. Die Frist beginnt im Falle einer Bewerbung oder eines beruflichen Aufstiegs mit dem Zugang der Ablehnung und in den sonstigen Fällen einer Benachteiligung zu dem Zeitpunkt, in dem der oder die Beschäftigte von der Benachteiligung Kenntnis erlangt. Für die anschließende Klageerhebung nach § 15 Abs. 2 AGG muss der Beschäftigte eine Frist von drei Monaten wahren (§ 61b Abs. 1 ArbGG⁶¹). Diese Frist beginnt mit der schriftlichen Geltendmachung des Anspruchs. Versäumt der Beschäftigte eine dieser Fristen, ist die Geltendmachung des Anspruchs ausgeschlossen. 96

> **Tipp**
> Während laufender Bewerbungsgespräche sollten Bewerbungsunterlagen und interne Notizen wegen der zweimonatigen Frist aus § 15 Abs. 4 AGG mindestens bis zu deren Ablauf aufbehalten werden. Ohne eine derartige Dokumentation wird der Arbeitgeber in der Regel nur schwerlich den Anschein für eine Benachteiligung aus einem Grund nach § 1 AGG widerlegen können.

d) Anspruch auf Unterlassung und Beseitigung

Nach § 12 Abs. 1 AGG hat ein Beschäftigter gegen den Arbeitgeber einen Anspruch auf Unterlassung bzw. Beseitigung dahingehend, dass er die notwendigen Maßnahmen zu 97

---

60 Vgl. nur ErfurterKomm-ArbR/*Schlachter*, § 15 AGG Rn 15.
61 Arbeitsgerichtsgesetz (ArbGG) v. 2.7.1979 (BGBl. I S. 853, 1036), zuletzt geändert durch Gesetz v. 8.10.2023 (BGBl. I S. 272).

treffen hat, um ihn vor Benachteiligungen zu schützen. Nach den allgemeinen Vorschriften besteht ein Anspruch auf Unterlassung bzw. Beseitigung nach § 823 Abs. 2 i.V.m. § 1004 Abs. 1 Satz 2 BGB. Für diesen Anspruch muss die Gefahr weiterer Benachteiligungen vorliegen.

e) Maßregelungsverbot

98 Ein Beschäftigter darf durch den Arbeitgeber nicht deshalb benachteiligt werden, weil er Rechte nach dem AGG für sich einfordert oder er eine Anweisung nicht ausführen will, die gegen das AGG verstößt. Das gilt ebenso für Personen, die den Beschäftigten in diesem Kontext unterstützen oder als Zeugen bzw. Zeuginnen aussagen, § 16 Abs. 1 AGG.

f) Informieren von Betriebsrat und Antidiskriminierungsstelle des Bundes

99 Besteht der Verdacht einer Benachteiligung nach dem AGG, kann ein Beschäftigter den Betriebsrat informieren bzw. die Antidiskriminierungsstelle des Bundes hinzuschalten (vgl. zu Letzterem § 27 AGG). Die Antidiskriminierungsstelle des Bundes hat die Aufgabe, Personen hinsichtlich der Durchsetzung ihrer Rechte nach dem AGG zu unterstützen.

g) Unwirksame Vereinbarungen

100 Bestimmungen in Vereinbarungen, die gegen das Benachteiligungsverbot verstoßen, sind unwirksam (§ 7 Abs. 2 AGG).

101 Im Grundsatz werden vom Wortlaut der Norm alle individual- als auch kollektivrechtlichen Vereinbarungen erfasst. Ob § 7 Abs. 3 AGG für Einzelmaßnahmen (z.B. Kündigungen) gilt, ist hinsichtlich des Wortlauts der Norm fraglich, aber schlussendlich nicht praxisrelevant. Bei einem Verstoß von Einzelmaßnahmen gegen das Benachteiligungsverbot aus § 7 Abs. 1 AGG liegt auch ein Verstoß gegen ein Verbotsgesetz i.S.d. § 134 BGB vor, wodurch die Maßnahme bereits aus diesem Grund unwirksam ist.

102 In kollektiven Vereinbarungen (z.B. Betriebsvereinbarungen) stellt die Unwirksamkeit einzelner Regelungen ein Problem dar. Tendenziell ist dann nicht die gesamte Vereinbarung nichtig, sondern nur die konkrete Regelung hinsichtlich der die Benachteiligung besteht.

Beispiel
Ist die Leistung an rein männliche Beschäftigte unzulässig, hat dies nicht zur Folge, dass zukünftig kein Beschäftigter mehr Begünstigungen erhält. Vielmehr haben in diesem Fall auch weibliche Beschäftigte einen Anspruch auf die Leistung.

---

7. Organisatorische Pflichten des Arbeitgebers

a) Ausschreibungen von Stellen

§ 11 AGG enthält eine konkrete Organisationpflicht des Arbeitgebers. Danach ist es verboten, einen Arbeitsplatz auszuschreiben, wenn dabei gegen das Benachteiligungsverbot in § 7 AGG verstoßen wird. Personen aus einem Diskriminierungsgrund nach § 1 AGG von einer Stellenausschreibung auszuschließen, ist daher nicht erlaubt.

b) Schutzmaßnahmen

In § 12 Abs. 1 AGG ist die Generalklausel festgeschrieben, wonach der Arbeitgeber bestimmte Maßnahmen zum Schutz vor Benachteiligungen aus Diskriminierungsgründen nach § 1 AGG vorzunehmen hat. Auch vorbeugende Maßnahmen fallen unter diesen Schutzumfang. Der Arbeitgeber ist verpflichtet, in geeigneter Art und Weise (insbesondere im Rahmen beruflicher Aus- und Fortbildungen) darauf hinzuweisen und hinzuwirken, dass es nicht zu solchen Benachteiligungen kommt.

c) Schulungen

In der Regel werden die Organisationspflichten durch **Schulungsmaßnahmen** eingehalten. Durch Schulungen der Beschäftigten durch den Arbeitgeber in geeigneter Art und Weise dahingehend, dass Benachteiligungen verhindert werden, erfüllt der Arbeitgeber auch seine Pflichten aus § 12 Abs. 1 AGG.

Ein Problem stellt die Bestimmung von **Zielgruppe und Umfang** solcher Schulungen dar. Der Arbeitgeber hat häufig nicht die Möglichkeit, alle Beschäftigten in vollem Umfang über die Anforderungen bzw. Neuheiten des AGG zu schulen. Daher hat die Praxis eine Differenzierung vorzunehmen:

Da Personalverantwortliche Erfüllungsgehilfen des Arbeitgebers darstellen, deren Pflichtverletzungen nach dem AGG über § 278 BGB rechtlich zugerechnet werden, müssen diese Beschäftigten umfassend geschult werden.

Bei den einfachen übrigen Beschäftigten oder Dritten tritt eine Zurechnung von Verstößen gegen die AGG-Pflichten nur dann ein, wenn dem Arbeitgeber ein Auswahl- oder Überwachungsverschulden zu Last gelegt werden kann. Die Schulung eines übrigen Beschäftigten ist jedenfalls dann notwendig, wenn bereits eine Benachteiligung nach dem AGG vorliegt. Hinsichtlich Dritter (z. B. Kunden) kommt eine Schulung der Natur der Sache nach nicht in Frage. Vom Arbeitgeber können diesbezüglich aber jedenfalls entsprechende organisatorische Maßnahmen erwartet werden, um Benachteiligungen in der Zukunft zu verhindern (z. B. durch neue interne Strukturen, wenn bereits eine Diskriminierung durch einen Kunden gegenüber einem bestimmten „ausländischen" Sachbearbeiter erfolgt ist).

Hinsichtlich der übrigen Beschäftigten sollte eine Schulung möglichst über solche Benachteiligungen erfolgen, die sie selbst begehen könnten. In der Regel kommt dies nur bei Belästigungen oder sexuellen Belästigungen vor. Die übrigen unmittelbaren oder mittelbaren Benachteiligungen bzw. entsprechende Anweisungen nach dem AGG könne nur von Personen begangen werden, die eine entsprechende Stellung im Unternehmen innehaben.

Tipp
Hinsichtlich Erfüllungsgehilfen (insbesondere Personalverantwortlichen) ist es für den Arbeitgeber ratsam, diese über sämtliche Voraussetzungen des AGG und dessen Neuerungen zu schulen. Zeitlich gesehen sollten diese Schulungen in periodisch wiederkehrenden Abständen stattfinden, um auch die neuen Beschäftigten mit einzubeziehen. Kann eine solche Schulung im Ausnahmefall nicht erfolgen, sollte der Arbeitgeber zumindest geeignete Informationen in sonstiger Weise, z.B. in Form von Aushändigungen und/oder Auslegung von Informationsbroschüren, internen Aushänge etc. bereitstellen.

d) Beschwerdestelle
110 Das Beschwerderecht aus § 13 Abs. 1 Satz 1 AGG[62] enthält die Pflicht des Arbeitgebers, eine Beschwerdestelle einzurichten. Das Gesetz fordert dabei keine persönliche Kontaktaufnahme, sodass der Arbeitgeber den Ort frei wählen können sollte.

e) Bekanntmachungspflichten
111 Nach § 12 Abs. 5 S. 1 AGG hat ein Arbeitgeber
- den Gesetzestext des AGG,
- die Fristenregelung des § 61b ArbGG sowie
- Informationen nach § 13 AGG über die Behandlung von Beschwerden

im Betrieb oder in der Dienststelle bekannt zu machen. Die Bekanntmachung kann durch Aushang oder Auslegung an geeigneter Stelle oder den Einsatz der im Betrieb oder der Dienststelle üblichen Informations- und Kommunikationstechnik erfolgen.

VI. Persönlichkeitsrecht und Datenschutz

1. Richtlinien zu Verhalten bzw. Ethik
112 In den USA sind sog. Codes of Conduct oder Codes of Ethics weit verbreitet. Anknüpfend daran etablieren sich auch in Deutschland mittlerweile immer mehr Verhaltens- oder Ethikrichtlinien. Diese enthalten oft auch Verhaltensstandards für einen Arbeitnehmer. Inhaltlich ist das Spektrum solcher Vorschriften sehr weit. Sie können von der bloßen Benennung von Programmsätzen bis hin zur Regelung von Geschenkannahme und sogar Vorschriften, wodurch Liebesbeziehungen unter Beschäftigten[63] verboten werden,

---

62 Vgl. Rn 81.
63 Vgl. dazu LAG Düsseldorf, Urt. v. 14.11.2005 – 10 TaBV 46/05 – NZA-RR 2006, 81 ff. – Wal-Mart.

reichen. Verhaltensrichtlinien[64] können sich z.B. auf die Verschwiegenheit, Nebentätigkeiten oder das Verhalten in geschäftlichen Beziehungen beziehen. Darüber hinaus regeln diese Vorschriften häufig auch das allgemeine Verhalten der Mitarbeiter am Arbeitsplatz, den privaten Umgang der Arbeitnehmer untereinander sowie das Verbot bestimmter Äußerungen.[65] Im Einzelfall bedarf es hierfür einer Rechtmäßigkeitskontrolle gemessen am individuellen Persönlichkeitsrecht des Beschäftigten.[66]

Vorgaben von Verhaltens- oder Ethikrichtlinien, die nur den **privaten Bereich der Arbeitnehmer** betreffen, ohne Bezug zum betrieblichen Bereich, gehen daher zu weit.[67] Darunter fallen Klauseln mit einem allgemeinen Verbot von privaten Beziehungen oder Liebesbeziehungen für den Arbeitnehmer.[68] Auf der anderen Seite steht oft ein berechtigtes Interesse des Arbeitgebers daran, betriebsrelevante Auswirkungen im Einzelfall prüfen und über erforderliche Maßnahmen entscheiden zu können. Dies kann insbesondere hinsichtlich der Fortsetzung einer unmittelbaren Zusammenarbeit unter weisungsgebundener Über-/Unterordnung zwischen Lebenspartnern relevant sein und erst recht, wenn eine Beziehung zwischen Ausbildern und Auszubildenden besteht.[69]

Vorgaben, die allein für das **dienstliche Arbeitsverhalten** oder auch das **betriebliche Ordnungsverhalten** bestehen, sind von berechtigtem Interesse für den Arbeitgeber und daher unbedenklich, soweit das Direktionsrecht (§ 106 GewO[70]) und die Vorgaben der Rechtsordnung im Übrigen nicht überschritten werden.[71]

2. Datenschutz und E-Mail-Überwachung bei Arbeitnehmern

Compliance-Maßnahmen sind an den datenschutzrechtlichen Grenzen nach der Datenschutz-Grundverordnung[72] und dem Bundesdatenschutzgesetz[73] zu messen. Dies gilt für Arbeitsverhältnisse sowohl für die allgemeine Sicherstellung der Datenschutzvorgaben als auch für die Compliance- Überwachung an sich. Art. 88 DSGVO ermöglicht es den

---

64 Vgl. zur Mitbestimmungspflicht Rn 56 ff.
65 Vgl. instruktiv etwa Wecker/van Laak/*Süßbrich*, Compliance in der Unternehmerpraxis, S. 230 f.
66 Küttner/*Kreitner*, Personalbuch, Stichwort „Compliance", Rn 4 ff.
67 *Müller-Bonanni/Sagan*, BB-Spezial 5/2008, 28 ff.
68 LAG Düsseldorf, Urt. v. 14.11.2005 – 10 TaBV 46/05 – NZA-RR 2006, 81 ff. – Wal-Mart; BAG, Urt. v. 22.7.2008 – 1 ABR 40/07 – NZA 2008, 1248, 1254 f. – Honeywell.
69 Küttner/*Kreitner*, Personalbuch, Stichwort „Compliance", Rn 5 m.w.N.
70 Gewerbeordnung (GewO) v. 22.2.1999 (BGBl. I S. 202), zuletzt geändert durch Gesetz v. 22.12.2023 (BGBl. 2023 I Nr. 411).
71 Vgl. Rn 131 ff.
72 Verordnung (EU) 2016/679 v. 27.4.2016 zum Schutz natürlicher Personen bei der Verarbeitung personenbezogener Daten, zum freien Datenverkehr und zur Aufhebung der Richtlinie 95/46/EG (Datenschutz-Grundverordnung), vgl. hierzu Kap. 11.
73 Bundesdatenschutzgesetz (BDSG) v. 30.6.2017 (BGBl. I S. 2097), zuletzt geändert durch Gesetz v. 20.11.2019 (BGBl. I S. 1626).

Mitgliedstaaten der Europäischen Union speziell für den Arbeitnehmerdatenschutz mittels Rechtsvorschriften oder durch Kollektivvereinbarungen spezifischere Regelungen zum Beschäftigtendatenschutz zu treffen. Diese Möglichkeit hat der deutsche Gesetzgeber wahrgenommen. § 26 des reformierten BDSG enthält spezielle Regelungen für die Datenverarbeitung für Zwecke des Beschäftigungsverhältnisses, die ihrerseits aus § 32 der früheren, vor Inkrafttreten der DSGVO geltenden Fassung des BDSG folgt.

116 Über das Verhältnis einer Compliance-konformen Überwachung auf der einen Seite und der Zulässigkeit der **Kontrolle von E-Mails** auf der anderen Seite wurde noch nicht höchstrichterlich entschieden. Regelungen zum Schutz von E-Mails finden sich dazu nicht im BDSG, sondern im TKG[74]. Ein absolutes Verbot der privaten Nutzung des dienstlichen E-Mail-Accounts wird deshalb als rechtssicherste Lösung angesehen.[75]

VII. Mindestlohn nach Mindestlohngesetz (MiLoG)

117 Der zwingende gesetzliche Mindestlohn ist in Deutschland seit dem 1.1.2015 für (fast) alle Arbeitsverhältnisse etabliert[76]. Die Höhe des aktuellen gesetzlichen Mindestlohns wird jeweils durch eine sog. Mindestlohnanpassungsverordnung (MiLoV) festgesetzt. **Im Grundsatz** fallen **alle Arbeitnehmerinnen** und **Arbeitnehmer** unter das MiLoG. **Ausnahmen** bestehen für die in § 22 MiLoG genannten Personen.

118 Darunter fallen:
- Kinder und Jugendliche unter 18 Jahren ohne abgeschlossene Berufsausbildung,
- Beschäftigte während ihrer Ausbildung für einen bestimmten Beruf,
- ehrenamtlich Tätige,
- Langzeitarbeitslose für die ersten sechs Monate der Beschäftigung, sofern diese unmittelbar vor der Beschäftigung zumindest ein Jahr lang arbeitslos waren,
- Praktikanten, sofern das Praktikum nicht als Vertragsverhältnis nach § 26 BBiG gewertet werden kann.

119 Das MiLoG enthält eine Reihe weiterer Vorschriften mit einer **weitaus größeren Gefahr für den Arbeitgeber** als der bloße Mindestlohn bzw. „Mindestlohnergänzungsanspruch" einzelner Arbeitnehmerinnen und Arbeitnehmer aus der Zahlungspflicht eines gesetzlichen Mindestlohnes. Vor allem können sich aus der **Haftung des Generalunternehmers für Drittunternehmer,** der Sanktionierung der Unterschreitung des Mindestlohnes als **Ordnungswidrigkeit** und einer **Strafbarkeit nach § 266a StGB** Com-

---

[74] Telekommunikationsgesetz (TKG) v. 23.6.2021 (BGBl. I S. 1858) zuletzt geändert durch Gesetz v. 14.2.2023 (BGBl. I Nr. 71).
[75] Zur Thematik im Einzelnen *de Wolf,* NZA 2010, 1206 ff.
[76] Mindestlohngesetz (MiLoG) v. 11.8.2014 (BGBl. I S. 1348), zuletzt geändert durch Gesetz v. 11.7.2019 (BGBl. I S. 1066).

pliance-relevante Risiken folgen (dazu bereits oben). Diese kann ihrerseits maßgeblich durch die Entstehung eines sog. „Phantomlohnes"[77] beziffert werden.

1. Generalunternehmerhaftung für Drittunternehmer

§ 13 MiLoG i.V.m. § 14 S. 1 AEntG[78] bestimmt, dass der „Unternehmer, der einen anderen Unternehmer mit der Erbringung von Werk- oder Dienstleistungen beauftragt (...), für die Verpflichtungen dieses Unternehmers, eines Nachunternehmers oder eines von dem Unternehmer oder einem Nachunternehmer beauftragten Verleihers zur Zahlung des Mindestentgelts an Arbeitnehmerinnen (...) wie ein Bürge, der auf die Einrede der Vorausklage verzichtet hat" haftet. Durch die Vorschrift wird somit der Mindestlohnanspruch aller eingesetzten Arbeitnehmer in der gesamten Nachunternehmerkette unter Einbeziehung der Arbeitskräfte, der von einem Subunternehmer wiederum beauftragten Sub-Subunternehmer sowie der von Nachunternehmern im Wege der Arbeitnehmerüberlassung nach § 1 AÜG entliehenen Arbeitskräfte gesichert.[79] Trotz entgegengesetztem Wortlaut des § 14 Satz 1 AEntG liegt die Haftung nicht beim unternehmerisch handelnden **Auftraggeber** einer Werk- oder Dienstleistung, sondern nur beim **General-/Vorunternehmer** in einer Vergabekette.[80] Damit kommt es darauf an, dass sich ein Unternehmer **seinerseits eines Subunternehmers** zur Erfüllung **seiner eigenen werk- oder dienstvertraglichen Verpflichtungen bedient**. 120

■ Rechtliche Folge eines Verstoßes

Im Falle des Verstoßes eines Sub- oder Sub-Subunternehmers gegen seine gesetzliche Pflicht nach § 1 MiLoG in der Hinsicht, dass er seinem Arbeitnehmer den gesetzlichen Mindestlohn in der derzeit gültigen Höhe nicht ausbezahlt, haftet der Generalunternehmer-/ Vorunternehmer entsprechend einem Bürgen, der auf die Einrede der Vorausklage verzichtet hat. Die **Haftung umfasst ausschließlich** den **Mindestlohn** nach § 1 MiLoG. **Entgeltkomponenten oberhalb** der Mindestlohnschwelle sind dagegen nicht Teil der Haftung. Aus § 13 MiLoG folgt keine Haftung für Steuern und die Abführung von Sozialversicherungsbeiträgen oder anderen Sozialabgaben.[81] Durch den sog. Verzicht auf die Einrede der Vorausklage nach § 771 BGB muss der **betroffene Arbeitnehmer** nicht erst ohne Erfolg einen eigentlichen vertraglichen Arbeitgeber in Anspruch nehmen. Der Arbeitgeber kann sich vielmehr unmittelbar gegen jeden einzelnen **Unternehmer** in der Fremdvergabekette **wenden**. 121

---

77 Vgl. Rn 35ff.
78 Arbeitnehmer-Entsendegesetz (AEntG) v. 20.4.2009 (BGBl. I S. 799), zuletzt geändert durch Gesetz v. 28.6.2023 (BGBl. 2023 I Nr. 172).
79 BeckOK ArbR/*Greiner*, 70. Aufl., § 13 MiLoG Rn 8.
80 St. Rspr. des BAG, u.a. BAG, Urt. v. 28.3.2007 – 10 AZR 76/06 – NZA 2007, 613f.
81 BeckOK ArbR/*Greiner*, 70. Aufl., § 13 MiLoG Rn 10. 70.

■ **Tipp zur Vermeidung von Compliance-Risiken**

122 Um mindestlohnrelevante Folgen zu vermeiden, ist es für General-/Vorunternehmer ratsam, dass sie das Insolvenzrisiko ihrer Vertragspartner (Subunternehmer) abschätzen bzw. ausschließen. Idealerweise legt der General-/Vorunternehmer mit seinem Vertragspartner fest, dass der Vertragspartner gegenüber seinen Arbeitnehmern hinsichtlich des **Mindestlohnes vorleistungspflichtig** ist. Auch vertragliche Gestaltungen, die die Gegenseite zur regelmäßigen **schriftlichen Bestätigung** der Zahlung des Mindestlohnes verpflichten, sind ratsam. In diesem Zusammenhang wären solchen Vereinbarungen – im Rahmen des Zulässigen – auch mit einer **Vertragsstrafe** und einem **Recht auf Rücktritt** bzw. **Kündigung** kombinierbar.[82] Bestenfalls regelt der **Vertrag** auch die Möglichkeit der Inanspruchnahme nach § 13 MiLoG i.V.m. § 14 S. 1 AEntG. Dies erfolgt durch die Abbildung einer – vom Vertretenmüssen unabhängigen – **Rückgriffsmöglichkeit**.[83]

2. Ordnungswidrigkeit Unterschreitung des Mindestlohns

123 Folge einer Nichtzahlung oder verspäteten Zahlung des gesetzlichen Mindestlohnes – ganz gleich, ob vorsätzlich oder fahrlässig – ist die Einleitung eines Ordnungswidrigkeitsverfahrens nach § 21 Abs. 1 Nr. 9, Abs. 5 MiLoG. Dieses wird durch die Hauptzollämter nach § 36 Abs. 1 Nr. 1 OWiG betrieben.

■ **Rechtliche Folge bei Verstoß**

124 Ein Verstoß des Arbeitgebers bezüglich seiner Pflicht zur Zahlung des gesetzlichen Mindestlohnes führt zu einem zivilrechtlichen Anspruch des Arbeitnehmers. Dieser Zahlungsanspruch unterliegt auch keiner Ausschlussfrist durch Arbeitsvertrag. Enthält eine vom Arbeitgeber vorformulierte arbeitsvertragliche **Verfallklausel** entgegen § 3 Satz 1 **MiLoG auch** den gesetzlichen **Mindestlohn**, liegt ein Verstoß gegen das Transparenzgebot des § 307 BGB Abs. 1 Satz 2 BGB vor. Zudem ist die Klausel insgesamt **unwirksam**, wenn der Vertragsschluss nach dem 31.12.2014 erfolgt ist. Für den **Mindestlohnanspruch** des Arbeitnehmers gilt daher nur die **Regelverjährung** nach §§ 194 ff. BGB. Diese beträgt **drei Jahre** und beginnt mit dem Schluss des Jahres, in dem der Anspruch entstanden ist.

125 Eine weitere Sanktion, die auf die Nichtzahlung oder nicht rechtzeitige Zahlung des gesetzlichen Mindestlohnes folgt, ist die Zahlung eines **Bußgeldes**. Wurde die Ordnungswidrigkeit nach § 21 Abs. 1 Nr. 9 und nach Abs. 2 MiLoG vorsätzlich begangen, ist Ahndung mit einer Geldbuße bis zu **500.000 €** möglich. Die übrigen Tatbestände sehen ein Höchstmaß von **30.000 €** vor. Das Höchstmaß von fahrlässigen Taten beträgt gemäß § 17 Abs. 2 OWiG jeweils die Hälfte.

---

[82] *Bertram*, GWR 2015, 26.
[83] BeckOK ArbR/*Greiner*, 70. Aufl., § 13 MiLoG Rn 17.

Ein Verstoß gegen die Vorgaben des Mindestlohnes wirkt sich darüber hinaus auf 126
die Handlungsfähigkeit des Unternehmens im Gesamten aus. § 19 Abs. 1 MiLoG gibt vor, dass solche Bewerber bei **öffentlicher Auftragsvergabe ausgeschlossen** werden, die wegen eines § 21 MiLoG-Verstoßes eine **Geldbuße von mehr als 2.500 €** zu zahlen hatten. Zudem zieht der Verstoß eine **Eintragung in das Gewerbezentralregister** nach sich. Rechtskräftige Bußgeldentscheidungen mit einer **Bußgeldhöhe von über 200 €** fallen nach § 149 Abs. 2 Nr. 3 GewO aufgrund von Taten an, die während der Ausübung eines Gewerbes, bei dem Betrieb einer sonstigen wirtschaftlichen Unternehmung oder im Zusammenhang dazu begangen worden sind. Die Eintragung im Gewerbezentralregister wird auch im Rahmen eines öffentlichen Vergabeverfahrens ersichtlich, da für öffentliche Auftraggeber nach § 19 Abs. 4 MiLoG die Pflicht besteht, vor der Zuschlagserteilung eine Auskunft nach § 150a GewO anzufordern, sofern es sich um Aufträge ab einer Höhe von 30.000 € handelt.

3. Strafbarkeit nach § 266a StGB

Neben den Auswirkungen der Ziffer 2 ordnet § 266a StGB für das **Vorenthalten und** 127
Veruntreuen von Arbeitsentgelt Freiheitsstrafe bis zu **fünf Jahren** oder **Geldstrafe** an. Die Voraussetzungen des Grundtatbestandes des § 266a Abs. 1 StGB liegen auch dann vor, wenn der Arbeitgeber auch aus unerfüllten Mindestlohnansprüchen **Beiträge des Arbeitnehmers zur Sozialversicherung** nicht an die jeweils zuständige Einzugsstelle abführt. Arbeitnehmeranteile am Gesamtsozialversicherungsbeitrag sind dann nicht abgeführt, wenn sie der Arbeitgeber vollständig oder teilweise nicht bei Fälligkeit an die zuständige Einzugsstelle entrichtet. Die schlichte Nichtzahlung trotz Fälligkeit reicht daher aus.[84] Die Androhung im strafrechtlichen Sinn ist daher deckungsgleich mit dem sog. „Entstehungsprinzip" im Sozialrecht. Der Arbeitgeber hat die Beträge also völlig unabhängig davon zu zahlen, ob die entsprechende Vergütung an den Arbeitnehmer geleistet wird, ob Kenntnis der Arbeitsvertragsparteien über den Anspruch besteht und ob Geltendmachung durch den Mitarbeiter vorliegt: Wird eine Vergütung nicht erkannt oder zumindest nicht ausbezahlt, spricht man vom sog. „Phantomlohn"[85] Für die Strafbarkeit im Sinne des § 266a StGB reicht bereits **bedingter Vorsatz** aus. Voraussetzung für diesen Vorsatz ist das **Bewusstsein** und der **Wille**, die Beiträge bei Fälligkeit **nicht abzuführen**. Das bloße Unterlassen der Zahlung entstandener Sozialversicherungsbeiträge bei **(nachweisbarer)** Unkenntnis erfüllt den Straftatbestand des § 266a Abs. 1 StGB dagegen noch nicht.

Insgesamt zeigen die dargestellten Regelungen, dass auch aus dem Mindestlohn- 128
anspruch Compliance-Risiken entstehen können. Dies gilt selbst für Unternehmen mit einer deutlich über dem Mindestlohn liegenden Vergütungsstruktur. Das zunehmende

---

84 BeckOK StGB/*Wittig*, 59. Aufl., § 266a StGB Rn 15.
85 Vgl. Rn 35 ff.

Erfordernis der Einführung eines wirksamen Compliance-Managements wird daher auch durch das MiLoG deutlich.

VIII. Die Arbeitnehmerentsendung im Sinne des Arbeitnehmerentsendegesetzes (AEntG)

129 Das AEntG[86] ist gemäß § 1 AEntG sowohl auf die **grenzüberschreitende Entsendung** als auch auf die regelmäßige **Beschäftigung** ausländischer Arbeitnehmer im **Inland** anwendbar. Zielsetzung dieses Gesetzes ist „die Gewährleistung fairer und funktionierender Wettbewerbsbedingungen durch die Erstreckung der Rechtsnormen von Branchentarifverträgen".

130 Risiken bestehen im Hinblick auf die Compliance-Vorgaben nicht nur im Zusammenhang mit dem Einsatz ausländischer Arbeitnehmer durch die unter VII., Ziffer 1 dargestellte Haftung von Generalunternehmern nach § 14 AEntG. Unterbleibt die Gewährung der in § 8 AEntG vorgeschriebenen Arbeitsbedingungen, die der Verwirklichung des AEntG-Zieles dienen, stellt dies nach § 23 Abs. 1 Nr. 1 sowie Abs. 2 i.V.m. § 23 Abs. 3 AEntG eine Ordnungswidrigkeit dar. Für diese Ordnungswidrigkeit gilt ein erhöhter **Bußgeldrahmen von bis zu 500.000 €**, während andere Verstöße gegen unterschiedliche Vorgaben – besonders gegen Mitwirkungs- oder Dokumentationspflichten – nach § 23 Abs. 1 Nr. 2 bis 9 AEntG Bußgelder bis zu 30.000 € nach sich ziehen können.

C. Einführung und Durchsetzung von Compliance-Vorgaben im Unternehmen

131 Welches Compliance-System sich für ein Unternehmen eignet, hängt schlussendlich vom konkreten Einzelfall ab. Dabei bestehen allerdings drei Wege, um eine verbindliche Wirkung der Vorgaben im Unternehmen zu erreichen:
- Einführung mittels arbeitgeberseitigem Direktionsrecht,
- Einführung mittels Individualvereinbarung,
- Einführung mittels Betriebsvereinbarung.

132 Der Inhalt solcher Vorgaben ist maßgeblich für die verbindliche Wirkung für den individuellen Arbeitnehmer. Anschließend muss kontrolliert werden, ob die Vorgaben eingehalten werden. Danach haben sich ggf. die aus der Kontrolle ergebenen **gebotenen Maßnahmen** wie Rügen bis hin zu Abmahnungen und verhaltensbedingte Kündigun-

---

[86] Arbeitnehmerentsendegesetz (AEntG) v. 20.4.2009 (BGBl. I S. 799), zuletzt geändert durch Gesetz v. 22.11.2019 (BGBl. I S. 1756).

gen anzuschließen. Die rechtliche Wirksamkeit solcher Maßnahmen hängt davon ab, ob die Vorgaben auch wirksam eingeführt und zur Geltung gebracht werden.

I. Einführung mittels Direktionsrecht

Das arbeitgeberseitige Direktionsrecht nach § 106 GewO ermöglicht neben der verbindlichen Vorgabe von Einzelanweisungen auch abstrakt-generelle Vorgaben wie Verhaltens- bzw. Ethikrichtlinien oder anderweitige Anweisungen zur Art und Weise der eigentlichen Arbeitsverpflichtung. Der Arbeitgeber kann darüber **133**
- Inhalt,
- Ort und
- Zeit der Arbeitsleistung

nach billigem Ermessen näher bestimmen. Dies umfasst auch die Regelung der betrieblichen Ordnung und des dortigen Verhaltens der Arbeitnehmer. Darüber hinaus können mittels des Direktionsrechts auch arbeitsvertragliche Nebenpflichten konkretisiert werden, wie die Verschwiegenheitspflicht im Geschäftsverkehr oder der Schutz von Betriebs- und Geschäftsgeheimnissen.[87] Das Direktionsrecht stellt aus Sicht des Arbeitgebers eine einfache Möglichkeit dar, um Compliance-Vorgaben einseitig in Kraft zu setzen.[88]

Das Direktionsrecht ist nach § 106 GewO allerdings in rechtlicher Hinsicht begrenzt. Es **134**
kommt nur zur Anwendung, soweit keine Verletzung höherrangigen Rechts vorliegt und arbeitsvertragliche Vereinbarungen, Betriebsvereinbarungen, Tarifverträge und gesetzliche Bestimmungen nicht Vorrang haben. Der bestehende Arbeitsvertrag stellt dabei eine wichtige Grenze des Direktionsrechts dar. Raum für die Ausübung des Direktionsrechts bleibt durch den Vertrag nur insoweit, als es die bestehenden vertraglichen oder gesetzlichen Haupt- oder Nebenpflichten lediglich konkretisieren soll. Das Direktionsrecht ermöglicht weder die Einführung neuer Verpflichtungen in das Arbeitsverhältnis, noch kann es vertraglich bereits geregelte Pflichten ändern.

Vorgaben betreffend das Verhalten können in die folgenden drei Bereiche unterteilt **135**
werden:[89]
- Regelungen mit ausschließlichem Tätigkeitsbezug,
- Regelungen mit Bezug auf die Tätigkeit und das sonstige Verhalten,
- Regelungen zum außerdienstlichen und privaten Verhalten.

---

87 Weitere Beispiele etwa bei *Mengel/Hagemeister*, BB 2007, 1386, 1387.
88 *Schreiber*, NZA-RR 2010, 617 ff.
89 So etwa Wecker/van Laak/*Süßbrich*, Compliance in der Unternehmerpraxis, S. 231.

136 Weisungen können (zumindest) bezüglich des dritten Bereichs nur in wenigen Ausnahmefällen ergehen.[90] Im Ergebnis dürfte diese Möglichkeit nur dann bestehen, wenn die Konkretisierung einer arbeitsvertraglichen Nebenpflicht betroffen ist.[91]

> **Tipp**
> In rechtlicher Hinsicht sind die Weisungen des Arbeitgebers als empfangsbedürftige Willenserklärungen zu werten. Dem Arbeitgeber ist daher anzuraten, den Zugang beim Arbeitnehmer mittels eines **schriftlichen Empfangsbekenntnisses** oder eines anderen Zugangsnachweises festzuhalten, um im Streitfall beweisen zu können, dass die Weisung verbindlich war. Darüber hinaus sind Aushänge, die Einstellung im Intranet oder E-Mails möglich.

137 Liegt zum Ordnungsverhalten der Arbeitnehmer ein kollektiver Bezug vor, ist allerdings das Recht des Betriebsrats auf Mitbestimmung aus § 87 Abs. 1 Nr. 1 BetrVG zu berücksichtigen, auch wenn die Einführung der Vorgaben mittels Direktionsrecht erfolgen soll.[92]

II. Einführung mittels Individualvereinbarung

138 Verhaltensvorgaben sind mit einem Beschäftigten auch durch individuelle Vorgaben möglich. Grundsätzlich sind mit diesem Instrument aufgrund der allgemeinen Vertragsfreiheit weitreichendere Vereinbarungen möglich, als dies einseitig durch den Arbeitgeber mittels seines Direktionsrechts möglich wäre. Grund dafür ist, dass im Rahmen der Vertragsfreiheit nur die allgemeinen Gesetze **rechtliche Grenzen** darstellen.[93]

139 Diese rechtlichen Grenzen bestehen allerdings nicht in unerheblichem Umfang. Es darf insbesondere keine Sittenwidrigkeit der Vereinbarung oder ein Verstoß gegen Treu und Glauben vorliegen. Darüber hinaus müssen vorformulierte Arbeitsvertragsbedingungen – wenn ein individueller Abschluss erfolgt ist – der sog. **AGB**-Inhaltskontrolle gemäß den §§ 305 ff. BGB standhalten. Durch **vertragliche Verhaltensvorgaben** darf keine unangemessene Benachteiligung der Arbeitnehmer vorliegen. Hierbei muss insbesondere auf die Grundrechte der Arbeitnehmer Rücksicht genommen werden, da in diesem Kontext regelmäßig in die Privatsphäre der Arbeitnehmer eingegriffen wird. Regelmäßig wird die Anzahl rechtlicher Anforderungen an solche Vereinbarungen umso mehr ansteigen, je mehr sich die Verhaltensvorgaben von der ursprünglichen Arbeitspflicht unterscheiden und die Vorgaben auf das allgemeine Verhalten des Arbeitnehmers Einfluss nehmen sollen.[94] Vor allem für Verhaltensvorgaben bezüglich des zuvor

---

90 Vgl. auch Rn 112 f.
91 Wecker/van Laak/*Süßbrich*, Compliance in der Unternehmerpraxis, S. 231 f.
92 Vgl. Rn 59 ff.
93 Küttner/*Kreitner*, Personalbuch, Compliance, Arbeitsrecht, Rn 19 f.
94 Wecker/van Laak/*Süßbrich*, Compliance in der Unternehmerpraxis, S. 231.

genannten zweiten und dritten Bereiches ist daher eine konkrete Begründung erforderlich, um eine Rechtfertigung des Eingriffs in die Privatsphäre des Arbeitnehmers zu erreichen.[95]

Tipp
In der praktischen Anwendung besteht für individuelle Vereinbarungen zu Verhaltensvorgaben das Problem, dass der Arbeitnehmer solche Einbeziehungen in seinen Arbeitsvertrag – zumindest, wenn dieser bereits abgeschlossen ist – in der Regel kaum akzeptieren wird. Weiterhin möglich ist es in diesem Fall zwar, Verhaltensvorgaben durch Änderungskündigungen in bestehende Arbeitsverhältnisse einzuführen. Da ein ausreichender Kündigungsgrund regelmäßig nicht vorliegt, wird eine solche Kündigung nicht die strengen Anforderungen des Kündigungsschutzgesetzes (KSchG)[96] erfüllen.

Probleme entstehen bei der vertraglichen Einbeziehung von Compliance-Richtlinien aber auch hinsichtlich der späteren inhaltlichen Abänderung. Üblicherweise werden insoweit **Flexibilisierungsklauseln** verwendet, das bedeutet Bezugnahme- oder Verweisungsklauseln mit Dynamisierungs- bzw. Änderungsvorbehalt.[97] **140**

Beispiel
Ein Musterarbeitsvertrag legt in der letzten Ziffer unter „Sonstiges" fest: „Im Übrigen sind die Ethik- und Verhaltensrichtlinien des Arbeitgebers in ihrer jeweils aktuellen Fassung anzuwenden."

Mangels Transparenz solcher Klauseln sind diese nach § 307 Abs. 2 Satz 1 BGB unwirksam.[98] Dies gilt jedenfalls dann, wenn die Klausel nicht zumindest eine Regelung dazu trifft, wann mit einer Änderung der Richtlinien zu rechnen ist.[99] Kein Problem besteht für einbezogene Regelungen, die bereits vom Direktionsrecht erfasst sind oder nur auf deklaratorische Weise eine ohnehin bestehende Pflicht erläutern.[100] **141**

Da solche Regelungen meistens einen kollektiven Bezug aufweisen, muss im Rahmen solcher Regelungen das Mitbestimmungsrecht des Betriebsrats berücksichtigt werden.[101] **142**

---

95 *Meyer*, NJW 2006, 3605, 3608.
96 Kündigungsschutzgesetz (KSchG) v. 25.8.1969 (BGBl. I S. 1317), zuletzt geändert durch Gesetz v. 14.6.2021 (BGBl. I S. 1762).
97 Moll/*Dendorfer-Ditges*, Arbeitsrecht, § 35 Rn 46.
98 BAG, Urt. v. 11.2.2009 – 10 AZR 222/08 – NZA 2009, 428 ff.
99 BAG, Urt. v. 12.1.2005 – 5 AZR 364/04 – NZA 2005, 465 ff.
100 Moll/*Dendorfer-Ditges*, Arbeitsrecht, § 35 Rn 46.
101 Vgl. Rn 59 ff.

III. Einführung mittels Betriebsvereinbarung

143 Besteht in einem Betrieb eine Arbeitnehmervertretung, können Verhaltensvorgaben ebenso mittels Betriebsvereinbarung zur unmittelbaren Anwendung auf die Arbeitsverhältnisse kommen. Betriebsvereinbarungen müssen ohnehin abgeschlossen werden, soweit dem Betriebsrat bezüglich einer bestimmten Verhaltensvorgabe ein Mitbestimmungsrecht nach dem BetrVG zusteht.[102]

144 Für Betriebsvereinbarungen gelten allerdings in der Regel dieselben rechtlichen Grenzen, die auch im Rahmen von arbeitgeberseitigen Weisungen oder Individualvereinbarungen anzuwenden sind. Bei Verstößen gegen zwingendes Recht, besonders Grundrechte, kann die Legitimation auch nicht durch Betriebsvereinbarungen erfolgen.

145 Betriebsvereinbarungen sind teilweise dennoch vorteilhafter als die Einführungsmöglichkeiten des Direktionsrechts und der Individualvereinbarung. Nach § 77 Abs. 4 BetrVG ist ihre Anwendung **unmittelbar und zwingend**, sodass es der Zustimmung der einzelnen Arbeitnehmer anders als bei individualvertraglichen Vereinbarungen nicht bedarf. Somit ist auch die Problematik späterer Änderungen hinfällig, da Änderungen in Betriebsvereinbarungen auch direkt auf die Arbeitsverhältnisse wirken.

146 Der Vorteil gegenüber der **direktionsrechtlichen Einführung** liegt darin, dass es der im Einzelfall schwierigen Festlegung der Grenzen des Direktionsrechts nicht mehr bedarf.

147 Zu berücksichtigen ist auch, dass Betriebsvereinbarungen bezüglich des Umgangs mit personenbezogenen Daten von Arbeitnehmern nach dem Bundesdatenschutzgesetz (BDSG)[103] in seiner (noch) aktuellen Fassung die rechtlich sicherste Grundlage darstellen, da sie nach der BAG-Rechtsprechung[104] insoweit die Erhebung, Verarbeitung und Nutzung personenbezogener Daten von Arbeitnehmern legitimieren können.[105]

148 Nur in Bezug auf **leitende Angestellte** i.S.v. § 5 Abs. 3 BetrVG kommen diese Vorteile nicht zur Anwendung, da diese Personengruppe nicht unter den Geltungsbereich von Betriebsvereinbarungen fällt.

! Tipp

In der Regel ist es ratsam, Compliance-Vorgaben mittels Betriebsvereinbarungen festzulegen, da einerseits ohnehin in vielen Punkten ein Mitbestimmungsrecht gegeben ist und andererseits dieser Einführungsweg gegenüber den anderen vorteilhafter ist. Zudem führt dies meist zur Akzeptanzsteigerung bei den Arbeitnehmern. Zu berücksichtigen ist allerdings, dass es gegenüber leitenden Angestellten gesonderter Festsetzungen bedarf.

---

[102] Vgl. Rn 59 ff.; BAG, Urt. v. 22.7.2008 – 1 ABR 40/07 – NZA 2008, 1248 ff.
[103] Bundesdatenschutzgesetz (BDSG) v. 30.6.2017 (BGBl. I S. 2097), zuletzt geändert durch Gesetz v. 22.12.2023 (BGBl. 2023 I Nr. 414).
[104] BAG, Urt. v. 9.7.2013 – 1 ABR 2/13 (A) – NZA 2013, 1433 ff.
[105] Im Einzelnen hierzu vgl. *Wybitul*, NZA 2014, 225 ff.

Kapitel 11
Datenschutzrechtliche Compliance

A. Einleitung

Bereits vor Geltung der Datenschutz-Grundverordnung waren in den Medien zahlreiche Fälle unzulässiger Verwendungen von (personenbezogenen) Daten durch private und kommunale Unternehmen aufgegriffen worden. Dies hing nicht zuletzt damit zusammen, dass die datenschutzrechtlichen Vorgaben in Europa und der Bundesrepublik Deutschland weiter verschärft bzw. differenziert wurden. Zugleich hat sich zunehmend die Frage in das Bewusstsein der Öffentlichkeit gedrängt, wie öffentliche und private Stellen mit personenbezogenen Daten der Bürgerinnen und Bürger umgehen.

Mit Geltung der Datenschutz-Grundverordnung[1] (DS-GVO) ab dem **25.5.2018** wurde das Datenschutzrecht in Europa auf ein einheitliches Schutzniveau gehoben. Die DS-GVO verfolgt dementsprechend das ausdrückliche Ziel, „die Grundrechte und Grundfreiheiten natürlicher Personen und insbesondere deren Recht auf Schutz personenbezogener Daten" zu schützen. Die DS-GVO hat dabei nicht nur neue Begrifflichkeiten und Inhalte hervorgebracht, sondern auch eine Vielzahl neuer Verpflichtungen. Entsprechend groß war und ist mitunter die Verunsicherung bei Unternehmen, Freiberuflern, Organisationen und Vereinen bei der Umsetzung des aktuellen Rechtsrahmens. Bemängelt wurde der hohe Aufwand für kleinere Unternehmen und Vereine. Ein Anstieg der Beschwerden über Datenschutzverstöße hat zugleich zu einem erkennbaren Anstieg der behördlichen Verfahren und verhängten Bußgelder geführt. Hatten die Behörden im Jahr 2018 „nur" 40 Bußen ausgesprochen, waren es im Jahr 2019 bereits mindestens 185 Bußgelder. Bundesweit sollen innerhalb der ersten 18 Monate seit dem Start des neuen Regelwerks insgesamt rund 21.000 Datenpannen gemeldet worden sein.[2] Im Jahr 2023 erreichten die Höhe der erteilten Bußgelder bereits im Mai einen neuen Rekord – dies zugegebenermaßen maßgeblich aufgrund einer Rekordstrafe gegen einen einzelnen Konzern.[3] Alles in allem ist nicht zu sehen, dass der Anstieg der Bußgelder auf kurze oder mittlere Sicht abflachen wird.

Compliance-Strukturen kommen in diesem Bereich daher eine wichtige **präventive Wirkung** zu. Unternehmen haben sicherzustellen, dass ihre Datenverarbeitung nach

---

1 Verordnung (EU) 2016/679 des Europäischen Parlaments und des Rates v. 27.4.2016 zum Schutz natürlicher Personen bei der Verarbeitung personenbezogener Daten zum freien Datenverkehr und zur Aufhebung der Richtlinie 95/46/EG (Datenschutz-Grundverordnung) (ABl EU Nr. L 127 S. 2).
2 Vgl. https://www.abendblatt.de/politik/article228039147/Datenschutz-Verstoesse-Firmen-mussten-185-Bussgelder-zahlen.html.
3 Vgl. https://de.statista.com/infografik/26629/strafen-auf-grund-von-verstoessen-gegen-die-datenschutzgrundverordnung/

Maßgabe der gesetzlichen Bestimmungen erfolgt, nicht zuletzt, um **Haftungsrisiken** zu **mindern**. Neben den materiell-rechtlichen Vorgaben zum Datenschutz hat ein Unternehmen mittlerweile zahlreiche organisatorische datenschutzrechtliche Verpflichtungen zu erfüllen (z.B. Bestellung eines Datenschutzbeauftragten, Verzeichnis aller Verarbeitungstätigkeiten).

4 Die Einhaltung der gesetzlichen Vorgaben sollte für ein Unternehmen indes nicht der einzige Beweggrund für die **Einführung eines datenschutzrechtlichen Compliance-Systems**[4] sein. Ein Datenverlust kann für ein Unternehmen erhebliche wirtschaftliche Auswirkungen haben. Zugleich rückt die **Vermeidung von Imageschäden durch Reputationsverluste** in den Mittelpunkt. Diese können zu einem ganz erheblichen Vertrauensverlust bei Kunden oder auch Mitarbeitern führen. Vor diesem Hintergrund lässt sich Datenschutz auch als Wettbewerbsvorteil begreifen, weil ein offener Umgang mit datenrelevanten Verarbeitungsvorgängen regelmäßig zu einer Kundenbindung der Bestandskunden führen und zudem den Gewinn von Neukunden erleichtern kann.[5] Unternehmen legen daher zunehmend Wert auf den Schutz und die ordnungsgemäße Verarbeitung der Daten.

5 Eine gelungene datenschutzrechtliche Compliance bezweckt daher auch, die einzelnen **Mitarbeiter** in die Pflicht zu nehmen und ihnen ihre Verantwortung für den **rechtskonformen Umgang mit Daten** bewusst zu machen. Die Mitarbeiter sind dabei so zu schulen, dass sie Daten unter Wahrung der Persönlichkeitsrechte des Einzelnen rechtskonform verarbeiten.

6 Nach einer kurzen Einführung zu den Eckpunkten der DS-GVO widmet sich ein Abschnitt dieses Kapitels der **Umsetzung der Datenschutz-Compliance**. Dabei werden zunächst die **zentralen Datenschutzprozesse** dargestellt, wie sie sich im Schwerpunkt insbesondere für die Energiewirtschaft ergeben und aus denen sich zahlreiche konkrete Handlungsempfehlungen ableiten lassen.[6] Neben Datenschutzprozessen bedarf es jedoch auch organisatorischer Strukturen zur Umsetzung der Anforderungen, was durch Erläuterung der **zentralen Datenschutzstrukturen** aufgezeigt wird.[7] Ein weiterer Teil widmet sich der **Datenschutzdokumentation**, die für den Verantwortlichen gemäß der DS-GVO in vielen Fällen verpflichtend ist.[8] Ohne entsprechendes **Datenschutzbewusstsein und Schulungen** der Mitarbeiter lassen sich die vielfältigen datenschutzrechtlichen Vorgaben nicht umsetzen, was in einem weiteren Abschnitt aufgezeigt wird.[9] Die

---

4 Vgl. hierzu den Überblick bei Theobald/Kühling/*Bartsch*, Energierecht, Datenschutz, Rn 121 ff.
5 Vgl. ausführlich Wecker/Ohl/*Bauer*, Compliance in der Unternehmenspraxis, S. 170; *Bauer*, WISO 2009, 504 ff.
6 Siehe dazu Rn 15 bis 94.
7 Siehe dazu Rn 95 bis 108. Zu den insoweit praktisch relevanten unternehmensinternen Richtlinien und sonstigen Maßnahmen vgl. schon Kap. 6.
8 Siehe dazu Rn 109 bis 119.
9 Siehe dazu Rn 120 bis 129.

Überwachung des Datenschutzes und Rechtsfolgen bei Verstößen beschließen dieses Kapitel.[10]

B. Allgemeines zur DS-GVO

I. Zentrale Anforderungen an den Verantwortlichen

Die zentralen Anforderungen an den **Verantwortlichen** im Sinne des § 4 Nr. 7 DS-GVO sind in Art. 5 Abs. 2 und Art. 24 Abs. 1 DS-GVO normiert. Nach § 5 Abs. 2 DS-GVO ist der Verantwortliche für die **Einhaltung der Grundsätze der Verarbeitung personenbezogener Daten** zuständig und muss deren Einhaltung auch nachweisen können („**Rechenschaftspflicht**"). Die entsprechenden Grundsätze sind dabei in Abs. 1 aufgelistet: 7

- Rechtmäßigkeit, Verarbeitung nach Treu und Glauben, Transparenz;
- Zweckbindung;
- Datenminimierung;
- Richtigkeit;
- Speicherbegrenzung;
- Integrität und Vertraulichkeit.

Art. 24 Abs. 1 DS-GVO normiert ferner die Verpflichtung des Verantwortlichen zur **Umsetzung geeigneter technischer und organisatorischer Maßnahmen**, um sicherzustellen, dass die Datenverarbeitung nach Maßgabe der DS-GVO erfolgt. Der Verantwortliche muss hierüber einen **Nachweis** erbringen können. Die entsprechenden Maßnahmen müssen erforderlichenfalls überprüft und aktualisiert werden.[11] 8

Aus den zentralen Anforderungen der DS-GVO an den Verantwortlichen folgt die Verpflichtung zur Umsetzung der Vorgaben für die **Rechte betroffener Personen** (Art. 12 bis 23 DS-GVO) und für **Verantwortliche und Auftragsverarbeiter** (Art. 24 bis 43 DS-GVO). 9

II. Zentrale Datenschutzprozesse

Die **datenschutzkonforme Verarbeitung**[12] personenbezogener Daten ist ein Kernprozess für Unternehmen als Verantwortliche. Ein wichtiger Unterprozess ist dabei die Überprüfung der Wirksamkeit technischer und organisatorischer Maßnahmen.[13] Wei- 10

---

10 Siehe dazu Rn 130 bis 143.
11 Diese Pflicht wird für Anbieter von Telemedien durch die Regelungen des § 19 TTDSG ergänzt, welche diesen weitere Pflichten zur Erhöhung der IT-Sicherheit und der Datensparsamkeit auferlegen.
12 Siehe dazu Rn 15 bis 74.
13 Siehe dazu Rn 57 bis 68.

tere Kernprozesse sind die **Sicherstellung der Rechte betroffener Personen**[14] und der **Umgang mit Datenschutzverstößen**.[15]

III. Zentrale Datenschutzstrukturen

11   Neben den Datenschutzprozessen, die konkrete Abläufe regeln, bedarf es organisatorischer Strukturen, um die Datenschutzanforderungen sicherzustellen. Prägende Elemente solcher Strukturen sind **Datenschutzziele, eine Datenschutz-Governance-Struktur** sowie eine **Datenschutzleitlinie**.[16]

12   Die **Datenschutzziele** leiten sich aus dem Sinngehalt der Datenschutzgesetze ab und dienen zur Steuerung des Datenschutzes im Unternehmen. Sie werden durch die Geschäftsführung bestimmt und sind wesentlicher Bestandteil der Datenschutzleitlinie.[17]

13   Die **Datenschutz-Governance-Struktur** ist ein Steuerungsansatz für den Datenschutz und bestimmt Rollen und Verantwortlichkeiten in Abhängigkeit von den organisatorischen Rahmenbedingungen.[18]

14   Die **Datenschutzleitlinie** ist eine Selbstverpflichtung des Unternehmens hinsichtlich selbstgewählter Datenschutzziele. Sie enthält die Datenschutz-Governance-Struktur zur Zuweisung der Verantwortlichkeiten und wird von der Geschäftsführung verabschiedet.[19]

C. Umsetzung der Datenschutz-Compliance

I. Datenschutzprozesse

1. Rechtskonforme Datenverarbeitung

15   Eine rechtskonforme Datenverarbeitung im Einklang mit den gesetzlichen Vorgaben ist zwingende Voraussetzung zur Vermeidung eines Datenschutzverstoßes. Im Fall eines Verstoßes gegen die jeweilige Pflicht aus der DS-GVO können sich unterschiedliche

---

[14] Siehe dazu Rn 75 bis 91.
[15] Siehe dazu Rn 92 bis 94.
[16] Siehe Rn 99 bis 108; ferner *Kranig/Sachs/Gierschmann*, Datenschutz-Compliance nach der DS-GVO, Kap. 3.3.
[17] Siehe Rn 99 bis 103; ferner *Kranig/Sachs/Gierschmann*, Datenschutz-Compliance nach der DS-GVO, Kap. 3.3.
[18] Siehe Rn 104 bis 106; ferner *Kranig/Sachs/Gierschmann*, Datenschutz-Compliance nach der DS-GVO, Kap. 3.3.
[19] Siehe dazu Rn 107 f.; ferner *Kranig/Sachs/Gierschmann*, Datenschutz-Compliance nach der DS-GVO, Kap. 3.3.

Sanktionen ergeben. Die rechtskonforme Datenverarbeitung hat dabei insbesondere folgende Voraussetzungen:
- **Einhaltung** der **Datenschutzgrundsätze** (Art. 5 Abs. 1 DS-GVO);
- **Rechtmäßigkeit** der Verarbeitung auf einer Rechtsgrundlage (Art. 6 DS-GVO);
- **Transparenz** bei der Erhebung durch Information der betroffenen Person (Art. 12 DS-GVO);
- **Sicherheit der Verarbeitung** durch Umsetzung geeigneter technischer und organisatorischer Maßnahmen (Art. 24 und 32 DS-GVO);
- Datenschutzkonforme **Auftragsverarbeitung** (Art. 28 DS-GVO);
- Sicherstellung des Schutzniveaus bei der **Übermittlung personenbezogener Daten in Drittländer** (Art. 44 DS-GVO).

a) Einhaltung der Datenschutzgrundsätze

Art. 5 DS-GVO normiert eher abstrakt gehaltene Datenschutzgrundsätze, die in den nachfolgenden Artikeln der Verordnung konkretisiert werden. Dies sollte allerdings nicht über die Bedeutung der Norm hinwegtäuschen. Zum einen sind nämlich die nachfolgenden Artikel der DS-GVO nicht abschließend, zum anderen zeigt bereits die Aufnahme des Art. 5 DS-GVO in den erweiterten Ordnungsgeldrahmen des Art. 83 Abs. 5 DS-GVO die eigenständige Bedeutung der hier normierten „Grundsätze für die Verarbeitung personenbezogener Daten".[20]

Nach Art. 5 Abs. 1 lit. a) DS-GVO müssen personenbezogene Daten durch den Verantwortlichen **auf rechtmäßige Weise**, nach **Treu und Glauben** und in einer **für die betroffene Person nachvollziehbaren Weise** verarbeitet werden. Für die Datenverarbeitung gilt damit das Grundprinzip des **Verbots mit Erlaubnisvorbehalt**. Eine rechtmäßige Datenverarbeitung liegt nur dann vor, wenn die betroffene Person entweder **eingewilligt** hat oder eine **gesetzliche Ermächtigungsgrundlage** besteht. Solche Ermächtigungsgrundlagen finden sich in Art. 6 DS-GVO ggfs. in Verbindung mit anderen Rechtsnormen. Der Verantwortliche muss folglich für jeden einzelnen Verarbeitungsvorgang dessen Zweck und Rechtsgrundlage feststellen und gewährleisten, dass diese den datenschutzrechtlichen Anforderungen genügen, andernfalls ist die Verarbeitung rechtswidrig.

Der weitere Grundsatz der **Zweckbindung** in Art. 5 Abs. 1 lit. b) DS-GVO ist ein Kernbestandteil des Datenschutzrechts. Sein Grundgedanke besteht darin, dass schon bei der Erhebung personenbezogener Daten der Zweck festgelegt werden muss, zu dem die Daten erhoben und verarbeitet werden sollen, wobei es sich auch um eine (begrenzte) Mehrheit von Zwecken handeln kann. Der Zweckbindungsgrundsatz trägt dem Umstand Rechnung, dass es faktisch möglich ist, einmal erhobene und gespeicherte Daten für beliebige Zwecke zu verwenden und dadurch immer wieder erneut in das Recht auf

---

20 *Kazemi*, Die EU-Datenschutz-Grundverordnung, § 3 Rn 1.

informationelle Selbstbestimmung der betroffenen Person einzugreifen.[21] Vor diesem Hintergrund **begrenzt** erst ein auf die konkrete betroffene Person und den konkreten Sachverhalt bezogene Festlegung des Verarbeitungsvorgangs auf einen legitimen und auch für die betroffene Person überschaubaren Umfang die **Verarbeitungsmöglichkeiten**.[22] Deshalb müssen der betroffenen Person die Verarbeitungszwecke nach Art. 13 Abs. 1 lit. c) und Art. 14 Abs. 1 lit. c) und Abs. 3 DS-GVO bereits bei Erhebung bzw. Erlangung der Daten mitgeteilt werden.[23]

> **Praxistipp**
> Die Nennung der Zwecke gemäß Art. 13 Abs. 1 lit. c) und Art. 14 Abs. 1 lit. c) DS-GVO sollte möglichst präzise ausfallen und in den Zusammenhang mit einer konkreten Rechtsgrundlage gestellt werden. Dies bereitet in der Praxis mitunter Schwierigkeiten, weil ein Energieversorgungsunternehmen im Regelfall über ein breites Leistungsspektrum verfügt. Verfehlt wäre es gleichwohl, die betroffene Person lediglich über den Kernbereich der Leistungen zu informieren (z. B. „Wir sind im Bereich der Daseinsvorsorge für die Versorgung von Letztverbrauchern mit Strom, Gas und/oder Wasser verantwortlich. Wir benötigen Ihre personenbezogenen Daten, um diese Leistungen erbringen zu können und die damit verfolgten Zwecke (Energie- und/oder Wasserlieferung) zu erreichen.") und sodann keine konkrete Unterscheidung unterschiedlicher Verarbeitungszwecke vorzunehmen. Stattdessen ist die Erfüllung eines Vertrages im Regelfall nur einer von mehreren Verarbeitungszwecken. Ein entsprechender Hinweis – bei mehreren konkret genannten Vertragsverhältnissen und gebündelt für Art. 13 und Art. 14 DS-GVO – lässt sich beispielsweise wie folgt einleiten:
> „Die Sie betreffenden personenbezogenen Daten werden bei allen Vertragsverhältnissen zu den folgenden Zwecken auf folgender Rechtsgrundlage verarbeitet: a) Datenverarbeitung aufgrund einer **Einwilligung** von Ihnen (z. B. zur Werbung per Telefon) auf Grundlage von Art. 6 Abs. 1 S. 1 lit. a) DS-GVO [...]; b) **Erfüllung (inklusive Abrechnung) des jeweiligen Vertrages** mit Ihnen bzw. unserem Vertragspartner sowie ggf. Durchführung **vorvertraglicher Maßnahmen** aufgrund Ihrer Anfrage auf Grundlage von Art. 6 Abs. 1 S. 1 lit. b) DS-GVO; c) [...]; d) [...]."

19 Art. 5 Abs. 1 lit. c) DS-GVO normiert den Grundsatz der **Datenminimierung**. Demnach müssen personenbezogene Daten dem Zweck angemessen und erheblich sowie auf das für die Zwecke der Verarbeitung notwendige Maß beschränkt sein. Erwägungsgrund 39 S. 9 konkretisiert dies dahingehend, dass personenbezogene Daten nur verarbeitet werden sollten, „wenn der Zweck der Verarbeitung nicht in zumutbarer Weise durch andere Mittel erreicht werden kann." Mit diesem Verständnis sind Daten dem Zweck **angemessen**, wenn sie überhaupt einen Bezug zum Verarbeitungszweck haben, und sie sind **erheblich**, wenn ihre Verarbeitung geeignet ist, den festgelegten Zweck zu fördern.[24] Dass die Daten auf **das notwendige Maß zu beschränken** sind, bedeutet insbesondere, dass die Menge von Daten in der Weise zu begrenzen ist, dass zusätzliche – für sich genommen auch angemessene und erhebliche – Daten nicht verarbeitet werden dürfen, wenn der Verarbeitungszweck auch ohne sie erreicht werden

---

21 Kühling/Buchner/*Herbst*, DS-GVO, Art. 5 Rn 22.
22 Kühling/Buchner/*Herbst*, DS-GVO, Art. 5 Rn 22.
23 Siehe dazu Rn 34 bis 56.
24 Kühling/Buchner/*Herbst*, DS-GVO, Art. 5 Rn 57.

kann.[25] In der Zusammenschau ergeben die drei Merkmale etwa eine Formulierung wie „zur Erreichung des festgelegten Verarbeitungszwecks erforderlich".[26]

Praxistipp

Die Strom-/GasGVV sieht mittlerweile die Abfrage des **Geburtsdatums** des Kunden im Rahmen der Vertragsbestätigung nicht mehr vor. Vor diesem Hintergrund sprechen gute Gründe dafür, dass auch bei **Sonderlieferverträgen** für Strom oder Gas eine solche Erhebung nicht zulässig ist. Die Angabe eines Geburtsdatums erleichtert zwar die Identifikation des Kunden gegenüber Dritten (z. B. bei Auskünften aus dem Melderegister oder von einer Auskunftei), gleichwohl ist eine Identifikation auch ohne Kenntnis des Geburtsdatums möglich, wenngleich mitunter aufwändiger. Insofern sollte ein Lieferant sorgfältig abwägen, ob das Geburtsdatum bei einem Sondervertrag weiterhin abgefragt wird; in diesem Fall sollte zumindest ein standardisierter Hinweis auf die **Freiwilligkeit** der Angabe erfolgen.

Rechtlich ebenso kritisch ist bei einem Sondervertrag die standardisierte Abfrage der **Anzahl der Personen im Haushalt**, da dies für die Vertragserfüllung im Regelfall ohne Bedeutung ist. Zulässig ist hingegen die Abfrage des **Verwendungszwecks der Energie** (also z. B. „Eigenverbrauch im privaten Haushalt" oder „Verbrauch für berufliche, gewerbliche oder landwirtschaftliche Zwecke unter/über 10.000 kWh Jahresverbrauch"), da hiervon die Einordnung des Kunden als Haushaltskunde i. S. d. § 3 Nr. 22 EnWG abhängt, was insbesondere im Rahmen der Umsetzung eines Lieferantenwechsels von Belang ist.

Art. 5 Abs. 1 lit. d) DS-GVO normiert den Grundsatz der **Richtigkeit**, wonach personenbezogene Daten sachlich richtig und erforderlichenfalls auf dem neuesten Stand sein müssen. „Sachlich richtig" ist ein objektives Kriterium und bedeutet, dass die über die betroffene Person gespeicherten Informationen mit der Realität übereinstimmen. Das Kriterium ist nur bei Tatsachenangaben anwendbar, nicht jedoch bei Werturteilen.[27] Aus dem Zusatz „erforderlichenfalls" ergibt sich, dass die Daten nicht in jedem Fall auf dem neuesten Stand sein müssen. Die Formulierung zeigt vielmehr, dass das Kriterium der Richtigkeit stets im Hinblick auf die **Zwecke der Verarbeitung** verstanden werden muss (z. B. müssen Daten über Zutritts- oder Zugriffsberechtigungen eines Mitarbeiters stets aktuell sein).[28] Art. 5 Abs. 1 lit. d) Hs. 2 DS-GVO verweist auf die **Pflichten zur Löschung oder Berichtigung** unrichtiger Daten. Gemäß Erwägungsgrund 39 S. 11 sollen von dem Verantwortlichen „alle vertretbaren Schritte unternommen werden, damit unrichtige personenbezogene Daten gelöscht oder berichtigt werden".

Praxistipp

Die Verpflichtung eines Energieversorgungsunternehmens, die Richtigkeit der verarbeiteten personenbezogenen Daten sicherzustellen, kann zugleich Rechtsgrundlage für einen Datenabgleich mit öffentlichen Registern oder Auskunfteien sein.

---

25 Kühling/Buchner/*Herbst*, DS-GVO, Art. 5 Rn 57.
26 Kühling/Buchner/*Herbst*, DS-GVO, Art. 5 Rn 57.
27 Kühling/Buchner/*Herbst*, DS-GVO, Art. 5 Rn 60.
28 Vgl. Kühling/Buchner/*Herbst*, DS-GVO, Art. 5 Rn 61f.

21   Art. 5 Abs. 1 lit. e) DS-GVO normiert den Grundsatz der **Speicherbegrenzung**. Personenbezogene Daten sind in einer Form zu speichern, die eine **Identifizierung** der betroffenen Person nur so lange ermöglicht, wie es für die Zwecke, für die sie verarbeitet werden, erforderlich ist. Die Daten sind bei einer **Zweckerreichung** zu **löschen** oder zu **anonymisieren**. Der Grundsatz der Speicherbegrenzung erfordert ferner, dass die **Speicherfrist** für personenbezogene Daten auf das erforderliche Mindestmaß beschränkt bleibt. Um sicherzustellen, dass die personenbezogenen Daten nicht länger als nötig gespeichert werden, hat der Verantwortliche Fristen für ihre Löschung oder regelmäßige Überprüfung vorzusehen.[29]

22   Art. 5 Abs. 1 lit. f) DS-GVO normiert schließlich den Grundsatz der **Integrität und Vertraulichkeit**. Personenbezogene Daten müssen so verarbeitet werden, dass ihre Sicherheit und Vertraulichkeit angemessen gewährleistet ist. Dazu gehört auch, dass Unbefugte keinen Zugang zu den Daten haben und weder die Daten noch die Geräte, mit denen diese verarbeitet werden, benutzen können.[30]

> **! Praxistipp**
>
> Das Gebot der **Vertraulichkeit** setzt ein internes Zugriffskonzept voraus, das mit Gruppen- und Benutzerrechten arbeitet und den Zugriff auf einzelne Daten im Rahmen der Verarbeitung abhängig von den erforderlichen Prozessen ermöglicht. In die Praxis umsetzen lässt sich dies durch die Einrichtung einer Benutzerverwaltung im Betriebssystem, proprietäre Benutzer- und Rechteverwaltung von Anwendungssystemen und u. U. hybride Formen der Benutzer- und Rechteverwaltung.[31]
>
> Das Gebot der **Integrität** erfordert die technische Wartung der referentiellen Integrität in Datenbanken (also die Sicherstellung der Datenintegrität in einem Softwaresystem), ebenso wie die Protokollierung von Änderungen an personenbezogenen Daten, Plausibilitätsprüfungen, die Verhinderung der Eingabe ungültiger Werte und/oder der ungewollten Löschung, Überschreibung oder Änderung von personenbezogenen Daten sowie den effektiven Schutz vor Sabotage.[32]

23   Gemäß Art. 5 Abs. 2 DS-GVO ist der Verantwortliche schließlich für die Einhaltung der Datenschutzgrundsätze nach Abs. 1 verantwortlich und muss die **Einhaltung nachweisen** können („**Rechenschaftspflicht**").[33] Der Verordnungsgeber hat dabei darauf verzichtet, die Art der Maßnahmen zur Umsetzung dieser Rechenschaftspflicht konkret festzulegen. Die Art. 29-Datenschutzgruppe[34] hat sich jedoch früh für die Aufnahme einer Rechenschaftspflicht in den Rechtsrahmen für das Grundrecht auf den Schutz per-

---

29 Erwägungsgrund 39, S. 10 und 11 zur DS-GVO.
30 Erwägungsgrund 39, S. 12 zur DS-GVO.
31 *Kazemi*, Die EU-Datenschutz-Grundverordnung, § 3 Rn 40.
32 *Kazemi*, Die EU-Datenschutz-Grundverordnung, § 3 Rn 41.
33 Dazu bereits *Bartsch/Rieke*, EnWZ 2017, 435f.; vertiefend Theobald/Kühling/*Bartsch*, Energierecht, Datenschutz, Rn 13f.
34 Stellungnahme 3/2010 der Art. 29-Datenschutzgruppe zum Grundsatz der Rechenschaftspflicht, WP 173 vom 13.7.2010, Abs. 15; abrufbar unter https://datenschutz.hessen.de/sites/datenschutz.hessen.de/files/2022-11/wp173_de.pdf.

sonenbezogener Daten ausgesprochen und dazu einen beispielhaften Katalog geeigneter Maßnahmen vorgeschlagen, u.a.
- Festlegung interner Verfahren vor Beginn neuer Verarbeitungen personenbezogener Daten (interne Prüfung, Beurteilung usw.);
- Aufstellung schriftlicher und verbindlicher Datenschutzstrategien;
- Bestellung eines Datenschutzbeauftragten und anderer für den Datenschutz zuständiger Personen;
- angemessene Angebote zur Mitarbeiterschulung und Fortbildung für den Bereich Datenschutz;
- Einführung und Überwachung von Kontrollverfahren (interne oder externe Audits).

Im Hinblick auf die Einhaltung der Datenschutzgrundsätze in Art. 5 Abs. 1 DS-GVO sollte der Verantwortliche zudem insbesondere folgende **Fragen**[35] beantworten und getroffene Maßnahmen in Textform **dokumentieren**: 24
- Was ist die rechtliche Grundlage für die Verarbeitung eines personenbezogenen Datums?
- Welche Informationsstrukturen und -leitlinien sind etabliert?
- Welchem Zweck folgt die konkrete Datenverarbeitung oder -weiterverarbeitung?
- Ist ein Sperr- und Löschkonzept vorhanden?
- Ist ein Prüfkonzept hinsichtlich der Aktualität personenbezogener Daten vorhanden?
- Wie erfolgt die Festlegung und regelmäßige Überprüfung von Speicherfristen?
- Ist ein Sicherheitskonzept vorhanden?

b) Rechtmäßigkeit der Verarbeitung aufgrund einer Rechtsgrundlage

Jede Datenverarbeitung erfordert die Erfüllung eines datenschutzrechtlichen **Erlaubnistatbestandes**. Nach der zentralen Norm in Art. 6 Abs. 1 S. 1 DS-GVO ist die Verarbeitung nur dann rechtmäßig, wenn mindestens eine der nachstehenden Bedingungen erfüllt ist[36]: 25
- Einwilligung der betroffenen Person in Verarbeitung;
- Verarbeitung ist erforderlich für die Erfüllung eines Vertrags mit der betroffenen Person oder zur Durchführung vorvertraglicher Maßnahmen auf deren Anfrage;
- Verarbeitung ist erforderlich zur Erfüllung einer rechtlichen Verpflichtung;
- Verarbeitung ist erforderlich, um lebenswichtige Interessen der betroffenen Person oder einer anderen natürlichen Person zu schützen;

---

35 *Kazemi*, Die EU-Datenschutz-Grundverordnung, § 3 Rn 53.
36 Handelt es sich um Datenverarbeitungsvorgänge von Telemedienanbietern, sieht zudem § 20 TTDSG vor, dass zur Wahrung des Jugendschutzes erhobene Daten nicht für kommerzielle Zwecke verarbeitet werden dürfen.

- Verarbeitung ist erforderlich für die Wahrnehmung einer Aufgabe, die im öffentlichen Interesse liegt oder in Ausübung öffentlicher Gewalt erfolgt, die dem Verantwortlichen übertragen wurde;
- Verarbeitung ist erforderlich zur Wahrung berechtigter Interessen des Verantwortlichen oder eines Dritten, sofern nicht Interessen oder Grundrechte und Grundfreiheiten der betroffenen Person, die den Schutz personenbezogener Daten erfordern, überwiegen, insbesondere dann, wenn es sich bei der betroffenen Person um ein Kind handelt.

aa) Datenverarbeitung aufgrund einer Einwilligung

26 Die Datenverarbeitung aufgrund einer Einwilligung der betroffenen Person nach Art. 6 Abs. 1 S. 1 lit. a) DS-GVO hat in der Praxis eine nicht zu unterschätzende Bedeutung. Art. 4 Nr. 11 DS-GVO definiert und stellt zugleich die Anforderungen an die Wirksamkeit einer Einwilligung auf. Danach ist eine „Einwilligung" der betroffenen Person jede freiwillig für den bestimmten Fall, in informierter Weise und unmissverständlich abgegebene Willensbekundung in Form einer Erklärung oder einer sonstigen eindeutigen bestätigenden Handlung, mit der die betroffene Person zu verstehen gibt, dass sie mit der Verarbeitung der sie betreffenden personenbezogenen Daten einverstanden ist.

27 Bei der Beurteilung der **Freiwilligkeit** muss dem Umstand in größtmöglichem Umfang Rechnung getragen werden, ob u.a. die Erfüllung eines Vertrages, einschließlich der Erbringung einer Dienstleistung, von der Einwilligung zu einer Verarbeitung von personenbezogenen Daten abhängig gemacht wird, die für die Erfüllung des Vertrags nicht erforderlich sind (Art. 7 Abs. 4 DS-GVO). Mitunter wird hierin ein **Kopplungsverbot** gesehen,[37] was aber im Hinblick auf den relativierenden Wortlaut „in größtmöglichem Umfang", der einen Ermessenspielraum für die Beurteilung eröffnet, fraglich ist.[38] Ein echtes Kopplungsverbot besteht daher wohl lediglich bei einem **Monopolisten**[39] (z.B. Netzbetreiber oder Wasserversorgungsunternehmen).

28 Weitere Anhaltspunkte zur Beurteilung der Freiwilligkeit geben die Erwägungsgründe. Eine Einwilligung ist nur dann freiwillig, wenn die betroffene Person eine echte oder freie Wahl hat und somit in der Lage ist, die Einwilligung zu verweigern oder zurückzuziehen, ohne Nachteile zu erleiden.[40] Eine Einwilligung ist grundsätzlich keine gültige Rechtsgrundlage, wenn zwischen der betroffenen Person und dem Verantwortlichen ein **klares Ungleichgewicht** besteht, insbesondere wenn es sich bei dem Verantwortlichen um eine Behörde handelt, und es deshalb im speziellen Fall unwahrschein-

---

37 *Laue/Nink/Kremer*, Das neue Datenschutzrecht, § 2 Rn 19; Theobald/Kühling/*Bartsch*, Energierecht, Datenschutz, Rn 50 m.w.N.
38 Schneider, Datenschutz, S. 142–144.
39 Gierschmann, ZD 206, 51.
40 Erwägungsgrund 42, S. 5 zur DS-GVO.

lich ist, dass die Einwilligung freiwillig gegeben wurde.[41] Der Umstand, dass eine bestimmte Leistung an einem Ort nur von einem Unternehmen angeboten wird, begründet jedoch nicht notwendig ein Ungleichgewicht. Es kommt auf die Leistung und ihre Modalitäten, ihre Bindungen, die Gestaltung der Ansprache und nicht zuletzt auf die Qualität und Quantität der Daten sowie den Zweck der Verarbeitung an.[42]

Praxistipp
Ein Energieversorgungsunternehmen sollte zunächst sorgfältig prüfen, welche Verarbeitungsvorgänge bereits von einem Tatbestand des Art. 6 Abs. 1 S. 1 DS-GVO gedeckt sind (z. B. erforderliche Verarbeitung für Erfüllung eines Vertrags), weil dann keine Einwilligung erforderlich ist. Ist eine Einwilligung erforderlich, weil das Energieversorgungsunternehmen zusätzliche Daten verarbeiten möchte, darf die Erteilung der Einwilligung grundsätzlich nicht von dem Abschluss des Vertrages abhängig gemacht werden, d. h. der Vertrag sollte auch dann zustande kommen, wenn keine Einwilligung erteilt wird.
Klauseln zur Einwilligung in **Werbung und Marktforschung** (z. B. Vertragsangebote, Informationen über Sonderangebote, Rabattaktionen etc.) per Telefon oder E-Mail bei **Sonderlieferverträgen** für Strom oder Gas sollten in das jeweilige Vertrags- oder Auftragsformular aufgenommen werden. Eine gesonderte Unterschrift des Kunden ist dabei grundsätzlich nicht erforderlich, die Klausel muss jedoch von anderen Sachverhalten **klar unterscheidbar** sein (z. B. durch Fettdruck, Umrandung etc.). Der Kunde muss solche Werbeklauseln **aktiv** selbst **ankreuzen**, andernfalls liegt keine wirksame Einwilligung vor (die Möglichkeit zur Streichung der Klausel durch den Kunden genügt also gerade nicht). Häufig wollen Vertriebe mit Kunden auch **nach Beendigung eines Vertragsverhältnisses** in geschäftlichen Kontakt treten (z. B. als Aktion zur Kundenrückgewinnung). Insbesondere dann, wenn insoweit mehrere Medien zum Einsatz gebracht werden (insbesondere Telefon und E-Mail), muss sich eine Einwilligung des Kunden ausdrücklich auf diese Fälle erstrecken.

bb) Einwilligung bei Cookies, Analytics und Tracking

Viel Beachtung erfahren hat eine Entscheidung des EuGH,[43] wonach Websites **technisch nicht notwendige Cookies** nur dann auf den Rechnern der Nutzer ablegen dürfen, wenn diese ausdrücklich eingewilligt haben. Dies ergibt sich nunmehr ebenfalls aus dem in Umsetzung des Art. 5 Abs. 3 der Richtlinie 2009/136/EG im Nachgang an das Urteil geschaffenen § 25 Abs. 1 S. 1 TTDSG. Cookies sind Textdateien, die beim Besuch einer Website in der Endeinrichtung des Nutzers gespeichert werden, um die Nutzung der Website beispielsweise zu personalisieren oder sogar individualisierte Nutzerprofile zu erstellen. Der im vorgenannten EuGH-Verfahren beklagte Anbieter hatte das Häkchen, durch welches der Nutzer seine Zustimmung zur Cookie-Verwendung geben sollte, bereits voreingestellt; dieser musste nur noch auf „Ok" klicken und sollte damit nicht nur in die Teilnahme an einem Gewinnspiel einwilligen, sondern auch in die Weitergabe seiner Daten an Werbepartner und Sponsoren sowie die Verwendung von Tracking-Cookies. Der EuGH hat entschieden, dass dieses Vorgehen dem EU-Datenschutzrecht nicht

---

41 Erwägungsgrund 43, S. 1 zur DS-GVO.
42 Paal/Pauly/*Frenzel*, Datenschutz-Grundverordnung, Bundesdatenschutzgesetz, Art. 7 Rn 18.
43 EuGH, Urt. v. 1.10.2019 – C-673/17 – NJW 2019, 3433 – Planet49 GmbH.

gerecht wird (Richtlinien 2002/58/EG,[44] 2009/136/EG[45] und 95/46/EG[46] und VO (EU) 2016/679[47]). Unabhängig davon, ob es sich um personenbezogene oder nutzungsbezogene Daten handelt, sei jedenfalls eine **aktive Einwilligung** (sog. „**Opt-in**") des Nutzers erforderlich. Obendrein seien die Nutzer insbesondere auch über die **Funktionsdauer von Cookies** zu informieren sowie darüber, ob und welche Dritten **Zugriff auf die Cookies** erhalten.

30 Der Gesetzgeber hat die Notwendigkeit der Einholung einer datenschutzkonformen Einwilligungserklärung für das Setzen technisch nicht erforderlicher Cookies mittlerweile ausdrücklich in § 25 TTDSG geregelt. Die Regelungen des TTDSG verdrängen nicht die DS-GVO, so dass im Falle einer gleichzeitig stattfindenden Verarbeitung personenbezogener Daten eine Einwilligung sowohl für das Setzen technisch nicht erforderlicher Cookies als auch für die (zugleich) stattfindende Datenverarbeitung eingeholt werden muss.

31 **Analytic-Tools (Reichweitenmessung)** bzw. sonstige **statistische Analysen** sind somit grundsätzlich nur bei Vorliegen von Einwilligungserklärungen zulässig.

32 **Tracking** meint Verfahren, die Nutzer identifizieren und deren Nutzungsverhalten über einen gewissen Zeitraum auswerten, um ihnen dann persönliche Merkmale oder Interessen zuzuordnen. Für Tracking-Verfahren ist immer eine ausdrückliche Einwilligung der Nutzer einzuholen, da der Betreiber in diesem Fall über kein berechtigtes Interesse im Rechtssinne verfügt und insoweit regelmäßig technisch nicht erforderliche Cookies gesetzt werden. Dies gilt auch für **Google Analytics**, das – anders als es der Name vermuten lässt – keine reine Reichweitenmessung ist, sondern individuelle Nutzerprofile erzeugt und Google die Daten zudem für weitere Zwecke nutzt.

33 Sofern Betreiber die bislang in der Praxis übliche (einheitliche) sog. „**Opt-out**"-Variante verwenden, ist dies grundsätzlich nicht rechtssicher möglich.

---

[44] Richtlinie 2002/58/EG des Europäischen Parlaments und des Rates v. 12.7.2002 über die Verarbeitung personenbezogener Daten und den Schutz der Privatsphäre in der elektronischen Kommunikation (Datenschutzrichtlinie für elektronische Kommunikation) (ABl EU Nr. L 201 S. 37).
[45] Richtlinie 2009/136/EG des Europäischen Parlaments und des Rates v. 25.11.2009 zur Änderung der Richtlinie 2002/22/EG über den Universaldienst und Nutzerrechte bei elektronischen Kommunikationsnetzen und -diensten, der Richtlinie 2002/58/EG über die Verarbeitung personenbezogener Daten und den Schutz der Privatsphäre in der elektronischen Kommunikation und der Verordnung (EG) Nr. 2006/2004 über die Zusammenarbeit im Verbraucherschutz (ABl EU Nr. L 337 S. 11).
[46] Richtlinie 95/46/EG des Europäischen Parlaments und des Rates v. 24.10.1995 zum Schutz natürlicher Personen bei der Verarbeitung personenbezogener Daten und zum freien Datenverkehr (ABl EU Nr. L 281 S. 31; ber. 2017 Nr. L 40 S. 78).
[47] Verordnung (EU) 2016/679 des Europäischen Parlaments und des Rates v. 27.4.2016 zum Schutz natürlicher Personen bei der Verarbeitung personenbezogener Daten, zum freien Datenverkehr und zur Aufhebung der Richtlinie 95/46/EG (Datenschutz-Grundverordnung) (ABl EU Nr. L 119 S. 1).

Praxistipp
Betreiber von Websites (z.B. auch Netzbetreiber und Energievertriebe) müssen ihre Voreinstellungen überprüfen und dem Nutzer möglicherweise einige zusätzliche Klicks abverlangen. Dies setzt die detaillierte Kenntnis bzw. Bestandsaufname der eingesetzten Analytics-Tools und Tracking-Verfahren voraus, um die Notwendigkeit bzw. Reichweite einer Einwilligung des Nutzers erkennen und rechtssicher umsetzen zu können. Soweit technisch nicht erforderliche Cookies im Sinne des § 25 TTDSG gesetzt werden, ist eine Einwilligung zwingend erforderlich. Weiterhin muss überprüft werden, ob zusätzlich eine Einwilligung für die Verarbeitung personenbezogener Daten erforderlich ist und ob diese ggfs. über ein transparent ausgestaltetes Cookie-Banner/ Cookie-Consent-Tool gebündelt bzw. zusammen eingeholt werden können. In der Praxis sollte also auf eine besonders transparente und rechtssichere Ausgestaltung von Cookie-Bannern geachtet werden.

c) Transparenz bei Datenerhebung durch Information der betroffenen Person

Ein Verantwortlicher muss nach Art. 12 Abs. 1 S. 1 DS-GVO **geeignete Maßnahmen** treffen, um der betroffenen Person alle **Informationen** gemäß den Artikeln 13 und 14 und alle Mitteilungen gemäß den Artikeln 15 bis 22 und Artikel 34, die sich auf die Verarbeitung beziehen, in präziser, transparenter, verständlicher und leicht zugänglicher Form in einer klaren und einfachen Sprache übermitteln; dies gilt insbesondere für Informationen, die sich speziell an Kinder richten. War es in Deutschland insofern schon vor Geltung der DS-GVO anerkannt, dass Auskünfte an betroffene Personen in verständlicher Form gegeben werden müssen, wird diese dem Transparenzgebot immanente Anforderung jetzt auf alle Informations-, Auskunfts- und Benachrichtigungspflichten nach der DS-GVO erstreckt.[48]

34

aa) Inhalt der Informationspflicht gemäß Art. 13 und 14 DS-GVO

Die Grundsätze einer fairen und transparenten Verarbeitung machen es erforderlich, dass die betroffene Person über die Existenz des Verarbeitungsvorgangs und seiner Zwecke unterrichtet wird.[49] Werden personenbezogenen Daten **unmittelbar bei der betroffenen Person** erhoben, regelt **Art. 13 DS-GVO** eine zentrale **Informationspflicht für den Verantwortlichen**. Der Verantwortliche hat die betroffene Person zum Zeitpunkt der Erhebung personenbezogener Daten umfassend über die Datenverarbeitung zu informieren. Die Information muss dabei folgende Inhalte umfassen:

35

- Name und Kontaktdaten des Verantwortlichen sowie ggf. seines Vertreters;
- ggf. Kontaktdaten des Datenschutzbeauftragten;
- Zwecke, für die die personenbezogenen Daten verarbeitet werden sollen sowie Rechtsgrundlage für die Verarbeitung;

---

48 Simitis/Hornung/Spiecker/*Dix*, Datenschutzrecht, Art. 12 Rn 12.
49 Erwägungsgrund 60, S. 1 zur DS-GVO.

- ggf. berechtigte Interessen, die vom Verantwortlichen oder einem Dritten verfolgt werden;
- Empfänger oder Kategorien von Empfängern der personenbezogenen Daten;
- Absicht des Verantwortlichen, die personenbezogenen Daten an ein Drittland oder eine internationale Organisation zu übermitteln;
- Dauer, für die die personenbezogenen Daten gespeichert werden bzw. die Kriterien für die Festlegung dieser Dauer;
- Bestehen eines Rechts auf Auskunft sowie auf Berichtigung, Löschung, Einschränkung der Verarbeitung, Widerspruch sowie Datenübertragbarkeit;
- Bestehen eines Rechts, eine Einwilligung jederzeit zu widerrufen;
- Bestehen eines Beschwerderechts bei einer Aufsichtsbehörde;
- Umstand, ob die Bereitstellung der personenbezogenen Daten gesetzlich oder vertraglich vorgeschrieben oder für einen Vertragsschluss erforderlich ist;
- Bestehen einer automatisierten Entscheidungsfindung einschließlich Profiling.

36   Zusätzlich zu Art. 13 DS-GVO werden in **Art. 14 DS-GVO** Informationspflichten bestimmt, die der Verantwortliche erfüllen muss, wenn die personenbezogenen Daten **nicht bei der betroffenen Person erhoben** werden, sondern der Verantwortliche diese Daten von Dritten erlangt (z.B. Austausch personenbezogener Daten wie Zählerstände oder Messwerte zwischen einem Netzbetreiber oder Messstellenbetreiber und einem Lieferanten). Die Informationspflicht nach Art. 14 DS-GVO betrifft beispielsweise auch personenbezogene Daten, die von einer betroffenen Person in ihrer Rolle als Mitarbeiter, Erfüllungsgehilfe oder Dienstleister eines Vertragspartners des Verantwortlichen zur sachgerechten Kommunikation erhoben und benötigt werden.

37   Die inhaltlichen Unterschiede der Informationspflicht nach Art. 13 DS-GVO und Art. 14 DS-GVO sind vergleichsweise gering. Insofern bietet sich in der Praxis grundsätzlich die Erstellung eines einheitlichen Hinweisblattes an („**Datenschutzerklärung**"), wobei im Rahmen der Information über die Art der Datenerhebung zwischen den beiden Fallgruppen „Datenerhebung bei der betroffenen Person (Art. 13 DS-GVO)" und „Datenerhebung nicht bei der betroffenen Person (Art. 14 DS-GVO)" unterschieden werden sollte.

38   In der Praxis ist es regelmäßig vorteilhaft, die gesetzlich geforderten Informationen gemäß Art. 13, 14 DS-GVO einheitlich in einem Vertragsdokument zusammenzufassen (z.B. in einem anliegenden Hinweisblatt). Dies betrifft in der Energiewirtschaft etwa Liefer-, Netzanschluss- und Anschlussnutzungsverträge oder Messstellenverträge. Betroffen sind grundsätzlich aber auch Datenschutzerklärungen im Internet, Nutzungsbedingungen für Online-Kundenportale oder vorformulierte Einwilligungserklärungen.[50]

---

50 Theobald/Kühling/*Bartsch*, Energierecht, Datenschutz, Rn 55.

Im Zusammenhang mit Vertragsverhältnissen bzw. Kundenbeziehungen ist einem 39
vertikal integrierten Energieversorgungsunternehmen typischerweise davon **abzuraten, einheitliche Datenschutzinformationen für alle Sparten und Marktrollen** zu
verwenden. Der Ansatz eines einheitlichen Hinweisblattes „Netz & Vertrieb" mag verlockend praxisnah sein, lässt aber häufig energierechtliche Vorgaben außen vor. Im
Raum stehen bei der Verwendung eines einheitlichen Hinweisblattes „Netz & Vertrieb"
durch einen Netzbetreiber Verstöße gegen das Diskriminierungsverbot, z. B. gegen das
Gebot der diskriminierungsfreien Ausgestaltung und Abwicklung des Messstellenbetriebs gemäß § 3 Abs. 4 S. 1 MsbG[51] (etwa für den Fall, dass ein Netzbetreiber im Rahmen der Erstellung eines Hausanschlusses oder der grundzuständige Messstellenbetreiber im Rahmen eines Wechsels der Messeinrichtung der betroffenen Person eine
Datenschutzerklärung zugänglich macht, die zugleich Informationen über die Datenverarbeitung im eigenen verbundenen Vertrieb abbildet und damit in der Sache mittelbar
für den Vertrieb wirbt).

Praxistipp

Die Umsetzung der Hinweispflichten nach Art. 13 und 14 DS-GVO sollte im Bereich „Vertrieb" sowie „Netz &
Messstellenbetrieb" durch **zwei eigenständige Datenschutzerklärungen** erfolgen, die der jeweils betroffenen Person durch das Energieversorgungsunternehmen in seiner jeweiligen Marktrolle zur Verfügung gestellt
werden. Im Bereich „Vertrieb" können dabei die „klassischen" Sparten Strom, Gas, Wasser und Fernwärme
zusammengefasst werden, wobei je nach Leistungsspektrum des Energieversorgungsunternehmens Ergänzungen im Hinblick auf weitere Dienstleistungsangebote (z. B. ÖPNV, E-Mobility, Photovoltaik, Contracting
etc., aber auch wettbewerblichen Messstellenbetrieb) denkbar sind. Für den Bereich „Wasser" kann ergänzend die „Abwasserbeseitigung" erfasst werden, sofern das Energieversorgungsunternehmen – wie häufig –
als Abrechnungsdienstleister im Rahmen der öffentlichen Abwasserbeseitigung (Schmutzwasser) tätig wird.
Im Bereich „Netz" mit seinen Netzanschluss- und Anschlussnutzungsverträgen als auch der Netznutzung bietet sich im Rahmen des Hinweisblattes die Verknüpfung mit dem (grundzuständigen) Messstellenbetrieb als
auch der Einspeisung nach dem EEG und KWK-G an. Denkbar ist es dabei, den Bereich „Wasser" im Hinblick
auf den grundsätzlich einheitlichen Anschluss- und Versorgungsvertrag gemäß AVBWasserV und – je nach organisatorischer Einordnung dieser Sparte – alternativ dem Hinweisblatt „Netz" zuzuordnen. Zudem kann es
im Einzelfall – abhängig von der Datenverarbeitung im Rahmen der jeweiligen Vertragsbeziehung mit dem
Kunden – sinnvoll sein, ein eigenständiges Hinweisblatt für bestimmte Leistungsbereiche vorzuhalten (z. B.
Bäderbetrieb, Parkraumbewirtschaftung).

---

bb) Zeitpunkt der Informationspflicht gemäß Art. 13 und 14 DS-GVO

Die vorgeschriebenen Informationen gemäß **Art. 13 DS-GVO** sind der betroffenen Per- 40
son **zum Zeitpunkt der Erhebung** mitzuteilen.[52]

---

51 Messstellenbetriebsgesetz v. 29.8.2016 (BGBl. I S. 2034), zuletzt geändert durch Gesetz v. 20.11.2019 (BGBl. I S. 1626).
52 Vgl. auch Theobald/Kühling/*Bartsch*, Energierecht, Datenschutz, Rn 55.

41 Beim Abschluss eines **Sonderliefervertrages** für Strom oder Gas lässt sich diese Hinweispflicht durch Beifügung der entsprechenden Datenschutzerklärung zum Vertragswerk leicht erfüllen.

42 Im Bereich der gesetzlichen **Grund- und Ersatzversorgung** im Sinne der §§ 36, 38 EnWG ergibt sich die Besonderheit, dass der Vertrag dabei typischerweise konkludent durch tatsächliche Entnahme des Kunden geschlossen wird (vgl. § 2 Abs. 2 S. 1 Strom-/GasGVV). Die insofern erforderliche Vertragsbestätigung durch den Grundversorger nach § 2 Abs. 1 S. 2 i.V.m. Abs. 3 bzw. § 3 Abs. 2 Strom-/GasGVV unter Beifügung einer Datenschutzerklärung erfolgt bei strenger Betrachtung jedoch nicht mehr „zum Zeitpunkt der Erhebung", weil zu diesem Zeitpunkt bereits personenbezogene Daten erhoben worden sind. Vor diesem Hintergrund ist es einem Grundversorger zu empfehlen, spezifische Datenschutzinformationen gemäß Art. 13 und 14 DS-GVO in die **Ergänzenden Bedingungen zur Strom- bzw. GasGVV** aufzunehmen. Die Änderung bereits bestehender Ergänzender Bedingungen oder deren erstmalige Schaffung erfolgen dabei durch öffentliche Bekanntgabe sowie zeitgleiche briefliche Mitteilung an die Kunden und Veröffentlichung auf der Website des Energieversorgungsunternehmens nach Maßgabe des § 5 Abs. 2 Strom-/GasGVV.

> **Praxistipp**
> In der Grund- und Ersatzversorgung folgt aus der Informationspflicht des Art. 13 DS-GVO eine faktische Verpflichtung zur (ggf. erstmaligen) Veröffentlichung Ergänzender Bedingungen zur Strom-/GasGVV einschließlich entsprechender Datenschutzhinweise. Bestehende Ergänzende Bedingungen können bei Bedarf auch im Übrigen aktualisiert werden (z. B. im Hinblick auf Vorgaben des MsbG). In der Praxis wird die Veröffentlichung neuer Ergänzender Bedingungen häufig – sofern kalkulatorisch geboten – mit einer Änderung der Allgemeinen Preise verknüpft. Solange keine Ergänzenden Bedingungen zur Strom-/GasGVV einschließlich entsprechender Datenschutzhinweise veröffentlicht worden sind, sollte der Grundversorger seine aktuelle Datenschutzerklärung als Anlage zur gesetzlich erforderlichen Vertragsbestätigung gegenüber dem Kunden beifügen.

43 Die Vorgaben zum Zeitpunkt der Informationen im Fall der Nicht-Direkterhebung gemäß **Art. 14 DS-GVO** fallen hingegen unterschiedlich aus. Die Informationen gemäß Art. 14 Abs. 1 und 2 DS-GVO sind der betroffenen Person wie folgt zur Verfügung zu stellen:

- Innerhalb einer angemessenen Frist nach Erlangung der Daten unter Berücksichtigung der spezifischen Umstände der Verarbeitung, längstens jedoch innerhalb eines Monats.
- Werden die Daten zur Kommunikation mit der betroffenen Person verwendet, müssen die Informationen spätestens zum Zeitpunkt der ersten Mitteilung an sie erfolgen.
- Ist die Offenlegung an einen anderen Empfänger beabsichtigt, müssen die Informationen spätestens zum Zeitpunkt der ersten Offenlegung erfolgen.

Die Informationspflicht nach Art. 14 Abs. 1 und 2 DS-GVO **entfällt** gemäß Art. 14 Abs. 5 **44**
lit. a) und b) DS-GVO u. a., wenn die betroffene Person **bereits über die Informationen verfügt** oder sich die Erteilung dieser Informationen als unmöglich erweist oder einen **unverhältnismäßigen Aufwand** erfordern würde. Letzteres kann nach den Vorstellungen des Verordnungsgebers insbesondere bei Verarbeitungen für im öffentlichen Interesse liegende Archivzwecke, zu wissenschaftlichen oder historischen Forschungszwecken oder zu statistischen Zwecken der Fall sein. Als Anhaltspunkte sollten die Zahl der betroffenen Personen, das Alter der Daten oder etwaige geeignete Garantien in Betracht gezogen werden.[53]

Im Bereich der Energieversorgung würde die individuelle Erfüllung der **45**
Informationspflichten beispielsweise für einen **Netzbetreiber** im Rahmen des Lieferantenwechsels eines Privatkunden einen erheblichen Verwaltungsaufwand auslösen. Gleichwohl verarbeitet der Netzbetreiber in diesem Zusammenhang unzweifelhaft personenbezogene Daten.

Es ist auch nicht davon auszugehen, dass jeder Strom- oder Gaskunde „bereits über **46**
die Informationen" im Sinne des Art. 14 Abs. 5 lit. a) DS-GVO „verfügt", was die Informationspflicht des Netzbetreibers per se entfallen ließe. Zwar verpflichtet § 3 Abs. 3 S. 2 NAV[54] bzw. NDAV[55] den Netzbetreiber, dem Kunden dessen Mitteilung über die Aufnahme der Nutzung des Netzanschlusses zur Entnahme von Strom bzw. Gas unverzüglich in Textform unter Hinweis bzw. Beifügung der Allgemeinen Bedingungen einschließlich der Ergänzenden Bedingungen des Netzbetreibers zu bestätigen. Diese Verpflichtung des Netzbetreibers besteht jedoch nur gegenüber Kunden, die zuvor ihrer entsprechenden Mitteilungspflicht ihm gegenüber nachgekommen sind, was in der Praxis eher selten ist. Bei sonstiger Kenntnis des Netzbetreibers von der Anschlussnutzung – also etwa lediglich mittelbar im Rahmen eines Lieferantenwechsels – entfallen als Folge der Verletzung der Mitteilungspflicht des Kunden auch die korrespondierenden Pflichten des Netzbetreibers.[56]

Es ist auch fraglich, ob dieser Fall bereits als „unverhältnismäßiger Aufwand" im **47**
Sinne des Art. 14 Abs. 5 lit. b) DS-GVO eingeordnet werden kann, was die Informationspflicht des Netzbetreibers ebenfalls entfallen ließe. Denn ein Lieferantenwechsel – wenngleich Teil eines sog. Massenkundengeschäfts – bezieht sich immer auf eine einzelne oder wenige betroffene Personen, denen gegenüber die Informationspflicht durchaus erfüllt werden kann.

---

53 Erwägungsgrund 62, S. 2 und 3 zur DS-GVO.
54 Niederspannungsanschlussverordnung v. 1.11.2006 (BGBl. I S. 2477), zuletzt geändert durch Verordnung v. 14.3.2019 (BGBl. I S. 333).
55 Niederdruckanschlussverordnung v. 1.11.2006 (BGBl. I S. 2477, 2485), zuletzt geändert durch Gesetz v. 17.12.2018 (BGBl. I S. 2549).
56 *de Wyl/Eder/Hartmann*, Praxiskommentar Netzanschluss- und Grundversorgungsverordnungen, § 3 N(D)AV Rn 18.

48 Datenschutzrechtlich liegt die (standardisierte) Lösung des Problems zur Erfüllung der Informationspflichten nach Art. 14 Abs. 1 und 2 DS-GVO durch den Netzbetreiber damit im Zweifel – und insofern vergleichbar mit der Grund- und Ersatzversorgung – in einer Veröffentlichung bzw. Aktualisierung **Ergänzender Bedingungen zur NAV bzw. NDAV** einschließlich spezifischer Datenschutzhinweise. Dies ist unabhängig von der Verpflichtung des Netzbetreibers, eine eigene Datenschutzerklärung (als Hinweisblatt) vorzuhalten. Die Änderung bereits bestehender Ergänzender Bedingungen oder deren erstmalige Konzeption erfolgen dabei durch öffentliche Bekanntgabe und zeitgleiche Veröffentlichung auf der Website des Energieversorgungsunternehmens nach Maßgabe des § 4 Abs. 3 NAV bzw. NDAV.

cc) Form der Informationspflichten gemäß Art. 13 und 14 DS-GVO

49 Art. 12 Abs. 1 S. 2 DS-GVO bestimmt, dass die Übermittlung der gebotenen Informationen nach Art. 13 und 14 DS-GVO – und alle Mitteilungen gemäß Art. 15 bis 22 und Art. 34 – schriftlich oder in anderer Form, gegebenenfalls auch elektronisch erfolgt. Die Übermittlungsform hängt dabei eng mit den Geboten der **Zugänglichkeit und Verständlichkeit** sowie mit dem Kontext der Verarbeitung zusammen.[57]

50 Aus dem Verordnungstext ergibt sich, dass der Begriff „schriftlich" die Schriftform i.S.d. § 126 Abs. 1 (eigenhändige Unterschrift) und Abs. 3 i.V.m. § 126a BGB (qualifizierte elektronische Signatur) meint. Mit „in anderer Form" ist insbesondere jedes elektronische Format gemeint, das über die deutsche Textform i.S.d. § 126b BGB hinausgeht.

51 Eine für die Praxis überaus bedeutsame Frage ist, ob ein Verantwortlicher seiner Informationspflicht nach Art. 13 DS-GVO dadurch genügt, dass er eine entsprechende **Datenschutzerklärung auf seiner Website** zur Verfügung stellt und beispielsweise im Rahmen von Vertragsbeziehungen mit Kunden lediglich auf eine **Verlinkung** zu diesem Dokument verweist.[58]

52 Bei einer – wie hier – **aktiven Informationspflicht** besteht nach dem Wortlaut des Art. 12 Abs. 1 S. 2 DS-GVO grundsätzlich ein **Entscheidungsspielraum** des Verantwortlichen, in welcher Form er die gebotenen Informationen bereitstellt. Allerdings muss die gewählte Form der betroffenen Person tatsächlich eine hinreichende Kenntnismöglichkeit vermitteln.[59] Dies ist in Art. 34 Abs. 3 lit. c) S. 2 DS-GVO ausdrücklich geregelt und lässt sich für andere aktive Informationspflichten dem Zugänglichkeitsgebot des Art. 12 Abs. 1 S. 1 DS-GVO entnehmen.[60] Der Verantwortliche muss deshalb, wenn er personenbezogene Daten bei der betroffenen Person erhebt, die nach Art. 13 DS-GVO gebotenen

---

[57] Simitis/Hornung/Spiecker/*Dix*, Datenschutzrecht, Art. 12 Rn 18.
[58] § 13 TMG ist mit der Einführung des TTDSG entfallen und hat inhaltlich hierin keine Entsprechung gefunden. Somit sind nunmehr Voraussetzungen an die Informationspflichten und Einwilligungsanforderungen allein aus der DS-GVO zu entnehmen.
[59] Kühling/Buchner/*Bäcker*, DS-GVO, Art. 12 Rn 16.
[60] Kühling/Buchner/*Bäcker*, DS-GVO, Art. 12 Rn 16.

Informationen **ohne Medienbruch** bereitstellen.[61] Werden beispielsweise Daten mit einem schriftlichen oder elektronischen Formular erhoben, müssen die Informationen nach Art. 13 Abs. 1 und 2 DS-GVO grundsätzlich auf diesem Formular zur Verfügung gestellt werden.[62]

Auch ist zu bedenken, dass Art. 13 Abs. 1 und 2 DS-GVO eine **aktive Unterrichtung** 53 der betroffenen Person verlangt. Aus der scheinbaren sprachlichen Unterscheidung, dass der Verantwortliche der betroffenen Person die Informationen des Abs. 1 „mitteilen" und die Informationen des Abs. 2 nur „zur Verfügung stellen" muss, lassen sich keine gegenteiligen Schlüsse ziehen. Diese Unterscheidung findet sich in anderen Fassungen der Verordnung nicht.[63] Es reicht folglich bereits nach dem Wortlaut der Verordnung wohl nicht aus, wenn der Verantwortliche die Informationen lediglich zum **passiven Abruf auf seiner Website** bereithält.

Hierin dürfte auch kein Widerspruch zum Erwägungsgrund 58 („Grundsatz der 54 Transparenz")[64] liegen, wonach die Informationen auch auf einer Website zur Verfügung gestellt werden können. Diese Form der Information genügt den Anforderungen im Hinblick auf die dortige Präzisierung nur, wenn der Verantwortliche die betroffene Person auf die Website hinweist und die betroffene Person die **gesicherte Möglichkeit** hat, die Informationen vor der Datenerhebung zur Kenntnis zu nehmen.[65]

Ein Verantwortlicher muss also stets prüfen, auf welche Weise und in welcher Form 55 der Übermittlung er sicherstellen kann, dass die vorgeschriebenen Informationen zur Datenverarbeitung die betroffenen Personen in jedem Fall erreichen.[66] Zwar ist nicht ausgeschlossen, bei **Massengeschäften** des täglichen Lebens eine einzelfallübergreifende Darstellung wie eine Website zu wählen, auf der Informationen für eine Vielzahl gleichartiger Einzelfälle bereitgestellt werden,[67] allerdings beschränkt das Zugänglich-

---

61 Kühling/Buchner/*Bäcker*, DS-GVO, Art. 12 Rn 16.
62 Kühling/Buchner/*Bäcker*, DS-GVO, Art. 13 Rn 58.
63 Kühling/Buchner/*Bäcker*, DS-GVO, Art. 13 Rn 59; *Laue/Nink/Kremer*, Das neue Datenschutzrecht, § 3 Rn 17.
64 „Der Grundsatz der Transparenz setzt voraus, dass eine für die Öffentlichkeit oder die betroffene Person bestimmte Information präzise, leicht zugänglich und verständlich sowie in klarer und einfacher Sprache abgefasst ist und gegebenenfalls zusätzlich visuelle Elemente verwendet werden. Diese Information könnte in elektronischer Form bereitgestellt werden, beispielsweise auf einer **Website**, wenn sie für die Öffentlichkeit bestimmt ist. Dies gilt insbesondere für Situationen, wo die große Zahl der Beteiligten und die Komplexität der dazu benötigten Technik es der betroffenen Person schwer machen, zu erkennen und nachzuvollziehen, ob, von wem und zu welchem Zweck sie betreffende personenbezogene Daten erfasst werden, wie etwa bei der **Werbung im Internet**. Wenn sich die Verarbeitung an Kinder richtet, sollten aufgrund der besonderen Schutzwürdigkeit von Kindern Informationen und Hinweise in einer dergestalt klaren und einfachen Sprache erfolgen, dass ein Kind sie verstehen kann." [Hervorh. durch d. Verf.].
65 Kühling/Buchner/*Bäcker*, DS-GVO, Art. 13 Rn 59; wohl auch Ehmann/Selmayr/*Heckmann*/*Paschke*, Datenschutz-Grundverordnung, Art. 12 Rn 22.
66 Simitis/Hornung/Spiecker/*Dix*, Datenschutzrecht, Art. 12 Rn 18; ähnlich Paal/Pauly/*Paal*/*Hennemann*, Datenschutz-Grundverordnung, Bundesdatenschutzgesetz, Art. 12 Rn 32.

keitsgebot des Art. 12 Abs. 1 S. 1 DS-GVO dies dann wiederum auf Konstellationen, bei denen ein Medienbruch sicher ausgeschlossen werden kann (z. B. bei einem Vertragsschluss ausschließlich über die Website des Verantwortlichen).[68]

56 Im Ergebnis lässt sich festhalten, dass ein Verantwortlicher seiner Informationspflicht nach Art. 13 DS-GVO im Regelfall nicht allein dadurch genügen dürfte, dass er eine entsprechende Datenschutzerklärung auf seiner Website zur Verfügung stellt und hierauf in externen Medien verweist.[69] In diesem Zusammenhang ist zu bedenken, dass eine Verletzung der Informationspflicht eine empfindliche **Geldbuße** nach Art. 83 Abs. 5 lit. b) DS-GVO zur Folge haben kann.

> **Praxistipp**
> Die Möglichkeit einer (bloßen) Verlinkung auf eine entsprechende Datenschutzerklärung auf der Website zur Erfüllung der Informationspflichten nach Art. 13 Abs. 1 und 2 DS-GVO erscheint verlockend einfach und kostengünstig. Zahlreiche Dienstleister bieten ein solches Modell als Alternative zu einem grundsätzlich schriftlichen Hinweis an. Eine Änderung der DS-GVO in diesem Sinne ist sicherlich diskutabel und mag auch für die Zukunft wünschenswert sein. Es ist jedoch derzeit von einer solchen „schlanken" Lösung abzuraten, da sie nach aktueller Rechtslage nicht hinreichend belastbar ist. Im Übrigen ist zu erwarten, dass diese zentrale Fragestellung zukünftig zum Gegenstand gerichtlicher Auseinandersetzungen werden wird. Im Hinblick auf die unstreitige Tatsache, dass einige Verbraucher nach wie vor über keinen Zugang zum Internet verfügen, dürfte es überdies eine Frage der **Kundenfreundlichkeit** und allgemeinen **Transparenz** sein, wie sich ein Unternehmen hierzu aufstellt. Eine transparent gestaltete und ohne jegliche Einschränkungen für die Kunden verfügbare Datenschutzerklärung kann gleichsam die Visitenkarte eines Energieversorgungsunternehmens im Bereich des Datenschutzes sein.

---

67 Kühling/Buchner/*Bäcker*, DS-GVO, Art. 13 Rn 60.
68 A. A. Plath/*Kamlah*, DSGVO/BDSG, Art. 12 DSGVO Rn 3 f., mit der Begründung, Erwägungsgrund 58 schließe nicht aus, dass an die betroffene Person zu richtende Informationen über eine allgemeine Internetdarstellung erteilt werden können, wenn die Informationen allgemeiner Natur sind und keine personenbezogenen Daten der betroffenen Person enthalten. Daraus abgeleitet erscheine es denkbar, bei der Erteilung von Informationen und Mitteilungen einen „Medienbruch" zuzulassen, wonach ein Teil der Informationen und Mitteilungen der betroffenen Person direkt und ein anderer Teil über das Internet erteilt werden. Die im Erwägungsgrund 58 genannte Werbung im Internet sei ein Beispiel für eine an die Öffentlichkeit zu richtende Information. Solche Verarbeitungskontexte seien aber nicht nur bei der Werbung (im Internet) denkbar, sondern bei jeder gleichartigen – eine Vielzahl von Personen betreffenden – Datenverarbeitung, wie dies im Grunde bei jedem geschäftsmäßigen Datenverarbeiter stattfinde. Bei einem solchen Verständnis des Erwägungsgrundes dürfte jedoch die Bedeutung bzw. Einhaltung des Zugänglichkeitsgebots des Art. 12 Abs. 1 S. 1 DS-GVO – also gerade eine Information „ohne Medienbruch" – nicht hinreichend gewichtet werden.
69 A. A. ggf. auch – ohne nähere Begründung – *Kazemi*, Die EU-Datenschutz-Grundverordnung, § 8 Rn 16 („Der Verweis auf eine ‚Internetseite', auf der sich die Informationen befinden, kann ausreichen, auch wenn im Jahre 2017 immer noch nicht sicher davon ausgegangen werden kann, dass jeder Betroffene über einen Internetzugang verfügt.").

d) **Sicherheit der Verarbeitung durch Umsetzung geeigneter technischer und organisatorischer Maßnahmen**
aa) **Vorgaben in Art. 24 und 32 DS-GVO sowie § 19 TTDSG**

Gemäß Art. 24 Abs. 1 DS-GVO – der Generalnorm der Verantwortungszuweisung[70] – muss der Verantwortliche **geeignete technische und organisatorische Maßnahmen** umsetzen, um sicherzustellen und den Nachweis dafür erbringen zu können, dass die Verarbeitung gemäß der Verordnung erfolgt. Diese Maßnahmen müssen erforderlichenfalls überprüft und aktualisiert werden. Welche Maßnahmen geeignet sind, bestimmt sich nach der Art, dem Umfang, den Umständen und den Zwecken der Verarbeitung sowie der unterschiedlichen Eintrittswahrscheinlichkeit und Schwere der Risiken für die Rechte und Freiheiten der betroffenen Person. 57

Zusätzlich ist Art. 32 Abs. 1 DS-GVO als nähere Ausformung des **Grundsatzes der Integrität und Vertraulichkeit**[71] i.S.d. Art. 5 Abs. 1 lit. f) DS-GVO konzipiert.[72] Demnach müssen der Verantwortliche und der Auftragsverarbeiter geeignete technische und organisatorische Maßnahmen treffen, um ein dem Risiko angemessenes Schutzniveau zu gewährleisten. Welche Maßnahmen hierzu geeignet sind, bestimmt sich unter Berücksichtigung des Stands der Technik, der Implementierungskosten und der Art, des Umfangs, der Umstände und der Zwecke der Verarbeitung sowie der unterschiedlichen Eintrittswahrscheinlichkeit und Schwere des Risikos für die Rechte und Freiheiten der betroffenen Person. 58

Die Maßnahmen betreffen insbesondere die Bereiche der **Zutritts-, Zugangs-, Zugriffs-, Weitergabe-, Eingabe-, Auftrags- und Verfügbarkeitskontrolle** sowie das sog. **Trennungsgebot**, das heißt die Gewährleistung, dass zu unterschiedlichen Zwecken erhobene Daten getrennt verarbeitet werden können. Eine entsprechende Umsetzung erfolgt im Regelfall durch die **IT-Abteilung** des Unternehmens, die zugleich die Einhaltung der Maßnahmen in Zusammenarbeit mit einem etwaigen Datenschutzbeauftragten überwacht. 59

Art. 32 DS-GVO bildet zugleich eines der Kernelemente der DS-GVO ab, den sog. **risikobasierten Ansatz**.[73] Dieser Ansatz dient nach überwiegender Auffassung der **Skalierung innerbetrieblicher Maßnahmen**, führt jedoch nicht zum Wegfall jeglicher Maßnahmen einer Datenschutz-Compliance.[74] Der risikobasierte Ansatz ist auch der Kerngedanke bei der nachfolgend dargestellten Datenschutz-Folgenabschätzung in Art. 35 DS-GVO. 60

---

70 Paal/Pauly/*Martini*, Datenschutz-Grundverordnung, Bundesdatenschutzgesetz, Art. 24 Rn 1.
71 Siehe dazu Rn 22.
72 Paal/Pauly/*Martini*, Datenschutz-Grundverordnung, Bundesdatenschutzgesetz, Art. 32 Rn 2.
73 Vgl. *Bartsch/Rieke*, EnWZ 2017, 435f.; Theobald/Kühling/*Bartsch*, Energierecht, Datenschutz, Rn 15.
74 Instruktiv *Schröder*, ZD 2019, 503.

bb) Datenschutz-Folgenabschätzung

61 Eine **Datenschutz-Folgenabschätzung ("DSFA")** muss bei Vorliegen der gesetzlichen Voraussetzungen in Art. 35 ff. DS-GVO grundsätzlich dann durchgeführt werden, wenn sich die unternehmensinternen Risiken im Hinblick auf Art und Umfang, die Umstände oder den konkreten Zweck der Datenverarbeitung ändern. Damit hat der Verordnungsgeber eine regulatorische Innovation in die DS-GVO aufgenommen, die bereits aus anderen Rechtsgebieten – z. B. die Umweltverträglichkeitsprüfung oder Gesetzesfolgenabschätzung[75] – bekannt ist.[76]

62 Die Durchführung einer DSFA ist erforderlich, wenn für die Rechte und Freiheiten natürlicher Personen (Recht auf informationelle Selbstbestimmung, Art. 2 Abs. 1 GG i. V. m. Art. 1 Abs. 1 GG) voraussichtlich ein **"hohes Risiko"** im Sinne des Art. 35 Abs. 1 DS-GVO besteht. Der Verordnungsgeber hat diesen unbestimmten Rechtsbegriff in Art. 35 Abs. 3 DS-GVO mit einer nicht abschließenden Auflistung von Fällen einer Durchführungspflicht ergänzt. Diese Durchführungspflicht wird durch die veröffentlichten Positivlisten des Bundesbeauftragten für Datenschutz und Informationssicherheit sowie von den Landesbeauftragten für Datenschutz aufgrund des Art. 35 Abs. 4 DS-GVO präzisiert. Gleichwohl kann im Einzelfall eine DSFA erforderlich sein, obwohl der Sachverhalt weder Art. 35 Abs. 3 DS-GVO noch einer Liste zugeordnet werden kann.

❗ Praxistipp

Im Prinzip muss vor jedem neuen Datenverarbeitungsvorgang geprüft werden, ob eine DSFA erforderlich ist (Schwellenwertanalyse). Ergibt dabei eine Prognose, dass mit hoher Wahrscheinlichkeit ein Schaden für die Rechte und Freiheiten natürlicher Personen eintreten wird, ist von einem hohen Risiko auszugehen und eine DSFA durchzuführen. Lautet das Ergebnis der Schwellenwertanalyse, dass keine DSFA zu erstellen ist, ist zu Nachweiszwecken gleichwohl das Ergebnis zu dokumentieren und in das Verzeichnis der Verarbeitungstätigkeiten aufzunehmen. Im Rahmen einer durchzuführenden DSFA ist zu überprüfen, ob geeignete technische oder organisatorische Maßnahmen dazu führen, dass das ursprünglich hohe Risiko so weit minimiert wird, dass die in Frage stehenden Datenverarbeitungsvorgänge wieder akzeptabel sind.

Spätestens mit der erstmaligen Durchführung einer DSFA sollte diese in ein **Datenschutz-Management-System** implementiert werden. Dabei ist zu beachten, dass eine DSFA kein einmaliger Vorgang ist, sondern bei jeder Änderung der für das Unternehmen maßgeblichen Datenschutz-Parameter erneut durchgeführt werden muss. Im Übrigen kann die Veröffentlichung der Ergebnisse einer DSFA im Einzelfall aus Gründen der Transparenz sinnvoll sein, ist aber nach geltendem Recht – im Gegensatz zu beispielsweise den Ergebnissen einer Umweltverträglichkeitsprüfung nach § 9 UVPG[77] – nicht zwingend erforderlich.[78]

---

75 Vgl. *Smeddinck*, DÖV 2004, 103 ff.
76 Paal/Pauly/*Martini*, Datenschutz-Grundverordnung, Bundesdatenschutzgesetz, Art. 35 Rn 1.
77 Gesetz über die Umweltverträglichkeitsprüfung v. 12.2.1990 i.d.F. der Bekanntmachung v. 24.2.2010 (BGBl. I S. 94), zuletzt geändert durch Gesetz v. 12.12.2019 (BGBl. I S. 2513).
78 *Martini*, JZ 2017, 1017, 1022.

Die Wahl der einzelnen Kriterien, nach denen eine DSFA vorzunehmen ist, lässt die DS-GVO offen. Die Mindestanforderungen an die Durchführung ergeben sich aus Art. 35 Abs. 7 und 8 DS-GVO. Demnach ist die DSFA in drei Phasen[79] zu gliedern: eine **Vorbereitungsphase**, eine **Bewertungsphase** und eine **Berichts- und Maßnahmephase**. 63

Im Rahmen der **Vorbereitungsphase** (Art. 35 Abs. 7 lit. a) und b) DS-GVO) werden der Prüfungsgegenstand sowie die beteiligten Akteure bestimmt. Da es sich um ein einzelfallbezogenes Instrument handelt, müssen in dieser Phase die konkreten Vorgänge, Risiken und Zwecke der Verarbeitung herausgearbeitet werden. 64

In der **Bewertungsphase** (Art. 35 Abs. 7 lit. c) DS-GVO) werden die Ergebnisse der Vorbereitungsphase den gesetzlichen Anforderungen gegenübergestellt. Die übergreifende Fragestellung innerhalb dieser Phase lautet dabei: Wie hoch sind die Gefahren, deren Eintrittswahrscheinlichkeit und das Gewicht der betroffenen Güter der Personen im Einzelfall? Das Ziel der Bewertung ist es, im Rahmen eines Soll-Ist-Vergleichs einen **angemessenen Ausgleich** zwischen den legitimen Zwecken der Datenverarbeitung und den Rechten der Betroffenen herzustellen. Es handelt sich daher – vereinfacht dargestellt – um eine Form einer Verhältnismäßigkeitsprüfung. 65

Innerhalb der abschließenden **Berichts- und Maßnahmephase** (Art. 35 Abs. 7 lit. d) DS-GVO) werden auf Grundlage der vorgenommenen Bewertung **geeignete Abhilfemaßnahmen** eingeleitet, um die Gefahren auf ein angemessenes Niveau zu verringern. Diese Sicherheitsvorkehrungen müssen dokumentiert werden. Im Einzelfall können sich beispielsweise die Implementierung einer Zwei-Faktor-Authentifizierung, eine höhere Verschlüsselung oder ähnliche informationstechnologisch gestützte Maßnahmen anbieten.[80] 66

Der Verantwortliche muss gemäß Art. 36 Abs. 1 DS-GVO vor der Verarbeitung die **Aufsichtsbehörde konsultieren**, wenn aus einer DSFA nach Maßgabe des Art. 35 DS-GVO hervorgeht, dass die Verarbeitung ein hohes Risiko zur Folge hätte, sofern er **keine Maßnahmen zur Eindämmung des Risikos** trifft. 67

Zu beachten ist weiterhin, dass dem **Datenschutzbeauftragten** – auf Anfrage – die Beratung im Zusammenhang mit der DSFA und die Überwachung ihrer rechtskonformen Durchführung obliegt (Art. 39 Abs. 1 lit. c) DS-GVO). 68

Fallbeispiel
Wenn ein Energieversorgungsunternehmen die Markteinführung eines Smart-Meter-Strom-Produktes plant, das über den Inhalt des Pflicht-Rollouts nach dem MsbG hinausgeht, ist grundsätzlich zuvor eine DSFA durchgeführt werden. Wenn es sich dabei um die Verarbeitung von sensiblen personenbezogenen Daten handelt, die ihrerseits die Grundlage zukünftiger Entscheidungen bilden (Verbrauchsverhalten, Abrechnung), fällt die Einführung solcher Produkte unter die beispielhafte Auflistung des § 35 Abs. 3 lit. a) DS-GVO. Der Umstand, dass eine betroffene Person bereits zuvor mit Strom beliefert, gemessen und abgerechnet worden ist, führt zu keiner anderen Wertung. Der Wechsel von einer analogen Messung zu einer Messung und Übermittlung über

---

79 A.A. Theobald/Kühling/*Bartsch*, Energierecht, Datenschutz, Rn 33, der aus Art. 35 Abs. 7 DS-GVO vier Schritte ableitet.
80 Paal/Pauly/*Martini*, Datenschutz-Grundverordnung, Bundesdatenschutzgesetz, Art. 35 Rn 54.

ein Smart-Meter-Gateway ist eine Veränderung der datenschutzrelevanten Parameter und kann aufgrund des dargestellten Fahrplans jedenfalls eine DSFA erfordern, wenn die Funktionalitäten über den Katalog der Standardleistungen nach § 35 Abs. 1 MsbG hinausgehen.

e) Datenschutzkonforme Auftragsverarbeitung

69 „**Auftragsverarbeiter**" sind in Art. 4 Nr. 8 DS-GVO definiert als eine natürliche oder juristische Person, Behörde, Einrichtung oder andere Stelle, die personenbezogene Daten im Auftrag des eigentlich Verantwortlichen verarbeitet. Auftragsverarbeiter können beispielsweise bei der Vertragsabwicklung eingesetzte Dienstleister zur Verbrauchsabrechnung oder Dienstleister im Bereich der Smart-Meter-Gateway-Administration sein (vgl. § 2 Nr. 19 MsbG)[81]. Auftragsverarbeitung ist die weisungsgebundene Datenverarbeitung des Auftragnehmers für den Auftraggeber. Art. 28 DS-GVO regelt insofern die Anforderungen an den Auftragnehmer als auch die Pflichten des Auftraggebers, sodass ein datenschutzrechtskonformer Datenfluss zwischen beiden sichergestellt werden kann. Davon abzugrenzen ist das sog. Joint Controllership, bei dem mehrere Verantwortliche gemeinsam Daten mit jeweils vertraglich festgelegten Verantwortlichkeiten verarbeiten (Art. 26 DS-GVO).

70 Die an einen Auftragsverarbeiter übermittelten Daten dürfen von diesem ausschließlich zur Erfüllung seines Auftrages entsprechend der ihm obliegenden Verpflichtungen oder Aufgaben verwendet werden. Der Verantwortliche ist im Hinblick auf den Auftragsverarbeiter zu einer **sorgfältigen Auswahl**, zur **Überwachung** sowie zum **Abschluss einer Vereinbarung** verpflichtet. In der Vereinbarung müssen Gegenstand und Dauer der Verarbeitung, Art und Zweck der Verarbeitung, die Art der personenbezogenen Daten, die Kategorien betroffener Personen und die Pflichten und Rechte des Verantwortlichen festgelegt sein. Art. 28 Abs. 3 S. 2 DS-GVO sieht hierfür verbindliche **Mindestinhalte** vor.

> **Praxistipp**
> Die sorgfältige Ausgestaltung und Dokumentation der Vereinbarungen zur Auftragsverarbeitung ist Teil des eigenen Datenschutzmanagements. Da Fehler bei der Auftragsverarbeitung für den Auftraggeber regelmäßig außerhalb der eigenen Aufbau- und Ablauforganisation liegen, müssen mindestens die Ausgestaltung und Abwicklung der Vereinbarungen zur Auftragsverarbeitung sauber aufgestellt sein. Hierbei ist zwingend darauf zu achten, dass in der Vereinbarung zur Auftragsverarbeitung sämtliche Mindestinhalte des Art. 28 Abs. 2 bis 4 DS-GVO enthalten sind. Dies ist in der Praxis eine häufige Gefahrenquelle, die für beide Parteien zu Datenschutzrisiken führen kann. Auch einzelne Weisungen an den Auftragsverarbeiter sind zu dokumentieren. Sofern ein Auftragsverarbeiter nämlich gegen Weisungen verstößt und dadurch selbst Zwecke und Mittel der Verarbeitung bestimmt, wird er nach Art. 28 Abs. 10 DS-GVO selbst zum Verantwortlichen.

---

81 vom Wege/Weise/*Bartsch/Dippold*, Praxishandbuch MsbG, Kap. 9, Rn 85.

Eder/Festl-Wietek

f) Schutzniveau bei Übermittlung in Drittländer

Das fünfte Kapitel der DS-GVO (Art. 44 bis 50) bewirkt die Ausdehnung des unionsweit garantierten **Schutzes personenbezogener Daten**, indem es die Zulässigkeit von Datenübermittlungen aus der EU an Empfänger in Drittländern oder an internationale Organisationen an die Erfüllung bestimmter Voraussetzungen knüpft. Verlassen Daten den Geltungsbereich des EU-Datenschutzrechts, gehen damit die Gefahr sowohl einer uneingeschränkten Datenverwendung im Empfängerland oder der Empfängerorganisation als auch eines unkontrollierbaren Rückflusses in den EU-Raum einher.[82] Art. 44 DS-GVO normiert deshalb als **präventives Verbot mit Erlaubnisvorbehalt** den allgemeinen Grundsatz, dass entsprechende Datenübermittlungen nur unter den in Kapitel V. der DS-GVO festgelegten Bedingungen gestattet sind.[83]

71

Es ist notwendig, betroffene Personen im Rahmen der **Informationspflicht nach Art. 13 bzw. 14 DS-GVO**[84] darüber aufzuklären, ob eine Übermittlung ihrer personenbezogenen Daten an ein Drittland oder eine internationale Organisation erfolgt, und ggf. ob die erforderlichen Voraussetzungen zur Sicherstellung des Schutzniveaus vorliegen.

72

g) Dokumentation der Verarbeitungstätigkeiten

Jeder Verantwortliche muss schriftlich oder in einem elektronischen Format ein **Verzeichnis aller Verarbeitungstätigkeiten** führen, die seiner Zuständigkeit unterliegen (Art. 30 Abs. 1 DS-GVO). Dieses Verzeichnis enthält sämtliche folgende Angaben:

73

- Name und Kontaktdaten des Verantwortlichen und ggf. des gemeinsam mit ihm Verantwortlichen, des Vertreters des Verantwortlichen sowie eines etwaigen Datenschutzbeauftragten;
- Zwecke der Verarbeitung;
- Beschreibung der Kategorien betroffener Personen und der Kategorien personenbezogener Daten;
- Kategorien von Empfängern, gegenüber denen die personenbezogenen Daten offengelegt worden sind oder noch offengelegt werden, einschließlich Empfänger in Drittländern oder internationalen Organisationen;
- ggf. Übermittlungen von personenbezogenen Daten an ein Drittland oder an eine internationale Organisation, einschließlich der Angabe des betreffenden Drittlands oder der betreffenden internationalen Organisation;
- wenn möglich, vorgesehene Fristen für die Löschung der verschiedenen Datenkategorien;
- wenn möglich, allgemeine Beschreibung der technischen und organisatorischen Maßnahmen gemäß Art. 32 Abs. 1 DS-GVO.

---

[82] Paal/Pauly/*Pauly*, Datenschutz-Grundverordnung, Bundesdatenschutzgesetz, Art. 44 Rn 1.
[83] Paal/Pauly/*Pauly*, Datenschutz-Grundverordnung, Bundesdatenschutzgesetz, Art. 44 Rn 1.
[84] Siehe dazu Rn 34 bis 56.

74 Der Verantwortliche oder der Auftragsverarbeiter müssen der **Aufsichtsbehörde** das Verzeichnis auf Anfrage zur Verfügung stellen (Art. 30 Abs. 4 DS-GVO).

> **Praxistipp**
> Verzeichnisse über die Verarbeitungstätigkeiten sind in der betrieblichen Praxis oft fehlerhaft. Dies birgt erhebliche Risiken, weil der Verantwortliche das Verzeichnis – häufig im Zusammenhang mit einem erfolgten Datenschutzverstoß – auf Anfrage der Aufsichtsbehörde zur Verfügung stellen muss und etwaige Rechtsverstöße dann verbrieft vorliegen können. Andererseits kann das Verzeichnis über die Verarbeitungstätigkeiten auch **entlastende Funktion** haben (z. B. als Nachweis über eine durchgeführte Datenschutz-Folgenabschätzung). Defizite hinsichtlich der fortlaufenden Aktualisierung des Verzeichnisses lassen sich leicht durch die Einrichtung einer entsprechenden **Organisationsstruktur** ausgleichen. Geschäftsbereiche, die in datenschutzrechtlich relevante Bereiche einbezogen sind (z. B. IT oder Human Resources), sollten dabei die für das Verzeichnis maßgeblichen Angaben gemeinsam erarbeiten.

2. Sicherstellung der Rechte betroffener Personen
a) Rechte betroffener Personen im Überblick

75 Betroffenen Personen steht eine Vielzahl an Rechten zur Kontrolle und Durchsetzung der datenschutzrechtlichen Regelungen zu. Der jeweilige Anspruch richtet sich dabei gegen den Verantwortlichen. Ein Auftragsverarbeiter hat den Verantwortlichen lediglich bei der Beantwortung von Anträgen betroffener Personen zur Umsetzung ihrer Rechte zu unterstützen (vgl. Art. 28 Abs. 3 lit. e) DS-GVO). Die in den Art. 13 ff. DS-GVO geregelten **Rechte betroffener Personen** sind:

- Recht auf Information (Art. 15 DS-GVO);
- Recht auf Berichtigung, wenn die gespeicherten Daten fehlerhaft, veraltet oder sonst wie unrichtig sind (Art. 16 DS-GVO);
- Recht auf Löschung, wenn die Speicherung unzulässig ist, der Zweck der Verarbeitung erfüllt und die Speicherung daher nicht mehr erforderlich ist oder eine erteilte Einwilligung zur Verarbeitung bestimmter personenbezogener Daten widerrufen wurde (Art. 17 DS-GVO);
- Recht auf Einschränkung der Verarbeitung, wenn eine der in Art. 18 Abs. 1 lit. a) bis d) DS-GVO genannten Voraussetzungen gegeben ist (Art. 18 DS-GVO);
- Recht auf Übertragung der eigenen personenbezogenen Daten (Art. 20 DS-GVO);
- Recht auf Widerruf einer erteilten Einwilligung, wobei der Widerruf die Rechtmäßigkeit der bis dahin aufgrund der Einwilligung erfolgten Verarbeitung nicht berührt (Art. 7 Abs. 3 lit. c) DS-GVO);
- Recht auf Beschwerde bei einer Aufsichtsbehörde (Art. 77 DS-GVO).

b) Umsetzung der Rechte betroffener Personen
aa) Auskunft

Der Umfang des Auskunftsanspruchs des Betroffenen knüpft an die zuvor dargestellte **Informationspflicht nach Art. 13, 14 DS-GVO**[85] an und entspricht dieser inhaltlich weitgehend. Auf Verlangen ist der betroffenen Person gemäß Art. 15 Abs. 3 DS-GVO eine Kopie der personenbezogenen Daten, die Gegenstand der Verarbeitung sind, kostenlos zur Verfügung zu stellen.

Verarbeitet der Verantwortliche eine große Menge von Informationen über die betroffene Person, soll er verlangen können, dass sie präzisiert, auf welche Information oder welche Verarbeitungsvorgänge sich ihr Auskunftsersuchen bezieht, bevor er der betroffenen Person Auskunft erteilt.[86] Der Verantwortliche soll zudem alle vertretbaren Mittel für die **Identitätsprüfung** einer auskunftssuchenden Person einsetzen, insbesondere im Rahmen von Online-Diensten und im Fall von Online-Kennungen, um eine Offenlegung personenbezogener Daten an unberechtigte Dritte zu verhindern.

bb) Löschung

Artikel 17 DS-GVO enthält in erster Linie einen **„klassischen" Löschungsanspruch** gegen den Verantwortlichen. Bei der Entstehung der DS-GVO hat zudem ein **„Recht auf Vergessenwerden"** (vor allem in Bezug auf personenbezogene Daten im Internet) eine Rolle gespielt. Mit den Mitteln des Rechts und auch der Technik sollte im Fall der Beanspruchung einer Löschung dagegen angegangen werden, dass das Internet eigentlich „nichts vergisst".[87] In der endgültigen Fassung ist davon – auch wenn die Überschrift zu Art. 17 DS-GVO etwas anderes nahelegt – nur ein sehr eingeschränktes Modell übrig geblieben, das sich im Wesentlichen in der Verpflichtung des Verantwortlichen erschöpft, „angemessene Maßnahmen" zu ergreifen, um die Empfänger der zu löschenden Daten über das Löschungsbegehren zu informieren.[88]

Nach Art. 17 Abs. 1 lit. a) DS-GVO sind personenbezogene Daten z.B. zu löschen, wenn sie für die Zwecke, für die sie erhoben oder auf sonstige Weise verarbeitet wurden, nicht mehr notwendig sind. In der unternehmerischen Praxis kann die Notwendigkeit zur Vorhaltung der personenbezogenen Daten mit Beendigung eines Vertragsverhältnisses mit dem Kunden entfallen, wenn aus dem Vertragsverhältnis keine weiteren Ansprüche geltend gemacht werden können. Dies betrifft auch Energieliefer-, Netzanschluss- und Anschlussnutzungs- oder Messstellenverträge.

---

85 Siehe dazu Rn 34 bis 56.
86 Vgl. Erwägungsgrund 63 zur DS-GVO.
87 Kühling/Buchner/*Herbst*, DS-GVO, Art. 17 Rn 1.
88 Vgl. Kühling/Buchner/*Herbst*, DS-GVO, Art. 17 Rn 1.

> **Praxistipp**
> Nicht bei jedem personenbezogenen Datum ist unmittelbar nach Vertragsbeendigung zwingend eine Löschung durchzuführen. Es ist jeweils zu prüfen, ob alternative Rechtsgrundlagen zur Verarbeitung der personenbezogenen Daten gelten. So kann im Einzelfall die werbliche Ansprache des (ehemaligen) Kunden ggfs. für einen gewissen Zeitraum auf Art. 6 Abs. 1 S. 1 lit. f) DS-GVO gestützt werden. Insoweit ist jedoch vorab zu überprüfen, ob und ggfs. wie lange eine solche werbliche Kontaktaufnahme tatsächlich rechtlich zulässig ist.

80 Eine ausdrückliche Ausnahme von der Pflicht zur Löschung sieht zudem Art. 17 Abs. 3 Nr. 1 lit. b) DS-GVO i.V.m. § 35 BDSG[89] für die Fälle vor, in denen beispielsweise die Erfüllung handels- oder steuerrechtlicher **Aufbewahrungspflichten** des Verantwortlichen der Löschung entgegenstehen. Der Verantwortliche hat dann jedoch durch technische und organisatorische Maßnahmen sicherzustellen, dass die Verarbeitung der personenbezogenen Daten im Unternehmen tatsächlich nur noch zu diesem Zweck erfolgt.[90]

> **Praxistipp**
> Unternehmen sind zur Vermeidung von Sanktionen der Aufsichtsbehörden gehalten, als Teil ihres Datenschutzkonzepts ein **Löschkonzept** zu erstellen, in welchem Fristen für die Löschung und die regelmäßige Überprüfung der verarbeiteten Datenkategorien hinterlegt sind. Ferner bedarf es einer Prüfung der technischen Umsetzbarkeit der Löschung in den verwendeten IT-Systemen.

cc) Datenübertragbarkeit

81 Artikel 20 Abs. 1 DS-GVO begründet für betroffene Personen einen Anspruch auf **Herausgabe** ihrer personenbezogenen Daten in einem strukturierten, maschinenlesbaren und gängigen Format. Über die Regelung soll betroffenen Personen eine bessere Kontrolle über ihre Daten eingeräumt werden.

82 Betroffene Personen haben nach Art. 20 Abs. 2 DS-GVO auch einen **Anspruch auf direkte Übertragung** ihrer personenbezogenen Daten von einem Verantwortlichen an einen anderen Verantwortlichen, soweit diese Übermittlung **technisch machbar** ist. Dieser unbestimmte Rechtsbegriff ist dabei konkretisierungsbedürftig. Nach dem Willen des Verordnungsgebers soll die Norm nicht die Pflicht des Verantwortlichen begründen, technisch kompatible Datenverarbeitungssysteme zu übernehmen oder beizubehalten.[91] Die technische Machbarkeit richtet sich also grundsätzlich nach den beim Verantwortlichen schon **vorhandenen technischen Möglichkeiten**.[92] Anderer-

---

[89] Bundesdatenschutzgesetz v. 30.6.2017 (BGBl. I S. 2097), zuletzt geändert durch Gesetz v. 20.11.2019 (BGBl. I S. 1626).
[90] Theobald/Kühling/*Bartsch*, Energierecht, Datenschutz, Rn 61.
[91] Vgl. Erwägungsgrund 68, S. 7 zur DS-GVO.
[92] Kühling/Buchner/*Herbst*, DS-GVO, Art. 29 Rn 27.

seits muss ein Verantwortlicher gemäß Art. 12 Abs. 2 S. 1 DS-GVO der betroffenen Person die Ausübung ihrer Rechte erleichtern. Eine betroffene Person kann daher grundsätzlich eine Mitwirkung des Verantwortlichen in verhältnismäßigem Umfang, etwa bei der **Anpassung von Übertragungsformaten**, verlangen.[93]

Gerade bei Energieversorgungsunternehmen wird man davon ausgehen können, dass Messstellen- und Anschlussnutzer bzw. belieferte Kunden vermehrt von dem Recht auf Datenübertragbarkeit Gebrauch machen (z.B. zur Angebotseinholung bei Dritten). **83**

dd) Widerspruch

In der Praxis bedeutsam ist auch das **Widerspruchsrecht** einer betroffenen Person gemäß Art. 21 DS-GVO. Art. 21 Abs. 1 DS-GVO normiert zunächst ein Widerspruchsrecht gegen Verarbeitungen, die aufgrund von Art. 6 Abs. 1 S. 1 lit. e) DS-GVO erfolgen, also für die Wahrnehmung einer dem Verantwortlichen übertragenen Aufgabe erforderlich sind, die im **öffentlichen Interesse** liegen oder in Ausübung öffentlicher Gewalt erfolgen. Im Fall eines Widerspruchs verarbeitet der Verantwortliche die personenbezogenen Daten nicht mehr, es sei denn, er kann zwingende schutzwürdige Gründe für die Verarbeitung nachweisen, die die Interessen, Rechte und Freiheiten der betroffenen Person überwiegen, oder die Verarbeitung dient der Geltendmachung, Ausübung oder Verteidigung von Rechtsansprüchen. **84**

Die DS-GVO definiert nicht, was sie unter „öffentlichem Interesse" versteht. Im öffentlichen Interesse dürften jedoch vor allem Aufgaben der **Daseinsvorsorge** liegen.[94] Die DS-GVO spricht diese in mehreren Erwägungsgründen an (z.B. Leistungen der Gesundheitsfürsorge in EG 45, Gesundheitsvorsorge in EG 52, humanitäre Zwecke in EG 46 oder sogar „wichtige wirtschaftliche oder finanzielle Interessen" des Mitgliedstaats in EG 73). Das öffentliche Interesse muss deshalb ein solches Gewicht haben, dass es verhältnismäßig ist, das **Grundrecht auf Datenschutz einzuschränken**.[95] **85**

In der Praxis handelt es sich dabei im Wesentlichen um **öffentliche Aufgaben** und um die Datenverarbeitung der öffentlichen Stellen i.S.d. BDSG. Überwiegend handeln öffentlich-rechtliche Wettbewerbsunternehmen im öffentlichen Interesse.[96] Erbringen privatisierte Stadtwerke oder andere private Unternehmen die Versorgung mit Fernwärme, Elektrizität, Wasser und Mobilität oder die Entsorgung von Abwasser und Abfall, soll dies in der Erfüllung von Aufgaben im öffentlichen Interesse erfolgen.[97] Dass **86**

---

93 Kühling/Buchner/*Herbst*, DS-GVO, Art. 29 Rn 27.
94 Simitis/Hornung/Spiecker/*Roßnagel*, Datenschutzrecht, Art. 6 Abs. 1 Rn 71.
95 Schaffland/Wiltfang/*Schaffland*/*Holthaus*, DS-GVO, BDSG, Art. 6 Rn 115; Simitis/Hornung/Spiecker/*Roßnagel*, Datenschutzrecht, Art. 6 Abs. 1 Rn 71.
96 *Roßnagel*, DuD 2017, 291.
97 So generell Simitis/Hornung/Spiecker/*Roßnagel*, Datenschutzrecht, Art. 6 Abs. 1 Rn 72.

Tätigkeiten öffentlich ausgeschrieben werden müssen und im Wettbewerb vergeben werden, soll nicht dagegen sprechen, dass sie im öffentlichen Interesse liegen.[98]

87 Zutreffend ist diese Einordnung jedenfalls hinsichtlich der „klassischen" Daseinsvorsorge mit **Anschluss- und Benutzungszwang** bzw. grundsätzlicher **Versorgungspflicht** (Fernwärme, Wasser, Abwasser und Abfall), ebenso bei der **Monopoltätigkeit** der Netzbetreiber und grundzuständigen Messstellenbetreiber. Bei der Versorgung mit **Energie** muss man im Hinblick auf den Begriff des „öffentlichen Interesses" jedoch unterscheiden. Die gesetzliche **Grund- und Ersatzversorgung** bei Strom und Gas gemäß §§ 36, 38 EnWG ist typische Daseinsvorsorge und liegt damit im öffentlichen Interesse. Nicht im öffentlichen Interesse im Sinne Art. 21 Abs. 1 DS-GVO liegen dürfte hingegen die Versorgung mit Strom und Gas auf der Grundlage von **Sonderlieferverträgen**, deren Angebot dem Wettbewerb unterstellt ist. Zweifellos besteht hier ein gewisses Interesse der Letztverbraucher an einem möglichst breit gefächerten und kostengünstigen Leistungsangebot. Es genügt jedoch nicht und wäre eine unzulässige Ausdehnung des Normbereichs, allein deshalb hier ein öffentliches Interesse anzunehmen.

> **Praxistipp**
> Die Frage, ob die Einordnung einer Datenverarbeitung für die Wahrnehmung einer dem Verantwortlichen übertragenen Aufgabe erforderlich ist, die im öffentlichen Interesse liegt, hat hohe praktische Relevanz. Zum einen ist das Bestehen bzw. der Umfang eines entsprechenden Widerspruchsrechts hiervon abhängig. Zum anderen bestimmt diese Einordnung wiederum den Inhalt des gebotenen Hinweises zum Widerspruchsrecht gegenüber der betroffenen Person (z.B. im Rahmen einer Datenschutzerklärung gemäß Art. 13 und 14 DS-GVO).

88 Art. 21 Abs. 1 DS-GVO normiert weiterhin ein Widerspruchsrecht gegen Verarbeitungen, die aufgrund von Art. 6 Abs. 1 S. 1 lit. f) DS-GVO erfolgen, also zur Wahrung der **berechtigten Interessen** des Verantwortlichen oder eines Dritten erforderlich sind, sofern nicht die Interessen oder Grundrechte und Grundfreiheiten der betroffenen Person, die den Schutz personenbezogener Daten erfordern, überwiegen, insbesondere dann, wenn es sich bei der betroffenen Person um ein Kind handelt.

89 Werden personenbezogene Daten verarbeitet, um **Direktwerbung** zu betreiben, so hat die betroffene Person das Recht, jederzeit Widerspruch gegen die Verarbeitung sie betreffender personenbezogener Daten zum Zwecke derartiger Werbung einzulegen; dies gilt auch für das Profiling, soweit es mit solcher Direktwerbung in Verbindung steht (Art. 21 Abs. 2 DS-GVO).

90 Die betroffene Person muss gemäß Art. 21 Abs. 4 DS-GVO spätestens zum **Zeitpunkt der ersten Kommunikation** mit ihr **ausdrücklich** auf das in Art. 21 Abs. 1 und 2 DS-GVO genannte Recht hingewiesen werden; dieser Hinweis hat in einer **verständlichen** und **von anderen Informationen getrennten Form** zu erfolgen.[99] Es handelt sich hier-

---

98 Simitis/Hornung/Spiecker/*Roßnagel*, Datenschutzrecht, Art. 6 Abs. 1 Rn 72.
99 Vgl. auch Theobald/Kühling/*Bartsch*, Energierecht, Datenschutz, Rn 44.

bei um eine Ergänzung zu den allgemeinen Informationspflichten nach Art. 13 Abs. 2 lit. b) DS-GVO und Art. 14 Abs. 2 lit. c) DS-GVO.

Praxistipp
Die Umsetzung der Hinweispflicht nach Art. 21 Abs. 4 DS-GVO zielt auf eine leichte Erkennbarkeit des Widerspruchsrechts ab. Die Abbildung im Rahmen einer Auflistung der einzelnen Rechte der betroffenen Person (z. B. als einzelne Klausel) ohne gesonderte optische Hervorhebung – in der Praxis leider recht häufig – ist daher kritisch zu sehen und birgt nicht zuletzt das Risiko von Sanktionen durch die Aufsichtsbehörde. Stattdessen empfiehlt sich z. B. der **Fettdruck** des Hinweises und/oder eine gesonderte **Einrahmung**.

---

ee) Sonstige Rechte

Zusätzliche Rechte betroffener Personen bestehen auf **Berichtigung** unzutreffender personenbezogener Daten (Art. 16 DS-GVO) sowie – in bestimmten Fällen – auf **Einschränkung der Verarbeitung** (Art. 18 DS-GVO). 91

Eine betroffene Person hat ferner das Recht, **nicht einer ausschließlich auf einer automatisierten Verarbeitung** – einschließlich Profiling – **beruhenden Entscheidung** unterworfen zu werden, die ihr gegenüber rechtliche Wirkung entfaltet oder sie in ähnlicher Weise erheblich beeinträchtigt (Art. 22 DS-GVO). 92

3. Umgang mit Datenschutzverstößen

Nach der Legaldefinition in Art. 4 Nr. 12 DS-GVO ist eine **Datenschutzverletzung** eine Verletzung der Sicherheit, die in Bezug auf personenbezogene Daten in folgenden Fällen immer vorliegt: 93
- Verlust;
- Vernichtung;
- Eintritt einer Veränderung;
- unbefugte Offenlegung oder unbefugter Zugang.

Dieses Verständnis des Begriffs der Datenschutzverletzung wirkt sich insbesondere auf die Melde- und Benachrichtigungspflichten nach Art. 33 und 34 DS-GVO aus. Beim Vorliegen einer solchen Verletzung wird die Meldepflicht des Art. 33 DS-GVO ausgelöst, die eine Meldung an die Aufsichtsbehörde – für Energieversorgungsunternehmen in der Regel die jeweilige Landesbehörde – vorsieht. Die Meldung hat grundsätzlich **unverzüglich** und **spätestens binnen 72 Stunden** nach Bekanntwerden der Verletzung zu erfolgen. Der Verantwortliche kann von einer Meldung ausnahmsweise absehen, wenn die Verletzung des Schutzes personenbezogener Daten voraussichtlich nicht zu einem Risiko für die Rechte und Freiheiten natürlicher Personen führt (Art. 33 Abs. 1 DS-GVO). 94

> **Praxistipp**
> Alle Energieversorgungsunternehmen sollten ein entsprechendes **Meldekonzept** vorhalten (Höchstfrist 72 Stunden, wobei die Meldung unverzüglich zu erfolgen hat) und die Abläufe im Fall von nach Art. 33 und 34 DS-GVO relevanten Verstößen klar und eindeutig festlegen, um späteren Vorwürfen im Hinblick auf ein **Organisationsverschulden** vorzubeugen. Das Meldekonzept hat innerhalb des allgemeinen Datenschutzkonzeptes eine besondere Bedeutung.[100]

95 Der Betroffene ist von der Verletzung i.S.d. Art. 34 Abs. 1 DS-GVO zu **benachrichtigen**, wenn voraussichtlich ein **hohes Risiko** für die persönlichen Rechte und Freiheiten besteht.

II. Datenschutzstrukturen

1. Adressaten des Datenschutzrechts

96 Der „**Verantwortliche**" ist für die Einhaltung der DS-GVO verantwortlich. Nach Art. 4 Nr. 7 DS-GVO ist „Verantwortlicher" eine natürliche oder juristische Person, Behörde, Einrichtung oder andere Stelle, die allein oder gemeinsam mit anderen über die Zwecke und Mittel der Verarbeitung von personenbezogenen Daten entscheidet. Der Verantwortliche unterliegt der **Rechenschaftspflicht** nach Art. 5 Abs. 2 DS-GVO und muss damit in der Lage sein, die Einhaltung der Grundsätze für die Verarbeitung personenbezogener Daten nachzuweisen. Er ist Adressat zahlreicher Vorschriften aus der DS-GVO.

97 Verantwortlich ist somit zum einen stets das **Unternehmen**, eine **natürliche oder juristische Person**, die unabhängig von einer Rechtsform – einschließlich Personengesellschaften oder Vereinigungen – regelmäßig einer **wirtschaftlichen Tätigkeit** nachgeht (Art. 4 Nr. 18 DS-GVO). Nicht maßgeblich ist dabei, welche betriebliche Einheit innerhalb eines Unternehmens die personenbezogenen Daten tatsächlich verarbeitet (z.B. ein internes Rechenzentrum).

98 Unternehmen werden rechtlich durch eine Geschäftsführung vertreten. Die Verpflichtung zur Einhaltung des Datenschutzes richtet sich deshalb zugleich unmittelbar an die **Geschäftsführung**, die damit gegenüber der Aufsichtsbehörde **rechenschaftspflichtig** ist. Für eine Aktiengesellschaft oder eine GmbH ergibt sich dies bereits aus § 93 AktG bzw. § 43 GmbHG, wonach die Vorstandsmitglieder bzw. die Geschäftsführer bei der Geschäftsführung die Sorgfalt eines ordentlichen Geschäftsleiters bzw. -mannes anzuwenden haben. Die Geschäftsführung muss folglich **geeignete Maßnahmen** treffen, um ihrer allgemeinen unternehmerischen Verantwortung und ihrer datenschutzrechtlichen Verpflichtung im Besonderen nachzukommen.

---

100 Theobald/Kühling/*Bartsch*, Energierecht, Datenschutz, Rn 29.

Zur Einhaltung des Datenschutzes bedarf es daher – neben Datenschutzprozessen,[101] die konkrete Abläufe regeln – organisatorischer Strukturen. Prägende Elemente solcher Strukturen sind **Datenschutzziele**, eine **Datenschutz-Governance-Struktur** sowie eine **Datenschutzleitlinie**. 99

2. Datenschutzziele

Die **Datenschutzziele** leiten sich aus dem Sinngehalt der Datenschutzgesetze ab und dienen zur Steuerung des Datenschutzes im Unternehmen. Sie sollten als Teil der Unternehmensziele insgesamt betrachtet werden. Die Datenschutzziele werden durch die Geschäftsführung bestimmt und sind wesentlicher Bestandteil der Datenschutzleitlinie.[102] 100

Für eine Zieldefinition ist in einem ersten Schritt zu ermitteln, welche **externen und internen Anforderungen** anwendbar sind, etwa können neben der DS-GVO weitere Spezialgesetze (z. B. das TTDSG) gelten. Bei einer Unternehmensgruppe mit Niederlassungen oder konzernangehörigen Unternehmen im Ausland sind ferner die dort geltenden Datenschutzgesetze zu beachten.[103] 101

In einem zweiten Schritt sollte sich die Zieldefinition an den Datenschutzgrundsätzen des führenden Gesetzes („leading law") ausrichten,[104] bei der DS-GVO also an der zentralen Norm des Art. 5 Abs. 1 und den Grundsätzen der „Rechtmäßigkeit, Verarbeitung nach Treu und Glauben, Transparenz", „Zweckbindung", „Datenminimierung", „Richtigkeit", „Speicherbegrenzung" sowie „Integrität und Vertraulichkeit".[105] Diese Grundsätze müssen dann spezifisch auf das Unternehmen bezogen werden,[106] mit anderen Worten Teil der „gemeinsamen Werte und Praktiken einer Organisation"[107] werden. Die Bestimmung der Datenschutzziele ist dabei als strategische Ausrichtung zu begreifen. Es sollte daher festgelegt werden, ob bei der Umsetzung des Datenschutzes (lediglich) eine größtmögliche Compliance mit den gesetzlichen Vorschriften angestrebt werden soll (**Compliance-Ansatz**),[108] oder ob über die gesetzlichen Anforderungen hinaus – z. B. aus Wettbewerbsgründen – zusätzliche Anforderungen eingehalten werden sollen.[109] 102

Bei der Zieldefinition sollten ferner die wichtigsten **datenschutzrechtlichen Risiken** berücksichtigt werden, die über die Umsetzung der Datenschutzziele **verringert** 103

---

101 Siehe dazu Rn 15 bis 95.
102 *Kranig/Sachs/Gierschmann*, Datenschutz-Compliance nach der DS-GVO, Kap. 3.3 und 4.1.
103 *Kranig/Sachs/Gierschmann*, Datenschutz-Compliance nach der DS-GVO, Kap. 4.1.
104 *Kranig/Sachs/Gierschmann*, Datenschutz-Compliance nach der DS-GVO, Kap. 4.1.
105 Vgl. im Einzelnen dazu Rn 16 bis 24.
106 *Kranig/Sachs/Gierschmann*, Datenschutz-Compliance nach der DS-GVO, Kap. 4.1.
107 Art. 29-Datenschutzgruppe, WP 168, 2009, 19.
108 Vgl. dazu schon Kap. 6.
109 *Kranig/Sachs/Gierschmann*, Datenschutz-Compliance nach der DS-GVO, Kap. 4.1.

werden sollen. Im Hinblick auf eine mögliche Veränderung der Risikosituation eines Unternehmens sollten die Datenschutzziele regelmäßig überprüft werden.[110]

104   Datenschutzziele können mitunter mit anderen Unternehmenszielen konkurrieren bzw. zu einem **Zielkonflikt** führen (z.B. besteht ein Konflikt zwischen den Datenschutzgrundsätzen der Zweckbindung und Datenminimierung und dem Interesse des Vertriebs an einer umfassenden Nutzung von Kundendaten). Durch die Formulierung bestimmter Prinzipien lassen sich Vorgaben in Bezug auf einen Umfang mit Zielkonflikten treffen, wodurch diese idealerweise vermieden werden.[111]

3. Datenschutz-Governance-Struktur

105   Die **Datenschutz-Governance-Struktur** ist ein Steuerungsansatz für den Datenschutz und bestimmt Rollen und Verantwortlichkeiten in Abhängigkeit von den organisatorischen Rahmenbedingungen.[112] Zwar liegt die rechtliche Verantwortung für die Einhaltung der Datenschutzvorschriften allein beim Unternehmen als Verantwortlichem (Art. 5 Abs. 2 DS-GVO) und damit bei der Geschäftsführung (externe Verantwortung); intern kann bzw. muss die Verantwortung jedoch auf verschiedene Ressourcen bzw. Organisationseinheiten verteilt werden (interne Verantwortung).[113]

106   Die Ausgestaltung der Governance-Struktur ist abhängig von der Situation des jeweiligen Unternehmens (z.B. der Unternehmensgröße). Bei der Ausgestaltung sollten bestehende Strukturen anderer **Managementsysteme** (z.B. zum Qualitäts- und Informationssicherheitsmanagement) genutzt werden.[114] Die bestehende Organisationsstruktur sollte auf die Eignung der Zuweisung von Verantwortlichkeiten für die Datenschutz-Governance-Struktur analysiert werden. Denkbar ist eine Ein-Personen-Lösung bis hin zu einem mehrstufigen Rollenkonzept.[115] Grundsätzlich sollten folgende Punkte[116] berücksichtigt werden:

- Zuweisung der Verantwortlichkeit für den Datenschutz;
- geeignete Arbeitsteilung und Einsatz qualifizierter Ressourcen;
- zentrale und dezentrale Verteilung der Aufgaben.

107   Insofern bedarf es zunächst der Bestimmung eines **Verantwortlichen für den Datenschutz**, der Teil der Geschäftsführung oder dieser unmittelbar unterstellt sein sollte. Dieser Verantwortliche ist nicht identisch mit einem Datenschutzbeauftragten in seiner

---

110 *Kranig/Sachs/Gierschmann*, Datenschutz-Compliance nach der DS-GVO, Kap. 4.1.
111 *Kranig/Sachs/Gierschmann*, Datenschutz-Compliance nach der DS-GVO, Kap. 4.1.
112 *Kranig/Sachs/Gierschmann*, Datenschutz-Compliance nach der DS-GVO, Kap. 3.3 und 4.2.
113 *Kranig/Sachs/Gierschmann*, Datenschutz-Compliance nach der DS-GVO, Kap. 4.2.
114 *Kranig/Sachs/Gierschmann*, Datenschutz-Compliance nach der DS-GVO, Kap. 4.2; vgl. dazu auch Theobald/Kühling/*Bartsch*, Energierecht, Datenschutz, Rn 121 ff.
115 *Kranig/Sachs/Gierschmann*, Datenschutz-Compliance nach der DS-GVO, Kap. 4.2.
116 *Kranig/Sachs/Gierschmann*, Datenschutz-Compliance nach der DS-GVO, Kap. 4.2.

Rolle als eigenständiges Kontrollorgan im Unternehmen (vgl. Art. 39 DS-GVO). Der Verantwortliche für den Datenschutz ist vielmehr für die Einhaltung der Datenschutzziele verantwortlich und sollte insofern eigene Entscheidungs- und Vollzugskompetenzen haben.[117] Je nach Art und Umfang der Datenverarbeitung, der Größe des Unternehmens und der daraus folgenden Datenverarbeitung ist zusätzlich der **Einsatz qualifizierter Ressourcen** erforderlich (z.B. ein Datenschutzbeauftragter, -koordinatoren und -vertreter).[118] Bei Unternehmen mit mehreren Standorten oder Konzernen sollte zudem eine **zentrale und dezentrale Verteilung der Aufgaben** erfolgen, also eine Verteilung der Datenschutzaufgaben auf die jeweiligen Organisationseinheiten, um die festgelegten Datenschutzziele am effektivsten erfüllen zu können.[119] Dabei ist es wichtig, die Organisationsstrukturen im Detail zu kennen, eine Beziehung der Fachbereiche untereinander herzustellen, Widerstände durch Einbindung des Top-Managements möglichst zu überwinden, eine enge Kommunikation mit dem Management der Fachbereiche herzustellen und schließlich Werbung für die Notwendigkeit von Datenschutz bzw. der Datenschutzziele und einer effektiven Datenschutz-Governance zu betreiben.[120]

4. Datenschutzleitlinie

Die **Datenschutzleitlinie** ist eine **Selbstverpflichtung** des Unternehmens hinsichtlich selbstgewählter Datenschutzziele. Die Geschäftsführung drückt hierin ihre Verantwortung für den Datenschutz aus und hält die obersten Datenschutzziele für das Unternehmen fest. Mit der Einführung der Datenschutzleitlinie werden die festgelegten Datenschutzziele zu einem Teil des Unternehmensleitbildes und müssen von allen Mitarbeitern angestrebt werden.[121]

108

Eine Datenschutzleitlinie gibt den strategischen Rahmen vor, wie der Datenschutz im Unternehmen operativ umzusetzen ist (z.B. durch ein **Datenschutz-Managementsystem**).[122] Die operative Ergänzung zur Datenschutzleitlinie kann beispielsweise ein Datenschutzhandbuch sein.[123]

109

---

117 *Kranig/Sachs/Gierschmann*, Datenschutz-Compliance nach der DS-GVO, Kap. 4.2.
118 *Kranig/Sachs/Gierschmann*, Datenschutz-Compliance nach der DS-GVO, Kap. 4.2.
119 *Kranig/Sachs/Gierschmann*, Datenschutz-Compliance nach der DS-GVO, Kap. 4.2.
120 *Kranig/Sachs/Gierschmann*, Datenschutz-Compliance nach der DS-GVO, Kap. 4.2.
121 *Kranig/Sachs/Gierschmann*, Datenschutz-Compliance nach der DS-GVO, Kap. 4.3.
122 *Kranig/Sachs/Gierschmann*, Datenschutz-Compliance nach der DS-GVO, Kap. 4.3 und – sehr ausführlich zum Datenschutz-Managementsystem – Kap. 10; vgl. dazu auch *Theobald/Kühling/Bartsch*, Energierecht, Datenschutz, Rn 121ff.
123 *Kranig/Sachs/Gierschmann*, Datenschutz-Compliance nach der DS-GVO, 2017, Kap. 4.3.

D. Datenschutzdokumentation

110 Die DS-GVO verlangt von dem Verantwortlichen einerseits ausdrücklich, bestimmte Vorgänge zu dokumentieren (z. B. das Verzeichnis aller Verarbeitungstätigkeiten), andererseits ergibt sich mitunter eine indirekte Verpflichtung zur Dokumentation. Nachfolgend wird ein Überblick gegeben, welche **Dokumentations- und Nachweispflichten** sich für den Verantwortlichen ergeben.[124]

I. Dokumentation der Datenverarbeitung

111 Bei der Datenverarbeitung hat der Verantwortliche **explizite** und/oder **implizite Nachweispflichten** zu erfüllen. Eine explizite Nachweispflicht besteht, wenn die DS-GVO ausdrücklich einen „Nachweis" erfordert, eine implizite Nachweispflicht, wenn der Verantwortliche oder Auftragsverarbeiter den Prüfanforderungen einer Aufsichtsbehörde nicht gerecht werden kann, ohne über eine solche **Dokumentation** zu verfügen.[125]

112 Eine **explizite Nachweispflicht** besteht hinsichtlich der Rechenschaftspflicht (Art. 5 Abs. 2 DS-GVO), der Einwilligung in die Verarbeitung personenbezogener Daten (Art. 7 und 8 DS-GVO), der Einwilligung in die Verarbeitung besonderer Kategorien besondere Kategorien personenbezogener Daten (Art. 9 DS-GVO), dem Nachweis der Unmöglichkeit der Identifizierung einer betroffenen Person (Art. 11 DS-GVO), der Information bei der Datenerhebung bzw. Datennutzung (Art. 13, 14 i.V.m. Art. 12 DS-GVO), dem Nachweis der Verarbeitung gemäß der Verordnung (Art. 24 DS-GVO), einer Vereinbarung zwischen gemeinsam Verantwortlichen über die Zuständigkeiten (Art. 26 DS-GVO), der Benennung eines Vertreters in der Union (Art. 27 DS-GVO), dem Vertrag zwischen dem Verantwortlichen und einem Auftragsverarbeiter, dokumentierten Weisungen sowie Verhaltensregeln und Zertifikaten (Art. 28 DS-GVO), dem Verzeichnis aller Verarbeitungstätigkeiten (Art. 30 DS-GVO), einer Datenschutz-Folgenabschätzung (Art. 35 Abs. 7 DS-GVO), einer Konsultation (Art. 36 Abs. 3 DS-GVO) und einer Drittlandübermittlung (Art. 44 bis 47 DS-GVO).[126]

113 Eine **implizite Nachweispflicht** besteht hinsichtlich der Verpflichtung zur Benennung der Rechtsgrundlage einer Verarbeitung (Art. 6 DS-GVO), der Anstrengung über den Altersnachweis bzw. die Einwilligung oder Zustimmung (Art. 8 Abs. 2 DS-GVO), der Dokumentation über die Erteilung einer Information bei der Datenerhebung bzw. Datennutzung (Art. 13, 14 i.V.m. Art. 12 DS-GVO), dem Nachweis über die Beurteilung der

---

[124] Instruktiv *Kranig/Sachs/Gierschmann*, Datenschutz-Compliance nach der DS-GVO, Kap. 7, einschließlich Vorschlägen, welche Strukturen und Prozesse für eine Verwaltung dieser Daten im Einzelnen sinnvoll sein können.
[125] *Kranig/Sachs/Gierschmann*, Datenschutz-Compliance nach der DS-GVO, Kap. 7.1.1.
[126] Siehe auch die Übersicht bei *Kranig/Sachs/Gierschmann*, Datenschutz-Compliance nach der DS-GVO, Kap. 7.1.1.

Wirksamkeit technischer und organisatorischer Maßnahmen für die Verarbeitung gemäß der Verordnung sowie durch Technikgestaltung und datenschutzfreundliche Voreinstellungen (Art. 24, 25 und 32 DS-GVO), des Änderungsmanagements der Verarbeitungen (Art. 30 DS-GVO) und des allgemeinen Prozesses für die Durchführung einer Datenschutz-Folgenabschätzung (Art. 35 DS-GVO).[127]

II. Dokumentation der Sicherstellung der Rechte betroffener Personen

Der Verantwortliche hat zur Sicherstellung der Rechte betroffener Personen[128] **explizite** und/oder **implizite Pflichten** zur Führung entsprechender **Dokumentationen**. 114

Im Einzelnen betrifft dies die Erfüllung der Informationspflichten einschließlich entsprechender Prozesse für den Umgang mit den Rechten betroffener Personen (Art. 13 bis 23 DS-GVO), die Bearbeitung einer Auskunft und die Auskunftserteilung (Art. 15 DS-GVO), die Bearbeitung einer Berichtigung und die Mitteilung der Berichtigung (Art. 16 i.V.m. 19 DS-GVO), die Bearbeitung einer Löschung und die Mitteilung der Löschung (Art. 17 i.V.m. 19 DS-GVO), die Bearbeitung einer Einschränkung und die Mitteilung der Einschränkung (Art. 18 i.V.m. 19 DS-GVO), die Erhaltung der Daten in einem strukturierten, gängigen und maschinenlesbaren Format (Art. 20 DS-GVO), die Bearbeitung eines Widerspruchs und die Beantwortung des Widerspruchs (Art. 21 DS-GVO) und die Bearbeitung des Rechts auf Einwirkung einschließlich der Dokumentation von Ausnahmen (Art. 22 DS-GVO).[129] 115

III. Dokumentation des Umgangs mit Datenschutzverstößen

Beim Umgang mit Datenschutzverstößen[130] hat der Verantwortliche ebenfalls **explizite** und/oder **implizite Pflichten** zur Führung entsprechender **Dokumentationen**. 116

Dies betrifft zum einen die Dokumentation der Datenschutzverletzung als auch die Meldung dieser Verletzung an die Aufsichtsbehörde mit den Mindestinhalten nach Abs. 3 sowie den allgemeinen Prozess für den Umgang mit Datenschutzverletzungen (Art. 33 DS-GVO). Zum anderen ist der Fall eines hohen Risikos i.S.d. Art. 34 Abs. 1 DS-GVO und die entsprechende Benachrichtigung einer betroffenen Person zu dokumentieren.[131] 117

---

127 Siehe auch die Übersicht bei *Kranig/Sachs/Gierschmann*, Datenschutz-Compliance nach der DS-GVO, Kap. 7.1.1.
128 Vgl. dazu Rn 75 bis 91.
129 Siehe auch die Übersicht bei *Kranig/Sachs/Gierschmann*, Datenschutz-Compliance nach der DS-GVO, Kap. 7.1.2.
130 Vgl. dazu Rn 92 bis 94.
131 Siehe auch die Übersicht bei *Kranig/Sachs/Gierschmann*, Datenschutz-Compliance nach der DS-GVO, Kap. 7.1.3.

IV. Nachweiserbringung durch Verhaltensregeln und Zertifizierungsverfahren

118   In der DS-GVO ist nicht näher geregelt, wie konkret der Verantwortliche die Einhaltung der Verordnung nachweisen können muss. In einigen Vorschriften wird jedoch explizit darauf hingewiesen, dass die **Einhaltung genehmigter Verhaltensregeln** gemäß Art. 40 DS-GVO oder eines **genehmigten Zertifizierungsverfahrens** gemäß Art. 42 DS-GVO als Faktor für die Erfüllung der Pflichten des Verantwortlichen berücksichtigt werden kann.[132]

119   Eine solche Möglichkeit der Nachweiserbringung besteht hinsichtlich der Verantwortung des Verantwortlichen für die Verarbeitung (Art. 24 DS-GVO), der Auftragsverarbeitung (Art. 28 DS-GVO) und der Sicherheit der Verarbeitung (Art. 32 DS-GVO). Im Hinblick auf den Datenschutz durch Technikgestaltung und datenschutzfreundliche Voreinstellungen (Art. 25 DS-GVO) besteht nur die Möglichkeit einer Zertifizierung und kein Weg zur Nachweiserbringung über Verhaltensregeln.[133]

V. Verzeichnis von Verarbeitungstätigkeiten als Dokumentationsgrundlage

120   Der Verantwortliche muss in dem Verzeichnis von Verarbeitungstätigkeiten nach Art. 30 Abs. 1 DS-GVO bestimmte Informationen[134] dokumentieren. Das Verzeichnis als allgemeine Grundlage dient damit zugleich der Planung und Dokumentation der datenschutzkonformen Datenverarbeitung, der Sicherstellung der Rechte betroffener Personen und dem Umgang mit Datenschutzverstößen.[135]

E. Datenschutzbewusstsein und Schulungen

121   Es ist eine einfache Erkenntnis, dass viele Datenschutzverletzungen im Unternehmen auf ein mangelndes Problembewusstsein zurückzuführen sind. Die sinnvollste Maßnahme zur Reduzierung von Datenschutzrisiken ist daher eine entsprechende **Sensibilisierung** der Mitarbeiter (Bewusstsein bzw. „Awareness").[136]

122   Vor diesem Hintergrund ist es nach Art. 39 Abs. 1 lit. b) DS-GVO auch eine zentrale Aufgabe des Datenschutzbeauftragten, zu überprüfen, ob die an Verarbeitungsvorgängen beteiligten Mitarbeiter ausreichend sensibilisiert und geschult sind. Die Schwierigkeit ist es, dabei sicherzustellen, dass die Schulung der richtigen Personen entsprechend ihrer Rolle bei der Datenverarbeitung erfolgt.[137]

---

132 *Kranig/Sachs/Gierschmann*, Datenschutz-Compliance nach der DS-GVO, Kap. 7.1.5.
133 *Kranig/Sachs/Gierschmann*, Datenschutz-Compliance nach der DS-GVO, Kap. 7.1.5.
134 Siehe im Einzelnen Rn 73.
135 Vgl. *Kranig/Sachs/Gierschmann*, Datenschutz-Compliance nach der DS-GVO, Kap. 7.1.4.
136 *Kranig/Sachs/Gierschmann*, Datenschutz-Compliance nach der DS-GVO, Kap. 8.
137 *Kranig/Sachs/Gierschmann*, Datenschutz-Compliance nach der DS-GVO, Kap. 8.

I. Schulungen als organisatorische Maßnahme

Der Verantwortliche soll nicht nur **geeignete technische Maßnahmen** treffen, um die Einhaltung der Verordnung sicherzustellen, sondern auch **organisatorische** (Art. 24, 25, 28 und 32 DS-GVO). Hierunter fallen insbesondere **Schulungen** der Mitarbeiter.

Technische Maßnahmen führen allein nicht zur 100 %igen Datenschutzkonformität und Sicherheit. Dies liegt an der Unbestimmtheit einiger Vorschriften und Begriffe, aber auch an der zunehmenden Durchdringung der Unternehmen mit personenbezogenen Daten und einer nicht eindeutigen Abgrenzung des Personenkreises, der auf diese Daten Zugriff hat.[138] Zudem besteht häufig ein unzureichendes Verständnis und Bewusstsein für die Hintergründe und Motivation von Datenschutzrichtlinien und Arbeitsanweisungen und daraus resultierend eine beschränkte Fähigkeit, Datenschutzvorschriften angemessen anzuwenden bzw. auf Angriffe entsprechend reagieren zu können.[139]

123

124

II. Datenschutzbewusstsein

Unter **Datenschutzbewusstsein** bzw. Datenschutz-Awareness lässt sich eine Art von Bewusstseinsbildung und Sensibilität für das Thema Datenschutz verstehen.[140] Ohne Datenschutzbewusstsein ist keine Datenschutz-Compliance möglich, da diese die Umsetzung und Einhaltung von Datenschutzvorschriften erfordert. Dies setzt jedoch ein besonderes Datenschutzwissen und spezielle Fähigkeiten sowie ein generelles Bewusstsein für den Datenschutz voraus (z. B. die Bedeutung einer Datenschutzleitlinie, das Verständnis der eigenen Rolle, das Wissen über die Folgen einer Nichteinhaltung).[141]

125

III. Konkrete Maßnahmen

Datenschutzschulungen sollen den Mitarbeitern in geeigneter Weise notwendiges Wissen jeweils in Bezug auf die Tätigkeit des Einzelnen vermitteln, damit diese den Datenschutz konkret umsetzen können. Datenschutzschulungen müssen folglich **personalisiert** und **zielgruppengerecht** sein. Dies kann z. B. durch eine Aufteilung der Inhalte in allgemeine Grundlagen (Basisschulung) und spezielle Themen (Schwerpunktschulung) erreicht werden.[142]

Eine **Basisschulung** kann etwa die allgemeinen Datenschutzgrundsätze, relevante Normen und Datenschutzgrundsätze, wesentliche Begriffe und Konzepte, Grundlagen

126

127

---

138 *Kranig/Sachs/Gierschmann*, Datenschutz-Compliance nach der DS-GVO, Kap. 8.1.
139 *Kranig/Sachs/Gierschmann*, Datenschutz-Compliance nach der DS-GVO, Kap. 8.1.
140 *Kranig/Sachs/Gierschmann*, Datenschutz-Compliance nach der DS-GVO, Kap. 8.2.
141 *Kranig/Sachs/Gierschmann*, Datenschutz-Compliance nach der DS-GVO, Kap. 8.2.
142 *Kranig/Sachs/Gierschmann*, Datenschutz-Compliance nach der DS-GVO, Kap. 8.3.1.

der Datenverarbeitung einschließlich der Rechtsgrundlagen, die Sicherstellung der Rechte betroffener Personen, das Verhalten bei Datenschutzverletzungen und die Konsequenzen bei Verstößen behandeln.[143]

128 Eine **Schwerpunktschulung** soll einem bestimmten Teilnehmerkreis spezielle Inhalte (z.B. zur Aufbau- oder Ablauforganisation oder der Datenschutzdokumentation) vermitteln. Die Auswahl kann abhängig sein von der Art und der Sensibilität der Daten (z.B. besondere Kategorien personenbezogener Daten), der Art und dem Umfang der Daten (z.B. Einsatz neuer Technologien) oder nur für bestimmte Abteilungen oder Bereiche im Unternehmen gelten.[144] Die Schulungen können sich an interne Mitarbeiter, Auftragsverarbeiter oder sonstige Dritte richten. Die Schulungen können auch anlassbezogen sein (z.B. Einführung eines neuen CRM-Systems mit datenschutzrelevanten Implikationen) oder zielgruppenorientiert (z.B. für bestimmte Bereiche, Prozesse oder Rollen) angeboten werden.[145]

> **Praxistipp**
> Im Energieversorgungsunternehmen sollten beispielsweise Vertriebsmitarbeiter – neben einer Schulung „Basiswissen Datenschutz" – für den datenschutzrechtlichen Umgang mit Kundendaten und den entsprechenden Bezügen bei der Gestaltung und Umsetzung von Vertriebsprodukten sensibilisiert werden. Ein IT-Mitarbeiter sollte hingegen insbesondere den datenschutzrechtlichen Hintergrund für die Umsetzung bestimmter technischer und organisatorischer Maßnahmen und z.B. des Löschkonzepts kennen.

129 Bei kritischen Bereichen und Themen (z.B. Umgang mit Datenschutzverletzungen) reicht ggf. eine Sensibilisierung und Schulung nicht aus, sondern ist ein spezielles **Training** sinnvoll. Die entsprechenden Tätigkeiten sollten dabei durch wiederholtes Üben im Bewusstsein der Mitarbeiter verankert werden, um unter Zeitdruck die kritischen Arbeitsvorgänge routiniert und fehlerfrei ausüben zu können.[146]

130 Ergänzende Maßnahmen zu Schulungen und Training könnten beispielsweise Poster und Checklisten, Hinweise im Intranet, Themen-Flyer (z.B. über Datenschutzziele) oder eine interne „Datenschutz-Sprechstunde" sein.[147]

---

143 *Kranig/Sachs/Gierschmann*, Datenschutz-Compliance nach der DS-GVO, Kap. 8.3.1.
144 *Kranig/Sachs/Gierschmann*, Datenschutz-Compliance nach der DS-GVO, Kap. 8.3.1.
145 *Kranig/Sachs/Gierschmann*, Datenschutz-Compliance nach der DS-GVO, Kap. 8.3.1.
146 *Kranig/Sachs/Gierschmann*, Datenschutz-Compliance nach der DS-GVO, Kap. 8.3.1.
147 *Kranig/Sachs/Gierschmann*, Datenschutz-Compliance nach der DS-GVO, Kap. 8.3.2.

F. Überwachung des Datenschutzes und Rechtsfolgen bei Verstößen

I. Aufgaben der Aufsichtsbehörde

In Art. 57 DS-GVO werden die Aufgaben der Aufsichtsbehörde enumerativ aufgelistet. Die Aufgaben sind Ausprägungen der leitenden Gesamtaufgabe der Aufsichtsbehörden im Sinne einer „Überwachung und Durchsetzung der Anwendung der Verordnung".[148] Die Liste ist dabei nicht abschließend[149] und steht neben den sonstigen Aufgabenzuweisungen innerhalb der DS-GVO. Es handelt sich dabei um **Pflichtaufgaben**. 131

II. Befugnisse der Aufsichtsbehörde

Art. 58 DS-GVO enthält eine Aufzählung von Befugnissen der Aufsichtsbehörde, welche nach Art der Befugnis (**Untersuchung**, **Abhilfe** und **Beratung/Information/Genehmigung**) gegliedert ist. 132

Die Untersuchungsbefugnisse nach Abs. 1 sollen die Aufsichtsbehörden in die Lage versetzen, die erforderlichen tatsächlichen und rechtlichen Informationen zur Aufgabenwahrnehmung zu erhalten, um ihren Pflichtaufgaben nach Art. 57 DS-GVO nachkommen zu können. 133

Die Abhilfebefugnisse nach Abs. 2 reichen von einer Verwarnung bis hin zur Verhängung einer Geldbuße. Bei Vorliegen der Voraussetzungen kann die Behörde auch die Löschung, Berichtigung oder die Einschränkung der Verarbeitung personenbezogener Daten nach Art. 16 bis 18 DS-GVO anordnen. 134

Die Aufsichtsbehörde kann sich nach Art. 58 Abs. 3 lit. b) DS-GVO zudem mit **Stellungnahmen und Warnhinweisen** u.a. an die Öffentlichkeit wenden. 135

Die allgemeine Regelung zur Verhängung von **Geldbußen** ist in Art. 83 DS-GVO normiert. Diese enthält im Vergleich mit dem BDSG a.F. einen deutlich höheren Sanktionsrahmen. Entgegen der Regelung in § 30 OWiG[150] kann eine Geldbuße gegen ein Unternehmen verhängt werden, ohne an die Handlung einer leitenden Person anknüpfen zu müssen. Art. 83 Abs. 2 enthält dabei einen Katalog mit Kriterien, die bei der Verhängung eines Bußgeldes und der Bemessung der Höhe durch die Aufsichtsbehörde berücksichtigt werden. 136

---

148 Paal/Pauly/*Körffer*, Datenschutz-Grundverordnung, Bundesdatenschutzgesetz, Art. 57 Rn 1.
149 Wolff/Brink/*Eichler*, BeckOK Datenschutzrecht, Art. 57 DS-GVO Rn 1.
150 Gesetz über Ordnungswidrigkeiten i.d.F. der Bekanntmachung v. 19.2.1987 (BGBl. I S. 602), zuletzt geändert durch Gesetz v. 9.12.2019 (BGBl. I S. 2146).

> **Praxistipp**
> Bei der Frage, ob bzw. in welcher Höhe ein Bußgeld erhoben wird, muss die Aufsichtsbehörde das Vorhalten geeigneter Sicherungsmaßnahmen mindernd berücksichtigen, sofern diese Maßnahmen aufgrund einer ordnungsgemäßen Compliance vom Verantwortlichen im Einzelfall nachgewiesen werden können. Der Aufbau und die Durchführung einer DS-GVO-konformen Datenschutz-Compliance ist vor diesem Hintergrund unabdingbar.

137 Bei einem Verstoß gegen die in Art. 83 Abs. 4 DS-GVO aufgelisteten Regelungen kann ein Bußgeld in Höhe von **bis zu 10.000.000 €** oder im Fall eines Unternehmens von **bis zu 2 %** des gesamten weltweit erzielten **Jahresumsatzes** des vergangenen Geschäftsjahres verhängt werden. Bei einem Verstoß gegen die in Art. 83 Abs. 5 genannten Regelungen oder bei einem Zuwiderhandeln gegen eine Anordnung nach Art. 58 DS-GVO kann ein Bußgeld nach Abs. 6 sogar **bis zu 20.000.000 €** oder im Fall eines Unternehmens **bis zu 4 %** des gesamten weltweit erzielten **Jahresumsatzes** des vergangenen Geschäftsjahres betragen. Im Hinblick auf die Anknüpfung des Bußgeldes an den globalen Jahresumsatz ist damit bei größeren und global agierenden Unternehmen bzw. Konzernen (zumindest rechnerisch) ein Bußgeld in Milliardenhöhe möglich.

III. Anspruch auf Schadenersatz

138 Der Anspruch gegen den Verantwortlichen oder den Auftragsverarbeiter auf **Schadenersatz** nach Art. 82 DS-GVO steht neben den nationalen deliktischen (§§ 823 ff. BGB) und den vertraglichen und vorvertraglichen zivilrechtlichen Haftungsansprüchen.[151] Hier besteht insoweit kein Spezialitätsverhältnis.[152] Bei einem Rückgriff darf jedoch die Wertung des Art. 82 DS-GVO nicht unterlaufen werden.[153]

139 Anspruchsberechtigt ist jede von der Datenverarbeitung betroffene Person (also nicht Dritte, denen ein Schaden dadurch entstanden ist, dass Daten betroffener Personen verarbeitet wurden). Verstoß im Sinne des Art. 82 Abs. 1 DS-GVO meint eine Verarbeitung, die nicht im Einklang mit der DS-GVO erfolgt ist und wird insofern weit verstanden.

140 Nach dem Wortlaut der Norm wird sowohl **materieller** als auch **immaterieller Schaden** erfasst. Es darf jedoch nicht zu einer Art „Strafschadenersatz" kommen. Eine Sanktionierung erfolgt nicht über Schadenersatz, sondern über das aufsichtsrechtliche Sanktionierungssystem in Art. 83 DS-GVO.

141 Ein erlittener Schaden muss **kausal** auf dem Verstoß beruhen. Der Tatbestand setzt nach Abs. 1 kein Verschulden voraus, jedoch findet eine Befreiung von der Haftung statt,

---

[151] Zur zivil- und strafrechtlichen Durchsetzung der gesetzlichen Vorgaben zum Datenschutz insgesamt vgl. *Bartsch/Roth*, EnWZ 2018, 435 ff.
[152] Paal/Pauly/*Frenzel*, Datenschutz-Grundverordnung, Bundesdatenschutzgesetz, Art. 82 Rn 20.
[153] Paal/Pauly/*Frenzel*, Datenschutz-Grundverordnung, Bundesdatenschutzgesetz, Art. 82 Rn 20.

wenn der Verantwortliche oder Auftragsverarbeiter für den Verstoß **nicht verantwortlich** ist (Art. 82 Abs. 3 DS-GVO). Hierfür ist erforderlich, dass die Beteiligten ihrer Sorgfaltspflicht nachgekommen sind. Die Ausgestaltung führt zu einer **widerleglichen Vermutung** der Verantwortlichkeit für den Umstand, durch den der Schaden eingetreten ist, sodass der Verantwortliche oder Auftragsverarbeiter die Nichtverantwortlichkeit darzulegen und zu beweisen hat.

Praxistipp

Ein Entlastungsbeweis kann nur geführt werden, wenn im Unternehmen eine Datenschutz-Compliance implementiert ist, die einen Rückschluss auf die Einhaltung der Sorgfaltspflichten und deren Protokollierung ermöglicht.[154] Die bloße Vorlage einer Zertifizierung ist für eine erfolgreiche Exkulpation allein regelmäßig nicht ausreichend.[155]

Anspruchsgegner sind der für die Datenverarbeitung Verantwortliche und – ggf. – für 142 ihn tätige Auftragsdatenverarbeiter, welche gesamtschuldnerisch haften (Art. 82 Abs. 4 DS-GVO). Die Haftung knüpft daher an den datenschutzrechtlichen Begriff der Verantwortlichkeit (Art. 4 Nr. 7 DS-GVO)[156] an. Jeder für die Datenverarbeitung Verantwortliche haftet für den Schaden. Der Verantwortliche haftet dabei, ohne dass es auf eine schädigende Handlung von ihm ankommt (Art. 82 Abs. 2 DS-GVO). Die Haftung des **Auftragsverarbeiters** ist dagegen nach Art. 82 Abs. 2 S. 2 DS-GVO **privilegiert**.

Die **Beweislast** für das Vorliegen der Tatbestandsvoraussetzungen trägt der An- 143 spruchsteller. Eine Ausnahme hiervon ist die Beweislast für die Nichtverantwortlichkeit des Verantwortlichen und Auftragsverwalters.

Die DS-GVO enthält keine Regelungen zur Verjährung. Der Anspruch verjährt daher 144 innerhalb der **Regelverjährung** von drei Jahren gemäß § 195 BGB.

---

154 Wolff/Brink/*Quaas*, BeckOK Datenschutzrecht, Art. 82 DS-GVO Rn 19.
155 Wolff/Brink/*Quaas*, BeckOK Datenschutzrecht, Art. 82 DS-GVO Rn 18.
156 Siehe dazu Rn 95 f.

Kapitel 12
Cyberkriminalität und Cybersicherheit

A. Vormerkungen

1   In dem nachfolgenden Text soll die Cyberkriminalität in all ihren wichtigen Aspekten betrachtet werden. Gleichzeitig werden Handlungsempfehlungen für Unternehmen und Behörden gegeben, um Cyberprävention umzusetzen.

2   Dazu bedarf es zunächst einer Betrachtung des Lagebildes Cyberkriminalität, das unterschiedliche Erkenntnisse umfasst. Neben der Sicht auf technische Abläufe darf man nicht außer Acht lassen, dass die Komponenten „Mensch" (Ausbildung, Bewusstsein, Innentäter) und „Compliance" (zusätzliche Sicherungserfordernisse der Digitalisierung, der Geschäftsprozesse und des täglichen Arbeitens in einer digitalisierten Welt) ebenfalls eine entscheidende Rolle für die Sicherheit im Netz spielen. Es sind modi operandi von IT-Angriffen zu betrachten, die die jeweilige Basis für wirksame Präventionsmaßnahmen schaffen. Um die richtigen Maßnahmen zu treffen, muss – wie bereits angeführt – natürlich das aktuelle Lagebild herangezogen werden.

3   Offizielle **Lagebilder** werden durch das Bundesamt für Sicherheit in Informationstechnik (BSI) und das Bundeskriminalamt (BKA) erstellt. Ein überwiegender Nachteil bei diesen Lagebildern liegt darin, dass jeweils retrograde Betrachtungen über das vergangene Jahr vorgenommen werden. Die Inhalte des jeweiligen Jahreslagebildes sind vielfach dann bereits über ein Jahr alt und das ist bei der Schnelllebigkeit der Handlungen im Netz für eine zielorientierte Bewertung und die Schaffung eines effizienten Abwehrsystems gegen Angriffe nicht erfolgreich.

4   Um wirkungsvoll Angriffe abwehren zu können, sind aktuelle Erkenntnisse unerlässlich. Aktuelle Lagebilder können durch Zusammenarbeit mit Unternehmen und Behörden erstellt werden, die darauf spezialisiert sind, technische Aspekte der Cyberkriminalität zeitnah zu beobachten und Präventionsmaßnahmen zu erarbeiten.

5   Damit Unternehmen aus all diesen Informationsquellen für sich eine eigene aktive Präventionsstrategie umsetzen können, erhalten sie Unterstützung von den Unternehmen, die sich auf die Erhebung aktueller Abläufe und Angriffe im Netz spezialisiert haben oder von Vereinen wie „G4C – German Competence Centrum of Cyber Crime e.V." oder vergleichbaren Organisationen.

6   Als eigenständiger, operativ tätiger, gemeinnütziger Verein ist G4C Know-how-Träger, Frühwarnsystem und Informationsplattform, in dem wichtige Erkenntnisse über aktuelle Bedrohungen ausgetauscht werden. Die Mitglieder wie Banken und Versicherungen bilden eine Interessensgemeinschaft, um sich gegen Verbrechen im Cyberraum zur Wehr zu setzen. Derzeit wird eine Veränderung des gemeinnützigen Vereins dahingehend geprüft, ob er mit einem anderen Verein aus Deutschland fusioniert werden kann, damit die Leistungsfähigkeit, die Schlagkraft und Wirkweise weiter erhöht wer-

den. G4C selbst soll dann in einer anderen Organisationsform aufgehen, um die guten, die Cybersicherheit erhöhenden Leistungen weiter zu erhalten.

Prävention von Cyberkriminalität funktioniert auch in der Zukunft mehr denn je nur in enger Kooperation mit Gleichgesinnten und fachlich qualifizierten IT-Organisationen. Dabei sind das BKA und das BSI in der Informationstechnik wichtige ergänzende Partner.

B. Cyberkriminalität im engeren Sinne

Unter diese Zuordnung fällt der **Computerbetrug**. Dieses Delikt wird seit 1.1.2016 in folgende Betrugsarten aufgeschlüsselt:
- betrügerisches Erlangen von Kraftfahrzeugen gem. § 263a StGB[1],
- weitere Arten des Kreditbetruges gem. § 263a StGB,
- Betrug mittels rechtswidrig erlangter Daten von Zahlungskarten gem. § 263a StGB,
- Betrug mittels rechtswidrig erlangter sonstiger unbarer Zahlungsmittel gem. § 263a StGB,
- Leistungskreditbetrug gem. § 263a StGB,
- Abrechnungsbetrug im Gesundheitswesen gem. § 263a StGB,
- Überweisungsbetrug gem. § 263a StGB,
- sonstiger Computerbetrug gem. § 263a Abs. 1 und 2 StGB sowie
- Vorbereitungshandlungen gem. § 263a Abs. 3 StGB (soweit nicht unter die nachfolgenden Betrugsarten bzw. die „Missbräuchliche Nutzung von Telekommunikationsdiensten" gefasst),
- das Ausspähen und Abfangen von Daten einschl. Vorbereitungshandlungen und Datenhehlerei (§§ 202a, 202b, 202c, 202d StGB) umfasst den Diebstahl und die Hehlerei digitaler Identitäten, Kreditkarten-, E-Commerce- oder Kontodaten (z.B. Phishing).
- Die entwendeten Daten werden in der Regel als Handelsware in der „Underground Economy" zum Kauf angeboten und täterseitig missbräuchlich eingesetzt. Die Verwertung erfolgt damit in zwei Stufen: dem Verkauf der Daten und dem betrügerischen Einsatz erworbener Daten. Auf beiden Ebenen werden erhebliche Gewinne generiert.
- Die Straftatbestände Fälschung beweiserheblicher Daten bzw. Täuschung im Rechtsverkehr (§§ 269, 270 StGB) beinhalten die Täuschung (einer Person) durch die Fälschung von Daten. Durch einen Dateninhaber werden Daten gefälscht bzw. verfälscht und zur Täuschung im Rechtsverkehr genutzt. Dies geschieht z.B. durch die Zusendung von E-Mails unter Vorspiegelung realer Identitäten oder Firmen. Unter Vortäuschung einer Legende soll der Geschädigte z.B. zur Preisgabe von Account-Informationen, Kreditkartendaten oder auch zu Zahlungen bewegt werden. Ebenso

---

[1] Strafgesetzbuch v. 13.11.1998 (BGBl. I S. 3322), zuletzt geändert durch Gesetz v. 19.6.2019 (BGBl. I S. 844).

erfasst ist das Zusenden von als Rechnungen getarnter Schadsoftware in E-Mail-Anhängen.
- Bei Datenveränderung/Computersabotage (§§ 303a, 303b StGB) handelt es sich um eine Art digitale Sachbeschädigung. Es wird die Veränderung von Daten in einem Datenverarbeitungssystem bzw. das Verändern des Systems durch andere als den Dateninhaber unter Strafe gestellt. Die §§ 303a, 303b StGB umfassen typischerweise die Denial-of-Service-Angriffe (DoS-/DDoS-Angriffe) ebenso wie die Verbreitung und Verwendung von Schadsoftware unterschiedlicher Art (Trojaner, Viren, Würmer usw.).
- Die missbräuchliche Nutzung von Telekommunikationsdiensten ist eine besondere, separat erfasste Form des Computerbetrugs gem. § 263a StGB. Unter Ausnutzung von Sicherheitslücken oder schwachen Zugangssicherungen werden sowohl bei Firmen als auch bei Privathaushalten, z. B. durch den unberechtigten Zugriff auf Router, teure Auslandstelefonverbindungen angewählt oder gezielt Premium- bzw. Mehrwertdienste in Anspruch genommen.

9 Seit Februar 2021 existiert der neue Tatbestand des § 127 StGB. Er stellt das Betreiben krimineller Handelsplattformen unter Strafe. Damit soll im Wesentlichen das Betreiben von Plattformen zum Anbieten oder Tauschen von Kinderpornografie unter Strafe gestellt werden. Darunter fällt auch der Handel mit Betäubungsmitteln, Waffen, Sprengstoff, Falschgeld, gefälschten Ausweisen und gestohlenen Kreditkarten.

Nicht nur Straftatbestände erhöhen die Cybersicherheit.

10 In den Jahren 2021 bis 2024 gab es in Deutschland und der EU zudem mehrere wichtige gesetzliche Änderungen zur Verbesserung der Cybersicherheit. Diese Veränderungen sind Teil eines umfassenderen Bemühens, die digitale Sicherheit in Europa zu stärken, insbesondere angesichts der zunehmenden Bedrohungen durch Cyberangriffe. Hier sind einige der wichtigsten Änderungen:

IT-Sicherheitsgesetz 2.0 (2021)
- **Deutschland** hat das IT-Sicherheitsgesetz 2.0 verabschiedet, das eine Verschärfung der Anforderungen an die Cybersicherheit für Unternehmen und staatliche Einrichtungen brachte.
- **Pflichten für Betreiber kritischer Infrastrukturen (KRITIS)**: Die Betreiber müssen ihre IT-Sicherheit weiter verstärken, regelmäßig Sicherheitsvorfälle melden und höhere Bußgelder bei Verstößen in Kauf nehmen.
- **Erweiterung des Anwendungsbereichs**: Neue Sektoren, wie beispielsweise die Rüstungsindustrie, wurden als kritische Infrastrukturen klassifiziert.
- **Befugnisse des BSI (Bundesamt für Sicherheit in der Informationstechnik)**: Das BSI erhielt erweiterte Befugnisse, um IT-Sicherheitsvorfälle zu überwachen und auf diese zu reagieren.

NIS-2-Richtlinie (2022)
- Die **NIS-2-Richtlinie** der Europäischen Union ist eine Weiterentwicklung der NIS-Richtlinie von 2016. Sie wurde im November 2022 vom Europäischen Parlament verabschiedet und muss bis 2024 von den EU-Mitgliedstaaten in nationales Recht umgesetzt werden.
- **Erweiterung des Anwendungsbereichs**: Die Richtlinie umfasst nun eine größere Anzahl von Sektoren, einschließlich Gesundheitswesen, Abfallwirtschaft und digitale Dienste.
- **Erhöhte Anforderungen**: Unternehmen müssen strengere Sicherheitsmaßnahmen ergreifen und umfassendere Berichte über Sicherheitsvorfälle erstellen.
- **Zentrale Rolle der Zusammenarbeit**: Die Richtlinie stärkt die Zusammenarbeit zwischen den Mitgliedstaaten und fördert die Schaffung von Cybersicherheitsstrategien auf nationaler Ebene.

EU-Cybersicherheitsgesetz (Cybersecurity Act) (2021)
- Das **EU-Cybersicherheitsgesetz** (Cybersecurity Act), das ursprünglich 2019 in Kraft trat, wurde weiterentwickelt, um die Rolle der **ENISA** (Agentur der Europäischen Union für Cybersicherheit) zu stärken.
- **Zertifizierung von Cybersicherheitsprodukten**: Die Verordnung führte ein europäisches Rahmenwerk zur Zertifizierung von Cybersicherheitsprodukten, -diensten und -prozessen ein, das 2021 weiter ausgebaut wurde. Dies schafft Vertrauen in digitale Produkte und Dienstleistungen.

Digital Operational Resilience Act (DORA) (2022)
- Der **Digital Operational Resilience Act (DORA)** wurde im Dezember 2022 verabschiedet und zielt darauf ab, die digitale Resilienz von Finanzunternehmen in der EU zu stärken.
- **Erweiterte Sicherheitsanforderungen**: Finanzunternehmen müssen strenge IT-Sicherheitsstandards einhalten und sind verpflichtet, regelmäßige Tests ihrer digitalen Infrastrukturen durchzuführen.
- **Lieferkettenrisiken**: DORA adressiert auch Risiken, die durch Drittanbieter entstehen, und verlangt, dass diese ebenfalls strengen Sicherheitsanforderungen genügen.

Änderungen zur Bekämpfung von Ransomware und Cyberkriminalität
- In mehreren Ländern, einschließlich Deutschland, wurden Gesetze angepasst, um die Bekämpfung von **Ransomware** und anderen Formen der Cyberkriminalität zu verbessern. Dies umfasst unter anderem härtere Strafen für Cyberkriminelle und erweiterte Befugnisse für Strafverfolgungsbehörden.

Umsetzung der GDPR/DSGVO im Bereich der Cybersicherheit
- Obwohl die **Datenschutz-Grundverordnung (DSGVO)** nicht direkt auf Cybersicherheit abzielt, hat ihre Umsetzung einen starken Einfluss auf Cybersicherheitspraktiken. Unternehmen sind verpflichtet, hohe Datenschutz- und Sicherheitsstandards einzuhalten, was zu einer erhöhten Aufmerksamkeit für Cybersicherheit führt.

11 Diese gesetzlichen Änderungen zielen darauf ab, die Cybersicherheit in Europa und Deutschland zu stärken und auf die wachsenden Bedrohungen in der digitalen Welt zu reagieren. Sie fördern eine engere Zusammenarbeit zwischen den Staaten, strengere Sicherheitsstandards für Unternehmen und eine bessere Vorbereitung auf mögliche Cybervorfälle.

C. Das Lagebild Cyberkriminalität

I. Das Lagebild des Bundeskriminalamtes

12 Bei der Betrachtung des aktuellen Lagebildes der Cyberkriminalität und der daraus resultierenden Gefährdungspotentiale für Unternehmen und Privatpersonen spielt der seit dem 24.2.2022 begonnene Angriffskrieg Russlands auf die Ukraine eine besondere Rolle. In der EU sind seither auch vermehrt Cyberangriffe registriert worden. Auch die Kampfhandlungen in Israel und dem Gaza-Streifen haben Auswirkungen auf die Entwicklungen im Netz. Angriffs- und Bedrohungslagen gegen Unterstützer Israels sind ebenfalls angestiegen.

13 Aus der Ukraine wissen wir, dass Russland vermehrt Cyberangriffe gegen die Ukraine selbst und den Westen durchgeführt hat und noch durchführt. Beide Staaten haben sich auf Auseinandersetzungen im Cyberbereich vorbereitet und nutzen in unterschiedlicher Weise die Möglichkeiten von Cyberangriffen.

14 Berücksichtigt man diese Entwicklungen so ist festzustellen, dass kriegerische Auseinandersetzungen die Cybersicherheit schwächen können. Das Netz wird vielfach auch als Plattform für gezielte Fehlinformationen genutzt.

15 Die Cyberkriminalität in Deutschland hat sich wie folgt entwickelt.

Die Polizeiliche Kriminalitätsstatistik (PKS), die nur die angezeigten Straftaten wiedergibt, hat im Jahr 2021 einen Anstieg verzeichnet, der im darauffolgenden Jahr rückläufig war.

Die mit der PKS dargestellte Entwicklung kann nur Tendenzen aufzeigen.

16 Es muss berücksichtigt werden, dass das Dunkelfeld der Cyberstraftaten außerordentlich hoch ist. Schätzungen aufgrund von Studien zufolge soll das Dunkelfeld bis zu 91,5 % betragen. Das bedeutet, einem Hellfeld von ca. 10 % steht ein Dunkelfeld in Höhe von 90 % gegenüber.

17 Deshalb sollten in die Beurteilung der Lage auch die Erkenntnisse der Wirtschaft einbezogen werden. Das letzte Lagebild vom BKA ist aus 2023.

Im Jahr 2022 wies die PKS[2] insgesamt 136.865 Fälle aus. Dies bedeutet einen Rückgang gegenüber dem Vorjahr um 6,5 % (2021 146.363 Fälle). Die Aufklärungsquote betrug in beiden Jahren 29,3 bzw. 29,2 %. Die tatsächliche Entwicklung im Deliktsbereich Cyberkriminalität wird aber nur dann wirklich sichtbar, wenn auch die Taten einbezogen werden, bei denen die Täter aus dem Ausland gehandelt haben. Diese Auslandstaten wurden erstmalig im Jahr 2020 in der PKS berücksichtigt. Sie stiegen im Jahr 2022 um über 8 % an.

Ca. 80 % aller Straftaten der Cyberkriminalität im Jahr 2022 wurden als Fälle von Computerbetrug registriert. Gegenüber 2021 ist das ein Rückgang von 5,2 %. Erklärbar wird dies durch den Rückgang des Online-Handels nach Corona. In den meisten dieser Fälle wurden hierunter Sachverhalte erfasst, bei denen das Internet lediglich als Tatmittel fungierte. Computerbetrug stellt keine eigentliche Cyberkriminalität im engeren Sinne dar. Das Netz ist in dem Zusammenhang eben nur Tatmittel.

Die Fallzahl des **Ausspähens von Daten einschließlich Vorbereitungshandlungen und Datenhehlerei** gem. §§ 202a – d StGB sank im Berichtsjahr um 11,5 % auf 13.206 Fälle (2021: 14.918 Fälle).

Bei **Datenveränderung/Computersabotage** gem. § 303a, 303b StGB wurde ein starker Rückgang von 31,7 % verzeichnet. Diesbezüglich wurden 3.451 Fälle registriert (2021: 5.053 Fälle).

Die echten **Schadenssummen** lassen sich nicht aus den angezeigten Cyberstraftaten ableiten. Vielmehr wird dazu auf losgelöste Befragungen zurückgegriffen. Der Bitkom e.V. hat im August 2022[3] das Ergebnis einer Unternehmensbefragung veröffentlicht.

Bei den entstandenen Schadenssummen stellt Bitkom eine rückläufige Entwicklung fest. Im Jahr 2021 konnte der Verein eine Schadenssumme von 223 Mio. € verzeichnen. Im Jahr 2022 waren es 203 Mio. €. Trotz des rückläufigen Schadens ist feststellbar, dass sich dieser immer noch auf hohem Niveau befindet.

Die Schadenssumme durch „Erpressung mit gestohlenen Daten oder verschlüsselten Daten" ist von ca. 24 Mrd. € auf ca. 11 Mrd. € gesunken. Dieses könnte an der rückläufigen Zahlungsbereitschaft der Unternehmen nach z. B. Ransomware-Angriffen liegen.

Hier handelt es sich um eine gute Entwicklung, zumal eine Zahlungsbereitschaft bei Erpressungslagen Täter zu weiterem vergleichbarem Verhalten animieren würde.

Bezogen auf Cyberkriminalität insgesamt muss aber dennoch festgestellt werden:

Je stärker die Digitalisierung fortschreitet, umso intensiver ist auch mit einem Anstieg der Cyberkriminalität zu rechnen. Ein Rückgang ist die nächsten Jahre nicht zu erwarten. Deshalb müssen Behörden und Unternehmen bereits jetzt die richtigen Ent-

---

[2] PKS BKA 2022 abrufbar unter: https://www.bka.de/DE/AktuelleInformationen/StatistikenLagebilder/Lagebilder/Cybercrime/cybercrime_node.html
[3] https://www.bitkom.org/Presse/Presseinformation/Wirtschaftsschutz-2022

scheidungen für die Zukunft auf dem Gebiet treffen und ständig aktiv Vorsorge betreiben, illegale Angriffe möglichst schon beim ersten Mal abzuwehren.

26 Seit 2022 hat die Cyberkriminalität in Deutschland eine deutliche Zunahme erlebt. Insbesondere in den Jahren 2023/2024 stieg die Zahl der Cyberdelikte weiter an, wobei die meisten Angriffe von außerhalb Deutschlands durchgeführt wurden. Diese internationalen Straftaten nahmen 2023 um 28 % zu und machten inzwischen den Großteil der Fälle aus, während die Straftaten innerhalb Deutschlands auf hohem Niveau stagnieren. Die Bedrohungslage bleibt hoch, vor allem durch Phishing, Ransomware-Angriffe und Betrug im Online-Bereich.

1. **Ransomware-Angriffe**: Diese Angriffe haben erheblich zugenommen. Kriminelle verschlüsseln dabei die Daten ihrer Opfer und fordern Lösegeld für die Entschlüsselung. Unternehmen und Institutionen, darunter auch kritische Infrastrukturen, waren besonders betroffen.
2. **Phishing**: Phishing-Attacken, bei denen versucht wird, über gefälschte E-Mails oder Websites an persönliche Daten wie Passwörter zu gelangen, blieben ein dominierendes Problem. Die Angriffe wurden zunehmend ausgefeilter, oft unterstützt durch Künstliche Intelligenz, um sie schwerer erkennbar zu machen.
3. **Computerbetrug**: Ein Großteil der Cyberkriminalität entfiel auf Computerbetrug, insbesondere im Zusammenhang mit Online-Banking und -Shopping. Diese Delikte machten den größten Anteil der Inlandstaten aus.
4. **Angriffe auf kritische Infrastrukturen**: Hierbei handelte es sich um gezielte Attacken auf wichtige Versorgungs- und Kommunikationsstrukturen. Diese Angriffe sind oft politisch motiviert oder dienen der Sabotage und Spionage.
5. **Malware-Infektionen**: Schadsoftware, die Daten stiehlt oder Systeme kompromittiert, bleibt ein zentraler Bedrohungsvektor. Besonders gefährlich sind sogenannte „Dropper" oder „Loader", die Schadsoftware nachladen können und oft als Vorbereitung für Ransomware-Angriffe dienen.
6. Diese Straftaten haben die Bedrohungslage in Deutschland erheblich verschärft und die Notwendigkeit verstärkter Cybersicherheitsmaßnahmen verdeutlicht.

27 Ein Trend ist die zunehmende Professionalität der Cyberkriminellen, die ihre Dienste im Rahmen von „Cybercrime-as-a-Service" anbieten. Besonders gefährlich sind sogenannte Initial Access Broker, die Zugang zu IT-Systemen verschaffen, oft durch Phishing oder Social Engineering. Die Sicherheitsbehörden konnten jedoch Erfolge bei der Zerschlagung krimineller Infrastrukturen verzeichnen, etwa durch die Abschaltung von Darknet-Plattformen.

28 Die allgemeine Schadenssumme für die Opfer bleibt hoch, und viele Betroffene haben negative Erfahrungen mit den Strafverfolgungsbehörden gemacht, was die Verfolgung von Cyberkriminellen betrifft

II. Beurteilung der Lage durch Erhebungen von G4C[4]

Die aktuelle Situation stellt sich nach Informationen der Cyberunternehmen des G4C im Wesentlichen wie folgt dar.

Identitätsdiebstahl liegt vor, wenn jemand die persönlichen Daten einer anderen Person nutzt, um deren Identität zu übernehmen und damit Betrug oder andere Straftaten zu begehen.

Der Identitätsdiebstahl ist häufig Ausgangspunkt weiterer Cyber-Straftaten. So haben Cloud-Server für DDoS-Attacken[5] an Bedeutung gewonnen. Mittels „gestohlener" Namen und E-Mail-Adressen können z.B. falsche Cloud-Konten erstellt werden, die dann für entsprechende Angriffe genutzt werden.

DoS-Angriffe (Denial of Service) sind absichtlich herbeigeführte Überlastungen von Computersystemen im Internet oder in Netzwerken. Ziel ist es, auf diese Weise zumindest vorübergehend deren Erreichbarkeit zu unterbrechen.

DDoS-Angriffe haben über die Jahre an Quantität und Qualität stark zugenommen. Im Gegensatz zu 2017 ist 2018 nicht nur ihre Anzahl um 34 % angestiegen, sondern es erhöhte sich auch die durchschnittliche Angriffsbandbreite derartiger At-tacken von 1,7 Gbit/s auf 4,9 Gbit/s, wodurch ein schnellerer Kollaps angegriffener Dienste erreicht wurde.

Im Jahr 2018 sollen mehr als 3,7 Mio. **Formjacking-Angriffe**[6] auf sog. Endpunkte abgewehrt worden sein. Betroffen sollen u.a. bekannte Webseiten, wie jene von Ticketmaster oder British Airways, gewesen sein.

Im Zuge des russischen Angriffskrieges auf die Ukraine gab es gerade von russischen Cyberakteuren Dos-Angriffe. Die Täter fokussierten sich eher auf Ziele, die mit dem Russland-Ukraine-Krieg in Verbindung gebracht werden müssen. Die Angriffe erfolgten häufig aus einer politischen oder ideologischen Motivation heraus. Sie konzentrierten sich vielfach auf deutsche Unternehmen, die mit der Ukraine in Verbindung standen.

Ransomware[7] hat sich in den vergangenen Jahren nicht wesentlich im Hinblick auf die Anzahl erhöht, sie hat von allen Malware-Arten allerdings ein sehr hohes Schadenspotential.

---

4 Die Ergebnisse haben teilweise Eingang in das Lagebild des BKA gefunden.
5 DDoS (engl.) „Distributed Denial of Service" ist eine Angriffsart, die versucht, IT-Ressourcen durch Überlastung zu sabotieren.
6 Formjacking (engl.) ist eine Angriffsart, bei der versucht wird (z.B. durch eingeschleusten JavaScript Code), Webformulare dahingehend zu manipulieren, dass z.B. eingegebene Daten mitgelesen oder gar manipuliert werden können. G4C entwickelt in Kooperation ein Informationssystem und Recherchenetzwerk, um Mitglieder über die verschiedenen Angriffsformen zu informieren und auch Gegenmaßnahmen zu entwickeln. Daten werden aus dem Malware Information Sharing System (MISP) der EU/Nato gesammelt und Daten anderer internationaler Organisation mit in den Datenverbund integriert.
7 Ransomware (engl.): Schadprogramme, mit deren Hilfe Daten auf fremden Rechnern verschlüsselt werden. So soll den eigentlichen Inhabern der Zugriff auf diese Daten unmöglich gemacht werden. Um

36 Die aktuellen Zahlen sowie besonders Art und Weise der Durchführung der Straftaten belegen eine zunehmende Bedrohung für die Wirtschaft und sprechen für ein gezielteres und professionelleres Vorgehen der Cyberkriminellen, die ihre Aktivitäten in „lukrativere" Geschäftsfelder verlagern. Über die Jahre hinweg ist der Ransomware-Angriff ein Geschäftsmodell geworden (Ransomware-as-a-Service). Entsprechend der organisierten Kriminalität werden in dem Zusammenhang Tätigkeiten verteilt, je nach Fähigkeit der Täter.

37 Ein weiteres Risiko der Infizierung mobiler Endgeräte mit Schadsoftware (**Mobile Malware**) besteht beim Surfen der Anwender in offenen WLAN-Netzwerken oder beim Herunterladen von Apps aus unbekannten Quellen anstelle der offiziellen Stores. Aber selbst die Verwendung der offiziellen Stores von Google oder Apple garantiert keinen Schutz vor Schadsoftware. Immer wieder gelingt es Tätern, infizierte Apps auf die Plattformen der offiziellen Stores zu schleusen. Es soll sich bei 17 % aller Android-Apps tatsächlich um getarnte Malware handeln. Allein im Jahr 2018 sollen im Google Play Store 38 schädliche Apps entdeckt worden sein.[8]

38 Insbesondere Mobile Ransomware[9] erfreut sich immer größerer Beliebtheit unter Kriminellen. Deutschland belegt in Bezug auf die Häufigkeit von Infizierungen durch Mobile Ransomware den dritten Platz hinter den USA und China.

39 Die Anzahl der blockierten bösartigen Powershell-Skripte, einem Admin-Skript von Windows-Systemen, hat sich im Jahr 2018 um 1.000 % im Vergleich zum Vorjahr erhöht. Auch konnten vermehrt Angriffe auf MS-Office-Dokumente festgestellt werden.

40 In der Vergangenheit lag der Schwerpunkt im Rahmen von Phishing eher beim „klassischen Phishing", worunter das Abgreifen der Login-Daten für das Online-Banking zu fassen ist, Opfer über E-Mail kontaktiert und zur Preisgabe dieser Daten verleitet werden. Mittlerweile existieren im Netz auch Angebote für Eintrittsvektoren in Zielsysteme – ähnlich wie Cybercrime-as-a-Service. Dieser Modus operandi stellt eine bedeutsame Bedrohung für Unternehmen und Privatpersonen dar, um Schadsoftware einzuschleusen. Phishing-Mails waren 2022 bis heute der häufigste Eintrittsvektor für Ransomware.

41 Nach Ausführungen einer renommierten Versicherung geht diese bei einem Schadensfall von Kosten zwischen 1.000 und 10.000 € pro Schadensfall bei kleineren und mittleren Unternehmen bis 10 Mio. € Umsatz aus. Dies hinge maßgeblich davon ab, wel-

---

den für die Entschlüsselung notwendigen Schlüssel zu erhalten, soll das Opfer ein Lösegeld (meistens zahlbar in Bitcoins o. Ä.) zahlen.
8 So eine Analyse des Virenschutz-Entwicklers Symantec.
9 Mobile Ransomware meint Ransomware auf mobilen Endgeräten wie Smartphones und Tablets. Im Allgemeinen wird von den Strafverfolgungsbehörden eine Klassifikation von Kriminalität vorgenommen, die mit oder durch Einsatz von IT-Technologie begangen wird. Diese Begriffe sind dann die Bereiche der Cyberkriminalität im Bundeslagebild Cybercrime des BKA, das jährlich erscheint.

che „Qualität" der Angriff habe, ob Datensicherungen vorlägen und wie viele Rechner betroffen seien.

D. Häufig anzutreffende Angriffsarten

I. Schadsoftware „Emotet"

Der Angriff mit der Schadsoftware **„Emotet"** auf Unternehmen, Kommunen und Betreiber kritischer Infrastrukturen hat verdeutlicht, dass mit einer weiter steigenden Gefährdung der IT-Systeme gerechnet werden muss. Denn Emotet stellt eine technisch besonders vielseitige Schadsoftware dar. Sie entwickelt sich ständig weiter. Deshalb ist privatwirtschaftlichen und öffentlichen Institutionen zu raten, sich gezielt miteinander auszutauschen, damit sie auf dem neuesten Stand hinsichtlich der notwendigen Abwehrsysteme und IT-Standards bleiben. Und das sollte nicht nur innerhalb der eigenen Branche geschehen, sondern auch branchenübergreifend. 42

Der Trojaner „Emotet" wird von Cyberkriminellen vermehrt genutzt, um möglichst authentisch aussehende Spam-Mails zu imitieren. Dazu liest Emotet Kontakte und Mail-Inhalte von bereits infizierten Computer-Systemen aus und verbreitet diese Informationen automatisiert weiter. Sobald ein System infiziert ist, kann Emotet auch weitere Schadsoftware herunterladen, die z. B. Banking-Zugangsdaten ausliest oder ein gesamtes Unternehmensnetzwerk per sogenannter Ransomware verschlüsselt. Damit verbunden sind häufig hohe Lösegeldforderungen im Gegenzug für dessen Wiederherstellung. Grundsätzlich sollten Institutionen weiterhin auf eine Sensibilisierung der Nutzer für Emotet-Schadsoftware setzen, denn auch vermeintliche Profis können auf deren authentisch wirkende Spam-Mails hereinfallen. Die Folgen können schwerwiegend sein: Vom Verlust sensibler Kundendaten bis hin zum Einstellen des Geschäftsbetriebes und damit verbundenen wirtschaftlichen Schäden ist alles möglich. 43

Deutsche Ermittler haben in enger Kooperation mit ausländischen Sicherheitsbehörden im Januar 2021 die Infrastruktur der weltweit als am gefährlichsten geltenden Schadsoftware „Emotet" übernommen und zerschlagen. Das war ein großer Erfolg, der sich bis heute so nicht wiederholt hat. Dass derartige Angriffe nunmehr ein für alle Mal der Vergangenheit angehören würden, hat sich nicht bewahrheitet. Bereits im November 2021 war „Emotet" wieder zurück, und erneut musste vor Emotet-Angriffen gewarnt werden. 44

II. Ransomware

Wirtschaftsunternehmen verzichten nach wie vor in vielen Fällen auf die Anzeige von Cybercrime-Vorfällen. Beweggrund dafür sind u. a. mögliche Reputationsschäden in der 45

Öffentlichkeit. Zu dieser Erkenntnis gelangt das BKA auch im Bundeslagebild Cybercrime 2018[10]. „Dieser Verzicht auf eine Anzeige erschwert es Behörden und Vereinen wie G4C gleichermaßen, neue Entwicklungen im Bereich der Internetkriminalität frühzeitig zu identifizieren."[11] Die Situation hat sich bis heute nicht wesentlich verändert.

46 Damit sowohl Präventions- als auch Ermittlungsmethoden weiterentwickelt werden können, spielt der schnelle Informationsaustausch eine zentrale Rolle. Betroffene Unternehmen können sich auch als Nicht-Mitglieder z. B. an G4C oder die Nachfolgeorganisation wenden, sodass auf diesem Weg andere potenzielle Opfer informiert werden können.

47 Ein Phänomen, das die Behörden und andere Institutionen besonders beschäftigt, sind Angriffe mit sogenannten Erpressungs-Trojanern (engl. Ransomware). Die Täter verschlüsseln per Software die IT-Infrastruktur ihrer Opfer. Infolgedessen fordern sie hohe Lösegeldzahlungen für die Freigabe der Daten; von einer Zahlung raten Behörden und G4C jedoch im Normalfall ab. Im Jahr 2018 sank laut BKA-Lagebild zwar die Gesamtzahl der Ransomware-Angriffe, es standen allerdings vermehrt Unternehmen im Fokus der Angreifer. Im Jahr 2019 und in der Folgezeit beobachten G4C und seine Mitglieder, dass die Gesamtanzahl der Ransomware-Angriffe sowie dadurch verursachte Schäden wieder steigen. Im Jahr 2022 wurde im Durchschnitt täglich mindestens ein Unternehmen Ziel eines Ransomware-Angriffes. Dabei wurden insgesamt 42 unterschiedliche Ransomware-Varianten identifiziert. Täter verlagern ihre Aktivitäten zunehmend auf lukrativere Geschäftsfelder und professionalisieren dafür ihr Vorgehen. Kleine und mittlere Unternehmen sind hiervon betroffen, da ihre IT-Systeme im Vergleich zu großen Firmen tendenziell weniger gegen die sich stetig weiterentwickelnde Cyberkriminalität geschützt sind. Doch auch immer mehr große Unternehmen oder zentrale Dienstleister sehen sich durch diese Angriffe gefährdet. Kommt es zu einer Verschlüsselung der Daten und Infrastrukturen, leisten G4C und seine Mitglieder konkrete und praktische Unterstützung bei der technischen Absicherung von betroffenen Unternehmen.

48 Dass Cybercrime durch Ransomware auch für den gesamten Wirtschaftsstandort Deutschland von zunehmend gefährlicher Bedeutung ist, zeigt eine weitere aktuelle Entwicklung in diesem Bereich. Besonders **Unternehmen der kritischen Infrastruktur**, wie beispielsweise Energieversorger, geraten bis heute vermehrt in den Fokus von Cyberkriminellen.

49 Die Formen der IT-Attacken auf IT-Nutzer sind vielfältig.

DDoS-Angriffe

50 DDoS-Angriffe sind eng mit der Thematik „Botnetze" verknüpft.

---

10 Vgl. BKA, Cybercrime, Bundeslagebild 2018, abrufbar unter https://www.bka.de/SharedDocs/Downloads/DE/Publikationen/JahresberichteUndLagebilder/Cybercrime/cybercrimeBundeslagebild2018.html.
11 Bundeslagebilder Cybercrime des BKA aus den Jahren 2018/2019, abrufbar unter https://www.bka.de/DE/AktuelleInformationen/StatistikenLagebilder/Lagebilder/Cybercrime/cybercrime_node.html.

Bei einem **DDoS**-Angriff führen Angreifer die Nichtverfügbarkeit eines Dienstes oder Servers gezielt herbei. Die Angreifer missbrauchen dieses infizierte Rechner-Netz, auch Botnetz genannt, ferngesteuert für ihre **DDoS-Attacken**. 51

Da beim DDoS-Angriff die Anfragen von einer Vielzahl von Quellen ausgehen, ist es nicht möglich, den Angreifer zu blockieren, ohne die Kommunikation mit dem Netzwerk komplett einzustellen. 52

DDoS-Angriffe gehören zu den am häufigsten beobachteten Sicherheitsvorfällen im Cyber-Raum. Kriminelle haben hieraus entsprechende Geschäftsmodelle entwickelt und vermieten Botnetze verschiedener Größen. 53

Polizeiliche Daten zur Anzahl und Dauer von DDoS-Angriffen in Deutschland liegen dem BKA nicht vor. Nach einer Untersuchung eines G4C-Mitglieds hat sich neben der Anzahl der Attacken auch die Dauer der Angriffe sowie die durchschnittliche Bandbreite in den letzten Jahren erhöht. 54

Die Nichterreichbarkeit von Vertriebsportalen (z.B. Online-Shops, Service-Provider, Kryptowährungs- und Handelsplattformen) in Folge eines DDoS-Angriffs können im wettbewerbsintensiven Marktsegment Internet erhebliche wirtschaftliche Schäden nach sich ziehen. 55

Die Motivlagen der Täterseite sind vielseitig. Sie umfassen rein monetäre Interessen (Ransom-DDoS), das Erlangen von Wettbewerbsvorteilen, Rache, aber auch politische bzw. ideologische Motive können Ausgangspunkte für solche Angriffe darstellen. Sie werden sehr häufig vom Ausland aus durchgeführt, womit ohnehin Aufklärungen bezüglich des Angreifers noch weniger erfolgreich zu gestalten sind. 56

Die durch DDoS-Angriffe verursachten Schäden für den Betroffenen lassen sich nicht abschließend quantifizieren, da Folgewirkungen der Angriffe wie 57
- Systemausfälle/Unterbrechung der Arbeitsabläufe,
- aktuelle und langfristige Umsatzausfälle (Kunden- und Reputationsverlust) und
- aufwendige Schutz- und Vorsorgemaßnahmen zur Abwendung künftiger Angriffe

oftmals nur sehr schwer zu beziffern sind.

WannaCry (Verschlüsselungssoftware)

Im Mai 2017 fand ein massiver weltweiter Cyber-Angriff auf Computersysteme von Firmen, Institutionen und Privatpersonen mittels der Ransomware **WannaCry** statt. In Deutschland wurden u.a. Systeme der Deutschen Bahn infiziert. Dies wurde sichtbar durch ausgefallene Ticketautomaten und Erpressernachrichten auf zahlreichen Anzeigetafeln in deutschen Bahnhöfen. Ferner waren zahlreiche private Systeme vom Angriff betroffen. 58

Die **europäische Cybersicherheitsagentur ENISA (European Union Agency for Network and Information Security)** schätzte, dass über 230.000 Systeme in über 150 Ländern der Welt von der Attacke betroffen waren. In Großbritannien kam es beispielsweise zu erheblichen Beeinträchtigungen im Gesundheitsdienst. Weitere bekannte Infektionen fanden u.a. in Russland, China, der Ukraine, den USA, Spanien, Frankreich, Hongkong und Japan statt. 59

60   Cyber-Sicherheit und Datenschutz sind in aller Munde, doch leider nicht in allen Köpfen. Dieses zeigen einmal mehr die Beispiele, von denen der Digitalverband **Bitkom** berichtet:

61   Nach mehreren öffentlichkeitswirksamen Ransomware-Attacken, wie auch durch das Schadprogramm **WannaCry** im Jahr 2017, ist die Furcht gewachsen. So hat jeder Dritte (34 %) Angst davor, Opfer von Ransomware zu werden, etwa beim eigenen Laptop oder Desktop-PC.

62   In London waren IT-Systeme von Krankenhäusern betroffen. Aufgrund dessen mussten dringende Operationen und die Notfallversorgung verschoben bzw. eingeschränkt werden. Angreifer kümmert es hierbei nicht, ob Menschenleben bedroht oder wichtige Abläufe außer Kraft gesetzt werden. Bei Energieversorgern konnte die Versorgung der Haushalte mit Strom nicht mehr erfolgen, der öffentliche Verkehr kam nahezu zum Erliegen und technische Einrichtungen wurden außer Betrieb gesetzt.

63   Auch Städte in Deutschland berichten über Attacken und Ausfälle von IT-Systemen. Sie finden keine effizienten Abwehrmechanismen. Die Angreifer sind hoch spezialisiert, arbeiten in effektiven Teams, sind technisch hoch gerüstet und haben oft Unterstützung von politischen Organisationen bestimmter Länder, die den **Cyber War** testen. Beispiele für die Anfälligkeit von Sozialen Netzen sind die Manipulationen von Wählergemeinschaften durch Institute politisch geprägter Couleur und auch Geheimdienste, die **Intellectual Property (IP)** von Industrieunternehmen und auch militärischen Einrichtungen ausspionieren wollen.

64   Mittelständige Unternehmen und auch große Konzerne sind derartigen Angriffen ausgesetzt. Diese haben das Ziel, die technologischen Entwicklungen dieser Unternehmen aufzuspüren und zu stehlen. In diese Vorgänge sind IT-Spezialisten involviert, die Sicherheitslücken in den Systemen kennen und neue finden. Im Rahmen der Digitalisierung und von IoT-Initiativen (Internet-of-Things-Initiativen) werden oft Open-Source-Softwarekomponenten eingesetzt, die nicht immer den hohen Sicherheitsanforderungen genügen.

65   Obwohl Ransomware-Attacken verstärkt als Gefahr gesehen werden, sorgen nur wenige potenziell Betroffene gegen solche Angriffe vor. Lediglich 44 % erstellen regelmäßig Backups der persönlichen Daten, um einem Komplettverlust vorzubeugen.

66   Schadprogramme auf Smartphones sind für viele Nutzer ein Problem. Mehr als jeder dritte Smartphone-Nutzer wird heute durch Angriffe geschädigt.

67   Die größte Schwachstelle und damit eines der größten Cyber-Risiken ist der Mensch selbst, so ist es festzustellen. Das liegt insbesondere daran, dass man für das Fehlverhalten der Nutzer nicht einfach eine technische Fehlerbehebung „einspielen" kann. Das Cyber-Risk-Management umfasst deshalb auch die Suche nach den Schwachstellen bei den Anwendern und die Minderung dieser Risiken durch Schulung und Sensibilisierung.

E. Status der Sicherheit in Unternehmen und zunehmende Digitalisierung

Das Risikomanagement ist ein zentraler Teil der Arbeit und ein wichtiges Instrument für jeden CSO oder IT-Sicherheitsverantwortlichen, da die Bedrohungslage für Unternehmen über die letzten Jahre erheblich zugenommen hat und weiter zunehmen wird. Die Identifikation von Risiken durch Cyberattacken und Manipulation der IT-Infrastruktur hat viele Facetten. Es sind komplexe Vorgänge, alle möglichen Risiken zu identifizieren und zu bewerten. Ausgehend von Business-Prozessen können kritische Komponenten identifiziert und mittels **Key-Performance-Indikatoren** bewertet werden. Unternehmen haben in der Regel bestehende **Sicherheitskonzepte** und auch Infrastrukturmanagement im Einsatz, in denen das Thema IT-Sicherheit abgebildet ist. Mit zunehmender Digitalisierung und **Internet-of-Things**-Initiativen sowie einer Nutzung von Künstlicher Intelligenz steigen die Risiken weiter, da solche Vorgaben überwiegend nicht in Sicherheitskonzepten berücksichtigt sind. Somit ist es notwendig, das bestehende Sicherheitskonzept im Rahmen der Unternehmenscompliance zu überarbeiten, zusätzliche Verfahren, Methoden und Techniken aufzunehmen, die das Unternehmen vor Cyberangriffen schützen helfen. 68

Ist die Identifikation der Risiken vom Grund her unvollständig, so können auch alle weiteren Schritte im Risikomanagement nicht mehr zum Erfolg führen. Die Risikominderung und Risikoabwehr müssen zum Teil versagen, da die nicht erkannten Risiken auch nicht gemindert oder abgewehrt werden können. Grunderfordernis für das Betreiben einer möglichst sicheren Infrastruktur ist die Risikoidentifizierung. Sie muss so vollständig wie nur möglich sein. 69

Das **Cyberrisk-Management** muss also möglichst alle Cyber-Bedrohungen erfassen und bewerten. Es sollte nicht mit dem IT-Risk-Management gleichgesetzt werden, denn die IT-Risiken sind nur ein Teil der Cyberrisiken. Ebenso sollten Cyber-Risiken nicht als Internetrisiken verstanden werden. IT-Sicherheitsverantwortliche müssen ihren Blick weiten und eine Vielzahl von Risiken berücksichtigen. 70

Das BSI definiert den **Cyber-Raum** als den „virtuellen Raum aller weltweit auf Datenebene vernetzten bzw. vernetzbaren informationstechnischen Systeme"[12]. 71

Cyber-Sicherheit befasst sich demnach mit allen Aspekten der Sicherheit in der Informations- und Kommunikationstechnik. Das Aktionsfeld der Informationssicherheit wird dabei auf den gesamten Cyber-Raum ausgeweitet. Dieser umfasst sämtliche mit dem Internet und vergleichbaren Netzen verbundene Informationstechnik und schließt Kommunikation, Anwendungen, Prozesse und verarbeitete Informationen mit ein. 72

Deshalb sind Cyber-Risiken auch nicht nur IT-Risiken oder Online-Risiken. Zu den Risiken im Cyber-Raum gehören auch alle Bedrohungen, die in Verbindung stehen mit 73

---

[12] BSI, Glossar zur Cyber-Sicherheit (Suche: Cyber-Raum), abrufbar unter https://www.bsi.bund.de/SharedDocs/Downloads/DE/BSI/Publikationen/Lageberichte/Lagebericht2023.html.

Clouds, Endgeräten, Apps und den Nutzern, um nur einige Beispiele zu nennen. Cyber-Risiken sind weder nur Bedrohungen von außen, noch handelt es sich um Bedrohungen, die nur das Innere eines Unternehmens betreffen.

74 Besonders zu berücksichtigen ist die Tatsache, dass Cyber-Attacken vielfach auch von innen erfolgen – ungewollt oder aber auch gewollt – von Mitarbeiterinnen und Mitarbeitern, die auf einen Social-Engineering-Angriff hereingefallen sind oder durch kriminelle Innentätern unterstützt werden (Insider-Attacken).

75 Ein sehr erfolgreiches Beispiel ist hier der **CEO Fraud**. Dem Mitarbeiter in einem Unternehmen – meist in Schaltstellen der Firma und oder im Bereich der Finanzen – wird eine gefälschte Mail des CEOs gesendet, um finanzielle Transaktionen auszulösen oder andere kriminelle Handlungen in Gang zu setzen.

76 **Diebstahl der Identität** einer Person ist eine oft eingesetzte Cyberattacke, um unter falscher ID Straftaten zu begehen und so den Verfolgungsbehörden über eine Rückverfolgung die Möglichkeit zu nehmen, den tatsächlich im Hintergrund agierenden Täter zu ermitteln.

77 Weiterhin erfolgen über das Netz Diebstähle von Kreditkartendaten und Bankverbindungen, um so Geldbeträge über den digitalen Weg illegal zu erlangen. Der Fantasie der Betrüger sind keine Grenzen gesetzt und immer neue Varianten der Bedrohungen werden weltweit bekannt.

78 Eine der schlimmsten Attacken, die Unternehmen betreffen kann, ist der **Ransomware-Angriff**. Durch einen solchen IT-Angriff wird eine Schadsoftware auf unterschiedlichste Weise in die Unternehmens-IT eingebracht, um somit die Daten zu verschlüsseln. Für eine mögliche Freischaltung der Daten werden je nach den angenommenen Möglichkeiten einer akzeptablen Zahlungshöhe für die Unternehmen oder Behörden, Geldbeträge – meist in Bitcoins – erpresst.

79 Wegen der besonderen Aktualität, aber auch wegen der steigenden Zahl der Angriffe und den hohen Schäden für die betroffenen Unternehmen wird das Problem im Folgenden noch näher beleuchtet, auch im Hinblick auf Präventionsmaßnahmen oder Folgeverhalten nach einem erfolgreichen Angriff. Grundlage für die detaillierten Aussagen ist eine Fallstudie, die vom **German Competence Center of Cybercrime e.V. (G4C)**[13] veröffentlicht wurde.

80 Um international Daten der Polizei und Sicherheitsbehörden auszutauschen – und das nicht nur bei Ransomware – betreiben BKA, BSI und andere Institutionen ein Netzwerk von **MISP**-Instanzen (**Malware Information Sharing Platform**), einer von der NATO ins Leben gerufenen Initiative, die heute auch Unternehmen der kritischen Infrastruktur nutzen können, um aktive Cyber-Abwehr zu gewährleisten.

---

13 Mit zunehmender Digitalisierung wächst die Anzahl der Angriffe auf Unternehmen, da durch steigenden Einsatz von Internet-Anwendungen Lücken entstehen, die von Kriminellen genutzt werden. Vor diesem Hintergrund zeigt die Fallstudie DDoS, welche Angebote der Verein G4C seinen Mitgliedern zur Verfügung stellt und welche Gegenmaßnahmen getroffen werden können.

F. Cyber-Abwehr beginnt mit Schulung

Immer mehr Nutzer arbeiten mit kritischen Daten über Smartphones, jedoch nur vier 81
von zehn Nutzern (40 %) haben ein Virenschutzprogramm auf ihrem Smartphone installiert, gut ein Drittel (34 %) erstellt regelmäßig Backups der Smartphone-Daten in der Cloud oder auf dem privaten Computer.

Offensichtlich reicht nicht allein das Angebot technischer Sicherheitslösungen, son- 82
dern das Bewusstsein für die Anwendung der Cyber Security muss erhöht werden. Das gilt nicht nur dann, wenn Unternehmen die Nutzung privater Endgeräte zu beruflichen Zwecken (**BYOD, Bring Your Own Device**) erlauben, sondern immer dann, wenn eine intensive Sicherheit nicht erzwungen wird, z. B. durch Zwangsverschlüsselung vertraulicher Daten.

Die Anwender stellen keine „einheitliche" Schwachstelle dar, sondern eine Vielfalt 83
von Nutzerfehlern und Angriffsmethoden, können dazu führen, dass der Mensch selbst als Cyber-Risiko im Unternehmen gewertet werden muss.

Beispiele für Bereiche, in denen häufig menschliches Fehlverhalten zu IT-Sicher- 84
heitsproblemen führt, sind z. B. **Phishing-Attacken**: Die Abfrage von Zugangsdaten per Mail, Chat-Nachricht, Brief, Fax oder im direkten Gespräch wird von Angreifern gern genutzt, indem eine Dringlichkeit, ein schwerwiegendes Problem und schlimme Konsequenzen erwähnt werden. Angeblich ist der Nutzer z. B. von seinem **E-Mail-Konto** ausgesperrt, wenn er nicht umgehend die alten Passwörter übermittelt, die gegen neue ausgetauscht werden müssen. Leider fallen viele Nutzer immer noch auf solche Attacken herein.

G. Bedrohungsszenarien

I. Erscheinungsformen

Die Auswirkungen auf Unternehmen haben dramatische Folgen, wie beispielsweise den 85
kompletten Verlust der Daten. Eine damit verbundene dramatische Folge kann der Konkurs eines Unternehmens oder gar die Zerstörung eines Unternehmens durch Diebstahl seiner IP und Konstruktionsplänen sein.

Sich breit auswirkende Folgen können entstehen, wenn die Arbeit der Unterneh- 86
men der kritischen Infrastruktur beeinträchtigt oder völlig unterbrochen wird. Die Folge daraus wäre, dass die Bevölkerung kein Wasser und keinen Strom erhält, die Abfallwirtschaft gestört wird und eine eingeschränkte Verkehrssteuerung den Bus- und Bahnverkehr lahmlegt.

Bis hin zu tödlichen Folgen kann ein Ausfall der IT in der Gesundheitsversorgung 87
führen, wenn wir uns vergegenwärtigen, unter welch großer technischer Einbeziehung z. B. in Krankenhäusern gearbeitet wird.

88   Cyberkriminelle fühlen sich kaum durch ethische und moralische Grenzen angesprochen. Was machbar ist, wird auch technologisch umgesetzt, bis hin zu Modellen im **Dark Net**. Hier ist **Crime as a Service** frei verfügbar. Über entsprechende Portale ist es möglich, Anleitungen und Technologien zu kaufen, um Cyberkriminalität in der realen Welt zu begehen.

II. Verantwortlichkeiten und Grenzen der Unternehmen

89   Sicherheitsverantwortliche in Unternehmen allein sind überfordert, sämtliche denkbaren Cyber-Abwehr-Mechanismen umzusetzen, da die Komplexität und die Menge der Angriffe nur schwer zu durchschauen sind. Auch werden Investitionen in Sicherheitstechnologie von den Unternehmen nicht immer für so bedeutsam erachtet, da damit keine direkte Erhöhung der Produktivität oder gar Kosteneinsparungen der IT erzielt werden. Vielmehr wird darauf vertraut, dass man von derartigen Angriffen verschont bleiben wird.

90   Das entspricht auch für kleinere und mittlere Unternehmen nicht mehr den tatsächlichen Gegebenheiten.

91   Um noch halbwegs gut aufgestellt zu sein, schließen sich Unternehmen zu Interessengemeinschaften zusammen und tauschen Informationen aus, damit die Last der Früherkennung und die damit verbundenen Abwehrmaßnahmen gemeinsam getragen werden.

92   Das spart finanzielle Investitionen und ermöglicht die Zusammenführung von möglichst vielen aktuellen schädigenden Daten und Erkenntnissen. Die professionelle Abwehr von illegalen Angriffen auf die jeweilige Netzstruktur wird erhöht.

93   Nach diesem Prinzip haben sich Unternehmen in dem gemeinnützigen Verein G4C zusammengeschlossen, der mittlerweile zwölf Mitglieder zählt und weiter branchenübergreifend ausgebaut wird. Diese Unternehmen sind eng miteinander verzahnt und bilden in ihren Geschäftsprozessen gemeinsame Initiativen im Rahmen IoT und Digitalisierung. Sie definieren Standards in dieser **Community of Interest**.

94   Auch gibt es Sicherheitslösungen, die zusätzlich unterstützen, wie Lösungen der öffentlichen und militärischen Behörden der USA und der NATO, z. B. das Produkt **Stealth**.

III. Sicherheit: aktive und passive Maßnahmen

95   In den letzten Jahren hat sich das Thema **Künstliche Intelligenz (KI)** als neue Technologie auch in der Sicherheitsthematik etabliert. Das Thema KI geht bis in die 1960er Jahre zurück und erlebt im Rahmen der Sicherheitsdiskussion eine neue Bedeutung. Die Algorithmen wurden deutlich verbessert, die Rechnerleistung ist beinahe unbegrenzt verfügbar und bezahlbar. Der Begriff „Mustererkennung und Anomalie-Erkennung" umfasst auch solche Technologien, die auffällige Transaktionen oder Abläufe in Ge-

schäftsprozessen erkennen können, um dann Sicherheitsverstöße oder Angriffe abzuwehren.

Zu berücksichtigen ist allerdings auch, dass KI genutzt wird, um die Angriffsqualitäten von Tätern zu erhöhen. Insofern ist die KI nicht nur ein Segen für die Cybersicherheit.

Machine Learning erkennt Muster in den Cyber-Risiken. Aber Cybersicherheitssysteme, die KI nutzen, werden in Zukunft helfen, deutlich besser die intelligenten Hacker und deren Angriffe zu entdecken und Angriffe abzuwehren.

Dies hilft, Schäden zu vermeiden und Risiken im gewünschten Digitalisierungsprozess zu minimieren. Mit Hilfe von KI könnte die Erkennungsrate von Angriffen im Netzwerk und in IT-Endgeräten wie Smartphone, Notebook, Server oder im IoT deutlich erhöht werden. Möglich wird die Risikoanalyse und Risikobewertung mit Hilfe der KI, indem in den Bedrohungsinformationen Muster gesucht werden. Die KI-Lösungen kombinieren dabei sicherheitsrelevante Daten aus externen Quellen (sogenannten **Threat Feeds**) mit den Ergebnissen der eigenen Security-Auswertungen, z. B. aus dem **SIEM-System (Security Information and Event Management)** des Unternehmens. Diese KI-Lösungen sind noch neu auf dem Markt und haben je nach Anforderung noch deutliche Fehlerquoten, was aber ihre Leistungsfähigkeit nicht in Frage stellen darf. Auch zusätzliche Kombinationen unterschiedlicher Verfahren wie Biometrie und Videoerkennung machen Sinn, um Risiken im Cyberraum zu minimieren.

H. Ransomware: Unternehmen und Institutionen als Zielscheibe

Schädigende Angriffe mit Ransomware auf Unternehmen sind bereits im vorderen Teil kurz erwähnt worden. Solche Schadprogramme werden aktuell immer stärker für gezielte Angriffe gegen Unternehmen und Institutionen genutzt.

Der Schaden für Unternehmen kann sehr groß sein und finanziell hohe Beträge zur Wiederherstellung der Daten erforderlich machen.

Aufgrund der zunehmend steigenden Zahl dieser Angriffe und wegen der aufgesetzten Erpressungen der Unternehmen sollen hier nähere Ausführungen zum Verhalten bei Angriffen, zum Umgang mit der Lage und zur Prävention gemacht werden.

I. Wie gelangt Ransomware in die Unternehmen?

Üblicherweise werden solche Schadprogramme großflächig und wahllos per E-Mail versandt. Sofern diese Mails nicht vorab durch zentrale Sicherheitsmaßnahmen wie beispielsweise Spamfilter oder allgemeine Virenscanner herausgefiltert werden, besteht die Gefahr, dass Empfänger die E-Mails und auch die zugehörigen schadhaften Anhänge öffnen. Verhindern dann nicht weitere Systembeschränkungen oder Arbeitsplatz-Virenscanner die anschließende Ausführung der Programme, beginnt die automatische

Verschlüsselung aller zugänglichen Daten. Ausgereifte Varianten solcher Software versuchen zusätzlich, sich über das interne Netzwerk zu verbreiten. So können sie ein noch weit größeres Erpressungspotenzial erzielen.

II. Fatale Folgen

103 Eine derartige **Datenverschlüsselung** kann die Verfügbarkeit von Dienstleistungen und Produktionskapazitäten tagelang behindern, im schlimmsten Fall sogar unmöglich machen. Zusätzlich leidet die Reputation des Unternehmens stark durch mediale Negativ-Schlagzeilen: Die Auswirkungen solcher Infektionen lassen sich kaum vor der Öffentlichkeit verbergen.[14] Bisher forderten die Erpresser als Lösegeld nur wenige Bitcoins, auf die betroffene Unternehmen meist nicht eingingen. Stattdessen führten sie ihren Betrieb über die Wiederherstellung von Backups fort.

III. Neue Gefahren durch gezielte Angriffe

104 Ein neuer Trend besteht darin, das Erpressungspotenzial gezielt bis auf die nachhaltige Vernichtung nahezu aller Datenbestände eines Unternehmens oder einer Institution inklusive Backups auszudehnen. Gelingt den Tätern eine solche Vollverschlüsselung, können sie deutlich höhere Lösegeldsummen fordern: Hier würde die Einschränkung von Dienstleistungen oder Produktionskapazitäten nicht nur kurze Zeit andauern, sondern es droht im schlimmsten Fall sogar der dauerhafte Verlust aller vorhandenen Daten. Dies kommt für viele Firmen faktisch einer drohenden Einstellung des Geschäftsbetriebes gleich.

105 Einige Tätergruppen sind mittlerweile dazu übergegangen, Daten nicht nur zu verschlüsseln, sondern sie darüber hinaus auch noch zu entwenden. Das Erpressungspotential beinhaltet dann zusätzlich noch die Androhung der Veröffentlichung sensibler Geschäfts- und Kundendaten. In noch weiterer Ausdehnung dieses „Geschäftsmodells" wurden im Nachgang sogar auch schon (eigentlich gar nicht betroffene) Kunden und Geschäftspartner mit Veröffentlichungsandrohungen und Erpressungsforderungen konfrontiert. In Fachkreisen werden solche erweiterten Vorgehensweisen als „Double Extortion" bzw. „Triple Extortion" bezeichnet.

---

14 Öffentlich bekannt gewordene Beispiele waren z.B. das Lukaskrankenhaus Neuss (10.2.2016), die Deutsche Bahn (13.5.2017) oder der dänische Logistikkonzern Maersk (26.1.2018).

IV. Wie gehen die Täter vor?

Üblicherweise erfolgen die Angriffe via E-Mail mit entsprechenden schadhaften Anhängen. Deren Ausprägungen können variieren. In der Praxis sind es jedoch sehr häufig Office-Dokumente (z. B. Word-Dateien), die nach dem Öffnen Schadsoftwarekomponenten nachladen. Derartige E-Mails können potenziell jeden Mitarbeiter eines Unternehmens erreichen. Die viel zitierte Warnung, niemals Anhänge von E-Mails unbekannter Absender zu öffnen, ist nicht praktikabel, wenn die Dateien sich als Initiativbewerbungen in der Personalabteilung ausgeben, bei Kunden-Hotlines oder bei Vertriebsmitarbeitern mit Außenkontakt ankommen. Zusätzlich gilt: Aktuelle Tätergruppen verwenden auch Mailverkehr, den sie bei früheren Angriffen auf andere Unternehmen erlangt haben, und nehmen darauf Bezug. So sind sie in der Lage, scheinbar bekannte Absender vorzutäuschen. Erfolgt dieses Vorgehen massenhaft und gezielt, wird es auch als **„Dynamit-Phishing"** bezeichnet. 106

Oft läuft die technische Infektion dann in mehreren Schritten ab. Zunächst erfolgt die Installation eines „Downloaders", der weitere Schadsoftware wie die eigentliche Ransomware, aber auch Fernwartungssoftware („Remote Access Tools") zur weiteren Erkundung der IT-Infrastruktur des Unternehmens nachlädt.[15] 107

V. Varianten der Vollverschlüsselung einschließlich Backups

■ Verbreitung im gesamten Netzwerk

Die initiale Ransomware versucht – u. a. über Netzlaufwerke – administrative Accounts wie Domain-Admins und Backup-Accounts zu übernehmen. Ein gängiges Vorgehen ist das Erraten von Passwörtern oder massenhaftes Ausprobieren (**„Brute-Force"**). Aufgrund oftmals verwendeter Standardpasswörter und mit Hilfe ausgeklügelter Passwortlisten sind die Angreifer damit erfolgreicher als gemeinhin angenommen. Dabei nutzen sie ebenso nicht gepatchte Schwachstellen aus, beispielsweise im Intranet. Gelingt eine dieser Methoden, meldet sich die Schadsoftware aktiv bei den Tätern, dass hier (abweichend vom Normalfall) ein möglicherweise deutlich lukrativeres Opfer zu erwarten ist. Die Täter versuchen dann im Nachgang oft noch manuell, etwa via Remote Access Tools, größere Kontrolle über die IT-Infrastruktur des Unternehmens zu erlangen und insbesondere alle Backup-Möglichkeiten völlig unbrauchbar zu machen. 108

---

15 Zum Nachschlagen in einer Web-Suche: Historisch prominente Bezeichnungen von Ransomware aus 2016/2017 lauteten z. B. „Locky" oder „WannaCry", die per 2018/19 relevanten Schadsoftwarefamilien tragen Bezeichnungen wie „Emotet/Trickbot", „Ryuk", „GandCrab".

■ Vorab geplante und gezielte Angriffe

109 **Angreifer** verschaffen sich vorab weitreichende Informationen über die jeweiligen Unternehmen oder Institutionen. Das geschieht über sogenanntes **Social Engineering**, um das Umfeld via soziale Netzwerke, Telefonanrufe unter Vortäuschung falscher Identitäten und Phishing-Mails zu erkunden. Dies dient auch dazu, festzustellen, ob eine lukrative Ausgangslage vorliegt. Außerdem können nachfolgende Infektionen mit Ransomware so gezielt platziert werden. Im Zuge solcher Sondierungen können sich Tätergruppen auch weiter im Netzwerk bewegen und zusätzliche Informationen über das Unternehmen sammeln. Aus diesen Erkenntnissen leiten einige Täter sogar die Höhe von Lösegeldern ab und stellen dann Forderungen, die sich das Unternehmen ihrer Meinung nach leisten kann, ohne völlig in seiner wirtschaftlichen Existenz gefährdet zu sein.

Praxisbeispiel

Es ist typisch, dass Täter mit den Bemühungen um eine Vollverschlüsselung der anvisierten IT-Infrastruktur am Freitagabend beginnen, weil dies ungestörtes Arbeiten aufgrund der Abwesenheit der Mitarbeiter am Wochenende verspricht. Die IT-Störungen zeigen sich dann meist erst am Montagmorgen, wenn Computer nicht starten, Telefonanlagen, Mail-Server, Web-Präsenzen und das Electronic-Banking-System ausfallen oder Backups verschlüsselt sind. Üblich ist auch, dass in der Folge ein englischsprachiges Schreiben auftaucht, in dem eine größere Lösegeldsumme gefordert wird – zahlbar in einer Kryptowährung und bei gezielten Angriffen durchaus ein fünf- bis siebenstelliger Euro-Betrag.

VI. Welche Maßnahmen schützen effektiv vor Infektionen mit Ransomware?

■ Grundabsicherung gegen eingehende Schadsoftware

110 Die Basiskomponente für die Abwehr eingehender Schadsoftware sind Maßnahmen wie technische Spam- und Malware-Filter beim zentralen E-Mail-Eingang, gegebenenfalls auch am Web-Proxy und an anderen externen Schnittstellen, sowie auch auf dem Desktop des Endnutzers, auf Servern, File Shares etc. Insbesondere das BSI hält hierfür passende Hinweise und Hilfestellungen bereit.[16]

■ Bewusstsein bei Mitarbeitern und Geschäftspartnern schaffen

111 Zunächst sollten vor allem Mitarbeiter über die Bedrohung aufgeklärt werden. Das Bewusstsein bei Geschäftspartnern und Lieferanten zu steigern, ist eine weitere wichtige und unverzichtbare Basismaßnahme. Wie diese Punkte zu handhaben sind, hat die

---

[16] Pressemitteilung des BSI v. 24.4.2019, BSI warnt vor gezielten Ransomware-Angriffen auf Unternehmen, abrufbar unter https://www.bsi.bund.de/DE/Service-Navi/Presse/Pressemitteilungen/Presse2019/BSI_warnt_vor_Ransomware-Angriffen-240419.html; BSI-Informationspool zum Thema Maßnahmen zum Schutz vor Emotet und gefährlichen E-Mails im Allgemeinen, abrufbar unter https://www.bsi.bund.de/DE/Themen/Unternehmen-und-Organisationen/Cyber-Sicherheitslage/Analysen-und-Prognosen/Ransomware-Angriffe/Emotet/emotet_node.html.

Heise Gruppe sehr anschaulich in einem Bericht über den Umgang mit einem Trojaner-Befall im eigenen Hause aufbereitet.[17]

■ **Einen Schritt weiterdenken**

Es ist immer damit zu rechnen, dass per Mail eingehende Malware die erste Hürde der zentralen Abwehr unentdeckt passiert. Daher sind zusätzlich auch klare interne Richtlinien zum Umgang mit verdächtigen E-Mails, beziehungsweise Mails mit verdächtigen Anhängen, notwendig. Da auch Mitarbeiter ohne tiefere IT-Kenntnisse Ziel solcher Mails sein können, müssen entsprechende Handlungsempfehlungen einfach auffindbar, verständlich formuliert und vor allem unterstützend sein. Neben dem Hinweis, Absenderadressen Buchstabe für Buchstabe zu prüfen, sollte jeder Mitarbeiter Hilfe an die Hand bekommen, falls er vor dem Dilemma steht, eine verdächtige Mail zu öffnen und so eine Infektion auszulösen oder sie zu löschen und damit eine möglicherweise wichtige Mail zu vernichten. 112

Bewähren kann sich hierfür die Einrichtung einer internen Mailbox, an die unternehmensinterne Empfänger verdächtig erscheinende Mails samt Anhängen vor dem Öffnen zur Prüfung schicken können. Idealerweise sollten dort dann sogenannte Sandbox-Lösungen[18] und/oder Security-Experten eine eingehendere Prüfung vornehmen und das Ergebnis zeitnah an den Mitarbeiter zurückmelden. In einigen wenigen Unternehmen ist dies bereits gelebte Praxis, in (zu) vielen anderen Unternehmen und Institutionen aber nicht. Mitunter besteht diese Möglichkeit zwar, sie wird den Mitarbeitern aber noch nicht ausreichend kommuniziert. 113

VII. Welche Maßnahmen können einer gezielten Datenvernichtung vorbeugen?

■ **Überprüfung der Backup- und Recovery-Maßnahmen**

Ein **Backup-Konzept**, das primär für den Ausfall von Speichermedien konzipiert wurde und dazu dient, in diesem Fall die Geschäfte normal weiterführen zu können, kann unter Umständen völlig untauglich als Maßnahme gegen Angriffe mit Verschlüsselungstrojanern sein. Um Unternehmen und Institutionen davor zu schützen, sind Offline-Backups bzw. Speichermedien notwendig, die nicht jederzeit per Netzwerk oder File Shares erreicht und überschrieben werden können. Zu einem guten Backup-Konzept gehört außerdem auch immer das regelmäßige praxisnahe Testen der Recovery-Fähigkeiten. Hierbei wird geprüft, ob aus den erstellten Backups ein fehlerfreies Produktivsystem wiederhergestellt werden kann. 114

---

[17] *Schmidt*, Trojaner-Befall: Emotet bei Heise, heise online v. 6.6.2019, abrufbar unter https://www.heise.de/ct/artikel/Trojaner-Befall-Emotet-bei-Heise-4437807.html.
[18] Eine Sandbox bezeichnet eine von der firmeneigenen IT-Infrastruktur isolierte Umgebung, die eine reale IT-Umgebung simuliert. Dort können verdächtige Dokumente und Mails ausgeführt und deren Auswirkung auf Computersysteme geprüft werden.

- **Sparsame Verwendung privilegierter und administrativer Zugänge**

115 Je mehr und je öfter Benutzerkonten mit erweiterten Zugriffsrechten für die tägliche Arbeit Verwendung finden, desto höher ist das Risiko einer versehentlichen Infektion. Entsprechende Konten, wie das des **Domänenadministrators**, sollten also nur für die Aufgaben verwendet werden, für die sie tatsächlich vorgesehen sind. Ein Login über das Netzwerk für lokale Administratoren und auch lokale Administrator-Accounts sollten – wann immer möglich – über Gruppenrichtlinien deaktiviert werden. Sollten entsprechende Accounts doch benötigt werden, empfiehlt sich ein spezifisches lokales Administrator-Passwort. Dafür bietet beispielsweise Microsoft das kostenlose Tool „Local Administrator Password Solution" (LAPS) an, das Passwörter automatisch verwaltet und in einem gesonderten Verzeichnis speichert.

- **Passwörter für administrative Accounts sehr sorgfältig erstellen**

116 Die Wahl sicherer, nicht zu erratender Passwörter ist für solche Accounts von besonderer Bedeutung. **Default- oder auch Standardpasswörter** bieten definitiv keinen ausreichenden Schutz. Aber auch eine davon abweichende Passwortwahl will wohlüberlegt sein. Sichere Passwörter sollten eine Kombination aus Groß- und Kleinbuchstaben, Zahlen und Sonderzeichen enthalten, die so nicht in Wörterbüchern vorkommen und sollten sich auch nicht auf persönliche Informationen beziehen.

- **Security Patches auch im Intranet**

117 Das praxisrelevante Grundproblem von Infektionen mit Ransomware besteht meist darin, dass Mails mit schadhaften Anhängen die erste Hürde des Virenschutzes am zentralen Mail-Server unentdeckt überwunden haben. Wird die Schadsoftware durch Öffnen des Anhangs dann aktiviert, befindet sie sich bereits im internen Netz. Daher empfiehlt es sich, auch im vermeintlich gegen Angriffe von außen geschützten Intranet Security Patches so zeitnah wie möglich zu installieren. Sind – etwa bei älteren Industrieanlagen, Produktionsstraßen oder medizinischen Geräten – die Installationen von Security Patches nicht oder nur stark verzögert möglich, sollten diese Maschinen vom Rest des Netzwerks so weit wie möglich isoliert werden.

- **Überprüfung von Verbindungen zu Dienstleistern und Geschäftspartnern, insbesondere bei ausgelagerten IT- und Cloud-Lösungen**

118 Da sich fortgeschrittene Ransomware über alle vorgefundenen Netzverbindungen auszubreiten versucht, kann dies potenziell auch Netzverbindungen zu Dienstleistern und Geschäftspartnern betreffen. Um möglichst sicherzustellen, dass über diese Verbindungen keine Infektionen verbreitet werden, sollten die entsprechenden Zugriffsmöglichkeiten und Berechtigungen für das Netzwerk überprüft werden. Dies sollte auch für den umgekehrten Weg beachtet werden, um die Cybersicherheit der Geschäftspartner sicherzustellen.

VIII. Aufbau eines Systems zur Notfallplanung und Krisenvorsorge

■ **Notfallplanung und Prüfung der bestehenden Maßnahmen**
Viele Unternehmen haben bereits Vorkehrungen für schwerwiegende Sicherheitsvorfälle und Krisenszenarien getroffen und Notfallpläne erstellt. Decken diese aber auch die Szenarien der potenziellen Vollverschlüsselung der gesamten IT- und Datenbestände ab? Eine eingehende Prüfung und gegebenenfalls Ergänzung der Notfallplanung ist in jedem Fall ratsam. Eine externe Überprüfung durch ein anerkanntes und qualifiziertes IT-Security-Unternehmen kann hier eine gute Investition in die Zukunft darstellen und bietet einen wertvollen Direktkontakt für den späteren Ernstfall. Zertifizierte IT-Sicherheitsdienstleister, die geprüfte Qualitätsstandards erfüllen, listet das BSI auf seiner Website auf.[19]

119

■ **Kommunikationsfähigkeit für den Notfall sicherstellen**
Im Ernstfall kann die gesamte IT-Infrastruktur eines Unternehmens verschlüsselt und damit funktionsunfähig sein. Dies betrifft dann auch E-Mail-Programme, Telefax- und Telefonanlagen, einschließlich aller Kontaktdaten. Doch genau in dieser Situation ist es notwendig, intern mit den Mitarbeitern und der Presseabteilung und extern mit Strafverfolgungsbehörden, IT-Security-Firmen, Geschäftspartnern, Medien, Anwälten, Banken etc. kommunizieren zu können. Eventuell stehen Diensthandys als funktionsfähiges Kommunikationsmittel zur Verfügung, auch diese jedoch vielleicht nur mit eingeschränktem Zugang zu internen Informationen. Daher sollten Notfalldokumente wie beispielsweise Kontaktlisten zu den wichtigsten internen und externen Gesprächspartnern immer auch als Papierausdruck oder zumindest separat auf USB-Stick oder CD vorliegen. So können Unternehmen auch unabhängig von potenziell kompromittierten oder ausgefallenen Systemen darauf zugreifen.

120

■ **Zahlungsfähigkeit sicherstellen**
Auch wenn Unternehmen für einen längeren Zeitraum informationstechnisch lahmgelegt sind, müssen sie ihren Zahlungsverpflichtungen nachkommen. Dies kann bei kompromittierten Systemen eventuell nicht mehr der Fall sein. Im Zuge des Aufbaus eines Sicherungssystems sollte daher auch Kontakt zur Hausbank aufgenommen werden. Diese kann u. U. einen Online-Zugang zu den Unternehmenskonten für den Notfall vorbereiten, der auch außerhalb der technischen Infrastruktur des Unternehmens funktioniert.

121

---

19 https://www.bsi.bund.de/DE/Themen/Unternehmen-und-Organisationen/Standards-und-Zertifizierung/Zertifizierung-und-Anerkennung/zertifizierung-und-anerkennung_node.html.

■ Vorbereitende Kontaktaufnahme und Vernetzung

122 Hilfreich für die Abwehr von Cybercrime-Angriffen sind Kontakte zu Branchenverbänden und zu anderen Unternehmen der Branche oder Lieferkette, aber auch zu Institutionen wie G4C und vor allem zu den Strafverfolgungsbehörden. Diese haben für derartige Themen und Fälle **„Zentrale Ansprechstellen Cybercrime der Polizeien für Wirtschaftsunternehmen" (ZAC)**[20] eingerichtet. Es kann auch sinnvoll sein, sich vorab mit seiner Hausbank zu dieser Thematik in Verbindung zu setzen. Viele Banken kennen das Thema aus dem Tagesgeschäft mit Firmenkunden gut und haben somit teilweise vielfältige Maßnahmen im Portfolio. Diese reichen von präventiver Bewusstseinsschaffung über Ersatzoptionen für den Zahlungsverkehr bis – für den äußersten Notfall – hin zu reaktiver Unterstützung bei Kontakten zu Strafverfolgungsbehörden oder auch bei der Bitcoin-Beschaffung.

■ Cybersecurity- oder Vertrauensschaden-Versicherungen

123 Grundsätzlich besteht die Möglichkeit, sich gegen etwaige Schäden aus Cyberangriffen zu versichern. Welche Risiken und Schäden eine solche Versicherung wirklich abdeckt, muss individuell geprüft werden. In der Regel spielt es für Versicherungen eine wichtige Rolle, dass geeignete, präventive Maßnahmen bestehen. Ob und inwieweit es hier sinnvoll sein kann, sogar Totalverluste oder etwaige Lösegeldzahlungen abzusichern, muss jedes einzelne Unternehmen für sich selbst prüfen und dann mit der jeweiligen Versicherung besprechen.

124 Aufgrund ständig anwachsender Fallzahlen und Schadenssummen gibt es in der Versicherungsbranche aber schon erste Anzeichen, Ransomwareschäden u.U. nicht (mehr) versichern zu wollen. Ansätze wie „Vorsorge treffen brauchen wir eigentlich nicht viel, im Notfall zahlt ja die Versicherung das Lösegeld" werden später dann tatsächlich betroffenen Unternehmen/Institutionen jedenfalls nicht weiterhelfen.

IX. Wie können Unternehmen für eine Früherkennung sorgen?

■ Auf dem Laufenden bleiben

125 Aus der vorbereitenden Kontaktaufnahme und Vernetzung können Unternehmen frühzeitig erfahren, wie sich aktuelle Angriffsszenarien entwickeln. Darüber hinaus stellt insbesondere der Twitter-Account des CERT-Bunds (BSI)[21] eine sehr gute und aktuelle Informationsquelle dar.

---

20 https://www.polizei.de/Polizei/DE/Einrichtungen/ZAC/zac_node.html.
21 https://twitter.com/certbund.

■ „Information Sharing"-Initiativen beitreten

Durch Information Sharing können beteiligte Unternehmen Angriffsmerkmale erfahren, die sie in ihre eigenen Schutzmechanismen einspielen können. Solche sogenannten Indicators of Compromise (IOCs) sind beispielsweise typische Merkmale von eingehenden schadhaften E-Mails und ihren Anhängen oder Servernamen und IP-Adressen, zu denen sich aktive Malware zu Steuerungszwecken verbindet.   126

■ Eigenständig Zusatzinformationen erheben und teilen

Unter anderem über die präventive Nutzung einer zentralen Ansprechstelle im Unternehmen für verdächtige Mails kann das Unternehmen mehr über die eigene reale Bedrohungslage erfahren und gewisse Erkenntnisse dann gegebenenfalls auch mit anderen Unternehmen teilen. Freiwilliges Information Sharing zwischen Unternehmen ist ein gegenseitiges Geschäft zum Nutzen aller Beteiligten.   127

X. Wie ist zu handeln, wenn der Ernstfall eintritt?

Hinweis

Wird eine Infektion mit Ransomware erkannt, ist schnelles Handeln gefragt. Hierfür spielt die umfassende Vorbereitung aller Beteiligten eine wichtige Rolle. Denn nur wenn Abläufe und Verantwortlichkeiten feststehen und bekannt sind, können Unternehmen langfristige finanzielle und kommunikative Risiken minimieren. Ein allererster und wichtiger Rat dazu lautet: Haben Sie nicht selbst ausgeprägtes Know-how in solchen Themen der Cybercrime-Bekämpfung, holen Sie sich zeitnah externe Expertise dazu (s. u.).

■ Zeit ist jetzt Geld!

Kompetenzen und erwartete Handlungsweisen sollten jedem Beteiligten im Unternehmen möglichst klar sein. Kommunikationschaos ist nicht nur unprofessionell, sondern kostet wertvolle Zeit und hat gegebenenfalls auch nachhaltige Auswirkungen auf das Betriebsklima im Unternehmen und zum Management.   128

■ Auf präventiv geknüpfte Kontakte zurückgreifen

Im Zuge des Aufbaus eines Notfall- und Krisenvorsorge-Systems sollten bereits Kontakte zu den ZAC und zertifizierten Sicherheitsdienstleistern hergestellt worden sein. Auf diese gilt es nun so schnell wie möglich zuzugehen, um Unterstützung zu suchen.   129

■ Hände weg von der Technik und externe Expertise einholen

Dieser pragmatische erste Hinweis kann sinnvoller sein als halbherzige Rücksicherungsversuche. Diese können noch mehr Schaden anrichten und eine Entschlüsselung selbst nach Bezahlung und Erhalt der Schlüssel unmöglich machen. Es ist besser, frühzeitig die jeweilige ZAC der Polizei einzuschalten und sich an befähigte IT-Forensik-Unternehmen zu wenden. Sollten Sie nicht schon vorher im Rahmen der Notfallplanung   130 gute und vertrauenswürdige Kontakte zu entsprechenden Dienstleistern geknüpft haben, dann finden Sie untenstehend eine Quelle zu entsprechenden durch das BSI qualifizierten und geprüften **„Notfall-IT-Sicherheitsdienstleistern"**.[22]

■ **Im Zweifel: erstmal abschalten!**

131 Hat ein Unternehmen den Angriff schon frühzeitig entdeckt und verfügt über eigene oder zeitnah organisierte externe, qualifizierte IT-Security-Expertise, können die gegnerischen Aktivitäten beobachtet werden. Dabei sollten ihre Auswirkungen jedoch kontrolliert und eingegrenzt werden. Ist dies nicht möglich, sollte eine vollständige Netzabtrennung beziehungsweise eine Abschaltung möglichst aller Komponenten in Betrachtung gezogen werden, bis Klarheit darüber herrscht, welche Systeme betroffen sind und welche nicht.

■ **Auf Nummer sicher gehen**

132 Die nachgeladenen Schadprogramme werden häufig in der ersten Zeit nach ihrer Verbreitung nicht von Standard-Antivirus-Software erkannt. Solche Malware nimmt aber teilweise tiefgreifende Änderungen an infizierten Systemen vor, die nicht einfach rückgängig gemacht werden können. Die grundsätzliche Empfehlung ist daher, derlei infizierte Systeme als vollständig kompromittiert zu betrachten. Auch auf solch betroffenen Systemen gespeicherte, beziehungsweise nach einer Infektion eingegebene Zugangsdaten sollten als kompromittiert behandelt und die Passwörter geändert werden.

■ **Fokus auf administrative Accounts, Netzwerk-Segmentierung und Security Patches**

133 Haben die Täter es geschafft, sich Zugang zu administrativen Accounts zu verschaffen, ist eine Wiedereinspielung ohne Änderung der zugehörigen Accounts und Passwörter in der Regel erfolglos. Auch ein Wiedereinspielen eines veralteten Security-Patch-Levels aus dem Backup mag ebenso wirkungslos verpuffen.

■ **Meldefristen beachten**

134 Unternehmen sollten auch etwaige **Meldefristen** beachten. In der Regel gilt: Wo Schadsoftware eingebracht werden konnte, sind vermutlich auch Daten abhandengekommen. Bei personenbezogenen Daten drohen Unternehmen bei nicht eingehaltenen Meldefristen beispielsweise aufgrund der DSG-VO unter Umständen harte Strafen.[23]

---

22 Qualifizierte Dienstleister bei Cyberangriffen, abrufbar unter https://www.bsi.bund.de/DE/Themen/Unternehmen-und-Organisationen/Informationen-und-Empfehlungen/Qualifizierte-Dienstleister/qualifizierte-dienstleister_node.html; hier insbesondere der Abschnitt zu APT-Response, d.h. für die Reaktion nach einem gezielten Angriff.
23 Vgl. zur datenschutzrechtlichen Compliance detaillierter Kap. 11.

■ **Möglichkeit von größeren Datenabflüssen prüfen**
In erweiterten Erpressungsmodellen versuchen einige Tätergruppen, die Daten nicht 135
nur zu verschlüsseln, sondern darüber hinaus auch noch zu entwenden. In dem Zuge werden Sie ggf. mit der zusätzlichen Androhung der Veröffentlichung sensibler Geschäfts- und Kundendaten konfrontiert (sogenannte „Double Extortion"). Im schlimmsten Fall werden (aufgrund des Datenverlusts bei Ihnen) im Nachgang dann sogar Ihre Kunden und Geschäftspartner mit Veröffentlichungsandrohungen und Lösegeldforderungen angegangen („Triple Extorsion"). Soweit möglich, lassen Sie also von Ihrer IT bzw. Ihren IT- und Netz-Providern prüfen, ob es im fraglichen Zeitraum zu ungewöhnlich großen externen Datenabflüssen gekommen sein könnte. Eine etwaige erfolgreiche Ausleitung Ihrer kompletten Datenbestände sollte sich selbst bei nur quantitativem Netzwerkmonitoring bemerkbar machen. Erkenntnisse hieraus können Ihnen eine bessere Einschätzung der tatsächlichen Bedrohungslage geben und gegebenenfalls auch Ihre „Verhandlungsbasis" bei täterseitigen Nachforderungen stärken.

XI. Lösegeld: Wie sollten Unternehmen sich verhalten?

BSI, Strafverfolgungsbehörden, Sicherheitsexperten und auch G4C raten dringend da- 136
von ab, Lösegelder zu zahlen. Dadurch sollen kriminelle Geschäftsmodelle nicht weiter gefördert werden, zumal es gegebenenfalls Alternativen gibt, um die infizierten Unternehmensdaten zu entschlüsseln. Im Fall einer **Lösegeldzahlung** ist zudem nicht garantiert, dass Unternehmen oder Institutionen die notwendigen Schlüssel erhalten oder dass diese wirklich funktionieren. Gelingt es aus eigener Kraft, die Geschäftsfähigkeit wiederherzustellen, sollten Unternehmen also keinesfalls auf Forderungen der Erpresser eingehen.

Solche allgemeinen Empfehlungen helfen allerdings kaum, wenn ein Unternehmen 137
aufgrund einer Vollverschlüsselung samt Backups oder einer nicht funktionierenden Recovery handlungsunfähig gemacht ist. Steht ein Unternehmen oder eine Institution dann vor der Wahl, den Geschäftsbetrieb einzustellen oder Lösegeld zu zahlen, kann im Einzelfall eine Zahlung in Betracht gezogen werden. Bevor eine Entscheidung hierzu gefällt wird, sollten Betroffene aber unbedingt externe Expertise hinzuziehen:
■ Gegebenenfalls gibt es tatsächlich Möglichkeiten, etwaige Entschlüsselungs-Codes anderweitig zu beschaffen oder die Daten zu rekonstruieren. Bei der im Markt befindlichen fortgeschrittenen Ransomware ist dies zwar mittlerweile unwahrscheinlich, eine Ersteinschätzung von Experten – sofern die Schadsoftwarefamilie identifiziert werden konnte – geht aber meist schnell und lohnt einen Versuch.
■ Es ist keineswegs einfach, unvorbereitet und in kurzer Zeit hohe Eurobeträge in **Kryptowährungen** zu beschaffen. Nicht selten werden Unternehmen aber täterseitig unter Zeitdruck mit Androhung von sich erhöhenden Lösegeldforderungen kon-

frontiert.[24] Hier benötigen Betroffene zeitnah Experten, die sie in dieser Situation unterstützen. Einen Aufschub der Zahlung wird ein Unternehmen meist ohnehin erfragen müssen. Auch hierbei ist professionelle Unterstützung angeraten.

- Fortgeschrittene Ransomware-Täter, die Unternehmen gezielt angreifen, haben normalerweise ein „Reputationsinteresse" daran, dass auch ihre Entschlüsselungsverfahren funktionieren. Chancen auf eine Wiederherstellung über diesen Weg als allerletzter Rettungsanker sind also unter Umständen vorhanden. Wie hoch diese Chancen tatsächlich sind, können aber nur mit der Materie und Lage vertraute Experten einschätzen.

138 Betroffene Unternehmen sollten eine solche absolute Notfalloption der Lösegeldzahlung niemals als Ausrede für den Verzicht auf präventive Handlungen nehmen. Die Chance auf eine Rettung durch die Zahlung der geforderten Summe dürfte auch im positivsten Licht kaum besser als 80:20 stehen.

139 Im Rahmen der Weiterentwicklung täterseitiger „Geschäftsmodelle" in Richtung „Double/Triple Extortion" sowie der Finanzregulatorik gibt es mittlerweile zwei weitere Gründe, die klar gegen eine Begleichung von etwaigen Lösegeldforderungen sprechen:

- Haben die Täter Ihre Daten „nur" verschlüsselt, können Sie nach einmaliger Bezahlung des Lösegelds prüfen, ob die Entschlüsselung und Wiederinbetriebnahme funktioniert. Im Erfolgsfalle können Sie mit (technischen) Maßnahmen zumindest hoffen, dass den Tätern im Nachgang keine abermalige Verschlüsselung bei Ihnen mehr gelingt und Sie dann auch nicht mit erneuten Lösegeldforderungen konfrontiert werden. Haben die Täter aber tatsächlich Ihre Daten zusätzlich auch noch entwenden können, sind Sie (oder sogar Ihre Kunden und Geschäftspartner) einem permanentem Erpressungspotential ausgeliefert. Keine (technische) Maßnahme kann die Tätergruppen daran hindern, nochmals Veröffentlichungen anzudrohen und erneute Lösegelder zu fordern.

- Einige der Ransomware-Tätergruppen stehen unter dem Verdacht für Staaten oder Organisationen tätig zu sein, die aufgrund von Terrorfinanzierung, Geldwäsche etc. auf einschlägigen Finanz-Sanktionslisten z.B. der USA, G7 oder EU stehen. Entsprechend müssen Unternehmen/Institutionen bei Lösegeldzahlungen an solche Ransomware-Tätergruppen damit rechnen, selbst als „Förderer" der Umgehung solcher Sanktionen zu gelten. Dies kann im Anschluss weitreichende Strafmaßnahmen nach sich ziehen, und dies sogar auch für alle sonstigen irgendwie an der Lösegeldzahlung Beteiligten (z.B. Sicherheits- und Beratungsunternehmen, Versicherungen, Banken). Dieses sehr komplexe Thema kann im Rahmen dieser Broschüre nicht vollumfassend behandelt werden. Als Beispiel sei anbei aber auf die bislang detail-

---

24 Exemplarischer Auszug aus den Botschaften einer der Ransomware-Tätergruppierungen „Countdown to double price: 2 days" mit zusätzlich entsprechend rückwärts laufender Uhr.

liertesten entsprechenden Veröffentlichungen und Regularien[25] der US OFAC (US Treasury Office of Foreign Asset Control) hingewiesen. Ähnliche Regularien kann es aber absehbar auch von anderen Institutionen wie z. B. der G7 FATF (Financial Action Task Force) und der EU CFSP (Common Foreign and Security Policy) geben bzw. gibt es schon.

Grundsätzlich sollten sich Unternehmen der Tatsache bewusst sein, dass eine „post mortem"-Wiederherstellung des Systems, sei es aus den Recovery-Daten oder aus dem Entschlüsselungscode nach der Lösegeldzahlung, auch erst die Hälfte des Weges ist. Die Täter kennen sich nun in den jeweiligen Unternehmen und in ihrer IT-Infrastruktur recht genau aus: Um erneute Angriffe oder Infektionen zu vermeiden, müssen Geschädigte auch die übrige Hälfte des Weges einer mehr oder weniger vollständigen Neuaufsetzung ihrer IT-Landschaft gehen. 140

Umso zentraler ist daher die Absicherung der unternehmenseigenen IT-Strukturen, ein umfassendes internes und externes Informationsmanagement sowie ein wertvolles Netzwerk aus relevanten Behörden und branchengleichen Firmen. Denn auch beim Thema Ransomware gilt: Vorsorge ist besser als Nachsorge. 141

I. Recherchenetzwerk als nationales und internationales Informationssystem (PASCAL – Prävention & Analyse System Cyber Angriff und Lage)

Im Rahmen der täglichen Beschäftigung im Compliance- und Risikomanagement haben sich in den letzten Jahren neue Anforderungen und Gefahren durch nationale und internationale Bedrohungslagen entwickelt, die zu einem Umdenken im Risikomanagement der Unternehmen geführt haben. 142

Illegale Cyberangriffe können immer nur frühzeitig erfolgreich abgewehrt werden, wenn IT-Nutzer Entwicklungen solcher Cyberangriffe kennen und durch Präventionsmaßnahmen darauf reagieren. 143

Um den Nutzern möglichst umfassende Erkenntnisse zu geben, haben G4C, insbesondere in der Folge die Geschäftsführung Kessow und Weitemeier gemeinsam mit der Operatis Consulting GmbH und der DashJoin GmbH ein Recherchenetzwerk aufgebaut, das zukünftig internationale und nationale Daten zusammenstellt, ordnet, auswertet und das Ergebnis in Reports zusammenfasst oder Fachpersonal von Unternehmen die Möglichkeit gibt, in der Cloud mit dem Datenmaterial selbst eigene Recherchen durchzuführen. 144

Durch die Auswertungen dieser übergreifenden Daten kann erkannt werden, welche illegalen Angriffsmodi sich derzeit aktuell in Aktion befinden und es kann in der 145

---

25 https://home.treasury.gov/policy-issues/financial-sanctions/recent-actions/20210921.

Folge Vorsorge, u. a. durch technische Maßnahmen, getroffen werden. Das spart Ärger, Funktionsausfall und vor allem viel Geld für nachträgliche Reaktionen nach Angriffen.

146 Das bedeutet PASCAL ermöglicht einen Abgleich von Cyberangriffsdaten aus nationalen und internationalen Quellen mit Unternehmensdaten in Echtzeit. Damit entstehen Schwachstellenanalysen und Frühwarnsysteme.[26]

147 Auch im Umfeld von kritischen SAP Landschaften entsteht der Bedarf nach einer kontinuierlichen Überprüfung aller Sicherheitsaspekte. Grund dafür sind auch die neuen gesetzlichen Vorgaben im Risikomanagement, zusätzliche Sicherheitsnormen und industriespezifische Anforderungen und Vorgaben. Das gilt nicht nur bei der allgemeinen Wirtschaftskriminalität, sondern auch bei Angriffen auf die Infrastrukturen, insbesondere die IT, durch staatliche Organisationen. Hier sind besonders China und Russland zu erwähnen.

148 Der Gesetzgeber erwartet – insbesondere manifestiert in den zusätzlichen gesetzlich vorgeschriebenen Sicherheitsanforderungen, dass Unternehmen so weit wie möglich das Risiko der Cyberkriminalität reduzieren.

149 Aufbauend auf das System „Pascal" unterstützt das System „OSCAR" gerade die im SAP erforderlichen Sicherheitsanforderungen.

150 OSCAR liest aus den SAP Systemen notwendige sicherheits-relevante Daten und Informationen der Geschäftsprozesse aus und überführt diese in die eigene externe Daten- und Prozessanalyse Plattform. Darin sind Prüfroutinen gemäß der SAP Compliance und Sicherheitsstandards hinterlegt die auch wirtschaftsprüfungsrelevante Prüfungen umfassen und bewertet, um mögliche Risiken und Schwachstellen aufzuzeigen in den Systemen aufzuzeigen. Im Kontext der Intelligenten Analyse der Daten, lassen sich auch externe Datenbestände aus Regulatorien, industriespezifischen als auch Sicherheitsempfehlungen wie DSVGO, BSI-Grundschutz mit einbinden und fallbezogen darstellen.

151 Die Analyse und Bewertung basiert im Automaten auf einer zugrundeliegenden Grammatik und Bewertungen durch Best Practice Erfahrung. Dabei besteht die Möglichkeit diese Ergebnisse der Analyse in Form von sogenannten Dashboards darzustellen als auch entsprechende Ergebnisse auszuleiten in Tabellenform für die Nachverfolgung, Dokumentation als auch zur Befüllung der Security Roadmap. Kundenspezifische Analyse- & Ergebnisse werden in beliebig konfigurierbare Dashboards nach definierten Gesichtspunkten des Risikomanagements dargestellt. Die Plattform unterstützt industriekonforme Sicherheits- und Compliance Standards und bietet die Möglichkeit mittels AI/KI Daten diese durchsuchbar zu gestalten und in Relation zu bringen.

152 In Zeiten der Digitalisierung gibt es kaum Bereiche, die nicht mit der IT in Verbindung stehen. Entsprechend haben die meisten Compliance-Themen auch eine Rückwirkung auf die Cyber-Risiken. Zudem können neue und geänderte Verträge zu neuen Cyber-Risiken führen, zum Beispiel neue Anforderungen des Kunden oder die Nutzung neuer Dienstleister.

---

26 Weitere Informationen zu PASCAL über die Autoren Weitemeier/Weide.

J. Schlussbemerkungen

Cyber-Vorfälle gehören inzwischen zu den Hauptursachen für Betriebsunterbrechungen. Sie können zudem Störungen im Betriebsablauf auch für die Cybersicherheit hervorrufen, wenn z.B. wichtige Prozesse zum Stillstand kommen. Ein Beispiel sind hier Ausfälle von Versorgungseinrichtungen wie bei der Stromversorgung und Klimatisierung.

Die **Datenschutz-Grundverordnung (DSG-VO/GDPR)** ist nur ein Beispiel für rechtliche Veränderungen, die den Cyber-Raum berühren. In Zeiten der Digitalisierung gibt es kaum Bereiche, die nicht mit der IT in Verbindung stehen. Entsprechend haben die meisten Compliance-Themen auch eine Rückwirkung auf die Cyber-Risiken. Zudem können neue und geänderte Verträge zu neuen Cyber-Risiken führen, z.B. neue Anforderungen des Kunden oder die Nutzung neuer Dienstleister.

Wetter-Turbulenzen und klimatische Bedingungen haben einen großen Einfluss auf die IT-Infrastrukturen. Man denke nur an mögliche Überschwemmungen oder die Bedeutung der Klimatisierung für ein Rechenzentrum, die bei hohen Außentemperaturen schwieriger wird. Es muss nicht das Erdbeben sein, das das Rechenzentrum selbst trifft, aber Naturkatastrophen können die Versorgung mit Energie bedrohen, ohne die der IT-Betrieb nicht möglich ist.

Ob Künstliche KI, Blockchain, Big Data oder die Cloud, alle neuen Technologien bringen neue Risiken mit sich, auch dann, wenn sie nicht direkt in der IT zum Einsatz kommen.

So wird es in den nächsten Jahren darauf ankommen, sich auch im IT-Sicherheitsbereich möglichst schnell an die Weiterentwicklungen der IT-Technik anzupassen und gleichzeitig die Schutzfunktionen schnell und effizient anzupassen.

Kapitel 13
Kartellrecht

A. Überblick

1 Unternehmen, die mit anderen Unternehmen um Absatzmärkte und Kunden konkurrieren, sind in ihrem Marktverhalten prinzipiell frei, solange sie dabei mit den herkömmlichen Mitteln des Leistungs- und Produktwettbewerbs agieren, also über Preise, Qualität und Innovation ihrer Produkte. Dies ist ein fundamentales Grundprinzip freier Marktwirtschaft in Deutschland und Europa. Produkte oder Dienstleistungen sollen sich über Qualität und Preis durchsetzen, sich also entsprechend der Nachfrage ihren Absatz erschließen. Dieser unternehmerischen Freiheit werden jedoch durch unterschiedliche Wettbewerbsregeln, insbesondere aus dem Kartellrecht, Grenzen gesetzt: Der Wettbewerb als solcher, aber auch die hieran teilnehmenden Akteure und nicht zuletzt der Verbraucher sollen durch den Einsatz wettbewerbsfremder Mittel keinen Schaden nehmen.

2 Inzwischen entspricht es allgemeiner Auffassung, dass sich eine umfassende Compliance zwingend auch auf den Bereich des Kartellrechts zu erstrecken hat. Verstöße hiergegen können mit empfindlichen Nachteilen für das Unternehmen verbunden sein. Ausgehend von einem Blick auf die Bedeutung des Kartellrechts,[1] auf die besondere Motivation seiner Beachtung und auf die Ziele einer kartellrechtlichen Compliance[2] beschäftigt sich dieses Kapitel mit wesentlichen Vorgaben[3] und Rechtsfolgen[4] des Kartellrechts. Praktische Hinweise schließen diese Darstellung ab.[5]

B. Bedeutung des Kartellrechts am Beispiel der Energiewirtschaft

3 In der liberalen Marktwirtschaft fußt die Funktionsfähigkeit von Wettbewerb grundlegend auf einem Wechselspiel von Angebot und Nachfrage, über die sich Produkte und Preise im Markt und bei Verbrauchern etablieren. Sowohl ein „zu viel" (Extremfall: vollkommene Konkurrenz) als auch ein „zu wenig" (Extremfall: Monopol) an Wettbewerb kann dabei jedoch wohlfahrtsökonomisch schädlich sein.[6] Ordnungspolitisch nehmen

---

1 Vgl. Rn 3 ff.
2 Vgl. Rn 7 ff. und 12 f.
3 Vgl. Rn 14 ff.
4 Vgl. Rn 52 ff.
5 Vgl. Rn 110 ff.
6 Grundlegend zur Angebotsmacht zwischen vollkommener Konkurrenz und Monopol aus wettbewerbsökonomischer Sicht Wiedemann/*Ewald*, Kartellrecht, § 7 Rn 26 ff.

vor allem solche Märkte eine Sonderstellung ein, die auf Infrastrukturangeboten basieren, wie sie etwa in den Bereichen der Energieversorgung, der Telekommunikation, des Postwesens und des Bahnverkehrs vorzufinden sind. Die wettbewerbliche Bewertung solcher Märkte steht in einem Spannungsverhältnis gegenläufiger Effekte auf Anbieter- und Abnehmerseite. So besteht einerseits die Gefahr von Marktmacht bzw. Abhängigkeiten, wenn Infrastruktur in der Hand weniger oder gar einzelner Unternehmen gebündelt wird. Andererseits ist es ökonomisch wenig sinnvoll, parallele Infrastrukturen in unbeschränktem Wettbewerb vorzuhalten, weil Mehrkosten aus hierfür notwendigen Investitionen beim Verbraucher landen. Die Aufgabe des Kartellrechts ist es, in solchen, aber ganz grundsätzlich auch auf herkömmlichen Produktmärkten, funktionsfähigen Wettbewerb zu ermöglichen oder dort wohlfahrtsschädliche Auswüchse zu verhindern, wo der Wettbewerb gestört ist.

Exemplarisch für die grundsätzlichen Schwierigkeiten, Infrastrukturmärkte kartellrechtlich „in den Griff" zu bekommen bzw. auf diesen einen gesunden Wettbewerb zu ermöglichen, steht die Energiewirtschaft: Auf den Märkten der Strom- und Gasversorgung bestand bis 1998 quasi kein Wettbewerb. Die Abnehmer hatten aufgrund der – (kartell-) rechtlich durch Ausnahmevorschriften sogar abgesicherten – Gebietsmonopole nebst einer klar vorgezeichneten Lieferantenkette keine Möglichkeit, ihren Strom- bzw. Gasanbieter frei zu wählen und auf andere als den örtlich etablierten Versorger zurückzugreifen.[7] Lange Zeit überwog die Ansicht, dass Wettbewerb in der Energieversorgung volkswirtschaftlich schädlich sei, weil der Aufbau paralleler Versorgungsstrukturen die Verbraucher mit Mehrkosten belasten würde.[8] Um die befürchteten Schäden abzuwenden, gestattete es der Gesetzgeber den Energieversorgern, die Belieferung ihrer Kunden durch langfristige Demarkationsverträge mit anderen (angrenzenden) Versorgern, Vertriebsabreden, Weiterverkaufsverboten und langfristigen Lieferantenbeziehungen abzusichern. Dies alles wurde mit Blick auf eine sichere und preisgünstige Versorgung unter früher geltenden Bereichsausnahmen kartellrechtlich gebilligt. Erst mit der Neufassung des Energiewirtschaftsgesetzes (EnWG)[9] und der begleitenden Novelle des Gesetzes gegen Wettbewerbsbeschränkungen[10] im April 1998 wurde der Startschuss für die Liberalisierung der deutschen Strom- und Gaswirtschaft gesetzt. Ihren Ausgangspunkt nahm diese Entwicklung dabei auf europäischer Ebene, wo zuvor mit der Richtlinie 96/92/EG betreffend gemeinsame Vorschriften für den Elektrizitätsbinnenmarkt[11] und der späteren Richtlinie 98/30/EG betreffend gemeinsame Vorschriften

---

7 Theobald/Kühling/*Judith*, Energierecht, B1 WettR, Rn 1 m.w.N.; *Funk/Millgramm/Schulz*, Wettbewerbsfragen, S. 69 ff.; vgl. auch die umfassende Darstellung bei *Zenke*, Genehmigungszwänge, S. 92 ff.
8 Ausdrücklich BT-Drucks. 8/2136, S. 17.
9 Energiewirtschaftsgesetz (EnWG) v. 24.4.1998 (BGBl. I S. 730).
10 Sechstes Gesetz zur Änderung des Gesetzes gegen Wettbewerbsbeschränkungen (6. GWB-Novelle) v. 26.8.1998 (BGBl. I S. 2521).
11 Elektrizitätsbinnenmarktrichtlinie 1996 (EltRL 1996 – RL 96/92/EG) v. 19.12.1996 (ABl EG 1997 Nr. L 27 S. 20 ff.).

für den Erdgasbinnenmarkt[12] die Grundlage des Liberalisierungsprozesses geschaffen wurde. Die genannten Legislativpakete zogen in wettbewerbsrechtlicher Hinsicht tiefgreifende Veränderungen für die deutsche Strom- und Gaslandschaft nach sich. So entwickelte sich in den ersten Jahren nach der Liberalisierung bis in das Jahr 2001 hinein im Strombereich ein lebhafter Wettbewerb – mit Ausnahme des natürlichen Monopols der Netze, das ab 2005 der (Netz-)Regulierung unterworfen wurde.[13] In allen anderen Bereichen betraten neue Anbieter den Markt. Und auch die etablierten Versorger versuchten, mit aggressiven Preisstrategien außerhalb ihrer angestammten Versorgungsgebiete Kunden zu gewinnen. Parallel zu dieser Entwicklung setzte eine Fusionswelle ein,[14] die zu einer erhöhten Verflechtung und Konsolidierung des Marktes führte (sog. **vertikale Vorwärtsintegration**), welche die anfänglichen wettbewerblichen Fortschritte schnell aufzehrte. In den ab Anfang/Mitte der 2000er Jahre durchgeführten Marktuntersuchungen stellten die Europäische Kommission,[15] das Bundeskartellamt (BKartA)[16] und die Monopolkommission[17] erhebliche Wettbewerbsdefizite fest, denen

---

12 Erdgasbinnenmarktrichtlinie 1998 (GasRL 1998 – RL 98/30/EG) v. 22.6.1998 (ABl EG 1998 Nr. L 204 S. 1ff.).
13 Zu der Regulierung der Netzentgelte durch die Bundesnetzagentur (BNetzA) und Landesregulierungsbehörden: Zenke/Wollschläger/Eder/*Missling*, Preise und Preisgestaltung, S. 203ff.
14 Umfassend zu den Fusionen in Europa und Deutschland *Zenke/Neveling/Lokau*, Konzentration Energiewirtschaft, S. 38ff.
15 Europäische Kommission, DG Competition Report on Energy Sector Inquiry, 10.1.2007, SEC(2006) 1724, abrufbar unter. https://competition-policy.ec.europa.eu/sectors/energy-environment/sector-inquiry-energy-2005_en#final-report.
16 BKartA, Tätigkeitsbericht 2003/2004, BT-Drucks. 15/5790, S. 126ff.; BKartA, Tätigkeitsbericht 2005/2006, BT-Drucks. 16/5710, S. 12ff.; BKartA, Tätigkeitsbericht 2007/2008, BT-Drucks. 16/13500, S. 104ff.; BKartA, Beschl. v. 25.1.2005 – B8-113/03 – Kartellrechtliche Beurteilungsgrundsätze zu langfristigen Gasverträgen; BKartA, Sektoruntersuchung Kapazitätssituation in den deutschen Gasfernleitungsnetzen, Dezember 2009, abrufbar unter http://www.bundeskartellamt.de/SharedDocs/Publikation/DE/Sektoruntersuchungen/ Sektoruntersuchung%20Gasfernleitungsnetze%20-%20Abschlussbericht.pdf?_blob=publicationFile&v=3; BKartA, Sektoruntersuchung Heizstrom – Marktüberblick und Verfahren, September 2010, abrufbar unter http://www.bundeskartellamt.de/SharedDocs/Publikation/DE/Sektoruntersuchungen/Sektoruntersuchung %20Heizstrom%20-%20Marktueberblick%20und%20Verfahren.pdf?_blob=publicationFile&v=3; BKartA, Bericht über die Evaluierung der Beschlüsse zu langfristigen Gaslieferverträgen, Juni 2010, abrufbar unter http://www.bundeskartellamt.de/SharedDocs/Publikation/DE/Sektoruntersuchungen/Untersuchung% 20Langfristige%20Gasliefervertraege%20-%20Evaluierung.pdf?_blob=publicationFile&v=4; BKartA, Sektoruntersuchung Stromerzeugung und -großhandel, Januar 2011, abrufbar unter http://www.bundeskar tellamt.de/SharedDocs/Publikation/DE/Sektoruntersuchungen/Sektoruntersuchung%20Stromerzeugung %20Stromgrosshandel%20-%20Zusammenfassung.pdf?_blob=publicationFile&v=4.
17 Monopolkommission, Sondergutachten 34/35, Zusammenschlussvorhaben der E.ON AG mit der Gelsenberg AG und der E.ON AG mit der Bergemann GmbH, 2002, abrufbar unter http://www.monopol kommission.de/images/PDF/SG/s34_volltext.pdf und http://www.monopolkommission.de/images/PDF/SG/ s35_volltext.pdf; Monopolkommission, Sondergutachten 49, Strom und Gas 2007: Wettbewerbsdefizite und zögerliche Regulierung, 2007, abrufbar unter http://www.monopolkommission.de/images/PDF/SG/ s49_volltext.pdf; Monopolkommission, Sondergutachten 54, Strom und Gas 2009: Energiemärkte im Spannungsfeld von Politik und Wettbewerb, 2009, abrufbar unter http://www.monopolkommission.de/images/

teils mit gesetzgeberischen Maßnahmen, teils mit verstärktem kartellbehördlichen Einschreiten begegnet wurde.

Aber nicht nur in der Energiewirtschaft, sondern auch in zahlreichen anderen Wirtschaftsbereichen messen die nationalen und europäischen Wettbewerbsbehörden der Einhaltung des Kartellrechts eine hohe Bedeutung bei. So wurden die Bemühungen zur Verfolgung von Kartellverstößen im Laufe der Zeit den neuen Entwicklungen angepasst und sukzessive verschärft. Dies betrifft einerseits den Bereich „klassischer" Kartelle, also z.B. die prominent aufgedeckten Fälle von Preis-, Quoten- und Kundenschutzabsprachen für Schienen, Weichen, Schwellen (sog. Schienenkartell[18]), für Hochspannungskabel (sog. Stromkabelkartell[19]) und für Lastkraftwagen (sog. LKW-Kartell[20]) oder aber die von Automobilherstellern getroffenen Absprachen bei Abgasreinigungssystemen[21] bzw. bei der Beschaffung von Stahl[22]. Neben diesen „Klassikern" liegt ein Hauptaugenmerk der behördlichen Kartellverfolgung andererseits aber auch auf der Weiterentwicklung der Analysemethoden für sich neu entwickelnde – etwa datenbasierte[23] – Geschäftsmodelle sowie für Plattformen und Netzwerke.[24] Schließlich rückte auch das Thema Verbraucherschutz in der Kartellpraxis zunehmend in den Fokus.[25] Mit der 10. GWB-Novelle[26] wurde ein weiterer Schritt zur „Digitalisierung des Kar-

---

PDF/SG/s54_volltext.pdf; Monopolkommission, Sondergutachten 59, Strom und Gas 2011: Wettbewerbsentwicklung mit Licht und Schatten, 2011, abrufbar unter http://www.monopolkommission.de/images/PDF/SG/s59_volltext.pdf.

[18] Vgl. Bundeskartellamt, Fallbericht v. 6.9.2013, abrufbar unter https://www.bundeskartellamt.de/SharedDocs/Entscheidung/DE/Fallberichte/Kartellverbot/2013/B12-16-11_B12-19-12.pdf?__blob=publicationFile&v=7.

[19] Europäische Kommission, Entscheidung C(2014) 2139 final v. 2.4.2014, CASE AT. 39610 – Power Cables, abrufbar unter https://ec.europa.eu/competition/antitrust/cases/dec_docs/39610/39610_9900_3.pdf. Einen Überblick zum Fall und zum bestätigenden Urteil des EuG v. 12.7.2018 – Rs. T-419/14 – NZKart 2018, 433 – Goldman Sachs geben auch *Bischke/Brack*, NZG 2018, 1059.

[20] Europäische Kommission, Entscheidung C(2016) 4673 final v. 19.7.2016, CASE AT. 39824 – Trucks, abrufbar unter https://ec.europa.eu/competition/antitrust/cases/dec_docs/39824/39824_8750_4.pdf. Ein Überblick über die ersten Urteile findet sich bei *Weiss/Lesinska-Adamson*, IR 2019, 56.

[21] Europäische Kommission, Pressemitteilung v. 5.4.2019, CASE AT. 40178 – Car Emissions, abrufbar unter https://ec.europa.eu/commission/presscorner/detail/de/IP_19_2008.

[22] Dazu BKartA, Pressemitteilung v. 21.11.2019, abrufbar unter https://www.bundeskartellamt.de/SharedDocs/Meldung/DE/Pressemitteilungen/2019/21_11_2019_Bussgeld_Stahl.html.

[23] Dazu *Paal*, NZKart 2018, 157.

[24] Vgl. dazu BKartA, Tätigkeitsbericht 2017/2018, abgedruckt in: BT-Drs. 19/10900, S. 10.

[25] S. hierzu jüngst BKartA, Tätigkeitsbericht 2023/2024, https://www.bundeskartellamt.de/SharedDocs/Publikation/DE/Jahresbericht/Jahresbericht_2023_24.pdf?__blob=publicationFile&v=5, S. 64ff.; siehe zum Themenkreis auch *Ackermann*, NZKart 2016, 397; *Satzky*, NZKart 2018, 554; *Küstner*, ZRP 2019, 98.

[26] 10. GWB-Novelle v. 18.1.2021 (BGBl. I S. 2). Zum Referentenentwurf *Podszun/Brauckmann*, GWR 2019, 436; *Schaper*, Newsdienst Compliance 2019, 210019; *Heymann/Umucu*, IR 2020, 99. Ausführlicher Überblick über die Genese *Bien/Käseberg/Klumpe/Körber/Ost*, Die 10. GWB-Novelle. Kritische Einordnung insbesondere in Bezug auf den neuen Tatbestand des § 19a GWB *Körber*, MMR 2020, 290.

tellrechts" unternommen. Die 11. GWB-Novelle gab dem BKartA weitere, nicht unumstrittene Instrumente an die Hand, um – unabhängig von konkreten Verstößen einzelner Marktteilnehmer – wettbewerblichen Missständen in strukturell geschädigten Märkten begegnen zu können.[27] Eine 12. GWB-Novelle ist angekündigt, die das direkte Vorgehen des BKartA gegen Verstöße des Verbraucherrechts ermöglichen könnte; das federführend zuständige Bundesministerium für Wirtschaft und Klimaschutz (BMWK) zieht ausweislich seines Konsultationsaufrufs Ermittlungs- und Abstellungsbefugnisse im Verbraucherschutzbereich in Erwägung.[28]

6   Parallel zur Fortentwicklung behördlicher Überwachungs- und Eingriffsmöglichkeiten wurde aber auch der Bereich der privaten Kartellverfolgung, also des sog. Private Enforcements, sukzessive gestärkt.[29] So wurden auf der Grundlage umfangreicher Reformen auf europäischer und nationaler Ebene in den Jahren 2014 bis 2016 sowohl materielle als auch prozessuale Probleme aus der Kartellpraxis adressiert.[30] Dies sollte eine effektivere Durchsetzung von privaten (Schadensersatz-)Ansprüchen Kartellgeschädigter ermöglichen und der Bedeutung des Kartellrechts weiteren Auftrieb verschaffen.

C. Die Motivation kartellrechtlicher Compliance

7   Das Kartellrecht ist Teil des allgemeinen **Ordnungsrahmens unserer Wirtschaftsverfassung**. Es ist somit in gleicher Weise wie die übrigen Rechtsmaterien von den Teilnehmern des Wirtschaftsverkehrs zwingend zu befolgen. Die Einhaltung gerade kartellrechtlicher Vorgaben (mittels kartellrechtlichen Compliance) ist aus folgenden Gründen zentral:[31]

■ **Das Kartellrecht ist besonders haftungsträchtig!**

8   Werden Kartellverstöße eines Unternehmens aufgedeckt, drohen im Einzelfall empfindliche Sanktionen der Kartellbehörden (z.B. Bußgelder, Vorteilsabschöpfung) und sonstiger Betroffener (z.B. Schadensersatz). Das Kartellrecht birgt ein **hohes Haftungsrisiko** für die betroffenen Unternehmen, deren Vorstände/Geschäftsführer, leitende Angestellte und sonstige Mitarbeiter.

---

[27] 11. GWB-Novelle v. 25.10.2023 (BGBl. I Nr. 294). Kritisch zur Reform und den erweiterten Eingriffsbefugnissen des BKartA *Körber*, ZRP 2023, 5.
[28] Öffentliche Konsultation zur Modernisierung des Wettbewerbsrechts durch das BMWK, abrufbar unter https://www.bmwk.de/Redaktion/DE/Downloads/J-L/anlage-konsultation-zur-modernisierung-des-wettbewerbsrechts.html, S. 10 ff.
[29] Einen Überblick über die Praxis in Deutschland geben *Fritzsche/Klöppner/Schmidt*, NZKart 2016, 501.
[30] Siehe dazu *Bischke/Brack*, NZG 2016, 99.
[31] Vgl. zu den Gründen Bunte/Stancke/*Stancke*, Kartellrecht, 4. Auflage 2022, § 11 Rn 95ff.

■ **Durch das engmaschige Kontrollnetz der Kommission, des BKartA und der Landeskartellbehörden besteht eine hohe Aufdeckungswahrscheinlichkeit!**
Wie schon erläutert,[32] hat die Kontrolldichte der Kartellbehörden über die Jahre zugenommen. Dies korrespondiert mit einer erhöhten **Aufdeckungswahrscheinlichkeit** bei kartellrechtswidrigem Verhalten. Selbst wenn Unternehmen zunächst nicht unmittelbar im Fokus kartellbehördlicher Kontrolle stehen, können sie bei Ermittlungen (z.B. durch Auskünfte im Rahmen von Missbrauchsverfahren gegen Dritte oder bei flächendeckenden Sektorenuntersuchungen) schnell in den Blickpunkt der Kartellbehörden gelangen.[33]

■ **Schon der Verdacht eines Kartellverstoßes führt zu einem erheblichen Imageschaden und Vertrauensverlust für das betroffene Unternehmen!**
Gerät ein Unternehmen auch nur in den Verdacht eines Kartellverstoßes und führen die Kartellbehörden daraufhin Ermittlungen beim verdächtigten Unternehmen durch, kann schon dies leicht an die Öffentlichkeit dringen. Durch die vielfach verbrauchernahe Berichterstattung (vor allem in den lokalen Medien) sind die betroffenen Unternehmen dann einer massiven „negativen Publicity" ausgesetzt und erleiden hierdurch einen erheblichen **Imageschaden und Vertrauensverlust** bei den Kunden, selbst wenn sich der Verdacht im Nachhinein nicht bewahrheitet. Mit Kartellverstößen wird also der gute Ruf des betroffenen Unternehmens beschädigt. In Extremfällen führt allein dies zu empfindlichen unmittelbaren Kundenverlusten,[34] vielfach jedenfalls zu Schäden am Unternehmenswert.[35]

■ **Durch kartellbehördliche (Ermittlungs-)Maßnahmen können die betrieblichen Abläufe im Unternehmen erheblich gestört werden!**
Abgesehen von dem erheblichen Haftungsrisiko und dem möglichen Imageschaden allein bei vermeintlichen Kartellverstößen können bereits die Ermittlungsmaßnahmen der Kartellbehörden – wie die Durchführung von Auskunftsverfahren bzw. Sektoruntersuchungen oder die Durchsuchung von Geschäftsräumen – zu einer

---

32 Siehe Rn 4f.
33 Zu den Marktuntersuchungen siehe oben Rn 4.
34 Vgl. z.B. *Jahberg*, 20.000 Berliner kündigen Vattenfall, in Tagesspiegel online v. 21.6.2007, abrufbar unter http://www.tagesspiegel.de/wirtschaft/stromlieferant-20-000-berliner-kuendigen-vattenfall/964574.html.
35 Bei börsennotierten Aktiengesellschaften kann der Verdacht von Kartellverstößen u.U. unmittelbar kursrelevant sein. So stellt sich in diesem Falle (einer „Krise") z.B. auch die Frage, ob ein Unternehmen, bei dem es aus Anlass eines Kartellverdachts zu internen oder externen Untersuchungen kommt, bestimmten Offenlegungspflichten, etwa kapitalmarktrechtlichen Publizitätspflichten nach Art. 17 der Verordnung (EU) Nr. 596/2014 (Market Abuse Regulation – „MAR"), unterliegt. Umfassend dazu etwa *Rübenstahl/Hahn/Voet von Vormizeele*, Kartell Compliance, S. 761 ff.

empfindlichen **Störung der Betriebsabläufe** im Unternehmen führen. Sie binden Personal sowie Sachmittel und führen dadurch zu weiteren mittelbaren Vermögenseinbußen.

D. Ziele kartellrechtlicher Compliance

12 Mit Blick auf die im vorangegangenen Abschnitt skizzierten Motive soll eine speziell kartellrechtlich ausgerichtete Compliance dazu beitragen, Nachteile, die dem Unternehmen, seinen Leitungsorganen und Mitarbeitern bei Kartellverstößen drohen, zu verhindern.[36] Dabei geht es in erster Linie um **Vorbeugung**. Verstöße gegen das Kartellrecht sollen von vorneherein möglichst vermieden, die Wahrscheinlichkeit derartiger Verstöße jedenfalls minimiert werden. Die umfassende Information der Mitarbeiter über rechtliche Vorgaben und entsprechende organisatorische Vorkehrungen im Unternehmen helfen dabei.

13 Darüber hinaus soll eine kartellrechtliche Compliance aber auch zusätzliche Nachteile für den Fall verhindern, dass drohende oder bestehende Kartellverstöße im Unternehmen festgestellt werden oder aber dass das Unternehmen wegen Kartellverdachts aus sonstigen Gründen Adressat kartellbehördlicher (Ermittlungs-)Maßnahmen ist. Auch diese **Minimierung von Nachteilen im Falle von Verstößen** erfolgt in erster Linie durch Festlegung bestimmter Verhaltensvorgaben und Abläufe im Ernstfall. So kann im Falle eines Kartellverstoßes bei der Frage des (haftungsbegründenden) Organisationsverschuldens oder der Bemessung von Bußgeldern eine Rolle spielen, ob ein angemessenes Compliance-System eingerichtet war.[37]

E. Grundzüge: Was ist Kartellrecht? Wozu dient es? Was verbietet es? Wen betrifft es?

14 Damit die kartellrechtlichen Gefahrenpotenziale im Unternehmen identifiziert und gezielt Maßnahmen zu ihrer Vermeidung ergriffen werden können, müssen die Grundzüge des Kartellrechts präsent sein. Ausgehend von einem Überblick über die Hintergründe[38]

---

[36] Vgl. BKartA, Die Bedeutung der Wettbewerbs-Compliance, Compliance Praxis Service-Guide 2014, abrufbar unter https://www.bundeskartellamt.de/SharedDocs/Publikation/DE/Interviews/Service-Guide-Compliance-Praxis.pdf?_blob=publicationFile&v=2.
[37] Nach § 81d Abs. 1 Nr. 4 und 5 GWB ist bei der Festsetzung einer Geldbuße zu berücksichtigen, ob ausreichende Vorkehrungen zur Prävention von Kartellverstößen getroffen wurden/werden. Dazu und zur Compliance-Defence auch Bunte/Stancke/*Stancke*, Kartellrecht, 4. Auflage 2022, § 11 Rn 99f.
[38] Vgl. Rn 15ff.

und wesentlichen Regelungsgegenstände[39] des Kartellrechts werden typischerweise relevante Sachverhalte[40] erläutert.

I. Allgemeines

Das Kartellrecht ist (wie erwähnt[41]) Teil des Ordnungsrahmens der Marktwirtschaft und damit zugleich wichtiger Bestandteil unserer gesamten Wirtschaftsverfassung. Seine **Rechtsgrundlagen** finden sich sowohl auf europäischer als auch auf nationaler Ebene: 15
- Die Art. 101 und 102 AEUV[42] sowie die diese ergänzenden Verordnungen (wie z. B. die FKVO,[43] die KartellVO[44] oder die Vertikal-GVO[45]) und die Leitlinien, Bekanntmachungen sowie Mitteilungen der Europäischen Kommission[46] enthalten wichtige europäische Vorgaben.
- Nationale Kartellvorschriften enthält in erster Linie das GWB.[47]

Ob im Einzelfall der **Anwendungsbereich** des deutschen oder aber des europäischen Kartellrechts eröffnet ist, wird im Grundsatz danach beurteilt, ob sich der wettbewerbsrechtlich relevante Sachverhalt nur auf den Geltungsbereich des GWB (also das Bundesgebiet oder das Gebiet einzelner Länder des Bundes oder aber von wesentlichen Teilen davon) auswirkt oder ob er darüber hinaus geht und unionsweite Bedeutung hat.[48] 16

Nicht alle Bereiche des Wirtschaftslebens, in denen aus strukturellen Gründen kein bzw. nur geringer Wettbewerb herrscht und in denen der Wettbewerb für Einflussnahmen besonders anfällig ist, werden durch das Kartellrecht geschützt. Vielmehr unterliegt z. B. in der Energiewirtschaft der aus wettbewerblicher Sicht besonders schützens- 17

---

39 Vgl. Rn 19 ff.
40 Vgl. Rn 38 ff.
41 Vgl. Rn 7.
42 Vertrag über die Arbeitsweise der Europäischen Union (AEUV) v. 9.5.2008 (ABl EU Nr. C 115 S. 47 ff.), zuletzt geändert am 26.10.2012 (ABl EU Nr. C 326 S. 47).
43 Fusionskontrollverordnung (FKVO – VO (EG) Nr. 139/2004) v. 20.1.2004 (ABl EU Nr. L 24 S. 1 ff.).
44 Kartellverordnung (KartellVO – VO (EG) Nr. 1/2003 v. 16.12.2002 (ABl EU Nr. L 1 S. 1 ff.).
45 Vertikal-Gruppenfreistellungsverordnung (Vertikal-GVO – VO (EU) 2022/720 v. 10.5.2022 (ABl EU Nr. L 134 S. 4 ff.).
46 Z. B. für den Bereich des Kartellverbots Europäische Kommission, Mitteilung C(2023)4752 Final (sog. Vertikal-Leitlinien), Mitteilung C(2023)3445 Final (sog. Horizontal-Leitlinien) und Mitteilung 2014/C 291/01 (sog. Bagatellbekanntmachung).
47 Gesetz gegen Wettbewerbsbeschränkungen (GWB) v. 26.6.2013 (BGBl. I S. 1750, 3245), zuletzt geändert durch Gesetz v. 15.7.2024 (BGBl. 2024 I Nr. 236).
48 Zwischen deutschem und europäischem Recht besteht weitestgehend ein inhaltlicher Gleichlauf. Die folgenden Darstellungen konzentrieren sich jedoch auf das nationale Kartellrecht, da die Energiemärkte nach den gegenwärtigen Marktverhältnissen und der gegenwärtigen Kartellpraxis fast durchweg bundesweit abgegrenzt werden und daher in den meisten Fällen (noch) nationales Recht angewendet wird.

werte Bereich des Betriebs von Strom- und Gasnetzen – nicht jedoch der Betrieb von Fernwärmenetzen – seit 2005 der **Regulierung** nach dem EnWG[49] sowie den auf dessen Grundlage ergangenen Verordnungen (StromNZV[50], StromNEV[51], GasNZV[52], GasNEV[53], ARegV[54]). Für ihn sind die **BNetzA** oder die Landesregulierungsbehörden zuständig. Die Anwendung des deutschen Kartellrechts ist weitestgehend ausgeschlossen (§ 111 EnWG); es bleibt allerdings die Relevanz europäischen Kartellrechts.[55] Zudem ist trotz Netzbezugs parallel das Kartellrecht im Bereich der Vergabe von Wegerechten für Strom- und Gasnetze anwendbar, für dessen Überwachung sich vor allem das BKartA als zuständig erachtet.[56]

18   Ziel des Kartellrechts ist es, den Bestand und die **Funktionsfähigkeit des Wettbewerbs** auf den Märkten zu gewährleisten. Hierzu enthält es Vorgaben, die eine Behinderung, Beschränkung oder Verfälschung des Wettbewerbs durch die Unternehmen am Markt verhindern sollen:

- das **Kartellverbot**[57],
- verschiedene (teils auch sektorspezifische) **Missbrauchsverbote**[58] und
- die **Fusionskontrolle**[59].

---

[49] Energiewirtschaftsgesetz (EnWG) v. 7.7.2005 (BGBl. I S. 1970), zuletzt geändert durch Gesetz v. 15.7.2024 (BGBl. 2024 I Nr. 236).
[50] Stromnetzzugangsverordnung (StromNZV) v. 25.7.2005 (BGBl. I S. 2243), zuletzt geändert durch Gesetz v. 22.12.2023 (BGBl. 2023 I Nr. 405). Die Verordnung tritt nach dem 31.12.2025 außer Kraft.
[51] Stromnetzentgeltverordnung (StromNEV) v. 25.7.2005 (BGBl. I S. 2225), zuletzt geändert durch Verordnung v. 22.12.2023 (BGBl. 2023 I Nr. 405). Die Verordnung tritt nach dem 31.12.2028 außer Kraft.
[52] Gasnetzzugangsverordnung (GasNZV) v. 3.9.2010 (BGBl. I S. 1261), zuletzt geändert durch Gesetz v. 22.12.2023 (BGBl. 2023 I Nr. 405). Die Verordnung tritt nach dem 31.12.2025 außer Kraft.
[53] Gasnetzentgeltverordnung (GasNEV) v. 25.7.2005 (BGBl. I S. 2197), zuletzt geändert durch Gesetz v. 22.12.2023 (BGBl. 2023 I Nr. 405). Die Verordnung tritt nach dem 31.12.2027 außer Kraft.
[54] Anreizregulierungsverordnung (ARegV) v. 29.10.2007 (BGBl. I S. 2529), zuletzt geändert durch Verordnung v. 22.12.2023 (BGBl. 2023 I Nr. 405). Die Verordnung tritt nach dem 31.12.2028 außer Kraft.
[55] Vgl. ausführlich zum Verhältnis zwischen dem europäischen Kartellrecht und der Regulierung nach den Bestimmungen des EnWG Theobald/Kühling/*Bruhn*, Energierecht, Wettbewerbsrecht/Vergaberecht, Art. 101, Art. 102 AEUV Rn 148 ff. Zur Netzentgeltregulierung vgl. auch Zenke/Wollschläger/Eder/*Missling*, Preise und Preisgestaltung, S. 203 ff.
[56] Hoch/Haucap/*Hoch*, Praxishandbuch Energiekartellrecht, 2. Auflage 2023, Kap. 2 Rn 99. Dazu auch noch unter Rn 43.
[57] Vgl. Rn 19 ff.
[58] Vgl. Rn 23 ff.
[59] Vgl. Rn 28 ff.

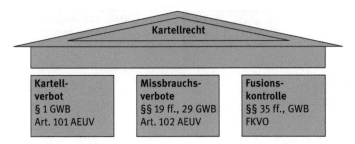

Abb. 1: Die Säulen des Kartellrechts[60]

II. Das Kartellverbot

Das **Kartellverbot** in § 1 GWB (bzw. Art. 101 Abs. 1 AEUV) untersagt „Vereinbarungen zwischen Unternehmen, Beschlüsse von Unternehmensvereinigungen und aufeinander **abgestimmte Verhaltensweisen**, die eine Verhinderung, Einschränkung oder Verfälschung des Wettbewerbs [innerhalb des Binnenmarkts] bezwecken oder bewirken". Nicht erlaubt ist damit die **bi- oder multilaterale Koordination** des Wettbewerbsverhaltens zwischen Unternehmen am Markt. Dies gilt unabhängig davon, ob dies durch ausdrückliche Abreden oder durch sonstige Verhaltensweisen erfolgt. Ebenso irrelevant ist im Ausgangspunkt, ob die an derartigen Absprachen beteiligten Unternehmen über eine herrschende Position im Markt verfügen oder nicht.[61]

Erfolgt die Verhaltenskoordinierung zwischen Wettbewerbern ein und desselben Marktes, spricht man von sog. **horizontalen Kartellabsprachen**. Sind abgestimmte Verhaltensweisen entlang der Wertschöpfungskette zwischen Unternehmen vor- und nachgelagerter Märkte – also z.B. im Verhältnis zwischen dem (Vor-)Lieferanten und seinem Abnehmer – betroffen, wird dies als **vertikale Kartellabsprache** eingeordnet.[62]

---

60 Quelle: eigene Darstellung.
61 Voraussetzung ist allerdings die Spürbarkeit der Vereinbarung oder abgestimmten Verhaltensweise, die auch von den Marktanteilen der hieran beteiligten Unternehmen abhängt, vgl. dazu BKartA, Bekanntmachung Nr. 18/2007, 13.3.2007, („Bagatellbekanntmachung") sowie Europäische Kommission, Bekanntmachung Vereinbarungen von geringer Bedeutung, die im Sinne des Art. 101 Abs. 1 des Vertrags über die Arbeitsweise der Europäischen Union den Wettbewerb nicht spürbar beschränken („De-minimis-Bekanntmachung") (ABl EU. Nr. C 291 v. 30.8.2014, S. 1).
62 Hoch/*Hoch*, Praxishandbuch Energiekartellrecht, Kap. 2 Rn 33.

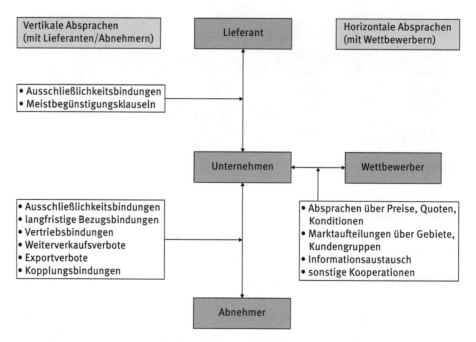

Abb. 2: Überblick über verbotene koordinierte Verhaltensweisen[63]

21 Liegt eine Kartellabsprache im oben angegebenen Sinne[64] vor, ist diese grundsätzlich verboten. Dies gilt nur ausnahmsweise nicht, wenn ein Fall der **§§ 2 oder 3 GWB** (bzw. des **Art. 101 Abs. 3 AEUV**) vorliegt. Allgemeine Voraussetzungen für die dort geregelte gesetzliche **Freistellung vom Kartellverbot** sind,[65] dass die Abreden

- unter angemessener Beteiligung der Verbraucher an dem entstehenden Gewinn zu einer Verbesserung der Warenerzeugung oder -verteilung oder zur Förderung des technischen oder wirtschaftlichen Fortschritts beitragen,
- ohne dass den beteiligten Unternehmen Beschränkungen auferlegt werden, die für die Verwirklichung dieser Ziele nicht unerlässlich sind, und
- ohne dass Möglichkeiten eröffnet werden, für einen wesentlichen Teil der betreffenden Waren den Wettbewerb auszuschalten.

---

63 Quelle: Eigene Darstellung.
64 Vgl. Rn 19 f.
65 Ausführlich hierzu Theobald/Kühling/*Bruhn*, Energierecht, Art. 101, Art. 102 AEUV Rn 62 ff.; bestimmte Gruppen von Vereinbarungen, die wegen der Gleichförmigkeit der Interessen einer typisierenden Beurteilung zugänglich sind, können zudem durch EU-Verordnung allgemein vom Kartellverbot freigestellt sein (sog. Gruppenfreistellungsverordnungen), vgl. dazu Immenga/Mestmäcker/*Ellger*, EU-Wettbewerbsrecht, 6. Auflage 2019, Art. 101 Abs. 3 AEUV Rn 332 ff. Besondere praktische Bedeutung hat hier vor allem die Vertikal-GVO.

Das Kartellrecht stellt demnach die Grundregel auf, dass wettbewerbsbeschränkende 22
Vereinbarungen prinzipiell unzulässig sind. Unter bestimmten Voraussetzungen wird aber zugleich auch anerkannt, dass das Zusammenwirken von Unternehmen im Einzelfall wettbewerbsrechtlich hinnehmbar sein kann, wenn die positiven Effekte überwiegen. Entsprechend kommt es im Wirtschaftsalltag immer wieder und in ganz unterschiedlichen Formen zu Fällen einer freigestellten und damit zulässigen Zusammenarbeit von Unternehmen.[66] Dabei unterliegt die Beurteilung, ob eine spürbare und wettbewerbsbeschränkende Vereinbarung vorliegt, ebenso dem Prinzip der Selbstveranlagung wie die Frage, ob eine rechtfertigende Freistellung dafür angesichts der positiven Folgewirkungen in Betracht kommt.[67] In der Vergangenheit hat das BKartA aber im Zusammenhang mit Kooperationen über sog. „Vorsitzendenschreiben" teilweise bereits Verhaltenshinweise gegeben, die betroffenen Unternehmen als Orientierungshilfen dienten.[68] Mit der 10. GWB-Novelle[69] wurde Betroffenen durch die Einfügung des § 32c Abs. 4 GWB ein Anspruch auf eine Entscheidung des BKartA eingeräumt, dass für die Behörde kein Anlass zum Tätigwerden im Hinblick auf eine Zusammenarbeit mit Wettbewerbern besteht, wenn Betroffene „ein erhebliches rechtliches und wirtschaftliches Interesse an einer solchen Entscheidung haben". Das BKartA muss dann innerhalb von sechs Monaten über den Antrag entscheiden.

III. Die Missbrauchsverbote

Die **Missbrauchsverbote** in den §§ 19 ff., 29[70] GWB (bzw. Art. 102 AEUV) untersagen – 23
im Gegensatz zum Kartellverbot des § 1 GWB (bzw. des Art. 101 Abs. 1 AEUV) – bestimmte **einseitige Verhaltensweisen**, durch die andere Marktteilnehmer behindert oder ausgebeutet werden. Sie richten sich hiermit vorrangig[71] an solche Unternehmen, die aufgrund ihrer **marktbeherrschenden Stellung** in der Lage sind, selbstän-

---

66 Umfassend zu den Fallgruppen Immenga/Mestmäcker/*Ellger*, EU-Wettbewerbsrecht, 6. Auflage 2019, Art. 101 Abs. 3 AEUV Rn 493 ff. mit ausführlichen Einzelnachweisen.
67 Zur Selbstveranlagung Bechtold/Bosch/Brinker, EU-Kartellrecht, 4. Auflage 2023, Art. 101 Rn 170 f.
68 Vgl. dazu *Walzel*, ZVertriebsR 2017, 71.
69 10. GWB-Novelle v. 18.1.2021 (BGBl. I S. 2).
70 Im Rahmen des sog. Osterpakets vom April 2022 wurden der Anwendungsbereich und die Geltungsdauer des sektorspezifischen Missbrauchsverbots des § 29 GWB für die Energiewirtschaft ausgeweitet. Neben Elektrizität und leitungsgebundenem Gas wurde auch Fernwärme aufgenommen, nachdem dies in vorherigen Reformdebatten mehrfach abgelehnt worden war. Die Geltungsdauer wurde erneut verlängert und ist aktuell bis zum 31.12.2027 beschränkt, vgl. § 187 Abs. 1 GWB. Dazu im Kontext des Osterpakets *Zenke*, EnWZ 2022, 147 (m.w.N.).
71 Insbesondere im deutschen Kartellrecht stehen auch Praktiken von Unternehmen mit relativer oder überlegener Marktmacht oder jenseits dessen auch Boykottverbote und ähnlich unbillige Verhaltensweisen im Fokus, vgl. die §§ 20, 21 GWB.

dig und ohne Rücksicht auf etwaige Konkurrenten Einfluss auf den Wettbewerb zu nehmen.[72]

24 Ob ein Unternehmen auf einem bestimmten Markt[73] beherrschend ist, wird gemäß § 18 GWB[74] anhand verschiedener Kriterien ermittelt, die Hinweise auf die Marktstellung des Unternehmens geben. Hierzu zählen u.a. der Marktanteil, die Finanzkraft, Zugänge zu Beschaffungs- und Absatzmärkten, Verflechtungen zu anderen Unternehmen oder Marktzutrittsschranken. Mit der **10. GWB-Novelle** wurden im Bereich der Missbrauchsaufsicht die Kriterien zur Bestimmung einer **marktbeherrschenden Stellung** erweitert, vor allem um auf die voranschreitende Digitalisierung der Wirtschaft zu reagieren[75]: § 18 Abs. 3 Nr. 3 GWB wurde um das zusätzliche Merkmal des Zugangs zu wettbewerbsrelevanten Daten bei der Bewertung der Marktstellung ergänzt. Für die Kontrolle von Digitalkonzernen mit „überragender marktübergreifender Bedeutung für den Wettbewerb" wurde mit § 19a sogar ein eigener Missbrauchstatbestand geschaffen.[76] Darüber hinaus wurde ein Datenzugangsanspruch in einem neuen § 20 Abs. 1a GWB im Bereich der relativen Marktmacht eingeführt.[77]

25 Missbräuche, die nach dem GWB prinzipiell untersagt sind, werden in der folgenden Abbildung genannt.

---

72 Wenngleich auch die §§ 19 ff., 29 GWB missbräuchliches Verhalten einerseits gegenüber Wettbewerbern und andererseits gegenüber Unternehmen vor- oder nachgelagerter Wirtschaftsstufen – also z.B. gegenüber Lieferanten bzw. Abnehmern – untersagen, wird hier begrifflich nicht zwischen horizontalem und vertikalem Missbrauch unterschieden.
73 Im kartellrechtlichen Sinne werden Märkte anhand sachlicher, räumlicher und teilweise zeitlicher Gesichtspunkte abgegrenzt. Zunächst wird in sachlicher Hinsicht der relevante Produktmarkt definiert. Hierfür wird auf das sog. Bedarfsmarktkonzept abgestellt, welches danach fragt, ob Produkte oder Dienstleistungen aus Sicht der Nachfrager im Wesentlichen als funktional austauschbar angesehen werden. Soweit dies der Fall ist, sind die betreffenden Produkte oder Dienstleistungen einem sachlichen Markt zuzuordnen. Sodann wird die geografische Ausdehnung des abgegrenzten Produktmarkts anhand der Reichweite der räumlichen Verfügbarkeit überprüft. Vereinzelt – z.B. bei saisonal angebotenen oder zeitlich eingeschränkt verfügbaren Gütern oder Dienstleistungen – kann sich schließlich die Notwendigkeit ergeben, den Markt in zeitlicher Hinsicht weiter einzugrenzen. Zur Marktabgrenzung im Rahmen der Ermittlung der Marktbeherrschung insgesamt siehe auch den Überblick in *Bechtold/Bosch*, GWB, 10. Auflage 2021, § 18 Rn 6 ff.
74 Im europäischen Recht fehlt es an einer gesetzlichen Definition der Marktbeherrschung. In der europäischen Kartellpraxis und Rechtsprechung haben sich allerdings Kriterien für die Feststellung der Marktbeherrschung etabliert, denen die deutschen Regelungen weitestgehend entsprechen.
75 Referentenentwurf v. 24.1.2020, abrufbar unter https://www.bmwi.de/Redaktion/DE/Downloads/G/gwb-digitalisierungsgesetz-referentenentwurf.pdf?__blob=publicationFile&v=10, S. 1.
76 Kritisch hierzu *Körber*, MMR 2020, 290 sowie *Polley/Kaup*, NZKart 2020, 113, 116.
77 Kritisch *Polley/Kaup*, NZKart 2020, 113, 115, die eine Schaffung erheblicher Rechtsunsicherheit befürchteten.

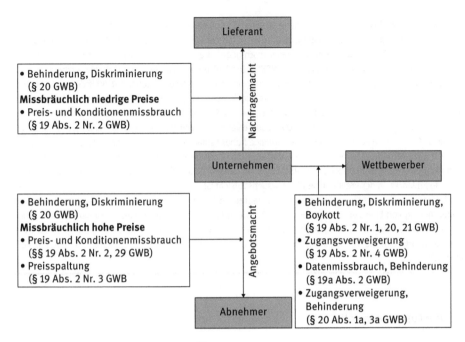

Abb. 3: Missbrauchsverbote nach dem GWB[78]

Auch ein Verhalten, das tatbestandlich als Missbrauch zu bewerten ist, kann ausnahmsweise zulässig sein, wenn es hierfür eine sachliche Rechtfertigung gibt. Dabei muss zumeist das Unternehmen nachweisen, dass bei ihm sachliche Gründe vorliegen, die das objektiv missbräuchliche Verhalten rechtfertigen.

Unterschiedliche Rechtfertigungsgründe sind dabei denkbar: So kann z.B. im Bereich der Energiewirtschaft eine nach § 29 Nr. 1 GWB missbräuchliche Preisgestaltung wegen der zugrunde liegenden Kosten des Anbieters bzw. einer ansonsten drohenden Kostenunterdeckung unter Umständen gerechtfertigt sein.[79] Auch sind z.B. unterschiedliche Preise gegenüber grundsätzlich gleichartigen Abnehmern i.S.v. § 19 Abs. 2 Nr. 2 GWB möglich, wenn besondere Umstände wie unterschiedlich hohe Risikozuschläge, Mengen- oder Laufzeitrabatte oder ein (un-)günstiges Abnahmeprofil die Differenzierung begründen.

Exkurs: Preisbremsen-Missbrauchsaufsicht
Das BKartA hat mit Einführung der sog. Preisbremsen-Gesetze vom Dezember 2022 zur Dämpfung der Folgen der Energiekrise durch den Ukraine-Krieg (Strompreisbremsegesetz, StromPBG[80] und Erdgas-Wärme-Preis-

---

78 Quelle: eigene Darstellung.
79 Vgl. Bien/*Gussone*/*Heymann*, Das deutsche Kartellrecht, S. 233, 262.
80 Strompreisbremsegesetz v. 20.12.2022 (BGBl. I S. 2512), zuletzt geändert durch Gesetz v. 22.12.2023 (BGBl. 2023 I Nr. 405).

bremsegesetz, EWPBG[81]) eine neue Aufgabe erhalten: Es soll etwaiges missbräuchliches Verhalten der Energielieferanten bei der Inanspruchnahme staatlicher Mittel zur Umsetzung der staatlich festgelegten Höchstpreise für Strom-, Erdgas- und Fernwärmelieferanten gegenüber Privatpersonen und Unternehmen überprüfen und abstellen (§ 39 StromPBG bzw. § 27 EWPBG). Die Preisbremsen zielten darauf ab, die Letztverbraucher durch eine Deckelung der Preise im Bereich Gas, Wärme und Strom zu entlasten (i. d. R. 80 % des Vorjahresverbrauchs). Die Verbraucher zahlten für das Entlastungskontingent ausschließlich den gesetzlich festgelegten und in der Höhe gedeckelten Preis pro Kilowattstunde. Die Preisbremsen-Gesetze verbieten eine missbräuchliche Ausnutzung dieser Entlastungregel. Damit sollte verhindert werden, dass Energieversorger ihre Arbeitspreise für Gas, Wärme oder Strom erhöhen, um eine höhere staatliche Ausgleichszahlung zu erhalten, obwohl es für die Preiserhöhung keine sachliche Rechtfertigung durch gestiegene Kosten gibt. Es handelt sich somit also nicht um eine klassische kartellrechtliche Missbrauchsaufsicht auf der Grundlage einer beherrschenden Stellung im Markt: In der Preisbremsen-Missbrauchsaufsicht ist das BKartA auf die Überprüfung des Umfangs der Differenz zwischen Arbeitspreisen und festgelegten Höchstpreisen begrenzt; es geht auch nicht um eine Genehmigung von Energiepreisen oder die Überprüfung von Verbrauchsrechnungen. Gegenstand ist lediglich die Überwachung der Inanspruchnahme staatlicher Subventionen durch Energielieferanten. Dafür richtete das BKartA eine eigene Organisationseinheit ein; im Jahr 2023 eröffnete es Prüfverfahren gegen 57 Versorger.[82]

IV. Die Fusionskontrolle

28 Neben Kartellverbot und Missbrauchsverboten steht die Säule der **Fusionskontrolle**, niedergelegt in den §§ 35 ff. GWB und der FKVO. Diese soll funktionsfähigen Wettbewerb erhalten und **Zusammenschlüsse** zwischen (konkurrierenden) Unternehmen desselben Marktes oder zwischen Unternehmen verschiedener (z. B. vor- oder nachgelagerter) Märkte unterbinden, welche die Entstehung oder Erhaltung wettbewerbsgerechter Marktbedingungen verhindern. Durch die Fusionskontrolle soll also vermieden werden, dass der Wettbewerb durch **strukturelle Eingriffe** in den Markt Schaden nimmt.

29 **Formelle Voraussetzungen** für das Eingreifen der deutschen Fusionskontrolle, für die das BKartA zuständig ist, sind nach gegenwärtiger Rechtslage:[83]
- Der Zusammenschluss fällt nicht in den ausschließlichen Anwendungsbereich der europäischen Fusionskontrolle unter der FKVO (§ 35 Abs. 3 GWB).[84]

---

81 Erdgas-Wärme-Preisbremsengesetz v. 20.12.2022 (BGBl. S. 2560, 2894), zuletzt geändert durch Gesetz v. 26.7.2023 (BGBl. I Nr. 202).
82 S. Meldung des BKartA v. 13.12.2023, abrufbar unter https://www.bundeskartellamt.de/SharedDocs/Meldung/DE/Pressemitteilungen/2023/13_12_2023_Preisbremsen.html;jsessionid=96FFE77B1B2EB7C260BE1140E390B344.2_cid509?nn=3591568.
83 Vgl. auch BKartA, Merkblatt zur deutschen Fusionskontrolle, August 2022, abrufbar unter https://www.bundeskartellamt.de/SharedDocs/Publikation/DE/Merkblaetter/Merkblatt_Deutsche_Fusionskontrolle_Aug_2022.pdf?__blob=publicationFile&v=3.
84 Nach Art. 1 Abs. 2 und 3 FKVO hat ein Zusammenschluss gemeinschaftsweite Bedeutung, wenn der Gesamtumsatz aller fusionsbeteiligten Unternehmen 5 Mrd. € überschreitet und mindestens zwei der beteiligten Unternehmen einen gemeinschaftsweiten Umsatz von jeweils mehr als 250 Mio. € erzielen. Alternativ dazu greift die europäische Fusionskontrolle auch, wenn der weltweite Gesamtumsatz aller fusi-

- Die an dem Zusammenschluss beteiligten Unternehmen (einschließlich der mit ihnen gemäß § 36 Abs. 2 GWB verbundenen Unternehmen) haben im vorangegangenen Geschäftsjahr **weltweite Gesamtumsätze** von insgesamt mehr als **500 Mio. €** erzielt. Der Mindestinlandsumsatz eines beteiligten Unternehmens muss dabei mehr als 25 Mio. € (erste Inlandsumsatzschwelle) und der eines weiteren beteiligten Unternehmens mehr als 5 Mio. € (zweite Inlandsumsatzschwelle) betragen (§ 35 Abs. 1 GWB). Wird die zweite Inlandsumsatzschwelle unterschritten, kann die Fusionskontrolle dennoch einschlägig sein, wenn der Wert der Gegenleistung für den Zusammenschluss 400 Mio. € beträgt und das zu erwerbende Unternehmen in erheblichem Umfang im Inland tätig ist (§ 35 Abs. 1a GWB).[85]
- Bei dem Vorhaben handelt es sich um einen **Zusammenschluss i. S. d. § 37 GWB** also um einen
  - Teil- oder Gesamtvermögenserwerb (§ 37 Abs. 1 Nr. 1 GWB),
  - Kontrollerwerb (§ 37 Abs. 1 Nr. 2 GWB),
  - Anteilserwerb von 50 % bzw. 25 %[86] – einschließlich der Gründung von Gemeinschaftsunternehmen – (§ 37 Abs. 1 Nr. 3 S. 3 GWB) oder aber
  - Erwerb eines sonstigen wettbewerblich erheblichen Einflusses (§ 37 Abs. 1 Nr. 4 GWB).

Die Berechnung der **Umsatzerlöse** der Zusammenschlussbeteiligten und/oder des Wertes der Gegenleistung für den Zusammenschluss ergibt sich im Einzelnen aus § 38 GWB. Einzelheiten der Anmeldung und des Verfahrens der Zusammenschlusskontrolle sind wiederum in §§ 39, 40 GWB niedergelegt. Danach läuft die Prüfung anmeldepflichtiger Zusammenschlüsse zweistufig.[87] In einem **Vorprüfverfahren** untersucht das BKartA zunächst, ob es in ein Hauptprüfverfahren eintritt, weil eine weitere (vertiefte) Prüfung

30

---

onsbeteiligten Unternehmen mindestens 2,5 Mrd. € und der Gesamtumsatz in mindestens drei Mitgliedstaaten mehr als 100 Mio. € beträgt, wobei mindestens zwei der beteiligten Unternehmen jeweils mehr als 25 Mio. € in den drei Mitgliedstaaten umsetzen müssen und der gemeinschaftsweite Umsatz von mindestens zwei der beteiligten Unternehmen mehr als 100 Mio. € betragen muss. Für beide Alternativen gilt die Rückausnahme, dass ein Zusammenschluss nicht in die Zuständigkeit der Kommission fällt, *„wenn die beteiligten Unternehmen jeweils mehr als zwei Drittel ihres gemeinschaftsweiten Gesamtumsatzes in ein und demselben Mitgliedstaat erzielen"* (sog. „2/3-Klausel"). Dazu auch das Merkblatt der Europäischen Kommission, DG Wettbewerb, Competition: Merger control procedures, Juli 2013, abrufbar unter https://competition-policy.ec.europa.eu/system/files/2021-02/merger_control_procedures_en.pdf.

85 Zur sog. Transaktionswert-Schwelle für die Anmeldepflicht von Zusammenschlussvorhaben in Deutschland und Österreich siehe auch BKartA/Bundeswettbewerbsbehörde, Leitfaden Transaktionswert-Schwellen für die Anmeldepflicht von Zusammenschlussvorhaben, Januar 2022, abrufbar unter https://www.bundeskartellamt.de/SharedDocs/Publikation/DE/Leitfaden/Leitfaden_Transaktionsschwelle.pdf?__blob=publicationFile&v=6.

86 Zur Problematik der Behandlung von Minderheitsbeteiligungen in der Zusammenschlusskontrolle *Coenen/Jovanovic*, WuW 2014, 803.

87 Das gilt auch – wenn auch mit etwas anderen Verfahrensfristen für die dortige Phase I (25 Arbeitstage) und Phase II (90 Arbeitstage) – für das europäische Fusionskontrollverfahren, vgl. Art. 6, 8 FKVO.

des Zusammenschlusses erforderlich ist (§ 40 Abs. 1 GWB). Im **Hauptprüfverfahren** hat das Amt sodann zu entscheiden, ob der Zusammenschluss zu untersagen oder freizugeben ist (§ 36 Abs. 2 GWB). Für das Vorprüfverfahren hat das BKartA im Regelfall einen Monat ab Eingang der vollständigen Anmeldung Zeit. Das Hauptprüfverfahren muss binnen fünf Monaten[88] ab vollständiger Anmeldung abgeschlossen sein. Unterbleibt in beiden Verfahrensstadien eine fristgemäße Entscheidung des BKartA, so gilt der Zusammenschluss von Gesetzes wegen als freigegeben (sog. Freigabefiktion: vgl. § 40 Abs. 1 S. 1, Abs. 2 S. 2 GWB).[89]

31 Ob ein Zusammenschluss in der Sache untersagt wird, hängt von dessen wettbewerblichen Auswirkungen auf dem/den betroffenen Markt/Märkten[90] ab. Mit der 8.[91] und 9.[92] GWB-Novelle wurde die deutsche Fusionskontrolle hinsichtlich der materiellen Fusionsprüfung dem europäischen Recht an entscheidender Stelle angepasst[93] Der aus der FKVO bereits bekannte, in das deutsche Recht übernommene sog. **SIEC-Test**[94] legt als **Beurteilungsgrundsatz** fest, dass eine Fusion zu untersagen ist, wenn sie zu einer erheblichen Behinderung wirksamen Wettbewerbs führt, § 36 Abs. 1 S. 1 GWB. Das in der Praxis bei weitem wichtigste Regelbeispiel für eine Behinderung des wirksamen Wettbewerbs ist allerdings nach wie vor ein **Marktstrukturtest**. Er stellt, wie die europäische Praxis mit SIEC-Test zeigt und die nationale Praxis ohne SIEC-Test zeigte, die weit überwiegend verwendete Beurteilungsgrundlage dar und gilt auch nach der 8. GWB-Novelle fort.[95] Dennoch deckt der Marktstrukturtest nicht alle denkbaren Konstellationen der Marktbeherrschung ab. Eine Durchsetzungsschwäche hat der Marktstrukturtest dort, wo ein Oligopolmarkt mit diversifizierter, aber enger Produktstruktur vor-

---

88 Mit der 10. GWB-Novelle wurde die Frist für das Hauptprüfverfahren von vier auf fünf Monate verlängert.
89 Soweit sich die Behörde nach Vorprüfung des Zusammenschlusses entscheidet, nicht vertiefter in die Untersuchung einzusteigen, teilt sie den Beteiligten in der Regel mit, dass die Untersagungsvoraussetzungen nicht vorliegen. Diese Mitteilung stellt aber keine „Freigabe" dar, weil die kartellbehördliche Billigung des Zusammenschlusses von Gesetzes wegen eintritt. Der Nichteintritt in das Hauptprüfverfahren ist nach ständiger Rechtsprechung des BGH (Beschl. v. 28.6.2005, Az. KVZ 34/04; Beschl. v. 13.11.2007, Az. KVZ 10/07; Beschl. v. 21.9.2021, Az. KVZ 87/20) nicht anfechtbar. Dazu auch Bechtold/Bosch, GWB, 10. Auflage 2021, § 40 Rn 27, Immenga/Mestmäcker/*Thomas*, 6. Auflage 2020, § 40 Rn 9f. (jeweils m.w.N.). Das unterscheidet die deutsche von der europäischen Fusionskontrolle, wo nach Art. 6 Abs. 1 lit. b FKVO eine mit der Nichtigkeitsklage gemäß Art. 263 AEUV angreifbare förmliche Entscheidung ergeht.
90 Zur Marktdefinition siehe schon oben Rn 24.
91 8. GWB-Novelle v. 26.6.2013 (BGBl. I S. 1738).
92 9. GWB-Novelle v. 1.6.2017 (BGBl. I S. 1416).
93 Zu den Änderungen *Lettl*, WuW 2013, 706 und Hoch/Haucap/*Hoch*, Praxishandbuch Energiekartellrecht, Kap. 2 Rn 93ff.
94 Significant impediment to effective competition, vgl. Art. 2 Abs. 3 FKVO (englische Fassung).
95 So offenbar auch OLG Düsseldorf, Beschl. v. 14.8.2013 – VI-Kart 1/12 (V) – NZKart 2013, 465 – Signalmarkt; vgl. dazu auch Bien/*Bardong*, Das deutsche Kartellrecht, S. 11, 14ff.

liegt. Die Auffassungen zu dem SIEC-Test und dessen Auswirkungen sind in Theorie und Praxis bislang noch nicht eindeutig geklärt.[96]

32 Selbst wenn ein Zusammenschluss zu einer erheblichen Behinderung wirksamen Wettbewerbs führt, ist nach § 36 Abs. 1 S. 2 GWB im Einzelfall von einer Untersagung abzusehen, wenn z.B. die Beteiligten den Eintritt von **Verbesserungen der Wettbewerbsbedingungen** nachweisen können, welche die Behinderung des Wettbewerbs überwiegen. Eine Untersagung scheidet gleichfalls aus, wenn die zusammenschlussbedingte Behinderung des Wettbewerbs einen seit mindestens fünf Jahren bestehenden Markt betrifft, auf dem im letzten Kalenderjahr weniger als 20 Mio. € umgesetzt wurden (sog. **Bagatellmarktklausel**). Abgesehen von diesen Fällen steht es der Kartellbehörde zudem frei, bei nicht schwerwiegenden Bedenken gegen die Fusion die Freigabeentscheidung mit Nebenbestimmungen zu versehen (§ 40 Abs. 3 GWB). Nebenbestimmungen sind verwaltungsrechtliche Instrumente, die die Einhaltung bestimmter wettbewerbsrechtlicher Forderungen seitens der Behörde gewährleisten sollen und ein Minus zum vollständigen Verbot sind. In Betracht kommen die (insbesondere aufschiebende) Bedingung oder die Auflage.[97]

33 Die 10. GWB-Novelle enthielt dabei entscheidende Änderungen sowohl bei der formellen als auch bei der materiellen Fusionskontrolle. Im Rahmen ihres Geltungsbereichs wurde die erste Inlandumsatzschwelle von 25 Mio. € auf 50 Mio. € und die zweite Inlandumsatzschwelle (§ 35 Abs. 1 Nr. 2 GWB) von 5 Mio. € auf 17,5 Mio. € erhöht, insbesondere um den Mittelstand zu entlasten. Damit ging die tatsächliche Gesetzesänderung weiter als der Referentenentwurf, der keine Erhöhung der ersten Inlandumsatzschwelle beinhaltete und eine Anhebung der zweiten Schwelle nur auf 10 Mio. € vorsah.[98]

34 Außerdem wurde die Bagatellmarktschwelle in der materiellen Prüfung von 15 auf 20 Mio. € angehoben (§ 36 Abs. 1 Nr. 2 GWB). Allerdings wurde der Wortlaut der Bagatellmarktklausel so geöffnet, dass die – bis dato umstrittene – Bündelung von verschiedenen Märkten bei der Prüfung der Schwelle von 20 Mio. € möglich ist.[99]

35 Darüber hinaus wurde mit dem – häufig als „lex Remondis" benannten – § 39a GWB eine Anmeldeplicht eingeführt, die ein neues Aufgreifinstrument des BKartA darstellt. Dies erfolgte in Reaktion auf sukzessive Erwerbsstrategien in Regional- und Entsorgungsmärkten, bei denen die allgemeinen Umsatzschwellenwerte nicht erreicht worden

---

96 Vgl. *Emmerich*, Kartellrecht, § 34 Rn 11 ff. m.w.N.
97 Die aufschiebende Bedingung unterscheidet sich von der Auflage derart, dass die Erfüllung der Bedingung Voraussetzung dafür ist, dass die Freigabeentscheidung überhaupt Rechtswirkungen entfaltet, wohingegen die Auflage die Rechtswirkung der Freigabe nicht aufschiebt. Dennoch wird eine Auflage regelmäßig so formuliert sein, dass auf Erfüllung zu achten ist.
98 Referentenentwurf vom 24.1.2020, abrufbar unter https://www.bmwi.de/Redaktion/DE/Downloads/G/gwb-digitalisierungsgesetz-referentenentwurf.pdf?__blob=publicationFile&v=10, S. 12.
99 Umfassend zur Bündelung BeckOK/*Picht*, Kartellrecht, 13. Edition 2024, GWB § 36 Rn 139 ff.

sind.[100] Demnach kann das BKartA Unternehmen mit einem weltweiten Gesamtumsatz von 500 Mio. € durch einen Verwaltungsakt eine generelle Anmeldepflicht für alle zukünftigen Erwerbsvorgänge in bestimmten Wirtschaftszweigen auferlegen, sofern objektiv nachvollziehbare Anhaltspunkte für eine erhebliche Behinderung des inländischen Wettbewerbs bestehen und das Unternehmen in den Wirtschaftszweigen einen Anteil von mindestens 15 % am Angebot oder an der Nachfrage von Waren oder Dienstleistungen in Deutschland hat.[101] Die Anmeldepflicht gilt dann für drei Jahre ab Bestandskraft.[102]

36   Anders als das Kartellverbot und die Missbrauchsverbote, welche i.d.R. erst zu nachträglichen (**repressiven**) Eingriffen der Kartellbehörden führen, erfolgt im Rahmen der Fusionskontrolle eine vorherige (**präventive**) Überprüfung des Zusammenschlussvorhabens. Denn Eingriffe in die Marktstruktur sind nachträglich nur schwer zu korrigieren. Aus diesem Grunde besteht für Zusammenschlüsse eine vorherige **Anmeldepflicht** (§ 39 GWB) und darüber hinaus ein **Vollzugsverbot**, solange das **BKartA** den Zusammenschluss nicht freigegeben hat oder die in § 40 GWB festgelegten, oben skizzierten Verfahrensfristen ohne Entscheidung der Behörde verstrichen sind (§ 41 Abs. 1 S. 1 GWB). Auch nach einer Freigabe sind allerdings u. U. bestimmte fusionskartellrechtliche Beschränkungen zu beachten. Kommen z.B. fusionierte Unternehmen den in einer Freigabeentscheidung festgelegten Auflagen nicht nach, kann das BKartA die Fusionsfreigabeentscheidung widerrufen oder ändern (§ 40 Abs. 3a GWB). In diesem Falle können gegen das betreffende Unternehmen auch Bußgelder bis zu 1 Mio. € bzw. bis zu 10 % des Gesamtumsatzes aus dem Geschäftsjahr vor der Freigabeentscheidung festgesetzt werden, § 81 Abs. 2 Nr. 5 i.V.m. Abs. 4 GWB.

37   Das Bundesministerium für Wirtschaft und Klimaschutz (BMWK) veröffentlichte Anfang 2022 eine wettbewerbspolitische Agenda, deren Ziele es bis zum Jahr 2025 umzusetzen plant.[103] Im Rahmen dessen soll sich an die 11. GWB-Novelle eine weitere Modernisierung des Wettbewerbsrechts anschließen; ihre Konsultationsphase begann Ende 2023.[104] Auch der Bereich des deutschen Kartellrechts war Gegenstand dieser Konsultation. So ging es um die Frage, ob nach dem derzeit geltenden Regelungsrahmen der

---

100 BT-Drucks. 19/23492, S. 94f.
101 Kritisch *von Wallenberg*, ZRP 2020, 238, 240.
102 Nach der Begründung des Referentenentwurfs (a.a.O.) soll damit den Fällen Rechnung getragen werden, in denen „ein Unternehmen mehrere Erwerbsvorgänge auf den gleichen sachlich relevanten Märkten durchführt und bei denen auf Veräußererseite unterschiedliche Personen oder Unternehmen stehen". Mit dem neuen Aufgreiftatbestand sollte bewirkt werden, dass der systematische Zukauf kleinerer Unternehmen durch größere, der bis dato unter dem Radar der Fusionskontrolle blieb, vom BKartA geprüft werden kann.
103 BMWK, Wettbewerbspolitische Agenda des BMWK bis 2025, abrufbar unter https://www.bmwk.de/Redaktion/DE/Downloads/0-9/10-punkte-papier-wettbewerbsrecht.pdf?__blob=publicationFile&v=1.
104 Öffentliche Konsultation zur Modernisierung des Wettbewerbsrechts durch das BMWK, abrufbar unter https://www.bmwk.de/Redaktion/DE/Downloads/J-L/anlage-konsultation-zur-modernisierung-des-wettbewerbsrechts.html.

Fusionskontrolle alle wettbewerblich relevanten Zusammenschlüsse einer Anmeldepflicht unterliegen und ob die angemeldeten Fusionen anhand geeigneter Kriterien geprüft werden. Damit werden die Kriterien der formellen und materiellen Fusionskontrolle zur Diskussion gestellt; v.a. erkundigte sich das BMWK nach den Umsatzschwellen, der Transaktionsschwelle und nach dem Untersagungskriterium (SIEC-Test).[105] Ziel der Überprüfung des Fusionskontrollregimes ist es, wettbewerbspolitische Entscheidungen schneller und effizienter zu erreichen. Es soll zudem ausreichende Rechtssicherheit für Unternehmenskooperationen bestehen, die dazu dienen, Nachhaltigkeitsziele zu erreichen.[106]

V. Praxisrelevante Fälle von Kartellverstößen

Aufgrund der Vielfalt unternehmerischen Handelns und dem natürlichen Bestreben von Unternehmen, sich am Markt im Wettbewerb gegen andere Konkurrenten zu behaupten und die Erlöse nach Möglichkeit zu maximieren, ist die Bandbreite denkbarer Kartellverstöße eines Unternehmens immens. Entsprechend kommt es in der Praxis auch immer wieder vor, dass das unternehmerische Handeln in den Graubereich oder gar den verbotenen Bereich des kartellrechtlich (Un-)Zulässigen gerät. So können sich Verstöße gegen das Kartellverbot in § 1 GWB etwa aus verbotenen **Kartellabsprachen**, einem **unzulässigen Informationsaustausch** oder z.B. einer **wettbewerbsbeschränkenden Gestaltung** von Lieferverträgen ergeben. Einige Beispiele: 38

1. Klassische Kartellabsprachen im Sinne des § 1 GWB
Praxisrelevant (und besonders haftungsträchtig) sind zunächst **Vereinbarungen, Beschlüsse** oder **koordinierte Verhaltensweisen** von Wettbewerbern über Energiepreise, Lieferquoten, Lieferkonditionen sowie Kundengruppen oder Versorgungsgebiete.[107] 39

---

105 Öffentliche Konsultation zur Modernisierung des Wettbewerbsrechts durch das BMWK, S. 3ff.
106 Öffentliche Konsultation zur Modernisierung des Wettbewerbsrechts durch das BMWK, S. 2.
107 Derartige Absprachen werden auch als sog. Hardcore-Kartelle bezeichnet, weil durch sie Kernelemente des freien Produktwettbewerbs manipuliert werden und die Funktionsfähigkeit des Wettbewerbs besonders nachhaltig beeinträchtigt werden kann. Praxisrelevant sind die klassischen Kartellabsprachen nicht nur im Energiesektor, sondern auch in anderen Wirtschaftsbereichen. So wurden in der Vergangenheit z.B. gegen Großhändler von Pflanzenschutzmitteln wegen wettbewerbswidriger Abstimmung von Preislisten, Rabatten und Einzelpreisen Bußgelder in Höhe von insgesamt rund 155 Mio. € verhängt, abrufbar unter https://www.bundeskartellamt.de/SharedDocs/Meldung/DE/Pressemitteilungen/2020/13_01_2020_Pflanzenschutzmittel.html.

> **Beispiel**
>
> Praxisrelevant sind z. B. **Kooperationen** zwischen kleineren und mittleren Versorgungsunternehmen.[108] Dabei gründen bzw. nutzen die Beteiligten oft ein gemeinschaftliches Unternehmen, über welches dann ein gemeinsamer Energieeinkauf (Einkaufskooperation) oder aber ein gemeinsamer (bundesweiter) Verkauf von Strom oder Gas (Liefergemeinschaften, Handels- oder Vertriebskooperationen) erfolgt.[109]
>
> Wird bei solchen Unternehmen im Gesellschaftsvertrag oder auch in einem begleitenden Konsortialvertrag – etwa durch Wettbewerbsverbote oder ähnliches – unmittelbar oder mittelbar festgelegt, dass Wettbewerb seitens der Beteiligten in den Versorgungsgebieten oder um bestimmte Kundengruppen der anderen Beteiligten zu unterbleiben hat, kann dies als Marktaufteilung und damit Verstoß gegen § 1 GWB zu werten sein. So hat das BKartA Ende 2019 gegen Flüssiggasanbieter wegen verbotener Gebietsabsprachen erneut Geldbußen verhängt,[110] nachdem die Behörde wegen entsprechender Praktiken von Unternehmen der Branche bereits 2007[111] und 2009[112] mit empfindlichen Bußgeldern vorgegangen war.[113]
>
> Häufig sind die gemeinschaftlich betriebenen Unternehmen auch mit einem Kontrollgremium (Aufsichtsrat, Beirat oder ähnliches) ausgestattet, in dem die beteiligten Versorgungsunternehmen durch ihre Geschäftsführer oder leitenden Angestellten repräsentiert werden. Käme es in Sitzungen dieses Kontrollgremiums zwischen den Gremiumsmitgliedern zu expliziten Absprachen über Preise, Kunden oder Konditionen der einzelnen Beteiligten, wäre dies ein Verstoß gegen § 1 GWB.
>
> Im Rahmen der Energiekrise hatte das BKartA auch eine Kooperation der Zuckerhersteller Nordzucker, Südzucker, Pfeifer & Langen und Cosun Beet zu prüfen. Im Rahmen dieser Kooperation hatten die Zuckerhersteller sich darauf verständigt, sich bei (gesetzlich angeordneter) Einstellung der Gasversorgung und damit verbundenen Produktionsstillständen in ihren Werken gegenseitig Produktionskapazitäten zur Verfügung zu stellen, um einen Verderb von Zuckerrüben zu vermeiden. Das BKartA billigte die Kooperation mit Blick auf die Verbrauchervorteile für einen befristeten Zeitraum und unter strengen Maßgaben, mit denen u. a. der Informationsfluss der Unternehmen auf ein Minimum beschränkt werden sollte.[114]

---

[108] Vgl. BKartA, Freigabe der Gründung des Gemeinschaftsunternehmens von Stadtwerken im Ruhrgebiet (Oberhausen, Duisburg, Dortmund) für den bundesweiten Vertrieb von Energie „Strasserauf", Fallbericht v. 23.9.2009, n.v., sowie BKartA, Fallbericht v. 31.8.2009 – B8-100/09 – „Strasserauf", abrufbar unter https://www.bundeskartellamt.de/SharedDocs/Entscheidung/DE/Fallberichte/Fusionskontrolle/2009/B8-100-09.pdf?__blob=publicationFile&v=4.

[109] Ausführlich zu den unterschiedlichen Formen von Kooperationen und ihrer kartellrechtlichen Bewertung Schneider/Theobald/*Gussone/Theobald*, HBEnWR, § 6 Rn 308 ff. und Hoch/Haucap/*Doms*, Praxishandbuch Energiekartellrecht, Kap. 5.

[110] Vgl. BKartA, Pressemitteilung v. 19.12.2019, abrufbar unter https://www.bundeskartellamt.de/SharedDocs/Meldung/DE/Pressemitteilungen/2019/19_12_2019_Fl%C3%BCssiggas.html.

[111] BKartA, Pressemitteilung v. 19.12.2007, abrufbar unter https://www.bundeskartellamt.de/SharedDocs/Meldung/DE/Pressemitteilungen/2007/19_12_2007_Fl%C3%BCssiggaskartell.html?nn=3591568.

[112] BKartA, Pressemitteilung v. 15.4.2009, abrufbar unter https://www.bundeskartellamt.de/SharedDocs/Meldung/DE/Pressemitteilungen/2009/15_04_2009_Fl%C3%BCssiggas.html?nn=3591568.

[113] Das OLG Düsseldorf, u. a. mit Urt. v. 15.4.2013 – VI-4 Kart 2 – 6/10 (OWi) – n.v. hatte die Bußgelder teilweise sogar noch erhöht. Jedoch hat der BGH, Beschl. v. 9.10.2018 – KRB 51/16, 58/16 und 60/16 – WM 2019, 1276 – Flüssiggas I–III, in mehreren Parallelverfahren die erhöhten Bußgeldfestsetzungen wegen Fehlern in der Berechnung aufgehoben und zur erneuten Ermittlung an das OLG Düsseldorf zurückverwiesen.

[114] BKartA, Pressemitteilung v. 6.9.2022, abrufbar unter https://www.bundeskartellamt.de/SharedDocs/Meldung/DE/Pressemitteilungen/2022/06_09_2022_Zucker.html.

Zenke/Heymann

2. Informationsaustausch

§ 1 GWB erfasst koordiniertes Verhalten zwischen Wettbewerbern nicht nur im Falle einer ausdrücklichen (mündlichen oder schriftlichen) Abrede. Ein Kartellverstoß kann auch schon in einem nach außen hin scheinbar unverbindlichen Informationsaustausch liegen, insbesondere, wenn sich die Unternehmen in der Folgezeit im stillen Einvernehmen an den Inhalten der jeweils ausgetauschten Informationen orientieren. 40

Wurde früher ein solcher **Informationsaustausch** lediglich als Begleiterscheinung klassischer Kartellabsprachen angesehen und nur dann verfolgt, wenn dieser der Kontrolle der Einhaltung von Kartellabsprachen diente,[115] steht derartiges Verhalten nunmehr auch als eigenständiges Delikt im Fokus der Ermittlungen.[116] 41

Beispiele

Das **BKartA** hat in verschiedenen Verfahren seit 2008 Bußgelder in jeweils zweistelliger Millionenhöhe gegen Drogerieartikelhersteller[117], Luxuskosmetikhersteller[118] und Konsumgüterhersteller[119] wegen des (bloßen) Austauschs unternehmensinterner Daten verhängt. Die betroffenen Unternehmen waren – gemeinsam mit weiteren Unternehmen der Branche – über Jahre hinweg an einem regelmäßigen Austausch von Informationen über die Verhandlungen mit Einzelhändlern beteiligt. Dabei wurden z. B. Informationen über neue Rabattforderungen des Einzelhandels, Produktneueinführungen, geplante Preisanhebungen sowie Abschlüsse der Vertragspartner ausgetauscht, um das Marktverhalten des Wettbewerbers zu beeinflussen bzw. von vornherein die Ungewissheit über das zukünftige Marktverhalten der Wettbewerber auszuräumen.

Auch in der Folgezeit blieb das BKartA äußerst aktiv, was den Austausch wettbewerblich sensibler Informationen betrifft: 2012 etwa wurden das Unternehmen Haribo und dessen verantwortlicher Vertriebsmitarbeiter wegen wettbewerbsbeschränkenden Informationsaustauschs sanktioniert. So hatte das BKartA im Zuge seiner Ermittlungen festgestellt, dass der verantwortliche Vertriebsmitarbeiter in sog. Vierer-Runden Informationen über den Stand und den Verlauf der jeweiligen Verhandlungen mit verschiedenen großen Einzelhändlern ausgetauscht hatte, wodurch z. B. Rabattforderungen des Einzelhandels gegenüber den Süßwarenherstellern sowie deren beabsichtigte bzw. erfolgte Reaktionen auf diese Forderungen bekannt wurden.[120] 2016 setzte das BKartA ein Millionenbußgeld gegen Fernsehstudiobetreiber fest, weil diese Informationen über Preise, Angebotsinhalte, ihr Angebotsverhalten und andere wettbewerblich sensible Informationen ausgetauscht hatten.[121] Im Jahr 2018 verhängte das BKartA Bußgelder in dreistelliger Millionenhöhe gegen Edelstahlunter-

---

115 Vgl. *Stancke*, BB 2009, 912 m.w.N.
116 Vgl. *Schmidt/Koyuncu*, BB 2009, 2551, 2554.
117 Vgl. BKartA, Pressemitteilungen v. 20.2.2008, 23.11.2011 und 18.3.2013 sowie Fallbericht vom 14.6.2013, abrufbar unter https://www.bundeskartellamt.de/SharedDocs/Meldung/DE/Pressemitteilungen/2008/20_02_2008_Drogerieartikelhersteller-Bu%C3%9Fgeld.html, https://www.bundeskartellamt.de/SharedDocs/Meldung/DE/Pressemitteilungen/2011/23_11_2011_Calgonit_Somat.html, https://www.bundeskartellamt.de/SharedDocs/Meldung/DE/Pressemitteilungen/2013/18_03_2013_Drogerieartikel.html.
118 Vgl. BKartA, Pressemitteilung v. 10.7.2008, abrufbar unter https://www.bundeskartellamt.de/SharedDocs/Meldung/DE/Pressemitteilungen/2008/10_07_2008_Luxuskosmetik.html.
119 Vgl. BKartA, Pressemitteilung v. 17.3.2011, abrufbar unter https://www.bundeskartellamt.de/SharedDocs/Meldung/DE/Pressemitteilungen/2011/17_03_2011_Hema.html.
120 Vgl. BKartA, Pressemitteilung v. 1.8.2012, abrufbar unter https://www.bundeskartellamt.de/SharedDocs/Meldung/DE/Pressemitteilungen/2012/01_08_2012_Haribo.html.
121 Vgl. BKartA, Pressemitteilung v. 27.7.2016, abrufbar unter https://www.bundeskartellamt.de/SharedDocs/Meldung/DE/Pressemitteilungen/2016/27_07_2016_Bu%C3%9Fgelder_Fernsehstudios.html.

nehmen[122], die neben Preisabsprachen auch den Austausch wettbewerblich sensibler Informationen sanktionierten. Unter anderem wurden dabei wichtige Preisbestandteile beim Vertrieb von Edelstahl abgesprochen und so der Wettbewerb erheblich beeinträchtigt, was auch durch eine Interessenvereinigung der Branche maßgeblich unterstützt wurde. Auch im Jahr 2019 hat das BKartA gegenüber deutschen Schildprägern Bußgelder in Höhe von insgesamt rund 8 Mio. € wegen wettbewerbswidriger Praktiken verhängt.[123] Im Rahmen der Wettbewerbspraktiken haben die Unternehmen sich über wettbewerblich relevante Informationen ausgetauscht und sich auf verschiedene Weisen untereinander koordiniert.

42 Die strenge Bewertung des Informationsaustauschs zwischen Wettbewerbern steht im Einklang mit der Entscheidungspraxis des **EuGH**.[124] Dieser verfolgt hiernach bereits dann einen **wettbewerbswidrigen Zweck**, wenn er geeignet ist, Unsicherheiten hinsichtlich des von den betreffenden Unternehmen ins Auge gefassten Verhaltens auszuräumen. Zudem gilt die Vermutung, dass Unternehmen, wenn sie weiterhin auf dem betroffenen Markt tätig sind, die mit ihren Wettbewerbern ausgetauschten Informationen selbst dann berücksichtigen, wenn ein Unternehmen im Rahmen eines einzigen Treffens auch nur ein einziges wettbewerblich relevantes Detail bekannt gibt.

 Beispiel
Werden z.B. bei Branchen- oder Verbandstreffen, bei Schulungen oder in Gremiensitzungen gemeinsamer Einkaufs- oder Vertriebsgesellschaften Informationen über Vertragsbestand, Umsatz- oder Absatzzahlen, Marktanteile, Kapazitäten, Preise, Prämien, Gebühren, Rabatte, Geschäftsbedingungen, Absatz- und Vertriebspolitik oder ähnliche Wettbewerbsparameter der beteiligten Versorger ausgetauscht, ist genau dies kartellrechtlich bedenklich.
Demgegenüber wird der Austausch von **Meinungen** und **Erfahrungen** über nicht-unternehmensindividuelle Umstände, wie die wirtschaftlichen oder rechtlichen Rahmenbedingungen, kartellrechtlich grundsätzlich als unproblematisch bewertet. Auch der Austausch/die Verbreitung bereits veröffentlichter Unternehmensinformationen verstößt nicht gegen das Kartellverbot.
Kritisch zu bewerten wäre es demgegenüber, wenn Unternehmen Informationen über beabsichtigte Preiserhöhungen im Voraus, das heißt vor der öffentlichen Bekanntgabe, direkt an ihre Wettbewerber mitteilen, insbesondere (aber nicht ausschließlich) dann, wenn der Adressat der Informationen hierdurch seinerseits zu entsprechenden Preisanpassungen veranlasst werden soll.

3. Gestaltung von Verträgen, z.B. langfristige Bezugsbindungen

43 Wie bereits erläutert, können Vereinbarungen zwischen Unternehmen auch dann wettbewerblich kritisch sein, wenn sie nicht unmittelbar auf eine Wettbewerbsbeschrän-

---

122 Vgl. BKartA, Pressemitteilung v. 12.7.2018, abrufbar unter https://www.bundeskartellamt.de/SharedDocs/Meldung/DE/Pressemitteilungen/2018/12_07_2018_Edelstahl.html.
123 Vgl. BKartA, Pressemitteilung v. 23.12.2019, abrufbar unter https://www.bundeskartellamt.de/SharedDocs/Meldung/DE/Pressemitteilungen/2019/23_12_2019_Schilderpr%C3%A4ger.html.
124 EuGH, Urt. v. 4.6.2009 – C-8/08 – WuW/E EU-R 1589 – T-Mobile Netherlands/Nma.

kung gerichtet sind, aber diese dennoch faktisch bewirken. Dies gilt jenseits horizontaler Absprachen zwischen Wettbewerbern auch für vertikale Absprachen, die Wettbewerb durch Dritte effektiv ausschließen oder beschränken. So können z. B. auch langfristige Bezugsbindungen in Lieferverträgen zwischen Abnehmern und Lieferanten, insbesondere solche, die den Gesamtbedarf des Abnehmers über einen bestimmten Zeitraum ganz oder überwiegend decken, unter Umständen gegen das Kartellverbot des § 1 GWB (bzw. Art. 101 Abs. 1 AEUV[125]) verstoßen. Dies gerade dann, wenn durch die Zahl und die Laufzeit derartiger Verträge der Markt gegenüber Wettbewerbern faktisch abgeschottet wird.[126]

Beispiel
Das **BKartA**[127] hatte – mit Bestätigung des **BGH**[128] – bezüglich der Belieferung von Regional- und Ortsversorgern mit einem Gasbedarf von mehr als 200 Gigawattstunden pro Jahr durch überregionale Ferngasgesellschaften entschieden, dass Lieferverträge mit derartigen Unternehmen gegen das Kartellverbot verstoßen, wenn sie
– bei einer Deckung von **50 bis 80 % des Gesamtbedarfs** eine Laufzeit von **vier Jahren** oder
– bei einer Deckung von über **80 % des Gesamtbedarfs** eine Laufzeit von **zwei Jahren**
überschreiten.
Wenn und soweit also ein Versorgungsunternehmen in einer Vielzahl von Verträgen mit seinen Abnehmern langfristige Bezugsbindungen über erhebliche Bedarfsmengen vereinbart, kann dies unter Umständen zu einem Marktverschluss führen, der nach § 1 GWB verboten ist.
Zwar hat das BKartA im Rahmen des im Juni 2010 veröffentlichten Evaluierungsberichts zu den Beschlüssen zu langfristigen Gaslieferverträgen positive wettbewerbliche Effekte aus der kartellbehördlichen Durchsetzung der oben genannten Restriktionen ausgemacht und deswegen auf eine Verlängerung der Beschlüsse verzichtet.[129] Die Behörde hat sich aber eine weitere Überprüfung derartiger Verträge vorbehalten.

Auch wenn der Abschluss sehr langfristiger Lieferverträge bei hoher Gesamtbedarfsdeckung im Grundsatz nicht als kartellrechtlich unproblematisch abgetan werden kann, ist jedoch anerkannt, dass besonders **umfangreiche vertragsspezifische Investitionen** (wie z. B. bei Kraftwerken oder bei der Erschließung von Gasquellen) die Vereinbarung langer Laufzeiten und großer Liefermengen in Gaslieferverträgen rechtfertigen kön-

---

125 Nach Erwägungsgrund 16 sowie Art. 5 Abs. 1 lit. a) i.V.m. Art. 1 Abs. 1 lit. f) Vertikal-GVO sind für mehr als auf fünf Jahre geschlossene Lieferverträge, mit denen mehr als 80 % des Gesamtbezugs eines Unternehmens an Vertragswaren oder -dienstleistungen und ihren Substituten abgedeckt werden, kartellrechtlich nicht freistellungsfähig.
126 Vgl. zur Unwirksamkeit langfristiger Lieferbeziehungen schon *Theobald/Zenke*, Strom- und Gasdurchleitung, S. 127 ff.
127 BKartA, Beschl. v. 13.1.2006 – B 8–113/03-1 – ET 2005, 436 ff. = ZNER 2006, 74 ff.
128 BGH, Beschl. v. 10.2.2009 – KVR 67/07 – WM 2009, 1763 ff.
129 BKartA, Bericht über die Evaluierung der Beschlüsse zu langfristigen Gaslieferverträgen, Juni 2010, abrufbar unter http://www.bundeskartellamt.de/SharedDocs/Publikation/DE/Sektoruntersuchungen/Untersuchung%20Langfristige%20Gasliefervertraege%20-%20Evaluierung.pdf?__blob=publicationFile&v=4.

nen.[130] Das gilt natürlich nur, wenn und soweit diese Investitionen auch tatsächlich über die Laufzeit amortisiert werden müssen, also nicht schon durch hohe Vorab-Zahlungen, sprich Errichtungsprämien, abgegolten wurden.[131]

4. Verstöße gegen kartellrechtliche Missbrauchsverbote

45 Unter bestimmten Voraussetzungen[132] unterliegen Unternehmen auch den bereits beschriebenen kartellrechtlichen Missbrauchsverboten. Neben den allgemeinen, branchenunabhängigen Regelungen in §§ 19 ff. GWB enthält der bis 31.12.2027 befristete § 29 GWB spezielle, verhaltensbezogene Vorgaben für Energieversorgungsunternehmen. Dies hängt damit zusammen, dass die leitungsgebundene Energieversorgung lange Zeit ein Monopolbereich war, bevor mit der Liberalisierung des Marktes die Grundlagen für Wettbewerb geschaffen wurden, der sich aber lange Zeit nur schleppend entwickelte.[133] Wie bereits erwähnt, gilt das (sektorspezifische) Missbrauchsverbot allerdings nicht für den abschließend regulierten Bereich des Netzbetriebs, insbesondere für die Kalkulation von Netzentgelten nach den Vorgaben der §§ 21 f. EnWG sowie der darauf basierenden konkretisierenden Verordnungen (vgl. § 111 Abs. 2 EnWG).[134] Unter Umständen kann jedoch ausnahmsweise auch hinsichtlich des Netzbetriebs Spielraum für die Anwendung des Kartellrechts verbleiben.[135]

46 Nicht nur, aber besonders im Bereich der Energieversorgung relevant sind Verstöße namentlich gegen die Verbote

- des **Preismissbrauchs** (§ 19 Abs. 2 Nr. 2, § 29 GWB),
- der **Preisspaltung** (§ 19 Abs. 2 Nr. 3 GWB) oder
- der **Zugangsverweigerung** (§ 19 Abs. 2 Nr. 4 GWB).

---

130 BKartA, Kartellrechtliche Beurteilungsgrundsätze zu langfristigen Gasverträgen, 25.1.2005 – B 8 – 113/03, S. 7, abrufbar unter https://rsw.beck.de/docs/librariesprovider69/default-document-library/2005/becklink-137691/02_2005_diskussionspapiergasvertraege.pdf?sfvrsn=49fff05c_2; Europäische Kommission, Vertikal-Leitlinien, Rn 315.

131 Ausführlich zu kartellrechtlichen Laufzeitgrenzen Schneider/Theobald/*de Wyl*, HBEnWR, § 12 Rn 172 ff.

132 Vgl. oben Rn 23 ff.

133 Vgl. oben Rn 4.

134 Zu den seit 2005 regulierten Netzentgelten vgl. bereits Rn 17.

135 Zu denken ist etwa an Konstellationen, in denen es zum sog. Pancaking-Effekt kommt oder in denen Preisblätter aus genehmigten Netzentgelten zulasten von Stadtwerken oder von Verteilnetzbetreibern missbräuchlich kalkuliert werden, siehe dazu auch *Zenke/Schweizer*, EnWZ 2014, 398. Auch im Bereich des Zugangs zu Kundenanlagen ist an die Geltung des Kartellrechts zu denken, vgl. *Gussone/Wünsch*, WuW 2013, 464.

Beispiel
Das **BKartA**[136] hatte – mit Bestätigung des **BGH**[137] – bezüglich der Belieferung von Regional- und Ortsversorgern mit einem Gasbedarf von mehr als 200 Gigawattstunden pro Jahr durch überregionale Ferngasgesellschaften entschieden, dass Lieferverträge mit derartigen Unternehmen gegen das Kartellverbot verstoßen, wenn sie
- bei einer Deckung von **50 bis 80 % des Gesamtbedarfs** eine Laufzeit von **vier Jahren** oder
- bei einer Deckung von über **80 % des Gesamtbedarfs** eine Laufzeit von **zwei Jahren**

überschreiten.
Wenn und soweit also ein Versorgungsunternehmen in einer Vielzahl von Verträgen mit seinen Abnehmern langfristige Bezugsbindungen über erhebliche Bedarfsmengen vereinbart, kann dies unter Umständen zu einem Marktverschluss führen, der nach § 1 GWB verboten ist.
Zwar hat das BKartA im Rahmen des im Juni 2010 veröffentlichten Evaluierungsberichts zu den Beschlüssen zu langfristigen Gaslieferverträgen positive wettbewerbliche Effekte aus der kartellbehördlichen Durchsetzung der oben genannten Restriktionen ausgemacht und deswegen auf eine Verlängerung der Beschlüsse verzichtet.[138] Die Behörde hat sich aber eine weitere Überprüfung derartiger Verträge vorbehalten.

5. Verstöße gegen Fusionskontrollvorschriften

Unternehmen können auch Gefahr laufen, gegen Vorschriften der Fusionskontrolle zu verstoßen. Dies ist vor allem in solchen Fällen denkbar, in denen eine **Kooperation** zwischen **mehreren Unternehmen** zwar in den Geltungsbereich der deutschen Fusionskontrolle fällt (§ 35 GWB) und auch tatbestandlich als Zusammenschluss zu werten ist (§ 37 GWB), die beteiligten Unternehmen jedoch entgegen § 39 GWB den Zusammenschluss nicht im Voraus beim **BKartA** anmelden oder den Zusammenschluss ohne die generell erforderliche vorherige Freigabe des BKartA vollziehen (§ 41 GWB). Denkbare Gründe hierfür könnten z.B. das schlichte Unterbleiben einer vorherigen internen fusionsrechtlichen Bewertung des Sachverhalts oder aber die Nichtberücksichtigung von relevanten Umsätzen verbundener Unternehmen der Beteiligten sein.

47

Beispiel (fiktiv)
Drei mittlere Versorgungsunternehmen, deren weltweiter Jahresumsatz (einschließlich verbundener Unternehmen) im vergangenen Geschäftsjahr mehr als 500 Mio. € betrug und die jeweils mehr als 50 bzw. 17,5 Mio. € im Inland erwirtschafteten, gründen zum Zwecke eines bundesweiten Vertriebs von Strom und Gas ein gemeinschaftliches Unternehmen, an dem jedes der beteiligten Versorgungsunternehmen zu einem Drittel beteiligt ist. Ohne die Gründung vorher beim BKartA anzumelden, errichten die Versorger die gemeinsame Vertriebsgesellschaft und nehmen über die Gesellschaft die Belieferung von Kunden mit Strom und Gas auf.

---

136 BKartA, Beschl. v. 13.1.2006 – B 8–113/03-1 – ET 2005, 436 ff. = ZNER 2006, 74 ff.
137 BGH, Beschl. v. 10.2.2009 – KVR 67/07 – WM 2009, 1763 ff.
138 BKartA, Bericht über die Evaluierung der Beschlüsse zu langfristigen Gaslieferverträgen, Juni 2010, abrufbar unter http://www.bundeskartellamt.de/SharedDocs/Publikation/DE/Sektoruntersuchungen/Untersuchung%20Langfristige%20Gasliefervertraege%20-%20Evaluierung.pdf?_blob=publicationFile&v=4.

Da das Vorhaben aufgrund der Gesamtumsätze der beteiligten Unternehmen in den Geltungsbereich der deutschen Fusionskontrolle nach § 35 Abs. 1 GWB fällt und es sich hierbei um eine von § 37 Abs. 1 Nr. 3 S. 3 GWB erfasste Gründung eines Gemeinschaftsunternehmens handelt, verstoßen die Beteiligten durch ihr Verhalten zugleich gegen die Anmeldepflicht aus § 39 GWB sowie das Vollzugsverbot aus § 41 GWB.

VI. Welche Unternehmensbereiche/Personen sind betroffen/gefährdet?

48 Kartellverstöße können – bewusst oder unbewusst – in allen Unternehmensteilen vorkommen. Folgende **Unternehmensbereiche** sind besonders gefährdet:
- die Unternehmensleitung,[139]
- der Handel/Vertrieb,[140]
- das Vertragsmanagement.[141]

1. Unternehmensleitung

49 Die Gefahr von Kartellverstößen trifft in erster Linie die **Unternehmensleitung**, also die **Geschäftsführung** und den **Vorstand** von Unternehmen. Klassische Kartellabsprachen werden oft unter Beteiligung (oder zumindest mit Kenntnis/fahrlässiger Unkenntnis) der Unternehmensleitung getroffen. Auch Verstöße gegen Fusionsvorschriften werden in den meisten Fällen der Unternehmensleitung angelastet.

Beispiel
So könnten z.B. die Geschäftsführer bzw. Vorstände verschiedener Unternehmen anlässlich von Branchen- oder Verbandstreffen oder am Rande von Aufsichtsrats- oder Beiratssitzungen von gemeinschaftlich betriebenen Ein- oder Verkaufskooperationen in verbotene Absprachen über Preise, Gebiete oder Kundengruppen etc. oder in einen verbotenen Informationsaustausch involviert werden.
Auch sind die Geschäftsführer oder Vorstände im Regelfall für eine unterbliebene Anmeldung oder einen vorzeitigen Vollzug eines Zusammenschlusses verantwortlich.
Darüber hinaus können Geschäftsführer oder Vorstände aber auch mittelbar für Kartellverstöße verantwortlich gemacht werden, wenn sie ihrer Pflicht zur hinreichenden und effektiven Überwachung der Einhaltung kartellrechtlicher Bestimmungen durch ihre Mitarbeiter nicht oder nicht ausreichend nachgekommen sind. Deswegen sind es insbesondere die Leitungsorgane, die von Kartellverstößen betroffen sein können.

---

[139] Vgl. Rn 49.
[140] Vgl. Rn 50.
[141] Vgl. Rn 51.

2. Handel/Vertrieb

Neben Mitgliedern der Unternehmensleitung können aber auch – unter Umständen sogar ohne Wissen der Leitungsebene – Mitarbeiter in den **Vertriebs- oder Handelsabteilungen** von Unternehmen gegen kartellrechtliche Vorgaben verstoßen.

50

> **Beispiel**
> Mitarbeitern aus den Vertriebs- oder Handelsabteilungen eines Unternehmens kann sich z. B. bei der Kundenakquise im Rahmen von Ausschreibungsverfahren, bei Vertriebsschulungen oder ähnlichen Veranstaltungen Gelegenheit bieten, sich mit den Vertriebsmitarbeitern oder Händlern konkurrierender Unternehmen über Preise, Konditionen oder bestimmte Kundengruppen auszutauschen.
> Ebenso können Mitarbeiter dieser Unternehmensbereiche unter Umständen selbstständig auf die inhaltliche Gestaltung von Verträgen (etwa was Mindestabnahmeverpflichtungen, Laufzeiten, Preise betrifft) Einfluss nehmen, wodurch es wiederum zu Kartellverstößen kommen kann.

3. Vertragsmanagement

Schließlich kann aber auch das laufende **Vertragsmanagement** – z. B. im Zuge der **Gestaltung der Vertragskonditionen** in Liefer- oder Handelsverträgen – gegen das Kartellrecht verstoßen.

51

> **Beispiel**
> So ist es z. B. denkbar, dass Mitarbeiter des Vertragsmanagements die Vertragskonditionen in Lieferverträgen (Laufzeiten, Mindestabnahmemengen, Treuerabatte etc.) in Abstimmung mit anderen Marktteilnehmern an die Konditionen konkurrierender Unternehmen anpassen, um die Kunden von einem Wechsel abzuhalten und dadurch die Marktanteile der Unternehmen innerhalb der eigenen Absatzgebiete stabil zu halten. Darüber hinaus hat das BKartA jüngst den Fokus auch auf die Gestaltung von Preisanpassungsklauseln gelegt, soweit diese gesetzlichen Vorgaben – für den Bereich der Fernwärme etwa denen der AVBFernwärmeV – widersprechen.[142]

F. Zu den Folgen von Kartellverstößen: Was passiert bei Verstößen gegen das Kartellrecht?

Das GWB hält einen umfangreichen Katalog an spezifischen Maßnahmen und Sanktionen bereit, damit die Wettbewerbsbehörden Kartellverstöße im Einzelfall effektiv verfolgen und ahnden können. Auch sonstige Betroffene können sich nach dem GWB oder aufgrund allgemeiner zivilrechtlicher Ansprüche gegen Kartellverstöße „zur Wehr" setzen. Hinzu kommen unternehmensinterne Konsequenzen, die es zu bedenken gilt. Dabei betreffen die Folgen zum einen unmittelbar das Unternehmen, zum anderen aber auch die Unternehmensmitarbeiter, die Kartellverstöße selbst begangen haben oder

52

---

142 Siehe dazu das Beispiel oben in Rn 46.

aber die aufgrund unterbliebener oder unzureichender Aufsicht und Überwachung für Verstöße Dritter verantwortlich gemacht werden.

53 Folgendes Schaubild gibt einen **Überblick über die wichtigsten Folgen** von Kartellverstößen:

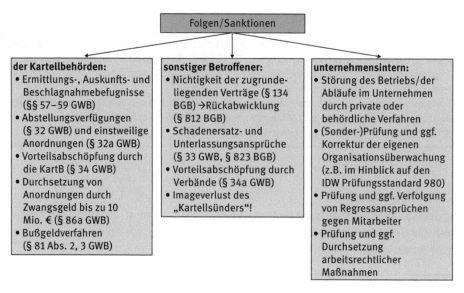

Abb. 4: Folgen und Sanktionen bei Kartellverstößen[143]

I. Ermittlungs-, Auskunfts- und Beschlagnahmebefugnisse

54 Liegen aus Sicht der zuständigen[144] Kartellbehörde **hinreichende Anhaltspunkte** für einen Kartellverstoß vor, darf die Behörde **alle Ermittlungen** führen und Beweise erheben, die zur Aufklärung des Sachverhalts erforderlich sind (§ 57 Abs. 1 GWB).

55 Regelmäßig machen die Kartellbehörden dabei zunächst von der Möglichkeit Gebrauch, durch Verfügung von den verdächtigten oder von Dritten umfangreiche **Auskünfte** zu den für den vermeintlichen Kartellverstoß relevanten wirtschaftlichen Verhältnissen einzuholen und die **Herausgabe** relevanter Unterlagen zu verlangen (§ 59 Abs. 1 GWB).

---

143 Quelle: Eigene Darstellung.
144 Auf nationaler Ebene ist das BKartA nach der Grundregel des § 48 Abs. 2 GWB zuständig, wenn die Wirkung des wettbewerbsbeschränkenden oder diskriminierenden Verhaltens oder einer Wettbewerbsregel über das Gebiet eines Bundeslandes hinausreicht. Andernfalls ist die Zuständigkeit der Landeskartellbehörden begründet. Auch für die Fusionskontrolle ist regelmäßig das BKartA zuständig. Die Landeskartellbehörden und das BKartA können sich jedoch unter bestimmten Voraussetzungen Kartellsachen wechselseitig übertragen, § 49 Abs. 3 und 4 GWB.

> **Beispiel**
> Im Rahmen der Missbrauchsaufsicht im Bereich der Energieversorgung führen die Kartellbehörden z. B. beim Verdacht eines Preismissbrauchs durch ein bestimmtes marktbeherrschendes Versorgungsunternehmen in einem ersten Schritt regelmäßig Abfragen bei geeigneten (vergleichbaren) Marktteilnehmern zu den Kosten und Preisen des Vertriebs von Strom, Gas und Wärme an bestimmte Abnehmergruppen durch. Dabei sollen die Daten (als Vergleichswerte) Aufschluss darüber geben, ob die von dem verdächtigten Versorgungsunternehmen geforderten Preise missbräuchlich hoch sind.
> Erweist sich eines der befragten Versorgungsunternehmen als besonders günstig (im Vergleich zu dem verdächtigten Versorgungsunternehmen), wird es dann in einem zweiten Schritt regelmäßig aufgefordert, die ursprünglichen Daten nochmals zu prüfen und zu bestätigen. Auf Grundlage der bestätigten Daten führt die Kartellbehörde schließlich ein Missbrauchsverfahren gegen das verdächtigte (teure) Unternehmen durch.

Neben der möglichen Verpflichtung von Unternehmen zur Erteilung von Auskünften, der Herausgabe von Unterlagen und der Erteilung von Hinweisen sind die Kartellbehörden auch befugt, auf Grundlage einer richterlichen Durchsuchungsanordnung die Geschäftsräume des verdächtigten Unternehmens zu **durchsuchen** und hierbei relevante Unterlagen einzusehen, zu prüfen und herauszuverlangen (§ 59b Abs. 1 i. V. m. §§ 59 und 59a GWB). 56

Können derartige Unterlagen oder sonstige Gegenstände (z. B. Computer, Datenträger o. ä.) als Beweismittel für die Ermittlungen von Bedeutung sein, darf die Kartellbehörde diese **beschlagnahmen** (§ 58 Abs. 1 GWB), was jedoch ggf. der nachträglichen richterlichen Überprüfung unterliegt (§ 58 Abs. 2, 3 GWB). 57

> **Beispiel**
> Immer wieder kommt es in der Kartellverfolgung zu behördlichen Durchsuchungen von Geschäfts- und Privaträumen. So hat das **BKartA** z. B. in den Jahren 2017 und 2018 nach eigenen Angaben 18 Durchsuchungen bei 111 Unternehmen und in elf Privatwohnungen durchgeführt.[145] In den Jahren 2019 und 2020 waren es (pandemiebedingt) sieben Durchsuchungen bei 49 Unternehmen und in fünf Privatwohnungen.[146] Schließlich folgten in 2021 und 2022 insgesamt 14 Untersuchungen, wovon 92 Unternehmen und 15 Privatwohnungen betroffen waren.[147]

Ein wichtiges Instrument in der behördlichen Kartellverfolgung sind darüber hinaus sog. **Sektoruntersuchungen** nach § 32e GWB, die insbesondere das BKartA einsetzt, um komplexe Sachverhalte und branchenspezifische Verhaltensweisen zu erkennen, zu analysieren und aufzubereiten.[148] Danach können die Kartellbehörden auch jenseits konkreter Anhaltspunkte für Kartellverstöße durch einzelne Unternehmen bestimmte Wirtschaftszweige oder – sektorenübergreifend – bestimmte Arten von Vereinbarungen untersuchen, wenn starre Preise oder andere Umstände vermuten lassen, dass der Wett- 58

---

145 BKartA, Tätigkeitsbericht 2017/2018, BT-Drucks. 19/10900, S. 28.
146 BKartA, Tätigkeitsbericht 2019/2020, BT-Drucks. 19/30775, S. 39.
147 BKartA, Tätigkeitsbericht 2021/2022, BT-Drucks. 20/7300, S. 35.
148 Zur gestiegenen Bedeutung bereits Stellungnahme der Bundesregierung zum Tätigkeitsbericht 2011/2012 des BKartA, BT-Drucks. 17/13675, S. III und X; zur Relevanz und der festen Etablierung dieses Instruments Stellungnahme der Bundesregierung zum Tätigkeitsbericht 2017/2018, BT-Drucks. 19/10900, S. VIII.

bewerb im Inland möglicherweise verfälscht ist. Auch im Rahmen von Sektoruntersuchungen sind die Kartellbehörden zu den vorerwähnten Ermittlungs- und Auskunftsmaßnahmen befugt, § 32e Abs. 2 GWB. Die Befugnisse des BKartA im Anschluss an eine Sektoruntersuchung wurden mit der 11. GWB-Novelle[149] deutlich erweitert: Seit Einführung des neuen § 32f GWB kann die Kartellbehörde erhebliche und dauerhafte Störungen des Wettbewerbs auch ohne nachgewiesenen Rechtsverstoß angehen (sog. New Competition Tool).[150] Voraussetzung dafür ist, dass eine Sektoruntersuchung erfolgt ist (mit einer Soll-Dauer von 18 Monaten), in deren Anschluss das BKartA eine erhebliche und fortwährende Wettbewerbsstörung feststellt. § 32f Abs. 5 GWB nennt – in Form von Regelbeispielen – Indikatoren für eine solche Störung, und zwar unilaterale Angebots- oder Nachfragemacht, Beschränkungen des Marktzutritts, des Marktaustritts oder der Kapazitäten von Unternehmen oder des Wechsels zu einem anderen Anbieter oder Nachfrager, gleichförmiges oder koordiniertes Verhalten oder Abschottung von Einsatzfaktoren oder Kunden durch vertikale Beziehungen. Adressaten der Feststellungsverfügung und der Maßnahmen können Unternehmen sein, die nach Ansicht des BKartA durch ihr Verhalten zur Wettbewerbsstörung wesentlich beitragen. Welche Eingriffe das BKartA vornehmen kann, wird in § 32f Abs. 3 GWB beispielhaft aufgezählt. Eine Entflechtung als ultima ratio ist gem. § 32f Abs. 4 GWB ebenfalls erlaubt. In regulierten Märkten (Eisenbahn, Post, Elektrizitäts- und Gasversorgungsnetze, Telekommunikation) können Abhilfemaßnahmen vom BKartA dagegen nur im Einvernehmen mit der BNetzA ergriffen werden, § 32f Abs. 8 GWB. Die Beschwerde gegen jedwede Abhilfemaßnahmen hat aufschiebende Wirkung.

59 Schließlich kann das BKartA durch Einführung des neuen § 32g GWB im Zuge der 11. GWB-Novelle Verstöße gegen den sog. Digital Markets Act (DMA)[151] untersuchen. Kern der neuen Vorschrift ist die Einräumung einer Ermittlungsbefugnis zur Untersuchung möglicher Verstöße gegen Art. 5, 6 und 7 DMA durch digitale Torwächter („Gatekeeper").[152] Die Kompetenzen entsprechen den oben beschriebenen für das Kartellverfahren (§§ 57ff. GWB). Daneben wird auch die private Rechtsdurchsetzung der Verpflichtungen aus dem DMA durch die Änderungen in §§ 33ff. GWB gewährleistet: So regelt § 33 Abs. 1 GWB beispielsweise einen Beseitigungs- und Unterlassungsanspruch von Betroffenen bei einem Verstoß gegen Art. 5, 6 und 7 des DMA.

60 Schon seit der 9. GWB-Novelle kann das BKartA im Rahmen von Sektoruntersuchungen auch Verstößen gegen verbraucherrechtliche Vorschriften nachgehen. Ein direktes Vorgehen, d.h. außerhalb von Sektoruntersuchungen, ist jedoch nach wie vor nicht möglich. Dies könnte sich noch in dieser Legislaturperiode mit einer erneuten Mo-

---

[149] 11. GWB-Novelle v. 6.11.2023 (BGBl. I Nr. 294).
[150] Überblick über Bedenken und Hintergrund Immenga/Mestmäcker/*Kühling*/*Engelbracht*, 7. Auflage 2024, § 32f GWB Rn 1ff.
[151] Verordnung (EU) 2022/1925 des Europäischen Parlaments und des Rates vom 14. September 2022 über bestreitbare und faire Märkte im digitalen Sektor und zur Änderung der Richtlinien (EU) 2019/1937 und (EU) 2020/1828 (Gesetz über digitale Märkte), EU Abl. Nr. L 265 S. 1.
[152] Ausführlich *Bueren*/*Zober*, NZKart 2023, 642.

dernisierung des GWB ändern. Ausweislich des Konsultationsausrufs erwägt das BWMK die Einführung von Ermittlungs- und Abstellungsbefugnissen im Verbraucherschutzbereich.[153]

II. Abstellungsverfügungen und einstweilige Maßnahmen

Gelangt die Kartellbehörde nach Auswertung der ermittelten Informationen zu der Überzeugung, dass ein Kartellverstoß vorliegt, kann sie das betreffende Unternehmen durch **Abstellungsverfügung** gem. § 32 GWB verpflichten, den **Verstoß künftig zu unterlassen**. In diesem Rahmen ist die Kartellbehörde ermächtigt, dem Unternehmen alle **Maßnahmen** aufzugeben, die für eine wirksame Abstellung des Verstoßes erforderlich und in Anbetracht der Schwere des Verstoßes **verhältnismäßig** sind. 61

> **Beispiel**
> So kann die Kartellbehörde z. B. bei Feststellung eines Preismissbrauchs das betreffende Unternehmen verpflichten, eine bestimmte Preis- oder Erlösobergrenze nicht zu überschreiten. Ebenso kann die Kartellbehörde anordnen, dass die Preise oder Erlöse auf die festgelegte Obergrenze gesenkt werden. Schließlich kann dem Kartellsünder im Falle missbräuchlicher Geschäftsbedingungen auch untersagt werden, bestimmte Konditionen mit seinen Kunden zu vereinbaren und zu praktizieren.

Zudem kann die Kartellbehörde im Rahmen einer Abstellungsverfügung auch die **Rückerstattung** der aus dem kartellrechtswidrigen Verhalten erwirtschafteten Vorteile anordnen und hierbei die in den erwirtschafteten Vorteilen enthaltenen Zinsvorteile schätzen, § 32 Abs. 2a GWB. Diese, durch die 8. GWB-Novelle[154] im Gesetz verankerte Klarstellung der Anordnungsbefugnisse, basiert auf der entsprechenden Rechtsprechung des BGH,[155] die derartige Maßnahmen auch schon früher im Grundsatz akzeptierte.[156] 62

> **Beispiel**
> Das BKartA hat im Frühjahr 2012 gegen einen Heizstromversorger eine Missbrauchsverfügung wegen kartellrechtlich überhöhter Preise für Heizstrom erlassen.[157] In der Verfügung stellte die Behörde nicht nur den

---

153 Öffentliche Konsultation zur Modernisierung des Wettbewerbsrechts durch das BMWK, abrufbar unter https://www.bmwk.de/Redaktion/DE/Downloads/J-L/anlage-konsultation-zur-modernisierung-des-wettbewerbsrechts.html, S. 10 ff.
154 Vgl. Rn 91.
155 BGH, Urt. v. 10.12.2008 – KVR 2/08 – ZNER 2009, 32 f. = RdE 2009, 151 ff.
156 Vgl. Begründung zum Gesetzentwurf der Bundesregierung v. 31.5.2012, BT-Drucks. 17/9852, S. 21.
157 BKartA, Beschl. v. 19.3.2012 – B 10–16/09, abrufbar unter https://www.bundeskartellamt.de/SharedDocs/Entscheidung/DE/Entscheidungen/Missbrauchsaufsicht/2012/B10-16-09.pdf?_blob=publicationFile&v=12. Dazu bereits oben, unter Rn 46.

exakten Umfang der missbräuchlichen Preisüberhöhung in den Jahren 2007–2009 in Cent je Kilowattstunde fest, sondern ordnete auch deren verzinsliche Rückzahlung an die betroffenen Verbraucher an.[158]

63 Ist das kartellrechtswidrige Verhalten bereits abgeschlossen, kann die Kartellbehörde zudem bei berechtigtem Interesse die begangene Zuwiderhandlung gegen das Kartellrecht auch **nach Beendigung des Verstoßes feststellen** (§ 32 Abs. 3 GWB), was vor allem für eine eventuelle spätere Durchsetzung privater Ersatzansprüche, die auf den Kartellverstoß gestützt werden, von Bedeutung sein kann.[159]

64 In dringenden Fällen, in denen die Gefahr irreparabler Schäden durch Kartellverstöße besteht, kann die Kartellbehörde darüber hinaus auch **einstweilige Maßnahmen** anordnen (§ 32a GWB). Diese Befugnis wurde mit der 10. GWB-Novelle weiter gestärkt und das Ergreifen dieser Maßnahmen vereinfacht, um auf Änderungen des Marktes und dessen Digitalisierung schneller reagieren zu können. Die Voraussetzung der Gefahr eines ernsten, nicht wiedergutzumachenden Schadens für den Wettbewerb nach § 32a Abs. 1 GWB für eine Anordnung der Maßnahme wurde auf das Erfordernis der überwiegenden Wahrscheinlichkeit einer Zuwiderhandlung gegen Vorschriften nach § 1 bis 47l GWB oder gegen Art. 101 oder 102 AEUV abgesenkt.

65 Kommen die Adressaten kartellbehördlicher Anordnungen den ihnen kartellbehördlich auferlegten Verpflichtungen nicht nach, sind die Kartellbehörden – unbeschadet der Möglichkeit einer bußgeldrechtlichen Ahndung des Verhaltens (hierzu sogleich) – befugt, zur Durchsetzung ihrer Anordnungen **Zwangsgelder in Höhe von bis zu fünf Prozent des im vorausgegangenen Geschäftsjahr erzielten durchschnittlichen weltweiten Tagesgesamtumsatzes des Unternehmens oder der Unternehmensvereinigung** zu verhängen (§ 86a S. 2 GWB).

III. Verhängung von Bußgeldern

66 Vorsätzliche oder fahrlässige Verstöße gegen das deutsche oder europäische Kartellrecht sind nach § 81 Abs. 1–3 GWB **Ordnungswidrigkeiten**, die von den Kartellbehörden mit empfindlichen **Bußgeldern** geahndet werden können (§§ 81a bis 81d 4 GWB). Die Bußgelder können sowohl gegen die Unternehmen bzw. Unternehmensvereinigungen, als auch gegen die verantwortlichen **natürlichen Personen** verhängt werden.

---

158 Die ENTEGA hatte gegen den Beschluss des BKartA Beschwerde beim OLG Düsseldorf eingelegt. Die Entscheidung wurde schließlich mit Vergleichsvertrag vom 21.10.2015 aufgehoben.
159 Hierzu näher unten Rn 99 ff.

> **Beispiel**
> Beteiligt sich ein Unternehmen durch seine Geschäftsführer/Vorstände an verbotenen Preisabsprachen oder fordert das Unternehmen sonst missbräuchliche Preise oder Konditionen, kann sowohl gegen das Unternehmen als auch gegen die Unternehmensleitung eine Geldbuße verhängt werden (§ 81 Abs. 1 Nr. 1 bzw. Abs. 2 Nr. 1 GWB).
> Ebenfalls bußgeldbewährt ist es, wenn die an einer nach §§ 35 ff. GWB fusionskontrollpflichtigen Gründung eines Gemeinschaftsunternehmens beteiligten Unternehmen das Vorhaben nicht anzeigen (§ 39 Abs. 6 GWB) oder gegen das Vollzugsverbot (§ 41 GWB) verstoßen (§ 81 Abs. 2 Nr. 1, 4 GWB).

Darüber hinaus ist aber auch die Nichtbefolgung bzw. die **nicht rechtzeitige** oder **fehlerhafte Befolgung kartellbehördlicher Anordnungen oder Auskunftsverfügungen** bußgeldbewährt (§ 81 Abs. 2 Nr. 2 und 6 GWB). 67

> **Beispiel**
> Ergeht im Rahmen eines gegen ein marktbeherrschendes Unternehmen gerichteten **Missbrauchsverfahrens** ein (förmlicher) **Auskunftsbeschluss** gegen ein drittes, zum Vergleich herangezogenes Unternehmen, muss dieses Unternehmen die in der Verfügung abgefragten Informationen (z. B. über Erlöse, Absatzmengen, Kosten, Erzeugungskapazitäten etc.) grundsätzlich fristgemäß, inhaltlich richtig und vollständig liefern.
> Erteilt das Unternehmen die erbetenen Auskünfte dennoch nicht rechtzeitig, fehlerhaft oder nur unvollständig, kann gegen das Unternehmen und dessen Geschäftsführer oder Vorstände ein Ordnungswidrigkeitenverfahren eingeleitet werden (§ 81 Abs. 2 Nr. 6 GWB), das im Ergebnis zu empfindlichen Geldbußen führen kann.

1. Bußgelder gegen Unternehmen

§ 81c Abs. 2 GWB ermöglicht es den Kartellbehörden, gegen die an einem Kartellverstoß beteiligten Unternehmen – je nach Schwere der Ordnungswidrigkeit – Bußgelder von bis zu **maximal 10 %**[160] **ihres weltweiten Gesamtumsatzes** zu verhängen. Dabei kommt es nicht auf den weltweiten Umsatz der konkreten juristischen Person an, sondern auf den Gesamtumsatz der wirtschaftlichen Einheit.[161] 68

a) Bußgeldbemessung

Mit der Umsetzung der 10. GWB-Novelle wurde ein (nicht abschließender) Kriterienkatalog zur Bemessung des Bußgeldes im GWB kodifiziert (§ 81d GWB), der zuvor nur teilweise in § 81 Abs. 4 S. 2 GWB a. F. enthalten war; die deutschen Gerichte und das BKartA hatten unterschiedliche Kriterien zur Bemessung der Bußgelder angewandt. Die Kodifi- 69

---

[160] Dies ist eine Obergrenze, keine Kappungsgrenze, vgl. ausführlich BGH, Beschl. v. 26.2.2013 – KRB 20/12 – NJW 2013, 1972 – Grauzementkartell.
[161] BGH, Beschl. v. 3.6.2014 – KRB 46/13 – WuW 2014, 973 – Silostellgebühren.

zierung sorgte für eine Vereinheitlichung der Entscheidungspraxis. Seitdem bemisst sich die Höhe des Bußgeldes daher im Grundsatz nach
- der Art und dem Ausmaß der Zuwiderhandlung, insb. der mit der Zuwiderhandlung in Zusammenhang stehenden Umsätze,
- der Art der Ausführung der Zuwiderhandlung,
- dem Bemühen des Unternehmens, die Zuwiderhandlung aufzudecken und den Schaden wiedergutzumachen sowie nach der Zuwiderhandlung getroffene Vorkehrungen zur Vermeidung und Aufdeckung von Zuwiderhandlungen.[162]

> **Beispiel**
> Bei Absprachen zwischen konkurrierenden Unternehmen über Preise, Lieferkonditionen, Absatzgebiete oder Kundengruppen ist angesichts der Schwere solcher Verstöße (sog. Hardcore-Kartelle), der **gesamtwirtschaftlichen Bedeutung** der jeweils betroffenen Märkte und der mit Kartellverstößen auf diesen Märkten verbundenen erheblichen Auswirkungen davon auszugehen, dass die Geldbuße sich am oberen Rand der nach § 81 Abs. 4 S. 2 GWB maximal zulässigen Bußgeldhöhe orientieren dürfte.

70 Erschwerend wird bei der Bemessung des Bußgeldes auch berücksichtigt, ob das fragliche Unternehmen Wiederholungstäter ist oder etwa eine besonders aktive Rolle bei dem Kartellverstoß eingenommen hat. Bußgeldreduzierend wirkt es sich hingegen aus, wenn das Unternehmen im Nachhinein z.B. finanzielle Einbußen Dritter von sich aus ausgleicht oder aber lediglich eine passive oder untergeordnete Rolle bei der Zuwiderhandlung eingenommen hat.

71 Bei der Bußgeldbemessung wird im Übrigen auch zugunsten des betroffenen Unternehmens berücksichtigt, ob dieses effektive Compliance-Programme unterhält.[163]

72 Mit der 10. GWB-Novelle wurden die Vorgaben aus der Richtlinie (EU) 2019/1[164] zu den Bußgeldern für Kartellrechtsverstöße, den Bußgeldern gegen Unternehmensvereinigungen, zur Ausgestaltung des Kronzeugenprogrammes und zum Ablauf des Verfahrens in nationales Recht umgesetzt.[165] Dadurch wurde das ohnehin schon recht komplexe Bußgeldregime im GWB nochmals deutlich detaillierter geregelt. So wurde z.B. gesetzlich verankert, dass positives Nachtatverhalten (wie bspw. die Ergreifung von Compliance-Maßnahmen) noch stärker Berücksichtigung bei der Bußgeldbemessung findet, sofern das betroffene Unternehmen auch aktiv an der Aufklärung der Tat mitwirkt (§ 81d Abs. 1 Nr. 5 GWB).

---

162 Zu den Details der Bußgeldbemessung gegen Unternehmen vgl. BKartA, Leitlinien für die Bußgeldzumessung in Kartellordnungswidrigkeitenverfahren (Bußgeldleitlinien), 11.10.2021, abrufbar unter https://www.bundeskartellamt.de/SharedDocs/Publikation/DE/Leitlinien/Bu%C3%9Fgeldleitlinien_Oktober2021.pdf?__blob=publicationFile&v=7.
163 Siehe oben Rn 13.
164 Sog. „ECN+"-Richtlinie. Siehe dazu auch *Aschenbach*, wistra 2019, 257.
165 BT-Drucks. 19/23492, S. 1.

b) Steuerliche Behandlung von Bußgeldern

Neben der unmittelbaren Vermögenseinbuße durch eine Bußgeldzahlung wegen Kartellverstoßes ergeben sich erhebliche **wirtschaftliche Nachteile** auch aus der steuerlichen Behandlung derartiger Bußgeldzahlungen nach dem Einkommensteuergesetz (EStG[166]).

So werden Betriebsausgaben für Bußgeldzahlungen, die durch Kartellbehörden gegen ein Unternehmen festgesetzt worden sind, grundsätzlich **nicht gewinnmindernd** berücksichtigt (§ 4 Abs. 5 S. 1 Nr. 8 S. 1 EStG). Nur dann, wenn der aus dem Kartellverstoß erlangte wirtschaftliche **Vorteil abgeschöpft** worden ist und wenn gleichzeitig die Steuern vom Einkommen und Ertrag, die auf den wirtschaftlichen Vorteil entfallen, nicht in Abzug gebracht wurden, werden Bußgeldzahlungen zugunsten des betroffenen Unternehmens als **steuerlich abzugsfähig** behandelt (§ 4 Abs. 5 S. 1 Nr. 8 S. 4 EStG).

2. Bußgelder gegen natürliche Personen

Die Kartellbehörden können Bußgelder auch gegen natürliche Personen verhängen. Betroffen sind in erster Linie **die unmittelbar handelnden Personen** (§ 9 OWiG[167]), also jene Personen, die als Täter unmittelbar an einem Kartellverstoß beteiligt sind. Daneben können aber auch **aufsichtspflichtige Personen**, d.h. insbesondere Geschäftsführer, Vorstände oder Aufsichtsräte, mit Bußgeldern belegt werden, wenn sie ihren Aufsichts- und Überwachungspflichten nicht oder nicht in ausreichendem Maße nachgekommen sind (§ 130 OWiG).

a) Bußgeldbemessung

Bei **gravierenden Kartellverstößen** – also z.B. bei Preis-, Gebiets- oder Quotenkartellen oder bei Kundenabsprachen – kann das von der Kartellbehörde zu verhängende Bußgeld bis zu **1 Mio. €** betragen (§ 81c Abs. 1 S. 1 GWB).

Bei **weniger schwerwiegenden Verstößen** – wie z.B. bei fahrlässig unvollständiger oder fehlerhafter Anmeldung eines Zusammenschlusses oder etwa bei fehlerhafter oder unvollständiger Beantwortung von Auskunftsverfügungen – liegt hingegen die Obergrenze für die zu verhängenden Bußgelder regelmäßig bei **100.000 €** (§ 81 Abs. 1 S. 5 GWB).

---

[166] Einkommensteuergesetz (EStG) v. 8.10.2009 (BGBl. I S. 3366, 3862), zuletzt geändert durch Gesetz v. 27.03.2024 (BGBl. 2024 I Nr. 108).
[167] Ordnungswidrigkeitengesetz (OWiG) i.d.F. der Bekanntmachung v. 19.2.1987 (BGBl. I S. 602), zuletzt geändert durch Gesetz v. 12.07.2024 (BGBl. 2024 I Nr. 234).

b) Versicherungsrechtliche Behandlung von Bußgeldern

78 **Natürliche Personen** sind im Regelfall gegen die Verhängung von Bußgeldern wegen Kartellverstößen **nicht versichert**. So enthalten sog. D&O-Versicherungen[168] (Directors and Officers Liability Insurance) zumeist ausdrückliche Haftungsausschlüsse für kartellrechtliche Bußgelder.[169] Darüber hinaus ist der Versicherungsschutz nach § 81 Abs. 1 VVG[170] ohnehin ausgeschlossen, wenn – was zumindest bei expliziten Kartellabsprachen meist der Fall ist – der Kartellverstoß vorsätzlich begangen wurde. Grob fahrlässig begangene Verstöße berechtigen den Versicherer nach § 81 Abs. 2 VVG im Übrigen dazu, die Versicherungsleistung entsprechend der Schwere des Verschuldens zu kürzen.

IV. Vorteilsabschöpfung durch die Kartellbehörden oder durch Verbände

79 Hat ein Unternehmen aufgrund eines Kartellverstoßes einen **wirtschaftlichen Vorteil** erlangt – also etwa durch Preisabsprachen mit Wettbewerbern oder durch Fordern missbräuchlich überhöhter Preise zusätzliche Gewinne erwirtschaftet –, so kann dieser Vorteil durch die Kartellbehörden (§ 34 Abs. 1 GWB) oder bei Untätigkeit der Kartellbehörde auch durch rechtsfähige sowie finanziell leistungsfähige Wettbewerbsverbände (§ 34a GWB) **abgeschöpft** werden. Dies hat zur Folge, dass das betroffene Unternehmen den erlangten Vorteil an den Bundeshaushalt auskehren muss.

80 Die Möglichkeit der Vorteilsabschöpfung ist allerdings nach § 34 Abs. 2 GWB und nach § 34a Abs. 2 S. 2 GWB **subsidiär**. Das bedeutet, dass die Verhängung von Bußgeldern und die Geltendmachung zivilrechtlicher Schadensersatzansprüche vorgehen, soweit durch derartige Maßnahmen der Vorteil des Kartellverstoßes beim Unternehmen bereits vollständig abgeschöpft wird.

81 Mit der 11. GWB-Novelle wurden die Voraussetzungen für eine Vorteilsabschöpfung abgesenkt, um die Durchsetzung in der Praxis zu verbessern: Der neue § 34 Abs. 4 GWB sieht eine Vermutung vor, wonach bei Vorliegen eines schuldhaften oder fahrlässigen Verstoßes gegen die kartellrechtlichen Vorschriften dem Unternehmen ein wirtschaftlicher Vorteil entstanden ist. Die Höhe des wirtschaftlichen Vorteils kann geschätzt werden, es wird jedoch ein Vorteil von mindestens 1 % der Umsätze vermutet. Die Widerlegung der Vermutung ist nur möglich, wenn das Unternehmen nachweist, dass weder die am Verstoß unmittelbar beteiligte juristische Person oder Personenvereinigung noch das Unternehmen im Abschöpfungszeitraum einen Gewinn in entsprechender Höhe erzielt hat.

---

[168] Vgl. dazu die Ausführungen in Kap. 9.
[169] Vgl. Kamann/Ohlhoff/Völcker/*Harler*/*Sprafke*, Kartellverfahren und Kartellprozess, 2. Auflage 2024, § 52 Rn 5
[170] Versicherungsvertragsgesetz (VVG) v. 23.11.2007 (BGBl. I S. 2631), zuletzt geändert durch Gesetz v. 11.4.2024 (BGBl. 2024 I Nr. 119).

Exkurs: Folgen von Verstößen gegen die Vorgaben des StromPBG bzw. des EWPBG

Das BKartA kann nach Feststellung eines Missbrauchs der Preisbremsengesetze den Lieferanten alle Maßnahmen auferlegen, die erforderlich sind, um das missbräuchliche Handeln wirksam abzustellen.[171] Die Regelung berechtigt das BKartA zum Erlass einer Abstellungsverfügung vergleichbar mit der Regelung in § 32 Abs. 1 GWB und zur Auferlegung von positiven Maßnahmen, die für die Abstellung erforderlich und verhältnismäßig sind – z.B. in Form des Unterlassens oder eines konkreten Handlungsgebots unter Einschluss von Rückerstattungsverfügungen.[172] Insbesondere kann es nach §§ 39 Abs. 2, 43 StromPBG bzw. §§ 27 Abs. 2, 38 EWPBG Erstattungen und Vorauszahlungen an die Bundesrepublik anordnen und Lieferanten die Abschöpfung von wirtschaftlichen Vorteilen bzw. Geldbuße auferlegen. Dafür muss ein Lieferant entweder die Regelungen der Preisbremsengesetze missbräuchlich ausgenutzt haben oder auch gegen die Vorgaben zu Vergünstigungen bzw. Zugaben und zur Grundpreisgestaltung verstoßen haben. Im Ergebnis handelt es sich bei den Regelungen des § 39 Abs. 2 StromPBG und § 27 Abs. 2 EWPBG um eine spezialgesetzliche Ausgestaltung derjenigen Kompetenzen des BKartA, die ihm auch i.R.d. klassischen kartellbehördlichen Aufsicht zukommen.[173]

V. Schadensersatz- und Unterlassungsansprüche der Betroffenen nach dem GWB

Ist jemand als Abnehmer oder Wettbewerber von einem Kartellverstoß betroffen, kann er den Kartelltäter auf dem Zivilrechtswege auf **Beseitigung und Unterlassung** des Kartellverstoßes (§ 33 Abs. 1 GWB) und zudem auf **Ersatz** desjenigen **Schadens** in Anspruch nehmen, den er durch den Kartellverstoß erlitten hat (§ 33a Abs. 1 GWB). Unter Umständen können dabei auch Geschäftsführer bzw. Unternehmensverantwortliche als Adressaten von Haftungsansprüchen in Betracht kommen.[174]

82

1. Private Kartellverfolgung

In der deutschen und europäischen Kartellpraxis spielt die private Verfolgung von Kartellverstößen und die private Durchsetzung daraus resultierender Unterlassungs- und Schadensersatzansprüche (das sog. **Private Enforcement**) – dem US-amerikanischen Vorbild folgend – eine immer größere Rolle. Während sich das wirtschaftliche Risiko bei Kartellverstößen lange Zeit praktisch stets auf das Bußgeldrisiko beschränkte, ist mittlerweile zu beobachten, dass Kartellgeschädigte zunehmend Schadensersatzklagen erheben, und zwar selbst dann, wenn der Schaden eines einzelnen (von möglicherweise vielen) Betroffenen vergleichsweise gering ist.

83

---

171 Zur Missbrauchsaufsicht unter den Preisbremsengesetzen siehe Exkurs oben in Rn 13.
172 Gerstner/Gundel/*Orlik*, BeckOK Energiesicherungsrecht, Stand 01.08.2024, § 39 StromPBG Rn 58; MüKo-Wettbewerbsrecht/*Spiecker*, 4. Auflage 2022, § 32 GWB Rn 3, 10.
173 Gerstner/Gundel/*Orlik*, BeckOK Energiesicherungsrecht, Stand 01.08.2024, § 39 StromPBG Rn 59.
174 So nach OLG Düsseldorf, Urt. v. 13.11.2013 – VI-U (Kart) 11/13 – NZKart 2014, 68, diese Möglichkeit jedenfalls nicht ausschließend LAG Düsseldorf, Beschl. v. 29.1.2018 – 14 Sa 591/17 –WuW 2018, 332 = GWR 2018, 198.

84 Durch die **Erleichterungen der rechtlichen Umstände** bei der Geltendmachung kartellrechtlicher Schadensersatzansprüche[175] und auf Betreiben der Europäischen Kommission[176] hat die zivilrechtliche Durchsetzung von Schadensersatzansprüchen durch die Betroffenen immer mehr an Bedeutung gewonnen. Die Europäische Kommission setzt vor allem auf Transparenz im Kartellverfahren, um die private Kartellverfolgung zu erleichtern.[177] Schon im Jahr 2014 wurde auf europäischer Ebene die Richtlinie für Schadensersatzklagen[178] verabschiedet, welche neben der Festschreibung einiger im deutschen Recht bereits etablierter Prinzipien der privaten Kartellverfolgung u.a. auch Fragen im Zusammenhang mit dem Umgang mit Beweismitteln und mit der Verjährung von Ansprüchen konkretisiert und zum Ziel hat, die Rechtssysteme innerhalb der EU hinsichtlich der privaten Durchsetzung von Kartellrecht zu harmonisieren und zu stärken. In Deutschland wurde diese Richtlinie mit der 9. GWB-Novelle umgesetzt.[179]

85 Die 10. GWB-Novelle enthielt auch Änderungen im Kartellschadensrecht als Reaktion auf die BGH-Rechtsprechung zum Schienenkartell.[180] Der BGH hatte dort den sogenannten „doppelten Anscheinsbeweis" für eine Kartellbetroffenheit bestimmter Kartellabsprachen verworfen. Mit der Novelle wurde deshalb in § 33a Abs. 2 a.E. GWB eine widerlegliche gesetzliche Vermutung hinsichtlich der Kartellbetroffenheit sowohl von unmittelbaren Abnehmern als auch von mittelbaren Abnehmern kartellbeteiligter Unternehmen eingeführt. Vorher existierte eine solche Vermutung nur für die Schadensentstehung.

86 Mit einer weiteren Modernisierung des Wettbewerbsrechts im Rahmen einer 12. GWB-Novelle soll die Durchsetzung privater Kartellschadensersatzklagen in Zukunft noch effektiver ausgestaltet werden: In der Konsultationsphase Ende 2023 stellte das BMWK die Verfahrensregeln zur Durchsetzung von Kartellschadensersatz zur Diskussion sowie die Frage, ob das BKartA in den Prozess der Ermittlung der Schadenshöhe eingebunden werden sollte. Außerdem stellt das BMWK zur Diskussion, ob eine gesetzliche Schadensvermutung zur Ermittlung der Schadenshöhe sinnvoll sei und ob die Zuständigkeit für Kartellschadensersatzverfahren zur Entlastung der Gerichte konzen-

---

175 So wurde die Position der Betroffenen im Hinblick auf die Geltendmachung von Schadensersatzansprüchen im Zuge der 7. GWB-Novelle v. 7.7.2005 (BGBl. I S. 1954) durch Änderungen in § 33 GWB erheblich verbessert.
176 So hat die Europäische Kommission am 2.4.2008 ein Weißbuch über Schadensersatzklagen wegen Verletzung des europäischen Wettbewerbsrechts mit dem Ziel erlassen, die rechtlichen Rahmenbedingungen für die private Durchsetzung von Ansprüchen gegen das europäische Wettbewerbsrecht zu verbessern und hierdurch für die Unternehmen eine stärkere Abschreckungswirkung im Hinblick auf Verstöße gegen das Kartellverbot zu erreichen.
177 Vgl. zum seinerzeitigen Entwurf einer neuen Richtlinie für Schadensersatzklagen *Gussone/Schreiber*, WuW 2013, 1040 ; *Kersting*, WuW 2014, 564.
178 Kartellschadensersatzrichtlinie (RL 2014/104/EU) v. 26.11.2014 (ABl EU Nr. L 349 S. 1ff.).
179 9. GWB-Novelle v. 1.6.2017 (BGBl. I S. 1416).
180 BGH, Urt. v. 11.12.2018 – KZR 26/17 – NJW 2019, 661.

triert werden solle. Schließlich erwägt das BMWK die Einführung einer Möglichkeit für Kartellgeschädigte, auch kleinere Schäden (Streuschäden) gegenüber Kartellanten gerichtlich geltend zu machen.[181]

2. Bindungswirkung kartellbehördlicher Entscheidungen

Die Erhebung von Schadensersatzklagen durch die Betroffenen soll gesetzlich unter anderem dadurch begünstigt werden, dass die Gerichte bei der Entscheidung über Schadensersatzansprüche aus Kartellverstößen nach § 33b GWB an die Feststellungen in den rechtskräftigen Entscheidungen der Europäischen Kommission oder der nationalen Kartellbehörden gebunden sind (sog. **Bindungswirkung**). 87

Das bedeutet, dass bei Klagen, die im Anschluss an und auf der Grundlage von zuvor durchgeführten kartellbehördlichen Verfahren erhoben werden (sog. **Follow-on-Klagen**), die in der kartellbehördlichen Entscheidung festgestellten Tatsachen für die mitgliedstaatlichen Gerichte verbindlich sind, wenn die kartellbehördliche Entscheidung nicht mehr mit Rechtsmitteln angegriffen werden kann. 88

Beispiel
Weil sich die Preise eines marktbeherrschenden Unternehmens im Rahmen eines gegen dieses Unternehmen geführten Kartellverfahrens als missbräuchlich hoch erweisen, erlässt die ermittelnde Kartellbehörde daraufhin eine förmliche Missbrauchsverfügung oder eine Bußgeldentscheidung gegen das betreffende Unternehmen. Wenn sich das betroffene Unternehmen nicht mit Rechtsmitteln gegen die behördliche Entscheidung zur Wehr setzt, können die betroffenen Abnehmer den „zu viel" gezahlten Betrag auf dem Zivilrechtswege – unter Berufung auf die rechtskräftige kartellbehördliche Entscheidung – vom Unternehmen ersetzt verlangen. In einem solchen Fall kann sich das Unternehmen nicht darauf berufen, dass (selbst wenn es tatsächlich so wäre) die Feststellungen im vorangegangenen kartellbehördlichen Verfahren unzutreffend waren.

Keine Bindungswirkung entfalten jedoch Entscheidungen der Kartellbehörden nach § 32b GWB, mit denen **Verpflichtungszusagen** der betroffenen Kartellanten angenommen und für verbindlich erklärt werden,[182] da solchen Entscheidungen nur eine vorläufige Beurteilung des Sachverhalts durch die Kartellbehörde zugrunde liegt. 89

Tipp
Dass Entscheidungen der Kartellbehörden über die Annahme von Verpflichtungszusagen keine Bindungswirkung für Zivilklagen entfalten, macht zugleich den gewissen „Reiz" derartiger Verpflichtungszusagen aus Sicht der Kartelltäter aus. Daher sollte die Frage, ob und in welcher Form ein Unternehmen als Adressat eines Kar-

---

[181] Öffentliche Konsultation zur Modernisierung des Wettbewerbsrechts durch das BMWK, https://www.bmwk.de/Redaktion/DE/Downloads/J-L/anlage-konsultation-zur-modernisierung-des-wettbewerbsrechts.html, S. 12 ff.
[182] Vgl. nur Loewenheim/Meessen/Riesenkampff/Kersting/Meyer-Lindemann/*Otto*, Kartellrecht, 4. Auflage 2020, § 32b GWB Rn 15 ff.

tellverfahrens mit den Kartellbehörden kooperiert, auch unter Würdigung dieses Aspekts (frühzeitig) geprüft und entschieden werden.[183]

3. Verweis auf Möglichkeiten der Schadensabwälzung im Rahmen der Schadenermittlung (Passing-on-Defense) und Ansprüche indirekter Abnehmer

90 Eine weitere Erleichterung kommt den von Kartellverstößen Betroffenen auch dadurch zugute, dass die Kartellsünder nach § 33c Abs. 1 S. 1 GWB das Bestehen eines Schadens im Falle kartellrechtlich überhöhter Preise nicht pauschal unter Hinweis darauf abstreiten können, dass der Betroffene die zu dem überteuerten Preis bezogene Ware oder Dienstleistung seinerseits weiterveräußern konnte (Ausschluss des sog. **Passing-on-Defense**).[184] Hintergrund dieser Regelung ist, dass der Vorteil der Kartelltat möglichst nicht beim Kartelltäter verbleiben soll.

91 Auf die Weiterwälzung eines kartellbedingt erlittenen Schadens kann sich der Kartelltäter aber unter dem Aspekt der Vorteilsausgleichung ausnahmsweise dann berufen, wenn er darlegt und beweist, dass der Geschäftspartner den Schaden tatsächlich voll weitergewälzt hat. Dazu muss konkret vorgetragen werden, in welcher Höhe durch die Weiterveräußerung der Schaden, der durch den Rechtsverstoß entstanden ist, beim Anspruchsteller ausgeglichen wurde. Für diesen Nachweis kann der Kartelltäter im Prozess nach § 33g Abs. 2 GWB vom Geschädigten oder Dritten Auskunft verlangen.[185] Der § 33c Abs. 1 S. 3 GWB stellt aber klar, dass ein Anspruch auf entgangenen Gewinn, verursacht durch die Weitergabe des Preises, davon unberührt bleibt. Vor der 9. GWB-Novelle hatte der BGH für das Passing-on noch eigene Voraussetzungen aufgestellt. Sie hatten neben der grundsätzlichen Darlegung und dem Beweis der Weiterwälzung des Schadens insbesondere gefordert, dass aufgezeigt wird, dass dem Betroffenen kein Umsatzrückgang entstanden ist und die Weiterwälzung für den Geschäftspartner weder ein Risiko darstellte noch mit unzumutbarem Aufwand verbunden war, mithin „ohne Not" erfolgte.[186]

 Beispiel

Hat z.B. ein (marktbeherrschender) Vorlieferant ein Gasversorgungsunternehmen – aufgrund von Preisabsprachen mit seinen Wettbewerbern oder aufgrund von Preismissbrauch – zu kartellrechtlich überhöhten Gaspreisen beliefert, kann sich der Vorlieferant nicht mit dem pauschalen Hinweis darauf entlasten, dass dem Abnehmer ein Schaden überhaupt nicht entstanden ist, weil dieser etwa die gelieferte Gasmenge an seine

---

183 Vgl. hierzu Rn 116 ff.
184 Vgl. BKartA, Erfolgreiche Kartellverfolgung – Nutzen für Wirtschaft und Verbraucher, August 2011, abrufbar unter https://www.bundeskartellamt.de/SharedDocs/Publikation/DE/Broschueren/Informationsbrosch%C3%BCre%20-%20Erfolgreiche%20Kartellverfolgung.pdf?__blob=publicationFile&v=12.
185 Hoch/Haucap/*Hoch/Lesinska-Adamson*, Praxishandbuch Energiekartellrecht, Kap. 11 Rn 77.
186 Vgl. BGH, Urt. v. 28.6.2011 – KZR 75/10 – IR 2012, 71 f. = ZNER 2012, 172 ff.

eigenen Abnehmer weiterveräußern konnte. Vielmehr muss der Vorlieferant in diesem Fall nachweisen, dass sich sein unmittelbarer Vertragspartner durch die – nicht unverhältnismäßig aufwändige – Weiterveräußerung der bezogenen Energiemengen vollumfänglich schadlos halten konnte.

Im Zusammenhang mit der Frage, ob ein Kartellgeschädigter die durch einen Kartellverstoß erlittenen Nachteile seinerseits weiterreichen konnte bzw. ob und unter welchen Voraussetzungen sich der Kartelltäter hierauf berufen kann, ergab sich in der Vergangenheit vielfach das Problem, ob auch indirekte Abnehmer den Kartelltäter auf Kompensation etwaiger Nachteile in Anspruch nehmen können. Dies war bereits nach der höchstrichterlichen Rechtsprechung möglich, sodass grundsätzlich jedermann – also ein auf nachgelagerten Marktstufen indirekt betroffenes Unternehmen – Schadensersatzansprüche geltend machen konnte, wenn dargelegt und bewiesen werden konnte, dass durch das kartellrechtswidrige Verhalten ein Schaden entstanden ist.[187] Mit der 9. GWB-Novelle wurde in § 33c Abs. 2 GWB zudem eine Vermutungsregel eingeführt, wonach angenommen wird, dass der Preisaufschlag auf den mittelbaren Abnehmer abgewälzt wurde, wenn es zulasten des unmittelbaren Abnehmers einen Preisaufschlag gab und der mittelbare Abnehmer kartellbefangene Waren oder Dienstleistungen erworben hat. Diese Vermutung kann der Kartellant nur entkräften, wenn er glaubhaft macht, dass der Preisaufschlag nicht oder nicht vollständig an den mittelbaren Abnehmer weitergegeben wurde.[188] 92

4. Kausalität in sog. Umbrella-Pricing-Fällen

Ist ein Kartell aufgedeckt, stehen allen (also auch den indirekt) Kartellgeschädigten prinzipiell Schadensersatzansprüche gegen die Kartelltäter zu. Unabhängig von dieser grundsätzlich unbestrittenen Feststellung ist eine der US-amerikanischen Rechtsprechung durchaus bekannte Konstellation mittlerweile auch praktisch relevant im europäischen Kartellrecht, das sog. Umbrella Pricing oder die sog. Umbrella Effects. Diese **Preisschirmeffekte** bezeichnen eine Situation, in der Kartellaußenseiter gerade wegen der Kartellabsprachen Preise verlangen können, die sie im uneingeschränkten Wettbewerb nicht erzielen könnten. Es geht folglich um die Frage, ob der Schadensersatzanspruch den Kartellgeschädigten auch in der Höhe dieses „mittelbaren" Schadens gegen die Kartelltäter zusteht. 93

Entstehen einem Kartellgeschädigten höhere Einbußen durch Preisschirmeffekte, kann der **Kartelltäter** auch **für diesen „mittelbaren" Schaden in Anspruch genommen werden.** Der **EuGH**[189] hat einen solchen Schadensersatzanspruch an zwei Voraussetzungen geknüpft und zwar: 94

---

[187] BGH, Urt. v. 28.6.2011 – KZR 75/10 – IR 2012, 71 f. = ZNER 2012, 172 ff.
[188] Hoch/Haucap/*Hoch/Lesinska-Adamson*, Praxishandbuch Energiekartellrecht, Kap. 11 Rn 80.
[189] EuGH, Urt. v. 5.6.2014 – Rs. C-557/12 – BB 2014, 1550 = EuZW 2014, 586.

- das Kartell sowie die Marktumstände müssen dazu geeignet sein, dass Preisschirmeffekte überhaupt entstehen können, und
- den Kartellbeteiligten muss bewusst sein, dass Dritte durch die Preisschirmeffekte profitieren können.[190]

95 In Deutschland haben sich verschiedene Oberlandesgerichte (OLG) mit Schäden aus Preisschirmeffekten beschäftigt. Dabei haben jedenfalls auch das OLG Karlsruhe[191], das OLG München[192], das OLG Düsseldorf[193] und das OLG Stuttgart[194] im Grundsatz bestätigt, dass ein **kartellrechtlich erstattungsfähiger Schaden** auch durch Preisschirmeffekte verursacht sein kann.

5. Die Verjährung kartellrechtlicher Schadensersatzansprüche

96 Entsteht ein Schadensersatzanspruch wegen eines Kartellverstoßes nach § 33a Abs. 1 GWB, gelten auch für ihn Verjährungsvorschriften. Im Unterschied zum allgemeinen Zivilrecht wird die **Verjährung** nicht erst dadurch gehemmt, dass sich der Kartellgeschädigte institutionell (etwa durch Erhebung einer Klage) um die Realisierung seiner Ansprüche bemüht, sondern nach § 33h Abs. 6 GWB bereits durch das Tätigwerden der Kartellbehörde, also der Europäischen Kommission oder einer Wettbewerbsbehörde eines Mitgliedstaates der Europäischen Union.

97 Die Verjährung wird gehemmt, sobald die nationale Behörde bzw. die Kommission „Maßnahmen im Hinblick auf eine Untersuchung oder auf ihr Verfahren wegen eines Verstoßes im Sinne des § 33 Absatz 1" GWB oder „Maßnahmen im Hinblick auf eine Untersuchung oder auf ihr Verfahren wegen eines Verstoßes gegen Artikel 101 oder 102" AEUV „oder gegen eine Bestimmung des nationalen Wettbewerbsrechts eines anderen Mitgliedstaates der Europäischen Union im Sinne des § 89e Absatz 2" GWB ergreifen. Sofern bereits von bloßen Maßnahmen gesprochen wird, kann jedes formlose Aktivwerden der jeweiligen Behörde bzw. der Kommission bereits zur **Hemmung der Verjährung** ausreichen.

98 Diese Regelungen über die Hemmung der Verjährung unterscheiden sich maßgeblich vom § 33 Abs. 5 GWB a.F.[195], der noch eine Verfahrenseinleitung seitens einer Behörde oder der Kommission für die Hemmung der Verjährung forderte. Der Wortlaut spricht nun von bloßen „Maßnahmen". Daher reichen Ermittlungsmaßnahmen zur Hemmung der Verjährung aus, die erkennbar darauf gerichtet sind, gegen das betreffende Unternehmen wegen einer verbotenen Beschränkung des Wettbewerbs zu ermit-

---

190 Zum Ganzen *Lettl*, WuW 2014, 1031.
191 OLG Karlsruhe, Urt. v. 9.11.2016 – 6 U 204/15 Kart (2) – WuW 2017, 43.
192 OLG München, Urt. v. 8.3.2018 – U 3497/16 Kart – WuW 2018, 486.
193 OLG Düsseldorf, Urt. v. 8.5.2019 – VI-U (Kart) 11/18 – NZKart 2019, 354.
194 OLG Stuttgart, Urt. v. 24.2.2022 – 2 U 64/20 – NZKart 2022, 418.
195 GWB in der vor dem 9.6.2017 geltenden Fassung (BGBl. I S. 1750).

teln, wie z. B. etwaige vorherige Datenabfragen oder Recherchen einer Behörde oder der Kommission.[196] Zudem kennt und kannte das GWB einen Verfahrenseinleitungsbeschluss ohnehin nicht. Wegen der Regelung nach § 33h Abs. 6 GWB kommt es also auf den Zeitpunkt der formellen Verfahrenseinleitung nicht mehr an.[197] Vielmehr reicht demnach jede Maßnahme im o.g. Sinne zur Hemmung der Verjährung aus.

6. Persönliche Haftung von Geschäftsführern bzw. Unternehmensverantwortlichen

Vermehrt treten Konstellationen auf, in denen sich nicht nur die Unternehmen bzw. Unternehmensvereinigungen nach Kartellverstößen einem Haftungsanspruch gegenüber Kartellgeschädigten ausgesetzt sehen, sondern auch unternehmensverantwortliche Personen. Diese können unter Umständen mit ihrem persönlichen Vermögen haften, wie die Rechtsprechung in Einzelfällen festgestellt hat. Aus diesem Umstand folgt, dass die Geschäftsführung kartellrechtlich bedenklichen Vorgängen mit besonderer Vorsicht begegnen sollte, bereits wenn für sie Grundzüge solcher Verhaltensweisen erkennbar werden. Schon bei vager Möglichkeit der Kenntnisnahme besteht grundsätzlich die Gefahr der persönlichen Zurechnung solcher Verhaltensweisen. 99

Das Kartellrecht und dessen Haftungsvorschriften richten sich an sich nicht an natürliche Personen, sondern an Unternehmen bzw. Unternehmensvereinigungen. Ein Haftungsanspruch Kartellgeschädigter kann dementsprechend nicht direkt aus den Haftungsnormen der § 33ff. GWB hergeleitet werden. Auch begegnet es systematischen Bedenken, die Unternehmenseigenschaft über § 9 OWiG zuzurechnen.[198] 100

Nach § 830 Abs. 1 i.V.m. Abs. 2 BGB[199] haften aber alle an einer unerlaubten Handlung Beteiligten gemeinschaftlich. Das **OLG Düsseldorf** bezog sich in einem Verfahren auf diese Norm und begründete damit die Haftung eines Geschäftsführers, der Angestellte zu kartellrechtlich relevanten Handlungen veranlasst hatte.[200] In der zitierten Entscheidung unterließ das OLG Düsseldorf Ausführungen zu der Frage, welche Haftungsnorm einschlägig gewesen wäre, wenn der Geschäftsführer in der entschiedenen Konstellation selbst den Kartellrechtsverstoß begangen hätte. Eine Anwendung von § 830 BGB auch auf den Fall des selbst handelnden Geschäftsführers ist vom Normgehalt her auszuschließen.[201] 101

---

196 BGH, Urt. v. 23.9.2020 – KZR 35/19, NJW 2021, 848.
197 Vgl. BeckOK/*Hempel*, Kartellrecht, Stand 1.7.2024, GWB § 33h Rn 37ff.
198 Kritisch auch *Eden*, WuW 2014, 792, 793; Loewenheim/Meessen/Riesenkampff/Kersting/Meyer-Lindemann/*Kersting*, Kartellrecht, 4. Auflage 2020, § 33 GWB Rn 18.
199 Bürgerliches Gesetzbuch (BGB) i.d.F. der Bekanntmachung v. 2.1.2002 (BGBl. I S. 42, 2909; 2003 I S. 738), zuletzt geändert durch Gesetz v. 22.10.2024 (BGBl. 2024 I S. 320).
200 Grundlegend OLG Düsseldorf, Urt. v. 13.11.2013 – VI-U (Kart) 11/13 – NZKart 2014, 68 – Fachhandelsvereinbarung Sanitär – Badarmaturen. Später einen Anspruch erneut bestätigend auch OLG Düsseldorf, Urt. v. 8.5.2019 – U (Kart) 9/18 – BeckRS 2019, 26806.
201 Ausführlich *Eden*, WuW 2014, 792, 794f.

102 Unter Rückgriff auf das allgemeine Deliktsrecht wird angenommen, dass in Fällen, in denen der Geschäftsführer selbst den Kartellverstoß begeht, eine persönliche Haftung aus § 823 Abs. 1 BGB hergeleitet werden kann. Vorausgesetzt wird dabei, dass sich die Handlung des Geschäftsführers gegen den geschädigten Betrieb selbst richtet (**Betriebsbezogenheit**). Diese Voraussetzung ist nur erfüllt, wenn sich die Handlung gegen ein bestimmtes Unternehmen als Ganzes richtet. Im Übrigen müssen die allgemeinen deliktsrechtlichen Voraussetzungen erfüllt sein.

103 Sofern die Voraussetzung der Betriebsbezogenheit nicht erfüllt ist, kann auf die Haftung wegen sittenwidrigen Verhaltens gem. § 826 BGB zurückgegriffen werden. Das speziell in dieser Norm verlangte Merkmal der **Verwerflichkeit** liegt insbesondere nahe, wenn es um Kartellverstöße bei Hardcore-Kartellen (horizontale Absprachen) geht. In Schadensersatzverfahren haben diese Fragen noch keine Rolle gespielt. Allerdings gilt es, die Gefahren der persönlichen Haftung dringend im Auge zu behalten. Für Kartellgeschädigte bietet sich die Möglichkeit, bei der Prüfung von Schadensersatzforderungen einen Schuldner mehr, der gemeinschaftlich mit dem Unternehmen haftet, in Anspruch zu nehmen.[202]

VI. Weitere Konsequenzen

1. Zivilrechtliche Unwirksamkeit kartellrechtswidriger Rechtsgeschäfte

104 Ein **Verstoß gegen Vorschriften des GWB** bleibt auch im Hinblick auf die damit zusammenhängenden Rechtsgeschäfte nicht folgenlos. Zusätzlich zu den vorstehend dargestellten Konsequenzen führt ein solcher Kartellverstoß nämlich prinzipiell auch zur **Unwirksamkeit** der zugrunde liegenden vertraglichen **Vereinbarungen**:

- So sind vertragliche Bestimmungen, die gegen das Kartellverbot aus § 1 GWB oder die Missbrauchsverbote aus §§ 19 ff., 29 GWB verstoßen, nach § 134 BGB unwirksam.
- Desgleichen sind Rechtsgeschäfte, die vor der Freigabe eines nach §§ 35 ff. GWB fusionskontrollpflichtigen Zusammenschlusses vollzogen werden, nach § 41 Abs. 1 S. 2 GWB unwirksam.

Sind Teile eines Rechtsgeschäfts unwirksam, ist nach der Vermutungsregel des § 139 BGB im Zweifel von der Unwirksamkeit des gesamten Rechtsgeschäfts auszugehen, was unter bestimmten Voraussetzungen durch salvatorische Klauseln oder geltungserhaltende Reduktion (also die Rückführung auf das zulässige Maß) vermieden werden kann. Dazu auch Wiedemann/Topel, Kartellrecht, 4. Auflage 2020, § 50 Rn 18 ff.

105 Die Unwirksamkeit kartellrechtswidriger Rechtsgeschäfte kann zur Folge haben, dass Leistungen, die im Hinblick auf diese betreffenden Rechtsgeschäfte erbracht wurden,

---

[202] Zum Ganzen *Eden*, WuW 2014, 792. In diesem Sinne auch von Dietze/Janssen, Kartellrecht in der anwaltlichen Praxis, 6. Auflage 2023, Rn 749 f.

unter Umständen nach den Regeln des Bereicherungsrechts (§§ 812 ff. BGB) vom jeweiligen Empfänger der Leistung zurückzuerstatten sind.

Beispiel
Erfolgt z. B. auf der Grundlage eines Energieliefervertrages, dem missbräuchlich hohe Preise zugrunde liegen, absprachegemäß die Lieferung der Energie gegen Zahlung des (überhöhten) Energiepreises, ist unter Umständen vom Lieferanten der erlangte Geldbetrag an den Abnehmer zurückzuzahlen und muss der Abnehmer die bezogene Energie herausgeben bzw. – falls diese physisch beim Abnehmer nicht mehr vorhanden ist (was z. B. bei der Lieferung von Strom in der Regel der Fall sein dürfte) – Wertersatz hierfür leisten.

---

2. Gesellschafts- und arbeitsrechtliche Konsequenzen

Weitere gesellschafts- und arbeitsrechtliche Konsequenzen können sich bei einem Kartellverstoß für die **Leitungs- und Aufsichtsorgane** des betreffenden Unternehmens ergeben:

Sind **Mitglieder der Geschäftsführung oder des Vorstandes** an kartellrechtswidrigen Absprachen beteiligt und entsteht dem Unternehmen hierdurch ein Schaden, handelt es sich bei dem Rechtsverstoß in aller Regel zugleich um eine Verletzung der Organpflichten der betreffenden Person gegenüber dem Unternehmen. Dieses kann (bzw. unter Umständen muss) dann **Schadensersatz** von dieser Person verlangen (§ 43 Abs. 2 GmbHG,[203] § 93 Abs. 2 AktG[204]).[205]

Weil zudem in einer solchen Konstellation das Absehen von einer Geltendmachung der Schadensersatzansprüche durch den – für die Überwachung des Vorstandes zuständigen (§§ 111, 112 AktG) – Aufsichtsrat seinerseits eine zum Schadensersatz verpflichtende Pflichtverletzung darstellen könnte (§ 93 Abs. 2 i.V.m. § 116 AktG),[206] werden solche Ersatzansprüche häufig auch tatsächlich geltend gemacht.

Im Übrigen stellen Kartellverstöße von Angestellten eine **Verletzung** ihrer **arbeitsvertraglichen Pflichten** dar, § 280 Abs. 1 BGB i.V.m. dem Dienstvertrag. Das bedeutet, dass bei Zuwiderhandlungen gegen das Kartellrecht arbeitsrechtliche Maßnahmen wie **Abmahnungen** oder (bei besonders schwerwiegenden Verstößen) **Kündigungen** möglich sind.

---

[203] GmbH-Gesetz (GmbHG) v. 20.4.1892 (RGBl. I S. 477), zuletzt geändert durch Gesetz v. 22.2.2023 (BGBl. 2023 I Nr. 51).
[204] Aktiengesetz (AktG) v. 6.9.1965 (BGBl. I S. 1089), zuletzt geändert durch Gesetz v. 11.12.2023 (BGBl. 2023 I Nr. 354).
[205] Zum Ganzen grundlegend auch *Bunte*, NJW 2018, 123.
[206] Der BGH geht davon aus, dass der Aufsichtsrat festgestellte Schadensersatzansprüche des Unternehmens gegen den Vorstand grundsätzlich verfolgen muss und nur ausnahmsweise – bei gewichtigen Gründen des Gesellschaftswohls – von einer Rechtsverfolgung absehen darf. Vgl. BGH, Urt. v. 21.4.1997 – II ZR 175/95 – BGHZ 135, 244 – ARAG/Garmenbeck.

G. Hinweise zur kartellrechtlichen Compliance

110 Für die Ausgestaltung einer effektiven Compliance im Bereich des Kartellrechts gelten im Wesentlichen die bereits dargestellten Grundsätze.[207] Im Folgenden wird daher lediglich auf die wesentlichen Eckpfeiler einer solchen Compliance unter Berücksichtigung der kartellrechtlichen Besonderheiten eingegangen.[208]

I. Ausgangspunkt: Bestandsaufnahme und Risikobewertung

111 Ausgangspunkt für eine effektive Kartellrechts-Compliance sollte zunächst eine **Bestandsaufnahme** darüber sein, in welchen Bereichen und in welchem Maße ein Unternehmen individuell für Kartellverstöße gefährdet ist. Denn der Inhalt und Umfang der jeweils zu treffenden Compliance-Maßnahmen hängt naturgemäß von der Struktur[209] und vom konkreten Gefährdungspotenzial des jeweiligen Unternehmens ab. Schon bei der Bestandsaufnahme bietet es sich dabei an, zur Risikobewertung eine Methode und einen Prozess zu definieren.[210]

112 Ein **Fragenkatalog** kann dabei helfen, die unternehmensspezifischen Risikobereiche näher zu bestimmen und zugleich das Anwendungsfeld für Compliance-Maßnahmen sinnvoll einzugrenzen.[211] Folgende Fragenkreise können bei der Identifikation von Risiken und möglichen Maßnahmen helfen:

- Verfügt das Unternehmen über eine **marktbeherrschende Stellung** auf einem der Märkte, auf dem es tätig ist? Wie wird der betreffende Markt durch die Kartellpraxis in sachlicher und räumlicher Hinsicht abgegrenzt? Wie hoch sind die Marktanteile des Unternehmens für das betreffende Produkt oder die Dienstleistung (etwa gemessen am Umsatz, der Produktion oder den Absatzmengen)? Wie hoch sind die Wechselquoten? Gibt es starken Wettbewerb durch alternative Anbieter?
- War das Unternehmen bereits in der Vergangenheit Adressat **kartellbehördlicher Maßnahmen** (z.B. im Rahmen von Auskunftsverfügungen, Sektorenuntersuchungen etc.)? Wurden hierbei sensible Daten herausgegeben, die künftig zu Folgeermittlungen führen könnten?

---

207 Vgl. Kap. 2 Rn 1ff.
208 Vgl. dazu auch ICC Germany e.V., Das ICC Toolkit zur kartellrechtlichen Compliance, Ein praktischer Leitfaden für KMU und größere Unternehmen, 2014, abrufbar unter https://www.iccgermany.de/wp-content/uploads/2021/03/ICC_Toolkit_zur_Kartellrechtlichen_Compliance-1.pdf.; zu Elementen einer eines kartellrechtlichen Compliance-Managements auch Kamann/Ohlhoff/Völcker/*Harler/Sprafke*, Kartellverfahren und Kartellprozess, 2. Auflage 2024, § 52 Rn 25ff.
209 So auch *Glöckner*, JuS 2017, 905; zur Kartellrechts-Compliance im Vertikalverhältnis zwischen Mutter- und Tochtergesellschaften innerhalb eines Konzerns *Karst*, WuW 2012, 150 .
210 Vgl. auch ICC Germany e.V., Das ICC Toolkit zur kartellrechtlichen Compliance, S. 31.
211 Vgl. Kamann/Ohlhoff/Völcker/*Harler/Sprafke*, Kartellverfahren und Kartellprozess, 2. Auflage 2024, § 52 Rn 42.

- Steht das Unternehmen eventuell aus anderen Gründen **im Fokus der Kartellbehörden** (z.B. aufgrund von Verbraucherbeschwerden im Zusammenhang mit Preiserhöhungen, anlässlich von Sektorenuntersuchungen etc.)?
- Können Mitarbeiter aus den Vertriebs-, Handels-, Einkaufs- oder Vertragsabteilungen des Unternehmens ohne Kenntnis der Unternehmensleitung **verbotene Kartellabsprachen** über Preise, Konditionen, Gebiete oder Kundengruppen treffen? Können diese Mitarbeiter ohne Wissen der Unternehmensleitung missbräuchliche Preise oder Konditionen festlegen?
- Haben Mitarbeiter des Unternehmens **Kontakt zu Wettbewerbern**? Auf welchen Foren (Verbandstreffen, Schulungen, Aufsichts- oder Beiratssitzungen) trifft man sich? Welche Informationen werden dort ausgetauscht? Gibt es sonstige gemeinsame **Informationssysteme mit Wettbewerbern**?
- Welche **Kooperationen** bestehen **mit Wettbewerbern**? Fallen diese eventuell aufgrund der Umsätze der beteiligten Unternehmen und aufgrund der gesellschaftsrechtlichen Konstruktion in den Anwendungsbereich der Fusionskontrolle? Wurde die Kooperation beim BKartA angemeldet? Wurde sie bereits freigegeben?

1. Reaktionsmöglichkeiten bei festgestellten Zuwiderhandlungen

Werden im Rahmen der Bestandsaufnahme Verstöße gegen das Kartellrecht festgestellt, muss zum einen die Schwere des Kartellverstoßes ermittelt und zum anderen geprüft werden, wie hoch das individuelle Risiko ist, dass der Kartellverstoß durch die Kartellbehörden aufgedeckt oder anderweitig gemeldet wird. In jedem Falle sollte der Kartellverstoß umgehend abgestellt werden.

a) Der Kartellverstoß wird bislang kartellbehördlich nicht verfolgt

Ist der Kartellverstoß bislang durch die Kartellbehörden unentdeckt geblieben, sollte auf der Grundlage einer Folgenabschätzung entschieden werden, ob das Unternehmen den Verstoß selbst an die Kartellbehörde meldet. Zwar besteht grundsätzlich keine Pflicht zur Selbstbelastung für ein Unternehmen und auch ein Compliance Officer hat keine allgemeine Garantenstellung, aus welcher eine Pflicht zur Offenlegung von Rechtsverletzungen resultiert.[212] Ungeachtet (nicht) bestehender Verpflichtungen kann eine Offenlegung aber auch Rechtsvorteile bieten.[213]

---

[212] Seine strafrechtliche Garantenstellung verpflichtet den Compliance Officer aber ggf., zumindest den (nachweislichen) Versuch einer unternehmensinternen Aufklärung und Abhilfe zu unternehmen, falls durch das (kartellrechtswidrige) Verhalten des Unternehmens Dritte geschädigt werden, vgl. BGH, Urt. v. 17.7.2009 – 5 StR 394/08 – BGHSt 54, 44. Daraus kann aber keine Pflicht resultieren, automatisch (Überwachungs-)Behörden oder Staatsanwaltschaft zu informieren, vgl. Moosmayer/Lösler/*Bürkle/Kinzl*, Corporate Compliance, 4. Auflage 2024, § 12 Rn 41 m.w.N.
[213] So *Glöckner*, JuS 2017, 905, 907.

115 Maßgeblich für die Entscheidung kann dabei unter anderem sein, ob dem Unternehmen das (vom BKartA seit 2000 praktizierte) sog. **Kronzeugenprivileg** bzw. die **Bonusregelung** zugutekommt.[214] Diese Privilegierung ist seit der 9. GWB-Novelle in § 33e GWB auch im Gesetz verankert und wurde – in Umsetzung der Richtlinie (EU) 2019/1 – durch die 10. GWB-Novelle im Hinblick auf das kartellbehördliche Bußgeldverfahren weiter gesetzlich ausgeformt.[215] Seither enthalten die §§ 81h bis 81n GWB detaillierte gesetzliche Vorgaben zu Kronzeugenprogrammen.[216] In jedem Falle ist aber das Spannungsverhältnis zwischen einem Kronzeugenantrag und möglichen Rechten Kartellgeschädigter auf Akteneinsicht[217] sorgfältig abzuwägen.

> **Tipp**
> Durch einen sog. **Kronzeugenantrag** kann ein Kartelltäter die deutliche Reduktion oder den gänzlichen Erlass der Geldbuße erreichen. Entscheidend dafür, ob das **BKartA** im Einzelfall die Geldbuße erlässt, ist im Wesentlichen, dass sich das Unternehmen wegen des Kartellverstoßes **als erstes** an die Kartellbehörde wendet, dass es **keine führende Rolle** in dem Kartell eingenommen hat und dass es der Kartellbehörde durch die übermittelten Informationen ermöglicht, einen **Durchsuchungsbeschluss** gegen die anderen Kartellanten zu erwirken bzw. diesen die Beteiligung an dem Kartellverstoß **nachzuweisen**. Es gilt also insoweit das Windhundprinzip, weswegen es sich empfiehlt, den begangenen Kartellverstoß und die möglichen Handlungsoptionen zeitnah extern juristisch prüfen zu lassen.

b) Der Kartellverstoß wird bereits kartellbehördlich verfolgt

116 Steht das Unternehmen aufgrund des festgestellten Verstoßes bereits im Fokus kartellbehördlicher Ermittlungen, ist zu überlegen, ob das Unternehmen **an der Aufklärung mitwirkt**.

117 Dies kann sich insbesondere dann empfehlen, wenn das Unternehmen als erstes im Rahmen eines gegen mehrere Unternehmen geführten Kartellverfahrens mit der Kartellbehörde kooperiert und in diesem Rahmen maßgeblich zur Aufklärung des Kartellverstoßes beiträgt, denn in diesem Fall kann die Geldbuße dieses Unternehmens reduziert werden.

---

214 Bußgeldverfahren werden häufig durch Kronzeugenanträge ausgelöst, wobei mit der Stärkung der privaten Kartellrechtsdurchsetzung die Zahl solcher Anträge zurückging. So wurden beim BKartA 10 Bonusanträge in 2021 und 13 Bonusanträge in 2022 gestellt. Vgl. BKartA, Tätigkeitsbericht 2021/2022, BT-Drucks. 20/7300, S. 35.
215 Nach der früheren, wegen §§ 81h bis 81n GWB zum 19.1.2021 aufgehobenen sog. Bonusregelung konnte das **BKartA** bei verbotenen Kartellen unter bestimmten Voraussetzungen auf die Verhängung einer Geldbuße für einen Kartellverstoß verzichten oder aber die Geldbuße reduzieren.
216 Umfassend dazu Bien/Käseberg/Klumpe/Körber/Ost/*Roesen*, Die 10. GWB-Novelle, 1. Auflage 2021, Kapitel 3 zu §§ 81 – 86 GWB, Rn 190 ff.
217 Dazu ausführlich *Dworschak/Maritzen*, WuW 2013, 829 m.w.N.

Ist ein Erlass oder eine Reduktion der Geldbuße nach der Bonusregelung nicht mehr möglich, sollte erwogen werden, ob das Unternehmen den begangenen Kartellverstoß eventuell durch geeignete Verpflichtungszusagen kompensieren kann. Denn dies hat den Vorteil, dass eine spätere Entscheidung der Kartellbehörde über die Annahme einer solchen Verpflichtungszusage keine Bindungswirkung für etwaige Schadensersatzklagen betroffener Dritter entfaltet.

Tipp
Da durch eine frühzeitige Zusammenarbeit mit den Kartellbehörden bzw. durch geeignete Kompensationsmaßnahmen die Geldbuße erheblich reduziert und zudem weiterer Schaden für das Unternehmen abgewendet werden kann, sollten diese Optionen möglichst zeitnah – ggf. unter Hinzuziehung externen Rechtsrats – sorgfältig abgewogen werden.

2. Bestimmung des relevanten Personenkreises und der wesentlichen Inhalte einer Kartellrechts-Compliance

Steht nach der Bestandsaufnahme fest, in welchen Unternehmensbereichen und im Hinblick auf welche Kartellverstöße das Unternehmen besonders gefährdet ist, können der Kreis der Mitarbeiter sowie der Inhalt der Informationen, die im Rahmen des Compliance-Programms vermittelt werden sollen, festgelegt werden.

II. Kartellrechts-Compliance als Aufgabe der Leitungsebene

Für die Funktionsfähigkeit kartellrechtlicher Compliance-Programme ist von entscheidender Bedeutung, dass derartige Programme als genuine Aufgabe der Führungsebene verstanden und auch wahrgenommen werden.

Das bedeutet zum einen, dass sich eine kartellrechtliche Compliance nach Möglichkeit auch in der Unternehmenspolitik – also in den von der Leitungsebene beschlossenen Regularien, wie z.B. in Geschäftsprinzipien oder im Verhaltenskodex – widerspiegeln sollte.[218]

Zum anderen ist ein reger und kontinuierlicher Informationsaustausch in und aus Richtung der Führungsebene erforderlich. Dies bedeutet eine regelmäßige Berichterstattung an das Management. Umgekehrt müssen die Erkenntnisse und Erfahrungen aus dieser Berichterstattung in die fortwährende Verbesserung des Compliance-Systems einfließen und sollten diese zum Bestandteil der Information und Schulung der Mitarbeiter gemacht werden.

---

218 Vgl. dazu auch ICC Germany e.V., Das ICC Toolkit zur kartellrechtlichen Compliance, S. 17.

III. Information und Schulung von Mitarbeitern

123 Um Kartellverstöße zu verhindern oder auf begangene Kartellverstöße richtig zu reagieren, müssen die **Mitarbeiter** – insbesondere in den gefährdeten Unternehmensbereichen – mit den Grundzügen des Kartellrechts vertraut sein.[219]

124 Zu diesem Zweck empfiehlt es sich, die Mitarbeiter der betroffenen Unternehmensabteilungen in **Mitarbeiterschulungen** mit den für den jeweiligen Geschäftszweig des Unternehmens relevanten Inhalten des Kartellrechts vertraut zu machen. Dabei sollten die Schulungen einerseits in verständlicher Art und Weise einen Überblick über die **wichtigsten Kartellverstöße** vermitteln, andererseits aber auch die **Folgen von Kartellverstößen** aufzeigen. So bietet es sich an, die Inhalte anhand konkreter Beispiele aus der Praxis zu veranschaulichen. Ziel sollte es dabei sein, bei den Mitarbeitern eine grundsätzliche Sensibilität für kartellrechtlich relevante Sachverhalte auszuprägen.

125 Darüber hinaus sollte in den Schulungen der Umgang mit Sachverhalten vermittelt werden, in denen Kartellverstöße drohen oder gar bereits begangen wurden oder in denen das Unternehmen aus sonstigen Gründen von kartellbehördlichen (Ermittlungs-) Maßnahmen betroffen ist. Diesbezüglich sollte insbesondere erläutert werden, **in welchen Situationen ein Mitarbeiter wie reagieren** und **was er an wen melden muss** und wie z.B. bestimmte Vorgänge zu dokumentieren sind.

IV. Erstellung von Richtlinien bzw. Checklisten

126 Zusätzlich zu den Schulungen sollten **Kartellrechts-Richtlinien** bzw. **Checklisten** erstellt werden, welche die wesentlichen Grundzüge der Kartellrechts-Compliance nochmals in kompakter und übersichtlicher Form zusammenfassen und den Mitarbeitern als Handlungs- und Orientierungshilfe in Zweifelsfällen dienen sollten.[220]

127 In den Richtlinien sollten **konkrete Verhaltensge- und -verbote** (Dos and Don'ts), die sich aus dem Kartellrecht ergeben, festgelegt werden. Dementsprechend sollte konkret geregelt werden, welche Maßnahmen von den Mitarbeitern in welcher Situation ergriffen werden sollten und an wen sowie in welcher Form Meldungen über drohende oder begangene Kartellverstöße zu richten sind.[221]

> **Tipp**
> So sollten Mitarbeiter z.B. angewiesen werden, Veranstaltungen von vornherein fernzubleiben oder zu verlassen, wenn hierin kartellrechtlich problematische Sachverhalte besprochen werden. Nehmen Mitarbeiter an

---

[219] Vgl. dazu auch ICC Germany e.V., Das ICC Toolkit zur kartellrechtlichen Compliance, S. 45; *Glöckner*, JuS 2017, 905, 906; *Dittrich*, CCZ 2015, 209, 210.
[220] Vgl. *Glöckner*, JuS 2017, 905, 906; *Dittrich*, CCZ 2015, 209, 210 f.
[221] Vgl. Kamann/Ohlhoff/Völcker/*Harler*/*Sprafke*, Kartellverfahren und Kartellprozess, 2. Auflage 2024, § 52 Rn 47 ff.

derartigen Veranstaltungen teil, so sollten sie sich „offen vom Inhalt der Sitzungen distanzieren"[222] oder Umstände nachweisen, „aus denen sich eindeutig eine fehlende wettbewerbswidrige Einstellung bei der Teilnahme an Sitzungen ergibt".[223] Auch sollten die Mitarbeiter in den Richtlinien verpflichtet werden, Sachverhalte der vorgenannten Art zu dokumentieren und an den zuständigen Ansprechpartner im Unternehmen zu melden.

Nicht zuletzt sollten die Richtlinien auch Festlegungen zu den drohenden Sanktionen bei begangenen Kartellverstößen enthalten. Insbesondere sollte hierbei auf die möglichen arbeitsrechtlichen Konsequenzen hingewiesen werden. **128**

V. Organisatorische Vorkehrungen zur Überwachung

Neben der inhaltlichen Schulung der Mitarbeiter und der Festlegung von Richtlinien erfordert eine effektive Kartellrechts-Compliance auch die Einführung bestimmter organisatorischer Strukturen. Insbesondere ist durch organisatorische Maßnahmen eine **permanente und möglichst engmaschige Überwachung** im Unternehmen sicherzustellen (sog. Monitoring). **129**

Zu diesem Zweck sollte im Unternehmen zumindest ein **Ansprechpartner** für Kartellrechts-Fragen bestimmt werden, dessen Aufgaben- und Verantwortungsbereich jedoch im Einklang mit den Richtlinien präzise abgegrenzt werden sollte. **130**

Tipp
Ansprechpartner kann z.B. – soweit im Unternehmen vorhanden – ein Compliance Officer sein. Naheliegend ist es gleichfalls, den Syndikusanwalt im Unternehmen als Ansprechpartner festzulegen.[224]

Der festgelegte Ansprechpartner für Kartellfragen sollte einerseits fortlaufend – ggf. durch **Stichproben** – die Einhaltung des Kartellrechts überwachen und dokumentieren, andererseits aber auch zentrale Anlaufstelle und Berater für die Mitarbeiter und Fachabteilungen bei Zweifelsfragen und bei Meldungen über drohende oder gar begangene Kartellverstöße sein. **131**

Auch wenn sich durch die Festlegung eines für die kartellrechtliche Überwachung im Unternehmen verantwortlichen Mitarbeiters bestimmte Aufgaben von der Unternehmensleitung auf andere Mitarbeiter delegieren lassen, ist die Unternehmensleitung hierdurch nicht gänzlich von ihrer eigenen Pflicht zur Kontrolle der Einhaltung kartellrechtlicher Bestimmungen befreit. Das bedeutet, dass neben dem jeweiligen Ansprechpartner auch **Geschäftsführer und Vorstände** prinzipiell zur Kontrolle verpflichtet **132**

---

222 EuG, Urt. v. 14.5.1998 – T-334/94 – WuW/E EU-R 87ff. – EuG Slg. 1998 II, 1439ff. – Finnboard/Kommission.
223 EuGH, Urt. v. 8.7.1999 – C-199/92 P – WuW/E EU-R 226ff. – EuGH Slg. 1999 I, 4287ff. – Hüls/Kommission.
224 Vgl. *Wiedmann/Greubel*, CCZ 2019, 88, 90.

bleiben. Mit anderen Worten muss vorgegeben und -gelebt werden, dass die Einhaltung des festgelegten Systems und der Regelwerke von den Mitarbeitern ernst genommen und erwartet wird.[225] Daher sollten auch von der Unternehmensleitung – neben dem obligatorischen regelmäßigen Reporting – **stichprobenartige Prüfungen** durchgeführt werden.[226]

133   Für die Unterhaltung einer funktionsfähigen Kartellrechts-Compliance und zur Gewährleistung des hierfür erforderlichen effektiven Informationsflusses empfiehlt es sich schließlich, interne Meldesysteme mit festgelegten Berichtslinien und Meldeprozessen zu etablieren.[227]

VI. Dokumentation

134 Im eigenen Interesse des Unternehmens und der verantwortlichen Mitarbeiter sollten die Schulungs- und Überwachungsmaßnahmen im Unternehmen **dokumentiert** werden. Dies dient in erster Linie dazu, sich in einem möglichen späteren Verfahren wegen eines Kartellverstoßes im Hinblick auf die Aufsichts- und Überwachungspflichten nach § 130 OWiG zu entlasten oder aber etwa die Reduktion der Geldbußen bei Kartellverstößen zu erreichen.[228]

135   Ebenso sollten die Mitarbeiter zur möglichst genauen Dokumentation von Sachverhalten verpflichtet werden, in denen z.B. Wettbewerber bei versuchten Kartellabsprachen abgewiesen wurden. Dies ermöglicht es dem Unternehmen, sich bei etwaigen späteren Ermittlungen der Kartellbehörden zu entlasten sowie den Aufwand des Verfahrens zu reduzieren.

136   Inwieweit und in welcher Form darüber hinaus kartellrelevante Sachverhalte oder aber festgestellte Verstöße im Unternehmen zu dokumentieren sind, ist im Einzelfall mit Blick darauf zu entscheiden, ob dies dem Unternehmen in einem späteren kartellbehördlichen Verfahren möglicherweise zum Nachteil gereichen könnte. Gegebenenfalls ist externer Rechtsrat einzuholen.

---

225 So *Wiedmann/Greubel*, CCZ 2019, 88, 90, ähnlich *Dittrich*, CCZ 2015, 209, 210.
226 Vgl. Kamann/Ohlhoff/Völcker/*Harler/Sprafke*, Kartellverfahren und Kartellprozess, 2. Auflage 2024, § 52 Rn 94 ff..
227 Vgl. dazu auch ICC Germany e.V., Das ICC Toolkit zur kartellrechtlichen Compliance, S. 50 ff. Das BKartA hat bereits zum 1.1.2012 ein System zur Entgegennahme von anonymen Hinweisen auf Kartellverstöße eingerichtet.
228 Vgl. *Glöckner*, JuS 2027, 905, 906.

VII. Umgang mit kartellrechtlich sensiblen Unterlagen

Erhebliche Probleme kann die Frage bereiten, ob, inwieweit und unter welchen Voraus- **137** setzungen Unterlagen an die Kartellbehörden herausgegeben werden müssen bzw. der Beschlagnahme unterliegen. Zwar erstreckt sich das **Recht der Kartellbehörden auf Einsicht, Prüfung und ggf. Beschlagnahme** im Rahmen von Ermittlungsverfahren prinzipiell auf sämtliche Geschäftsunterlagen, die für die Aufklärung des Sachverhalts relevant sein können. Unter bestimmten Voraussetzungen sind jedoch Unterlagen von der Herausgabe oder Beschlagnahme durch die Kartellbehörden ausgenommen.

1. Korrespondenz mit einem externen Anwalt

Ausgenommen von der Pflicht zur Vorlage und der Beschlagnahme von Unterlagen im **138** Verwaltungs- oder Bußgeldverfahren ist nach dem deutschen und europäischen Kartellrecht die sich bei einem externen Anwalt befindliche Korrespondenz (sog. **Anwaltsprivileg** oder **Legal Privilege**). Im Rahmen der VW-Untersuchungen im Jahr 2018 stellte das BVerfG aber klar, dass im Strafverfahren gegenüber Ermittlungsbehörden grundsätzlich alle angeforderten Unterlagen offengelegt werden müssen.[229]

Im deutschen und europäischen Recht uneinheitlich beantwortet wird daneben die **139** Frage, ob auch die **im Unternehmen aufbewahrte Korrespondenz mit einem externen Anwalt** von der Vorlage und Beschlagnahme ausgenommen ist. Während derartige Korrespondenz im europäischen Recht unabhängig davon vorlage- und beschlagnahmefrei ist, wo sie sich befindet, gehen die deutschen Kartellbehörden und Gerichte – trotz massiver Kritik – davon aus, dass grundsätzlich nur die beim externen Anwalt aufbewahrten Schriftstücke nicht herausgegeben werden müssen.[230] Das bedeutet, dass Unterlagen dann nicht unter das Anwaltsprivileg fallen, wenn sie beim Unternehmen an einem Ort aufbewahrt werden, zu dem neben dem Syndikusanwalt auch die Geschäftsleitung oder der Vorstand Zugang und damit Zugriff auf die Unterlagen haben.[231]

Eine Ausnahme wird im deutschen Recht allerdings hinsichtlich solcher Korrespon- **140** denz zwischen einem Mandanten und einem externen Anwalt gemacht, die nach Einleitung eines Ermittlungsverfahrens in Bezug auf die Verteidigung erfolgt (sog. verfahrensbezogene Korrespondenz). Diese unterliegt auch dann dem Herausgabe- und Beschlagnahmeverbot, wenn sie sich beim Mandanten befindet.[232]

---

[229] BVerfG, Beschl. v. 27.6.2018 – 2 BvR 1405/17, 2 BvR 1780/17, 2 BvR 1562/17, 2 BvR 1287/17, 2 BvR 1583/17 – NJW 2018, 2385.
[230] Zur Problematik siehe Immenga/Mestmäcker/*Wirtz*, Wettbewerbsrecht, 7. Auflage 2024, § 59 GWB Rn 57 ff.
[231] Vgl. *Kübler/Pautke*, BB 2007, 390, 395.
[232] BGH, Beschl. v. 13.8.1973 – StB 34/73 – NJW 1973, 2035, 2036.

> **Tipp**
> Mittlerweile ist also Vorsicht geboten, wenn kartellrelevante Dokumente einem externen Anwalt übergeben werden. Eine Anwaltskorrespondenz, die sich im Unternehmen befindet, sollte stets als solche gekennzeichnet werden. Damit bewahrt sich das Unternehmen zumindest die Möglichkeit, dass die Kartellbehörden bei Durchsuchungen ausnahmsweise doch der europäischen Linie folgen und von einer Beschlagnahme dieser Unterlagen absehen.

2. Korrespondenz mit Syndikusanwälten

141 Gleichfalls problematisch und nicht abschließend geklärt ist die Geltung des Anwaltsprivilegs auch im Hinblick auf die Korrespondenz mit sog. **Syndikusanwälten**,[233] also mit solchen Juristen, die zwar als Anwalt zugelassen sind und damit den anwaltlichen Berufspflichten unterliegen, die jedoch in einem Unternehmen fest angestellt sind.

142 Das **LG Bonn**[234] hat insoweit ausdrücklich klargestellt, dass Unterlagen im Gewahrsam des Syndikusanwalts nur dann beschlagnahmefrei sind, wenn er „mit typischen anwaltlichen Aufgaben befasst ist. Dies ist nur dann der Fall, wenn Unterlagen betroffen sind, die er als Rechtsanwalt zur Erbringung von anwaltlichen Leistungen gegenüber Dritten erstellt hat". Hausinterne Tätigkeiten des Syndikusanwalts für sein Unternehmen stellen keine Verteidigungsunterlagen i.S.d. § 148 StPO dar und sollen demnach auch keine „anwaltliche Tätigkeit" darstellen.

143 Auch der **EuGH**[235] hat bestätigt, dass das Anwaltsprivileg für externe Anwälte nicht in gleicher Weise auch für Syndikusanwälte gilt und dass daher die unternehmensinterne Kommunikation mit hauseigenen Juristen auch dann nicht dem Anwaltsprivileg unterfällt, wenn diese als Rechtsanwälte zugelassen sind. Ausnahmen könnten hiernach allenfalls noch für interne Schriftstücke des Unternehmens in Frage kommen, die ausschließlich, unzweifelhaft und nachweisbar deswegen vom Syndikusanwalt verfasst oder zusammengestellt werden, um die Beratung eines externen Anwalts zu erhalten sowie für entsprechende Dokumente, die die Beratung mit einem externen Anwalt dokumentieren oder intern darüber informieren.

---

233 Dazu auch Wiedemann/*Klusmann*, Kartellrecht, 4. Auflage 2020, § 57 Rn 33 ff.
234 LG Bonn, Beschl. v. 29.9.2005 – 37 Qs 27/05 – NStZ 2007, 605.
235 EuGH, Urt. v. 14.9.2010 – C-550/07 P – NJW 2010, 3557.

Kapitel 14
Energiewirtschaftsrecht und Entflechtungsvorgaben

Stellt unser Unternehmen tatsächlich die Vertraulichkeit wirtschaftlich sensibler Informationen des Netzbetriebs sicher? Für welche Bereiche unseres Unternehmens sind durch die Buchhaltung getrennte Konten zu bilden? Entsprechen der Markenauftritt und das Kommunikationsverhalten sowie die personelle Ausstattung unserer Netzgesellschaft in quantitativer und qualitativer Hinsicht den gesetzlichen Vorgaben? Ist der Netzbetrieb von den Wettbewerbsbereichen in unserer Unternehmensgruppe richtig gesellschaftsrechtlich entflochten? Wie und von wem wird der sog. Grundversorger bestimmt?

Im EnWG[1] und dort insbesondere in den Entflechtungsbestimmungen existieren grundlegende Verpflichtungen und Verhaltensmaßregeln, deren Einhaltung im Rahmen der Compliance sichergestellt sein muss.[2]

A. Entflechtungsvorgaben des EnWG

I. Überblick

1. Europarechtliche Grundlagen und die Umsetzung im EnWG

Auch nach der vollständigen Liberalisierung des Energiemarktes im Jahre 1998 durch die damalige Neuregelung des EnWG und die Modifizierung des ursprünglichen Energiekartellrechts in den §§ 103, 103a GWB[3] blieben fast ausnahmslos alle im Elektrizitäts- oder Gasnetzbetrieb tätigen Unternehmen in Deutschland auch in den Bereichen der Energieerzeugung bzw. -belieferung tätig. Dabei bestanden schon aus betriebswirtschaftlichen Effizienzgründen vielfältige Verflechtungen innerhalb der Unternehmen bzw. innerhalb eines Konzernverbundes in personeller, wirtschaftlicher und steuerlicher Hinsicht sowie in Fragen der Aufbau- bzw. Ablauforganisation.

Eine gesetzliche Verpflichtung zur **Entflechtung** (engl. **Unbundling**) im Bereich Elektrizität und Erdgas – also der grundsätzlichen Trennung der einzelnen Wertschöpfungsstufen, insbesondere Netzbetrieb und Energievertrieb bzw. -erzeugung – war da-

---

1 Energiewirtschaftsgesetz (EnWG) v. 7.7.2005 (BGBl. I S. 1970), zuletzt geändert durch Gesetz v. 8.10.2023 (BGBl. I Nr. 272).
2 Allgemein zu den im Bereich Compliance erforderlichen Regeln und organisatorischen Erfordernissen vgl. Kap. 5.
3 Gesetz gegen Wettbewerbsbeschränkungen (GWB) v. 26.6.2013 (BGBl. I S. 1750), zuletzt geändert durch Gesetz v. 25.10.2023 (BGBl. I Nr. 294).

her ein zentrales Anliegen der europäischen Richtlinien zur Beschleunigung der Liberalisierung des Elektrizitäts- bzw. Erdgasbinnenmarktes.[4]

5   Bei der Umsetzung der EltRL 2003 und GasRL 2003 hat sich der deutsche Gesetzgeber in weiten Teilen darauf beschränkt, den Wortlaut der Richtlinien lediglich zu übernehmen. Die Folge war, dass die Entflechtungsvorgaben in den §§ 6 bis 10 EnWG 2005 an einer fehlenden Systematik, unpräzisen Formulierungen und einer mangelhaften Regelungsdichte leiden.[5] Daran haben auch die im Zuge der EnWG-Novelle 2011 vorgenommenen Änderungen und Ergänzungen der nunmehrigen §§ 6 bis 10e EnWG nichts geändert.

2. Gesetzliche Ziele der Entflechtungsvorgaben

6   Als gesetzliche Zielsetzung nennt § 6 Abs. 1 S. 1 EnWG die Gewährleistung von **Transparenz** sowie die **diskriminierungsfreie Ausgestaltung und Abwicklung des Netzbetriebs** im Bereich Elektrizität und Erdgas.[6] Daneben führt die Begründung des Gesetzesentwurfs der Bundesregierung die Verhinderung von Quersubventionen zwischen den Tätigkeiten des Netzbetriebs und den anderen Geschäftsbereichen des vertikal integrierten Unternehmens gemäß § 3 Nr. 38 EnWG als einen Unterfall der diskriminierungsfreien Abwicklung des Netzbetriebs auf.[7]

7   Die in § 6 Abs. 1 S. 1 EnWG angesprochene Ausgestaltung des Netzbetriebs betrifft somit die Aufbauorganisation und die Abwicklung des Netzbetriebs (Ablauforganisation), sodass sowohl die Organisationsstruktur, also der Aufbau des Netzbetriebs, als auch die einzelnen Geschäftsprozesse eine diskriminierungsfreie Ausübung des Netzbetriebs sicherzustellen haben.

3. Stufenfolge der und Ausnahmen von den Entflechtungsvorgaben

8   Die Entflechtungsbestimmungen der §§ 6ff. EnWG richten sich an vertikal integrierte Unternehmen und rechtlich selbstständige Betreiber von Elektrizitäts- und Gasversorgungsnetzen, die im Sinne von § 3 Nr. 38 EnWG mit einem vertikal integrierten Unternehmen verbunden sind.[8]

---

4 Elektrizitätsbinnenmarktrichtlinie 2003 (EltRL 2003 – RL 2003/54/EG) v. 26.6.2013 (ABl. EU Nr. L 176 S. 37ff.), dort insbesondere Art. 10, 15 und 19; Gasbinnenmarktrichtlinie 2003 (GasRL 2003 – RL 2003/55/EG) v. 26.6.2003 (ABl. EU Nr. L 176 S. 57ff.), dort insbesondere Art. 9, 13 und 17.
5 *Büdenbender/Rosin*, Energierechtsreform 2005, S. 82f., sprechen von einer „kritiklosen Übernahme" und einer „Mutlosigkeit des Gesetzgebers". Lediglich *Säcker*, DB 2004, 691ff., hält bereits die Normierungstiefe der Europäischen Richtlinien für ausreichend.
6 Die Gewährleistung von Diskriminierungsfreiheit und eines diskriminierungsfreien Netzbetriebs wird auch von §§ 7a Abs. 2 Nr. 1 und 6b Abs. 3 S. 1 EnWG angesprochen.
7 BT-Drucks. 15/3917, S. 51.
8 Fusionskontrollverordnung (FKVO – VO (EG) Nr. 139/2004) v. 20.1.2004 (ABl. EU Nr. L 24 S. 1ff.).

Vereinfacht sind also solche Unternehmen und auch jede Gruppe von Unternehmen 9
betroffen, bei denen Tätigkeiten des Netzbetriebs mit denen des Energievertriebs und
der -erzeugung im Bereich Elektrizität und Erdgas zusammenfallen.

Durch die EnWG-Novelle 2011 sind weitere Verschärfungen der **Entflechtungsvor-** 10
gaben für „**Transportnetzbetreiber**" (also Übertragungs- und Fernleitungsnetzbetreiber), insbesondere die Verpflichtungen zum sog. **Ownership Unbundling**, vorgenommen worden, vgl. §§ 8 bis 10e EnWG. Diesen besonderen Entflechtungsvorgaben für die wenigen Transportnetzbetreiber sind in den §§ 6 bis 6d EnWG gemeinsame Vorschriften für Verteiler- und Transportnetzbetreiber sowie in den §§ 7 bis 7b besondere Vorschriften für Verteilernetzbetreiber und Betreiber von Speicheranlagen vorangestellt.

Nach den §§ 6a bis 7a EnWG sind für die große Mehrzahl der Netzbetreiber in 11
Deutschland, die Verteilernetzbetreiber, **vier Stufen der Entflechtung** zu unterscheiden:
- die rechtliche Entflechtung gemäß § 7 EnWG,
- die operationelle Entflechtung gemäß § 7a EnWG,
- die Regelungen zur Verwendung von Informationen (sog. informatorische Entflechtung) gemäß § 6a EnWG und
- die Bestimmungen zur Rechnungslegung und internen Buchführung (sog. buchhalterische Entflechtung) gemäß § 6b EnWG.

Die **rechtliche Entflechtung** verlangt die formale Unabhängigkeit des Netzbetriebs da- 12
durch, dass dieser in einer anderen Gesellschaft geführt wird als die Bereiche Gewinnung, Erzeugung oder Vertrieb von Energie. Diese lediglich formale Trennung nach der Rechtsform wird flankiert durch die **operationelle Entflechtung**, die bestimmte Anforderungen an den Markenauftritt und das Kommunikationsverhalten der Netzgesellschaft sowie die Aufbau- und Ablauforganisation und die personelle Zuordnung im Netzbetrieb statuiert.

Zusätzlich verpflichtet § 6a EnWG zur **Vertraulichkeit** im Hinblick auf wirtschaft- 13
lich sensible Informationen aus der Geschäftstätigkeit als Netzbetreiber bzw. zur **diskriminierungsfreien Offenlegung** von Informationen, die wirtschaftliche Vorteile bringen können. Die Vorschriften zur Rechnungslegung und internen Buchführung in § 6b EnWG bilden eine besondere Ausprägung des **Transparenzgebots** im Hinblick auf die Erstellung und Prüfung von Jahresabschlüssen und die interne Rechnungslegung.

Neben der bereits aus der Gesetzessystematik folgenden Beschränkung der Ent- 14
flechtungsbestimmungen auf die Bewirtschaftung der Sektoren Elektrizität und Erdgas finden die §§ 7 und 7a EnWG auch keine Anwendung auf vertikal integrierte Unternehmen, an deren Versorgungsnetze weniger als 100.000 Kunden unmittelbar oder mittelbar angeschlossen sind (§ 7 Abs. 2, § 7a Abs. 7 EnWG).

4. Auslegung und Konkretisierung der Entflechtungsvorgaben

15 Spezielle Ermächtigungen für die Regulierungsbehörden zum Erlass von konkretisierenden Rechtsverordnungen bestehen im Hinblick auf die **allgemein gehaltenen und teilweise unbestimmten Entflechtungsregelungen** – anders als z.B. in den Bereichen des Netzzugangs[9] und der Netzentgelte[10] – nicht, sodass die Landesregulierungsbehörden und die Bundesnetzagentur (BNetzA) die Einhaltung der Entflechtungsbestimmungen lediglich im Rahmen der allgemeinen Aufsichtsmaßnahmen nach § 65 EnWG überwachen können.

16 Eine **Konkretisierung der Entflechtungsvorschriften** und **Schaffung markteinheitlicher, rechtsverbindlicher Standards** entwickelt sich in der Praxis aber auf zwei Wegen:

- Einerseits entsteht eine Fallpraxis durch die inhaltliche Umsetzung der Entflechtungsbestimmungen im Einzelnen sowie durch **einzelne Verfügungen der Regulierungsbehörden** und ggf. ihre gerichtliche Überprüfung.
- Andererseits haben die **BNetzA** und die Landesregulierungsbehörden **einzelne Auslegungsgrundsätze** entwickelt und veröffentlicht.[11]

17 Hierdurch haben die Regulierungsbehörden ihr gemeinsames Verständnis zur Auslegung und Umsetzung der Entflechtungsbestimmungen zusammenfassend dargestellt.

18 Die Veröffentlichungen der Regulierungsbehörden dienen den betroffenen vertikal integrierten Unternehmen – auch nach dem eigenen Verständnis der Regulierungsbehörden – lediglich „als Orientierungshilfe"; sie sind weder abschließend noch haben sie eine rechtliche Verbindlichkeit oder unmittelbare Geltung. Im Zuge der Überprüfung

---

9 Verordnungsermächtigungen der Bundesregierung für die Stromnetzzugangsverordnung (Strom-NZV) v. 25.7.2005 (BGBl. I S. 2243), zuletzt geändert durch Gesetz v. 16.7.2021 (BGBl. I S. 3026), bzw. Gasnetzzugangsverordnung (GasNZV) v. 3.9.2010 (BGBl. I S. 1261), zuletzt geändert durch Gesetz v. 16.7.2021 (BGBl. I S. 3026), sind u.a. §§ 24 und 29 EnWG. Die StromNZV bzw. GasNZV enthalten spezielle Festlegungsermächtigungen der Regulierungsbehörde in § 27 StromNZV bzw. § 50 GasNZV.

10 Verordnungsermächtigungen der Bundesregierung für die Stromnetzentgeltverordnung (StromNEV) v. 25.7.2005 (BGBl. I S. 2243), zuletzt geändert durch Gesetz v. 22.7.2022 (BGBl. I S. 1237), bzw. Gasnetzentgeltverordnung (GasNEV) v. 25.7.2005 (BGBl. I S. 2243), zuletzt geändert durch Gesetz v. 27.7.2021 (BGBl. I S. 3229), sind u.a. §§ 24 und 29 EnWG und für die Anreizregulierungsverordnung (ARegV) v. 29.10.2007 (BGBl. I S. 2529), zuletzt geändert durch Gesetz v. 20.7.2022 (BGBl. I S. 1237), § 32 EnWG.

11 BNetzA, Gemeinsame Auslegungsgrundsätze der Regulierungsbehörden des Bundes und der Länder zu den Entflechtungsbestimmungen in §§ 6 bis 10 EnWG, 1.3.2006; BNetzA, Gemeinsame Richtlinie der Regulierungsbehörden des Bundes und der Länder zur Umsetzung der informatorischen Entflechtung nach § 9 EnWG, 13.6.2007; BNetzA, Konkretisierung der gemeinsamen Auslegungsgrundsätze der Regulierungsbehörden des Bundes und der Länder zu den Entflechtungsbestimmungen in §§ 6 bis 10 EnWG, 21.10.2008; BNetzA, Leitfaden für Stromverteilernetzbetreiber „Große Netzgesellschaft", 2011; BNetzA, Gemeinsame Auslegungsgrundsätze III der Regulierungsbehörden des Bundes und der Länder zu den Anforderungen an die Markenpolitik und das Kommunikationsverhalten bei Verteilernetzbetreibern (§ 7a Abs. 6 EnWG), 16.7.2012, BNetzA, Auslegungsgrundsätze zu entflechtungsrechtlichen Fragen beim Messstellenbetrieb, 09.07.2018.

der rechtskonformen Umsetzung der Entflechtungsbestimmungen durch die betroffenen Unternehmen im Einzelfall werden diese Grundsätze aber den Prüfungsrahmen bilden und bei Nichteinhaltung der Leitlinien ggf. zu weiteren Maßnahmen nach §§ 65ff. EnWG führen.

Schließlich muss für das Verständnis der Entflechtungsvorschriften im EnWG auch 19
auf die Auslegung der gemeinschaftsrechtlichen Entflechtungsregelungen in den europäischen Richtlinien zurückgegriffen werden. Die Europäische Kommission hat hierzu ihre Auffassung in einem (ebenfalls rechtlich unverbindlichen) Auslegungshinweis, einer sog. **Interpretative Note**, beschrieben.[12] Die darin niedergelegten Hinweise zu einzelnen Fragen der Entflechtung gehen teilweise über den Inhalt der Richtlinien hinaus und zeigen, dass die Europäische Kommission auf diesem Weg versucht hat, einzelne Regelungsbereiche der Entflechtung in ihrem Sinn festzuschreiben.[13]

5. Weiterentwicklung der Entflechtungsvorgaben auf europäischer Ebene
Die Entflechtungsbestimmungen unterliegen einer **fortlaufenden Überwachung und** 20
Fortentwicklung durch die europäischen Regulierer und die Europäische Kommission, die stetig auf eine Verschärfung der Vorgaben hinarbeiten. So hat bspw. die ERGEG[14] strenge Leitlinien zur Entflechtung von Verteilernetzbetreibern veröffentlicht,[15] die zum Teil weit über den Wortlaut der EltRL 2003 und GasRL 2003 hinausgehen und auch ihren Niederschlag in dem Positionspapier der deutschen Regulierungsbehörden vom 21.10.2008[16] gefunden haben.

Mit dem sog. **Dritten Energiebinnenmarktpaket** des europäischen Gesetzgebers 21
kam es aufgrund europäischer Richtlinien (EltRL 2009 und GasRL 2009)[17] zu einer weiteren Verschärfung der Entflechtungsvorgaben.

Für die Übertragungs- bzw. Fernleitungsnetzebene, §§ 8 bis 10e EnWG, wurde eine 22
eigentumsrechtliche Entflechtung (Ownership Unbundling) für die Mitgliedstaaten zwar nicht verpflichtend, aber auch die alternativ dazu durch die Mitgliedstaaten wahlweise umzusetzenden Modelle des sog. **Unabhängigen Netzbetreibers (Independent**

---

12 Vermerk der Generaldirektion Energie und Verkehr zu den Richtlinien 2003/54/EG und 2003/55/EG über den Elektrizitäts- und Erdgasbinnenmarkt – Die Entflechtungsregelungen, 16.1.2004.
13 Vgl. dazu auch *Büdenbender/Rosin*, Energierechtsreform 2005, S. 82.
14 European Regulators Group for Electricity and Gas (Vereinigung der europäischen Regulierungsbehörden), ein Vorläufer der ACER – Agency for the Cooperation of Energy Regulators (Agentur für die Zusammenarbeit der Energieregulierungsbehörden).
15 ERGEG, Guidelines for Good Practice on Functional and Informational Unbundling for Distribution System Operators, 15.7.2008.
16 Konkretisierung der gemeinsamen Auslegungsgrundsätze der Regulierungsbehörden des Bundes und der Länder zu den Entflechtungsbestimmungen in §§ 6 bis 10 EnWG, 21.10.2008.
17 Elektrizitätsbinnenmarktrichtlinie 2009 (EltRL 2009 – RL 2009/72/EG) v. 13.7.2009 (ABl. EU Nr. L 211 S. 55ff.); Gasbinnenmarktrichtlinie 2009 (GasRL 2009 – RL 2009/73/EG) v. 13.7.2009 (ABl. EU Nr. L 211 S. 94ff.).

System Operator – ISO) oder des sog. **Unabhängigen Übertragungsnetzbetreibers (Independent Transmission Operator – ITO)** sind mit tiefen Eingriffen in die Unternehmensstrukturen dieser Unternehmen verbunden.

23 Für die **Verteilnetzebene** blieben viele **Regelungen zur Entflechtung** in der EltRL 2009 und GasRL 2009 unverändert, dennoch sind auch hier Verschärfungen zu verzeichnen. Zu nennen sind z.B. die Vorgaben zur Personalausstattung und zur Kommunikations- und Markenpolitik der Netzgesellschaft im Rahmen der operationellen Entflechtung.

24 Die im Rahmen des sog. „Winterpaketes" **novellierte Elektrizitätsbinnenmarktrichtlinie** (EltRL 2019)[18] hat zwar keine weiteren Vorgaben zu den bisherigen Regelungen zur Entflechtung statuiert, aber im Zuge der Dekarbonisierung des Verkehrssektors zusätzliche Entflechtungsvorgaben für die Verteilnetzebene mit sich gebracht. Der in Umsetzung der novellierten Elektrizitätsbinnenmarktrichtlinie neu eingefügte § 7c Abs. 1 EnWG sieht ein grundlegendes Verbot für Verteilernetzbetreiber vor, Eigentümer von Ladepunkten zu sein und diese Ladepunkte zu entwickeln, zu verwalten oder zu betreiben. Lediglich für private Ladepunkte für Elektromobile, die für den Eigengebrauch des Verteilernetzbetreibers bestimmt sind, gilt dieses Verbot nicht. Der in § 7c Abs. 2 EnWG vorgesehenen Ausnahmeregelung (Vorlage eines regionalen Marktversagens) wird keine praktische Relevanz zukommen, da das dafür notwendige Ausschreibungsverfahren mit hohen bürokratischen Hürden einhergeht. Die Verteilernetzbetreiber waren zunächst von der notwendigen Entflechtung aufgrund der Übergangsregelung in § 118 Abs. 34 S. 1 EnWG bis zum 31.12.2023 für die Ladepunkte befreit, die sie vor dem 27.7.2021 entwickelt, verwaltet oder betrieben haben. Diese Frist wurde bis zum 31.12.2024 wohl einmalig verlängert. Die Diskussion, ob § 7c EnWG überhaupt auf De-minimis-Unternehmen anwendbar ist, wird durch die Praxis der Förderbehörden beantwortet. Es wird nur Ladeinfrastruktur gefördert, wenn der Antragsteller kein Verteilernetzbetreiber ist.

II. Vertraulichkeitsvorgaben

1. Ziele des § 6a EnWG

25 Die beiden Absätze des § 6a EnWG enthalten zwei voneinander unabhängige, sich aber im Hinblick auf das zu erreichende Ziel ergänzende Verpflichtungen, deren Einhaltung im Rahmen der Compliance sichergestellt sein muss: Zum einen wird der Netzbetreiber gemäß § 6a Abs. 1 EnWG zur **Wahrung der Vertraulichkeit wirtschaftlich sensibler Informationen** verpflichtet und zum anderen muss ein **diskriminierungsfreier Umgang mit wirtschaftlich sensiblen Informationen**[19] erfolgen.

---

[18] Richtlinie (EU) 2019/944 (Abl. EU Nr. L 158 S. 125).
[19] Vgl. *Wiedmann/Langerfeldt*, ET 2004, 158 ff.; *Otto*, RdE 2005, 267 f.

Aus der Gegenüberstellung der Rechtsfolgen – Vertraulichkeit auf der einen und Diskriminierungsfreiheit bei der Offenlegung auf der anderen Seite – wird deutlich, dass der Begriff der informatorischen Entflechtung letztlich nicht ganz zutreffend die aus § 6a EnWG resultierenden Pflichten beschreibt, da hier keine Pflicht zur Entflechtung bisher verflochtener Bereiche beschrieben wird, sondern lediglich unterschiedliche Anforderungen an den Umgang mit Informationen.

Die genannten Verpflichtungen sind von jedem vertikal integrierten Unternehmen umzusetzen, und zwar unabhängig von seiner Größe. Die in §§ 7 Abs. 2 und 7a Abs. 7 EnWG enthaltenen Privilegierungen von vertikal integrierten Unternehmen, an deren Netze weniger als 100.000 Kunden unmittelbar oder mittelbar angeschlossen sind (sog. **De-minimis-Regelung**), finden mangels ausdrücklicher Anordnung keine Anwendung.

Die seitens des vertikal integrierten Unternehmens in der Praxis häufig eingesetzten **externen Dienstleister** sind zwar nicht Adressaten der gesetzlichen Vorgaben zur informatorischen Entflechtung, sie sind aber durch das vertikal integrierte Unternehmen entsprechend vertraglich zu verpflichten, sobald sie mit wirtschaftlich sensiblen oder vorteilhaften Informationen in Berührung kommen.[20]

Praxistipp
Unter Compliance-Gesichtspunkten ist darauf zu achten, dass die Beauftragung Dritter durch das vertikal integrierte Unternehmen nicht dazu führt, gesetzliche Vorgaben zu umgehen.

2. Vertraulichkeitsgebot, § 6a Abs. 1 EnWG
a) Welche Unternehmen sind verpflichtet?
Vor dem Hintergrund, dass es sich dabei um eine Vorschrift zum Schutz von Kundendaten und nicht um eine Entflechtungsvorschrift handelt, sind Adressaten der Verpflichtung nicht nur vertikal integrierte Unternehmen, sondern auch Netzbetreiber als solche. Damit ist der **Adressatenkreis des Vertraulichkeitsgrundsatzes** weiter gefasst als in den übrigen Entflechtungsregelungen, die jeweils nur den integrierten Netzbetreiber verpflichten.

b) Umfang der Verpflichtung
Welche Informationen des Netzbetreibers müssen vertraulich behandelt werden? Gegenstand der Regelung sind diejenigen Informationen, die als **„wirtschaftlich sensibel"** gelten. Da das Gesetz den Begriff der wirtschaftlichen Sensibilität nicht selbst definiert

---

20 BNetzA, Gemeinsame Richtlinie der Regulierungsbehörden des Bundes und der Länder zur Umsetzung der informatorischen Entflechtung nach § 9 EnWG, 13.6.2007, S. 7.

und auch die Begründung des Regierungsentwurfs an dieser Stelle wenig hilfreich ist, bleibt die Konkretisierung letztlich der Regulierungspraxis überlassen.

> **Hinweis**
> Feststeht nach dem Wortlaut der Vorschrift nur, dass es sich um Informationen handeln muss, von denen der **Netzbetreiber in Ausübung seiner Geschäftstätigkeit als Netzbetreiber Kenntnis erlangt** hat.

31 Die Wahrung der Vertraulichkeit hat im Zeitalter nahezu ausschließlich **EDV-gestützter Arbeitsprozesse** insbesondere unmittelbare Auswirkungen auf die Ausgestaltung der Datenverarbeitungssysteme, zumal im vertikal integrierten Unternehmen die Bereiche Netz und Vertrieb bisher regelmäßig auf einen gemeinsamen Datensatz zurückgreifen bzw. zurückgegriffen haben. Die Abgrenzung zwischen vertraulichen und nicht vertraulichen Informationen des Netzbetreibers ist entscheidend für den Umfang der Zulässigkeit gemeinsam genutzter und für alle Bereiche eines vertikal integrierten Unternehmens einsehbarer Daten.[21]

32 Im Rahmen der internen Prüfung von Prozessen ist zunächst zu fragen, ob die Informationen „**in Ausübung [der] Geschäftstätigkeit als Netzbetreiber**" erlangt werden. Die „Geschäftstätigkeit als Netzbetreiber" umfasst neben den technisch-geprägten Tätigkeiten aus der Verantwortlichkeit für Betrieb, Wartung und Ausbau eines Verteilnetzes (§ 3 Nr. 3 bzw. Nr. 8 EnWG) auch den sog. Netzvertrieb bzw. die Netzwirtschaft.[22] Im Umkehrschluss sind von dem Vertraulichkeitsgebot eindeutig die dem vertikal integrierten Unternehmen auf andere Weise bekannt gewordenen oder von ihm erlangten Informationen **ausgenommen**. Soweit die Daten insbesondere im Querverbund eines Mehrspartenunternehmens auch (oder nur) im Rahmen der Tätigkeit für andere Sektoren (z.B. Wasser, Telekommunikation oder Fernwärme) bekannt geworden sind, unterfallen sie nicht diesem Vertraulichkeitsgebot. Für sie können also lediglich allgemeine Datenschutz- und Vertraulichkeitsregelungen gelten.

33 Maßgeblich für die Bestimmung der **wirtschaftlichen Sensibilität einer Information** ist der mit der Regelung verfolgte Schutzzweck bzw. das Ziel, das mit der Regelung erreicht werden soll. Während § 6a Abs. 2 EnWG **Netzdaten** schützt, hat § 6a Abs. 1 EnWG **Netzkundendaten** (z.B. Identität, Adresse, Einkommen, historische Verbrauchsdaten) zum Gegenstand. Das Vertraulichkeitsgebot schützt denjenigen, um dessen Daten es geht, also über dessen persönliche, sachliche oder wirtschaftliche Verhältnisse Einzelangaben vorhanden sind.

---

[21] Theobald/Kühling/*Heinlein/Büsch*, Energierecht, § 6a EnWG Rn 39.
[22] Dazu gehören etwa die Abwicklung und Abrechnung des Netzzugangs einschließlich der Kundenwechselprozesse, die Festlegung und Vereinbarung der Netzanschluss-, Anschlussnutzungs- und Netzzugangsbedingungen einschließlich der Entgelte, die Zielwertermittlung und das Datenmanagement für die Abwicklung des Netzzugangs sowie im Bereich des Massenkundengeschäfts die Festlegung geeigneter Lastprofile und deren Abrechnung.

> **Hinweis**
> Ausgehend von der Rechtsfolge der Vertraulichkeit wird von § 6a Abs. 1 EnWG also jeder Netzkunde geschützt, über den der Netzbetreiber bei der Ausübung seiner Geschäftstätigkeit Informationen erlangt hat.

c) Sicherstellung der Vertraulichkeit im Unternehmen

Das vertikal integrierte Unternehmen hat die Vertraulichkeit der zuvor beschriebenen Informationen im Unternehmen sicherzustellen. Zwar wird der Begriff der **Vertraulichkeit** im EnWG nicht definiert, kann aber durch Rückgriff auf andere Gesetze, in denen er ebenfalls verwandt wird, wie folgt bestimmt werden: Vertrauliche Informationen dürfen nur dann an Dritte weitergegeben werden, wenn eine **gesetzliche Pflicht zur Weitergabe** besteht oder derjenige, dessen Daten betroffen sind, **in die Weitergabe einwilligt**. Andernfalls sind vertrauliche Informationen geheim zu halten und durch geeignete Maßnahmen vor der Einsicht durch Unbefugte zu schützen. Dieses Verständnis wird durch den gesetzgeberischen Willen, wie er sich aus der Begründung der Bundesregierung zu ihrem Gesetzentwurf ergibt, gestützt.[23]

Maßgeblich für das weitere Verständnis des Vertraulichkeitsgebotes ist also die „**Offenbarung von Netzkundeninformationen**". Dabei wird von dem Vertraulichkeitsgebot nicht nur das **aktive Tun** erfasst, d.h. die aktive Weitergabe wirtschaftlich sensibler Daten an die Wettbewerbsbereiche des vertikal integrierten Unternehmens, sondern auch das **passive Geschehenlassen**, das heißt die Fälle, in denen der Netzbetreiber keine geeigneten Maßnahmen trifft, die einen Zugriff der Wettbewerbsbereiche auf wirtschaftlich sensible Informationen verhindern.[24]

Die Verpflichtung zur Wahrung der Vertraulichkeit hat zur Konsequenz, dass die relevanten Informationen Dritten **nicht** zur Verfügung gestellt werden dürfen. Dritte in diesem Sinn sind auch der aus Sicht des Netzbereichs assoziierte Vertrieb eines vertikal integrierten Unternehmens und seine anderen Gesellschaften. Dementsprechend ist auch intern sicherzustellen, dass der eigene Energievertrieb keine Kenntnisse über wirtschaftlich sensible Informationen erhält oder sich beschaffen kann. Dies setzt zum einen voraus, dass die Vertraulichkeit nicht durch die **Aufbauorganisation des Unternehmens** gefährdet wird, und zum anderen, dass ein **gemeinsam genutztes Datenverarbeitungssystem** so ausgestaltet wird, dass wirtschaftlich sensible Daten nur vom Netzbetrieb einsehbar sind.

Die Wahrung der Vertraulichkeitsvorgaben, insbesondere gegenüber dem assoziierten Energievertrieb des vertikal integrierten Unternehmens erfordert somit regelmäßig Anpassungen in der **Aufbauorganisation** des vertikal integrierten Unterneh-

---

[23] Danach ist „eine Offenbarung von Daten des Netzkunden dem Netzbetreiber [...] nur dann gestattet [...], wenn [...] der Netzkunde [...] eingewilligt hat oder wenn eine gesetzliche Verpflichtung besteht", BT-Drucks. 15/3917, S. 54 f.
[24] Theobald/Kühling/*Heinlein/Büsch*, Energierecht, § 6a EnWG Rn 24.

mens und eine **personelle Trennung**, insbesondere hinsichtlich der Mitarbeiter des Energievertriebs. Das Gesetz enthält jedoch keine Aussage darüber, in welchem Umfang eine solche organisatorische Trennung vorzunehmen ist und welche Grundsätze für die unternehmensintern gemeinsam bearbeiteten Dienstleistungen gelten sollen. Der Regelung des § 6a Abs. 1 EnWG wird aber mindestens zu entnehmen sein, dass Mitarbeiter, die mit Aufgaben des Energievertriebs befasst sind (also insbesondere Liefervertragsabschlüsse, Preisgestaltungen oder Kundenakquise), keine Zuständigkeiten in Bereichen haben dürfen, in denen wirtschaftlich sensible Informationen in Ausübung der Tätigkeit als Netzbetreiber gewonnen werden.

38   Neben dem Verbot der unberechtigten Weitergabe stellt der Vertraulichkeitsgrundsatz auch Anforderungen an die **Datensicherheit**, also an Schutzmaßnahmen vor dem unberechtigten Zugriff Dritter auf die vertraulichen Informationen. Im Rahmen der Datenverarbeitungssysteme sind Neuaufstellungen und Umstrukturierungen aber nur mit erheblichem Bearbeitungs- und Kostenaufwand möglich. Aus diesem Grund kommt der Beachtung des **Verhältnismäßigkeitsgrundsatzes** in diesem Bereich besondere Bedeutung zu. Elektronische Datenverarbeitungssysteme (EDV-Systeme) sind lediglich im Rahmen des technisch, zeitlich und wirtschaftlich Zumutbaren so auszugestalten, dass ein Zugriff auf wirtschaftlich sensible Informationen für Nichtberechtigte ausgeschlossen wird.[25]

39   Ungeachtet des Verhältnismäßigkeitsgrundsatzes ist letztlich entscheidend, dass eine Trennung der **Datenzugriffsberechtigungen** im Bereich der Elektrizitäts- und Gasversorgung für Mitarbeiter des Vertriebs (eingeschränkte Zugriffsberechtigung) und sonstige Mitarbeiter (Netz, gemeinsame Dienstleistungen etc.: umfangreiche Datenzugriffskompetenz) in Bezug auf wirtschaftlich sensible Informationen besteht. Selbstverständlich kann die Trennung der Datenzugriffsberechtigungen durch umfangreiche Umstrukturierungen in Form von tatsächlich getrennten EDV-Systemen, getrennten Servern oder getrennten Datensätzen erfolgen. Genauso kann aber die Umsetzung innerhalb eines Systems und eines Datensatzes mit Berechtigungskonzepten dem Vertraulichkeitsgebot entsprechen.[26]

Praxistipp
Sowohl die Aufbauorganisation des Unternehmens als auch die vom Netzbetrieb und den Wettbewerbsbereichen gemeinsam genutzten Datenverarbeitungssysteme sind unter Compliance-Gesichtspunkten regelmäßig auf die Einhaltung dieser Vorgaben hin zu überprüfen.

---

25 BT-Drucks. 15/3917, S. 54f.
26 Insbesondere der Vermerk der Generaldirektion Energie und Verkehr zu den Richtlinien 2003/54/EG und 2003/55/EG über den Elektrizitäts- und Erdgasbinnenmarkt – Die Entflechtungsregelungen, 16.1.2004, S. 15. Vgl. auch *Otto*, RdE 2005, 267; *Mildebrath*, e|m|w 3/2005, 15.

3. Verpflichtung zur nichtdiskriminierenden Offenlegung, § 6a Abs. 2 EnWG
a) Welche Unternehmen sind verpflichtet?
Im Gegensatz zu § 6a Abs. 1 EnWG ist der **Adressatenkreis** dieser Regelung wesentlich enger gefasst, da fusionskontrollrechtlich nicht mit einem vertikal integrierten Unternehmen verbundene Netzbetreiber von der Vorschrift erfasst werden. Dementsprechend richtet sie sich nur an vertikal integrierte Unternehmen.

40

b) Umfang der Verpflichtung
Was sind eigentlich Informationen über die eigenen Tätigkeiten als Netzbetreiber? Nach § 3 Nr. 3 bzw. Nr. 8 EnWG zählen zu den **„eigenen Tätigkeiten eines (Elektrizitätsverteiler-)Netzbetreibers"**
- die Übertragung und Verteilung von Elektrizität bzw. Gas sowie
- der Betrieb, die Wartung und der Ausbau des Netzes.

41

Erfasst sind also solche **Netzdaten**, die allein dem Netzbetreiber als Inhaber des natürlichen Monopols „Netzbetrieb" bekannt werden, etwa:
- Informationen über Wartungsintervalle,
- Versorgungssicherheit,
- verfügbare Kapazitäten,
- Netzausbauplanung,
- Existenz von Neubauprojekten,
- aggregierte EEG-/KWKG-Einspeisungen sowie
- Bilanzierungs- und Betriebsdaten.

42

Vom **Diskriminierungsverbot** nicht erfasst sind, wie bereits dargestellt,[27] Netzkundeninformationen.

43

Daneben ist Voraussetzung, dass die offengelegte Information tatsächlich zu einem **wirtschaftlichen Vorteil** führen kann, aber nicht führen muss. Entscheidend für die Bestimmung der wirtschaftlichen Relevanz einer Information ist mithin die Frage, ob – wenn nur ein Lieferant über diese Information verfügt – die übrigen Lieferanten ebenfalls über die Information verfügen müssen, um uneingeschränkt in Wettbewerb treten zu können.

44

c) Sicherstellung der nichtdiskriminierenden Offenlegung
Das Erfordernis einer diskriminierungsfreien Offenlegung von Informationen bedeutet im Kern, dass bei der Informationsoffenlegung hinsichtlich der Art, des Inhalts und des

45

---

[27] Vgl. bereits Rn 25 ff.

Adressatenkreises der Offenlegung vergleichbare Sachverhalte **gleich behandelt werden müssen**, sofern für eine Ungleichbehandlung kein sachlicher Grund vorhanden ist.

46 Grundsätzlich besteht eine **Pflicht zur Offenlegung** nur dann, wenn diese entweder gesetzlich angeordnet wird[28] oder sich der Netzbetreiber entschlossen hat, die Information freiwillig offenzulegen, z.B. gegenüber seinem assoziierten Vertrieb.

Beispiel
Informiert der Netzbetreiber bspw. über Netzausbauanfragen eines Kunden, so muss er diese Information in einer Art und Weise offenlegen, dass Dritte davon Kenntnis erlangen können. Diese Anforderung ist z.B. erfüllt, wenn eine solche Information allgemein zugänglich im Internet bereitgestellt wird.

47 Aber auch im Falle der Veröffentlichung besteht ein Diskriminierungspotenzial, z.B. wenn der assoziierte Energievertrieb vom Netzbetreiber regelmäßig über die neueste Internetveröffentlichung informiert wird, während andere Lieferanten davon nur durch Zufall oder aufgrund einer Anfrage erfahren. Legt ein Netzbetreiber Informationen aus eigenem Antrieb offen, so muss er auch alle Lieferanten hinsichtlich der Art und Weise, wie diese von der Offenlegung erfahren, gleich behandeln.[29]

Praxistipp
Unter Compliance-Gesichtspunkten ist insbesondere die Einhaltung des Grundsatzes „Allen oder Keinem" zu beachten.

4. Festlegungen der BNetzA (insbes. GPKE, GeLi Gas)

48 Zur **Vereinheitlichung von Informationsflüssen** bzw. des **Datenzugriffs aller Vertriebe** sowie zur **Vereinheitlichung von Geschäftsprozessen** und Datenformaten hat die **BNetzA** bereits in den Jahren 2006 und 2007 sog. Festlegungen gemäß § 29 EnWG getroffen, die als Verwaltungsakte alle Beteiligten bereits unmittelbar binden und aufgrund ihrer Öffentlichkeitswirkung eine hohe Compliance-Relevanz haben.

Hinweis
Dies sind für den Strombereich die „GPKE"[30] und für den Gasbereich die „GeLi Gas",[31] nach denen für bestimmte Prozesse (z.B. Lieferantenwechsel) ein einheitliches Datenformat (EDIFACT) und einheitliche Geschäftsprozesse anzuwenden sind.

---

28 Vgl. bspw. § 19 Abs. 1 EnWG.
29 Vgl. dazu *Büdenbender/Rosin*, Energierechtsreform 2005, S. 181.
30 BNetzA, Geschäftsprozesse zur Kundenbelieferung mit Elektrizität (GPKE), Beschl. v. 20.12.2018 – BK6-18-032.
31 BNetzA, Festlegung einheitlicher Geschäftsprozesse und Datenformate beim Wechsel des Lieferanten bei der Belieferung mit Gas (GeLi Gas), Beschl. v. 20.8.2007 – BK7-06-067.

Zwar sind zwischenzeitlich vergleichbare Vorgaben durch eine Vielzahl weiterer 49
Festlegungen durch die BNetzA erlassen worden. Diese betreffen bspw. die Bilanzkreisabrechnung Strom (MaBiS[32]) und Gas (GABi Gas[33]), die Geschäftsprozesse und Musterverträge für den Bereich Messwesen (WiM[34]) und weitere Bereiche. Entflechtungsrelevant sind aber insbesondere die Regelungen der GPKE und GeLi Gas.

Denn deren Vorgaben gelten insbesondere auch für die Kommunikation innerhalb 50
des vertikal integrierten Unternehmens. Zunächst wurde teilweise angenommen, dass nur eine Trennung der IT-Systeme oder eine Trennung der sog. IT-Mandanten eine dauerhafte Umsetzung dieser Vorgaben gewährleistet. Eine solche Trennung der IT-Systeme bzw. IT-Mandanten stellt jedoch eine jeweils sehr kostenintensive Maßnahme dar, sodass mittlerweile über die Ausnahmeregelungen von Tenor 5 GPKE/Tenor 3 GeLi Gas auch alternative Lösungen (insbesondere „Portallösung" und „Abrechnungsmodell") als dauerhafte und geeignete Umsetzungsformen der Informationsverwaltung durch die **BNetzA** anerkannt werden.

5. Dokumentation der Geschäftsprozesse

Im Rahmen ihrer Richtlinie zur informatorischen Entflechtung vom 13.6.2007[35] haben 51
die Regulierungsbehörden ihre Vorstellungen zur **konkreten Umsetzung der informatorischen Entflechtung durch jedes vertikal integrierte Unternehmen** veröffentlicht. Diese Richtlinie ist zwar rechtlich nicht ohne Weiteres verbindlich, dient den Regulierungsbehörden aber als Grundlage bei etwaigen Überprüfungen des vertikal integrierten Unternehmens hinsichtlich der Einhaltung der Vorgaben der informatorischen Entflechtung und ist somit im Rahmen der Einhaltung von Compliance-Vorgaben zu beachten.

Nach der Richtlinie zur informatorischen Entflechtung sehen es die Regulierungs- 52
behörden für erforderlich an, eine **schriftliche Dokumentation aller „diskriminierungsanfälligen Geschäftsprozesse"** vorzuhalten, in der der Ablauf der Prozesse und die ordnungsgemäße Anwendung bzw. Umsetzung der Entflechtungsbestimmungen dargelegt werden. Dies beinhaltet die **Identifizierung der Geschäftsprozesse** im vertikal integrierten Unternehmen mit Diskriminierungspotenzial aufgrund einer Analyse der Ablauforganisation und die Erstellung von **Arbeitsanweisungen** und **Verhaltensregeln**.

---

[32] BNetzA, Marktregeln für die Durchführung der Bilanzkreisabrechnung Strom (MaBiS), Beschl. v. 20.12.2018 – BK6-18-032.
[33] BNetzA, Festlegung in Sachen Ausgleichsleistungen Gas (Bilanzkreisvertrag u. a.) (GABi Gas), Beschl. v. 28.5.2008 – BK7-08-002.
[34] BNetzA, Wechselprozesse im Messwesen (WiM), Beschl. v. 20.12.2018 – BK6-18-032.
[35] BNetzA, Gemeinsame Richtlinie der Regulierungsbehörden des Bundes und der Länder zur Umsetzung der informatorischen Entflechtung nach § 9 EnWG, 13.6.2007.

53   Werden die inhaltlichen Vorgaben in die Geschäftsprozesse des vertikal integrierten Unternehmens eingearbeitet und wird eine Dokumentation über diese Prozesse erstellt, so werden externe Auditoren, Beauftragte des Unternehmens oder ggf. die Gleichbehandlungsbeauftragten in die Lage versetzt, die gesetzeskonforme Umsetzung der informatorischen Entflechtung zu prüfen und ggf. zu bescheinigen. Dies wiederum wird gegenüber den Regulierungsbehörden als **Vermutung** dienen, die informatorische Entflechtung entspreche den gesetzlichen Vorgaben. Dies ersetzt jedoch nicht eine Überprüfung der Umsetzung im Einzelfall.

> **Praxistipp**
> In Anbetracht dessen ist eine frühzeitige Erstellung der Dokumentation empfehlenswert, weil diese und die ggf. erforderliche Anpassung der Geschäftsprozesse selbst durchaus eine gewisse Zeit in Anspruch nehmen können.

54   Im Rahmen einer Geschäftsprozessdokumentation kann es sinnvoll sein, bspw. folgende (hier nicht abschließend aufgeführte) **Geschäftsprozesse** abzubilden:
- Bearbeitung von Kundenanfragen,
- Beschwerdemanagement,
- technische Kundenbetreuung, Störungsdienst und Wartungsarbeiten,
- Erstellen von Netzanschlüssen,
- Messstellenbetrieb und Messung,
- Netznutzung – Lieferantenwechsel sowie An- und Abmeldung,
- Verbrauchsabrechnung/Forderungsmanagement,
- Sperrwesen/Inkasso.

55   Weiterhin ist auch die Dokumentation der Prozesse
- der Stammdatenerfassung,
- des Energiedatenmanagements,
- der Kalkulation von Netzzugangsentgelten,
- des Erstellens der Vertriebslastprognose,
- des Energiebezugs für das Netz,
- des Technischen Netzservices,
- des Netzausbaus und
- der Akquise für Vertrieb und Netz

sinnvoll, um nur die gängigsten Geschäftsprozesse zu benennen.

III. Buchhalterische Entflechtung

1. Ziele des § 6b EnWG

56   Durch die **Transparenz in der Kostenzuordnung** zu den einzelnen Marktstufen einen diskriminierungsfreien Netzzugang zu angemessenen Preisen zu erreichen, ist keine

durch das novellierte EnWG im Jahr 2005 eingeführte Neuerung. Vielmehr waren die vertikal integrierten Unternehmen schon vor dessen Inkrafttreten am 13.7.2005 sowohl im Elektrizitäts- (§ 9 EnWG a.F.) als auch im Gasbereich (§ 9a EnWG a.F.) zur Aufstellung und Prüfung ihrer Jahresabschlüsse und zur Führung getrennter Konten verpflichtet. Allerdings haben sich die Anforderungen an die buchhalterische Trennung erheblich verschärft, sodass auch in diesem Bereich auf die vertikal integrierten Unternehmen deutliche Veränderungen zugekommen sind.

Maßgeblich für das Verständnis der Entflechtungsbestimmungen in § 6b EnWG ist die Differenzierung zwischen interner und externer Rechnungslegung, die Bestandteile des betrieblichen Rechnungswesens sind. Zu unterscheiden sind **Geschäfts- und Finanzbuchhaltung** einerseits, die einen Überblick über die Vermögens- und Ertragslage gewähren soll und auch als externe Rechnungslegung bezeichnet wird, und **Kosten- und Leistungsrechnung** andererseits, welche die interne Rechnungslegung ausmacht und die Grundlage der gesamten Unternehmenssteuerung darstellt. Die Bestimmungen des § 6b EnWG betreffen in erster Linie das interne Rechnungswesen, wobei aufgrund der Regelungen des § 6b Abs. 3 S. 6 EnWG für die genannten Bereiche ebenfalls eine Bilanz sowie eine Gewinn- und Verlustrechnung zu erstellen sind.

Die Verpflichtungen aus § 6b EnWG sind von jedem vertikal integrierten Unternehmen umzusetzen, und zwar unabhängig von seiner Größe. Die in §§ 7 Abs. 2 und 7a Abs. 7 EnWG enthaltenen Privilegierungen von vertikal integrierten Unternehmen, an deren Netze weniger als 100.000 Kunden unmittelbar oder mittelbar angeschlossen sind (sog. **De-minimis-Regelung**), finden mangels ausdrücklicher Anordnung keine Anwendung.

2. Umfang der Verpflichtung

Ausgangspunkt ist § 6b Abs. 1 EnWG, wonach alle vertikal integrierten Unternehmen ungeachtet ihrer Eigentumsverhältnisse und ihrer Rechtsform einen **Jahresabschluss nach den für Kapitalgesellschaften geltenden Vorschriften des Handelsgesetzbuches (HGB)**[36] **aufzustellen, von einem Abschlussprüfer prüfen zu lassen und offenzulegen** (Einreichen des Jahresabschlusses zum Handelsregister bzw. zusätzliche Bekanntmachung im Bundesanzeiger) haben.

Hinweis
Diese Verpflichtung richtet sich an alle natürlichen oder juristischen Personen, die Energie an andere liefern, ein Energieversorgungsnetz betreiben oder an einem Energieversorgungsnetz als Eigentümer Verfügungsbefugnis besitzen.

---

[36] Handelsgesetzbuch (HGB) v. 10.5.1897 (RGBl. S. 219), zuletzt geändert durch Gesetz v. 19.6.2023 (BGBl. I Nr. 154).

60 Nach § 6b Abs. 2 EnWG müssen **Geschäfte größeren Umfangs** mit verbundenen oder assoziierten Unternehmen im Sinne von §§ 271 Abs. 3 oder 311 HGB durch alle vertikal integrierten Unternehmen gesondert ausgewiesen werden. Um solche Geschäfte handelt es sich, wenn sie aufgrund ihres Geschäftsvolumens geeignet sein können, Diskriminierungen, Quersubventionen oder Wettbewerbsverzerrungen zugunsten des vertikal integrierten Unternehmens zu ermöglichen, für die Vermögens- und Ertragslage des vertikal integrierten Unternehmens also nicht von untergeordneter Bedeutung sind.[37] Ein Beispiel sind langfristige Lieferverträge mit großer wirtschaftlicher Bedeutung. Zur Vermeidung von Diskriminierung und Quersubventionierung haben vertikal integrierte Unternehmen – im Gegensatz zu Abs. 1 und 2, die sich an alle vertikal integrierten Unternehmen wenden – nach § 6b Abs. 3 EnWG in ihrer internen Rechnungslegung jeweils **getrennte Konten** für die folgenden Bereiche zu führen:

- Elektrizitätsübertragung,
- Elektrizitätsverteilung,
- Gasfernleitung,
- Gasverteilung,
- Gasspeicherung,
- Betrieb von LNG-Anlagen und
- Entwicklung, Verwaltung oder Betrieb von Ladepunkten für Elektromobile nach § 7c Abs. 1 S. 1 EnWG.

61 Diese **Kontentrennung** ist so durchzuführen, als ob die Tätigkeiten von rechtlich selbstständigen Unternehmen ausgeführt werden. Die Verpflichtung zur Führung getrennter Konten macht jedoch keine Vorgaben dahingehend, in welcher Weise die getrennten Konten zu bebuchen sind. Die Unternehmen verfügen damit über einen gewissen Gestaltungs- und Ermessensspielraum. Dieser kann wohl zulässigerweise auch in der Form genutzt werden, dass anstelle einer unterjährigen progressiven Verbuchung in getrennten Buchungskreisen eine nachträgliche (retrograde) Bebuchung der getrennten Konten zum Jahresabschluss vorgenommen wird.[38]

62 Eine **Schlüsselung** der Konten hat zu erfolgen, soweit eine direkte Zuordnung der angefallenen Aufwendungen und Erträge zu den einzelnen Aktivitäten nicht oder nur mit unverhältnismäßig hohem Aufwand möglich wäre.[39] Durch die Kontentrennung soll eine transparente Darstellung der tatsächlichen Netzkosten ermöglicht werden, die dann als sachgerechte und nachvollziehbare Grundlage für die Berechnung der Netzentgelte herangezogen wird.

---

[37] IDW, Entwurf zur Stellungnahme zur Rechnungslegung (IDW ERS ÖFA 2 n.F.), Rn 48.
[38] Dies dürfte auch dem Grundsatz der Preisgünstigkeit im EnWG entsprechen, § 1 Abs. 1 EnWG.
[39] Dazu zählen vor allem Gemeinkosten, die auf einzelne Kostenstellen bzw. Unternehmenssparten mit Hilfe von Zuschlagssätzen verteilt werden.

> **Hinweis**
> Für jeden der genannten Tätigkeitsbereiche ist intern jeweils eine eigene Bilanz und eigene Gewinn- und Verlustrechnung zu erstellen, die den Anforderungen des § 6b Abs. 1 EnWG entspricht.

Für vertikal integrierte Unternehmen wird die Prüfungsverpflichtung des Jahresabschlusses gemäß § 6b Abs. 1 EnWG durch Abs. 5 dahingehend erweitert, dass von der Prüfung auch die **interne Rechnungslegung** nach § 6b Abs. 3 EnWG erfasst wird. Zu prüfen ist aber nicht nur das Vorhandensein getrennter Konten, sondern auch, ob die Wertansätze und die Zuordnung der Konten sachgerecht und nachvollziehbar sind und der Grundsatz der Stetigkeit hinsichtlich der Ansatz- und Bewertungsmethoden beachtet worden ist. Die Bundesnetzagentur hat zwischenzeitlich weitere Festlegungen zur buchhalterischen Entflechtung getroffen und bestimmt, dass auch „energiespezifische Dienstleistungen" für den Netzbereich von der Pflicht zur Erstellung eines Tätigkeitsabschlusses erfasst werden sollen. Die Regelungen schreiben dazu vor, dass die gegenüber dem Netzbereich erbrachten energiespezifischen Dienstleistungen „auch beim Erbringer der energiespezifischen Dienstleistung dem jeweiligen Tätigkeitsbereich (Elektrizitätsübertragung bzw. Elektrizitätsverteilung/Gasfernleitung bzw. Gasverteilung) zuzuordnen" sind. Für die vom Adressatenkreis erfassten Dienstleistungsunternehmen folgt hieraus implizit die Pflicht zur Erstellung und Testierung eines eigenen Tätigkeitsabschlusses, wenn energiespezifische Dienstleistungen gegenüber einem Netzbetreiber erbracht werden. 63

> **Hinweis**
> Die Einhaltung der Vorgaben ist im Bestätigungsvermerk zum Jahresabschluss anzugeben.

§ 6b Abs. 7 EnWG bezieht sich wieder auf alle vertikal integrierten Unternehmen. Danach hat der Auftraggeber der Prüfung des Jahresabschlusses der Regulierungsbehörde unverzüglich eine **Ausfertigung des geprüften Jahresabschlusses** einschließlich des Bestätigungsvermerks oder des Vermerks über seine Versagung zu **übersenden**. 64

> **Praxistipp**
> Sowohl die interne als auch die externe Rechnungslegung des vertikal integrierten Unternehmens ist unter Compliance-Gesichtspunkten fortwährend auf die Einhaltung der relevanten Vorgaben hin zu überprüfen.

IV. Rechtliche und operationelle Entflechtung

65 Von den beiden für größere vertikal integrierte Unternehmen[40] geltenden Entflechtungsvorgaben der rechtlichen Entflechtung (§ 7 EnWG) und der operationellen Entflechtung (§ 7a EnWG) statuiert die rechtliche Entflechtung eher formelle Vorgaben, wohingegen die Umsetzung der operationellen Entflechtung inhaltliche und organisatorische Anforderungen an vertikal integrierte Unternehmen stellt.

> **Hinweis**
> Im Hinblick auf die Einhaltung der Entflechtungsvorgaben unter Compliance-Gesichtspunkten sind allerdings beide Vorgaben gleichermaßen wichtig.

1. Rechtliche Entflechtung
a) Inhalt der Verpflichtung

66 Kern der Verpflichtung zur rechtlichen Entflechtung ist die Anforderung in § 7 Abs. 1 EnWG, wonach vertikal integrierte Unternehmen sicherzustellen haben, dass der Strom- bzw. Gasnetzbetrieb innerhalb des vertikal integrierten Unternehmens hinsichtlich der Rechtsform unabhängig von anderen Tätigkeitsbereichen der Energieversorgung ausgeübt werden muss. Zielsetzung der gesetzlichen Regelungen ist es, den **Netzbetrieb in eigenen „Netzgesellschaften"** wahrnehmen zu lassen, in denen nicht die sonstigen Tätigkeitsbereiche der Energieversorgung bewirtschaftet werden. Die gesellschaftsrechtlich-formale Trennung des Netzbetriebs (Monopolbereich) von den Wettbewerbsbereichen (Vertrieb und Erzeugung) dient der organisatorischen Trennung beider Bereiche und soll „natürliche Verflechtungen" aus der Zusammenarbeit innerhalb einer Gesellschaft (und damit mögliche Diskriminierungen des Netzbetriebs zugunsten des assoziierten Wettbewerbsbereichs) vermeiden helfen.

67 Damit sind die Vorgaben zur rechtlichen Entflechtung für vertikal integrierte Unternehmen ein klassischer Bereich der Compliance-Überwachung. Weitere Vorgaben, die über die rein formale gesellschaftsrechtliche Entflechtung hinausgehen, enthält § 7 EnWG allerdings nicht – notwendig, aber auch damit ausreichend ist die Überführung des Netzbetriebs in eine Gesellschaft, in der weder Energievertrieb noch Energieerzeugung stattfindet.[41] Weitergehende Aspekte, etwa
- der personellen Ausstattung der Netzgesellschaft,
- des Markenauftritts und des Kommunikationsverhaltens der Netzgesellschaft,

---

[40] Vgl. zum Begriff des vertikal integrierten Unternehmens: BeckOK EnWG/*Peiffer* EnWG § 3 Nr. 38 Rn 1 ff.
[41] Zur rechtlichen Entflechtung ausführlich Theobald/Kühling/*Eder*, Energierecht, § 7 EnWG Rn 2 ff.

- der Einflussnahmemöglichkeiten innerhalb des vertikal integrierten Unternehmens,
- gesellschaftsrechtlicher Weisungsrechte oder
- inhaltlicher Zuständigkeiten bzw. der Kompetenzverteilung

sind ausschließlich Regelungsgehalt der Vorgaben zur operationellen Entflechtung in § 7a EnWG. Die Vorgaben der rechtlichen und operationellen Entflechtung ergänzen sich damit in ihrem Regelungsgehalt, überschneiden sich aber nicht.

b) Energierechtliche Umsetzung

68 Die Umsetzung der rechtlichen Entflechtung kann sowohl dadurch erfolgen, dass der Netzbetrieb durch eine bereits existierende Gesellschaft vorgenommen wird, als auch dadurch, dass hierzu eine neu gegründete Gesellschaft verwendet wird – sofern der Netzbetrieb jeweils getrennt von den sonstigen Bereichen der Energieversorgung erfolgt. Den Netzbetrieb in eine getrennte Gesellschaft zu überführen, setzt voraus, dass die Netzbetriebsgesellschaft über die Vermögensgegenstände des Energienetzbetriebes verfügen kann. Diese können dabei entweder als Eigentum von der Netzgesellschaft übernommen werden, alternativ ist auch eine **Verpachtung der Vermögensgegenstände des Energienetzbetriebes** möglich.[42] Weder die zugrunde liegenden Regelungen der europäischen Richtlinien[43] noch der deutsche Gesetzgeber haben verpflichtend eine „eigentumsrechtliche Entflechtung" für Verteilernetzbetreiber vorgesehen, um den Unternehmen bei der Entflechtung im Einzelfall möglichst viele Gestaltungsoptionen zu ermöglichen.

69 In der Praxis wurde und wird die rechtliche Entflechtung überwiegend durch eine Verpachtung der Netzanlagen umgesetzt, da nur auf diese Weise eine **Steuerneutralität** der **Übertragungsvorgänge** im Hinblick auf Ertrags- und Grunderwerbsteuer auch ohne Einhaltung der Voraussetzungen der Teilbetriebsfiktionen in § 6 Abs. 2 EnWG und in Bezug auf Netzanlagen anderer Medien (etwa Wasser, Wärme etc.) möglich ist.

70 Gestaltungsfreiheit besteht für die zur rechtlichen Entflechtung verpflichteten vertikal integrierten Unternehmen auch hinsichtlich der **Rechtsform der Netzgesellschaft**. In Betracht kommen in erster Linie Kapital- und Personengesellschaften, also die GmbH, AG oder GmbH & Co. KG.[44]

71 Die rechtliche Entflechtung des Netzbetriebs erfolgt nach dem Gesetzeswortlaut in § 7 EnWG von den „anderen Tätigkeitsbereichen der Energieversorgung". Unter den Begriff der Energieversorgung fallen gemäß der Definition in § 3 Nr. 36 EnWG die Erzeu-

---

42 Dazu näher Theobald/Kühling/*Eder*, Energierecht, § 6 EnWG Rn 24, 49 ff.
43 Z.B. EltRL 2003.
44 Dazu *Ehricke*, IR 2004, 170 ff.

gung oder Gewinnung von Energie zur Belieferung von Kunden, der Vertrieb von Energie an Kunden und der Betrieb eines Energieversorgungsnetzes.

> **Hinweis**
> Die Entflechtung des Netzbetriebs in rechtlicher Hinsicht bezieht sich damit auf die Erzeugung, Gewinnung oder den Vertrieb von Energie (Strom und Gas).

72   Damit ist die eigentliche rechtliche Entflechtung auf die gesetzliche Anordnung beschränkt, dass der Netzbetrieb in einer anderen Gesellschaft zu erfolgen hat als die genannten Tätigkeiten der Wettbewerbsbereiche. Im Umkehrschluss bedeutet dies: Alle übrigen Tätigkeitsbereiche können unternehmensindividuell ohne entflechtungsrelevante Vorgaben zugeordnet werden (also entweder zur Netzbetriebsgesellschaft oder aber zu anderen Gesellschaften innerhalb des Unternehmensverbundes des vertikal integrierten Unternehmens). Dies betrifft insbesondere die sog. **Shared Services**, also etwa konzerninterne Dienstleistungsbereiche im Rahmen der Buchhaltung, des Personalwesens, der Rechtsabteilung, des Controllings etc.

73   Sofern im Rahmen des Netzbetriebs des vertikal integrierten Unternehmens **mehrere Energienetze** (bspw. Stromnetze über mehrere Spannungsebenen oder Gasnetze über mehrere Druckstufen) bewirtschaftet werden, können diese problemlos in einer einheitlichen Netzgesellschaft zusammengefasst werden. Die Entflechtung von den Wettbewerbsbereichen hat in rechtlicher Hinsicht nicht zur zwingenden Voraussetzung, dass unterschiedliche „Netzbetriebe" auch noch auf unterschiedliche Gesellschaften aufgeteilt werden müssten.[45]

74   Ebenso zulässig ist es, wenn mehrere zur rechtlichen Entflechtung verpflichtete vertikal integrierte Unternehmen ihren Netzbetrieb in einer **gemeinsamen Netzgesellschaft** bündeln. Dies berührt dann nicht die Vorgaben zur rechtlichen Entflechtung, wirft allerdings Folgefragen im Hinblick auf die Zusammenfassung als „einheitliches Netz" für die Bestimmung der 100.000-Kunden-Grenze oder die Bestimmung des Grundversorgers nach § 36 EnWG auf.[46]

75   Zu den noch offenen Fragen im Rahmen der Umsetzung der rechtlichen Entflechtung gehört die Zulässigkeit von „**Über- bzw. Unterordnungsverhältnissen**" in Bezug auf die entflochtene Netzgesellschaft. Unbestritten zulässig ist die Aufstellung der **Netzgesellschaft als Tochter** der übrigen Bereiche der Energieversorgung, also etwa auch des Energievertriebs und der Energieerzeugung. Umstritten ist jedoch, ob die Netzgesellschaft ihrerseits als **Muttergesellschaft** oder zumindest als Beteiligte an einer anderen Gesellschaft, die Wettbewerbsbereiche bewirtschaftet, agieren kann. Die Regulierungsbehörden lehnen dies ab und formulieren in der Konkretisierung der gemein-

---

[45] Die europäischen Richtlinien sprechen in diesem Zusammenhang vom sog. Kombinationsnetzbetrieb.
[46] Vgl. dazu Theobald/Kühling/*Eder*, Energierecht, § 7 EnWG Rn 25.

samen Auslegungsgrundsätze der Regulierungsbehörden des Bundes und der Länder zu den Entflechtungsbestimmungen in den §§ 6 bis 10 EnWG vom 21.10.2008:

> „Innerhalb des vertikal integrierten Energieversorgungsunternehmens ist grundsätzlich ausgeschlossen, dass die Netzgesellschaft ihrerseits an einer anderen Gesellschaft beteiligt ist, die direkt oder indirekt in den Bereichen der Gewinnung, Erzeugung oder des Vertriebs von Energie (Strom/Gas) an Kunden zuständig ist."[47]

Diese Auffassung hat die BNetzA durch ihren Beschluss vom 3.2.2012 gegen die E.ON Bayern AG und die E.ON Energie AG im Rahmen der Prüfung der sog. „regi.on"-Struktur des E.ON-Konzerns bestätigt.[48] Nach dem Wortlaut von § 7 EnWG ist dieser Befund allerdings keinesfalls eindeutig. Der Wortlaut sieht lediglich eine „Unabhängigkeit hinsichtlich der Rechtsform" vor, die als solche auch dann gegeben wäre, wenn die Netzgesellschaft als Muttergesellschaft aufgestellt würde. Nur dann, wenn man nach Sinn und Zweck der Regelung in § 7 EnWG eine diskriminierende Einflussnahme aufgrund möglicher finanzieller Interessen der „Netz-Muttergesellschaft" als unzulässig ansieht (im Umkehrschluss aber mögliche Einsichts- und Weisungsrechte der Vertriebs-Muttergesellschaft für unbedenklich hält), lässt sich diese Auslegung begründen.[49]

76

Hinweis

Unter Compliance-Gesichtspunkten kann festgehalten werden, dass die Überordnung der Netzgesellschaft über eine Gesellschaft, in der auch Wettbewerbsbereiche bewirtschaftet werden, zu Auseinandersetzungen mit den Regulierungsbehörden und ggf. formalen Verfahren führen wird.

---

c) Arbeitsrechtliche Umsetzung

Im Rahmen der Compliance-Überwachung der Umsetzung der rechtlichen Entflechtung sind auch die arbeitsrechtlichen Auswirkungen zu beachten. Insbesondere wird es bei der gesellschaftsrechtlichen Trennung des Netzbetriebs (in Verbindung mit der operationellen Entflechtung nach § 7a EnWG) oft zu einem **Betriebsübergang gemäß § 613a BGB** kommen. Nach dieser Vorschrift tritt der Erwerber eines Betriebs oder Betriebsteils in die Rechte und Pflichten aus den im Zeitpunkt des Übergangs bestehenden Arbeitsverhältnissen ein, sofern der Erwerb durch Rechtsgeschäft erfolgt (§ 613a Abs. 1 S. 1 BGB). § 7 Abs. 1 EnWG sieht die gesellschaftsrechtlich-formale Trennung des Netzbetriebs vor, unabhängig davon, ob es sich dabei um einen eigenständigen Betrieb oder Betriebsteil im arbeitsrechtlichen Sinn handelt.[50] Da jedoch nach § 7a EnWG die rechtliche Entflechtung immer dadurch begleitet werden muss, dass die Netzgesellschaft mit

77

---

47 S. 11 der genannten Auslegungsgrundsätze.
48 BNetzA, Beschl. v. 3.2.2012 – BK7-09-014 – n.v.
49 Vgl. zum Ganzen ausführlich Theobald/Kühling/*Eder*, Energierecht, § 7 EnWG Rn 27 ff.
50 Vgl. dazu ErfurterKomm-ArbR/*Preis*, § 613a BGB Rn 10 f.

einem Mindestmaß an Kompetenzen, Betriebsmitteln und Funktionen (sowie Personal) auszustatten ist, handelt es sich – je nach dem Umfang der Ausgestaltung – typischerweise entweder um einen eigenständigen Betrieb oder Betriebsteil im Sinne des § 613a BGB.[51]

78 Damit tritt automatisch die Rechtsfolge ein, dass die entflochtene Netzgesellschaft in sämtliche Rechte und Pflichten aus dem im Zeitpunkt des Übergangs (also der Entflechtung) bestehenden Arbeitsverhältnisses eintritt. Diese in § 613a Abs. 1 S. 1 BGB geregelte Rechtsfolge kann – und sollte in der Praxis – dadurch vermieden werden, dass der Übergang der Arbeitsverhältnisse einzelvertraglich mit den Arbeitnehmern geregelt wird. Typischerweise wird hierbei ein sog. **Personalüberleitungsvertrag** geschlossen, in den auch der jeweils zuständige Betriebsrat einbezogen werden kann. In diesem Zusammenhang können auch Fragen der Mitbestimmungsrechte der Betriebsräte oder etwa ein Interessenausgleich bzw. Sozialplan nach den §§ 111, 112 BetrVG[52] geregelt werden.

79 Die Verpflichtung zur rechtlichen Entflechtung wird beschränkt durch die Regelung in § 7 Abs. 2 EnWG, wonach zur rechtlichen Entflechtung nur Unternehmen verpflichtet sind, an deren Strom- bzw. Gasnetze mehr als 100.000 Kunden unmittelbar oder mittelbar angeschlossen sind.[53]

2. Operationelle Entflechtung

80 Die operationelle Entflechtung in § 7a EnWG verpflichtet die betroffenen Unternehmen, die Unabhängigkeit des Netzbetriebs hinsichtlich der Organisation, der Entscheidungsgewalt und der Ausübung des Netzgeschäfts (inhaltlich) sicherzustellen. Diese Regelungen begleiten die Vorgaben zur rechtlichen Entflechtung und statuieren Verpflichtungen

- zur Entflechtung des im Netzbetrieb eingesetzten Personals (§ 7a Abs. 2 EnWG),
- zur Sicherstellung der beruflichen Handlungsunabhängigkeit der Leitung des Netzbetriebs (§ 7a Abs. 3 EnWG),
- zur Beschränkung des Einflusses der Konzern- bzw. Unternehmensleitung auf den Netzbetrieb,
- zu einer verwechslungssicheren Trennung des Markenauftritts und des Kommunikationsverhaltens der Netzgesellschaft und
- zur Aufstellung eines Gleichbehandlungsprogramms mit verbindlichen Maßnahmen zur diskriminierungsfreien Ausübung des Netzgeschäfts sowie dessen Überwachung (§ 7a Abs. 5 EnWG).

---

51 Ausführlich dazu *Eder/von Blumenthal*, IR 2007, 222 ff.
52 Betriebsverfassungsgesetz (BetrVG) v. 25.9.2001 (BGBl. I S. 2518), zuletzt geändert durch Gesetz v. 18.12.2018 (BGBl. I S. 2651).
53 Dazu noch sogleich unten Rn 105 f.

Hinweis
Diese Anforderungen sind ebenso vielschichtig wie auslegungsbedürftig,[54] sie bilden allerdings den Kern der im Rahmen der Compliance-Überwachung zu berücksichtigenden Entflechtungsvorgaben.

a) Bestimmungen zur „personellen Entflechtung"

Zentrale Vorschrift der „personellen Entflechtung" ist § 7a Abs. 2 Nr. 1 EnWG. Nach dieser Bestimmung müssen Personen, die mit **Leitungsaufgaben für den Netzbetreiber** betraut sind (oder die Befugnis zu Letztentscheidungen besitzen, die für die Gewährleistung eines diskriminierungsfreien Netzbetriebs wesentlich sind), für die Ausübung dieser Tätigkeit einer betrieblichen Einrichtung des Netzbetreibers angehören und dürfen keine Angehörigen von betrieblichen Einrichtungen des vertikal integrierten Unternehmens sein, die direkt oder indirekt für den laufenden Betrieb in den Wettbewerbsbereichen (Vertrieb, Erzeugung) zuständig sind. 81

Unzweifelhaft zählen zu dem erfassten Personenkreis die obersten Leitungsfunktionen im Netzbetrieb, also insbesondere die letztverantwortliche Unternehmensleitung (Vorstand/Geschäftsführung). Bei unbefangener Lektüre des Gesetzestextes entsteht der Eindruck, dass darüber hinaus weitere Personen (gemeint sein könnten Bereichs- oder Abteilungsleiter) aus dem Leitungsumfeld des jeweiligen Netzbetreibers zusätzlich berücksichtigt werden sollen. Unklar ist insoweit allerdings der Bezug zu „Letztentscheidungen" in wesentlichen Fragen des diskriminierungsfreien Netzbetriebs, da diese Anforderung nicht einmal durch eine gründliche Auswertung des Gesetzgebungsverfahrens sachgerecht eingegrenzt werden kann.[55] 82

Praxistipp
Unter Compliance-Gesichtspunkten bietet sich in jedem Fall eine grundsätzlich weite Auslegung des Begriffs der personell erfassten Mitarbeiter an.

Diese Mitarbeiter müssen für die Ausübung der Netztätigkeiten einer betrieblichen Einrichtung des Netzbetreibers angehören und dürfen keine Angehörigen von betrieblichen Einrichtungen sein, die direkt oder indirekt für den laufenden Betrieb in den Wettbewerbsbereichen zuständig sind. Damit soll sichergestellt werden, dass die Kernfunktionen und die Leitung des Netzbetriebs in der entflochtenen Netzbetriebsgesellschaft wahrgenommen werden. Allerdings hat der deutsche Gesetzgeber an dieser Stelle lediglich den Wortlaut der europäischen Richtlinien wiederholt und es versäumt, die Anforderungen sachgerecht zu konkretisieren. Daraus entsteht eine Vielzahl von Auslegungsfragen, bei denen auch unter Compliance-Gesichtspunkten eine sorgfältige Ab- 83

---

54 Vgl. dazu ausführlich Theobald/Kühling/*Eder*, Energierecht, § 8 EnWG Rn 4 ff.
55 Vgl. dazu Theobald/Kühling/*Eder*, Energierecht, § 8 EnWG Rn 9 ff.

wägung zwischen unternehmensindividuellen Interessen und der rechtlichen Umsetzung zu erfolgen hat. Umstritten ist bspw., ob das „Angehören zu einer betrieblichen Einrichtung" dazu führt, dass die genannten Personen einen **Anstellungsvertrag mit der Netzgesellschaft** haben müssen,[56] und ob neben der Beschäftigung in der Netzgesellschaft überhaupt keine weiteren Tätigkeiten im vertikal integrierten Unternehmen wahrgenommen werden dürfen[57] oder ob stattdessen nur eine Tätigkeit mit Bezug zu den Wettbewerbsbereichen gemeint ist, was der Gesetzeswortlaut zum Ausdruck bringt.[58]

84   Zumindest für Personen, die **sonstige Tätigkeiten des Netzbetriebs** (also gerade keine Leitungsfunktionen) ausüben, stellt § 7a Abs. 2 Nr. 2 EnWG klar, dass sie in anderen Teilen des vertikal integrierten Unternehmens tätig sein dürfen. Diese sollen den „fachlichen Weisungen der Leitung des Netzbetreibers" unterstellt werden.

> **Hinweis**
> An dieser Stelle ist im Hinblick auf Compliance-Grundsätze eine sorgfältige Abgrenzung arbeitsrechtlicher und inhaltlicher Weisungen im Rahmen von § 7a Abs. 2 Nr. 2 EnWG vorzunehmen.

85   Keinesfalls zulässig ist eine unmittelbare Weisung der Leitung des Netzbetriebs an einzelne Mitarbeiter, die nicht in der Netzgesellschaft angestellt (oder nicht im Rahmen einer Arbeitnehmerüberlassung tätig) sind, da Weisungen arbeitsrechtlich nur auf der Grundlage des jeweiligen Anstellungsvertrages erfolgen dürfen. Sachlich richtig und rechtlich zulässig sind dagegen Weisungsrechte im Rahmen konzerninterner Dienstleistungsverträge, über die der Auftraggeber (Netzbetriebsgesellschaft) dem Auftragnehmer (Dienstleistungsbereich im Konzern) inhaltliche Weisungen für die Erbringung der Dienstleistungen erteilen kann – ggf. auch in Bezug auf die Tätigkeit einzelner Mitarbeiter.

86   Die in personeller Hinsicht zusätzlich sicherzustellende **berufliche Handlungsunabhängigkeit** der Netzbetriebsleitung gemäß § 7a Abs. 3 EnWG bedeutet, dass das Leitungspersonal im Netzbetrieb keinen unmittelbaren oder mittelbaren Sanktionen ausgesetzt sein darf, wenn es sein Verhalten ausschließlich an den Interessen des Netzbetriebs ausrichtet (betroffen können also etwa Abmahnungen, Kündigungen oder fehlende Beförderungsmöglichkeiten sein). Besonders zu berücksichtigen ist in diesem Zusammenhang, dass eine **leistungsbezogene Vergütung** des Leitungspersonals im Netzbereich nur so ausgestaltet werden darf, dass wesentliche Anteile der Bezahlung

---

[56] So etwa die Konkretisierung der gemeinsamen Auslegungsgrundsätze der Regulierungsbehörden, 21.10.2008, S. 5ff. Dadurch wären Fallkonstellationen einer Arbeitnehmerüberlassung nicht zulässig, aus diesem Grund dagegen Theobald/Kühling/*Eder*, Energierecht, § 8 EnWG Rn 19f.
[57] So wiederum die Regulierungsbehörden.
[58] So etwa Theobald/Kühling/*Eder*, Energierecht, § 8 EnWG Rn 23; dagegen *Büdenbender/Rosin*, Energierechtsreform 2005, S. 148.

und Erfolgshonorierung nicht von anderen als den Leistungen im Netzgeschäft abhängig gemacht werden dürfen.[59]

Inhaltlich wird dem Leitungspersonal im Bereich des Netzbetriebs von § 7a Abs. 4 EnWG eine „unabhängige Entscheidungsgewalt" garantiert. Dabei müssen **Entscheidungsbefugnisse** in Bezug auf die Vermögenswerte des Netzbetriebs, die für den Betrieb, die Wartung und den Ausbau des Netzes erforderlich sind, unabhängig von der Leitung und den anderen betrieblichen Einrichtungen des sonstigen vertikal integrierten Unternehmens durch die Netzgesellschaft wahrgenommen werden. Da es sich um „tatsächliche" Entscheidungsbefugnisse handelt, ist es nicht ausreichend, diese Entscheidungsbefugnisse lediglich in Gesellschafts- oder sonstigen Verträgen niederzulegen. Diese Befugnisse müssen auch ohne nicht rechtskonforme Einschränkungen ausgeübt werden können. Damit schränkt § 7a Abs. 4 S. 1 EnWG insbesondere den in § 37 GmbHG[60] enthaltenen Grundsatz ein, dass die Gesellschafter einer Gesellschaft mit beschränkter Haftung (GmbH) umfassende Einflussmöglichkeiten auf die Geschäftsführung haben.[61] Allerdings sieht § 7a Abs. 4 EnWG keine vollständige Autonomie des Netzbetriebs vor. Die Leitung des vertikal integrierten Unternehmens kann im Rahmen ihrer Aufsichtsrechte über die Leitung der Netzbetriebsgesellschaft im Hinblick auf die Rentabilität gesellschaftsrechtliche Instrumente der Einflussnahme und Kontrolle ausüben, sofern dies zur Wahrnehmung berechtigter Interessen erforderlich ist (das sind insbesondere Weisungen, die Genehmigung des jährlichen Finanzplans und die Festlegung allgemeiner Verschuldensobergrenzen). Weisungen dürfen sich allerdings nicht auf den „laufenden Netzbetrieb", also auf die Abwicklung einzelner, im Regelfall standardisierter oder nach bestimmten gleichförmigen Vorgaben ablaufender Netzprozesse beziehen (§ 7a Abs. 4 S. 4 EnWG). 87

b) Auslegungsverständnis der Regulierungsbehörden

Die **BNetzA** hat, wie in der Einführung bereits dargestellt,[62] zusammen mit den Landesregulierungsbehörden in einer Reihe von Dokumenten unterschiedliche Auslegungsfragen der Entflechtungsbestimmungen aufgegriffen und das Verständnis der Regulierungsbehörden veröffentlicht. 88

Von besonderer Bedeutung für die operationelle Entflechtung sind die konkretisierten Auslegungsgrundsätze vom 21.10.2008.[63] Neben bereits benannten, durchaus strengen Auslegungen einzelner Entflechtungsprobleme (Notwendigkeit eines Anstellungs- 89

---

59 So bereits die Gesetzesbegründung, BT-Drucks. 15/3917, S. 54.
60 GmbH-Gesetz v. 20.4.1892 (RGBl. I S. 477), zuletzt geändert durch Gesetz v. 17.7.2017 (BGBl. I S. 2446).
61 Vgl. zum Ganzen ausführlich Theobald/Kühling/*Eder*, Energierecht, § 8 EnWG Rn 51 ff.
62 Vgl. bereits Rn 16 ff.
63 Konkretisierung der gemeinsamen Auslegungsgrundsätze der Regulierungsbehörden des Bundes und der Länder zu Entflechtungsbestimmungen in den §§ 6 bis 10 EnWG (Konkretisierung gemeinsame Auslegungsgrundsätze zu Entflechtungsbestimmungen), 21.10.2008.

vertrages zur Netzgesellschaft für Leitungspersonal im Netzbetrieb; Verbot von Doppelfunktionen innerhalb des vertikal integrierten Unternehmens für Mitarbeiter der Netzgesellschaft, selbst wenn die anderen Funktionen nicht mit den Wettbewerbsbereichen zu tun haben; Verbot von Netzgesellschaften als Muttergesellschaften für Wettbewerbsbereiche etc.) definieren die Regulierungsbehörden in dieser Veröffentlichung sog. **diskriminierungsanfällige Netzbetreiberaufgaben** (DNA).[64]

90 Danach müssen insbesondere der laufende Betrieb sowie einzelne bauliche Maßnahmen vom Netzbetreiber grundsätzlich souverän verantwortet und beurteilt werden. Dies setzt insbesondere für den Bereich des Finanzplans der Netzbetriebsgesellschaft, der auf Betrieb, Wartung und Ausbau des Netzes bezogen ist, eigene technische, ökonomische und juristische Kompetenz voraus. Betroffen sollen danach insbesondere sein:

- das Aufstellen des Wirtschaftsplans und der Mittelfristplanung,
- die Vertretung des Netzbetreibers im internen und externen Regulierungsprozess,
- die Festlegungen von Strategie und technischen Rahmenbedingungen im Netzbetrieb,
- die Investitions- und Instandhaltungsstrategie,
- Rechtsfragen mit Diskriminierungspotenzial.

91 Weitere im Rahmen der DNA genannten Bereiche sind etwa
- die Grundsatzplanung,
- die Verantwortung für die Führung der Netzleitstelle,
- die operative Durchführung sowie
- das Vertragsmanagement im Bereich Netzwirtschaft/Netznutzung und Rechnungswesen ebenso wie
- die Kalkulation der Preise und Entgelte für Netzdienstleistungen.

92 Für all diese Bereiche darf nach dem Willen der Regulierungsbehörden weder die Verantwortung und Leitung noch die Ausführung außerhalb der Netzbetriebsgesellschaft erfolgen. Dies soll tatsächlich „**sämtliche operative Entscheidungen**" umfassen.

93 Diese überaus weitgehenden Anforderungen werden in der Praxis von kaum einem Unternehmen vollständig eingehalten werden können.

> **Hinweis**
> Unter Compliance-Gesichtspunkten kann aber festgehalten werden, dass eine genaue **Prüfung der organisatorischen, rechtlichen und operativen Durchführung** der genannten DNA im eigenen vertikal integrierten Unternehmen sinnvoll und erforderlich ist.

---

64 Vgl. dazu die Konkretisierung gemeinsame Auslegungsgrundsätze zu Entflechtungsbestimmungen, 21.10.2008, S. 7 ff.

Nur auf diese Weise können Risiken von Rechtsverstößen erkannt und ggf. behördliche 94
Aufsichtsverfahren vermieden werden. Diese Überprüfung ist dabei „turnusmäßige
Daueraufgabe" und nicht im Rahmen einer einmaligen Umsetzung der Entflechtung zu
erledigen.

c) Kommunikationsverhalten und Markenpolitik

Mit der EnWG-Novelle 2011 wurden die gesetzlichen Entflechtungsregelungen um neue 95
Vorgaben zu Kommunikationsverhalten und Markenpolitik der Netzbetreiber erweitert. Nach § 7a Abs. 6 EnWG haben

> „Verteilnetzbetreiber, die Teil eines vertikal integrierten Energieversorgungsunternehmens sind, [...] in ihrem Kommunikationsverhalten und in ihrer Markenpolitik zu gewährleisten, dass eine Verwechslung zwischen Verteilnetzbetreiber und den Vertriebsaktivitäten des vertikal integrierten Energieversorgungsunternehmens ausgeschlossen ist."

Diese Regelung soll nach dem Willen des Gesetzgebers vor allem dazu dienen, 96
- die Transparenz gegenüber dem Verbraucher zu erhöhen, dass Netz und Vertrieb zwei voneinander getrennte Aktivitäten eines vertikal integrierten Energieversorgungsunternehmens sind und
- bei den Netz-Mitarbeitern die Verbundenheit mit dem Netzbetreiber zu stärken.

Die Regulierungsbehörden haben hierzu wiederum Auslegungshinweise veröffent- 97
licht.[65] Bezugspunkt der Vorgaben ist das Kommunikationsverhalten, das heißt jede
Handlung, bei der der Netzbetreiber mit Dritten in Kontakt tritt. Dabei ist nach Auffassung der Regulierungsbehörden die Markenpolitik wesentlicher Teil des Kommunikationsverhaltens, die Marke sei der „Informationskanal, der die verschiedenen Marktseiten miteinander verbindet".

Eine Verwechslungsgefahr zwischen Netzbetrieb und „Vertriebsaktivitäten" ist aus- 98
zuschließen. Unter Letzteren ist im Kern der Verkauf von Energie an Kunden zu verstehen. Auch die dafür erforderlichen unmittelbaren Hilfstätigkeiten wie (Vertriebs-)Marketing und Lieferabrechnung werden vom Sinn und Zweck erfasst sein.[66]

---

65 Gemeinsame Auslegungsgrundsätze III der Regulierungsbehörden des Bundes und der Länder zu den Anforderungen an die Markenpolitik und das Kommunikationsverhalten bei Verteilernetzbetreibern (§ 7a Abs. 6 EnWG) (Gemeinsame Auslegungsgrundsätze III – Markenpolitik und Kommunikationspolitik), 16.7.2012, abrufbar unter https://www.bundesnetzagentur.de/SharedDocs/Downloads/DE/Sachgebiete/Energie/Unternehmen_Institutionen/EntflechtungKonzession/Entflechtung/AuslegungsgrunsaetzeIII Markenpapierpdf.pdf?__blob=publicationFile&v=7.
66 Eine weite Auslegung des Begriffs „Vertriebstätigkeit", insbesondere die Einbeziehung des „wettbewerblichen Messstellenbetriebs", ist entgegen den Ausführungen der Regulierungsbehörden nicht geboten, da im Gesetzgebungsverfahren bewusst davon Abstand genommen wurde, eine Verwechs-

99 Beim Außenauftritt sollte die Kennzeichnungskraft der eigenen Marke (des Netzbetreibers) etwa dadurch hergestellt werden, dass eine unterschiedliche Farbwahl, unterscheidbare Schrift, individuelle Bilder und ein eigener Name verwendet werden. Dies betrifft insbesondere die Firmenbezeichnung, das Logo etc. Eine Umfirmierung ist nicht zwingend geboten, sofern auch auf andere Weise eine ausreichende Unterscheidbarkeit sichergestellt ist.

> **Hinweis**
> Für die Einhaltung der Compliance-Vorgaben muss bei Bedarf die Anwendung der genannten Grundsätze in Einzelfällen überprüft werden. Relevant können dabei insbesondere folgende Aspekte sein: Internetauftritt, Geschäfts- und Briefpapier, Werbemittel, Telefonnummern, Auftritt von Dienstleistungsbereichen (Shared Services).

d) Gleichbehandlungsmanagement

100 Eine besondere Form des Compliance-Managements definiert § 7a Abs. 5 EnWG. In dieser Vorschrift ist die Verpflichtung enthalten, dass vertikal integrierte Unternehmen für die Mitarbeiter, die mit Tätigkeiten des Netzbetriebs befasst sind, ein Programm mit verbindlichen Maßnahmen zur Diskriminierungsfreiheit festlegen müssen, das den Mitarbeitern und der Regulierungsbehörde bekannt gemacht wird. Gleichzeitig muss die Einhaltung dieses Gleichbehandlungsprogramms durch eine Person oder Stelle überwacht werden, die der Regulierungsbehörde einen jährlichen Bericht über die Einhaltung des Gleichbehandlungsprogramms vorzulegen und diesen zu veröffentlichen hat.

101 Zwar betrifft das **Gleichbehandlungsprogramm** und seine **Überwachung** nur mit Tätigkeiten des Netzbetriebs befasste Mitarbeiter. Die Auswirkungen sind aufgrund der typischerweise bestehenden internen Dienstleistungsbeziehungen im vertikal integrierten Unternehmen (bspw. Shared Services) beträchtlich. Das Gleichbehandlungsprogramm muss „verbindliche Maßnahmen zur diskriminierungsfreien Ausübung des Netzgeschäfts" enthalten. Darüber hinaus müssen **Pflichten der Mitarbeiter und mögliche Sanktionen** festgelegt werden. Das Gleichbehandlungsprogramm muss also inhaltlich die Tätigkeiten des Netzbetriebs (insbesondere solche mit Diskriminierungspotenzial) benennen und **konkrete Verhaltensanweisungen** im Bereich dieser Tätigkeiten festschreiben. Es ist dabei grundsätzlich nicht ausreichend, lediglich den sehr abstrakten Gesetzeswortlaut zu wiederholen.

102 Stattdessen bietet es sich auch unter Compliance-Gesichtspunkten an, typischerweise auftretende Konflikt- und Bearbeitungsfälle mit Diskriminierungspotenzial auf-

---

lungsgefahr mit jeglichen anderen „Geschäftsaktivitäten" des vertikal integrierten Unternehmens auszuschließen.

zulisten und für Mitarbeiter verständlich anhand von Leitlinien zur Diskriminierungsfreiheit zu beschreiben. Zusätzlich sind **Informations- und Schulungsmaßnahmen**, auch durch den Gleichbehandlungsbeauftragten selbst, sinnvoll und zum Nachweis der Ernsthaftigkeit und der Bekanntmachung ggf. erforderlich.[67]

Die Aufstellung, Einführung und inhaltliche Ausgestaltung des Gleichbehandlungsprogramms ist eine spezielle Ausprägung des arbeitgeberseitigen Direktionsrechts, mit dem jeder Arbeitgeber die Arbeitspflicht konkretisieren kann. Bei der Aufstellung des Gleichbehandlungsprogramms besteht **kein Mitbestimmungsrecht des Betriebsrats**, da lediglich Fragen der operativen Netztätigkeit, nicht aber Fragen der Ordnung des Betriebs und des Verhaltens der Arbeitnehmer im Betrieb im Sinne von § 87 Abs. 1 Nr. 1 BetrVG erfasst sind. Soweit das Gesetz in § 7a Abs. 5 S. 2 EnWG davon spricht, „mögliche Sanktionen" müssten festgelegt werden, ist es ausreichend, wenn sich das Gleichbehandlungsprogramm auf die Nennung denkbarer Sanktionen beschränkt, die ausreichend Raum für eine Beurteilung des ggf. im Einzelfall vorliegenden Verstoßes lassen. Der Verweis auf Abmahnungen und ggf. Kündigungen als arbeitsrechtliche Konsequenzen von Verstößen ist daher ausreichend – die Einführung einer Betriebsbußenordnung oder eines sonstigen Verstoßkatalogs ist dagegen nicht gefordert (dieser wäre im Übrigen gemäß § 87 Abs. 1 Nr. 1 BetrVG mitbestimmungspflichtig). 103

Hinweis
Die Überwachungs- und Berichtspflicht durch einen Gleichbehandlungsbeauftragten ist gerade im Hinblick auf die Einhaltung von Compliance-Grundsätzen ernst zu nehmen.

Die **Funktion des Gleichbehandlungsbeauftragten** ist dabei allerdings nicht der „verlängerte Arm" der Regulierungsbehörden, sondern eine dienende Hilfsfunktion für die jeweilige Unternehmensleitung. Der Gleichbehandlungsbeauftragte muss allerdings über Kompetenz und Befugnisse verfügen, die ihm die Aufgabenerfüllung nach § 7a Abs. 5 EnWG möglich machen. Er muss also über eine ausreichende Qualifikation verfügen und ausreichend Zugang zu Mitarbeitern und Informationen haben. Um behördliche Aufsichtsmaßnahmen und im schlimmsten Fall Bußgelder zu vermeiden, sollte – abgestimmt mit der jeweiligen Unternehmensleitung – vorab für jedes Jahr ein entsprechender „Prüfungsplan" aufgestellt werden, auf den sich dann der jährliche Gleichbehandlungsbericht beziehen kann. Ebenso sollten fortlaufende Informations- und Schulungsveranstaltungen gemeinsam festgelegt werden. 104

3. Ausnahmeregelung: De-minimis-Unternehmen
Sowohl die Vorgaben zur rechtlichen als auch die zur operationellen Entflechtung in den §§ 7 und 7a EnWG sind nicht anwendbar auf Unternehmen, an deren Versorgungs- 105

---

67 Zum Ganzen vgl. Theobald/Kühling/*Eder*, Energierecht, § 8 EnWG Rn 83 ff.

netz weniger als 100.000 Kunden unmittelbar oder mittelbar angeschlossen sind. Mit dieser Vorschrift sollen kleinere vertikal integrierte Unternehmen von den weitreichenden Eingriffen der §§ 7 und 7a EnWG ausgenommen werden.

106 Die im EnWG näher definierten „Kunden" lassen sich in Bezug auf den Netzanschluss als **Anschlussnehmer und Anschlussnutzer** unterscheiden. Nach dem Sinn und Zweck der sog. De-minimis-Regelung (also der 100.000-Kunden-Grenze) sollen sowohl Anschlussnehmer (also diejenigen, die einen physikalischen Anschluss an das jeweilige Netz haben) und Anschlussnutzer (also diejenigen, die einen solchen Anschluss zur Entnahme von Energie nutzen) gemeinsam berücksichtigt werden. Auf diese Weise sind sowohl Grundstückseigentümer als Anschlussnehmer als auch Pächter oder Mieter als Anschlussnutzer erfasst.[68] In der Praxis bestehen meistens keine Unsicherheiten über die Frage der relevanten Kundenzahl und der Verpflichtung zur rechtlichen oder operationellen Entflechtung. Nur im Rahmen des jeweils in der Ausnahmevorschrift enthaltenen Verweises auf die Definition des vertikal integrierten Unternehmens gemäß § 3 Nr. 38 EnWG ist zu berücksichtigen, dass im Fall von **„bestimmendem Einfluss"** alle an Energieversorgungsnetze angeschlossenen Kunden einer Unternehmensgruppe zu berücksichtigen sind. Dies hat die praktisch höchstrelevante Folge, dass sich vertikal integrierte Unternehmen an das Netz unmittelbar oder mittelbar angeschlossene Kunden eines anderen Unternehmens hinzurechnen lassen müssen, sofern beide Unternehmen im Rahmen von bestimmendem Einfluss miteinander verbunden sind. Dafür reicht es bereits aus, wenn an einem anderen vertikal integrierten Unternehmen als Minderheitsgesellschafter beteiligte vertikal integrierte Unternehmen trotz der Minderheitsbeteiligung auf das strategische Verhalten dergestalt Einfluss nehmen können, dass wesentliche Entscheidungen, wie bspw. die Bestellung der Unternehmensleitung oder die Aufstellung des Wirtschafts- bzw. Finanzplans durch Vetorechte, blockiert werden können.[69]

! Hinweis
Unter Compliance-Gesichtspunkten ist daher zur Ermittlung der eigenen rechtlichen Verpflichtungen eine genaue Prüfung der relevanten Kundenzahl unerlässlich.

---

[68] Vgl. zum Ganzen ausführlich Theobald/Kühling/*Eder*, Energierecht, § 7 EnWG Rn 43 ff. Die Frage des Erreichens der 100.000-Kunden-Grenze ist allerdings für Strom- und Gasnetze getrennt zu bewerten.
[69] Zum Ganzen Theobald/Kühling/*Eder*, Energierecht, § 7 EnWG Rn 54 ff.

B. Zusätzliche grundlegende Verpflichtungen des Energiewirtschaftsrechts

Neben den Entflechtungsbestimmungen existieren im EnWG weitere grundlegende Verpflichtungen, deren Einhaltung im Rahmen von Compliance-Gesichtspunkten relevant werden kann. **107**

Zu beachten ist insbesondere die **Genehmigungspflicht des Netzbetriebs** nach § 4 EnWG. Danach bedarf die Aufnahme des Betriebs eines Energieversorgungsnetzes der Genehmigung durch die nach Landesrecht zuständige Behörde. Zwar bedürfen zum Zeitpunkt des Inkrafttretens dieser Regelung (13.7.2005) bereits Strom- und Gasnetz betreibende Unternehmen keiner Genehmigung (da die Vorschrift noch nicht galt). Allerdings kann diese Regelung dann relevant werden, wenn entweder ein Netzbetrieb vollständig neu aufgenommen wird oder im Rahmen von Netz- bzw. Konzessionsübernahmen ein bereits bestehender Netzbetrieb übernommen wird. Im Regelfall wird sich eine bereits erteilte Genehmigung oder ein rechtlich zulässiger genehmigungsfreier Netzbetrieb (vor dem 13.7.2005) aber auch auf einen nachfolgenden Betreiber des gleichen Energieversorgungsnetzes erstrecken. Allerdings sollte dies vor der Aufnahme des Netzbetriebs geprüft werden.[70] **108**

Im Gegensatz zur Genehmigungspflicht nach § 4 EnWG in Bezug auf die Aufnahme des Betriebs eines Energieversorgungsnetzes besteht für Energievertriebe lediglich eine Anzeigepflicht. Diese **Anzeigepflicht** erstreckt sich gemäß § 5 EnWG nur auf die **Belieferung von Haushaltskunden** mit Energie, sodass die gesetzliche Pflicht in der Regel unproblematisch erfüllt werden kann. Auf diese Weise soll eine Markttransparenz für Verbraucher und Regulierungsbehörden geschaffen werden. Die Liste der angezeigten Unternehmen wird von der **BNetzA** laufend auf ihrer Internetseite veröffentlicht. Mit der Anzeige der Tätigkeit ist das Vorliegen der personellen, technischen und wirtschaftlichen Leistungsfähigkeit sowie der Zuverlässigkeit der Geschäftsleitung darzulegen. Die BNetzA hat mittlerweile erweiterte Überwachungsbefugnisse auch gegenüber Energielieferanten erhalten, um den Schutz der Energieverbraucher besser durchsetzen zu können. In diesem Zusammenhang sind spiegelbildlich zur Anzeigepflicht der Belieferung entsprechende Anzeigepflichten und -fristen für die Einstellung der Belieferung aufgenommen worden (§ 5 Abs. 1 und 2 EnWG). **109**

Hinweis
Ein Verstoß gegen die Anzeigepflicht ist eine Ordnungswidrigkeit gemäß § 95 Abs. 1 Nr. 2 EnWG und kann eine Geldbuße nach sich ziehen.

---

70 Vgl. zum Ganzen Theobald/Kühling/*Theobald*, Energierecht, § 4 EnWG Rn 11 ff.

110 Erfasst sind damit Fälle des vollständigen Unterlassens der Anzeige, einer unrichtigen Anzeige (bspw. bei den Angaben zur Leistungsfähigkeit und Zuverlässigkeit), des Auslassens von zwingenden Angaben oder der nicht rechtzeitigen Anzeige.

111 Als weitere grundlegende Verpflichtung nach dem EnWG ist die **Grundversorgungspflicht nach § 36 EnWG** zu nennen. Danach haben vertikal integrierte Unternehmen für Netzgebiete, in denen sie die Grundversorgung von Haushaltskunden durchführen, Allgemeine Bedingungen und Allgemeine Preise für die Versorgung (in Niederspannung und Niederdruck) öffentlich bekannt zu geben, im Internet zu veröffentlichen und zu diesen Bedingungen und Preisen jeden Haushaltskunden zu versorgen. Insofern besteht ein vollständiger Kontrahierungszwang, der lediglich dann eingeschränkt ist, wenn die Versorgung für das vertikal integrierte Unternehmen aus wirtschaftlichen Gründen nicht zumutbar ist (§ 36 Abs. 1 S. 2 EnWG). Grundversorger (und ebenfalls Ersatzversorger nach § 38 EnWG) ist das Unternehmen, das die meisten Haushaltskunden in einem Netzgebiet der allgemeinen Versorgung beliefert.

> **Hinweis**
> Im Hinblick auf die Einhaltung der Compliance-Vorgaben ist dabei insbesondere zu beachten, dass der jeweilige Netzbetreiber „der allgemeinen Versorgung" verpflichtet ist, alle drei Jahre jeweils zum 1.7. den Grundversorger für die nächsten drei Kalenderjahre festzustellen und dies bis zum 30.9. des Jahres im Internet zu veröffentlichen und der nach Landesrecht zuständigen Behörde schriftlich mitzuteilen (§ 36 Abs. 2 EnWG).[71]

112 Erstmalig bestand diese **Ermittlungspflicht** zum 1.7.2006, zuletzt zum 1.7.2018, sodass die nächsten Grundversorgerbestimmungen zum 1.7.2021 (und dann 2024 usw.) erfolgen. Bei der Bestimmung des Grundversorgers anhand der Abgrenzung des Netzes der allgemeinen Versorgung stellt sich die Frage, auf welches Netzgebiet diese gesetzliche Regelung Bezug nimmt. Von den verschiedenen möglichen Auslegungen (galvanische Verbundenheit, Gemeindegebiet, Konzessionsgebiet) ist letztlich nur das Abstellen auf das jeweilige Konzessionsgebiet systematisch und vom Sinn und Zweck der Regelung her überzeugend.[72]

113 Sonstige, im Rahmen der Compliance-Überwachung beachtenswerte Verpflichtungen aus dem EnWG sind bspw.
- die Veröffentlichungs- und Bekanntmachungspflichten beim Ablauf von Konzessionsverträgen (§ 46 Abs. 3 und 5 EnWG),
- die Meldepflichten bei Versorgungsstörungen in der Energieversorgung (§ 52 EnWG) und
- die Pflicht zur Durchführung des grundzuständigen Messstellenbetriebs nach dem Messstellenbetriebsgesetz (MsbG), §§ 3 ff. MsbG.

---

71 Zum Ganzen ausführlich Theobald/Kühling/*Eder*, Energierecht, § 36 EnWG Rn 28 ff.
72 Vgl. Theobald/Kühling/*Eder*, Energierecht, § 36 EnWG Rn 93 ff.

C. Checkliste

I. Entflechtungsvorgaben

1. Vertraulichkeit, § 6a EnWG

- Wahrung der Vertraulichkeit wirtschaftlich sensibler Informationen (**Netzkunden-daten**):
    - Weitergabe vertraulicher Informationen an Dritte nur bei gesetzlicher Pflicht zur Weitergabe oder Einwilligung des Betroffenen;
    - Sicherung der Vertraulichkeit im Rahmen der Aufbauorganisation des Unternehmens durch personelle Trennung;
    - Datensicherheit und Trennung der Datenzugriffsberechtigungen bei gemeinsamer Nutzung eines Datenverarbeitungssystems (Berechtigungskonzept);
    - vertragliche Einbeziehung externer Dienstleister.

- Diskriminierungsfreier Umgang mit wirtschaftlich relevanten Informationen (**Netzdaten**):
    - Gleichbehandlung vergleichbarer Sachverhalte;
    - Offenlegungspflicht bei gesetzlicher Anordnung oder freiwilligem Entschluss des Netzbetreibers;
    - Beachtung des Grundsatzes „Allen oder Keinem";
    - vertragliche Einbeziehung externer Dienstleister.

- Beachtung der Festlegungen der **BNetzA (GPKE, GeLi Gas)**: Einheitliches Datenformat für bestimmte Prozesse;
- Vorhalten einer Geschäftsprozessdokumentation „Diskriminierungsrelevanter Geschäftsprozesse" nebst Dienstanweisungen;
- regelmäßige Schulung der Mitarbeiter.

2. Buchhalterische Entflechtung, § 6b EnWG

- Aufstellung des Jahresabschlusses nach den für Kapitalgesellschaften geltenden Vorschriften des HGB sowie Prüfung und Offenlegung durch Abschlussprüfer;
- gesonderte Ausweisung von Geschäften größeren Umfangs mit verbundenen oder assoziierten Unternehmen;
- getrennte Kontenführung der internen Rechnungslegung bei vertikal integrierten Unternehmen, eigene Bilanz sowie Gewinn- und Verlustrechnung;
- sachgerechte Schlüsselung von nicht direkt zuordenbaren Aufwendungen und Erträgen;
- Tätigkeitsabschluss ist unverzüglich nach Aufstellung im elektronischen Bundesanzeiger bekannt zu machen; erweitert auf alle energiespezifischen Dienstleistungen für den Netzbereich;

- Geschäftsberichte für die einzelnen Tätigkeiten sind im Internet zu veröffentlichen;
- Übersendung einer Ausfertigung des geprüften Jahresabschlusses an die Regulierungsbehörde.

3. Rechtliche Entflechtung, § 7 EnWG

116
- Netzbetrieb in separaten Gesellschaften: gesellschaftsrechtlich-formale Trennung des Netzbetriebs von den Wettbewerbsbereichen;
- Wahl des rechtlich möglichen und netzentgeltregulatorisch angemessenen Entflechtungsmodells.

4. Operationelle Entflechtung, § 7a EnWG

117
- Personelle Entflechtung:
    - Angehörigkeit von mit Leitungsaufgaben betrauten Personen zu betrieblichen Einrichtungen des Netzbetreibers;
    - berufliche Handlungsunabhängigkeit der Netzbetriebsleitung;
    - unabhängige Entscheidungsgewalt des Leitungspersonals;
    - Prüfung der organisatorischen, rechtlichen und operativen Durchführung der diskriminierungsanfälligen Netzbetreiberaufgaben.

- eigenständiger Markenauftritt und eigenständiges Kommunikationsverhalten der Netzgesellschaft (z.B. Ausgestaltung und Abgrenzbarkeit Logo und Wortmarke des Netzbetreibers);
- Gleichbehandlungsbeauftragter und Gleichbehandlungsprogramm einschließlich Überwachungs- und Berichtspflicht.

II. Energiewirtschaftsrecht

118
- Veröffentlichungspflichten des Netzbetreibers nach EnWG (z.B. im Strombereich Information über Netzengpässe gemäß § 15 Abs. 5 StromNZV oder Veröffentlichung/Mitteilung der geltenden Netznutzungsentgelte gemäß § 27 Abs. 1 StromNEV/GasNEV bzw. § 17 Abs. 1 ARegV);
- Mitteilungspflichten des Netzbetreibers nach EnWG (z.B. Mitteilung von Monitoring-Daten gemäß §§ 35 Abs. 1 und 2, 69 EnWG);
- Unterstützungspflichten des Netzbetreibers nach EnWG (z.B. im Strombereich die Bereitstellung von Informationen, die erforderlich sind, damit Übertragungsnetze sicher und zuverlässig betrieben, gewartet und ausgebaut werden können, gemäß § 12 Abs. 4 EnWG);
- Genehmigungspflicht des Netzbetriebs, § 4 EnWG;

- Anzeigepflicht der Belieferung von Hauskunden mit Energie bzw. der Einstellung der Geschäftstätigkeit, § 5 EnWG;
- Pflicht zur Bestimmung des Grundversorgers (alle drei Jahre, beginnend am 1.7.2006, bis spätestens 30.9. des jeweiligen Jahres), § 36 EnWG;
- Veröffentlichungs- und Bekanntmachungspflichten bei Ablauf von Konzessionsverträgen, § 46 Abs. 3 und 5 EnWG;
- Meldepflichten bei Versorgungsstörungen der Energieversorgung, § 52 EnWG.

Kapitel 15
Tax-Compliance-Management-System

A. Einleitung

1   Steuerliche Betriebsprüfungen verlaufen heute weitaus kritischer als früher. Unternehmen sehen sich immer häufiger mit Vorwürfen durch die Bußgeld- und Strafsachenstellen konfrontiert. Das weitere Vorgehen der Behörden hängt von der Frage ab, wie es verfahrensrechtlich zu werten ist, wenn Sachverhalte aufgedeckt werden, die bisher entweder gar nicht, nicht vollständig oder falsch deklariert worden sind. Handelt es sich bei der anstehenden Korrektur der Steuererklärung noch um eine (strafrechtlich nicht relevante) Berichtigung nach § 153 AO oder ist damit schon ein steuerstrafrechtlicher Vorwurf verbunden?

2   Das Steuerrecht ist komplex. Die Gesetzgebung ist umfangreich. Und von der Steuer erfasst wird nahezu jeder Sachverhalt im Unternehmen, sowohl der Einzelfall als auch das Massengeschäft. Lässt es sich bei dieser Ausgangslage wirklich vermeiden, dass dabei mal eine Sache „durchrutscht"? Und was ist, wenn es dann doch einmal passiert ist? Trotz größter Sorgfalt sind Fehler bei der Abgabe von Steuererklärungen bzw. -anmeldungen nicht auszuschließen.

3   Die Antwort auf diese Fragen hat in den letzten Jahren einen erheblichen Wandel durchlaufen. In dieser Gemengelage hat die Finanzverwaltung dem Steuerpflichtigen eine goldene Brücke gebaut: Das Vorhandensein eines wirksamen Tax-Compliance-Management-Systems („**Tax CMS**") kann ein wesentlicher Baustein zur Begrenzung von Haftungsrisiken für Unternehmen, Geschäftsführung und Mitarbeitende sein.

4   Das Thema Tax Compliance nimmt immer mehr Fahrt auf und ist in der Unternehmenspraxis mittlerweile nicht mehr wegzudenken. Was die Vorgaben zur Ausgestaltung, den Aufbau und den Umgang mit einem wirksamen Tax CMS angeht, hat der Gesetzgeber mit der Einführung des **§ 38 EGAO** zum 01.01.2023 einen ersten zaghaften Schritt getan, das Tax CMS nachhaltig in der Praxis der steuerlichen Betriebsprüfung zu verankern. Neu ist, dass die **Rechtsprechung** – in Strafsachen wie in Zivilsachen – vermehrt das Thema Folgen einer fehlerhaften bzw. nicht vorhandenen Compliance Organisation aufgreift und in die Entscheidungsfindung einbezieht. Und mit der **Digitalisierung** werden noch weitere Herausforderungen auf die Steuerabteilungen zukommen, die ein dokumentiertes System von risikoadäquaten Kontrollen unerlässlich macht.

5   Alles in allem also ein guter Grund, einen Blick auf den aktuellen Rechtsrahmen für Tax CMS zu werfen (vgl. unter Ziff. B) und eigene Überlegungen für die Ausgestaltung eines Tax CMS (vgl. unter Ziff. C) anzustellen.

B. Rechtsrahmen für die Ausgestaltung eines Tax CMS

Im Jahr 2016 kam das Thema Tax CMS erstmals auf: Mit dem Schreiben des Bundesfinanzministeriums zu § 153 AO vom 16.05.2016 (nunmehr Anwendungserlass-Abgabenordnung (AEAO) zu § 153 – Berichtigung von Erklärungen („AEAO zu § 153")) und dem IDW Praxishinweis 1/2016 vom 31.05.2017. Es brauchte dann weitere fünf Jahre um richtig Fahrt aufzunehmen. Diese Rechtsentwicklung macht deutlich: Ohne ein Tax CMS setzt sich die Geschäftsführung eines Unternehmens der persönlichen Haftung aus – strafrechtlich genauso wie zivilrechtlich.

I. § 153 AO

Aus § 153 AO selbst ergibt sich kein Hinweis auf die Erforderlichkeit eines Tax CMS. § 153 AO hat folgenden Wortlaut:

> „(1) Erkennt ein Steuerpflichtiger nachträglich vor Ablauf der Festsetzungsfrist,
> 1. dass eine von ihm oder für ihn **abgegebene Erklärung unrichtig oder unvollständig** ist und dass es **dadurch zu einer Verkürzung von Steuern kommen kann oder bereits gekommen ist** oder
> 2. dass eine durch Verwendung von Steuerzeichen oder Steuerstemplern zu entrichtende Steuer nicht in der richtigen Höhe entrichtet worden ist,
>
> so ist er verpflichtet, dies unverzüglich anzuzeigen und die erforderliche Richtigstellung vorzunehmen. Die Verpflichtung trifft auch den Gesamtrechtsnachfolger eines Steuerpflichtigen und die nach den §§ 34 und 35 für den Gesamtrechtsnachfolger oder den Steuerpflichtigen handelnden Personen.
> (2) Die Anzeigepflicht besteht ferner, wenn die Voraussetzungen für eine Steuerbefreiung, Steuerermäßigung oder sonstige Steuervergünstigung nachträglich ganz oder teilweise wegfallen.
> (3) Wer Waren, für die eine Steuervergünstigung unter einer Bedingung gewährt worden ist, in einer Weise verwenden will, die der Bedingung nicht entspricht, hat dies vorher der Finanzbehörde anzuzeigen."

II. Schreiben des BMF vom 23.5.2016[1]

Die Anwendung des § 153 AO wird flankiert durch **das Schreiben des Bundesfinanzministeriums vom 23.5.2016**. Der Schwerpunkt der Ausführungen liegt auf der Abgrenzung der Berichtigung nach § 153 AO von einer strafbefreienden Selbstanzeige.

Beiden Erklärungen gemein ist, dass eine **im Zeitpunkt der Abgabe objektiv unrichtig Steuererklärung** vorangig. Ob eine Richtigstellung durch den Steuerpflichtigen als Berichtigung einer Erklärung nach § 153 AO oder eine strafbefreiende Selbstanzeige einzuordnen ist, richtet sich also nach dem **subjektiven Tatbestand**.

---

[1] Nunmehr Anwendungserlass-Abgabenordnung (AEAO) zu § 153 – Berichtigung von Erklärungen.

10   Da es sich beim Vorsatz um ein inneres Tatbestandsmerkmal handelt, lässt er sich nicht unmittelbar beweisen. Zugleich soll aber der Grundsatz in **dubio pro reo** nicht dazu führen können, dass sich der Steuerpflichtige stets unwidersprochen (erfolgreich) mit der Behauptung verteidigen kann, er habe Einnahmen schlicht vergessen oder er habe nicht um deren Steuerbarkeit gewusst. Der Nachweis des bedingten Vorsatzes im Lichte der Unschuldsvermutung ist daher eine Herausforderung.[2]

11   Nach ständiger Rechtsprechung des BGH gehört zum **Vorsatz der Steuerhinterziehung**, dass der Täter den Steueranspruch dem Grunde und der Höhe nach **kennt oder zumindest für möglich hält und ihn auch verkürzen will**. Für eine Strafbarkeit wegen Steuerhinterziehung bedarf es dabei keiner Absicht oder eines direkten Hinterziehungsvorsatzes; es genügt, dass der Täter die Verwirklichung der Merkmale des gesetzlichen Tatbestands für möglich hält und billigend in Kauf nimmt (**Eventualvorsatz**).[3]

12   Daraus wird abgeleitet, dass bei der Steuerhinterziehung das kognitive Element prägend sei. Das „Billige-in-Kauf-nehmen" gehe im Wissenselement auf, wenn einmal der Nachweis geführt ist, dass der Steuerpflichtige den Sachverhalt steuerrechtlich (laienhaft) verstanden hat, dann ist ein Fall bewusster Fahrlässigkeit nicht mehr vorstellbar.[4]

13   Im AEAO zu § 153 greift die Finanzverwaltung die Rechtsprechung des BGH auf und führt zum subjektiven Tatbestand folgendes aus:[5]
1. Ein Fehler, der dem Anzeige- und Berichtigungspflichtigen i.S.d. § 153 AO unterlaufen ist, ist straf- bzw. bußgeldrechtlich nur vorwerfbar, wenn er **vorsätzlich** bzw. **leichtfertig** begangen wurde. Es ist zwischen einem bloßen Fehler und einer Steuerstraftat oder Steuerordnungswidrigkeit (§§ 370, 378 AO) zu differenzieren. Nicht jede objektive Unrichtigkeit legt den Verdacht einer Steuerstraftat oder Steuerordnungswidrigkeit nahe. Es bedarf einer sorgfältigen Prüfung durch die zuständige Finanzbehörde, ob der **Anfangsverdacht einer vorsätzlichen oder leichtfertigen Steuerverkürzung** gegeben ist.
2. Für eine Steuerhinterziehung reicht von den verschiedenen Vorsatzformen bereits ein **bedingter Vorsatz** aus. Dieser kommt in Betracht, wenn der Täter die Tatbestandsverwirklichung **für möglich hält**. Es ist nicht erforderlich, dass der Täter die Tatbestandsverwirklichung anstrebt oder für sicher hält. Für die Annahme des bedingten Vorsatzes ist es neben dem Für-Möglich-Halten der Tatbestandsverwirklichung zusätzlich erforderlich, dass der **Eintritt des Taterfolges billigend in Kauf genommen wird**. Für die billigende Inkaufnahme reicht es, dass dem Täter der als möglich erscheinende Handlungserfolg gleichgültig ist.
3. **Leichtfertigkeit** ist eine besondere Form der Fahrlässigkeit und liegt vor, wenn jemand in besonders großem Maße gegen Sorgfaltspflichten verstößt und ihm dieser

---

2 Tipke/Kruse/Krumm, AO/FGO, § 370 AO Rn 130.
3 BGH, Urt. v. 8.9.2011 – Az. 1-StR-38/11, Rn 21.
4 Tipke/Kruse/Krumm, AO/FGO, § 370 AO Rn 126 und 131.
5 AEAO zu § 153 – Berichtigung von Erklärungen, Rn 2.

Verstoß besonders vorzuwerfen ist, weil er den Erfolg leicht hätte vorhersehen oder vermeiden können. Wurde leichtfertig eine unrichtige oder unvollständige Erklärung abgegeben, ist ein nachträgliches Erkennen dieses Fehlers möglich.

Vor diesem Hintergrund gibt das Bundesfinanzministerium dem Steuerpflichtigen eine Lösung an die Hand, das subjektive Moment mit „objektiven" Kriterien zu hinterlegen: „Hat der Steuerpflichtige ein innerbetriebliches Kontrollsystem eingerichtet, das der Erfüllung der steuerlichen Pflichten dient, kann dies ggf. ein Indiz darstellen, das gegen das Vorliegen eines Vorsatzes oder der Leichtfertigkeit sprechen kann, jedoch befreit dies nicht von einer Prüfung des jeweiligen Einzelfalls."[6] Diese „goldene Brücke" (Aussicht auf Ausschluss von Vorsatz und Leichtfertigkeit durch ein innerbetriebliches Kontrollsystem) ist aus Sicht des Steuerpflichtigen zu begrüßen. Es wäre auch nicht sachgerecht, jeden Fehler zu pönalisieren. Fehler passieren und sie werden weiterhin passieren, im Übrigen auch dann, wenn die Steuerfunktion eines Unternehmens noch so ausgereift ist. 14

Die Finanzverwaltung statuiert im Anwendungserlass damit eine faktische Verpflichtung der Unternehmen zur Einführung eines Tax CMS: Es wäre fahrlässig seitens der für das Unternehmen handelnden Personen, auf die Möglichkeit einer angedeuteten exkulpierenden Wirkung zu verzichten. Aus dem AEAO zu § 153 selbst ergeben sich allerdings keine Vorgaben für die Ausgestaltung eine Tax CMS. 15

Hinweis
Der strafrechtliche Vorwurf einer Steuerhinterziehung kann nicht nur die Geschäftsführung und den Vorstand, sondern auch die Mitarbeitenden der Steuerfunktion treffen. Daher ist es auch unter dem Gesichtspunkt des Arbeitnehmerschutzes geboten, ein Tax CMS einzuführen.

III. Verlautbarungen des Instituts der Wirtschaftsprüfer

Der **Prüfungsstandard (PS) 980 des Instituts der Wirtschaftsprüfer (IDW)** ist eine wichtige Quelle für Unternehmen, die Eignung ihrer organisatorischen Compliance-Vorkehrungen zu beurteilen und auszurichten. Das liegt nicht zuletzt daran, dass die Anforderungen an ein (Tax) CMS bisher gesetzlich nicht bzw. nicht hinreichend konkret definiert sind. Das IDW hat diesen Prüfungsstandard mit Stichtag zum 28.9.2022 neu aufgelegt. Der IDW PS 980 ist umfassend erneuert und deutlich verschärft, was u. a. auch auf die Rechtsprechung zurückzuführen ist, die zum Thema ergangen ist. 16

Die **sieben Grundelemente** eines Compliance Management Systems sind erheblich präzisiert worden: 1. Compliance-Kultur, 2. Compliance-Ziele, 3. Compliance-Organisa- 17

---

6 AEAO zu § 153 – Berichtigung von Erklärungen, Rn 2.6.

tion, 4. Compliance-Risiken, 5. Compliance-Programm, 6. Compliance-Kommunikation, 7. Compliance-Überwachung und Verbesserung.

18   Der neue IDW PS 980 betont die Verantwortung der Geschäftsführung für eine wirksame Compliance-Organisation. Ausdrücklich gefordert wird nun, dass die Compliance-Kultur in der Organisation und dabei insbesondere auf Leitungsebene verankert ist.[7] Die Verantwortungsbereiche und Rollen müssen klar abgegrenzt, kommuniziert und dokumentiert sein und die Aufgabenträger müssen die erforderlichen persönlichen und fachlichen Voraussetzungen erfüllen. Die wesentlichen Regelungen zur Aufbau- und Ablauforganisation des Compliance-Managements müssen dokumentiert und verbindlich vorgegeben sein. Das IDW geht dabei sogar so weit und fordert „die Integration des CMS in die Geschäftsprozesse des Unternehmens und in andere bestehende Systeme der Unternehmensüberwachung, wie z.B. das Risikomanagementsystem".[8] Erstmals wird im Übrigen auch das Steuerrecht (z.B. Umsatzsteuer. Ertragsteuern, Lohnsteuer) ausdrücklich als Gegenstand einer CMS-Prüfung genannt.[9]

19   Der **IDW Praxishinweis 1/2016** vom 31.5.2017 setzt auf dem IDW PS 980 auf und übersetzt, wie die im Prüfungsstandard bestimmten Grundsätze auf ein Tax-Compliance-Management-System übertragen werden können. Der Praxishinweis 1/2016 knüpft an den im AEAO zu § 153, Rn 2.6 genannten Begriff des „innerbetrieblichen Kontrollsystems" an. Das IDW versteht unter dem Begriff „innerbetriebliches Kontrollsystem" einen unter Berücksichtigung von rechtlichen und betriebswirtschaftlichen Grundsätzen auf die **Einhaltung steuerlicher Vorschriften** gerichteten Teilbereich **eines Compliance Management Systems (CMS)**.[10]

20   Art, Umfang und Konkretisierung der Grundsätze und Maßnahmen eines Tax CMS sowie Art und Umfang der Dokumentation eines Tax CMS können danach unterschiedlich ausgeprägt sein. Die Ausgestaltung eines Tax CMS soll insbesondere abhängen[11] vom Geltungsbereich des Tax CMS, von den festgelegten Tax Compliance Zielen, von der Größe des Unternehmens, von Art und Umfang der Geschäftätigkeit des Unternehmens, von der Branche und den Betätigungsfeldern des Unternehmens, von nationaler oder internationaler Ausrichtung der Geschäftätigkeit, von der Rechtsform des Unternehmens, von der Organisationsstruktur des Unternehmens, von der Kontinuität der personellen Zusammensetzung der Steuerfunktion (Fluktuation), von der Anteilseigner- bzw. Gesellschafterstruktur des Unternehmens, vom Kundenkreis des Unternehmens, vom Grad der Automation der Prozessabläufe, vom Grad der Delegation von Aufgaben auf Unternehmensexterne, vom Grad der arbeitsteiligen Bearbeitung und der unternehmensinternen Delegation von Aufgaben.

---

7   IDW PS 980 Rn 27 und Rn A 23.
8   IDW PS 980 Rn 27 und A 27.
9   IDW PS 980 Rn A 7.
10 IDW Praxishinweis 1/2016 vom 31.5.2017 Rn 3.
11 IDW Praxishinweis 1/2016 vom 31.5.2017 Rn 24.

Weichel

Auch der IDW Praxishinweis 1/2016 macht keine abschließenden Vorgaben für die Ausgestaltung eines Tax CMS: Die Ausführungen seien als **eine beispielhafte Darstellung** zu verstehen, die **lediglich zur Orientierung** dienen und **keinen Mindeststandard** definieren[12]

Und dann bleibt natürlich noch abzuwarten, wann der Praxishinweis 1/2016 vom IDW überarbeitet und an die Anforderungen des IDW PS 980 vom 28.9.2022 angepasst wird.

IV. Rechtsprechung des Bundesgerichtshofs in Strafsachen

Dass ein angemessenes und wirksames innerbetriebliches Kontrollsystem von hoher Relevanz für den Steuerpflichtigen sein kann, zeigt die Entscheidung des Bundesgerichtshofs vom 9.5.2017 (Az. 1 StR 265/16). Dabei wurde explizit auf die strafmindernde Wirkung eines Compliance Management Systems bei der **Strafbemessung** von verwirklichten Compliance-Verstößen verwiesen. Für die Bemessung der Geldbuße sei es danach von Bedeutung, inwieweit der Pflicht, Rechtsverletzungen aus der Sphäre des Unternehmens zu unterbinden, genügt und ein effizientes Compliance Management System installiert werde, das auf die Vermeidung von Rechtsverstößen ausgelegt sein müsse. Dabei könne auch eine Rolle spielen, ob in der Folge dieses Verfahrens entsprechende Regelungen optimiert und ihre betriebsinternen Abläufe so gestaltet sind, dass vergleichbare Normverletzungen zukünftig jedenfalls deutlich erschwert werden.[13] Nicht Gegenstand der Entscheidung war die Frage, ob sich durch ein effizientes Compliance Management System die Verwirklichung des Straftatbestands verhindern lässt.

Den Ansatz des 1. Senats des BGH, dass die Einführung bzw. das Vorhandensein von Compliance Maßnahmen bei der Strafzumessung strafmindernd zu berücksichtigen sind, hat der 5. Senat des BGH in seiner Entscheidung vom 27.4.2022 (Az. 5 StR 278/21) aufgegriffen und bestätigt.

V. Entscheidung des OLG Nürnberg in Zivilsachen

Von großer Bedeutung für die rechtliche Einordnung von Tax CMS in der Unternehmenspraxis ist die Entscheidung des OLG Nürnberg, Urteil vom 30.3.2022 (Az. 12 U 1520/19). Wurde die Bedeutung eines Tax-Compliance-Management-Systems bisher im Wesentlichen durch das IDW und die Finanzverwaltung definiert, setzt das Urteil des OLG Nürnberg unter zivilrechtlichen Gesichtspunkten neue Maßstäbe. Auf den Punkt ge-

---

[12] IDW Praxishinweis 1/2016 vom 31.5.2017 Rn 25.
[13] BGH, Urt. v. 9.5.2017 – 1 StR 265/16.

bracht: Ein Geschäftsführer macht sich schadensersatzpflichtig, wenn er es unterlässt, für risikobehaftete Vorgänge Compliance-Strukturen zu schaffen.

26   Nach Ansicht des OLG Nürnberg verletzt der Geschäftsführer eine ihm obliegende Sorgfaltspflicht und macht sich deswegen schadensersatzpflichtig, wenn er es bei kritischen Arbeitsprozessen unterlässt, im Rahmen der internen Unternehmensorganisation Compliance-Strukturen zu schaffen, die ein rechtmäßiges und effektives Handeln gewährleisten und die Begehung von Rechtsverstößen durch die Gesellschaft oder deren Mitarbeitenden – auch mittels Überwachungs- und Kontrollmaßnahmen – verhindern. Große Bedeutung misst das OLG Nürnberg dem Vier-Augen-Prinzip bei.

27   Das OLG Nürnberg trifft gleich mehrere grundsätzliche Feststellungen:
- Der Geschäftsführer sei zur Einrichtung eines Compliance Management Systems verpflichtet, also zu organisatorischen Vorkehrungen, die die Begehung von Rechtsverstößen durch die Gesellschaft oder deren Mitarbeitenden verhindere.
- Er habe sicherzustellen, dass der Geschäftsgang so überwacht werde, dass unter normalen Umständen mit einer ordnungsgemäßen Erledigung der Geschäfte zu rechnen sei.
- Das OLG Nürnberg geht noch einen Schritt weiter und verlangt darüber hinaus, dass der Geschäftsführer sofort eingreifen müsse, wenn sich Anhaltspunkte für ein Fehlverhalten zeigen.

28   Die Steuern gehören unstreitig zu den Hochrisikofeldern in den Unternehmen. Überträgt man die Grundaussagen des Urteils auf die steuerliche Praxis in Unternehmen muss das Fazit daher lauten: Die Geschäftsführung kann bei fehlendem Tax-Compliance-Management-System persönlich für Steuerschäden haftbar gemacht werden. Dieses Urteil sollte daher als Signal verstanden werden: Tax-Compliance-Management-Systeme sind Ausweis für die Organisation der Steuerfunktion und vermeiden damit nicht nur die persönliche Strafbarkeit, sondern auch die zivilrechtliche Haftung der Geschäftsführung.

29   Das Gericht befasst sich auch mit Art und Umfang der erforderlichen Kontrollen und Maßnahmen und legt dabei den Fokus auf das Vier-Augen-Prinzip, unstreitig ein wesentlicher Baustein der präventiven Kontrolle und aus der täglichen Praxis nicht wegzudenken. Weitere, detektive Kontrollen wie zum Beispiel Stichproben oder Mitteilungs- und Dokumentationspflichten oder Compliance-Schulungen u. ä. werden vom Gericht hingegen nur kurz angerissen, ohne diese oder auch andere Maßnahmen und deren Bedeutung in den Kontext einer den Compliance-Anforderungen entsprechenden Unternehmensorganisation einzuordnen.

30   Und dennoch: Das Urteil des OLG Nürnberg ist ein weiteres, wichtiges Puzzleteil für die Herausbildung des Rechtsbegriffs Tax-Compliance-Management-System.

VI. Neu: § 38 EGAO | Erprobung alternativer Prüfungsmethoden

Zum 1.1.2023 ist der neue § 38 EGAO „Erprobung alternativer Prüfungsmethoden" in Kraft getreten. Mit alternativen Prüfungsmethoden gemeint sind sog. Steuerkontrollsysteme, allgemein bekannt auch als Tax-Compliance-Management-Systeme. Zweck des neuen § 38 EGAO ist die Beschleunigung der steuerlichen Betriebsprüfung. Eine harte Verpflichtung zur zeitnahen Einführung eines Tax CMS ist mit der Einführung der Norm zwar nicht verbunden. Andererseits gibt sie einen klaren Hinweis, wie sich die Finanzverwaltung die Zukunft der steuerlichen Betriebsprüfung vorstellt.

Was also regelt der § 38 EGAO? Auf Antrag können die Finanzbehörden dem Steuerpflichtigen angemessene „Beschränkungen von Art und Umfang der Ermittlungen" für die nächste Außenprüfung verbindlich zusagen. Voraussetzung dafür ist, dass das eingesetzte Steuerkontrollsystem die relevanten Sachverhalte und Steuerarten wirksam erfasst. Die Wirksamkeit des Steuerkontrollsystems wird vom Finanzamt geprüft.

Was unter einem Steuerkontrollsystem zu verstehen ist, wird in § 38 Abs. 2 EGAO definiert. Umfasst sind alle innerbetrieblichen Maßnahmen, die gewährleisten, dass
1. die Besteuerungsgrundlagen zutreffend aufgezeichnet und berücksichtigt sowie
2. die hierauf entfallenden Steuern fristgerecht und vollständig abgeführt und
3. die steuerlichen Risiken laufend abgebildet werden.

Bis Mitte des Jahres 2029 wird die Finanzverwaltung die Umsetzung in der Praxis evaluieren.

Mit § 38 EGAO ist das Thema Tax-Compliance-Management-System in der Praxis der Finanzverwaltung angekommen. Gleichzeitig lässt der § 38 EGAO in der aktuellen Fassung viele Fragen offen. Insbesondere lässt die Regelung für Spielraum bei der Ausgestaltung eines Tax CMS. Nicht klar ist zudem, wie weit die Finanzverwaltung bei der Beschränkung der Ermittlungsmaßnahmen im Rahmen einer steuerlichen Betriebsprüfung gehen kann und wie genau die dem Steuerpflichtigen in Aussicht gestellten Erleichterungen aussehen. Zu wünschen wäre daher, dass die Finanzverwaltung zeitnah nachlegt, die Kriterien des § 38 EGAO konkretisiert und dabei insbesondere die Vorteile für den Steuerpflichtigen herausarbeitet, die sich durch Anwendung eines Steuerkontrollsystems ergeben.

C. Herausbildung einer Best Practice

Bei dieser Ausgangslage besteht positiv betrachtet weiterhin Gestaltungsspielraum, negativ betrachtet resultiert daraus eine (erhebliche) Rechtsunsicherheit. Der Steuerpflichtige ist aktuell noch „frei" bei der Organisation der Steuerfunktion. Klar hingegen ist, dass Tax CMS in der Unternehmenspraxis unverzichtbar sind.

Den erforderlichen **Reifegrad** hat der Steuerpflichtige aus seinem Risikoprofil anhand der Umstände des Einzelfalls abzuleiten. Mit dem Schreiben des Bundesfinanzministeriums vom 23.5.2016 und dem IDW Praxishinweis 1/2016 wurde allerdings einst ein Prozess in Gang gesetzt, an dessen Ende – das hat die Entwicklung der letzten Jahre gezeigt – eine „Best Practice" wenn nicht gar eine rechtliche Verpflichtung zum Vorhalten eines Tax CMS stehen wird. Erste Auswirkungen dieser Entwicklung sind zu sehen in der verschärften Neuauflage des IDW PS 980 und dem § 38 EGAO. Das Ergebnis der Evaluationsphase nach § 38 EGAO darf daher mit Spannung erwartet werden.

38 Der Steuerpflichtige ist gehalten, die Entwicklung laufend zu beobachten und Verbesserungen an einer vorhandenen Tax CMS Organisation vorzunehmen, um es auf einem aktuellen Stand zu halten. Das Finanzamt hat es da einfacher und kann zuwarten, welche Standards sich für die Umsetzung jeweils herausbilden. Aus Sicht des Steuerpflichtigen ist bei diesem als alles andere als ausgereift geltenden Themenkomplex unbedingt zu verhindern, dass eine mit der Würdigung der Compliance-Organisation befasste steuerliche Betriebsprüfung einem Rückschaufehler unterliegt und die im Zeitpunkt der Prüfung als Best Practice geltenden Anforderungen an Compliance-Systeme heranzieht.[14]

39 Klar ist: Für den Gesetzgeber wird es eine echte Herausforderung, eine Regelung zu schaffen, die auf alle Unternehmen unterschiedlicher Größe und Branchen passt. Dies zeigt sich aktuell an der sehr weiten Regelung des § 38 Abs. 2 EGAO. Die Neuregelung hat insoweit nicht wirklich zur Klärung beigetragen, was am Ende immer das Problem des Steuerpflichtigen ist, da ihm die Wirksamkeit eines vorhandenen Tax CMS im Fall des Falles von der Finanzverwaltung abgesprochen werden könnte.

I. Überlegungen zur Ausgestaltung eines Tax CMS

40 Nachfolgend sollen daher Überlegungen angestellt werden, wie die vorhandenen (rechtlichen) Vorgaben in ein operationelles Grundkonzept umgesetzt werden können. Nach Rn 2.6 AEAO zu § 153 muss es geeignet sein, die Erfüllung **steuerlicher Pflichten** sicherzustellen. Daneben ist eine Plattform erforderlich, über die ein **Managementprozess** aufgesetzt werden kann, der sich über das gesamte Unternehmen erstreckt, eine strukturierte Kommunikation und damit eine regelmäßige Überprüfung im Unternehmen ermöglicht und revisionssicher dokumentiert bzw. gespeichert werden kann.[15]

> **Hinweis**
> Der erforderliche Reifegrad eines Tax-Compliance-Management-Systems lässt sich mit Hilfe papierner Checklisten nicht erreichen. Erforderlich ist eine **IT-gestützte Berichtsfunktion**, die die Möglichkeit bietet, die Einhaltung der steuerlichen Pflichten kontinuierlich zu managen, zu überprüfen und revisionssicher zu dokumentieren.[16]

---

14 Vgl. dazu auch *Jenne/Martens*, Compliance-Management-Systeme sind bei der Bußgeldbemessung nach § 30 OWiG zu berücksichtigen – Anmerkung zu BGH, Urt. v. 9.5.2017 – 1 StR 265/16 in CCZ 2017, 285.
15 Vgl. auch *Peters* in Hübschmann/Heppe/Spitaler (HHSp.), § 370 AO Rn 477.
16 Im IDW PS 980 Rn A 27 werden in diesem Zusammenhang erstmals erwähnt IT-Tools (z.B. web-basierte Abfragesysteme und Controllingsysteme).

Weichel

II. Steuerliche Pflichten

Ein Tax CMS kommt standardmäßig für folgende Steuerfachgebiete in Betracht[17]: 41
- Umsatzsteuer,
- Ertragsteuer (Einkommen-/Körperschaftsteuer und Gewerbesteuer),
- Lohnsteuer und Sozialversicherung,
- Strom- und Energiesteuer.

Dabei sind insbesondere zu berücksichtigen die Kapitalertragsteuer, Abzugssteuern gemäß § 50a EStG sowie die Bauabzugssteuer. 42

Bei der Implementierung eines Tax CMS liegt die Herausforderung zunächst darin, die relevanten steuerlichen Pflichten zu erfassen und den „Anwendungsbefehl der Norm" und das daraus resultierende Risiko abzuleiten. In einem weiteren Schritt ist dann festzulegen, welche Prozesse und Kontrollen zur Erfüllung der Pflicht erforderlich sind. Anschließend liegt die Herausforderung darin, für die Mitarbeitenden verständliche Aufgaben und Tätigkeiten zu definieren. Dies ist – vor dem Hintergrund, dass in das Tax CMS auch Mitarbeitende von außerhalb der Steuerabteilung einzubinden sind, die nicht über steuerliches Fachwissen verfügen, aber Teil von steuerrelevanten Vorprozessen sind – ein nicht zu vernachlässigender Aspekt. 43

Hinweis
Ein wirksames Tax CMS setzt ein umfangreiches steuerliches Wissensmanagement auf allen betroffenen Ebenen im Unternehmen voraus, das auf den Empfängerhorizont der Mitarbeitenden zugeschnitten ist. Dies kann der Steuerpflichtige im Einzelfall in der Regel nicht selbst leisten. Idealerweise kann auf eine standardisierte Pflichtendatenbank zurückgegriffen werden, die integraler Bestandteil eines IT-gestützten Management Systems ist.

III. Managementsystem

Das Ziel eines Tax CMS besteht darin, nachweislich die Kommunikation im Unternehmen zu strukturieren und zu dokumentieren. Im IDW Praxishinweis heißt es dazu, die Aufgaben und Verantwortlichkeiten seien in organisatorischer, fachlicher, prozesstechnischer, geografischer und bereichsspezifischer Hinsicht eindeutig, umfassend und widerspruchsfrei zu regeln.[18] 44

---

[17] So nun auch ausdrücklich in IDW PS 980 Rn A 7.
[18] IDW Praxishinweis 1/2016 v. 31.5.2017 Rn 37.

> **Tipp**
> Das Tax CMS ist idealerweise Bestandteil der „täglichen" Arbeitsroutine. Dies stärkt die Akzeptanz bei den Anwendern. Der IDW PS 980 geht noch darüber hinaus und fordert, dass ein CMS in die Geschäftsprozesse integriert sein muss.[19]

1. Verantwortung und Zuweisung von Rollen

45 Die steuerlichen Pflichten treffen die Geschäftsführung (§ 43 GmbHG) bzw. den Vorstand (§ 93 AktG). Die Pflichten werden von der Geschäftsführung und dem Vorstand regelmäßig auf die nachgeordneten organisatorischen Einheiten delegiert. Das System dient damit auch dem Nachweis der Delegation und ist so aufzusetzen, dass nachgewiesen werden kann, dass die gesetzlichen Vertreter ihrer Aufsichtspflicht und die Abteilungsleitung *Steuern* ihrer Informationspflicht nachgekommen sind.

46 Dazu müssen die Rollen und Verantwortlichkeiten in der Aufbau- und Ablauforganisation des Unternehmens eindeutig festgelegt sein. Dabei ist selbstverständlich auch dafür zu sorgen, dass die Basis, aufgrund derer die Abteilungsleitung *Steuern* Informationen von den Mitarbeitenden der Steuerfunktion erhält, ebenfalls auf gesicherter Grundlage steht.

47 Es ist sicherzustellen, dass jeder Mitarbeitende über die ihn betreffenden Pflichten und Aufgaben informiert ist. Der Prozess muss so aufgesetzt sein, dass der Mitarbeitende über Änderungen und Aktualisierungen zeitnah informiert werden kann. Dies ist eine Herausforderung, die die konventionellen Kommunikationsmittel wie (papierne) Richtlinien, Anweisungen, Einzelgespräche, E-Mails etc. schnell an ihre Grenzen bringt.

> **Tipp**
> Das eingesetzte Managementsystem muss in der Lage sein, jede Stelle im Unternehmen, die Teil eines steuerlich erheblichen Prozesses ist, zu erfassen und abzubilden.

2. Umfang

48 Die Steuerfunktion umfasst alle Stellen innerhalb und außerhalb des Unternehmens, die in die Erfüllung steuerlicher Pflichten des Unternehmens einbezogen und/oder Teil der steuerrelevanten Informationskette sind. Zur Steuerfunktion eines Unternehmens gehören auch Stellen, die nicht der Steuerabteilung des Unternehmens zuzuordnen sind.[20] Das System muss sich daher auch auf die Unternehmensbereiche erstrecken, in denen (außerhalb der Steuerabteilung) Aufgaben mit steuerlicher Relevanz erledigt werden.

---

[19] IDW PS 980 Rn A 27.
[20] IDW Praxishinweis 1/2016 v. 31.5.2017, Rn 11.

Dies ist zwingend, weil sich anderenfalls die steuerliche Datenqualität im Unternehmen nicht hinreichend sicherstellen lässt. Es ist nun einmal so, dass sich die steuerlich relevanten Sachverhalte regelmäßig nicht in der Steuerabteilung selbst abspielen. Die Steuerabteilung ist darauf angewiesen, alle relevanten Informationen in hoher Datenqualität geliefert zu bekommen. Daher sind steuerliche Informationsketten zu implementieren. Dies setzt allerdings voraus, dass den Mitarbeitenden in anderen Fachbereichen die Bedeutung der (Teil-)Prozesse mit steuerlicher Relevanz, mit denen sie betraut sind, bekannt ist. Es muss ein Bewusstsein für die steuerliche Datenqualität geschaffen werden. Dabei wird man unterscheiden müssen zwischen Masseprozessen und Einzelfällen mit Ausnahmecharakter. Die Informationskette in Masseprozessen ist zu standardisieren, sodass jeder Betroffene ohne Rückfrage in der Fachabteilung weiß, was zu tun ist. Für den Einzelfall mit Ausnahmecharakter ist in den anderen Fachbereichen des Unternehmens das Problembewusstsein zu schaffen, die Steuerabteilung rechtzeitig aktiv mit einzubinden. Dies gilt insbesondere bei der Änderung von Schnittstellen und Vorprozessen, deren Auswirkung auf die steuerlichen Prozesse unbedingt zu prüfen ist.

Beispiel
Vermeidung der Beteiligung an einem Umsatzsteuer-Karussell | Um der Beteiligung an einem Umsatzsteuer-Karussell wirksam begegnen zu können, muss der Unternehmer seine Geschäftspartner kennen. Kontakt zu den Geschäftspartnern haben der Einkauf und der Vertrieb. Die Steuerabteilung selbst in aller Regel nicht. Es ist daher Sache des Einkaufs und des Vertriebs, zur Identifizierung des Geschäftspartners Informationen einzuholen, wie beispielsweise die Umsatzsteuer-Identifikationsnummer, einen Handelsregisterauszug, Datenbankabfragen oder einfache Internetrecherchen. Diese Daten sind regelmäßig zu aktualisieren und selbstverständlich zu dokumentieren. In Betracht kommt auch die Bildung von Risikogruppen, bei denen die Dauer und Art der Geschäftstätigkeit und Umsatzschwellen berücksichtigt werden können. Diese einzelnen Bausteine sollten in einen Prozess gegossen werden, der als solcher dokumentiert und dessen regelmäßige Durchführung nachweislich kontrolliert wird.

3. Berichterstattung

Elementar ist es, Form und Häufigkeit der Berichterstattung festzulegen. Aus Beweisgründen muss der Bericht schriftlich dokumentiert und revisionssicher gespeichert sein.

In das Berichtswesen müssen alle Mitarbeitenden der Steuerfunktion eingebunden werden. Das Berichtwesen muss sich über alle Ebenen im Unternehmen erstrecken und in beide Richtungen funktionieren – „von oben nach unten" und „von unten nach oben". Dieses Ziel lässt sich am besten über eine IT-gestützte Managementlösung umsetzen, in die jeder betroffene Mitarbeitende eingebunden werden kann.

> **Tipp**
> Für den Erfolg eines Tax CMS ist die Richtung des Berichtswegs entscheidend. Es empfiehlt sich, den Kontrollprozess als Bringschuld des betroffenen Mitarbeitenden auszugestalten. Der verantwortliche Mitarbeitende berichtet an die übergeordnete Stelle, dass er die ihm zugewiesene Tätigkeit, die zur Erfüllung der steuerlichen Pflicht erforderlich ist, erledigt hat. Im oben genannten Beispiel zum Umsatzsteuer-Karussell ist es Aufgabe der Mitarbeitenden im Einkauf und im Vertrieb die relevanten Informationen einzuholen und nachzuhalten. Über ein Tax CMS lässt sich ein Prozess implementieren, über den sich die vorgegebene Datenqualität nachhaltig sichern lässt:
> - Den Mitarbeitenden im Einkauf und Vertriebs wird die entsprechende Aufgabe zugewiesen.
> - Diese Mitarbeitende haben regelmäßig darüber zu berichten, ob bzw. dass sie dieser Aufgabe nachkommen (konnten).
> - Die Mitarbeitenden der Steuerabteilung können sich bei der Aufbereitung von steuerlichen Sachverhalten für die Umsatzsteuervoranmeldung auf die Qualität der (aus dem Einkauf und Verkauf gelieferten) Daten verlassen. Insbesondere sind sie so nicht gehalten, selbst diese Informationen beim Geschäftspartner einzuholen oder bei den Kolleg:innen nachzuhaken, ob diese ihre Aufgabe erfüllt haben.

4. Inhalt der Berichterstattung

52 Nach Tz. 2.6 des AEAO zu § 153 liegt der Fokus der Finanzverwaltung auf der Sicherstellung der steuerlichen Pflichterfüllung. Die steuerlichen Pflichten sind, wie schon ausgeführt, komplex. Hinzu kommt, dass ein Unternehmen an den verschiedensten Stellen eine pralle Fülle an steuerlich relevanten Sachverhalten hervorbringt und dabei viele Mitarbeitende als Teil der Steuerfunktion involviert sind. Das Ziel muss daher sein, alle diese Mitarbeitenden in das Berichtswesen eines Tax CMS mit einzubinden. Der Mitarbeitende, der/die die Aufgabe tatsächlich zu erledigen hat, weiß am besten, welche Gründe ihn/sie daran gehindert haben, seine/ihre Arbeit nicht (rechtzeitig bzw. vollständig) zu erledigen. Fehler in Prozessen lassen sich so (frühzeitig) aufdecken, abstellen und steigern das Bewusstsein für die Relevanz des steuerlichen Informationsprozesses.

53 Das Ziel eines Tax CMS ist es, der Geschäftsführung die Informationen zu verschaffen, die es ihr erlauben, ein eigenes Urteil über die Abläufe in der Steuerfunktion zu fällen. Betroffen sind die Vorprozesse, Schnittstellen, Prozesse für Massefälle und der Umgang mit Ausnahmefällen, etc. Der Fokus muss dabei insbesondere auf den Vorgängen liegen, die als besonders risikobehaftet eingestuft sind.

> **Praxistipp**
> Der Berichtsweg eines Tax CMS muss transparent und durchlässig über alle Hierarchieebenen hinweg sein.

5. Risiko-Kontrollmatrix

54 Ein wesentlicher Bestandteil eines Tax CMS besteht in der Identifizierung der steuerlichen Risiken. Das Ziel ist es, diese Risiken zu minimieren, indem man ihnen mit angemessenen präventiven Maßnahmen (Kontrollen) begegnet. Eine risikominimierende

Wirkung lässt sich über eine zielgenaue Ausrichtung der Prozesse und Kontrollen erreichen. Die Risiken sind zu dokumentieren und nach Eintrittswahrscheinlichkeit und Schadenshöhe zu bewerten. Die Kontrollen bzw. die Kontrollbestätigungen sollten verständlich und ohne weitere Anleitung von jedem Mitarbeitenden der Steuerfunktion, also auch Mitarbeitenden außerhalb der Steuerabteilung, durchführbar sein.

6. Überwachung und Verbesserung

Der Geschäftsführer bzw. der Vorstand hat zu überwachen, ob die steuerlichen Pflichten durch die Verantwortlichen erfüllt werden. Das System muss für Dritte nachvollziehbar sein. Ergeben die Kontrollen, dass Prozesse mit Fehlern behaftet sind, sind Maßnahmen zu ergreifen, um die Prozesse zu korrigieren. Auch das Einleiten und Umsetzen von Maßnahmen ist zu dokumentieren.

Hinweis
Ein Tax CMS ist keine einmalige Sache, sondern ein dynamischer Prozess, der im Unternehmen nachhaltig gelebt werden muss.

7. Revisionssicheres System

Das System muss revisionssicher aufgesetzt sein. Nachträgliche Änderungen müssen ausgeschlossen werden, weil sich andernfalls die Wirksamkeit des Tax CMS gegenüber der Finanzverwaltung nicht nachweisen lässt. Das gesamte Tax CMS muss revisionssicher sein: Die Zuweisung der Verantwortung und Rollen im Rahmen der Delegation, der Inhalt der Pflichten und Aufgaben, das Berichtswesen und das Maßnahmenmanagement.

IV. Status quo bei der Umsetzung von Tax CMS

Die PricewaterhouseCoopers GmbH Wirtschaftsprüfungsgesellschaft („**PwC**") hat eine „Studie zum Stand der Implementierung von Tax-Compliance-Management-Systemen" durchgeführt. Das Ziel der Umfrage war es, neben Informationen zum Implementierungsstand insbesondere herauszufinden, inwieweit sich Standards für die Umsetzung bestimmter Tax CMS-Anforderungen herausbilden.[21]

Interessant ist diese Studie aus verschiedenen Gründen. Danach hat nur jedes zehnte befragte deutsche Unternehmen bereits ein Tax CMS-Projekt abgeschlossen, sind derzeit sechs von zehn Unternehmen dabei, ihr Tax CMS zu implementieren, gehen fast

---

21 PwC, „Studie zum Stand der Implementierung von Tax-Compliance-Management-Systemen", Stand: Januar 2020.

zwei Drittel der Befragten (62 %) davon aus, dass ihr Tax CMS einen Reifegrad von höchstens 50 % hat, schätzen nur 22 % den Reifegrad auf 70 % und mehr und erfüllt nur 1 % der befragten Unternehmen alle sieben Grundelemente vollumfänglich.[22]

59 Die Antworten der Teilnehmer zeigen, dass bei vielen elementaren Bestandteilen eines Tax CMS (noch) erhebliche Defizite bestehen:

- **Form der Kommunikation** | 51 % der Teilnehmenden gaben an, dass kein schriftlich dokumentiertes Tax CMS-Reporting zwischen dem/der Tax-CMS-Verantwortlichen und dem Vorstand bzw. der Geschäftsführung erfolgt. Bei 22 % der Teilnehmenden kommunizierten Steuerleiter und Vorstand bzw. Geschäftsführung weder schriftlich noch mündlich in strukturierter Form über das Tax CMS.[23]
- **Inhalt der Berichterstattung** | 55 % der Befragten gaben an, dass sich der Vorstand bzw. die Geschäftsführung über angekündigte bzw. laufende Betriebsprüfungen berichten lässt. Außerdem lassen sich 54 % über potenzielle steuerliche Risiken informieren. Nur 32 % der Teilnehmer geben an, dass sich der Vorstand bzw. die Geschäftsführung regelmäßig über Status und Ergebnisse des Tax CMS berichten lässt.[24]
- **Umfang des Tax CMS** | 57 % der Befragten gaben an, dass dem Vorstand bzw. der Geschäftsführung bewusst ist, dass im Rahmen des Tax CMS neben der Abteilung / Funktion „Steuern" auch andere Unternehmensbereiche für wichtige Aufgaben / Teilbereiche verantwortlich sind. 17 % schätzen, dass das Bewusstsein nicht oder nur gering vorhanden ist.[25]
- **Bewusstsein für steuerliche Datenqualität** | 31 % bzw. 41 % der Befragten gaben an, dass den Mitarbeitenden außerhalb der Steuerabteilung/-funktion nur in geringem bzw. mittleren Maße bewusst ist, wie relevant deren operative Tätigkeiten für die steuerliche Datenqualität sind. Nur 4 % der Teilnehmenden schätzten das Bewusstsein der Mitarbeitenden hinsichtlich der Relevanz, der operativen Arbeitsschritte außerhalb der Steuerabteilung/-funktion als hoch ein.[26]
- **Sicherstellung der steuerlichen Datenqualität** | 21 % der Befragten gehen davon aus, dass derzeit die steuerliche Datenqualität über die Tax-Compliance-Kommunikation nur unzureichend bis schwach sichergestellt wird. 37 % der Unternehmen ordnen sich bei der Datenqualität im *mittleren* Bereich ein.[27]
- **Formulierung der Kontrollbeschreibungen** | 45 % der Befragten gaben an, dass ihre Kontrollbeschreibungen gut bis sehr gut formuliert sind, so dass die Kontrollen von einem sachverständigen Dritten ohne weitere Anleitung durchgeführt werden

---

22 PwC, „Studie", Folien 12, 13 und 75.
23 PwC, „Studie", Folie 25.
24 PwC, „Studie", Folie 26.
25 PwC, „Studie", Folie 27.
26 PwC, „Studie", Folie 29.
27 PwC, „Studie", Folie 67.

könnten. 26 % der Befragten gaben an, dass ihre Kontrollbeschreibungen diese Anforderung nur unzureichend bis gering erfüllen.[28]
- **Kommunikation von Aufgaben und Pflichten** | 49 % der Teilnehmenden, die angaben, alle relevanten Mitarbeitenden anhand von Richtlinien und Anweisungen über deren konkrete Aufgaben und Pflichten zu informieren, nutzen hierzu auch E-Mails. 9 % der befragten Unternehmen kommunizieren keine konkreten Aufgaben und Pflichten.[29]
- **Häufigkeit der Überprüfung der Eignung der Kontrollen** | 42 % der teilnehmenden Unternehmen gaben an, dass sie die Eignung der implementierten Kontrollen jährlich überprüfen. 29 % der befragten Unternehmen überprüfen nur anlassbezogen. 20 % der Befragten überprüfen das Kontrolldesign gar nicht.[30]

Die Studie von PwC ist mittlerweile fast vier Jahre alt und wurde – soweit ersichtlich – bisher nicht aktualisiert. 60

Umso wichtiger ist die Initiative des Instituts für Digitalisierung im Steuerrecht („**IDSt**"). Das IDSt hat Anfang Dezember 2023 eine Umfrage zur *Digitalisierung von Steuerkontrollsystemen* aufgelegt.[31] Die Umfrage richtet sich an Mitarbeitende von Unternehmen in Deutschland, in denen ein Steuerkontrollsystem bzw. Tax CMS eingerichtet ist. Die Umfrage dient zur Identifikation des aktuellen Standes der Digitalisierung von Steuerkontrollsystemen sowie zur Evaluierung der Auswirkungen eines steigenden Digitalisierungsgrades auf die wahrgenommene Qualität des Steuerkontrollsystems. Abgefragt werden Informationen u.a. zum Status des Steuerkontrollsystems, der Automatisierung der Kontrollen, der Digitalisierung und der Qualität des Steuerkontrollsystems. 61

V. Zusammenfassung

Die Steuerfunktion erstreckt sich über das gesamte Unternehmen. Sie betrifft nicht nur die Steuerabteilung. Die Informationsketten über steuerliche Teilprozesse müssen im gesamten Unternehmen funktionieren, die Schnittstellen passen. Tax CMS setzt eine besondere Form von Wissensmanagement voraus, das auf die unterschiedlichen betroffenen Ebenen eines Unternehmens zugeschnitten ist. Beides muss regelmäßig kontrolliert und bei Bedarf angepasst oder auch geschult werden. Herkömmliche, auf Papier basierende Systeme und Checklisten stoßen dabei sehr schnell an ihre Grenzen. Idealerweise wird ein solches Management System daher auf eine IT-Plattform gehoben, bei der sich die Wissensvorhaltung und -pflege sowie das Management, d.h. die Kommunikation, die 62

---

28 PwC, „Studie", Folie 56.
29 PwC, „Studie", Folie 64.
30 PwC, „Studie", Folie 57.
31 Die Umfrage ist abrufbar unter: https://idst.tax/wp-content/uploads/2024/09/IDSt-Umfrage-zur-Digitalisierung-von-Steuerkontrollsystemen_2024.pdf

Kontrolle und Dokumentation, im gesamten Unternehmen miteinander verbinden lässt. Es sind Management-Systeme zu etablieren, die den typischen Schwachstellen im Unternehmen begegnen.

D. Ausblick

63 Die Rechtsentwicklung zeigt: Das Tax CMS ist aus der Unternehmenspraxis nicht mehr wegzudenken. Interessant dabei zu beobachten ist, wie und in welch unterschiedlicher Geschwindigkeit die Entwicklung von den Protagonisten – Gesetzgeber, Rechtsprechung, Finanzverwaltung und Verbände – vorangetrieben wird. Dessen ungeachtet: Es ist die Digitalisierung der Steuerfunktion, die ganz erheblich zur Beschleunigung der Tax CMS beitragen wird.

Kapitel 16
Strom- und energiesteuerrechtliche Compliance

A. Einführung

Die Kenntnis der Rechte und Pflichten nach dem **StromStG**[1] und **EnergieStG**[2] sind für eine ordnungsgemäße Geschäftstätigkeit im Energiesektor unabdingbar.[3] In der Praxis zeigen sich jedoch immer wieder Unsicherheiten und Probleme bei der Frage, was hier von wem, wann und in welchem Umfang zu tun ist. Strom- und Energiesteuern haben nicht zuletzt wegen der starken Verzahnung mit technischen Fragestellungen mit den „klassischen" Steuern wie Umsatzsteuer, Ertragsteuer oder Gewerbesteuer nur wenig gemeinsam. Insbesondere die Ermittlung der richtigen Besteuerungsgrundlagen und verbunden damit die richtige (und fristgemäße) Erstellung der Steuererklärung (Steueranmeldung und/oder Entlastungsantrag) setzt in der Regel eine gute Abstimmung zwischen dem technischen Bereich und/oder der Energie(-management-)abteilung sowie Steuer- und/oder Rechtsabteilung (einschließlich Fristenmanagement) voraus. Der intensive und direkte Kontakt zum Hauptzollamt ist zur Klärung unklarer gesetzlicher Vorgaben ebenfalls vorteilhaft. Da die richtige Organisation der Abläufe und der unternehmensinternen Abstimmung einen guten Überblick über die relevanten gesetzlichen Vorgaben voraussetzt, werden nachfolgend – nach einem Überblick über die allgemeinen steuerlichen Pflichten und Sanktionsmöglichkeiten – die wichtigsten Rechte und Pflichten aus dem StromStG und dem EnergieStG dargestellt.

B. Steuerliche Pflichten, Überwachung und Sanktionen

Aus Sicht der Compliance muss die Beachtung und Einhaltung der strom- und energiesteuerrechtlichen Pflichten unbedingt sichergestellt werden. Dabei ist zu berücksichtigen, dass neben den nachfolgend dargestellten spezifischen Vorgaben des StromStG und EnergieStG (einschließlich der entsprechenden Durchführungsverordnungen)[4] auch die

---

1 Stromsteuergesetz (StromStG) v. 24.3.1999 (BGBl. I S. 378; 2000 I S. 147), zuletzt geändert durch Gesetz v. 22.12.2023 (BGBl. 2023 I Nr. 412).
2 Energiesteuergesetz (EnergieStG) v. 15.7.2006 (BGBl. I S. 1534), zuletzt geändert durch Gesetz v. 27.3.2024 (BGBl. 2024 I Nr. 107).
3 Vgl. hierzu ausführlich auch Theobald/Kühling/*Liebheit*, Energierecht, StromStG, EnergieStG, Einf.
4 Stromsteuer-Durchführungsverordnung (StromStV) v. 31.5.2000 (BGBl. I S. 794), zuletzt geändert durch Gesetz v. 22.12.2023 (BGBl. 2023 I Nr. 412), und Energiesteuer-Durchführungsverordnung (EnergieStV) v. 31.7.2006 (BGBl. I S. 1753), zuletzt geändert durch Gesetz v. 27.3.2024 (BGBl. 2024 I Nr. 107).

allgemeinen steuerlichen Pflichten der Abgabenordnung (AO)[5] eingehalten werden müssen.

3 Hiervon umfasst sind zunächst die **Buchführungs- und Aufzeichnungspflichten** nach §§ 140 bis 148 AO, die eine ordnungsgemäße interne Dokumentation voraussetzen. Nach § 147 Abs. 3 AO sind die relevanten Unterlagen zumeist zehn Jahre aufzubewahren.

4 Unter anderem ergibt sich aus § 153 AO die Pflicht, eine Steuererklärung unaufgefordert zu berichtigen, wenn vor Ablauf der Festsetzungsfrist erkannt wird, dass die abgegebene Steuererklärung unrichtig oder unvollständig ist.

5 Ebenfalls von Bedeutung sind daher die Regelungen zur **Festsetzungsverjährung** in §§ 169ff. AO, da für die Verbrauchsteuern und die Verbrauchsteuervergütungen nach § 169 Abs. 2 Nr. 1 AO eine kurze Frist von in der Regel einem Jahr vorgesehen ist. Die Frist beginnt in der Regel mit Ablauf des Jahres, in dem die Steueranmeldung bzw. der Entlastungsantrag abgegeben wird.[6] Die Frist für die Abgabe des Entlastungsantrags beginnt mit Ablauf des Kalenderjahres, für das eine Steuerentlastung beantragt wird.[7] Die Frist endet mithin regelmäßig am 31.12. des Jahres, das auf das Kalenderjahr folgt, in dem der Strom entnommen bzw. die Energieerzeugnisse verwendet wurden. Mit Ablauf der Frist erlischt der Entlastungsanspruch[8], soweit nicht zuvor ein ordnungsgemäßer Antrag gestellt worden ist. Zur Fristwahrung für Entlastungsanträge kommt es auf den rechtzeitigen Eingang beim Hauptzollamt an, da die Regelung des § 169 Abs. 1 S. 3 AO für Steuerentlastungen nicht anwendbar ist.[9] Der Ablauf der Festsetzungsverjährung kann aber nach § 171 AO (Ablaufhemmung) in unterschiedlichen Fällen, insbesondere durch eine noch laufende Außenprüfung,[10] in ihrem Ablauf gehemmt werden.

6 Nicht zuletzt wegen der kurzen Festsetzungsverjährungsfrist werden bei den betroffenen Unternehmen regelmäßig – nicht selten jährlich – **Außenprüfungen** durchgeführt. Die Rechte und Pflichten der Betroffenen ergeben sich aus §§ 193 bis 203 AO, wobei insbesondere auf die Mitwirkungspflichten nach § 200 AO hinsichtlich der Erteilung von Auskünften, Vorlage von Aufzeichnungen etc. hinzuweisen ist.

! Praxistipp

Außenprüfungen sollten sorgfältig vorbereitet und begleitet werden. Wird eine Außenprüfung angekündigt, sollten die vorhandenen Unterlagen auf Vollständigkeit und Richtigkeit geprüft werden. Für die Begleitung einer Außenprüfung empfiehlt sich, dem Prüfer in der Regel nur einen oder zwei Ansprechpartner für Auskünfte zu nennen. Alle Fragen und die erteilten Auskünfte sollten zwecks späterer Nachvollziehbarkeit dokumentiert werden.

---

5 Abgabenordnung (AO) v. 1.10.2002 (BGBl. I S. 3866), zuletzt geändert durch Gesetz v. 27.3.2024 (BGBl. 2024 I Nr. 108).
6 § 170 Abs. 2 und 3 AO.
7 § 170 Abs. 1 AO.
8 § 47 AO; BFH, Urt. v. 24.1.2008 – VII R 3/07 – BStBl. II 2008, 462.
9 BFH, Beschl. v. 8.10.2010 – VII B 66/10 – n.v.; vgl. auch Hübschmann/Hepp/Spitaler/*Banniza*, AO, § 171 AO Rn 36.
10 § 171 Abs. 4 AO.

Liebheit

Schließlich sind die verschiedenen **Straf- und Bußgeldtatbestände** relevant.[11] Spezifische Ordnungswidrigkeiten sind in § 64 EnergieStG und § 20 StromStV geregelt; die dort jeweils längeren Kataloge von möglichen Verstößen ergänzen den allgemeinen Bußgeldtatbestand der Verbrauchsteuergefährdung nach § 381 AO. Daneben können im Fall einer fehlerhaften Anwendung der strom- und energiesteuerrechtlichen Vorgaben die Straf- und Bußgeldvorschriften des Teils 8 der AO einschlägig sein wie beispielsweise

- die Verbrauchsteuergefährdung (§ 381 AO),
- die leichtfertige Steuerverkürzung (§ 378 AO) oder auch
- die (strafbewährte) Steuerhinterziehung (§ 370 AO).

7

> **Hinweis**
> Wird eine Steueranmeldung oder ein Entlastungsantrag falsch eingereicht und eine leichtfertige Steuerverkürzung bejaht, verlängert sich die Verjährungsfrist auf fünf Jahre.[12] In der Praxis wird der Tatbestand der leichtfertigen Steuerverkürzung zuweilen recht extensiv ausgelegt; im Fall des FG Hamburg[13] wurde ein Fehlverhalten des Unternehmens bejaht, obwohl eine ausdrückliche Nachfrage und Abstimmung mit dem Außenprüfer erfolgt war.

Auch „geringere" Pflichtverletzungen können bereits Folgen haben: Wird etwa eine Steueranmeldung nicht oder verspätet eingereicht, kann das Hauptzollamt

- einen Verspätungszuschlag (§ 152 AO),
- Säumniszuschläge (§ 240 AO) oder
- ein Zwangsgeld (§ 329 AO) erheben.[14]

8

Zur Erfüllung seiner steuerlichen Pflichten kann sich ein Unternehmen von einem Beauftragten vertreten lassen (§ 214 AO). Dieser **steuerliche Beauftragte** kann Betriebs- oder Unternehmensangehöriger sein. Aufgrund der ergänzenden Regelung in § 62 Abs. 1 EnergieStG kann auch eine betriebsfremde Person (wie etwa der Steuerberater) Beauftragter sein (steuerlicher Betriebsleiter). In allen Fällen ist aber die Zustimmung des Hauptzollamts erforderlich (§ 62 Abs. 1 S. 2 EnergieStG, § 214 S. 1 AO). Der Beauftragte erfüllt im Auftrag fremde Steuerpflichten, wobei hiervon sämtliche Sachverhalte wie Steueranmeldungen oder das Stellen von Entlastungsanträgen umfasst sein können.[15] Zu berücksichtigen ist aber, dass auch das Verhalten eines Steuerberaters, welcher nicht

9

---

11 Zum Steuerstrafrecht (einschließlich der Steuerordnungswidrigkeiten) vgl. ausführlich Kap. 20 Rn 148 ff.
12 § 169 Abs. 2 S. 2 AO.
13 FG Hamburg, Urt. v. 8.6.2012 – 4 K 104/11 – CuR 2012, 133.
14 Vgl. Schneider/Theobald/*Rodi*, HBEnWR, § 19 Rn 140.
15 *Bongartz/Schröer-Schallenberg*, Verbrauchsteuerrecht, Rn F 41; Hübschmann/Hepp/Spitaler/*Schallmoser*, AO, § 214 AO Rn 13.

als steuerlicher Betriebsleiter benannt ist, u.a. die Leichtfertigkeit im Sinne der leichtfertigen Steuerverkürzung (§ 378 AO) begründen kann.[16]

C. Systematischer Überblick

10 Der Verbrauch von Energie unterliegt in Deutschland grundsätzlich der Besteuerung. Unterschieden wird dabei zunächst zwischen Strom und (anderen) Energieerzeugnissen. Die Palette der anderen Energieerzeugnisse ist dabei groß und reicht von „herkömmlichen" Mineralölen, wie Benzin oder Heizöl über Kohle und Erdgas, zu sonstigen Energieerzeugnissen, wie Biomasse, Klärgas oder auch Ersatzbrennstoffen. Im Anschluss sollen insbesondere die beiden leitungsgebundenen Energieerzeugnisse Strom und Erdgas dargestellt werden. Deren Besteuerung weist zwar einerseits hinsichtlich des Verfahrens (Steuerentstehung, Steuerschuldner, Steueranmeldung etc.) viele Parallelen auf, unterscheidet sich aber andererseits auch grundlegend, insbesondere im Bereich der jeweiligen Steuerbegünstigungen.

11 Strom- und Energiesteuern sind, da sie hinsichtlich der Steuerentstehung an den Verbrauch des Energieerzeugnisses (also an dessen Umwandlung in eine andere Energieform) anknüpfen, **Verbrauchsteuern**. Die gesetzlichen Grundlagen der Strombesteuerung sind im StromStG und für die Besteuerung der anderen Energieerzeugnisse im EnergieStG geregelt. Nähere Vorgaben zur Durchführung des StromStG enthält die StromStV. Genaueres zur Durchführung des EnergieStG ist in der EnergieStV geregelt. Für die speziellen Entlastungsmöglichkeiten für Unternehmen des Produzierenden Gewerbes ist zudem die **SpaEfV**[17] zu beachten, die allerdings mit Auslaufen des sog. Spitzenausgleichs zum 31.12.2023 an Bedeutung verloren hat. Außerdem finden sich wichtige Vorschriften für das Besteuerungsverfahren in der AO.

12 Der Trennung von Strom und Energieerzeugnissen in zwei Gesetzen liegt – neben historischen Gründen – auch der Gedanke der steuerlichen Trennung von Input und Output zugrunde: Da Strom in der Regel unter Verwendung von anderen Energieerzeugnissen produziert wird, bezeichnet man seine Besteuerung auch als sog. **Output-Steuer**. Erdgas wird hingegen vielfach zur Erzeugung von Strom und/oder Wärme verwendet und seine Besteuerung wird daher häufig als sog. **Input-Steuer** bezeichnet. Die Vermeidung einer Doppelbesteuerung von Input und Output stellt ein allgemeines Prinzip des Strom- und Energiesteuerrechts seit der sog. ökologischen Steuerreform dar.

---

[16] Vgl. FG Düsseldorf, Urt. v. 7.12.2010 – 13 K 1214/06 E – EFG 2011, 878, wo eine leichtfertige Steuerverkürzung nur deswegen abgelehnt wurde, weil im Rahmen der 40-jährigen Mandatsbeziehung noch nie verbrauchsteuerrechtliche Fragen thematisiert wurden.

[17] Spitzenausgleich-Effizienzsystemverordnung (SpaEfV) v. 31.7.2013 (BGBl. I S. 2858), zuletzt geändert durch Verordnung v. 19.6.2020 (BGBl. I S. 1328).

Als Bundessteuer[18] ist die Erhebung und Verwaltung der Strom- und Energiesteuer 13
Aufgabe der Bundesfinanzbehörden. Der Behördenaufbau ist dreistufig (§ 1 FVG)[19]:
- Hauptzollämter als örtliche Behörden,
- Bundesfinanzdirektionen als Mittelbehörden,
- das Bundesministerium der Finanzen als oberste Behörde.

Die örtliche Zuständigkeit des Hauptzollamts bestimmt sich gem. § 1 StromStV bzw. § 1a 14
EnergieStV grundsätzlich nach dem Bezirk, in dem die Person ihren Wohnsitz hat bzw. von dem aus das Unternehmen betrieben wird. Die Kenntnis des örtlich zuständigen Hauptzollamts ist auch im Rahmen der Adressierung von Entlastungsanträgen zwingend zu beachten, da eine Verzögerung bei der verwaltungsinternen Weiterleitung von zwar grundsätzlich fristgerecht, aber beim falschen Hauptzollamt eingereichten Entlastungsanträgen zulasten des Antragstellers gehen kann.[20]

Als oberste Behörde erlässt das Bundesministerium der Finanzen (BMF) Hinweise 15
zur Auslegung und Anwendung des StromStG und EnergieStG. Diese Hinweise (Erlasse) sind zwar als Verwaltungsvorschriften rechtlich nicht bindend; gleichwohl haben Erlasse in der Behördenpraxis eine erhebliche Bedeutung, weil die Hauptzollämter sie regelmäßig für ihre Auslegung der Gesetze zugrunde legen.

D. Stromsteuerrecht

Strom, der innerhalb der Bundesrepublik Deutschland zum Verbrauch entnommen 16
wird, unterliegt seit dem 1.4.1999 der **Stromsteuer**.[21] Das StromStG trat im Rahmen der ökologischen Steuerreform in Kraft. Ziel des StromStG ist es, elektrische Energie (also Strom) zu belasten, um auf diese Weise Anreize zu einem sparsamen Umgang mit Strom zu setzen. Das Steuermehraufkommen dient dazu, die Rentenversicherungsbeiträge zu senken und so die Lohnnebenkosten zu entlasten.

Gemäß § 1 I 2 StromStG ist das Steuergebiet das Gebiet der Bundesrepublik Deutsch- 17
land ohne das Gebiet von Büsingen und ohne die Insel Helgoland. Eine zeitliche Begrenzung der Steuer ist nicht vorgesehen.

Der **Steuertatbestand** gliedert sich in Steuerobjekt, Steuersubjekt, Steuerbemes- 18
sungsgrundlage, Steuergläubiger, Steuersatz sowie mögliche Steuererleichterungen.[22] Es sind verschiedene Steuererleichterungen vorgesehen, die sich wiederum in Steuerbe-

---

18 Vgl. Art. 106 Abs. 1 Nr. 2 GG.
19 Finanzverwaltungsgesetz (FVG) i.d.F. der Bek. v. 4.4.2006 (BGBl. I S. 846, 1202), zuletzt geändert durch Gesetz v. 27.3.2024 (BGBl. 2024 I Nr. 108).
20 Vgl. FG Hamburg, Urt. v. 3.12.2012 – 4 K 107/12 – BeckRS 2013, 94618.
21 Stromsteuergesetz (StromStG) v. 24.3.1999 (BGBl. I S. 378; 2000 I S. 147), zuletzt geändert durch Gesetz v. 22.12.2023 (BGBl. 2023 I Nr. 412).
22 *Förster*, Die Verbrauchsteuern, S. 58 m.w.N.

freiungen, -ermäßigungen und -entlastungen (Erlass, Erstattung oder Vergütung) unterteilen lassen.

19 Der Steuersatz für den entnommenen Strom beträgt regelmäßig 20,50 €/MWh. Verantwortlich für die Abführung der Stromsteuer ist grundsätzlich derjenige, der den Strom an den stromentnehmenden Letztverbraucher leistet (der Versorger). Er hat die Stromsteuer selbst zu berechnen, bei der zuständigen Finanzbehörde (Hauptzollamt) anzumelden und sodann zu entrichten. Die Steuerbelastung reicht der Versorger regelmäßig über den Stromlieferpreis an die Letztverbraucher weiter.

20 Abweichend zur grundsätzlichen Besteuerung ist Strom in bestimmten Ausnahmefällen von der Steuer befreit. **Stromsteuerbefreiungen** gelten u. a.
- für die Entnahme von Strom aus erneuerbaren Energieträgern aus einem Netz, das ausschließlich mit Strom aus erneuerbaren Energieträgern gespeist wird,
- für Strom, der zur Stromerzeugung entnommen wird oder
- für Strom aus kleinen Anlagen mit einer elektrischen Nennleistung bis 2 MW, wenn er im räumlichen Zusammenhang zur Anlage entnommen wird.

21 Bis zum 31.12.2010 ermäßigte sich die Stromsteuer abweichend vom regelmäßigen Steuersatz dann auf 12,30 €/MWh, wenn ein **Unternehmen des Produzierenden Gewerbes** oder ein Unternehmen der Land- und Forstwirtschaft den Strom für betriebliche Zwecke entnahm und Inhaber einer entsprechenden Erlaubnis war. Im Vergleich zum regulären Steuersatz verringerte sich die Steuerlast also um 8,20 €/MWh. Seit dem 1.1.2011 ist an die Stelle des bisherigen Erlaubnisverfahrens ein Entlastungsverfahren getreten. Entnehmen Unternehmen des Produzierenden Gewerbes bzw. Unternehmen der Land- und Forstwirtschaft Strom für betriebliche Zwecke, fällt zunächst der regelmäßige Steuersatz von 20,50 €/MWh an. Die Unternehmen können jedoch gegebenenfalls eine **Entlastung von der Stromsteuer** nach §§ 9b, 10 StromStG geltend machen. Durch die Neuregelung zum 1.1.2024 ist der sog. Spitzenausgleich in § 10 StromStG ausgelaufen und durch die erweiterte Entlastung nach § 9b Abs. 2a StromStG kompensiert worden.

22 **Ermäßigte Steuersätze** sind noch in § 9 Abs. 2 und 3 StromStG für Strom, der im Verkehr mit Oberleitungsomnibussen oder für den Fahrbetrieb im Schienenbahnverkehr mit Ausnahme der betriebsinternen Werksverkehre und Bergbahnen (11,42 €/MWh) bzw. für die landseitige Stromversorgung von Wasserfahrzeugen (0,50 €/MWh) vorgesehen.

23 Die neu geschaffene Entlastung in § 9c StromStG gilt für den elektrisch betriebenen Öffentlichen Personennahverkehr. Einen Sonderfall stellt die § 9 Abs. 1 Nr. 7 und Nr. 8 StromStG geregelte Steuerbefreiung für die Belieferung von NATO-Truppen, Alliierten Hauptquartieren und andere internationale Einrichtungen dar.

I. Übersicht zum StromStG

Das StromStG ist ein vergleichsweise kurzes Gesetz. Es enthält lediglich 20 Paragrafen. 24
In § 1 StromStG finden sich Regelungen zum Steuergegenstand und dem Steuer- 25
gebiet. § 2 StromStG definiert wichtige im StromStG verwendete Begriffe, wie z.B. den Begriff des Versorgers, des Unternehmens des Produzierenden Gewerbes oder der erneuerbaren Energieträger. § 2 StromStG regelt die generelle Unzulässigkeit staatlicher Beihillfen, während § 3 StromStG den allgemeinen Steuersatz bestimmt. § 4 StromStG regelt näheres zu der Frage, wer unter welchen Voraussetzungen eine Versorgererlaubnis erhält. Die §§ 5 bis 8 StromStG normieren Einzelheiten zu den wichtigen Fragen der Steuerentstehung, Steuerschuldnerschaft und dem Steuererhebungsverfahren. In den §§ 9, 9a, 9b, 9c und 10 StromStG schließen sich nähere Vorgaben zu der Frage an, unter welchen Voraussetzungen und in welcher Höhe eine Befreiung, Ermäßigung oder Entlastung von der Stromsteuer gewährt wird. § 10a StromStG normiert die Informationsrechte der Behörden. § 11 StromStG ermächtigt das BMF, Regelungen zur Durchführung des StromStG in Form einer Rechtsverordnung (StromStV) zu treffen. § 12 StromStG schafft die Ermächtigungsgrundlage für das BMWi für den Erlass der SpaEfV. Die §§ 13 und 15 StromStG enthalten steuertechnische Vorgaben. § 14 StromStG ist eine Bußgeldvorschrift.

II. Besteuerung des Stroms

1. Steuerentstehung

Die Stromsteuer entsteht regelmäßig mit der Entnahme des Stroms aus dem Versor- 26
gungsnetz und zum Verbrauch (§ 5 Abs. 1 StromStG). Die Entnahme zum Verbrauch meint den Vorgang der tatsächlichen Stromentnahme, d.h. die Umwandlung des Stroms in andere Energien, wie Licht, Bewegung oder Wärme.[23] Entnehmender ist entweder der Letztverbraucher, an den ein Versorger Strom geleistet hat, oder der Versorger, der den Strom zum Selbstverbrauch entnimmt, oder der Eigenerzeuger, der eigenerzeugten Strom verbraucht.

Daneben kennt das StromStG aber auch andere Möglichkeiten der Steuerentste- 27
hung. Hierzu gehört u.a.
- der Strombezug von einem außerhalb des Steuergebietes ansässigen Versorger (§ 7 StromStG),
- die widerrechtliche Stromentnahme (§ 6 StromStG) oder
- die Verwendung steuerbegünstigt bezogenen Stroms zu nicht steuerbegünstigten Zwecken (§ 9 Abs. 6 StromStG).

---

[23] Vgl. FG Hamburg, Beschl. v. 27.12.2001 – IV 327/01 – ZfZ 2002, 208; Begründung des Entwurfs eines Gesetzes zum Einstieg in die ökologische Steuerreform, BT-Drucks 14/40, S. 10; Friedrich/Meißner/*Meißner*, Energiesteuern, § 5 Rn 5; Schneider/Theobald/*Rodi*, HBEnWR, § 19 Rn 46.

28 Da das StromStG für die Steuerentstehung an die Entnahme des Stroms zum Verbrauch anknüpft, führt die Stromleistung zwischen Versorgern grundsätzlich nicht zur Steuerentstehung. Denn in diesem Fall fehlt es an einer Stromentnahme zum Verbrauch.

> **Praxistipp**
> Der Stromlieferant liefert regelmäßig nur dann Strom ohne Stromsteuer, wenn der Kunde ihm zuvor die Mehrausfertigung eines Erlaubnisscheins vorlegt, der ihn selbst als Versorger im Sinne des StromStG ausweist.

29 Hiervon gibt es Ausnahmen: Zum einen gilt Strom, der an einen unerkannten Versorger und in der Annahme geleistet wurde, dass eine Steuer entstanden sei, als durch einen Letztverbraucher entnommen.[24] Praktisch relevant ist eine Stromleistung an den unerkannten Versorger etwa dann, wenn sich der Stromkunde gegenüber dem stromleistenden Versorger nicht als Versorger zu erkennen gibt, z.B. weil er keinen Erlaubnisschein besitzt oder den Erlaubnisschein nicht seinem Versorger vorlegt. In diesem Fall geht der Versorger davon aus, dass er an einen Letztverbraucher leistet. Dieser Annahme trägt das StromStG Rechnung, indem es die Steuerentstehung unabhängig von der (nicht gegebenen) tatsächlichen Stromentnahme gesetzlich fingiert.[25]

2. Steuerschuldner

30 Steuerschuldner ist im Fall der regelmäßigen Steuerentstehung bei Entnahme des Letztverbrauchers und des Versorgers zum Eigenverbrauch der Versorger selbst,[26] wobei die vorgenannten Sonderfälle zu beachten sind. Als Versorger definiert das StromStG denjenigen, der Strom leistet,[27] also aufgrund einer vertraglichen Verpflichtung einem anderen Strom verschafft.[28] Steuerschuldner können aber auch der Eigenerzeuger (§ 5 Abs. 2 StromStG), der Letztverbraucher (§ 7 StromStG), der widerrechtliche Stromentnehmer (§ 6 S. 2 StromStG), der Erlaubnisinhaber (§ 9 Abs. 6 S. 4 StromStG) sowie nach § 9 Abs. 8 StromStG zusätzlich zum Versorger der Nichtberechtigte sein.

31 Versorger ist gemäß § 2 Nr. 1 StromStG zunächst derjenige, der Strom leistet. Der Versorgerstatus bezieht sich auf die (juristische) Person insgesamt. Da diese Definition sehr umfassend ist, regelt § 1a StromStV im Wege einer gesetzlichen Fiktion bestimmte Ausnahmefälle, in denen ein Stromleistender nicht als Versorger sondern (weiterhin) als Letztverbraucher oder als „eingeschränkter" Versorger gilt. So gilt gem. § 1a Abs. 2 StromStV u.a. derjenige, der ausschließlich Strom zum Steuersatz in Höhe von 20,50 €/

---

24 § 5 Abs. 3 StromStG.
25 § 5 Abs. 3 S. 1 StromStG.
26 § 5 Abs. 2 StromStG.
27 § 2 Nr. 1 StromStG.
28 Vgl. Bongartz/Jatzke/Schröer-Schallenberg/*Wundrack*, StromStG, § 2 Rn 5; Friedrich/Meißner/*Friedrich*, Energiesteuern, § 2 Rn 8.

MWh bezieht und diesen Strom ausschließlich an seine Mieter, Pächter oder vergleichbare Vertragsparteien leistet, zur Nutzung für die Elektromobilität oder an andere Unternehmen für „innerbetriebliche" Zwecke nicht als Versorger. Des Weiteren gilt auch derjenige nicht als Versorger, der ausschließlich in Anlagen mit einer Leistung bis 2 MW erzeugten Strom erzeugt und diesen nicht an Letztverbraucher leistet. Wer Strom innerhalb einer Kundenanlage in Anlagen mit einer elektrischen Nennleistung von bis zu 2 MW erzeugt und diesen Strom an Letztverbraucher ausschließlich innerhalb dieser Kundenanlage leistet, ist nach § 1a Abs. 6 StromStV nur „eingeschränkter" Versorger und hat daher nur einen Teil der Versorgerpflichten zu erfüllen. Entsprechendes gilt gemäß § 1a Abs. 7 StromStV für Strom, der in Anlagen mit einer elektrischen Nennleistung von mehr als 2 MW aus Windkraft, Biomasse oder Sonnenenergie erzeugt wird.

3. Versorgererlaubnis

Versorger benötigen eine Erlaubnis, wenn sie Strom an Letztverbraucher leisten oder wenn sie als Eigenerzeuger (mit Anlagen größer 2 MW) Strom zum Eigenverbrauch entnehmen wollen. Auch Letztverbraucher, die Strom aus einem Gebiet außerhalb des Steuergebietes beziehen wollen, benötigen eine Erlaubnis.[29] Maßgeblich für den Status des Versorgers ist aber stets die Tätigkeit als Lieferant von Strom, nicht die Erteilung der Erlaubnis; die Erlaubnis ist daher lediglich deklaratorisch.[30]

Die Erteilung der **Versorgererlaubnis** muss auf dem amtlichen Vordruck 1410 bei dem für den Versorger örtlich zuständigen Hauptzollamt beantragt werden. In etwas begrenztem Umfang gilt dies auch für den „eingeschränkten" Versorger, der aber lediglich eine Anzeige auf dem amtlichen Vordruck 1412 beim Hauptzollamt zu machen hat. Im Antrag bzw. der Anzeige sind u.a. Angaben
- über den Namen,
- über den Geschäftssitz und
- über die Rechtsform des antragstellenden Unternehmens,
- zur Steuernummer und Umsatzsteuer-Identifikationsnummer sowie
- zum Unternehmensgegenstand

zu machen. Außerdem müssen dem Antrag verschiedene Unterlagen hinzugefügt werden. Hierzu zählen insbesondere
- der Registerauszug,
- das Betriebsstättenverzeichnis und
- die Erklärung über die Bestellung eines steuerlichen Beauftragten (§ 4 Abs. 1 und Abs. 2 StromStV).

---

[29] § 4 Abs. 1 S. 1 StromStG.
[30] Vgl. auch Friedrich/Meißner/*Friedrich*, Energiesteuern, § 4 Rn 14 ff.

34 Zudem wird im Rahmen der amtlichen Vordrucke in detaillierter Weise die konkrete Tätigkeit (u.a. Umfang der Lieferung und Erzeugung, Kundengruppen etc.) abgefragt.

35 Die Versorgererlaubnis wird vom Hauptzollamt erteilt, wenn
- der antragstellende Versorger ordnungsgemäß kaufmännische Bücher führt,
- rechtzeitig Jahresabschlüsse aufstellt und
- gegen seine steuerliche Zuverlässigkeit keine Bedenken bestehen (§ 4 Abs. 2 S. 1 StromStG).

36 Liegen alle Voraussetzungen der Erlaubniserteilung vor, hat der Antragsteller einen Rechtsanspruch auf ihre Erteilung. Die Erlaubnis enthält regelmäßig einen Widerrufsvorbehalt;[31] das Hauptzollamt kann sie daher widerrufen, wenn die Voraussetzungen für die Erteilung nicht (mehr) vorliegen.

Hinweis
Nach neuerer Praxis erhält der Antragsteller nur einen Erlaubnisschein und keine Mehrausfertigungen des Erlaubnisscheins. Der „eingeschränkte" Versorger erhält keine Erlaubnis.

4. Pflichten des Versorgers

37 Versorger unterliegen verschiedenen Pflichten (§ 4 StromStV). Hierzu gehört zunächst das Führen eines Belegheftes, in dem die Korrespondenz mit dem Hauptzollamt und die stromsteuerrechtlich relevanten Schriftstücke und Unterlagen gesammelt werden sollen. Weiter ist der Versorger verpflichtet, Aufzeichnungen (gemäß amtlichem Vordruck) zu führen, aus denen die gelieferten und von Letztverbrauchern entnommenen Strommengen getrennt nach Letztverbrauchern, Steuersätzen und Steuerbegünstigungen hervorgehen. Ebenso sind die unversteuert an andere Versorger geleisteten Strommengen zu dokumentieren. Der Versorger muss zudem Änderungen der für die Erlaubniserteilung relevanten Verhältnisse sowie eine drohende oder eingetretene Überschuldung oder Zahlungsunfähigkeit und den Antrag auf Eröffnung eines Insolvenzverfahrens beim Hauptzollamt angeben. Außerdem muss der Versorger als Steuerschuldner eine Steueranmeldung abgeben.

5. Stromsteueranmeldung

38 Die Steueranmeldung kann entweder für ein Veranlagungsjahr (Regelfall) oder für einen Veranlagungsmonat (Ausnahme) erstellt und abgegeben werden. Der Steuerschuldner muss hierfür das amtlich vorgeschriebene Muster verwenden (§ 5 StromStV).

---

31 § 4 Abs. 2 StromStG.

Liebheit

Hinweis
Das Formular kann als Vordruck 1400 unter www.zoll.de[32] abgerufen werden.

In der Steueranmeldung berechnet der Steuerschuldner seine Steuer selbst.[33] Die Steueranmeldung muss vollständig sein und vom Steuerschuldner unterschrieben werden. Durch seine Unterschrift bestätigt der Steuerschuldner, die Angaben nach bestem Wissen und Gewissen gemacht zu haben.

Die Steueranmeldung steht einer Steuerfestsetzung unter dem Vorbehalt der Nachprüfung gleich.[34] Der Vorbehalt der Nachprüfung ermöglicht die Korrektur der Steueranmeldung durch den Steuerschuldner oder das Hauptzollamt, solange keine Festsetzungsverjährung eingetreten ist.[35]

Das Wahlrecht zwischen monatlicher und jährlicher Stromsteueranmeldung muss der Steuerschuldner jeweils bis zum 31.12. des Vorjahres ausüben. Wird es nicht ausgeübt, gilt die jährliche Veranlagung.[36]

Bei jährlicher Veranlagung ist der Steuerschuldner verpflichtet, die Steueranmeldung zum 31.5. des Folgejahres abzugeben und die angemeldete Steuer bis zum 25.6. des Folgejahres zu entrichten.[37] Das Folgejahr umfasst dabei das Jahr, das dem Jahr der Steuerentstehung folgt.

Im Fall der jährlichen Steueranmeldung ist der Steuerschuldner verpflichtet, monatliche Vorauszahlungen zu leisten. Die Höhe der monatlichen Vorauszahlungen wird vom Hauptzollamt festgesetzt und beträgt in der Regel ein Zwölftel der Steuer, die im vorletzten dem Veranlagungsjahr vorhergehenden Jahr entstanden ist.[38] Vorauszahlungen für das Veranlagungsjahr 2020 basieren also grundsätzlich auf der Steuerschuld des Jahres 2018.

Bei Änderungen der zu erwartenden Jahressteuerschuld sind abweichende Festsetzungen möglich.[39] Sofern das Unternehmen seine Versorgungstätigkeit erstmals aufgenommen hat und deshalb nicht auf Daten aus einem dem Veranlagungsjahr vorhergehenden Kalenderjahr zurückgreifen kann, bildet die voraussichtlich zu erwartende Jahressteuerschuld die Grundlage der Vorauszahlungsberechnung.[40]

---

32 Abrufbar unter http://www.zoll.de/SiteGlobals/Forms/Suche/FormulareMerkblaetter_Formular.html (Suche: 1400).
33 § 150 Abs. 1 AO, §§ 167, 168 AO.
34 § 167 Abs. 1 AO i.V.m. §§ 150, 155 AO.
35 Vgl. FG Hamburg, Urt. v. 12.2.2010 – 4 K 243/08 – IR 2010, 141 m. Anm. *Zimmermann*.
36 § 8 Abs. 2 StromStG.
37 § 8 Abs. 4 StromStG.
38 § 8 Abs. 6 S. 1 StromStG.
39 § 8 Abs. 6 S. 2 StromStG.
40 § 6 Abs. 1 S. 2 StromStV.

Liebheit

45 Bei monatlicher Veranlagung muss die Anmeldung bis zum 15. des Folgemonats vorliegen und bis zum 25. des Folgemonats entrichtet werden.[41] Abweichend von der jährlichen oder monatlichen Anmeldung kann die Stromsteuer auch über das sog. rollierende Ablesungsverfahren ermittelt werden. Dabei wird die gelieferte Strommenge über mehrere Kalenderjahre ermittelt. Die Aufteilung auf das jeweilige Kalenderjahr erfolgt über eine sachgerechte und von einem Dritten nachvollziehbare Schätzung. Diese Schätzung wird dann am Ende eines Ablesezeitraums berichtigt.[42]

III. Entnahme steuerbefreiten oder steuerbegünstigten Stroms und Steuerentlastung

46 Unter den gesetzlich vorgesehenen Voraussetzungen kann Strom
- von der Stromsteuer befreit (§ 9 Abs. 1 StromStG),
- zu einem ermäßigten Steuersatz entnommen (§ 9 Abs. 2 und 3 StromStG),
- vollständig entlastet (§ 9a StromStG) oder
- teilweise entlastet (§§ 9b, 9c, 10 StromStG) werden.

1. Entnahme steuerbefreiten oder steuerbegünstigten Stroms

47 Die Entnahme steuerbefreiten Stroms zur Stromerzeugung[43] und die Entnahme von Strom zum ermäßigten Stromsteuersatz von 11,42 €/MWh für den Verkehr mit Oberleitungsomnibussen oder für den Fahrbetrieb im Schienenbahnverkehr mit Ausnahme der betriebsinternen Werksverkehre und Bergbahnen[44] setzen die vorherige Erteilung einer **Erlaubnis** voraus.[45] Gleiches gilt seit der Neuregelung zum 1.7.2019 auch für die Steuerbefreiungen nach § 9 Abs. 1 Nr. 1 und Nr. 3 StromStG.

a) Beantragung und Erteilung der Erlaubnis

48 Die genannten Erlaubnisse zur Entnahme des nach § 9 Abs. 1 Nr. 1, Nr. 2 oder Nr. 3 StromStG steuerbefreiten oder des nach § 9 Abs. 2 StromStG steuerermäßigten Stroms hat, anders als die lediglich deklaratorische Versorgererlaubnis nach § 4 StromStG,[46] konstitutive (rechtsbegründende) Wirkung. Aus diesem Grund muss ein Unternehmen grundsätzlich auch dann den vollen Steuersatz entrichten, wenn es im Übrigen zur Entnahme des steuerbefreiten oder steuerermäßigten Stroms berechtigt wäre.

---

41 § 8 Abs. 3 StromStG.
42 § 8 Abs. 4a StromStG.
43 § 9 Abs. 1 Nr. 2 StromStG.
44 § 9 Abs. 2 StromStG.
45 § 9 Abs. 4 S. 1 StromStG.
46 Vgl. Rn 32 ff.

Liebheit

> **Hinweis**
> Insbesondere bei Umstrukturierungen des Unternehmens (Ausgründung oder Neugründung von selbstständigen juristischen Personen) ist sorgfältig zu prüfen, ob die bisherige Erlaubnis zur Entnahme steuerbefreiten oder steuerbegünstigten Stroms weiterhin gilt oder ob eine neue Erlaubnis beantragt werden muss.

Die jeweilige Erlaubnis ist auf dem jeweiligen amtlichen Vordruck (1420, 1421 und 1422) bei dem für den Antragsteller örtlich zuständigen Hauptzollamt zu beantragen. Zuständig ist das Hauptzollamt, in dessen Bezirk der Antragsteller seinen Geschäftssitz hat.[47] Die Erlaubnis wird erteilt, wenn gegen die steuerliche Zuverlässigkeit des Antragstellers keine Bedenken bestehen.[48] Der Antragsteller hat einen Rechtsanspruch auf die Erlaubniserteilung, wenn die gesetzlichen Voraussetzungen für die Erteilung vorliegen. Die Erlaubnis kann allerdings auch widerrufen werden, wenn die Voraussetzungen für ihre Erteilung nicht (mehr) vorliegen. 49

Ob auch eine rückwirkende Erteilung der Erlaubnis zulässig ist, wird unterschiedlich bewertet.[49] Teilweise erteilten die Hauptzollämter die Erlaubnis rückwirkend bis zum Beginn des jeweiligen Antragsjahres.[50] Nach neuerer Praxis wird grundsätzlich auf das Datum des Antragseingangs abgestellt. Deshalb sollte die Erlaubnis nach Möglichkeit vor der jeweiligen steuerfreien oder steuerermäßigten Stromentnahme beantragt und eingeholt werden. 50

> **Hinweis**
> Liegen die Voraussetzungen für die Stromsteuerbefreiung nach § 9 Abs. 1 Nr. 1, Nr. 2 oder Nr. 3a StromStG vor, besteht auch die Möglichkeit, den Strom zunächst voll zu versteuern bzw. versteuert zu beziehen, um sodann – innerhalb der Jahresfrist – einen Entlastungsantrag nach §§ 12a, 12c oder 12d StromStV zu stellen. Dies setzt keine zuvor erteilte Erlaubnis voraus.

b) Pflichten des Erlaubnisinhabers

Der Inhaber einer Erlaubnis zur Entnahme steuerbefreiten oder steuerermäßigten Stroms unterliegt verschiedenen Pflichten. Er hat ein Belegheft zu führen[51] und Aufzeichnungen über den Einsatz des steuerbegünstigt entnommenen Stroms zu führen.[52] Außerdem muss er Änderungen der angemeldeten Verhältnisse gegenüber dem Haupt- 51

---

47 § 8 Abs. 1 StromStV.
48 § 9 Abs. 4 S. 2 StromStG.
49 Verneinend: FG Hamburg, Urt. v. 24.2.2004 – IV 362/01 – BeckRS 2004, 26046193; BFH, Urt. v. 9.8.2006 – VII E 18/05 – DStRE 2007, 109 f.; Bongartz/Jatzke/Schröer-Schallenberg/*Wundrack*, StromStG, § 9 Rn 130.
50 Vgl. BMF, Erlass v. 20.12.1999 – III A 1 – V 4250 – 39/99 – n.v.
51 § 11 Abs. 1 StromStV.
52 § 11 Abs. 2 StromStV.

zollamt anzeigen und bei Erlöschen der Erlaubnis bzw. bei einer Einstellung der steuerbegünstigten Entnahme den Erlaubnisschein unverzüglich zurückgeben.

2. Stromsteuerbefreiungen

52   Das StromStG kennt mehrere Möglichkeiten der Stromsteuerbefreiung.[53] Nachfolgend sollen lediglich die Stromsteuerbefreiungen des § 9 Abs. 1 Nr. 1 bis 3 StromStG vorgestellt werden.

a) Strom aus erneuerbaren Energieträgern

53   § 9 I Nr. 1 StromStG regelt eine ökologisch motivierte Steuerbefreiung für Strom aus erneuerbaren Energieträgern. In der ursprünglichen Gesetzesfassung wurde zusätzlich verlangt, dass der „grüne" Strom aus einem ausschließlich mit „grünem" Strom gespeisten Netz oder einer entsprechenden Leitung entnommen wurde. Aufgrund einer jahrelangen[54] und erst im Jahr 2017[55] geänderten Verwaltungspraxis wurde die Regelung so ausgelegt, dass eine Steuerbefreiung insbesondere bei einer Stromerzeugung innerhalb von „Eigennetzen" möglich war. Als Reaktion auf die geänderte Verwaltungspraxis wurde im Jahr 2019 der Tatbestand neu gefasst.[56] Die Befreiung wird nunmehr für Strom gewährt, der in Anlagen mit einer elektrischen Nennleistung von mehr als 2 MW aus erneuerbaren Energieträgern erzeugt und vom Betreiber der Anlage am Ort der Erzeugung zum Selbstverbrauch entnommen wird.

54   Das StromStG definiert, was unter Strom aus erneuerbaren Energieträgern zu verstehen ist. Hierzu gehört Strom, der ausschließlich aus
- Wasserkraft (in Anlagen mit einer Generatorleistung bis 10 MW),
- Windkraft,
- Sonnenenergie,
- Erdwärme,
- Deponiegas,
- Klärgas oder
- Biomasse

---

[53] § 9 Abs. 1 StromStG.
[54] BMF-Schreiben 13.8.2001 – III A 1-4250-7/01; BMF-Schreiben 30.11.2001 – III A 1-4250-27/01; BMF-Schreiben 19.6.2002 – III A1-V4201–1/02.
[55] GZD-Informationen zu den Stromsteuerbefreiungen nach § 9 Abs. 1 Nr. 1 und Nr. 3 Stromsteuergesetz (StromStG), Februar 2017.
[56] Informationen der Generalzolldirektion „zu den Stromsteuerbefreiungen nach § 9 Abs. 1 Nr. 1 und Nr. 3 Stromsteuergesetz (StromStG) mit Hinweisen zu den Wechselwirkungen der Stromsteuerbefreiungen zu den Förderungen nach dem Erneuerbare-Energien-Gesetz (EEG) und dem Kraft-Wärme-Kopplungsgesetz (KWKG)" (Stand: Februar 2017).

Liebheit

erzeugt wird.[57] Nach einem Erlass des BMF soll es ausreichen, wenn zeitweise und abgrenzbar der Strom aus erneuerbaren Energieträgern erzeugt wird.[58] Nach § 1b Abs. 1 StromStG ist die Zuführung anderer Energieträger als sog. Zünd- und Stützfeuerung unschädlich.

Die Befreiung wird nur noch dem **Anlagenbetreiber** für seinen **Eigenverbrauch vor Ort** gewährt. Durch die ergänzende Regelung in § 9 Ia StromStG wird zusätzlich klargestellt, dass Strom, der kaufmännisch-bilanziell und physikalisch ausgespeist wurde, nicht befreit sein kann. Bei der Ermittlung des Eigenverbrauchs, der sich grundsätzlich aus der Personenidentität zwischen dem Stromerzeuger und -verbraucher ergibt, soll es in gewissem Umfang zulässig sein, auch den Verbrauch von Dritten, die zeitweise vor Ort Leistungen für den Begünstigten erbringen, in die Steuererleichterung einzubeziehen.[59]

55

b) Strom zur Stromerzeugung

Von der Stromsteuer ist auch der Strom befreit, der zur Stromerzeugung entnommen wird, sofern hierfür eine entsprechende Erlaubnis erteilt wurde.[60] Damit soll eine Doppelbesteuerung des zur Stromerzeugung eingesetzten Stroms vermieden werden. Die Regelung basiert auf Art. 14 Abs. 1 lit. a EnergieStRL, der eine obligatorische Steuerbefreiung regelt.[61]

56

Der Begriff ist in § 12 StromStV mit einigen Regelbeispielen konkretisiert worden. Zum einen umfasst die Begünstigung den Verbrauch in „Neben- und Hilfsanlagen einer Stromerzeugungseinheit" und zwar unabhängig davon, ob der Strom im Kraftwerk selbst erzeugt oder von einem Dritten bezogen worden ist. Zur Stromerzeugungseinheit selbst gehören Generator und Turbine. Die Aufzählung der Neben- und Hilfsanlagen in § 12 I Nr. 1 StromStV (z.B. Anlagen zur Wasseraufbereitung, Dampferzeugerwasserspeisung, Frischluftversorgung usw.) ist nicht abschließend.[62] Zudem hat der BFH festgestellt, dass neben dem technischen Zusammenhang auch rechtliche Vorgaben für den Anlagenbetrieb zu beachten sind, die den Stromverbrauch in betriebsnotwendigen Verbrauchern begründen können.[63] Da es um die Erzeugung von „marktfähigem" Strom gehe, können die Neben- und Hilfsanlagen auch dem eigentlichen Stromerzeugungspro-

57

---

57 § 2 Nr. 7 StromStG.
58 Vgl. BMF, Erlass v. 18.10.2004 – III A 1 – V 4250 – 9/04 – n.v.
59 Gesetzesbegründung, BT-Drs. 19/8037, S. 38.
60 § 9 Abs. 1 Nr. 2, Abs. 4 S. 1 StromStG.
61 Die Regelung ist daher zwingend umzusetzen, ohne dass ein Mitgliedstaat zu hohe administrative Hürden auferlegen darf, vgl. EuGH, Urt. v. 7.3.2018 – C-31/17 – IStR 2018, 352 ff.
62 FG Hamburg, Urt. v. 20.6.2002 – IV 173/00 – ZfZ 2003, 64 f., mit dem Bsp. von Anlagen zur Brennstoffzuführung oder Entaschung.
63 BFH, Urt. v. 13.12.2011 – VII R 73/10 – BeckRS 2012, 94496.

zess nachgeordnet sein.[64] Nicht begünstigt sind allerdings „vorgelagerte" Prozesse, wie etwa der Verbrauch für Anlagen zur Brennstoffgewinnung.[65] Entscheidend ist, ob der technisch ordnungsgemäße Betrieb den Verbrauch erfordert,[66] also, dass die Stromerzeugungsanlage nicht ohne die Hilfs- bzw. Nebenanlage betrieben werden kann.[67]

58 Steuerbefreit ist gem. § 12 I Nr. 2 StromStV auch Strom zum Betreiben von **Pumpspeicherkraftwerken**.[68] Dies sind Kraftwerke, die in Schwachlastzeiten Wasser in höhergelegene Becken pumpen und in Spitzenlastzeiten mit der kinetischen Energie des herabstürzenden Wassers wieder Strom produzieren.

c) Dezentrale Stromerzeugung und -versorgung

59 Strom ist auch von der Stromsteuer befreit, wenn er in Anlagen mit elektrischer Nennleistung von bis zu 2 MW[69] aus erneuerbaren Energieträgern oder in hocheffizienten KWK-Anlagen erzeugt wird und entweder vom Anlagenbetreiber im räumlichen Zusammenhang zur Anlage zum Selbstverbrauch entnommen oder an Letztverbraucher geleistet wird, die den Strom im räumlichen Zusammenhang zur Anlage entnehmen.[70]

60 Der Begriff der **Anlage** ist durch die Rechtsprechung des BFH[71] und die Regelung des § 12b StromStV konkretisiert worden: Insbesondere mehrere unmittelbar miteinander verbundene Anlagen (vor allem in Modulbauweise) an einem Standort gelten als eine Anlage.[72] Auch Anlagen an unterschiedlichen Standorten können verklammert werden, wenn sie zentral gesteuert werden.[73]

---

[64] BFH, Urt. v. 6.10.2015 – VII R 25/14 – BeckRS 2015, 96148.
[65] So lehnte das FG Düsseldorf, Urt. v. 21.9.2005 – 4 K 2253/04 VSt – ZfZ 2006, 137 f. eine steuerliche Begünstigung des Stroms ab, der in einer Müllverbrennungsanlage zur Aufbereitung von Klärschlamm verwendet wurde.
[66] FG Düsseldorf, Urt. v. 24.3.2010 – 4 K 2523/09 – BeckRS 2010, 26028880, Abs. 19; bestätigt durch BFH, Urt. v. 13.12.2011 – VII R 73/10 – ZfZ 2012, 106 f.
[67] So entschied der BFH, Beschl. v. 9.9.2011 – VII R 75/10 – BFHE 235, 89, im Fall einer einem Blockheizkraftwerk vorgeschalteten Biogasanlage, dass diese lediglich der Herstellung von Energieerzeugnissen diene und daher nicht zu den Anlagen, die der Stromerzeugung dienen, zähle.
[68] Diese wurden schon in der Begr. zum Entwurf eines Gesetzes zum Einstieg in die ökologische Steuerreform, BT-Drs. 14/40, 9, 12 f., gesondert erwähnt.
[69] Vgl. zur elektrischen Nennleistung und die Anforderungen an eine Änderung der elektrischen Nennleistung Bongartz/Jatzke/Schröer-Schallenberg/*Wundrack*, StromStG, § 2 Rn 38 f.
[70] § 9 Abs. 1 Nr. 3a und b StromStG.
[71] BFH, Urt. v. 23.6.2009 – VII R 34/08 – BeckRS 2009, 25015473, und BFH, Urt. v. 23.6.2009 – VII R 42/08 – DB 2009, 2250.
[72] § 12b Abs. 1 StromStV.
[73] § 12b Abs. 2 StromStV; ergänzend hierzu Informationen der Generalzolldirektion „zu den Stromsteuerbefreiungen nach § 9 Absatz 1 Nummer 1 und Nummer 3 Stromsteuergesetz (StromStG) mit Hinweisen zu den Wechselwirkungen der Stromsteuerbefreiungen zu den Förderungen nach dem Erneuerbare-Energien-Gesetz (EEG) und dem Kraft-Wärme-Kopplungsgesetz (KWKG)" (Stand: Februar 2017), S. 15 ff.

Gemäß § 9 I Nr. 3 (lit. a, b) StromStG reicht es aus, dass die **Stromentnahme „im** 61 **räumlichen Zusammenhang"** mit der Stromerzeugungsanlage erfolgt. Nach § 12b Abs. 5 StromStV sind nun Entnahmestellen in einem Radius von bis zu 4,5 Kilometern um die Stromerzeugungseinheit vom räumlichen Zusammenhang umfasst. Der langanhaltende Streit über den Begriff des räumlichen Zusammenhangs entfällt daher.[74]

Hat derjenige, der den Strom aus der Anlage an Letztverbraucher leistet, die Verfügungsgewalt über die Anlage und den erzeugten Strom inne, ist er der Betreiber der Anlage im stromsteuerrechtlichen Sinne.[75] Ein Betreibenlassen der Anlage setzt hingegen voraus, dass die Anlage im Interesse und in Form eines abgestimmten Zusammenwirkens zwischen dem Stromerzeuger, welcher gleichzeitig Anlagenbetreiber ist, und dem Stromversorger betrieben wird.[76] Dies ist insbesondere dann anzunehmen, wenn aus den gesellschaftsrechtlichen Verflechtungen, den Vertragsbeziehungen zwischen dem Stromerzeuger, der gleichzeitig Anlagenbetreiber ist und dem Stromversorger sowie der räumlichen Nähe der Stromerzeugungsanlage zum Versorgungsgebiet und den Kunden auf ein Zusammenwirken geschlossen werden kann.[77] 62

Die hocheffizienten Kraft-Wärme-Kopplungsanlagen (hocheffiziente KWK-Anlagen) 63 des § 9 Abs. 1 Nr. 3 StromStG sind ortsfeste Anlagen zur gekoppelten Erzeugung von Kraft und Wärme, die die Voraussetzungen des § 53a Abs. 6 S. 4 und 5 EnergieStG erfüllen. Durch den neuen § 2 Nr. 10 StromStG sowie die neuen Verfahrensregelungen in der Stromsteuer-Durchführungsverordnung, die für die Begriffsdefinition der hocheffizienten KWK-Anlagen auf die bekannten energiesteuerrechtlichen Regelungen verweisen, wird eine möglichst einheitliche Bewertung von Stromerzeugungsanlagen im Energie- und Stromsteuerrecht sichergestellt.

3. Steuerentlastung für Unternehmen des Produzierenden Gewerbes

Entnimmt ein Unternehmen des Produzierenden Gewerbes oder ein Unternehmen der 64 Land- und Forstwirtschaft Strom für betriebliche Zwecke, kann es für den nach dem regulären Steuersatz von 20,50 €/kWh versteuerten Strom eine teilweise Steuerentlastung nach §§ 9b, 10 StromStG beantragen. Entnimmt ein Unternehmen des Produzierenden Gewerbes den Strom für **bestimmte Prozesse und Verfahren**, wie Elektrolyseverfahren, mineralogische Verfahren, Verfahren der Metallerzeugung und -bearbeitung oder chemische Reduktionsverfahren, kann es eine vollständige Steuerentlastung nach § 9a StromStG beantragen.

---

74 S. BFH, Urt. v. 20.4.2004 – VII R 54/03 – BFHE 206, 502 (zum FG Thüringen); BFH, Urt. v. 20.4.2004 – VII R 44/03 – BFHE 205, 566 (zum FG Düsseldorf, Urt. v. 14.5.2003 – 4 K 3876/02 Vst – ZNER 2003, 142, 143); BMF-Schreiben v. 18.10.2004 – III A 1 – V 4250 – 9/04, abgedr. in Friedrich/Meißner, Energiesteuern, Kap. B.2.21.
75 Vgl. FG Thüringen, Urt. v. 31.7.2008 – II 844/06 – BeckRS 2008, 26026953.
76 Vgl. FG Hamburg, Urt. v. 26.1.2010 – 4 K 53/09 – BeckRS 2010, 26028799; Friedrich/Meißner/*Friedrich*, Energiesteuern, § 9 Rn 29b.
77 Vgl. FG Hamburg, Urt. v. 26.1.2010 – 4 K 53/09 – BeckRS 2010, 26028799.

a) Unternehmen des Produzierenden Gewerbes

65 Unternehmen des Produzierenden Gewerbes im Sinne des StromStG sind Unternehmen, die dem Abschnitt C (Bergbau und Gewinnung von Steinen und Erden), Abschnitt D (Verarbeitendes Gewerbe), Abschnitt E (Energie- und Wasserversorgung) oder Abschnitt F (Baugewerbe) der Klassifikation der Wirtschaftszweige zuzuordnen sind sowie die anerkannten Werkstätten für behinderte Menschen im Sinne des § 136 SGB IX[78], wenn sie überwiegend eine wirtschaftliche Tätigkeit ausüben, die den vorgenannten Abschnitten der Klassifikation der Wirtschaftszweige, Ausgabe 2003 (WZ 2003), zuzuordnen ist (§ 2 Nr. 3, Nr. 4 StromStG).[79] Unternehmen ist dabei die kleinste rechtlich selbstständige Einheit, also

- die Einzelkaufleute,
- die eingetragenen Vereine,
- die Kapitalgesellschaften (AG, GmbH),
- die handelsrechtlichen Personengesellschaften (oHG, KG) und wohl auch
- die BGB-Gesellschaft.[80]

66 Ebenfalls zum Unternehmen im Sinne des StromStG zählen kommunale Eigenbetriebe, die auf Grundlage der Eigenbetriebsgesetze[81] oder Eigenbetriebsverordnungen[82] der Länder geführt werden.[83]

67 Die Zuordnung eines Unternehmens zu einem Abschnitt der Klassifikation der Wirtschaftszweige bestimmt sich nach dem Schwerpunkt der wirtschaftlichen Tätigkeit.[84] Hiernach sind Unternehmen, die mehrere wirtschaftliche Tätigkeiten ausüben, welche nicht alle dem Produzierenden Gewerbe zugehören, nach dem Schwerpunkt ihrer wirtschaftlichen Tätigkeit einem Abschnitt der Klassifikation der Wirtschaftszweige zuzuordnen.[85] Maßgeblich sind dabei grundsätzlich die Verhältnisse in dem der Antragstellung vorhergehenden Kalenderjahr; für neu gegründete Unternehmen erfolgt die Zuordnung nach dem voraussichtlichen Schwerpunkt der wirtschaftlichen Tätigkeit im Kalenderjahr der Antragstellung. Der Antragsteller hat die Voraussetzungen darzulegen

---

78 Sozialgesetzbuch 9. Buch – Rehabilitation und Teilhabe behinderter Menschen – (SGB IX) v. 19.6.2001 (BGBl. I S. 1046), zuletzt geändert durch Gesetz v. 14.12.2012 (BGBl. I S. 2598).
79 Wegen des klaren statischen Verweises findet weiterhin die WZ 2003 und nicht die zwischenzeitlich veröffentlichte WZ 2008 Anwendung.
80 Vgl. Bongartz/Jatzke/Schröer-Schallenberg/*Wundrack*, StromStG, § 2 Rn 22.
81 Wie z.B. das Gesetz über die Eigenbetriebe der Gemeinden Baden-Württemberg v. 8.1.1992 (GBl. S. 21), zuletzt geändert durch Gesetz v. 17.6.2020 (GBl. S. 403).
82 Wie z.B. die Bayerische Eigenbetriebsverordnung v. 29.5.1987 (GVBl. S. 195), zuletzt geändert durch Verordnung v. 26.3.2019 (GVBl. S. 98), oder die Eigenbetriebsverordnung für das Land Nordrhein-Westfalen v. 16.11.2004 (GV NRW S. 644), zuletzt geändert durch Verordnung v. 17.12.2009 (GV NRW S. 963).
83 § 3 Nr. 4 StromStG.
84 § 15 Abs. 2 StromStV.
85 Vgl. Bongartz/Jatzke/Schröer-Schallenberg/*Wundrack*, StromStG, § 2 Rn 23; Friedrich/Meißner/*Friedrich*, Energiesteuern, § 9 Rn 59 f.

Liebheit

und den voraussichtlichen Schwerpunkt der wirtschaftlichen Tätigkeit glaubhaft zu machen.[86]

Den Schwerpunkt der wirtschaftlichen Tätigkeit kann das Unternehmen nach 68
- dem Anteil der Bruttowertschöpfung zu Faktorkosten,
- den Tätigkeiten mit dem größten Anteil an der Wertschöpfung,
- der Anzahl der tätigen Personen oder
- dem höchsten steuerbaren Umsatz

ermitteln.[87] In der Praxis wird am häufigsten (weil am einfachsten festzustellen) auf die Umsätze abgestellt. Entscheidend ist diejenige Tätigkeit des Unternehmens, die im letzten Geschäftsjahr prozentual anteilig den relativ größten Beitrag z.B. zu den Umsätzen beigetragen hat. Das Hauptzollamt kann die Wahl des Schwerpunktes zurückweisen, wenn diese offensichtlich nicht geeignet ist, den Schwerpunkt der wirtschaftlichen Tätigkeit des Unternehmens zu bestimmen.[88]

> **Hinweis**
> In Zweifelsfällen kann es sich empfehlen, die Wahl des Schwerpunktes mit dem Hauptzollamt abzustimmen.

b) Stromentnahme zu betrieblichen Zwecken

Des Weiteren ist erforderlich, dass die Stromentnahme zu betrieblichen Zwecken er- 69
folgt. Hierunter fällt neben der Stromentnahme für die Haupttätigkeit des Unternehmens auch die Stromentnahme für Hilfs- und Nebentätigkeiten.[89] Allerdings kann die Einbindung von Dritten für bestimmte Tätigkeiten innerhalb des Betriebs zur Folge haben, dass in diesen Bereichen die Stromentnahme nicht mehr als Eigenverbrauch, sondern als „Drittbelieferung" gilt. Hierzu ist auf den sog. Realakt, als das menschliche Handeln eines Dritten, abzustellen. Eine Rückausnahme wird in § 17b Abs. 4 StromStV insbesondere für den Fall geregelt, dass der Dritte nur „zeitweise" Leistungen erbringt.

> **Hinweis**
> Typische Praxisfälle sind die Kantine, die durch einen Betriebsführer betrieben wird, oder der „Baustrom" bzw. andere vergleichbare Fälle, bei denen Werkunternehmern im eigenen Betrieb Strom – in der Regel kostenlos – beigestellt wird. Gerade im Fall des „Baustroms" kann die Tätigkeit aber nur „zeitweise" erfolgen, sodass die Ausnahmeregelung greifen kann.

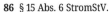

86 § 15 Abs. 6 StromStV.
87 § 15 Abs. 2 StromStV.
88 § 15 Abs. 2 StromStV.
89 Vgl. FG Thüringen, Urt. v. 31.7.2008 – II 884/06 – CuR 2009, 74ff., S. 10 des Umdrucks; Schneider/Theobald/*Rodi*, HBEnWR, § 19 Rn 118.

c) Nutzenergie-Lieferung

70 Wird der Strom zur Erzeugung von Licht, Wärme, Kälte, Druckluft und mechanischer Energie (sog. Nutzenergie) entnommen, kann die Steuerentlastung nur dann geltend gemacht werden, wenn die Nutzenergie nachweislich auch durch ein Unternehmen des Produzierenden Gewerbes oder ein Unternehmen der Land- und Forstwirtschaft genutzt wird.[90] Eine Ausnahme gilt allerdings für die Erzeugung von Druckluft: Der hierfür entnommene Strom ist auch dann steuerentlastet, wenn die Druckluft in Druckluftflaschen oder entsprechenden Behältern abgegeben wird.[91]

d) Allgemeine Entlastung

71 Die Steuerentlastung wird bis zum 31.12.2023 in Höhe von 5,13 €/MWh gewährt. Für Stromentnahmen seit dem 1.1.2024 kann aufgrund der Erweiterung durch die Regelung in § 9b Abs. 2a StromStG eine Steuerentlastung in Höhe von 20,00 €/MWh erhalten werden. Zur Vermeidung von „Bagatellanträgen" muss allerdings in jedem Fall ein Sockelbetrag in Höhe 250 € pro Kalenderjahr überschritten werden.

4. Spitzenausgleich

72 Das Unternehmen des Produzierenden Gewerbes kann seine Stromsteuerbelastung außerdem auch über den sog. Spitzenausgleich nach § 10 StromStG reduzieren. Die Regelung hat nur noch für Stromentnahme bis zum 31.12.2023 Bedeutung, da sie danach ausgelaufen ist und durch erweiterte Regelung nach § 9b Abs. 2a StromStG kompensiert wurde. Nach § 10 StromStG wird die Steuer für den nachweislich versteuerten Strom, den ein Unternehmen des Produzierenden Gewerbes für betriebliche Zwecke entnommen hat, weiter entlastet, soweit die Steuer den Sockelbetrag von 1.000 € übersteigt.[92] Der Spitzenausgleich setzt ebenfalls voraus, dass die aus Strom erzeugte **Nutzenergie** (Licht, Wärme, Kälte, Druckluft – mit Ausnahme von Druckluft in Druckflaschen und anderen Behältern – sowie mechanische Energie) nachweislich durch ein Unternehmen des Produzierenden Gewerbes genutzt wurde.[93]

73 Seit der Neuregelung zum 1.1.2013 sind zwei weitere Voraussetzungen aufgenommen worden: Zunächst ist – als unternehmensindividuelle Verpflichtung – durch das antragstellende Unternehmen der Betrieb eines **„Energieeffizienzsystems"** zu gewährleisten. Anerkannt wird ein Energiemanagementsystem nach DIN EN ISO 50001 oder ein Umweltmanagementsystem entsprechend der Verordnung (EG) Nr. 1221/2009[94]; für

---

90 § 9b Abs. 1 S. 2 StromStG.
91 § 9b Abs. 1 S. 3 StromStG.
92 § 10 Abs. 1 S. 1 StromStG.
93 § 10 Abs. 2 S. 2 StromStG.
94 Eco-Management and Audit Scheme (EMAS – VO (EG) Nr. 1221/2009) v. 25.11.2009 (ABl EU Nr. L 342 S. 1ff.).

Liebheit

KMU[95] ist ein alternatives System nach DIN EN 16247-1 (Energieaudit) bzw. gemäß der Anlage 2 zur SpaEfV ausreichend. Als weitere Voraussetzung wird die Einhaltung der Ziele der Energieeffizienzvereinbarung vom 1.8.2012 (**Reduzierung der Energieintensität**),[96] die auch in die Anlage zum StromStG aufgenommen wurden, durch alle Unternehmen des Produzierenden Gewerbes (sog. Glockenlösung) ab 2015 jährlich überprüft.

Die Höhe der Steuerentlastung bestimmt sich dabei im konkreten Einzelfall danach, um wieviel die Stromsteuer den Unterschiedsbetrag zum Arbeitgeberanteil an den Rentenversicherungsbeiträgen übersteigt. Das heißt vereinfacht gesagt: Je mehr Strom ein Unternehmen entnimmt und je weniger Arbeitnehmer ein Unternehmen hat, desto stärker wirkt sich die Steuerentlastung durch den Spitzenausgleich aus. Entlastet werden max. 90 % der gezahlten Stromsteuer. 74

Die Entlastung setzt einen schriftlichen Antrag des Unternehmens des Produzierenden Gewerbes voraus, der bis zum 31.12. des folgenden Kalenderjahres beim Hauptzollamt eingereicht werden muss.[97] Der Antrag muss jedenfalls Angaben zur im jeweiligen Abrechnungszeitraum entnommenen Strommenge und die entsprechende Stromsteuer sowie eine Berechnung der zu vergleichenden Arbeitgeberanteile unter Angabe der jeweiligen Berechnungsgrundlagen enthalten.[98] Das Hauptzollamt ist berechtigt, weitere Angaben zu fordern.[99] 75

Sofern vom Unternehmen beantragt, kann die Entlastung in kürzeren Zeiträumen (Kalendermonat, Kalendervierteljahr oder Kalenderhalbjahr) gewährt werden.[100] Außerdem ist es möglich, die Entlastung mit der Steuervorauszahlung zu verrechnen.[101] 76

IV. Übersicht der wichtigsten Fristen aus dem Stromsteuerrecht

Datum	Norm	Art der Frist
31.5.	§ 8 Abs. 4 StromStG	Stromsteueranmeldung für das Vorjahr
25.6.	§ 8 Abs. 4 StromStG	Entrichtung der geschuldeten Stromsteuer
31.12.	§ 8 Abs. 2 StromStG	Ausübung des Wahlrechts vor neuem Kalenderjahr: Stromsteueranmeldung jährlich oder monatlich
	§§ 9a, 9b, 10 StromStG § 12a StromStV	Antrag auf Entlastung von der Stromsteuer

77

---

95 Die Definition von KMU erfolgt unter Verweis auf die Empfehlung 2003/361/EG der Europäischen Kommission v. 6.5.2003.
96 Vereinbarung zwischen der Regierung der Bundesrepublik Deutschland und der deutschen Wirtschaft zur Steigerung der Energieeffizienz v. 1.8.2012 (Energieeffizienzvereinbarung), BAnz AT, 16.10.2012, B1.
97 § 18 Abs. 1 StromStV.
98 § 18 Abs. 4 S. 1 StromStV.
99 § 18 Abs. 4 S. 2 StromStV.
100 § 18 Abs. 2 StromStV.
101 § 18 Abs. 3 StromStV.

Liebheit

E. Energiesteuerrecht

78 Das EnergieStG, welches auch in Umsetzung der EnergieStRL erlassen wurde und am 1.8.2006 in Kraft getreten ist, ersetzt das bis dahin vorhandene MinöStG.[102] Viele Grundsätze des vorherigen MinöStG wurden beibehalten. Dennoch war die Einführung des EnergieStG mit einer deutlichen Vereinfachung des Besteuerungssystems der verschiedenen Energieerzeugnisse verbunden. Unter anderem erfolgte eine Angleichung der Erdgasbesteuerung an die Stromsteuer und die verschiedenen Steuererleichterungen wurden systematischer und übersichtlicher gefasst. Ergänzt wird das EnergieStG durch die EnergieStV.

79 Das **EnergieStG** ist nunmehr klar **strukturiert**:
- Kapitel 1 enthält allgemeine Bestimmungen (Definitionen, Steuertarife etc.), welche für alle Energieerzeugnisse gelten.
- In den folgenden drei Kapiteln werden insbesondere Steuerentstehung, Steuerschuldnerschaft und spezifische Steuerbefreiungen jeweils für Kohle (Kapitel 3) und Erdgas (Kapitel 4) sowie für alle sonstigen Energieerzeugnisse außer Kohle und Erdgas (zusammen in Kapitel 2) geregelt.
- Die abschließenden beiden Kapitel zu Steuerentlastungen (Kapitel 5) und Schlussbestimmungen (Kapitel 6) gelten wiederum für alle Energieerzeugnisse in gleicher Weise.

80 Nachfolgend wird insbesondere die Besteuerung des – überwiegend – leitungsgebundenen Energieerzeugnisses Erdgas dargestellt.[103] Neben den speziellen Regelungen für Erdgas aus Kapitel 4 wird anhand dieses Energieerzeugnisses auch ein Überblick über die allgemeinen Bestimmungen und die Steuerentlastungen gegeben,[104] welche grundsätzlich für alle Energieerzeugnisse gelten.

I. Besteuerung von Erdgas

81 Erdgas wird – wie Strom – grundsätzlich mit der Entnahme aus dem Leitungsnetz in der Bundesrepublik Deutschland besteuert. Bei einer Verwendung des Erdgases zu Heizzwecken beträgt der Steuersatz 5,50 €/MWh. Die Regelungen zur Steuerentstehung, zum Steuerschuldner sowie zu den sonstigen Pflichten (bspw. Steueranmeldung, Führen eines Belegheftes etc.) entsprechen dabei überwiegend den Regelungen zur Stromsteuer. Auch die Begünstigungen für Unternehmen des Produzierenden Gewerbes sind insoweit grundsätzlich vergleichbar. Besonderheiten betreffen u.a. die Steuerentlastungs-

---

[102] Mineralölsteuergesetz (MinöStG) v. 21.12.1992 (BGBl. I S. 2150, 2185), aufgehoben durch Gesetz v. 12.6.2008 (BGBl. I S. 1007).
[103] Vgl. Rn 81ff.
[104] Vgl. Rn 102ff.

möglichkeiten, wie bspw. für die Verwendung von Erdgas zur Stromerzeugung bzw. zur Verwendung in KWK-Prozessen.

1. Steuertarife

§ 2 EnergieStG sieht **drei verschiedene Steuertarife für Erdgas** vor: 82
- Die größte Bedeutung in der Praxis hat der sog. Heizsteuersatz[105] in Höhe von 5,50 €/MWh. Der Heizsteuersatz gilt für die Verwendung von Erdgas u. a. zum Verheizen in ortsfesten Anlagen zur Stromerzeugung, in ortsfesten KWK-Anlagen sowie in ortsfesten Anlagen zum leitungsgebundenen Gastransport oder der Gasspeicherung.
- Soweit keine Verwendung zum Heizsteuersatz vorliegt, war bis zum 31.12.2023 der sog. „reduzierte" Regelsteuersatz[106] in Höhe von 13,90 €/MWh anzuwenden. Seit dem 1.1.2024 ist dieser Steuersatz auf 18,38 €/MWh angestiegen und wird in den Folgejahren sukzessive weiter erhöht.
- Ab dem 1.1.2027 ist dann der (volle) Regelsteuersatz in Höhe von 31,80 €/MWh[107] anzuwenden.

Hintergrund der befristeten Absenkung des Regelsteuersatzes ist das Ziel, den Einsatz 83
von Erdgas als umweltschonenden Kraftstoff steuerlich zu fördern.

Die Regelungen der §§ 3 und 3a EnergieStG, insbesondere für **begünstigte Anlagen**, 84
haben in jüngerer Vergangenheit aufgrund der beihilferechtlichen Entwicklung besondere Bedeutung erlangt. Der in der Praxis bedeutsamste Fall ist die Regelung in § 3 Abs. 1 Nr. 1 EnergieStG für begünstigte Anlagen, deren mechanische Energie ausschließlich zur Stromerzeugung verwendet wird. In diesen Anwendungsbereich fallen u. a. BHKW (bspw. Gasmotoren) und ähnliche Stromerzeugungsanlagen, bei denen aufgrund der motorischen Verwendung des Energieerzeugnisses grundsätzlich der Regelsteuersatz nach § 2 Abs. 1 bzw. 2 EnergieStG zur Anwendung käme. Die niedrige Besteuerung nach § 2 Abs. 3 EnergieStG ist daher ein steuerlicher Vorteil, der beihilferechtliche Relevanz hat.

2. Steuerentstehung („Entnahme zum Verbrauch")

Die Erdgassteuer entsteht regelmäßig dadurch, dass geliefertes oder selbsterzeugtes 85
Erdgas zum Verbrauch aus dem Leitungsnetz entnommen wird.[108] Relevant ist hierbei – wie im Stromsteuerbereich – die tatsächliche Entnahme. Die zugrunde liegende (vertragliche) Lieferbeziehung ist energiesteuerrechtlich grundsätzlich kein Anknüpfungs-

---

105 § 2 Abs. 3 S. 1 Nr. 4 EnergieStG.
106 § 2 Abs. 2 Nr. 1 EnergieStG.
107 § 2 Abs. 1 Nr. 7 EnergieStG.
108 § 38 Abs. 1 S. 1 EnergieStG.

punkt. In der Praxis orientieren sich die Hauptzollämter bei der Überprüfung der verbrauchten Erdgasmengen aber häufig an den Rechnungen des Lieferanten.

86   In der Regel entsteht die Steuer also in der Beziehung des Erdgaslieferanten zum Letztverbraucher oder beim Selbstverbrauch des Erdgases durch den Lieferer. Die Entnahme zum Verbrauch ist daher grundsätzlich abzugrenzen von der Lieferung zur Weiterlieferung. Keine Entnahme zum Verbrauch stellt grundsätzlich auch das Verbringen von Erdgas in einen Erdgasspeicher dar, da es sich bei den Erdgasspeichern in der Regel um Gaslager im Sinne von § 38 Abs. 1 S. 2 EnergieStG handelt, die dem Leitungsnetz zugehörig sind.

87   In Konkretisierung dieses Grundsatzes bzw. teilweise abweichend hiervon werden in § 38 EnergieStG einige Einzelfälle geregelt, in denen eine Entnahme zum Verbrauch fingiert wird. Diese Sonderfälle dienen überwiegend der Sicherstellung der Besteuerung.

> **Beispiel**
> Erfolgt eine Entnahme aus dem Netz zur Weitergabe außerhalb der Leitung (beispielsweise in Tanklastern), gilt dies bereits als Entnahme zum Verbrauch[109] unabhängig davon, ob sich tatsächlich ein Verbrauch oder eine Weiterlieferung anschließt. Das Gleiche kann für das Verbringen von Erdgas in kleinere oberirdische Betriebsbehälter gelten, die nicht als Gaslager im Sinne von § 38 Abs. 1 S. 2 EnergieStG anzusehen sind.

88   Einen weiteren Sonderfall regelt § 38 Abs. 5 EnergieStG: Auch die Lieferung an einen anderen Lieferer kann dann als Verbrauch angesehen werden, wenn der Lieferer nicht angemeldet ist und die Lieferung in der Annahme erfolgt, dass diese zum Zwecke des Verbrauchs erfolgt.

89   Eine Ausnahmeregelung sieht § 38 Abs. 4 EnergieStG vor: Vermieter, Verpächter oder vergleichbare Personen können beantragen, nicht als Lieferer zu gelten, auch wenn sie tatsächlich das ihrerseits bezogene Erdgas an ihre Mieter, Pächter etc. weiterliefern. In diesem Fall gilt bereits die Lieferung an den Vermieter, Verpächter etc. als Entnahme zum Verbrauch. Hintergrund der praxisnahen Regelung ist, dass Fälle, in denen die Lieferung von Erdgas nur eine ganz untergeordnete Nebenleistung darstellt, nicht zwingend den Status eines Lieferers (einschließlich aller Pflichten) begründen sollen.

90   Ergänzend ist auf den Auffangtatbestand des § 43 Abs. 1 EnergieStG hinzuweisen, der die Steuerentstehung für alle sonst nicht erfassten Fälle regelt. Danach ist insbesondere jede (weitere) Verwendung von Erdgas als Heiz- oder Kraftstoff steuerpflichtig. Der Auffangtatbestand kann u.a. für die widerrechtliche Entnahme von Erdgas zur Anwendung kommen, die anders als im StromStG nicht gesondert geregelt ist.

---

109   § 38 Abs. 1 S. 3 EnergieStG.

3. Keine Steuerentstehung bei anschließender steuerfreier Verwendung

Soweit sich an die Entnahme des Erdgases eine steuerfreie Verwendung anschließt, entsteht keine Steuer.[110] Allerdings sind die Möglichkeiten einer steuerfreien Verwendung von Erdgas gegenüber Strom stark beschränkt. Steuerfrei ist nach § 44 EnergieStG allein die Verwendung von Erdgas zur Aufrechterhaltung eines Gasgewinnungsbetriebes (sog. Herstellerprivileg). Die Einordnung als Gasgewinnungsbetrieb erfordert eine Gewinnung oder zumindest eine sonstige nennenswerte „Bearbeitung" des Erdgases. Diese Tätigkeit muss auch einen Schwerpunkt des Betriebes darstellen. Eine reine Aufbewahrung (bspw. Gasspeicher) dürfte daher in der Regel nicht unter den Begriff Gasgewinnungsbetrieb zu fassen sein. Eine steuerfreie Verwendung ist nach § 44 Abs. 1 EnergieStG erlaubnispflichtig. 91

4. Steuerschuldner

Im Regelfall ist der Steuerschuldner der inländische Erdgaslieferer.[111] Dies betrifft sowohl die Lieferung an Letztverbraucher wie auch die Entnahme zum Selbstverbrauch. Wer Lieferer ist, ergibt sich grundsätzlich aus der vertraglichen Lieferbeziehung, auch wenn die Entnahme (und nicht die Lieferung) Grundlage der Steuerentstehung ist. 92

In sonstigen Fällen ist Steuerschuldner derjenige, der das Erdgas aus dem Leitungsnetz entnimmt.[112] Bei einer grenzüberschreitenden Lieferung kann auch der Letztverbraucher mit der Entnahme des Erdgases Steuerschuldner werden, sofern der Lieferer keinen Sitz in Deutschland hat. 93

5. Anmeldung als Lieferer

Derjenige, der mit Sitz in der Bundesrepublik Deutschland Erdgas liefern will, hat dies vorher beim Hauptzollamt anzumelden.[113] Dasselbe gilt für denjenigen, der selbsterzeugtes Erdgas zum Selbstverbrauch entnehmen oder Erdgas von einem nicht in der Bundesrepublik Deutschland ansässigen Lieferer zum Verbrauch beziehen will. 94

Hinweis
Ein Unternehmen wird grundsätzlich bereits durch eine Lieferung irgendwo in Deutschland zum Lieferer. Dieser Status gilt für das gesamte Steuergebiet und alle dort erfolgenden Entnahmen von Erdgas.

Die Anmeldung ist schriftlich bei dem Hauptzollamt abzugeben, in dessen Bezirk das Unternehmen seinen Geschäftssitz im Sinne des § 23 Abs. 2 AO (oder der Letztverbrau- 95

---

110 § 38 Abs. 1 S. 1 EnergieStG.
111 § 38 Abs. 2 Nr. 1 EnergieStG.
112 § 38 Abs. 2 Nr. 2 EnergieStG.
113 § 38 Abs. 3 EnergieStG.

cher seinen Wohnsitz) hat.[114] Hierzu ist der vor der Finanzverwaltung vorgehaltene Vordruck 1192 zu verwenden.

> **Praxistipp**
> Das Anmeldeformular kann, wie andere Formulare im Bereich des Strom- und Energiesteuerrechts, unter www.zoll.de[115] abgerufen werden.

96 In der Anmeldung sind Angaben
- zum Namen,
- zum Geschäftssitz,
- zur Rechtsform des anmeldepflichtigen Unternehmens,
- zur Steuernummer und Umsatzsteuer-Identifikationsnummer sowie
- zum Unternehmensgegenstand

zu machen. Außerdem müssen der Anmeldung ergänzende Unterlagen hinzugefügt werden. Hierzu zählen insbesondere
- der Registerauszug,
- das Betriebsstättenverzeichnis und
- ggf. die Erklärung über die Bestellung eines steuerlichen Beauftragten (§ 78 Abs. 2 EnergieStV).

97 Ähnlich wie im Strombereich ist maßgeblich für den Status des Lieferers die Tätigkeit als Lieferer und nicht die Anmeldung. Obwohl die Anmeldung damit ebenfalls lediglich deklaratorisch ist, kann eine unterbliebene Anmeldung nach § 64 Nr. 7 EnergieStG als Ordnungswidrigkeit geahndet werden.

> **Hinweis**
> Bei der Anmeldung handelt es sich nicht um einen Antrag, sodass das Hauptzollamt keine Genehmigung oder – wie bei der Stromsteuer – einen Erlaubnisschein ausstellen muss. § 78 Abs. 4 EnergieStV regelt aber, dass das Hauptzollamt dem Lieferer einen „schriftlichen Nachweis" über die erfolgte Anmeldung zu erteilen hat.

6. Pflichten des Lieferers

98 Lieferer unterliegen nach § 79 EnergieStV verschiedenen Pflichten. Von diesen Pflichten sind neben der Anmeldung als Lieferer insbesondere verschiedene Pflichten im Zusammenhang mit der Abgabe einer Steueranmeldung sowie einzelne Vorgaben für die Liefe-

---

114 § 78 Abs. 1 EnergieStV.
115 Abrufbar unter http://www.zoll.de/SiteGlobals/Forms/Suche/FormulareMerkblaetter_Formular.html (Suche: 1192).

Liebheit

rung des Erdgases zu nennen. Hierzu gehört wie im Strombereich zunächst das Führen eines Belegheftes, in dem die energiesteuerrechtlich relevanten Schriftstücke und Unterlagen gesammelt werden sollen.[116] Weiter ist der Lieferer verpflichtet, Aufzeichnungen (gemäß amtlichem Vordruck) zu führen, aus denen die gelieferten und von Letztverbrauchern entnommenen Erdgasmengen getrennt nach Letztverbrauchern, Steuersätzen und Steuerbegünstigungen hervorgehen.[117] Ebenso sind die unversteuert an andere Lieferer geleisteten Erdgasmengen zu dokumentieren. Der Lieferer muss zudem Änderungen der für die Erlaubniserteilung relevanten Verhältnisse sowie eine drohende oder eingetretene Überschuldung oder Zahlungsunfähigkeit und den Antrag auf Eröffnung eines Insolvenzverfahrens beim Hauptzollamt angeben.[118] Das Hauptzollamt kann darüber hinaus weitere für die Sicherung des Steueraufkommens oder für die Steueraufsicht erforderliche Aufzeichnungen vorschreiben.

7. Erdgassteueranmeldung

99 Für Erdgas ist der gesetzliche Regelfall die monatliche Anmeldung.[119] Die Steuererklärung ist in diesem Fall jeweils bis zum 15. des Folgemonats abzugeben. Dabei berechnet der Steuerschuldner seine Steuer selbst.[120] Für die Steueranmeldung für Erdgas ist der Vordruck 1103 zu verwenden.[121] Die Steueranmeldung muss vollständig sein und vom Steuerschuldner unterschrieben werden. Durch seine Unterschrift bestätigt der Steuerschuldner, die Angaben nach bestem Wissen und Gewissen gemacht zu haben.

100 Für eine jährliche Anmeldung kann bis zum 31.12. eines Jahres die Ausübung eines Wahlrechts erfolgen.[122] Die Ausübung dieses Wahlrechts erfolgt in der Regel einmalig und muss nicht jedes Jahr wiederholt werden. Im Falle einer jährlichen Steueranmeldung hat für jedes Veranlagungsjahr die Anmeldung bis zum 31.5. des folgenden Kalenderjahres zu erfolgen. Die Steuer ist sodann unter Anrechnung der geleisteten monatlichen Vorauszahlungen am 25.6. des Kalenderjahres fällig. Die Höhe der Vorauszahlungen wird durch das Hauptzollamt festgelegt, wobei eine monatliche Vorauszahlung grundsätzlich ein Zwölftel der Steuer, die im letzten dem Veranlagungsjahr vorhergehenden Kalenderjahr entstanden ist, entspricht.

---

116 § 79 Abs. 1 EnergieStV.
117 § 79 Abs. 2 EnergieStV.
118 § 79 Abs. 3 EnergieStV.
119 § 39 Abs. 1 EnergieStG.
120 Vgl. § 39 Abs. 1 EnergieStG sowie §§ 150 Abs. 1, 167, 168 AO.
121 Abrufbar unter http://www.zoll.de/SiteGlobals/Forms/Suche/FormulareMerkblaetter_Formular.html (Suche: 1103).
122 § 39 Abs. 2 EnergieStG.

> **Praxistipp**
> Es können auch abweichende (geringere) Vorauszahlungen festgesetzt werden, wenn dies vom Steuerschuldner nachvollziehbar dargelegt wird. Auf Antrag können insbesondere im gleichen Zeitraum erwartete Steuerentlastungen Berücksichtigung finden.[123]

101 Zusätzlich zu einer monatlichen oder jährlichen Anmeldung ist ein sog. rollierendes Ablesungsverfahren möglich.[124] In diesem Fall erfolgt die Ablesung in mehreren Kalenderjahren (Veranlagungszeiträumen). Für die Aufteilung der Menge auf die Kalenderjahre ist eine sachgerechte und von einem Dritten nachvollziehbare Schätzung zulässig. Es erfolgt eine Berichtigung nach Ende des Ablesezeitraums.

> **Praxistipp**
> Die gesetzlichen Regelungen für das rollierende Ableseverfahren sind nicht eindeutig. In der Praxis wurden sie daher durch Vorgaben der Generalzolldirektion konkretisiert.

II. Steuerentlastungen

102 Das EnergieStG sieht verschiedene Steuerbegünstigungen vor. Für verschiedene Verwendungen werden auf Antrag Steuerentlastungen durch das Hauptzollamt gewährt. Anknüpfungspunkte für die Steuerentlastungen sind insbesondere
- die Art und Weise der Verwendung (bestimmte Prozesse und Verfahren im Bereich der energieintensiven Industrie; Stromerzeugung und die gekoppelte Erzeugung von Kraft und Wärme),
- die Herkunft der Energieerzeugnisse (insbesondere Biokraftstoffe und Bioheizstoffe) oder
- die besondere Eigenschaft der Verwender (Begünstigung für Unternehmen des Produzierenden Gewerbes).

1. Formelle Voraussetzungen der Steuerentlastungen

103 Die einzelnen Entlastungstatbestände sind in den §§ 46 bis 60 EnergieStG geregelt. Alle Steuerentlastungen erfolgen allein auf Antrag. Für die einzelnen Entlastungstatbestände gibt es in der Regel jeweils Vordrucke,[125] welche zwingend zu verwenden sind.

---

123 § 80 Abs. 2 EnergieStV.
124 § 39 Abs. 6 EnergieStG.
125 Abrufbar unter http://www.zoll.de/SiteGlobals/Forms/Suche/FormulareMerkblaetter_Formular.html.

Hinweis

Ein Entlastungsantrag muss unbedingt auf dem amtlichen Vordruck erfolgen, da nach der BFH-Rechtsprechung[126] andernfalls kein wirksamer Antrag vorliegt, der den Ablauf der Festsetzungsverjährung hemmen könnte. Bei einem formlosen Antrag kann damit auch bei einer auf das Hauptzollamt zurückzuführenden Verzögerung der Prüfung des Antrages eine Verjährung des Anspruchs eintreten.

2. Energiesteuerentlastungen im Einzelnen

Im Folgenden werden die wichtigsten Entlastungstatbestände im Zusammenhang mit der Verwendung von Erdgas dargestellt. Die überwiegende Zahl der Entlastungstatbestände gilt aber grundsätzlich auch für andere Energieerzeugnisse, soweit sie in entsprechender Weise verwendet werden.

a) Keine Verwendung als Kraft- oder Heizstoff

Soweit das Erdgas weder als Kraftstoff noch als Heizstoff eingesetzt wird (nicht energetische Verwendung), besteht die Möglichkeit einer Steuerentlastung nach § 47 Abs. 1 Nr. 3 i.V.m. § 25 EnergieStG. Im Gegensatz zur früheren Rechtsprechung ist der Begriff des Verheizens heute weit zu verstehen. Ein Verheizen liegt grundsätzlich bereits vor, wenn die Verwendung des Erdgases (auch) der Erzeugung von Wärme dient.[127] Die Anwendungsfälle dieser Entlastungsmöglichkeit für Erdgas sind in der Praxis daher stark beschränkt.

Beispiel

Die Verwendung von Erdgas in Gaslaternen dient nach wohl einheitlicher Auffassung allein der Erzeugung von Licht (Zweckbestimmung), auch wenn dabei gleichzeitig Wärme erzeugt wird. Auch die Verwendung von Erdgas in Brennstoffzellen stellt eine nicht-energetische Verwendung dar, da die Stromerzeugung auf elektrochemischen Weg erfolgt.

b) Begünstigte Prozesse und Verfahren

Um die steuerliche Belastung für besonders energieintensive Unternehmen des Produzierenden Gewerbes zu verringern und damit auch ihre internationale Wettbewerbsfähigkeit zu verbessern, werden bestimmte energieintensive Prozesse nach § 51 Abs. 1 Nr. 1a bis d EnergieStG steuerlich begünstigt.[128] Liegen die Voraussetzungen eines Tat-

---

126 BFH, Urt. v. 1.7.2008 – VII R 37/07 – BeckRS 2008, 25014050; FG Düsseldorf, Urt. v. 31.10.2007 – 4 K 3170/06 – BeckRS 2007, 26024833.
127 Vgl. BFH, Urt. v. 28.10.2008 – VII R 6/08 – IR 2009, 42f. = StE 2009, 14 ff.
128 Vgl. Gesetzesbegründung, BT-Drucks 16/1172, S. 2.

bestandes nach § 51 EnergieStG vor, kann insoweit die Energiesteuer vollständig zurückerhalten werden. Die Vorschrift basiert dabei auf Art. 2 Abs. 4b EnergieStRL, welche daher im Rahmen der Auslegung der deutschen Norm immer ebenfalls zu berücksichtigen ist.

aa) Allgemeine Voraussetzungen

107 Zunächst verlangt § 51 Abs. 1 EnergieStG, dass das eingesetzte Energieerzeugnis zum Heizsteuersatz versteuert wird.[129] Anders als bspw. die Verwendung von Mineralölen in der chemischen Industrie, welche teilweise bei der Produktherstellung verarbeitet werden, ist bei der Verwendung von Erdgas in der Regel von einem Verheizen auszugehen. Eine Besteuerung zum Heizsteuersatz dürfte damit regelmäßig gegeben sein.

108 Weiter vorauszusetzen ist, dass die Verwendung durch ein Unternehmen des Produzierenden Gewerbes gem. § 2 Nr. 3 StromStG erfolgt.[130] Da der Entlastungstatbestand ganz überwiegend Prozesse des Produzierenden Gewerbes betrifft, dürfte diese Voraussetzung nur in Ausnahmefällen problematisch sein.[131]

bb) Mineralogische Verfahren

109 Eine Steuerentlastung wird gewährt für die Verwendung von Energieerzeugnissen im Rahmen von sog. mineralogischen Verfahren. Die begünstigten Produkte bzw. Herstellungsverfahren werden in § 51 Abs. 1 Nr. 1a EnergieStG im Einzelnen aufgeführt.

110 Der Gesetzgeber bezweckte mit dieser Aufzählung im Gesetz eine Vereinfachung des Besteuerungsverfahrens. Sowohl die Gesetzesbegründung als auch die zugrunde liegende EnergieStRL verweisen zur näheren Bestimmung von mineralogischen Verfahren aber auf die NACE[132]-Klasse DI 26, welche gegenüber der Aufzählung weiter ist.

111 Ebenfalls erfasst vom Entlastungstatbestand ist die Herstellung der entsprechenden Vorprodukte (bspw. Trocknung von Sand für die Herstellung von Glas[133] etc.). Allerdings wird nach der BFH-Rechtsprechung vorausgesetzt, dass die Vorprodukte in demselben Betrieb hergestellt werden müssen.

---

129 In Einzelfällen kann diese Beschränkung nicht mehr im Einklang mit der zugrunde liegenden EnergieStRL gelten, sodass im Wege einer unionsrechtskonformen Auslegung ggf. eine analoge Anwendung der Entlastung für die Verwendung von anderen Energieerzeugnissen in vergleichbaren Verfahren in Betracht kommt.
130 Zur Einordnung eines Unternehmens als Unternehmen des Produzierenden Gewerbes unter Berücksichtigung des Schwerpunkts seiner wirtschaftlichen Tätigkeit vgl. bereits oben Rn 65ff.
131 Es gibt Unternehmen bzw. Mischkonzerne, bei denen der begünstigte Prozess nur eine untergeordnete Bedeutung hat und durch die Schwerpunktbestimmung keine Einordnung als Unternehmen des Produzierenden Gewerbes erfolgen kann.
132 NACE 2002 (VO (EG) Nr. 29/2002) v. 19.12.2001 (ABl EU Nr. L 6 S. 3ff.), zuletzt geändert durch VO (EG) Nr. 1893/2006 v. 20.12.2006 (ABl EU Nr. L 393 S. 1ff.).
133 Vgl. Dienstvorschrift des BMF zu § 51 EnergieStG und § 9a StromStG.

Liebheit

cc) Verfahren der Metallerzeugung und -bearbeitung

Für Energieerzeugnisse, die für die Metallerzeugung und -bearbeitung oder im Rahmen der Herstellung von bestimmten Metallerzeugnissen verwendet werden, gewährt § 51 Abs. 1 Nr. 1b EnergieStG ebenfalls eine Steuerentlastung. Zwar wird von dem Entlastungstatbestand die Herstellung der entsprechenden Vorprodukte nicht mit umfasst. Allerdings ist in der Praxis der Finanzverwaltung anerkannt, dass Prozessschritte, welche für sich genommen nicht unter die Begünstigungsnorm fallen, aber für die Herstellung des begünstigten Produkts erforderlich sind, ebenfalls vom begünstigten Verfahren umfasst sind.

Beispiel
Bei der Herstellung von Aluminium aus Bauxit ist ein erforderlicher Zwischenschritt die Herstellung von Aluminiumhydroxid und sodann Aluminiumoxid. Bereits dieser „Teilprozess" wird vom begünstigten Verfahren umfasst. Eine Steuerentlastung kann daher auch für den Erdgaseinsatz bei der Herstellung dieser Produkte beantragt werden.

Zur Auslegung der begünstigten metallurgischen Verfahren verweist die Gesetzesbegründung auf die NACE-Klasse DJ 27.

dd) Chemisches Reduktionsverfahren

Nach § 51 Abs. 1 Nr. 1c EnergieStG wird die Verwendung von Energieerzeugnissen im Rahmen von chemischen Reduktionsprozessen ebenfalls begünstigt. Der Reduktionsvorgang in einem Hochofenprozess ist nach dieser Vorschrift entlastungsfähig.

ee) Zweierlei Verwendungszweck (Dual Use)

§ 51 Abs. 1 Nr. 1d EnergieStG dient als Auffangtatbestand. Erfasst werden sollen alle Verwendungen, bei denen einerseits zwar ein Heizzweck gegeben ist, daneben aber ein anderer Zweck gleichzeitig erfüllt wird. Wann ein anderer Zweck tatsächlich vorliegt, ist noch nicht abschließend geklärt.

Der BFH[134] hatte in seinem ersten Urteil zur Auslegung dieses Begriffes ausgeführt, dass jedenfalls erforderlich sei, dass das Energieerzeugnis als Roh-, Grund- oder Hilfsstoff eingesetzt wird. Ausgeschlossen waren damit Fälle, in denen nur eine besondere energetische Verwendung (beispielsweise offene Flamme) gegeben ist.

Beispiel
Ein Herstellungsverfahren von Teppichen, bei dem Erdgas dafür verwendet bzw. verheizt wird, um mit der offenen Flamme Textilfasern abzusengen, ist nicht begünstigt. Zwar könnte in dem Absengen der Textilfasern ein anderer Zweck gesehen werden, zumal eine weitergehende Nutzung der Wärme (bspw. Übertragung der thermischen Energie) nicht erfolgt. Allerdings wird das Erdgas nicht als Roh-, Grund- oder Hilfsstoff eingesetzt.

---

134 Vgl. BFH, Urt. v. 28.10.2008 – VII R 6/08 – DB 2009, 43.

117 Im Hinblick auf die nach dem Gesetzeswortlaut erforderliche gleichzeitige Verwendung hat der BFH in seinem Urteil vom 28.10.2008[135] ausgeführt, dass die thermische Verwendung in den Hintergrund treten muss.

118 Kritisch ist anzumerken, dass mit diesen deutlichen Einschränkungen durch den BFH § 51 Abs. 1 Nr. 1d EnergieStG entgegen der EnergieStRL und der Gesetzesbegründung kaum noch als Auffangtatbestand bezeichnet werden kann und gleichzeitig die Praxis erneut vor erhebliche Abgrenzungsschwierigkeiten gestellt wird.[136] Zwischenzeitlich hat der BFH seine Rechtsprechung deutlich modifiziert und verlangt nur noch, dass der andere Zweck unerlässlich für den Prozess sein muss.[137]

c) Thermische Abfall- und Abluftbehandlung

119 Nach § 51 Abs. 1 Nr. 2 EnergieStG wird ebenfalls die Verwendung von Energieerzeugnissen im Rahmen der thermischen Abfall- und Abluftbehandlung begünstigt. Anders als bei den vorgenannten Prozessen ist hierfür nicht Voraussetzung, dass der Verwender ein Unternehmen des Produzierenden Gewerbes ist.

120 Im Übrigen war der Anwendungsbereich und insbesondere die Frage, inwieweit das Kriterium des „zweierlei Verwendungszwecks" im Rahmen dieser Begünstigung anzuwenden ist, lange Zeit umstritten.[138] Der EuGH ordnete mit seinem Beschluss vom 17.12.2015[139] diese Begünstigung als einen Unterfall der sog. Dual-Use-Verfahren ein. Trotz der europäischen Rechtsprechung blieb die gesetzliche Regelung im Zuge nachfolgender Gesetzgebungsverfahren unverändert. Allerdings schränkte die Finanzverwaltung den Anwendungsbereich des § 51 I Nr. 2 EnergieStG dahingehend ein, dass sie für Verfahren der thermischen Abfall- bzw. Abluftbehandlung (für Verwendungszeiträume ab dem 1.1.2018) Betriebserklärungen verlangte, die neben dem Verheizen einen zweiten Zweck aufzeigen.[140]

121 Das Finanzgericht Hamburg[141] sieht bei einer thermischen Abfall- oder Abluftbehandlung grundsätzlich nur ein Verheizen als gegeben an, weil die physikalischen und chemischen Reaktionen der verbrannten Energieerzeugnisse mit dem zu behandelnden Abfall oder der Abluft lediglich Verheizensprozesse zum Zwecke der Zersetzung, der Umwandlung oder der Ableitung seien.[142] Mangels einer Verwendung eines

---

135 Vgl. BFH, Urt. v. 28.10.2008 – VII R 6/08 – DB 2009, 43.
136 Vgl. u.a. *Schiebold/Veh/Liebheit*, EnWZ 2014, 158 ff.
137 BFH, Urt. v. 15.1.2015 – VII R 35/12 – StE 2015, 16 ff.
138 Vgl. aus der älteren Literatur hierzu u.a. *Schröer-Schallenberg*, ZfZ 2011, 253.
139 EuGH, Beschl. v. 17.12.2015 – C-529/14 – NVwZ 2016, 524.
140 Die Finanzverwaltung fordert, dass „das Energieerzeugnis selbst, seine chemischen Bestandteile oder dessen Verbrennungsprodukte (üblicherweise Kohlendioxid) verfahrenstechnisch bzw. chemisch für die thermische Abfall- oder Abluftbehandlung zwingend erforderlich" sein müssen.
141 FG Hamburg, Urt. v. 20.3.2019 – 4 K 227/15 – BeckRS 2019, 11395; dies ist das abschließende Urteil zum EuGH-Beschluss v. 17.12.2015 – C-529/14 – NVwZ 2016, 524.
142 Ähnlich bereits FG Berlin-Brandenburg, Urt. v. 15.7.2015 – 1 K 1322/13 – DStRE 2016, 946 ff.

Energieerzeugnisses für zweierlei Verwendungszweck läuft die Begünstigung in § 51 I Nr. 2 EnergieStG daher faktisch leer. Die Entwicklungen in der Rechtsprechung und auch die fehlenden Klarstellungen seitens des nationalen Gesetzgebers sind fragwürdig, da die ursprüngliche Regelung in Abstimmung mit der Europäischen Kommission als unionsrechtskonform eingestuft wurde[143] und der vollständig ausgehöhlte Anwendungsbereich dem Gesetzeszweck offenkundig nicht entsprechen kann.[144]

d) Stromerzeugung und Kraft-Wärme-Kopplung

Mit der Neugestaltung der Steuerentlastung für Energieerzeugnisse, die in Anlagen zur Stromerzeugung bzw. zur gekoppelten Erzeugung von Kraft und Wärme verwendet worden sind, wurde der § 53 EnergieStG mehrmals überarbeitet. Das Zweite Gesetz zur Änderung des Energiesteuer- und des Stromsteuergesetzes vom 27.8.2017 (mit Wirkung zum 1.1.2018) erweiterte die Regelung um Anlagen mit einer elektrischen Nennleistung von bis zu 2 MW, wenn der Output (i.e.S. der mit der Anlage erzeugte Strom) nicht nach § 9 Abs. 1 Nr. 1 und 3 StromStG von der Stromsteuer befreit war. Der mit dem folgenden Änderungsgesetz[145] am 1.7.2019 in Kraft getretene § 53 Abs. 1 S. 1 Nr. 2 EnergieStG n.F. dehnt die Stromsteuerbefreiung auch auf die Befreiungen nach § 9 Abs. 1 Nr. 4, 5 und 6 StromStG aus, was die Vorgabe einer Anlagengröße entbehrlich machte. Durch die Neuregelung wird nunmehr weitgehend konsequent der Grundsatz der sog. Output-Besteuerung (Art. 14 Abs. 1 lit. a EnergieStRL) sowie der Vermeidung einer Doppelbesteuerung umgesetzt.[146] Denn das zur Stromerzeugung verwendete Energieerzeugnis soll dann nicht energiesteuerlich belastet sein, wenn der erzeugte Strom versteuert wird.

122

Eine Steuerentlastung wird nach § 53 Abs. 1 EnergieStG demnach gewährt, wenn Energieerzeugnisse zur Stromerzeugung in ortsfesten Anlagen verwendet worden sind und der erzeugte Strom nicht nach § 9 Abs. 1, 3, 4, 5 oder 6 StromStG steuerbefreit ist. Hierunter fällt vollständig auch die Stromerzeugung in KWK-Anlagen; eine rechnerische Trennung des Inputs hinsichtlich der genutzten Wärme ist insoweit nicht erforderlich.[147] Voraussetzung ist allerdings, dass die eingesetzten Energieerzeugnisse unmittelbar am Energieumwandlungsprozess teilnehmen, also der Stromerzeugung dienen. Nicht entlastungsfähig ist u.a. eine Zusatzfeuerung (nur Wärmeerzeugung) oder der

123

---

143 Vgl. EU-Kommission, Schreiben über Staatliche Beihilfe Nr. N 820/2006 – Deutschland Steuerentlastung für bestimmte besonders energieintensive Prozesse und Verfahren (Regelungen des § 51 Energiesteuergesetz und Regelung des § 9a Stromsteuergesetz), 7.2.2007, K(2007) 298 endg.
144 Vgl. *Schiebold/Liebheit*, ZfZ 2015, 174, 177 ff., mit einer kritischen Würdigung des EuGH-Beschlusses.
145 Änderungsgesetz v. 22.6.2019 (BGBl. I S. 856).
146 Die Regelung setzt allerdings weiterhin eine Versteuerung zum Heizstoffsteuersatz voraus, was in wenigen Praxisfällen – bspw. bei Dieselaggregaten mit einer Nennleistung von mehr als 2 MW – zu einer ungerechtfertigten Doppelbesteuerung führt.
147 Vgl. auch die Dienstvorschrift Energiesteuer zu den §§ 2, 3, 37, 53, 53a sowie 53b EnergieStG und den §§ 1, 1b, 9 bis 11 und 98 bis 99d EnergieStV; Energiesteuerrechtliche Behandlung von Energieerzeugungsanlagen (DV Energieerzeugung) v. 20.1.2014, III B 6 – V 8245/07/10010:007 DOK 2014/0051269.

Energieeinsatz in nachgeschalteten Abluftbehandlungsanlagen (§ 53 Abs. 2 EnergieStG). Parallel zu der Steuerbefreiung nach § 53 EnergieStG für zur Stromerzeugung eingesetzte Energieerzeugnisse kann auch eine Steuerbefreiung für Strom zur Stromerzeugung gem. § 9 Abs. 1 Nr. 2 StromStG vorliegen.

e) Energieeinsatz in (hocheffizienten) KWK-Anlagen

124 Durch die Regelung des § 53a EnergieStG wird die Erzeugung in Kraft-Wärme-Kopplung (KWK) gefördert. Mit dem Änderungsgesetz vom 27.8.2017 wurde zur Verfahrensvereinfachung mit Wirkung zum 1.1.2018 der ehemalige § 53b EnergieStG, der die Regelungen für die Teilentlastung vorsah, in den § 53a EnergieStG integriert.[148] Die Begünstigungen des § 53a EnergieStG haben – ohne hierauf beschränkt zu sein – in der Praxis insbesondere Relevanz für Anlagen mit einer elektrischen Nennleistung von bis zu 2 MW, da diese in der Regel von der Steuerbefreiung nach § 9 Abs. 1 Nr. 3 StromStG profitieren und daher nicht von der Entlastung bei der Stromerzeugung (§ 53 EnergieStG) umfasst sind.

125 Die Regelung setzt sowohl für eine teilweise (Abs. 1–5) als auch für eine vollständige (Abs. 6) Steuerentlastung voraus, dass die KWK-Anlage einen Monats- oder **Jahresnutzungsgrad** von mindestens 70 % erreicht. Zur Berechnung des Nutzungsgrads wird der Quotient aus der Summe der genutzten erzeugten mechanischen und thermischen Energie und der Summe der zugeführten Energie aus Energieerzeugnissen in derselben Zeitspanne gebildet (§ 3 Abs. 3 EnergieStG). Bei wärmegeführten Anlagen ohne Notkühler oder Bypass kann der Nutzungsgrad aus den technischen Datenblättern ermittelt werden.

126 Eine vollständige Steuerentlastung wird nach § 53a Abs. 6 EnergieStG nur für hocheffiziente und nicht abgeschriebene KWK-Anlagen gewährt. Für das Kriterium der **Hocheffizienz** verweist § 53a EnergieStG auf die Energieeffizienzrichtlinie[149], die auf die Primärenergieeinsparung (PEE) durch Kraft-Wärme-Kopplung abstellt. KWK-Kleinst[150]- und KWK-Klein[151]-Anlagen sind bereits dann hocheffizient, wenn sie im Vergleich zur ungekoppelten Erzeugung von Kraft und Wärme – unabhängig von der Höhe – eine Primärenergieeinsparung erzielen. Bei KWK-Anlagen größer 1 MW_{el} muss mindestens 10 % Primärenergieeinsparung gegenüber der ungekoppelten Erzeugung

---

148 Die Tatbestände der §§ 53a und 53b EnergieStG wurden aufgrund von beihilferechtlichen Vorgaben der Europäischen Kommission durch das Gesetz zur Änderung des Strom- und Energiesteuergesetzes v. 5.12.2012 (BGBl. v. 11.12.2012 I S. 2436) vollständig neu geregelt.
149 Vgl. Anhang III der Richtlinie 2004/8/EG des Europäischen Parlaments und des Rates v. 11.2.2004 über die Förderung einer am Nutzwärmebedarf orientierten Kraft-Wärme-Kopplung im Energiebinnenmarkt und zur Änderung der Richtlinie 92/42/EWG (ABl EU L 52 v. 21.2.2004 S. 50, L 192 v. 29.5.2004 S. 34), die durch die Verordnung (EG) Nr. 219/2009 (ABl EU L 87 v. 31.3.2009 S. 109) geändert worden ist, in der jeweils geltenden Fassung.
150 Leistung unter 50 kW_{el}.
151 Leistung unter einem MW_{el}.

Liebheit

von Kraft und Wärme gegeben sein.[152] Die vollständige Steuerentlastung wird zudem nur bis zur vollständigen **Absetzung für Abnutzung**[153] der Hauptbestandteile der Anlage gewährt. Eine Verlängerung bzw. ein Neubeginn des Abschreibungszeitraums wird bei Erneuerung der Hauptbestandteile (Gasturbine, Motor, Dampferzeuger, Dampfturbine, Generator und Steuerung) anerkannt, sofern mindestens 50 % der Kosten für die Neuerrichtung erreicht sind.[154] Nach § 99c EnergieStV ist grundsätzlich auf die Abschreibung gemäß der **betriebsgewöhnlichen Nutzungsdauer** (AfA-Tabellen) abzustellen[155]; dies gilt auch wenn keine Abschreibung der Anlage erfolgt.[156]

Für KWK-Anlagen, die bereits abgeschrieben oder nicht hocheffizient sind, aber **127** den Monats- oder Jahresnutzungsgrad von mindestens 70 % erreichen, kann nach § 53a Abs. 1 bzw. 4 EnergieStG noch eine **Teilentlastung** geltend gemacht werden. Mit dieser Regelung schöpft der deutsche Gesetzgeber die Möglichkeit aus, unter weniger strengen Vorgaben für den Energieeinsatz in KWK-Anlagen nur die Mindeststeuersätze gemäß Anlage 1 der EnergieStRL zu erheben. Aufgrund der im Vergleich zu den Mindeststeuerbeträgen der EnergieStRL hohen Steuersätze in Deutschland wird hierdurch noch immer eine erhebliche Entlastung erreicht. Die Höhe der Entlastung hängt insoweit vom eingesetzten Brennstoff, von der Art der KWK-Anlage sowie unter Umständen vom Status des Anlagenbetreibers ab. Zunächst ist – entsprechend der Differenzierung in der EnergieStRL – zwischen einem Brennstoffeinsatz zum Verheizen (bspw. Kessel/Dampfturbine oder Stirling-Motor) und einem Einsatz in begünstigten Anlagen (bspw. Verbrennungsmotoren oder Gasturbinen zur Strom- und Wärmeerzeugung) zu unterscheiden. Im ersten Fall bemisst sich die Entlastungshöhe nach den Absätzen 1 bis 3 und im zweiten Fall nach den Absätzen 4 und 5. Im Falle des Verheizens kann für einzelne Brennstoffe eine weitergehende Entlastung erhalten werden, wenn der Anlagenbetreiber ein Unternehmen des Produzierenden Gewerbes ist. Eine Gewährung der teilweisen Steuerentlastung nach § 53a Abs. 1 bzw. Abs. 4 EnergieStG ist nicht möglich, wenn zeitgleich ein Steuerentlastungsanspruch nach § 53a Abs. 6 EnergieStG für denselben Entlastungsanspruch in Anspruch genommen wurde.

Nach §§ 99a Abs. 3 bzw. 99d Abs. 4 EnergieStV ist für jede Anlage ein gesonderter **128** Antrag auf amtlichem Vordruck zu stellen.

---

152 Nähere Vorgaben zum Nachweis der Hocheffizienz finden sich in dem neuen § 99b EnergieStV sowie in der Dienstvorschrift Energieerzeugung.
153 Hierzu wird auf § 7 Einkommenssteuergesetz verwiesen.
154 Diese Regelung greift auch dann, wenn durch Zubau eine neue KWK-Einheit mit bestehenden KWK-Einheiten zu einer Anlage verklammert wird. Auch für den § 53a EnergieStG ist die relevante Anlage nach § 9 EnergieStV zu ermitteln.
155 Im Falle eines längeren Abschreibezeitraums kann dieser ebenfalls zugrunde gelegt werden; hierzu sind entsprechende Nachweise (bspw. aus dem Abschreibeverzeichnis) vorzulegen.
156 Vgl. hierzu FG Düsseldorf, Urt. v. 5.4.2017 – 4 K 579/16 VE – BeckRS 2017, 113172.

f) Begünstigung von Unternehmen des Produzierenden Gewerbes

129 Ähnlich der Entlastungsmöglichkeiten im Stromsteuerbereich wird die Verwendung von Energieerzeugnissen zu betrieblichen Zwecken durch Unternehmen des Produzierenden Gewerbes steuerlich begünstigt.

aa) Allgemeine Steuerentlastung

130 Entsprechend der Neuregelung bei der Stromsteuer gibt das EnergieStG den Unternehmen des Produzierenden Gewerbes (und den Unternehmen der Land- und Forstwirtschaft) nach § 54 EnergieStG die Möglichkeit, einen Teil der gezahlten Steuer zurückzubekommen. Die Entlastung wird für Energieerzeugnisse gewährt, welche für **betriebliche Zwecke** eines Unternehmens des Produzierenden Gewerbes verheizt und in begünstigten Anlagen verwendet werden.

> **! Hinweis**
> Auch bei innerbetrieblichen Erdgasverbräuchen ist gegebenenfalls zu berücksichtigen, dass bestimmte Erdgasmengen im Unternehmen von Dritten (beispielsweise Kantine) verwendet werden.

131 Wird ein Energieerzeugnis zur **Erzeugung von Wärme** verwendet, wird die Steuerentlastung nur gewährt, wenn die Wärme durch ein Unternehmen des Produzierenden Gewerbes genutzt wird. Insbesondere im Bereich der Fernwärmeversorgung muss insoweit von Kunden eine entsprechende Selbsterklärung auf amtlichem Vordruck eingeholt werden, welche dem Entlastungsantrag beizufügen ist.

132 Nach § 54 Abs. 2 Nr. 2 EnergieStG wird eine Entlastung von 1,38 €/MWh gewährt. Eine Entlastung wird erst jenseits eines Sockelbetrages von 250,00 € gewährt.[157]

133 Die Entlastung setzt einen schriftlichen Antrag voraus, der bis zum 31.12. des folgenden Kalenderjahres beim Hauptzollamt eingereicht werden muss.[158] Das Unternehmen kann dabei beantragen, dass die Entlastung in kürzeren Zeiträumen (Kalendermonat, Kalendervierteljahr oder Kalenderhalbjahr) gewährt wird.[159]

bb) Spitzenausgleich

134 Ähnlich wie im Stromsteuerbereich ist es für die Unternehmen des Produzierenden Gewerbes daneben möglich, einen sog. Spitzenausgleich durchzuführen. Allerdings ist der Spitzenausgleich zum 31.12.2023 ausgelaufen und – anders als bei der Stromsteuer – nicht durch eine Erweiterung des § 54 EnergieStG kompensiert worden. Nach § 55 EnergieStG wird die Steuer für nachweislich versteuertes Erdgas, das ein Unternehmen des

---

[157] § 54 Abs. 3 EnergieStG.
[158] § 100 Abs. 1 EnergieStV.
[159] § 100 Abs. 2 EnergieStV.

Produzierenden Gewerbes für betriebliche Zwecke entnommen hat, weiter entlastet, soweit die Steuer den Sockelbetrag von 750 € übersteigt (§ 55 Abs. 3 EnergieStG). Auch hier gilt für die Verwendung von Wärme, dass die Steuerentlastung nur gewährt wird, wenn die erzeugte Wärme durch ein Unternehmen des Produzierenden Gewerbes genutzt wird.

Seit der Neuregelung zum 1.1.2013 verlangt § 55 EnergieStG zusätzlich – ebenfalls parallel zu § 10 StromStG – die Umsetzung von Vorgaben zur Erhöhung der Energieeffizienz. Als unternehmensindividuelle Verpflichtung hat das antragstellende Unternehmen ein **Energieeffizienzsystem** zu betreiben. Zudem wird ab 2015 die Einhaltung der Ziele der Energieeffizienzvereinbarung vom 1.8.2012 (Reduzierung der Energieintensität) durch alle Unternehmen des Produzierenden Gewerbes (sog. Glockenlösung)[160] jährlich überprüft. 135

Die Höhe der Steuerentlastung bestimmt sich – wie bei der Stromsteuer – im konkreten Einzelfall danach, um wie viel die Erdgassteuer den Unterschiedsbetrag zum Arbeitgeberanteil an den Rentenversicherungsbeiträgen übersteigt. Maximal entlastet werden 90 % der gezahlten Erdgassteuer. 136

Hinsichtlich der Vorgaben für die Antragstellung verweist § 101 EnergieStV auf die entsprechenden Regelungen der StromStV.[161] 137

III. Exkurs: Biogas

Zwar findet für die Besteuerung von Biogas ebenfalls der Steuersatz für Erdgas Anwendung, das heißt derzeit 5,50 €/MWh (Heizsteuersatz) bzw. – im Jahr 2024 – 18,38 €/MWh („ermäßigter" Regelsteuersatz nach § 2 Abs. 2 Nr. 1 EnergieStG). Allerdings gelten aufgrund der besonderen Erzeugung bzw. Gewinnung sowie der teilweise auch nur örtlich beschränkten Verwendung von Biogas – sowohl bei der Steuerentstehung als auch bei den Entlastungsmöglichkeiten – einige Besonderheiten gegenüber herkömmlichem Erdgas. Aufgrund dieser Besonderheiten hat das BMF auch eine Dienstvorschrift zur steuerlichen Behandlung von Biogas erlassen.[162] 138

1. Steuerentstehung

Grundsätzlich ist als Ausgangspunkt bei der Besteuerung von Biogas danach zu differenzieren, ob 139
- das Biogas überhaupt ins allgemeine Leitungsnetz eingespeist wird oder
- das Biogas bereits vor Ort genutzt wird („Insellösung").

---

160 Vgl. Rn 77.
161 Vgl. zum Spitzenausgleich bei der Stromsteuer oben Rn 72 ff.
162 BMF, Dienstvorschrift v. 2.7.2008 – III A 1 – V 8245/07/0006.

140 Für den Fall, dass (aufbereitetes) **Biomethan in das Erdgasleitungsnetz eingespeist** wird, entsteht im Moment der Einspeisung noch keine Steuer, da dies weder eine Verwendung noch eine Entnahme zum Verbrauch darstellt. Das Biogas vermischt sich in der Leitung mit dem Erdgas und die Steuer entsteht in diesem Fall nach § 38 Abs. 1 EnergieStG – entsprechend der dargestellten Regelung für Erdgas – mit der Entnahme des Biogases bzw. des Biogas-/Erdgas-Gemisches aus der Leitung.[163]

141 Etwas anderes gilt, wenn keine Einspeisung in ein Leitungsnetz erfolgt und § 38 EnergieStG daher bereits nach seinem Wortlaut keine Anwendung finden kann.

> **Beispiel**
> „Insellösung"
> Wird Biogas auf einem landwirtschaftlichen Betrieb hergestellt und direkt zu einer KWK-Anlage geleitet, liegt bei der Verwendung des Biogases in der KWK-Anlage keine Entnahme aus dem Leitungsnetz vor. Damit kommt der Steuerentstehungstatbestand für Erdgas[164] nicht zur Anwendung.

142 § 23 EnergieStG sieht einen allgemeinen Auffangtatbestand vor, welcher die Steuerentstehung für sonstige Energieerzeugnisse regelt. Diese Vorschrift kann ergänzend auch für Biogas, dessen Besteuerung im EnergieStG ansonsten nicht explizit geregelt ist, angewendet werden. Die Steuer für Biogas entsteht in diesem Fall mit der Abgabe des Biogases bzw. seiner Verwendung in der KWK-Anlage,[165] sofern nicht eine Steuerbefreiung greift.

2. Steuerbegünstigung von Biogas

143 Zusätzlich zu den bereits dargestellten Steuerbegünstigungen für Erdgas kommt für Biogas auch eine Steuerbefreiung nach § 28 EnergieStG in Betracht.

144 Die Verwendung von Biogas als Heizstoff oder zum Antrieb von Gasturbinen und Verbrennungsmotoren in begünstigten Anlagen ist gem. § 28 EnergieStG von der Steuer befreit. Nach § 28 Abs. 1 Nr. 3 S. 2 EnergieStG schließt auch ein Mischen mit anderen Energieerzeugnissen unmittelbar vor der Verwendung eine Steuerbefreiung für den Biogasanteil nicht aus. Erforderlich ist aber ein entsprechender Nachweis über den Biogasanteil. Daher kommt diese Steuerbefreiung grundsätzlich nur im Rahmen von sog. Insellösungen in Betracht. Bei der Entnahme von Biogas aus dem allgemeinen Leitungsnetz ist eine entsprechende Befreiung insoweit nicht möglich. Die Befreiung gilt auch für die Verwendung von Klärgas, allerdings nicht bei der Verwendung zum Verheizen.

---

163 Vgl. die Klarstellung hierzu in BMF, Dienstvorschrift v. 2.7.2008 – III A 1 – V 8245/07/0006.
164 § 38 EnergieStG.
165 § 23 Abs. 1 Nr. 1 bzw. 2 EnergieStG.

Liebheit

IV. Übersicht der wichtigsten Fristen aus dem Energiesteuerrecht

145

Datum	Norm	Art der Frist
31.5.	§ 39 Abs. 3 EnergieStG	Erdgassteueranmeldung für das Vorjahr, wenn die jährliche Anmeldung gewählt wurde
25.6.	§ 39 Abs. 3 EnergieStG	Entrichtung der geschuldeten Erdgassteuer (unter Anrechnung der geleisteten monatlichen Vorauszahlungen)
31.12.	§ 39 Abs. 2 EnergieStG	Ausübung des Wahlrechts für jährliche Anmeldung vor neuem Kalenderjahr
	§§ 88, 90, 93, 94, 95, 98, 100, 101 EnergieStV	Anträge auf die unterschiedlichen Steuerentlastungen für die im Vorjahr verwendeten Energieerzeugnisse

F. Beihilfenrechtliche Pflichten

I. Energiesteuer- und Stromsteuer-Transparenzverordnung (EnSTransV)

Die Energiesteuer- und Stromsteuer-Transparenzverordnung (EnSTransV) enthält Anzeige- und Meldepflichten für Steuerbefreiungen und/oder Steuerermäßigungen gegenüber dem zuständigen Hauptzollamt im Energiebereich. Sie dient gemäß § 1 Abs. 1 S. 1 EnSTransV der Umsetzung unionsrechtlicher Vorgaben des Beihilfenrechts zur Erhebung, Verarbeitung und Übermittlung von Informationen durch die Zollverwaltung. Ziel ist die Transparenz staatlicher Beihilfen und schließlich eine wirksame Verwendung der öffentlichen Ausgaben. Seit dem 12.1.2019 ist die elektronische Datenübermittlung von Anzeigen und Erklärungen über die im vorangegangenen Jahr gem. § 4 EnSTransV in Anspruch genommenen Steuerbegünstigungen, die gem. § 5 EnSTransV erhaltenen Steuerentlastungen sowie über die Steuerbefreiung gem. § 6 EnSTransV verpflichtend.

146

Hinweis
Steuerbegünstigte, deren Begünstigungsvolumen weniger als 200.000 € (Bagatellgrenze) im Kalenderjahr beträgt, sind nicht zur Abgabe einer Erklärung verpflichtet.

Der zur Erklärung Verpflichtete hat für eine Anzeige nach § 4 EnSTransV bis spätestens zum 30.6. des auf die Verwendung folgenden Jahres die Art und die Menge des im vorangegangenen Kalenderjahr entnommenen Stroms und die Höhe der daraus resultierenden Steuerbegünstigungen anzugeben. Verpflichtet ist, wer Begünstigter ist, also gem. § 3 Abs. 2 Nr. 2 EnSTransV der Verwender von Energieerzeugnissen. Analog gilt dies auch für denjenigen, der elektrischen Strom für begünstigte Zwecke entnimmt. Für eine Erklärung gem. § 5 EnSTransV hat der Begünstigte die Art und die Menge der im voran-

147

gegangenen Kalenderjahr entlasteten Energieerzeugnisse oder die Menge des im vorangegangenen Kalenderjahres entlasteten Stroms und die Höhe der ausgezahlten Steuerentlastungen bis zum 30.6. des auf die Auszahlung folgenden Jahres beim zuständigen Hauptzollamt anzugeben. Begünstigter im Sinne von § 3 Abs. 2 Nr. 1 EnSTransV ist der Entlastungsberechtigte. Auch hier gilt dies analog für elektrischen Strom – wer den Strom für begünstigte Zwecke entnimmt, ist erklärungsverpflichtet.

II. Selbsterklärung zu staatlichen Beihilfen (Formular 1139)

148 Mit jedem Antrag auf Energie- und Stromsteuerentlastung sind Begünstigte seit dem 1.2.2017 verpflichtet, die Anlage „Selbsterklärung zu staatlichen Beihilfen" abzugeben. Zu den staatliche Beihilfen im Sinne des Unionsrechts zählen zahlreiche Steuerentlastungen (bspw. §§ 53a, 54 und 55 EnergieStG und §§ 9b, 9c und 10 StromStG), Steuerermäßigungen (bspw. § 3 EnergieStG und § 9 Abs. 2 StromStG) und die Steuerbefreiung des § 28 Abs. 1 S. 1 Nr. 1 und 2 EnergieStG sowie § 9 Abs. 1 Nr. 1 und 3 StromStG. Solche Beihilfen dürfen nur gewährt werden, wenn sich das Unternehmen nicht in finanziellen Schwierigkeiten befindet und wenn es vorher keine unzulässigen Beihilfen erhalten oder diese bereits vollständig zurückgezahlt hat. Sobald das Unternehmen in Schwierigkeiten ist, muss es daher eine Meldung darüber vornehmen und als Folge sind Steuern nach dem gem. § 2 EnergieStG zutreffenden Steuersatz zu entrichten. Bei einer Steuerermäßigung gilt dies nur für die Differenz zwischen Regelsteuersatz und reduziertem Steuersatz (den ermäßigten Teil der Steuer). Für versteuerte Energieerzeugnisse kann auf Antrag eine Steuerentlastung gewährt werden, wenn das Unternehmen nicht mehr als zwölf Monate in Schwierigkeiten war. Da die Steuern für das anstehende Steuerjahr vorausgezahlt werden und die Entlastungen angerechnet werden sollen, ist eine Selbsterklärung zu staatlichen Beihilfen erforderlich, da regelmäßig noch kein entsprechender Antrag vorliegen wird. Sollten mehrere Tatbestände vorliegen, ist eine Selbsterklärung ausreichend.

Kapitel 17
Gesellschaftsrechtliche Compliance

A. Systematischer Überblick

Zentraler Punkt der Ausgestaltung gesellschaftsrechtlicher Compliance ist eine Strategie zum Aufbau einer geeigneten **Unternehmensorganisation** zur **Haftungsvermeidung** durch die Leitungsorgane im Unternehmen. Damit ist die Umsetzung gesellschaftsrechtlicher Compliance Aufgabe der Vorstände, Geschäftsführer sowie der sonstigen Organe von Unternehmen.

Gesellschaftsrechtliche Compliance umschreibt zunächst die Regeltreue der Organe zu gesellschaftsrechtlichen Vorschriften, die in erster Linie im GmbH-Gesetz und Aktiengesetz verankert sind. Weitere Regelungen finden sich im Handelsgesetzbuch oder bei börsennotierten Gesellschaften in den Gesetzen betreffend Wertpapiere und Wertpapierhandel.

Daneben bedeutet gesellschaftsrechtliche Compliance aber auch, dass die Unternehmen unter den jeweils einschlägigen Vorschriften solche Organisationsstrukturen schaffen, die eine Einhaltung dieser Regelungen unter Berücksichtigung der jeweiligen Verantwortlichkeit aufgrund von Delegationen überwachen. Wichtige Vorgaben zur gesellschaftsrechtlichen Compliance enthält auch der Deutsche Corporate Governance Kodex (DCGK).[1] Seine Richtlinien gelten in erster Linie für die Leitung und Überwachung von Aktiengesellschaften und das Verhältnis der Organe Aufsichtsrat, Vorstand und Hauptversammlung (Aktionäre) zueinander. Daneben wurde der Deutsche Public Corporate Governance-Musterkodex (D-PCGM)[2] veröffentlicht, welcher als Unterstützungsangebot für die verantwortlichen Akteure der öffentlichen Hand dient.

Die Beachtung der gesellschaftsrechtlichen Compliance durch die Leitungsorgane ist von hoher Relevanz. Ihre Grundzüge sollen für die Kapitalgesellschaften (Aktiengesellschaft und Gesellschaft mit beschränkter Haftung) nachfolgend dargestellt werden.

Kapitalgesellschaften sind auf Organe angewiesen, um im Rechtsverkehr aufzutreten. Aus diesem Grunde räumt das Gesetz den Organen auf der einen Seite Rechte ein, unterwirft sie auf der anderen Seite aber auch mit damit korrespondierenden Pflichten.

---

[1] Deutscher Corporate Governance Kodex (DCGK) i.d.F. v. 28.4.2022, abrufbar unter http://www.dcgk.de/de/kodex.html; s. auch Kap. 7 und Kap. 19.
[2] Deutscher Public Corporate Governance-Musterkodex (D-PCGM) i.d.F. v. 14.3.2022, abrufbar unter https://pcg-musterkodex.de/musterkodex/.

Hinweis: Die Verfasser danken Herrn Dimitar Asenov, der im Rahmen seiner Tätigkeit als Rechtsanwalt bei Becker Büttner Held wertvolle Unterstützung und Mitarbeit bei der Erstellung dieses Beitrags geleistet hat.

Geschuldet werden die **Organpflichten** gegenüber der Gesellschaft. Nur ausnahmsweise wirken die Organpflichten gegenüber außenstehenden Dritten. Deren Schuldner ist in erster Linie die Gesellschaft und nicht das handelnde Organ. Nur in Ausnahmefällen können Leitungsorgane von Dritten direkt bei Vorliegen eines Organisationsverschuldens aus § 823 Abs. 1 BGB in Anspruch genommen werden.[3]

6   Die geschuldeten Pflichten umreißt das Gesetz für Geschäftsleitungs- und Aufsichtsorgane unterschiedlich. In der **Aktiengesellschaft** (AG) hat der **Geschäftsleiter** – der Vorstand – das Unternehmen in eigener Verantwortung zu leiten, § 76 Abs. 1 AktG.[4] Leitet der Vorstand das Unternehmen nicht wie ein ordentlicher und gewissenhafter Geschäftsleiter, so haftet er dafür gem. § 93 Abs. 1 AktG. Diese Grundsätze gelten nach § 43 Abs. 2 GmbHG[5] auch für den **Geschäftsführer einer GmbH**. Danach haften diese für ihre Obliegenheitsverletzungen der Gesellschaft. Der Aufsichtsrat schließlich hat in erster Linie die Geschäftsführung zu überwachen (§ 111 AktG) und daneben die Geschäftsleitung zu beraten.

7   Wie auch beim Vorstand, so zeichnet sich auch für den **Aufsichtsrat** ab, dass sich die **Pflichten gegenüber der Gesellschaft** immer mehr verdichten. Ohne verlässliche Kenntnis des Pflichtenprogramms ist die Tätigkeit als Organmitglied ein Vabanquespiel. Dies gilt umso mehr, da Aufsichtsräte in jüngerer Zeit vermehrt in Anspruch genommen werden. Verletzt ein Organ seine Pflichten, kann dies eine Abberufung oder gar eine Kündigung des Anstellungsvertrages nach sich ziehen. Daneben kommen Schadenersatzansprüche der Gesellschaft in Betracht (§§ 93 Abs. 2 und 3, 116 AktG; § 43 Abs. 2 GmbHG). **Geschäftsleiter einer AG oder GmbH** unterliegen hier einer besonders strikten Haftung, da sie nach § 93 Abs. 2 S. 2 AktG im Streitfall darlegen und beweisen müssen, dass sie sorgfältig gehandelt haben. Dies stellt eine echte Beweislastumkehr dar, da normalerweise der Geschädigte darlegen und beweisen muss, dass der Schädiger nicht sorgfältig gehandelt hat. Die beste Strategie zur Haftungsvermeidung ist daher die genaue Kenntnis der geschuldeten Organpflichten.

B. Pflichten der Unternehmensleitung

8   Dem Vorstand einer AG bzw. dem Geschäftsführer einer GmbH obliegt in erster Linie die **Unternehmensleitung**. Sie ist ein Ausschnitt aus der Geschäftsführung. Zur Geschäftsführung gehört auch die Vertretung der Gesellschaft im Außenverhältnis gem. § 78 AktG, § 35 GmbHG. Die zahlreichen Rechte und Pflichten der Geschäftsleiter lassen sich auf einer abstrakten Ebene aufteilen in

---

3 Vgl. BGH, Urt. v. 5.12.1989 – VI ZR 335/88 – BGHZ 109, 297 – Baustoffe.
4 Aktiengesetz (AktG) v. 6.9.1965 (BGBl. I S. 1089), zuletzt geändert durch Gesetz v. 11.12.2023 (BGBl. I Nr. 354).
5 GmbH-Gesetz (GmbHG) v. 20.4.1892 (RGBl. S. 477), zuletzt geändert durch Gesetz v. 22.2.2023 (BGBl. I Nr. 51).

von Blumenthal/Bacher

- Organisationspflichten gegenüber der Gesellschaft,[6]
- Informations- und Berichtspflichten gegenüber der Gesellschaft,[7]
- die Pflicht zur Unternehmensleitung,[8]
- besondere Pflichten bei der Planung und Finanzierung[9] sowie
- Treuepflichten gegenüber der Gesellschaft.[10]

In neuerer Zeit wird vermehrt die Pflicht zur Einhaltung von Corporate Social Responcibility Standards durch die Geschäftsleitung gefordert.[11] Schwerpunkt der Diskussion ist die Beachtung sozialer, ökologischer, wirtschaftsethischer, menschenrechtlicher, arbeitsrechtlicher sowie allgemein gesellschaftlicher Belange bei der wirtschaftlichen Betätigung am Markt.[12] Die nachstehenden Ausführungen werden sich dieser Diskussion nicht widmen, da es sich dabei nicht um Pflichten der Geschäftsleitung im rechtlichen Sinn handelt, sondern derzeit um ein Regelungskonstrukt aus unverbindlichen Anregungen gegenüber der Geschäftsleitung.[13]

Systematische Überschneidungen zwischen den einzelnen Pflichten sind unvermeidbar,[14] aber dogmatisch unschädlich. Entscheidend ist, dass der jeweilige Pflichteninhalt genau umrissen ist.

I. Organisationspflichten

Die gesellschaftsrechtliche Compliance erfordert insbesondere von den Leitungsorganen, aber auch von den Kontrollorganen, dass der Unternehmensgegenstand und dessen Reichweite beachtet, die gegebene Kompetenzordnung gewahrt, die Organisationsverantwortung wahrgenommen und Legalitätspflichten beachtet werden.

---

6 Vgl. auch Rn 11 ff. Zur Compliance-Relevanz allgemein vgl. auch Kap. 5.
7 Vgl. auch Rn 29 ff.
8 Vgl. auch Rn 36 ff.
9 Vgl. auch Rn 40 ff.
10 Vgl. auch Rn 44 ff.
11 Zur Diskussion im AktG vgl. *Kapoor*, Corporate Social Responsibility, S. 39 ff.; *Spießhofer*, Unternehmerische Verantwortung, S. 571 ff.; *Wicke*, DNotZ 2020, 448, 449. Der Einführung einer „soziale Gesellschaft mit beschränkter Haftung" oder „sGmbH" sympathisierend *Fleischer*, ZIP 2021, 5, 15.
12 *Fleischer*, AG 2017, 509, 509 f.
13 Hauschka/Moosmayer/Lösler/*Spießhofer*, Corporate Compliance, § 11 Rn 1; *Walden*, NZG 2020, 50, 52; *Fleischer*, DB 2022, 37, 39 f. Zur GmbH vgl. BeckOGK/*Lieder*, 15.1.2023, GmbHG § 1 Rn 276 ff.
14 Im Schrifttum nennt man insbesondere eine Legalitätspflicht, die aus einer externen und internen Pflichtenbindung besteht, BeckOGK/*Fleischer*, 1.10.2023, AktG § 93 Rn 19; MüKo-AktG/*Spindler*, 6. Aufl., § 93 Rn 89 f. Dieser Anknüpfungspunkt ist denkbar, verharrt aber auf einer abstrakten Ebene. Es ist eine Selbstverständlichkeit, dass ein Geschäftsleiter an die Rechtsordnung gebunden ist. Zudem interessieren in diesem Kapitel nur die „Legalitätspflichten" gegenüber der Gesellschaft.

1. Beachtung des Unternehmensgegenstandes

12 Gegenüber der Gesellschaft ist der Geschäftsleiter dazu verpflichtet, die **Grenzen des Unternehmensgegenstandes** einzuhalten. Dies ergibt sich für den Vorstand aus § 82 Abs. 2 AktG und ist auch für den Geschäftsführer einer GmbH anerkannt, obwohl dies das GmbHG nicht ausdrücklich bestimmt.[15] Außerhalb des Unternehmensgegenstandes darf die Geschäftsleitung nur tätig werden, wenn es sich dabei um ein Hilfsgeschäft handelt, um den eigentlichen Unternehmensgegenstand zu verfolgen.[16] Umgekehrt ist es der Geschäftsleitung auch untersagt, den Unternehmensgegenstand zu unterschreiten. Sie darf von sich aus weder ein Geschäftsfeld noch eine Branche aufgeben, in der die Gesellschaft tätig wird, sofern dieser Zustand nicht nur vorübergehend ist.[17]

13 Die Praxis vermengt (allzu) oft Unternehmensgegenstand und Gesellschaftszweck. Indes ist eine sachgerechte Abgrenzung wichtig, um ein Unternehmen angemessen zu organisieren. Nach der herrschenden Meinung beschreibt der Unternehmensgegenstand den Marktauftritt der Gesellschaft, deren Tätigkeit im Außenverhältnis. Der Gesellschaftszweck hingegen prägt das Innenverhältnis der Gesellschaft.[18] Die Gründungsgesellschafter einigen sich auf einen gemeinsamen Zweck, den sie erreichen und fördern wollen. Der Zweck kann z.B. erwerbswirtschaftlich (Erzielung dauerhafter Erträge), auf die Daseinsvorsorge und sonstige öffentliche Zwecke, auf wirtschaftliche Zwecke, die nicht auf Gewinnerzielung gerichtet sind, oder auch auf ideelle und gemeinnützige Zwecke ausgerichtet sein. Um diesen Zweck umzusetzen, wird die Gesellschaft im Außenverhältnis innerhalb des Unternehmensgegenstandes tätig.

2. Wahrung der Kompetenzordnung

14 Der **Vorstand** einer AG ist dazu verpflichtet, **Mitwirkungs- und Zustimmungsbefugnisse** anderer Gesellschaftsorgane zu beachten. Missachtet der Vorstand diese, berührt dies nach § 82 Abs. 1 AktG nicht seine Vertretungsbefugnis im **Außenverhältnis**. Im **Innenverhältnis** gegenüber der Gesellschaft begeht der Vorstand jedoch eine Pflichtverletzung, was zu Schadenersatzansprüchen der Gesellschaft führen kann. Diese Grundsätze gelten auch für den **Geschäftsführer** einer GmbH, spielen dort jedoch eine untergeordnete Rolle, da das GmbH-Recht im Gegensatz zum AktG keine festgeschriebenen Zuständigkeiten kennt und den Gesellschaftern insoweit eine weitergehende Satzungsautonomie einräumt. Zu beachten hat der Geschäftsführer in jedem Fall die satzungsgemäß bestimmten Zuständigkeitsregelungen.

---

15 MüKo-GmbHG/*Stephan*/*Tieves*, 4. Aufl., § 37 Rn 56; *Tieves*, Kapitalgesellschaft, S. 68ff.
16 So im Ergebnis für den Vorstand einer AG BGH, Urt. v. 15.5.2000 – II ZR 359/98 – BGHZ 144, 290 = NZG 2000, 836, 837; MüKo-AktG/*Spindler*, 6. Aufl., § 82 Rn 34f.
17 *Lutter*/*Leinekugel*, ZIP 1998, 225, 227f.; *Paefgen*, Unternehmerische Entscheidungen, S. 476ff.; *Tieves*, Kapitalgesellschaft, S. 300ff.; BeckOGK/*Fleischer*, 1.10.2023, AktG § 82 Rn 31.
18 Habersack/Casper/Löbbe/*Ulmer*/*Löbbe*, 3. Aufl., GmbHG § 1 Rn 8.

Besteht ein satzungsgemäßer **Zustimmungsvorbehalt des Aufsichtsrates** gem. 15
§ 111 Abs. 4 S. 2 AktG, muss der Vorstand vor dem Abschluss eines Rechtsgeschäftes die Zustimmung des Aufsichtsrates einholen.[19] Diese Pflicht betrifft auch den Geschäftsführer einer GmbH.

Beachten müssen die **Vorstandsmitglieder einer AG** auch die **Rechte der Haupt-** 16 **versammlung**, wie sie in § 119 Abs. 1 AktG aufgelistet sind. Da die Geschäftsführung des Vorstandes denkbar weit verstanden wird, kann diese auch in ungeschriebene Mitwirkungsbefugnisse der Hauptversammlung übergreifen. Dies ist allerdings nur in engen Grenzen möglich. An einer **Geschäftsführungsmaßnahme** ist die Hauptversammlung zu beteiligen, wenn sie an der Kernkompetenz rührt, über die Verfassung der Gesellschaft zu bestimmen, die sich nahezu ebenso auswirkt wie eine Satzungsänderung.[20] Eine derartige ungeschriebene Mitwirkungsbefugnis der Hauptversammlung kommt immer dann in Betracht, wenn eine Maßnahme der Gesellschaft zu einem **Mediatisierungseffekt** führt.[21] Unverkennbar birgt diese Rechtsprechung Unwägbarkeiten. Will der Vorstand diesen aus dem Weg gehen und damit eine mögliche Haftung wegen einer Pflichtverletzung vermeiden, bleibt ihm nur noch der Weg über § 119 Abs. 2 AktG: Er kann danach von der Hauptversammlung verlangen, dass sie über eine Geschäftsführungsmaßnahme entscheidet.

Auch die **Geschäftsführer einer GmbH** sind dazu verpflichtet, **Zuständigkeiten** 17 **der Gesellschafterversammlung** zu beachten. Die Zuständigkeit der Gesellschafterversammlung kann sich aus dem Gesetz (§ 46 GmbHG) oder aus dem Gesellschaftsvertrag ergeben. Außerhalb dieser Vorschriften ist die Zustimmung der Gesellschafterversammlung für Geschäftsführungsmaßnahmen insbesondere einzuholen, wenn auch nur mit dem **Widerspruch eines Gesellschafters** zu rechnen ist,[22] wenn die Einberufung der Gesellschafterversammlung im Interesse der Gesellschaft nach § 49 Abs. 2 GmbHG erforderlich ist oder Fragen der Unternehmenspolitik berührt werden.[23] Wie auch beim Vorstand einer AG so umfasst auch die Geschäftsführungsbefugnis der Geschäftsführer einer GmbH keine **Grundlagengeschäfte**. Praktisch relevant ist dies in der GmbH vor allem für den Abschluss von Unternehmensverträgen: Der Abschluss eines derartigen Vertrages greift satzungsgleich in den rechtlichen Status der beherrschten GmbH ein und verlangt deswegen einen satzungsändernden Gesellschafterbeschluss.[24]

---

19 Näher dazu unten Rn 90ff.
20 BGH, Urt. v. 26.4.2004 – II ZR 155/02 – BGHZ 159, 30 – Gelatine; zuvor bereits BGH, Urt. v. 25.2.1982 – II ZR 174/80 – BGHZ 83, 122 – Holzmüller; OLG Celle, Urt. v. 7.3.2001 – 9 U 137/00 – AG 2001, 357, 358; *Bungert*, BB 2004, 1345ff.; *Liebscher*, ZGR 2005, 1ff.
21 *Böttcher/Blasche*, NZG 2006, 569, 573; anders zum Mediatisierungseffekt teilweise *Goette*, AG 2006, 522, 525.
22 OLG Frankfurt/Main, Urt. v. 19.1.1988 – 5 U 3/86 = GmbHR 1989, 254, 255.
23 MüKo-GmbHG/*Stephan/Tieves*, 4. Aufl., § 37 Rn 139ff.
24 BGH, Urt. v. 14.12.1987 – II ZR 170/87 – BGHZ 103, 1, 4f. – Familienheim; BGH, Beschl. v. 24.10.1988 – II ZB 7/88 – BGHZ 105, 324, 331 – Supermarkt; ausführlich dazu Boesche/Füller/Wolf/*Füller*, Festbeigabe Säcker, S. 261ff.

18 Schließlich trifft Vorstandsmitglieder auch die Pflicht, besondere **Ressortzuständigkeiten** innerhalb des Vorstandes als Leitungsorgan zu wahren. Sie dürfen nicht in andere Vorstandsressorts „hineinregieren", sind aber zur internen Aufsicht gehalten.[25] Solche Beschränkungen können insbesondere in der Geschäftsordnung des Vorstandes festgelegt werden.[26] Nach einer verbreiteten Ansicht soll es auch möglich sein, nur im Anstellungsvertrag dem Geschäftsleiter ein bestimmtes Ressort zuzuweisen.[27] Indes überzeugt dies nicht. Zu einer verbindlichen Organpflicht wird eine bestimmte Aufgabenverteilung nur, wenn sie satzungsähnlich formuliert ist. Um eine Kompetenzabgrenzung in der Geschäftsordnung des Vorstandes wird man daher nicht umhinkommen.[28] Die beschriebenen Grundsätze gelten auch für Geschäftsführer einer GmbH, wenn ihnen durch die Geschäftsordnung bestimmte Ressorts zugewiesen sind.[29]

19 Im Falle einer über eine Geschäftsordnung geregelten Ressortzuständigkeit für die Geschäftsführung führt das einzelne Mitglied der Geschäftsführung den ihm zugewiesenen Geschäftsbereich im Rahmen der Geschäftsführungsbeschlüsse in eigener Verantwortung. Damit entsteht ein eigener Zuständigkeitsbereich, innerhalb dessen Entscheidungen für diesen Zuständigkeitsbereich auch separat vom jeweiligen Geschäftsführer getroffen werden können, während der andere Geschäftsführer nicht zuständig ist. Der Inhalt der Leistungspflicht des Geschäftsführers wird folglich auch durch die Aufgabenverteilung bestimmt. Bei einer zulässigen internen Geschäftsverteilung haftet ein Geschäftsführer nicht, wenn er von den Unregelmäßigkeiten im Geschäftsbereich seines Mitgeschäftsführers nichts wusste und auch seine allgemeine Überwachungspflicht nicht verletzt hatte.[30] Jedem Geschäftsführer, auch wenn er für ein bestimmtes Ressort nicht zuständig ist, verbleibt immer noch eine allgemeine Informationspflicht und Überwachungsverantwortung. Daneben wird von einem Vorsitzenden/Sprecher der Geschäftsführung eine verstärkte Überwachung und im Zweifel Nachforschung erwartet.

20 Die geregelte Kompetenzverteilung als Teil der Geschäftsführungsbefugnis im Innenverhältnis ist strikt von der Vertretungsmacht im Außenverhältnis zu trennen. Hiernach kann auch ein eigentlich nach der Ressortverteilung unzuständiger Geschäftsführer, Verträge mit Dritten abschließen und die Gesellschaft somit wirksam verpflichten.

---

25 VG Frankfurt/Main, Urt. v. 8.7.2004 – 1 E 7363/03 (I) – AG 2005, 264, 265; BeckOGK/*Markworth*, 1.4.2023, GmbHG § 41 Rn 24 ff.; *Fleischer*, NZG 2003, 449, 452; MüKo-AktG/*Spindler*, 6. Aufl., § 77 Rn 59.
26 *Fleischer*, NZG 2003, 449, 451 f.
27 Sofern dies mit der gesetzlichen Zuständigkeitsverteilung vereinbar ist, vgl. MüKo-AktG/*Spindler*, 6. Aufl., § 82 Rn 45; Habersack/Casper/Löbbe/*Paefgen*, 3. Aufl., GmbHG § 35 Rn 242 – zur GmbH.
28 MüKo-AktG/*Spindler*, 6. Aufl., § 82 Rn 44.
29 OLG Hamm, Urt. v. 24.4.1991 – 8 U 188/90 = GmbHR 1992, 375; MüKo-GmbHG/*Fleischer*, 4. Aufl., § 43 Rn 145 ff.
30 BeckOGK/*Bayer*/*Scholz*, 1.1.2023, GmbHG § 43 Rn 193.

von Blumenthal/Bacher

3. Organisationsverantwortung

Der Geschäftsleitung obliegt es auch, für eine **gesetzeskonforme Zusammensetzung der Gesellschaftsorgane** zu sorgen. Zunächst gilt dies für das Geschäftsleitungsorgan selbst: Besteht zwingend ein zweiköpfiger Vorstand und scheidet ein Mitglied aus dem Vorstand aus, kann das verbleibende Vorstandsmitglied solche Maßnahmen nicht durchführen, die Aufgabe des Gesamtvorstandes sind. Der **Rumpfvorstand** handelt nach der Ansicht des **BGH pflichtwidrig**, wenn er gleichwohl Gesamtleitungsaufgaben ausführt.[31] In diesem Fall ist der Aufsichtsrat verpflichtet, ein neues Vorstandsmitglied zu bestellen, damit der Vorstand wieder handlungsfähig ist.[32] Im Schrifttum hat man dies als überzogene Reaktion gegeißelt. Stattdessen schlägt man vor, die Handlungsfähigkeit eines Rumpfvorstandes anzuerkennen, falls es um den Gläubigerschutz geht.[33] Auch wenn die Argumente der beschriebenen Ansicht überzeugen, sind für die Praxis die Weichen gestellt. Die Mitglieder eines Rumpfvorstandes handeln pflichtwidrig, wenn sie Aufgaben wahrnehmen, die zwingend der Gesamtvorstand zu erfüllen hat.

21

In einer AG hat der Vorstand die **Zusammensetzung des Aufsichtsrates** bekannt zu geben, ggf. nach § 104 Abs. 1 AktG auf dessen Ergänzung hinzuwirken, sowie das Recht, den Aufsichtsrat einzuberufen (§ 110 Abs. 1 AktG). Auch wenn dies gesetzlich nicht geregelt ist, so treffen diese Organisationsaufgaben ebenso den Geschäftsführer einer GmbH, die über einen fakultativen Aufsichtsrat verfügt. Auf eine ordnungsgemäße Besetzung des Aufsichtsrates hat der Vorstand hinzuwirken. Daneben und unabhängig davon fällt die ordnungsgemäße Besetzung auch in die eigene Organisationsverantwortung des Aufsichtsrates.

22

4. Besondere Legalitätspflichten

Der **Vorstand** hat auch die zwingenden **Vorgaben des Gesellschaftsrechts** zu beachten.

23

Hervorzuheben ist hier § 93 Abs. 3 AktG, der einige Beispiele für ein pflichtwidriges Handeln des Vorstandes aufführt. So handelt der Vorstand einer AG insbesondere pflichtwidrig, wenn

24

- er eigene Aktien erwirbt, obwohl die Gesellschaft zum Erwerbszeitpunkt nicht in der Lage ist, eine Rücklage in Höhe der Aufwendungen für den Erwerb zu bilden (§ 93 Abs. 3 Nr. 4 i.V.m. § 71 Abs. 2 S. 2 AktG)[34] oder
- er unerlaubte Vergütungen an Aufsichtsratsmitglieder gewährt (§ 93 Abs. 3 Nr. 4 i.V.m. §§ 113, 114 AktG).

---

31 BGH, Urt. v. 12.11.2001 – II ZR 225/99 – BGHZ 149, 158; dazu *Götz*, ZIP 2002, 1745 ff.; *Henze*, BB 2002, 847 ff.; *Schäfer*, ZGR 2003, 147 ff.; vgl. auch *Fleischer*, NZG 2003, 449 ff.
32 Näher dazu unten Rn 90 ff.
33 *Fleischer*, NZG 2003, 449, 451; *Schäfer*, ZGR 2003, 147, 155 ff. Eine Rumpfzuständigkeit des Vorstandes bejahend GroßKommAktG/*Kort*, § 76 Rn 199; ausführlich dazu *Götz* ZIP 2002, 1745, 1748 f.
34 OLG Stuttgart, Urt. v. 25.11.2009 – 20 U 5/09 = NZG 2010, 141 ff.; dazu *Fleischer*, NZG 2010, 121 ff.

25 Schließlich haftet der Vorstand auch, wenn dieser die Einlagen an die Gesellschafter zurückzahlt (§ 93 Abs. 3 Nr. 1 AktG).

26 Die **Geschäftsführer** haben nach § 43 Abs. 1 GmbHG in den Angelegenheiten der Gesellschaft die „Sorgfalt eines ordentlichen Geschäftsmannes anzuwenden." Der zu beachtende Standard wird zutreffend umschrieben als der einer Person in der verantwortlichen leitenden Stellung eines Verwalters fremden Vermögens („Treuhänder"). § 43 Abs. 1 GmbHG regelt den Pflichtenmaßstab für die Geschäftsführer. Die Vorschrift dient hierbei als Auffangtatbestand zu spezielleren Vorschriften, insbesondere:

- § 40 Abs. 3 GmbHG (Gesellschafterliste, Einreichung zum Handelsregister),
- § 41 GmbHG (Buchführungspflicht),
- § 49 GmbHG (Einberufung der Gesellschafterversammlung),
- § 30 i.V.m. § 43 Abs. 3 GmbHG (Kapitalerhaltung).

27 Die Kapitalerhaltungsvorschriften (§ 30 Abs. 1 S. 1 GmbHG bzw. § 57 Abs. 1 S. 1 AktG) sind ebenso bei der Etablierung eines Cash-Pool-Systems zu berücksichtigen.[35] Dabei handelt es sich um ein Mittel der Konzernfinanzierung.[36] Das Cash-Pooling bezweckt die im Konzernverbund vorhandenen Mittel bei einem Konzernmitglied zu konzentrieren. Dadurch sollen insbesondere Zins- und- Preisvorteile erlangt werden. Um dieses Ziel zu erreichen, werden beim (sog. physischen[37]) Cash-Pooling die vorhandenen Mittel bei einem Konzernunternehmen konzentriert.[38]

28 Nach geltendem Recht darf die Geschäftsleitung nur dann Zahlungen in den Cash-Pool aus dem gebundenen Vermögen der Gesellschaft tätigen, wenn ein Beherrschungs- oder Gewinnabführungsvertrag (§§ 291f. AktG) vorliegt oder der Rückzahlungsanspruch gegen den „Poolführer" durch einen vollwertigen Gegenleistungs- oder Rückgewähranspruch gedeckt ist (vgl. § 30 Abs. 1 S. 2 GmbHG bzw. § 57 Abs. 1 S. 2 AktG). Sind diese Voraussetzungen nicht erfüllt, hat die Geschäftsleitung Zahlungen in den Cash-Pool zu unterlassen. Anderenfalls ist der der Gesellschaft entstandene Schaden von der Geschäftsleitung zu ersetzen (§ 43 Abs. 3 S. 1 GmbHG bzw. § 93 Abs. 3 AktG).

II. Informations- und Berichtspflichten

29 Innerhalb der Informations- und Berichtspflichten ist zwischen den Berichtspflichten gegenüber den Kontrollorganen, den Anteilseignern und der Allgemeinheit zu unterscheiden.

---

[35] BGH, Urt. v. 16.1.2006 – II ZR 76/04 – BGHZ 166, 8 = NZG 2006, 344, 346 – Cash-Pool I; MüKo-GmbHG/*Ekkenga*, 4. Aufl., § 30 Rn 190; MüKo-AktG/*Bayer*, 5. Aufl., § 57 Rn 175.
[36] BeckOGK/*Herrler*, 1.4.2023, AktG § 27 Rn 308.
[37] Zum Unterschied zwischen physischem und virtuellem Cash-Pooling vgl. Eilers/Rödding/Schmalenbach/*Larisch*, Unternehmensfinanzierung, 2. Aufl., lit. C. Rn 542ff.
[38] *Seidel*, DStR 2004, 1130ff.; *Altmeppen*, ZIP 2006, 1025, 1026.

1. Berichtspflichten gegenüber dem Aufsichtsrat

Um dem Aufsichtsrat eine **Überwachungsmöglichkeit** zu ermöglichen, ist der Vorstand nach § 90 AktG verpflichtet, periodisch **Bericht zu erstatten**. Diese Pflicht ist eine nicht delegierbare Aufgabe des Gesamtvorstandes.[39] Unter anderem hat der Vorstand dem Aufsichtsrat zu berichten über die beabsichtigte Geschäftspolitik und andere grundsätzliche Fragen der Unternehmensplanung, insbesondere die Finanz-, Investitions- und Personalplanung, wobei er zusätzlich darauf einzugehen hat, ob die tatsächliche Entwicklung von früher berichteten Zielen abwich und warum. Nach wie vor ist noch nicht abschließend geklärt, wie detailliert der **Bericht über die Unternehmensplanung** sein muss. Dahinter steht ein unterschiedliches Vorverständnis darüber, was eine Unternehmensplanung als solche kennzeichnet. In jedem Falle dürfte über die Finanzplanung zu berichten sein sowie über die Investitions- und/oder Personalplanung. Nicht zu berichten ist hingegen über einzelne Planrechnungen. Man wird auch nicht generell fordern können, ein Managementinformationssystem einzurichten.[40] Schließlich verpflichtet § 90 Abs. 1 S. 3 AktG den Vorstand dazu, dem Vorsitzenden des Aufsichtsrates aus sonstigen wichtigen Anlässen zu berichten. Das Gesetz zählt hier bspw. einen Geschäftsvorfall bei einem verbundenen Unternehmen auf, der für die Lage der Gesellschaft von erheblichem Einfluss sein kann. 30

Diese Bestimmung ist auslegungsbedürftig. Sofern keine wesentlichen Verluste zu befürchten sind, steht diese Sonderberichterstattung im pflichtgemäßen Ermessen des Vorstandes.[41] 31

2. Berichtspflichten gegenüber den Anteilseignern

Die Geschäftsleiter sind gegenüber den Gesellschaftern 32
- zum Bericht,
- zur Information und
- zur Rechenschaft

verpflichtet. Sie müssen auf Informationsansprüche vollständig und zutreffend reagieren. Über **Strukturmaßnahmen** in einer AG hat der Vorstand gegenüber der Hauptversammlung schriftlich zu berichten. So hat er nach § 293a AktG ausführlich und schriftlich der Hauptversammlung zu berichten, dass ein Unternehmensvertrag abgeschlossen wird, wie der Vertrag im Einzelnen gefasst ist sowie wie sich Art und Höhe des Ausgleichs und der Abfindung berechnen.[42] Da diese **Berichtspflicht** auch eine rechtliche Erläuterung umfasst, kann der Vorstand dazu gehalten sein, sich unterstützend um rechtliche Beratung zu bemühen. Schließlich besteht noch eine **Pflicht zur schriftlichen Berichterstattung** des Vorstandes, wenn bei Kapitalmaßnahmen die Anteile von

---

[39] MüKo-AktG/*Spindler*, 6. Aufl., § 90 Rn 6.
[40] MüKo-AktG/*Spindler*, 6. Aufl., § 90 AktG Rn 19.
[41] Näher MüKo-AktG/*Spindler*, 6. Aufl., § 90 Rn 27f.
[42] Eine vergleichbare Pflicht bestimmt § 319 Abs. 3 Nr. 3 AktG für den Eingliederungsbericht.

Altaktionären verwässert werden sollen: Sowohl bei einer Kapitalerhöhung als auch beim genehmigten Kapital hat der Vorstand einen schriftlichen Bericht vorzulegen, aus dem sich der Grund für einen etwaigen Bezugsrechtsausschluss ergibt (§§ 186 Abs. 4 S. 2, 203 Abs. 2 S. 2 AktG). Die wohl bedeutsamste Berichtspflicht des Vorstandes regelt § 131 AktG, nach der der Vorstand jedem Aktionär auf Verlangen in der Hauptversammlung Auskunft über Angelegenheiten der Gesellschaft zu geben hat. Das GmbHG kennt keine derart formalisierten Berichtspflichten der **Geschäftsführer**. Sie können allerdings durch die Satzung näher bestimmt werden. Dies ist jedoch unüblich, da § 51a GmbHG ein denkbar weit gefasstes Auskunfts- und Einsichtsrecht der Gesellschafter normiert: Danach haben die Geschäftsführer jedem Gesellschafter auf dessen Verlangen unverzüglich über Angelegenheiten der Gesellschaft Auskunft zu erteilen sowie die Einsicht der Bücher und Schriften zu gestatten. Verweigern dürfen die Geschäftsführer die begehrte Auskunft nur, wenn sie offenbar zu gesellschaftsfremden Zwecken missbraucht werden soll oder die erteilte Auskunft einen erheblichen Nachteil für die GmbH verursachen würde.

3. Offenlegungspflichten gegenüber der Allgemeinheit

33 Die Geschäftsleiter sind auch dafür verantwortlich, dass die **Publikationen** über die Gesellschaft stets **auf dem aktuellen Stand** sind. Dazu gehören Pflichtangaben auf den Geschäftsbriefen (§ 80 AktG, § 35a GmbHG) und gem. § 81 AktG, § 39 Abs. 1 GmbHG die Pflicht, geänderte Vertretungsbefugnisse oder personale Zusammensetzungen des Leitungsorgans zur Eintragung in das Register anzumelden. In einer GmbH sind die Geschäftsführer schließlich dazu verpflichtet, jede Änderung im Gesellschafterbestand in einer Gesellschafterliste zu dokumentieren und diese zur Eintragung in das Handelsregister anzumelden, § 40 Abs. 1 GmbHG. Bedeutsam ist dies deswegen, da die Gesellschafterliste ein Publizitätsträger ist und nach § 16 Abs. 3 GmbHG den gutgläubigen Erwerb eines „gelisteten" Geschäftsanteils ermöglicht.

34 Der Vorstand einer AG hat die Hauptversammlungsbeschlüsse vorzubereiten und auszuführen (§ 83 AktG). Vergleichbar dazu hat der Geschäftsführer einer GmbH die Gesellschafterversammlung einzuberufen (§ 49 Abs. 1 GmbHG), wobei das GmbH-Recht hier weniger formale Anforderungen regelt als das AktG. **Geschäftsleiter** sind dazu verpflichtet, für eine ordnungsgemäße Führung der Handelsbücher zu sorgen (§ 91 Abs. 1 AktG, § 41 GmbHG).[43] In jüngster Zeit bedeutsam wurde die gemeinsame Pflicht von Vorstand und Aufsichtsrat, sich jährlich darüber zu erklären, ob und inwieweit die Grundsätze des **Deutschen Corporate Governance Kodex (DCGK)** eingehalten wurden. Diese sog. **Entsprechenserklärung gem. § 161 AktG** ist durch die Rechtsprechung sanktioniert. Unterbleibt eine derartige Erklärung oder ist sie unvollständig bzw. un-

---

43 Zur Einrichtung eines Frühwarnsystems i.S.d. § 91 Abs. 2 AktG vgl. unten Rn 40 ff.

richtig, so haften die Mitglieder des Vorstandes und des Aufsichtsrates dafür.[44] Bedeutsam ist schließlich noch die **Offenlegungspflicht nach § 325 HGB**.[45] Danach haben sowohl der Vorstand als auch die Geschäftsführer einer GmbH die Pflicht, unverzüglich den Jahresabschluss beim Elektronischen Bundesanzeiger elektronisch einzureichen.

4. Whistleblowing

Ein Unterfall der Informations- und Berichtspflichten der Geschäftsleitung ist die Errichtung eines Whistleblowing-Systems.[46] Die Errichtung derartiger Systeme war in der Vergangenheit grundsätzlich[47] in das pflichtgemäße Ermessen der Geschäftsleitung gestellt.[48] So empfiehlt lediglich A 4 DCGK für börsennotierte Gesellschaften die Errichtung eines Systems, mit dem Beschäftigten die Möglichkeit eingeräumt wird, geschützt Hinweise auf Rechtsverstöße im Unternehmen zu geben. Die Rechtslage änderte sich mit der Umsetzung der Whistleblower-Richtlinie[49] in das deutsche Recht durch das Hinweisgeberschutzgesetz.[50] Danach ergibt sich insbesondere eine Pflicht zur Errichtung von internen Meldestellen, wenn die jeweilige Gesellschaft mindestens 50 Beschäftigte hat, § 12 Abs. 1 S. 1, Abs. 2 HinSchG. Die interne Meldestelle ist insbesondere für den Empfang von Informationen von Beschäftigten über etwaige Verstöße zuständig, § 16 Abs. 1 HinSchG.

35

III. Unternehmensstrategie – unternehmerisches Ermessen

Unternehmerische Entscheidungen sind die Kernaufgaben jedes Geschäftsleiters.[51] Es handelt sich dabei um Entscheidungen prognostischen Charakters, bei denen die Geschäftsleiter die Sorgfalt eines „ordentlichen und gewissenhaften Geschäftsleiters" an-

36

---

44 BGH, Urt. v. 16.2.2009 – II ZR 185/07 – BGHZ 180, 9 ff. = NZG 2009, 342, 345 – Kirch/Deutsche Bank.
45 Handelsgesetzbuch (HGB) v. 10.5.1897 (RGBl. I S. 219), zuletzt geändert durch Gesetz v. 22.12.2023 (BGBl. I Nr. 411).
46 Koch/*Koch*, 17 Aufl., AktG § 76 Rn 18; *Baur/Holle*, AG 2017, 379 ff.; *Hopt*, ZGR 2020, 373, 381 ff.; *Maume/Hafke*, ZIP 2016, 199 ff.
47 Ausnahmen dazu sind in den § 25a Abs. 1 S. 6 Nr. 3 KWG, § 23 Abs. 6 VAG, § 5 Abs. 7 BörsG, § 28 Abs. 1 S. 2 Nr. 9 KAGB, § 6 Abs. 5 GwG zu finden.
48 *Kremer/Klahold*, ZGR 2010, 113, 133 f.; *Passarge*, NZI 2009, 86, 87; *Bussmann/Matschke*, CCZ 2009, 132, 135.
49 RL (EU) 2019/1937 des Europäischen Parlaments und des Rates v. 23.10.2019 zum Schutz von Personen, die Verstöße gegen das Unionsrecht melden (ABl. L 305 S. 17), zuletzt geändert durch Art. 147 VO (EU) 2023/1114 v. 31.5.2023 (ABl. L 150 S. 40).
50 Gesetz für einen besseren Schutz hinweisgebender Personen (HinSchG) v. 31.5.2023 (BGBl. 2023 I Nr. 140).
51 Dieser Grundsatz gilt uneingeschränkt auch für jedes kleine und mittelständische (Energie-)Versorgungsunternehmen.

zuwenden haben (§ 93 Abs. 1 S. 1 AktG). Das UMAG[52] hat in § 93 Abs. 1 S. 2 AktG die Grundsätze kodifiziert, an denen sich eine pflichtgemäße unternehmerische Entscheidung auszurichten hat: Eine unternehmerische Entscheidung eines Geschäftsleiters ist dann pflichtgemäß, wenn „das Vorstandsmitglied bei einer unternehmerischen Entscheidung vernünftigerweise davon ausgehen durfte, auf der Grundlage angemessener Informationen zum Wohl der Gesellschaft zu handeln".

37 In den Worten des **BGH** handelt der Geschäftsleiter pflichtwidrig, der die Grenzen deutlich überschreitet, „in denen sich ein von Verantwortungsbewusstsein getragenes, ausschließlich am Unternehmenswohl orientiertes, auf sorgfältiger Ermittlung der Entscheidungsgrundlagen beruhendes Unternehmen bewegen muss", oder wenn „die Bereitschaft, unternehmerische Risiken einzugehen, in unverantwortlicher Weise überspannt worden ist".[53] Diese sog. **Business Judgement Rule**[54] gründet sich darauf, dass den Geschäftsleitern bei ihrer Tätigkeit ein weiter Handlungsspielraum eingeräumt werden muss, ohne den eine unternehmerische Tätigkeit undenkbar ist. Die Rechtsordnung hat das wirtschaftliche Ergebnis dieser Tätigkeit hinzunehmen, solange die unternehmerische Entscheidung rational war und der Vorstand seinen Beurteilungsspielraum ausgefüllt hat. Auch für das unternehmerische Handeln von Geschäftsführern einer GmbH sind die beschriebenen Grund-sätze anerkannt.[55]

38 Die **prozeduralen Vorgaben der Business Judgement Rule** ähneln denen, die für sog. Beurteilungsermächtigungen im öffentlichen Recht entwickelt wurden.[56] Zunächst muss der **Entscheidungsvorgang** ordnungsgemäß sein: Die relevanten Entscheidungsparameter einer unternehmerischen Entscheidung sind zu ermitteln, wobei alle verfügbaren Informationsquellen auszuschöpfen sind.[57] Dies schließt es nicht aus, dass die Geschäftsleitung sachkundigen Rat einholt. Nach der tatsächlichen und rechtlichen Ermittlung sind die Vor- und Nachteile abzuwägen und mit gesicherten betriebswirtschaftlichen Erkenntnissen abzugleichen (**Abwägungsentscheidung**). Die Geschäftsleitung handelt erst dann pflichtwidrig, wenn ihre Entscheidung an einem Beurteilungsausfall leidet, an einer Fehleinschätzung des Tatsachenmaterials oder die zugrunde liegenden Tatsachen wirtschaftlich unvertretbar abgewogen wurden. In Rechtsstreitig-

---

52 Gesetz zur Unternehmensintegrität und Modernisierung des Anfechtungsrechts (UMAG) v. 22.9.2005 (BGBl. I S. 2802).
53 BGH, Urt. v. 21.4.1997 – II ZR 175/95 – BGHZ 135, 244, 253 – ARAG/Garmenbeck; BGH, Urt. v. 3.3.2008 – II ZR 124/06 – BGHZ 175, 365 – UMTS-Lizenzen.
54 So benannt nach der anglo-amerikanischen Parallelpraxis: Dodge vs. Ford Motor Co., 204 Mich. 459, 170 N.W. 668 (1919); Sinclair Oil Corp vs. Levien, 280 A. 2d 717, 720 (Del. 1971).
55 OLG Stuttgart, Urt. v. 26.5.2003 – 5 U 160/02 = GmbHR 2003, 835, 836.
56 Grundlegen dazu *Lohse*, Unternehmerisches Ermessen, S. 184 ff., S. 487 ff.; außerdem *Alexy*, JZ 1986, 701 ff.
57 BGH, Urt. v. 21.4.1997 – II ZR 175/95 – BGHZ 135, 244, 253 – ARAG/Garmenbeck; BGH, Urt. v. 29.10.2008 – IV ZR 128/07 = NJW-RR 2009, 322 (für den Vorstand einer Genossenschaft). Dabei darf der Geschäftsleiter aber abwägen, ob ein zusätzlicher Informationsertrag durch bestimmte Kosten noch gerechtfertigt ist, *Ihrig*, WM 2004, 2098, 2105 f.; *Ulmer*, DB 2004, 859, 860 ff.; *von Werder*, ZfB 1997, 901 ff.

keiten über eine Pflichtverletzung der Geschäftsleiter bei der Geschäftsführung ist typischerweise streitig, ob diese sorgfältig handelten. Ein Vorstandsmitglied einer AG ist gehalten, sich hierbei gem. § 93 Abs. 2 S. 2 AktG zu entlasten. Diese Vorschrift übt einen erheblichen Druck auf Vorstandsmitglieder einer AG aus, bei unternehmerischen Entscheidungen sorgfältig vorzugehen. Eine vergleichbare Beweislastregelung fehlt für Geschäftsführer einer GmbH, ist jedoch höchstrichterlich anerkannt.[58]

Gesichert ist nach diesen Maßstäben, dass der Geschäftsleiter keine Gelder der Gesellschaft sinnlos verschwenden darf, indem er etwa nutzlose Beratungsverträge abschließt[59] oder **Appreciation Awards** auskehrt, deren Vorteil für die Gesellschaft nicht erkennbar ist.[60] Unternehmensakquisitionen dürfen nur nach einer sorgfältigen Vorbereitung etwa in Gestalt einer **Due-Diligence-Prüfung** durchgeführt werden.[61] Auch bei der **Vergabe von Krediten** muss die Geschäftsleitung sorgfältig die Bonität des Darlehensnehmers prüfen, was im Einzelnen eine komplexe Abwägung verlangt, wie folgendes Beispiel zeigt: 39

Beispiel
OLG Celle[62]
Der Alleinvorstand der N-AG schloss mit dem finanzschwachen Start-up-Unternehmen I einen notariell beurkundeten Vertrag. Darin verpflichtete sich I für die Dauer von drei Jahren, der N-AG bis zu 300 Standorte zur Errichtung von Windkraftenergieanlagen zu übertragen. Als Gegenleistung sollte I bis zu 2 Mio. Aktien der N-AG erhalten. Zur Finanzierung des laufenden Geschäftsbetriebs gewährte die N-AG der I ein Darlehen mit einer dreijährigen Laufzeit i. H. v. (damals) 15 Mio. DM zum Zinssatz von 8 % p.a. Nachdem die I insolvent wurde, verlangte die N-AG die Zahlung der restlichen Darlehenssumme als Schadenersatz von dem mittlerweile ausgeschiedenen Vorstandsmitglied. Das **OLG Celle** sah in der unbesicherten Hingabe des Darlehens kein unvertretbares Risiko. Ein derartiges Darlehen darf ausgekehrt werden, wenn die Absicherung in der ertragsbringenden Tätigkeit des Unternehmens gesehen werden kann und sonst keine Sicherheiten zu erlangen sind.[63] Da der Vorstand vor dem Abschluss des Geschäfts eine Due Diligence durchführen ließ, durfte er annehmen, dass der Abschluss des Darlehensvertrages kein unvertretbares Risiko birgt. Deswegen hielt es das **OLG Celle** auch für unerheblich, ob in der Gesellschaft ein besonderes Risikomanagementsystem eingerichtet war. Selbst wenn man zu Unrecht auf ein derartiges Verfahren verzichtet habe, sei der Vorstand mit seiner Entscheidung kein unvertretbares Risiko eingegangen.

---

[58] BGH, Urt. v. 4.11.2002 – II ZR 224/00 – BGHZ 152, 280, 284; BGH, Beschl. v. 26.11.2007 – II ZR 161/06 = NJW-RR 2008, 484, 485.
[59] BGH, Urt. v. 9.12.1996 – II ZR 240/95 = NJW 1997, 741 ff.
[60] BGH, Urt. v. 21.12.2005 – 3 StR 470/04 = AG 2006, 110 ff.
[61] *Böttcher,* NZG 2005, 49, 52; *Mutschler/Mersmann,* DB 2003, 79 ff.
[62] OLG Celle, Urt. v. 28.5.2008 – 9 U 184/07 = WM 2008, 1745 ff. = AG 2008, 711 ff.
[63] Dies entspricht der ständigen Rechtsprechung: BGH, Urt. v. 21.3.2005 – II ZR 54/03 = ZIP 2005, 981, 982; OLG Düsseldorf, Urt. v. 28.11.1996 – 6 U 11/95 = AG 1997, 231, 234 f. – ARAG/Haberkorn; OLG München, Urt. v. 16.7.1997 – 7 U 4603/96 = ZIP 1998, 23, 25.

IV. Planung und Finanzierung

1. Planungs- und Finanzverantwortung

40 Eine besondere Ausprägung der **Planungsverantwortung** ist die Verpflichtung des Vorstandes, nach § 91 Abs. 2 AktG ein „Frühwarnsystem" einzurichten.[64] Die Vorschrift ist legislatorisch missraten, aber gleichwohl als geltendes Recht zu beachten. Zu errichten ist ein **Frühwarnsystem** gegenüber „den den Fortbestand der Gesellschaft gefährdenden Entwicklungen". Dies sind alle Änderungen in den bestehenden Geschäftsbeziehungen der AG, die die Existenz der AG bedrohen.[65] Welcher Art dieses Frühwarnsystem sein muss, beschreibt das Gesetz nicht. Immerhin besteht Einigkeit darüber, dass keine Pflicht zur Einrichtung eines umfassenden Risikomanagements besteht.[66] Es reicht zunächst aus, wenn eine interne Revision und ein **Controlling** eingerichtet sind. Welche Dichte das Risikomanagement einnehmen muss, liegt im Leitungsermessen der Geschäftsleiter und hängt auch vom Zuschnitt der jeweiligen Gesellschaft ab.

41 Unter diesem Vorbehalt lässt sich die Pflicht aus § 91 Abs. 2 AktG anhand des **IDW Prüfungsstandards 340** konkretisieren.[67]

- Zunächst setzt ein **Risikomanagement** die Identifizierung risikobehafteter Geschäfte voraus, wobei der Katalog derartiger Geschäfte fortgeschrieben und modifiziert werden sollte.
- Im nächsten Schritt sollte durch ein **geeignetes unternehmensinternes Überwachungssystem** sichergestellt werden, dass riskante Geschäfte überhaupt gemeldet werden.

42 Zudem ist es empfehlenswert, bestimmte **Schwellen** einzurichten, bei deren Überschreitung die **Risikoinventur** ansetzt. Mit der Risikoinventur werden die Risiken nach der Wahrscheinlichkeit ihrer Entstehung und nach den Schadenfolgen im Falle der Realisierung des Risikos erfasst.

---

[64] Vgl. Kap. 4 Rn 53 u. Kap. 9 Rn 23.
[65] GroßKommAktG/*Kort*, § 91 Rn 35; a.A. Koch/*Koch*, 17 Aufl., AktG § 91 Rn 6f., wonach es bereits ausreichen soll, wenn sich die Vermögens-, Finanz- und Ertragslage i.S.d. § 264 Abs. 2 HGB wesentlich zu verändern droht.
[66] MüKo-AktG/*Spindl*er, 6. Aufl., § 91 Rn 29; BeckOGK/*Fleischer*, 1.10.2023, AktG § 91 Rn 32f. Anderer Ansicht sind aus nachvollziehbaren Gründen die betriebswirtschaftliche Literatur und die überwiegende Meinung der Wirtschaftsprüfung: *Lück*, DB 1998, 8f.; *Pollanz*, DB 1999, 753, 758.
[67] IDW Prüfungsstandard 340 (IDW PS 340), Die Prüfung des Risikofrüherkennungssystems nach § 317 Abs. 4 HGB, 11.9.2000. Allerdings ist diese Prüfung nur bei börsennotierten Gesellschaften obligatorisch.

> **Praxistipp**
> Schlägt das Frühwarnsystem „Alarm", so ist der Vorstand verpflichtet, zu handeln. Diese Pflicht ergibt sich aus den §§ 76, 93 AktG, nicht hingegen aus § 91 Abs. 2 AktG.[68] In einer GmbH besteht keine Pflicht, ein Frühwarnsystem vorzusehen. Dessen Einrichtung in Gestalt einer Internen Revision und eines **Controllings** empfiehlt sich jedoch.

2. Insolvenzantragspflicht

Mit der oben beschriebenen Finanzverantwortung[69] korrespondiert die Pflicht der Geschäftsleiter, unverzüglich, spätestens aber drei Wochen nach Eintritt der **Zahlungsunfähigkeit oder Überschuldung** einen Insolvenzantrag beim örtlich zuständigen Insolvenzgericht zu stellen, § 15a Abs. 1 S. 1 InsO. Die Zahlungsunfähigkeit einer Gesellschaft lässt sich leicht feststellen. Nach § 17 Abs. 2 S. 1 InsO ist die Gesellschaft zahlungsunfähig, wenn sie nicht in der Lage ist, die fälligen Zahlungspflichten zu erfüllen. Der Geschäftsleiter einer juristischen Person ist darüber hinaus auch gehalten, einen Insolvenzantrag zu stellen, wenn die juristische Person überschuldet ist.[70] Nach § 19 Abs. 2 S. 1 InsO kennzeichnet es eine Überschuldung, dass das Gesellschaftsvermögen (1) die bestehenden Verbindlichkeiten nicht mehr deckt, es sei denn, dass (2) eine **positive Fortführungsprognose** überwiegend wahrscheinlich ist, § 19 Abs. 2 S. 1 InsO. Mithin fußt das Gesetz auf einer zweistufigen Prüfung. Dabei ist die Überschuldung anhand eines Überschuldungsstatus festzustellen. Eine rein rechnerische Überschuldung genügt noch nicht als Insolvenzgrund. Vielmehr hat der Geschäftsleiter zu prüfen, ob eine positive Fortführungsprognose gestellt werden kann. Welcher Zeitraum hierfür anzusetzen ist, lässt der Gesetzgeber ebenso offen, wie den notwendigen Inhalt der Prognose. Diese Rechtslage ist unbefriedigend und setzt Geschäftsleiter einem hohen Haftungsrisiko aus,[71] wenn sich im Nachhinein herausstellt, dass die Fortführungsprognose falsch war.

---

68 MüKo-AktG/*Spindler*, 6. Aufl., § 91 Rn 30.
69 Vgl. Rn 36 ff.
70 Mit dem Art. 10 des Sanierungs- und Insolvenzrechtsfortentwicklungsgesetz fügte der Gesetzgeber einen neuen § 4 in das Sanierungs- und insolvenzrechtliches Krisenfolgenabmilderungsgesetz, welcher den Überschuldungsbegriff für pandemiebetroffene Rechtsträger bis zum 31.12.2021 abänderte. Hintergrund war die Schwierigkeit der betroffenen Unternehmen und deren Organe, tragfähige Prognosen aufzustellen. Darüber hinaus wurde ein neuer § 4 Abs. 2 SanInsKG aufgenommen, welcher allgemein und für alle Rechtsträger bis zum Ende des Jahres 2023 die Fortbestehensprognose verkürzt.
71 Kritisch deswegen u. a. MüKo-InsO/*Drukarczyk/Schüler*, 4. Aufl., § 19 Rn 54.

V. Treuepflichten

1. Begriff und Fallgruppen

44 Die Geschäftsleiter einer AG bzw. einer GmbH unterliegen einer **Treuepflicht gegenüber der Gesellschaft**.[72] Diese Treuepflicht ist teilweise gesetzlich ausgeprägt: So beruhen das Wettbewerbsverbot eines Vorstandes und dessen Pflicht zur Verschwiegenheit letztlich auf einer gegenüber der Gesellschaft geschuldeten Treue. Daneben haben Rechtsprechung und Lehre weitere ungeschriebene organschaftliche Treuepflichten entwickelt. Die Geschäftsleiter sind dazu verpflichtet, ihre berufliche Arbeitskraft, Fähigkeiten, Kenntnisse und Erfahrungen vorbehaltlos der Gesellschaft zur Verfügung zu stellen.[73] Eigene Geschäfte der Geschäftsleitung mit der Gesellschaft sind nicht grundsätzlich verboten. Sie müssen allerdings einem Drittvergleich standhalten. Demnach kommt es darauf an, ob die Gesellschaft das Rechtsgeschäft mit dem Geschäftsleiter zu marktüblichen Bedingungen abgeschlossen hat („at Arm's Length"). Anderenfalls verletzt der Geschäftsleiter seine Treuepflicht.

45 Eine besondere Facette der **Treuepflicht** ist die Pflicht der Geschäftsleiter, Geschäftschancen zugunsten der Gesellschaft und nicht für eigene Zwecke wahrzunehmen **(Geschäftschancenlehre)**. Von einer gesicherten und pragmatisch ausgeformten Lehre kann jedoch nicht die Rede sein. Immerhin lassen sich folgende Grundzüge dieser Treuepflicht beschreiben:

- Es muss sich eine Geschäftschance der Gesellschaft manifestiert haben, die
- durch Geschäftsleiter selbst wahrgenommen wird und
- der Gesellschaft ohne sachlichen Grund entzogen wird.

46 Eine Geschäftschance der Gesellschaft muss sich abzeichnen. Anzeichen hierfür ist es in jedem Fall, wenn

- die Gesellschaft bereits einen Vertrag mit einem Dritten abgeschlossen hat,
- die Gesellschaft bereits in Vertragsverhandlungen eingetreten ist oder
- die Gesellschaft bereits beschlossen hat, einen Vertragsangebot anzunehmen.[74]

47 **Vorausgesetzt** ist dabei jedoch, dass die fragliche Geschäftschance vom Unternehmensgegenstand der Gesellschaft abgedeckt ist. Eine Geschäftschance entsteht auch durch einen nichtigen Beschluss der Gesellschafter, der einer Gesellschaft ein Geschäft zuweist,

---

[72] So für den Vorstand einer AG BGH, Urt. v. 20.2.1995 – II ZR 143/93 – BGHZ 129, 30, 34 – „Selbstständige treuhänderische Wahrnehmung fremder Vermögensinteressen". Für Geschäftsführer einer GmbH OLG Hamm Urt. v. 18.11.1996 – 31 U 42/96 = GmbHR 1997, 999, 1000; *Fleischer*, WM 2003, 1045, 1046 ff.; Noack/Servatius/Haas/*Beurskens*, GmbHG § 37 Rn 78.

[73] Für den Vorstand einer AG BeckOGK/*Fleischer*, 1.10.2023, AktG § 93 Rn 162. Für den Geschäftsführer einer GmbH BGH, Urt. V. 7.12.1987 – II ZR 206/87 = NJW-RR 1988, 420 ff.

[74] Vgl. dazu BGH, Urt. v. 11.10.1976 – II ZR 104/75 = WM 1977, 194, 195; BGH, Urt. v. 22.5.1989 – II ZR 211/88 = NJW 1989, 2687, 2688; BeckOGK/*Fleischer*, 1.10.2023, AktG § 93 Rn 175 ff.

das ihren Unternehmensgegenstand überschreitet.[75] In aller Regel scheidet ein sachlicher Grund dafür aus, dass ein Geschäftsleiter einer Gesellschaft eine Geschäftschance entzieht. Es spielt keine Rolle, ob der Geschäftsleiter die Geschäftschance privat oder dienstlich erfahren hat. Der **BGH** begründet dies damit, dass die Treuepflicht gegenüber der Gesellschaft unteilbar sei.[76] Ebenso wenig ist eine Finanzknappheit als Rechtfertigungsgrund dafür anzuerkennen, der Gesellschaft eine Geschäftschance zu entziehen. Sollten der Gesellschaft die notwendigen Mittel fehlen, um eine Geschäftschance wahrzunehmen, muss der Geschäftsleiter Lösungen suchen und darf stattdessen nicht die Chance für sich ausnutzen.

Praxistipp
Denkbare Lösungswege sind etwa die Aufnahme von Darlehen, Kapitalerhöhungen oder die Einforderung von Nachschüssen.[77]

Der Geschäftsleiter darf die **Geschäftschance** nur wahrnehmen, wenn ihm hierzu analog § 88 Abs. 1 AktG eine **Einwilligung erteilt** wurde. Zuständig dafür ist der Aufsichtsrat, in einer GmbH ohne Aufsichtsrat die Gesellschafterversammlung. 48

2. Insbesondere: Wettbewerbsverbote

Geschäftsleiter sind verpflichtet, Wettbewerb gegenüber der Gesellschaft zu unterlassen. Dieses **Wettbewerbsverbot** regelt § 88 AktG für die einzelnen Vorstandsmitglieder einer AG. Im GmbHG ungeregelt ist ein Wettbewerbsverbot der Geschäftsführer, es ist aber allgemein anerkannt und folgt aus § 88 AktG **analog**.[78] Untersagt ist der **Betrieb eines Handelsgewerbes** im Geschäftszweig der Gesellschaft. Diese antiquierte Formulierung lässt sich sinnvoll derart auslegen, dass der Geschäftsleiter keine wirtschaftliche Tätigkeit auf dem sachlich und räumlich relevanten Markt ausüben darf, auf dem die Gesellschaft tätig ist. Dafür mag der Unternehmensgegenstand der Gesellschaft aufschlussreich sein, entscheidend ist aber die tatsächlich ausgeübte Tätigkeit der Gesellschaft.[79] Unabhängig von der Frage, auf welchem Markt eine Gesellschaft tätig ist, dürfen Geschäftsleiter kein anderes Unternehmen leiten. Von den beschriebenen Be- 49

---

75 BGH, Urt. v. 13.2.1995 – II ZR 225/93 = NJW 1995, 1358, 1359.
76 BGH, Urt. v. 23.9.1985 – II ZR 246/84 = NJW 1986, 584, 586; OLG Frankfurt/Main, Urt. v. 13.5.1997 – 11 U (Kart) 68/96 = GmbHR 1998, 376, 378; näher Taeger/*Fleischer*, FS Kilian, S. 645, 656 f.
77 BGH, Urt. v. 10.2.1977 – II ZR 79/75 = WM 1977, 361, 362; BGH, Urt. v. 23.9.1985 – II ZR 257/84 = NJW 1986, 584, 585; OLG Celle, Urt. v. 26.9.2001 – 9 U 130/01 = NZG 2002, 469, 470.
78 BGH, Urt. v. 17.2.1997 – II ZR 278/95 = NJW 1997, 2055, 2056; BGH, Urt. v. 26.10.1964 – II ZR 127/62 = WM 1964, 1320, 1321.
79 *Armbrüster*, ZIP 1997, 1269, 1270. Füllt umgekehrt die Gesellschaft ihren Unternehmensgegenstand nicht voll aus, soll sich dies zugunsten des Geschäftsleiters auswirken, OLG Frankfurt/Main, Urt. v. 5.11.1999 – 10 U 257/98 – AG 2000, 518, 519. Dagegen zu Recht *Fleischer*, AG 2005, 336, 343; MüKo-AktG/*Spindler*, 6. Aufl., § 88 Rn 15 m.w.N.

schränkungen ist der Vorstand nur befreit, wenn der Aufsichtsrat seine Einwilligung erteilt und damit **vor** der Aufnahme der Konkurrenztätigkeit und/oder Übernahme einer Unternehmensleitung seine Zustimmung erteilt. Dabei muss der Aufsichtsrat seinerseits nach pflichtgemäßem Ermessen entscheiden und darf insbesondere keine Pauschal- oder Blankoeinwilligung erteilen, wie sich aus § 88 Abs. 1 S. 3 AktG ableiten lässt.

50   **Verstößt** ein Geschäftsleiter **gegen die** beschriebenen **Pflichten**, bedeutet dies in aller Regel einen wichtigen Grund, der sowohl die Abberufung als auch die Kündigung des Anstellungsvertrages rechtfertigt. Daneben oder stattdessen kann die Gesellschaft pflichtwidrig abgeschlossene Rechtsgeschäfte für sich vereinnahmen (§ 88 Abs. 2 S. 2 AktG – Eintrittsrecht), kann aber dann keinen Schadenersatzanspruch gegenüber dem Geschäftsleiter geltend machen.[80]

> **Praxistipp**
> Für Geschäftsleiter bedeutsam ist, dass zu ihren Lasten auch ein „nachvertragliches" Wettbewerbsverbot vereinbart werden kann.[81] Allerdings unterliegt ein solches Verbot wiederum den Schranken aus § 138 BGB, § 1 GWB und muss sachlich, räumlich sowie zeitlich angemessen sein. Die Einzelheiten sind hier nicht zu vertiefen.[82]

3. Pflicht zur Verschwiegenheit

51   Die **Verschwiegenheitspflicht** der Vorstandsmitglieder ist Ausfluss ihrer Treuepflicht: Nach § 93 Abs. 1 S. 3 AktG haben Vorstandsmitglieder über **vertrauliche Angaben und Geheimnisse** der Gesellschaft Stillschweigen zu bewahren, die ihnen durch ihre Geschäftsleitertätigkeit bekannt geworden sind. Gegenstand der Verschwiegenheitspflicht ist ein Geheimnis, worunter man allgemein jede Tatsache versteht, deren Weitergabe zum Schaden der Gesellschaft führen könnte.[83] Dies sind insbesondere

- die Unternehmens-, Finanz- und Investitionsplanung,
- Kundenlisten,
- Kalkulationen,
- Fertigungs- und Herstellungsverfahren,
- Konstruktionen, Produktionsvorhaben,
- Forschungstätigkeit und
- Personalangelegenheiten.[84]

---

80 Koch/*Koch*, AktG, 17. Aufl., § 88 Rn 6.
81 Dazu umfassend *Thüsing*, NZG 2004, 9 ff.
82 Näher *Armbrüster*, ZIP 1997, 1269, 1271; MüKo-AktG/*Spindler*, 6. Aufl., § 88 Rn 48 ff.
83 BGH, Urt. v. 5.6.1975 – II ZR 156/73 – BGHZ 64, 325, 329.
84 Vgl. dazu *Banspach/Nowak*, Der Konzern 2008, 195, 199; Hölters/Weber/*Hölters/Hölters*, 4. Aufl., AktG § 93 Rn 118.

Vertrauliche Angaben müssen nicht notwendig ein „Geheimnis" darstellen, sondern sind 52 weitergehend dadurch gekennzeichnet, dass deren Mitteilung dem Interesse der Gesellschaft widerspricht. Die Definition des Geschäftsgeheimnisses und Vorschriften bei seiner Verletzung haben in jüngster Zeit Eingang in das Gesetz (Geschäftsgeheimnisgesetz)[85] gefunden. Geschäftsgeheimnisse sind nach § 2 Nr. 1 GeschGehG nur noch solche Informationen, die Gegenstand von angemessenen Geheimhaltungsmaßnahmen sind und denen zumindest ein potenzieller wirtschaftlicher Wert zukommt. Anders als bislang reicht es künftig nicht mehr aus, etwas geheim halten zu wollen. Ein solcher Wille muss durch entsprechende Maßnahmen dokumentiert sein, um die Geheimhaltung sicherzustellen. Die erforderlichen Maßnahmen hängen von der Art des zu schützenden Geheimnisses ab. Dokumente und Korrespondenz sollten bspw. als „vertraulich" gekennzeichnet werden. Gegenüber Mitarbeiterinnen und Mitarbeitern ist sicherzustellen, dass diese ausdrücklich zur Geheimhaltung verpflichtet, entsprechend geschult und zu angemessenem Verhalten angehalten werden. Rechte und Pflichten aus dem Arbeitsverhältnis und die Rechte der Arbeitnehmervertretungen bleiben jedoch durch das Gesetz unberührt (vgl. § 1 Abs. 3 Nr. 4 GeschGehG), individualvertragliche Abreden im Arbeitsvertrag werden somit nicht unterlaufen. Ebenso muss auf eindeutige vertragliche Regelungen zur Verschwiegenheit mit Dritten geachtet werden, denen zu schützenden Informationen bekannt werden könnten.

Eine vertrauliche Angabe oder ein Geheimnis unterfällt, bei Einhaltung der vorste- 53 henden Voraussetzungen, solange der Schweigepflicht, bis sie bzw. es allgemein bekannt geworden oder durch den Vorstand freiwillig oder aufgrund gesetzlicher Pflicht offenbart worden ist. Allein der Vorstand ist „Herr der Gesellschaftsgeheimnisse"[86] und kann im Einzelfall nach sorgfältiger Abwägung der widerstreitenden Interessen sich für eine Offenbarung entscheiden und die betreffende vertrauliche Angabe oder das Geheimnis öffentlich machen.[87]

Die Hauptversammlung ist hingegen zwar nicht befugt, über die Offenbarung ver- 54 traulicher Angaben und Geheimnisse zu befinden. Sie kann aber gem. § 119 Abs. 2 AktG über Fragen der Geschäftsführung und damit auch über die Erteilung des Einverständnisses entscheiden, wenn der Vorstand dies verlangt. Die Rechtsfolge eines wirksamen Beschlusses nach § 119 Abs. 2 AktG ist, dass die Haftung des Vorstands insoweit entfällt (vgl. § 93 Abs. 4 S. 1 AktG).

Auch wenn nicht ausdrücklich im GmbHG geregelt, so unterliegen auch die **Ge-** 55 **schäftsführer einer GmbH** einer **Schweigepflicht**.[88] Wie auch sonst bei Treuepflichten

---

[85] Gesetz zum Schutz von Geschäftsgeheimnissen (GeschGehG) v. 18.4.2019 (BGBl. I S. 466).
[86] MüKo-AktG/*Spindler*, 6. Aufl., AktG § 93 Rn 149.
[87] BGH, Urt. v. 5.6.1975 – II ZR 156/73 – BGHZ 64, 325, 329; u.E. überzeugt dies wenig, vielmehr ist zu differenzieren. Der Begriff „Geheimnis" ist objektiv und damit keiner subjektiven Beurteilung zugänglich. Nur über den vertraulichen Charakter kann der Vorstand befinden.
[88] Vgl. etwa Habersack/Casper/Löbbe/*Paefgen*, 3. Aufl., GmbHG § 43 Rn 150 ff. Ableiten lässt sich dies auch aus § 85 Abs. 1 GmbHG, der jedoch vertrauliche Angaben nicht erfasst. Für die AG vgl. die Parallelvorschrift in § 404 Abs. 1 AktG.

im Allgemeinen wirkt auch die Schweigepflicht im Besonderen nach. Sie beginnt mit der (sei es auch faktischen) Organstellung, dauert aber über das Mandatsende so lange fort, wie das Geheimhaltungsinteresse besteht.[89] Zu wahren ist die Verschwiegenheitspflicht gegenüber jedermann, auch gegenüber den Arbeitnehmern und allen Organen der Betriebsverfassung.[90] Zwischen den Geschäftsleitern und gegenüber dem Aufsichtsrat besteht keine Pflicht zur Verschwiegenheit, da die Mitteilungsempfänger selbst zum Stillschweigen verpflichtet sind.[91]

56 Dagegen wurde der früher geltende § 93 Abs. 1 S. 4 AktG a.F., wonach gegenüber einer anerkannten Prüfstelle i.S.d. § 342b HGB keine Verschwiegenheit gilt, aufgehoben. Anpassungen des Bilanzkontrollverfahrens haben das Bedürfnis einer derartigen Ausnahme zur Verschwiegenheitspflicht aufgehoben.[92] Insbesondere bei einem **Unternehmenskauf** gerät die Geschäftsleitung der Zielgesellschaft typischerweise in einen Konflikt mit dem Geheimhaltungsinteresse der Zielgesellschaft und dem Informationsinteresse des Erwerbers. Im Kern ist dabei abzuwägen, ob eine **Due-Diligence-Prüfung** des Erwerbers zugelassen wird und welche Informationen hier zur Verfügung gestellt werden. Die Zuständigkeit, hierüber zu entscheiden, gestaltet sich für die AG und die GmbH unterschiedlich: In einer **AG** ist es Aufgabe des Gesamtvorstandes (§ 77 Abs. 1 AktG), darüber zu beschließen, ob eine **Due-Diligence-Prüfung** des Erwerbers zugelassen wird.[93] Im Gegensatz dazu liegt in einer **GmbH** die Beschlusskompetenz bei der Gesellschafterversammlung.[94] § 51a Abs. 1 GmbHG hilft hier regelmäßig nicht weiter, da die Veräußerung des Geschäftsanteils wohl regelmäßig ein gesellschaftsfremdes Interesse i.S.v. § 51a Abs. 2 GmbHG ist. Die Maßstäbe, anhand derer über das Ob einer Due Diligence und deren Informationsdichte zu entscheiden ist, sind für beide Gesellschaftsformen deckungsgleich. Für eine Due Diligence spricht oft der Umstand, dass ohne diese Prüfung der Kaufpreis für das Unternehmen deutlich niedriger ausfällt. Abzuwägen sind bei der Informationspreisgabe nicht nur die Vorteile für die Zielgesellschaft für den Fall, in dem die Transaktion erfolgreich sein wird, sondern auch die Nachteile, die eine Preisgabe der Informationen zeitigt, wenn der geplante Erwerb scheitern sollte.[95] Insgesamt müssen die zu treffenden Entscheidungen den Anforderungen der **Business Judgement Rule** genügen.

---

89 Koch/*Koch*, 17 Aufl., AktG, § 93 Rn 65.
90 Im Zivilprozess können Geschäftsleiter ihre Vernehmung als Partei daher nach § 446 ZPO ablehnen; ausgeschiedene Geschäftsleiter haben ein Zeugnisverweigerungsrecht, §§ 383 Abs. 1 Nr. 6, 384 Nr. 3 ZPO.
91 BGH, Urt. v. 26.3.1956 – II ZR 180/54 – BGHZ 20, 234, 246; BGH, Urt. v. 20.2.1997 – I ZR 13/95 – BGHZ 135, 1; MüKo-AktG/*Spindler*, 6. Aufl., § 93 Rn 160.
92 MüKo-AktG/*Spindler*, 6. Aufl., AktG § 93 Rn 167.
93 *Körber*, NZG 2002, 263, 268; *Ziemons*, AG 1999, 492, 500; BeckOGK/*Fleischer*, 1.10.2023, AktG § 93 Rn 212.
94 *Götze*, ZGR 1999, 202, 225ff.; *Körber*, NZG 2002, 263, 268; *Oppenländer*, GmbHR 2000, 535, 540f.
95 *Körber*, NZG 2002, 263, 269; *Müller*, NJW 2002, 3552, 3554; MüKo-AktG/*Spindler*, 6. Aufl., § 93 Rn 168; *Roschmann/Frey*, AG 1996, 449, 451f.; a.A. und verfehlt *Krömker*, NZG 2003, 418ff., der im Rahmen einer Due Diligence von einer umfassenden Offenlegungspflicht ausgeht.

von Blumenthal/Bacher

Dies kann es auch gebieten, besonders sensible Daten nur an solche Personen weiterzugeben, die kraft Berufsrechts einer Verschwiegenheitspflicht unterliegen.[96] Allerdings darf sich die Geschäftsleitung oder Gesellschafterversammlung ihrer Abwägungspflicht nicht dadurch entledigen, indem sie pauschal Geheimnisse preisgibt. Verträge diesen Inhalts sind nach §§ 134, 138 BGB nichtig.[97] Die Vertragsparteien sollten daher, wie in der Praxis üblich, eine Geheimhaltungsvereinbarung/Non-disclosure agreement („NDA") unterzeichnen, um den Schutz der Informationen und der Geheimnisse der Gesellschaft sicherzustellen. 57

VI. Besonderheiten für den GmbH-Geschäftsführer

In der GmbH gilt das Primat der **Gesellschafterversammlung**. Sie kann durch einen Beschluss den Geschäftsführer entweder generell zu einem bestimmten Tun oder Unterlassen anweisen oder sogar Vorgaben für einzelne bestimmte Vorgänge treffen.[98] Nach der überwiegenden Ansicht kann die Satzung einer GmbH oder eine Gesellschafterweisung die Geschäftsführung zu einem rein ausführenden Organ herabstufen.[99] Hat die Gesellschafterversammlung eine Weisung beschlossen, stellt dies jedoch keinen Freibrief für den Geschäftsführer dar. Vielmehr muss der Geschäftsführer prüfen, 58

- ob der anweisende Gesellschafterbeschluss nichtig oder schwebend unwirksam ist sowie
- ob dessen Durchführung entweder das Gesetz oder die guten Sitten verletzen würde.[100]

Beispiel
Ein besonders drastisches Beispiel hierzu liefert die Entscheidung des **OLG Naumburg** vom 10.2.1999.[101] Die Gesellschafterversammlung der X-GmbH beschloss mehrheitlich, dass keine Sozialversicherungsbeiträge für die Arbeitnehmer abzuführen sind. Dazu wies sie den Geschäftsführer an. Eine derartige Anweisung ist unbeachtlich. Folgt der Geschäftsführer dieser Anweisung, begeht er eine Pflichtverletzung.

---

96 *Hemeling,* ZHR 2005, 274, 282; *Stoffels,* ZHR 2001, 362, 377; dagegen *Körber,* NZG 2002, 263, 271.
97 *Linker/Zinger,* NZG 2002, 497, 500; MüKo-AktG/*Spindler,* 6. Aufl., § 93 Rn 169.
98 BGH, Urt. v. 20.2.1997 – I ZR 13/95 – BGHZ 135, 1; BGH, Urt. v. 1.4.2004 – IX ZR 305/00 = WM 2004, 1037, 1040.
99 OLG Nürnberg, Urt. v. 9.6.1999 – 12 U 4408/98 = NZG 2000, 154f.; Lutter/Hommelhoff/*Bayer,* 21. Aufl., GmbHG § 45 Rn 4.
100 BGH, Urt. v. 14.12.1959 – II ZR 187/57 – BGHZ 31, 258, 278; *Ebert,* GmbHR 2003, 444, 445f. mit Beispielen; Lutter/Hommelhoff/*Kleindiek,* 21. Aufl., GmbHG § 37 Rn 22; MüKo-GmbHG/*Stephan/Tieves,* § 37 Rn 115ff.
101 OLG Naumburg, Urt. v. 10.2.1999 – 6 U 1566/97 = NJW-RR 1999, 1343ff.

59 Von den beschriebenen Konstellationen sind die Fälle zu **unterscheiden**, in denen der Geschäftsführer eine **Anweisung** der Gesellschafterversammlung für **unzweckmäßig oder ökonomisch unvernünftig** hält. Analog § 665 BGB ist er dazu verpflichtet, Gegenvorstellungen zu erheben, wenn der Beschluss der Gesellschafterversammlung an einem Erkenntnisdefizit leidet. Hierin erschöpfen sich jedoch die Möglichkeiten des Geschäftsführers. Schließt sich die Gesellschafterversammlung der Gegenvorstellung nicht an, muss der Geschäftsführer die Weisung befolgen. Zusammenfassend bleibt festzuhalten, dass rechtmäßige Weisungen zu befolgen sind. Der Ungehorsam des Geschäftsführers ist hier eine Pflichtverletzung. Umgekehrt verhält es sich bei rechtswidrigen Weisungen: Hier wird der Geschäftsführer dazu verpflichtet, sich der Weisung zu widersetzen.

VII. Verbundene Unternehmen

60 Vergleichbar, wenn auch komplexer stellt sich die **Rechtslage innerhalb verbundener Unternehmen** dar. Beherrschungs- und Gewinnabführungsverträge zwischen zwei Gesellschaften sind häufig anzutreffen. Nach § 291 Abs. 1 AktG unterstellt sich durch einen **Beherrschungsvertrag** ein Unternehmen der Leitung eines anderen. Kraft dessen ist das beherrschende Unternehmen dazu berechtigt, Weisungen zu erteilen. Die Geschäftsleitung des verpflichteten Unternehmens ist nicht Partei dieses Vertrages, nach dem Gesetz aber verpflichtet, den Weisungen kraft des Beherrschungsvertrages Folge zu leisten. Für den Vorstand einer abhängigen AG ergibt sich dies ausdrücklich aus § 308 Abs. 2 S. 1 AktG. Nicht anders gestaltet sich die Rechtslage in einer beherrschten GmbH, da die herrschende Gesellschaft regelmäßig die Mehrheit in der beherrschten GmbH innehat und deswegen dem Geschäftsführer jederzeit eine Weisung erteilen könnte.

61 Für den **Vorstand** der beherrschten AG mag es bisweilen schwierig sein, zwischen gesellschaftsrechtlicher Folgepflicht und pflichtgemäßem Widerstand zu entscheiden. Der **Geschäftsleiter** der beherrschten Gesellschaft muss insgesamt **zwei Parameter** berücksichtigen, wenn an ihn eine Weisung herangetragen wird:
- Verstößt die Weisung gegen gesetzliche Bestimmungen, ist sie sittenwidrig oder schränkt der Beherrschungsvertrag das Weisungsrecht ein? Trifft einer dieser Fälle zu, darf der Geschäftsleiter der beherrschten Gesellschaft eine derartige Weisung nicht befolgen.
- Ist eine rechtmäßige Weisung vorteilhaft für die beherrschte Gesellschaft oder nachteilig? Stellt sich die Weisung als nachteilig heraus, hat sie der Geschäftsleiter der beherrschten Gesellschaft nur zu befolgen, wenn sie den Belangen des herrschenden Unternehmens oder eines verbundenen Unternehmens dient.

62 Die erstgenannte Beurteilung hat der Geschäftsleiter der beherrschten Gesellschaft auf der Grundlage des ihm zur Verfügung stehenden Informationsmaterials zu treffen. Hingegen ist die Frage, ob eine nachteilige Weisung dem Konzerninteresse dient, durch den

Geschäftsleiter der herrschenden Gesellschaft zu beurteilen.[102] Dessen Einschätzung hat sich an den Vorgaben der **Business Judgement Rule** zu orientieren.[103] Der Vorstand der beherrschten Gesellschaft hat diese Weisung nur darauf zu untersuchen, ob sie die Grenzen einer ordnungsgemäßen Geschäftsleitung einhält.

Eine allgemeine Schranke von Weisungen im Vertragskonzern bildet das **Verhältnismäßigkeitsprinzip**. Begründet eine Weisung eine ernsthafte Insolvenzgefahr für die angewiesene Gesellschaft, ist sie unverhältnismäßig.[104] Der Vorstand der abhängigen Gesellschaft hat dieser Weisung nicht Folge zu leisten, was sich aus § 308 Abs. 2 S. 2 AktG ableiten lässt. Die Existenzvernichtung einer beherrschten Gesellschaft dient offensichtlich nicht den Belangen eines Konzerns. 63

C. Pflichten des Aufsichtsorgans

I. Bildung eines Aufsichtsorgans – Arten

Ein **Aufsichtsorgan** ist in erster Linie in einer **AG** zu bilden, §§ 95ff. AktG. Fehlt ein obligatorisch zu bildender Aufsichtsrat[105] oder ist der Aufsichtsrat fehlerhaft besetzt, ist die AG gleichwohl handlungsfähig.[106] Sind die Aufsichtsratsmitglieder nicht wirksam gewählt bzw. bestellt, hat dies die Nichtigkeit der Bestellung zur Folge, weshalb auch die Beschlüsse des Aufsichtsrates nichtig sind.[107] § 104 AktG sichert ab, dass die AG über einen **handlungsfähigen Aufsichtsrat** verfügt. Im Rahmen seiner Organisationsverantwortung ist der Vorstand dazu verpflichtet, unverzüglich einen Antrag auf gerichtliche Ergänzung des Aufsichtsrates zu stellen. Um die Bestellungskompetenz der Hauptversammlung nicht zu unterlaufen, sollte dieser Antrag befristet bis zur nächsten Hauptversammlung gestellt werden, wie C.15 Satz 2 DCGK empfiehlt.[108] 64

In einer **GmbH** ist der **Aufsichtsrat** grundsätzlich fakultativ: Nach § 52 Abs. 1 GmbHG kann ein freiwilliger Aufsichtsrat vorgesehen werden, dessen Pflichten sich im Wesentlichen nach dem AktG richten, aber ausgestaltbar sind.[109] 65

---

102 *Immenga*, ZHR 1976, 301, 304f.
103 Vgl. oben Rn 36.
104 *Emmerich/Habersack*, Konzernrecht, § 308 AktG Rn 61 m.w.N. Von der Unzulässigkeit derartiger Weisungen geht auch aus: OLG Düsseldorf, Beschl. v. 7.6.1990 – 19 W 13/86 = AG 1990, 490ff. – DAB/Hansa; a.A. KölnKomm-AktG/*Koppensteiner*, 4. Aufl., § 308 Rn 47.
105 Bisweilen passiert dies bei der Gründung einer AG, wenn vergessen wird, den ersten Aufsichtsrat nach § 30 AktG durch den nächsten zu ersetzen.
106 MüKo-AktG/*Habersack*, 6. Aufl., § 95 Rn 5.
107 Vgl. BGH, Urt. v. 16.12.1953 – II ZR 167/52 – BGHZ 11, 231, 246; vgl. auch BGH, Urt. v. 4.7.1994 – II ZR 114/93 = ZIP 1994, 1171, 1172.
108 Eine dauerhafte gerichtliche Bestellung soll dadurch vermieden werden. Zu dieser Unsitte vgl. *von Wietzlow/Gemmecke*, AG-Report 2003, 302f.
109 Vgl. näher unten Rn 107ff.

> **Praxistipp**
> Zwingend ist ein Aufsichtsorgan in einer GmbH zu bilden, wenn dies gesetzlich vorgeschrieben ist. Zu nennen sind hier die Bildung mitbestimmter Aufsichtsräte nach dem MitBestG,[110] dem DrittelbG,[111] in der Montanmitbestimmung sowie Kapitalanlagegesellschaften in der Rechtsform einer GmbH (§ 18 Abs. 2 S. 1 KAGB[112]). In den beschriebenen Fällen sind die sondergesetzlichen und aktienrechtlichen Anforderungen an den Aufsichtsrat zwingend.

II. Persönliche Eignung

66 Das **einzelne Aufsichtsratsmitglied** muss nach dem Gesetz im Grundsatz keine bestimmte Qualifikation erfüllen. Allerdings hat der **BGH** relativ früh erkannt, dass eine sorgfältige Mandatswahrnehmung ein **Mindestmaß an Kenntnissen** verlangt: Die persönliche und eigenverantwortliche Amtsausübung eines Aufsichtsratsmitgliedes setzt voraus, dass es diejenigen Mindestkenntnisse und Fähigkeiten besitzt oder sich aneignen muss, die es benötigt, um die normalerweise anfallenden Geschäftsvorgänge auch ohne fremde Hilfe verstehen und sachgerecht beurteilen zu können.[113] Überschätzt ein Aspirant für den Aufsichtsrat seine Qualifikation, so trifft ihn ein Übernahmeverschulden, wenn er die Bestellung annimmt.[114] Auch wenn hierüber Einigkeit besteht, dürfte dieses Übernahmeverschulden nur in wenigen Fällen nachweisbar sein. Zudem werden Schadenersatzansprüche gegenüber dem Aufsichtsratsmitglied erst dann erfolgreich sein, sofern der Gesellschaft ein Schaden entstanden ist. Dies kann das Aufsichtsratsmitglied vermeiden, indem es sich während seiner Tätigkeit die notwendigen Kenntnisse und Fähigkeiten aneignet.

67 Wird eine **AG** i.S.d. § 264d HGB **kapitalmarktorientiert tätig**,[115] muss gem. § 100 Abs. 5 AktG (i.V.m. § 316a S. 2 Nr. 1 HGB) mindestens ein unabhängiges Mitglied des Aufsichtsrates über einen **Sachverstand** auf den Gebieten Rechnungslegung oder Abschlussprüfung verfügen. Daneben kann die Satzung einer AG (oder GmbH) vorsehen, dass die Aufsichtsratsmitglieder bestimmten persönlichen Anforderungen genügen müssen. Fehlen die satzungsgemäßen Voraussetzungen bereits bei der Wahl des Auf-

---

110 Mitbestimmungsgesetz (MitBestG) v. 4.5.1976 (BGBl. I S. 1153), zuletzt geändert durch Gesetz v. 7.8.2021 (BGBl. I S. 3311).
111 Drittelbeteiligungsgesetz (DrittelbG) v. 18.5.2004 (BGBl. I S. 974), zuletzt geändert durch Gesetz v. 7.8.2021(BGBl. I S. 3311).
112 Kapitalanlagegesetzbuch (KAGB) v. 4.7.2013 (BGBl. I S. 1981), zuletzt geändert durch Gesetz v. 22.12.2023 (BGBl. I Nr. 411).
113 BGH, Urt. v. 15.11.1982 – II ZR 27/82 – BGHZ 85, 293, 295f. – Hertie.
114 Schmidt/Lutter/*Drygala*, AktG, 4. Aufl., § 116 Rn 7; MüKo-AktG/*Habersack*, 6. Aufl., § 116 Rn 75.
115 Kapitalmarktorientiert ist eine Gesellschaft nach dieser Vorschrift, wenn sie einen organisierten Markt i.S.d. § 2 Abs. 11 WpHG in Anspruch nimmt oder die Zulassung von Wertpapieren zu einem Handel am organisierten Markt beantragt hat.

sichtsrates, so ist der **Bestellungsbeschluss** der Hauptversammlung gem. § 251 AktG **anfechtbar**.[116] Auch nach dem Ablauf der Anfechtungsfrist oder wenn später die statutarischen Eignungsvoraussetzungen wegfallen, kann das betroffene Aufsichtsratsmitglied aus wichtigem Grund gem. § 103 Abs. 3 AktG abberufen werden.[117]

III. Überwachungspflicht

Wie sich aus §§ 116, 93 AktG ergibt, sind die Aufsichtsratsmitglieder dazu verpflichtet, ihre Überwachungsaufgabe sorgfältig wahrzunehmen. Dabei kommt es auf die **Sorgfalt eines ordentlichen und gewissenhaften Aufsichtsrates** an. 68

Praxistipp
Wer zu überwachen hat, muss informiert sein.

Je nach dem Zuschnitt der Gesellschaft kann deswegen ein besonderes Informationssystem einzurichten sein.[118] In jedem Fall ist der Aufsichtsrat jedoch dazu verpflichtet, sich ein genaues Bild von der wirtschaftlichen Situation der Gesellschaft zu verschaffen und darf den Aussagen der Geschäftsleitung nicht blind vertrauen.[119] Die Informationsdichte kann und darf schwanken, allerdings muss der Aufsichtsrat in der Krise der Gesellschaft stets informiert sein.[120] 69

1. Aufgabendelegation und Organverantwortung

Der Aufsichtsrat ist regelmäßig überstrapaziert, wenn sich alle seine Mitglieder mit den **Amt- und Überwachungsaufgaben** befassen. Aus diesem Grund kann eine Überwachungsaufgabe durch ein Aufsichtsratsmitglied erfüllt werden. 70

Praxistipp
Es empfiehlt sich, dies in der Geschäftsordnung des Aufsichtsrates niederzulegen.

Ebenso ist es dem Aufsichtsrat gestattet, sich einer Zuarbeit zu bedienen. Dies folgt aus § 107 Abs. 3 AktG, wobei die Norm den Rahmen absteckt, innerhalb dessen Aufgaben durch den Aufsichtsrat an einen Ausschuss delegiert werden dürfen. Dabei ist zu unter- 71

---

116 Koch/*Koch*, 17 Aufl., AktG, § 100 Rn 20.
117 MüKo-AktG/*Habersack*, 6. Aufl., § 100 Rn 44, 50.
118 BGH, Urt. v. 1.12.2008 – II ZR 102/07 = ZIP 2009, 70, Rn 14 – MPS; BGH, Urt. v. 16.3.2009 – II ZR 280/07 = NZG 2009, 550, Rn 15; vgl. auch BGH, Urt. v. 4.11.2002 – II ZR 224/00 – BGHZ 152, 280, 284.
119 BGH, Urt. v. 16.3.2009 – II ZR 280/07 = NZG 2009, 550, Rn 15.
120 OLG Hamburg, Urt. v. 12.1.2001 – 11 U 162/00 = DB 2001, 583, 584; OLG Stuttgart, Urt. v. 15.3.2006 – 20 U 25/05 = ZIP 2006, 756, 759; *Drygala*, AG 2007, 381 ff.; *Sünner*, AG 2006, 450 ff.

scheiden: Insbesondere **beratende und vorbereitende Ausschüsse** sind möglich. Fachlich ist zu unterscheiden zwischen dem
- Personalausschuss,
- Präsidialausschuss und
- Prüfungsausschuss.

72   Je nach Zuschnitt der Gesellschaft können weitere Ausschüsse gebildet werden.[121] Allerdings gilt die **Delegationsbefugnis** des Aufsichtsrates **nicht uneingeschränkt**. § 107 Abs. 3 S. 7 AktG schließt die Delegation bestimmter Aufsichtsratstätigkeiten an Ausschüsse aus. Die Wahl des Aufsichtsratsvorsitzenden und dessen Vertreter **darf nicht** auf einen Ausschuss **delegiert** werden, ebenso wenig darf ein Ausschuss entscheiden über
- die Zustimmung zu einer Abschlagszahlung auf den Bilanzgewinn gem. § 59 Abs. 3 AktG,
- den Erlass einer Geschäftsordnung für den Vorstand gem. § 77 Abs. 2 S. 1 AktG,
- die Bestellung des Vorstandes gem. § 84 Abs. 1 S. 1 und 3, Abs. 2, Abs. 3 S. 2 und 3 sowie Abs. 4 S. 1 AktG,
- die Festsetzung der Gesamtbezüge der Vorstandsmitglieder, § 87 Abs. 1, 2 S. 1 und 2 AktG,
- das Recht die Hauptversammlung einzuberufen gem. § 111 Abs. 3 AktG sowie
- die Befugnisse in §§ 171, 314 Abs. 2 und 3 AktG.

73   Bisweilen finden sich in der Praxis sog. **Präsidien** oder Präsidialausschüsse. Diese bereiten Personalentscheidungen vor. Dies mag man als hilfreich betrachten, allerdings muss man genau auf die Zuständigkeiten achten. Das Präsidium kann und darf den Anstellungsvertrag mit dem Geschäftsleiter aushandeln, abschließen und beenden. Es darf aber nicht den Geschäftsleiter bestellen. In der Praxis erzeugt dies einen Abstimmungsbedarf zwischen dem Präsidium und dem Aufsichtsrat. Insbesondere darf der Abschluss des Anstellungsvertrages nicht die Bestellung präjudizieren. Wegen dieser Unwägbarkeiten empfiehlt es sich, Bestellung und Anstellung in einer Hand zu vereinen. Über beides sollte der Aufsichtsrat beschließen.

74   Ist dem Aufsichtsrat ein **Zustimmungsvorbehalt** gem. § 111 Abs. 4 AktG eingeräumt, ist er für die entsprechende Zustimmung zuständig und darf diese nicht an einen Ausschuss delegieren. Delegiert der Aufsichtsrat gleichwohl eine Aufgabe an einen Ausschuss, so ist ein auf die Ausschussarbeit aufbauender Aufsichtsratsbeschluss unwirksam. Zugleich begehen die einzelnen Aufsichtsratsmitglieder eine Pflichtverletzung, da sie die Grenzen ihrer Organisationsbefugnis überschritten haben. Wegen dieser weitreichenden Rechtsfolgen, die außerdem eine persönliche Haftung des jeweiligen Aufsichtsratsmitgliedes nach sich ziehen kann, spielen **ungeschriebene Delegationsverbote** für

---

121 Hier dazu den Überblick bei MüKo-AktG/*Habersack*, 6. Aufl., § 107 Rn 104 ff.

eine ordnungsgemäße Selbstorganisation des Aufsichtsrates eine bedeutende Rolle. Nicht delegieren kann der Aufsichtsrat seine Aufgabe, zu den Berichten des Geschäftsleiters Stellung zu nehmen.[122] Auch das **Einsichts- und Prüfungsrecht** aus § 111 Abs. 2 S. 1 und 2 AktG muss der Aufsichtsrat selbst wahrnehmen und darf es nicht an einen Ausschuss übertragen.[123]

2. Insbesondere: Prüfungsausschuss

In der Praxis von besonderer Bedeutung ist der **Prüfungsausschuss**. Einen derartigen Ausschuss – auch genannt **Audit Committee** – zu bilden, empfiehlt Grundsatz 14 DCGK. 75

Hinweis
Zu beachten ist, dass der Prüfungsausschuss nur vorbereitend tätig werden kann und darf. Abschließende Prüfungsentscheidungen obliegen stets dem Aufsichtsrat.

Betraut werden kann der **Prüfungsausschuss** mit 76
- der Rechnungslegung,
- dem Risikomanagement,
- der Compliance oder
- der Prüfung, ob der Abschlussprüfer unabhängig ist.

Daneben darf er den Prüfungsauftrag an den Abschlussprüfer erteilen und Schwerpunkte der Prüfung bestimmen. Um dem Aufsichtsrat die abschließende Entscheidung zu erleichtern, darf der Prüfungsausschuss den Jahresabschluss, ggf. den Konzernabschluss sowie den Lagebericht bzw. Konzernlagebericht vorprüfen. Er darf das Risikoüberwachungssystem prüfen und ihm kann die laufende Kontrolle der Finanzplanung übertragen werden.[124] Dieser gestraffte Überblick zeigt, dass die Tätigkeit des Prüfungsausschusses anspruchsvoll ist. Die **Mitglieder des Prüfungsausschusses** müssen daher **besonders qualifiziert** sein. Sie unterliegen deswegen verschärften Maßstäben für ein etwaiges Übernahmeverschulden.[125] 77

3. Gegenstand der Überwachung und Informationspflicht

Der Aufsichtsrat hat die Geschäftsführung zu überwachen, wie § 111 Abs. 1 AktG schlicht bestimmt. Wie diese **Überwachungspflicht** im Einzelfall sorgfältig auszufüllen ist, wurde im Schrifttum eingehend und umfassend diskutiert. Einigkeit herrscht darüber, dass nicht die gesamte, weit verstandene Geschäftsführung durch den Aufsichtsrat zu 78

---

122 KölnKomm-AktG/*Mertens/Cahn*, 4. Aufl., § 107 Rn 147.
123 MüKo-AktG/*Habersack*, 6. Aufl., § 107 Rn 135.
124 Näher dazu *Nonnemacher/Pohle/von Werder*, DB 2007, 2412, 2414f.
125 MüKo-AktG/*Habersack*, 6. Aufl., § 116 Rn 25.

überwachen ist. Die überwiegende Ansicht orientiert sich an den **Berichtspflichten** des Vorstandes **gem. § 90 AktG.**

> **Hinweis**
> Was zu berichten ist, bedarf auch der Kontrolle.[126]

79 Damit erstreckt sich die **Überwachungstätigkeit des Aufsichtsrates** insbesondere auf:
- grundsätzliche Fragen der **Unternehmensplanung**, wie insbesondere die Finanz-, Investitions- und Personalplanung;
- **Rentabilität der Gesellschaft**, insbesondere die Rentabilität des Eigenkapitals;
- **Umsatz und wirtschaftliche Lage** der Gesellschaft und insgesamt der Geschäftsgang;
- **sämtliche Rechtsgeschäfte**, die für die Rentabilität oder Liquidität der Gesellschaft von erheblicher Bedeutung sein können.

80 Der Katalog ist nicht abschließend und die Satzung kann die Berichtspflichten erweitern, nicht jedoch einschränken oder gar beseitigen.[127] Dabei spiegeln sich die Berichtspflichten des Vorstandes in **Informationspflichten des Aufsichtsrates**.

81 Er muss sich auch aktiv um die Versorgung mit Informationen kümmern.[128] Allerdings erschöpfen sich Berichts- und Informationspflichten in dem bilateralen Verhältnis zwischen Vorstand und Aufsichtsrat. Ist der Aufsichtsrat der Ansicht, dass der Vorstand nicht alle erforderlichen Informationen einem Geschäftspartner übermittelt hat, darf der Aufsichtsrat nicht aus eigenem Antrieb den Kontakt zu diesen Geschäftspartnern aufnehmen, um ihnen Einzelheiten des Geschäftes mitzuteilen.[129]

82 Die **besonderen Prüfungspflichten** der §§ 173, 314 AktG korrespondieren mit einer Überwachungspflicht. Besteht eine Vorlagepflicht der Geschäftsleitung an den Aufsichtsrat, erstreckt sich konsequenterweise die Überwachungsaufgabe des Aufsichtsrates auch hierauf: Dies gilt insbesondere für Abschlagszahlungen auf den Bilanzgewinn nach **§ 59 Abs. 3 AktG.** Zu überwachen hat der Vorstand auch die Bedingungen bei der Ausgabe neuer Aktien im Rahmen einer bedingten Kapitalerhöhung, **§ 204 Abs. 1 S. 2 AktG.**

---

126 Schmidt/Lutter/*Drygala*, AktG, 4. Aufl., § 111 Rn 12.
127 MüKo-AktG/*Spindler*, 6. Aufl., § 90 Rn 8.
128 *Hüffer*, NZG 2007, 47, 48; Damm/Heermann/Veil/*Kropff*, FS Raiser, S. 225, 231 f.
129 OLG Zweibrücken, Urt. v. 28.5.1990 – 3 W 93/90 = DB 1990, 1401 ff. m. Anm. *Theisen*. Ein derartiges Verhalten rechtfertigt eine Abberufung des eigenmächtig handelnden Aufsichtsratsmitgliedes nach § 103 Abs. 3 S. 1 AktG, OLG Zweibrücken, Urt. v. 28.5.1990 – 3 W 93/90 = DB 1990, 1401 ff.; vgl. auch MüKo-AktG/ *Habersack*, 6. Aufl., § 103 Rn 41.

4. Überwachungsmittel

Dem **Aufsichtsrat** stehen verschiedene **Überwachungsmittel** zur Verfügung, die er je nach Überwachungsaufgabe auszuwählen hat. Bedeutsam ist hier das **Einsichts- und Prüfungsrecht** nach § 111 Abs. 2 S. 1 AktG. Erst dieses Recht ermöglicht dem Aufsichtsrat eine effiziente Überwachungstätigkeit. Dabei kann der Aufsichtsrat sogar verpflichtet sein, in die Bücher Einsicht zu nehmen, wenn sich etwa die Gesellschaft in einer Schieflage befindet.[130] Typische **Instrumente der Überwachung** sind außerdem 83

- Zustimmungsrechte,
- Informationsrechte nach § 90 AktG,
- die Befugnis, dem Vorstand eine Geschäftsordnung zu geben (§ 77 Abs. 2 AktG),[131] und
- das Recht, Sachverständige und Auskunftspersonen bei der Beratung im Aufsichtsrat hinzuzuziehen, § 109 Abs. 1 S. 2 AktG.

Neben dem Recht, den Jahresabschluss zu prüfen, ist schließlich noch das Recht zu erwähnen, die Hauptversammlung einzuberufen, § 111 Abs. 3 AktG. Allerdings hat der Aufsichtsrat keinen Anspruch darauf, an den Sitzungen des Vorstandes teilzunehmen, da dies mit § 105 Abs. 1 AktG unvereinbar wäre.[132] Das **schärfste Überwachungsmittel** ist die **Abberufung** des Vorstandes. Kommt der Aufsichtsrat nach sorgfältiger Abwägung zu dem Schluss, dass ein bestimmter Geschäftsleiter unzuverlässig ist, so muss er diesen abberufen. 84

Unterlässt der Aufsichtsrat dies, handelt er selbst pflichtwidrig.[133] Gesetzlich ungeregelt sind „informationelle" Überwachungsmittel. Dies ist insbesondere eine rechtliche oder wirtschaftliche Stellungnahme gegenüber dem Vorstand, eine Beanstandung oder Einwirkung auf den Vorstand.[134] Weisungsrechte gegenüber dem Vorstand hat der Aufsichtsrat jedoch nicht. 85

5. Erfüllung der Überwachungsaufgabe

Die Überwachungstätigkeit des Aufsichtsrates ist sowohl **retrospektiv** als auch **prospektiv**. Je nach Überwachungsgegenstand muss der Aufsichtsrat entweder 86

- vergangenheitsbezogen kontrollieren oder
- zukunftsorientiert beraten.

---

130 Vgl. dazu sogleich Rn 82 ff.
131 Dies darf der Aufsichtsrat sogar, wenn der Vorstand bereits eine eigene Geschäftsordnung hat, insoweit verdrängt die Personalkompetenz des Aufsichtsrates die Selbstorganisation des Vorstandes, vgl. dazu *Hoffmann-Becking*, ZGR 1998, 497, 501; *Hüffer*, NZG 2007, 47, 51.
132 *Lutter/Großmann*, AG 1976, 203, 205; MüKo-AktG/*Habersack*, 6. Aufl., § 111 Rn 28.
133 BGH, Urt. v. 16.3.2009 – II ZR 280/07 = NZG 2009, 550, 551, Rn 15; MüKo-AktG/*Habersack*, 6. Aufl., § 111 Rn 53, 57.
134 *Lutter/Krieger/Verse*, Aufsichtsrat, Rn 109 ff.

87 Beide Aufgaben stehen nebeneinander und sind gleichermaßen für eine sorgfältige Überwachung entscheidend.

88 Einen Schwerpunkt der Überwachungsaufgabe bildet die Tätigkeit des Vorstandes. Dabei sollte ein sorgfältig handelnder Aufsichtsrat solche Maßnahmen bereits beratend begleiten und muss nicht abwarten, bis das Kind in den Brunnen gefallen ist. Allerdings darf diese Beratung nicht in eine faktische Unternehmensleitung umschlagen.

89 Uneingeschränkt zu überwachen hat der Aufsichtsrat nur, ob der Vorstand **rechtmäßig** handelt. Erkennt der Aufsichtsrat, dass sich ein (angekündigtes) Verhalten des Vorstandes dem AktG, dem Statut der Gesellschaft oder Verbotsgesetzen zuwiderläuft, muss er einschreiten. Zu überprüfen hat der Aufsichtsrat auch, ob die Geschäftsleitung **ordnungs- und zweckmäßig** handelt. Allerdings hat er hierbei den Handlungs- und Beurteilungsspielraum der Geschäftsleitung zu respektieren, wie der **BGH** in der nachfolgend berichteten Grundsatzentscheidung betonte:

- **BGH-ARAG/Garmenbeck:**[135] Die beklagte AG gewährte der Garmenbeck Ltd. Kredite zu einem Zinssatz, der deutlich über dem Marktniveau lag. Die Garmenbeck Ltd. schloss Anlagegeschäfte in Form eines Schneeballsystems ab, was unweigerlich zu deren Zusammenbruch führte. Die AG erlitt darauf Verluste in Millionenhöhe. Der Aufsichtsrat beschloss mehrheitlich, keine Schadenersatzansprüche gegenüber dem Vorstand geltend zu machen. Diese Entscheidung des **BGH** dürfte eines der meist reflektierten Urteile zum Gesellschaftsrecht überhaupt sein. Spätestens seit dieser Entscheidung steht fest, dass sich der Aufsichtsrat nicht auf eine „Nachtwächterrolle" beschränken darf, sondern seine Entscheidungen in den Dienst des Unternehmensinteresses zu stellen hat. Deswegen hat der Aufsichtsrat sorgfältig und sachgerecht zu prüfen, ob der Gesellschaft Schadenersatzansprüche gegen die Geschäftsleitung zustehen. Hierbei steht dem Aufsichtsrat keine „Entscheidungsprärogative" zu. Er muss Überlegungen zur Durchsetzbarkeit von Schadenersatzansprüchen anstellen und hat insoweit kein „unternehmerisches Ermessen". Hat der Vorstand rechtliche Grenzen überschritten oder eine schlechthin unvertretbare unternehmerische Entscheidung gefällt, muss der Aufsichtsrat dagegen auch gerichtlich vorgehen, wozu ihn § 112 S. 1 AktG ausdrücklich ermächtigt. In der beschriebenen Entscheidung wies der **BGH** zur Sachverhaltsaufklärung an die Berufungsinstanz zurück. Dass man das eigenwillige Verhalten des Vorstandes als pflichtgemäß einstuft, ist nur schwer vorstellbar.
- **BGH vom 16.3.2009:**[136] Eine AG war zum 31.12.2001 überschuldet. Vom 14. bis 18.2.2002 zahlte der Vorstand der AG an den Vorsitzenden des Aufsichtsrats rund 150.000 €, wobei dieser Betrag der Rückzahlung eines Gesellschafterdarlehens dienen sollte. Nachdem am 15.8.2002 das Insolvenzverfahren über das Vermögen der AG eröffnet wurde, verlangte der Insolvenzverwalter die Summe von dem beklag-

---

135 BGH, Urt. v. 21.4.1997 – II ZR 175/95 – BGHZ 135, 244ff. – ARAG/Garmenbeck.
136 BGH, Urt. v. 16.3.2009 – II ZR 280/07 = NZG 2009, 550ff. Dazu *Bork*, NZG 2009, 775ff.

ten Aufsichtsratsvorsitzenden zurück. Offenbar befand sich der Beklagte in einem Interessenkonflikt zwischen den Aufgaben eines Überwachungsorgans und der privaten Vermögenssicherung. Der **BGH** bejahte eine Pflichtverletzung des Beklagten: Der Aufsichtsrat muss sich „ein genaues Bild von der wirtschaftlichen Situation der Gesellschaft verschaffen und insbesondere in einer Krisensituation alle ihm nach §§ 90 Abs. 3, 111 Abs. 2 AktG zur Verfügung stehenden Erkenntnisquellen ausschöpfen".[137] Dies unterblieb und war deswegen pflichtwidrig. Gleichzeitig hat der **BGH** ausgeführt, was er von einem pflichtgemäß handelnden Aufsichtsrat erwartet: Stellt dieser fest, dass eine Gesellschaft insolvenzreif ist, muss der Aufsichtsrat darauf hinwirken, dass der Vorstand rechtzeitig einen Insolvenzantrag stellt und keine Zahlungen mehr leistet, die mit der Sorgfalt eines gewissenhaften Geschäftsleiters unvereinbar sind.

IV. Weitere Pflichten des Aufsichtsrates

Neben der Überwachungsaufgabe räumt das AktG dem Aufsichtsrat noch weitere Rechte und Pflichten ein. Im Überblick handelt es sich dabei um Folgende: 90

1. Einberufung der Hauptversammlung (§ 111 Abs. 3 AktG)

Als besondere Ausprägung der allgemeinen Überwachungspflicht bestimmt diese Norm, dass der Aufsichtsrat die Gesellschaft einzuberufen hat, wenn es das **Wohl der Gesellschaft** verlangt. Das Wohl der Gesellschaft meint, dass über einen bestimmten Gegenstand die Hauptversammlung zu entscheiden hat.[138] Dies sind zunächst die Fälle, in denen in die Struktur der Gesellschaft eingegriffen wird.[139] Ein Einberufungsrecht hat der Aufsichtsrat auch, wenn nach § 84 Abs. 3 AktG einem Vorstandsmitglied das Vertrauen entzogen werden soll. Besonders hervorzuheben ist schließlich die Einberufungspflicht des Aufsichtsrates, wenn der Vorstand seiner Insolvenzantragspflicht nicht nachkommt. Die Rechtsprechung erlegt dem Aufsichtsrat hier strikte Verhaltenspflichten auf.[140] 91

2. Berichts-, Prüfungs- und Mitwirkungspflichten

Der Aufsichtsrat hat über die Prüfung des Jahresabschlusses in der Hauptversammlung zu berichten (§ 171 Abs. 2 AktG), nachdem er diesen zuvor geprüft hat (§ 171 Abs. 1 AktG). 92

---

137 BGH, Urt. v. 16.3.2009 – II ZR 280/07 = NJW 2009, 2454, Rn 15; BGH, Urt. v. 1.12.2008 – II ZR 102/07 = ZIP 2009, 70, Rn 14 – MPS.
138 MüKo-AktG/*Habersack*, 6. Aufl., § 111 Rn 104.
139 BGH, Urt. v. 26.4.2004 – II ZR 155/02 – BGHZ 159, 30 ff. – Gelatine.
140 Vgl. bereits oben Rn 86 ff.

Ist ein Abhängigkeitsbericht zu erstellen, so hat diesen der Aufsichtsrat ebenso zu prüfen, § 314 AktG. In der Praxis weitgehend bedeutungslos sind die Zustimmungspflichten nach den §§ 89, 115 AktG (Kreditgewährung an Vorstandsmitglieder und leitende Angestellte), gleichwohl dürfen diese nicht übersehen werden.

3. Zustimmungsvorbehalte nach § 111 Abs. 4 AktG

93 Eine erhebliche Rolle spielen **Zustimmungsvorbehalte des Aufsichtsrates** nach § 111 Abs. 4 AktG. Nach Satz 2 dieser Vorschrift hat die Satzung oder der Aufsichtsrat zu bestimmen, dass bestimmte Arten von Geschäften nur mit seiner Zustimmung vorgenommen werden dürfen. Durch einen Zustimmungsvorbehalt übt der Aufsichtsrat seine präventive Kontrolle aus, indem er die unternehmerische Tätigkeit des Vorstandes „begleitend mitgestaltet".[141] Seit der Änderung des AktG durch das TransPuG[142] **muss** entweder die Satzung einen Zustimmungsvorbehalt regeln oder der Aufsichtsrat diesen einführen. Letzteres entsprach der bisherigen Rechtslage.[143] Deswegen lässt sich zutreffend von einer **Zustimmungspflicht** sprechen: Der Aufsichtsrat hat von dem in § 111 Abs. 4 S. 2 AktG vorgesehenen Recht Gebrauch zu machen. Der Satzungsgeber seinerseits ist nur dazu berechtigt und nicht dazu verpflichtet, einen **Zustimmungsvorbehalt** einzufügen. Unterbleibt ein derartiger Vorbehalt, obliegt es dem Aufsichtsrat, ihn zu bestimmen. Dies kann entweder in der Geschäftsordnung des Aufsichtsrates, des Vorstandes oder durch einen Beschluss des Aufsichtsrates geschehen, § 107 Abs. 3 S. 2 AktG.[144] Enthält die Satzung bereits einen Zustimmungsvorbehalt, so ist der Aufsichtsrat hieran gebunden. Allerdings darf die Satzung weitere Zustimmungsvorbehalte des Aufsichtsrates nicht ausschließen oder einschränken. Im Einzelfall kann daher der Aufsichtsrat seine „begleitende Mitgestaltung" durch einen Ad-hoc-Zustimmungsvorbehalt ausüben.[145]

94 Ein Zustimmungsvorbehalt darf nur für eine bestimmte Art von Geschäften eingeführt werden, was dessen inhaltlich klare Fassung voraussetzt.[146] Ist der Zustimmungsvorbehalt unklar gefasst, wird man keine Pflicht der Geschäftsleitung verlangen dürfen, dem Aufsichtsrat ein Geschäft zur Zustimmung vorzulegen.

---

141 BGH, Urt. v. 21.4.1997 – II ZR 175/95 – BGHZ 135, 244 ff. – ARAG/Garmenbeck; MüKo-AktG/*Habersack*, 6. Aufl., § 111 Rn 100. Allerdings darf man kritisch fragen, ob die ausufernden Zustimmungserfordernisse noch realistischerweise vom Aufsichtsrat bewältigt werden können, vgl. dazu *Fonk*, ZGR 2006, 841 ff.
142 Transparenz- und Publizitätsgesetz (TransPuG) v. 19.7.2002 (BGBl. I S. 2681).
143 BGH, Urt. v. 15.11.1993 – II ZR 235/92 – BGHZ 124, 111, 127.
144 MüKo-AktG/*Habersack*, 6. Aufl., § 111 Rn 120.
145 So die h.M. *Götz*, ZGR 1990, 633, 634; Koch/*Koch*, 17 Aufl., AktG, § 111 Rn 17a; *Immenga*, ZGR 1977, 249, 261 f.; MünchHdbAG/*Hoffmann-Becking*, § 29 Rn 59; MüKo-AktG/*Habersack*, 6. Aufl., § 111 Rn 131; a.A. *Wiedemann*, ZGR 1975, 385, 426; GroßkommAktG/*Kort*, 4. Aufl., Vor § 76 Rn 12.
146 *Fonk*, ZGR 2006, 841, 846 ff.; GroßKommAktG/*Hopt/Roth*, § 111 Rn 682; *Lieder*, DB 2004, 2521, 2522 f.; MüKo-AktG/*Habersack*, 6. Aufl., § 111 Rn 121 („Bestimmung nach generellen Merkmalen").

Es ist unzureichend, dass überhaupt ein Katalog zustimmungsfähiger Geschäfte existiert.[147] Auf der einen Seite darf der Vorbehalt nicht derart ausgeweitet werden, dass er faktisch in eine Unternehmensleitung umschlägt, auf der anderen Seite gebietet es § 111 Abs. 4 S. 2 AktG, den Aufsichtsrat in die unternehmerischen Entscheidungsabläufe einzubinden. Immerhin einen Anhaltspunkt liefert die Begründung zum TransPuG. **Zustimmungspflichtig** sollen danach solche Maßnahmen sein, die „von existenzieller Bedeutung für das künftige Schicksal der Gesellschaft" sind, während „mehr oder weniger willkürlich zusammengestellte und mehr oder weniger bedeutsame Maßnahmen wie Erteilung einer Prokura oder einzelne Grundstücksgeschäfte minderer Bedeutung" keiner Zustimmung bedürfen.[148] Die derzeit herrschende Ansicht orientiert sich zur **Konkretisierung an Nr. 3.3 Satz 2 DCGK a.F.** und stellt auf solche Geschäfte ab, die die Vermögens-, Finanz- oder Ertragslage des Unternehmens grundlegend verändern.[149] Da sich der Zuschnitt der Gesellschaft und damit der der grundlegenden Geschäfte ändern kann, kann ein Zustimmungskatalog nicht in Stein gemeißelt sein. Aus diesem Grund hat ihn der Aufsichtsrat kontinuierlich fortzuschreiben und entweder zu ändern, zu erweitern oder zu verengen.[150] Ohne eine ständige Überwachung der Gesellschaft wird der Aufsichtsrat dieser Verpflichtung nicht nachkommen können. Man wird dem Aufsichtsrat aber einen Beurteilungsspielraum einräumen müssen, welche Geschäfte er einer Zustimmung unterwirft.[151] Unter diesem **Vorbehalt** sind **zustimmungspflichtig** etwa

- der Erwerb und die Veräußerung von Unternehmensteilen oder Beteiligungen,
- der Abschluss von Tarifverträgen und/oder Betriebsvereinbarungen,
- die Gründung von Tochtergesellschaften oder
- eine großvolumige Kreditaufnahme.[152]

Eine **Zustimmungspflicht** schließlich kommt auch für wichtige Personalentscheidungen in Betracht, wie die

---

147 Zutreffend *Lieder*, DB 2004, 2521, 2522; Semler/von Schenk/Wilsing/*Rodewig*/Rothley, Aufsichtsratsmitglied, § 9 Rn 44. Anders und überholt *Bosse*, DB 2002, 1592, 1594; *Schiessl*, AG 2002, 593, 597.
148 Begründung RegE TransPuG, BT-Drucks 14/8769, S. 17; daran anknüpfend *Lieder*, DB 2004, 2251, 2252.
149 *Fonk*, ZGR 2006, 841, 846; *Lieder*, DB 2004, 2251, 2253; MüKo-AktG/*Habersack*, 6. Aufl., § 111 Rn 124; anders *Seidel*, ZIP 2004, 285, 292.
150 Koch/*Koch*, 17 Aufl., AktG, § 111 Rn 59; MüKo-AktG/*Habersack*, 6. Aufl., § 111 Rn 122.
151 *Hüffer*, NZG 2007, 47, 52 („pflichtgemäßes Ermessen"); MüKo-AktG/*Habersack*, 6. Aufl., § 111 Rn 137; Kalss/Nowotny/Schauer/*Semler*, FS Peter Doralt, S. 609, 614 ff.; a.A. (für weites Ermessen) GroßKommAktG/*Hopt*/Roth, § 111 Rn 736. Semler/von Schenk/Wilsing/*Rodewig*/Rothley, Aufsichtsratsmitglied, § 9 Rn 38, will die sog. Business Judgement Rule anwenden, was indes methodisch schief ist, da es sich bei der Einführung und Prüfung eines Zustimmungsvorbehaltes um keine unternehmerische Entscheidung prognostischen Gehalts handelt.
152 Übersichten hierzu *Lutter/Krieger/Verse*, Aufsichtsrat, Rn 109; Semler/von Schenk/Wilsing/*Rodewig*/Rothley, Aufsichtsratsmitglied, § 9 Rn 55 ff.

- Anstellung von leitenden Angestellten in Vorstandsnähe oder
- Bestellung von Geschäftsführern in abhängigen Gesellschaften.[153]

97 Jederzeit hat der Aufsichtsrat das Recht, ad hoc Zustimmungsvorbehalte zu bestimmen. Besondere Schwierigkeiten für die Praxis des Aufsichtsrates wirft hier die Rechtsprechung des **BGH** auf, die im Einzelfall eine **Pflicht** begründet, ad hoc zustimmungspflichtige Maßnahmen zu bestimmen.

98 Kann eine gesetzeswidrige Geschäftsführungsmaßnahme nur so verhindert werden, handelt der Aufsichtsrat pflichtwidrig, wenn er es unterlässt, einen Zustimmungsvorbehalt anzuordnen.[154] Verweigert der Aufsichtsrat seine Zustimmung, so berührt dies nicht die Vertretungsmacht des Vorstandes im Außenverhältnis (§ 82 Abs. 1 AktG).[155] Das Handeln des Vorstandes ist jedoch pflichtwidrig (§ 82 Abs. 2 AktG) und kann Schadensersatzansprüche der Gesellschaft begründen. Will der Vorstand gleichwohl die Maßnahme durchsetzen, so kann er verlangen, dass die Hauptversammlung über die Maßnahme beschließt (§ 111 Abs. 4 S. 3 AktG). Stimmt darauf die Hauptversammlung der Maßnahme zu, haftet der Vorstand nicht, wenn er die Maßnahme trotz der verweigerten Zustimmung des Aufsichtsrates durchsetzt, § 93 Abs. 4 S. 1 AktG.[156] Der Aufsichtsrat wiederum ist zur Prüfung verpflichtet, ob er seine Zustimmung zu erteilen hat oder gar verweigern muss.

Beispiel
Ein drastisches Beispiel hierfür liefert die Entscheidung des BGH vom 11.12.2006:[157]
Der Geschäftsführer einer GmbH überschritt einen summenmäßigen Zustimmungsvorbehalt und begünstigte eine GmbH, an der seine Familie beteiligt war. Der Aufsichtsrat erteilte unbesehen seine Zustimmung zu diesem Rechtsgeschäft. Darin sah der BGH eine grobe Pflichtverletzung: Billigt der Aufsichtsrat Investitionen, die zudem erheblichen Umfanges waren, so muss er sich zuvor über den konkreten Unternehmensgegenstand des geförderten Unternehmens erkundigen, dessen wirtschaftliche Situation und Geschäftsziele sowie über das zur Verwirklichung benötigte Kapital. Dies unterblieb und damit hafteten die Aufsichtsratsmitglieder gesamtschuldnerisch für den verursachten Schaden bei der GmbH.

---

153 MüKo-AktG/*Habersack*, 6. Aufl., § 111 Rn 127.
154 BGH, Urt. v. 15.11.1993 – II ZR 235/92 – BGHZ 124, 111, 127; LG Bielefeld, Urt. v. 16.11.1999 – 15 O 91/98 = ZIP 2000, 20, 25. Auch nach Inkrafttreten des TransPuG gilt diese Rechtsprechung fort *Fonk*, ZGR 2006, 841, 851f.; *Lieder*, DB 2004, 2251, 2253; MüKo-AktG/*Habersack*, 6. Aufl., § 111 Rn 131; a.A. GroßKommAktG/*Kort*, 4. Aufl., Vor § 76 Rn 12.
155 Allerdings kann bei einem evidenten Missachten des Zustimmungserfordernisses ein Missbrauch der Vertretungsmacht in Betracht kommen (§§ 177, 180 BGB) MüKo-AktG/*Habersack*, 6. Aufl., § 111 Rn 148.
156 Gleichwohl spielt diese Möglichkeit in der Praxis nur eine geringe Rolle, da zweifelhaft ist, ob die Hauptversammlung anders entscheidet, wenn bereits der Aufsichtsrat seine Zustimmung verweigert hat, *Götz*, ZGR 1990, 633, 644f.
157 BGH, Urt. v. 11.12.2006 – II ZR 243/05 = NZG 2007, 187ff. = ZIP 2007, 224ff.

V. Treue- und Verschwiegenheitspflicht

1. Loyalität und Bindung an das Unternehmensinteresse

Das einzelne **Mitglied des Aufsichtsrates** ist gegenüber der Gesellschaft einer **Treuepflicht** unterworfen.[158] Der Inhalt dieser Pflicht wird durch die Organaufgaben konkretisiert, bleibt aber gleichwohl ausfüllungsbedürftig. 99

In jedem Fall hat das Aufsichtsratsmitglied seine Tätigkeit vorrangig am Unternehmensinteresse auszurichten. Partikular- und Drittinteressen müssen dem weichen.[159] Gerade in kommunalen Gesellschaften ist bisweilen zu beobachten, dass der Aufsichtsrat als Forum dafür missbraucht wird, um parteipolitische Interessen durchzusetzen. Indes geht dies nicht an. Je nachdem wie stark der Verstoß gegen die Treuepflicht ist, desto strikter sind die gesellschaftsrechtlichen Maßnahmen. Sie reichen von einer Abberufung bis zu einem Amtsverzicht, wozu das Aufsichtsratsmitglied sogar verpflichtet sein kann.[160] 100

LG Frankfurt/Main vom 14.10.1986:[161] Die N-GmbH ist eine 100%ige Tochter der K-AG. In der N-GmbH existiert ein mitbestimmter Aufsichtsrat. Die K-AG beabsichtigte, mit der I-GmbH zu fusionieren, die ihrerseits eine 100%ige Tochter der K-AG ist. Ein Mitglied des Aufsichtsrates gab eine heimliche und kritische Stellungnahme zu diesem Vorhaben gegenüber dem **BKartA** ab. Darauf berief die K-AG als Alleingesellschafter der N-GmbH das Aufsichtsratsmitglied ab. Das LG Frankfurt/Main wies die Beschwerde gegen die Abberufung zurück und führte aus, dass das Vertrauensverhältnis durch das Verhalten des Aufsichtsrates zerrüttet sei. Eine vertrauensvolle Zusammenarbeit aller Organe setzt eine Offenheit voraus – dies ist nicht zuletzt durch die Treuepflicht geboten. Gegen diese hatte das Aufsichtsratsmitglied verstoßen, sodass dessen Abberufung aus wichtigem Grund (§ 103 Abs. 3 AktG i.V.m. § 52 GmbHG) gerechtfertigt war. 101

2. Inhalt der Verschwiegenheitspflichten

Die Mitglieder des Aufsichtsrates unterliegen jeweils einer **Verschwiegenheitspflicht** gegenüber der Gesellschaft.[162] Sie ist Ausfluss der Treuepflicht[163] und korreliert zu den Informationsrechten nach §§ 90 Abs. 3, 111 Abs. 2 AktG. Gesetzlich ableiten lässt sich die- 102

---

158 Z.B. KölnKomm-AktG/*Mertens/Cahn*, 4. Aufl., § 116 Rn 24ff.
159 MüKo-AktG/*Habersack*, 5. Aufl., § 116 Rn 46; Semler/von Schenck/Wilsing/*Doralt*, Aufsichtsratsmitglied, § 15 Rn 81ff. Vgl. auch Nr. 5.5 DCGK a.F.
160 *Möllers*, ZIP 2006, 1615, 1619f.; *Semler/Stengel*, NZG 2003, 1, 3.
161 LG Frankfurt/Main, Beschl. v. 14.10.1986 – 3/11 T 29/85 = NJW 1987, 505ff.
162 Diese Pflicht gilt für alle Aufsichtsratsmitglieder gleichermaßen und Differenzierungen zwischen verschiedenen Aufsichtsratsmitgliedern kommen nicht in Betracht, vgl. *Banspach/Nowak*, Der Konzern 2008, 195, 200; Koch/*Koch*, 17 Aufl., AktG, § 116 Rn 9.
163 BGH, Urt. v. 5.6.1975 – II ZR 156/73 – BGHZ 64, 325, 327; Koch/*Koch*, 17 Aufl., AktG, § 116 Rn 9; MüKo-AktG/*Habersack*, 6. Aufl., § 116 Rn 52; KölnKomm-AktG/*Mertens/Cahn*, 4. Aufl., § 93 Rn 113, leitet diese Verschwiegenheitspflicht auch aus der Sorgfaltspflicht eines Amtsträgers ab. Praktische Ergebnisse hängen indes von dieser Einordnung nicht ab.

se Verschwiegenheitspflicht aus §§ 116 S. 2, 93 Abs. 1 S. 3 AktG. Während § 116 S. 2 AktG die Aufsichtsratsmitglieder insbesondere zur Verschwiegenheit über erhaltene vertrauliche Berichte und vertrauliche Beratungen verpflichtet, erstreckt § 116 S. 1 AktG die Verschwiegenheitspflichten eines Vorstandsmitgliedes gem. § 93 Abs. 1 S. 3 AktG sinngemäß auf die Mitglieder des Aufsichtsrates.[164] Hervorzuheben ist hier, dass die Verfahrensweise im Aufsichtsrat, wie Beratung und Abstimmungsverhalten, Geheimnisse sind. Das Aufsichtsratsmitglied darf nicht selbst definieren, was es als vertraulich oder geheim ansieht.[165] Die Praxis belegt, dass die rechtlichen Voraussetzungen der Verschwiegenheitspflicht auf der einen Seite klar umrissen sind, auf der anderen Seite aber mit geradezu kuriosen Begründungen missachtet werden.

103 **OLG Stuttgart/Carl Zeiss SMT AG**:[166] Der Antragsgegner war Arbeitnehmervertreter im Aufsichtsrat der Carl Zeiss SMT AG und zugleich Mitglied des Betriebsrats. Der Aufsichtsrat hatte über ein sog. Projekt X – eine Firmenübernahme – beschlossen und dabei seinen Mitgliedern eine strikte Geheimhaltungspflicht auferlegt. Gleichwohl teilte der Antragsgegner diese Interna dem Betriebsrat mit. Daraufhin beantragte der Aufsichtsrat, das Mitglied abzuberufen. Das **OLG Stuttgart** gab dem statt. Die Beschlussgründe sind geradezu ein Lehrbuchbeispiel für einen lockeren Umgang mit Unternehmensgeheimnissen. Nicht das Aufsichtsratsmitglied entscheidet darüber was ein Unternehmensgeheimnis ist, sondern nach dem GeschGehG das Unternehmen, welches geeignete Maßnahmen ergreifen muss, um Geschäftsgeheimnisse zu identifizieren und zu schützen. Auch wenn in dem geschilderten Fall das Aufsichtsratsmitglied nur „Andeutungen" von sich gab, hat es gleichwohl die Verschwiegenheitspflicht verletzt, da sich aus den Andeutungen die vertraulichen Tatsachen ableiten ließen. Zu Recht für unerheblich hielt das **OLG** den Umstand, dass der Antragsgegner Mitglied des Betriebsrats war. Eine gespaltene Vertraulichkeit gebe es nicht.

104 Erfasst von der **Verschwiegenheitspflicht** sind alle Tatsachen, die ein Aufsichtsratsmitglied wegen seiner Organstellung erfährt. Sollte ein Aufsichtsratsmitglied über Dritte oder auf andere Weise Unternehmensinterna erfahren, ist er aus der allgemeinen Treuepflicht zum Stillschweigen gehalten.[167] Im Gegensatz zu den übrigen Pflichten endet die Verschwiegenheitspflicht nicht mit dem Ausscheiden aus der Organstellung. Vielmehr besteht die Verschwiegenheitspflicht solange fort, bis das Geheimhaltungsinteresse weggefallen ist.[168] Weggefallen ist dieses Interesse, wenn die Tatsachen offenkundig sind oder die Gesellschaft sie selbst Dritten zugänglich gemacht hat.

105 Die **§§ 394, 395 AktG** nehmen solche Aufsichtsratsmitglieder von der Verschwiegenheitspflicht aus, die auf Veranlassung einer Gebietskörperschaft in den Aufsichtsrat ge-

---

164 Zum Begriff „Geheimnis" vgl. oben Rn 51 ff.
165 Dazu oben Rn 50 ff.
166 OLG Stuttgart, Beschl. v. 7.11.2006 – 8 W 388/06 = NZG 2007, 72 ff. – Carl Zeiss SMT AG.
167 KölnKomm-AktG/*Mertens/Cahn*, 4. Aufl., § 93 Rn 114; BeckOGK/*Spindler*, 1.10.2023, AktG § 116 Rn 122.
168 OLG Koblenz, Urt. v. 5.3.1987 – 6 W 38/87 = WM 1987, 480 ff.; MüKo-AktG/*Habersack*, 6. Aufl., § 116 Rn 50.

wählt oder entsandt wurden. Vorausgesetzt ist dabei, dass die Aufsichtsratsmitglieder **kraft Gesetzes oder aufgrund der Satzung** der Gebietskörperschaft zur Berichterstattung verpflichtet sind.[169] Eine derartige Berichtspflicht ist in den meisten Bundesländern dem jeweiligen Kommunalrecht zu entnehmen.[170] Was die Ausnahme („Lockerung") von der Verschwiegenheitspflicht im Weiteren voraussetzt, ist stark umstritten, da die §§ 394, 395 AktG unglücklich formuliert sind. Maßgeblich für die Reichweite der Freistellung von der Verschwiegenheitspflicht ist der Zweck des Berichts. Dieser liegt darin, der Gebietskörperschaft die für die Beteiligungsverwaltung notwendigen Kenntnisse zu übermitteln und ihr sowie der Rechnungsprüfungsbehörde die haushaltsrechtliche Prüfung der wirtschaftlichen Betätigung zu ermöglichen. Der Rahmen ist weit gespannt und umfasst alle Vorgänge, die wegen der mit ihnen verbundenen Chancen und Risiken von wesentlicher wirtschaftlicher Bedeutung sind oder Einfluss auf die Entlastung der Organträger haben. Nicht zu den Berichtszwecken gehören dagegen Details über den Geschäftsbetrieb oder die Aufdeckung steuerlicher Vorgänge, es sei denn, dass auch diese für die Beteiligungsverwaltung erheblich sind. Daher ist auch eine allgemeine Compliance-Kontrolle (wie etwa die Aufdeckung steuerlicher oder kartellrechtlicher Vorgänge) vom Zweck der Berichtspflicht erfasst.[171]

Als Ausgleich dieser punktuellen Durchbrechung der Verschwiegenheitspflicht sind **106** die Berichtsempfänger ihrerseits nach § 395 AktG zur Verschwiegenheit über die erhaltenen Berichte verpflichtet.[172] Verfassungsrechtlich bedenklich sind daher solche Gemeindeordnungen, die ein Auskunftsrecht des Gemeinderats normieren, bei dem seinerseits die Geheimhaltung nach § 395 AktG nicht sichergestellt ist.[173] Die Ausnahme von der Verschwiegenheitsverpflichtung besteht somit lediglich gegenüber der Gebietskörperschaft selbst, gegenüber Fraktionen und Ratsmitgliedern hat das Aufsichtsratsmitglied ebenso die Verschwiegenheit zu wahren wie gegenüber sonstigen außenstehenden Dritten.[174] Etwas anderes wird mit Teilen der Literatur für den Stadt- oder Gemeinderat in nichtöffentlicher Sitzung angenommen, da hier gerade die Vertraulichkeit gewährleistet werden könne.[175] Die grundsätzliche Klärung dieser praktisch hoch relevanten Frage steht durch das BVerwG an.[176]

---

[169] Nach der h.M. bedarf die Berichtspflicht stets einer gesetzlichen Grundlage, Koch/*Koch*, 17 Aufl., AktG, § 394 Rn 36; *Zöllner*, AG 1984, 147, 148; a.A. MüKo-AktG/*Kropff*, 5. Aufl., § 394 Rn 20 ff.
[170] Vgl. dazu Art. 93 Abs. 2 S. 2 GO [Bay], § 97 Abs. 7 BbgKVerf, § 125 Abs. 2 HGO, § 71 Abs. 4 KV M-V, § 113 Abs. 5 S. 1 GO NRW, § 115 Abs. 1 KSVG, § 98 Abs. 1 S. 7 Sächs-GemO.
[171] Hölters/Weber/*Müller-Michaels*, 4. Aufl., AktG § 394 Rn 31.
[172] *Schmidt-Aßmann/Ulmer*, BB 1988, Beilage Nr. 13, 1, 9.
[173] *Schmidt-Aßmann/Ulmer*, BB 1988, Beilage Nr. 13, 1, 8 f.; *Schwintowski*, NJW 1990, 1009, 1014.
[174] HeidelbergerKomm-AktG/*Körber/Pelz*, 4. Aufl., AktG § 394 Rn 5; MüKo-AktG/*Schockenhoff*, 5. Aufl., AktG § 394 Rn 47.
[175] BeckOGK/*Schall*, 1.10.2023, AktG § 394 Rn 15; Bürgers/*Körber/Pelz*, 4. Aufl., AktG § 394 Rn 8.
[176] *Adenauer*, NZG 2023, 652, 653. Zugleich Besprechung von OVG Münster Urt. v. 12.12.2022 – 15 A 2689/20 = NZG 2023, 660.

VI. Fakultativer Aufsichtsrat in der GmbH

107 Hat die GmbH zwingend einen Aufsichtsrat zu bilden, was sich nach den Vorschriften des DrittelbG, MitBestG bzw. MontanMitBestG[177] richtet, so sind die Aufsichtsratsmitglieder den aktienrechtlichen Pflichten unterworfen. Ist der Aufsichtsrat hingegen fakultativ, so bestimmt § 52 Abs. 1 GmbHG, dass bestimmte Vorschriften des AktG anwendbar sind, gestattet aber abweichende Regelungen im Gesellschaftsvertrag. Ein klassischer **„Aufsichtsrat"** i.S.v. § 52 Abs. 1 GmbHG, über welchen dann bestimmte Vorschriften des AktG gelten, liegt jedoch nur dann vor, wenn diesem Gremium die Mindestkompetenz, die in der Kontrolle der Geschäftsführung liegt, übertragen wurde (§ 52 Abs. 1 GmbHG, § 111 AktG). Zu dieser Kontrolle gehört jedenfalls die Prüfung der laufenden Kassen- und Buchführung sowie des Jahresabschlusses (§ 42a Abs. 1 S. 3 GmbHG).[178] Ist einem Gremium diese Mindestkompetenz nicht übertragen, finden die Vorschriften des AktG keine Anwendung. Derartige Gremien werden dann gemeinhin als **„Beirat"** oder, sollte das Gremium über die Unternehmenspolitik entscheiden können, als **„Verwaltungsrat"** bezeichnet.

VII. Besonderheiten bei kommunalen Gesellschaften

108 Abschließend bleiben noch zwei Besonderheiten bei einer kommunalen GmbH hervorzuheben. Einige **Gemeindeordnungen** sehen vor, dass das Aufsichtsratsmitglied an **Weisungen** der Gemeindevertretung gebunden ist.[179] Dabei hatte der **BGH** in einer älteren Grundsatzentscheidung wörtlich ausgeführt: „Entsandte Aufsichtsratsmitglieder haben dieselben Pflichten wie die gewählten Aufsichtsratsmitglieder. Als Angehörige eines Gesellschaftsorgans haben sie den Belangen der Gesellschaft den Vorzug vor denen des Entsendungsberechtigten zu geben und die Interessen der Gesellschaft wahrzunehmen, ohne an Weisungen des Entsendungsberechtigten gebunden zu sein".[180] Die herrschende Meinung geht deswegen davon aus, dass etwaige Weisungsrechte in den Gemeindeordnungen gegen höherrangiges Bundesrecht verstoßen (Art. 31 GG).[181]

109 Stark umstritten ist die Rechtslage, wenn ein Mitglied des Aufsichtsrats einer **GmbH** zugleich Mitglied des Gemeinderats ist und von der Gebietskörperschaft in den Auf-

---

177 Montan-Mitbestimmungsgesetz (MontanMitbestG) v. 21.5.1951 (BGBl. I S. 347), zuletzt geändert durch Gesetz v. 7.8.2021 (BGBl. I S. 3311).
178 Noack/Servatius/Haas/*Noack*, 23. Aufl., GmbHG, § 52 Rn 109; *Hüffer*, ZGR 1980, 329, 331; *Lutter/Krieger*, Aufsichtsrat, Rn 1205; a.A. Lutter/Hommelhoff/*Kleindiek*, 21. Aufl., GmbHG § 42a Rn 6; Habersack/Casper/Löbbe/*Heermann*, 3. Aufl., GmbHG, § 52 Rn 103.
179 Z.B. § 108 Abs. 5 Nr. 2 GO NRW.
180 BGH, Urt. v. 29.1.1962 – II ZR 1/61 – BGHZ 36, 296, 306.
181 *Harder/Rufer*, GmbHR 1995, 813, 814f.; *Kessler*, GmbHR 2000, 71, 76ff.; *Thümmel*, DB 1999, 1891, 1892f.; Habersack/Casper/Löbbe/*Heermann*, 3. Aufl., GmbHG § 52 Rn 146.

sichtsrat entsandt wurde. Einigkeit besteht immerhin, dass die §§ 394, 395 AktG auf diesen Fall nicht **analog** anwendbar sind.[182] In der mittlerweile ausufernden Diskussion verschwimmen die Grenzen zwischen juristisch solider Begründung und politischen Postulaten.

Hinweis
Die Verschwiegenheitspflicht von GmbH-Aufsichtsräten ist zwingendes Bundesrecht.[183] Kommunalrechtliche Vorschriften dürfen sich hierüber nicht hinwegsetzen, Art. 31 GG.

Diesen Befund vor Augen verwundert es daher, wenn man sich gleichwohl über die Verschwiegenheitspflichten streitet. Teilweise meint man – mit unterschiedlichen Schwerpunkten im Einzelfall –, dass der Gemeinderat ohnehin allzuständig sei, die Gemeinde daher geeigneter Empfänger von Geheimnissen ist, zumal sie den öffentlichen Zweck ihrer Gesellschaft überprüfen müsse und schließlich spreche auch ein Informationsbedürfnis der Allgemeinheit gegen eine Verschwiegenheitspflicht.[184] Indes überzeugen diese (Schein-)Argumente nicht.[185] Ebenso wie in privaten Unternehmen besteht auch in öffentlichen Unternehmen ein Bedürfnis, dass der Aufsichtsrat verschwiegen ist. Die Verschwiegenheitspflicht ist die Basis für die vertrauensvolle Zusammenarbeit der Organe und diese wiederum ist für die Effizienz des Unternehmens wesentlich. Man mag sogar umgekehrt fragen, ob in öffentlichen Unternehmen das Bedürfnis nicht stärker ist, da ein Aufsichtsratsmitglied geneigt sein könnte, Unternehmensinterna für parteipolitische Zwecke zu instrumentalisieren.

110

---

182 *Pfeifer*, Aktiengesellschaft, S. 192 f.
183 BGH, Urt. v. 4.6.1975 – V ZR 184/73 – BGHZ 64, 322, 329 ff.
184 *Altmeppen*, NJW 2003, 2561; *Kessler*, GmbHR 2000, 71 ff.; *van Kann/Keiluweit*, DB 2009, 2251 ff.; *Zieglmeier*, ZGR 2007, 144 ff.
185 Wie hier *Harder/Ruter*, GmbHR 1995, 813, 816; *Lutter/Krieger/Verse*, Aufsichtsrat, Rn 1431; *Möller*, Aufsichtsrat, S. 160; *Schwintowski*, NJW 1990, 1009, 1013; Habersack/Casper/Löbbe/*Heermann*, 3. Aufl., GmbHG, § 52 Rn 141 ff.; *Wilhelm*, DB 2009, 944, 946.

Kapitel 18
Marktmissbrauchsrecht und Compliance

A. Überblick

I. Kapitalmarktrechtliches Marktmissbrauchsrecht

1 Nachhaltiges Vertrauen wird nur solchen Märkten und den auf ihnen tätigen Akteuren entgegengebracht, die dauerhaft sicherstellen, dass keine ungerechtfertigten Informationsvorsprünge von einzelnen Marktteilnehmern genutzt werden und eine frei von Manipulationen zustande kommende Preisbildung der gehandelten Werte gewährleistet ist. Das **Marktmissbrauchsrecht** in der **Finanzwirtschaft**, das Regeln zum Verbot von Insidergeschäften und zum Verbot von Marktmanipulationen beinhaltet, ist vor diesem Hintergrund eine der zentralen Regelungsmaterien des Kapitalmarktrechts, um das Prinzip der informationellen Chancengleichheit auf Kapitalmärkten zu gewährleisten und das so deren Integrität, Funktionalität und Effizienz zu sichern hilft.[1]

2 Angesichts dieses kurz skizzierten Schutzzweckes sind der Aspekt der Integrität[2] von Märkten und die diese Integrität sichernden **Compliance-Maßnahmen** ein bedeutsames und an Wichtigkeit weiter zunehmendes Thema auch für die auf dem **Energiemarkt** agierenden Unternehmen.[3] Die Aktualität für den Energiehandel wird durch entsprechende Initiativen auf europäischer Ebene unterstrichen, wie etwa die Verordnung über die Integrität und Transparenz des Energiegroßhandelsmarkts (engl. Regulation on wholesale Energy Market Integrity and Transparency (REMIT))[4], die Anforderungen zur Verhinderung von Marktmissbrauch beim Handel mit Energiegroßhandelsprodukten beinhaltet und die Marktmissbrauchsverordnung (MAR)[5], die für den Bereich der klassischen Wertpapiermärkte aktualisierte einschlägige Vorgaben zur Verhinderung von Insidergeschäften, der unrechtmäßigen Offenlegung von Insiderinformationen und der Vereitelung von Marktmanipulationen enthält. Die sich vor dem Hintergrund der genannten Regelungen ergebende Normensystematik zielt darauf ab, der Tatsache Rechnung zu tragen, dass Spotmärkte und dazugehörige Derivatemärkte in hohem

---

1 Dazu und zu weiteren Schutzzwecken KölnKomm-WpHG/*Klöhn*, vor § 12 bis 14 Rn 38 ff.
2 Nicht Gegenstand dieses Beitrages sind die originär dem Schutzzweck der Transparenz dienenden Regelungen, wie sie etwa in Gestalt der Ad-hoc-Bestimmungen des § 15 WpHG und des Art. 4 REMIT vorliegen oder wie sie, als Mitteilungspflicht ausgestaltet, etwa in Gestalt des § 47e GWB existieren.
3 Dazu Zenke/Schäfer/*Eufinger*, Energiehandel in Europa, § 22 Rn 41 f.
4 REMIT (VO (EU) Nr. 1227/2011) v. 25.10.2011 (ABl EU Nr. L 326 S. 1 ff.).
5 MAR (VO (EU) Nr. 596/2014) v. 16.4.2014 (ABl EU Nr. L 173 S. 1 ff.). Vgl. eingehend dazu etwa *Krause*, CCZ 2014, 248 ff.

Maße vernetzt und global sind und Marktmissbrauch sowohl markt- als auch grenzüberschreitend erfolgen kann.[6]

Der besonderen Bedeutung des Marktmissbrauchsrechts innerhalb des Kapitalmarktrechts entsprechend sind die Konsequenzen sowie die Rechtsfolgen und Sanktionen ausgestaltet, die die Normadressaten im Falle eines möglichen Fehlverhaltens zu gewärtigen haben. So untersuchen die Handelsüberwachungsstelle der European Energy Exchange (EEX) und die Bundesanstalt für Finanzdienstleistungsaufsicht (BaFin) auffällige Kursbewegungen im Hinblick auf etwaige Indizien für Insiderhandel und Marktmanipulationen[7] (im Bereich der Energiegroßhandelsprodukte fungiert zudem die Markttransparenzstelle Strom/Gas als Marktüberwachungsstelle). Bei Vorliegen konkreter Anhaltspunkte für Verstöße hat die BaFin weitreichende verwaltungsrechtliche Eingriffs- und Untersuchungsbefugnisse, die im Zusammenspiel mit etwaigen strafrechtlichen Ermittlungsmaßnahmen durch Staatsanwaltschaften die internen Geschäftsabläufe eines mit dem Vorwurf des Marktmissbrauches konfrontierten Marktteilnehmers und Unternehmens stark beeinträchtigen können. Schließlich können die Rechtsfolgen erheblich sein, sollte es zu einer Verurteilung wegen eines Insiderdelikts oder einer Marktmanipulation kommen. So stellt das Wertpapierhandelsgesetz (WpHG)[8] bestimmte Verstöße gegen die Vorschriften zum Insiderhandel und der Marktmanipulation unter eine Strafdrohung von bis zu fünf Jahren Freiheitsstrafe oder Geldstrafe.

Daher hat die Einhaltung der Regelungen des Marktmissbrauchsrechts auch für den einzelnen Rechtsanwender innerhalb des Energieversorgungsunternehmens einen besonderen Stellenwert, will er sich nicht Untersuchungen und Sanktionen von Aufsichts- und Strafverfolgungsbehörden sowie Gerichten aussetzen.

Nachfolgend sollen im Sinne eines ersten einführenden Überblicks die wesentlichen Quellen deutschen und Unionrechts benannt werden,[9] an denen sich der potenzielle Normadressat der **Marktmissbrauchsregeln** innerhalb des Energieversorgungsunternehmens orientieren muss. Die Kernbestimmungen zur Regelung des Insiderhandels finden sich in den Art. 7–11, 14 MAR im Zusammenwirken mit den Straf- und Bußgeldvorschriften der §§ 119 und 120 WpHG, die zum Recht der Marktmanipulation in Art. 12, 13 und 15 i.V.m. §§ 119 und 120 WpHG (hinzu treten im Bereich der Energiegroßhandelsprodukte Art. 2 bis 5 i.V.m. Art. 18 REMIT). Art. 16 MAR (sowie Art. 15

---

[6] Vgl. Erwägungsgrund 20 der Marktmissbrauchsverordnung (VO (EU) Nr. 596/2014) v. 12.6.2014 (ABl EU Nr. L 173 S. 1ff.).
[7] Dazu Zenke/Schäfer/*Eufinger*, Energiehandel in Europa, § 22 Rn 1ff.
[8] Wertpapierhandelsgesetz v. 9.9.1998 (BGBl. I S. 2708), zuletzt geändert durch Gesetz v. 19.12.2022 (BGBl. I S. 2606).
[9] Näher zu den europarechtlichen Vorgaben, insbesondere der sog. Marktmissbrauchsrichtlinie, Köln-Komm-WpHG/*Mock*, § 20a Rn 30ff.; vgl. etwa auch *Parmentier*, EuZW 2014, 50, 53.

REMIT) regeln zudem Anzeigepflichten bei Verdachtsfällen marktmissbräuchlicher Geschäfte.

6   Ergänzend ist schließlich der sog. Emittentenleitfaden der BaFin[10] zu berücksichtigen, der sich an in- und ausländische Emittenten wendet, deren Wertpapiere zum Handel an einer inländischen Börse zugelassen sind. In diesem Dokument gibt die BaFin Erläuterungen zur Auslegung und zu ihrer Verwaltungspraxis, das Insiderrecht und das Recht der Marktmanipulation betreffend.

II. Das Analogon im Energierecht: die REMIT

1. Überblick

7   Da die kapitalmarktrechtlichen **Marktmissbrauchsregeln** nicht auf die Energiewelt passten, gibt es seit 2011 ein eigenes, auf den **Energiegroßhandelsmarkt** zugeschnittenes Regelwerk, nämlich die Verordnung über die Integrität und Transparenz des Energiegroßhandelsmarktes (Regulation on wholesale Energy Market Integrity and Transparency; kurz REMIT),[11] die vom Europäischen Parlament und vom Europäischen Rat erlassen wurde und am 28.12.2011 in Kraft trat. Erklärtes Ziel der REMIT ist es, das Vertrauen der Verbraucher in eine auf Angebot und Nachfrage beruhende Preisbildung zu stärken, die auf fairem Wettbewerb beruht. Weiter stärken soll das Ziel der Überarbeitung als REMIT 2.0 im Jahr 2024.[12]

8   Als Verordnung gilt die REMIT unmittelbar in jedem Mitgliedstaat, bedurfte also grundsätzlich keiner Umsetzung durch den deutschen Gesetzgeber. Ausnahmen betreffen die Zuständigkeiten und vor allem das Sanktionssystem. Dieses obliegt weiterhin der Regelungshoheit der Mitgliedstaaten. Der deutsche Gesetzgeber hat dies durch Neufassung der §§ 95 bis 95b EnWG umgesetzt.[13]

9   Mit der Überwachung der Energiemärkte gemäß REMIT ist die europäische Behörde **ACER** (Agency for the Cooperation of Energy Regulators) betraut. Im Rahmen ihrer Überwachungsfunktion hat die ACER Auslegungshinweise insbesondere für Insiderhandel und Marktmanipulation veröffentlicht[14]; in Deutschland ist die Bundesnetzagentur (BNetzA) zuständig.

10 Entsprechend ihrem Namen hat die **REMIT** zwei **Schwerpunkte**: Transparenz und Integrität. Während das Transparenzthema im Wesentlichen durch umfangreiche Mel-

---

10 BaFin, Emittentenleitfaden, März 2020, abrufbar unter https://www.bafin.de/DE/Aufsicht/Boersen Maerkte/Emittentenleitfaden/emittentenleitfaden_node.html.
11 Vgl. Rn 2.
12 VO (EU) 2024/1106 v. 11.04. 2024, ABl. L, 2024/1106, S. 1ff.
13 Durch das Markttransparenzstellengesetz (MTS-Gesetz) v. 5.12.2012 (BGBl. I S. 2403), zuletzt geändert durch Gesetz v. 15.4.2015 (BGBl. I S. 578).
14 https://www.acer.europa.eu/remit/about-remit/remit-qas; https://remit.bundesnetzagentur.de/cln_111/REMIT/DE/Informationen/Dokumente/start.html.

Schäfer/Fischer/Dessau

depflichten abgedeckt wird,[15] fußt die Sicherstellung der Integrität des Energiegroßhandelsmarktes auf den zwei Säulen, die ihren Ursprung im Bereich des Kapitalmarktrechts haben: dem Verbot von Marktmanipulation und von Insiderhandel. Entsprechend läuft die Regelungssystematik der REMIT zur Verhinderung von Marktmissbrauch weitestgehend parallel zu den Vorschriften des deutschen Wertpapierhandelsgesetzes.

2. REMIT-Betroffenheit

Von der REMIT – und damit von deren Ge- und Verboten – sind alle Teilnehmer am Energiegroßhandelsmarkt erfasst. **Marktteilnehmer** wiederum ist jeder, der auf einem Energiegroßhandelsmarkt Transaktionen abschließt (Art. 2 Nr. 7 REMIT). 11

Welche **Transaktionen** hier gemeint sind, wird in Art. 2 Nr. 4 REMIT erläutert. Als solche gelten Energieversorgungsverträge, Derivate auf Strom oder Erdgas, Transportverträge in Bezug auf Strom und Erdgas sowie Derivate auf solche Transporte. 12

Als Marktteilnehmer kommen insbesondere Erzeuger, Versorger, Händler sowie Netzbetreiber[16] in Betracht. Verbraucher fallen hingegen nur dann unter die REMIT, wenn sie für Strom oder Gas eine Verbrauchskapazität[17] von mindestens 600 GWh/a innerhalb einer Preiszone aufweisen (Großverbraucher). Nur solche Verbraucher haben nämlich Gewicht auf dem Großhandelsmarkt: Fällt beispielsweise ein Großverbraucher aus, kann dies durchaus Auswirkungen auf die Preisentwicklung haben. Eine Einbeziehung dieser Verbrauchergruppen in den Regelungsbereich der REMIT ist deshalb notwendig. 13

Beispiel
Wenn eine GmbH zum Beispiel 400 GWh Strom und 300 GWh Gas verbrauchen könnte (Abnahmekapazität!), bringt sie dies nicht über die 600-GWh-Grenze, da diese für beide Medien getrennt zu betrachten ist. Könnte die gleiche GmbH aber in zwei Produktionsstätten einmal in Hessen und einmal im Saarland jeweils 400 GWh Strom verbrauchen, hätte sie eine Abnahmekapazität von 800 GWh, läge über der Schwelle und wäre damit für Stromgeschäfte eine Großmarktteilnehmerin.

---

[15] Die Meldepflichten beziehen sich zum einen auf Energieinfrastrukturanlagen wie Kraftwerke, Übertragungsnetze oder Gasspeicher. Zum anderen sind aber auch sämtliche Großhandelstransaktionen betroffen. Gerade letzteres sorgt dafür, dass auch kleine Energieunternehmen oder reine Energiehändler Vorkehrungen für die Erfüllung der Meldepflichten treffen müssen.
[16] Netzbetreiber sind immer dann betroffen, wenn sie Energiegroßhandelsprodukte kaufen oder verkaufen. Wenn sich diese Aktivität auf den Erwerb von Verlustenergie beschränkt, gilt das sogleich zu Verbrauchern Ausgeführte.
[17] Gemeint ist tatsächlich die potenzielle maximale Abnahme, wenn die verbrauchenden Anlagen ein Jahr lang durchliefen. Sinnvoller wäre ein Leistungswert gewesen.

B. Insiderrecht

I. Überblick

14 Unabdingbar für die Anwendung des Insiderrechts in der Praxis ist die Kenntnis der beiden grundlegenden Begriffe der Insiderinformation und des Insiderpapiers. Diese sollen daher in einem Überblick zunächst dargestellt werden. Soweit thematisch einschlägig werden dabei Beispiele aus dem Bereich der Energiemärkte im Zusammenhang mit einzelnen Aspekten der Begriffe erwähnt. Stets zu berücksichtigen ist dabei indes die Herkunft der Begriffe, die ihre Prägung im klassischen Wertpapierbereich erlangt haben und für die Energiemärkte relevante Aspekte nur ansatzweise regeln.[18] Die sodann vorzustellenden eigentlichen Verbotshandlungen des Insiderrechts nehmen Bezug auf diese grundlegenden Begrifflichkeiten und sehen als Rechtsfolgen bestimmte Sanktionen vor, die kurz skizziert werden. Im Anschluss sind jeweils die einschlägigen Regelungen für Energiegroßhandelsprodukte vorzustellen, die durch die REMIT einen eigenen Rechtsrahmen erhalten haben, der sich indes in den hier relevanten Begrifflichkeiten weitgehend an die aus den Wertpapiermärkten etablierten Termini anlehnt.

II. Insiderinformation

15 Der Begriff der Insiderinformation wird im Gesetz selbst definiert. Nach § 13 Abs. 1 S. 1 WpHG ist eine Insiderinformation
- eine konkrete Information
- über nicht öffentlich bekannte Umstände,
- die sich auf einen oder mehrere Emittenten von Insiderpapieren oder auf Insiderpapiere selbst beziehen und
- die geeignet sind, im Falle ihres öffentlichen Bekanntwerdens den Börsen- oder Marktpreis der Insiderpapiere erheblich zu beeinflussen.

16 In Bezug auf **Warenderivate** ist Insiderinformation eine nicht öffentlich bekannte präzise Information, die direkt oder indirekt ein oder mehrere Derivate dieser Art oder direkt damit verbundene Waren-Spot-Kontrakte betreffen und die, wenn sie öffentlich bekannt würden, geeignet wären, den Kurs dieser Derivate oder damit verbundener Waren-Spot-Kontrakte erheblich zu beeinflussen.[19] Bei den hier in Betracht kommenden Informationen muss es sich um solche handeln, die nach einschlägigen Rechts- und Verwaltungsvorschriften, Handelsregeln, Verträgen, Praktiken oder Regeln auf dem be-

---

18 Vgl. dazu Zenke/Schäfer/*Eufinger*, Energiehandel in Europa, § 22 Rn 58 ff.
19 Hiervon ausgenommen sind die spezielleren Regelungen der REMIT Derivate mit Strom und Erdgas betreffend.

treffenden Warenderivate- oder Spotmarkt offengelegt werden müssen bzw. deren Offenlegung nach vernünftigem Ermessen erwartet werden kann. Als eine solche Information kann beispielsweise der Ausfall eines Kraftwerks in Betracht kommen.[20]

1. Konkrete Information

Die Prüfung, ob eine konkrete Information über Umstände vorliegt, kann man gedanklich in zwei Stufen anhand folgender **Checkliste** vornehmen:[21]

- Auf der **ersten Stufe** gilt es festzustellen, ob eine Information über einen existierenden Umstand vorliegt, worunter man etwa ein eingetretenes Ereignis bzw. eine gegebene Tatsache verstehen kann. Zu beachten ist, dass zu den letzteren nicht nur mit den Sinnen wahrnehmbare und damit nachprüfbare Ereignisse der Außenwelt (äußere Tatsachen) gehören, sondern auch sog. innere Tatsachen, wie etwa eine geäußerte Idee.[22] Als Insiderinformation kommen daneben auch solche zukunftsbezogenen Umstände, Ereignisse und Tatsachen in Betracht, die hinreichend wahrscheinlich eintreten werden.
- Auf der **zweiten Prüfungsstufe** fragt man danach, ob die Information konkret ist. Dies ist dann der Fall, wenn sie so bestimmt ist, dass sie eine hinreichende Grundlage für eine Einschätzung über den zukünftigen Verlauf des Börsen- oder Marktpreises eines Insiderpapieres bilden kann.[23]

Bei der Anwendung dieser Kriterien soll kurz auf einige ausgewählte **Einzelaspekte aus der Praxis** der Rechtsanwendung von Gerichten und Aufsichtsbehörden hingewiesen werden.

So kann nach **Auffassung der BaFin** etwa bereits ein Gerücht, das einen Tatsachenkern beinhaltet und hinreichend wahrscheinlich ist, eine Insiderinformationen darstellen.[24]

Das Vorliegen eines insiderrechtlich relevanten Umstandes kann unter den genannten Voraussetzungen auch für überprüfbare **Werturteile und Meinungsäußerungen** in Betracht kommen, z.B. dann, wenn eine Auffassung, etwa aufgrund der herausgehobenen Stellung der sich äußernden Person, im Markt wie eine Tatsache behandelt wird.[25] Hiervon abzugrenzen sind Bewertungen, die ausschließlich aufgrund öffentlich bekannter Umstände erstellt werden. Diese sind nach ausdrücklicher Bestimmung in § 13 Abs. 2 WpHG keine Insiderinformation, selbst dann, wenn sie den Kurs von Insider-

---

20 Art. 7 Abs. 1 lit. b MAR.
21 Vgl. dazu Klöhn/*Klöhn*, MAR, Art. 7 Rn 28 ff.
22 Vgl. dazu Klöhn/*Klöhn*, MAR, Art. 7 Rn 26.
23 BaFin, Emittentenleitfaden Modul C, S. 10 f.
24 BaFin, Emittentenleitfaden Modul C, S. 10.
25 Vgl. auch Klöhn/*Klöhn*, MAR, Art. 7 Rn 75.

papieren erheblich beeinflussen können. Damit ist etwa im Energiebereich die durch einen Rohstoffanalysten oder einen Journalisten mittels öffentlich zugänglicher Informationen selbst angefertigte **Analyse und Bewertung** der Marktverhältnisse der Basiswerte von Warenderivaten keine Insiderinformation.

21   Da auch erst **zukünftig eintretende Umstände** mit umfasst sein können, vorausgesetzt die Aussage hinsichtlich des zukünftigen Ereignisses ist hinreichend präzise und der Eintritt wahrscheinlich, zählen auch Absichtsbekundungen, Pläne, Prognosen und Empfehlungen zu konkreten Insiderinformationen.[26]

> **Beispiel**
> Als ein für Unternehmen der Energiewirtschaft praxisrelevantes Beispiel kommt diesbezüglich etwa die Prognose über die Preisentwicklung von Basiswerten der Warenderivate in Betracht.[27] Denkbar wären auch Informationen über Kraftwerks-/Netzverfügbarkeiten oder über Ausbauplanungen im Bereich von Erzeugung und Netz.

2. Nicht öffentlich bekannte Information

22   Weiter dürfen die Umstände noch nicht öffentlich bekannt sein. Öffentlich bekannt sind insiderrechtlich relevante Umstände, wenn sie einem breiten Publikum und damit einer unbestimmten Zahl von Personen zugänglich gemacht wurden.[28] Dies trifft etwa zu für eine Information, die über ein verbreitetes elektronisches Nachrichtensystem wie Reuters oder Bloomberg verbreitet wurde, sodass jedenfalls der interessierte Marktteilnehmer die Möglichkeit hat, von der Information Kenntnis zu erlangen (sog. **Bereichsöffentlichkeit**). Nicht erforderlich ist dagegen die Verbreitung über ein Massenmedium,[29] nicht ausreichend hingegen eine Veröffentlichung in einem nur in bestimmten Kreisen einschlägigen Börseninformationsdienst oder Newsboard.[30] Legt man die vorgenannten Kriterien[31] zugrunde, wird man etwa die Veröffentlichung von Kraftwerksdaten auf der Internetseite der EEX als öffentliche Bekanntmachung im genannten Sinne anzusehen haben.[32] Etwas anderes dürfte wohl für Netz- und Erzeugungsdaten gelten, die von Energieversorgungsunternehmen nur selektiv im Rahmen von Präsentationen oder Hintergrundgesprächen preisgegeben werden.

---

26 IE vgl. auch Klöhn/*Klöhn*, MAR, Art. 7 Rn 111.
27 Bartsch/Röhling/Salje/Scholz/*Scholz*, Stromwirtschaft, Kap. 67 Rn 17.
28 BaFin, Emittentenleitfaden Modul C, S. 10.
29 KölnKomm-WpHG/*Klöhn*, § 13 Rn 128.
30 BaFin, Emittentenleitfaden Modul C, S. 10.
31 Vgl. oben Rn 1.
32 So auch Bartsch/Röhling/Salje/Scholz/*Scholz*, Stromwirtschaft, Kap. 67 Rn 17.

3. Emittenten- oder Insiderpapier-Bezug

Die Information muss sich zudem entweder auf das Insiderpapier selbst beziehen, z.B. in Gestalt der Kenntnis einer mengenmäßig großen Order, oder aber einen Bezug zu dessen Emittenten aufweisen, was gegeben ist, wenn die Information die internen Vorgänge des Unternehmens oder die Beziehungen des Unternehmens zu seinem Marktumfeld zum Gegenstand hat.[33] Nach Auffassung der BaFin[34] können auch den Emittenten und die Insiderpapiere nur mittelbar betreffende Umstände Insiderinformationen sein, wenn sie geeignet sind, den Preis des Insiderpapiers erheblich zu beeinflussen. Als Beispiel werden Marktdaten oder Marktinformationen genannt, das heißt **Informationen über die Rahmenbedingungen von Märkten**, die im Einzelfall auch Auswirkungen auf die Verhältnisse von Emittenten und Insiderpapieren haben können. Im Bereich der Energiewirtschaft kann dies etwa Informationen zu Rohstoffpreisen oder zur Versorgungssicherheit betreffen oder auch Informationen zu Aufsichtsmaßnahmen (§ 65 EnWG)[35] und zu politischen Entscheidungen, die gegebenenfalls eine große Tragweite für eine bestimmte Art der Energiebewirtschaftung und damit für die auf diesem Feld tätigen Unternehmen und Emittenten von Insiderpapieren haben.

23

Schließlich erwähnt § 35 EnWG selbst als Insiderinformation die **Daten der Netzbetreiber** über Verbindungsleitungen, Netznutzung und Kapazitätszuweisung, soweit sie nicht statistisch aufbereitet und noch als Geschäftsgeheimnis der betroffenen Unternehmen zu behandeln sind.

24

4. Eignung zur erheblichen Kursbeeinflussung

Eine Insiderinformation setzt schließlich voraus, dass die der Information zugrunde liegenden Umstände geeignet sind, im Falle ihres öffentlichen Bekanntwerdens den Börsen- oder Marktpreis der Insiderpapiere erheblich zu beeinflussen. Eine solche Eignung ist gegeben, wenn ein mit den Marktgegebenheiten vertrauter und mit Kenntnis aller verfügbaren Informationen ausgestatteter Anleger[36] die Information bei seiner Anlageentscheidung berücksichtigen würde (vgl. Erwägungsgrund 14 MAR). Um dies zu beurteilen, bieten sich die folgenden **Prüfungsschritte** an, die die **BaFin** in ihrem Emittentenleitfaden vorschlägt:

25

- Zunächst ist abstrakt zu beurteilen, ob die Insiderinformation für sich allein betrachtet, im Zeitpunkt des Handelns des Insiders (ex ante) nach allgemeiner Erfahrung ein erhebliches Preisbeeinflussungspotenzial haben kann.[37] Es handelt sich

---

[33] BaFin, Emittentenleitfaden Modul C, S. 11.
[34] BaFin, Emittentenleitfaden Modul C, S. 11.
[35] Energiewirtschaftsgesetz (EnWG) v. 7.7.2005 (BGBl. I S. 1970), zuletzt geändert durch Gesetz v. 26.7.2023 (BGBl. I Nr. 202).
[36] Klöhn/*Klöhn*, MAR, Art. 7 Rn 156.
[37] Zahlreiche, nicht abschließende Beispiele, wann dies der Fall ist, sind dem BaFin, Emittentenleitfaden Modul C, S. 15 ff., zu entnehmen.

folglich um eine Prognose über den **Grad der Wahrscheinlichkeit des Beeinflussungspotenzials**, die positiv ausfällt, falls die Wahrscheinlichkeit einer solchen Entwicklung überwiegt.[38] Dabei ist wohlgemerkt die Eignung zur Kursbeeinflussung ausreichend, die tatsächliche Beeinflussung des Kurses jedoch nicht erforderlich.[39] Feste Größenordnungen, wann das Kriterium der Erheblichkeit erfüllt ist, existieren nicht. Vielmehr sind insoweit die Spezifika des jeweiligen Finanzinstrumentes zu berücksichtigen.

- Anschließend sind die im Zeitpunkt des Handelns gegebenen **konkreten Umstände des Einzelfalles** zu berücksichtigen, die das Preisbeeinflussungspotenzial erhöhen oder vermindern können. Im Bereich der Strom- und Gasversorgung gilt es daher, präzise zu hinterfragen, ob und welchen Einfluss die vorstehend genannten Informationen auf den Einfluss von Terminpreisen von Strom und Gas haben können. Angesichts der vielfältigen Einflüsse auf den Strom- und Gaspreis, die außerhalb der Energie liegen (Wetter, Konjunktur, jahreszeitliche Einflüsse, politische Entscheidungen, gesellschaftliche Entwicklungen), ist eine erhebliche Beeinflussungswirkung nicht zwingend anzunehmen.

5. Beispiele

26 Art. 7 Abs. 1 MAR skizziert einige **Fälle, bei denen regelmäßig eine Insiderinformation vorliegt**, deren Anwendung aber nicht von der Prüfung befreit, ob die erforderliche Kurserheblichkeit gegeben ist. Die Beispiele betreffen:
- die Kenntnis von Aufträgen anderer Personen über den Kauf oder den Verkauf von Finanzinstrumenten und
- Informationen über Derivate mit Bezug auf Waren, von denen der Marktteilnehmer erwartete, dass er sie in Übereinstimmung mit der zulässigen Praxis an den betreffenden Märkten erhalten würde.

27 Die erstgenannte Konstellation umschreibt den insbesondere für Mitarbeiter von Wertpapierhandelsunternehmen praxisnahen Fall, dass diese in Kenntnis kursrelevanter (Groß-)Aufträge anderer Personen in Bezug auf Insiderpapiere, diese vor der Ausführung der Aufträge erwerben oder veräußern.[40] Derartige Situationen sind auch im Energiehandel denkbar. So können als Wertpapierdienstleistungsunternehmen einzustufende Energiehandelsunternehmen derartige Informationen über Aufträge im Rahmen der Abwicklung von Warenderivategeschäften von ihren Kunden erhalten.[41] Sollte dies der Fall sein, hat das Unternehmen zur Vermeidung von Interessenkonflikten zwischen sich und seinen Kunden auch organisatorisch sicherzustellen, dass sich nicht

---

38 Zenke/Schäfer/*Eufinger*, Energiehandel in Europa, § 22 Rn 71, 72.
39 BaFin, Emittentenleitfaden Modul C, S. 12.
40 Klöhn/*Klöhn*, MAR, Art. 7 Rn 304 ff.
41 Bartsch/Röhling/Salje/Scholz/*Scholz*, Stromwirtschaft, Kap. 67 Rn 16.

mittels Eigengeschäften an Geschäfte des Kunden angehängt wird (sog. Vor-, Mit-, Gegen- und Nachlaufen).[42]

Hinweis
In der Praxis kann dies durch die Schaffung von Vertraulichkeitsbereichen erfolgen, etwa durch die räumliche Trennung von Mitarbeitern, die mit Handelsgeschäften betraut sind, was gewährleisten soll, dass eine anfallende Information dort verbleibt und nicht Mitarbeitern anderer Funktionsbereiche oder außenstehenden Dritten zugänglich ist.[43] Ob solche Maßnahmen erforderlich sind, sollte in der Praxis mittels einer Analyse festgestellt werden, die auf die Aufnahme der im Unternehmen potenziell vorhandenen Insiderinformationen und dem damit einhergehenden Informationsfluss gerichtet ist.

Aufgrund der Prägung des Begriffes der Insiderinformation im Bereich der klassischen Wertpapiermärkte bleibt es gleichwohl im Einzelfall schwierig festzustellen, ob die genannten Kriterien erfüllt sind.[44]   28

Von einiger Relevanz für Unternehmen der Energiewirtschaft ist zudem der zweite in Art. 7 Abs. 1 lit. b) MAR genannte Fall, mit dem der Gesetzgeber bestimmte **Informationen in Bezug auf Warenderivate**[45] als Umstände qualifiziert, die regelmäßig Gegenstand einer Insiderinformation sein können.   29

Hierbei ist der folgende **Kriterienkatalog** zu berücksichtigen: 30

- Es muss sich um Informationen über Umstände handeln, die sich entweder auf Derivate mit Bezug auf Waren[46] oder auf den jeweiligen Basiswert beziehen. **Potenzielle Insiderinformationen am Strommarkt** können sich zum einen auf den Betrieb von Kraftwerken beziehen, wie Ausfälle, geplante Abschaltungen wegen Wartungsarbeiten und Neubauten. Zum anderen kann der Betrieb von Strom- und Gasnetzen Gegenstand der Information sein, so etwa die Beschaffung und Erbringung von Regelenergie, Stromabgaben aus dem Übertragungsnetz, marktrelevante Ausfälle und Revisionen, die Netzlast und Netzverluste.[47] Wegen des grenzüberschreitenden Wirkungsbereiches des Energiegroßhandels dürften auch Informationen über Verfügbarkeit und Auslastung von Grenzübergangsstellen/Interkonnektoren von Bedeutung sein.
- Die Information muss den Marktteilnehmern in Übereinstimmung mit der zulässigen Praxis, das heißt mit den geltenden Rechts- und Verwaltungsvorschriften, den Handelsregeln, Verträgen und Usancen, für gewöhnlich mitgeteilt werden. Neben

---

42 KölnKomm-WpHG/*Meyer/Paetzel*, § 33 Rn 168.
43 KölnKomm-WpHG/*Meyer/Paetzel*, § 33 Rn 174.
44 So auch unter Nennung weiterer Beispiele Zenke/Schäfer/*Eufinger*, Energiehandel in Europa, § 22 Rn 60.
45 Die Europäische Wertpapier- und Marktaufsichtsbehörde European Securities and Markets Authority (ESMA) hat Ende September 2014 eine Konsultation veröffentlicht, die eine konsistente Auslegung des Begriffs des Warenderivates bezwecken soll.
46 Dazu Art. 2 Nr. 1 VO (EG) Nr. 1287/2006 (ABl EU Nr. L 241 S. 1).
47 Bartsch/Röhling/Salje/Scholz/*Horstmann*, Stromwirtschaft, Kap. 67 Rn 23.

den speziellen energierechtlichen Veröffentlichungspflichten (etwa denen des EnWG) ist hier die sog. **Ad-hoc-Publizitätspflicht** zu nennen, die zu den Kernbereichen des Insiderregimes gehört.

6. Exkurs

31 Die **Ad-hoc-Publizität** verpflichtet Emittenten von Finanzinstrumenten, Insiderinformationen, die sie unmittelbar betreffen, unverzüglich zu veröffentlichen (Art. 17 MAR). Zweck dieser Pflicht ist es, einen gleichen Informationsstand der Marktteilnehmer durch eine schnelle und gleichmäßige Unterrichtung des Marktes zu erreichen, damit sich keine unangemessenen Börsen- oder Marktpreise aufgrund fehlerhafter oder unvollständiger Unterrichtung des Marktes bilden. Die Ad-hoc-Publizität wirkt damit präventiv gegen den Missbrauch von Insiderinformationen.[48]

III. Insiderpapiere

1. Finanzinstrumente

32 Von entscheidender Bedeutung für den Anwendungsbereich des Insiderrechts ist sodann die Bestimmung der Finanzprodukte, auf die sich eine Insiderinformation im soeben dargestellten Sinn[49] beziehen kann. Nur ein eingeschränkter Kreis von Finanzprodukten ist nach der Entscheidung des Gesetzgebers überhaupt tauglicher Gegenstand eines verbotenen Insidergeschäftes im Bereich der Energiemärkte. Als **Insiderpapiere** kommen nach der gesetzlichen Regelung in Art. 7 MAR insbesondere folgende **Finanzinstrumente**[50] in Betracht:[51]

- Aktien und Zertifikate, die Aktien vertreten,
- Schuldverschreibungen, Genussscheine und Optionsscheine,
- bestimmte Anteile an Investmentvermögen,
- bestimmte Geldmarktinstrumente,
- Derivate,
- Rechte auf Zeichnung von Wertpapieren und
- Emissionszertifikate („CO2-Zertifikate").

33 Für ihre **Einordnung als Insiderpapiere** ist **nach** dem Anwendungsbereich von **Art. 2 Abs. 1 MAR** ferner erforderlich, dass diese Finanzinstrumente
- an einer Börse zum Handel zugelassen oder in den regulierten Markt oder in den Freiverkehr einbezogen sind (lit. a) bis c)) oder,

---

48 BaFin, Emittentenleitfaden Modul C, S. 25.
49 Vgl. Rn 19 ff.
50 Art. 4 Abs. 1 Nr. 15 RL 2014/65/EU, die „MiFID".
51 BaFin, Emittentenleitfaden Modul C, S. 8 f.

- als Derivate in ihrem Preis unmittelbar oder mittelbar von Finanzinstrumenten abhängen (lit. d)).

2. Derivate

Für Unternehmen der Energiewirtschaft von praktischer Relevanz ist vor allem die Einbeziehung von Derivaten, zu denen auch solche mit Waren als Basiswerte gehören können. Denn unter den Begriff **Ware** fallen fungible Wirtschaftsgüter, die geliefert werden können (Art. 2 Nr. 1 VO (EG) Nr. 1287/2006), so etwa (Edel-)Metalle, Gas, Kohle, Öl und auch Energien wie Strom. Das bedeutet, dass auch Derivate auf Strom, die an der EEX gehandelt werden, Finanzinstrumente und damit auch Insiderpapiere darstellen können.[52] 34

Das folgende **Prüfschema** vermittelt einen Überblick über die diversen Voraussetzungen, die zur Einbeziehung eines Warenderivats in den Kreis der Insiderpapiere führen:[53] 35

- Es muss sich zunächst um ein Termingeschäft in Bezug auf bestimmte Basiswerte, darunter Waren, handeln. Damit stellen als Kassageschäfte ausgestaltete sog. Spotgeschäfte mit Strom und Gas von vornherein keine Finanzinstrumente dar und sind daher keine Insiderpapiere.[54]
- Das Termingeschäft muss durch Barausgleich zu erfüllen sein oder zumindest einer Partei das Recht einräumen, Barausgleich zu verlangen.
- Es muss sich um ein auf einem organisierten Markt oder in einem multilateralen Handelssystem[55] geschlossenes Termingeschäft handeln. Die EEX ist ein organisierter Markt in diesem Sinne.

IV. Insiderhandelsverbot

1. Tathandlungen

Nachdem die grundlegenden Begrifflichkeiten des Insiderrechts umrissen wurden, sollen im Folgenden die nach Art. 14 MAR **verbotenen Tathandlungen beim Handel mit Finanzinstrumenten** beschrieben werden. Nach dieser Regelung 36

- sind der Erwerb und die Veräußerung unter Verwendung einer Insiderinformation ebenso verboten (Nr. 1)

---

52 BaFin, Emittentenleitfaden Modul C, S. 9.
53 Zu diesen Voraussetzungen im einzelnen Klöhn/*Klöhn*, MAR, Art. 7 Rn 307ff.
54 Zenke/Schäfer/*Eufinger*, Energiehandel in Europa, § 22 Rn 56; diese Rechtslage (vgl. etwa § 15 TEHG) wird z.T. kritisch hinterfragt. Indes sieht Erwägungsgrund 20 der MAR keine Erweiterung deren Anwendungsbereiche auf Handlungen vor, die nichts mit Finanzinstrumenten zu tun haben, beispielsweise Waren-Spot-Kontrakte, die lediglich den Spotmarkt betreffen.
55 Klöhn/*Klöhn*, MAR, Art. 7 Rn 310, 313f.

- wie das Empfehlen und Verleiten zum Handel auf Grundlage von Insiderinformationen (Nr. 2) und
- das unbefugte Mitteilen oder Zugänglichmachen von Insiderinformationen (Nr. 3).

2. Handelsverbot (Nr. 1)

37 Das Verbot, **unter Verwendung einer Insiderinformation Insiderpapiere zu erwerben oder zu veräußern**, richtet sich an jedermann. Dabei kommt es nicht darauf an, ob der Insider die Papiere für sich selbst erwirbt bzw. veräußert oder ob er für das Unternehmen handelt, bei dem er beschäftigt ist.[56] Stets erforderlich ist ein ausgeführtes oder versuchtes Erwerbs- und Veräußerungsgeschäft,[57] etwa in Gestalt einer von einer Bank abgewickelten Order. Jedoch ist das Insiderhandelsverbot aus Art. 14 MAR nicht auf an einer Börse unter Verwendung von Insiderwissen abgewickelte Transaktionen beschränkt. Insiderinformationen können daher auch im Zusammenhang mit außerbörslichen, Insiderpapiere betreffenden Geschäften (sog. Face-to-Face-Geschäften) unter Verstoß gegen Art. 14 MAR verwandt werden.[58] Jedenfalls muss das Geschäft nach dem Gesetzeswortlaut „unter Nutzung" einer Insiderinformation erfolgt sein. Das setzt voraus, dass der Insider in Kenntnis der Information handelt und die Information in sein Handeln mit einfließen lässt, diese also zumindest mit ursächlich für den Entschluss war, das Insidergeschäft durchzuführen.[59] Im Hinblick auf die Motivationslage des Täters ist es also nicht erforderlich und es muss diesem nicht nachgewiesen werden, dass der Täter die Information zweckgerichtet „ausnutzen" wollte.[60] In zeitlicher Hinsicht bedeutet dies, dass ein Verwenden einer Insiderinformation ausscheidet, falls der Insider erst nach Ordererteilung Kenntnis von der Insiderinformation erlangt.[61] Gleiches kann auch in für Energieversorgungsunternehmen relevanten Konstellationen in Betracht kommen, in denen ein Geschäft getätigt wird, das auch ohne Kenntnis der Insiderinformation vorgenommen worden wäre.

 Beispiel
Ein Praxisbeispiel hierfür sind etwa solche zu Sicherungszwecken gegen Preisschwankungen vorgenommene sog. Hedgegeschäfte, die im Rahmen der Umsetzung eines Gesamtplanes eine bereits vor Erhalt der Insiderinformation festgelegte Absicherungsstrategie umsetzen.[62] Ein weiteres Praxisbeispiel für das Insiderhandelsverbot betrifft das bereits ausgeführte sog. Vor-, Mit-, Gegen- und Nachlaufen.[63]

---

56 BaFin, Emittentenleitfaden Modul C, S. 54.
57 Vgl. dazu BaFin, Emittentenleitfaden Modul C, S. 54f.
58 Klöhn/*Klöhn*, MAR, Art. 8 Rn 68.
59 BaFin, Emittentenleitfaden Modul C, S. 55, sowie Klöhn/*Klöhn*, MAR, Art. 8 Rn 119.
60 Klöhn/*Klöhn*, MAR, Art. 8 Rn 119f.
61 BaFin, Emittentenleitfaden Modul C, S. 55.
62 Dazu Klöhn/*Klöhn*, MAR, Art. 8 Rn 158ff.
63 Dazu oben Rn 27.

3. Weitergabeverbot (Nr. 3)

Mit dem Weitergabeverbot – wie auch mit dem Empfehlungs- bzw. Verleitungsverbot (Nr. 2)[64] – soll die **Marktintegrität** bereits in einem frühen Stadium vor der eigentlichen Durchführung von Geschäften mit Insiderpapieren **geschützt** werden, indem bestimmte Formen des Verbreitens von Insiderinformationen verboten werden.[65]

38

Untersagt ist zum einen die Mitteilung, also die **unmittelbare Weitergabe der Information** an einen anderen. Eine solche kann willentlich geschehen oder auch durch ein leichtfertiges Handeln, bei dem die erforderliche Sorgfalt im Umgang mit Insiderinformationen in besonderem Maße außer Acht gelassen wird. Auch spielt die Form der Äußerung, sei sie schriftlich, elektronisch oder mündlich, keine Rolle.

39

Beispiele, die die vorgenannten Kriterien aufgreifen, sind etwa:

40

- Unterhaltungen, die an öffentlichen Orten wie Restaurants oder dem Flugzeug in einer Weise geführt werden, dass andere mithören können.
- Das Fehlversenden einer E-Mail an einen Empfänger, der als Adressat nicht vorgesehen war und nur aufgrund eines besonders nachlässigen Umganges bei der Auswahl der Versandadressen der E-Mail auf deren Verteilerkreis geriet.

Hinweis

Derartige durch die Einstellung von Mitarbeitern in Bezug auf den Umgang mit sensiblen Informationen geprägte Verhaltensweisen bieten einen notwendigen Anknüpfungspunkt für die Compliance-Funktion des Unternehmens. Empfehlenswert erscheint eine regelmäßige Ansprache und Schulung von Mitarbeitern im Hinblick auf die Sorgfaltsanforderungen zum ordnungsgemäßen Umgang mit solchen Informationen.

Zum anderen ist das **Zugänglichmachen einer Insiderinformation** untersagt. Dies ist gegeben, wenn der Insider, statt die Information weiterzugeben, lediglich die Voraussetzungen schafft, die einem anderen die Kenntnisnahme ermöglicht.[66]

41

Beispiele hierfür sind etwa:

42

- die Weitergabe von Passwörtern, mit denen einem Dritten die Zugriffsmöglichkeit auf geschützte Daten eingeräumt wird,
- das offene Liegenlassen von Akten oder Korrespondenz.[67]

Die Weitergabe der Information muss zudem unbefugt erfolgen. Dies ist jedenfalls dann gegeben, wenn die Informationsweitergabe nicht im üblichen Rahmen der Ausübung der Arbeit oder des Berufs oder aber aufgrund einer gesetzlichen Verpflichtung geschieht.[68] Als Faustformel für die Praxis kann das sog. **Need-to-Know-Prinzip** gelten, nach dem sich die Weitergabe einer Information sowohl außerhalb als auch innerhalb

43

---

64 Vgl. noch Rn 44 ff.
65 Dazu BaFin, Emittentenleitfaden Modul C, S. 62.
66 Klöhn/*Klöhn*, MAR, Art. 10 Rn 26.
67 KölnKomm-WpHG/*Klöhn*, § 14 Rn 486.
68 BaFin, Emittentenleitfaden Modul C, S. 63.

des Unternehmens daran auszurichten hat, ob der Adressat die Information zur Erfüllung seiner Aufgaben unerlässlich benötigt.

4. Empfehlungs- bzw. Verleitungsverbot (Nr. 2)

44 Diese Tatbestandsalternative untersagt, einem anderen auf der Grundlage einer Insiderinformation den Erwerb oder die Veräußerung von Insiderpapieren zu empfehlen oder ihn in sonstiger Weise dazu zu verleiten. In der Praxis spielt diese Variante eine eher geringe Rolle, da der Insider die Insiderinformation erfahrungsgemäß mitteilt, um seine Empfehlung zu untermauern.

45 Auch für das Empfehlen bzw. Verleiten gibt es aber Anwendungsfälle aus der Praxis, wobei es bereits ausreicht, wenn der Insider einem Dritten den Kauf oder Verkauf eines Insiderpapieres indirekt nahelegt.[69] Zum Beispiel liegt dies vor:
- bei der Bezeichnung eines Verhaltens als vorteilhaft und dem Anraten dieses zu verwirklichen,
- insbesondere bei dem Verhalten, das man gemeinhin als „Tipp" bezeichnet.

46 Der handelnde Dritte muss in diesem Zuge Kenntnis von der Empfehlung oder Verleitung erhalten.[70]

47 Der Dritte, dem gegenüber die Empfehlung abgegeben wird, hat die Überlegung anzustellen, ob er durch den Insider auch eine Insiderinformation erhalten hat. Ist dies der Fall und ist sich der Verleitete auch der Qualität der Information als Insiderinformation bewusst, kann der Dritte durch Befolgung des Rates selbst Insiderhandel begehen, andernfalls liegt keine Insiderstraftat vor.

V. Insiderrecht im Bereich der Energiegroßhandelsprodukte

1. Überblick und Anwendungsbereich

48 Seit dem Inkrafttreten der REMIT[71] am 28.12.2011 sind spezialgesetzliche insiderrechtliche Vorschriften für **Energiegroßhandelsprodukte** zu beachten. Regelungssystematik und Begrifflichkeiten der einschlägigen REMIT-Normen weisen vielfältige Ähnlichkeiten mit den zuvor vorgestellten Regelungen der klassischen Wertpapiermärkte auf[72] und werden daher im Folgenden lediglich in einem Überblick vorgestellt.

49 Anzuwenden ist die REMIT auf den **Handel mit Energiegroßhandelsprodukten**, worunter nach Art. 2 Nr. 4 REMIT die nachfolgend genannten Verträge und Derivate zu verstehen sind:

---

69 BaFin, Emittentenleitfaden Modul C, S. 62.
70 Vgl. Klöhn/*Klöhn*, MAR, Art. 8 Rn 251.
71 Zur REMIT etwa *Funke/Neubauer*, CCZ 2012, 6, und *Funke*, CCZ 2014, 43.
72 Zenke/Schäfer/*Eufinger*, Energiehandel in Europa, § 22 Rn 77.

- Verträge für die Versorgung mit Erdgas und Strom sowie solche, die deren Transport betreffen,
- Derivate, die Strom oder Erdgas betreffen sowie solche, die deren Transport betreffen.

Sind die Energiegroßhandelsprodukte als Finanzinstrumente zu qualifizieren, so gelten die Insiderhandelsverbote der REMIT hingegen nicht, Art. 1 Abs. 2 REMIT.[73] In diesem Fall sind allein die zuvor dargestellten Grundsätze des wertpapierrechtlichen Insiderregimes anzuwenden. Ausdrücklich ausgenommen sind weiter solche Verträge über die Lieferung und die Verteilung von Strom oder Erdgas zur Nutzung durch Endverbraucher. Den Regelungen der REMIT unterliegen damit etwa Lieferanten, Händler, Erzeuger, Broker und Großnutzer, die mit Energiegroßhandelsprodukten handeln.[74]

Schließlich ist zu berücksichtigen, dass die spezifischen insiderrechtlichen Vorschriften der REMIT unabhängig davon gelten, ob eine Transaktion an einer Börse oder außerhalb einer solchen durchgeführt wird.[75]

50

51

2. Insiderinformation und Insiderhandelsverbote

Als Insiderhandel gilt gem. Art. 3 REMIT

52

- die Nutzung einer Insiderinformation beim Erwerb oder der Veräußerung eines Großhandelsproduktes,
- die Weitergabe einer Insiderinformation an Dritte oder
- die Abgabe von Handelsempfehlungen an Dritte auf Grundlage einer Insiderinformation.

Entscheidend ist somit zunächst, was als Insiderinformation im Rahmen der REMIT gilt. Eine Definition findet sich in Art. 2 Nr. 1 REMIT. Danach ist eine Insiderinformation

53

- eine nicht öffentlich bekannte präzise Information,
- die direkt oder indirekt ein oder mehrere Energiegroßhandelsprodukte betrifft und
- die, wenn sie öffentlich bekannt würde, die Preise dieser Energiegroßhandelsprodukte wahrscheinlich erheblich beeinflussen würde.

ACER versteht darunter alle Umstände, die zu einer erheblichen Beeinflussung der Strom- oder Gaspreise führen können, das heißt etwa die Kenntnis über installierte Er-

54

---

[73] Der Anwendungsbereich der REMIT ist damit zum Teil von der Definition des Begriffes des Finanzinstrumentes abhängig. Die Liste der Finanzinstrumente hat sich mit der Umsetzung der Richtlinie über Märkte für Finanzinstrumente (MiFID II – RL 2014/65/EU) v. 15.5.2014 (ABl EU Nr. L 173 S. 349ff.) zuletzt geändert, vgl. deren Erwägungsgründe 8ff.
[74] *Funke*, CCZ 2014, 43.
[75] Zenke/Schäfer/*Eufinger*, Energiehandel in Europa, § 22 Rn 66.

zeugungskapazitäten, Fahrplan- oder Verbrauchsänderungen, über geplante oder ungeplante Ausfälle, Begrenzungen oder Erweiterungen von Produktions- oder Speicheranlagen.

55   Wann allerdings ein Umstand zu einer erheblichen Preisbeeinflussung führen kann, ist noch weitestgehend ungeklärt: So kann beispielsweise beim Ausfall eines sehr kleinen Kraftwerks schwerlich davon ausgegangen werden, dass dies mit einer erheblichen Preisbeeinflussung einhergehen wird.

56   Als Beispiel für den Strombereich hatte die ACER lediglich angeführt, dass von einem erheblichen Preisbeeinflussungspotenzial dann auszugehen ist, wenn es sich um eine Erzeugungs- oder Verbrauchsanlage mit mehr als 100 MW elektrischer Bruttoleistung handelt.[76] Denn fällt eine solche aus, kann dies durchaus erhebliche Auswirkungen auf Angebot bzw. Nachfrage und damit auf den Preis von Strom haben.

57   Aus den Ausführungen der ACER lässt sich außerdem schließen, dass Handelspläne und/oder Strategien der Marktteilnehmer, z.B. eine Exitstrategie oder Zeitkorridore für den Energiehandel, nicht als Insiderinformation gelten sollen. Seit der REMIT 2.0 ist aber festgelegt, dass das Wissen um bevorstehende Aufträge eines anderen durchaus eine Insiderinformation darstellen können (Art. 2 Nr. 1 Uabs. 2 lit ca)). Damit wird das sog. Front Running zu einem Insiderverstoß.

58   Neben dem Verbot von Insiderhandel normiert die REMIT auch die Pflicht, Insiderinformationen zu veröffentlichen (Art. 4 REMIT), die sog. **Ad-hoc-Meldung**. Dies soll laut ACER grundsätzlich innerhalb von einer Stunde erfolgen.[77]

59   Hierdurch soll sichergestellt werden, dass alle Marktteilnehmer auf Grundlage desselben Kenntnisstandes agieren können, ein fairer Wettbewerb also gewährleistet bleibt.

60   Problematisch ist in diesem Zusammenhang unter anderem, dass als relevante Information schon ein Ereignis gilt, das mit hinreichender Wahrscheinlichkeit eintreten wird (Art. 2 Nr. 1 REMIT). Wann allerdings hinreichende Wahrscheinlichkeit gegeben ist, dürfte im Einzelfall schwer zu entscheiden sein und Marktteilnehmer oftmals in unklare Positionen bringen.[78]

61   Auch die Ge- und Verbote im Zusammenhang mit Insiderinformationen sind sanktionsbewährt. Die Nutzung von Insiderinformationen beim Handel stellt immer eine

---

[76] So noch in der ersten Auflage der ACER, Guidance, S. 12ff., abrufbar unter https://acer.europa.eu/en/remit/Documents/ACER_Guidance_on_REMIT_application_6th_Edition_Final.pdf. In der aktuellen sechsten Auflage wird nur noch auf die 100-MW-Schwelle verwiesen, weil diese in der EU-Transparenzverordnung (VO (EU) Nr. 543/2013) v. 14.6.2013 (ABl EU Nr. L 163 S. 1ff.) eine wichtige Rolle spielt.

[77] Vgl. zum Umfang der Veröffentlichungspflicht ACER, Guidance on the application of Regulation (EU) No 1227/2011 of the European Parliament and of the Council of 25 October 2011 on wholesale energy market integrity and transparency, 6.1st Edition, 2024, Rz. 133. Es ist darauf hinzuweisen, dass es sowohl vom Insiderhandelsverbot als auch vom Veröffentlichungsgebot Ausnahmen gibt, die dem betroffenen Unternehmen gewisse Härten ersparen sollen.

[78] Vgl. schon Rn 23.

Straftat dar, die mit einer Freiheitsstrafe von bis zu fünf Jahren geahndet wird, § 95a Abs. 2 Nr. 1 EnWG.

Die Weitergabe von Insiderinformationen an Dritte und die Abgabe von Handelsempfehlungen auf Grundlage von Insiderinformationen ist hingegen nur bei Begehung durch bestimmte Personengruppen eine Straftat. Zu diesem Personenkreis zählen beispielsweise Mitglieder der Geschäftsführung oder Personen mit Beteiligung am Kapital eines Unternehmens. Ihnen droht gem. § 95a Abs. 2 EnWG ebenfalls eine Freiheitsstrafe von bis zu fünf Jahren.

Personen, die nicht zu diesem Personenkreis zählen, begehen durch dieselben Handlungen lediglich Ordnungswidrigkeiten, für die allerdings Bußgelder von bis zu 100.000 € verhängt werden können, § 95 Abs. 1c Nr. 1 EnWG.

Auch der Verstoß gegen die Veröffentlichungspflicht stellt eine Ordnungswidrigkeit dar. Hier kann ein Bußgeld von bis zu 1 Mio. € verhängt werden, § 95 Abs. 1c Nr. 2 bis 5. Kommt es wiederholt und vorsätzlich („beharrlich") zu einer Verletzung der Veröffentlichungspflichten, liegt sogar eine Straftat vor, die mit Freiheitsstrafe von bis zu einem Jahr bedroht ist, § 95b EnWG.

3. Praktischer Umgang im Unternehmen

Das Insiderregime der REMIT ist eine Herausforderung für die Compliance-Funktion im Energieunternehmen (oder bei großen Energieverbrauchern). Der Grad der Betroffenheit richtet sich aber vor allem nach dem eigenen Anlagenbestand und der Affinität zum Großhandelsmarkt.

Jedes Unternehmen sollte zunächst prüfen, ob es Zugriff auf **potenzielle Insiderinformationen** hat.

Stufe 1: Wenn ein Unternehmen eigene Anlagen wie Kraftwerke hat, die potenziell insiderrelevant sind, sind die umfangreichsten Vorkehrungen zu treffen. In diesem Fall werden zunächst die Anlagenfahrer (z. B. Kraftwerksmeister) die Information haben, dass es z. B. zu einem unvorhergesehenen Ausfall kommt oder kommen wird. Diese Information darf die Händler, die die Großmarktgeschäfte abschließen, nicht erreichen, bevor nicht die Ad-hoc-Meldung abgesetzt worden ist. Alternativ muss man mit Handelseinschränkungen oder sog. **Chinese Walls** (getrennte Kommunikationsbereiche) arbeiten. Ebenfalls ist sicherzustellen, dass die Mitarbeiter sensibilisiert sind und es einen Prozess inkl. Zuständigkeiten gibt für die Abgabe der Ad-hoc-Meldung und gegebenenfalls die (Wieder-)Freigabe des Handels.

Stufe 2: Auch wenn ein Unternehmen keine eigenen relevanten Anlagen hat, kann es im üblichen Geschäftsverlauf bestimmungsgemäß mit solchen Informationen in Kontakt kommen. Dies ist z. B. der Fall, wenn man sich an einem Gemeinschaftskraftwerk beteiligt oder wenn man der Versorger eines Industrieunternehmens mit eigenen Kraftwerken oder extrem hohem Verbrauch ist. In diesem Fall sind ebenfalls Vorkehrungen zu treffen, die Informationen zu verzögern oder zumindest vom Energiehandel zu separieren bzw. Sorge zu tragen, dass die Informationen nicht für eigene Geschäfte genutzt werden können. Für die Veröffentlichung ist allerdings der Anlagenbetreiber selbst zuständig.

69 Stufe 3: Selbst wenn die Stufen 1 und 2 nicht einschlägig sind, kann es nie ausgeschlossen werden, dass ein Mitarbeiter, der Großhandelsgeschäfte tätigen kann, durch Zufall oder außerdienstliche Kontakte an Insiderinformationen gelangt. Deshalb ist auch hier zumindest im Rahmen der Dienstanweisungen (Orga-/Beschaffungshandbuch oder Ähnliches) ein Verbot des Insiderhandels zu bestimmen. Die betreffenden Mitarbeiter sind zu schulen/zu sensibilisieren und man sollte dies angemessen dokumentieren.

C. Recht der Marktmanipulation

I. Überblick

70 Kennzeichen der soeben vorgestellten Insiderdelikte ist der seinen unberechtigten Informationsvorsprung nutzende Täter. Der Insider nutzt dabei gleichzeitig die mit seinem Informationsvorsprung einhergehende fehlerhafte Vorstellung und Bildung von Börsen- oder Marktpreisen, er führt die Preisfehlbildung aber nicht selbst herbei. Anders beim Täter der Marktmanipulation. Dieser bedient sich Verhaltensweisen, die zumindest geeignet sind, auf Börsen- oder Marktpreise einzuwirken.[79]

71 Ähnlich ist dagegen der persönliche Anwendungsbereich des Marktmanipulationsverbots, das sich ebenso wie beim Insiderrecht grundsätzlich an jedermann richtet; vergleichbar ausgestaltet sind auch die Sanktionen bei Verstößen.

72 Die zentrale Verhaltensnorm der MAR in Bezug auf die **Marktmanipulation** ist Art. 12 MAR, der drei **Tatbestandsvarianten** regelt, und zwar:
- sog. **informationsgestützte Manipulationen**, das heißt Formen der Manipulation durch kommunikatives Verhalten, welchem irreführungs- und preiseinwirkungsgeeignete Bedeutung zukommt,
- sog. **handelsgestützte Manipulationen**, also die Täuschung oder Irreführung anderer Marktteilnehmer durch Geschäfte und Kauf- oder Verkaufsaufträge,
- sog. **sonstige Täuschungshandlungen**, das heißt bestimmte Konstellationen der Täuschung, die weder als informationsgestützte noch als handelsgestützte Manipulationen erfasst sind.

73 Nähere Konkretisierungen zu einzelnen der in Art. 12 MAR verwendeten Begriffe sowie Beispiele in Bezug auf diese Tatbestandskonstellationen enthält Anhang I.

---

[79] Dazu KölnKomm-WpHG/*Mock*, § 20a Rn 16.

Seinem Gegenstand nach bezieht sich das Verbot der Marktmanipulation auf **Finanzinstrumente**, die an einer europäischen Börse zugelassen sind oder in den regulierten Markt oder in den Freiverkehr an einer solchen Börse einbezogen sind.

74

Für Unternehmen der Energiewirtschaft relevant ist auch im vorliegenden Zusammenhang die Einbeziehung der **Warenderivate und der Emissionszertifikate** als Finanzinstrumente.[80]

75

II. Informationsgestützte Manipulationen

1. Tatbestand

Der Typus der informationsgestützten Manipulation umfasst nach allgemeinem Verständnis

76

- das Machen unrichtiger oder irreführender Angaben über bewertungserhebliche Umstände sowie
- das Verschweigen bewertungserheblicher Umstände entgegen bestehenden Rechtsvorschriften,

sofern die Angaben oder das Verschweigen geeignet sind, auf den Börsen- oder Marktpreis eines Finanzinstrumentes bzw. einer (börsengehandelten) Ware einzuwirken.

Einige der in der vorgenannten Regelung verwendeten Begrifflichkeiten sind kurz näher zu bestimmen.

77

2. Machen unrichtiger oder irreführender Angaben

Angaben macht, wer Erklärungen über das Vorliegen von nachprüfbaren Gegebenheiten, also Tatsachenmitteilungen, Werturteile (einschließlich Meinungsäußerungen und Einschätzungen) und Prognosen mit plausiblem Tatsachenkern, abgibt.[81] Denkbar ist jedes kommunikative Verhalten, das geeignet ist, von mindestens einem Empfänger wahrgenommen zu werden.[82]

78

Bewertungserhebliche Umstände werden verstanden als Tatsachen und Werturteile, die ein verständiger, das heißt durchschnittlich erfahrener und vorsichtiger Anleger bei seiner Anlageentscheidung berücksichtigen würde. Erfasst sind auch solche Umstände, bei denen man mit hinreichender Wahrscheinlichkeit davon ausgehen kann, dass sie in Zukunft eintreten werden. Die inzwischen aufgehobene **MaKonV** enthielt zudem einen nicht abschließenden **Beispielkatalog** bewertungserheblicher Umstände, den man in der Praxis weiterhin heranziehen kann. Der Schwerpunkt dieser Beispiele liegt auf unternehmensbezogenen Umständen, wie etwa der Finanzlage des Unterneh-

79

---

80 Dazu oben Rn 16.
81 BaFin, Emittentenleitfaden Modul C, S. 79f.
82 KölnKomm-WpHG/*Mock*, § 20a Rn 172.

mens, die für die Bewertung der Aktien oder Anleihen des Unternehmens nebst hiervon abhängiger Derivate erheblich sind. Bewertungserheblich in diesem Sinne können zudem unternehmensunabhängige Marktdaten sein, wie etwa die Orderlage am Warenderivatemarkt bzw. das Transaktionsverhalten großer Energiehandelsunternehmen, die Versorgungslage und Netzkapazitäten im Allgemeinen. Diese Faktoren werden sich der Natur der Sache nach auf dem Spotmarkt abspielen.

80 **Unrichtig** sind die **Angaben**, wenn sie nicht den tatsächlichen Gegebenheiten entsprechen, also Angaben in Bezug auf Tatsachen unwahr sind, Werturteile und Prognosen auf falscher Tatsachenbasis basieren oder die aus korrekten Tatsachen gezogenen Schlussfolgerungen gänzlich unvertretbar erscheinen. Erfasst ist auch der Fall unvollständiger Angaben, das heißt wenn unter Auslassung erheblicher Teilaspekte ein falscher Gesamteindruck entsteht.[83]

81 Angaben sind irreführend, wenn sie zwar inhaltlich richtig sind, aber mittels ihrer Darstellung beim Empfänger eine falsche Vorstellung über den Sachverhalt nahelegen.

82 **Beispiele** für **informationsgestützte Manipulationen** in der Form des Machens unrichtiger oder irreführender Angaben:
- Veröffentlichung unrichtiger Erzeugungsdaten über die dem Handel zur Verfügung gestellte Strommenge,
- gezieltes externes Streuen von falschen oder irreführenden Informationen durch einen Rohstoffanalysten, der am Markt eine gefestigte Stellung hat und dessen Äußerungen damit eine Auswirkung auf Kurs- oder Marktpreise haben,[84]
- sog. Scalping, das heißt das Tätigen von Geschäften in Werten mit im Anschluss erfolgender Beeinflussung des Kurses bzw. Marktpreises der Werte, indem eine Kauf- oder Verkaufsempfehlung gegenüber dem Anlegerpublikum abgegeben wird, bei der Eigengeschäft oder Eigeninteresse verschwiegen werden.[85]

3. Verschweigen

83 Weiter kann eine Manipulation durch das Verschweigen solcher bewertungserheblichen Umstände verwirklicht werden, für die eine Rechtsvorschrift eine Offenbarung vorsieht.

84 Ein **Verschweigen** ist gegeben, wenn der zu offenbarende Umstand[86]
- nicht offengelegt wird,
- nicht gegenüber allen Personen offengelegt wird, für die dies vorgesehen ist,
- für welchen ein bestimmter Offenlegungszeitpunkt besteht, zu spät offen gelegt wird.

---

83 Näher BaFin, Emittentenleitfaden Modul C, S. 81f.
84 Dazu KölnKomm-WpHG/*Mock*, § 20a Rn 9.
85 Klöhn/*Klöhn*, MAR, Art. 12 Rn 358ff.
86 BaFin, Emittentenleitfaden Modul C, S. 80.

Eine **ausdrückliche Offenbarungspflicht** kann sich insbesondere aus einem Gesetz, einer Verordnung oder aus europäischen Verordnungen ergeben. 85

Beispiele:[87] 86
- unverzügliche Veröffentlichung von Ad-hoc-Tatsachen Art. 17 MAR,
- Bestimmungen über die handels- und bilanzrechtliche Publizität,
- Veröffentlichungspflichten des EnWG und seiner Verordnungen.

> **Hinweis**
> Energieversorgungsunternehmen, für die derartige Offenbarungspflichten in Betracht kommen, sehen daher Zuständigkeiten und einen Arbeitsablauf im Hinblick auf die Erfüllung solcher Offenlegungspflichten vor. Hierbei ist ein besonderes Augenmerk auf die konzerninterne Zuständigkeit für die Veröffentlichung der jeweiligen Informationen zu legen. Beispielsweise ist etwa für die Veröffentlichungen bestimmter netzrelevanter Daten nach § 17 StromNZV die jeweilige Netzbetreibergesellschaft zuständig.

Eine **Einschränkung** erfährt das **Marktmanipulationsverbot** durch das Erfordernis der Eignung der angegebenen oder verschwiegenen Umstände zur Preiseinwirkung.[88] Es muss wohlgemerkt nicht zu einer tatsächlichen Einwirkung auf den Preis kommen, ausreichend ist bereits die Eignung des Verhaltens hierzu. Feste Schwellenwerte existieren hierzu aber nicht. 87

Zu beachten ist, dass das Manipulationsverbot in Bezug auf die Eignung zur Preiseinwirkung insgesamt weiter gefasst ist als beim Insiderhandelsverbot. 88

III. Handelsgestützte Manipulationen

1. Tatbestand
Hierbei handelt es sich um die klassische Begehungsform der Kurs- und Marktpreismanipulation. Mittels meist fiktiver oder auch effektiver Handelsgeschäfte werden die übrigen Marktteilnehmer getäuscht, indem ihnen etwa ein nicht existierender Umsatz im Handel mit Finanzinstrumenten vorgespiegelt wird oder der Kurs- und Marktpreis von Finanzinstrumenten bzw. Waren künstlich zu verändern versucht wird.[89] 89

Typischerweise findet eine handelsgestützte Manipulation in eher illiquiden Finanzinstrumenten statt, da dort schon kleinere Order oder Geschäfte ein irreführendes Signal für Angebot oder Nachfrage darstellen können.[90] 90

---

87 KölnKomm-WpHG/*Mock*, § 20a Rn 193.
88 BaFin, Emittentenleitfaden Modul C, S. 82.
89 KölnKomm-WpHG/*Mock*, § 20a Rn 11.
90 Zu handelsgestützten Manipulationen vgl. BaFin, Jahresbericht 2018, S. 161 f.

> **Hinweis**
> Praktisch relevant ist die Kenntnis der handelsgestützten Manipulationsformen vor allem für solche Marktteilnehmer, die im Eigen- oder Kundenhandel von Finanzinstrumenten tätig sind, wie etwa führende Energiehandelshäuser im Warenderivatehandel. Energieversorgungsunternehmen, auf die dies nicht zutrifft, analysieren zumindest ihre Geschäftstätigkeit dahingehend, ob es einzelne Geschäftsvorfälle dieser Art gibt und die damit betrauten Mitarbeiter mit den einschlägigen Regeln vertraut sind.

91 Die Tatbestände der handelsgestützten Manipulationen betreffen im Einzelnen die Vornahme von Geschäften oder die Erteilung von Kauf- oder Verkaufsaufträgen, die geeignet sind:
- falsche oder irreführende Signale für das Angebot, die Nachfrage oder den Börsen- oder Marktpreis eines Finanzinstruments zu geben, oder
- ein künstliches Preisniveau herbeizuführen.

2. Anzeichen nach der MaKonV

92 Typische Erscheinungsformen handelsgestützter Manipulationsformen wurden in der die frühere deutsche gesetzliche Regelung konkretisierenden MaKonV näher beschrieben.

93 Aufgelistet werden dabei eine Reihe von Anzeichen, die lediglich als Anhaltspunkte für handelsgestützte Manipulationen gelten und zu denen weitere Faktoren hinzukommen müssen, die ein Täuschungselement enthalten und im Einzelfall umfassend zu würdigen sind (§ 3 Abs. 1 S. 1 Nr. 1 MaKonV). Diese sind auch weiterhin für die Praxis hilfreich.

94 **Anhalts- und Prüfungspunkte für Manipulationen** geben demnach Geschäfte oder Kauf- oder Verkaufsaufträge,
- die an einem Markt einen bedeutenden Anteil am Tagesgeschäftsvolumen ausmachen, insbesondere wenn sie eine erhebliche Preisänderung bewirken,
- durch die Personen erhebliche Preisänderungen bei Finanzinstrumenten, von denen sie bedeutende Kauf- oder Verkaufspositionen innehaben, oder bei sich darauf beziehenden Derivaten oder Basiswerten bewirken,
- mit denen innerhalb kurzer Zeit Positionen umgekehrt werden und die an einem Markt einen bedeutenden Anteil am Tagesgeschäftsvolumen dieser Finanzinstrumente ausmachen und die mit einer erheblichen Preisänderung im Zusammenhang stehen könnten,
- die durch ihre Häufung innerhalb eines kurzen Abschnitts des Börsentages eine erhebliche Preisänderung bewirken, auf die eine gegenläufige Preisänderung folgt,
- die nahe zu dem Zeitpunkt der Feststellung eines bestimmten Preises, der als Referenzpreis für ein Finanzinstrument oder andere Vermögenswerte dient, erfolgen und mittels Einwirkung auf diesen Referenzpreis den Preis oder die Bewertung des Finanzinstruments oder des Vermögenswertes beeinflussen.

Eine Marktmanipulation ist ferner angezeigt bei solchen vor Ausführung zurückgenommenen Aufträgen, die auf die den Marktteilnehmern ersichtliche Orderlage, insbesondere auf die zur Kenntnis gegebenen Preise der am höchsten limitierten Kaufaufträge oder der am niedrigsten limitierten Verkaufsaufträge, einwirken (§ 3 Abs. 1 Nr. 2 MaKonV – sog. **Painting the Tape**). Dies betrifft beispielsweise den Fall, dass ein im offenen Orderbuch des EEX-Terminmarktes eingestellter und über dem aktuellen Preisniveau limitierter größerer Future-Kaufauftrag, der eine entsprechende Nachfrage suggeriert und andere Marktteilnehmer gleichfalls zur Abgabe von Orders über dem aktuellen Preis animiert, zurückgenommen wird. Die Rücknahme der Order ist ein Indiz dafür, dass diese nicht ernstlich gewollt war, sondern der Marktmanipulation diente.[91]

Schließlich setzen Geschäfte, die zu keinem Wechsel des wirtschaftlichen Eigentümers führen, ein Anzeichen für eine Marktmanipulation (§ 3 Abs. 1 Nr. 3 MaKonV). Hierunter fallen etwa als sog. **Wash Sales** bekannte Geschäfte, bei denen Käufer und Verkäufer wirtschaftlich identisch sind oder auch sog. **Pre Arranged Trades**, bei denen Verkäufer und Käufer aufeinander abgestimmte, gegenläufige Aufträge geben, mit der Folge, dass im wirtschaftlichen Ergebnis kein Eigentümerwechsel stattfindet.[92] Diese Fallkonstellationen betreffen einen Schwerpunkt der positiven Marktmanipulationsanalysen der BaFin.[93]

3. Beispiele nach der MaKonV

Daneben nennt die MaKonV verbindliche Beispiele bzw. Anwendungsfälle für irreführende Signale im oben genannten Sinne,[94] das heißt anders als bei den soeben dargestellten Fallgruppen handelt es sich insoweit nicht um bloße Anzeichen, bei denen noch eine weitere Würdigung erfolgen muss (§ 3 Abs. 2 MaKonV).[95]

Darunter fallen zum einen Geschäfte oder Aufträge, die geeignet sind, über Angebot oder Nachfrage bei einem Finanzinstrument im Zeitpunkt der Feststellung eines Referenzpreises für ein Finanzprodukt oder andere Produkte (z.B. Waren) zu täuschen (§ 3 Abs. 2 Nr. 1 MaKonV – sog. **Marking the Close**). Da, nach dem Wortlaut der Vorschrift, auch andere Produkte (und damit Waren wie Energie) als Referenzpreis umfasst sein können, kann hierunter auch die Fallgestaltung zu fassen sein, bei der der Schlusskurs eines am EEX-Spotmarkt gehandelten Produkts manipuliert wird, der als Abrechnungs- und Referenzpreis für ein Warenderivat dient.[96]

Ein weiteres Beispiel für das Setzen irreführender Signale betrifft Geschäfte oder Aufträge, die zu im Wesentlichen gleichen Stückzahlen und Preisen von verschiedenen

---

91 Vgl. Klöhn/*Klöhn*, MAR, Art. 12 Rn 121 ff.
92 Vgl. Klöhn/*Klöhn*, MAR, Art. 12 Rn 117 ff.
93 zur aktuellen Marktmanipulationsanalyse vgl. BaFin, Jahresbericht 2022, S. 66 f.
94 Vgl. Rn 92 ff.
95 Assmann/Schneider/*Vogel*, WpHG, § 20a Rn 164.
96 Dazu auch Bartsch/Röhling/Salje/Scholz/*Horstmann*, Stromwirtschaft, Kap. 67 Rn 40.

Parteien, die sich abgesprochen haben, erteilt werden, es sei denn, diese Geschäfte wurden im Einklang mit den jeweiligen Marktbestimmungen rechtzeitig angekündigt (§ 3 Abs. 2 Nr. 2 MaKonV – sog. **Improper Matched Orders**).[97]

IV. Sonstige Täuschungshandlungen

1. Tatbestand

100 Schließlich sind sonstige Täuschungshandlungen denkbar, die geeignet sind, auf den Preis eines Finanzinstruments oder einer (börsengehandelten) Ware einzuwirken. Dieser Typus dient als sog. Auffangtatbestand für solche Formen der Täuschung, die weder als informationsgestützte noch als handelsgestützte Manipulationen erfasst sind.[98]

101 Eine nähere Konkretisierung fand sich auch hier in der MaKonV, nach der als sonstige Täuschungshandlungen solche Handlungen und Unterlassungen gelten, die geeignet sind, einen verständigen[99] Anleger über die wahren wirtschaftlichen Verhältnisse, insbesondere Angebot und Nachfrage in Bezug auf ein Finanzinstrument bzw. eine Ware in die Irre zu führen und den Preis hoch- oder herunterzutreiben oder beizubehalten (§ 4 Abs. 1 MaKonV).

102 Nach der schon von der handelsgestützten Manipulation bekannten Regelungsmethodik wird zwischen Anzeichen und Beispielen für sonstige Täuschungshandlungen unterschieden. Kurz eingegangen werden soll hier abschließend auf einige Beispiele[100] sonstiger Täuschungshandlungen, die auch im Bereich der Warenterminmärkte relevant sein können.

2. Beispiele nach der MaKonV

103 Zwingende, aber nicht abschließende Beispiele für sonstige Täuschungshandlungen nennt § 4 Abs. 3 MaKonV. Hiernach begeht eine sonstige Täuschungshandlung, wer sich eine **marktbeherrschende Stellung** über ein Finanzinstrument sichert und dadurch dessen Ankaufs- oder Verkaufspreise bestimmt oder nicht marktgerechte Handelsbedingungen schafft (§ 4 Abs. 3 Nr. 1 MaKonV).

104 Mit diesen unter den Stichworten **Market Cornering** bzw. **Abusive Squeezing** bekannten Praktiken sind Fälle monopolbedingten Außerkraftsetzens der Marktmechanismen angesprochen sowie sonstige künstliche Verknappungen eines Finanzinstru-

---

[97] Vgl. hierzu nur folgende Grundsatzentscheidung: BGH, Urt. v. 27.11.2013 – 3 StR 5/13 – NJW 2014, 1399 ff.
[98] KölnKomm-WpHG/*Mock*, § 20a Rn 234.
[99] Vgl. oben Rn 79 ff.
[100] Zu den in § 4 Abs. 2 MaKonV genannten Anzeichen für sonstige Täuschungshandlungen vgl. etwa Assmann/Schneider/*Vogel*, WpHG, § 20a; Rn 227 ff.

ments mit dem Ziel, die Kontrolle über Angebot oder Nachfrage zu erlangen.[101] Aus der Praxis der Terminmärkte zu nennen ist ein unter dem Stichwort **Bundesobligationen-Squeeze** bekannt gewordener Fall aus dem Jahr 2005, bei dem sich ein Marktteilnehmer mit dem Vorwurf auseinandersetzen musste, er habe durch Geschäfte am Terminmarkt eine Verknappung des Angebots an Bundesobligationen mit dem Ergebnis erzielt, dass sich andere Marktteilnehmer zum Liefertermin zu nicht marktgerechten überhöhten Preisen eindecken mussten.[102]

Indiziert ist eine sonstige Täuschungshandlung schließlich dann, wenn über die Medien eine Stellungnahme oder ein Gerücht zu einem Finanzinstrument oder dessen Emittenten kundgegeben wird, nachdem Positionen über dieses Finanzinstrument eingegangen worden sind, ohne dass dieser Interessenkonflikt zugleich mit der Kundgabe offenbart wurde (§ 4 Abs. 3 Nr. 2 MaKonV). Diese als sog. **Scalping** bekannte Praktik kann in allen Märkten vorkommen, in denen in Fachmedien präsente Analysten, Journalisten oder „Börsengurus" mittels Empfehlungen Einfluss auf Börsen- und Marktpreise nehmen können.[103]

105

Hinweis

Empfehlenswert kann es sein, Mitarbeiter mittels eines Abschnittes in einer Compliance-Richtlinie oder einem vergleichbaren unternehmensinternen Regelwerk auf die bestehenden gesetzlichen Marktmissbrauchsregeln hinzuweisen. Ob und in welcher Ausführlichkeit dies erfolgt, bestimmt sich nach dem Gefahrenpotenzial für das jeweilige Unternehmen und seine Mitarbeiter, gegen strafbewehrte Marktmissbrauchsregeln zu verstoßen. Die Entscheidung ist damit etwa abhängig von der Geschäftstätigkeit im Hinblick auf etwaige Handelsaktivitäten und dem Vorhandensein sowie dem unternehmensinternen Fluss von Insiderinformationen. Inhaltlich kann eine entsprechende Richtlinie z.B. den Gesetzestext einschlägiger Marktmissbrauchsregeln wiedergeben und für das Unternehmen relevante Anwendungsfälle anhand von Beispielen näher erläutern. Aufgrund der Verwendung zahlreicher sog. unbestimmter Rechtsbegriffe innerhalb der Tatbestände der gesetzlichen Marktmissbrauchsregeln und der damit einhergehenden Notwendigkeit, den Auslegungsmaßstab unter umfassender Würdigung der Umstände des Einzelfalles zu finden, sollte eine zu generelle Abgabe von Verhaltensempfehlungen unterbleiben.

V. Marktmanipulation im Bereich der Energiegroßhandelsprodukte

Art. 5 REMIT verbietet die Vornahme oder den Versuch der Vornahme von Marktmanipulation auf den Energiegroßhandelsmärkten. Die bereits dargestellten drei Arten von Manipulationen, nämlich solche **handelsgestützter Art**, solche die durch das **Verbreiten von Informationen** gekennzeichnet sind und solche **sonstiger Art** prägen auch die Systematik der Definition der Marktmanipulation in Art. 2 Nr. 2

106

---

101 KölnKomm-WpHG/*Mock*, § 20a Anh. I – § 4 MaKonV Rn 20; Assmann/Schneider/*Vogel*, WpHG, § 20a Rn 231.
102 Dazu FAZ, 26.1.2005, S. 16.
103 Dazu Assmann/Schneider/*Vogel*, WpHG, § 20a Rn 235ff.

REMIT.[104] Die in Abschnitt C. II bis IV angestellten Erwägungen können daher auch für die Auslegung des Art. 2 Nr. 2 REMIT herangezogen werden.

107 Danach ist Marktmanipulation
- jede Handelstätigkeit, die falsche oder irreführende Marktsignale senden könnte,
- jede Handelstätigkeit, die den Preis eines Energiegroßhandelsproduktes in der Weise beeinflusst oder zu beeinflussen versucht, dass ein künstliches Preisniveau erzielt wird,
- jede Handelstätigkeit, die unter Vorspiegelung falscher Tatsachen erfolgt und falsche oder irreführende Marktsignale sendet oder senden könnte, oder
- jede Verbreitung von Informationen, die falsche Marktsignale gibt oder geben könnte.

108 Dabei lassen sich Marktmanipulationen in folgende **Kategorien** einteilen:
- bewusstes Durchführen von Handelstransaktionen zur Manipulation von „Referenzpreisen",

Beispiel
Zum Handelsschluss wird ein Energiegroßhandelsprodukt zu einem überhöhten Preis ge- oder verkauft. Dadurch wird die Schlussnotierung des Produktes beeinflusst. Marktteilnehmer, die auf Basis des Schlusskurses kaufen, werden irregeführt (**Marking the Close**).

- Limitieren/Zurückhalten von Mengen auf der Angebotsseite,

Beispiel
Es war lange diskutiert, ob sich Energieunternehmen, die Kraftwerke nicht einsetzen, obwohl sie über ihren Grenzkosten liegen, in irgendeiner Weise rechtswidrig verhalten. Dieses Verhalten soll künftig durch die REMIT verhindert werden.

- Manipulation des Handelsvolumens durch „Scheingeschäfte",

Beispiel
Ein und dieselbe Person nimmt gleichzeitig Kauf und Verkauf von Energiegroßhandelsprodukten vor, wobei sie den Anschein erweckt, es handele sich um verschiedene Personen. Dadurch werden das Handelsvolumen und der Aktienkurs künstlich erhöht (**Washing trade**).

---

104 Der Begriff des Versuches der Marktmanipulation ist in Art. 2 Nr. 3 REMIT definiert.

Schäfer/Fischer/Dessau

- bewusstes Streuen von Falschinformationen/selektive Informationsverbreitung in Verbindung mit Bestandspositionen bzw. geplanten Käufen von Positionen;
- Manipulation der Struktur des Orderbuchs.[105]

Sowohl der Versuch als auch die Vollendung einer Marktmanipulation ist sanktionsbewährt. Eine Marktmanipulation, durch die es tatsächlich zu einer Einwirkung auf die Preise von Produkten kommt, stellt dabei gem. § 95a Abs. 1 EnWG eine Straftat dar, die mit einer Freiheitsstrafe von bis zu fünf Jahren geahndet wird. Kommt es zu keiner Einwirkung auf Preise, liegt grundsätzlich lediglich eine Ordnungswidrigkeit vor, die allerdings eine Geldbuße von bis zu 1 Mio. € nach sich ziehen kann, §§ 95 Abs. 1b und c Nr. 6, 95 Abs. 2 EnWG. Auch ohne Preiseinwirkung wird eine Marktmanipulation allerdings zur Straftat, wenn sie wiederholt und vorsätzlich („beharrlich") begangen wird. Dann droht gem. § 95b EnWG eine Freiheitsstrafe von bis zu einem Jahr oder eine Geldstrafe. **109**

D. Untersuchung und Sanktionen von Marktmissbrauch

Die BaFin und, was Energiegroßhandelsprodukte angeht, die bei der BNetzA angesiedelte Markttransparenzstelle Strom/Gas beobachten das Marktgeschehen mit Blick auf Insiderhandel und Marktmanipulation. **110**

Zur **Überwachung der Insiderhandels- und Marktmanipulationsverbote** nutzt die BaFin unter anderem die Daten über sämtliche Wertpapiergeschäfte, die ihr von den Kredit- und Finanzdienstleistungsinstituten gemeldet werden müssen (Art. 26 MiFIR i.V.m. § 22 WpHG).[106] Zudem haben Marktakteure wie Wertpapierdienstleistungsunternehmen, Kreditinstitute und Betreiber außerbörslicher Märkte, an denen Finanzinstrumente gehandelt werden, die Pflicht, Verdachtsfälle von Verstößen gegen die Insiderhandels- und Marktmanipulationsregeln unverzüglich der BaFin mitzuteilen (Art. 16 MAR). Im konkreten Verdachtsfall eines Insiderdeliktes ermöglichen zudem sog. Insiderverzeichnisse der BaFin eine schnelle Ermittlung des Kreises möglicher Insider. Die in Art. 18 MAR geregelte Pflicht zur Führung eines Insiderverzeichnisses trifft ein auf dem Energiemarkt tätiges Unternehmen aber nur dann, wenn es selbst Emittent von Finanzinstrumenten ist bzw. im Auftrag oder für Rechnung solcher Emittenten tätig ist.[107] **111**

Neben diesen Aufzeichnungs-, Melde- und Anzeigepflichten treten die allgemeinen Überwachungs-, Informations- und Eingriffsbefugnisse der BaFin. Die Vorschriften des § 6 WpHG regeln unter anderem, die Berechtigung der BaFin Auskunft sowie die Vor- **112**

---

[105] Vgl. ACER, Guidance, S. 69ff., abrufbar unter https://acer.europa.eu/en/remit/Documents/ACER_Guidance_on_REMIT_application_6th_Edition_Final.pdf
[106] BaFin, Jahresbericht 2018, S. 133f.
[107] Näher BaFin, Emittentenleitfaden Modul C, S. 86ff.

lage von Unterlagen zu verlangen und stattet die BaFin mit einem Recht zum Betreten von Grundstücken und Geschäftsräumen aus. Einzelheiten sind hier nicht näher darzustellen.[108] Hat die BaFin im Rahmen dieser Überwachungstätigkeit Tatsachen ermittelt, die den Verdacht bestimmter Marktmissbrauchsstraftaten begründen, hat sie diese der zuständigen Staatsanwaltschaft unverzüglich anzuzeigen (§ 11 WpHG).

113   Weiter wird das Handelsgeschehen von den jeweiligen **Handelsüberwachungsstellen** der Börsen überwacht. Die EEX hat eine solche Handelsüberwachungsstelle eingerichtet.[109] Für die Tätigkeit von Handelsüberwachungsstellen an Warenbörsen, an denen Energie im Sinne des § 3 Nr. 14 EnWG gehandelt wird, sind von der Handelsüberwachungsstelle auch Daten über die Abwicklung von Geschäften systematisch und lückenlos zu erfassen und auszuwerten, die nicht über die Börse geschlossen werden, aber über ein Abwicklungssystem der Börse oder ein externes Abwicklungssystem, das an die börslichen Systeme für den Börsenhandel oder die Börsengeschäftsabwicklung angeschlossen ist, abgewickelt werden und deren Gegenstand der Handel mit Energie oder Termingeschäfte in Bezug auf Energie sind; die Handelsüberwachungsstelle kann auf Basis dieser Daten notwendige Ermittlungen durchführen (§ 7 Abs. 1 S. 3 BörsG[110]).

114   Stellt die Handelsüberwachungsstelle Tatsachen fest, die für die Erfüllung der Aufgaben der BaFin erforderlich sind, hat sie letztere unverzüglich zu unterrichten. Dies gilt insbesondere bei Verstößen gegen das Verbot von Insidergeschäften oder das Verbot der Kurs- und Marktpreismanipulation (§ 7 Abs. 5 S. 4 und 5 BörsG).

115   Im Bereich der **Energiegroßhandelsprodukte** fungiert die **Markttransparenzstelle Strom/Gas** als Marktüberwachungsstelle gem. Art. 7 Abs. 2 Unterabs. 2 REMIT. Ihre Aufgabe ist die laufende Beobachtung von Vermarktung von und Handel mit Elektrizität und Erdgas auf der Großhandelsstufe. Zu diesem Zweck sammelt und untersucht die Markttransparenzstelle Strom/Gas Daten zu Handelstransaktionen und Fundamentaldaten. Organisation, Zuständigkeiten und Befugnisse der Markttransparenzstelle sowie deren Zusammenarbeit mit anderen Behörden sind in den §§ 47a bis 47j GWB[111] näher geregelt.

116   Abschließend ist kurz auf die **Sanktionen** im Falle der Verurteilung wegen eines Verstoßes gegen die Regelungen des Marktmissbrauchsrechts einzugehen.

117   § 119 WpHG stellt verbotene Insidergeschäfte unter Strafe. Neben dem Verbot des Erwerbs oder der Veräußerung, dem Verbot der unbefugten Weitergabe und des Verleitungsverbotes ist auch der Versuch sowie der leichtfertige Erwerb oder die Veräuße-

---

108 Näher etwa KölnKomm-WpHG/*Altenhain*, § 4 Rn 107 ff.
109 Dazu § 12 EEX-Börsenordnung, abrufbar unter https://www.eex.com/de/maerkte/handel/verordnungen-und-regelwerke#3338.
110 Börsengesetz (BörsG) v. 16.7.2007 (BGBl. I S. 1330), zuletzt geändert durch Gesetz v. 19.12.2022 (BGBl. I S. 2606).
111 Gesetz gegen Wettbewerbsbeschränkungen (GWB) v. 26.6.2013 (BGBl. I S. 1750), zuletzt geändert durch Gesetz v. 23.6.2023 (BGBl. I Nr. 167).

rung von Insiderpapieren strafbar.[112] Bestimmte Tathandlungen sind mit Freiheitsstrafe bis zu fünf Jahren oder Geldstrafe bewehrt. Die Einzelheiten sind hier nicht näher darzustellen.[113]

Verstöße gegen das Verbot der Kurs- und Marktpreismanipulation können als Ordnungswidrigkeiten geahndet oder als Straftat verfolgt werden. Ob eine Ordnungswidrigkeit oder eine Straftat vorliegt, ist einerseits davon abhängig, ob durch die Tathandlung auch tatsächlich auf den Börsen- oder Marktpreis eingewirkt worden ist, und andererseits, ob dem Handelnden vorsätzliches oder nur leichtfertiges Verhalten vorzuwerfen ist. Ein strafbewehrter Verstoß gegen das Verbot der Kurs- und Marktpreismanipulation kann mit einer Freiheitsstrafe bis zu fünf Jahren oder mit einer Geldstrafe bestraft werden.[114] **118**

Die nach Art. 18 REMIT vorzusehenden Sanktionen finden sich in Teil 8, Abschnitt 5 des EnWG. Der dort vorgesehene Sanktionskatalog sieht **Ordnungswidrigkeiten** vor, die bis zu 1 Mio. € bzw. auch über diesen Betrag hinaus bis zur dreifachen Höhe des durch die Zuwiderhandlung erlangten Mehrerlöses reichen können, § 95 Abs. 2 EnWG. Für die vorsätzliche Begehung einer Marktmanipulation, durch die auf den Preis eines Energiegroßhandelsproduktes eingewirkt wurde sowie bei der vorsätzlichen Begehung der oben näher beschriebenen Taten[115] sieht das Gesetz eine **Freiheitsstrafe** bis zu fünf Jahren oder eine **Geldstrafe** vor, § 95a Abs. 1, 2 EnWG. **119**

---

112 BaFin, Emittentenleitfaden Modul C, S. 64f.
113 Näher etwa MüKo-StGB/*Pananis*, § 119 WpHG, Rn 157ff.
114 BaFin, Emittentenleitfaden Modul C, S. 82f.; näher etwa MüKo-StGB/*Pananis*, § 119 WpHG, Rn 33ff.
115 Vgl. Rn 36ff.

Kapitel 19
Public Corporate Governance Kodex

A. Überblick

1 Eine Darstellung zur Compliance für (Energie-)Versorgungsunternehmen kommt nicht umhin, die Kodizes zur Corporate Governance zu erwähnen, die an verschiedener Stelle erlassen wurden, um der Unternehmensleitung leicht verständliche Hinweise zur guten Unternehmensführung geben zu können. Innerhalb der deutschen Rechtsordnung war hierbei Vorreiter der Deutsche Corporate Governance Kodex **(DCGK)**, der am 26.2.2002 von der vom Bundesministerium der Justiz (BMJ) im September 2001 eingesetzten Regierungskommission verabschiedet wurde.[1]

2 Veranlasst wurde die Diskussion über die sog. Corporate Governance durch teilweise skandalöse Zustände in amerikanischen Gesellschaften. Um Bilanzmanipulationen zu verhindern, erließ der amerikanische Bundesgesetzgeber im Jahre 2002 den **Sarbanes-Oxley Act**,[2] wonach – verkürzt zusammengefasst – eine Gesellschaft einen sog. unabhängigen Geschäftsleiter (sog. Independent Director) haben muss, der die Geschäftsleitung überwacht.[3]

3 Dabei darf nicht übersehen werden, dass die Aufgabe des DCGK weniger darin bestand, Organen von Unternehmen Leitlinien für gute Unternehmensführung an die Hand zu geben. Mit dem DCGK sollen die in Deutschland geltenden Regeln für Unternehmensleitung und -überwachung für nationale wie internationale Investoren transparent gemacht werden, um so das Vertrauen in die Unternehmensführung deutscher Gesellschaften zu stärken. Der Kodex adressiert alle wesentlichen – vor allem internationalen – Kritikpunkte an der deutschen Unternehmensverfassung.[4]

4 Die Bemühungen der Regierungskommission dienen daher vorrangig dazu, deutsche kapitalmarktorientierte Unternehmen für ausländische Investoren attraktiver zu machen und insbesondere die vermeintlich großen Unterschiede zwischen der deutschen Unternehmensverfassung und den Vorstellungen des angloamerikanischen

---

[1] Deutscher Corporate Governance Kodex (DCGK) i.d.F. v. 28.4.2022 abrufbar unter https://www.dcgk.de//files/dcgk/usercontent/de/download/kodex/220627_Deutscher_Corporate_Governance_Kodex_2022.pdf

[2] Sarbanes-Oxley Act of 2002, abrufbar unter https://www.congress.gov/bill/107th-congress/house-bill/3763/text/enr.

[3] Dazu etwa *Gruson*, AG 2003, 393.

[4] Vgl. die Internetseite der Regierungskommission Deutscher Corporate Governance Kodex, abrufbar unter https://www.dcgk.de/de/.

Hinweis: Der Verfasser dankt Herrn Dimitar Asenov, der im Rahmen seiner Tätigkeit als Rechtsanwalt bei Becker Büttner Held wertvolle Unterstützung und Mitarbeit bei der Erstellung dieses Beitrags geleistet hat.

Rechtskreises zu überbrücken. Dies macht auch erklärlich, warum ausschließlich börsennotierte Aktiengesellschaften (AG) nach § 161 AktG[5] verpflichtet sind, zu erklären, inwieweit sie den Vorgaben des DCGK folgen.

Trotz dieser zunächst klaren Ausrichtung des DCGK ist nicht zu verkennen, dass der DCGK eine Reihe von Vorgaben enthält, die dem Vorwurf entgegentreten sollten, die duale Unternehmensverfassung mit Vorstand und Aufsichtsrat sei nachteilig. Außerdem seien mangelnde Transparenz deutscher Unternehmensführung sowie mangelnde Unabhängigkeit deutscher Aufsichtsräte zu beklagen. Hier hat die Ergänzung der aktienrechtlichen Vorschriften sicherlich dazu beigetragen, über den Standard des AktG hinaus, Organisationsregeln vorzugeben, deren Befolgung heute guter Unternehmensführung entspricht. Tatsächlich befolgen die börsennotierten Unternehmen überwiegend die Empfehlungen des DCGK.

Man kann also feststellen, dass der DCGK über seinen zunächst erklärten Zweck hinaus jedenfalls für die AG auch zu organisatorischen Vorgaben geführt hat, denen zu folgen sein wird, um die Standards guter Unternehmensführung einzuhalten.[6] Das Schrifttum hat den DCGK intensiv beleuchtet,[7] sodass hier nicht weiter darauf einzugehen ist. In jedem Fall hat der DCGK mit seinen Verhaltens- und Organisationsregeln einen Maßstab guter Unternehmensführung gesetzt. Offensichtlich mit genau diesem Verständnis hat auch die öffentliche Hand das Thema Corporate Governance Kodex aufgegriffen. Diese Bemühungen dienen naturgemäß nicht dazu, dem internationalen Kapitalmarkt deutsche Rechtsvorschriften transparenter zu machen, sondern in erster Linie dazu, das öffentliche Vertrauen in Unternehmen mit Bundesbeteiligung und in den Bund als Anteilseigner zu stärken.[8] Zudem sind die Verhaltenserwartungen der Anteilseigner und der Öffentlichkeit ohne Zweifel unterschiedlich. Aus dieser Perspektive leidet der sog. Public Corporate Governance Kodex des Bundes (PCGK)[9] an einem grundlegenden Defizit: Er überträgt die Grundsätze des DCGK für börsenorientierte Unternehmen auf Unternehmen mit Bundesbeteiligung. Dabei bleibt offen, ob diese Grundsätze auch tatsächlich das öffentliche Vertrauen in Unternehmen des Bundes stärken.

---

5 Aktiengesetz (AktG) v. 6.9.1965 (BGBl. I S. 1089), zuletzt geändert durch Gesetz v. 11.12.2023 (BGBl. I Nr. 354).
6 Zur compliancemäßigen Relevanz von Organisationsfragen im Unternehmen vgl. allgemein Kap. 5.
7 Vgl. dazu etwa folgende Gesamtdarstellungen *Baetge/Lutter*, Corporate Governance; *Baums*, Corporate Governance; *Kremer/Bachmann/Lutter/von Werder*, Deutscher Corporate Governance Kodex, 7. Aufl. 2018.
8 So Präambel Abs. 4 PCGK.
9 Grundsätze guter Unternehmens- und Beteiligungsführung im Bereich des Bundes, 16.06.2020, abrufbar unter https://www.bundesfinanzministerium.de/Content/DE/Standardartikel/Themen/Bundesvermoegen/grundsaetze-beteiligunsfuehrung-2020.pdf?__blob=publicationFile&v=1

B. Grundlagen und Struktur

I. Novelle des PCGK

7   Die Grundsätze guter Unternehmens- und aktiver Beteiligungsführung bilden auch weiterhin die Grundlage für eine verantwortungsvolle Führung der Beteiligungen des Bundes an Unternehmen in privater Rechtsform. Sie sichern die einheitliche Wahrnehmung dieser Aufgaben durch die einzelnen Bundesressorts und stellen die Vorbildrolle der Unternehmen mit Bundesbeteiligung heraus. Die Grundsätze erhielten 2020 eine inhaltlich konkretisierte, ergänzte und vor allem besser lesbare Fassung. Die Beteiligungsführung des Bundes ist dezentral organisiert und wird aufgabenbezogen vom jeweils fachlich zuständigen Bundesministerium wahrgenommen. Das Bundesministerium der Finanzen ist federführend für die Grundsätze zuständig. Sie bestehen in der Neufassung 2020 aus nur noch zwei Teilen. Herzstück ist der PCGK des Bundes (Teil I). Die Richtlinien für eine aktive Beteiligungsführung bei Unternehmen mit Bundesbeteiligung (Teil II), in die die bisher daneben geltenden Berufungsrichtlinien integriert wurden, vervollständigen die Grund-sätze. Die aktuelle Fassung wurde am 16. September 2020 von der Bundesregierung verabschiedet. Im Jahr 2021 hat die Staatssekretärsrunde die überarbeiteten Anlagen der Grundsätze verabschiedet. Anlass hierfür waren neben der Verabschiedung der neuen Grundsätze, Rechtsentwicklungen der vergangenen 11 Jahre sowie Änderungsanregungen aus der Praxis.

8   Der PCGK als Teil I, der sich an die Unternehmen selbst richtet, enthält vorrangig Empfehlungen zur Verbesserung von Prozessen und Arbeitsstrukturen der Unternehmensorgane Vorstand/Geschäftsführung, Aufsichts-/Verwaltungsrat. Auch die Rolle des Bundes als Anteilseigner wird definiert gefasst. Ein weiteres Thema ist die Rechnungslegung inklusive Nachhaltigkeitsberichterstattung. Im Hinblick auf mehr Transparenz spielt schließlich die individualisierte Offenlegung der Vergütung von Geschäftsführungs-/Vorstandsmitgliedern und Aufsichtsrats-/Verwaltungsratsmitgliedern eine wesentliche Rolle. Der PCGK gilt unmittelbar für Unternehmen, an denen der Bund mehrheitlich beteiligt ist und die nicht börsennotiert sind. Darunter fallen vor allem GmbHs, zum Beispiel die Bundesdruckerei GmbH, die DFS Deutsche Flugsicherung GmbH und die Deutsche Gesellschaft für Internationale Zusammenarbeit GmbH. Aber auch einige Aktiengesellschaften wie die Deutsche Bahn AG gehören dazu. Für die Anwendung in Konzernstrukturen enthält der PCGK besondere Regelungen. Unternehmen, an denen der Bund Minderheitsgesellschafter ist, wird seine Anwendung empfohlen

9   Adressaten von Teil II und damit der Richtlinien für eine aktive Beteiligungsführung sind insbesondere die beteiligungsführenden Stellen des Bundes. Die Richtlinien sollen eine gute Beteiligungsführung nach einheitlichen Kriterien ermöglichen, einer ordnungsgemäßen Wahrnehmung der Interessen des Bundes dienen und die Kontrolle der Beteiligungen erleichtern. Dazu werden u.a. die Voraussetzungen, wie sie die Bundeshaushaltsordnung für Unternehmensbeteiligungen des Bundes vorsieht, erläutert

und die Aufgaben der Beteiligungsführung präzisiert. Ein weiterer wesentlicher Abschnitt behandelt das Prüfungsrecht und das Prüfungsverfahren nach den Haushaltsgesetzen des Bundes. Abschnitt 5 der Richtlinien für eine aktive Beteiligungsführung enthält Regelungen für die die Berufung von Personen in Aufsichtsräte und sonstige Überwachungsorgane sowie in Vorstände beziehungsweise Geschäftsführungen von Unternehmen, an denen der Bund beteiligt ist. Sie gelten auch bei anderen Institutionen, wenn der Bund Einfluss auf die Besetzung der Organe hat. Wesentlich sind dabei die Regelungen zur Zusammensetzung von Überwachungsorganen, zur Vermeidung von Interessenkonflikten und zum Besetzungsverfahren.[10]

II. Weitere Quellen

Auf internationaler Ebene existieren seit einiger Zeit Leitlinien der OECD (OECD-Kodex),[11] die durchaus zur ergänzenden Auslegung des PCGK herangezogen werden können. Entlehnt ist der PCGK wie bereits erwähnt den Vorgaben des DCGK. Allerdings ist dieser auf börsennotierte AGs zugeschnitten, während der PCGK rechtsformneutral ist. Der Begriff „Unternehmen" im Sinne des Kodex ist gem. Ziffer 2.1 PCGK weit zu verstehen. Umfasst sind neben Kapitalgesellschaften auch andere juristische Personen des Privatrechts und des öffentlichen Rechts, deren Gegenstand ein gewerblicher oder sonstiger wirtschaftlicher Betrieb ist oder der einen solchen überwiegend umfasst. Eine „Beteiligung" ist jede kapitalmäßige, mitgliedschaftliche und ähnliche Beteiligung des Bundes, wie etwa bei Stiftungen, die eine Dauerbeziehung zu dem Unternehmen begründet. Ein Mindestanteil ist dafür nicht Voraussetzung. Hierdurch zeigt sich der weitere Zweck des PCGK, Unternehmen und Beteiligungen des Bundes im Sinne einer einheitlichen Corporate Governance auszugestalten und zu steuern. Der PCGK muss deswegen systembedingt eigene Wege gegenüber dem DCGK gehen. Deshalb wird der PCGK auch durch den Teil II „Richtlinien für eine aktive Beteiligungsführung bei Unternehmen mit Bundesbeteiligung" ergänzt, welcher sich direkt an die beteiligungsführenden Stellen des Bundes richtet und eine Beteiligungsrichtlinie darstellt. Komplettiert wird diese Gemengelage schließlich durch PCG-Kodizes der Länder und Gemeinden, deren Anzahl stetig zunimmt.[12]

---

10 Vgl. zum Ganzen auch www.bundesfinanzministerium.de/Content/DE/Standardartikel/Themen/Bundesvermoegen/Privatisierungs_und_Beteiligungspolitik/Beteiligungspolitik/grundsaetze-guter-unternehmens-und-aktiver-beteiligungsfuehrung.html.
11 OECD Guidelines on Corporate Governance of State-Owned Enterprises, 19.11.2015, abrufbar unter https://www.oecd-ilibrary.org/governance/oecd-guidelines-on-corporate-governance-of-state-owned-enterprises-2015_9789264244160-en.
12 Corporate Governance Kodex für die Beteiligungen des Landes Brandenburg an privatrechtlichen Unternehmen (PCGK Brbg), 12.1.2016. Daneben haben derzeit (November 2023) folgende Bundesländer einen PCGK veröffentlicht: Baden-Württemberg, Berlin, Brandenburg, Bremen, Freie Hansestadt Hamburg,

11   Die bunt gemischte Quellenlage spiegelt ein typisches Grundproblem in einem Bundesstaat wider. Vielfalt geht zulasten der Transparenz, sodass der Informationsaufwand erheblich ist, um die aktuellen Grundsätze jeweils zu ermitteln. Dabei ist zu beachten, dass jede öffentlich-rechtliche Körperschaft eigene und durchaus unterschiedliche Aufgaben hat und somit mit ihren Unternehmen und Beteiligungen unterschiedliche öffentliche Zwecke verfolgt. Ein paneuropäisches Verständnis einer „guten Unternehmensführung" gibt es derzeit nicht.[13] Erst recht existiert kein gemeinsames europäisches Verständnis über gute Führung staatlicher Unternehmen, da die staatlichen Sektoren in den verschiedenen Mitgliedstaaten einen unterschiedlichen Stellenwert einnehmen.

12   Im deutschen Recht nimmt der Aufsichtsrat die Überwachungsaufgaben wahr (**dualistisches System**), während in den Vereinigten Staaten das Board of Directors (**monistisches System**) leitete und sich selbst überwachte. Beide Systeme sind indes permeabel: Das monistische System wird dualistischer, während im dualistischen System dem Aufsichtsrat zunehmend Leitungsaufgaben zuwachsen. Für das Verständnis einer guten Unternehmensführung bei Bundesunternehmen ist diese Erkenntnis zentral. Aufsichts- und Leitungsorgane haben im Interesse des Unternehmens zusammenzuarbeiten, da die Personen in jeder Funktion Vertreterinnen und Vertreter des Bundes in einem Unternehmen sind. Hierauf fußt auch der PCGK.

III. Ziele und Regelungstechnik

13   Erklärtes **Ziel des PCGK** ist es, das öffentliche Vertrauen in Unternehmen mit Bundesbeteiligung zu verstärken, indem die Transparenz dieser Unternehmen gesteigert wird. Gleichzeitig sollen das Verantwortungsbewusstsein und die Kontrolle von Bundesunternehmen gestärkt werden. Daneben soll der PCGK die Unternehmensleitung und -überwachung verbessern und „eine bessere und wirtschaftliche Erfüllung der mit der Unternehmensbeteiligung durch den Bund verfolgten Ziele" sichern. Dabei bedient sich der PCGK desselben Mechanismus wie der DCGK: Vergleichbar einem **Dreistufenmodell** werden **Empfehlungen** durch das Wort „soll" hervorgehoben. Weichen die Unternehmen des Bundes von diesen Empfehlungen ab, sind sie verpflichtet, dies in ihrem jähr-

---

Hessen, Mecklenburg-Vorpommern, Nordrhein-Westfalen, Rheinland-Pfalz, Saarland, Sachsen, Sachsen-Anhalt, Schleswig-Holstein und Thüringen. Gemeinden, die derzeit einen eigenen Kodex über gute Unternehmensführung haben, sind Arnsberg, Bielefeld, Bergisch Gladbach, Bochum, Bonn, Darmstadt, Duisburg, Düsseldorf, Essen, Fellbach, Flensburg, Frankfurt/Main, Fürth, Gelsenkirchen, Halle (Saale), Herne, Herten, Hildesheim, Köln, Kreis Wesel, Landau, Leipzig, Lübeck, Lüneburg, Magdeburg, Mainz, Mannheim, Mönchengladbach, Münster, Neubrandenburg, Neuss, Nürnberg, Odenwaldkreis, Oldenburg, Offenbach, Potsdam, Remscheid, Rostock, Saarbrücken, Schwerin, Solingen, Stuttgart, Unna, Völklingen, Wesel, Wiesbaden Willich, Wuppertal. Weitere Kodizes sind die des Deutschen Städtetags, der NRW-Kommunalverbände, der NRW-Bank und der Nassauischen Sparkassen.
13 Gleichwohl hat man das European Corporate Governance Institute (ECGI) eingerichtet, das sich um eine Vereinheitlichung der Maßstäbe bemüht, vgl. https://ecgi.global.

lichen Bericht offenzulegen. Die abgeschwächte Form von Empfehlungen sind **Anregungen**, gekennzeichnet durch die Begriffe „sollte" oder „kann". Von Anregungen kann abgewichen werden, ohne dass dies offenzulegen ist.[14] Die Empfehlungen und die Anregungen werden zudem durch die **Anmerkungen** erläutert und verdeutlicht. Die Anmerkungen selbst sind nicht Bestandteil des PCGK, sondern präzisieren diesen.

Schließlich verweist der **PCGK** – wie sich zeigen wird[15] – sehr oft auf das nationale Gesetzesrecht („Regelungen, die geltendes Recht widerspiegeln"). Derartige Verweise bedürfen eigentlich keines gesonderten Kodex, lassen sich aber immerhin dadurch rechtfertigen, indem sie dem PCGK den Charakter eines „Leitfadens" verleihen. Im Gegensatz zum DCGK reichen die Transparenzpflichten im PCGK weniger weit. § 161 AktG sieht für börsennotierte Aktiengesellschaften zwingend eine Entsprechenserklärung vor. Im Gegensatz zur Vorauflage sieht auch der PCGK nunmehr in Ziffer 7.1 zur Transparenz vor, dass Bestandteil des jährlichen Berichtes der Geschäftsführung und des Überwachungsorgans zur Corporate Governance auch eine Entsprechenserklärung ist, dass den Empfehlungen des PCGK in der jeweils geltenden Fassung entsprochen wurde. Daneben muss begründet werden, weswegen welche Empfehlungen nicht angewendet wurden. Während allerdings eine unvollständige oder gar unterlassene **Entsprechenserklärung** bei börsennotierten Aktiengesellschaften zur Haftung der Berichtspflichtigen führt,[16] bleibt ein derartiges Verhalten bei Bundesunternehmen weitgehend sanktionslos. Die Regelungen zur Entsprechenserklärung sind nur eine Soll-Vorgabe für die Geschäftsleitung und das Überwachungsorgan. Zivilrechtsdogmatisch handelt es sich um keine Rechtspflicht, deren Verletzung Rechtsfolgen auslösen könnte. Immerhin soll nach dem PCGK das für die Beteiligungsführung zuständige Bundesministerium darauf hinwirken, dass die Beachtung des PCGK im Regelwerk des Unternehmens wirksam verankert wird. Indes ist auch dies eine „Wohlverhaltensregelung".

14

Dies leitet zu der Frage über, welche **Rechtsnatur** dem **PCGK** zukommt. Auch wenn Betrachtungen hierüber keine Schlussfolgerungen für die Rechtsanwendung gestatten, ist das Vorverständnis über die rechtssystematische Einordnung des PCGK wichtig. Im Anklang an das Völkerrecht hat man den DCGK als „Soft Law" bezeichnet.[17] Weder die Bestimmungen des DCGK noch die des PCGK haben Gesetzesqualität.[18] Sie stellen folgerichtig kein Schutzgesetz im Sinne des § 823 Abs. 2 BGB[19] dar und enthalten keine Be-

15

---

[14] Der österreichische Corporate Governance Kodex, neueste Fassung gültig ab Januar 2023, abrufbar unter https://www.corporate-governance.at/kodex/, gliedert daher seine Vorgaben in L-Regeln (Verweis auf das Gesetzesrecht), C-Regeln (bei denen eine Abweichung von der Vorgabe zu begründen ist) und R-Regeln (es bleibt folgenlos, wenn diese Empfehlungen nicht befolgt werden).
[15] Vgl. Rn 15 ff.
[16] BGH, Urt. v. 16.2.2009 – II ZR 185/07 – BGHZ 180, 9 Rn 19 = NZG 2009, 342, 345 – Kirch/Deutsche Bank.
[17] So etwa *Lutter*, ZGR 2001, 224; *von Werder*, DB 2002, 801; *Litzenberger*, NZG 2011, 1019.
[18] *Seibt*, AG 2002, 249, 250; *Ulmer*, ZHR 166 (2002), 150, 159; MüKo-AktG/*Goette*, 5. Aufl., § 161 Rn 22.
[19] Bürgerliches Gesetzbuch (BGB) v. 2.1.2002 (BGBl. I S. 42), zuletzt geändert durch Gesetz v. 22.12.2023 (BGBl. I Nr. 411).

weislastregeln. Denkbar ist allerdings, dass sich aus dem DCGK und dem PCGK ein **Handelsbrauch** (§ 346 HGB[20]) entwickeln kann.[21] Nahe liegt dies insbesondere für solche Vorgaben des PCGK, deren Bedeutung sich nicht in rein organisatorischen Vorgaben für ein Bundesunternehmen erschöpft.[22] Dritte allerdings haben kein rechtlich geschütztes Vertrauen darauf, dass ein Unternehmen des Bundes tatsächlich den Vorgaben des PCGK folgt oder eine bestimmte Unternehmensorganisation fortführt. Aus dieser Perspektive lassen sich die Vorgaben des PCGK am ehesten als eine „soziale Verhaltensregel" einordnen, die ein wirtschaftliches Vertrauen aufbauen soll.[23] Ergänzt wird diese durch den Zweck einer möglichst einheitlichen Unternehmens- und Beteiligungsführung des Bundes.

IV. Anwendungsbereich

16   Nach Ziffer 2.1 PCGK ist der Kodex uneingeschränkt anwendbar bei Unternehmen in der Rechtsform einer juristischen Person des Privatrechts, an der der Bund mehrheitlich beteiligt ist. Regelmäßig wird es sich dabei um Unternehmen handeln, auf die der Bund einen beherrschenden Einfluss ausüben kann, § 17 Abs. 2 AktG. Allerdings ist der PCGK auch bei atypischen Gestaltungen anwendbar, in denen trotz einer Mehrheitsbeteiligung keine Möglichkeit besteht, die Geschicke des Unternehmens zu lenken. Auch wenn dieser Fall zunächst exotisch anmutet, wirft er die grundsätzliche Frage auf, ob sich der Bund mehrheitlich an einem Unternehmen beteiligen sollte, wenn er gleichwohl keinen bestimmenden Einfluss ausüben kann. Hier dürfte § 65 Abs. 1 Nr. 1 BHO[24] eine unüberwindbare Schranke darstellen, sodass an der Übernahme einer derartigen Beteiligung kein wirtschaftliches Interesse bestehen dürfte. Unterhalb der Mehrheitsschwelle empfiehlt der PCGK nur seine Anwendung.

17   Bei einer Minderheitsbeteiligung des Bundes – sei es auch, dass die Beteiligung mit Bestellungsrechten verbunden ist – sind die Sollensvorgaben des PCGK unanwendbar.[25] Damit bleibt der PCGK hinter den Vorgaben der **TransparenzRL**[26] zurück, die bislang als Auslegungshilfe dafür herangezogen wurde, was ein öffentliches Unternehmen

---

[20] Handelsgesetzbuch (HGB) v. 10.5.1897 (RGBl. I S. 219), zuletzt geändert durch Gesetz v. 22.12.2023 (BGBl. I Nr. 411).
[21] So wohl auch MüKo-AktG/*Goette*, 5. Aufl., § 161 Rn 24; a.A. *Borges*, ZGR 2003, 508, 515ff.; Heidelberger-Komm-AktG/*Runte/Eckert*, 4. Aufl., § 161 Rn 3.
[22] Dies folgt daraus, dass Handelsbräuche den Inhalt von Rechtsgeschäften konkretisieren. Zu den einzelnen Voraussetzungen vgl. Ebenroth/Boujong/Joost/Strohn/*Joost*, HGB, § 346 Rn 5ff.
[23] Schweizer/Burkert/Gasser/*Lutter*, FS Druey, S. 463, 466.
[24] Bundeshaushaltsordnung (BHO) v. 19.8.1969 (BGBl. I S. 1284), zuletzt geändert durch Gesetz v. 22.12.2023 (BGBl. I Nr. 412).
[25] § 65 Abs. 1 Nr. 3 BHO verlangt, dass der Bund einen angemessenen Einfluss auf die Gesellschaft erhält wie bspw. im Aufsichtsrat oder einem entsprechenden Aufsichtsorgan.
[26] Transparenzrichtlinie (TransparenzRL – RL 2006/111/EG) v. 16.11.2006 (ABl EU Nr. L 318 S. 17ff.).

kennzeichnet. Nach Art. 2 b iii) TransparenzRL wird ein beherrschender Einfluss der öffentlichen Hand vermutet, wenn sie mehr als die Hälfte der Mitglieder des Verwaltungs-, Leitungs- oder Aufsichtsorgans des Unternehmens bestellen kann. Eine derartige institutionelle Einflussnahme genügt noch nicht dafür, um die Soll-Vorschriften des PCGK zu aktivieren. Diese unausgegorene Abstimmung ist zu bedauern und bei einer künftigen Anpassung empfiehlt es sich, den PCGK insoweit mit den Vorgaben der TransparenzRL zu harmonisieren. Insbesondere dann, wenn der Bund bei einer Minderheitsbeteiligung mitbestimmen darf, wer Organmitglied ist, wird seine faktische Einflussnahme kaum geringer sein als bei einer Mehrheitsbeteiligung.

C. Vorgaben für die Geschäftsleitung

I. Leitungsaufgabe

Abschnitt 5 des PCGK fasst die **Empfehlungen für die Geschäftsleitung** zusammen. Ziffer 4.1.1 PCGK bindet die Geschäftsleiter an den Unternehmensgegenstand und wiederholt damit nur das Gesetz.[27] Gleichzeitig bindet die Bestimmung die Geschäftsleiter auch an den „Unternehmenszweck". Dadurch soll wohl sichergestellt werden, dass auch bei anderen Rechtsträgern als Unternehmen die Zwecksetzungen beachtet werden (Präambel Abs. 5). Es hätte sich hier angeboten, auf das Unternehmensinteresse zu rekurrieren, auf das auch Grundsatz 1 DCGK abstellt. Die Kategorie „Unternehmenszweck" ist aus gesellschaftsrechtlicher Perspektive jedenfalls missverständlich.[28] Hintergrund ist wohl der mit dem jeweiligen Unternehmenszweck verfolgte öffentliche Zweck. 18

Ebenso wie Grundsatz 5 DCGK so weist auch Ziffer 4.1.3 PCGK der Geschäftsführung die Aufgabe zu, für die **Einhaltung der gesetzlichen Bestimmungen und der unternehmensinternen Richtlinien** zu sorgen (Compliance).[29] Zunächst erscheint es als selbstverständlich, dass der Geschäftsleiter sich um ein gesetzeskonformes Verhalten zu sorgen hat. Allerdings kann man auch von einem gewissenhaften Geschäftsleiter kaum verlangen, dass er die Verästelungen der Rechtsordnung kennt. In erster Linie muss der Geschäftsleiter daher Sorge für ein unternehmensinternes Informationssystem tragen, aus dem die rechtlichen Eckpfeiler für die Märkte ersichtlich sind, auf denen das Unternehmen tätig ist. Die Anforderungen an ein unternehmensinternes Informationssystem hängen daher stark von den rechtlichen Anforderungen ab, denen die jeweiligen Märkte unterliegen. Auf liberalisierten Märkten wird sich der Überprüfungsaufwand in Grenzen halten, während in der stark regulierten Energiewirtschaft ein Bündel an rechtlichen Vorgaben zu beachten ist. Will der Geschäftsleiter daher den Auftrag aus 19

---

27 Vgl. Kap. 17.
28 Zu dem Verhältnis von „Unternehmenszweck" und „Unternehmensinteresse" *Reuter*, ZGR 1987, 475ff.
29 Vgl. allgemein zu unternehmensinternen Regeln und ihre Relevanz für das Thema Compliance, Kap. 5.

Ziffer 4.1.3 PCGK erfüllen, sollte er sich um die notwendigen organisatorischen und strategischen Vorkehrungen bemühen, um sicherzustellen, dass die Gesellschaft im Einklang mit den Gesetzen handelt. Regelmäßig verlangt dies

- einen **schriftlichen Verhaltenskodex** (sog. Compliance-Handbuch),
- ein Trainings- und Ausbildungsprogramm für die Mitarbeiter,
- ein Report- und Kommunikationssystem und
- ggf. einen sog. Compliance-Officer, der weisungsunabhängig sein sollte und überwacht, ob die Gesellschaft gesetzeskonform handelt.

20 Auf Grundlage der „EU-Whistleblower-Richtlinie" hat der deutsche Gesetzgeber das Hinweisgeberschutzgesetz (HinSchG) verabschiedet, das am 2.7.2023 in Kraft getreten ist. Hieraus wird für eine Vielzahl an Unternehmen dringender Handlungsbedarf resultieren. Unternehmen, die in der Regel mindestens 50 Beschäftigte haben, werden verpflichtet, eine sogenannte interne Meldestelle einzurichten, die eingehende Meldungen nach gesetzlichen Verfahrensvorgaben entgegennimmt und bearbeitet. Zum 17.12.2023 läuft die gesetzlich geregelte Übergangsfrist zur Einrichtung einer internen Meldestelle für kleinere Unternehmen mit 50 bis 249 Beschäftigten aus. Unternehmen ab 250 Mitarbeitern sind grundsätzlich bereits seit Inkrafttreten des Gesetzes verpflichtet.

21 Für kommunale Unternehmen ist eine landesgesetzliche Regelung zur Einrichtung interner Meldestellen erforderlich. Hessen hat bereits eine solche verabschiedet. In Nordrhein-Westfalen, Niedersachsen, Baden-Württemberg und anderen Bundesländern befinden sich Entwürfe derzeit im Gesetzgebungsverfahren. Im Wesentlichen nehmen die vorgesehenen Regelungen auf das HinSchG Bezug. Aufgrund der Pflicht zur Umsetzung der EU-Richtlinie werden auch die übrigen Bundesländer kurzfristig nachziehen müssen. Allgemeine Ausnahmen für kommunale Unternehmen mit 50 oder mehr Beschäftigten sieht die EU-Richtlinie nicht vor.[30]

22 Schließlich finden sich in privatwirtschaftlichen Unternehmen oftmals Aktions- und Maßnahmepläne, um mögliche Verletzungen der unternehmensinternen Regeln begegnen zu können. Darzustellen sind die beschriebenen Maßnahmen in einem regelmäßigen Compliance-Auditplan, wobei ergänzend noch ein Mitarbeiterüberprüfungsprogramm hinzutreten kann.

II. Vergütung

23 Nach dem Vorbild des DCGK regelt Ziffer 5.3 PCGK ausführliche **Rahmenbedingungen für eine Vergütung der Geschäftsleitung**. Dieses Thema ist gerade bei Bundesunternehmen besonders sensibel. Etwaige Verluste eines derartigen Unternehmens müssen nolens volens aus dem Steueraufkommen aufgefangen werden. Deswegen betont Zif-

---

[30] Vgl. hierzu genauer Kap. 5.

fer 5.3.2 Abs. 3 PCGK, dass sämtliche Vergütungsbestandteile für sich und insgesamt angemessen sein müssen. Dies wiederholt die Bestimmung in § 87 Abs. 1 S. 1 AktG, gleichzeitig überträgt der PCGK diesen Rechtsgedanken auf Geschäftsleiter anderer Rechtsformen. Wiederum im Anklang an das Aktienrecht bestimmt der PCGK, dass das Überwachungsorgan die Vergütung festlegt. Da allerdings der PCGK rechtsformneutral ist, bleibt offen, wer die Vergütung festlegt, wenn ein Unternehmen des Bundes keinen Aufsichtsrat zu errichten hat. Hier muss man die Kompetenz der Anteilseignerversammlung zuschreiben. Bedauerlich ist, dass der PCGK einen rechtspolitischen Vorschlag nicht aufgegriffen hat, der diskutiert wird: Danach sollte es den Anteilseignern möglich sein, in der Satzung die Berechnungsgrundlagen für die Vergütung der Geschäftsleitung festzulegen.[31] Wegen der weitergehenden Gestaltungsfreiheit im GmbH-Recht könnte dies bereits de lege lata vorgesehen werden. Im Rahmen einer künftigen Überarbeitung des PCGK erscheint es wünschenswert, dass der Kodex hier eindeutige Vorgaben stellt.

Verschlechtert sich die wirtschaftliche Lage des Unternehmens, so soll es auch möglich sein, die Vergütung herabzusetzen, wenn dies rechtlich möglich ist (Ziffer 5.3.2 Abs. 5 PCGK). Dies korrespondiert mit der Aufgabe des zuständigen Aufsichtsorgans, der Verpflichtung nach Ziffer 5.3.3 PCGK nachzukommen. Hiernach hat es das **Vergütungssystem** regelmäßig zu **überprüfen** und erforderlichenfalls anzupassen. Der PCGK rekurriert offenbar auf die Vorschrift des § 87 Abs. 2 S. 1 AktG.[32] Auf eine wesentliche Verschlechterung der wirtschaftlichen Unternehmenslage kommt es damit nicht mehr an. Dabei erstreckt der PCGK die Beobachtungspflicht auch auf Aufsichtsräte anderer Gesellschaften, die nicht als Aktiengesellschaften verfasst sind. Dies ist eine sachgerechte Erweiterung und insbesondere dann von Bedeutung, wenn eine GmbH einen fakultativen Aufsichtsrat hat. Auch wenn die Satzung einer derartigen GmbH – wie nicht selten – eigene Regeln für die Aufsichtstätigkeit aufstellt, wird man kaum umhinkommen und dem Aufsichtsrat auch hier ein Moderationsrecht einräumen. Die normative „Vorwirkung" des PCGK ist hier beachtlich. 24

Die weitere **Aufteilung der Vergütungsbestandteile** deckt sich mit den Vorgaben des DCGK für die Vorstände börsennotierter Aktiengesellschaften. Für die in der Privatwirtschaft oftmals vereinbarten variablen Vergütungsbestandteile setzt jedoch die Anmerkung zu Ziffer 5.3.2 Abs. 4 PCGK eine Grenze. Wenn eine **variable Vergütung** gewährt wird, soll diese auch auf die stetige und wirtschaftliche Verfolgung des wichtigen Bundesinteresses ausgerichtet sein und die persönliche Leistung des jeweiligen Mitglieds der Geschäftsführung berücksichtigen. Wie auch sonst bei Aktiengesellschaften müssen variable Vergütungsbestandteile eine langfristige Anreizwirkung auf die Geschäftsleiter haben. Deswegen bestimmt Ziffer 5.3.2 Abs. 4 PCGK, dass die variablen 25

---

31 Vgl. dazu *Lutter*, ZIP 2003, 737 ff.; *Thüsing*, ZGR 2003, 457, 505 ff.; kritisch *Fleischer*, DStR 2005, 1279, 1281 ff.
32 Geändert durch das Vorstandsvergütungsgesetz (VorstAG) v. 31.7.2009 (BGBl. I S. 2509); dazu etwa *Fleischer*, NZG 2009, 801.

Komponenten langfristige Verhaltensanreize setzen und eine mehrjährige Bemessungsgrundlage haben sollen.[33] Ausgezahlt werden sollen diese Bestandteile erst am Ende des Bemessungszeitraums. Bemerkenswert ist auch, dass Ziffer 5.3.2 Abs. 3 PCGK eine Kappungsgrenze für Abfindungszahlungen bestimmt.

26 Sollte eine **zu hohe oder unzulässige Vergütung** gezahlt worden sein, stellt sich die Frage, wie die Gesellschaft diese Summe wieder zurückerhält. Dabei sind die Aufsichtsorgane der Gesellschaft verpflichtet, diesem Sachverhalt nachzugehen, wenn sie Zweifel daran haben, ob eine Vergütung der Geschäftsleiter gesetzeskonform ist. Seit der letzten Änderung des § 87 AktG ist das Ermessen des Aufsichtsrats hierbei stark eingeschränkt. Stellt sich heraus, dass eine Vergütung zu hoch ausgefallen ist, so darf der Aufsichtsrat nur bei besonders atypischen Gestaltungen davon absehen, die Vorstandsbezüge herabzusetzen.[34] Unterbleibt eine Herabsetzung, so macht sich der Aufsichtsrat gem. § 116 S. 2 AktG schadenersatzpflichtig. Über diese Rechtsfolge herrschte bereits vor der Einführung des § 116 S. 2 AktG ein allgemeiner Konsens und sie trifft auch den Aufsichtsrat einer GmbH.

III. Interessenkonflikte

27 Der PCGK regelt in einem eigenen Abschnitt Interessenkonflikte der Geschäftsleiter. Auf die geltende Rechtslage verweist Ziffer 5.4.2 PCGK, wonach Geschäftsleiter einem Wettbewerbsverbot unterliegen und keine Geschäftschancen der Gesellschaft entziehen dürfen.[35] Besonderes bestimmt der PCGK für Interessenkonflikte der Geschäftsleitung. Angesprochen sind damit Rechtsgeschäfte zwischen dem Unternehmen und der Geschäftsleitung oder der Geschäftsleitung nahestehenden Personen. Untersagt sind derartige Rechtsgeschäfte nicht per se, bedürfen aber nach Ziffer 5.4.3 PCGK vorab einer Zustimmung des Aufsichtsorganes. Im Grundsatz sollten derartige Rechtsgeschäfte unterbleiben. Werden sie gleichwohl abgeschlossen, so fordert der PCGK, dass die Rechtsgeschäfte branchenüblichen Standards zu entsprechen haben. Das abgeschlossene Rechtsgeschäft muss damit einem sog. **Drittvergleich** standhalten und marktübliche Konditionen regeln. Hält das abgeschlossene Rechtsgeschäft keinem Drittvergleich stand, kann dies je nach Einzelfall sogar strafrechtliche Folgen nach sich ziehen. Welchen Maßstäben dieser Drittvergleich unterliegt, regelt der PCGK nicht.

28 **Nebentätigkeiten** hingegen sind den Mitgliedern der Geschäftsleitung nicht grundsätzlich untersagt. Immerhin empfiehlt Ziffer 5.4.4 PCGK, dass die Mitglieder der Ge-

---

33 Einen Anhaltspunkt für die zeitliche Dauer bietet die Haltefrist des § 193 Abs. 2 Nr. 4 AktG für Aktienoptionen des Vorstandes (mindestens vier Jahre). Daneben hat man angeregt, sich an der üblichen Bestellungsdauer zu orientieren und damit an einem Zeitraum von drei bis fünf Jahren, *Fleischer*, NZG 2009, 801, 803.
34 *Fleischer*, NZG 2009, 801, 804.
35 Dazu bereits Kap. 17.

Bacher

schäftsleitung Nebentätigkeiten, wie Aufgaben in einem Überwachungsorgan eines anderen Unternehmens, nur mit Zustimmung des Überwachungsorgans des Unternehmens, bei dem die Haupttätigkeit erfolgt, ausüben. Durch den Zustimmungsvorbehalt möchte der PCGK „im Vorfeld" möglichen Interessenkonflikten begegnen. Die Formulierung im PCGK verfehlt jedoch das zweifelsohne berechtigte Anliegen. Möglichen Interessenkonflikten lässt sich im Vorfeld nur begegnen, wenn bereits die Übernahme eines fremden Aufsichtsratsmandats zustimmungspflichtig ist. Bei der Ausübung kann das Kind bereits in den Brunnen gefallen sein. Befindet sich der Aufsichtsrat in einem laufenden Interessenkonflikt, wird er ohnehin sein Nebenamt niederlegen müssen. Rechtspolitisch mag man mehr als leise Zweifel an dieser Sollvorgabe äußern. Ein Geschäftsleiter schuldet seiner Gesellschaft grundsätzlich die volle Arbeitsleistung. Etwaige Differenzierungen nach Art und Umfang des Nebenamtes geben nur unzuverlässige Anhaltspunkte dafür, ob ein Geschäftsleiter neben seinen Leitungsaufgaben noch andere Tätigkeiten übernehmen sollte. Gleichwohl hat der DCGK an der in der Privatwirtschaft verbreiteten Praxis der **Anhäufung von Aufsichtsratsmandaten** nichts ändern wollen und dieser durch den PCGK keinen Riegel vorgeschoben.

Immerhin wurde in Ziffer 5.4.5 PCGK eine Sperrfrist eingeführt, wonach mit ehemaligen Mitgliedern der Geschäftsführung für den Zeitraum von 24 Monaten nach dem Ausscheiden keine Verträge geschlossen werden sollen, wonach diese Beratung, Vermittlung oder sonstige Dienstleistung für das Unternehmen erbringen oder ihre Fachkenntnis in sonstiger Weise dem Unternehmen Verfügung stellen.

IV. Nachhaltigkeit

In der aktuellen Version des PCGK haben nunmehr auch in Ziffer 5.5 PCGK ausführliche Regelungen zur Nachhaltigkeit Einzug gehalten. Unter nachhaltiger Unternehmensführung ist die Integration sozialer und Umweltbelange in die Unternehmenstätigkeit zu verstehen. Dies gilt sowohl für interne Tätigkeiten als auch für die Beziehung zu anderen Marktteilnehmern. Grundsätzlich hat die Geschäftsleitung hier für eine nachhaltige Unternehmensführung, wie sie in der deutschen Nachhaltigkeitsstrategie und den Sustainable Developement Goals (SDGs) formuliert sind, zu sorgen. Die Vorgaben umfassen Regelungen
- zur Gewährleistung einer gleichstellungsfördernden, toleranten und diskriminierungsfreien Kultur in Ziffer 5.5.2 PCGK,
- zur Förderung der Arbeitskultur in Ziffer 5.5.3 PCGK,
- zu einer fairen Entlohnung in Ziffer 5.5.4 PCGK,
- zur Errichtung europäischer Betriebsräte europaweit tätiger Unternehmen und
- zuletzt zur Vermeidung einer aggressiv steuervermeidende bzw. steuervermindernder Maßnahmen.

D. Aufsicht und Zusammenarbeit der Organe

I. Überblick

31 Die eingangs beschriebene „Permeabilität"[36] von monistischen und dualistischen Systemen schlägt sich deutlich in den Vorschlägen des PCGK über die Kompetenzverteilung der Organe nieder. Der Aufsichtsrat ist nicht nur ein Kontroll-, sondern auch ein **Beratungsorgan**. Wie Ziffer 6.1.1 PCGK hervorhebt, ist der Aufsichtsrat in „Entscheidungen von grundlegender Bedeutung für das Unternehmen einzubinden." Damit der Aufsichtsrat seine Beratungsaufgabe wahrnehmen kann, muss er mit dem Vorstand zusammenarbeiten. Der Vorstand seinerseits ist gehalten, den Aufsichtsrat auf dem Laufenden zu halten. Der PCGK zählt außerdem mehrere organisatorische Vorgaben für den Aufsichtsrat auf, die in den meisten börsennotierten AGs nunmehr Standard sein mögen. Da der PCGK rechtsformneutral gehalten ist, wirken sich diese Vorgaben besonders auf GmbHs aus, in denen ein fakultativer Aufsichtsrat gebildet wurde. Auch wenn der PCGK keinen Rechtsnormcharakter hat, besteht doch ein Erklärungsdruck, wenn die Satzung bzw. Geschäftsordnung des Aufsichtsrats einer GmbH hinter den Empfehlungen des PCGK zurückbleibt. In Kauf zu nehmen ist dabei, dass eine ausgefeilte Organisation des Aufsichtsrats und eine Abstimmung von Leitungs- und Überwachungsorgan notwendig die Entscheidungsprozesse in einer GmbH verlangsamen. Allerdings drückt der PCGK implizit die Wertentscheidung aus, dass eine transparente Unternehmensstruktur wichtiger einzuordnen ist als beschleunigte Entscheidungsprozesse.

II. Aufsicht in Unternehmen des Bundes

32 Aufsichtsorgane öffentlicher Unternehmen sind in jüngster Zeit in das Licht der öffentlichen Kritik gerückt.[37] Berechtigt regelt der PCGK in Ziffer 6.1.1 PCGK daher die Pflichten des Aufsichtsrats besonders detailliert. Für die Aufsicht in Bundesunternehmen gelten keine grundsätzlichen Besonderheiten gegenüber der Aufsicht in Unternehmen der Privatwirtschaft. **Gegenstand der Überwachung** sind
- Rechtmäßigkeit,
- Ordnungsmäßigkeit,
- Wirtschaftlichkeit und
- Zweckmäßigkeit der Unternehmensleitung.

33 Die Rechtmäßigkeitskontrolle des Aufsichtsrats weist diesem Organ zugleich eine bedeutende Rolle im Rahmen einer Compliance zu. Der Aufsichtsrat hat Hinweisen über

---

36 Vgl. Rn 11f.
37 Man denke etwa an den Erwerb der Hypo Alpe Adria durch die BayernLB.

Rechtsverletzungen durch die Geschäftsleitung nachzugehen. Zweifelt der Aufsichtsrat daran, ob eine bestimmte Maßnahme der Geschäftsleitung mit dem objektiven Gesetzesrecht vereinbar ist, muss er diesen Zweifeln nachgehen und darf sich nicht in der Hoffnung darauf, dass alles „seine Ordnung haben wird", zurückziehen. Diese Verhaltenspflicht gilt auch für wirtschaftliche Entscheidungen der Geschäftsleitung. Besonders bei Finanzierungsfragen spielt der Aufsichtsrat eine bedeutsame Rolle. Er hat zu überprüfen, ob ein Finanzierungskonzept stimmig ist.

Zur **Umsetzung dieser Überwachungs- und Kontrollaufgabe** stehen dem Aufsichtsrat die hier an anderer Stelle beschriebenen Instrumentarien zur Verfügung.[38] Allerdings betrachtet der PCGK (wiederum im Anklang an den DCGK) die **Informationsversorgung** des Aufsichtsrats auch als eine „Bringschuld" der Geschäftsleitung. Die Geschäftsleitung informiert das Überwachungsorgan regelmäßig, zeitnah und umfassend über alle unternehmensrelevanten Fragen (Ziffer 4.1.3 PCGK). Dabei legt der PCGK als **Leitbildnorm § 90 AktG** zugrunde: Rechtsformunabhängig soll dabei diese Vorschrift als Standard dafür dienen, wann und mit welchem Inhalt dem Aufsichtsrat Bericht erstattet wird. Allerdings steckt § 90 AktG nur einen Mindestrahmen ab. Aktiengesellschaften dürfen in der Satzung umfassendere und detailliertere Informationspflichten des Vorstandes normieren.[39] Rechtspolitisch erscheint es begrüßenswert, wenn künftige Überarbeitungen des Kodex dies hervorheben. Der derzeitige Stand könnte anderenfalls suggerieren, dass § 90 AktG dem maximalen Standard des Informationsaustauschs genüge. Indes ist dem nicht so. Vielmehr kann es je nach Branche empfehlenswert sein, eine Kultur steter Information einzuführen. Die Berichtspflichten dienen der effizienten Leitung eines Unternehmens und nehmen keine Rücksicht auf den wirtschaftlichen Stellenwert. Insofern ist es begrüßenswert, dass entsprechend des Wunsches des Autors der Vorauflage erfüllt wurde und eine gegenüber § 90 AktG eingeschränkte Berichterstattung bei kleineren Unternehmen ohne besonderes wirtschaftliches Gewicht in die aktuelle Version des PCGK nicht übernommen wurde.

III. Zusammensetzung und Interessenkonflikte

Bisweilen ist die Neigung der Aufsichtsräte kaum zu verkennen, bestimmte geschäftliche Entscheidungen politischen Zwängen zu unterstellen. Obwohl dies an sich naheliegt, regelt der PCGK nicht, wie mit **politischen Interessenkonflikten** umzugehen ist. Es ist auf der einen Seite verständlich, dass die Urheber des PCGK dies nicht regeln, auf der anderen Seite ist dies jedoch auch gefährlich. Immerhin federt Ziffer 6.2.1 PCGK diese Bedenken teilweise, wenn auch nicht völlig ab. Bei Mitgliedervorschlägen für den Auf-

---

[38] Vgl. Kap. 17 Rn 78ff.
[39] HeidelbergerKomm-AktG/*Bürgers*, 4. Aufl., § 90 Rn 3; Koch/*Koch*, 17. Aufl., AktG § 90 Rn 2; teilweise anders KölnKomm-AktG/*Merens/Cahn*, 4. Aufl., § 90 Rn 53.

sichtsrat soll darauf geachtet werden, dass die Mitglieder über die zur ordnungsgemäßen Mandatswahrnehmung erforderlichen Kenntnisse, Fähigkeiten und fachlichen Erfahrungen verfügen. Daneben empfiehlt der PCGK, dass ein Mitglied des Aufsichtsorgans nicht mehr als drei Mandate wahrnehmen soll. Zu begrüßen ist indes, dass der PCGK nunmehr Regelungen zu Stellvertretungen im Aufsichtsrat in Ziffer 6.2.3 PCGK aufgenommen hat. Insbesondere in kommunal beherrschten GmbHs, die einen fakultativen Aufsichtsrat eingerichtet haben, wird in den Gesellschaftsverträgen vielfach eine Stellvertretung im Aufsichtsrat zugelassen. Dies widerspricht dem Grundgedanken der Höchstpersönlichkeit des Amtes und der Regelung des § 108 AktG, welcher eine Stellvertretung gerade nicht zulässt, sondern nur eine Stimmbotschaft. Dieser Auffassung folgt nunmehr auch der PCGK, in dem ausdrücklich die persönliche Mandatswahrnehmung vorgegeben und eine Wahrnehmung durch andere abgelehnt wird.

36 Ebenso wurde wie bei der Geschäftsführung in Ziffer 6.4.2 PCGK eine 24-monatige Sperrfrist für den Abschluss von Berater-und sonstigen Dienstleistungs- und Werkverträgen mit ehemaligen Mitgliedern eines Überwachungsorgan festgelegt.

E. Empfehlungen an die Anteilseigner

37 Teil II des PCGK enthält die Richtlinie für eine aktive Beteiligungsführung bei Unternehmen mit Bundesbeteiligung. Diese Richtlinie soll eine gute Führung der Bundesbeteiligungen nach einheitlichen Kriterien und eine aktive Beteiligungsführung gewährleisten.

38 In Ziffer 3.1 PCGK gibt der PCGK erstmalig Vorgaben, welche Kompetenzen der Anteilseignerversammlung vorbehalten sein sollten. Interessant ist hier, dass die vielfach gängige Praxis in kommunalen GmbHs, die Be-und Anstellung sowie die Berufung und Entlastung der Geschäftsführer in die Hände des Aufsichtsrats zu legen, eine Absage erteilt und diese Kompetenz der Anteilseignerversammlung zuweist. In der Praxis besteht allerdings vielfach der Wunsch von Geschäftsführern, insbesondere die Details ihres Anstellungsvertrages in einem kleineren Gremium zu verhandeln, als die Bedingungen möglicherweise auch noch in öffentlicher Sitzung der Öffentlichkeit bekanntzumachen. Da wäre es wünschenswert, wenn der PCGK in der Zukunft diesen Weg wieder eröffnen würde und diese Kompetenz auch dem Aufsichtsrat zugestehen könnte.

39 Während die Vorbereitung und Durchführung der Anteilseignerversammlung in einer AG detailliert geregelt ist und kaum Spielräume offen lässt, enthält das GmbH-Recht nur wenige Vorschriften hierüber. Nach Ziffer 3.2 PCGK soll die Tagesordnung möglichst genau bezeichnet werden. Gerade für GmbHs ist dies von besonderer Bedeutung, um einer allzu laxen Praxis bei der Ladung zur Gesellschafterversammlung einen Riegel vorzuschieben.

40 Zu begrüßen ist, dass in jedem Falle über die **Anteilseignerversammlung** eine **Niederschrift** anzufertigen ist (Ziffer 3.2 PCGK). Der PCGK empfiehlt allerdings nicht mehr,

von den Dispensnormen des § 130 AktG sowie der §§ 53 und 55 GmbHG keinen Gebrauch zu machen.

Wie der Bund als Anteilseigner seine Rechte auszuüben hat, findet sich in Teil II des PCGK. Die bisher daneben geltenden Berufungsrichtlinien wurden, wie bereits erwähnt, in die Richtlinien für eine aktive Beteiligungsführung integriert. In den neuen Grundsätzen wird die Vorbildrolle der Unternehmen mit Bundesbeteiligung sowie die damit verbundene Verantwortung der Unternehmensorgane und der Beteiligungsführung herausgestellt. Kernelement sei die Implementierung einer aktiveren Beteiligungsführung, die stärker als bisher auf das wichtige Bundesinteresse an den Unternehmen fokussiert ist und regelmäßig überprüft, ob die mit der Beteiligung verfolgten Ziele auch erreicht werden[40].

F. Transparenz und Rechnungslegung

I. Jährlicher Bericht

Nach Ziffer 7.1 PCGK sollen die Geschäftsleitung und das Überwachungsorgan **jährlich** über die **sachgerechte Führung und Organisation** des Bundesunternehmens **berichten**.

Vergleichbar zum DCGK soll in diesem Bericht erklärt werden, ob den Empfehlungen des PCGK entsprochen wurde. Wenn hiervon abgewichen wurde, ist dies zu begründen. Auch zu den Anregungen des PCGK kann Stellung genommen werden. Damit geht der PCGK über die Entsprechenserklärung des § 161 AktG hinaus, die gerade nicht zu den Anregungen Stellung nehmen muss. Auch die Vergütung der Geschäftsleitung will der PCGK transparent gestalten. Deswegen führt Ziffer 7.2.1 PCGK an, dass die Gesamtvergütung jedes Mitgliedes der Geschäftsleitung individualisiert, aufgeteilt nach erfolgsunabhängigen, erfolgsbezogenen und Komponenten mit langfristiger Anreizwirkung in allgemein verständlicher Form im Bericht darzustellen ist. Anzugeben ist außerdem die **jährliche Zuführung zu den Pensionsrückstellungen oder Pensionsfonds**. Dies dürfte die Öffentlichkeit aller Voraussicht nach besonders interessieren. Zu publizieren sind auch die **Vergütungen der Mitglieder** des Überwachungsorgans (Ziffer 7.2.2 PCGK). Wie schon eingangs erwähnt,[41] besteht allerdings keine Norm, die die Rechtsfolgen einer unterlassenen oder unvollständigen Berichterstattung sanktioniert. Rechtspolitisch betrachtet, ist dies ein grober „Webfehler" des PCGK und es böte sich an, eine dem § 161 AktG vergleichbare Norm in der BHO zu verankern, um lediglich rein politische Folgen für die verantwortlichen Personen zu vermeiden. **Veröffentlicht** werden soll der Bericht **auf der Internetseite** des Bundesunternehmens. Allerdings unterschei-

---

40 Vgl. hierzu Redaktion beck-aktuell, becklink 2017467.
41 Vgl. Rn 14.

det sich Ziffer 7.3 PCGK auch hier in einem nicht unwichtigen Detail von § 161 S. 2 AktG. Während nach dieser Vorschrift der Bericht nach dem DCGK den Aktionären dauerhaft zugänglich zu machen ist, erwähnt der PCGK keine bestimmte Mindestdauer. Dies bedeutet, dass nach einer kürzeren Veröffentlichungsdauer der Bericht wieder auf der Internetseite des Bundesunternehmens gelöscht werden könnte und es nur darauf ankommen würde, dass der Bericht überhaupt veröffentlicht wurde. Ob dieses Defizit gegenüber dem DCGK ein weiterer „Webfehler" des PCGK oder tatsächlich beabsichtigt ist, lässt sich nicht abschließend beurteilen. Ein derartiges Vorgehen wäre für die mit dem PCGK bezweckte Transparenz und Vertrauensbildung in jedem Fall kontraproduktiv und dürfte für die verantwortlichen Personen zumindest auf politischer Ebene Folgen haben.

II. Rechnungslegung

44 Ziffer 8.1 PCGK will sicherstellen, dass die **Rechnungslegung** in Unternehmen des Bundes **transparent und umfassend** ist. Eine zwingende Vorgabe dafür, wie die Rechnungslegung zu gestalten ist, normiert § 65 Abs. 1 Nr. 4 BHO. Danach darf sich der Bund nur an Unternehmen beteiligen, wenn gewährleistet ist, dass der Jahresabschluss und der Lagebericht, in entsprechender Anwendung der Vorschriften des 3. Buches des HGB für große Kapitalgesellschaften, aufgestellt und geprüft wird. Unberührt bleiben weitergehende gesetzliche Vorschriften oder andere gesetzliche Vorschriften, die einer derart umfassenden Rechnungslegung entgegenstehen. Ziffer 8.1.1 PCGK wiederholt diese gesetzliche Vorgabe nur. Aufzustellen sind nach § 264 Abs. 1 HGB ein Jahresabschluss und ein Lagebericht (§§ 289f. HGB). Bei verbundenen Unternehmen sind ein Konzernabschluss und Konzernlagebericht zu erstellen (§ 264 Abs. 3 HGB, §§ 5, 11ff. PublG[42]). Die beschriebenen **Rechnungslegungspflichten** gelten in jedem Fall in einer AG und einer GmbH sowie einer KGaA als Kapitalgesellschaften gemäß dem zweiten Abschnitt des Dritten Buches des HGB.[43] Ausgenommen hiervon sind lediglich sog. kleine Kapitalgesellschaften i.S.d. § 267 Abs. 1 HGB. Danach kennzeichnet kleine Kapitalgesellschaften, wenn sie mind. zwei der folgenden drei Werte nicht überschreiten:
- 6.000.000,00 € Bilanzsumme,
- 12.000.000,00 € Umsatzerlöse in den zwölf Monaten vor dem Abschlussstichtag,
- im Jahresdurchschnitt 50 Arbeitnehmer.

---

[42] Publizitätsgesetz (PublG) v. 15.8.1969 (BGBl. I S. 1189), zuletzt geändert durch Gesetz v. 10.8.2021 (BGBl. I S. 3436).
[43] Nach § 264a HGB gelten erweiterte Rechnungslegungspflichten auch für bestimmte offene Handelsgesellschaften (oHG) und Kommanditgesellschaften (KG). Dieser Fall ist allerdings theoretisch, da die unbeschränkte Haftung bzw. Nachschusspflicht des Bundes einer Beteiligung an einem solchen Unternehmen entgegensteht, § 65 Abs. 1 Nr. 2 BHO. Zu diesen Problemen näher *Forst/Traut*, DÖV 2010, 210.

Ziel der Rechnungslegung ist es, ein den tatsächlichen Verhältnissen entsprechendes 45
Bild der Vermögens-, Finanz- und Ertragslage der Gesellschaft zu vermitteln (§ 264
Abs. 2 HGB). Die in der Vorauflage noch genannte und von Verfassern kritisierte Einschränkung der Berichtspflicht auf Grund von „Zweckmäßigkeitserwägungen" wurde aus der Nachfolgevorschrift in Ziffer 8.1.1 PCGK zu Gunsten einer gesteigerten Transparenz gestrichen.

III. Abschlussprüfung

Gerade die Abschlussprüfung[44] ist ein besonders sensibles Feld, da hier die Objektivität 46
des Prüfers gewährleistet sein muss. Aus diesem Grund soll nach Ziffer 8.2.1 PCGK die
Anteilseignerversammlung hierüber entscheiden. Über die Auswahl und Feststellung
des Konzernabschlussprüfers soll die Anteilseignerversammlung des Mutterunternehmens entscheiden. Das Überwachungsorgan soll jeweils einen – ggf. auf die Empfehlung
des Prüfungsausschusses gestützten – Vorschlag an die Anteilseignerversammlung für
die Auswahl der Abschlussprüferin bzw. des Abschlussprüfers abgeben). Konkretisiert
werden diese Gründe in § 319 Abs. 2 bis 5 HGB. Gegenüber der Abschlussprüfung bei privatwirtschaftlichen Unternehmen erwähnt der PCGK noch einige **Besonderheiten für
Bundesunternehmen**. Da ein Abschlussprüfer eine Dienstleistung erbringt, empfiehlt
Ziffer 8.2.2 PCGK, dass dem Wechsel eines Abschlussprüfers ein wettbewerbliches Vergabeverfahren zugrunde liegen soll. Damit sollte der Wechsel mindestens die Vorgaben
der §§ 97 ff. GWB[45] beachten. Gehören einer Gebietskörperschaft mehrheitlich die Anteile an einer Gesellschaft des privaten Rechts oder mindestens ein Viertel, so kann sie
nach § 53 HGrG[46] verlangen, dass eine erweiterte Abschlussprüfung durchgeführt wird.
Unter anderem ist dann nach § 53 Abs. 1 Nr. 1 HGrG auch die „Ordnungsmäßigkeit der
Geschäftsführung" zu prüfen. Bei der Wahl und der Bestellung der Prüfer für eine erweiterte Prüfung nach dem HGrG hat das zuständige Bundesministerium das Einvernehmen mit dem Bundesrechnungshof herzustellen (§ 68 Abs. 1 S. 2 BHO).

G. Vergleichbare Regelungen

Neben dem bundesweiten Vorreiter, dem Deutschen Corporate Governance Kodex 47
(DCGK) vom 26.2.2002, hat sich im Raum der deutschen Rechtsordnung die Gemengelage
der Kodizes seit 2005 stetig erweitert. Diese Erweiterung resultiert darin, dass mittler-

---

44 Zur Frage der Bedeutung von Compliance in Abschlussprüfungen vgl. eingehend Kap. 7.
45 Gesetz gegen Wettbewerbsbeschränkungen (GWB) v. 26.6.2013 (BGBl. I S. 1750), zuletzt geändert durch Gesetz v. 22.12.2023 (BGBl. I Nr. 405).
46 Haushaltsgrundsätzegesetz (HGrG) v. 19.8.1969 (BGBl. I S. 1273), zuletzt geändert durch Gesetz v. 14.8.2017 (BGBl. I S. 3122).

weile knapp 90 Gebietskörperschaften auf allen Ebenen föderaler Verwaltung ähnliche, jedoch durchaus voneinander abweichende, Kodizes eingeführt haben. Zum aktuellen Stand (Ende 2023) haben beispielsweise neben dem PCGK auf Bundesebene bereits 14 der 16 Bundesländer und 8 der 13 Landeshauptstädte entsprechende Kodizes veröffentlicht. Neben den größeren Gebietskörperschaften haben sich aber auch kleinere Gebietskörperschaften der Thematik angenommen und eigene Kodizes erlassen. Der jeweils verfolgte Zweck mag dabei durchaus variieren. Während die Bundesländer und die größeren Kommunen eher die Transparenz und das Vertrauen in ihre Unternehmen und Beteiligung bezwecken, dürfte insbesondere bei kleinen Kommunen eine einheitliche Unternehmenssteuerung im Vordergrund stehen.

I. Kodizes auf Landesebene

48 Auf Landesebene haben bislang die vierzehn Bundesländer Baden-Württemberg, Berlin, Brandenburg, Bremen, Freie Hansestadt Hamburg, Hessen, Mecklenburg-Vorpommern, Nordrhein-Westfalen, Rheinland-Pfalz, Saarland, Sachsen, Sachsen-Anhalt, Schleswig-Holstein und Thüringen entsprechende Kodizes erlassen.[47] Zuletzt wurde im November 2022 in Mecklenburg-Vorpommern ein solcher Kodex eingeführt.

49 Die Umsetzung und Art der Einführung ist jedoch nicht in jedem Bundesland auf gleiche Weise geschehen. Abweichungen betreffen vor allem konzeptionelle Grundstrukturen, aber auch praktische Vorgehensweisen. Die Mehrzahl der Bundesländer veröffentlichte einen für sich alleine stehenden Kodex vergleichbar dem PCGK. Wohingegen Hessen, Sachsen-Anhalt und Thüringen sich ebenfalls an dem PCGK des Bundes orientierten, ihren Kodex aber in einem Gesamtkonstrukt, vergleichbar Teil I und II des PCGK, veröffentlichten. Dabei setzen sich die „Grundsätze guter Unternehmens- und Beteiligungsführung im Bereich des Landes Hessen" sowie die „Grundsätze guter Unternehmens- und Beteiligungsführung des Freistaats Thüringen" aus dem jeweiligen Corporate Governance Kodex (Teil A) und allgemeinen Hinweisen bzw. Grundlagen für gute Unternehmensführung (Teil B) zusammen.[48] Beide Teile dienen der Kontrolle der relevanten Unternehmen, an denen das jeweilige Bundesland beteiligt ist. Dies soll das Vertrauen der Bürger in die Politik und Wirtschaft stärken, indem die Verwaltungshandlungen allgemein transparenter gestaltet werden. Sachsen-Anhalt erlies Ende 2013 das sog. „Handbuch für das Beteiligungsmanagement des Landes Sachsen-Anhalt", welches einen Abschnitt mehr als die Beteiligungsgrundsätze der Länder Hessen und

---

[47] Abrufbar unter https://publicgovernance.de/html/de/2382.htm.
[48] Grundsätze guter Unternehmens- und Beteiligungsführung im Bereich des Landes Hessen v. 9.11.2015, abrufbar unter https://publicgovernance.de/media/PCGK_Hessen.pdf; Grundsätze der guten Unternehmens- und Beteiligungsführung des Freistaats Thüringen (Kodex) v. 18.9.2017, abrufbar unter https://finanzen.thueringen.de/fileadmin/th5/tfm/beteiligungen/kodex_beteiligungen_092017.pdf.

Thüringen beinhaltet.[49] Neben dem „Public Corporate Governance Kodex des Landes Sachsen-Anhalt" (Teil A), den „Grundsätze(n) zur Beteiligungsführung des Landes sowie Grundaussagen zur strategischen Ausrichtung" (Teil B) umfasst das Handbuch einen Teil C in welchem die „Berufungsrichtlinie des Landes Sachsen-Anhalt" festgelegt wird. Sachsen-Anhalt orientiert sich weitestgehend an dem Vorbild des Bundes, das ebenso einen vergleichbaren dreiteiligen Aufbau gewählt hat.

50 Die meisten der vierzehn Bundesländer haben einen alleinstehenden Public Corporate Governance Kodex veröffentlicht. Diese Kodizes sind in ihrer Grundstruktur und insbesondere in ihren inhaltlichen Aussagen weitgehend vergleichbar und sehen untereinander keine großen inhaltlichen und rechtssystematischen Abweichungen vor. Dabei enthalten die Kodizes für die beteiligungsverwaltenden Stellen des Landes sowie für die jeweiligen Unternehmen selbst Richtlinien für Ziele, Verantwortlich-/Zuständigkeiten, Rechte, Pflichten, Instrumente und Prozesse der Unternehmensbeteiligung und -steuerung.[50] Der PCGK diente dabei sämtlichen Kodizes als Vorbild und wurde mehr oder weniger übernommen.

51 Vergleichbar zu den restlichen Kodizes der Länder haben auch die Stadtstaaten Berlin, Bremen und Hamburg Kodizes eingeführt, die sich an dem Deutschen Corporate Governance Kodex orientieren. Jedoch haben sie spezifische Anpassungen vorgenommen, die ihrer Sonderstellung Rechnung tragen. Darüber hinaus wurden auch hier regionale Besonderheiten bei dem Erlass der Kodizes beachtet und umgesetzt. Es existiert beispielsweise in Hamburg eine grundsätzliche Ausnahme, die die Hamburger Gesellschaft für Vermögens- und Beteiligungsmanagement mbH (HGV) betrifft.[51] Bei der HGV handelt es sich um eine Holdinggesellschaft für einen überwiegenden Teil der öffentlichen Unternehmen in Hamburg. Sie stellt eine Sonderkonstellation der Stadt bzw. des Landes Hamburg dar und wäre nur mit diversen zwingenden Ausnahmeregelungen und unerwünschten Folgen in den Hamburger Corporate Governance Kodex (HCGK) einzubinden. Um entsprechenden Ergebnissen aus dem Weg zu gehen, hat die Hamburger Verwaltung beschlossen die HGV selbst, jedoch nicht ihre Tochtergesellschaften, von dem HCGK auszuklammern. Neben Hamburg hat auch das Land Bremen eine spezifische Anpassung an ihre Verwaltungsstruktur eingearbeitet. So wird in der Präambel des Public Corporate Governance Kodex der Freien Hansestadt Bremen betont, dass der eingeführte Kodex auf die in Mehrheit des Landes geführten Gesellschaften mit beschränkter Haftung mit fakultativem Aufsichtsrat ausgerichtet ist.

52 Den Kodizes kommt dabei mittlerweile auch eine Rolle bei der Umsetzung politischer Ziele zu. So wurde etwa der „Hamburger Corporate Governance Kodex" (HCGK) Ende 2019 erweitert, um die städtischen Unternehmen der Freien Hansestadt Hamburg

---

49 Handbuch für das Beteiligungsmanagement (Beteiligungshandbuch) v. 5.2.2019, abrufbar unter https://mf.sachsen-anhalt.de/finanzen/zentrales-beteiligungsmanagement/beteiligungshandbuch/.
50 *Papenfuß*, Public Governance, Frühjahr 2019, 4f., abrufbar unter https://publicgovernance.de/media/Public_Corporate_Governance_-ein_Schluesselthema_fuer_den_Staat.pdf.
51 So vgl. Ziffer 1 Abs. 5 HCGK.

auf die Nachhaltigkeitsziele der Vereinten Nationen einzuschwören.[52] So müssen seit Januar 2020 große Unternehmen in städtischer Hand die sogenannten „Sustainable Development Goals" (SDG) – die Nachhaltigkeitsziele der UN – unabdingbar beachten und den Aufsichtsrat diesbezüglich aufklären.[53] Überdies sollen die Unternehmen alle zwei Jahre einen Nachhaltigkeitsbericht nach den Kriterien des Deutschen Nachhaltigkeitskodex erstellen und diesen veröffentlichen. Dies gilt für Unternehmen, die die Voraussetzungen einer großen Kapitalgesellschaft gemäß § 267 Abs. 3 S. 1 HGB erfüllen. So fallen Unternehmen nur unter die Nachhaltigkeitsbestimmungen, wenn sie zwei der folgenden Kriterien erfüllen: Eine Bilanzsumme von mehr als 20 Millionen €, einen Umsatzerlös von mehr als 40 Millionen € oder Beschäftigung von mehr als 250 Mitarbeitern.[54] Die Kodizes bieten sich für entsprechende Vorgaben an, da auf diese Weise auf eine Vielzahl von Unternehmen Einfluss genommen werden kann. Es ist zu erwarten, dass insbesondere vor dem Hintergrund der Energiewende und den damit verbundenen Anforderungen an alle staatlichen Ebenen zukünftig weitere politische Vorgaben in die Kodizes einfließen werden. Die Kodizes bieten sich hierfür als freiwillige und politisch getriebene Medien einer Selbstregulierung besonders an.

II. Kodizes auf kommunaler Ebene

53   Auch auf kommunaler Ebene kommt es, wie eingangs bereits erwähnt, zu einer vermehrten, jedoch noch nicht flächendeckenden Einführung von kommunalen Kodizes. So haben bereits einige Gebietskörperschaften, darunter acht der 13 Landeshauptstädte, im ganzen Bundesgebiet im Wesentlichen vergleichbare Kodizes verabschiedet.[55] Bei den Kodizes wird neben der Einhaltung der Ziele des Deutschen Corporate Governance Kodex (DCGK) auch vermehrt auf die besondere Verantwortung kommunaler Unternehmen für ihre Bürgerinnen und Bürger sowie allgemein die Berücksichtigung öffentlicher Belange geachtet. Exemplarisch ist der PCGK der Stadt Frankfurt am Main heranzuziehen, der sehr spezifisch auf die Regelungstiefe und den Regelungsumfang einzelner Bereiche kommunaler Beteiligungen eingeht.[56]

54   So zielt der Kodex der Stadt, der als einer der Ersten in Deutschland bereits Anfang 2010 veröffentlich wurde, insbesondere auf eine regelmäßige, zeitnahe und ausführliche Auskunft der Aufsichtsräte über die Vorgänge in den Unternehmen ab. Dies soll

---

52 Genauere Ausführungen siehe *Hinkel*, www.zfk.de v. 26.11.2019, abrufbar unter https://www.zfk.de/politik/deutschlan/hamburg-verpflichtet-staedtische-unternehmen-zur-nachhaltigkeit.
53 Vgl. Ziffer 6.5 HCGK (Stand ab 1.1.2020), abrufbar unter https://www.hamburg.de/resource/blob/937546/81e880c01eece8ed2ab1fdc2057a68a8/hamburger-corporate-governance-kodex-ab-01-01-20-data.pdf.
54 Vgl. § 267 Abs. 2 HGB.
55 Stand Januar 2020; eine Darstellung sowie die jeweiligen Kodizies der einzelnen Kommunen, abrufbar unter https://publicgovernance.de/html/de/2393.htm.
56 Vgl. *Scheider*, Der Neue Kämmerer 4/2019, 11.

vor allem die effiziente Information der Aufsichtsräte und somit die effiziente Aufsichtsratsarbeit sowie eine interne Kommunikation fördern.

Die kommunalen Kodizes variieren stärker untereinander als die Kodizes auf Landesebene. Dies liegt zum einen in den unterschiedlichen Zwecksetzungen der einzelnen Kommunen und somit in den jeweils mit Unternehmen und Beteiligungen verfolgten öffentlichen Zwecken begründet. Zum anderen haben Kommunen bei der Gründung und dem Erwerb von wirtschaftlichen Unternehmen und bei ihrer Beteiligung an solchen Unternehmen anders als die Bundesländer die Vorgaben ihrer jeweiligen Gemeindeordnung zu beachten. Hier haben die Bundesländer zwar grundsätzlich vergleichbare Vorgaben an die Ausgestaltung kommunaler Unternehmen gestellt, im Detail treffen die jeweiligen Gemeindeordnungen aber durchaus unterschiedliche Regelungen. Die kommunalen Kodizes unterscheiden sich daher aufgrund der jeweils einschlägigen Gemeindeordnung. Zuletzt tragen die Kommunen auch den bereits vorhandenen Strukturen ihres „kommunalen Konzerns" Rechnung.

III. Entsprechende Regelungen

Neben kommunalen Kodizes, welche dem PCGK bzw. den Kodizes der Bundesländer im Wesentlichen entsprechen, haben einige Kommunen teils ergänzende, teils alleinstehende Beteiligungsrichtlinien oder ähnliche Regelungswerke dieser Art erlassen. Solche kommunalen Leitlinien wurden teilweise bereits vor der Entstehung des PCGK entwickelt und dienen, wie auch die Kodizes, vorwiegend der Steuerung kommunaler Beteiligungen an Unternehmen. Jedoch unterscheiden sie sich von dem PCGK in zwei grundlegenden Bereichen. Beteiligungsrichtlinien richten sich in erster Linie an das Beteiligungsmanagement oder auch die Beteiligungsverwaltung als Organisationseinheit der Kommune und nicht an das jeweilige Unternehmen selbst. Sie entsprechen daher eher den „Richtlinien für eine aktive Beteiligungsführung bei Unternehmen mit Bundesbeteiligung". Hinzu kommt, dass die Begründung und Offenlegung in Form des „comply or explain"-Prinzips nicht vorgesehen ist. Folglich sind Abweichungen durch eine öffentliche Begründung nicht zulässig. Auf diese Art und Weise erreichen die Beteiligungsrichtlinien grundsätzlich ein sehr ähnliches Ergebnis wie auch der PCGK, aus welchem Grund sie auch häufig synonym verwendet werden. Eine Unterscheidung zwischen Kodex und Beteiligungsrichtlinie anhand der Bezeichnung ist vielfach nicht oder nur schwer möglich. Wie bereits erwähnt, zielen auch viele als Kodex bezeichnete Regelwerke mehr oder weniger ausgeprägt auf eine einheitliche Beteiligungssteuerung ab.

H. Ausblick und aktuelle Entwicklung

Es lässt sich feststellen, dass Corporate Governance Kodizes beziehungsweise vergleichbare Vorgaben auf allen föderalen Ebenen der Verwaltung Anklang gefunden haben und die Anzahl entsprechender Regelungswerke zunimmt. Doch gerade auf kommunaler Verwaltungsebene zeigt eine genauere Betrachtung, dass die dort eingeführten Kodizes durchaus voneinander abweichende Regelungsinhalte besitzen. Entsprechende Abweichungen sind unter anderem darauf zurückzuführen, dass bei der Einführung eines Kodex einerseits unterschiedliche Ziele verfolgt werden und andererseits auch unterschiedliches Landesrecht zu beachten ist. Insofern entstand eine große Bandbreite an zu beachtenden rechtlichen Fragestellungen bei der Erarbeitung der kommunalen Corporate Governance Kodizes. Daraus resultierte das Erfordernis, den Gebietskörperschaften bundesweit einheitliche Hilfestellungen für die Erstellung an die Hand zu geben.

58 Bereits im Mai 2009 beschloss das Präsidium des Deutschen Städtetages die „Eckpunkte für einen Public Corporate Governance Kodex für kommunale Unternehmen", um Kommunen eine entsprechende Hilfestellung bei der Einführung sowie vor allem bei der Formulierung eines kommunalen Corporate Governance Kodex zu bieten.[57] Die „Eckpunkte" sind allerdings sehr knapp gehalten und weisen dadurch eine geringe Regelungstiefe auf. Dies hat zur Folge, dass auch mehrere Kodizes, die sich eng an den Eckpunkten des Deutschen Städtetages orientieren, im Ergebnis inhaltlich und strukturell voneinander abweichen können.

59 Seit Mitte 2019 hat sich die Expertenkommission „Deutscher Public Corporate Governance – Musterkodex" mit der Thematik befasst. Die Kommission besteht aus 23 Mitgliedern aller föderalen Ebenen und widmet sich vorwiegend den Themen des Public Corporate Governance, der Beteiligungssteuerung und dem Beteiligungsmanagement. Sie veröffentlichte am 7.1.2020 (aktuelle Fassung vom 14.3.2022) den sogenannten „Deutschen Public Corporate Governance – Musterkodex (D-PCGM)".[58] Dieser soll jedoch nicht als Substitut für den eigentlichen Corporate Governance Kodex einer Gebietskörperschaft dienen, sondern Gebietskörperschaften vielmehr zur Erarbeitung bzw. Überarbeitung von Kodizes anregen und sie dabei systematisch unterstützen. So fungiert der Musterkodex vorwiegend als Leitbild und Vorlage, um eine Vergleichs- und Diskussionsbasis für die konkreten Kodizes zu schaffen.

60 Der D-PCGM soll regelmäßig vor dem Hintergrund nationaler und internationaler Entwicklungen überprüft und durch die Kommission angeglichen werden. Folglich stellt auch der D-PCGM keine einheitliche Mustervorlage eines Kodex dar, sondern fungiert wie bereits die „Eckpunkte" des Deutschen Städtetages als Leitlinie für die Erstellung der individuellen Kodizes.

---

[57] Eckpunkte für einen Public Corporate Governance Kodex (PCGK) für kommunale Unternehmen in der Fassung nach Beschluss des Präsidiums des Deutschen Städtetag vom 12.5.2009, abrufbar unter https://publicgovernance.de/media/PCGK_St%C3%A4dtetag.pdf.

[58] Deutscher Public Corporate Governance-Musterkodex (D-PCGM) i.d.F. vom 14.3.2022, abrufbar unter https://pcg-musterkodex.de/wp-content/uploads/2022/03/Deutscher-Public-Corporate-Governance-Musterkodex Hinweis:_Fassung_2022-03-14.pdf.

Eine bundesweite Angleichung der Kodizes auf kommunaler Ebene wird somit auch 61 durch den D-PCGM nicht erreicht. Dieses Ziel wird mit dem D-PCGM aber auch nicht verfolgt. Der D-PCGM weist unter Ziffer 1.1 D-PCGM selbst darauf hin, dass er nicht als Ersatz für einen konkreten kommunalen Kodex verstanden werden soll und dass dieser jeweils vor Ort entwickelt werden müsse. Eine verbindliche, einheitliche Vorgabe für alle Gebietskörperschaften würde auch dem Zweck kommunaler Kodizes widersprechen. Da dem lokalen Corporate Governance Kodex gerade die Aufgabe zukommt, die Situation und die Ziele vor Ort individuell zugeschnitten zu regeln erfordert er somit eine individuelle Anpassung auf den Einzelfall. Die Hilfestellungen für die Erstellung der konkreten Kodizes sind dennoch zu begrüßen, da die Erstellung der individuellen Kodizes hierdurch erleichtert wird. Es ist daher mit einer weiteren Zunahme kommunaler Kodizes zu rechnen. Inwieweit sich diese jedoch durch die Berücksichtigung der Hilfestellungen in inhaltlicher und systematischer Hinsicht gleichen werden, bleibt abzuwarten.

Kapitel 20
Strafrecht

A. Überblick

1 Den strafrechtlichen Aspekten des Themas Compliance hat seit Jahren eine für die unternehmerische Tätigkeit unverändert große Bedeutung.[1] Ein wesentlicher Schwerpunkt liegt dabei auf dem Komplex „**Korruption**", der in erster Linie die strafrechtlichen Tatbestände der Vorteilsannahme (§ 331 StGB), der Vorteilsgewährung (§ 333 StGB), der Bestechlichkeit (§ 332 StGB) und der Bestechung (§ 334 StGB) umfasst.[2] Aber auch die Tatbestände der Bestechlichkeit im geschäftlichen Verkehr (§ 299 StGB)[3] und der **wettbewerbsbeschränkenden Absprachen** bei Ausschreibungen (§ 298 StGB)[4] spielen strafrechtlich eine Rolle.

2 In tatsächlicher Hinsicht sind damit Vorgänge gemeint, die im geschäftlichen Alltag jedes Unternehmens regelmäßig vorkommen: Einladungen zum Essen oder zu Events, Geschenke, Rabatte oder sonstige Zuwendungen. Dies ist unproblematisch, solange es sich um „sozialadäquate" Vorgänge handelt. Doch wenn diese – nicht immer leicht zu bestimmende – Grenze der Sozialadäquanz überschritten ist, können sich die beteiligten Personen strafbar machen und das Unternehmen muss sich unter Umständen mit den Konsequenzen eines Compliance-Verstoßes auseinandersetzen, wobei etwaige steuer-(straf-)rechtliche Auswirkungen nicht zu vergessen sind. Das **Steuer- und Steuerstrafrecht** ist daher ein zentraler Baustein jedes Compliance-Systems.[5]

3 Eine wichtige Rolle im Zusammenhang mit strafrechtlichen Compliance-Vorwürfen spielt der Tatbestand der **Untreue** (§ 266 StGB).[6] Der Vorwurf der Untreue beinhaltet – vereinfacht ausgedrückt – die unberechtigte Verfügung über fremdes (Unternehmens-)Vermögen, wodurch dem Vermögensinhaber ein Schaden entsteht.

4 Schließlich muss das Compliance-System des Unternehmens weitere Einzelaspekte in den Blick nehmen, wie die Verhängung von Sanktionen gegen das Unternehmen im Wege der sog. Verbandsgeldbuße nach § 30 OWiG,[7] die hiermit oftmals zusammen-

---

1 Vgl. ausführlich zu den aktuellen Entwicklungen im Wirtschaftsrecht *Achenbach*, NStZ 2019, 711 ff.; *Klose*, NZWiSt 2019, 93 ff.; *ders.*, NZWiSt 2018, 11 ff.
2 Vgl. Rn 5 ff.
3 Vgl. Rn 35 ff.
4 Vgl. Rn 63 ff.
5 Vgl. Rn 148 ff.
6 Vgl. Rn 87 ff.
7 Vgl. Rn 204 ff.

Hinweis: Die nachfolgenden Ausführungen stellen die persönlichen Ansichten der Verfasser dar.

hängende Ahndung von Aufsichtspflichtverletzungen im Unternehmen gem. § 130 OWiG[8] und nicht zuletzt Strafbarkeitsrisiken für die mit Compliance-Maßnahmen beauftragten Unternehmensangehörigen wie insbesondere den Compliance-Officer.[9]

B. Vorteilsannahme und Vorteilsgewährung gegenüber Amtsträgern

Die „öffentlichen Korruptionsdelikte" umfassen insbesondere die Tatbestände der Vorteilsannahme (§ 331 StGB), Vorteilsgewährung (§ 333 StGB), der Bestechlichkeit (§ 332 StGB) und der Bestechung (§ 334 StGB). Strafbar kann sich dabei derjenige machen, der dem Amtsträger einen (vermögenswerten) Vorteil gewährt (Vorteilsgewährung und Bestechung), sowie der Amtsträger, der diesen Vorteil entgegennimmt (Vorteilsannahme und Bestechlichkeit).

5

Vorteilsannahme und Vorteilsgewährung unterscheiden sich von der Bestechung und Bestechlichkeit im Wesentlichen darin, dass der Amtsträger bei der **Bestechung** und **Bestechlichkeit** im Gegenzug für die Vorteilsgewährung eine **konkrete Handlung** verspricht, mit der er gegen seine Dienstpflicht verstößt. Im Gegensatz dazu beziehen sich die **Vorteilsgewährung** und die **Vorteilsannahme** auf die Gewährung finanzieller Vorteile im Hinblick auf die **allgemeine Dienstausübung**. Eine Diensthandlung im Sinne der §§ 332, 334 StGB ist ein konkretes Verhalten im Rahmen der Dienstausübung. Demgegenüber ist unter Dienstausübung (im Sinne der §§ 331, 333 StGB) die Gesamtheit der Tätigkeiten zu verstehen, die ein Amtsträger oder besonders Verpflichteter zur Wahrnehmung der ihm übertragenen Aufgaben entfaltet, mithin die Diensthandlungen im Allgemeinen.[10] Die Begriffe der Dienstausübung und der Diensthandlung unterscheiden sich lediglich durch den Grad ihrer Konkretisierung.[11]

6

Da ansonsten keine relevanten Unterschiede zwischen den unterschiedlichen Tatbeständen bestehen, konzentrieren sich die nachfolgenden Ausführungen auf die Vorschriften zur Vorteilsgewährung und Vorteilsannahme.

7

Sinn und Zweck der **§§ 331 bis 334 StGB** bestehen in erster Linie darin, die Lauterkeit der Amtsausübung sowie den Schutz der Funktionsfähigkeit der öffentlichen Verwaltung und das Vertrauen der Allgemeinheit in die Sachlichkeit und Unabhängigkeit des Verwaltungshandelns zu schützen.[12] Dieser Schutz geht sehr viel weiter als bei Kontakten im Bereich der Privatwirtschaft, da bei einem Amtsträger bereits der Anschein einer „erkauften Einflussnahme" vermieden werden soll.

8

---

8 Vgl. Rn 208 ff.
9 Vgl. Rn 142 ff.
10 BGH, Urt. v. 18.11.2020 – 2 StR 317/19 –, wistra 2021, 290.
11 BGH, Urt. v. 18.11.2020 – 2 StR 317/19 –, wistra 2021, 290.
12 MüKo-StGB/*Korte*, § 331 Rn 5, 8 m.w.N.

I. Tatbestandsvoraussetzungen

9 Der für strafrechtliche Compliance-Fälle entscheidende Wortlaut von §§ 331 und 333 StGB findet sich jeweils im Abs. 1:

- § 331 Abs. 1 StGB (**Vorteilsannahme**) bestimmt:

> „Ein Amtsträger, ein Europäischer Amtsträger oder ein für den öffentlichen Dienst besonders Verpflichteter, der für die Dienstausübung einen Vorteil für sich oder einen Dritten fordert, sich versprechen läßt oder annimmt, wird mit Freiheitsstrafe bis zu drei Jahren oder mit Geldstrafe bestraft."

- § 333 Abs. 1 StGB (**Vorteilsgewährung**) bestimmt:

> „Wer einem Amtsträger, einem Europäischen Amtsträger, einem für den öffentlichen Dienst besonders Verpflichteten oder einem Soldaten der Bundeswehr für die Dienstausübung einen Vorteil für diesen oder einen Dritten anbietet, verspricht oder gewährt, wird mit Freiheitsstrafe bis zu drei Jahren oder mit Geldstrafe bestraft."

1. Amtsträger

10 Wichtigster Anwendungsfall im Rahmen der §§ 331, 333 StGB ist die Beteiligung eines (deutschen oder europäischen)[13] **Amtsträgers**, wobei die Amtsträgereigenschaft zum Zeitpunkt der Tatbegehung bestehen muss.[14] Deutscher Amtsträger ist nach der Legaldefinition des **§ 11 Abs. 1 Nr. 2 StGB**, wer nach deutschem Recht Beamter oder Richter ist, in einem sonstigen öffentlich-rechtlichen Amtsverhältnis steht oder sonst dazu bestellt ist, bei einer Behörde oder bei einer sonstigen Stelle oder in deren Auftrag Aufgaben der öffentlichen Verwaltung unbeschadet der zur Aufgabenerfüllung gewählten Organisationsform wahrzunehmen.[15]

11 Zu den **Amtsträgern** zählen u.a.[16]
- Bürgermeister und
- Stadtdirektoren sowie
- Minister einer Bundes- und Landesregierung und
- parlamentarische Staatssekretäre,

---

13 Die Legaldefinition des „Europäischen Amtsträgers" findet sich in § 11 Abs. 1 Nr. 2a) StGB.
14 Taugliche Täter können nach dem Gesetzeswortlaut ebenfalls „für den öffentlichen Dienst besonders Verpflichtete" sein. Für den öffentlichen Dienst besonders Verpflichteter ist gem. § 1 Abs. 1 Nr. 4 StGB, wer, ohne Amtsträger zu sein, bei einer Behörde oder bei einer sonstigen Stelle, die Aufgaben der öffentlichen Verwaltung wahrnimmt, oder bei einem Verband oder sonstigen Zusammenschluss, Betrieb oder Unternehmen, die für eine Behörde oder für eine sonstige Stelle Aufgaben der öffentlichen Verwaltung ausführen, beschäftigt oder für sie tätig und auf die gewissenhafte Erfüllung seiner Obliegenheiten auf Grund eines Gesetzes förmlich verpflichtet ist. Vgl. ausführlich MüKo-StGB/*Korte*, § 331 Rn 69ff. m.w.N.
15 Zu den Bediensteten der öffentlichen Hand vgl. *Lejeune*, CB 2014, 203ff.
16 Vgl. ausführlich *Fischer*, StGB, § 331 Rn 4c ff.; MüKo-StGB/*Korte*, § 331 Rn 43ff. jeweils m.w.N.

- Vorstandsmitglieder einer Landesbank
- angestellte Ärzte in Universitätskliniken sowie in Kreis-, Bezirks- oder Städtischen Krankenhäusern.

Abgeordnete (= Mitglieder einer Volksvertretung des Bundes oder der Länder) sind dagegen keine Amtsträger, sondern **Mandatsträger**. Im Fall einer unerlaubten Einflussnahme kommt eine Strafbarkeit wegen Bestechlichkeit und Bestechung eines Mandatsträgers (§ 108e StGB) in Betracht. Nach § 108e Abs. 1 StGB wird bestraft, wer als Mitglied einer Volksvertretung des Bundes oder der Länder einen ungerechtfertigten Vorteil für sich oder einen Dritten als Gegenleistung dafür fordert, sich versprechen lässt oder annimmt, dass er bei der Wahrnehmung seines Mandates eine Handlung im Auftrag oder auf Weisung vornehme oder unterlasse. Nach § 108e Abs. 2 StGB wird ebenso bestraft, wer einem Mitglied einer Volksvertretung des Bundes oder der Länder einen ungerechtfertigten Vorteil für dieses Mitglied oder einen Dritten als Gegenleistung dafür anbietet, verspricht oder gewährt, dass es bei der Wahrnehmung seines Mandates eine Handlung im Auftrag oder auf Weisung vornehme oder unterlasse. Wie bei der Bestechung (§ 332 StGB) und der Bestechlichkeit (§ 334 StGB) eines Amtsträgers ist auch bei § 108e StGB nur die Einflussnahme auf eine konkrete Mandatshandlung unter Strafe gestellt.

Die im Jahr 2014 eingeführte Regelung des **§ 108e Abs. 3 StGB** erweitert den Anwendungsbereich der Regelungen der § 108e Abs. 1 und Abs. 2 StGB auf Mitglieder einer Volksvertretung einer **kommunalen Gebietskörperschaft** (Nr. 1) sowie auf Mitglieder eines in unmittelbarer und allgemeiner Wahl gewählten Gremiums einer für ein Teilgebiet eines Landes oder einer kommunalen Gebietskörperschaft gebildeten **Verwaltungseinheit** (Nr. 2). Die Neuregelung erfolgte, um bis dahin bestehende Strafbarkeitslücken zu schließen.[17]

Bei einem **Mitglied eines kommunalen Selbstverwaltungsorgans (Gemeinde- oder Stadträte, Mitglieder eines Kreistages)** ist eine Einzelfallprüfung erforderlich, ob er nur als Mandatsträger oder auch als Amtsträger anzusehen ist.[18] Erschöpft sich die Tätigkeit des Ratsmitgliedes in der Wahrnehmung seines Mandats durch Teilnahme bei Wahlen und Abstimmungen in der Volksvertretung (= „**Politik**"), ist er kein Amtsträger.[19] Es kommt insoweit nur eine Strafbarkeit wegen Bestechlichkeit und Bestechung eines Mandatsträgers nach § 108e Abs. 3 StGB in Betracht. Etwas anderes gilt dann, wenn das Mitglied darüber hinaus mit **konkreten Verwaltungsfunktionen auf Gemeindeebene** betraut wird, die über die Mandatstätigkeit in der kommunalen Volksvertretung hinausgehen.[20] Dies kann etwa dann der Fall sein, wenn die betreffende Person in ein anderes Gremium, wie z.B. in den Aufsichtsrat eines kommunalen Unternehmens entsendet oder gewählt wird (= „**Verwaltung**"). Sofern ein solches Unterneh-

---

17 MüKo-StGB/*Korte*, § 331 Rn 55 m.w.N.
18 BGH, Urt. v. 9.5.2006 – 5 StR 453/05 – NJW 2006, 2050.
19 BGH, Urt. v. 9.5.2006 – 5 StR 453/05 – NJW 2006, 2050; *Fischer*, StGB, § 331 Rn 4d.
20 BGH, Urt. v. 9.5.2006 – 5 StR 453/05 – NJW 2006, 2050.

men als sonstige Stelle Aufgaben der öffentlichen Verwaltung i.S.d. § 11 Abs. 1 Nr. 2 StGB wahrnimmt, wird ein Ratsmitglied, z.B. in seiner Funktion als Aufsichtsratsmitglied eines solchen Unternehmens, als Amtsträger tätig.

15 Nicht nur Beamte oder sonstige öffentliche Angestellte unterfallen dem Amtsträgerbegriff. Auch **Mitarbeiter eines Unternehmens, das als sonstige Stelle dazu bestellt ist, Aufgaben öffentlicher Verwaltung wahrzunehmen**, können als Amtsträger anzusehen sein. Ein Unternehmen ist als eine solche sonstige Stelle anzusehen, wenn es quasi als „verlängerter Arm des Staates" erscheint.[21] Allerdings sind weder die alleinige Inhaberschaft einer Gesellschaft durch die öffentliche Hand noch die damit verbundenen Aufsichtsbefugnisse als Zeichen für eine ausreichende staatliche oder kommunale Steuerung anzusehen.[22]

16 Im Fall einer **staatlichen Alleininhaberschaft eines Unternehmens** ist vielmehr entscheidend, ob die Umstände des Einzelfalls bei einer Gesamtbewertung aller relevanten Umstände die Gleichstellung mit einer Behörde rechtfertigen können.[23] Die Prüfung, ob dies der Fall ist, hat dabei immer einzelfallabhängig im Wege einer **Gesamtbetrachtung** zu erfolgen.[24] Der Umstand, dass ein Unternehmen auf dem Gebiet der **Daseinsvorsorge** tätig ist, genügt allein nicht. Vielmehr sind bei der Beurteilung insbesondere die Gesellschaftsstruktur, der staatliche Einfluss auf das Unternehmen sowie die Marktbedingungen, unter denen das Unternehmen wirtschaftet, zu berücksichtigen.[25]

17 Auch wenn der Gedanke naheliegt, dass ein Unternehmen in staatlicher Alleininhaberschaft, das im Bereich der Daseinsvorsorge agiert, als „sonstige Stelle" zu werten ist, kann nach dem **BGH** in diesem Bereich von einer öffentlichen Aufgabe dann nicht (mehr) gesprochen werden, wenn der Hoheitsträger diesen Bereich aus der Hand gibt und die Erledigung einem privaten, marktwirtschaftlichen Unternehmen überlässt (Aufgabenprivatisierung im Gegensatz zur Organisationsprivatisierung), selbst wenn das private Unternehmen einer staatlichen Aufsicht unterstellt wird.[26] Auch eine Gesellschaft in alleiniger staatlicher Inhaberschaft würde letztlich nur einen weiteren Wettbewerber auf einem Markt darstellen, der vom Staat eröffnet wurde und sich zur Erfüllung öffentlicher Aufgaben gebildet hat.[27]

18 Für den Fall einer **privaten Beteiligung an einem staatlichen Unternehmen** liegt die Gleichstellung mit einer Behörde jedenfalls dann fern, wenn der Private durch seine Beteiligung über derart weitgehende Einflussmöglichkeiten verfügt, dass er wesentliche

---

21 BGH, Urt. v. 18.4.2007 – 5 StR 506/06 – NJW 2007, 2932 m.w.N.; *Fischer*, StGB, § 331 Rn 4b.
22 BGH, Urt. v. 2.12.2005 – 5 StR 119/05 – NJW 2006, 925.
23 BGH, Beschl. v. 2.3.2010 – II ZR 62/06 – NJW 2010, 1374, 1375 ff.
24 BGH, Urt. v. 11.5.2006 – 3 StR 389/05 – NStZ 2006, 628.
25 BGH, Urt. v. 19.6.2008 – 3 StR 490/07 – NJW 2008, 3724.
26 BGH, Urt. v. 2.12.2005 – 5 StR 119/05 – NJW 2006, 925.
27 BGH, Urt. v. 2.12.2005 – 5 StR 119/05 – NJW 2006, 925.

unternehmerische Entscheidungen mitbestimmen kann.[28] Räumt der Gesellschaftsvertrag dem Privaten aufgrund der Höhe seiner Beteiligung eine Sperrminorität für wesentliche unternehmerische Entscheidungen ein, kann das Unternehmen nicht mehr als „verlängerter Arm" des Staates angesehen werden und sein Handeln damit nicht mehr als unmittelbar staatliches Handeln verstanden werden.[29]

Unter Anwendung dieser Voraussetzungen kann auch der **Vorstand einer im Alleineigentum einer Kommune stehenden Aktiengesellschaft (AG)** Amtsträger sein, wenn die AG ausschließlich Tätigkeiten im Bereich der öffentlichen Daseinsvorsorge ohne weitere Marktteilnehmer (etwa im Öffentlichen Personennahverkehr) wahrnimmt und die Geschäftsführungsbefugnis des Vorstandes auf Geschäfte und Rechtshandlungen beschränkt ist, die der Betrieb eines derartigen Unternehmens gewöhnlich mit sich bringt.[30]

19

Praxistipp

Von diesen Unsicherheiten sind insbesondere **Geschäftsführer bzw. Vorstände von Stadtwerken** betroffen. Wenn das Unternehmen überwiegend im öffentlichen Besitz steht und durch entsprechende Vertreter in Gremien eine konkrete Aufsicht durchführt und seine Vorstellungen durchsetzen kann, wird man von der Amtsträgereigenschaft ausgehen müssen („verlängerter Arm"). Doch auch in anderen gesellschaftsrechtlichen Konstellationen ist nicht ausgeschlossen, dass ein Geschäftsführer oder Vorstand als Amtsträger anzusehen ist. Der BGH hat insbesondere deutlich gemacht, dass er gerade die Netzinfrastruktur als öffentliche Angelegenheit bewertet. Bei der Geschäftsführung einer Netztochter kann die Amtsträgereigenschaft also durchaus naheliegen.

---

2. Vorteil

Zentraler Bestandteil der Regelungen der §§ 331 und 333 StGB ist das Vorliegen eines Vorteils für den Amtsträger. Der **Begriff des Vorteils** ist weit zu verstehen. Erfasst ist danach jede Leistung, die geeignet ist, den Amtsträger oder einen Dritten (z.B. dessen Lebenspartner) in seiner wirtschaftlichen oder persönlichen Lage materiell oder immateriell besserzustellen, und auf die er keinen rechtlich begründeten Anspruch hat.[31] Dazu gehören insbesondere[32]:

20

- Geldzuwendungen,
- Sachzuwendungen,
- Einladungen,
- Bewirtungen,

---

28 BGH, Urt. v. 2.12.2005 – 5 StR 119/05 – NJW 2006, 925.
29 BGH, Urt. v. 2.12.2005 – 5 StR 119/05 – NJW 2006, 925.
30 OLG Düsseldorf, Urt. v. 9.10.2007 – III-5 Ss 67/07-35/07 I – NStZ 2008, 459.
31 BGH, Urt. v. 23.10.2002 – 1 StR 541/01 – NJW 2003, 763; BGH, Urt. v. 21.6.2007 – 4 StR 99/07 – NStZ 2008, 216.
32 Vgl. ausführlich *Fischer*, StGB, § 331 Rn 11d ff.; MüKo-StGB/*Korte*, § 331 Rn 83ff. m.w.N.

- Beherbergungen sowie
- die Gewährung von Rabatten.

21 Ein Vorteil kann auch bereits im Abschluss eines (günstigen) Vertrages liegen, auf den der Amtsträger keinen Anspruch hat.[33]

> **Beispiel**
> Im Zusammenhang mit der Einladung von Amtsträgern zu Spielen der Fußball-WM 2006 hat der **BGH** festgestellt, die Tatsache, dass die Wahrnehmung von Repräsentationsaufgaben zu den Dienstpflichten des Amtsträgers gehört, nehme der Zuwendung nicht den Vorteilscharakter.[34] Das gelte insbesondere dann, wenn die Zuwendung nicht nur einen dienstlichen Nutzen hat, sondern (auch) – wie etwa bei dem Besuch kultureller oder sportlicher Veranstaltungen – der Befriedigung persönlicher Interessen dient.

22 Jedoch ist allgemein anerkannt, dass eine zuwendende Leistung dann nicht geeignet ist, den Tatbestand der Bestechungsdelikte zu erfüllen, wenn sie **sozialadäquat** ist. Dies ist der Fall, wenn sie der Höflichkeit oder Gefälligkeit entspricht und sozial üblich bzw. allgemein gebilligt ist. Letztlich muss vor dem Hintergrund des Gesetzeszwecks bestimmt werden, ob der dem Amtsträger zugewandte Vorteil als objektiv ungeeignet erscheint, ihn in einer dienstlichen Tätigkeit zu beeinflussen.

23 Gesetzliche **Wertgrenzen** existieren nicht. Deshalb kann nicht allgemeingültig gesagt werden, bis zu welcher konkreten Wertgrenze eine sozialadäquate Zuwendung vorliegt. Sicherlich sind **Zuwendungen** wie Kugelschreiber, Kalender sowie vergleichbare Werbegeschenke oder ein Kaffee in der Regel als **sozialadäquat** anzusehen, sofern ihnen nur ein geringer Wert innewohnt. Wertvollere Zuwendungen – ggf. über die Grenze von 30 oder 50 € hinaus – können (ausnahmsweise) als sozialadäquat anzusehen sein, sofern sie etwa – wie bei Präsenten ausländischer Gäste – aus Höflichkeit oder mit Rücksicht auf bestimmte soziale Regeln nicht zurückgewiesen werden können.[35] Die Verwaltungsvorschriften zahlreicher Behörden enthalten regelmäßig deutlich niedrigere Wertgrenzen im Bereich zwischen 5 und 10 €. Solche Wertgrenzen in internen Verwaltungsvorschriften sind für die strafrechtliche Beurteilung nicht zwingend verbindlich, geben aber Anhaltspunkte dafür, was als sozialadäquat eingestuft werden kann.[36] Eine Verallgemeinerung verbietet sich vor diesem Hintergrund grundsätzlich, zumal entscheidend auf den sozialen Kontext und die sonstigen Gesamtumstände abzustellen ist.

---

33 BGH, Urt. v. 21.6.2007 – 4 StR 99/07 – NStZ 2008, 216.
34 BGH, Urt. v. 14.10.2008 – 1 StR 260/08 – NJW 2008, 3580.
35 Schönke/Schröder/*Heine/Eisele*, StGB, § 331 Rn 40.
36 Schönke/Schröder/*Heine/Eisele*, StGB, § 331 Rn 40.

Beispiel

Wenn bspw. einem Polizeibeamten für die Vernichtung des Strafzettels 10 € angeboten werden, erfüllt dies unabhängig von dem geringen Wert des Vorteils aufgrund der fehlenden Sozialadäquanz selbstverständlich den Tatbestand einer strafbaren Vorteilsgewährung.

Daneben kommt es entscheidend auf die **Häufigkeit der Zuwendung** an. Zahlreiche geringwertige Zuwendungen können im Wege einer Gesamtbetrachtung als nicht mehr sozialadäquat anzusehen sein (sog. Anfüttern). Umgekehrt ist bei der Frage der Sozialadäquanz auch die Stellung des Amtsträgers zu berücksichtigen. Je nach Status des Eingeladenen kann im Einzelfall eine höherwertige Zuwendung (ausnahmsweise) noch sozialadäquat sein. VIP-Einladungen, exquisite Bewirtungen und die Übernahme von Übernachtungskosten zählen aber regelmäßig nicht dazu.[37]

24

Praxistipp

Die **Prüfung der Sozialadäquanz** muss in jedem Fall immer einzelfallabhängig erfolgen. Wertgrenzen von 30 bis 50 € haben nur eine äußerst geringe Aussagekraft. Fast alle Behörden gehen intern von deutlich geringeren Wertgrenzen aus. Geldgeschenke sollten grundsätzlich unterbleiben! Es gilt, bereits den Anschein einer unzulässigen Einflussnahme zu vermeiden.

3. Unrechtsvereinbarung

Neben dem Vorliegen eines Vorteils ist zu prüfen, ob eine Unrechtsvereinbarung zwischen Zuwendenden und Zuwendungsempfänger (Amtsträger) vorliegt. Eine solche **Unrechtsvereinbarung setzt voraus**, dass der Vorteilsgeber mit dem Ziel handelt, auf die künftige und/oder vergangene Dienstausübung des Amtsträgers Einfluss zu nehmen.[38] Dagegen ist die Annahme von Vorteilen für die Dienstausübung nach den Grundsätzen der **Sozialadäquanz** nicht strafbar, wenn sie sich im Rahmen des „sozial Üblichen und von der Allgemeinheit Gebilligten" hält.[39]

25

Die Anforderungen an die Bestimmtheit der „erkauften" Diensthandlung dürfen nicht überspannt werden. Für das Merkmal „für die Dienstausübung" muss eine **bestimmte Diensthandlung** als Gegenleistung nicht einmal mehr in groben Zügen erkennbar und festgelegt sein.[40] Allerdings muss weiterhin feststehen, dass der Vorteil überhaupt für dienstliche Handlungen angenommen wird. Es soll sogar genügen, wenn ein **generelles Wohlwollen** für künftige Entscheidungen angestrebt wird, auf das dann bei Gelegenheit zurückgegriffen werden kann.[41] Erfasst werden Gegenleistungen für

26

---

37 *Fischer*, StGB, § 331 Rn 26.
38 BGH, Urt. v. 14.10.2008 – 1 StR 260/08 – NStZ 2008, 688.
39 *Fischer*, StGB, § 331 Rn 25; MüKo-StGB/*Korte*, § 331 Rn 134 m.w.N.
40 MüKo-StGB/*Korte*, § 331 Rn 120 m.w.N.
41 Schönke/Schröder/*Heine/Eisele*, StGB, § 331 Rn 35 m.w.N.

eine **vergangene oder künftige Diensthandlung**.[42] Die **künftige Dienstausübung** kann erfasst sein, wenn dem Amtsträger zum Zeitpunkt der Tathandlung bei demselben Dienstherrn noch ein anderer Aufgabenkreis als bei der künftigen Dienstausübung übertragen ist.[43] In diesem Zusammenhang kann auch das Anbieten oder Gewähren von Spenden an einen Amtsträger, der sich **für ein anderes Amt bei demselben Dienstherrn bewirbt**, dem Anwendungsbereich der Bestechungsdelikte unterfallen. Dies gilt jedenfalls dann, wenn dem Vorteilsnehmer im Zeitpunkt der Tathandlung bereits allgemein auf Grund seiner Stellung ein weitreichender Aufgabenkreis zugewiesen ist.[44]

27   Die vorgenannten Umstände führen dazu, dass insbesondere die Annahme von Vorteilen durch **höherrangige Amtsträger** und Amtsträger mit breit gefächerter Entscheidungskompetenz eher in den Anwendungsbereich der Strafnorm fallen können, da bei solchen Amtsträgern dem Bereich der Dienstausübung ein weites Feld von Handlungen zuzuordnen ist.[45]

28   Dienstlich ist jede Tätigkeit, die nicht nur „bei Gelegenheit" der Dienstausübung begangen wird und nicht allein privaten Zwecken dient, sondern die zum allgemeinen Aufgabenbereich gehört oder damit in unmittelbarem Zusammenhang steht, nach objektiven Gesichtspunkten äußerlich als Diensthandlung erscheint und von dem Willen getragen ist, dienstliche Aufgaben zu erfüllen.[46] Eine **Diensthandlung** liegt jedenfalls dann vor, wenn das Handeln zu den dienstlichen **Obliegenheiten des Amtsträgers** gehört und von ihm in dienstlicher Eigenschaft vorgenommen wird.[47] Auch das **Unterlassen** einer nach den dienstlichen Verpflichtungen gebotenen Handlung kann eine Diensthandlung darstellen.[48] Eine **pflichtwidrige Diensthandlung** im Sinne des § 332 StGB begeht darüber hinaus nicht nur derjenige, der eine Tätigkeit vornimmt, die an sich in den Kreis seiner Amtspflichten fällt, sondern auch, wer seine **amtliche Stellung** dazu **missbraucht**, eine durch die Dienstvorschriften verbotene Handlung vorzunehmen, die ihm gerade seine amtliche Stellung ermöglicht. Ein solcher Missbrauch ist keine Privattätigkeit, sondern eine pflichtwidrige Amtshandlung.[49]

29   Von einer unzulässigen Vorteilsgewährung aufgrund einer Unrechtsvereinbarung ist schon dann auszugehen, wenn Vorteilsgeber und Vorteilsnehmer allgemein im Sinne eines **Gegenseitigkeitsverhältnisses** mit der Dienstausübung des Amtsträgers verknüpft sind.[50] Auch in Fällen, in denen z. B. nur das generelle Wohlwollen eines Amtsträgers erkauft bzw. „**allgemeine Klimapflege**" betrieben wird, kann eine Unrechtsverein-

---

42   MüKo-StGB/*Korte*, § 331 Rn 121.
43   BGH, Urt. v. 4.11.2021 – 6 StR 12/20 – NStZ 2022, 282.
44   BGH, Beschl. v. 1.6.2021 – 6 StR 119/21 –, BGHSt 66, 130.
45   MüKo-StGB/*Korte*, § 331 Rn 122.
46   BGH, Urt. v. 19. 2.2003 – 2 StR 371/02, BGHSt 48, 213.
47   BGH, Urt. v. 18.11.2020 – 2 StR 317/19 –, wistra 2021, 290.
48   BGH, Urt. v. 18.11.2020 – 2 StR 317/19 –, wistra 2021, 290; Urt. v. 3.12.1997 – 2 StR 267/97, NStZ 1998, 194.
49   BGH, Urt. v. 18.11.2020 – 2 StR 317/19 –, wistra 2021, 290.
50   BGH, Urt. v. 21.6.2007 – 4 StR 99/07 – NStZ 2008, 216.

barung vorliegen.[51] Es reicht ebenfalls aus, dass der Amtsträger lediglich „angefüttert" werden soll (sog. **Anbahnungszuwendung**).[52] Dies kann eine in der unternehmerischen Praxis zu erheblichen Problemen bei der Abgrenzung von erlaubtem und strafwürdigem Verhalten führen. Nach dem **BGH**[53] fließen in die einzelfallbezogene **Prüfung des Vorliegens einer Unrechtsvereinbarung** als mögliche Indizien neben der Plausibilität einer anderen Zielsetzung unter anderem ein:

- Stellung des Amtsträgers;
- dienstliche Berührungspunkte;
- Plausibilität anderer Zielsetzung;
- die Sozialadäquanz;
- Art der Vorgehensweise (Transparenz oder Heimlichkeit);
- Art, Wert und Anzahl der Vorteile.

4. Vorsatz

Weiterhin muss der Täter **vorsätzlich in Bezug auf die objektiven Tatbestandsmerkmale handeln**. Es reicht dabei aus, dass der Täter die Möglichkeit des Vorliegens der objektiven Tatbestandsmerkmale erkennt und sich damit abfindet (**Eventualvorsatz**).[54] Fahrlässiges Handeln ist im Rahmen der §§ 331–334 StGB dagegen nicht unter Strafe gestellt.

II. Handlungsempfehlung

Bei der Vorteilsannahme und Vorteilsgewährung gem. §§ 331, 333 StGB lässt sich eine Strafbarkeit durch einen sog. **Amtsträgerhinweis** vermeiden.[55]

Praxistipp
Der Amtsträgerhinweis beruht auf §§ 331 Abs. 3 und 333 Abs. 3 StGB. Nach diesen Vorschriften ist die Tat nicht strafbar, wenn der Amtsträger einen nicht von ihm geforderten Vorteil annimmt und die zuständige Behörde entweder die Annahme vorher genehmigt hat oder der Amtsträger unverzüglich bei der Behörde Anzeige erstattet und diese die Annahme genehmigt.

---

51 BGH, Urt. v. 21.6.2007 – 4 StR 99/07 – NStZ 2008, 216; BGH, Urt. v. 28.10.2004 – 3 StR 301/03 – NJW 2004, 3569.
52 *Fischer*, StGB, § 331 Rn 23.
53 BGH, Urt. v. 18.10.2017 – 2 StR 529/16 –, Rn 30, juris; Urt. v. 14.10.2008 – 1 StR 260/08 – NJW 2008, 3580. Ausführlich auch MüKo-StGB/*Korte*, § 331 Rn 123 ff. m.w.N.
54 Schönke/Schröder/*Heine/Eisele*, StGB, § 331 Rn 54.
55 Vgl. ausführlich *Fischer*, StGB, § 331 Rn 32 ff.; Schönke/Schröder/*Heine/Eisele*, StGB, § 331 Rn 55 ff.; MüKo-StGB/*Korte*, § 331 Rn 199 ff. jeweils m.w.N.

32   Zuständig ist bei Beamten in der Regel der jeweilige Behördenleiter. Bei Arbeitnehmern im öffentlichen Dienst ist der Arbeitgeber die „zuständige Behörde". Bei privatrechtlich organisierten Unternehmen, die als „sonstige Stelle" zu behandeln sind,[56] ist für die Genehmigungserteilung hinsichtlich der Mitarbeiter die Geschäftsführung bzw. der Vorstand zuständig; über die Annahme von Vorteilen durch Geschäftsführer bzw. Vorstandsmitglieder entscheidet der Aufsichtsrat. Eine Delegation dieser Zuständigkeit (z.B. an den jeweiligen Vorgesetzten) ist grundsätzlich möglich.

❗ Praxistipp
Es empfiehlt sich daher, bei Zuwendungen an einen Amtsträger einen eindeutigen Hinweis auf diese Regelung dergestalt zu formulieren, dass die Zuwendung unter der Prämisse erfolgt, dass der Amtsträger **vor Annahme** der Zuwendung die Zustimmung der zuständigen Genehmigungsstelle einholt. Noch sicherer dürfte es sein, sich vom Amtsträger vor der Zuwendung schriftlich bestätigen zu lassen, dass eine Genehmigung bereits vorliegt.

33   Unabhängig davon sollte bei Einladungen zu kulturellen und sportlichen Veranstaltungen auf einen **gemischten Teilnehmerkreis** geachtet, neben Amtsträgern also auch Geschäftspartner oder prominente Persönlichkeiten eingeladen werden. Je vielfältiger der Teilnehmerkreis ist, desto geringer dürfte die Gefahr sein, dass der Verdacht einer Unrechtsvereinbarung mit einer konkreten Person entsteht. Denn dann dürfte der **Zweck der Einladung**, z.B. auf das gesellschaftliche Engagement des Unternehmens aufmerksam zu machen und einen (informellen) Austausch zwischen Vertretern aus Politik, Wirtschaft und Kultur zu ermöglichen, im Vordergrund stehen. Überdies sollten nur **hochrangige Amtsträger** eingeladen werden, die entweder einer breiten Öffentlichkeit als Person bekannt sind oder denen aufgrund ihres herausgehobenen Amtes oder ihrer besonderen fachlichen Reputation besondere öffentliche Aufmerksamkeit zukommt und die damit zweifelsohne Repräsentationsaufgaben erfüllen. Da Zuwendungen an Ehe-/Lebenspartner dem Amtsträger zugerechnet werden, sollte aufgrund der daraus folgenden Kumulierung des Wertes der Zuwendung eine Einladung des Ehe-/Lebenspartners möglichst vermieden werden. Auch auf die Einladung von Amtsträgern, mit denen **konkrete behördliche Beziehungen** bestehen, sollte bei Überschreitung einer bestimmten Wertgrenze grundsätzlich verzichtet werden. Im Zeitraum unmittelbar vor und nach Abschluss einer Behördenaktivität sollte besonders sorgfältig abgewogen werden, ob eine geplante Zuwendung tatsächlich vertretbar erscheint.

❗ Praxistipp
Gerade im zeitlichen Zusammenhang mit wichtigen behördlichen Entscheidungen, wie dem Abschluss eines Konzessionsvertrages, sollte man besondere Vorsicht walten lassen. Strafverfolgungsbehörden sehen u.a. einen Zeitraum von sechs Monaten vor und nach den Vertragsverhandlungen als besonders kritischen Zeitraum an.

---

56   Vgl. Rn 16ff.

Im Hinblick auf das **Transparenzgebot** sollte die Einladung zudem keinesfalls an die Privatadressen der Amtsträger, sondern direkt an die Behörde (ggf. zu Händen des Vorgesetzten des Amtsträgers) versandt werden. Daneben kann das Strafbarkeitsrisiko auch durch eine **interne Dokumentation** verringert werden. Dabei sollten aus Gründen der Transparenz neben den eingeladenen Personen und dem Anlass der Einladung auch die an der Entscheidung beteiligten Personen vermerkt werden. 34

Generell gilt, dass die Kontaktpflege mit Amtsträgern als Aufgabe der Leitungsebene begriffen werden muss. Soweit Einladungen von Amtsträgern auch von operativen Mitarbeitern ausgesprochen werden, sollte das **Vier-Augen-Prinzip** gelten. Die Einladung sollte also durch eine zweite Person (im Regelfall ein Vorgesetzter) gegengezeichnet werden. 35

Praxistipp

Der Geschäftsführer eines Stadtwerkes kann – wie bereits ausgeführt wurde[57] – als Amtsträger gelten. Daher bietet es sich an, dass sich das Leitungspersonal von kommunalen Unternehmen an den Vorgaben für Behörden orientiert. Man darf sich also (im angemessenen Rahmen) einladen lassen, sollte entsprechende Veranstaltungen aber ohne Lebenspartner besuchen und ausreichend Transparenz herstellen. Präsente können angenommen werden, wenn es der Höflichkeit entspricht, sollten dann aber bei Überschreitung einer bestimmten Wertgrenze nicht persönlich verwendet werden, sondern z.B. durch eine Weihnachtstombola oder für wohltätige Zwecke weitergegeben werden.

C. Bestechlichkeit und Bestechung im geschäftlichen Verkehr

Bestechung und Bestechlichkeit gibt es auch ohne beteiligte Amtsträger – also zwischen privaten Unternehmen und/oder Privatpersonen. Einladungen und Geschenke an Geschäftspartner sind daher stets an den Voraussetzungen der **Bestechlichkeit und Bestechung im geschäftlichen Verkehr** (§ 299 StGB) zu messen. Diese Strafnorm schützt in erster Linie das Allgemeininteresse an „lauteren", also fairen Wettbewerbsbedingungen. Die Bestechlichkeit ist in § 229 Abs. 1 StGB und die Bestechung in § 299 Abs. 2 StGB geregelt. 36

Mit Wirkung vom 26.11.2015 ist § 299 a.F. durch das Gesetz zur Bekämpfung der Korruption[58] neu gefasst und die Strafbarkeit erheblich ausgeweitet worden. Die neu gefasste Bestimmung des § 299 StGB enthält nun zwei Absätze mit jeweils zwei Modalitäten von Bestechlichkeit und Bestechung im geschäftlichen Verkehr. Die jeweilige Nr. 1 regelt die unlautere Bevorzugung im Wettbewerb, die Nr. 2 jeweils die korruptionsbedingte Verletzung von Pflichten im Verhältnis zum Geschäftsherrn.[59] 37

---

57 Vgl. Rn 14 ff.
58 Gesetz zur Bekämpfung der Korruption v. 20.11.2015 (KorrBekG, BGBl. I S. 2025).
59 Schönke/Schröder/*Eisele*, StGB, § 299 Rn 1; MüKo-StGB/*Krick*, § 299 Rn 3.

I. Tatbestandsvoraussetzungen

38 Der Gesetzeswortlaut von § 299 StGB lautet:

> „(1) Mit Freiheitsstrafe bis zu drei Jahren oder Geldstrafe wird bestraft, wer im geschäftlichen Verkehr als Angestellter oder Beauftragter eines Unternehmens
> 1. einen Vorteil für sich oder einen Dritten als Gegenleistung dafür fordert, sich versprechen lässt oder annimmt, dass er bei dem Bezug von Waren oder Dienstleistungen einen anderen im inländischen oder ausländischen Wettbewerb in unlauterer Weise bevorzuge, oder
> 2. ohne Einwilligung des Unternehmens einen Vorteil für sich oder einen Dritten als Gegenleistung dafür fordert, sich versprechen lässt oder annimmt, dass er bei dem Bezug von Waren oder Dienstleistungen eine Handlung vornehme oder unterlasse und dadurch seine Pflichten gegenüber dem Unternehmen verletze.
>
> (2) Ebenso wird bestraft, wer im geschäftlichen Verkehr einem Angestellten oder Beauftragten eines Unternehmens
> 1. einen Vorteil für diesen oder einen Dritten als Gegenleistung dafür anbietet, verspricht oder gewährt, dass er bei dem Bezug von Waren oder Dienstleistungen ihn oder einen anderen im inländischen oder ausländischen Wettbewerb in unlauterer Weise bevorzuge, oder
> 2. ohne Einwilligung des Unternehmens einen Vorteil für diesen oder einen Dritten als Gegenleistung dafür anbietet, verspricht oder gewährt, dass er bei dem Bezug von Waren oder Dienstleistungen eine Handlung vornehme oder unterlasse und dadurch seine Pflichten gegenüber dem Unternehmen verletze."

1. Allgemeines

39 Die Strafbarkeit setzt eine unzulässige Zuwendung an Beauftragte oder Angestellte eines Unternehmens zum Zwecke der Bevorzugung im Wettbewerb voraus. Auch **öffentliche Unternehmen** können wegen der Art ihrer Betätigung im Wirtschaftsleben ein „geschäftlicher Betrieb" sein, sofern sie nur nach den Grundsätzen eines Erwerbsgeschäfts arbeiten.[60] Dies dürfte regelmäßig dann der Fall sein, sobald und soweit Wettbewerb unter den Interessenten für Aufträge entsteht.[61] Dass der Bestochene zugleich Amtsträger ist, steht der Anwendung des § 299 StGB nicht entgegen.[62]

40 Als **taugliche Täter** kommen grundsätzlich alle Angestellten und Beauftragten eines Unternehmens in Betracht. Der weit zu verstehende Begriff des **Angestellten** umfasst jeden, der aufgrund eines Vertrages oder zumindest faktisch in einem Dienstverhältnis zum Inhaber eines Geschäftsbetriebes steht und dessen Weisungen unterliegt.[63] „**Beauftragter**" ist, wer – ohne Geschäftsinhaber oder Angestellter zu sein – aufgrund seiner Stellung berechtigt und verpflichtet ist, für den Betrieb zu handeln und auf die

---

[60] BGH, Beschl. v. 10.2.1994 – 1 StR 792/93 – NStZ 1994, 277; MüKo-StGB/*Krick*, § 299 Rn 54.
[61] Schönke/Schröder/*Eisele*, StGB, § 299 Rn 9.
[62] Schönke/Schröder/*Eisele*, StGB, § 299 Rn 9.
[63] MüKo-StGB/*Krick*, § 299 Rn 23.

betrieblichen Entscheidungen Einfluss nehmen kann.[64] Dazu zählen auch Vorstands- und Aufsichtsratsmitglieder.[65] Subunternehmer sind regelmäßig ebenfalls erfasst. Dagegen kann der **Geschäftsinhaber kein tauglicher Täter** sein, denn dieser ist in seiner Entscheidung über den Bezug von Waren und gewerblichen Leistungen prinzipiell frei.[66]

Praxistipp
Lediglich der Inhaber eines Betriebs bzw. Geschäfts kann sich nicht strafbar machen, wenn er einen Vorteil annimmt. Etwas anderes kann aber gelten, wenn er einen Vorteil gewährt. Aus der Sicht eines Unternehmens kann das relevant werden, wenn mit einem inhabergeführten Familienunternehmen ein Liefervertrag geschlossen wird.

Von § 299 StGB werden alle Maßnahmen erfasst, die der Förderung eines beliebigen Geschäftszwecks dienen. Darunter fällt jede **selbstständige, wirtschaftliche Zwecke verfolgende Tätigkeit**, in der eine Teilnahme am inländischen und ausländischen Wettbewerb zum Ausdruck kommt.[67] 41

Der **Begriff des Vorteils** ist grundsätzlich derselbe wie bei der Amtsträgerbestechung.[68] Vorteil ist jede unentgeltliche Leistung materieller oder immaterieller Art, welche die wirtschaftliche, rechtliche oder persönliche Lage des Vorteilsempfängers objektiv verbessert und auf die er keinen Anspruch hat.[69] Allerdings ist die **zulässige Wertgrenze** im geschäftlichen Verkehr allgemein weiter zu ziehen.[70] Es können daher durchaus auch Zuwendungen von ungefähr 50 € noch als sozialadäquat anzusehen sein. Aber auch hier gilt: Dies kann allenfalls als Richtwert dienen und entbindet nicht von der sorgfältigen Prüfung im Einzelfall. Maßgeblich ist allein, ob der Zuwendung nach den Umständen des Einzelfalles, namentlich dem betroffenen Geschäftsbereich, der Stellung und der Lebensumstände der Beteiligten sowie dem Wert der Zuwendung objektiv die Eignung fehlt, geschäftliche Entscheidungen sachwidrig und in einer den fairen Wettbewerb gefährdenden Weise zu beeinflussen.[71] 42

Das **Abzeichnen von Scheinrechnungen** kann eine unzulässige Vorteilsgewährung i.S.d. § 299 StGB darstellen. Hierbei ist es ausreichend, dass die im Gegenzug zur Schmiergeldzahlung vorgesehene Vergünstigung in Umrissen bekannt ist.[72] 43

---

64 Schönke/Schröder/*Eisele*, StGB, § 299 Rn 10.
65 Schönke/Schröder/*Eisele*, StGB, § 299 Rn 10.
66 *Fischer*, StGB, § 299 Rn 12.
67 Schönke/Schröder/*Eisele*, StGB, § 299 Rn 14.
68 Vgl. Rn 19 ff.
69 MüKo-StGB/*Krick*, § 299 Rn 55.
70 MüKo-StGB/*Krick*, § 299 Rn 59.
71 MüKo-StGB/*Krick*, § 299 Rn 59 m.w.N.
72 BGH, Urt. v. 3.12.2013 – 2 StR 160/12 – NStZ 2014, 323.

44 Weiterhin muss für die Tatbestandserfüllung eine Unrechtsvereinbarung vorliegen. Eine solche **Unrechtsvereinbarung** setzt voraus, dass der Vorteil als Gegenleistung für eine künftige unlautere Bevorzugung gefordert, angeboten, versprochen oder angenommen wird.[73] Zur Annahme einer Unrechtsvereinbarung reicht es aus, wenn die Übereinkunft der Beteiligten darauf zielt, dass der Vorteilsgeber innerhalb eines bestimmten Aufgabenbereichs oder Kreises von Lebensbeziehungen nach einer gewissen Richtung hin tätig werden soll.[74]

45 Anders als bei der Amtsträgerbestechung können im geschäftlichen Verkehr allerdings nur Zuwendungen für **zukünftiges, konkretes Verhalten** strafbar sein. Da oftmals noch keine genaue Vorstellung darüber besteht, wann, bei welcher Gelegenheit und in welcher Weise die Unrechtsvereinbarung eingelöst werden soll, lässt der BGH es in ständiger Rechtsprechung genügen, dass die ins Auge gefasste Bevorzugung nach ihrem sachlichen Gehalt in groben Umrissen erkennbar und festgelegt ist.[75] Eine künftige unlautere Bevorzugung in diesem Sinn besteht nicht nur bei einer sachfremden Entscheidung zwischen verschiedenen Wettbewerbern, sondern sie kann auch in einer **bevorzugten Zulassung zu einem internen Auswahlverfahren** oder in einer **Einladung zu einem beschränkten Teilnahmewettbewerb** liegen.[76]

46 Nur **ausnahmsweise** kommt eine Strafbarkeit auch wegen (nachträglicher) Gewährung bzw. Annahme eines Vorteils für in der **Vergangenheit liegende Bevorzugungen** in Betracht.[77] Zuwendungen zur „allgemeinen Klimapflege", um generell das Wohlwollen des Zuwendungsempfängers zu erreichen, sollen dagegen regelmäßig nicht unter den Anwendungsbereich der Norm fallen.

2. Unlautere Bevorzugung im Wettbewerb (§ 299 Abs. 1 Nr. 1 und Abs. 2 Nr. 1 StGB)

47 § 299 Abs. 1 Nr. 1 und Abs. 2 Nr. 1 StGB regeln die unlautere Bevorzugung im Wettbewerb (sogenanntes **Wettbewerbsmodell**). Die Unrechtsvereinbarung muss darauf abzielen, dass der Täter oder ein von ihm begünstigter Dritter beim Bezug von Waren oder Dienstleistungen im Wettbewerb unlauter bevorzugt wird. Tatsächlich eintreten muss die Bevorzugung nicht.[78]

48 Die von § 299 StGB geforderte Bevorzugung muss sich auf den „**Bezug von Waren oder Dienstleistungen**" beziehen. Dieser Bezug betrifft aufgrund des vom Gesetzgeber intendierten Schutzzwecks das gesamte auf die Erlangung oder den Absatz von Waren oder Dienstleistungen auf dem Markt gerichtete Geschäft. Das Vorliegen eines Bezugs von Waren oder Leistungen ist vom Standpunkt des Vorteilsgebers oder dem von ihm

---

73 MüKo-StGB/*Krick*, § 299 Rn 68 m.w.N.
74 BGH, Urt. v. 6.7.2022 – 2 StR 50/21 – NStZ 2023, 494.
75 BGH, Urt. v. 29.2.1984 – 2 StR 560/83 – BGHSt 32, 290.
76 BGH, Urt. v. 6.7.2022 – 2 StR 50/21 – NStZ 2023, 494.
77 BGH, Beschl. v. 14.7.2010 – 2 StR 200/10 – NStZ-RR 2010, 376.
78 Schönke/Schröder/*Eisele*, StGB, § 299 Rn 27.

begünstigten Dritten zu beurteilen. Der zu Bevorzugende muss dabei **nicht notwendig der Bezieher** der Waren oder Leistungen sein.[79]

Die gewollte Bevorzugung muss **im Wettbewerb mit dem Konkurrenten** des Vor- 49 teilsgebers oder eines Dritten, für den er handelt, erfolgen. Das dafür erforderliche Wettbewerbsverhältnis liegt vor, wenn der Vorteilsgeber in eine wirtschaftliche Konkurrenz mit einem anderen eintritt.[80] Bevorzugung in diesem Sinne bedeutet dabei die sachfremde Entscheidung zwischen zumindest zwei Bewerbern, setzt also Wettbewerb und Benachteiligung eines Konkurrenten voraus.[81] Eine Bevorzugung im Wettbewerb liegt vor, wenn die zum Zwecke des Wettbewerbs vorgenommenen Handlungen nach der Vorstellung des Täters geeignet sind, eine **Bevorzugung im Wettbewerb** zu veranlassen.[82] Der Vorstellung eines bestimmten verletzten Mitbewerbers bedarf es dabei nicht.[83] Mitbewerber sind nicht nur die Erwerbsgenossen, die sich im Einzelfall um den Absatz ihrer Waren oder Leistungen bemüht haben und für die Erfüllung der Aufträge in Aussicht genommen sind, sondern alle Gewerbetreibenden, die Waren oder Leistungen gleicher oder verwandter Art herstellen oder in den geschäftlichen Verkehr bringen. Es genügt, dass der Bestechende mit der Möglichkeit des Wettbewerbs anderer gerechnet hat.[84]

Die Bevorzugung muss darüber hinaus „**unlauter**" sein. Dies ist dann der Fall, wenn 50 sie gegen die **Grundsätze eines redlichen Geschäftsverkehrs verstößt**. Ein derartiger Verstoß setzt voraus, dass die intendierte wettbewerbliche Besserstellung gemessen an den Prinzipien und Anforderungen eines **fairen offenen Wettbewerbs** nicht auf ausschließlich sachlichen Erwägungen, sondern zumindest auch auf dem angebotenen, versprochenen oder gewährten Vorteil beruht.[85] Der Begriff zielt mithin auf den Erhalt redlicher Wettbewerbsbedingungen und grenzt letztlich sachbezogene von sachwidrigen – die Ausschaltung von Konkurrenz und damit eines freien Wettbewerbs bezweckenden – Beweggründen einer Bevorzugung ab. Wegen des weitergehenden Schutzzwecks der Norm ist ferner unbeachtlich, ob das Verhalten des Täters im Verhältnis zu seinem Geschäftsherrn als pflichtwidrig zu beurteilen ist. Die Bevorzugung im Wettbewerb kann angesichts dessen auch dann unlauter sein, wenn sie mit Wissen und Billigung des Geschäftsinhabers erfolgt.[86]

§ 299 Abs. 1 Nr. 1 und Abs. 2 Nr. 1 StGB erfassen auch **Bestechungshandlungen im** 51 **ausländischen Geschäftsverkehr**. Verstöße gegen ausländische Wettbewerbsordnungen können nach deutschem Strafrecht zu ahnden sein, wenn dieses gem. §§ 3ff. StGB

---

79 MüKo-StGB/*Krick*, § 299 Rn 73 m.w.N.
80 MüKo-StGB/*Krick*, § 299 Rn 76 m.w.N.
81 BGH, Beschl. v. 29.4.2015 – 1 StR 235/14, NStZ-RR 2015, 278.
82 BGH, Urt. v. 22.1.2020 – 5 StR 385/19 –, Rn 18, juris; Beschl. v. 29.4. 2015 – 1 StR 235/14, NStZ-RR 2015, 278.
83 BGH, Urt. v. 16.7.2004 – 2 StR 486/03, NJW 2004, 3129.
84 BGH, Urt. v. 22.1.2020 – 5 StR 385/19 –, Rn 18, juris.
85 BGH, Urt. v. 16.7.2004 – 2 StR 486/03 – NJW 2004, 3129, 3133; MüKo-StGB/*Krick*, § 299 Rn 77 m.w.N.
86 Vgl. u.a. LG Frankfurt/Main, Beschl. v. 22.4.2015 – 5/12 Qs 1/15 – NStZ-RR 2015, 215, 216 m.w.N.

auf den konkreten Fall Anwendung findet. Für den erforderlichen Inlandsbezug reicht es in der Regel aus, wenn die relevanten Tathandlungen zumindest teilweise auf deutschem Hoheitsgebiet begangen werden.

3. Pflichtverletzung gegenüber dem Unternehmen (§ 299 Abs. 1 Nr. 2 und Abs. 2 Nr. 2 StGB)

52 § 299 Abs. 1 Nr. 2 und Abs. 2 Nr. 2 StGB regeln die Verletzung von Pflichten gegenüber dem Unternehmen (sogenanntes **Geschäftsherrenmodell**). Mit der Einführung dieser gesetzlichen Tatbestände wollte der Gesetzgeber Lücken bei „strafbedürftigen" Schmiergeldzahlungen außerhalb von Wettbewerbslagen erfassen, wobei die Vorschrift dem Schutz des Geschäftsherrn „an der loyalen und unbeeinflussten Erfüllung der Pflichten durch seine Angestellten und Beauftragten" dienen soll.[87]

53 Die Unrechtsvereinbarung muss sich auf die **zukünftige Verletzung einer Pflicht** durch den Angestellten oder Beauftragten **gegenüber dem Unternehmen** beziehen. Diese unternehmensbezogenen Pflichten können sich aus Gesetz, Vertrag, aber auch aus dem arbeitsrechtlichen Direktionsrecht ergeben.[88] Die Pflichtverletzung muss zudem durch eine Handlung oder Unterlassung beim Bezug von **Waren oder Dienstleistungen** erfolgen.[89] Eine Strafbarkeit scheidet – ebenso wie bei Nr. 1 – bei **sozialadäquaten** Zuwendungen aus.

54 Wenn der Geschäftsinhaber einwilligt, scheidet eine Strafbarkeit aus. Erforderlich ist allerdings, dass der Geschäftsinhaber sowohl die Annahme des Vorteils als auch die Verknüpfung mit der pflichtwidrigen Handlung oder Unterlassung billigt.[90] Die **Einwilligung des Geschäftsinhabers** muss ausdrücklich oder konkludent erteilt werden, sodass eine mutmaßliche Einwilligung oder bloßes Wissen des Geschäftsherrn nicht genügen. Sie muss ferner vor der Tat erfolgen, eine spätere Genehmigung genügt nicht.[91]

4. Vorsatz

55 Der Täter muss bei allen Tatbeständen zumindest mit **bedingtem Vorsatz** bezüglich der Merkmale des objektiven Tatbestandes handeln. Dies bedeutet, dass er das Vorliegen der objektiven Tatbestandsmerkmale zumindest als möglich erachtet und deren Verwirklichung „billigend in Kauf nimmt".[92]

---

[87] Schönke/Schröder/*Eisele*, StGB, § 299 Rn 36.
[88] Schönke/Schröder/*Eisele*, StGB, § 299 Rn 37.
[89] BT-Drs. 18/4350, S. 21, 18/6389, S. 15.
[90] BT-Drs. 18/6389, S. 15.
[91] Schönke/Schröder/*Eisele*, StGB, § 299 Rn 40.
[92] *Fischer*, StGB, § 299 Rn 40.

II. Handlungsempfehlung

Während der Kontakt mit Amtsträgern im Idealfall auf die Führungsebene beschränkt wird, ist es möglich (und auch praktisch notwendig), die Kontaktpflege mit anderen Unternehmen breiter aufzustellen. 56

Praxistipp
Es empfiehlt sich aus Transparenzgründen, unternehmensintern durch eine **Richtlinie** allen Mitarbeitern einheitliche Vorgaben zu machen. Auf diese Weise schafft man Rechtssicherheit für die Mitarbeiter und weist eine ordnungsgemäße Binnenorganisation nach.

Eine solche Richtlinie sollte zugleich Regeln für Kontakte mit Amtsträgern umfassen. Wenn allerdings die Kontaktpflege nur durch die Leitungsebene durchgeführt wird, können sich die Vorgaben darauf beschränken, alle Zuwendungen ohne Genehmigung vollständig zu unterlassen. Differenziertere Vorgaben sollte man nur machen, wenn der Kontakt auch für die operativen Mitarbeiter unerlässlich ist. 57

Beispiel
Dies gilt z.B. für die Netzmitarbeiter, die sich regelmäßig mit dem Tiefbauamt abstimmen müssen.

Eine derartige **Vorteils- oder Zuwendungsrichtlinie** sollte in einfachen Worten und klaren Anweisungen jedem Mitarbeiter deutlich machen, was er annehmen und seinerseits gewähren darf. Die Orientierung an einem Ampelsystem kann dabei hilfreich sein. In seiner einfachsten Variante werden drei Gruppen gebildet: 58

Grün	Die Zuwendung ist unproblematisch, keinesfalls wird ein Straftatbestand erfüllt, es kann kein Verdacht einer Bestechungshandlung aufkommen.
Gelb	Die Situation ist unübersichtlich und erfordert eine Einzelfallentscheidung. Hier wird der Vorgesetzte oder der Compliance-Beauftragte eingeschaltet, gegebenenfalls muss eine Genehmigung eingeholt werden.
Rot	Die Zuwendung ist zu unterlassen bzw. abzulehnen. Ein Straftatbestand wäre in jedem Fall erfüllt.

In einem kleineren, eher mittelständisch organisierten Unternehmen sollte versucht werden, die **Richtlinie** möglichst einfach zu halten. Bestimmte Zuwendungen (Geld) werden generell ausgeschlossen, ansonsten werden Wertgrenzen definiert, ab denen die gelbe oder rote Gruppe einschlägig wird. Es ist auch denkbar, **abgestufte Wertgrenzen nach Hierarchieebene** einzuführen oder **unterschiedliche Richtlinien für Angestellte und Führungspersonal** vorzuhalten. 59

Wichtig ist es, dass die Richtlinien die tatsächlichen Organisationsstrukturen korrekt abbilden. Dies bedeutet insbesondere, dass der Mitarbeiter zweifelsfrei feststellen kann, an wen er sich mit welcher Compliance-bezogenen Frage zu wenden hat. 60

Krawczyk/Brocke

61 Bei der Entgegennahme von Einladungen und Geschenken durch Mitarbeiter eines Unternehmens lässt sich das Strafbarkeitsrisiko durch eine sorgfältige Prüfung im Einzelfall verringern. Nach Möglichkeit sollte daher bei Überschreitung einer als Richtwert (!) festgelegten **Wertgrenze** immer das **Vier-Augen-Prinzip** gelten, Zuwendungen also dem Vorgesetzten gemeldet werden.

> **Beispiel**
> In vielen Unternehmen hat es sich bereits durchgesetzt, dass z.B. Weihnachtspräsente ab einem gewissen Wert zentral gesammelt und verlost werden. Auf diese Weise kann man den Verdacht einer Bestechlichkeit vermeiden, da immer nur Personen, nicht aber Unternehmen bestochen werden könnten.

62 Neben Wertgrenzen sollte eine entsprechende Richtlinie auch Vorgaben machen, was die **Art und Weise von (erlaubten) Zuwendungen** betrifft. Wie bereits erwähnt, sollten Geldzuwendungen kategorisch unterlassen werden. Ebenfalls kann man bei Zuwendungen an Geschäftspartner das Strafbarkeitsrisiko dadurch verringern, dass Zuwendungen an das Unternehmen und nicht an einzelne Personen gerichtet werden. Jedenfalls sollten Zuwendungen auch im Privatrechtsverkehr immer über den Vorgesetzten des Zuwendungsempfängers erfolgen. Soweit **konkrete Vertragsverhandlungen** mit dem Unternehmen bestehen, sollte dagegen auch hier bei Überschreitung einer bestimmten Wertgrenze auf eine Zuwendung grundsätzlich verzichtet werden. Im Zeitraum unmittelbar vor und nach Abschluss eines konkreten Geschäfts sollte besonders sorgfältig abgewogen werden, ob die Zuwendung tatsächlich vertretbar erscheint.

63 **Eigene Veranstaltungen des Unternehmens**, der Besuch von Veranstaltungen von Geschäftspartnern sowie aktive oder passive Einladungen zu sonstigen Veranstaltungen sollten eine entsprechende Berücksichtigung finden. Auch im Privatrechtsverkehr sollte immer auf einen **gemischten Teilnehmerkreis** geachtet werden. Ebenso ist es wichtig, für **Transparenz und Dokumentation** zu sorgen, um sich dem Vorwurf der Heimlichkeit nicht auszusetzen. Ein kritisches Thema ist häufig die Einladung der Ehe-/Lebenspartner. Diese sollten nur ausnahmsweise eingeladen werden, wenn das Erscheinen in Begleitung, etwa bei kulturellen Veranstaltungen, allgemein üblich (sozialadäquat) ist.

D. Wettbewerbsbeschränkende Absprache bei Ausschreibungen

64 Eine weitere Form der **strafbewehrten Wettbewerbsbeschränkung** stellen **manipulative Verhaltensweisen im Zusammenhang mit Ausschreibungen** dar.

I. Tatbestand

Nach § 298 Abs. 1 StGB wird bestraft, 65

> „[w]er bei einer **Ausschreibung** über Waren oder gewerbliche Leistungen ein **Angebot** abgibt, das auf einer rechtswidrigen **Absprache** beruht, die darauf abzielt, den Veranstalter zur Annahme eines bestimmten Angebotes zu veranlassen [...]".

1. Ausschreibung über Waren oder gewerbliche Leistung

Die Tat muss im Zusammenhang mit einer Ausschreibung erfolgen. Als **Ausschreibung** 66 gilt das Verfahren, mit dem von einem Veranstalter Angebote einer unbestimmten Mehrzahl von Anbietern für die Lieferung bestimmter Waren oder das Erbringen bestimmter Leistungen eingeholt werden. Einbezogen sind alle Vergabeverfahren der öffentlichen Hand.[93] Nach § 298 Abs. 2 StGB wird die freihändige Vergabe nach vorherigem Teilnahmewettbewerb dem Begriff der Ausschreibung gleichgesetzt.

§ 298 StGB gilt ferner für Ausschreibungen und freihändige **Vergabe durch private** 67 **Unternehmen und Privatpersonen**, sofern diese Verfahren ähnlich den öffentlichen ausgestaltet sind.[94]

Die Ausschreibung muss sich auf **Waren** oder **gewerbliche Leistungen** beziehen. 68 Davon sind sowohl Leistungen im beruflichen Verkehr als auch freiberufliche Leistungen erfasst.

2. Rechtswidrige Absprache

Im Zusammenhang mit der Ausschreibung muss eine **rechtswidrige Absprache** statt- 69 gefunden haben. Eine Absprache in diesem Sinne ist eine Vereinbarung, dass ein oder mehrere bestimmte Angebote abgegeben werden sollen. Die Abrede muss zwischen (potenziellen), im Wettbewerb miteinander stehenden Anbietern oder zwischen Veranstalter und Bieter getroffen werden.[95] Die Absprache muss darauf gerichtet sein, die Auswahlentscheidung des Veranstalters in eine bestimmte Richtung zu lenken und diesen so zur Annahme eines bestimmten Angebotes zu veranlassen.

3. Abgeben eines Angebotes als strafbare Tathandlung

Die Absprache an sich ist als vorbereitende Handlung nicht strafbar. Es bedarf zusätz- 70 lich einer **Angebotsabgabe**, also einer Erklärung gegenüber dem Veranstalter, wonach der Täter die Lieferung oder Leistung, welche die Ausschreibung zum Gegenstand hat,

---

[93] Schönke/Schröder/*Heine/Eisele*, StGB, § 298 Rn 4.
[94] BGH, Beschl. v. 19.12.2002 – 1 StR 366/02 – NStZ 2003, 548 ff.
[95] *Fischer*, StGB, § 298 Rn 9 ff.

unter Bezugnahme auf die Ausschreibung und unter Anerkenntnis der Ausschreibungsbedingungen zu einem bestimmten Preis so anbietet, dass grundsätzlich ohne Weiteres ein Zuschlag erfolgen kann.[96]

> **Praxistipp**
> Der Veranstalter einer Ausschreibung sollte stets berücksichtigen, dass nicht nur die manipulativ zusammenwirkenden Anbieter, sondern unter bestimmten Voraussetzungen auch Nicht-Anbieter – und somit auch die Mitarbeiter des Veranstalters – Täter des § 298 StGB sein können.[97] Dies wird z.B. dann anzunehmen sein, wenn mit den Anbietern Ausgleichszahlungen vereinbart werden oder der Nicht-Anbieter wesentlichen Einfluss auf das Zustandekommen der Absprache hat. Steht eine der Personen auf der Seite des Veranstalters, so kann diese nur dann Täter sein, wenn sie einen mitgestaltenden Einfluss auf die Abgabe des Angebotes hat und es sich bei dem Veranstalter um ein Unternehmen im Sinne des GWB[98] handelt.

71 Untergeordnete **Formen der Mitwirkung** an der Absprache können eine Beteiligung an der Tat darstellen und somit bspw. eine Strafbarkeit wegen Beihilfe (§ 27 StGB) zur Folge haben. Kein strafbares Verhalten stellt das Verschweigen der bloßen Kenntnis von Absprachen Dritter dar. Der nicht beteiligte Anbieter ist diesbezüglich nicht zur Offenbarung verpflichtet.

72 Die **Grenze der Strafbarkeit** ist erst dann erreicht, wenn das abgegebene Angebot auf einer Vereinbarung beruht, die von den Beteiligten als verbindlich angesehen wird. Werden im Vorfeld lediglich Informationen darüber eingeholt, welche Mitbewerber Angebote abgegeben haben oder abgeben wollen, so ist ein auf dieser Grundlage abgegebenes Angebot strafrechtlich nicht relevant. Zulässig sind weiterhin wettbewerbsrechtlich gestattete Verhaltensweisen, so z.B. eine als Bietergemeinschaft in Form einer BGB-Gesellschaft auftretende Arbeitsgemeinschaft mehrerer Unternehmen.

73 Auch die informellen Bemühungen um Auftragserteilung außerhalb des Ausschreibungsverfahrens unterliegen grundsätzlich nicht der Strafverfolgung. In diesem Zusammenhang sind jedoch unter Umständen die Korruptionsdelikte relevant.[99]

74 Zu beachten sind schließlich die Regelungen des 2017 eingeführten **Wettbewerbsregistergesetzes** (WRegG).[100] Danach wird beim Bundeskartellamt ein Register geführt (§ 1 Abs. 1 WRegG), in das u.a. rechtskräftige **strafrechtliche Verurteilungen** nach § 298 StGB sowie das betroffene Unternehmen eingetragen werden (§§ 2 Abs. 1 Nr. 1e, 3 Abs. 1 Nr. 4 WRegG). Eingetragen werden zudem **rechtskräftige Verbandsgeldbußen**

---

[96] *Fischer*, StGB, § 298 Rn 13.
[97] BGH, Beschl. v. 25.7.2012 – 2 StR 154/12 – NJW 2012, 3318 ff.
[98] Gesetz gegen Wettbewerbsbeschränkungen (GWB) v. 26.6.2013 (BGBl. I S. 1750, 3245), zuletzt geändert durch Gesetz v. 22.12.2023 (BGBl. I Nr. 405).
[99] Vgl. hierzu Rn 8 ff. und Rn 63 ff.
[100] Gesetz zur Einrichtung und zum Betrieb eines Registers zum Schutze des Wettbewerbs um öffentliche Aufträge und Konzessionen v. 18.7.2017 (BGBl. I S. 2739), zuletzt geändert durch Gesetz v. 28.6.2023 (BGBl. I Nr. 172); dazu *Gottschalk/Lubner*, NZWiSt 2018, 96 ff.

gegen das Unternehmen nach § 30 OWiG (ggf. i. V. m. § 130 OWiG).[101] Öffentliche Auftraggeber müssen vor Vergabe von Aufträgen mit einem geschätzten Auftragswert ab 30.000 € ohne USt. abfragen, ob im Register Eintragungen zu einem Bieter gespeichert sind (§ 6 Abs. 1 WRegG).

Eine Eintragung im Register hat keinen automatischen Ausschluss vom Vergabeverfahren zur Folge. Vielmehr entscheidet der Auftraggeber in eigener Entscheidung über den Ausschluss des eingetragenen Unternehmens (§ 6 Abs. 5 WRegG). Allerdings wird eine Eintragung **faktisch in der Regel zu einem Ausschluss vom Vergabeverfahren** führen.[102] Namentlich die §§ 123, 124 GWB enthalten Bestimmungen zum zwingenden bzw. fakultativen Ausschluss von Unternehmen im Zusammenhang mit Straftaten. Eine Straftat nach § 298 StGB unterfällt dabei dem fakultativen Ausschlussgrund des § 124 Abs. 1 Nr. 4 GWB.[103] Danach kann ein Unternehmen ausgeschlossen werden, wenn Anhaltspunkte dafür bestehen, „dass das Unternehmen mit anderen Unternehmen Vereinbarungen getroffen oder Verhaltensweisen aufeinander abgestimmt hat, die eine Verhinderung, Einschränkung oder Verfälschung des Wettbewerbs bezwecken oder bewirken". 75

Die **Löschungsfristen** betragen je nach zugrunde liegender Tat fünf bzw. drei Jahre (§ 7 Abs. 1 WRegG). 76

Aufgrund der existenzbedrohenden Wirkungen einer Eintragung im Wettbewerbsregister sieht § 8 WRegG die Möglichkeit einer **Selbstreinigung** vor. Danach kann eine vorzeitige Löschung der Eintragung in erster Linie unter den **Voraussetzungen des § 125 GWG** beantragt werden. Das betroffene Unternehmen muss danach den durch eine Straftat oder ein Fehlverhalten **verursachten Schaden ausgleichen** oder sich hierzu verpflichten, bei der **Aufklärung des Sachverhalts** mit den Ermittlungsbehörden **kooperieren** sowie **Compliance-Maßnahmen** zur Verhinderung weiterer Straftaten oder weiteren Fehlverhaltens ergreifen.[104] 77

Im Falle der Löschung darf die zugrunde liegende Straftat oder Ordnungswidrigkeit im Vergabeverfahren nicht mehr zum Nachteil des Unternehmens im Vergabeverfahren verwertet werden (§ 7 Abs. 2 S. 1 WRegG). 78

Nähere, insbesondere technische und organisatorische Bestimmungen sind in der „Verordnung über den Betrieb des Registers zum Schutz des Wettbewerbs um öffentliche Aufträge und Konzessionen" (Wettbewerbsregisterverordnung) enthalten.[105] 79

---

[101] Siehe dazu unten Rn 202ff.
[102] Vgl. BT-Drs. 18/12051, S. 31.
[103] Vgl. *Gottschalk/Lubner*, NZWiSt 2018, 96, 98.
[104] Näher *Gottschalk/Lubner*, NZWiSt 2018, 96, 101f.
[105] Verordnung v. 16.4.2021 (BGBl. I S. 809).

II. Handlungsempfehlung

80 Für Unternehmen, die regelmäßig Ausschreibungen durchführen bzw. sich an diesen beteiligen, ist es angeraten, die betreffenden Mitarbeiter in Bezug auf die rechtlich einwandfreien Verhaltensweisen zu schulen. Dabei ist zu beachten, dass es nicht von Bedeutung ist, welche Position der Täter innerhalb des Unternehmens einnimmt. Für die **Tätereigenschaft nach § 298 StGB** reicht es aus, dass der Mitarbeiter eine entsprechende Handlungsbefugnis hat oder er sich als befugt ausgibt. Zudem kann es sich anbieten, die Zuwendungsrichtlinie modular um Fragen der Ausschreibungen zu ergänzen.

E. Steuerliche Auswirkungen von Zuwendungen

81 Darüber hinaus kann die Gewährung von geldwerten Zuwendungen an Dritte steuer-(straf-)rechtliche Konsequenzen haben. Hier ist zwischen dem **Zuwendenden** und dem **Zuwendungsempfänger** zu unterscheiden.

I. Auswirkungen für den Zuwendenden

82 Soweit eine **geldwerte Zuwendung** den Tatbestand eines Bestechungsdelikts erfüllt, darf diese vom Zuwendenden nicht als **Betriebsausgabe** geltend gemacht werden (§ 4 Abs. 5 Nr. 10 EStG[106] i.V.m. § 8 Abs. 1 S. 1 KStG[107]). Aber auch wenn der Tatbestand eines Bestechungsdelikts nicht erfüllt ist, sind bei der Frage des Betriebsausgabenabzugs **Wertgrenzen** einzuhalten:

Geschenke:	Geschenke an (betriebsfremde) Dritte dürfen nicht als Betriebsausgabe geltend gemacht werden, wenn sie 35 € je Wirtschaftsjahr und Empfänger überschreiten (§ 4 Abs. 5 Nr. 1 EStG).
Bewirtungen:	Bewirtungen von Personen aus geschäftlichem Anlass, die nach allgemeiner Auffassung als angemessen anzusehen sind und entsprechend nachgewiesen werden, können in Höhe von 70 % der Aufwendungen als Betriebsausgaben abgezogen werden (§ 4 Abs. 5 Nr. 2 EStG).

---

[106] Einkommensteuergesetz (EStG) v. 8.10.2009 (BGBl. I S. 3366, 3862), zuletzt geändert durch Gesetz v. 22.12.2023 (BGBl. I Nr. 411).
[107] Körperschaftsteuergesetz (KStG) v. 15.10.2002 (BGBl. I. S. 4144), zuletzt geändert durch Gesetz v. 22.12.2022 (BGBl. I Nr. 411).

Einladungen zu kulturellen oder sportlichen Veranstaltungen, ggf. mit Bewirtung:	Aufwendungen in diesem Zusammenhang sind in die Kategorien „Geschenk" und „Bewirtung" aufzugliedern und wie vorstehend beschrieben zu behandeln. Soweit sich deren Wert nicht konkret beziffern lässt, ist eine Aufteilung der Gesamtkosten in 50 % für Geschenke und 50 % für die Bewirtung vorzunehmen.

Werden **Aufwendungen** entgegen diesen Grundsätzen gleichwohl **als abziehbare Betriebsausgabe** geltend gemacht, kann dies den Tatbestand einer Steuerhinterziehung erfüllen. Denn eine Steuerhinterziehung liegt unter anderem vor, wenn der Steuerpflichtige die Finanzbehörden über steuerlich erhebliche Tatsachen vorsätzlich in Unkenntnis lässt und dadurch Steuern verkürzt. Schon der Versuch ist strafbar. 83

II. Auswirkungen für den Zuwendungsempfänger

Auch für den **Zuwendungsempfänger** kann die Annahme einer geldwerten Zuwendung steuer-(straf-)rechtliche Konsequenzen haben. Bestechungsgelder stellen Einnahmen dar, die unter die sonstigen Einkünfte (§ 22 Nr. 3 EStG) fallen und somit vom Zuwendungsempfänger zu versteuern sind.[108] Aber auch sonstige **geldwerte Zuwendungen** sind unter bestimmten Voraussetzungen als steuerpflichtiger Vorteil anzusehen: 84

Geschenke:	Erhält ein Steuerpflichtiger als Arbeitnehmer im Zusammenhang mit seiner Tätigkeit ein Geschenk, stellt dies eine Einnahme dar, die bei Überschreitung von 50 € im Monat der Einkommensteuer zu unterwerfen ist (§ 8 Abs. 2 S. 11 EStG).
Bewirtungen:	Aus Vereinfachungsgründen wird die Zuwendung beim Bewirteten nicht als steuerpflichtiger Vorteil angesehen (EStR 2012 R 4.7 Abs. 3).[109]
Einladungen zu kulturellen oder sportlichen Veranstaltungen, ggf. mit Bewirtung:	Aufwendungen in diesem Zusammenhang sind in die Kategorien „Geschenk" und „Bewirtung" aufzugliedern und wie vorstehend beschrieben zu behandeln. Soweit sich deren Wert nicht konkret beziffern lässt, ist eine Aufteilung der Gesamtkosten in 50 % für Geschenke und 50 % für die Bewirtung vorzunehmen.

Sofern die Angabe steuerpflichtiger Vorteile in der Steuererklärung leichtfertig unterbleibt, liegt grundsätzlich eine **Steuerordnungswidrigkeit** vor. Bei vorsätzlichem Handeln kann ggf. auch der Tatbestand einer Steuerhinterziehung erfüllt sein. 85

---

[108] BGH, Beschl. v. 5.9.2019 – 1 StR 99/19 – NJW 2019, 3798.
[109] Einkommensteuerrichtlinien 2012, BMF Amtliches Einkommensteuerhandbuch, abrufbar unter: https://esth.bundesfinanzministerium.de/esth/2022/A-Einkommensteuergesetz/inhalt.html.

86 Da es für den Zuwendungsempfänger regelmäßig schwierig ist, die konkrete Höhe des Geschenks zu beziffern, hat der Zuwendende die Möglichkeit, die **Steuer** für den Zuwendungsempfänger nach § 37b EStG pauschal zu übernehmen. Eine **Ausnahme** gilt lediglich für folgende Zuwendungen:

- Sachzuwendungen unter 10 € sind als Streuwerbeartikel anzusehen und fallen nicht in den Anwendungsbereich der Vorschrift.[110]
- Sachzuwendungen von mehr als 10.000 € je Empfänger und Wirtschaftsjahr oder Einzelzuwendungen in dieser Höhe können ebenfalls nicht pauschal besteuert werden (§ 37b Abs. 1 S. 3 EStG).

F. Untreue

87 Untreue gem. § 266 StGB ist **eine der zentralen Vorschriften des Wirtschaftsstrafrechts**. Aufgrund des allgemein gehaltenen Wortlauts und des daraus resultierenden weiten Anwendungsbereiches hat die Vorschrift zahlreiche Berührungspunkte mit dem beruflichen Alltag wirtschaftlicher Verantwortungsträger. Sie stellt dabei eine der wichtigsten (strafrechtlichen) Grenzen für die Freiheit unternehmerischer Entscheidungen dar. In den Fokus der öffentlichen Wahrnehmung ist der Vorwurf der Untreue in der zurückliegenden Zeit durch spektakuläre Strafverfahren gegen Mitarbeiter und Führungspersonal von renommierten Unternehmen wie Mannesmann/Vodafone,[111] Siemens[112] und VW[113] geraten. Hinzu kamen Prozesse gegen Verantwortliche aus dem Bankenbereich wegen riskanter Transaktionen, wie in Hamburg (HSH Nordbank) und in München (BayernLB). Nachdem es eine bedenkliche Tendenz zu einer immer weiter ausufernden Anwendung des Untreuetatbestandes gegeben hatte, hat eine **Grundsatzentscheidung des Bundesverfassungsgerichts** (BVerfG) im Jahr 2010[114] eine – in vielen nachfolgenden Entscheidungen ablesbare – Umkehr bewirkt. Das BVerfG hat in Erinnerung gerufen, dass die relativ weit und unbestimmt gefassten Voraussetzungen des § 266 StGB **restriktiv auszulegen** sind. Die Anwendbarkeit der Vorschrift ist auf evidente Fälle strafbaren Verhaltens jenseits der Grenzen der unternehmerischen Entscheidungsfreiheit zu beschränken.

---

110 BMF-Schreiben v. 19.5.2015, Rn 10 (BStBl. I S. 468).
111 BGH, Urt. v. 21.12.2005 – 3 StR 470/04 – NJW 2006, 522 – Mannesmann/Vodafone.
112 BGH, Urt. v. 29.8.2008 – 2 StR 587/07 – NJW 2009, 89 – Siemens/schwarze Kassen.
113 BGH, Urt. v. 17.9.2009 – 5 StR 521/08 – NStZ 2009, 694 – Volkswagen/Betriebsrat.
114 BVerfG, Beschl. v. 23.6.2010 – 2 BvR 2559/08 u.a. – BVerfGE 126, 170 = NJW 2010, 3209.

I. Tatbestandsvoraussetzungen

Der **Straftatbestand der Untreue** setzt voraus, dass ein Verpflichteter (Treunehmer) 88
die ihm eingeräumten oder ansonsten zustehenden Kompetenzen vorsätzlich überschreitet, dabei eine ihm obliegende Pflicht zur Betreuung eines ihm **fremden Vermögens** zum Nachteil des Vermögensinhabers (Treugebers) verletzt und diesem dadurch vorsätzlich einen Vermögensnachteil zufügt. Geschütztes Rechtsgut ist ausschließlich das Vermögen des Treugebers, nicht dagegen ein individuelles oder allgemeines Vertrauen in die Funktionsfähigkeit der Wirtschaftsordnung oder in die Sicherheit der Güterzuordnung.[115]

1. Missbrauch

§ 266 Abs. 1 StGB unterscheidet zwischen zwei Tatbestandsalternativen. Der sog. **Miss-** 89
brauchstatbestand erfasst den Missbrauch einer rechtlichen Befugnis, über fremdes Vermögen zu verfügen bzw. eine (andere) natürliche oder juristische Person durch die Eingehung von Rechtsgeschäften zu verpflichten. Eine Strafbarkeit setzt in dieser Variante voraus, dass der Treugeber (Vermögensinhaber) dem Treunehmer (Täter) eine im **Außenverhältnis wirksame Befugnis** eingeräumt hat, rechtliche Verpflichtungen einzugehen. Gleichzeitig existieren jedoch im **Innenverhältnis** Regelungen, die diese **Befugnis beschränken**. Der Treunehmer macht sich strafbar, wenn er die ihm so eingeräumte Möglichkeit missbraucht, indem er das für ihn fremde Vermögen des Treugebers im Außenverhältnis wirksam verpflichtet, dabei aber die ihm im Innenverhältnis gesetzten Beschränkungen verletzt. Der Missbrauchstatbetand kann auch durch **Unterlassen** erfüllt sein, sofern dem Unterlassen ein rechtsgeschäftlicher Erklärungswert zukommt und der Vermögensinhaber wirksam verpflichtet bzw. über dessen Vermögen verfügt wird. Das ist vor allem im kaufmännischen Bereich der Fall (z.B. Schweigen auf ein kaufmännisches Angebot mit der Folge der Annahme des Angebots gem. § 362 Abs. 1 S. 1 HGB).[116]

2. Treuebruch

Die zweite Tatbestandsalternative ist der sog. **Treuebruchtatbestand**. Der Täter (Treu- 90
nehmer) begeht im Verhältnis zum Vermögensinhaber (Treugeber) einen Treuebruch, indem er zu dessen Nachteil eine Vermögensverfügung vornimmt und dabei zugleich eine ihm obliegende **Vermögensbetreuungspflicht** verletzt. Die Vermögensbetreuungspflicht besteht in einer inhaltlich besonders herausgehobenen Pflicht, Vermögens-

---

115 *Fischer*, StGB, § 266 Rn 2.
116 MüKo-StGB/*Dierlamm/Becker*, § 266 Rn 143.

interessen eines Dritten (des Vermögensinhabers) zu betreuen.[117] Die fremdnützige Vermögensfürsorge muss sich als **Hauptpflicht** darstellen.[118] Inhalt einer derartigen Pflicht ist unter anderem, drohende Vermögensnachteile zugunsten des Vermögensinhabers abzuwenden.[119] Die Vermögensbetreuungspflicht zeichnet sich weiterhin dadurch aus, dass der Inhaber der Treuepflicht innerhalb eines nicht ganz unbedeutenden Pflichtenkreises im Interesse des Vermögensinhabers tätig und zur fremdnützigen Vermögensfürsorge verpflichtet sein muss.[120] Eine derartige Pflicht kann sich aus

- Gesetz,
- behördlichem Auftrag,
- einem Rechtsgeschäft – wie z.B. einem Anstellungsverhältnis oder einer sonstigen Beauftragung – oder
- einem sonstigen Treueverhältnis

ergeben. So sind unter anderem Mitarbeiter, die hauptsächlich und eigenständig Vermögen eines Unternehmens betreuen – wie etwa der Leiter der Handelsabteilung mit eigener Budgetverfügungsmacht oder Personen, die eigenverantwortlich Beschaffungen vornehmen dürfen –, zur Vermögensbetreuung verpflichtet.[121]

91 Eine **Vermögensbetreuungspflicht** besteht u.a. für folgende Personen:
- Geschäftsführer einer GmbH gegenüber der GmbH,[122]
- Geschäftsführer einer GmbH gegenüber einer abhängigen GmbH im GmbH-Konzern hinsichtlich existenzerhaltender Liquidität,[123]
- Mitglieder des Vorstandes einer AG gegenüber der Gesellschaft,[124]
- Vorstandsmitglieder eines gemeinnützigen Vereins hinsichtlich der Erhaltung der wirtschaftlichen Voraussetzungen steuerrechtlicher Gemeinnützigkeit,[125]
- Verbandsvorsteher und Geschäftsführer eines kommunalen Wasser- und Bodenverbandes im Hinblick auf die Erfüllung der vermögensrechtlichen Angelegenhei-

---

117 *Fischer*, StGB, § 266 Rn 35. Nach der Rechtsprechung setzt auch die Missbrauchsalternative das Vorliegen einer (inhaltsgleichen) Vermögensbetreuungspflicht voraus, vgl. *Fischer*, StGB, § 266 Rn 21 ff. Siehe auch BGH, Beschl. v. 26.11.2015 – 3 StR 17/15 – NJW 2016, 2585, 2600; Beschl. v. 29.1.2020 – 1 StR 421/19, NZWiSt 2020, 402.
118 BGH, Beschl. v. 29.1.2020 – 1 StR 421/19, NZWiSt 2020, 402; Urt. v. 14.7.2021 – 6 StR 282/20 – NStZ 2022, 109.
119 BGH, Urt. v. 14.7.2021 – 6 StR 282/20 – NStZ 2022, 109.
120 *Fischer*, StGB, § 266 Rn 35.
121 Siehe z.B. BGH, Urt. v. 27.7.2017 – 3 StR 490/16 – NStZ 2018, 105, 107.
122 BGH, Urt. v. 6.5.2008 – 5 StR 34/08 – wistra 2008, 379; BGH, Urt. v. 18.8.1993 – 2 StR 229/93 – wistra 1993, 340 f.
123 BGH, Urt. v. 17.9.2001 – II ZR 178/99 – wistra 2002, 58; BGH, Urt. v. 24.8.1988 – 3 StR 232/88 – NJW 1989, 112.
124 *Fischer*, StGB, § 266 Rn 48.
125 BGH, Urt. v. 26.4.2001 – 4 StR 264/00 – wistra 2001, 340.

ten des Verbandes unter Beachtung des Gebotes der Wirtschaftlichkeit und Sparsamkeit,[126]
- kommunale Entscheidungsträger (Bürgermeister, Stadtkämmerer).[127]

Bei einer **AG** kann eine eigene **Vermögensbetreuungspflicht** auch die Mitglieder des Aufsichtsrats treffen.[128] Ihre Vermögensbetreuungspflicht leitet sich aus der gesetzlichen Überwachungspflicht gem. § 111 Abs. 1 AktG[129] ab. 92

Wie der Missbrauch- kann auch der Treubruchtatbestand durch **Unterlassen** erfüllt werde. Anders als beim Missbrauchstatbestand tritt die vermögensrechtliche Folge des Unterlassens hier nicht durch Rechtsgeschäft ein, sondern kraft Gesetzes (z.B. unterlassene Geltendmachung einer Forderung mit der Folge der Verjährung, Verstreichenlassen der Kündigungsfrist mit der Folge der Fortgeltung eines Vertragsverhältnisses).[130] Darüber hinaus liegt strafbares Unterlassen vor, wenn der Treunehmers Maßnahmen zum Schutz des Vermögens des Treugebers nicht ergreift.[131] 93

Die Erfüllung der Vermögensbetreuungspflicht kann auf andere Personen **delegiert** werden. Den primär Treupflichtigen trifft aber eine Organisationspflicht. Ihm obliegt die ordnungsgemäße Auswahl sowie – jedenfalls bei Anhaltspunkten für Unregelmäßigkeiten die Kontrolle des Delegaten.[132] 94

3. Pflichtwidrigkeit (Verletzung der Vermögensbetreuungspflicht)

Die Erfüllung sowohl der Missbrauchs- als auch der Treubruchalternative setzt voraus, dass sich der Täter bei der Vornahme seiner vermögensrelevanten Handlung **pflichtwidrig** verhält.[133] Die Pflichtwidrigkeit im Verhältnis zum Treugeber (Vermögensinhaber) bestimmt sich nach den zugrunde liegenden Rechtsverhältnissen zwischen Treunehmer und Treugeber, wobei den zivilrechtlichen Grundlagen des Rechtsverhältnisses eine bestimmende Bedeutung zukommt. 95

Die bereits erwähnte Grundsatzentscheidung des BVerfG hat (vordergründig) zu einer Präzisierung des Pflichtwidrigkeitsmerkmals geführt und die – zuvor in der Recht- 96

---

126 BGH, Urt. v. 12.12.2013 – 3 StR 146/13 – NStZ 2015, 220 ff.
127 BGH, Beschl. v. 21.2.2017 – 1 StR 296/16 – NJW 2018, 177; BGH, Beschl. v. 19.9.2018 – 1 StR 194/18 – NZWiSt 2019, 230 ff.; Urt. v. 14.7.2021 – 6 StR 282/20 – NStZ 2022, 109.
128 BGH, Beschl. v. 26.11.2015 – 3 StR 17/15 – NJW 2016, 2585, 2591; BGH, Urt. v. 21.12.2005 – 3 StR 470/04 – NStZ 2006, 214. Vgl. BGH, Urt. v. 13.4.2010 – 5 StR 428/09 – NStZ 2010, 632 ff., zu der strafrechtlichen Verantwortlichkeit eines „Directors" einer auf dem Offshore-Finanzplatz der British Virgin Islands als EU-Auslandsgesellschaft gegründeten Limited. Näher dazu unten Rn 112 ff.
129 Aktiengesetz (AktG) v. 6.9.1965 (BGBl. I S. 1089), zuletzt geändert durch Gesetz v. 11.12.2023 (BGBl. I Nr. 354).
130 MüKo-StGB/*Dierlamm*/*Becker*, § 266 Rn 143.
131 BGH, Urt. v. 14.7.2021 – 6 StR 282/20 – NStZ 2022, 109.
132 BGH, Urt. v. 14.7.2021 – 6 StR 282/20 – NStZ 2022, 109.
133 BGH, Beschl. v. 29.1.2020 – 1 StR 421/19, NZWiSt 2020, 402.

sprechung unterschiedlich beurteilte – Notwendigkeit einer restriktiven Handhabung betont. Der Untreuetatbestand muss demnach auf **gravierende Pflichtverletzungen**, d.h. klare und evidente Fälle pflichtwidrigen Handelns, beschränkt werden.[134] Eine Pflichtwidrigkeit bei unternehmerischen Entscheidungen dürfte somit insbesondere bei **evidenten Verstößen** gegen externe oder interne Regeln oder bei **unvertretbaren Entscheidungen** in Betracht kommen. Allerdings stellt sich in jedem Einzelfall aufs Neue die Frage, was genau „gravierend", „evident" oder „unvertretbar" bedeutet. Die dargelegten Grundsätze erzeugen nur eine Scheinverlässlichkeit, die Strafverfolgungsbehörden und Gerichten beträchtliche **Entscheidungsspielräume** überlässt. Unternehmerische Entscheidungen müssen das im Blick behalten.

97 Bei **Verstößen gegen Rechtsnormen** kommt es darauf an, ob die betreffende Regelung einen vermögensschützenden Charakter hat. Mit anderen Worten: Nicht jeder Gesetzesverstoß ist zugleich pflichtwidriges Handeln i.S.d. § 266 StGB.[135] Entsprechendes gilt für Verstöße gegen **Compliance-Regeln**. Sie begründen für sich keine Verletzung der untreuespezifischen Vermögensbetreuungspflicht.[136] Anderes gilt (nur), wenn die Compliance-Regel gerade dem Vermögensschutz dient.[137]

4. Einverständnis des Vermögensinhabers

98 Eine Strafbarkeit wegen Untreue scheidet aus, wenn der **Vermögensinhaber** (Treugeber) mit der Handlung des Treunehmers **einverstanden** ist.[138] Das Einverständnis kann entweder durch den Vermögensinhaber selbst oder im Falle von juristischen Personen durch die zuständigen Organe erklärt werden. Ein Einverständnis muss **vor der Durchführung** der Handlung seitens des Vermögensinhabers erklärt werden. Eine **nachträgliche Genehmigung** führt nicht zur Straflosigkeit.[139] Von besonders großer praktischer Relevanz ist die Frage des Einverständnisses des Vermögensinhabers im Bereich von **Risikogeschäften**.[140]

99 Das erteilte Einverständnis muss wirksam sein, damit es zu einem Ausschluss der Strafbarkeit führt. Eine **Unwirksamkeit des Einverständnisses** kann u.a. in Betracht kommen, wenn die Zustimmung des Vermögensinhabers gesetzeswidrig oder seitens des Treunehmers (Täters) durch Täuschung erschlichen ist. Eine Unwirksamkeit kann

---

[134] BVerfG, Beschl. v. 23.6.2010 – 2 BvR 2559/08 u.a. – BVerfGE 126, 170 = NJW 2010, 3209.
[135] BGH, Beschl. v. 26.11.2015 – 3 StR 17/15 – NJW 2016, 2585, 2595; BGH, Beschl. v. 13.9.2010 – StR 220/09 – BGHSt 55, 288 = NJW 2011, 88, 92.
[136] MüKo-StGB/*Dierlamm/Becker*, § 266 Rn 215.
[137] MüKo-StGB/*Dierlamm/Becker*, § 266 Rn 215; *Pavlakos* NZWiSt 2021, 376 ff.
[138] BGH, Urt. v. 21.12.2005 – 3 StR 470/04 – NJW 2006, 522 – Mannesmann/Vodafone; ebenso BGH, Beschl. v. 31.7.2009 – 2 StR 95/09 – NStZ 2010, 89.
[139] *Fischer*, StGB, § 266 Rn 90 ff.
[140] Vgl. insoweit die Ausführungen Rn 122 ff.

auch dann gegeben sein, wenn die Zustimmung durch den Vermögensinhaber pflichtwidrig ist.[141]

Das Problem der **Einwilligung des Vermögensinhabers** spielt eine besondere Rolle bei der Zustimmung durch Organe oder Gesellschafter von **Personen- oder Kapitalgesellschaften**. Wenn der Treugeber eine Personengesellschaft (GbR, OHG, KG) ist, schließt in der Regel nur das Einverständnis aller Gesellschafter eine treuwidrige Pflichtverletzung durch den Treunehmer aus.[142]

Bei einer Gesellschaft mit beschränkter Haftung **(GmbH)** sind vermögensnachteilige Geschäfte des Geschäftsführers (Treunehmers) im Rahmen seiner Geschäftsführung grundsätzlich dann nicht pflichtwidrig, wenn sie im **Einverständnis der Gesellschafter** erfolgen.[143] Dies gilt auch für den geschäftsführenden Alleingesellschafter. Das Vorliegen eines Einverständnisses schließt die Pflichtwidrigkeit aber nicht aus, wenn das **Stammkapital** der GmbH – insbesondere unter Verstoß gegen § 30 GmbHG – beeinträchtigt[144] oder die **wirtschaftliche Existenz** der GmbH in anderer Art und Weise gefährdet wird.[145] Diese Voraussetzungen sind bei einer Herbeiführung oder Vertiefung einer Überschuldung[146] sowie bei Gefährdung der Existenz oder der Liquidität der GmbH gegeben.[147] Die Grundsätze gelten auch für die abhängige GmbH im GmbH-Konzern.[148]

Bei einer **Aktiengesellschaft (AG)** schließt nach den bislang ergangenen Entscheidungen des BGH ein Beschluss der Hauptversammlung grundsätzlich die Pflichtwidrigkeit aus.[149] In der Literatur ist dagegen die Einwilligungskompetenz der Anteilseigner umstritten.[150]

---

[141] *Fischer*, StGB, § 266 Rn 92.
[142] *Fischer*, StGB, § 266 Rn 93a.
[143] BGH, Urt. v. 20.7.1999 – 1 StR 668/98 – NJW 2000, 154. Nach BGH, Urt. v. 27.8.2010 – 2 StR 111/09 – NJW 2010, 3458f., setzt ein wirksames Einverständnis der Mehrheit der Gesellschafter einer GmbH voraus, dass auch die Minderheitsgesellschafter mit der Frage der Billigung befasst waren.
[144] BGH, Urt. v. 6.5.2008 – 5 StR 34/08 – NStZ 2009, 153; BGH, Beschl. v. 19.2.2013 – 5 StR 427/12 – wistra 2013, 232.
[145] BGH, Urt. v. 20.7.1999 – 1 StR 668/98 – NJW 2000, 154; BGH, Beschl. v. 30.8.2011 – 3 StR 228/11 – wistra 2011, 463. Kritik an dieser Einschränkung des Einverständnisses kommt aus der Literatur; siehe aus neuerer Zeit *Trüg/Zeyher* NZWiSt 2021, 169, 170f.
[146] BGH, Beschl. v. 28.10.2008 – 5 StR 166/08 – NJW 2009, 157.
[147] BGH, Urt. v. 20.7.1999 – 1 StR 668/98 – NJW 2000, 154; BGH, Beschl. v. 30.8.2011 – 3 StR 228/11 – wistra 2011, 463.
[148] *Fischer*, StGB, § 266 Rn 98. Vgl. zur Frage der Existenzgefährdung durch zentrales Cash-Management BGH, Urt. v. 24.11.2003 – II ZR 171/01 – NJW 2004, 1111; BGH, Beschl. v. 31.7.2009 – 2 StR 95/09 – BGHSt 54, 52 = NJW 2009, 3666.
[149] BGH, Urt. v. 21.12.2005 – 3 StR 470/04 – NJW 2006, 522, 525 – Mannesmann/Vodafone. Offen gelassen, aber nicht aufgegeben in BGH, Urt. v. 27.8.2010 – 2 StR 111/09 – NJW 2010, 3458, 3461.
[150] Dafür MüKo-StGB/*Dierlamm/Becker* § 266 Rn 165; sowie, allerdings differenzierend *Trüg/Zeyher* NZWiSt 2021, 169, 173ff.; dagegen *Fischer*, StGB, § 266 Rn 102.

5. Vermögensnachteil

103 Der Tatbestand der Untreue setzt schließlich voraus, dass dem Vermögensinhaber durch das treuwidrige Handeln des Täters ein **Vermögensnachteil** zugefügt wird. Die Feststellung der durch die treuwidrige Handlung kausal herbeigeführten Vermögenseinbuße erfolgt nach dem **Prinzip der Gesamtsaldierung**, indem der Wert des Gesamtvermögens vor und nach der pflichtwidrigen Tathandlung verglichen wird.[151]

104 Es muss kein (endgültiger) Vermögensschaden eintreten. Nach der Rechtsprechung reicht eine **schadensgleiche Vermögensgefährdung** aus. Es wird auch zum Teil von einem Gefährdungsschaden gesprochen. Dabei handelt es sich um eine gegenwärtige Minderung des Gesamtvermögens durch die naheliegende Gefahr des endgültigen Verlustes eines Vermögensnachteils.[152]

105 Die von der Rechtsprechung anerkannte Figur des **Gefährdungsschadens** hat in der Vergangenheit zu einer bedenklichen Ausweitung und Vorverlagerung der Untreuestrafbarkeit geführt. Weil hiernach der Eintritt einer effektiven Schädigung des anvertrauten Vermögens nicht erforderlich ist, sondern eben dessen Gefährdung ausreicht, war eine zuverlässige Grenzziehung zwischen der strafbaren vollendeten Untreue und dem straflosen Versuch einer Untreue nicht ohne Weiteres möglich. Problematisch war auch die Tendenz einiger Gerichte, bei der Eingehung von Risikogeschäften aus der – durch den pflichtwidrigen Abschluss des Geschäfts begründeten – gesteigerten Verlustgefahr sogleich auf das Vorliegen eines Gefährdungsschadens zu schließen. Damit wurde das Tatbestandsmerkmal des Vermögensschadens letztlich seines eigenständigen, vom Pflichtwidrigkeitsmerkmal unabhängigen Bedeutungsgehalts beraubt. Auch dieser Rechtspraxis hat die Grundsatzentscheidung des **BVerfG** eine Grenze gezogen. Demnach darf aus pflichtwidrigem Handeln nicht unbesehen auf einen Vermögensnachteil geschlossen werden (sog. **Verschleifungsverbot**). Erforderlich ist, dass der Eintritt eines Schadens so naheliegend erscheint, dass der Vermögenswert aufgrund der Verlustgefahr bereits gemindert ist. Der Vermögensschaden ist gegebenenfalls unter Heranziehung eines **Sachverständigen** der Höhe nach zu beziffern.[153]

106 Den Vorgaben des BVerfG folgen die Strafgerichte seitdem in ständiger Rechtsprechung.[154] Bedeutsam sind die genannten Grundsätze vor allem in Fällen der (pflichtwidrigen) Vergabe von Krediten.[155] Eine schadensgleiche Vermögensgefährdung, die zur

---

[151] BGH, Urt. v. 27.7.2017 – 3 StR 490/16 – NStZ 2018, 105; BGH, Urt. v. 21.2.2017 – 1 StR 296/16 – NJW 2018, 177, 180; BGH, Beschl. v. 26.11.2015 – 3 StR 17/15 – NJW 2016, 2585, 2592; BGH, Urt. v. 31.7.2007 – 5 StR 347/06 – NStZ 2008, 398.
[152] Ausführlich *Fischer*, StGB, § 266 Rn 150 ff. m.w.N.
[153] BVerfG, Beschl. v. 23.6.2010 – 2 BvR 2559/08 u.a. – BVerfGE 126, 170 = NJW 2010, 3209; BGH, Beschl. v. 26.11.2015 – 3 StR 17/15 – NJW 2016, 2585, 2592.
[154] Siehe z.B. BGH, Urt. v. 21.2.2017 – 1 StR 296/16 – NJW 2018, 177, 180; BGH, Beschl. v. 26.11.2015 – 3 StR 17/15 – NJW 2016, 2585, 2592.
[155] Vgl. Rn 102 ff.

Strafbarkeit wegen Untreue führt, kann demnach bereits in dem Abschluss eines wirtschaftlich nachteiligen (Kredit-)Vertrages liegen.[156]

6. Vorsatz

In subjektiver Hinsicht muss der Täter **vorsätzlich handeln**. Es reicht aus, dass der Täter die Möglichkeit eines Schadens erkennt und sich damit abfindet (**Eventualvorsatz**). Fahrlässiges Handeln ist im Rahmen des § 266 StGB nicht unter Strafe gestellt. Der Vorsatz muss sich sowohl auf die Pflichtverletzung als auch auf die kausale Herbeiführung eines Vermögensvorteils beziehen. An den **Nachweis des Vorsatzes** sind im Hinblick auf die relative Weite des objektiven Tatbestandes strenge Anforderungen zu stellen.[157] Daran hat sich nach der neueren verfassungsrechtlichen Rechtsprechung, die eine engere Auslegung der objektiven Tatbestandsmerkmale der Pflichtwidrigkeit und des Vermögensnachteils angemahnt hat, nichts geändert. Im Gegenteil: In dem Maße, in dem die Anforderungen an den Nachweis des Vorliegens der objektiven Tatbestandsmerkmale steigen, erhöhen sich auch die Vorsatzanforderungen. Bedeutsam ist dies insbesondere in Fällen der Eingehung von Risikogeschäften. **107**

In der Praxis hängt die Vorsatzfeststellung maßgeblich von **Indizien** ab. Indiziellen Charakter für das Bewusstsein hinsichtlich der Pflichtwidrigkeit des Handelns hat insbesondere die Frage, ob und inwieweit Aufsichtsorgane in riskante Entscheidungen einbezogen worden sind, ferner, ob der Entscheidungsträger interne Richtlinien beachtet oder umgangen hat.[158] **108**

II. Praxisrelevante Fallgruppen der Untreue

In der Rechtsprechung haben sich bestimmte Fallgruppen der Untreue herausgebildet. Das BVerfG hat darin einen wichtigen Beitrag zur notwendigen Konkretisierung des weit gefassten Untreuetatbestandes gesehen. Da die Fallgruppen in hohem Maße praxisrelevante Themen abbilden, ist ihre Kenntnis für das Verständnis des § 266 StGB von erheblicher Bedeutung. Die wichtigsten Fallgruppen werden im Folgenden vorgestellt. **109**

1. Sponsoring

Das Sponsoring – z.B. die Förderung von nicht-wirtschaftlichen Bereichen wie Kunst, Wissenschaft, Sozialwesen und Sport – durch Vorstände oder Geschäftsführer von Kapi- **110**

---

156 BGH, Beschl. v. 26.11.2015 – 3 StR 17/15 – NJW 2016, 2585, 2592.
157 BGH, Beschl. v. 26.8.2003 – 5 StR 188/03 – wistra 2003, 463; BVerfG, Beschl. v. 10.3.2009 – 2 BvR 1980/07 – NStZ 2009, 560. Vgl. ausführlich zur Diskussion bzgl. der Anforderung an die Feststellungen eines Vorsatzes bei Gefährdungsschäden *Fischer*, NStZ-Sonderheft 2009, 8 ff.
158 BGH, Urt. v. 21.2.2017 – 1 StR 296/16 – NJW 2018, 177, 179 f.

talgesellschaften ist grundsätzlich zulässig und im Wirtschaftsleben weit verbreitet.[159] Es ist mit den Verhaltenspflichten der Unternehmensleitung grundsätzlich vereinbar, dass die unentgeltliche Zuwendung allein mit dem Ziel vorgenommen wird, die soziale Akzeptanz des Unternehmens zu verbessern, es als „**Good Corporate Citizen**" darzustellen und dadurch indirekt sein Fortkommen zu verbessern.[160]

> **Hinweis**
> Gerade kommunale Unternehmen, wie Stadtwerke, sind häufig einer der größten Arbeitgeber der Region. Entsprechendes Engagement in der Gemeinschaft wird von den Bürgern genauso wie von den Verantwortlichen der Kommunen erwartet.

111 Gleichwohl steht der Unternehmensleitung **kein unbegrenzter Freiraum** zu. Vielmehr muss sie ihre Entscheidungen jeweils in Abwägung der ihr obliegenden Verantwortung für den Unternehmenserfolg treffen. Eine Pflichtwidrigkeit des Sponsorings und damit eine strafbare Untreue kann bei Zuwendungen in unangemessener und wirtschaftlich nicht vertretbarer Höhe, bei der Ausschaltung interner Kontrollmechanismen und bei der Verbindung mit persönlichen Vorteilen gegeben sein. Nach der Rechtsprechung soll eine Pflichtverletzung anhand von verschiedenen Indizien festgestellt werden. Diese umfassen die **fehlende Nähe des Zuwendungszwecks** zum Unternehmensgegenstand, die **Unangemessenheit** im Hinblick auf die Ertrags- und Vermögenslage, die **fehlende** innerbetriebliche **Transparenz** und **sachwidrige Motive**, wie z.B. die Verfolgung rein persönlicher Präferenzen.[161]

> **Hinweis**
> Dabei gilt: Je loser die Verbindung zwischen dem Geförderten und dem Unternehmensgegenstand ist, desto begrenzter ist der Handlungsspielraum der Unternehmensleitung und desto größer sind die Anforderungen an die interne Transparenz.

112 Bei **unentgeltlichen Zuwendungen an Dritte** muss sich die Unternehmensleitung an dem möglichen Nutzen orientieren, den ein solches Verhalten der sozialen Akzeptanz des Unternehmens bringt.[162] So kann der Tatbestand der Untreue etwa auch bei der Einladung zu Veranstaltungen, die zwar nicht unmittelbar mit dem Unternehmensgegenstand zusammenhängen, mit denen aber gleichfalls ein anerkanntes unternehmerisches Interesse, etwa das Engagement im kulturellen oder sportlichen Bereich, verfolgt wird, ausscheiden.

---

159 *Fischer*, StGB, § 266 Rn 84.
160 BGH, Urt. v. 6.12.2001 – 1 StR 215/01 – BGHSt 47, 187.
161 BGH, Urt. v. 6.12.2001 – 1 StR 215/01 – BGHSt 47, 187.
162 BGH, Urt. v. 6.12.2001 – 1 StR 215/01 – BGHSt 47, 187.

Krawczyk/Brocke

Praxistipp
Der Umfang von unentgeltlichen Zuwendungen zum Zwecke des Sponsorings muss sich insgesamt im Rahmen dessen halten, was nach Größenordnung und finanzieller Situation des Unternehmens als angemessen angesehen werden kann. Der Zuschnitt und die Ertragslage des Unternehmens bieten für die Bestimmung der Angemessenheit wichtige Anhaltspunkte.

2. Schmiergeldzahlungen

Zur **Annahme** von Schmiergeldern im Gegenzug für **Auftragsvergaben** gilt nach der Rechtsprechung des **BGH**:[163]   113

> „Lässt sich ein Treupflichtiger durch Schmiergeldzahlungen davon abhalten, seine Pflichten zur Wahrung der wirtschaftlichen Interessen des Treugebers (hier: durch Auftragsvergabe unter Wettbewerbsbedingungen) wahrzunehmen, liegt regelmäßig die Annahme eines Vermögensnachteils im Sinne von § 266 Abs. 1 StGB in Höhe sachfremder Rechnungsposten nahe. Die Zahlung von Schmiergeldern in beträchtlicher Höhe und über einen längeren Zeitraum zum Zweck der Auftragserlangung lässt in aller Regel darauf schließen, dass hierdurch unter Wettbewerbsbedingungen nicht erzielbare Preise erlangt werden. Denn ein solches Verhalten ist wirtschaftlich nur sinnvoll, wenn damit nicht nur die Schmiergelder, sondern auch darüberhinausgehende wirtschaftliche Vorteile zu Lasten des Auftraggebers (Treugebers) erwirtschaftet werden können. Die Ausschaltung von Wettbewerb durch Vorteilszuwendungen an die Entscheidungsträger führt dazu, dass Marktmechanismen keine Wirkung entfalten können. In solchen Fällen liegt es nach der Lebenserfahrung nahe, dass auf diese Art erzielte Preise höher liegen als die im Wettbewerb erreichbaren Marktpreise, weil Unternehmen, die nicht im Wettbewerb bestehen müssen, überhöhte Preise verlangen können und Preissenkungsspielräume nicht nutzen müssen."

In einer anderen Entscheidung des BGH ging es um die **Zahlung** von Schmiergeldern („Sonderbonuszahlungen") an den **unternehmenseigenen Betriebsrat** durch einen Vorstand der Volkswagen AG (VW AG). Die Zahlungen erfolgten nach den Feststellungen des Gerichts, um sich das Wohlwollen des Betriebsrates zu erhalten. Die Vornahme dieser Zahlungen stellte eine **strafbare Untreue** zum Nachteil der VW AG dar, da die jeweiligen Vermögensabflüsse („**Sonderbonuszahlungen**") nicht durch entsprechende Vermögenszuflüsse kompensiert wurden.[164] Der Zahlungsempfänger war als Betriebsratsmitglied bereits aufgrund seiner „maximalen Entlohnung" und der Regelung des § 2 Abs. 1 i.V.m. § 51 Abs. 5 BetrVG[165] im Rahmen der Wahrnehmung betriebsverfassungsrechtlicher Aufgaben zur vertrauensvollen Zusammenarbeit mit dem Arbeitgeber „zum Wohl" auch „des Betriebes" gehalten. Dem Vorstandsmitglied oblag eine sich aus §§ 76, 93 AktG ergebende Vermögensbetreuungspflicht gegenüber der VW AG, die er durch   114

---
[163] BGH, Urt. v. 29.6.2006 – 5 StR 485/05 – NJW 2006, 2864.
[164] BGH, Urt. v. 17.9.2009 – 5 StR 521/08 – NStZ 2009, 694 – Volkswagen/Betriebsrat.
[165] Betriebsverfassungsgesetz (BetrVG) v. 25.9.2001 (BGBl. I S. 2518), zuletzt geändert durch Gesetz v. 16.9.2022 (BGBl. I S. 1454).

Festsetzung und Auszahlung der Sonderbonuszahlungen objektiv pflichtwidrig verletzte.[166] Der BGH wies schließlich darauf hin, dass selbst der Vermögensinhaber eine solche Zahlungsvereinbarung nicht hätte vornehmen dürfen. Ein von der Gesamtheit der Aktionäre durch einen Beschluss der Hauptversammlung über die Verwendung des Bilanzgewinns zur Sonderbonuszahlung getroffene Verfügung wäre ebenso wegen Verstoßes gegen das Begünstigungsverbot gem. § 78 S. 2 BetrVG i.V.m. § 134 BGB nichtig gewesen wie die von dem fraglichen Vorstandsmitglied getroffene Vereinbarung.[167]

115   Eine weitere Facette des Komplexes Betriebsratszuwendungen betrifft den **Aufbau und die finanzielle Unterstützung einer der Unternehmensführung „genehmen" Betriebsratsorganisation** („Siemens/Arbeitsgemeinschaft unabhängiger Betriebsangehöriger (AUB)"). Der BGH stellte klar, dass allein die Strafbarkeit nach § 119 Abs. 1 Nr. 1 BetrVG (Beeinflussung der Wahl des Betriebsrates durch Gewährung von Vorteilen) für eine Pflichtwidrigkeit i.S.d. § 266 StGB nicht genügt. Ein **Verstoß gegen eine Rechtsnorm** kommt als Anknüpfungspunkt für die Untreuestrafbarkeit nur in Frage, wenn die verletzte Rechtsnorm – zumindest mittelbar – **vermögensschützenden Charakter** für das anvertraute Vermögen hat.[168] Das ist beim Verbot der Beeinflussung von Betriebsratswahlen nicht der Fall, weil Schutzzweck nicht (auch nicht mittelbar) das Vermögen des Unternehmens, sondern die Unbeeinflusstheit der Wahl ist. Ein pflichtwidriges Verhalten sah der BGH aber in dem Abschluss von Rahmenverträgen, die der Verschleierung der finanziellen Zuwendungen dienten. Allerdings verneinte der BGH einen Vermögensnachteil, weil die Zahlungen an die Betriebsratsorganisation AUB aus Sicht der Siemens AG durch – mit den Zahlungen gerade angestrebte – wirtschaftliche Vorteile kompensiert worden seien. An den Standorten, an denen die AUB im Betriebsrat vertreten war, konnte nämlich „auf betrieblicher Ebene eine Vielzahl von Vereinbarungen geschlossen werden, die aus Arbeitgebersicht erhebliche wirtschaftliche Vorteile einbrachten und firmenstrategische Maßnahmen erleichterten".[169]

116   Die letztgenannten Ausführungen dürfen indessen nicht in dem Sinne (falsch) verstanden werden, dass finanzielle Zuwendungen zum Zwecke von Einflussnahmen straflos sind, wenn nur der angestrebte wirtschaftliche Zweck eintritt. Das gilt allenfalls für die allein das Vermögen schützende Norm des § 266 StGB. Hingegen ändert sich nichts daran, dass mit der Verschleierung von Zahlungen steuerstrafrechtliche Probleme einhergehen können oder die durch finanzielle Zuwendungen bewirkte Einflussnahme selbst eine Straftat – wie hier nach § 119 Abs. 1 Nr. BetrVG – darstellen kann.

---

166 BGH, Urt. v. 17.9.2009 – 5 StR 521/08 – NStZ 2009, 694 – Volkswagen/Betriebsrat.
167 Dazu auch die neuere, ebenfalls den Betriebsrat von VW betreffende Entscheidung BGH, Urt. v. 10.1.2023 – 6 StR 133/22 – NJW 2023, 1075.
168 Siehe bereits oben Rn 96.
169 BGH, Beschl. v. 13.9.2010 – 1 StR 220/09 – BGHSt 55, 288 = NJW 2011, 88.

3. Schwarze Kassen

Eng verwandt mit der Frage unzulässiger Schmiergeldzahlungen ist das Problem der strafrechtlichen Bewertung der Einrichtung und des Führens sog. **schwarzer Kassen** in Unternehmen. Nach Auffassung der Rechtsprechung liegt der Schwerpunkt des strafrechtlichen Vorwurfs hier nicht in einzelnen Maßnahmen zur Verschleierung des Vermögens, sondern im **Unterlassen** der Offenbarung der verborgenen Geldmittel.[170] Der BGH hat sich im Zusammenhang mit der Schmiergeldaffäre bei der Siemens AG grundsätzlich mit dieser Thematik auseinandergesetzt.[171] Das Gericht führte aus:

117

> „Indem der Angeklagte Geldvermögen der Siemens AG in den verdeckten Kassen führte und der Treugeberin auf Dauer vorenthielt, entzog er diese Vermögensteile seiner Arbeitgeberin endgültig. Diese konnte auf die verborgenen Vermögenswerte keinen Zugriff nehmen. Die Absicht, die Geldmittel – ganz oder jedenfalls überwiegend – bei späterer Gelegenheit im Interesse der Treugeberin einzusetzen, insbesondere um durch verdeckte Bestechungszahlungen Aufträge für sie zu akquirieren und ihr so mittelbar zu einem Vermögensgewinn zu verhelfen, ist hierfür ohne Belang. [...] Beim Unterhalten einer verdeckten Kasse wie im vorliegenden Fall hält der Treupflichtige nicht eigenes Vermögen zum Ersatz bereit, sondern hält Geldvermögen seines Arbeitgebers verborgen, um es unter dessen Ausschaltung oder Umgehung nach Maßgabe eigener Zweckmäßigkeitserwägungen bei noch nicht absehbaren späteren Gelegenheiten für möglicherweise nützliche, jedenfalls aber risikoreiche Zwecke einzusetzen."[172]

Eine ausdrückliche oder stillschweigende **Einwilligung** des Zentralvorstandes in das Führen der schwarzen Kassen konnte nicht festgestellt werden. Der BGH ließ ausdrücklich offen, ob ein solches Einverständnis vor dem Hintergrund der sich aus § 93 AktG ergebenen Sorgfaltspflichten überhaupt wirksam gewesen wäre.

118

Die Entscheidung des BGH dürfte so zu verstehen sein, dass die Einrichtung und das Vorhalten schwarzer Kassen nicht automatisch den Tatbestand der Untreue erfüllt. Eine **strafbare Untreue** kann dann **ausscheiden**, wenn die in den schwarzen Kassen vorgehaltenen Geldmittel formell im Eigentum oder Vermögen des Treugebers verbleiben und von diesem ohne Weiteres „zurückgeholt" werden könnten.[173] Allerdings ist dabei zu berücksichtigen, dass der Bildung schwarzer Kassen durch den Vermögensinhaber bzw. mit seinem Einverständnis normative Grenzen gesetzt sind. Sofern sich der mit Einrichtung einer schwarzen Kasse verfolgte Zweck selbst als pflicht- oder gesetzeswidrig darstellt, dürfte der Vorwurf der strafbaren Untreue schnell erhoben sein.

119

---

170 BGH, Urt. v. 29.8.2008 – 2 StR 587/07 – BGHSt 52, 323 = NJW 2009, 89 – Siemens/schwarze Kassen; Beschl. v. 12.2.2020 – 2 StR 291/19 – NStZ 2020, 544.
171 BGH, Urt. v. 29.8.2008 – 2 StR 587/07 – BGHSt 52, 323 = NJW 2009, 89 – Siemens/schwarze Kassen.
172 BGH, Urt. v. 29.8.2008 – 2 StR 587/07 – BGHSt 52, 323 =NJW 2009, 89 – Siemens/schwarze Kassen.
173 *Fischer*, NStZ-Sonderheft 2009, 8, der zutreffend darauf hinweist, dass insoweit eine strafbare Steuerhinterziehung gem. § 370 AO vorliegen kann.

Beispiel
Der ehemalige Geschäftsführer eines kommunalen Unternehmens wurde wegen Untreue verurteilt, weil er zur Durchführung von riskanten Finanztransaktionen ein Verrechnungskonto bei einer Bank in London unterhielt. Das LG Leipzig sah darin eine Verletzung „der von ihm übernommenen Verpflichtung, sein Amt stets mit der Sorgfalt eines ordentlichen Kaufmanns zu führen und dabei für die wirtschaftlichen, finanziellen und organisatorischen Belange der Gesellschaft zu sorgen.[174] Auch den Einwand, dass durch erfolgreiche Transaktionen auf dem Konto befindliche Geld als „Risikopuffer" nutzen zu wollen, ließ das Gericht nicht gelten.

120 I.Ü. führt nach Auffassung der Rechtsprechung schon die **Bildung** einer schwarzen Kasse zu einem **endgültigen Vermögenschaden**, weil der Vermögensinhaber regelmäßig keine Kenntnis bzw. Kontrolle über die verborgenen Vermögenswerte hat und ihn diese dauerhaft entzogen werden. Die Rückführung verborgener Mittel in die Buchhaltung ist daher nur eine (nachträgliche) Schadenswiedergutmachung.[175] Dies hat das **BVerfG** ebenso bestätigt wie die Auffassung, dass die Aussicht auf den Abschluss von wirtschaftlich vorteilhaften Geschäften mithilfe von Bestechungszahlungen am Vorliegen eines Vermögensschadens nichts ändere.[176] Hier zeigt sich im Übrigen der maßgebliche Unterschied zu der Siemens/AUB-Entscheidung[177], den der BGH wie folgt beschrieben hat:

> „Auf Grund des zur Tatzeit etablierten und ‚bewährten' Systems sind die Zuwendungen auch nicht mit Fällen vergleichbar, bei denen durch Einsatz von Bestechungsgeldern in nicht konkretisierten zukünftigen Fällen dem Vermögensinhaber günstige Vertragsabschlüsse erreicht werden sollen".[178]

121 Mangels Vermögensschadens liegt keine Untreue vor, wenn in einem Unternehmen ein „Schwarzbestand" an angeschafften Gegenständen vorhanden ist, deren Existenz der Unternehmensleitung mangels Einkaufsbelegen und Inventarisierung nicht bekannt ist, sofern sich die Unternehmensleitung aber die Kenntnis durch eine Inventur verschaffen könnte.[179]

4. Risikogeschäfte

122 Sog. Risikogeschäfte beinhalten für den Treugeber das **Risiko des Vermögensverlustes**. Der Abschluss eines mit einem Risiko behafteten Geschäfts erfüllt nicht schon wegen des Risikos als solchem oder wegen des Eintritts eines Verlustes den Tatbestand der Untreue.[180] Wirtschaftlich vernünftige Ausgaben im Rahmen kaufmännischen Unter-

---

174 LG Leipzig, Urt. v. 19.1.2011 – 11 KLs 395 Js 2/10 – BeckRS 2012, 588.
175 BGH, Urt. v. 29.8.2008 – 2 StR 587/07 – BGHSt 52, 323 = NJW 2009, 89 – Siemens/schwarze Kassen; Beschl. v. 12.2.2020 – 2 StR 291/19 – NStZ 2020, 544.
176 BVerfG, Beschl. v. 23.6.2010 – 2 BvR 2559/08 u.a. – BVerfGE 126, 170 = NJW 2010, 3209.
177 Oben Rn 114.
178 BGH, Beschl. v. 13.9.2010 – 1 StR 220/09 – BGHSt 55, 288 = NJW 2011, 88.
179 BGH, Urt. v. 27.7.2017 – 3 StR 490/16 – NStZ 2018, 105, 108.
180 BGH, Urt. v. 4.2.2004 – 2 StR 355/03 – StV 2004, 424.

nehmergeistes dürfen nicht ohne Weiteres unter Strafe gestellt werden, da dies zu einer unzulässigen Einschränkung der (verfassungsrechtlich garantierten) Freiheit wirtschaftlicher Betätigung führen würde. Nach ständiger Rechtsprechung ist dem Vorstand einer AG grundsätzlich ein **weiter unternehmerischer Handlungsspielraum** einzuräumen, der auch das Eingehen geschäftlicher Risiken mit der Gefahr des Fehlschlags umfasst. Der Vorstand handelt so lange nicht pflichtwidrig, wie er vernünftigerweise annehmen darf, auf der Grundlage angemessener Information zum Wohle der Gesellschaft zu handeln (sog. **Business Judgement Rule**, § 93 Abs. 1. S. 2 AktG). Für Geschäftsführer einer GmbH gelten diese Grundsätze gleichermaßen.[181]

Ein § 266 StGB unterfallendes (Risiko-)Geschäft liegt dagegen vor, wenn der Täter bewusst und entgegen den Regeln kaufmännischer Sorgfalt eine äußerst gesteigerte Verlustgefahr auf sich nimmt, nur um eine höchst zweifelhafte Gewinnaussicht zu erhalten. Für die **Beurteilung des eingeräumten Spielraums** maßgebend ist dabei das **zugrunde liegende Treueverhältnis**. Entscheidend ist, wie weit diesem das Eingehen oder Vermeiden von Verlustrisiken innewohnt sowie ob und in welchem Umfang sich eine Begrenzung der Dispositionsmacht daraus ergibt.[182] 123

Für die Beurteilung ist eine **objektive Ex-ante-Sicht** zum Zeitpunkt der Vornahme der Handlung maßgeblich. Die Grenze zur zulässigen wirtschaftlichen Betätigung ist auf jeden Fall dann überschritten, wenn der Täter „nach Art eines Spielers" und außerhalb kaufmännischer Sorgfalt sich aufdrängende Verlustgefahren eingeht, um dafür eine nur vage Chance eines Gewinns zu erlangen.[183] 124

Praxistipp
Unter Berücksichtigung dieser Umstände dürfte das Eingehen von Risiken regelmäßig als treuwidrig anzusehen sein, die sich nach dem Inhalt eines Treueverhältnisses entweder formell (z. B. bei der Umgehung von Zustimmungserfordernissen oder sonstigen unternehmensinternen Verfahrensvorschriften) oder materiell (z. B. bei Sittenwidrigkeit des Geschäfts oder bei Abhängigkeit der Erfolgsprognose von bloßen Zufällen) als unvertretbar erweisen.

Ein in der Praxis besonders häufig vorkommendes Risikogeschäft ist die **Kreditvergabe**. Zwar sind insoweit bestehende Untreuerisiken primär für die Kreditabteilungen von Banken interessant. Allerdings kann sich der **Kreditnehmer** als (notwendiger) Teilnehmer einer nach § 266 StGB strafbaren Kreditvergabe bei Kenntnis der Sachlage selbst wegen **Beihilfe zur Untreue** strafbar machen. Da die Aufnahme von Krediten all- 125

---

181 BGH, Beschl. v. 26.11.2015 – 3 StR 17/15 – NJW 2016, 2585, 2591 m.w.N.
182 BGH, Urt. v. 4.2.2004 – 2 StR 355/03 – StV 2004, 424.
183 BGH, Beschl. v. 11.6.1991 – 1 StR 267/91 – wistra 1992, 26. Vgl. aktuell BGH, Beschl. v. 18.2.2009 – 1 StR 731/08 – NStZ 2009, 330, zur Frage der Schadensberechnung und des Vorsatzes bei Risikogeschäften; kritisch insoweit *Fischer*, NStZ-Sonderheft 2009, 8 ff.

täglicher Bestandteil unternehmerischer Tätigkeit ist, ist die Kenntnis der Rechtsprechungsgrundsätze wichtig. Maßgeblich ist wiederum die Grundsatzentscheidung des **BVerfG**, welche zum Teil die bisherige Rechtsprechung bestätigt, zum Teil aber auch wichtige, über die bisherige Praxis hinausgehende Anforderungen formuliert hat.

126 Kreditvergabeentscheidungen muss nach anerkannten bankkaufmännischen Grundsätzen eine umfassende und sorgfältige **Bonitätsprüfung** (einschließlich der Prüfung der Werthaltigkeit von gewährten Sicherheiten) vorausgehen. Eine Pflichtverletzung liegt daher vor, wenn die Entscheidungsträger ihre **banküblichen Informations- und Prüfungspflichten** bezüglich der wirtschaftlichen Verhältnisse des Kreditnehmers **gravierend verletzt** haben. Anhaltspunkte für eine unzureichende und damit pflichtwidrige Risikoprüfung sind insbesondere Verstöße gegen formalisierte und/oder organisatorische Verpflichtungen. Zu nennen sind etwa: Überschreitung interner Befugnisse, unrichtige bzw. unvollständige Angaben gegenüber Aufsichts- und Kontrollgremien, Überschreitung von Höchstkreditgrenzen. Ein fast schon klassisches (Strafbarkeits-)Indiz ist zudem das eigennützig motivierte Handeln des Entscheidungsträgers.[184] Das weiterhin erforderliche Vorliegen eines Vermögensnachteils darf allerdings nicht allein aus dem Umstand geschlossen werden, dass die pflichtwidrige Kreditvergabe das Risiko eines Ausfalls des Kredits (namentlich wegen fehlender bzw. nicht ausreichender Bonität des Kreditnehmers) geschaffen hat. Vielmehr muss das Vorliegen des Vermögensnachteils den Vorgaben des BVerfG entsprechend eigenständig beurteilt werden. Hierfür muss der Vermögensschaden der kreditierenden Bank durch **Bezifferung** des Minderwerts der Kreditforderung gegen den Kreditnehmer ermittelt werden. Dabei sind auch vom Kreditnehmer gewährte Sicherheiten zu berücksichtigen. Deren Wert kann ggf. den Minderwert der Kreditforderung kompensieren, sodass im Ergebnis kein Vermögensnachteil des Kreditgebers vorliegt. Die anzustellende wirtschaftliche Betrachtung wird oftmals nicht ohne Hinzuziehung eines Wirtschaftssachverständigen auskommen.[185]

127 In Kreditvergabefällen sind – ebenso wie beim Abschluss aller anderen Risikogeschäfte – schließlich die **Anforderungen an die Feststellung des Untreuevorsatzes** zu beachten. Insbesondere reicht die bewusste Eingehung eines Risikos nicht aus, weil „Risiken wesentliche Strukturelemente im marktwirtschaftlichen System sind und die Eingehung von Risiken notwendiger Bestandteil unternehmerischen Handelns ist."[186]

128 Weiterhin muss der – potenzielle – Täter die Realisierung der von ihm erkannten Gefahr eines Vermögensnachteils billigen. Dies liegt grundsätzlich eher fern, wenn keine Indizien für einen auch nur mittelbaren persönlichen Vorteil des Handelnden bestehen. Erst recht gilt dies, wenn die handelnden Personen **Maßnahmen der Risikovor-**

---

[184] BVerfG, Beschl. v. 23.6.2010 – 2 BvR 2559/08 u.a. – BVerfGE 126, 170 = NJW 2010, 3209.
[185] Vgl. z.B. BVerfG, Beschl. v. 23.6.2010 – 2 BvR 2559/08 u.a. – NJW 2010, 3209; BGH, Beschl. v. 4.2.2014 – 3 StR 347/13 – NStZ 2014, 457; BGH, Beschl. v. 29.1.2013 – 2 StR 422/12 – NStZ 2013, 711; BGH, Beschl. v. 13.4.2012 – 5 StR 442/11 – NJW 2012, 2370.
[186] BGH, Urt. v. 28.5.2013 – 5 StR 551/11 – NStZ 2013, 715.

sorge getroffen haben. In diesem Zusammenhang hat der BGH in einer Entscheidung Aussagen getroffen, die sich zugleich als Anweisung für ein wirksames – und damit auch strafrechtlich entlastendes – Compliance-Programm für Risikogeschäfte lesen:

> „Durch den Aufbau eines Risikocontrollings (...) ist belegt, dass die Verantwortlichen nicht die Augen vor der möglichen Existenzbedrohung verschlossen haben, sondern bemüht waren, die Risiken (...) steuerbar zu halten. Die Ergebnisse dieser Untersuchungen wurden den Angeklagten gegenüber kommuniziert bzw. von ihnen abgefragt. Auch dieser Umstand spricht dagegen, dass den Angeklagten der tatbestandliche Erfolg des Eintritts eines Nachteils auch nur gleichgültig gewesen wäre. Schließlich war das gesamte Controlling- und Buchhaltungssystem auf Transparenz ausgelegt. Die erkannten Risiken wurden sowohl konzernintern als auch gegenüber den Abschlussprüfern (...) offen angesprochen und diskutiert."[187]

5. Untreue im Konzern

Eine Untreue kann auch in einem Konzern im Verhältnis von herrschender zur beherrschten Gesellschaft in Betracht kommen. Hinsichtlich des **Vermögensabflusses bei einer konzernintegrierten GmbH** hat der BGH entschieden, dass einer GmbH mit Zustimmung ihrer Gesellschafter grundsätzlich Vermögenswerte entzogen werden können, weil sie gegenüber ihren Gesellschaftern keinen Anspruch auf ihren ungeschmälerten Bestand hat.[188] Eine entsprechende Vermögensverfügung ist allerdings gegenüber der Gesellschaft als treuwidrig und damit wirkungslos anzusehen, wenn sie geeignet ist, das **Stammkapital der Gesellschaft** zu beeinträchtigen, wenn der Gesellschaft durch die Verfügung ihre Produktionsgrundlagen entzogen werden oder wenn ihre Liquidität durch Entziehung des zur Erfüllung der Verbindlichkeiten benötigte Vermögen gefährdet wird.[189] Werden **Vermögenswerte der beherrschten Gesellschaften** in einem solchen Ausmaß transferiert, dass die Erfüllung der eigenen Verbindlichkeiten der einlegenden Konzernmitglieder im Falle eines Verlustes der Gelder gefährdet wird, so verletzt der Vorstand der herrschenden Gesellschaft hierdurch seine **Vermögensbetreuungspflicht**, sofern nicht die Rückzahlung, etwa durch ausreichende Besicherung, gewährleistet ist.[190]

Diese Grundsätze gelten im mehrstufigen Beherrschungsverhältnis nicht nur für die Alleingesellschafterin der geschädigten Gesellschaft, sondern für sämtliche die Untergesellschaft beherrschenden Konzernebenen über dieser.[191]

---

[187] BGH, Urt. v. 28.5.2013 – 5 StR 551/11 – NStZ 2013, 715.
[188] BGH, Beschl. v. 31.7.2009 – 2 StR 95/09 – NStZ 2010, 89.
[189] BGH, Beschl. v. 31.7.2009 – 2 StR 95/09 – NStZ 2010, 89.
[190] BGH, Beschl. v. 31.7.2009 – 2 StR 95/09 – NStZ 2010, 89.
[191] BGH, Beschl. v. 31.7.2009 – 2 StR 95/09 – NStZ 2010, 89.

6. Untreue durch Aufsichtsratsmitglieder

131 Die Handlungspflicht des Aufsichtsrats umfasst die Verhinderung gravierender vermögensschädigender Pflichtverletzungen des Vorstandes sowie die Pflicht, Maßnahmen zur Geltendmachung von Schadenersatzansprüchen zu veranlassen bzw. eine Strafanzeige zu erstatten, sofern nachträglich entsprechende Pflichtverletzungen des Vorstandes bekannt werden.[192]

132 Zum Umfang der Pflichten des Aufsichtsrates gehört auch die **Verhinderung von Straftaten** des Vorstandes. Das Risiko einer Strafbarkeit wegen Untreue hängt weiter davon ab, dass aus der nicht verhinderten Straftat unmittelbar ein Vermögensschaden für die Gesellschaft resultiert.[193] Dies ist insbesondere der Fall, wenn ein Vorstandsmitglied eine Vermögensstraftat zum Nachteil der Gesellschaft begeht wie z. B. einen Betrug durch Einreichung falscher Reisekostenabrechnungen.[194] Bei Straftaten zum Nachteil Dritter (z. B. Betrug zum Nachteil von Kunden) kann der Vermögensschaden für die Gesellschaft in der konkreten Gefahr rechtlicher Nachteile für die Gesellschaft – insbesondere im Form von Sanktionen – liegen.[195] Hierbei handelt es sich um eine Form des Gefährdungsschadens.[196]

133 Die Untreuestrafbarkeit wegen Nichtverhinderung von Straftaten hängt davon ab, dass dem Aufsichtsrat ein **Einschreiten möglich** war. Dies setzt zum einen Kenntnis der Straftat im Vorfeld voraus und zum anderen gesellschaftsrechtliche Interventionsmöglichkeiten. Letztere stehen mit der Möglichkeit der **Abberufung des Vorstandes** (§ 84 Abs. 3 AktG) oder der Festlegung eines **Zustimmungsvorbehaltes des Aufsichtsrates** (§ 111 Abs. 4 S. 2 AktG) zur Verfügung.[197]

134 Ist bei einer **GmbH** ein fakultativer Aufsichtsrat bestellt worden, gilt gem. § 55 Abs. 1 GmbHG die aktienrechtliche Bestimmung zum Zustimmungsvorbehalt und somit das vorangehend Gesagte entsprechend. Nimmt der Geschäftsführer ein Geschäft vor, ohne die in der Satzung festgelegte Zustimmung des Aufsichtsrates einzuholen, liegt pflichtwidriges Handeln vor. Anderes gilt, wenn eine sog. General- oder Rahmenzustimmung des Aufsichtsrates zur Vornahme bestimmter Geschäfte vorliegt.[198]

135 Die **Festsetzung von unzulässigen Vorstandsvergütungen** kann einen Treuebruch darstellen. Zwar steht dem Aufsichtsrat einer AG insoweit grundsätzlich ein weiter Ermessensspielraum zu. Eine Treuepflichtverletzung liegt in diesen Fallkonstellationen nach der Rechtsprechung aber dann vor, wenn Sonderzahlungen an Vorstandsmitglieder zur Belohnung vergangener Leistungen gewährt werden und wenn sie dem

---

192 Vgl. ausführlich *Fischer*, StGB, § 266 Rn 105 ff.
193 Vgl. BGH, Beschl. v. 14.4.2011 – 2 StR 616/10 – NJW 2011, 2675 m.w.N.; siehe zudem oben Rn 94 ff.
194 *Schwerdtfeger*, NZWiSt 2018, 266 ff.
195 *Fischer*, StGB, § 266 Rn 157 m.w.N.; anders wohl *Schwerdtfeger*, NZWiSt 2018, 266, 268.
196 Näher oben Rn 103 f.
197 Vgl. *Schwerdtfeger*, NZWiSt 2018, 266 ff.
198 Vgl. BGH, Beschl. v. 26.11.2015 – 3 StR 17/15 – NJW 2016, 2585, 2597.

Unternehmen keinen zukunftsbezogenen Nutzen bringen.[199] Der Ermessensspielraum des Aufsichtsrates wird zudem durch § 87 AktG konkretisiert und eingeschränkt. Danach muss die Festsetzung der Gesamtbezüge in einem angemessenen Verhältnis zu den Aufgaben und Leistungen des Vorstandsmitglieds sowie zur Lage der Gesellschaft stehen. Für börsennotierte Gesellschaften gilt zudem die Regelung des § 87a AktG, die Transparenzbestimmungen für das Vergütungssystem des Unternehmens enthält, welches gem. § 120a AktG der Hauptversammlung zur Billigung vorzulegen ist.

Pflichtwidriges Verhalten von **Aufsichtsratsmitgliedern** liegt insbesondere vor, wenn diese mit leitenden Angestellten der Gesellschaft bei einem vermögensschädigenden Verhalten zusammenwirken.[200]

136

7. Haushaltsuntreue

Hierunter ist die Untreuestrafbarkeit kommunaler Entscheidungsträger zu verstehen, die hinsichtlich des Vermögens der Stadt oder Gebietskörperschaft vermögensbetreuungspflichtig sind.[201]

137

Untreue im kommunalen Bereich kommt zum einen bei **Auftragsvergaben** in Betracht. Es gelten die im Haushaltsgrundsätzegesetz[202] (§ 6 Abs. 1 HGrG) sowie in den Haushaltsordnungen des Bundes und der Länder verankerten **Grundsätze der Wirtschaftlichkeit und Sparsamkeit**. Ein Verstoß hiergegen kann untreuerelevant sein. Allerdings haben kommunale Entscheidungsträger einen **Entscheidungsspielraum**. Daher müssen kommunale Entscheidungsträger nicht stets das niedrigste Angebot auswählen. Innerhalb des Entscheidungsspielraums dürfen (und müssen) auch andere Faktoren berücksichtigt werden, wie z.B. Seriosität des Anbieters, dessen Position am Markt, Empfehlungen und Bewertungen. Nur bei Auftragsvergaben, die mit den Grundsätzen vernünftigen Wirtschaftens unvereinbar sind, liegen eine Überschreitung des Entscheidungsspielraums und eine untreuerelevante evidente Pflichtverletzung vor.[203] Dabei stellt sich jedoch wiederum die Frage, was „vernünftiges Wirtschaften" im Einzelfall bedeutet und wann eine Pflichtverletzung „evident" ist.[204]

138

Zum anderen ist das Eingehen von risikobehafteten **Finanzgeschäften** durch Städte, Gemeinden oder öffentlich-rechtliche Anstalten untreuerelevant. Insoweit gilt das **kommunalrechtliche Spekulationsverbot**, das aus den Grundsätzen der Wirtschaftlichkeit und Sparsamkeit folgt. Städten und Kommunen sind allein der Gewinnerzielung dienende Finanzgeschäfte nicht gestattet. Auf der anderen Seite ist der Abschluss eines

139

---

[199] BGH, Urt. v. 21.12.2005 – 3 StR 470/04 – NJW 2006, 522 – Mannesmann/Vodafone.
[200] BGH, Beschl. v. 26.11.2015 – 3 StR 17/15 – NJW 2016, 2585, 2591.
[201] Oben Rn 90.
[202] Gesetz über die Grundsätze des Haushaltsrechts (HGrG) des Bundes und der Länder v. 19.8.1969 (BGBl. I, 1273), zuletzt geändert mit Gesetz v. 14.8.2017 (BGBl. I, 3122).,
[203] BGH, Beschl. v. 8.1.2020 – 5 StR 366/19, NZWiSt 2020, 195.
[204] Siehe bereits oben Rn 96.

Finanzgeschäfts nicht pflichtwidrig, wenn dieses in sachlichem und zeitlichem Bezug mit einem vorhandenen oder aktuell abgeschlossenen Kreditvertrag steht (z.B. Investition in einen Wertpapierfonds zur Erwirtschaftung von Gewinnen für die Finanzierung von Baumaßnahmen; Abschluss von Zinsswaps zur Absicherung gegen Zinsänderungsrisiken). Das Risiko des Kapitalverlustes darf die Chance des Kapitalgewinns aber nicht deutlich übersteigen. Erforderlich sind eine ausreichende Informationsgrundlage, eine Risikoanalyse und – jedenfalls bei Zweifeln – die Einbeziehung von Aufsichtsbehörden.[205]

III. Handlungsempfehlung

140 Das **Risiko** einer strafbaren Untreue kann dadurch **verringert** werden, dass vor der vermögensrelevanten Handlung das **Einverständnis** aller Gesellschafter eingeholt wird. Denn vermögensrelevante Verfügungen – wie z.B. unentgeltliche Zuwendungen im Rahmen des Sponsorings – sind mit Einverständnis des Vermögensinhabers nicht pflichtwidrig, sodass der Tatbestand der Untreue von vornherein entfällt. Dies gilt allerdings nur so weit, wie die wirtschaftliche Existenz des Unternehmens nicht gefährdet ist oder die Erteilung des Einverständnisses selbst nicht pflichtwidrig ist.[206]

> **Praxistipp**
> Es empfiehlt sich, die relevanten Vorgänge und deren Entscheidungsgrundlagen sowie die Einhaltung aller unternehmensinternen Entscheidungsverfahren und Zuständigkeiten so konkret wie möglich zu dokumentieren.

141 Es sollte zudem deutlich gemacht werden, dass Risiko und Nutzen der Zuwendung sorgfältig abgewogen wurden. Dies gilt insbesondere für sog. Risikogeschäfte. Dort kann eine **sorgfältige Dokumentation** im Falle strafrechtlicher Ermittlungen den (entlastenden) Nachweis ermöglichen, dass der betreffende Treunehmer bei der Vornahme des riskanten Geschäfts nicht vorsätzlich gehandelt hat. Ein entsprechender (Eventual-)Vorsatz liegt in Abgrenzung zur bewussten Fahrlässigkeit nicht vor, wenn der Täter auf einen positiven Ausgang vertraut hat und er **darauf vertrauen durfte**. Da im Rahmen der Untreue i.S.v. § 266 StGB nur vorsätzliches Handeln erfasst ist, würde insoweit eine Strafbarkeit ausscheiden.

---

[205] BGH, Beschl. v. 21.2.2017 – 1 StR 296/16 – BGHSt 62, 144 = NJW 2018, 177; BGH, Beschl. v. 19.9.2018 – 1 StR 194/18 – NZWiSt 2019, 230.
[206] Oben Rn 95.

G. Strafbarkeit des Compliance-Officers

Für viel Diskussionsstoff haben Bemerkungen des BGH in einem Urteil aus dem Jahr 2009 zur strafrechtlichen **Garantenstellung des Compliance-Officers** gesorgt.[207] In dem zugrunde liegenden Verfahren ging es um die **fehlerhafte Abrechnung von Gebühren** im Rahmen eines Anschluss- und Benutzungszwanges durch die Berliner Stadtreinigungsbetriebe (BSR). Ein zuständiger Vorstand verhinderte zugunsten seines Unternehmens die Aufdeckung des (zunächst) versehentlichen Kalkulationsfehlers. Er wurde wegen Betruges (in mittelbarer Täterschaft) zu einer zweijährigen Bewährungsstrafe verurteilt. Der Leiter der Rechtsabteilung, der zugleich Leiter der Innenrevision der BSR war, wurde wegen Betruges durch Unterlassen zu einer Geldstrafe verurteilt, weil er weder dem Vorstandsvorsitzenden, dem er direkt unterstellt war, noch dem Aufsichtsratsvorsitzenden von den ihm bekannten betrügerischen Tätigkeiten des betreffenden Vorstandsmitglieds unterrichtet hatte, obwohl ihm dies möglich und zumutbar gewesen wäre. Nach Ansicht des BGH oblag dem Leiter der Innenrevision als „juristischem Gewissen" der BSR die Überwachungspflicht, die Straßenanlieger vor betrügerisch erhöhten Gebühren zu schützen.[208]

142

Ohne dass es für die rechtliche Beurteilung des zugrunde liegenden Sachverhalts darauf angekommen wäre, führte der BGH in einem sog. Obiter dictum aus, dass das **Aufgabengebiet eines Compliance-Officers**

143

> „[...] die Verhinderung von Rechtsverstößen, insbesondere auch von Straftaten, die aus dem Unternehmen heraus begangen werden und diesem erhebliche Nachteile durch Haftungsrisiken oder Ansehensverlust bringen können, [ist]. Derartige Beauftragte wird regelmäßig strafrechtlich eine Garantenpflicht im Sinne des § 13 Abs. 1 StGB treffen, solche im Zusammenhang mit der Tätigkeit des Unternehmens stehende Straftaten von Unternehmensangehörigen zu verhindern. Dies ist die notwendige Kehrseite ihrer gegenüber der Unternehmensleitung übernommenen Pflicht, Rechtsverstöße und insbesondere Straftaten zu unterbinden".

In dem zu entscheidenden Fall sah der BGH keine derartig weitgehende Beauftragung des angeklagten Leiters der Innenrevision, obwohl es nach Ansicht des Gerichts zwischen einem Leiter der Innenrevision und einem Compliance-Officer in der Regel weitgehende Überschneidungen im Aufgabengebiet gibt.[209]

144

Bei der Bewertung der Entscheidung ist insbesondere zu berücksichtigen, dass die Bemerkungen des BGH zur (möglichen) Garantenstellung des Compliance-Officers für das Urteil nicht entscheidend waren, sie vielmehr **beiläufig** erfolgten. Der vom BGH zu entscheidende Fall wies darüber hinaus die Besonderheiten auf, dass der angeklagte Leiter der Innenrevision für die BSR gearbeitet hat, die als Anstalt des öffentlichen

145

---

[207] BGH, Urt. v. 17.7.2009 – 5 StR 394/08 – NJW 2009, 3173. Vgl. insoweit auch *Warncke*, NStZ 2010, 312 ff.; *Mosbacher/Dierlamm*, NStZ 2010, 268 ff.
[208] BGH, Urt. v. 17.7.2009 – 5 StR 394/08 – NJW 2009, 3173.
[209] BGH, Urt. v. 17.7.2009 – 5 StR 394/08 – NJW 2009, 3173.

Rechts besonderen Pflichten unterlag, und dass sich die vom Angeklagten nicht unterbundene Tätigkeit auf den hoheitlichen Bereich des Unternehmens bezog.[210]

146 Eine dogmatisch nachvollziehbare Antwort auf die Frage, warum im Bereich (rein) privatwirtschaftlicher Unternehmenstätigkeit den Compliance-Officer allein aufgrund seiner Stellung im Unternehmen eine originäre und primäre Garantenpflicht gegenüber den Vermögensinteressen der Kunden des Unternehmens treffen sollte, hat der BGH in seinem Urteil nicht gegeben.[211] Zudem ist die BGH-Entscheidung ein **Einzelfall** geblieben; die dargestellten Überlegungen sind durch die weitere Rechtsprechung bislang nicht aufgegriffen worden. Das heißt umgekehrt aber nicht, dass die Strafbarkeit des Compliance-Officers kein praxisrelevantes Thema mehr ist. Es ist nicht ausgeschlossen, dass ein Gericht auf der Grundlage der Ausführungen des BGH eine Strafbarkeit des Compliance-Officers wegen Nichtverhinderung einer Straftat annimmt.

147 Des Weiteren entspricht die – vom BGH für den Compliance-Officer bejahte Garantenpflicht gem. § 13 Abs. 1 StGB – inhaltlich der Vermögensbetreuungspflicht i.S.d. § 266 StGB.[212] Ein Compliance-Officer ist somit gegenüber dem Unternehmen, in dem er angestellt ist, **vermögensbetreuungspflichtig**.[213] Die Verletzung dieser Pflicht kann zur Untreuestrafbarkeit führen.

> **Praxistipp**
>
> Die Unternehmensführung kann Garantenpflichten, die die Organe im Rahmen der Geschäftsherrenhaftung selbst treffen, auf den Compliance-Officer rechtsgeschäftlich übertragen. Die originäre Garantenpflicht des Geschäftsherrn wird zur sekundären abgeleiteten Garantenpflicht des Compliance-Officers. Da insoweit ein ausdrücklicher Übertragungsakt erforderlich ist, kommt der vertraglichen Ausgestaltung und der konkreten Beschreibung des Dienstpostens eine entscheidende Bedeutung zu. Sofern der Compliance-Officer nur die unternehmensinterne Kontrolle und Beratung, nicht dagegen den Schutz außerbetrieblicher Rechtsgüter (z. B. Vermögensinteressen der Kunden) übernehmen soll, empfiehlt sich eine vertraglich eindeutige Regelung, die keinen unnötigen Spielraum für Interpretationen lässt.

H. Steuerstrafrecht

I. Überblick

148 Steuerstrafrechtliche Ermittlungen gehören zu den **klassischen Risiken** unternehmerischen Wirkens. Die **Verschärfungen der Rechtslage** in den zurückliegenden Jahren als Folge wegweisender Gerichtsentscheidungen und Gesetzesänderungen, spektakuläre

---

210 BGH, Urt. v. 17.7.2009 – 5 StR 394/08 – NJW 2009, 3173.
211 Vgl. zu dem Thema auch *Rönnau/Schneider*, ZIP 2010, 53ff.
212 BGH, Urt. v. 14.7.2021 – 6 StR 282/20 – NStZ 2022, 109.
213 Graf/Jäger/Wittig/*Waßmer*, WStr § 266 Rn 49.

und prominente Einzelfälle sowie eine gleichbleibend hohe Ermittlungsintensität der zuständigen Behörden sind Beleg hierfür.

Als **Konsequenzen einer Steuerstraftat** drohen nicht nur die Einleitung eines Steuerstrafverfahrens sowie die Verurteilung zu einer Kriminalstrafe, sondern – nach einer grundlegenden Reform im Jahr 2017[214] – auch **vermögensabschöpfende Maßnahmen**.[215] Hinzu tritt das **steuerliche Haftungsrisiko**. Eine persönliche Haftung für (verkürzte) Unternehmenssteuern kann sich unter bestimmten Voraussetzungen aus der Organstellung für eine juristische Person ergeben, kommt also insbesondere für Vorstände und Geschäftsführer in Betracht.[216] Eine rechtskräftige Verurteilung wegen einer Steuerstraftat ist dafür nicht erforderlich. Theoretisch muss dem nicht einmal ein **Steuerstrafverfahren** vorausgegangen sein. In der Praxis wird dies aber selten vorkommen. Da die Steuerhinterziehung ein **Offizialdelikt** ist, also von Amts wegen verfolgt werden muss, wird es regelmäßig auch ein Strafverfahren gegen den Tatverdächtigen geben. Die **Finanzbehörden** können das strafrechtliche Ermittlungsverfahren unter Umständen selbstständig führen.[217] Dafür sind bei den Finanzämtern **Straf- und Bußgeldsachenstellen** eingerichtet. Die **Staatsanwaltschaft** kann das Verfahren aber jederzeit an sich ziehen. Die Steuerfahndung übernimmt im Steuerstrafverfahren diejenigen Aufgaben, die den Beamten und Behörden des Polizeidienstes bei der Strafverfolgung allgemeiner Straftaten zukommen. Wie bei der Verfolgung von allgemeinen Straftatbeständen setzt die Einleitung eines Steuerstrafverfahrens einen **Anfangsverdacht** voraus, d.h. der Ermittlungsbehörde müssen **zureichende tatsächliche Anhaltspunkte** dafür vorliegen, dass eine Steuerstraftat begangen wurde.[218] Die konkreten Anlässe sind so vielfältig wie das materielle Steuerrecht selbst. Oft beruht der Verdacht auf:

- sog. Kontrollmitteilungen anderer Finanzämter,
- anonymen Anzeigen von entlassenen Mitarbeitern,
- mangelhafter Buchführung, die im Rahmen einer Betriebsprüfung auffällt,
- Erkenntnissen aus Betriebsprüfungen bei Lieferantenbetrieben,
- Misstrauen der Finanzbeamten im Hinblick auf Tochtergesellschaften im Ausland,
- überhaupt auf Überweisungen auf Konten ausländischer Geschäftspartner,
- außergewöhnlich steuerschonenden Geschäftsmodellen,
- besonders hohen branchenunüblichen Betriebsausgaben,
- unspezifischer bzw. pauschaler Bezeichnung von Betriebsausgaben (z.B. „Vermittlungsprovision", „Beratungsleistung") oder

---

214 Gesetz zur Reform der strafrechtlichen Vermögensabschöpfung v. 13.4.2017 (BGBl. I S. 872).
215 Näher unten Rn 210f.
216 Abgabenordnung (AO) v. 1.10.2002 (BGBl. I S. 3866), zuletzt geändert durch Gesetz v. 22.12.2023 (BGBl. I Nr. 411), vgl. § 69 AO.
217 § 386 AO.
218 Vgl. § 385 AO i.V.m. § 152 Abs. 2 StPO Strafprozessordnung (StPO) v. 7.4.1987 (BGBl. I S. 1074, 1319), zuletzt geändert durch Gesetz v. 26.7.2023 (BGBl. I Nr. 203).

- in wirtschaftlicher Hinsicht nicht erkennbar sinnvoller Gestaltung von Geschäftsvorgängen etc.

150 Die Gefahr der Einleitung eines Steuerstrafverfahrens besteht besonders dann, wenn die Finanzbehörden bestimmte Maßnahmen des Unternehmens zur **Steueroptimierung** nicht anerkennen. Der Wunsch eines jeden Unternehmens nach Steuerersparnis steht dabei in einem natürlichen **Spannungsverhältnis** zum Interesse der Finanzbehörden an einem möglichst hohen Steueraufkommen. Die staatlichen Bemühungen und Anläufe zur Minimierung von Steuersparmöglichkeiten und zur Schließung von Steuerschlupflöchern sind in der Vergangenheit deutlich forciert worden. Die Maßnahmen beschränken sich längst nicht mehr auf den nationalen Bereich, sondern habenn – folgerichtig angesichts grenzüberschreitender steuerlicher Gestaltungen – **internationale Abkommen** Dimensionen. Beleg hierfür ist der gemeinsam mit den G20-Staaten und der Europäischen Union entwickelte **OECD-Standard für den automatischen Informationsaustausch über Finanzkonten**.[219] Dieser sieht ein breit angelegtes Meldesystem mit Meldepflichten für alle Arten von Kapitalerträgen, aber auch für Kontoguthaben und Erlöse aus der Veräußerung von Finanzvermögen vor. Verpflichtet werden nicht nur Banken, sondern unter anderem auch Makler und Versicherungsgesellschaften. Der OECD-Standard ist Ende Oktober 2014 in Berlin von 41 Staaten unterzeichnet worden. Ende 2015 hat Deutschland die entsprechende gesetzliche Grundlage geschaffen.[220] Der automatische Informationsaustausch auf dieser Grundlage wird seit 2017 praktiziert. Mit dabei sind die Mitgliedstaaten der EU sowie Drittstaaten, unter denen sich auch früher und teils weiterhin den Ruf von Steueroasen genießende Länder wie die Kaimaninseln, Guernsey, Jersey und Liechtenstein finden.[221] Einhergehend mit den nationalen und internationalen Maßnahmen ist der **Fahndungsdruck gestiegen**. Die Zahl der Betriebsprüfer ist erhöht und deren Ausbildung verbessert worden. Sie kommen inzwischen mit High-Tech-Ausrüstung und EDV-Spezialisten in die Unternehmen und kennen die Schwachstellen. Im Übrigen ist auf die weiten Befugnisse zur Sachverhaltsaufklärung gem. §§ 93, 93a AO und insbesondere den automatisierten Abruf von Kontoinformationen nach § 93b AO hinzuweisen. Letztere Vorschrift verpflichtet Kreditinstitute dazu, Kontodateien ihrer Kunden i.S.d. § 24c KWG[222] zu führen, die die Finanzbehörden auf Ersuchen über das Bundesamt für Finanzen abrufen können.

---

[219] Common Reporting Standard (CRS), abrufbar unter https://www.oecd.org/tax/exchange-of-tax-information/implementation-handbook-standard-for-automatic-exchange-of-financial-information-in-tax-matters-german.pdf.
[220] Gesetz zum automatischen Austausch von Informationen über Finanzkonten in Steuersachen (FKAustG) v. 21.12.2015 (BGBl. I S. 2531), zuletzt geändert durch Gesetz v. 25.6.2021 (BGBl. I, 2056).
[221] Siehe § 1 Abs. 1 FKAustG sowie zuletzt die finale Staatenaustauschliste 2023 im Rundschreiben des BMF v. 20.7.2023, GZ IV B 6 – S 1315/19/10030 :057.
[222] Kreditwesengesetz (KWG) v. 9.9.1998 (BGBl. I S. 2776), zuletzt geändert durch Gesetz v. 22.12.2023 (BGBl. I Nr. 411).

> **Praxistipp**
> Der nationale und internationale Austausch steuerrelevanter Informationen ist mittlerweile Praxis. Die Verfolgung von Steuerhinterziehungen endet längst nicht mehr an den nationalen Grenzen, sondern ist ein globales Anliegen. Diese Entwicklung ist unumkehrbar.

II. Materielles Steuerstrafrecht

1. Der Tatbestand der Steuerhinterziehung

Im Zentrum des **materiellen Steuerstrafrechts** steht der Tatbestand der Steuerhinterziehung.[223] Die nachfolgenden Ausführungen bieten einen Überblick und konzentrieren sich auf die zentralen Aspekte. Hinsichtlich der Einzelheiten sei auf die einschlägigen Kommentierungen und Handbücher verwiesen.[224]

Die Strafnorm des § 370 AO schützt das **öffentliche Interesse am vollständigen und rechtzeitigen Aufkommen der einzelnen Steuern.** § 370 Abs. 6 AO dehnt den Tatbestand auf alle im **grenzüberschreitenden Warenverkehr** anfallenden Abgaben aus.[225] Danach macht sich strafbar, wer (vorsätzlich)

- gegenüber den Finanzbehörden über steuerlich erhebliche Tatsachen unrichtige oder unvollständige Angaben macht (§ 370 Abs. 1 Nr. 1 AO),
- die Finanzbehörden pflichtwidrig über steuerlich erhebliche Tatsachen in Unkenntnis lässt (§ 370 Abs. 1 Nr. 2 AO) oder
- pflichtwidrig die Verwendung von Steuerzeichen oder Steuerstempeln unterlässt (§ 370 Abs. 1 Nr. 3 AO) und
- dadurch Steuern verkürzt oder für sich oder einen anderen nicht gerechtfertigte Steuervorteile erlangt.

Die Steuerhinterziehung kann durch **aktives Tun** (Abs. 1 Nr. 1) oder durch **Unterlassen** (Abs. 1 Nr. 2) begangen werden. Die Vorschrift des § 370 Abs. 1 Nr. 3 AO betrifft demgegenüber einen Sonderfall und kann deshalb hier vernachlässigt werden; mit Ausnahme der Tabak- und Branntweinsteuer hat sie keine praktische Bedeutung. Über § 370 Abs. 6 AO sind zudem Einfuhr- oder Ausfuhrabgaben erfasst, die von einem anderen Mitgliedstaat der Europäischen Union verwaltet werden oder die einem Mitgliedstaat der Europäischen Freihandelsassoziation oder einem mit diesem assoziierten Staat

---

[223] § 370 AO.
[224] Zu empfehlen sind folgende Standardwerke: *Flore/Tsambikakis*, Steuerstrafrecht; *Hüls/Reichling*, HeidelbergerKomm-Steuerstrafrecht; *Klein*, AO; *Kuhn/Weigell/Görlich*, Steuerstrafrecht; *Joecks/Jäger/Randt*, Steuerstrafrecht; *Quedenfeld/Füllsack*, Verteidigung in Steuerstrafsachen.
[225] Sind die Ein- und Ausgangsabgaben nicht ohnehin europarechtlich geregelt, ist für das Bestehen des Zahlungsanspruchs und der Erklärungspflichten das ausländische Recht maßgeblich, vgl. BGH, Beschl. v. 8.11.2000 – 5 StR 440/00 – wistra 2001, 62, 69.

zustehen (Abs. 6 S. 1). Der Tatbestand der Steuerhinterziehung erstreckt sich zudem auf **von einem anderen Mitgliedstaat der Europäischen Union verwaltete Umsatzsteuern oder harmonisierte Verbrauchsteuern.** Hinsichtlich der Verbrauchsteuern nahm der Gesetzestext früher Bezug auf die Verbrauchsteuer-System-Richtlinie 1992 vom 25.2.1992.[226] Diese Richtlinie wurde mit Wirkung zum 1.4.2010 aufgehoben und durch die Verbrauchsteuer-System-Richtlinie 2008 vom 16.12.2008 ersetzt.[227] Eine Anpassung der deutschen Vorschrift des § 370 Abs. 6 S. 2 AO an das geänderte Unionsrecht erfolgte jedoch erst mit Wirkung zum 14.12.2011. Die verzögerte Anpassung hatte die eigentümliche Konsequenz, dass das deutsche Recht zwischenzeitlich (vom 1.4.2010 bis zum 13.12.2011) auf eine Richtlinie verwies, die nicht mehr in Kraft war. Gleichwohl hat der BGH entschieden, dass während dieses Zeitraums begangene Taten, welche sich auf die in der außer Kraft getretenen Richtlinie genannten Verbrauchsteuern bezogen, strafbar sind.[228]

a) Steuerhinterziehung durch aktives Tun
aa) Falsche Angaben über Tatsachen (Abs. 1 Nr. 1)

154 Eine Steuerhinterziehung durch aktives Tun begeht, wer gegenüber den Finanzbehörden falsche Angaben über **steuerlich erhebliche Tatsachen** macht. Dagegen begründet das Unterhalten von Geldanlagen oder Wertpapierdepots im Ausland für sich gesehen entgegen weit verbreiteter Vorstellung noch keine Steuerhinterziehung, genauso wenig das bloße Nichtzahlen festgesetzter Steuern. Die Strafnorm verlangt keine besondere Täterqualifikation. **Jeder** kann das Delikt dadurch begehen, dass er Finanzbehörden bei irgendeiner Gelegenheit steuerlich erhebliche Auskünfte erteilt, die nicht der Wahrheit entsprechen.[229] Als Täter bzw. Mittäter kommen neben dem **Steuerpflichtigen** z.B. ein **Steuerberater** oder der **Gesellschafter** einer GmbH in Betracht. Des Weiteren ist der Straftatbestand der Steuerhinterziehung nicht auf Steuererklärungen im engen Sinn, d.h. steuerliche Angaben auf den üblichen amtlichen Formularen bzw. auf elektronischem Wege beschränkt. Er gilt für **sämtliche Angaben gegenüber den Finanzbehörden** in allen Stadien des Besteuerungsverfahrens, zu dem das (Steuer-)Erhebungs- sowie das (Steuer-)Beitreibungsverfahren gehören. Dieses Gefahrenpotenzial, z.B. bei durch Mitarbeiter der Lohn- oder Finanzbuchhaltung begleiteten Betriebsprüfungen, wird häufig übersehen.

---

[226] Verbrauchsteuer-System-Richtlinie 1992 (RL 92/12/EWG) v. 25.2.1992 (ABl EG Nr. L 76 S. 1ff., ber. ABl EG 1995 Nr. L 17 S. 20ff.).
[227] Verbrauchsteuer-System-Richtlinie 2008 (RL 2008/118/EG) v. 16.12.2008 (ABl EU 2009 Nr. L 9 S. 12ff.).
[228] BGH, Beschl. v. 20.11.2013 – 1 StR 544/13 – NJW 2014, 1029.
[229] BGH, Urt. v. 15.5.2018 – 1 StR 159/17 Rn 157 – wistra 2019, 63.

> **Beispiel**
> Klassischer Fall ist aber die unrichtige oder unvollständige Steuererklärung[230] des Steuerpflichtigen.

Für das Unternehmen obliegt dem Organ bzw. dem gesetzlichen Vertreter die Steuer-(erklärungs-)pflicht. Eine steuerliche Erklärung ist 155
- **unrichtig**, wenn die darin gemachten Angaben nicht mit der Wirklichkeit übereinstimmen;[231]
- **unvollständig**, wenn sie so erscheint, als sei sie vollständig, jedoch steuererhebliche Tatsachen verschwiegen werden. Da in diesem Fall die Erklärung zugleich auch unrichtig ist, hat die Variante der unvollständigen Angaben lediglich Klarstellungsfunktion[232]

Steuerlich erheblich sind alle Tatsachen, die für die Entstehung, die Höhe oder die Fälligkeit von Steueransprüchen von Bedeutung sind.[233] Um welche Tatsachen es sich dabei handelt, richtet sich nach den jeweils einschlägigen **steuerrechtlichen Vorschriften**. Deshalb gilt § 370 AO als klassische **Blankettvorschrift**. Der Kreis potenziell strafrechtlich relevanter Falschangaben ist damit denkbar weit gezogen. Jede Tatsache, deren unrichtige Mitteilung sich auf die Steuerfestsetzung auswirkt, ist steuerlich erheblich i.S.d. § 370 AO.[234] 156

Für den **unternehmerischen Bereich** sind die Regelungen über die **Ertragsteuern** (Körperschaftsteuer, Gewerbesteuer) von Bedeutung. Aber auch umsatz- und lohnsteuerrechtliche Sachverhalte sind häufig Gegenstand steuerstrafrechtlicher Ermittlungen. Im Bereich der **Umsatzsteuer** steht seit langem der sog. Umsatzsteuerbetrug im Vordergrund, also die Geltendmachung von Vorsteuern aus fingierten oder im Rahmen eines Umsatzsteuerkarussells erstellten Rechnungen.[235] Eine besondere Erscheinungsform der jüngeren Vergangenheit ist der auf – unberechtigte – Erstattung von Vorsteuern ausgelegte **Handel mit CO_2-Emissionszertifikaten**, der vom BGH als strafbare Umsatzsteuerhinterziehung gewertet worden ist.[236] Hiervon zu unterscheiden ist allerdings der legale, d.h. ohne Steuerhinterziehungsvorsatz betriebene Emissionshandel.[237] Für Auf- 157

---

230 § 150 AO.
231 MüKo-StGB/*Schmitz/Wulf*, § 370 AO Rn 248.
232 Joecks/Jäger/Randt/*Grötsch* § 370 AO Rn 197.
233 MüKo-StGB/*Schmitz/Wulf*, § 370 AO Rn 278.
234 Vgl. MüKo-StGB/*Schmitz/Wulf*, § 370 AO Rn 279.
235 Vgl. Klein/*Jäger*, AO, § 370 Rn 373 ff.
236 BGH, Urt. v. 10.10.2017 – 1 StR 447/14 – BGHSt 63, 29 = NJW 2018, 480; BGH, Urt. v. 15.5.2018 – 1 StR 159/17 – wistra 2019, 63.
237 Richtlinie 2003/87/EG v. 13.10.2003 (ABl EU Nr. L 275 S. 32 ff.), zuletzt geändert durch Richtlinie 2023/959 v. 10.5.2023 (ABl EU Nr. 130 S. 134 ff.).

sehen haben zuletzt auch die umstrittenen **Cum-Ex-Geschäfte** gesorgt. Deren steuerstrafrechtliche Relevanz ist vom BGH bejaht worden.[238] Ermittlungen im Zusammenhang mit Lohnsteuern finden schließlich seit jeher im Zusammenhang der Bekämpfung von **Schwarzarbeit** in all ihren Formen statt.

bb) Abgrenzung zu Rechtsauffassungen

158 Von § 370 Abs. 1 Nr. 1 AO erfasst sind nur falsche Angaben über Tatsachen, **nicht bloße Rechtsansichten**. Die falsche steuerliche Bewertung eines Sachverhalts ist deshalb grundsätzlich straflos. Die Abgrenzung kann allerdings im Einzelfall schwierig sein. Die amtlichen Steuererklärungsformulare lassen keinen Raum für lange Erläuterungen. Sie bestehen lediglich aus Rubriken und Feldern, in die entsprechende Geldbeträge eingetragen werden müssen. Das Ausfüllen der Erklärung stellt daher regelmäßig schon für sich genommen das Ergebnis einer steuerlichen Bewertung dar. **Weicht** der Steuerpflichtige hierbei **von der Rechtsauffassung der Finanzgerichte**, den Richtlinien der Finanzverwaltung oder der üblichen Veranlagungspraxis **ab**, etwa was die Steuerbarkeit eines bestimmten Geschäftsvorfalls angeht, so hat er dies nach Auffassung des **BGH** entweder in seiner Erklärung deutlich zu machen oder sämtliche Tatsachen anzugeben, die für eine eigene rechtliche Bewertung des Sachverhalts durch die Finanzbehörden erforderlich sind.[239] Sind diese Voraussetzungen erfüllt, liegen keine unrichtigen Angaben vor. Das gilt auch, wenn die Steuerbehörde der Rechtsansicht des Steuerpflichtigen nicht folgt. Überhaupt scheidet eine Steuerhinterziehung aus, wenn der zuständigen Finanzbehörde sämtliche steuerlich erheblichen Tatsachen vollständig dargelegt werden.[240]

cc) Keine Beweislast des Erklärenden

159 Die steuerlichen **Beweislast- und Vermutungsregeln** gelten im Steuerstrafrecht nicht. Falsche Angaben macht deshalb nicht, wer Provisionszahlungen als Betriebsausgaben geltend macht, aber den betrieblichen Charakter nicht nachweisen oder wer klar betriebsbedingte Ausgaben mangels Quittungen oder anderer Sachnachweise nicht belegen kann. Etwas anderes soll indes gelten, wenn die Steuergesetze die Anerkennung steuermindernder Tatsachen oder einer Steuerbefreiung bereits materiell von einer bestimmten Form des Nachweises abhängig machen.[241] In diesem Zusammenhang ist zu beachten, dass wegen fast durchgehender Strafbarkeit grenzüberschreitender Schmier-

---

[238] BGH, Urt. v. 28.7.2021 – 1 StR 519/20 – BGHSt 66, 182 = NJW 2022, 90. Siehe zuvor schon BVerfG, Beschl. v. 2.3.2017 – 2 BvR 1163/13 – PStR 2017, 129; LG Köln, Beschl. v. 16.7.2015 – 106 Qs 1/15 – wistra 2015, 404.
[239] BGH, Urt. v. 10.11.1999 – 5 StR 221/99 – wistra 2000, 137.
[240] Vgl. hierzu Klein/*Jäger*, AO, § 370 Rn 44.
[241] Diese Ansicht ist – zu Recht – umstritten; vgl. hierzu MüKo-StGB/*Schmitz/Wulf*, § 370 AO Rn 195ff.

gelder[242] solche Ausgaben in keinem Fall mehr abzugsfähig sind. Die Geltendmachung als betriebsbedingte steuermindernde Ausgaben kann ohne Darlegung des (strafbaren) Zahlungszwecks steuerstrafrechtlich relevant sein.

dd) Steuerberater

160 Das Unternehmen wird sich üblicherweise bei seinen steuerlichen Angelegenheiten der Hilfe eines Steuerberaters bedienen. Kennt der Berater alle tatsächlichen Aspekte eines Sachverhalts, kann sich der Unternehmensleiter darauf verlassen, dass sein Berater dies steuerrechtlich richtig einordnet und korrekt der steuerlichen Erklärung zugrunde legt. Das gilt insbesondere bei einer steuerlich hochkomplizierten Sach- und Rechtslage.

Praxistipp
In Bezug auf den Tatsachenkern bestätigt der verantwortliche Unternehmensleiter mit seiner Unterschrift unter der Erklärung allerdings persönlich dessen Richtigkeit. Der Einlassung im Steuerstrafverfahren, man habe „blind" unterschrieben und kenne sich sowieso nicht aus, wird regelmäßig nicht gefolgt und entlastet nicht.

161 Sind die Vorgaben des Unternehmens gegenüber dem Steuerberater falsch (z. B. die Belege in der Buchhaltung), liegt darin nur die (für sich genommen straflose) **Vorbereitung einer Steuerhinterziehungstat**; kommt es zur Einreichung der darauf beruhenden Erklärung, handelt es sich um Steuerhinterziehung. Der Steuerberater macht sich keiner Beteiligung an einer Steuerhinterziehung strafbar, wenn er der Erklärung unbewusst falsche Vorgaben des Unternehmens zugrunde legt. Verfügt der Steuerberater hingegen über die volle Kenntnis, macht er sich als **Mittäter** der Steuerhinterziehung oder jedenfalls wegen **Beihilfe** hierzu strafbar. Darüber hinaus gilt für **berufstypische Beratungsleistungen** von Steuerberatern oder auch Rechtsanwälten, dass eine Beihilfestrafbarkeit in Betracht kommt, wenn der Berater entweder **positiv weiß**, dass Ziel des Mandanten die Begehung einer Steuerstraftat ist, oder jedenfalls das Risiko strafbaren Verhaltens des Mandanten so hoch ist, dass der Berater mit seiner Leistung die Förderung der Steuerstraftat **in Kauf nimmt**.[243]

---

242 Vgl. §§ 331 ff. StGB i. V. m. § 11 Abs. 1 Nr. 2a lit. a) bis c) StGB (eingeführt durch Gesetz zur Bekämpfung der Korruption v. 20.11.2015 (BGBl. I S. 2025) und § 335a StGB (eingeführt durch Gesetz zur Bekämpfung der Korruption v. 20.11.2015 (BGBl. I S. 2025), zuletzt geändert durch Gesetz v. 26.7.2023 (BGBl. I Nr. 203).
243 St. Rspr.; siehe BGH, Urt. v. 19.12.2017 – 1 StR 56/17 – NZWiSt 2019, 26 m. w. N.; LG Nürnberg-Fürth, Beschl. v. 21.2.2019 – 18 Qs 30/17 – NZWiSt 2019, 462, 465.

b) Steuerhinterziehung durch Unterlassen

162 Steuerhinterziehung durch Unterlassen[244] begeht, wer seiner steuerlichen Erfassungs- oder Erklärungspflicht oder der Pflicht zur Steuer-(vor-)anmeldung überhaupt nicht oder nur verspätet nachkommt.

aa) Erklärungspflichtiger

163 Die Unterlassungsvariante des Steuerhinterziehungstatbestandes ist ein **Sonderdelikt**. Sie erfasst nur **Steuerpflichtige**, d.h. solche Personen, die rechtlich dafür einzustehen haben, dass fristgerechte und ordnungsgemäße Erklärungen eingereicht werden. Die steuerlichen Pflichten einer juristischen Person hat deren Organ zu erfüllen, also etwa
- der Geschäftsführer bei der GmbH,
- der Vorstand bei der AG,
- der persönlich haftende Gesellschafter bei der KGaA.

164 Gibt das Organ oder der gesetzliche Vertreter bspw. die **Umsatzsteuervoranmeldungen** des Unternehmens **nicht rechtzeitig** beim Finanzamt ab, kann schon dies nach § 370 Abs. 1 Nr. 2 AO strafbar sein – sofern die übrigen Tatbestandsvoraussetzungen (Steuerverkürzung[245] und Vorsatz) vorliegen.

165 Erfolgt die Vertretung einer Gesellschaft durch ein **Kollektivorgan**, so trifft die **Erklärungspflicht jedes Mitglied**, unabhängig von einer etwaigen internen Zuständigkeitsverteilung. In einer solchen Fallkonstellation kann eine **Abschichtung der strafrechtlichen Verantwortlichkeit** nur auf der Ebene des Vorsatzes erfolgen. Die Vorschrift des § 35 AO erweitert die steuerliche Erklärungspflicht – und damit die strafrechtliche Haftung für falsche Erklärungen – auf den **faktischen Geschäftsführer** der Gesellschaft, also auf denjenigen, der das Unternehmen leitet und nach außen vertritt, ohne formal berufen zu sein.[246]

166 Neben den dargestellten steuerrechtlichen Haftungsnormen ist anerkanntermaßen auch die Vorschrift des **§ 14 StGB** anwendbar, welche die strafrechtliche Haftung von Personen regelt, die „**für einen anderen**" tätig werden. § 14 Abs. 1 StGB ist deckungsgleich mit § 34 AO und hat dementsprechend keinen eigenen Anwendungsbereich im Steuerstrafrecht. Demgegenüber sind § 14 Abs. 2 und 3 StGB auch im Steuerstrafrecht von Bedeutung.[247] Praktisch relevant ist insbesondere die Regelung in § 14 Abs. 2 Nr. 2 StGB über den **Betriebsbeauftragten**.

---

244 § 370 Abs. 1 Nr. 2 AO.
245 Vgl. hierzu noch unten Rn 170 ff.
246 Ein von der Rechtsprechung ursprünglich für typische Strohmannfälle, insbesondere für die Sonderdelikte im GmbHG, AktG etc., entwickeltes Konzept. Gegenüber den allgemeinen strafrechtlichen Grundsätzen sind die Voraussetzungen von § 35 AO allerdings enger. Eine rein tatsächliche Einwirkungsmöglichkeit auf die Unternehmensgeschäfte ohne jede Rechtsmacht reicht nicht.
247 MüKo-StGB/*Schmitz/Wulf*, § 370 AO Rn 372.

> **Hinweis**
> Auch Angestellte oder Dritte können für die Erfüllung der Pflichten des Unternehmens strafrechtlich verantwortlich sein, wenn sie vom Inhaber des Betriebes damit beauftragt sind, diese Aufgaben wahrzunehmen.

Dies gilt aber nur, soweit die **Aufgabenübertragung rechtlich zulässig** ist. Im Hinblick 167 auf die Abgabe von Körperschaft-, Gewerbe- oder Umsatzsteuerjahreserklärungen scheidet eine strafrechtliche Verantwortlichkeit nach § 14 Abs. 2 Nr. 2 StGB deswegen aus. Diese Erklärungen müssen vom Steuerpflichtigen selbst, bei juristischen Personen also vom Organ oder bei sonstigen Personenvereinigungen vom gesetzlichen Vertreter eigenhändig unterschrieben werden.[248] **Übertragbar** ist hingegen die Verantwortung für die Abgabe von Lohn- und Umsatzsteuervoranmeldungen. Übernimmt bspw. der Steuerberater des Unternehmens diese Aufgabe und kommt er seiner Erklärungspflicht nicht nach, kann er Täter einer Steuerhinterziehung sein. Auch der **steuerliche Beauftragte** i.S.d. § 214 AO, der in der Steueraufsicht gem. § 209 AO unterliegenden Sachverhalten installiert werden kann (z.B. Lagerung, Beförderung oder Handel mit verbrauchsteuerpflichtigen Waren), kommt als Verantwortlicher nach § 14 Abs. 2 Nr. 2 StGB und demnach als Täter einer Steuerhinterziehung durch Unterlassen in Frage.

bb) Berichtigungspflicht

Den Steuerpflichtigen, insbesondere den als Vertretungsorgan für das Unternehmen 168 handelnden Geschäftsleiter oder Vorstand, trifft die Pflicht, eine Erklärung **nachträglich zu berichtigen**, wenn ihm vor Ablauf der Festsetzungsfrist ein Fehler bekannt wird (§ 153 AO). Der Berichtigungspflicht kommt unter dem Aspekt der Regelkonformität im Unternehmen besondere Bedeutung zu, ihr gehen spezialgesetzliche (steuerliche) Regelungen vor. Die Anzeigepflicht gilt auch dann, wenn die Voraussetzungen für bestimmte Steuerermäßigungen, Steuerbefreiungen oder sonstige Steuervergünstigungen nachträglich entfallen (§ 153 Abs. 2 AO).

Kommt der Steuerpflichtige seiner Berichtigungspflicht aus § 153 AO **nicht un-** 169 **verzüglich** nach, begründet dies den Vorwurf einer Steuerhinterziehung durch Unterlassen.[249] Die Berichtigungspflicht gilt gem. § 34 Abs. 1 S. 1 AO auch für die gesetzlichen Vertreter einer juristischen Person, d.h. bspw. für Geschäftsführer oder Vorstandsmitglieder.

> **Hinweis**
> Wenn z.B. aufgrund interner Ermittlungen nachträglich fehlerhafte Angaben in für das Unternehmen abgegeben Steuererklärungen bekannt werden, muss sichergestellt sein, dass die Geschäftsleitung umgehend informiert wird, um eine Richtigstellung gegenüber dem Finanzamt veranlassen zu können.

---

248 Vgl. § 25 Abs. 3 EStG, § 14a GewStG, § 18 Abs. 3 UStG.
249 BGH, Beschl. v. 17.3.2009 – 1 StR 479/08 – BGHSt 53, 210 = NJW 2009, 1984 Rn 20ff.

170 Nach Auffassung des **BGH** besteht eine (strafbewehrte) **Berichtigungspflicht** auch dann, wenn der Steuerpflichtige bereits bei Abgabe der Steuererklärung **mit bedingtem Vorsatz** gehandelt hat, die konkrete Möglichkeit ihrer Unrichtigkeit also billigend in Kauf genommen hatte.[250] Da bedingter Vorsatz aber für eine Steuerhinterziehung genügt,[251] kommt es zu **Überschneidungen** zwischen der **Berichtigungspflicht** nach § 153 AO und der **Selbstanzeige** nach § 371 AO.[252] Vorsorglich sollte im genannten Schnittmengenbereich eine Berichtigung nach § 153 AO den – strengeren – Anforderungen an eine Selbstanzeige entsprechen. So kann der Gefahr begegnet werden, dass die Finanzbehörde eine Berichtigungserklärung als Selbstanzeige wertet.[253]

171 Bei **positiver Kenntnis** von der Unrichtigkeit schon bei Abgabe der Steuererklärung liegt dagegen (ohnehin) eine vorsätzliche Steuerhinterziehung vor. § 153 AO findet dann keine Anwendung, weil die Unrichtigkeit nicht, wie von § 153 AO vorausgesetzt, nachträglich erkannt wird. Die Strafbarkeit kann dann nur unter den strengeren Voraussetzungen einer strafbefreienden Selbstanzeige erlangt werden.[254]

c) Steuerverkürzung
aa) Allgemeines

172 Falsche Angaben gegenüber den Finanzbehörden genügen nicht, um den Straftatbestand der Steuerhinterziehung zu erfüllen. Denn sie führen für sich genommen ebenso wenig zur (vollendeten) Steuerhinterziehung wie die unterlassene oder nicht rechtzeitige Abgabe einer steuerlichen Erklärung oder Anmeldung. Hinzukommen muss eine hierdurch bewirkte Steuerverkürzung, die nach § 370 Abs. 4 S. 1 AO namentlich dann vorliegt, wenn **Steuern nicht, nicht in voller Höhe oder nicht rechtzeitig festgesetzt** werden. Einen endgültigen Ausfall von Steuereinnahmen setzt § 370 AO nicht voraus. Der Taterfolg tritt vielmehr schon mit der durch unrichtige Festsetzung herbeigeführten Gefährdung des Steueraufkommens ein.

bb) Steuerverkürzung auf Zeit

173 Zu beachten ist, dass das Gesetz die Steuerverkürzung auf Zeit genügen lässt, indem es die **nicht rechtzeitige Festsetzung** von Steuern der Nichtfestsetzung oder der zu geringen Festsetzung von Steuern gleichsetzt. Eine Steuerverkürzung ist also bereits dann gegeben, wenn eine steuerliche Erklärung (bewusst) **zu spät eingereicht** wird. Nach der Rechtsprechung des **BGH** besteht der Taterfolg der Steuerhinterziehung auf Zeit nicht allein im Zinsverlust des Fiskus. Ausgehend von dem Grundsatz, dass der Taterfolg des

---

250 BGH, Beschl. v. 17.3.2009 – 1 StR 479/08 – BGHSt 53, 210 = NJW 2009, 1984 Rn 30.
251 Unten Rn 179 ff.
252 MüKo-StGB/*Kohler*, § 371 AO Rn 352 ff.; *Beyer*, NZWiSt 2016, 234 ff.
253 MüKo-StGB/*Kohler*, § 371 AO Rn 357; *Beyer*, NZWiSt 2016, 234, 235.
254 Näher unten Rn 223 ff.

§ 370 AO schon mit der Gefährdung des Steueraufkommens eintritt, bemisst sich der Taterfolg nach dem **vollen Nominalbetrag** des – auf Zeit – verkürzten Betrages. Dass der Täter die zur Steuerverkürzung auf Zeit führenden Angaben später berichtigen und Steuern ggf. nachentrichten will, spielt demnach (nur) für die Frage einer Selbstanzeige oder einer **Schadenswiedergutmachung** eine Rolle.[255]

Die nicht rechtzeitige Festsetzung von Steuern betrifft in erster Linie die sog. **Anmeldesteuern** (§ 167 AO), bei denen Anmeldung und Festsetzung inhaltlich zusammenfallen (§ 168 AO). Dazu zählen insbesondere die Lohn- (§§ 38 ff. EStG[256]) und Umsatzsteuer, namentlich die monatlichen bzw. vierteljährlichen Umsatzsteuervoranmeldungen (§ 18 UStG[257]). Die nicht rechtzeitige Abgabe entsprechender (Vor-)Anmeldungen erfüllt deshalb regelmäßig die Voraussetzungen von § 370 Abs. 4 S. 1 AO. Bei den **Veranlagungssteuern**, wie der Körperschaft- oder Gewerbesteuer, liegt eine vollendete Steuererklärung dagegen erst zu dem Zeitpunkt vor, zu dem die Veranlagung bei rechtzeitiger Einreichung der Steuererklärung stattgefunden hätte. Spätestens ist das der Fall, wenn das zuständige Finanzamt die Veranlagungsarbeiten für die betreffende Steuerart und den betreffenden Zeitraum im Wesentlichen abgeschlossen hat.[258]

cc) Ungerechtfertigter Steuervorteil

Alternativ verlangt § 370 AO, dass der Steuerpflichtige durch die Steuerhinterziehung einen ungerechtfertigten Steuervorteil erlangt (§ 370 Abs. 4 Satz 2 AO). Die rechtsdogmatisch schwierige Abgrenzung zur Steuerverkürzung spielt als solche in der Praxis keine große Rolle. Die überwiegend vertretene Meinung im Schrifttum grenzt anhand der **Abschnitte im Besteuerungsverfahren** ab. Steuervorteile sind danach nur solche, die **außerhalb des Festsetzungsverfahrens** erlangt werden, etwa

- die Erstattung von Vorsteuern bei der Umsatzsteuer,[259]
- die Stundung,
- der Erlass oder
- die Einstellung der Vollstreckung.[260]

---

[255] BGH, Beschl. v. 17.3.2009 – 1 StR 627/08 – NJW 2009, 1979.
[256] Einkommensteuergesetz (EStG) v. 8.10.2009 (BGBl. I S. 3366), zuletzt geändert durch Gesetz v. 22.12.2023 (BGBl. I Nr. 411).
[257] Umsatzsteuergesetz (UStG) v. 21.2.2005 (BGBl. I S. 386), zuletzt geändert durch Gesetz v. 11.12.2023 (BGBl. I Nr. 354).
[258] BGH, Beschl. v. 3.11.2021 – 1 StR 215/21, NZWiSt 2022, 341; Beschl. v. 19.1.2011 – 1 StR 640/10 – wistra 2012, 484.
[259] Siehe z. B. BGH, Beschl. v. 19.4.2023 – 1 StR 14/23 – NZWiSt 2023, 346.
[260] Näher zum Ganzen MüKo-StGB/*Schmitz/Wulf*, § 370 AO Rn 141 ff.

dd) Ermittlung des Steuerschadens

176 Um zu ermitteln, ob Steuern nicht oder nicht in voller Höhe festgesetzt worden sind, ist ein **Vergleich zwischen Ist- und Soll-Festsetzung** auf der Grundlage des Erklärten einerseits und des wahren Sachverhalts anderseits vorzunehmen.[261] Wird die Steuer für einen bestimmten Veranlagungszeitraum gar nicht oder niedriger festgesetzt, als es nach den einschlägigen steuerrechtlichen Vorschriften zutreffend gewesen wäre, sind die Voraussetzungen von § 370 Abs. 4 S. 1 AO erfüllt. Bei dieser Ermittlung muss die Finanzbehörde die Besteuerungsgrundlagen genau feststellen und den eingetretenen Verkürzungserfolg exakt berechnen. Dabei ist eine **Schätzung von Besteuerungsgrundlagen** anerkanntermaßen auch im Steuerstrafverfahren **zulässig**.[262] Maßstab ist dabei allerdings nicht das wahrscheinlich richtige Ergebnis, sondern die **richterliche Überzeugung (§ 261 StPO)**, die rechtsfehlerfrei gebildet werden muss, sodass unter anderem der **strafprozessuale Zweifelsgrundsatz** gilt.[263] Eventuelle Unsicherheiten dürfen sich also nicht zulasten des Beschuldigten auswirken. Deshalb kann es unter Umständen in demselben Fall zu Differenzen zwischen der im Steuerstrafverfahren angenommenen Schadenshöhe einerseits und den im Besteuerungsverfahren aufgrund der Hinterziehung nachzuzahlenden Steuerbeträgen andererseits kommen.

ee) Kompensationsverbot

177 Bei dem für die Steuerverkürzung maßgeblichen Vergleich zwischen Soll- und Ist-Festsetzung kommt dem Kompensationsverbot[264] maßgebliche Bedeutung zu. Es darf nur das (falsch) Erklärte zur Grundlage der Berechnung gemacht werden, nicht aber andere Umstände, die zu einer Steuerminderung oder -erstattung hätten führen können. Der Steuerpflichtige wird also im Steuerstrafverfahren mit dem Vorbringen **neuer, bislang nicht erklärter Umstände** nicht gehört. Anders liegt der Fall nur dann, wenn die neuen Umstände mit den verschwiegenen, steuererhöhenden Umständen in einem **unmittelbaren Zusammenhang** stehen.[265] Die einschlägige **Rechtsprechung** ist stark **kasuistisch** geprägt. Klare Abgrenzungskriterien fehlen. Die mit verschwiegenen Betriebseinnahmen unmittelbar zusammenhängenden Betriebsausgaben bspw. durften seit jeher berücksichtigt werden.[266] Andererseits fehlt der unmittelbare Zusammenhang zwischen verschwiegenen Betriebseinnahmen und Aufwendungen zur Begleichung von betrieblichen Altschulden aus unterschiedlichen Veranlagungszeiträumen.[267]

---

261 MüKo-StGB/*Schmitz/Wulf*, § 370 AO Rn 87.
262 BGH, Beschl. v. 17.9.2019 – 1 StR 379/19 – NZWiSt 2020, 109; Beschl. v. 24.5.2007 – 5 StR 58/07 – wistra 2007, 345; MüKo-StGB/*Schmitz/Wulf*, § 370 AO Rn 212 ff.
263 MüKo-StGB/*Schmitz/Wulf*, § 370 AO Rn 213.
264 § 370 Abs. 4 S. 3 AO.
265 BGH, Urt. v. 5.2.2004 – 5 StR 420/03 – NStZ 2004, 579; Klein/*Jäger*, AO, § 370 Rn 133 ff.
266 Z.B. BGH, Urt. v. 11.7.2002 – 5 StR 516/01 – NJW 2002, 3036.
267 BGH, Beschl. v. 11.3.2021 – 1 StR 470/20 – NZWiSt 2022, 65.

Zu einer überaus **bedeutsamen Änderung** ist es in jüngerer Zeit bei der **Umsatzsteuer** gekommen, die in der Vergangenheit einer der wichtigsten Anwendungsbereiche für das Kompensationsverbot war. Nach früherer langjähriger Auffassung wurde ein unmittelbarer Zusammenhang verneint, wenn der Täter einer Umsatzsteuerhinterziehung im Nachhinein nicht erklärte Vorsteuerabzüge geltend macht.[268] Nach nunmehriger **Rechtsprechung des BGH**, die ihrerseits an die Rechtsprechung des **EuGH** anknüpft,[269] besteht hingegen zwischen verschleierten umsatzsteuerbegründeten Tatsachen und abzugsfähigen Vorsteuern ein **wirtschaftlicher Zusammenhang**. Demnach hat schon bei der Berechnung des tatbestandsmäßigen Verkürzungserfolgs eine **Verrechnung von Umsatzsteuer und Vorsteuer** stattzufinden.[270] Die Frage des erforderlichen wirtschaftlichen Zusammenhangs stellt sich insbesondere bei allgemeinen Aufwendungen des Unternehmers, die anders als z.B. bei dem An- und Weiterverkauf eines PKW durch einen Händler, in keinem direkten und unmittelbaren Zusammenhang stehen. Nach zutreffender Auffassung darf die Beurteilung nicht zu restriktiv erfolgen.[271]

178

Die genannten Grundsätze sind zu übertragen auf die Berechnung der **Steuerhinterziehung** in einem „**großen Ausmaß**"[272] sowie die hierfür geltende **Verjährungsfrist**[273], den **Ausschlussgrund der Selbstanzeige bei einem 25.000 € übersteigenden Hinterziehungsbetrag**[274] und die Berechnung der **prozentualen Aufschläge**, von deren Zahlung das Absehen von der Strafverfolgung in den Fällen des § 398a abhängt.[275] Die Berücksichtigungsfähigkeit von Vorsteuern entfällt hingegen bei **missbräuchlichem Verhalten** des Steuerpflichtigen, insbesondere bei Einbindung in betrügerische Umsatzketten- bzw. Umsatzkarussellgeschäfte. Dieser Grundsatz beruht auf der **Missbrauchsrechtsprechung des EuGH** und ist nunmehr in **§ 25f UStG** ausdrücklich gesetzlich verankert.[276]

179

Das Kompensationsverbot gilt nicht für die **Strafzumessung**. Das bedeutet: steuermindernde Umstände, die mangels unmittelbaren wirtschaftlichen Zusammenhangs bei der Frage des (tatbestandsmäßigen) Verkürzungserfolgs außer Betracht bleiben müssen, sind im Rahmen der Strafzumessung sehr wohl zu berücksichtigen. Grundlage der Strafzumessung ist der **effektiv eingetretene Steuerschaden** als verschuldete Auswirkung der Tat i.S.d. § 46 Abs. 2 S. 2 StGB. Sofern und soweit steuermindernde Umstände

180

---

268 So zur früheren Rechtslage Klein/*Jäger*, AO, § 370 Rn 137.
269 EuGH, Urt. v. 6.9.2012 – C-496/11 – DStR 2012, 1859.
270 BGH, Urt. v. 13.9.2018 – 1 StR 642/17 – BGHSt 63, 203 = NZWiSt 2019, 71.
271 Näher zutreffend *Böhme*, NZWiSt 2019, 104 ff.; siehe aber auch *Madauß*, NZWiSt 2019, 294, 296.
272 § 370 Abs. 3 S. 2 Nr. 1 AO; s.u. Rn 193.
273 § 376 Abs. 1 AO.
274 § 371 Abs. 2 S. 1 Nr. 3 AO; s.u. Rn 238.
275 Zutreffend *Görlich/Roggendorff*, NZWiSt 2019, 74, 75; *Spatschek/Wimmer*, DStR 2019, 777, 779 f.; siehe auch *Madauß*, NZWiSt 2019, 294.
276 EuGH, Urt. v. 6.7.2006 – C-439/04 und C-440/04 – DStR 2006, 1274; § 25f UStG eingeführt durch Gesetz v. 12.12.2019 (BGBl. I S. 2451). Siehe auch *Madauß*, NZWiSt 2019, 101 ff. m.w.N.

vorliegen – mögen sie auch in keinem unmittelbaren Zusammenhang mit den verschwiegenen steuererhöhenden Umständen stehen –, tritt effektiv kein Steuerschaden ein.[277]

 Hinweis
Die Strafbarkeit wegen Steuerhinterziehung entfällt grundsätzlich nicht dadurch, dass bei wahrheitsgemäßen Angaben in der Steuererklärung zu den – verschwiegenen – steuererhöhenden auch steuermindernde Umstände hinzugetreten wären. Grund hierfür ist das steuerstrafrechtliche Kompensationsverbot des § 370 Abs. 4 S. 3 AO, das jedoch im Bereich der Umsatzsteuer eine wichtige und für den Steuerpflichtigen positive wirkende Einschränkung erfahren hat. Das Kompensationsverbot gilt weiterhin nicht im Rahmen der Strafzumessung. Da der tatsächlich eingetretene Schaden für den Fiskus ein für die Strafe maßgeblicher Umstand ist, sind steuermindernde Umstände insoweit zu berücksichtigen.

2. Der subjektive Tatbestand der Steuerhinterziehung

181 Wegen Steuerhinterziehung macht sich nur strafbar, wer **vorsätzlich** handelt. Fahrlässiges Handeln kann allenfalls unter dem rechtlichen Gesichtspunkt einer Ordnungswidrigkeit gem. § 378 AO (leichtfertige Steuerverkürzung) sanktioniert werden.

182 Vorsatz bedeutet **Kenntnis der Tatumstände und der Wille zur Tatbestandsverwirklichung**, wobei es dem Täter auf die Herbeiführung des Taterfolgs nicht ausdrücklich ankommen muss. Bedingter Vorsatz genügt, d.h. der Täter muss die Gefahr der Tatbestandsverwirklichung erkennen, ernst nehmen und wegen des erstrebten Ziels willen billigend in Kauf nehmen.[278] Nach **ständiger Rechtsprechung** bedeutet dies auf den Tatbestand der Steuerhinterziehung angewendet, dass der Täter vorsätzlich handelt, wenn er den Steueranspruch dem Grunde und der Höhe nach kennt oder zumindest für möglich hält und ihn auch verkürzen will (sog. Steueranspruchslehre).[279]

183 Der Vorsatz entfällt, wenn der Täter bei der Begehung der Tat einen Umstand nicht kennt, der zum gesetzlichen Tatbestand gehört, § 16 Abs. 1 S. 1 StGB.

 Beispiel
Weiß z.B. der Geschäftsführer einer GmbH nichts davon, dass bestimmte Ausgaben nicht dem Betrieb, sondern einem Gesellschafter zugutegekommen sind, dass die Finanzbuchhaltung nicht zutrifft, weil Scheingeschäfte gebucht wurden, oder dass die Lohnbuchhaltung einzelne Mitarbeiter nicht korrekt führt (Problem der Scheinselbstständigkeit und Ähnliches), unterliegt er bei Abgabe der entsprechenden steuerlichen Erklärung einem Tatbestandsirrtum.

---

277 BGH, Beschl. v. 11.3.2021 – 1 StR 470/20 – NZWiSt 2022, 65; Urt. v. 11.7.2002 – 5 StR 516/01 – NJW 2002, 3036; Klein/*Jäger*, AO, § 370 Rn 140; MüKo-StGB/*Schmitz/Wulf*, § 370 AO Rn 193.
278 BGH, Urt. v. 8.9.2011 – 1 StR 38/11 – wistra 2011, 465.
279 Aus der neueren Rspr.: BGH, Urt. v. 18.8.2020 – 1 StR 296/19 – NZWiSt 2021, 183; Urt. v. 24.1.2018 – 1 StR 331/17 – NZWiSt 2018, 339, 340; BGH, Urt. v. 10.1.2019 – 1 StR 347/18 – NZWiSt 2019, 261, 263; BGH, Beschl. v. 13.3.2019 – 1 StR 520/18 – NZWiSt 2019, 343, 345.

Die **neuere Rechtsprechung** hat – dem allgemeinen Trend der Verschärfung des Steu- **184** erstrafrechts entsprechend – die Anforderungen an die Annahme eines den Vorsatz und damit die Strafbarkeit gem. § 370 AO ausschließenden Irrtums erhöht. Der Annahme eines Irrtums muss eine **umfassende Würdigung der Umstände**, die für das Vorstellungsbild des potenziellen Täters bedeutsam waren, vorausgehen. Dabei sind insbesondere diejenigen Umstände in den Blick zu nehmen und zu gewichten, die für den Vorsatz sprechen. Solche Umstände können sein:[280]

- Geschäftliche Erfahrung des Täters;
- Unterlassen der Erkundigung über bestehende steuerrechtliche Pflichten der betreffenden Branche;
- Unterlassen der Einholung von Rechtsrat;
- die Wahl einer von der üblichen Geschäftsabwicklung abweichenden Vertragskonstruktion;
- und als deutliches Indiz: bewusst falsche Rechnungstellung bzw. bewusst falsche Verbuchung von Geschäftsvorgängen.

Beim Vorliegen solcher **Indizien** wird einem Gericht die Begründung nicht schwerfal- **185** len, dass der Handelnde eine Steuerverkürzung zumindest in Kauf nimmt.

Ein rechtlich anders als der zuvor angesprochene Irrtum über Tatumstände zu be- **186** wertender Irrtum bezieht sich auf das **Verbotensein** einer Handlung. Hier kennt der Erklärende die Sachlage, glaubt aber irrig, er dürfe den fraglichen Geschäftsvorgang steuerlich so behandeln, wie in der Erklärung ausgewiesen; bspw. wenn in der Bilanz, die die Grundlage der Erklärung über den Gewinn der Gesellschaft bildet, Gegenstände des Betriebsvermögens weggelassen oder im Wert zu gering angesetzt werden. Ein solcher Irrtum vermag nur dann nach § 17 StGB zur Straflosigkeit führen, wenn er auch bei hinreichender Sorgfalt nicht hätte vermieden werden können.

Die **Abgrenzung zwischen Tatbestands- und Verbotsirrtum** ist schwierig, weil **187** der Tatbestand der Steuerhinterziehung aus **normativen Tatbestandselementen** besteht, deren Inhalt nur unter Bezugnahme auf steuerliche Wertungen bestimmt werden kann (steuerlich erhebliche Tatsachen, Steuerverkürzung etc.). Insoweit reicht es für die Verwirklichung des Straftatbestands aus, dass der Erklärende den Sinngehalt des normativen Tatbestandsmerkmals im Wege einer Parallelwertung in der Laiensphäre erfasst.[281] Die genaue Kenntnis der zugrunde liegenden steuerrechtlichen Regelungen ist nicht erforderlich.[282] Nach der Rechtsprechung ist der **Irrtum über das Bestehen eines Steueranspruchs** als **Tatbestandsirrtum** zu qualifizieren.[283] Bei Unkenntnis des Steu-

---

[280] Vgl. BGH, Beschl. v. 19.4.2023 – 1 StR 14/23 – NZWiSt 2023, 379; Urt. v. 8.9.2011 – 1 StR 38/11 – wistra 2011, 465.
[281] BGH, Urt. v. 10.1.2019 – 1 StR 347/18 – NZWiSt 2019, 261, 263.
[282] Klein/*Jäger*, AO, § 370 Rn 171 ff.
[283] BGH, Urt. 18.8.2020 – 1 StR 296/19 – NZWiSt 2021, 183; Beschl. v. 13.3.2019 – 1 StR 520/18 – NZWiSt 2019, 343, 345.

eranspruchs scheidet demnach eine Verurteilung wegen vorsätzlicher Steuerhinterziehung aus.[284] Der Irrtum über das Bestehen einer Erklärungspflicht bei Kenntnis sämtlicher pflichtbegründender Umstände ist dagegen nur ein Verbotsirrtum nach § 17 StGB.[285]

188 Im geschäftlichen Bereich ist üblicherweise ein **Steuerberater** mit der Wahrnehmung der steuerrechtlichen Angelegenheiten beauftragt. Wie oben ausgeführt,[286] darf sich der Unternehmensleiter grundsätzlich auf dessen Rat und Auskunft verlassen. Hierbei kommt es entscheidend darauf an, ob der Berater über sämtliche für die steuerliche Bewertung des Sachverhalts notwendigen Informationen verfügt. Ist dies der Fall und kommt der Steuerberater dennoch zu einem unrichtigen Ergebnis, war der **Irrtum** über die Erklärungspflicht für den Verantwortlichen des Unternehmens **unvermeidbar** i.S.v. § 17 StGB. Er bleibt dann straflos.

3. Versuchte Steuerhinterziehung

189 Auch der Versuch einer Steuerhinterziehung ist strafbar, § 370 Abs. 2 AO.

Hinweis
Eine Steuerhinterziehung versucht, wer in Kenntnis und mit dem Willen, eine Steuerhinterziehung zu begehen, nach seiner Vorstellung von der Tat unmittelbar zur Tatbestandsverwirklichung ansetzt.

190 Im Hinblick auf **Veranlagungssteuern** ist ein **unmittelbares Ansetzen** erst gegeben, wenn die (falsche) **Steuererklärung** beim Finanzamt **eingereicht** wird. Alles, was zuvor geschieht, ist straflose Vorbereitungshandlung, auch wenn der Erklärende bereits mit Hinterziehungsvorsatz handelt.[287]

Beispiel
Straflose Vorbereitungshandlungen sind z.B. die unrichtige Buchführung oder das Aufstellen falscher Bilanzen, Absprachen mit Kunden oder mit Lieferanten über den Austausch falscher Rechnungen etc.[288]

191 Die Hinterziehung von **Fälligkeitssteuern** (Umsatzsteuer) ist mit der **Abgabe der unrichtigen Anmeldung zum Fälligkeitstermin** bereits **vollendet**. Ein Versuch ist hier nur in besonderen Konstellationen denkbar, wenn die Anmeldung etwa vorfristig erfolgt.

---

[284] BGH, Urt. v. 24.1.2018 – 1 StR 331/17 – NZWiSt 2018, 339, 340; MüKo-StGB/*Schmitz/Wulf*, § 370 AO Rn 421.
[285] MüKo-StGB/*Schmitz/Wulf*, § 370 AO Rn 424.
[286] Siehe bereits oben Rn 160f.
[287] Solche Handlungen können aber u.U. nach anderen Strafgesetzen strafbar sein.
[288] MüKo-StGB/*Schmitz/Wulf*, § 370 AO Rn 480.

4. Rechtsfolgen der Steuerhinterziehung
a) Kriminalstrafe

Kommt es zur Verurteilung wegen einer Steuerhinterziehung, können den Täter erhebliche Kriminalstrafen treffen. **192**

> **Hinweis**
> Der Strafrahmen des Grunddelikts (§ 370 Abs. 1 AO) reicht von Geldstrafe bis Freiheitsstrafe bis zu fünf Jahren. In besonders schweren Fällen droht das Gesetz Freiheitsstrafen bis zu zehn Jahren an.

Die **besonders schweren Fälle der Steuerhinterziehung** sind in § 370 Abs. 3 AO geregelt. Von größter Bedeutung in der Praxis ist die **Steuerhinterziehung im großen Ausmaß**.[289] In der wegweisenden Entscheidung vom 2.12.2008 hat der BGH klargestellt, dass das Merkmal des großen Ausmaßes nach objektiven Maßstäben zu bestimmen ist.[290] Dabei erfolgte noch eine Differenzierung nach Art des Tatererfolges. Hat der Steuerpflichtige vom Finanzamt eine ungerechtfertigte Zahlung (Steuererstattung) erlangt, sollte bei einem Betrag von 50.000 € von einem großen Ausmaß auszugehen sein. Lag hingegen lediglich eine Gefährdung des Steueranspruchs vor, etwa weil der Täter es (nur) unterlassen habe, seine Steuererklärung rechtzeitig beim Finanzamt abzugeben,[291] sollte dafür ein höherer Wert anzusetzen sein. Die Grenze zog der BGH seinerzeit bei 100.000 €. Dass bei großen Geschäftsvolumina Beträge dieser Größenordnung schnell erreicht sein werden, hat der BGH ausdrücklich für unbeachtlich erklärt. Denn dieser Umstand verändere die Auswirkungen der Tat auf das Steueraufkommen nicht.[292] In einer weiteren Entscheidung aus dem Jahr 2015 hat der BGH die Differenzierung aufgegeben und nimmt seitdem ein „großes Ausmaß" **einheitlich für alle Arten der Steuerhinterziehung** bei einem **Hinterziehungsvolumen über 50.000 €** an.[293] **193**

Der Katalog der besonders schweren Fälle ist 2017 um die Nutzung **einer vom Täter oder einer ihm nahestehenden Person beherrschten Drittstaat-Gesellschaft** (Offshore-Gesellschaften, Briefkastenfirmen) zum Zwecke der fortgesetzten Steuerhinterziehung (§ 370 Abs. 3 S. 2 Nr. 6 AO) ergänzt worden.[294] Die Regelung ist eine Reaktion auf die **Panama Papers-Affäre** und soll die in derartigen Fällen durch aufwendige Vorbereitung und Organisation zum Ausdruck kommende erhöhte kriminelle Energie erfassen.[295] Dieser besonders schwere Fall wirkt zugleich – wie alle anderen besonders **194**

---

289 § 370 Abs. 3 S. 2 Nr. 1 AO.
290 BGH, Urt. v. 2.12.2008 – 1 StR 416/08 – BGHSt 53, 71 = NJW 2009, 528 ff.
291 § 370 Abs. 1 Nr. 2 AO.
292 BGH, Urt. v. 2.12.2008 – 1 StR 416/08 – BGHSt 53, 71 = NJW 2009, 528 ff.
293 BGH, Urt. v. 27.10.2015 – 1 StR 373/15 – BGHSt 61, 28 = NZWiSt 2016, 102 Rn 32 ff.
294 Gesetz zur Bekämpfung der Steuerumgehung und zur Änderung weiterer steuerlicher Vorschriften v. 23.6.2017 (BGBl. I S. 1682).
295 BT-Drs. 18/11132, S. 31.

schweren Fälle auch – als **Ausschlussgrund für** die **Selbstanzeige**.[296] Darin dürfte seine hauptsächliche Funktion liegen.[297]

195 In der Grundsatzentscheidung von 2008 hat der **BGH** auch **Leitlinien für die Strafzumessung** aufgestellt. Sofern das Regelbeispiel einer Steuerverkürzung großen Ausmaßes erfüllt sei, komme eine Geldstrafe in der Regel nicht mehr in Betracht. Erreiche das Hinterziehungsvolumen einen sechsstelligen Betrag, sei auch eine aussetzungsfähige Freiheitsstrafe (bis zwei Jahre, § 56 Abs. 2 StGB) nur noch bei gewichtigen Milderungsgründen schuldangemessen. Stünden schließlich **Hinterziehungsbeträge in Millionenhöhe** in Rede, sei in der Regel auf eine Freiheitsstrafe von über zwei Jahren zu erkennen.

196 Diese Grundsätze hat der BGH seitdem in einer Reihe von Entscheidungen fortgeführt und bestätigt.[298] Man kann von einer **gefestigten Rechtsprechung** sprechen, die von den Instanzgerichten, die kein Interesse an einer Aufhebung ihres Urteils wegen einer zu milden Strafe haben, sowie den Finanzbehörden verinnerlicht worden ist. Über die Fachwelt hinaus ist die „Millionengrenze" fast schon zum Bestandteil des Allgemeinwissens geworden und wird vor allem in prominenten Fällen – wie z. B. im „Fall Hoeneß" – stets in Erinnerung gerufen. Dabei darf die Rechtsprechung des BGH zur Millionengrenze nicht falsch verstanden werden in dem Sinne, dass unterhalb von siebenstelligen Hinterziehungsbeträgen keine zu vollstreckende Freiheitsstrafe von über zwei Jahren droht. Der Steuerschaden ist zwar ein **bestimmender** und wohl der wichtigste **Umstand** für die Strafzumessung. Doch auch nach der neueren BGH-Rechtsprechung ab 2008 bleibt die Zumessung der **schuldangemessenen Strafe** Sache des Gerichts. Zu würdigen sind alle Umstände des Einzelfalls. Danach kann auch bei einem Hinterziehungsbetrag im „lediglich" sechsstelligen Bereich bei Hinzutreten anderer strafverschärfender Umstände eine Freiheitsstrafe von über zwei Jahren schuldangemessen sein.[299]

! **Praxistipp**
Bei größeren Geschäftsvolumina steht schnell ein beträchtliches Strafmaß im Raum, weshalb sich Unternehmen umso mehr veranlasst sehen sollten, das Risiko von Steuerstraftaten bereits im Vorfeld wirksam zu minimieren.

---

197 Beträgt die Verurteilung mindestens ein Jahr Freiheitsstrafe, eröffnet § 375 Abs. 1 AO dem erkennenden Gericht zusätzlich die Möglichkeit, dem Täter **als strafrechtliche Nebenfolge** die Fähigkeit, öffentliche Ämter zu bekleiden oder Rechte aus öffentlichen Wahlen zu erlangen, abzuerkennen.

---

[296] Unten Rn 231 ff.
[297] MüKo-StGB/*Schmitz/Wulf*, § 370 AO Rn 560.
[298] Vgl. insbesondere BGH, Beschl. v. 15.12.2011 – 1 StR 579/11 – NJW 2012, 1015; BGH, Urt. v. 7.2.2012 – 1 StR 525/11 – BGHSt 57, 123 = NJW 2012, 1458.
[299] BGH, Beschl. v. 26.9.2012 – 1 StR 423/12 – wistra 2013, 31.

b) Verfahrenseinstellung

In der Praxis werden viele Steuerstrafverfahren eingestellt, bevor die Ermittlungen abgeschlossen sind bzw. bevor die Strafverfolgungsbehörde eine das Verfahren abschließende Verfügung getroffen hat. Nach Abschluss der Ermittlungen hat das zwingend zu geschehen, wenn diese **keinen hinreichenden Tatverdacht**[300] gegen den Beschuldigten ergeben haben (**§ 170 Abs. 2 StPO**). Bei entsprechendem Anlass kann das Verfahren allerdings jederzeit erneut wieder aufgenommen werden.[301]

Eine sanktionslose Einstellung ohne abschließende Entscheidung darüber, ob hinreichender Tatverdacht gegeben ist, ermöglicht die Vorschrift des **§ 153 StPO**, wenn die **Schuld gering** wäre. Wird das Verfahren nach dieser Vorschrift eingestellt, vermögen nur solche neuen Tatsachen oder Beweismittel zu einer Wiederaufnahme führen, die eine rechtlich schärfere Beurteilung rechtfertigen,[302] weil sie bspw. Den Verdacht eines besonders schweren Falles der Steuerhinterziehung i.S.d. § 370 Abs. 3 AO begründen.

Überwiegend werden Steuerstrafverfahren aber gem. **§ 153a StPO** erledigt, d.h. sie werden von der Ermittlungsbehörde (Staatsanwaltschaft) mit **Zustimmung** des Beschuldigten und des für die Eröffnung des Hauptverfahrens zuständigen Gerichts gegen die Erteilung von Auflagen und Weisungen (zunächst vorläufig) eingestellt. Führt die Finanzbehörde das Verfahren selbständig durch, kann sie selbst die Einstellung vornehmen (§ 399 Abs. 1 AO). Interessant ist die Einstellung nach § 153a StPO für den Beschuldigten und die Verteidigung nicht nur wegen der Beendigung des Verfahrens, sondern auch, weil hiermit **keine Schuldfeststellung** einhergeht. Die **Auflage**, von der die Einstellung abhängig gemacht wird, besteht in der Praxis nahezu immer in der Zahlung eines Geldbetrages.[303] Zudem wird die Einstellung nach § 153a StPO häufig von der **Begleichung der offenen Steuerbeträge** abhängig gemacht. Hier zeigt sich der enge Zusammenhang zwischen Steuerstraf- und Besteuerungsverfahren, der eine **Gesamtstrategie für die Erledigung beider Verfahren** erfordert. Bevor einer Einstellung des Steuerstrafverfahrens zugestimmt wird, muss geklärt sein, um welche Beträge es im Besteuerungsverfahren geht. Das Gegenstück zur konsensualen Verfahrenserledigung nach § 153a StPO ist dabei im Besteuerungsverfahren die **tatsächliche Verständigung**.

In nach § 153a StPO erledigten Verfahren haben meistens Gespräche zwischen der jeweiligen Strafverfolgungsbehörde, also
- der Straf- und Bußgeldstelle des Finanzamts oder der Staatsanwaltschaft einerseits und
- dem beauftragten Strafverteidiger andererseits

---

300 Hinreichender Tatverdacht liegt vor, wenn eine strafgerichtliche Verurteilung des Beschuldigten nach vorläufiger Tatbewertung wahrscheinlich ist; vgl. *Meyer-Goßner/Schmitt*, StPO, § 170 Rn 1.
301 *Meyer-Goßner/Schmitt*, StPO, § 170 Rn 9.
302 *Meyer-Goßner/Schmitt*, StPO, § 153 Rn 37.
303 Vgl. § 153a Abs. 1 S. 2 Nr. 2 StPO.

stattgefunden. Häufig können sachgerechte Verteidigungsschriftsätze zum Akteninhalt und zur Rechtslage eine Einigung vorbereiten und fördern. Wird das Verfahren auf diese Weise erledigt, tritt **mit vollständiger Erfüllung der Auflage auch Strafklageverbrauch** ein, d.h. das Verfahren kann gegen diesen Beschuldigten nicht mehr aufgenommen werden.[304] Die einzige im Gesetz zugelassene Möglichkeit der weiteren Strafverfolgung hängt davon ab, dass sich die Tat (später) als Verbrechen erweist. Im Steuerstrafrecht kommt dies jedoch nicht in Frage. Einstellungen nach §§ 153, 153a StPO können auch noch später, in jeder Lage des Verfahrens – also nach Anklageerhebung, in der Hauptverhandlung, aber nicht mehr im Revisionsverfahren – erfolgen. Eine im Zusammenhang mit einer Einstellung des Verfahrens nach § 153a StPO zu zahlende Auflage kann im Einzelfall auch **vom Unternehmen** für den Beschuldigten **übernommen** werden. Soweit die Auflage in der Wiedergutmachung des Steuerschadens besteht, können auf die Auflage geleistete Zahlung steuerlich abgezogen werden.[305]

c) Strafbefehl

202 Kommt es zu keiner Verfahrenseinstellung nach § 153a StPO (z.B. bei zu hohen Hinterziehungsbeträgen), bietet sich als **„Zwischenlösung"** vor Anklageerhebung und Hauptverhandlung der Erlass eines Strafbefehls an. Sofern gegen den Strafbefehl kein Einspruch eingelegt wird, wird dieser rechtskräftig und steht **einem rechtskräftigen Urteil gleich**.[306] Darin liegt ein elementarer Unterschied zur Verfahrenseinstellung nach § 153a StPO. Ein weiterer Unterschied liegt in den weitreichenderen **Rechtsfolgen**, die in einem Strafbefehl festgesetzt werden können. Insbesondere kann gegen den – verteidigten – Beschuldigten eine Freiheitstrafe bis zu einem Jahr verhängt werden, deren Vollstreckung aber zur Bewährung auszusetzen ist.[307]

203 Das Strafbefehlsverfahren beinhaltet ebenso wie die Erledigung nach § 153a StPO **konsensuale Elemente**. Dem Erlass eines Strafbefehls gehen oftmals Gespräche zwischen Verteidigung und Staatsanwaltschaft bzw. Finanzbehörde voraus, die darauf hinauslaufen können, dass von der Verteidigung signalisiert wird, keinen Einspruch gegen den Strafbefehl einzulegen und diesen somit hinzunehmen. Ein solches Signal wird die Verteidigung aber nur aussenden, wenn die im Strafbefehl festgesetzten Rechtsfolgen akzeptabel erscheinen. Trotz der Gleichstellung des Strafbefehls mit einem Urteil kann der Vorteil für den Beschuldigten darin bestehen, dass eine nervenaufreibende, kostenintensive und mitunter rufschädigende öffentliche **Hauptverhandlung** vermieden werden kann. Das Strafbefehlsverfahren ist für den Beschuldigten und die Verteidigung erheblich berechenbarer als der Gang in die Hauptverhandlung. Dieser Aspekt erlangt zusätzliches Gewicht, wenn es sich um eine Steuerhinterziehung im Unter-

---

304 § 153a Abs. 1 S. 5 StPO.
305 Siehe § 10 Nr. 3 KStG; Gosch/*Märtens*, KStG, § 10 Rn 34.
306 § 410 Abs. 3 StPO.
307 § 407 Abs. 2 S. 2 StPO.

nehmensbereich handelt und das Unternehmen selbst neben den individuell verantwortlichen Geschäftsführern oder Vorständen dem Strafverfahren ausgesetzt ist. Die Auswirkungen der Beendigung des Verfahrens gegen die beschuldigte Leitungsperson auf das Unternehmen müssen aber berücksichtigt werden.[308]

d) Bußgeldrechtliche Sanktionen

Über eine eventuelle Bestrafung des Täters oder Teilnehmers hinaus kann das Steuerstrafverfahren auch zu Sanktionen gegen das Unternehmen führen, in dessen Pflichtenkreis oder zu dessen Bereicherung der Täter gehandelt hat. **§ 30 OWiG** erlaubt die Verhängung einer **Geldbuße gegen eine juristische Person oder Personenvereinigung**, d.h. in der Regel gegen ein Unternehmen, wenn eine der in § 30 Abs. 1 Nr. 1 bis 5 OWiG näher bezeichneten **Leitungsperson** eine Straftat oder Ordnungswidrigkeit begangen hat, durch die eine sog. betriebsbezogene Pflicht verletzt worden ist oder durch die es bereichert worden ist oder werden sollte (sog. Verbandsgeldbuße).

Die Geldbuße kann durch **Strafbefehl**[309] festgesetzt werden oder in einem **selbstständigen Verfahren**, d.h. auch wenn die Steuerstraftat (**Anlasstat**) gegen den individuellen Unternehmensverantwortlichen nicht (weiter-)verfolgt wird.[310] Zu den **betriebsbezogenen Pflichten**, deren Verletzung eine Sanktion nach § 30 OWiG auslösen kann, gehören auch die steuerlichen Pflichten eines Unternehmens. Eine Geldbuße kann allerdings nur dann verhängt werden, wenn das Vorliegen einer Steuerstraftat oder -ordnungswidrigkeit positiv festgesellt ist, sei es als Ergebnis der steuerstrafrechtlichen Ermittlungen oder eines gesonderten Verfahrens.[311] § 30 OWiG ist eine Ermessensvorschrift. Die Behörde kann somit auch davon absehen, eine Unternehmensgeldbuße zu verhängen, obwohl die Voraussetzungen des Tatbestandes vorliegen.

Der **Bußgeldrahmen** reicht bis zu 10 Mio. €, wenn die Anknüpfungstat eine vorsätzliche Straftat ist („**Ahndungsteil**" der Geldbuße). Viel empfindlicher kann es das Unternehmen aber treffen, dass gem. § 30 Abs. 3 i.V.m, § 17 Abs. 4 OWiG auch der wirtschaftliche Vorteil der Anknüpfungstat abzuschöpfen ist. Dieser „**Abschöpfungsteil**" der Geldbuße ist nach oben nicht limitiert und kann weit über die Höchstgrenze des „Ahndungsteils" i.H.v. 10 Mio. € hinausgehen. Bußgelder im dreistelligen Millionenbereich sind daher keine Seltenheit. Hinzu kommt, dass Verbandsgeldbußen nach § 30 OWiG (ggf. i.V.m. § 130 OWiG) im Wettbewerbsregister gespeichert werden – mit allen negativen Konsequenzen für Ausschreibungen.[312]

Die Sanktionierung von Unternehmen steht zudem seit längerem im Mittelpunkt von weitergehenden **rechtspolitischen Überlegungen**. Eine echte **Unternehmens-**

---

308 Näher unten Rn 212f.
309 § 407 Abs. 2 S. 1 Nr. 1 StPO.
310 § 30 Abs. 4 OWiG i.V.m. §§ 444 Abs. 3, 435, 436, 434 Abs. 2, 3 StPO.
311 § 30 Abs. 4 OWiG.
312 Oben Rn 74ff.

strafbarkeit kennt das deutsche Recht **nicht**, da nach traditioneller Sichtweise ein individueller Schuldvorwurf, der nur natürliche Personen treffen kann, Grundvoraussetzung der Strafe ist. Diese Position wird vielfach als zu dogmatisch kritisiert. In der jüngeren Vergangenheit sind mehrere Vorschläge für ein neues Regelungskonzept der Unternehmenssanktionierung vorgelegt worden. Jedoch ist keines der bisherigen Vorhaben vom Gesetzgeber realisiert worden. Das gilt auch für den vorläufig letzten und bislang am weitesten gediehenen Versuch – den Entwurf der Bundesregierung für ein „Gesetz zur Stärkung der Integrität in der Wirtschaft" aus der 19. Legislaturperiode.[313]

208   Den **handelnden Entscheidungsträgern** des Unternehmens droht eine weitere bußgeldrechtliche Sanktion bei **Verletzungen der Aufsichtspflicht (§ 130 OWiG)**. Die Regelung bestimmt in Abs. 1:

> „Wer als Inhaber eines Betriebes oder Unternehmens vorsätzlich oder fahrlässig die Aufsichtsmaßnahmen unterlässt, die erforderlich sind, um in dem Betrieb oder Unternehmen Zuwiderhandlungen gegen Pflichten zu verhindern, die den Inhaber treffen und deren Verletzung mit Strafe oder Geldbuße bedroht ist, handelt ordnungswidrig, wenn eine solche Zuwiderhandlung begangen wird, die durch gehörige Aufsicht verhindert oder wesentlich erschwert worden wäre. Zu den erforderlichen Aufsichtsmaßnahmen gehören auch die Bestellung, sorgfältige Auswahl und Überwachung von Aufsichtspersonen."

209   Betriebs- bzw. Unternehmensinhaber i.S.d. Vorschrift ist die juristische Person, die Trägerin des Betriebes oder Unternehmens ist. Zum Unternehmensbegriff des § 130 OWiG gehören nach h.M. auch Konzerne.[314] Die Aufsichtspflichten des Unternehmens werden gem. § 14 StGB **auf deren Leitungspersonen übergeleitet**. Aufsichtspflichtig nach § 130 OWiG sind daher insbesondere:
- der Geschäftsführer bei einer GmbH[315] und
- der Vorstand bei einer AG.[316]

210   § 130 OWiG schafft eine **Generalverantwortung der Leitungsebene** für das Treffen von Vorkehrungen, mit denen Zuwiderhandlungen gegen (betriebsbezogene) Pflichten verhindert werden sollen.[317] Sie findet auch im Steuerstrafrecht Anwendung. Die Tathandlung besteht in einem **Organisationsverschulden** oder einer **Aufsichtspflichtverletzung**, die zur Verletzung einer **betriebsbezogenen Pflicht** geführt haben muss. Die Aufsichtspflicht des § 130 OWiG ist wiederum eine betriebsbezogene Pflicht i.S.v.

---

313 BT-Drs. 440/20.
314 KarlsruherKomm-OWiG/*Rogall*, § 130 Rn 27 ff., der darauf hinweist, dass in einem Konzern der Umfang der Aufsichtspflicht davon abhängt, welchen Spielraum die konzerneigenen Unternehmen zur Willensbildung haben bzw. in welchem Umfang die Konzernspitze von ihren Durchgriffsmöglichkeiten tatsächlich Gebrauch macht.
315 KG, Beschl. v. 31.10.2001 – 2 Ss 223/00 – n.v.
316 KarlsruherKomm-OWiG/*Rogall*, § 130 Rn 25.
317 KarlsruherKomm-OWiG/*Rogall*, § 130 Rn 1.

§ 30 OWiG, sodass bei Verletzung der Aufsichtspflicht der Leitungspersonen ein Durchgriff auf das Unternehmen möglich ist. Das **Zusammenspiel mit § 30 OWiG** ist die wohl wichtigste praktisch sehr bedeutsamste Konsequenz des § 130 OWiG.[318]

Die maximale **Höhe der Geldbuße** beträgt im Falle vorsätzlichen Handelns 1 Mio. € (§ 130 Abs. 3 S. 1 OWiG). **211**

e) Vermögensabschöpfung

Mit der grundlegenden **Reform der strafrechtlichen Vermögensabschöpfung** im Jahr 2017[319] ist der zuvor in § 73 Abs. 1 S. 2 StGB verankerte Vorrang von Ansprüchen des Verletzten entfallen. Nach alter Rechtslage war eine staatliche Einziehung von Vermögenswerten (nach früherer Terminologie: Verfall) ausgeschlossen, soweit dem Verletzten ein Anspruch aus der Straftat erwachsen ist. Da Verletzter von Steuerstraftaten der Fiskus ist und diesem aus Steuerstraftaten Haftungsansprüche zustehen,[320] kam es in Steuerstrafverfahren zu keiner Vermögensabschöpfung. Nach der Reform ist der Weg für eine Vermögensabschöpfung (das Gesetz spricht in den §§ 73 ff. StGB von der Einziehung) **auch bei Steuerstraftaten** frei.[321] Jedoch gilt es, Mehrfachabschöpfungen durch den Staat vor dem Hintergrund der ebenfalls greifenden steuerlichen Haftung zu vermeiden.[322] **212**

Der Abschöpfung unterliegen nach Auffassung der **Rechtsprechung ersparte Aufwendungen in Form von nicht gezahlten Steuern**, sofern sich ein wirtschaftlich messbarer Vorteil im Vermögen des Täters widerspiegelt.[323] Da die ersparten Steuern nicht gegenständlich im Vermögen des Täters vorhanden sind, ist die Einziehung des Wertes von Taterträgen gem. § 73c StGB anzuordnen.[324] **213**

Adressat der Einziehung kann neben dem Täter der Steuerhinterziehung auch das **Unternehmen** sein. § 73b Abs. 1 Nr. 1 StGB regelt u.a., dass sich die Einziehung gegen einen „anderen" richtet, wenn er durch die Tat etwas erlangt hat und der Täter oder Teilnehmer (der Steuerhinterziehung) für ihn gehandelt hat (**Dritteinziehung**). „Anderer" i.S.d. Bestimmung ist auch eine juristische Person,[325] mithin eine GmbH oder AG. „Erlangtes Etwas" sind, wie gesagt, die ersparten Aufwendungen durch Nichtzahlung der **214**

---

318 KarlsruherKomm-OWiG/*Rogall*, § 130 Rn 6.
319 Siehe bereits oben Rn 149.
320 Unten Rn 215.
321 *Bach*, NZWiSt 2019, 62; *Kuhn/Weigell/Görlich*, Steuerstrafrecht, Rn 151 ff.; *Madauß*, NZWiSt 2018, 28 ff.; siehe auch BT-Drs. 18/9525, S. 49 ff.
322 Unten Rn 215.
323 BGH, Beschl. v. 18.12.2018 – 1 StR 36/17 – NJW 2019, 867 Rn 18; BGH, Beschl. v. 23.5.2019 – 1 StR 479/18 – BeckRS 2019, 17574 Rn 9; BGH, Beschl. v. 5.9.2019 – 1 StR 99/19 – NJW 2019, 3798 Rn 5; LG Nürnberg-Fürth, Beschl. v. 1.2.2024 – 18 Qs 19/23, NZWiSt 2024, 377. Kritisch dazu *Bach*, NZWiSt 2019, 62, 63 ff.
324 Vgl. OLG Hamburg, Beschl. v. 26.10.2018 – 2 Ws 183/18 – NZWiSt 2019, 106, 109; OLG Stuttgart, Beschl. v. 25.10.2017 – 1 Ws 163/17 – NJW 2017, 3731 Rn 13.
325 MüKo-StGB/*Joecks/Meißner*, StGB § 73b Rn 11.

Steuer. Das Handeln „für" einen anderen, d.h. für das Unternehmen, liegt bei Organen wie Geschäftsführern oder Vorständen, aber auch bei anderen Personen, die in die betriebliche Organisation eingebunden sind, vor.[326] Zudem gilt die für die Abschöpfung ersparter Steuern anzuordnende Wertersatzabschöpfung gem. § 73c StGB auch für die Fälle des § 73b StGB.[327] **Dritteinziehungen** können daher z.B. angeordnet werden, wenn ein Unternehmen aufgrund falscher Steuererklärungen **zu Unrecht Vorsteuererstattungsbeträge erhält**, sich **Unternehmensteuern** (Umsatz-, Körperschaft- und Gewerbesteuer) oder im Falle der Schwarzarbeit **Lohnsteuer spart**.[328] Auch im **Cum-ex-Fall** wurde gegen das Bankhaus, das infolge der Vorlage falscher Steuerbescheinigungen über (angeblich) einbehaltener Kapitalertragsteuer ungerechtfertigte Steuererstattungen erhalten hat, eine Dritteinziehung angeordnet.[329] Die Dritteinziehung kann auch losgelöst von der zugrunde liegenden Steuerstraftat in einem **selbständigen Einziehungsverfahren** (auch: objektives Verfahren) angeordnet werden (§ 76a Abs. 1 StGB, §§ 435 ff. StPO). Voraussetzung ist hierfür gem. § 76a Abs. 1 S. 1 StGB, dass wegen der (Steuer-)Straftat keine bestimmte Person verfolgt werden kann. Zwar ist die Einziehung nach S. 3 der Bestimmung ausgeschlossen, wenn über sie bereits rechtskräftig entschieden worden ist. Nach Vorstellung des Gesetzgebers ist damit aber nur der Fall gemeint, dass das Gericht die Möglichkeit der Einziehung im Verfahren gegen den Täter der Steuerhinterziehung (subjektives Verfahren) erkannt und zu Unrecht abgelehnt hat. Demgegenüber soll die selbständige Einziehung zulässig sein, wenn das Gericht die Möglichkeit der Einziehung im subjektiven Verfahren übersehen hat.[330] In der Literatur wird dies zu Recht kritisiert.[331] Die selbständige Einziehung gegen Unternehmen ist gem. § 73e Abs. 1. S. 2 StGB auch möglich, wenn der **Steueranspruch des Fiskus** bereits **verjährt** ist. Die Ende 2020 eingeführte Vorschrift[332] gilt gem. Art. 316i Nr. 1 EGStGB **rückwirkend** für vor ihrem Inkrafttreten begangene Steuerhinterziehung im großen Ausmaß gem. § 370 Abs. 3. S. 2 Nr. 1 AO. Diese Rückwirkung hat u.a bei der strafrechtlichen Aufarbeitung der **Cum-ex-Geschäfte** eine Rolle gespielt und ist vom **BVerfG** als verfassungsgemäß angesehen worden.[333] Im Ergebnis können Strafgerichte Steueransprüche realisieren, die steuerrechtlich aufgrund von Verjährung erloschen sind (§ 47 AO). Mit anderen Worten: Strafgerichte haben eine weitergehende Kompetenz zur Eintreibung von Steuerbeträgen als die an sich hierzu berufenen Finanzbehörden.[334] Für die selb-

---

326 BGH, Urt. v. 28.7.2021 – 1 StR 519/20 – BGHSt 66, 182 = NJW 2022, 90, 96 f.
327 Siehe z.B. Matt/Renzikowski/*Altenhain*/*Fleckenstein*, StGB § 73c Rn 5.
328 BGH, Beschl. v. 22.8.2022 – 1 StR 187/22 – wistra 2023, 289; Beschl. v. 15.1.2020 – 1 StR 529/19, NStZ 2020, 404; Urt. v. 10.7.2019 – 1 StR 265/18 – wistra 2020, 154; Beschl. v. 6.6.2019 – 1 StR 75/19 – wistra 2019, 411.
329 BGH, Urt. v. 28.7.2021 – 1 StR 519/20 – BGHSt 66, 182 = NJW 2022, 90, 96 f.
330 BT-Drs. 18/9525, S. 72.
331 Siehe z.B. Matt/Renzikowski/*Altenhain*/*Fleckenstein*, StGB § 76a Rn 5.
332 § 73e Abs. 1 S. 2 StGB eingeführt durch Gesetz v. 21.12.2020 (BGBl. I S. 3096).
333 BVerfG, Beschl. v. 7.4.2022 – 2 BvR 2194/21 – NZWiSt 2022, 276.
334 Ausf. *Schnabelrauch*, NZWiSt 2022, 425 ff.

ständige Einziehung selbst gilt die außerordentlich lange **Verjährungsfrist von 30 Jahren** (§ 76b Abs. 1 S. 1 StGB).

Praxistipp

Wird in Erwägung gezogen, einen Strafbefehl gegen einen Geschäftsführer oder einen Vorstand zur Vermeidung einer Hauptverhandlung zu akzeptieren oder eine Hauptverhandlung durch eine Verständigung zu beenden, müssen die Folgen für das Unternehmen einkalkuliert werden. Der rechtskräftige Abschluss des Verfahrens gegen die Leitungsperson schließt nicht aus, dass gegen das Unternehmen später noch vermögensabschöpfende Maßnahmen angeordnet werden.

---

f) Steuerrechtliche Konsequenzen

Ein Steuerstrafverfahren führt zudem zu steuerrechtlichen Konsequenzen. Aus einer Steuerstraftat resultiert regelmäßig eine **Haftung** für zu Unrecht nicht gezahlte Steuern bzw. für zu Unrecht erhaltene Steuervorteile. Das Finanzamt kann Steuerbescheide, die aufgrund von Steuerstraftaten zu niedrig ausgefallen sind, innerhalb der Festsetzungsfrist ändern, auch wenn diese bereits Gegenstand einer Außenprüfung waren.[335] Voraussetzung ist das Vorliegen einer vorsätzlichen, rechtswidrigen und schuldhaften Straftat, wobei die Voraussetzungen durch die Finanzverwaltung selbstständig festzustellen sind.

215

Praxistipp

Für hinterzogene Steueransprüche gilt gem. § 169 Abs. 2 S. 2 AO eine verlängerte Festsetzungsfrist von zehn Jahren.[336] Zudem ist die Ablaufhemmung des § 171 Abs. 7 AO zu beachten: Die Festsetzungsfrist endet solange nicht, solange die Steuerstraftat oder Steuerordnungswidrigkeit nicht verjährt ist. Die (einfache) Steuerhinterziehung verjährt nach allgemeinen strafrechtlichen Grundsätzen[337] in fünf Jahren ab Beendigung der Tat. Besonders schwere Fälle der Steuerhinterziehung verjähren dagegen erst in fünfzehn Jahren ab Beendigung der Tat.[338] Dies führt zu entsprechend langen Festsetzungsfristen. Hinterzogene Steuern sind außerdem zu verzinsen.[339]

Zu beachten ist das **Verhältnis zwischen strafrechtlicher Vermögensabschöpfung und steuerrechtlicher Haftung**.[340] Dabei gilt der Grundsatz, dass es zu keiner **verfassungswidrigen Doppelbelastung** durch Besteuerung und Abschöpfung kommen darf.[341] Unter Geltung des neuen Vermögensabschöpfungsrechts gilt die „**steuerrechtliche Lösung**". Danach sind zu entrichtende Steuern nicht von dem der Einziehung un-

216

---

335 § 173 Abs. 2 AO.
336 § 169 Abs. 2 S. 2 AO.
337 § 369 Abs. 2 AO i.V.m. § 78 Abs. 3 Nr. 4 StGB.
338 § 376 Abs. 1 AO.
339 § 234 AO.
340 Ausf. *Maciejewski/Schumacher*, DStR 2017, 2021ff.
341 BVerfG, Beschl. v. 23.1.1990 – 1 BvL 4/87 – BVerfGE 81, 228 = NJW 1990, 1900.

terliegenden Betrag abzuziehen. Damit sollen Strafgerichte von aufwendigen Ermittlungen der genauen steuerlichen Belastung entlastet werden. Eine Doppelbelastung wird aber dadurch vermieden, dass Zahlungen auf strafgerichtliche Einziehungsanordnungen nach den §§ 73ff. StGB als Werbungskosten bzw. Betriebsausgaben abgesetzt werden können.[342] Das **steuerliche Abzugsverbot** des § 12 Nr. 4 EStG bzw. des § 10 Nr. 3 KStG greift insoweit nicht, weil es sich bei der Einziehung nicht, wie von der Vorschrift vorausgesetzt, um eine **Rechtsfolge vermögensrechtlicher Art** handelt, bei welcher der **Strafcharakter überwiegt**.[343] Vielmehr handelt es sich bei der Einziehung nach gefestigter Auffassung um eine „**Maßnahme eigener Art**".[344] Wird umgekehrt der Hinterziehungsbetrag vor der Entscheidung des Strafgerichts nachentrichtet, unterbleibt eine Einziehung gem. § 73e Abs. 1 StGB, weil der **Anspruch des Fiskus** als Verletztem **erloschen** ist.[345] Erfolgt die Nachentrichtung nachdem die Einziehung strafgerichtlich angeordnet worden ist, ordnet das Gericht gem. § 459g Abs. 4 StPO wegen zwischenzeitlichen Erlöschens des Anspruchs des Fiskus den **Ausschluss der Vollstreckung** an.[346] Wenn der Steueranspruch des Fiskus im Besteuerungsverfahren rechtskräftig wird, kann im Steuerstrafverfahren von der Einziehung abgesehen werden, da die Steuerforderung durch die Finanzbehörde vollstreckt wird, sodass eine doppelte Vollstreckung ein **unangemessener Aufwand** gem. § 421 Abs. 1 Nr. 3 wäre.[347]

5. Sonstige Steuerstraftatbestände/Steuerordnungswidrigkeiten

217 Neben der Steuerhinterziehung, dem mit Abstand wichtigsten Straftatbestand des Steuerstrafrechts, sieht die AO eine Reihe weiterer, für die Praxis weniger bedeutsamer Sanktionsnormen vor, die hier nur überblicksartig dargestellt werden können.

218 Zu den sonstigen Steuerstraftatbeständen zählen:
- Bannbruch – § 372 AO,
- Schmuggel – § 373 AO und
- Steuerhehlerei – § 374 AO.

219 Auf eine nähere Darstellung der Vorschriften kann an dieser Stelle verzichtet werden, da sie Spezialfälle betreffen.

220 Für die **Ausgestaltung der Compliance** eines Unternehmens sind die sog. Steuerordnungswidrigkeiten, insbesondere die **leichtfertige Steuerverkürzung**,[348] wichtiger.

---

342 BT-Drs. 18/11640, S. 78f.; BGH, Beschl. v. 5.9.2019 – 1 StR 99/19 – NJW 2019, 3798 Rn 9; *Madauß*, NZWiSt 2018, 28, 34; *Maciejewski/Schumacher*, DStR 2017, 2021, 2023.
343 Zutr. *Maciejewski/Schumacher*, DStR 2017, 2021, 2024.
344 *Fischer*, StGB, § 73 Rn 4 m.w.N.
345 *Madauß*, NZWiSt 2018, 28, 29.
346 Vgl. *Kuhn/Weigell/Görlich*, Steuerstrafrecht, Rn 155.
347 *Madauß*, NZWiSt 2018, 28, 29.
348 § 378 AO.

Die Vorschrift stimmt inhaltlich mit § 370 AO überein, nur dass sie in subjektiver Hinsicht **leichtfertiges Handeln** genügen lässt. Sie fungiert damit als Auffangtatbestand für alle diejenigen Fälle, in denen eine Bestrafung wegen Steuerhinterziehung mangels Vorsatzes ausscheidet.

Hinweis

Um dem Vorwurf leichtfertigen Handelns zu entgehen, muss der Steuerpflichtige in allen Zweifelsfällen Erkundigungen einholen. Im Falle der Beauftragung eines Steuerberaters muss der Steuerpflichtige die ihm zur Unterschrift vorgelegte Steuererklärung auf ihre tatsächliche Richtigkeit überprüfen. Im Regelfall darf er aber darauf vertrauen, dass der Steuerberater die Steuererklärung richtig vorbereitet, wenn er diesem die zur Erstellung der Steuererklärung erforderlichen Informationen vollständig verschafft hat.[349]

Der Steuerpflichtige hat die mit der Erfüllung seiner steuerrechtlichen Pflichten betrauten **Mitarbeiter sorgfältig auszuwählen** und **zu überwachen**, denn auch die Verletzung dieses Pflichtenkreises kann den Vorwurf leichtfertigen Handelns begründen. Zudem droht bei Verstoß von Überwachungspflichten eine Geldbuße gegen das Unternehmen nach den §§ 30, 130 OWiG.[350] Die gleichen Grundsätze gelten im Hinblick auf die Überwachung des für Steuerfragen zuständigen Mitgliedes eines Kollegialorgans durch dessen übrige Mitglieder. Ein Bußgeld nach § 378 AO kann den Adressaten empfindlich treffen, der Bußgeldrahmen beträgt gem. § 378 Abs. 2 AO bis zu 50.000 €. **221**

Die **Steuergefährdung**[351] betrifft Handlungen, die im Vorfeld einer Steuerhinterziehung angesiedelt sind und deshalb in steuerstrafrechtlicher Hinsicht bloße Vorbereitungshandlungen darstellen. Hierunter fällt z.B. das Ausstellen unrichtiger Belege[352] oder die Vornahme unrichtiger Buchungen.[353] § 379 AO ist ein **Gefährdungstatbestand** und kommt nur zur Anwendung, wenn Verletzungsdelikte, insbesondere § 370 AO, ausscheiden.[354] **222**

Gleiches gilt für die **Gefährdung von Abzugssteuern** (§ 380 AO). Danach handelt ordnungswidrig, wer seiner Verpflichtung, Steuerabzugsbeträge einzubehalten und abzuführen, nicht bzw. nicht vollständig oder nicht rechtzeitig nachkommt. § 370 AO greift in diesem Fall nicht ein, denn das bloße Unterlassen, eine Steuerschuld zu begleichen, stellt mangels falscher Angaben gegenüber den Steuerbehörden keine Steuerhinterziehung dar. Die Vorschrift ist in erster Linie für die Lohnsteuer von Bedeutung, die Arbeitgeber für Arbeitnehmer einzubehalten und abzuführen haben.[355] **223**

---

349 Klein/*Jäger*, AO, § 378 Rn 22 f.
350 Oben Rn 204 ff.
351 § 379 AO.
352 § 379 Abs. 1 Nr. 1 AO.
353 § 379 Abs. 1 Nr. 3 AO.
354 § 379 Abs. 4 AO.
355 §§ 38 Abs. 3, 41a EStG.

224 Weitere **Steuerordnungswidrigkeiten** finden sich in §§ 381 und 382 AO sowie in den einzelnen Steuergesetzen.

> **Hinweis**
> Das Unternehmen muss selbstverständlich sämtliche Vorschriften im Blick haben, die im Hinblick auf die eigene Geschäftstätigkeit relevant sein können.

6. Selbstanzeige

225 Das Institut der **strafbefreienden** Selbstanzeige war in den zurückliegenden Jahren Gegenstand rechtspolitischer Diskussion und in der Folge von **erheblichen Einschränkungen** – erst durch die Rechtsprechung[356] und im Anschluss durch den Gesetzgeber[357]. Überhaupt wurde die ganze Legitimation dieses im Strafrecht einzigartigen Instituts in Frage gestellt. Gleichwohl hat § 371 AO die Diskussionen bis heute überdauert, auch wenn die Handhabkarkeit der Vorschrift gelitten hat.[358] Die mit der Selbstanzeige eintretende **Straflosigkeit der Steuerhinterziehung** verfolgt einen **doppelten Zweck**: Zum einen soll dem Steuerhinterziehenden ein Anreiz gegeben werden, zur Steuerehrlichkeit zurückzukehren. Zum anderen sollen dem Fiskus bislang verborgene Steuerquellen erschlossen werden. Es ist dieser zweite – fiskalische – Zweck, der in Zeiten umfassender Datenerhebungen und -sammlungen sowie der stetig ausgeweiteten internationalen Zusammenarbeit immer stärker angezweifelt wird. Mit anderen Worten: Man ist mehr und mehr der Meinung, dass verborgene Steuerquellen auch ohne Zutun des Steuerpflichtigen aufgespürt werden können – sodass dessen Mitwirkung nicht (mehr) mit Straflosigkeit prämiert werden muss.

226 Der Täter einer Steuerhinterziehung bleibt nach § 371 AO **straffrei**, wenn er seine unrichtigen oder unvollständigen Angaben bei der Finanzbehörde berichtigt oder ergänzt oder unterlassene Angaben nachholt. Rechtsdogmatisch handelt es sich um einen sog. **Strafaufhebungsgrund**, der zur **persönlichen Straflosigkeit** des Täters führt.[359]

227 Die strafbefreiende Wirkung tritt nach § 371 AO nur unter bestimmten Voraussetzungen ein, die herkömmlich in **positive und negative Wirksamkeitsvoraussetzungen** unterteilt werden. Erstere ergeben sich aus § 370 Abs. 1 und 3 AO, letztere regelt § 371 Abs. 2 AO in Form von Ausschlusstatbeständen.

---

[356] BGH, Beschl. v. 20.5.2010 – 1 StR 577/09 – BGHSt 55, 180 = NJW 2010, 2146.
[357] Durch das Schwarzgeldbekämpfungsgesetz (SchwarzGBekG) v. 28.4.2011 (BGBl. I S. 676).
[358] Ausf. *Rolletschke*, StV 2019, 782 ff.
[359] Allgemeine Ansicht z.B. MüKo-StGB/*Kohler*, § 371 AO Rn 11 m.w.N.

a) Positive Voraussetzungen für die Wirksamkeit einer Selbstanzeige

Zu den positiven Wirksamkeitsvoraussetzungen gehört zum einen die **Berichtigung**,[360] die gewissermaßen das Spiegelbild zum Tatbestand der Steuerhinterziehung bildet.[361] Berichtigen i.S.v. § 371 AO bedeutet, unrichtige, unvollständige oder fehlende Angaben durch die richtigen und vollständigen zu ersetzen. Hierfür lässt es die Rechtsprechung genügen, dass der Täter einen **wesentlichen Beitrag** dazu leistet, dass die betreffende Steuer nachträglich richtig festgesetzt werden kann. Die Anzeige muss also nicht sämtliche Zahlenangaben derart erschöpfend enthalten, dass das Finanzamt die Neuveranlagung auf der Stelle durchführen kann.[362] Welche Angaben für eine wirksame Berichtigung ausreichen, ist stets eine Frage des Einzelfalls. Der BGH hat allerdings klargestellt, dass in der Selbstanzeige auf jeden Fall konkrete Beträge hinsichtlich der Besteuerungsgrundlagen genannt werden müssen; ggf. muss eine Schätzung erfolgen.[363] Die in der Praxis häufig eingesetzte sog. **gestufte Selbstanzeige**, bei der die Selbstanzeige in einem ersten Schritt (nur) dem Grunde nach erstattet wird und die Besteuerungsgrundlagen erst in einem zweiten Schritt – gegebenenfalls in Absprache mit dem Finanzamt – konkretisiert werden, ist jedenfalls **riskant**.[364] Sie ist aber möglich, wenn schon im ersten Schritt eine **Schätzung** erfolgt, die über die ggf. nachzureichenden konkreten Zahlen hinausgeht.

Gänzlich ausgeschlossen ist hingegen die sog. **Teil-Selbstanzeige**. Nach früherer Rechtslage trat die strafbefreiende Wirkung der Selbstanzeige ein, „soweit" eine Berichtigung erfolgte. Der Täter musste danach nicht sämtliche bis dato verschwiegenen Umstände vollständig offenbaren, um in den Genuss (jedenfalls partieller) Straffreiheit zu kommen. Seit 2015 muss der Täter hingegen die unrichtigen Angaben „zu allen unverjährten Steuerstraftaten einer Steuerart, mindestens aber zu allen Steuerstraftaten einer Steuerart der letzten zehn Kalenderjahre" berichtigen (§ 371 Abs. 1 S. 2 AO). Seit der letzten **Verlängerung der Verjährungsfrist** des § 376 Abs. 1 AO beträgt die Verjährungsfrist für besonders schwere Fälle der Steuerhinterziehung gem. § 370 AO Abs. 3 S. 2 Nr. 1 bis 6 AO **fünfzehn Jahre**.[365] Im Übrigen entspricht der Mindestzeitraum von zehn Kalenderjahren der steuerlichen Festsetzungsfrist des § 169 Abs. 2 S. 2 AO.

Hinweis
Teilselbstanzeigen, die sich auf einzelne Steuerjahre beziehen, sind unwirksam und somit schädlich. In Selbstanzeigen müssen alle unrichtigen Angaben zu einer Steuerart „in vollem Umfang" berichtigt werden. Die Berichtigungspflicht reicht mindestens zehn Kalenderjahre zurück.

---

[360] § 371 Abs. 1 AO.
[361] So treffend MüKo-StGB/*Kohler*, § 371 AO Rn 50.
[362] MüKo-StGB/*Kohler*, § 371 AO Rn 53.
[363] BGH, Beschl. v. 20.5.2010 – 1 StR 577/09 – BGHSt 55, 180 = NJW 2010, 2146.
[364] Siehe auch Klein/*Jäger*, AO, § 371 Rn 24.
[365] Gesetz v. 21.12.2020 (BGBl. I S. 3096).

230 Eine wirksame Strafanzeige setzt zum anderen die **fristgerechte Nachzahlung** der hinterzogenen Steuern und der Hinterziehungszinsen voraus.[366] Die Nachzahlungspflicht reicht nach dem Gesetzeswortlaut allerdings nur so weit, wie der Täter oder Tatbeteiligte die Steuern „zu eigenen Gunsten" hinterzogen, also durch die Tat einen eigenen unmittelbaren Vorteil erlangt hat. Bei der Hinterziehung betrieblicher Steuern (Körperschaftsteuer, Gewerbesteuer) entsteht für den Täter eine Nachzahlungspflicht demnach nur dann, wenn er auch Gesellschaftsanteile hält oder Tantieme oder sonst gewinnabhängige Leistungen beanspruchen darf.[367] Welche Frist für die Nachzahlung angemessen ist, bestimmt die Finanzbehörde nach pflichtgemäßem Ermessen.

b) Ausschluss der Wirksamkeit einer Selbstanzeige

231 Der Täter erlangt trotz des Vorliegens der positiven Wirksamkeitsvoraussetzungen keine Straffreiheit, wenn einer der in § 371 Abs. 2 AO aufgeführten acht **Ausschlusstatbestände** eingreift. Danach ist die Strafbefreiung ausgeschlossen, wenn

- dem an der Tat Beteiligten, seinem Vertreter, dem Begünstigten i.S.d. § 370 Abs. 1 AO oder dessen Vertreter eine Prüfungsanordnung nach § 196 AO (Anordnung der Außenprüfung) bekannt gegeben worden ist,[368]
- dem an der Tat Beteiligten oder seinem Vertreter die Einleitung des Straf- oder Bußgeldverfahrens wegen der Tat bekannt gegeben worden ist,[369]
- zuvor ein Amtsträger der Finanzbehörde zur steuerlichen Prüfung beschränkt auf den sachlichen und zeitlichen Umfang der Außenprüfung[370] erschienen ist,
- zuvor ein Amtsträger der Finanzbehörde zur steuerlichen Prüfung oder zur Ermittlung einer Steuerstraftat/Steuerordnungswidrigkeit erschienen ist,[371]
- ein Amtsträger der Finanzbehörde zu einer Umsatz- oder Lohnsteuer-Nachschau oder einer Nachschau nach anderen steuerrechtlichen Vorschriften erschienen ist,[372]
- eine der noch nicht verjährten Steuerstraftaten im Zeitpunkt der Berichtigung, Ergänzung oder Nachholung ganz oder zum Teil bereits entdeckt war und der Täter dies wusste oder bei verständiger Würdigung der Sachlage damit rechnen musste,[373]
- die verkürzte Steuer oder der für sich oder einen anderen erlangte, nicht gerechtfertigte Steuervorteil einen Betrag von 25.000 € je Tat übersteigt,[374]

---

366 § 371 Abs. 3 AO.
367 Näher hierzu MüKo-StGB/*Kohler*, § 371 AO Rn 153 ff.
368 § 371 Abs. 2 S. 1 Nr. 1a AO.
369 § 371 Abs. 2 S. 1 Nr. 1b AO.
370 § 371 Abs. 2 S. 1 Nr. 1c AO.
371 § 371 Abs. 2 S. 1 Nr. 1d AO.
372 § 371 Abs. 2 S. 1 Nr. 1e AO.
373 § 371 Abs. 2 S. 1 Nr. 2 AO.
374 § 370 Abs. 2 S. 1 Nr. 3 AO.

- ein besonders schwerer Fall der Steuerhinterziehung nach § 371 Abs. 3 S. 2 Nr. 2 bis 6 AO vorliegt.[375]

Der richtigen Auslegung der Ausschlusstatbestände kommt im Einzelfall beträchtliche Bedeutung zu. **Fehler** können zu **gravierenden Nachteilen** für den Anzeigenerstatter und/oder den Steuerpflichtigen führen. Gleichwohl kann hier nicht zu allen praxisrelevanten Fragen Stellung genommen werden. Vielmehr muss es mit einigen grundlegenden Hinweisen sein Bewenden haben:

Die Ausschlussgründe nach § **371 Abs. 2 S. 1 Nr. 1a und Nr. 1c AO (Bekanntgabe der bzw. Erscheinen eines Amtsträgers zur Außenprüfung)** stehen gem. § 370 Abs. 2 S. 2 AO einer wirksamen Selbstanzeige von Steuerstraftaten einer Steuerart nicht entgegen, die vom sachlichen und zeitlichen Umfang der (angekündigten) Außenprüfung nicht erfasst sind. Die Sperrtatbestände gelten namentlich für Betriebs-, Umsatzsteuersonder- und Lohnsteueraußenprüfungen. Der Ausschlussgrund nach § 371 Abs. 2 S. 1 Nr. 1a greift **für alle Tatbeteiligten**. Die Selbstanzeige ist daher z. B. auch für **Anstifter** oder **Gehilfen gesperrt**, wenn die Prüfungsanordnung (nur) dem Täter bekannt gegeben wird.[376] Das hat allerdings die fragwürdige Konsequenz, dass die Selbstanzeige bspw. auch für einen tatbeteiligten, nunmehr aus dem Unternehmen ausgeschiedenen Mitarbeiter, der keine Kenntnis von der Prüfungsanordnung hat, gesperrt ist.[377] Die gleiche Konsequenz hat die Aufnahme des Begriffs des „Begünstigten" i. S. d. § 370 Abs. 1 AO in den Sperrtatbestand. Hiermit ist das Unternehmen im Falle einer durch einen Unternehmensangehörigen begangenen Steuerhinterziehung zugunsten des Unternehmens gemeint. Die Bekanntgabe der Prüfungsanordnung gegenüber dem Unternehmen sperrt auch die Selbstanzeige gegenüber einem (ausgeschiedenen) Mitarbeiter.[378] Schließlich kann die Bekanntgabe auch gegenüber dem Vertreter eines Tatbeteiligten erfolgen. Erfasst sind gesetzliche Vertreter gem. §§ 34, 35 AO sowie Bevollmächtigte und Beistände gem. § 80 AO, d.h. insbesondere Steuerberater und (steuerberatende) Rechtsanwälte.[379]

Nach § **371 Abs. 2 S. 1 Nr. 1b AO** schließt die **Bekanntgabe der Einleitung eines Steuerstraf- oder Ordnungswidrigkeitenverfahrens** die Selbstanzeige aus. An eine bestimmte **Form** ist die Bekanntgabe **nicht gebunden**. Es genügt bspw. die Übergabe eines entsprechenden Durchsuchungsbeschlusses oder auch eine mündliche Mitteilung. Die Bekanntgabe der Verfahrenseinleitung an einen Tatbeteiligten schließt die Selbstanzeige **für alle Tatbeteiligten** aus.[380] Die Selbstanzeige ist für sämtliche eine Steuerart betreffenden Steuerhinterziehungen gesperrt.[381]

---

375 § 370 Abs. 2 S. 1 Nr. 4 AO.
376 BT-Drs. 18/3018, S. 11.
377 *Rolletschke*, StV 2019, 782, 784.
378 BT-Drs. 18/3018, S. 11.
379 Hübschmann/Hepp/Spitaler/*Beckemper* § 371 AO Rn 144; Ristau, NZWiSt 2023, 58 ff.
380 BT-Drs. 18/3018, S. 11; *Rolletschke*, StV 2019, 782, 785.
381 *Rolletschke*, StV 2019, 782, 785.

235 Beim Ausschlussgrund nach § 371 Abs. 2 S. 1 Nr. 1d AO muss der **zur Ermittlung einer Steuerstraftat oder Steuerordnungswidrigkeit erschienene Amtsträger** nicht der Finanzbehörde angehören. Erfasst sind auch Staatsanwälte und Polizeibeamte, sofern sie zur Ermittlung einer Steuerstraftat erscheinen. Im Falle eines Strafverfahrens nach § 266a StGB (Vorenthalten von Sozialversicherungsbeiträgen, „Schwarzarbeit") erstreckt sich der Ermittlungswille der erschienenen Ermittlungsbeamten auf die mit Straftaten nach § 266a StGB im engen Zusammenhang stehende Lohnsteuerhinterziehung.[382] Anders als bei den Sperrtatbeständen des § 371 Abs. 2 S. 1 Nr. 1a und c (Bekanntgabe der Außenprüfung bzw. der Einleitung eines Straf- oder Bußgeldverfahrens) greift die Sperrwirkung hier mangels vergleichbarer Regelung **nur gegenüber demjenigen Täter oder Teilnehmer, bei dem der Amtsträger erschienen ist**.[383]

236 Der Sperrgrund gem. § 371 Abs. 2 S. 1 Nr. 1e AO (**Erscheinen eines Amtsträgers zur steuerlichen Nachschau**) setzt nicht voraus, dass der Amtsträger sich gegenüber dem Täter der Steuerstraftat ausweist. Es genügt, wenn das Ausweisen gegenüber einem Mitarbeiter erfolgt.[384] Der Sperrgrund ist nicht wie die mit der Außenprüfung zusammenhängenden Ausschlusstatbestände des § 371 Abs. 2 S. 1 Nr. 1a und c AO auf den Prüfungsumfang beschränkt. Eine Umsatz- oder Lohnsteuernachschau entfaltet damit **Sperrwirkung für alle unverjährten Steuerstraftaten der bestreffenden Steuerart**.[385] Weiterhin greift der Sperrgrund der Steuernachschau nur solange diese stattfindet. Führt die Nachschau zu keinen Ergebnissen, entfällt der Sperrgrund und die **Selbstanzeigemöglichkeit lebt wieder** auf, sofern nicht ein anderer Sperrgrund wie z. B. die Tatentdeckung eingreift.[386]

237 Die **Tat** darf **noch nicht** i. S. v. **§ 371 Abs. 2 S. 1 Nr. 2 AO entdeckt** sein. Hierfür müssen die Ermittlungsbehörden (noch) keine Kenntnis von sämtlichen Einzelheiten haben. Es genügt, wenn bei vorläufiger Tatbewertung die **Wahrscheinlichkeit einer verurteilenden Erkenntnis** gegeben ist.[387] Das soll nach der **Rechtsprechung** der Fall sein, wenn unter Berücksichtigung der zur Steuerquelle oder zum Auffinden der Steuerquelle bekannten weiteren Umstände **nach allgemeiner kriminalistischer Erfahrung eine Steuerstraftat oder -ordnungswidrigkeit naheliegt**.[388] Dies läuft im Ergebnis auf einen **strafprozessualen Anfangsverdacht** hinaus, obwohl ein solcher für die Tatentdeckung nach § 371 Abs. 2 S. 1 Nr. 2 AO gerade nicht ausreichen soll.[389] Der Sperrgrund der Tatentdeckung setzt zudem voraus, dass der Täter die **Tatentdeckung kennt** oder damit **rechnen musste**. Anders als bei § 371 Abs. 2 S. 1 Nr. 1a und b AO wird allein auf

---

382 *Rolletschke*, StV 2019, 782, 786.
383 HeidelbergerKomm-Steuerstrafrecht/*Hüls/Reichling*, § 371 AO Rn 135; *Rolletschke*, StV 2019, 782, 787.
384 *Rolletschke*, StV 2019, 782, 787.
385 *Rolletschke*, StV 2019, 782, 787.
386 BT-Drs. 18/3018, S. 12; Klein/*Jäger*, AO, § 371 Rn 144.
387 Klein/*Jäger*, AO, § 371 Rn 156.
388 BGH, Beschl. v. 20.5.2010 – 1 StR 577/09 – BGHSt 55, 180 = NJW 2010, 2146.
389 Kritisch daher MüKo-StGB/*Kohler*, § 371 AO Rn 277; siehe auch *Rolletschke*, StV 2019, 782, 788.

die Kenntnis bzw. das „Rechnenmüssen" des Täters (auch des Mittäters und des mittelbaren Täters) abstellt. Für **Anstifter** und **Gehilfen** tritt Tatentdeckung erst ein, wenn der Täter Kenntnis von der Tatentdeckung hat bzw. damit rechnen muss. Die eigene Kenntnis bzw. grob fahrlässige Unkenntnis des Anstifters oder Gehilfen schließt demnach die Selbstanzeigemöglichkeit nicht aus.[390]

Generell ist eine wirksame Selbstanzeige gem. § 371 Abs. 2 S. 1 Nr. 3 AO ausgeschlossen, wenn der **Hinterziehungsbetrag 25.000 €** übersteigt.[391] Die Betragsobergrenze gilt **für jede Tat**, d. h. für jede unrichtige Steuererklärung. Eine Addition der Hinterziehungsbeträge aus mehreren unrichtigen Steuererklärungen findet nicht statt. Eine nennenswerte Erleichterung tritt dadurch nicht ein. Denn die durch Gesetzesänderung im Jahr 2015[392] von 50.000 € auf 25.000 € herabgesetzte Betragsobergrenze ist für sich gesehen schon nicht hoch und bei höheren Jahresumsätzen oder Geschäftsvolumina, wie bei Unternehmen üblich, nahezu immer erreicht. Der Ausschlussgrund des § 371 Abs. 2 S. 1 Nr. 3 AO führt jedoch nicht dazu, dass es zwingend zu einer Bestrafung des Täters kommt. Vielmehr richtet sich das weitere Verfahren nach § 398a AO: Von der **Verfolgung der Steuerstraftat** wird **abgesehen**, wenn der Täter innerhalb einer angemessenen Frist die aus der Tat zu seinen Gunsten hinterzogenen **Steuern entrichtet** und zudem einen **Strafzuschlag** zahlt. Der Strafzuschlag ist gem. § 398a Abs. 1 Nr. 2 AO nach dem Hinterziehungsvolumen gestaffelt. Er beträgt mindestens 10 % und maximal 20 % der hinterzogenen Steuer.[393]

238

Gem. § 371 Abs. 2 S 1. Nr. 4 AO ist die Selbstanzeige schließlich in **Fällen der besonders schweren Steuerhinterziehung des § 370 Abs. 3 S. 2 Nr. 2 bis 6 AO** ausgeschlossen. Ebenso wie beim Hinterziehungsbetrag von über 25.000 € kann aber bei Nachentrichtung der hinterzogenen Steuern gem. § 398a von der Strafverfolgung abgesehen werden. Das Absehen von der Verfolgung begründet ein **Verfahrenshindernis**.[394] Kommt es zu keinem Absehen von der Verfolgung (z. B. weil Zahlungen nicht vollständig innerhalb der bestimmten Frist geleistet werden), oder wird das Verfahren unter den Voraussetzungen des § 398a Abs. 3 AO wieder aufgenommen, werden bereits gezahlte Zuschläge nach § 398a Abs. 1 Nr. 2 AO nicht erstattet. Sie werden aber gem. § 398a Abs. 4 AO auf eine wegen der Steuerstraftat verhängte Geldstrafe **angerechnet**. Eine Anrechnung hat aus Gerechtigkeitsgründen trotz insoweit fehlender gesetzlicher

239

---

[390] HeidelbergerKomm-Steuerstrafrecht/*Hüls/Reichling*, § 371 AO Rn 171; MüKo-StGB/*Kohler*, § 371 AO Rn 306; *Rolletschke*, StV 2019, 782, 788.
[391] Zur Frage der Berechnung des Hinterziehungsbetrages siehe oben Rn 176 ff.
[392] Durch Gesetz zur Änderung der Abgabenordnung und des Einführungsgesetzes zur Abgabenordnung v. 22.12.2014 (BGBl. I S. 2415).
[393] Maßgeblich ist gem. 398a Abs. 2 AO die Höhe des (tatbestandlichen) Hinterziehungserfolges i. S. d. § 370 Abs. 1 AO mit der Folge, dass das Kompensationsverbot des § 370 Abs. 4 S. 3 AO und seine Durchbrechungen greifen (siehe oben Rn 177 ff.).
[394] Klein/*Jäger*, AO, § 398a Rn 50.

Regelung auch zu erfolgen, wenn wegen der Steuerstraftat eine Freiheitsstrafe verhängt wird.[395]

240 Ohne die zahlreichen Verschärfungen der Selbstanzeige in den letzten Jahren im Einzelnen diskutieren zu können, dürfte die von den Ausschüssen Steuerrecht und Strafrecht des Deutschen Anwaltvereins anlässlich der letzten Gesetzesänderung geäußerte Kritik berechtigt sein: Man gewinne den Eindruck, „der Gesetzgeber möchte sie (Anm.: die Selbstanzeige) durch ein Bündel neuer, in der Praxis kaum zu erfüllender Voraussetzungen auf ein Mindestmaß einschränken und somit faktisch abschaffen."[396]

I. Steuerstrafverfahren

I. Allgemeine Hinweise

241 Anders als im allgemeinen Strafrecht ist im Steuerstrafverfahren die **Finanzbehörde** unter Umständen selbst auch **Strafverfolgungsbehörde**. Bei den Finanzämtern sind hierfür **Bußgeld- und Strafsachenstellung (BuStra)** eingerichtet. Die Finanzbehörde führt das Ermittlungsverfahren **selbstständig**, sofern es nur um steuerstrafrechtliche Vorwürfe geht und kein Haftbefehl gegen den Beschuldigten erlassen ist.[397]

242 Sie ist befugt, einen **Strafbefehl** und die **selbstständige Anordnung der Vermögensabschöpfung (Einziehung)** oder die **selbstständige Festsetzung einer Geldbuße nach § 30 OWiG** gegen ein Unternehmen beim zuständigen Gericht zu beantragen.[398] Im Ermittlungsverfahren hat sie auch sonst alle Befugnisse, wie sie der Staatsanwaltschaft im allgemeinen strafrechtlichen Ermittlungsverfahren nach der StPO zustehen.

243 Der **Steuerfahndung** obliegen die gleichen Aufgaben wie den Beamten des Polizeidienstes im allgemeinen Verfahren. Sie hat **Steuerstraftaten und Steuerordnungswidrigkeiten** zu erforschen.[399] Daneben sind der Steuerfahndung auch im **Besteuerungsverfahren** bestimmte Aufgaben zugewiesen, insbesondere ist sie für die Ermittlung der Besteuerungsgrundlagen im Zusammenhang mit einer Außenprüfung zuständig.[400] Die Steuerfahndung hat damit eine **Doppelfunktion**. Darauf sollte geachtet werden, insbesondere wenn während eines laufenden Besteuerungsverfahrens – z.B. einer Be-

---

395 Klein/*Jäger*, AO, § 398a Rn 70.
396 Stellungnahme des Deutschen Anwaltvereins durch die Ausschüsse Steuerrecht und Strafrecht zum Referentenentwurf des Bundesfinanzministeriums betreffend den Entwurf eines Gesetzes zur Änderung der Abgabenordnung und des Einführungsgesetzes zur Abgabenordnung v. 27.8.2014 (Stellungnahme Nr. 47/2014), abrufbar unter http://www.anwaltverein.de/de/newsroom/sn-47-14
397 § 386 AO.
398 §§ 400, 401 AO i.V.m. §§ 435, 444 Abs. 3 StPO.
399 § 208 Abs. 1 AO, § 404 AO.
400 § 208 Abs. 2 AO.

triebsprüfung – wegen dort ermittelter Anhaltspunkte der Verdacht einer Steuerstraftat aufkommt und der Betriebsprüfer entweder selbst ein Steuerstrafverfahren einleitet oder die Prüfung zum Zwecke der Einleitung des Strafverfahrens durch die Straf- und Bußgeldstelle unterbricht. Hier kann die verfassungsrechtlich garantierte **Selbstbelastungsfreiheit** einer beschuldigten Person mit der im Besteuerungsverfahren grundsätzlich weiter bestehenden **Mitwirkungspflicht** des (steuerpflichtigen) Unternehmens gem. §§ 90, 93 AO kollidieren.

Praxistipp
In der heiklen Situation der Betriebsprüfung ist es in den allermeisten Fällen angezeigt, einen im Steuerstrafrecht spezialisierten Rechtsanwalt hinzuzuziehen. Im Unternehmen sollte Vorsorge dahingehend getroffen werden, dass diejenigen Mitarbeiter, die die Betriebsprüfung begleiten, angewiesen sind, in einem solchen Fall sofort die Rechtsabteilung zu informieren und zunächst keine Auskünfte mehr zu erteilen.

Übernimmt die **Staatsanwaltschaft** das Verfahren oder führt sie es von Anfang an, weil die Voraussetzungen für ein von der Finanzbehörde selbstständig geführtes Steuerstrafverfahren nicht gegeben sind, hat die **Finanzbehörde** im weiteren Strafverfahren noch bestimmte **Mitwirkungsrechte**. Kommt es zur Anklage und zur Durchführung einer Hauptverhandlung, wird der Finanzbehörde der Termin mitgeteilt. Ihr Vertreter hat in der Hauptverhandlung das Recht, Ausführungen zur Sache zu machen und Fragen an den Angeklagten, Zeugen oder Sachverständige zu richten.[401] Dabei bestimmt der in der Sitzung auftretende Behördenvertreter häufig maßgeblich die Position der Anklage, vor allem dann, wenn für die Staatsanwaltschaft ein mit der Sache nur wenig vertrauter Sitzungsvertreter auftritt. Auch das **steuerpflichtige Unternehmen** ist, sofern über Einziehung oder über eine Geldbuße nach § 30 OWiG zu entscheiden ist, am weiteren Strafverfahren mit bestimmten Rechten beteiligt.[402] Dass es sich empfiehlt, die Hilfe eines spezialisierten Rechtsanwalts – des sog. **Unternehmensverteidigers** – auch hierfür in Anspruch zu nehmen, ist selbstverständlich.

244

II. Einzelheiten des Verfahrens

Im Vergleich zum Strafverfahren wegen des Verdachts einer allgemeinen Straftat bestehen im **Steuerstrafverfahren** einige **Besonderheiten**. Sie beruhen zum größten Teil auf dem oben schon erwähnten Umstand, dass der Steuerpflichtige zur Mitwirkung im Besteuerungsverfahren verpflichtet ist, die durch die Finanzbehörden nach Maßgabe der §§ 328 ff. AO erzwungen werden kann. Ist er zugleich Beschuldigter, schützt ihn im

245

---

401 § 407 Abs. 1 AO.
402 §§ 424 ff. StPO, 444 Abs. 1 StPO.

Strafverfahren der **Nemo-tenetur-Grundsatz**[403] davor, sich selbst der Gefahr strafgerichtlicher Verfolgung aussetzen zu müssen.

246　Im Unternehmen können sich zudem aus einem eventuell bestehenden **Interessenkonflikt** zwischen (leitenden) Mitarbeitern und dem „Unternehmenswohl" weitere Spannungsfelder ergeben. Das Unternehmen wird an unverzüglicher Sachverhaltsaufklärung und an Kooperation mit der Strafverfolgungsbehörde interessiert sein. Der- oder diejenigen verantwortlichen Mitarbeiter, die möglicherweise die Sachlage kennen, werden hingegen zunächst Rechtsrat bei einem Strafverteidiger einholen wollen, bevor sie ggf. zur Sache Stellung nehmen. Drohen **arbeitsrechtliche** Maßnahmen, kommt die Angst vor einem Arbeitsplatzverlust hinzu.

247　Besonders kompliziert ist die Situation, wenn das Verfahren (noch) gegen „unbekannte Verantwortliche" des Unternehmens geführt wird. Dann kommen mehrere Personen – unter Umständen jedes einzelne Vorstandsmitglied oder auch alle Mitglieder einer Unternehmensleitung – als Beschuldigte in Betracht. In solchen Fällen ist der Konflikt praktisch kaum lösbar, weil dieselben Personen auch für das Unternehmenswohl verantwortlich sind.

248　Andere Beispiele sind:
- Die Sachlage ist in Bezug auf einen von der Betriebsprüfung geäußerten Verdacht völlig unklar und lässt sich erst einmal auch nicht aufklären.
- Der für die Buchhaltung zuständige Mitarbeiter hat den für die steuerlichen Erklärungen verantwortlichen Geschäftsführer über maßgebliche Umstände nicht informiert.
- Der Gesellschafter ist mit einer Selbstanzeige des verantwortlichen Geschäftsführers nicht einverstanden, dieser bangt um seinen Arbeitsplatz, wenn er sie dennoch erstattet.

❗ Praxistipp

Die Lösung solcher Probleme bleibt im Einzelfall dem Verantwortungsbewusstsein und der Führungsstärke der Unternehmensleitung oder der Aufsichtsgremien sowie oft auch dem Fingerspitzengefühl der einzelnen Funktionsträger überlassen. Auch können qualifizierte externe Berater – seien es Steuerexperten oder im Strafrecht ausgewiesene Rechtsanwälte – eine wichtige Rolle spielen und zu einer sachgerechten Vorgehensweise beitragen. Interne Ermittlungen im Unternehmen sollten die im Gesetz verankerten strafprozessualen Schutzgarantien von Auskunftspersonen beachten.

---

1. Kein Zwang zur Mitwirkung nach Einleitung eines Strafverfahrens

249　Wie erwähnt, kann die Finanzbehörde die Erfüllung der dem Steuerpflichtigen obliegenden Mitwirkungspflicht im Besteuerungsverfahren grundsätzlich mit den **Zwangs-**

---

[403] Wörtlich: „Niemand ist verpflichtet, sich selbst anzuklagen" – ein im Rechtsstaatsprinzip des GG verankerter Grundsatz, wonach der Beschuldigte zu den Vorwürfen schweigen darf.

mitteln der §§ 328 ff. AO durchsetzen. Soweit es um Auskünfte und die Vorlage von Unterlagen geht, gilt dies nicht gegenüber derjenigen Person, die wegen desselben steuerlichen Sachverhalts (steuer-)strafrechtlich verfolgt wird. Bei **Gefahr der Selbstbelastung**[404] oder **nach Einleitung eines Steuerstrafverfahrens**[405] dürfen keine **Zwangsmittel** gegen den Steuerpflichtigen bzw. gegen den Beschuldigten mehr eingesetzt werden.[406]

Ein Strafverfahren ist **eingeleitet**, sobald eine der dazu berufenen Institutionen (Finanzbehörde, Polizei, Staatsanwaltschaft, Strafrichter) eine Maßnahme trifft, die **erkennbar darauf abzielt, gegen jemanden wegen einer Steuerstraftat strafrechtlich vorzugehen**.[407]

250

Im Hinblick auf die Verfolgung einer allgemeinen Straftat gilt nach § 393 Abs. 2 S. 1 AO ein **Verwendungsverbot** für solche Tatsachen, die der Steuerpflichtige der Finanzbehörde in Erfüllung steuerrechtlicher Pflichten vor der Einleitung des Strafverfahrens oder in Unkenntnis der Einleitung des Strafverfahrens offenbart hat. Das Verwendungsverbot hat allerdings keine absolute Wirkung. Die Vorschrift des § 393 Abs. 2 S. 2 AO lässt die Verwendung der selbstbelastenden Information zu, wenn an der **Verfolgung der Nichtsteuerstraftat** ein **zwingendes öffentliches Interesse** i.S.d. § 30 Abs. 4 Nr. 5 AO (Delikte aus dem Bereich der Schwerkriminalität, besonders schwerwiegende Wirtschaftsstraftaten) besteht. Daher findet sich in der steuerstrafrechtlichen Literatur die **verbreitete Auffassung**, welche die in § 393 Abs. 2 S. 2 AO enthaltene Ausnahme vom Verwendungsverbot wegen Verstoßes gegen die Selbstbelastungsfreiheit für **verfassungswidrig** hält.[408] Dem hat sich die höchstrichterliche Rechtsprechung bislang nicht angeschlossen. Das BVerfG, dem die Frage der Vereinbarkeit des § 393 Abs. 2 S. 2 AO mit der verfassungsrechtlich garantierten Selbstbelastungsfreiheit vorgelegt worden ist, hat in der Sache selbst wegen Unzulässigkeit der Vorlage nicht entschieden.[409]

251

2. Strafprozessuale Zwangsmaßnahmen

Bei der Aufklärung eines Steuerstraftatverdachts ist die Ermittlungsbehörde nicht darauf beschränkt, die Mitwirkung des Steuerpflichtigen respektive des steuerpflichtigen Unternehmens an der Sachverhaltserforschung einzufordern. Zur Erlangung und Sicherung von Beweisen und zur Sicherung von Einziehungsgegenständen stehen ihr auch **Zwangsmittel zur Verfügung**. Die wichtigsten sind die **Durchsuchung** zur Erlangung

252

---

[404] § 393 Abs. 1 S. 2 AO.
[405] § 393 Abs. 1 S. 3 AO.
[406] Bei juristischen Personen kommen hier vor allem die jeweiligen Organvertreter (Geschäftsführer, Vorstandsmitglieder) in Betracht.
[407] § 397 Abs. 1 AO.
[408] Vgl. den Überblick über den Streitstand bei Klein/*Jäger*, AO, § 393 Rn 57 f.
[409] BVerfG, Beschl. v. 27.4.2010 – 2 BvL 13/07 – wistra 2010, 341.

von Beweisgegenständen und die **Beschlagnahme** zur Sicherstellung eines Gegenstandes durch Überführung in amtlichen Gewahrsam.

253   Nicht zur Aufklärung, sondern zum Zweck der **vorläufigen Sicherung einer späteren Abschöpfung illegaler Gewinne**[410], können unter bestimmten Voraussetzungen **Einziehungsgegenstände beschlagnahmt** oder der **Vermögensarrest** in das Vermögen gem. §§ 111b, 111e StPO angeordnet werden. Sofern es um die Abschöpfung **ersparter Aufwendungen** durch hinterzogene Steuern geht, kommt allerdings nur die **Einziehung des Wertes von Taterträgen** nach § 73c StGB[411] und als vorläufige Maßnahme der Vermögensarrest nach § 111e StPO in Betracht. Zudem verfügen die Finanzbehörden mit dem **dinglichen Arrest nach § 324 AO** über ein eigenes Instrument zur Sicherung von Geldforderungen.

254   Die früher umstrittene Frage nach dem **Verhältnis der beiden Sicherungsinstrumente**,[412] wurde im Zuge der Reform der strafrechtlichen Vermögensabschöpfung in § 111e Abs. 6 StPO dahin gehend gelöst, dass beide **gleichrangig** nebeneinander bestehen.[413] Die **Finanzbehörde** kann damit zwischen den beiden Sicherungsmaßnahmen **wählen**. Dies ist bedeutsam, weil für den Vermögensarrest nach § 111e StPO ein einfacher Tatverdacht genügt, während der dingliche Arrest nach § 324 AO insoweit eine überwiegende Wahrscheinlichkeit, d.h. einen höheren Verdachtsgrad verlangt. In einem frühen Stadium des Ermittlungsverfahrens bietet es sich somit für die Finanzbehörde an, die Sicherung nach § 111e StPO zu wählen.[414]

255   Bei den genannten vorläufigen Sicherungsmaßnahmen handelt es sich um **Grundrechtseingriffe**. Sie dürfen nur unter Wahrung des **Verhältnismäßigkeitsgrundsatzes** angeordnet und vorgenommen werden. Für ihre Anordnung ist grundsätzlich der Richter, nicht die Staatsanwaltschaft und auch nicht die Finanzbehörde als Strafverfolgungsbehörde oder ihre Ermittlungsbeamten (Polizei, Steuerfahndung), zuständig, es sei denn, es liegt Gefahr im Verzug vor. Dann besteht eine **Eilkompetenz der Ermittlungsbehörden** (Staatsanwaltschaft und ihre Ermittlungspersonen) für die Anordnung einer **Durchsuchung** zum Zwecke des Auffindens von Gegenständen, die der Beschlagnahme nach § 111b StPO oder dem Vermögensarrest nach § 111e StPO unterliegen.[415] Sollen nicht die Räume des persönlich Beschuldigten, sondern die eines **Dritten**, z.B. die einer juristischen Person, durchsucht werden, hat nur die

---

410 Siehe oben Rn 212 ff.
411 Siehe oben Rn 213.
412 Siehe z.B. OLG Nürnberg, Beschl. v. 22.9.2010 – 1 Ws 504/10 – wistra 2011, 40.
413 BT-Drs. 18/9525, S. 77 f.; OLG Hamburg, Beschl. v. 26.10.2018 – 2 Ws 183/18 – NZWiSt 2019, 106, 110; OLG Stuttgart, Beschl. v. 25.10.2017 – 1 Ws 163/17 – NJW 2017, 3731 Rn 22; BeckOK StPO/*Huber*, § 111e Rn 32 f.; KarlsruherKomm/*Spillecke*, § 111e Rn 14; *Madauß*, NZWiSt 2018, 28.
414 *Struckmeyer/Hansen*, NZWiSt 2019, 111, 113; *Madauß*, NZWiSt 2018, 28; siehe auch Klein/*Werth*, AO, § 324 Rn 3.
415 Vgl. §§ 111b Abs. 2, 111e Abs. 5, 105 Abs. 1 S. 1 StPO.

Staatsanwaltschaft eine Eilkompetenz für die Anordnung, nicht aber ihre Ermittlungspersonen.[416]

Die Zuständigkeit für **Anordnung der Beschlagnahme bzw. des Vermögensarrests** selbst liegt wiederum grundsätzlich beim Richter, wobei bei Gefahr im Verzug ebenfalls eine **Notfallkompetenz der Ermittlungsbehörden** besteht.[417] In allen Fällen, in denen keine richterliche Anordnung vorliegt, muss eine **richterliche Bestätigung** der Beschlagnahme oder des Vermögensarrests nachträglich eingeholt werden.[418]

Als **materielle Eingriffsvoraussetzung** genügt für die Sicherungsmaßnahmen nach §§ 111b, 111e StPO ein **Anfangsverdacht**. Es müssen – lediglich – **zureichende Anhaltspunkte** dafür vorliegen, dass eine (Steuer-)Straftat begangen wurde. Dies ist in Anbetracht der erheblichen Auswirkungen, die eine Durchsuchung oder gar eine Maßnahme zur Sicherung der Vermögensabschöpfung für ein Unternehmen haben kann, eine **bedenklich niedrige Schwelle**. Zudem ist die früher in § 111b Abs. 3 StPO a.F. enthaltene Regelung entfallen, wonach die Beschlagnahme oder der Vermögensarrest (früher: dinglicher Arrest) spätestens nach sechs Monaten aufzuheben war, sofern keine dringenden Gründe (ein gesteigerter Verdachtsgrad) vorlagen. Nach dem Willen des Gesetzgebers soll sich die Dauer der vorläufigen Maßnahme auch nach Streichung des § 111b Abs. 3 StPO a.F. nach dem **Verhältnismäßigkeitsgrundsatz** richten. Der **Schutz des Betroffenen** vor nicht erforderlichen oder unverhältnismäßigen Sicherungsmaßnahmen soll nicht beeinträchtigt werden.[419] Dieser Aspekt erlangt mit fortschreitender Dauer der Sicherungsmaßnahme zunehmend Gewicht.[420]

Soweit es um den Verdacht einer Steuerhinterziehung in einem besonders schweren Fall i.S.d. § 370 Abs. 3 S. 2 Nr. 5 AO geht, kommen auch **Telefonüberwachungsmaßnahmen** in Betracht.[421] Anders als bei Anordnungen nach den §§ 111b, 111e StPO unterliegt der Verdachtsgrad hier gem. § 100a Abs. 1 S. 1 Nr. 1 StPO höheren Anforderungen.

3. Verhaltensempfehlungen

Erfahrungsgemäß werden im **Ermittlungsverfahren** die **Weichen für das gesamte weitere Strafverfahren** gestellt. Besonders in den Fällen, in denen das Steuerstrafverfahren nicht während einer Betriebsprüfung eingeleitet wird, sondern das Unternehmen überraschend mit diesem Umstand erstmals durch eine Durchsuchungsmaßnahme konfrontiert wird, kann die Aufregung und die Unsicherheit, wie damit umzugehen ist, nachhaltig negative Folgen haben. Dazu gehört insbesondere die **Gefahr**, dass **sponta-**

---

416 Vgl. §§ 111b Abs. 2, 111e Abs. 5 105 Abs. 1 S. 2 StPO.
417 Vgl. § 111j Abs. 1 StPO.
418 Vgl. § 111j Abs. 2 StPO.
419 BT-Drs. 18/9525, S. 49 und 75.
420 Siehe auch KarlsruherKomm-StPO/*Spillecke*, § 111e Rn 9.
421 Siehe § 100a Abs. 2 Nr. 2a) StPO. Das Gesetz meint hier insbesondere die sog. Umsatzsteuerkarusselle und den Zigarettenschmuggel.

ne, **nicht nachgeprüfte, sachlich falsche oder missverständliche Äußerungen** gemacht werden. Als Notiz in den Durchsuchungsberichten der Beamten können solche Äußerungen in der Folge – sachlich ungerechtfertigt – zum Indiz für die Richtigkeit des Vorwurfs werden.

> **Praxistipp**
> Deshalb sollte sich die Leitung eines Unternehmens für diesen Fall wappnen und sich selbst sowie den Mitarbeitern einige wenige Verhaltensmaßregeln einprägen.

260 Die nachfolgenden Hinweise sind **Empfehlungen** für den **Durchsuchungsfall**, sie ersetzen keinen fachkundigen Rat.
- Es ist zunächst wichtig, **Ruhe zu bewahren** und die **Situation zu strukturieren**. Es darf kein Widerstand gegen die Durchführung der Maßnahme geleistet werden. Hilfreich ist es, wenn ein Mitarbeiter die Kommunikation mit den Beamten übernimmt. So können unkoordinierte und unüberlegte Einzelgespräche vermieden werden, deren Folgen in dieser Lage nicht übersehen werden können. Es sollte sofort eine auf dem Gebiet des Strafrechts ausgewiesene **Rechtsanwaltskanzlei benachrichtigt** werden, damit sich von dort ein Anwalt sofort auf den Weg zum Durchsuchungsort begeben kann. Wird an mehreren Orten (gleichzeitig) durchsucht, sollte an jedem Ort ein Rechtsanwalt präsent sein; unter Umständen wird also ein Team von Rechtsanwälten benötigt. Die Koordinierung der Rechtsanwälte übernimmt im Idealfall der **Unternehmensverteidiger**. Gemeint ist damit ein strafrechtlich spezialisierter Rechtsanwalt, der ausschließlich die Interessen des Unternehmens vertritt und für die Verteidigung von ggf. individuell beschuldigten Führungspersonen oder Mitarbeitern weitere (Individual-)Verteidiger hinzuzieht.
- Inzwischen sollte die **Rechtsgrundlage** der **Durchsuchung** erfragt werden. Ist eine schriftliche richterliche Anordnung vorhanden, bittet man den Einsatzleiter um Aushändigung. Der Beschluss kann dann der beauftragten Anwaltskanzlei zwecks Überprüfung per Fax übersandt werden. Die Anordnung darf nicht älter als sechs Monate sein, sie muss
  - Beschuldigten,
  - Tatverdacht,
  - Tatzeitraum und
  - die aufzufindenden Gegenstände

konkret bezeichnen. Bei Durchsuchungen nach § 103 StPO (**Durchsuchung beim Nichtverdächtigen**) müssen zudem die Verdachtsgründe angegeben sein, weshalb sich die aufzufindenden Gegenstände beim Dritten befinden sollen. Mängel führen zur Unwirksamkeit. Der Durchsuchung sollte dann widersprochen werden, wobei darauf zu achten ist, dass der **Widerspruch** protokolliert wird.
- Ist keine schriftliche Anordnung vorhanden und erfolgt die Maßnahme auf der Grundlage der Annahme von **Gefahr im Verzug**, ist zu erfragen und möglichst zu

notieren, welche konkreten Gründe für die Durchsuchung und für die Eilbedürftigkeit bestehen. Liegen keine in den Akten dokumentierten Tatsachen dafür vor, führt dies bei einer späteren gerichtlichen Nachprüfung zur Unzulässigkeit der Maßnahme. Vermögen die Beamten keine oder nur unzureichende Gründe anzuführen, sollte der Durchsuchung widersprochen werden. Es ist wiederum darauf zu achten, dass der **Widerspruch** protokolliert wird.

- Ist der Beschuldigte **Mitarbeiter des Unternehmens** oder richtet sich das Verfahren **gegen unbekannte Verantwortliche des Unternehmens**, ist zu bedenken, dass unter Umständen alle anderen Mitarbeiter eine Zeugenstellung innehaben. Oftmals ist den Beamten daran gelegen, die Mitarbeiter sogleich während der Durchführung der Durchsuchung oder unmittelbar anschließend vor Ort zeugenschaftlich zu vernehmen. Will man dies vermeiden, ist es angezeigt, den Mitarbeitern anwaltliche Beratung – durch den sog. **anwaltlichen Zeugenbeistand** – anzuempfehlen. Zeugen haben besondere Rechte und Pflichten. Ein Recht besteht darin, sich vor einer Vernehmung anwaltlich beraten zu lassen. Darauf darf man seine Mitarbeiter mit Blick auf die **Fürsorgepflicht als Arbeitgeber** auch hinweisen, und das Unternehmen darf auch die Anwaltskosten tragen. Diese lassen sich dadurch minimieren, dass ein anwaltlicher Zeugenbeistand mehrere Zeugen betreuen kann (anders als bei der Verteidigung von Beschuldigten). Die **Vorteile** der Hinzuziehung eines anwaltlichen Zeugenbeistandes liegen vor allem in Folgendem: Er kann zunächst darauf hinwirken, dass es überhaupt nicht zu einer überrumpelnden Zeugenbefragung kommt. Des Weiteren kann er abschätzen, ob es sich um einen sog. **gefährdeten Zeugen** handelt. Gemeint sind damit Zeugen, die durch die Beantwortung von Fragen Gefahr laufen, sich eigener Strafverfolgung auszusetzen. Dieser Gefahr kann durch die Berufung auf das **Auskunftsverweigerungsrecht**[422] begegnet werden. Schließlich kann der anwaltliche Zeugenbeistand verhindern, dass Mitarbeiter – im falsch verstandenen Interesse des Unternehmens – unwahre Äußerungen abgeben, was kontraproduktiv ist. Wenn keine Betreuung (potenzieller) Zeugen sichergestellt ist, muss dahingegen davon ausgegangen werden, dass **jede Äußerung**, die gegenüber den Beamten ohne besonderen Bedacht gemacht wird und den Beamten aus irgendeinem Grunde beweiserheblich erscheint, **notiert** wird und sich später in Durchsuchungsberichten **in den Akten wiederfindet**. Oftmals sind die **Aktenvermerke verzerrt** und mit entsprechenden Wertungen versehen. Auch dies liegt nicht im Interesse des Unternehmens, worauf man die Mitarbeiter ebenfalls hinweisen darf und sollte.
- In aller Regel geht es um die Suche nach Unterlagen in Akten und Dateien auf **elektronischen Datenträgern**. Es sollte darauf geachtet werden, dass die betreffenden Unterlagen von dem **im Beschluss genannten Zeitraum** gedeckt sind. Eine Kopie sämtlicher auf elektronischen Datenträgern gespeicherter Daten ist in der Regel **un-**

---

[422] § 55 StPO.

verhältnismäßig, weshalb auf eine Trennung der Daten je nach Verfahrensrelevanz bestanden werden sollte. **Polizeibeamte** dürfen Papiere und Dateien nur auf Anordnung der Staatsanwaltschaft oder bei Einverständnis des Betroffenen durchsehen.[423] Ist der Staatsanwalt bei der Durchsuchung nicht anwesend, sollte der Durchsicht durch die Polizeibeamten ggf. **widersprochen** werden, soweit eine staatsanwaltschaftliche Anordnung nicht nachgewiesen wird (schriftlich oder telefonisch). Dann sind die Beamten verpflichtet, die Unterlagen zu versiegeln und vorläufig sicherzustellen.[424] Das hat den Vorteil, dass die Maßnahme nicht beendet wird und noch Gelegenheit besteht, insgesamt dagegen gerichtlich vorzugehen, mit dem Ziel, die Durchsicht zu verhindern. Dies ist jedoch Frage des Einzelfalls. Wenn sich keine Ansatzpunkte für die Beanstandung des Durchsuchungsbeschlusses bieten, ist abzuwägen, ob der mit einer Versiegelung der Unterlagen und Vorlage an die Staatsanwaltschaft einhergehende Zeitverlust in Kauf genommen werden soll. Beamte der **Steuerfahndung** oder des **Zollfahndungsdienstes** sind auch ohne Einverständnis des Betroffenen befugt, die Unterlagen durchzusehen.[425]

- Über die sichergestellten Gegenstände muss ein **Sicherstellungsverzeichnis** errichtet werden. Es empfiehlt sich, jede einzelne Position auf ihre Richtigkeit hin zu überprüfen. Mit Hinweis auf die Verhältnismäßigkeit kann man versuchen, im Unternehmen dringend benötigte Unterlagen zu fotokopieren, bevor sie abtransportiert werden. Ein vollständiges und detailliertes Sicherstellungsprotokoll hat insbesondere den Vorteil, dass ein genauer Überblick über die mitgenommenen Unterlagen besteht und dass später der punktuelle Zugriff auf einzelne Unterlagen erleichtert wird. Die sichergestellten Unterlagen sind im strafprozessualen Sinne **Beweismittel**. Im weiteren Verlauf des Verfahrens besteht über das **Akteneinsichtsrecht des Verteidigers**[426] die Möglichkeit des Zugriffs auf die Beweismittel. Diese werden zwar so lange, wie deren Beweisrelevanz besteht, nicht wieder herausgegeben. Jedoch kann mit den Ermittlungsbehörden das **Anfertigen von Kopien** (oder auch das Einscannen mithilfe eines ggf. selbst mitgebrachten Scanners) abgestimmt werden. Insoweit wird das Procedere erheblich beschleunigt, wenn – dank eines vollständigen und detaillierten Sicherstellungsprotokolls – bekannt ist, in welchem durchsuchten Raum und in welchem (von den Beamten durchnummerierten) Ordner sich das konkret benötigte Dokument befand.

- Im Übrigen spricht nichts dagegen, sich während der laufenden Durchsuchung kooperativ zu verhalten. Dies beinhaltet auch – wenn Umfang und Zweck der Durchsuchung geklärt sind – das **Heraussuchen der gesuchten Beweismittel**. So lässt sich nicht zuletzt auch die Durchsuchung zeitlich abkürzen. Das Heraussuchen der Beweismittel darf allerdings nicht mit deren freiwilliger Herausgabe verwechselt

---

423 § 110 Abs. 1 StPO.
424 § 110 Abs. 2 S. 2 StPO.
425 § 404 S. 2 AO.
426 § 147 StPO.

werden. Es sollte in der Regel darauf geachtet werden, dass Beweismittel **nicht freiwillig herausgegeben** werden, weil man sich andernfalls seiner Rechte im weiteren Verfahrensgang beraubt (z.B. das Rechtsschutzbedürfnis für die gerichtliche Überprüfung der Durchsuchung, die Geltendmachung von Beweisverwertungsverboten). Für die entsprechende Erklärung werden zumeist anzukreuzende Textbausteine im Durchsuchungsprotokoll verwendet. Man sollte sie in Ruhe lesen. Schließlich sollte man sich Namen, Dienststelle und Telefonnummer mindestens des Einsatzleiters notieren.

Kapitel 21
Ausblick

1 Die vorstehenden Kapitel haben die vielfältigen Beziehungen und Wechselwirkungen von Organisation, Risikomanagement und Compliance gezeigt. Eine an **„Best Practice" orientierte Unternehmensleitung** muss diesem Befund ausreichend Rechnung tragen, um ein professionelles Management der unternehmensbezogenen Risiken sicherzustellen. Dies als bloße kostentreibende „Überregulierung" zu betrachten,[1] ist in der Sache ebenso verfehlt wie Rede vom „Tugendterror der Compliance".[2] Gleiches gilt für die immer noch nicht ganz verstummte, aber mittlerweile deutlich leiser gewordene Kritik in Bezug auf die Verbreitung von Compliance-Management. Auch hier kann der ungebrochene „Megatrend" in Politik und Gesellschaft, Unternehmen – gerade auch aus dem Mittelstand – zu uneingeschränkt rechtmäßigem Handeln zu veranlassen, nicht mehr ignoriert werden.

2 Die vielfältigen Aktivitäten der Europäischen Union ebenso wie des deutschen Gesetzgebers auf dem weiten Feld der „Compliance" aus jüngster Zeit erzeugen zwar zunehmend „Abwehrreflexe", – dennoch besteht und nach wie vor deutlicher Handlungsbedarf.[3]

3 Der gegenwärtige gesellschaftliche Megatrend zu mehr Compliance scheint insbesondere im Mittelstand immer noch nicht ausreichend ernst genommen zu werden. Die Vorteile der Vorbeugung und der Absicherung von Vorständen und Geschäftsführungen werden nicht ausreichend erkannt bzw. unter Hinweis auf Aufwand und Bürokratie aktiv abgewählt. Jeder eigene Problemfall, jeder in der Presse aufgegriffene Vorwurf compliancewidrigen Verhaltens gegenüber dem bekannten Geschäftspartner, jeder die Unternehmensorganisation thematisierende Wirtschaftsprüfer wird aber weiter das Umdenken beeinflussen. Wird ein Compliance-System zudem sachgerecht dimensioniert, wird seine Einführung der Erfahrung nach von Führungsebene und Mitarbeiterschaft befürwortet und angenommen.

4 Der Grundgedanke des vorliegenden Werks, die integrative Darstellung der im Unternehmen vorhandenen Einrichtungen und Methoden zur Erkennung und Beherrschung von unternehmensbezogenen Risiken, ist bei alledem nach wie vor aktuell. Die Notwendigkeit, Risikomanagement, Compliance-Management sowie die Interne Revision, also die derzeit gängigen **Governance-Teilsysteme, abgestimmt aufeinander** zu **organisieren**, besteht mehr denn je. Gleichzeitig wächst die Herausforderung, eine unnötige Erhöhung der Informationsflut auf der Ebene der Unternehmensleitung und damit die Gefahr suboptimaler Einschätzung der Risikosituation zu vermeiden. Diese po-

---

1 Vgl. *Laue/Mohr*, CB 2014, 334, 337.
2 Vgl. Hank, Frankfurter Allgemeine Sonntagszeitung v. 1. März 2024, Nr. 9, S. 18.
3 Vgl. dazu Kap. 4 Rn 1ff.

tenziellen Nachteile eines ausgeprägten Risikobewusstseins, das aus Sicht des Unternehmens/Eigentümers an sich zu begrüßen ist, sollten jedoch durch Optimierung der Zusammenarbeitsprozesse zwischen den einzelnen Governance-Teilsystemen vermieden werden können. Ob die (ergänzende) Bestellung eines Chief Governance oder Chief Compliance Officers (CGO, CCO) bei der Problemlösung helfen kann, wird man wohl nur im Einzelfall entscheiden können. Insbesondere Unternehmensgröße, Art und Umfang der Geschäftstätigkeit sowie die Unternehmenskultur werden hier maßgebliche Entscheidungskriterien sein und deutlichen Einfluss auf die Frage haben, mit welchen Aufgaben und Befugnissen ein CGO/CCO ausgestattet und in welcher Weise die Position organisatorisch im Unternehmen verankert wird.[4]

Insgesamt lässt sich feststellen, dass Compliance-Management nach wie vor Ausdruck professioneller Unternehmensführung ist und perspektivisch in eine ganzheitliche Governance- und Risikomanagement-Organisation münden wird.

---

[4] Vgl. dazu die Vorschläge bei *Laue/Mohr*, CB 2014, 334, 336 f.

Register

ABC-Analyse **Kap. 3** 52 ff.
Ablauforganisation **Kap. 2** 53, 60 f.;
  Kap. 3 28
Abschlussprüfer
– Berichterstattung **Kap. 7** 8, 25
– Prüfungsbericht **Kap. 7** 28
– Prüfungsdurchführung **Kap. 7** 22 f.
– Prüfungshandlung **Kap. 7** 22 f.
Abschlussprüfung
– Compliance **Kap. 7** 1 ff.
Abstellungsverfügung **Kap. 13** 60
Abusive Squeezing **Kap. 18** 104
Accounting-Compliance **Kap. 8** 23
ACER **Kap. 18** 9 ff.
Ad-hoc-Meldung **Kap. 18** 58
Ad-hoc-Publizitätspflicht **Kap. 18** 30
AGG
– Bekanntmachungspflicht **Kap. 10** 111
– Beschwerderecht **Kap. 10** 81
– Beschwerdestelle **Kap. 10** 110
– Entschädigung und Schadenersatz
  Kap. 10 85
– Maßregelungsverbot **Kap. 10** 98
– Sachlicher Schutzbereich **Kap. 10** 70
– Schutzmaßnahme **Kap. 10** 104
– Stellenausschreibung **Kap. 10** 103
allgemeine Fürsorgepflicht **Kap. 10** 7
allgemeines Gleichbehandlungsgesetz
  Kap. 10 64 ff.
Amtsträger **Kap. 20** 4 ff.
– Unrechtsvereinbarung **Kap. 20** 24 ff.
– Vorteil **Kap. 20** 19 ff.
– Vorteilsannahme **Kap. 20** 4 ff.
– Vorteilsgewährung **Kap. 20** 4 ff.
– Zuwendung **Kap. 20** 23 ff.
Amtsträgerhinweis **Kap. 20** 31
Angemessenheitsprüfung **Kap. 8** 6
Antidiskriminierungsstelle **Kap. 10** 99
Anwaltsprivileg **Kap. 5** 71, **Kap. 13** 138 ff.
Arbeitnehmerdatenschutz **Kap. 10** 115
Arbeitnehmerentsendung **Kap. 10** 129 ff.
Arbeitnehmerüberlassung **Kap. 10** 120;
  Kap. 14 85
Arbeitsrecht
– Compliance-System **Kap. 10** 1 ff.
– Entgeltfortzahlung **Kap. 10** 30
– Phantomlohn **Kap. 10** 35 ff.

– Scheinselbstständigkeit **Kap. 20** 183
– Sonn- und Feiertagsarbeit **Kap. 10** 19
– Stellenausschreibung **Kap. 10** 103
Arbeitsschutz **Kap. 10** 7 ff.
Arbeitsschutzausschuss **Kap. 10** 17
Arbeitssicherheit **Kap. 10** 7 ff., 16 ff.
– Arbeitsschutz **Kap. 10** 9 ff.
– Arbeitszeit **Kap. 10** 19
– Dokumentationspflicht **Kap. 10** 11
– Fürsorgepflicht **Kap. 10** 7
– Unterweisungspflicht **Kap. 10** 12
Audit Committee **Kap. 17** 75
Aufbauorganisation **Kap. 2** 53 ff.; **Kap. 3** 27
Aufsichtsorgan
– Aufgabendelegation **Kap. 17** 70 ff.
– Berichtspflicht **Kap. 17** 30 f., 78 ff.
– Bildung **Kap. 17** 64 f.
– Einberufung der Hauptversammlung **Kap. 17** 87
– Erfüllung der Überwachungsaufgabe
  Kap. 17 85 ff.
– Informationspflicht **Kap. 11** 35; **Kap. 17** 80 ff.
– Mitwirkungspflicht **Kap. 17** 91
– Organverantwortung **Kap. 17** 69 ff.
– persönliche Eignung **Kap. 17** 65 f.
– Pflicht **Kap. 17** 63 ff.
– Prüfungspflicht **Kap. 17** 82, **Kap. 20** 126
– Treuepflicht **Kap. 17** 98 ff.
– Überwachungsmittel **Kap. 17** 82 ff.
– Überwachungspflicht **Kap. 17** 64 ff.; 78 ff.
– Verschwiegenheitspflicht **Kap. 17** 98 ff.
– weitere Pflichten **Kap. 17** 89 ff.
– Zustimmungsvorbehalt **Kap. 17** 92 ff.
Aufsichtsrat **Kap. 17** 64 ff.
– Aufgabendelegation **Kap. 17** 69 ff.
– Ausschuss **Kap. 17** 71
– Berichtspflicht **Kap. 17** 88
– Delegationsbefugnis **Kap. 17** 72
– Delegationsverbot **Kap. 17** 70
– Einberufung der Hauptversammlung **Kap. 17** 87
– Erfüllung der Überwachungsaufgabe
  Kap. 17 82 ff.
– Informationspflicht **Kap. 17** 74 ff.
– Mitwirkungspflicht **Kap. 17** 88
– Organverantwortung **Kap. 17** 66 ff.
– persönliche Eignung **Kap. 17** 66 f.
– Pflicht **Kap. 19** 32 ff.
– Prüfungsausschuss **Kap. 17** 75 ff.

– Prüfungspflicht **Kap. 17** 82, 92
– PCGK **Kap. 19** 23, 31 f.
– Rechtmäßigkeitskontrolle **Kap. 19** 33
– Treuepflicht **Kap. 17** 99 ff.
– Überwachung Vorstand **Kap. 17** 86 ff.
– Überwachungsaufgabe und Kontrollaufgabe **Kap. 19** 34
– Überwachungsmittel **Kap. 17** 83 ff.
– Überwachungspflicht **Kap. 17** 68 ff., 78 ff.
– Untreue **Kap. 20** 131 ff.
– Verschwiegenheitspflicht **Kap. 17** 99 ff.
– weitere Pflichten **Kap. 17** 90 ff.
– Zuarbeit **Kap. 17** 71
– Zusammensetzung **Kap. 19** 22
– Zustimmungskatalog **Kap. 17** 93 ff.
– zustimmungspflichtige Maßnahmen **Kap. 17** 95 ff.
– Zustimmungsvorbehalt **Kap. 17** 15, 74, 93 ff.
Ausschreibung
– Handlungsempfehlung zu rechtlich einwandfreien Verhaltensweisen **Kap. 20** 80
– wettbewerbsbeschränkende Absprache **Kap. 20** 1, 64 ff.
– Wettbewerbsregistergesetz **Kap. 20** 74 ff.
Außenansprüche **Kap. 9** 37 ff.
– Drittanspruch **Kap. 9** 38
Außenhaftung **Kap. 9** 37 ff.
– deliktische Haftung **Kap. 9** 47 ff.
– Insolvenz **Kap. 9** 41 f.
– Steuerschulden **Kap. 9** 43
Außenprüfung **Kap. 16** 6, **Kap. 20** 215, 231 ff.

Bagatellrisiko **Kap. 3** 31
Balanced Scorecard **Kap. 2** 49
Bankers Trust **Kap. 3** 71
BDSG **Kap. 2** 75, **Kap. 10** 115, 147; **Kap. 11** 80, 86
Beauftragung von externen Dienstleistern und Lieferanten **Kap. 6** 24 ff.
– Angebotseinholung **Kap. 6** 30 f.
– Beauftragung **Kap. 6** 37 f.
– Checkliste **Kap. 6** 32 f.
– Dokumentation **Kap. 6** 37 f.
– Schwellenwert **Kap. 6** 28 f.
– Standardisierung **Kap. 6** 25
– Transparenz **Kap. 6** 25
– Vergabeentscheidung **Kap. 6** 37 f.
– Vertragsarchivierung **Kap. 6** 43 ff.
– Vertragscontrolling **Kap. 6** 43 ff.

– Vertragsverhandlung **Kap. 6** 37 f.
– Verwendung Mustervertrag **Kap. 6** 39 ff.
Befragung von Personen **Kap. 6** 19 ff.
Begünstigungsverbot **Kap. 10** 55
behördliche Durchsuchung **Kap. 6** 11 ff.
Beihilferecht
– Pflichten **Kap. 16** 146 ff.
– Selbsterklärung **Kap. 16** 148
Bekanntmachungspflicht
– AGG **Kap. 10** 111
Benachteiligung
– AGG **Kap. 10** 65, 68 f.
Berichterstattung
– Abschlussprüfer **Kap. 7** 25
– Bestätigungsvermerk **Kap. 7** 25 ff.
– Prüfungsbericht **Kap. 7** 28 ff.
Berufungsgenossenschaft **Kap. 10** 18
Beschäftigungsverbot **Kap. 10** 15
Beschwerderecht
– AGG **Kap. 10** 81
Beschwerdestelle
– AGG **Kap. 10** 110
Bestechlichkeit
– Geschäftsverkehr **Kap. 20** 36 ff.
– Strafbarkeit **Kap. 20** 39 ff.
Bestechung
– Geschäftsverkehr **Kap. 20** 36 ff.
– Strafbarkeit **Kap. 20** 39 ff.
Betriebsarzt **Kap. 10** 16
Betriebsratsvergütung **Kap. 10** 54
Betriebsvereinbarung **Kap. 10** 19, 94, 143 ff.
Betriebsverfassungsrecht **Kap. 10** 59 ff.
betroffener Unternehmensbereich **Kap. 13** 48
Bewerbungsverfahren **Kap. 10** 71
Bindungswirkung kartellbehördlicher Entscheidung
– Follow-on-Klage **Kap. 13** 88
– Verpflichtungszusage **Kap. 13** 89
Biogas
– Steuerbegünstigung **Kap. 16** 143 f.
– Steuerentstehung **Kap. 16** 139 ff.
Bonusregelung **Kap. 13** 115 ff., **Kap. 5** 165 f.
Bundesobligationen-Squeeze **Kap. 18** 104
Business Judgement Rule **Kap. 17** 37 f., 56, 62
Business Model Canvas **Kap. 2** 49
Bußgeldbemessung **Kap. 13** 69 ff., 76
Bußgelder
– gegen natürliche Person **Kap. 13** 66, 75
– gegen Unternehmen **Kap. 13** 68

– steuerliche Behandlung **Kap. 13** 73f.
– versicherungsrechtliche Behandlung **Kap. 13** 78

Chief Governance Officer **Kap. 1** 16ff.; **Kap. 21** 4
Chinese Walls **Kap. 18** 67
Claims-Made-Prinzip **Kap. 9** 55ff.
– Rückwärtsversicherung **Kap. 9** 57ff.
CMS **Kap. 2** 2f.
– aus Sicht der Wirtschaftsprüfung **Kap. 8** 20ff.
– Anforderung von Dritten **Kap. 2** 21ff.
– Ausgestaltung **Kap. 5** 9ff.
– Gefährdungsanalyse **Kap. 2** 37ff.
– Haftungsvermeidung **Kap. 2** 25ff.
– Implementierung **Kap. 2** 1ff.; **Kap. 8** 26ff.
– Kernelement **Kap. 5** 1ff.
– Kompaktanalyse **Kap. 2** 34f.
– Notfallplan **Kap. 2** 79ff.
– Prüfung **Kap. 2** 13ff.; **Kap. 7** 34ff.; **Kap. 8** 1, 32ff.
– Reputationssicherung **Kap. 2** 25ff.
– Risikomanagement **Kap. 2** 36ff.
– Risikomatrix **Kap. 2** 42
– Umsetzung **Kap. 2** 27ff.
– Zertifizierung **Kap. 8** 1ff.
CMS-Grundsatz **Kap. 8** 10ff.
CMS-Prüfung
– Art **Kap. 8** 4ff.
– Unternehmenstransaktion **Kap. 8** 31
Compliance
– Abschlussprüfung **Kap. 7** 1ff.
– Auditplan **Kap. 19** 22
– Aufzeichnungspflicht **Kap. 16** 3
– Bedeutung **Kap. 4** 2f.
– Begriff **Kap. 4** 1ff., 4ff.
– Bestechlichkeit **Kap. 20** 1
– Bestechung **Kap. 20** 1
– Buchführungspflicht **Kap. 16** 3
– datenschutzrechtliche **Kap. 11** 1ff.
– DCGK **Kap. 4** 17ff.
– deutsche Rechtsentwicklung **Kap. 4** 41ff.
– Energiesteuer **Kap. 16** 1ff.
– enges Verständnis **Kap. 4** 10ff.
– Entwicklung **Kap. 4** 1ff.
– Entwicklung in den USA **Kap. 4** 28ff.
– Entwicklung in Europa **Kap. 4** 33
– europäisches Leitbild **Kap. 4** 38
– Funktion **Kap. 4** 1ff.,
– Geschäftsführung **Kap. 19** 19
– gesellschaftsrechtliche **Kap. 17** 1ff.
– gesellschaftsrechtliche Vorschrift **Kap. 17** 2

– Grund **Kap. 4** 1, 98
– historische Entwicklung **Kap. 4** 27ff.
– Imagefunktion **Kap. 4** 97ff.
– Kernfunktion **Kap. 6** 1ff.
– Korruption **Kap. 20** 1
– Kosten **Kap. 4** 96
– Leitsätze **Kap. 2** 43ff.
– Managementfunktion **Kap. 4** 22ff.
– Marktmissbrauchsrecht **Kap. 18** 1ff.
– Mehrwert **Kap. 4** 1
– Mission **Kap. 2** 49
– Reputationsfunktion **Kap. 4** 97ff.
– Sanktion **Kap. 16** 2ff.
– Schutzfunktion **Kap. 4** 85ff.
– steuerliche Pflichten **Kap. 16** 2ff.
– Strafrecht **Kap. 20** 1ff.
– Stromsteuerrecht **Kap. 16** 1ff.
– Tax Compliance **Kap. 15** 1ff.
– Überwachung **Kap. 16** 2ff.
– unternehmensinternes Informationssystem **Kap. 19** 19
– Umsetzung **Kap. 2** 27ff.
– unternehmensinternes Regelwerk **Kap. 4** 14
– Unternehmensleitbild **Kap. 2** 50
– Unternehmensumfeld **Kap. 2** 49
– Untreue **Kap. 20** 3
– Ursprung des Begriffs **Kap. 4** 7ff.
– Vermeidung Regelverstoß **Kap. 6** 1ff.
– Versorgungsunternehmen **Kap. 19** 1ff.
– Vision **Kap. 2** 46ff.
– Vorkehrung **Kap. 19** 19
– Vorteilsannahme **Kap. 20** 1
– Vorteilsgewährung **Kap. 20** 1
– weites Verständnis **Kap. 4** 17ff.
– wettbewerbsbeschränkende Absprache **Kap. 20** 1
– wörtliche Übersetzung **Kap. 4** 6
– Ziele **Kap. 2** 43ff.
Compliance-Abteilung **Kap. 2** 62ff.
– zentral **Kap. 5** 26
Compliance-Audit **Kap. 2** 67; **Kap. 5** 77ff.
Compliance-Ausschuss **Kap. 5** 29
Compliance-Funktion
– allgemeine Verpflichtung zur Errichtung **Kap. 4** 50
– Einzelfallabhängige Pflicht zur Einrichtung **Kap. 4** 63
– für Nichtbanken **Kap. 4** 74
– gesetzliche Vorgabe zur Errichtung **Kap. 4** 47ff.

- indirekte gesetzliche Verpflichtung **Kap. 4** 74
- keine Verpflichtung zur Einrichtung **Kap. 4** 58 ff.
- rechtliche Verpflichtung zur Errichtung **Kap. 4** 46 ff.
- Verpflichtung zur Errichtung **Kap. 4** 51 ff.

Compliance-Kommunikation **Kap. 5** 79; **Kap. 8** 18
Compliance-Kultur **Kap. 2** 11; **Kap. 5** 6 ff., 79
- Mission Statement **Kap. 5** 7

Compliance-Management **Kap. 1** 1 ff.; **Kap. 2** 1 ff.
- Mittelstand **Kap. 21** 3
- rechtliches Risiko **Kap. 1** 5

Compliance-Management-System (s. CMS)
Compliance-Manager **Kap. 2** 62 ff.
- Anforderungen **Kap. 2** 73 ff.
- Funktion **Kap. 2** 68 ff.

Compliance-Officer
- Strafbarkeit **Kap. 20** 142 ff.

Compliance-Organisation **Kap. 5** 79; **Kap. 8** 17
Compliance-Programm **Kap. 5** 79; **Kap. 8** 16
Compliance-Risiko **Kap. 2** 18; **Kap. 5** 36; **Kap. 10** 43
- Minimierung **Kap. 10** 43, 47

Compliance-Schulung **Kap. 5** 87 ff.
Compliance-System
- Arbeitsrecht **Kap. 10** 1 ff.

Compliance-Überwachung **Kap. 2** 64 f.; **Kap. 8** 19
Compliance-Verantwortlicher
- Aufgabe **Kap. 5** 41 ff.
- Auslagerung **Kap. 5** 63 ff.
- dezentral **Kap. 5** 27
- internes Regelwerk **Kap. 5** 46
- Qualifikation **Kap. 5** 41 ff.
- Rechtsstellung **Kap. 5** 41 ff.

Compliance-Verbesserung **Kap. 8** 19
Compliance-Versicherung **Kap. 9** 167 ff.
Compliance-Verstoß
- Aufdeckung **Kap. 5** 124 ff.
- Präventionsmaßnahme **Kap. 5** 80 ff.
- Sanktion **Kap. 5** 167 ff.
- Überwachung **Kap. 5** 124 ff.

Compliance-Vorgaben **Kap. 10** 131 ff.
- Betriebsvereinbarung **Kap. 10** 143 ff.
- Direktionsrecht **Kap. 10** 133 ff.
- Individualvereinbarung **Kap. 10** 138 ff.

Compliance-Ziel **Kap. 5** 79
Corporate Governance **Kap. 2** 2
- Abschlussprüfung **Kap. 19** 46
- entsprechende Regelung **Kap. 19** 56
- Kodex **Kap. 19** 1 ff., 47 ff.
- Kodex auf kommunaler Ebene **Kap. 19** 53 f.
- Kodex auf Landesebene **Kap. 19** 48 ff.
- kommunale Beteiligungsrichtlinie **Kap. 19** 56
- kommunale Leitlinie **Kap. 19** 56
- Ursprung **Kap. 19** 2

Corporate Governance Kodex
- aktuelle Entwicklung **Kap. 19** 57

Cyberkriminalität **Kap. 12** 1 ff.
- Computerbetrug **Kap. 12** 8 ff.
- Datenveränderung **Kap. 12** 21
- DDoS-Angriff **Kap. 12** 32
- Emotet **Kap. 12** 42 ff.
- Formjacking-Angriff **Kap. 12** 33
- Identitätsdiebstahl **Kap. 12** 29
- Lagebild des BKA **Kap. 12** 12 ff.
- Mobile Malware **Kap. 22** 37
- Phishing **Kap. 12** 26, 84, 106
- Ransomware **Kap. 12** 26, 35 ff., 45 ff., 99 ff.
- Statistik **Kap. 12** 18 ff.

Cyberrisk-Management **Kap. 12** 70 ff.
Cybersicherheit **Kap. 12** 1 ff.
- Früherkennung **Kap. 12** 125 ff.
- Krisenvorsorge **Kap. 12** 119 ff.
- Maßnahmen **Kap. 12** 95 ff.
- Versicherung **Kap. 12** 123

Cyber-Versicherung **Kap. 9** 172
- Drittschadensversicherung **Kap. 9** 178
- Eigenschadensversicherung **Kap. 9** 176

D&O-Versicherung **Kap. 9** 5 ff.
- AktG-Verstoß **Kap. 9** 100 ff.
- Außenansprüche **Kap. 9** 26, 37 f.
- Außenhaftung **Kap. 9** 26, 37 ff.
- Ausschluss **Kap. 9** 64 ff.
- Claims-Made-Prinzip **Kap. 9** 55 ff.
- Deckung **Kap. 9** 23 ff.
- Garantenpflicht **Kap. 9** 18
- Haftung **Kap. 9** 116
- Innenansprüche **Kap. 9** 27 f.
- Innenhaftung **Kap. 9** 27 ff.
- Innenregress **Kap. 9** 74
- Maklerwording **Kap. 9** 9
- Mehrfachverstoß **Kap. 9** 117 ff.
- Musterbedingungen **Kap. 9** 8
- Nachhaftung **Kap. 9** 60 ff.
- Personenkreis **Kap. 9** 13 ff.
- Rechtsschutzfunktion **Kap. 9** 24
- Rückwärtsversicherung **Kap. 9** 57 ff. 81
- Selbstbehaltsversicherung **Kap. 9** 126 ff.

– Selbstbeteiligung **Kap. 9** 86 ff.
– Versicherungsnehmer **Kap. 9** 10 ff.
– Versicherungsschein **Kap. 9** 12
– Versicherungsschutz **Kap. 9** 9 ff.
– Versicherungssumme **Kap. 9** 154 ff.
– Vorsatzausschluss **Kap. 9** 65 ff.
– VorstAG **Kap. 9** 89, 92 ff.
Datenerhebung
– Transparenz **Kap. 11** 34 ff.
Datenschutz
– Aufgabe der Aufsichtsbehörde **Kap. 11** 131
– Befugnis der Aufsichtsbehörde **Kap. 11** 132 ff.
– Cookies **Kap. 11** 29 ff.
– Dokumentation **Kap. 11** 110
– externe Verantwortung **Kap. 11** 105
– Governance-Struktur **Kap. 11** 105
– Grundrecht **Kap. 11** 85
– interne Verantwortung **Kap. 11** 105
– konkrete Maßnahme **Kap. 11** 126 ff.
– Leitlinie **Kap. 11** 108 f.
– Nachweispflicht **Kap. 11** 118 f.
– Rechtsfolge bei Verstoß **Kap. 11** 131 ff.
– Schulung **Kap. 11** 121 ff.
– Struktur **Kap. 11** 96 ff.
– Überwachung **Kap. 11** 131 ff.
– Verantwortliche **Kap. 11** 96
– Verantwortlicher **Kap. 11** 107
– Zertifizierungsverfahren **Kap. 11** 118
– Ziel **Kap. 11** 100 ff.
Datenschutz-Awareness **Kap. 11** 125
Datenschutz-Compliance **Kap. 11** 15 ff.
– Umsetzung **Kap. 11** 15 ff.
Datenschutz-Folgenabschätzung **Kap. 11** 61 ff.
– Phase **Kap. 11** 63 ff.
Datenschutz-Governance-Struktur **Kap. 11** 13, 105 ff.
Datenschutzbeauftragter **Kap. 11** 68
Datenschutzbewusstsein **Kap. 11** 121 ff., 125
Datenschutzdokumentation **Kap. 11** 73 ff., 110 ff.
Datenschutzerklärung **Kap. 11** 37
Datenschutzgrundsatz **Kap. 11** 16 ff.
Datenschutzleitlinie **Kap. 11** 14, 108 f.
Datenschutzprozess **Kap. 11** 15 ff.
– zentraler **Kap. 11** 10
Datenschutzrecht
– Adressat **Kap. 11** 96 ff.
– Europa **Kap. 11** 2
Datenschutzstruktur **Kap. 11** 96 ff.
– zentrale **Kap. 11** 11 ff.

Datenschutzverletzung
– Anspruch auf Schadenersatz **Kap. 11** 138 ff.
– Dokumentation **Kap. 11** 117
– DS-GVO **Kap. 11** 93 ff.
Datenschutzziel **Kap. 11** 12, 100 ff.
Datensicherheit **Kap. 14** 35
Datenverarbeitung
– aufgrund einer Einwilligung **Kap. 11** 26 ff.
– Dokumentation **Kap. 11** 111 ff.
– Ermächtigungsgrundlage **Kap. 11** 17
– Inhalt der Informationspflicht **Kap. 11** 35 ff.
– rechtskonforme **Kap. 11** 15 ff.
– Sicherheit der Verarbeitung **Kap. 11** 57 ff.
Datenzugriffsberechtigung **Kap. 14** 39
DDoS-Angriff **Kap. 12** 30 ff., 50 ff.
De-minimis-Regelung **Kap. 14** 27, 105 f.
De-minimis-Unternehmen **Kap. 14** 102 f.
Delphi-Methode **Kap. 3** 37, 45
Deutscher Corporate Governance Kodex (DCGK)
 Kap. 2 9 f.; **Kap. 4** 17 ff.; **Kap. 5** 4, 30; **Kap. 7** 1 ff. 8 ff.; **Kap. 17** 3, 31 f.; **Kap. 19** 3 ff.
– Aufgabe **Kap. 19** 3
– Bindungswirkung **Kap. 7** 16 ff.
– Compliance **Kap. 4** 17 ff.
– Geschäftsführung **Kap. 19** 18 ff.
– Pflicht des Abschlussprüfers **Kap. 7** 11 ff.
– VorstAG **Kap. 9** 92 ff.
Deutscher Public Corporate Governance-Musterkodex (D-PCGM) **Kap. 17** 3; **Kap. 19** 59 ff.
Direktionsrecht **Kap. 10** 133 ff.
diskriminierungsanfällige Netzbetreiberaufgabe **Kap. 14** 89
Diskriminierungsverbot **Kap. 14** 43
Drittes Energiebinnenmarktpaket **Kap. 14** 21
DS-GVO **Kap. 11** 1; **Kap. 12** 154
– Analytic-Tool **Kap. 11** 31
– Auftragsverarbeitung **Kap. 11** 69 f.
– Auskunft **Kap. 11** 76
– Datenschutz-Folgenabschätzung **Kap. 11** 61 ff.
– datenschutzkonforme Auftragsverarbeitung **Kap. 11** 69 ff.
– Datenschutzverletzung **Kap. 11** 93 ff.
– Datenübertragbarkeit **Kap. 11** 81 f.
– Datenverarbeitung aufgrund einer Einwilligung **Kap. 11** 26
– Dokumentation der Verarbeitungstätigkeit **Kap. 11** 73 f.
– Dokumentationspflicht **Kap. 11** 110

– Einhaltung des Datenschutzgrundsatzes **Kap. 11** 23
– Einwilligung bei Analytics **Kap. 11** 29 ff.
– Einwilligung bei Cookies **Kap. 11** 29 ff.
– Einwilligung bei Tracking **Kap. 11** 29 ff.
– Form der Informationspflicht **Kap. 11** 49 ff.
– Grundprinzip des Verbots mit Erlaubnisvorbehalt **Kap. 11** 17
– Grundsatz der Datenminimierung **Kap. 11** 19
– Grundsatz der Integrität und Vertraulichkeit **Kap. 11** 22
– Grundsatz der Richtigkeit **Kap. 11** 20
– Grundsatz der Speicherbegrenzung **Kap. 11** 21
– Grundsatz der Zweckbindung **Kap. 11** 18
– Inhalt der Informationspflicht **Kap. 11** 35 ff.
– Löschung personenbezogener Daten **Kap. 11** 78
– Nachweispflicht **Kap. 11** 110
– Rechenschaftspflicht **Kap. 11** 23
– Recht auf Vergessenwerden **Kap. 11** 78
– Rechte betroffener Person **Kap. 11** 75 ff.
– Rechtmäßigkeit der Datenverarbeitung **Kap. 11** 25
– Schutzniveau bei Übermittlung in Drittländer **Kap. 11** 71 f.
– Sicherheit der Verarbeitung **Kap. 11** 57 ff.
– Tracking **Kap. 11** 32
– Umgang mit Datenschutzverstoß **Kap. 11** 93 ff.
– Umsetzung der Rechte der betroffenen Person **Kap. 11** 76 ff.
– Verantwortliche **Kap. 11** 96
– Widerspruchsrecht einer betroffenen Person **Kap. 11** 84 ff.
– Zeitpunkt der Informationspflicht **Kap. 11** 40
– zentrale Anforderungen an den Verantwortlichen **Kap. 11** 7 ff.
– zentrale Datenschutzstruktur **Kap. 11** 11 ff.
– zentraler Datenschutzprozess **Kap. 11** 10
Dual Use **Kap. 16** 115 ff.
Due-Diligence-Prüfung **Kap. 17** 56
Durchsuchung
– Nachbereitung **Kap. 6** 23
– Vorbereitung **Kap. 6** 18
Durchsuchungsbeauftragter **Kap. 6** 17 f.
Durchsuchungsrichtlinie **Kap. 6** 14 ff.
Dynamit-Phishing **Kap. 12** 106

Eigenkapitalrendite **Kap. 3** 71
Eigenschadenversicherung **Kap. 9** 176 ff.
einstweilige Maßnahme **Kap. 13** 61.

E-Mail-Überwachung **Kap. 10** 115
Emittentenleitfaden der BaFin **Kap. 18** 6
Energiesteuerrecht **Kap. 16** 1 ff.
– Erdgas **Kap. 16** 10, 78 ff.
– Fristen **Kap. 16** 145
– Struktur **Kap. 16** 79 ff.
EnergieStG **Kap. 16** 1 ff.
– Steuerentlastung **Kap. 16** 102 ff.
Energiewirtschaft
– Kartellrecht **Kap. 13** 3 ff.
Energiewirtschaftsrecht **Kap. 14** 1 ff., 117
– Anzeigepflicht **Kap. 14** 109 f.
– Ermittlungspflicht **Kap. 14** 112
– Grundversorgungspflicht **Kap. 14** 111
– Verpflichtung **Kap. 14** 107 ff.
EnSTransV **Kap. 16** 146 ff.
Entflechtung **Kap. 14** 3 ff.
– arbeitsrechtliche Umsetzung **Kap. 14** 77 ff.
– Betriebsübergang **Kap. 14** 77
– buchhalterische **Kap. 14** 11 ff., 56 ff.
– eigentumsrechtliche **Kap. 14** 22
– energierechtliche Umsetzung **Kap. 14** 68 ff.
– informatorische **Kap. 14** 11 ff.
– interne Rechnungslegung **Kap. 14** 57 ff.
– Jahresabschluss **Kap. 14** 59 ff.
– Kostenzuordnung **Kap. 14** 56 f.
– Netzgesellschaft **Kap. 14** 66 f.
– operationelle **Kap. 14** 11 ff., 65., 80 ff.
– Ownership Unbundling **Kap. 14** 10 f., 22
– personelle **Kap. 14** 81 ff.
– rechtliche **Kap. 14** 11 ff., 65 ff.
– Rechtsform **Kap. 14** 59, 66
– Schlüsselung **Kap. 14** 62 f.
– Verpflichtung **Kap. 14** 66 f.
– Verteilernetzebene **Kap. 14** 23
Entflechtungsvorgabe **Kap. 14** 6 ff.
– Auslegung **Kap. 14** 15 ff.
– Ausnahme **Kap. 14** 8 ff.
– buchhalterische **Kap. 14** 115
– diskriminierungsfreie Offenlegung **Kap. 14** 13
– EnWG **Kap. 14** 3 ff.
– GeLi Gas **Kap. 14** 114
– gesetzliches Ziel **Kap. 14** 6 f.
– GPKE **Kap. 14** 114
– Konkretisierung **Kap. 14** 15 ff.
– Netzbetrieb **Kap. 14** 6 f.
– Netzdaten **Kap. 14** 114
– Netzkundendaten **Kap. 14** 114
– operationelle **Kap. 14** 117

– Ownership Unbundling **Kap. 14** 22 f.
– rechtliche **Kap. 14** 116
– Standard **Kap. 14** 16
– Stufenfolge **Kap. 14** 8 ff.
– Transparenzgebot **Kap. 14** 13
– Transportnetzbetreiber **Kap. 14** 10 ff.
– Vertraulichkeit **Kap. 14** 13, 113
– Weiterentwicklung **Kap. 14** 20 ff.
Entgeltfortzahlung **Kap. 10** 30 ff.
Entschädigung und Schadenersatz
– AGG **Kap. 10** 29, 67 ff.; **Kap. 13** 5 ff.
Entscheidungsbaum **Kap. 3** 40
Entscheidungstabelle **Kap. 3** 37 f.
EnWG
– Entflechtungsvorgabe **Kap. 14** 5 ff.
– europarechtliche Grundlage **Kap. 14** 3
Erdgas
– Besteuerung **Kap. 15** 33 ff
– Lieferer **Kap. 16** 86 ff.
– Steueranmeldung **Kap. 16** 99 ff.
– Steuerentstehung **Kap. 16** 138 ff.
– Steuerschuldner **Kap. 16** 10 ff.
– Steuertarife **Kap. 16** 79 ff.
Ethikregel **Kap. 6** 5 ff.
– Code of Conduct **Kap. 10** 112
– Code of Ethics **Kap. 10** 112
Ethikrichtlinie **Kap. 10** 112 ff.
EU-Lieferkettenrichtlinie (CSDDD) **Kap. 5** 104 ff.

Festsetzungsverjährung **Kap. 16** 5
Fusionskontrolle **Kap. 13** 17 ff.
– Verstoß **Kap. 13** 39 f.

Gegenparteirisiko **Kap. 3** 14 ff., 23
Geldwäscheprävention **Kap. 5** 122 f.; **Kap. 6** 15 ff.
GeLi Gas **Kap. 14** 48 ff.
Gesamtrisikoposition **Kap. 3** 75
Geschäftschancenlehre **Kap. 17** 45 ff.
Geschäftsgeheimnis **Kap. 17** 51
Geschäftsleitung
– Beachtung des Unternehmensgegenstandes **Kap. 17** 12 f.
– Berichtspflicht **Kap. 17** 30 ff.
– Berichtspflicht gegenüber dem Aufsichtsrat **Kap. 17** 30
– Berichtspflicht gegenüber den Anteilseignern **Kap. 17** 32
– Besonderheiten für den GmbH-Geschäftsführer **Kap. 17** 58 f.

– Compliance **Kap. 19** 19
– DCGK **Kap. 19** 18 ff.
– Finanzverantwortung **Kap. 17** 40 ff.
– Informationspflicht **Kap. 17** 29 ff.
– Insolvenzantragspflicht **Kap. 17** 43
– Interessenkonflikt **Kap. 19** 26 ff.
– Legalitätspflicht **Kap. 17** 22 ff.
– Leitungsaufgabe **Kap. 19** 17 ff.
– Nebentätigkeit **Kap. 19** 28
– Offenlegungspflicht gegenüber der Allgemeinheit **Kap. 17** 33 f.
– Organisationspflicht **Kap. 17** 11 ff.
– Organisationsverantwortung **Kap. 17** 21 f.
– PCGK **Kap. 19** 18 ff.
– Pflicht **Kap. 17** 8 ff.
– Planungsverantwortung **Kap. 17** 40 ff.
– Ressortzuständigkeit **Kap. 17** 18 ff.
– Treuepflicht **Kap. 17** 44 ff.
– Unternehmensstrategie **Kap. 17** 36 ff.
– unternehmerische Entscheidung **Kap. 17** 36
– verbundene **Kap. 17** 60 ff.
– Vergütung **Kap. 19** 17 ff.
– Verschwiegenheitspflicht **Kap. 17** 51 ff.
– Wahrung der Kompetenzordnung **Kap. 17** 14 ff.
– Wettbewerbsverbot **Kap. 17** 49 f.
Geschäftsprozess
– Analyse **Kap. 3** 39
– diskriminierungsanfälliger **Kap. 14** 52
– Dokumentation **Kap. 14** 51 ff.
Geschäftsverkehr
– Begriff des Vorteils **Kap. 20** 20 ff.
– Bestechlichkeit **Kap. 20** 35 ff.
– Bestechung **Kap. 20** 35 ff.
– Pflichtverletzung gegenüber dem Unternehmen **Kap. 20** 51 ff.
– Unlautere Bevorzugung im Wettbewerb **Kap. 20** 46 ff.
– Unrechtsvereinbarung **Kap. 20** 44 ff.
– Vorteilsrichtlinie **Kap. 20** 58 ff.
– Zuwendungsrichtlinie **Kap. 20** 53 ff.
Gesellschaft
– Geschäftschance **Kap. 17** 46 ff.
Gesellschafterversammlung
– Zuständigkeit **Kap. 17** 17
Gesellschafts- und Arbeitsrecht
– Abmahnung **Kap. 13** 109
– Kündigung **Kap. 13** 109
– Schadenersatz **Kap. 13** 107

gesetzliche Pflicht
– Risikomanagement **Kap. 3** 6 ff.
Gleichbehandlung **Kap. 10** 62 ff.
– Formen der Benachteiligung **Kap. 10** 74
Gleichbehandlungsmanagement **Kap. 14** 100 ff.
GmbH
– Besonderheiten bei einer kommunalen
  Kap. 17 108
– fakultativer Aufsichtsrat **Kap. 17** 107
GPKE **Kap. 14** 48 ff., 114
GRC-Ansatz **Kap. 1** 15

Haftung
– Geschäftsführer **Kap. 13** 91 ff.
– Unternehmensverantwortlicher **Kap. 13** 91 ff.
Haftungsprivileg **Kap. 9** 20 ff.
Haftungsrisiko **Kap. 9** 40, 104, 145
Haftungsvermeidung
– Unternehmen **Kap. 17** 1
Handel **Kap. 13** 47
Hauptversammlung
– Recht **Kap. 17** 15
Hinweisgeberschutzgesetz **Kap. 5** 144 ff
Hinweisgebersystem **Kap. 5** 135 ff.; **Kap. 6** 98 f.
– Richtlinie **Kap. 6** 98 (s. Whistleblowing)

IDW PS 345 **Kap. 7** 1
IDW PS 980 **Kap. 8** 1 ff., 28, 32 ff.
Improper Matched Orders **Kap. 18** 99
Incentive-Richtlinie
– Anwendungsbereich **Kap. 6** 47 ff.
– Art von Zuwendung **Kap. 6** 47 ff.
– Checkliste **Kap. 6** 67
– Einladung **Kap. 6** 45
– Funktion **Kap. 6** 45
– Geldgeschenk **Kap. 6** 52
– Geschenk **Kap. 6** 45
– Melde-/Genehmigungsverfahren **Kap. 6** 62
– Meldung von Zuwendung **Kap. 6** 62
– Registrierung von Zuwendung **Kap. 6** 65
– Schwellenwert **Kap. 6** 50 ff., 56
– sonstiger Vorteil **Kap. 6** 45
– Verwendung von Sachzuwendung **Kap. 6** 66
– Vorteils-Begriff **Kap. 6** 48, 69
– Zielsetzung **Kap. 6** 45
– Zuwendungsberechtigter **Kap. 6** 54
Informationsaustausch **Kap. 13** 38
Innenansprüche **Kap. 9** 27 ff., 121 f.
– Selbstbeteiligung **Kap. 9** 121 ff.

Innenhaftung **Kap. 9** 27, 38 ff.
– Legalitätspflicht **Kap. 9** 31
– Organhaftung **Kap. 9** 29
Input-Steuer **Kap. 16** 12
Insiderhandelsverbot **Kap. 18** 36 ff.
– Empfehlungs- bzw. Verleitungsverbot
  Kap. 18 44 ff.
– Handelsverbot **Kap. 18** 37
– Tathandlung **Kap. 18** 36
– Weitergabeverbot **Kap. 18** 38 ff.
Insiderinformation
– Beispiel **Kap. 18** 26 ff.
– Emittenten-Bezug **Kap. 18** 23 f.
– Insiderpapier-Bezug **Kap. 18** 23 f.
– Kursbeeinflussung **Kap. 18** 25
– nicht öffentlich bekannte Information **Kap. 18** 22
– Warenderivate **Kap. 18** 16
Insiderpapier
– Derivat **Kap. 18** 34 f.
– Finanzinstrument **Kap. 18** 32
Insiderrecht
– Energiegroßhandelsprodukt **Kap. 18** 48 ff.
– Insiderhandelsverbot **Kap. 18** 36 ff.
– Insiderinformation **Kap. 18** 14 ff.
– Insiderpapier **Kap. 18** 32 ff.
Internal Investigations **Kap. 5** 132
Interne Ermittlung **Kap. 6** 94
Interne Revision **Kap. 1** 2 ff.; **Kap. 5** 35
Internes Kontrollsystem **Kap. 1** 2 ff.; **Kap. 2** 62 ff.;
  Kap. 15 14 ff.
– Compliance-Management **Kap. 1** 3 ff.
– Interne Revision **Kap. 1** 3 ff.
– Risikomanagement **Kap. 1** 4 ff.
– Unternehmensorganisation **Kap. 1** 3 ff.
IT-Richtlinie **Kap. 6** 84

Kapitalgesellschaft
– Organpflicht **Kap. 17** 5 f.
Kartellabsprache **Kap. 13** 20, 38 f.
kartellbehördlich nicht verfolgt
– Bonusregelung **Kap. 13** 115
– Kronzeugenprivileg **Kap. 13** 115
kartellbehördlich verfolgt
– Bonusregelung **Kap. 13** 115
– Mitwirkung an Aufklärung **Kap. 13** 116
Kartellrecht **Kap. 9** 76 ff.; **Kap. 13** 14 ff.
– Anwendungsbereich **Kap. 13** 16
– Energiewirtschaft **Kap. 13** 3 ff.
– Fusionskontrolle **Kap. 13** 18

- Hardcore-Kartelle **Kap. 9** 69
- Kartellverbot **Kap. 13** 18
- Missbrauchsverbot **Kap. 13** 18
- Rechtsgrundlage **Kap. 13** 15
- Ziel **Kap. 13** 18

kartellrechtliche Compliance
- Bestandsaufnahme **Kap. 13** 111
- Checkliste **Kap. 13** 126
- Dokumentation **Kap. 13** 134
- Fragenkatalog **Kap. 13** 112
- Information **Kap. 13** 123
- Leitungsebene **Kap. 13** 120
- Mitarbeiter **Kap. 13** 123
- Motivation **Kap. 13** 7
- Richtlinie **Kap. 13** 126
- Risikobewertung **Kap. 13** 111
- Schulung **Kap. 13** 123 ff.
- Überwachung **Kap. 13** 129 ff.
- Verhaltensgebot **Kap. 13** 127
- Verhaltensverbot **Kap. 13** 127
- Ziel **Kap. 13** 15

kartellrechtlicher Schadenersatzanspruch
- Verjährung **Kap. 13** 96 ff.

Kartellverbot **Kap. 13** 19 ff.
Kartellverstoß **Kap. 13** 10
- Abstellungsverfügung **Kap. 13** 61 f.
- Anordnung Zwangsgeld **Kap. 13** 65
- Auskunftspflicht **Kap. 13** 54
- Beschlagnahmung **Kap. 13** 54
- Bußgeld **Kap. 13** 66
- Durchsuchung **Kap. 13** 56 f.
- einstweilige Maßnahme **Kap. 13** 61, 64
- Folge **Kap. 13** 52 f.
- Gesellschafts- und Arbeitsrecht **Kap. 13** 106
- Herausgabepflicht **Kap. 13** 55
- kartellbehördlich nicht verfolgt **Kap. 13** 114
- kartellbehördlich verfolgt **Kap. 13** 116
- private Kartellverfolgung **Kap. 13** 83
- Rückerstattung **Kap. 13** 62
- Schadenersatz **Kap. 13** 107
- Sektorenuntersuchung **Kap. 13** 58
- Unterlassung **Kap. 13** 82
- Vorteilsabschöpfung **Kap. 13** 79 ff.
- zivilrechtliche Unwirksamkeit kartellrechtswidriges Rechtsgeschäft **Kap. 13** 104

Kommunikationsverhalten **Kap. 14** 95 ff.
Korruption **Kap. 20** 1
Kraft-Wärme-Kopplung **Kap. 16** 122 ff.
Kronzeugenprivileg **Kap. 13** 115

Lieferkettensorgfaltspflichtengesetz (LkSG) **Kap. 5** 104 ff.
Liquiditätsrisiko **Kap. 3** 18, 24

MaComp **Kap. 8** 81; **Kap. 5** 4
MaKonV **Kap. 18** 79, 92 ff.
Mandatsträger **Kap. 20** 12
Markenpolitik **Kap. 14** 95 ff.
Market Cornering **Kap. 18** 104
Marking the Close **Kap. 18** 98, 108
Marktmanipulation **Kap. 18** 70 ff.
- Energiegroßhandelsprodukt **Kap. 18** 106 ff.
- Finanzinstrument **Kap. 18** 74
- handelsgestützte Manipulation **Kap. 18** 89 ff.
- informationsgestützte Manipulation **Kap. 18** 76 ff.
- sonstige Täuschungshandlung **Kap. 18** 100 ff.
- Warenderivate **Kap. 18** 75

Marktmatrix **Kap. 2** 49
Marktmissbrauch
- Handelsüberwachungsstelle **Kap. 18** 113 ff.
- Sanktion **Kap. 18** 110 ff.

Marktmissbrauchsrecht **Kap. 18** 1 ff.
- Finanzwirtschaft **Kap. 18** 1 ff.
- Insiderrecht **Kap. 18** 14 ff.
- Kapitalmarkt **Kap. 18** 1 ff.
- Regel **Kap. 18** 4 ff.

Marktmissbrauchsverordnung (MAR) **Kap. 18** 2, 26, 29 ff., 36 ff., 72 ff., 111
Marktrisiko **Kap. 3** 14 ff., 21
Markttransparenzstelle Strom/Gas **Kap. 18** 3, 110, 115
Maßregelungsverbot
- AGG **Kap. 10** 98

Mediatisierungseffekt **Kap. 17** 16
Mindestlohn **Kap. 10** 36, 117 ff.
Mindestlohngesetz (MiLoG) **Kap. 10** 117 ff.
Mindestruhepause **Kap. 10** 19
Mindeststandards guter Unternehmensführung **Kap. 7** 11
Missbrauchsverbot **Kap. 13** 23 ff.
- Preismissbrauch **Kap. 13** 46
- Preisspaltung **Kap. 13** 46
- Verstoß **Kap. 13** 45 f.
- Zugangsverweigerung **Kap. 13** 46

Mitbestimmung
- Compliance-Maßnahme **Kap. 10** 64

Nebentätigkeit
- Beratungs-/Abstimmungsverhalten **Kap. 6** 90
- Grundsatz **Kap. 6** 89
- Interessenkonflikt **Kap. 6** 89

nichtdiskriminierende Offenlegung **Kap. 14** 13, 40, 45 ff.

Non-Compliance
- Kosten **Kap. 4** 96

Normadressat
- § 30 OWiG **Kap. 5** 199 ff.
- § 130 Abs. 1 OWiG **Kap. 5** 183 ff.

Nutzenergie **Kap. 16** 70 ff.

ökonomischer Vorteil
- Risikomanagement **Kap. 3** 2 ff.

operationelles Risiko **Kap. 3** 14 ff.
operatives Risiko **Kap. 3** 16
Organisationsverantwortung **Kap. 5** 3, **Kap. 17** 21 f.
Output-Steuer **Kap. 16** 12

Passing-on-Defense
- Schadensabwälzung **Kap. 13** 90 f.

Personalmarktrisiko **Kap. 3** 19
Persönlichkeitsrecht **Kap. 10** 112 ff.
Pflicht des Abschlussprüfers **Kap. 7** 8 ff.
Phantomlohn **Kap. 10** 37 ff.
Porters-Five-Forces **Kap. 2** 49

Preisschirmeffekt
- Umbrella-Pricing **Kap. 13** 93 ff.

Private Enforcement **Kap. 9** 6, 83 f.
private Kartellverfolgung **Kap. 13** 6, 77, 83 f.
Privatvermögen **Kap. 9** 6, 83 f.

Produzierendes Gewerbe
- Definition **Kap. 16** 65
- Steuerentlastung **Kap. 16** 64

Prüfungsanlass **Kap. 8** 24

Prüfungsbericht
- Abschlussprüfer **Kap. 7** 28

Prüfungsdurchführung
- Abschlussprüfer **Kap. 7** 23 f.

Prüfungshandlung
- Abschlussprüfer **Kap. 7** 23 f.

Public Corporate Governance Kodex (PCGK) **Kap. 5** 4; **Kap. 19** 6 ff.
- Abschlussprüfung **Kap. 19** 45
- Anwendungsbereich **Kap. 19** 15 f.
- Aufsichtsrat **Kap. 19** 31
- Berichtspflicht **Kap. 19** 17
- Beteiligung **Kap. 19** 7
- Empfehlungen an die Anteilseigner **Kap. 19** 36 ff.
- Entsprechenserklärung **Kap. 19** 14
- Geschäftsführung **Kap. 19** 14
- Geschäftsleitung **Kap. 19** 14 ff.
- Grundlage **Kap. 19** 2 ff.
- Grundsatz **Kap. 19** 7 ff.
- Interessenkonflikt **Kap. 19** 26 ff., 35
- jährlicher Bericht **Kap. 19** 41 f.
- Kompetenzverteilung der Organe **Kap. 19** 31
- Leitbildnorm **Kap. 19** 34
- Leitungsaufgabe Geschäftsleitung **Kap. 19** 21 ff.
- Mehrheitsbeteiligung des Bundes **Kap. 19** 16
- Minderheitsbeteiligung des Bundes **Kap. 19** 17
- Nebentätigkeit Geschäftsleitung **Kap. 19** 28
- Novelle **Kap. 19** 7 ff.
- Organ **Kap. 19** 9 ff.
- Rechnungslegung **Kap. 19** 41 ff.
- Rechtsnatur **Kap. 19** 15
- Regelungstechnik **Kap. 19** 12 ff.
- Struktur **Kap. 19** 6 ff.
- Transparenz **Kap. 19** 41 ff.
- TransparenzRL **Kap. 19** 17
- Unternehmen **Kap. 19** 10
- vergleichbare Regelung **Kap. 19** 46 ff.
- Vergütung Geschäftsleitung **Kap. 19** 23 ff.
- Versorgungsunternehmen **Kap. 19** 1 ff.
- Vorgabe für den Aufsichtsrat **Kap. 19** 28
- Ziel **Kap. 19** 13 f.
- Zusammensetzung Aufsichtsrat **Kap. 19** 34

Qualitative Risk-Map **Kap. 3** 55
Quantitative Risk-Map **Kap. 3** 63
Quantitatives Risikomaß **Kap. 3** 64

Ransomware **Kap. 12** 10 ff., 35 ff., 99 ff.
- Folgen **Kap. 12** 103
- Schutz **Kap. 12** 110 ff.
- Unternehmen und Institutionen **Kap. 12** 99 ff.
- Ursprung **Kap. 12** 102
- Varianten **Kap. 12** 108 ff.

RAROC **Kap. 3** 71 f.
Recherchenetzwerk **Kap. 12** 142 ff.
- PASCAL **Kap. 12** 142 ff.

Rechtsschutzversicherung **Kap. 9** 183 ff.
- private Anstellungsvertrags-Rechtsschutzversicherung **Kap. 9** 192 f.

– private Straf-Rechtsschutzversicherung **Kap. 9** 191
– unternehmensfinanzierte Straf-Rechtsschutzversicherung **Kap. 9** 183 ff.
REMIT **Kap. 4** 80; **Kap. 18** 2, 5, 7 ff., 48 ff., 58 f., 65, 106, 115, 119
– Betroffenheit **Kap. 18** 11 ff.
Restrisiko **Kap. 3** 81 ff., **Kap. 8** 33
Richtlinie im Umgang mit Dokument **Kap. 6** 85 f.
Risk-Map **Kap. 3** 52, 55 f., 63, 89
Risiko
– Begriff **Kap. 3** 12
Risikoabhängigkeit **Kap. 3** 75 ff., 78 ff.
Risikoaggregation **Kap. 3** 51
Risikoappetit **Kap. 3** 31, 81
Risikoart **Kap. 3** 11 ff.
Risikobewertung **Kap. 3** 17, 27, 30 51, 53, 57, 78 f.
– qualitative **Kap. 3** 52, 53 ff.
– quantitative **Kap. 3** 52, 57 ff.
Risikodokumentation **Kap. 3** 92
Risikoerhebungsbogen **Kap. 3** 43 f
Risikofrüherkennungssystem **Kap. 3** 8 ff.
Risikoidentifikation **Kap. 3** 32 ff.
– Grundsatz **Kap. 3** 32 ff.
– Umsetzungshilfe **Kap. 3** 37 ff.
Risiko-Interview **Kap. 3** 37, 42
Risikoinventar **Kap. 3** 47
Risikoinventur **Kap. 17** 42
Risikokapital **Kap. 3** 83, 88
Risikokommunikation **Kap. 3** 32 ff.
– Grundsatz **Kap. 3** 48 ff.
– Umsetzungshilfe **Kap. 3** 48 ff.
Risikokontrolle **Kap. 3** 81 ff.
Risikomanagement **Kap. 1** 1 ff., 5 ff.; **Kap. 3** 2 ff..; **Kap. 17** 40
– gesetzliche Pflicht **Kap. 3** 6 ff.
– ökonomisches Risiko **Kap. 1** 5
– ökonomische Vorteil **Kap. 3** 2 ff.
– Prozessstruktur **Kap. 3** 30
– Risikosteuerung **Kap. 1** 5; **Kap. 3** 81 ff.
– strategisch **Kap. 3** 31
Risikomanagementprozess **Kap. 3** 25 ff., 30 ff.
Risikomanagementsystem
– Prüfung **Kap. 3** 93 ff.
Risikominderung **Kap. 3** 86
Risikoorientierte Performancekennzahl **Kap. 3** 71 ff.

Risikosteuerung **Kap. 1** 5, **Kap. 3** 81 ff.
Risikotragung **Kap. 3** 88
Risikoüberwachung **Kap. 3** 91
Risikoüberwälzung **Kap. 3** 87
Risikovermeidung **Kap. 3** 85
Rumpfvorstand **Kap. 17** 21

Scalping **Kap. 18** 105
Schadenersatz **Kap. 9** 1 ff.
Schadenerwartungswert **Kap. 3** 58, 63
Schadensabwälzung
– Passing-on-Defense **Kap. 13** 90
Scheinselbstständigkeit **Kap. 10** 30 ff.
Schutzmaßnahme
– AGG **Kap. 10** 104
Selbstanzeige **Kap. 5** 163 ff. **Kap. 20** 170, 179, 194, 225 ff.
Selbstbehaltsversicherung **Kap. 9** 126 ff.
– Anrechnungsmodell **Kap. 9** 135 ff.
– ohne Anrechnung **Kap. 9** 139 ff.
– Personal-D&O **Kap. 9** 145 ff.
– Zusatzsummen-Modell **Kap. 9** 139 ff.
Sektorenuntersuchung **Kap. 13** 58
Sensitivitätsanalyse **Kap. 3** 57 ff.
Shared Services **Kap. 14** 72
SIEM-System **Kap. 12** 98
Social Engineering **Kap. 12** 109
Sonn- und Feiertagsarbeit **Kap. 10** 19
Sozialversicherung **Kap. 10** 26 ff.
Spenden-Richtlinie **Kap. 6** 91 ff.
Spitzenausgleich **Kap. 16** 72 ff.
– Energieeffizienzsystem **Kap. 16** 135
Sponsoring-Richtlinie **Kap. 6** 91 ff.
Stellenausschreibung
– AGG **Kap. 10** 103
Steuerhinterziehung **Kap. 20** 151 ff.
– Berichtigungspflicht **Kap. 20** 168 ff.
– Bußgeldrechtliche Sanktion **Kap. 20** 204 ff.
– durch aktives Tun **Kap. 20** 154 ff.
– durch Unterlassen **Kap. 20** 162
– Erklärungspflichtiger **Kap. 20** 163 ff.
– falsche Angabe **Kap. 20** 154 ff.
– Kriminalstrafe **Kap. 20** 192 ff.
– Rechtsfolge **Kap. 20** 192 ff.
– Steuerberater **Kap. 20** 160 f.
– steuerrechtliche Konsequenz **Kap. 20** 215 f.
– Strafbefehl **Kap. 20** 202 f.
– subjektiver Tatbestand **Kap. 20** 181 ff.
– Umsatzsteuerbetrug **Kap. 20** 157

– Verfahrenseinstellung **Kap. 20** 198 ff.
– Vermögensabschöpfung **Kap. 20** 212 f.
– versuchte **Kap. 20** 189 ff.
– Vorsatz **Kap. 15** 11
Steuerneutralität **Kap. 14** 69
Steuerstrafrecht **Kap. 20** 148 ff.
– materielles **Kap. 20** 151 ff.
– Selbstanzeige **Kap. 20** 225 ff.
– sonstiger Steuerordnungswidrigkeit
　Kap. 20 217 ff.
– sonstiger Steuerstraftatbestand
　Kap. 20 217 ff.
Steuerstraftat
– Konsequenz **Kap. 20** 149
Steuerstrafverfahren **Kap. 20** 241 ff.
– Anfangsverdacht **Kap. 20** 149
– Einzelheiten des Verfahrens **Kap. 20** 245 ff.
– kein Zwang zur Mitwirkung **Kap. 20** 249 ff.
– strafprozessuale Zwangsmaßnahme
　Kap. 20 252 ff.
– Verfahrenseinstellung **Kap. 20** 198 ff.
– Verhaltensempfehlung **Kap. 20** 259 ff.
Steuerverkürzung **Kap. 20** 172 ff.
– auf Zeit **Kap. 20** 173 f.
– Ermittlung des Steuerschadens **Kap. 20** 176
– Kompensationsverbot **Kap. 20** 177
– ungerechtfertigter Steuervorteil **Kap. 20** 175
Strafrecht
– Compliance **Kap. 20** 1 ff.
strategisches Risiko **Kap. 3** 15 ff.
Stromentnahme
– betriebliche Zwecke **Kap. 16** 69
Stromerzeugung **Kap. 16** 56 ff., 122 ff.
Stromsteuer
– Befreiung **Kap. 16** 52 ff.
– Entlastung **Kap. 16** 21 ff.
– ermäßigter Steuersatz **Kap. 16** 22 f.
– erneuerbare Energieträger **Kap. 16** 53 ff.
Stromsteuerrecht **Kap. 16** 16 ff.
– Fristen **Kap. 16** 77
StromStG **Kap. 16** 1 ff.
– Steuerentstehung **Kap. 16** 26 ff.
– Steuerschuldner **Kap. 16** 30 ff.
– Versorgererlaubnis **Kap. 16** 32 ff.
StromStV
– Pflichten des Versorgers **Kap. 16** 37
– Stromsteueranmeldung **Kap. 16** 38 ff.
SWOT-Analyse **Kap. 2** 49; **Kap. 3** 37, 46
Szenariotechnik **Kap. 3** 45

Tax CMS **Kap. 2** 3 ff.; **Kap. 15** 3 ff.
– § 153 AO **Kap. 15** 7
– Berichterstattung **Kap. 15** 50
– Inhalt der Berichterstattung **Kap. 15** 52 f.
– Managementsystem **Kap. 15** 44 ff.
– operationelles Grundkonzept **Kap. 15** 40 ff.
– Rechtsprechung des BGH **Kap. 15** 11, 13
– Rechtsrahmen **Kap. 15** 6 ff.
– Revisionssicheres System **Kap. 15** 56
– Risiko-Kontrollmatrix **Kap. 15** 54
– Status quo **Kap. 15** 57 ff.
– Steuerfachgebiet **Kap. 15** 41
– Überwachung und Verbesserung **Kap. 15** 55
– Umfang **Kap. 15** 48 f.
– Verantwortung und Zuweisung von Rolle
　Kap. 15 45 ff.
Tax Compliance **Kap. 8** 22; **Kap. 15** 3 ff.
– Tax CMS **Kap. 2** 3 ff., **Kap. 15** 3 ff.
Telekommunikationsrichtlinie **Kap. 6** 84
TOP-15-Risiken **Kap. 3** 18
Transaktionswährungsrisiko **Kap. 3** 22

Umbrella-Pricing
– Preisschirmeffekt **Kap. 13** 93 ff.
Umfeld-Analyse (PESTLE) **Kap. 2** 49
Umgang mit der Öffentlichkeit
– externe Kommunikation **Kap. 6** 70
– Funktion **Kap. 6** 69
– interne Kommunikation **Kap. 6** 70
– Litigation-PR **Kap. 6** 78 ff.
– Maßnahme im Krisenfall **Kap. 6** 76 f.
– Verantwortlichkeit **Kap. 6** 71 f.
– Zielsetzung **Kap. 6** 69
Unbundling (s. Entflechtung)
Unterlassung **Kap. 13** 82
Unterlassungsanspruch und Beseitigungsanspruch
– AGG **Kap. 10** 97 ff.
Unternehmen
– Haftungsvermeidung **Kap. 17** 1
– steuerliche Betriebsprüfung **Kap. 15** 1
– verbundene **Kap. 17** 60 f.
Unternehmensgeheimnis **Kap. 17** 103
Unternehmensleitung **Kap. 13** 49 f.
– Pflicht **Kap. 17** 8 ff.
Unternehmensorganisation **Kap. 1** 1 ff.
– Ablauforganisation **Kap. 2** 60 f.
– Aufbauorganisation **Kap. 2** 51 ff.
– Organisationsanalyse **Kap. 2** 52
Unternehmensprozess **Kap. 2** 51 ff.

Unternehmenstransaktion
- CMS-Prüfung **Kap. 8** 31
Unternehmensziel **Kap. 3** 31
Unterschriftenrichtlinie **Kap. 6** 83
Unterweisungspflicht **Kap. 10** 12
Untreue **Kap. 20** 87 ff.
- durch Aufsichtsratsmitglieder **Kap. 20** 131 ff.
- Einverständnis des Vermögensinhabers
    Kap. 20 98
- Gefährdungsschaden **Kap. 20** 105 f.
- Handlungsempfehlung **Kap. 20** 140
- im Konzern **Kap. 20** 129 f.
- Kreditvergabe **Kap. 20** 125
- Missbrauchstatbestand **Kap. 20** 89
- Pflichtwidrigkeit **Kap. 20** 95
- praxisrelevante Fallgruppe **Kap. 20** 109 ff.
- Risikogeschäft **Kap. 20** 122 ff.
- Schmiergeldzahlung **Kap. 20** 113 ff.
- Schwarze Kasse **Kap. 20** 117 ff.
- Sponsoring **Kap. 20** 110 ff.
- Tatbestandsvoraussetzung **Kap. 20** 88 ff.
- Treuebruchtatbestand **Kap. 20** 90
- Vermögensnachteil **Kap. 20** 103 ff.
- Vorsatz **Kap. 20** 107

Value-at-Risk **Kap. 3** 65 ff.
Varianz-Kovarianz-Ansatz **Kap. 3** 80
Verbandssanktionsgesetz **Kap. 1** 10
Verbändestrafgesetz (s. Gesetz zur Bekämpfung von Unternehmenskriminalität)
Verhältnismäßigkeitsgrundsatz **Kap. 14** 38,
    Kap. 20 257
Verhaltenskodex **Kap. 10** 60, **Kap. 2** 45
Verhaltensrichtlinie **Kap. 10** 112 ff.
- Direktionsrecht **Kap. 10** 133
Verhaltensrichtlinie und Ethikrichtlinie
- Betriebsvereinbarung **Kap. 10** 143 ff.
- Individualvereinbarung **Kap. 10** 138
Vermögensbetreuungspflicht **Kap. 20** 90 ff.
Vermögensschäden **Kap. 9** 53 ff.
Versicherungsschutz **Kap. 9** 8 ff.
- Musterbedingungen **Kap. 9** 8
Versicherungsverschaffungspflicht **Kap. 9** 16
Versicherungsvertrag **Kap. 9** 24, 80 ff.
- Abgrenzung **Kap. 9** 80 ff.
Versiegelung von Räumlichkeit **Kap. 6** 22
Versorgungsunternehmen
- Compliance **Kap. 19** 1 ff.
- PCGK **Kap. 19** 1 ff.

Vertragsarchivierung **Kap. 6** 43 ff.
Vertragscontrolling **Kap. 6** 43 ff.
Vertragsgestaltung **Kap. 13** 43
Vertragsmanagement **Kap. 13** 51
Vertraulichkeitsverletzung **Kap. 9** 175
Vertraulichkeitsverpflichtung **Kap. 14** 29
- Adressatenkreis **Kap. 14** 29
- Offenbarung von Netzkundeninformation
    Kap. 14 35
- Pflicht zur Weitergabe **Kap. 14** 34
- Sicherstellung der Vertraulichkeit **Kap. 14** 34 ff.
- Umfang **Kap. 14** 30 ff.
Vertraulichkeitsvorgabe **Kap. 14** 25 ff.
Vertrieb **Kap. 13** 50
Vier-Augen-Prinzip **Kap. 5** 77
VorstAG **Kap. 9** 89 ff.
Vorteilsannahme **Kap. 20** 5
- Amtsträger **Kap. 20** 5 ff.
- Handlungsempfehlung **Kap. 20** 31 ff.
Vorteilsgewährung **Kap. 20** 9
- Amtsträger **Kap. 20** 5 ff.
- Handlungsempfehlung **Kap. 20** 31 ff.

WACC **Kap. 3** 73
Währungsrisiko **Kap. 3** 14, 22
WannaCry **Kap. 12** 58 ff.
Washing trade **Kap. 18** 108
Wertmaßstab **Kap. 6** 5
Whistleblowing **Kap. 2** 68; **Kap. 5** 117, 134 ff.,
    Kap. 17 35
- EU-Whistleblower-Richtlinie **Kap. 5** 138 ff.
Wirksamkeitsprüfung **Kap. 8** 8
WpHG **Kap. 18** 5 ff.

Zeichnungsrichtlinie **Kap. 6** 83
Zinsänderungsrisiko **Kap. 3** 14, 22
Zuwendung
- Amtsträger **Kap. 20** 19 ff.
- Auswirkungen für den Zuwendenden
    Kap. 20 82
- Auswirkungen für den Zuwendungsempfänger
    Kap. 20 81 ff.
- Betriebsausgabenabzug **Kap. 20** 82
- Bewirtung **Kap. 20** 82, 84
- Einladung **Kap. 20** 82, 84
- Geschenk **Kap. 20** 82, 84
- sozialadäquate **Kap. 20** 22 ff.
- steuerliche Auswirkung **Kap. 20** 81 ff.